DICTIONNAIRE

DES

OUVRAGES ANONYMES

1162

Paris. — Imp. GAUTHIER-VILLARS, 55, quai des Augustins.

DICTIONNAIRE

DES

OUVRAGES ANONYMES

PAR

ANT.—ALEX. BARBIER

TROISIÈME ÉDITION, REVUE ET AUGMENTÉE PAR

MM. OLIVIER BARBIER, RENÉ ET PAUL BILLARD

De la Bibliothèque nationale

TOME III. — M. — Q.

SUITE DE LA SECONDE ÉDITION DES

SUPERCHERIES LITTÉRAIRES DÉVOILÉES

PAR J.-M. QUÉRARD

PUBLIÉE PAR MM. GUSTAVE BRUNET ET PIERRE JANNET

TOME VI

AVEC UNE TABLE GÉNÉRALE DES NOMS RÉELS

DES ÉCRIVAINS ANONYMES ET PSEUDONYMES CITÉS DANS LES DEUX OUVRAGES

PARIS

PAUL DAFFIS, LIBRAIRE-ÉDITEUR

RUE GUÉNÉGAUD, 7

CI-DEVANT 9, RUE DES BEAUX-ARTS

—

1875

Ma Bibliothèque française. (Rédigé par M. Hipp. Cocheris.) *Paris, A. Bossange,* 1855, in-12.

Ma Bibliothèque, ou le cauchemar, chanson faite en 1795, à l'occasion de la chute des assignats. (Par Etienne Despréaux.) In-16.   D. M.

Ma Bien-aimée, par A. H. (A. Hope). *Paris, impr. d'Herhan,* 1838, in-8.

En vers.

Ma Confession. (Par J.-B. Brisebarre, célèbre tragédien, connu sous le nom de Joanny.) *Paris, typographie Lacrampe et Cie,* 1846, in-8, 86 p.

En vers, suivie de notes.

Ma Confession sur quelques poëtes vivants, ou jugements alphabétiques. (Par Michel de Cubières.) *Paris,* 1790, in-8.

Permissions tacites, 1789.

Ma Conversion. *A Stamboul, imprimerie des odalisques,* 1783, in-12, 2 ff. de tit. et 191 p.

Le titre d'une édition de *Londres,* 1783, pet. in-8, porte : Par M. D. R. C. D. M. F., initiales qui ont été interprétées : M. DE RIQUETTI, comte DE MIRABEAU fils.

C'est à tort que Bachaumont dit que cet ouvrage est le même que « le Libertin de qualité ».

Ma Défense à la cour d'assises. (Par Philippe-Auguste Wuillot.) *Bruxelles, Parys,* 1847, in-8, 11 p.   J. D.

Ma Destinée, épître d'un officier à demi-solde à un de ses amis, étudiant en médecine. (Par Amédée DE Bast.) *Paris, Gillé,* 1818, in-8, 11 p.

Ma Grand'maman Gilbert. Traduction libre de l'anglais. (Par César Malan.) *Genève, Suz. Guers,* 1833, in-16.

Ma Persécution, ou les effets de la réaction royaliste dans le département de l'Orne. (Par J.-J. Chauvin.) *S. d.,* in-8, 36 p.

Pièce datée du Buot, commune de Sées, 20 frimaire an IV. (« Archives du bibliophile », n° 4993.)

Ma Petite Galerie, ou mes six actes en vers, suivie de notes morales, etc., et du « Ménestrel », poëme en deux chants, trad. de l'anglais (de Jam. Beattie), par Louet. *Paris, Dentu,* 1813, in-12.

Une seconde édition du « Ménestrel », avec le nom de l'auteur, a été publiée en 1828, sous le titre de « le Ménestrel », in-18.

Ma Pétition, ou cahier du bailliage de ***. (Par G.-J.-B. Target.) 1788, in-8.

Ma Philosophie. (Par C.-J. Dorat.) *La Haye, Paris,* 1770, in-8, 48 p., avec gravures.

Ma Rapsodie, ou poésies fugitives. (Par M. DE Plechéef, instituteur ou professeur.) *Aux Loisirs, aux soins et dépens de l'auteur,* 1807, in-8, 41 feuillets. — (Seconde édition), *aux Loisirs, aux soins et dépens de l'auteur,* 1818, in-8, 104 p. plus la table.

Le titre seul a été fait par un imprimeur ; le reste des deux éditions a été imprimé par l'auteur lui-même.

Ma République, adresse aux savants politiques, par l'homme de la nature (Joseph Dejaer, de Liége). *Liége, Oudart,* 1848, in-8, 40 p.   Ul. C.

Ma Retraite, à Honorine. (Par F.-J. Grille.) *Paris, Delaunay,* 1818, in-8.

En vers. — Tiré à 100 exemplaires.

Ma Tante Aurore, ou le roman impromptu, opéra bouffon, sifflé en trois actes le 23 nivôse, et applaudi en deux le

25 du même mois, au théâtre Feydeau (paroles de Charles DE LONGCHAMPS, musique de M. BOYELDIEU). *Paris, Barba*, an XI-1803, in-8, 1 f. de tit., VI-69 p.

Ma Tante Geneviève, ou je l'ai échappé belle, par Do.....Y (DORVIGNY). *Paris, Barba*, an IX-1801, 4 vol. in-18. V. T.

Ouvrage condamné par arrêt du 5 août 1828. Voy. la « Bibliographie des ouvrages relatifs à l'amour », tome IV, p. 354.

Ma Toilette, manuscrit dérobé à une vieille femme, suivie de quatre nouvelles, par Mad. *** (Mme DE SALUCES). *Paris, Ridan*, 1819, 2 vol. in-12.

Macarienes, poëme en vers gascons. *Nankin, chez Romain Macarony*, 1763, pet. in-18, 60 p.

Ce poëme, divisé en deux parties, est de GIRARDEAU, curé de Saint-Macaire. Une réimpression textuelle en a été faite à *Bordeaux, chez Gounouilhou*, et publiée à *Paris, chez Aubry*, en 1862, in-12, 114 p., par les soins de MM. Reinold DEZEIMERIS et VIRAC.
G. M.

Macaronée (la) de S. D. T. (Est. TABOUROT). *Lyon*, 1550, in-8.

Dans le tome V, p. 87, des « Bibliothèques françoises » de La Croix du Maine et de du Verdier, *Paris*, 1773, in-4, on remarque que la date doit être 1588.
V. T.

Voir le « Manuel du libraire », art. *Lichiardus*, III, 1070. La Monnoye a pensé que les trois lettres S. D. T., rétablies dans un ordre régulier, signifiaient Stephanus TABOUROTIUS *Divionensis*; mais il est fort douteux que cet opuscule soit de Tabourot, auquel d'ailleurs Papillon ne l'attribue point dans sa « Bibliothèque des auteurs de Bourgogne ».

Macaroni d'Italie, vaudeville en un acte. Par MM. DUVERT, LAUZANNE et H. L*** (Henri LAVOIX). Représenté pour la première fois, à Paris, sur le théâtre des Variétés, le 12 avril 1858. *Paris, Beck*, 1858, in-8, 12 p.

Macbeth, tragédie lyrique en trois actes. (Par J. ROUGET DE LISLE.) Représentée sur le théâtre de l'Académie royale de musique, le 29 juin 1827. *Paris, impr. de Pinard*, 1827, in-8.

Mac-Carthy (les), ou qu'est-ce que les gens comme il faut? roman américain traduit de l'anglais (de mistr. Harrison SMITH, de Washington), par LAMST (masque de M. L.-P.-E.-A. SÉDILLOT). *Paris, Sédillot*, 1829, 4 vol. in-12.

Macédoine. (Par J.-B. MAZADE, marquis D'AVÈZE.) *Paris, Béthune*, 1832, in-8.
D. M.

Macédoine (la). Par le chevalier D*** DE

St-E*** (J. DELANDINE DE SAINT-ESPRIT). *Paris, Delaunay*, 1825, in-8, 80, 64 et 128 p.

Il n'a paru que trois numéros de ce journal sous les titres suivants : « la Tiare », « le Sceptre » et « l'Epée ».

Machabées (les), drame historique. Par A. H. (A. HOPE). *Paris, Barba*, 1837, in-8, 26 p.

Machiavel commenté par Napoléon BUONAPARTE, manuscrit trouvé dans le carrosse de Buonaparte, après la bataille de Mont-Saint-Jean, le 18 juin 1815 (ouvrage composé par M. l'abbé Aimé GUILLON). *Paris, Nicolle*, 1816, in-8.

Cet ouvrage a été traduit en espagnol, *Paris, Rosa*, 1827, 2 vol. in-12.

Machiavel, ou morceaux choisis et pensées de cet écrivain. On y a joint une traduction complète du « Prince », par M. L. H*** (Léon HALÉVY). *Paris, Hubert*, 1822, 2 vol. in-18.

Machines (des) et de leurs résultats. Traduit de l'anglais (de lord Henri BROUGHAM), par M. L'HUILLIER DE L'ETANG. *Paris, Paulin*, 1833, in-18.

Maclovie, ou les mines du Tyrol ; anecdote véritable. Par Mlle *** (L.-M.-J.-M. BRAYER DE SAINT-LÉON), auteur d' « Eugenio et Virginia » et d' « Orfeuil », etc. *Paris, Henrichs*, an XII-1804, in-12, 2 ff. de tit. et 194 p., fig.

Maçon (le) démasqué, ou réponse à M. Defacqz, grand-maître de la franc-maçonnerie belge..... atteint de jésuitophobie. (Par l'abbé HOEFS, professeur à Braine-le-Comte.) *Bruxelles* (*Greuse, s. d.*), in-8, 35 p.   J. D.

Maçon (le) sculpteur de Bléré (Bory). *Tours, autogr. de Clarey-Martineau* (1852), in-8, 10 p.

Signé : Un des amis du maçon sculpteur (M. Clément PROUST).

Maçon (le) voyageur, pl.∴ maçonnique. (Par E. DE PRADEL.) *Tours*, 1827, in-8.

Maçonnerie (la) considérée comme le résultat des religions égyptienne, juive et chrétienne. (Par M. REGHELLINI.) *Bruxelles, Tarlier*, 1829, 3 vol. in-8. — *Paris, Dondey-Dupré*, 1833, 3 vol. in-8. — *Paris*, 1842, 3 vol. in-8 et atlas de 9 pl.

Voy. « Supercheries », III, 346, e.

Maçonnerie (la) écossaise, comparée avec les trois professions et le secret des Templiers du XIVᵉ siècle. *Orient de Londres* (*Paris, C. Volland*), 1788, in-8, VIII-134 p.

Vient ensuite : « Mêmeté des quatre vœux de la compagnie de Saint-Ignace et des quatre grades de la Maçonnerie de Saint-Jean ». *Ibid., id.*, in-8, VIII-172 p. et 1 pl.

La dédicace est signée : Nic. DE BONNEVILLE. Le faux titre porte : « les Jésuites chassés de la Maçonnerie, et leur poignard brisé par les maçons. »

Maçonnerie (la) mesmerienne. ou les leçons prononcées par Fr. Mocet, Riala, Themola, Seca et Célaphon, de l'ordre des frères de l'Harmonie, en loge mesmerienne de Bordeaux, l'an des influences 5784 et du mesmérisme le 1ᵉʳ ; par M. J.-B. B****, D.-M. (J.-B. BARBEGUIÈRE, docteur-médecin). *Amsterdam (Bordeaux)*, 1784, in-8, 83 p.

Maçonnerie (la), poëme en trois chants. (Par M. A.-P.-F. GUERRIER DE DUMAST.) *Paris, A. Bertrand*, 1820, in-8, XXXI-321 p.

Cet ouvrage est devenu très-rare, en raison de ce que l'auteur a supprimé beaucoup d'exemplaires après qu'il eut changé de sentiments. (Noël, Catalogue, n° 4368.) Voy. aussi « Catalogue Ouvaroff, Spécimen », n° 470.

Ce poëme a été réimprimé dans l' « Abeille maçonnique », 1832, et dans l' « Univers maçonnique », 1837, col. 596 et suiv.

Madame Antigall, ou réponse au « Journal de l'Empire ». (Par U.-R.-T. LEBOUVIER-DESMORTIERS.) *Paris*, 1808, in-8, 56 p.

Madame Billy, ou les bourgeois de Paris. Par l'auteur d' « Irma », etc. (Mᵐᵉ GUÉNARD). *Paris, Jos. Chaumerot*, 1808, 4 vol. in-12.

Madame Bloc, ou l'intrigante. Par l'auteur du « Page de la reine Marguerite », des « Forges mystérieuses » (Mᵐᵉ GUÉNARD). *Paris, Locard et Davy*, 1817, 4 vol. in-12.

Madame de Chaumont, ou les soirées des Alpes ; par l'auteur des « Matinées du hameau » (Mᵐᵉ GUÉNARD). *Paris, Dujardin*, 1807, 4 vol. in-12.

Madame de Gévrier, ou la Pénélope chrétienne. Par Marie-Ange DE T*** (Just-Jean-Etienne ROY). *Tours, Mame*, 1867, in-8.

Nouvelle éd. en 1870.

Madame de La Fayette (Marie-Mad.). (Par F.-M. MAYEUR DE SAINT-PAUL.) *Paris, Lefuel* (1813), in-32, 2 ff. de tit. et 108 p.

Madame de Lamartine. (Par J.-M. DARGAUD.) *Paris, E. Dentu*, 1863, in-8.

            D. M.

Madame de Lignolles, ou la fin des aventures de Faublas, manuscrit inédit trouvé chez un ami de J.-B. Louvet. (Par Mˡˡᵉ MARNÉ DE MORVILLE, dame DE ROME. *Paris, Pigoreau*, 1815, 2 vol. in-12.

Attribué à Mᵐᵉ GUÉNARD par Pigoreau.

Mᵐᵉ de M***. ou la rentière. (Par Mᵐᵉ DE COLLEVILLE.) *Paris, Maradan*, an X-1802, 4 vol. in-12. — 2ᵉ édit. *Paris, Borniche*, an XI-1803, 4 vol. in-12.

Madame de Maintenon, par l'auteur de l' « Histoire de Racine » (Just-Jean-Etienne ROY). *Lille, Lefort*, 1842, in-12.

La seconde édition porte le nom de l'auteur.

Madame de Maintenon, peinte par elle-même. (Par Mᵐᵉ SUARD.) *Paris, Maradan*, 1810, in-8, 2 ff. de tit., LVII-422 p. et 1 f. d'errata : — 2ᵉ éd. *Id.*, 1810, in-8. — 3ᵉ éd. *Paris, Janet et Cotelle*, 1828, 2 vol. in-8.

La préface est de J.-B.-A. SUARD.

Madame de Miremont, par la duchesse de L... (Par le marquis T.-L.-A. DE FOUDRAS.) *Paris, imp. de Proux*, 1846-1847, 2 vol. in-8.

Extrait de « la Mode ».

Madame de Sainte-Hermine, ou les soirées napolitaines ; histoire d'Inès et de Clara, des Princes jumeaux, etc. Par l'auteur des « Matinées du hameau » (Mᵐᵉ GUÉNARD). *Paris, Lerouge*, 1811, 4 vol. in-12.

Madame de Stael et madame Roland, ou parallèle entre ces deux dames, en présence de quelques événements de la Révolution. Traduit de l'allemand (de Fr.-Chr. SCHLOSSER). *Paris, Janet et Cotelle*, 1830, in-8, 1 f. de tit. et 122 p.

Extrait de la publication intitulée : « Archiv zur Geschichte und Literatur ».

Madame de Vatan, par Mᵐᵉ DE M......N (DE MAUSSION), pour faire suite aux « Quatre Saisons, ou les femmes à tout âge », du même auteur. *Paris, Grimbert*, 1826, 2 vol. in-12.

Madame, duchesse d'Angoulême, à l'île Barbe, près de Lyon. Notice sur cette île.... (Par le marquis J.-B.-E. MAZADE D'AVÈZE.) *Paris, Michaud*, 1815, in-8.

Madame Dupin. (Par A.-M.-J.-J. DUPIN

aîné.) *Paris, typogr. de Plon*, 1856, in-12.

Tiré à petit nombre.

Madame Engueule, ou les accords pois-sards, comédie-parade en un acte et en vaudeville, avec prologue. (Par Pierre BOUDIN.) *Paris*, 1754, 1767, in-8, 48 p.

Madame Frontin, ou les deux duègues, comédie en un acte, mêlée de vaudevilles. Par MM. BRAZIER et *** (J.-B. DUBOIS). Représentée, pour la première fois, sur le théâtre du Vaudeville, le 30 septembre 1819. *Paris, Quoy*, 1819, in-8, 27 p.

Madame Hubert, ou la religion mise à la portée de tout le monde... Traduction libre de l'anglais. Par M. Oct. B..... (André-Philippe-Octave BOISTEL D'EXAU-VILLEZ). *Paris, Gaume frères*, 1834, in-18.

Conversations sur l'importance du salut et sur les moyens de l'opérer. 1 vol.
Conversations sur les sacrements. 1 vol.
Conversations sur le Décalogue. 2 vol.

Madame Howard, par l'auteur du « Mariage dans le grand monde ». (Par lady Charlotte BURY, trad. de l'angl. par Mme la comtesse MOLÉ.) *Paris, Dumont*, 1836, 2 vol. in-8.

Mme Molé a traduit antérieurement, de miss BAILLIE, « Un Mariage du grand monde » (1830, 4 vol. in-12), de là le rappel de cette première traduction sur la dernière; mais ni miss Baillie, ni Mme Molé, n'est auteur de « Madame Howard ».

Madame la duchesse d'Orléans, Hélène de Mecklembourg-Schwerin. (Par Mme la marquise George D'HARCOURT, née Paule DE SAINT-AULAIRE.) *Paris, Lévy frères*, 1859, in-8 et in-12.

Réimprimé plusieurs fois.

Madame la marquise de Saint-Seine. (Par M. l'abbé CHICOTOT, précepteur des enfants de M. le marquis de Saint-Seine.) *Paris, imp. de W. Remquet* (1854), gr. in-8, 3 ff. lim. et 67 p.

Le second feuillet porte : « A la mémoire de Marie-Anne-Angélique Berbis de Rancy, marquise de Saint-Seine, née à Dijon, le 3 octobre 1810, morte à Paris, le 8 mai 1851. »
Tiré à petit nombre ; n'a pas été mis en vente.

Madame, le clergé de France tient la rencontre de son assemblée avec l'arrivée de Votre Majesté en cette ville, très-heureuse... *S. l. n. d.*, in-fol., 3 p.

Discours adressé à la reine de Suède par Ant. GODEAU, au nom de l'assemblée du clergé.
Pièce sans titre, commençant par les mots ci-dessus reproduits.

Madame Récamier, les amis de sa jeunesse et sa correspondance intime, par l'auteur des « Souvenirs de madame Récamier » (Mme veuve Charles LENORMANT). *Paris, M. Lévy*, 1872, in-8, 2 ff. de tit. et 407 p.

Magdeleine (la). (Par M. Achille ROUSSEAU.) *Paris, Bufquin Desessarts*, 1835, 2 vol. in-8.

I. La Magdeleine courtisane;
II. La Magdeleine pardonnée.
L'auteur annonçait deux autres volumes :
La Magdeleine apôtre ;
La Magdeleine au désert.
Ces deux derniers n'ont pas été publiés.

Magdeleine (la) et autres petites œuvres de N. L. D. (Nicolas LE DIGNE, sieur DE CONDÉ). *Sens*, 1610, in-8. V. T.

Mademoiselle d'Alençon. (Par P. DORTIGUE DE VAUMORIÈRE.) *Paris*, 1670, in-12.

Ce roman a été inséré mal à propos dans quelques éditions des « Œuvres » de Mme DE VILLEDIEU. Le P. Niceron, t. XXXV, le donne à VAUMORIÈRE. C'est le même ouvrage que le « Comte de Dunois », attribué à Mme de Murat. Voy. IV, 660, b.

Mademoiselle DE CH* (CHANTEROLLE)** à MM. les auteurs de l' « Esprit des journaux » (sur la critique qu'ils ont faite de son « Aspect philosophique »). *Paris, Compagnie*, 1778, in-12.

Voy. IV, 305, f.

Mademoiselle de Châtellerault, échappée au massacre de France en 1789 et émigrée en Angleterre ; ou l'étranger mystérieux ; trad. de l'anglais de LISTER (par F.-J. MOREAU). *Paris, Tardieu-Denesle*, 1814, 2 vol. in-12.

Mademoiselle de Chevreuse, épisode de la Fronde. (Par M. Victor FOUCHER, depuis conseiller à la Cour de cassation.) *Rennes*, 1841, in-8. D. M.

Tiré à 40 exemplaires.
N'a pas été mis dans le commerce.

Mademoiselle de Jarnac, nouvelle historique. (Par P. LE PESANT, sieur DE BOIS-GUILLEBERT.) *Paris*, 1685, 3 vol. in-12.

Mademoiselle de Launay à la Bastille, comédie historique, mêlée d'ariettes, en un acte. Paroles de MM. (Aug. CREUZÉ DE LESSER et J.-F. ROGER). Musique de Mme S. G*** (Sophie Gail). Représentée pour la première fois au théâtre impérial de l'Opéra-Comique, le 16 décembre 1813. *Paris, Delaunay*, 1813, in-8, 32 p.

Mademoiselle de Lespinasse, ou l'esprit et le cœur, comédie en un acte et en vers Par L. B. D. R. S.-C. (le baron J.-A. DE REVERONI SAINT-CYR). *Paris, Hocquet,* 1817, in-8, 36 p.

Mademoiselle de Luynes, nouvelle historique, par Mme DE S.....Y (SARTORY, née DE WIMPFEN), auteur du « Duc de Lauzun », de « Léodgard », de « Walheim », etc. *Paris, Rosa,* 1817, in-12.

Mademoiselllle de Scay, petite comédie satyrique. (Par Corneille BLESSEBOIS.) *Calais, Augustin Pasquin,* 1684, petit in-12, 45 p.

Cette édition n'est pas indiquée au « Manuel du libraire » ; elle se retrouve dans les « Œuvres satyriques » de l'auteur publiées avec son nom. *Leyde,* 1676.

Mademoiselle de Tournon. (Par P. DORTIGUE DE VAUMORIÈRE.) *Paris, Osmont,* 1679, 2 vol. in-12.

Voy. Niceron, t. XXXV, p. 236.

Réimprimé dans la collection des « Œuvres » de Mme de Villedieu.

Dans une édition de Toulouse, 1701, l'épître dédicatoire est signée DE VILLEDIEU. On lit sur le frontispice de l'édition originale les lettres C. C., qui sont les initiales de Charles COTOLENDI.

Quelques bibliographes attribuent ce roman au marquis DE LA CHETARDIE.

Mademoiselle de Tournon, par l'auteur d'Adèle de Senange (Mme Adèle DE SOUZA). *Paris, F. Didot,* 1820, 2 vol. in-12.

Mademoiselle Javotte, ouvrage moral, écrit par elle-même, et publié par une de ses amies. (Par Paul BARET ou BARRETT.) *Londres et Paris,* 1762, in-8.

Réimprimé à la suite de l' « Histoire du chevalier des Grieux... » Voy. V, col. 774, d.

Mademoiselle Lili à la campagne, 24 grands dessins à la plume par L. FRÖLICH, gravures par M. BURKNER, de Dresde, texte par un papa (M. J. HETZEL). *Paris, Hetzel,* 1865, in-4.

Voy. « Supercheries », III, 27, a.

Mademoiselle Rachel et l'avenir du Théâtre-Français; par A. B. (A. BOLÉ). *Paris, Rousseau,* 1839, in-8, 234 p. et 1 f. de tab. avec portr.

D'après Quérard, il y a des exemplaires où l'auteur est désigné sous le nom inexact d'Aug. BOLOT.

Mademoiselle Rachel, ses succès, ses défauts; par C.-A. de C*** (CHAMBRUN). *Paris,* 1838, in-16.　　　　D. M.

Madrid, ou observations sur les mœurs et usages des Espagnols, au commence-

ment du XIXe siècle, pour faire suite à la Collection des mœurs françaises, anglaises, italiennes, etc. *Paris, Pillet ainé,* 1825, 2 vol. in-12, gravures et vignettes.

Par J. BRISSET, d'après la « France littéraire » de Quérard. Cet ouvrage a été aussi attribué à Théod. ANNE.

Voy. « Supercheries », II, 273, e.

Madrigaux (les) amoureux du cavalier GUARINI, traduits en vers (par Ant. PICOT, baron DU PUISET). *Paris, de Luyne,* 1664, in-12.

Madrigaux de M. D.L.S. (DE LA SABLIÈRE). *Paris, Claude Barbin,* 1680, in-12, 4 ff. et 167 p. — *Suivant la copie imp. à Paris, chez Claude Barbin,* 1680, in-12, 78 p.

Le privilége est donné au sieur Nicolas DE RAMBOUILLET, sieur DE LA SABLIÈRE, fils de l'auteur, don le prénom était Antoine.

Nouvelle édition (avec une notice par l'abbé P.-J. SÉPHER). *Paris, Duchesne,* 1758, in-16.

Ma-ga-kou, histoire japonoise, traduite par l'auteur D. R. D. S. (Par F.-A. CHEVRIER.) *Goa (Paris), par exprès commandement de l'auteur,* 1752, in-12.

Magasin de lumière, scènes à propos de l'éclairage par le gaz, par MM. LÉON (M.-E.-G. THÉAULON), FERDINAND (J.-A.-Ferd. LANGLÉ), R... (RAIMOND DE LA CROISETTE) et B... (J. BRISSET). Représentées pour la première fois à Paris, sur le théâtre du Gymnase dramatique. le 4 février 1823. *Paris, Mme Huet,* 1823, in-8, 28 p.

Magasin des adolescens, ou entretiens d'un gouverneur avec son élève... (Par P.-A. ALLETZ.) *Paris, Guillyn,* 1763, in-12.

Magasin des âmes pieuses, ou recueil d'instructions, méditations, réflexions... (Par l'abbé THOREL.) *Paris, Egron,* 1824, in-12.

Réimprimé avec le nom de l'auteur.

Magasin (le) des événemens de tous genres, passez, présens et futurs, historiques, politiques et galans, etc., etc., etc. recueillis par une société d'amis (Jean ROUSSET DE MISSY et autres). *Amsterdam, J. Ryckhoff,* 1741 et 1742, 4 vol. in-8.

Au mois de décembre 1742, ce journal fut intitulé l' « Epilogueur » ; continué sous ce titre jusqu'au 7 juin 1745, 13 vol. in-8, il parut en 1746 sous le titre de « Démosthène moderne », et en 1747 sous celui de l' « Avocat pour et contre », 3 vol. in-8.

Voy. l'art. d'E. Hatin dans ses « Gazettes de Hollande », p. 200, et « Supercheries », III, 661, a.

Magasin énigmatique, contenant un grand nombre d'énigmes (recueillies par

P.-A. ALLETZ). *Paris, veuve Duchesne,* 1767, in-12, VIII-376 p.

Magasin historique pour l'esprit et le cœur (recueilli par C.-T. PFEFFEL). *Strasbourg, J.-G. Bauer,* 1764, 2 vol. in-8. — *Id.,* 1768, 2 vol. in-8. — *Strasbourg, Konig,* 1774, 2 vol. in-8. — Nouvelle édition. *Treuttel,* 1788, 2 vol. in-8.

Magasin pour la littérature ancienne et principalement la littérature biblique. (Par Samuel-Frédéric-Gunther WAHL.) *Cassel, Cramer,* 1787-1789, *et Halle, veuve de Curt,* 1790, in-8.   D. M.

Magasin récréatif, pour servir de ressource contre l'ennui, ou choix d'anecdotes. (Par l'abbé Jos. DE LA PORTE.) *Amsterdam et Paris, veuve Duchesne,* 1771, 2 vol. in-12.

Réimprimé sous le titre de « Ressource contre l'ennui ». Voy. ces mots.

Magdelaine.

Voy. « Madeleine ».

Mage (le) de Chica. (Par B.-C. GRAILLARD DE GRAVILLE.) *Paris, Cuissart,* 1759, in-12.

Magicien (le) de société, ou le diable couleur de rose; recueil amusant de tours de chimie, de physique... sec. édit. rev., corrigée et augmentée. (Par J.-M. GASSIER.) *Paris, G. Mathiot,* 1824, in-12, avec une pl.

La première édit., de 1811, n'est pas anonyme; mais l'auteur était devenu sous-préfet.

Magicien (le) sans magie, opéra-comique en deux actes, par MM*** (J.-F. ROGER et Aug. CREUZÉ DE LESSER). *Paris, Vente,* 1811, in-8.

Magicienne (la) étrangère, tragédie en 4 actes. Par un bon François, nepveu de Rothomagus (Pierre MATHIEU). *Rouen,* 1617, in-8.

Voy. « Supercheries », I, 549, a.

Magie (la) de l'amour. Pastorale en un acte et en vers. (Par J. AUTREAU.) *Paris, L.-D. Delatour,* 1735, in-8, 4 ff. lim. et 45 p. — *La Haye, A. van Dole,* 1737, in-8, 60 p.

Magie (la) démontrée. (Par l'abbé G.-F. COYER.) *A Paris, le 23 de la lune de Caseu, l'an 88 de notre transmigration* (vers 1748), in-4.

Magie maternelle (la). (Par M. Daniel GAVET.) *Amiens, Al. Caron,* 1860, in-12, XXIX-257 p.

Magister (le) plus savant que son curé, almanach très-chrétien, des plus curieux et de toute nouveauté, composé pour la plus grande gloire de Dieu et de l'humanité. (Par MM. PALIEZ fils, BRUNEAUX et autres.) *A la vallée des Cygnes (Valenciennes), à l'enseigne de la Lumière (chez Prignet frères),* l'an X de la République française, in-12, IV-142 p. avec une pl.

Reproduit l'année suivante sous ce titre : « Entretiens sur toutes les religions et particulièrement sur l'origine de la religion chrétienne. Composés d'après les manuscrits et les hiéroglyphes découverts en Egypte par les savants modernes. Almanach pour l'an XI. » *Valenciennes, Prignet frères.*

Ouvrage anti-religieux, tiré en grande partie de l' « Origine de tous les cultes » de Dupuis.

Voir une Notice de M. Le Glay sur ce livre, « Archives du Nord », t. Ier, p. 33, des Hommes et des Choses.

Magistrat (le) du peuple, ou instruction sur les droits que la Charte accorde, les devoirs qu'elle impose, et la loi des élections. Par A. E...., électeur du département de la Seine (Alexis EYMERY, alors lib.-édit. à Paris). *Paris, Alexis Eymery,* 1818, in-18, 104 p.

Magistrats (les) les plus célèbres de la France... par l'auteur des « Guerriers les plus célèbres » (Maxime FOURCHEUX DE MONTROND). *Lille, Lefort,* 1849, in-12, 216 p.

Souvent réimprimé.

Magistrature (de la) en France... (Par Fr. BOURGUIGNON.) *Paris, L. Collin,* 1807, in-8.

Magistrature (la) impériale. (Par Aug. CALLET.) *Londres,* 1853, in-64, 2 ff. de tit. et 50 p.

Il y a au moins tout un paragraphe par le général LA MORICIÈRE. Voy. ci-dev., l'art. « Anne-Paule... », IV, 199, c.

Magnanime (le), ou l'éloge du prince de Condé, premier prince du sang. Par un père de la compagnie de Jésus (René RAPIN). *Paris, veuve Sébastien Mabre-Cramoisy,* 1687, in-12, 4 ff. et 112 p. — 2e édit. *Paris, Jérémie Bouillerot,* 1690, in-12. — *Paris, N. Le Clerc,* 1701, in-12.

Magnétiseur (le) amoureux, par un membre de la Société harmonique du régiment de Metz, du corps royal du génie (Ch. DE VILLERS). *Genève (Besançon),* 1787, in-8, VIII-229 p.

Une nouvelle édition modifiée a été publiée par M. le marquis Arm.-Mar.-Jacq. CHASTENET DE PUYSÉGUR. *Paris, Dentu,* 1824, 2 vol. in-12.

Elle est, dit-on, très-rare, l'auteur en ayant détruit la plus grande partie.

Magnétiseurs (les) sont-ils sorciers? La France est-elle hérétique? Les mêmes hommes l'ont dit. *Paris, Just Rouvier*, 1842, in-8, 32 p.

Attribué au comte Desnos.

Magnétisme (le) animal, à l'usage des gens du monde... (Par M. Crampon, négociant au Havre.) *Le Havre, Chapelle*, 1827, in-8, 79 p.

Magnétisme (le) animal dévoilé par un zélé citoyen françois (Cyprien-Bertrand de La Grézie). *Genève*, 1784, in-8, 36 p.

Magnétisme (le) et le somnambulisme devant les corps savants, la cour de Rome et les théologiens; par M. l'abbé J.-B. L. (J.-B. Loubert), prêtre, ancien élève en médecine. *Paris, Germer-Baillière*, 1844, in-8, 702 p.

Le nom de l'auteur se trouve sur la couverture imprimée.

Magnificat (le) du pape et de sainte mère Eglise romaine. (Par Charles Léonard.) *A Montélimart, par J. Joyeux*, 1586, pet. in-8 de 87 p., plus 3 ff. prélim. et 3 p. n. chiff. à la fin, dont la dernière est blanche.

Suivant M. G. Duplessis, c'est une réimpression très-augmentée du pamphlet intitulé : « le Glaive du géant Goliath », dont le « Manuel du libraire » décrit trois éditions. Voy. 5e édit., III, 988, et ci-dessus, V, col. 544, *f*.

Magnificat (le) du tiers-état... (Par L.-A. Caraccioli.) *S. l.*, 1789, in-8, 20 p.

Magnifique (le), comédie en deux actes, avec un divertissement. Par M*** (Ant. Houdart de La Motte). Représentée sur le théâtre de la Comédie françoise. *Paris*, 1750, in-8, 2 ff. lim. et 43 p.

Magnifique (le), comédie en trois actes, en prose et en vers, mis en musique, terminé par un divertissement. Représenté devant Sa Majesté, à Versailles, le 19 mars 1773. (Par Michel-Jean Sedaine.) (*Paris*), *imp. de P.-R.-C. Ballard*, 1773, in-8, VII-71 p.

Magnifique (la) Entrée du roy et de la royne en leur bonne ville de Paris, en vers burlesques (Par Gabriel Cossart, jésuite.) (*Paris*, 1660), in-4, 7 p.

Magnifique (le) Mausolée dressé dans l'église de N.-D. de Paris, à la mémoire de Mgr le vicomte de Turenne... avec l'explication des figures... (Par F. Colletet.) *Paris, J.-B. Loyson*, 1675, in-4, 8 p.

Magnifiques (les), excellentes et triomphantes Chroniques de Judas Machabéus et de ses frères. (Par Charles de Sainct-Gelais.) *Paris, Bonnemère*, 1518, in-fol.

Voy. la « Bibliographie instructive », par de Bure, « Histoire », t. I, n° 4711, et le « Manuel du libraire », tome V, col. 45.

Magot (le) genevois, découvert ès arrêts du synode national des ministres réformés, tenu à Privas l'an 1612. *S. l.*, 1613, in-8, 98 p. — *Id.*, in-8, 72 p.

La Monnoye, « Lettre sur le livre des Trois Imposteurs », dit qu'il croit que l'auteur du « Magot genevois » est Henri de Sponde, évêque de Pamiers.

On dit ridiculement dans cet ouvrage, p. 57, que Barnauld a été excommunié pour être convaincu d'arianisme et pour avoir fait un livre abominable, dequel le titre seul fait dresser les cheveux de la tête, l'ayant intitulé : *de Tribus orbis Impostoribus*. Ce livre n'existait pas alors.

Dans la préface de « la Guerre des singes et des marmouzets... », s. l., 1613, in-8, 30 p., ce livre est attribué au ministre de Mesmes Suffrin. Cette attribution contemporaine paraît devoir être préférée à celle de La Monnoye.

Magots (les), parodie de l'Orphelin de la Chine, en vers, en un acte. Représentée pour la première fois par les comédiens italiens ordinaires du roi, le vendredi 19 mars 1756. (Par Boucher, officier au service de la compagnie des Indes.) *Paris, veuve Delormel et fils*, 1756, in-12, 44 p.

Mahmoud le Gasnevide, histoire orientale; fragment traduit de l'arabe, avec des notes. (Composé par J.-F. Melon.) *Rotterdam, Jean Hofhondt*, 1730, in-8.

Histoire allégorique de la régence.

Mahomet second, tragédie. (Par Jean-Bapt. Vivien de Chateaubrun.) *Paris, P. Ribou*, 1715, in-18, 3 ff. lim., 57 p. et 1 f. de priv.

Mahométisme (le) toléré par les jésuites dans l'isle de Chio. (Par J.-H. Serry, dominicain.) *S. l.*, 1711, in-12, 24 p.

V. T.

Mahonnaise (la), comédie nouv. (1 a. pr. Par J.-B.-P. Baco.) *Citadella*, 1756, in-8, 40 p.

Mahulem, histoire orientale. (Par Michel Marescot.) *La Haye (Paris)*, 1766, in-12.

Voy. « le Cabinet des fées », t. XXXVII, p. 389.

Mai (le), comédie en trois actes, mêlée de vers et de prose, d'ariettes et de vaudevilles, et terminée par un ballet. Représentée pour la première fois par les comédiens italiens ordinaires du roi, le 8 mai 1776. (Par G.-Fr. Fouques Deshayes, plus connu sous le nom de Desfontaines de La Vallée.) *Paris, veuve Duchesne,* 1776, in-8, 4 ff. lim. et 80 p.

Maintenoniana, ou choix d'anecdotes intéressantes.... tirées des lettres de Mme de Maintenon, avec des notes historiques, critiques, etc., pour l'intelligence du texte, par M. B*** de B*** (Bosselman de Bellemont, de Lille). *Amsterdam (Paris, Costard),* 1773, in-8, 3 ff. lim., VIII-192-82 p.

Voy. « Supercheries », I, 478, *b.*

Maintenue et Défense des princes souverains et églises chrétiennes contre les attentats, usurpations et excommunications des papes de Rome. (Par Denis Godefroy.) (*Genève, P. de Saint-André*), 1592, in-8.

Voy. « Défense des empereurs », IV, 861, *f.*

Maintien (du) de l'ordre en France. (Par de Peyrilien Kerval.) *Paris, impr. Lenormant,* 1816, in-8.

Maire (le) de La Rochelle, tragédie en trois actes et en vers. (Par le P. Ponce Dehayes-Pollet.) *Paris, Cailleau,* 1792, in-12, 60 p.

Maire (le) de village. *Châlon-s.-S., imp. de J. Duchesne, s. d.,* in-8, 16 p.

Signé : P.-C. Or.... (le Dr P.-C. Ordinaire).

Maire (le) de village, conseils aux habitants de sa commune. (Par le marquis de Montaigu.) *Lille, Lefort,* 1857, in-18, 71 p.

Souvent réimprimé.

Maire (le) de village, ou la fête du sacre, vaudeville en un acte, par MM. J. P*** (Jean Petit) et A. G***. Représenté pour la première fois, sur le théâtre de Besançon, le 6 juin 1825. *Besançon, imp. de Chalandre fils,* juin 1825, in-8, 1 f. de tit. et 41 p.

Maire (le) du palais. (Par A.-A. Clément de Boissy.) *S. l.,* 1771, in-12.

Maïs (le), sa culture, son emploi, sa récolte, avec une notice sur le nouveau maïs quarantin, par W. Keene. Traduit de l'anglais et annoté par un campagnard (de Thier-Neuville). *Liége, Renard,* 1850, in-12, 24 p.   Ul. C.

Maison (la) academique. Contenant un recueil general de tous les jeux diuertissans pour se rejouyr agreablement dans les bonnes compagnies. Par le Sr D. L. M. (de La Marinière). *Paris,* 1654, in-12, 6 ff., 236 p. et 2 ff.

Maison (de la) d'Autriche et de la Coalition, ou des intérêts de l'Allemagne et de l'Europe. (Par P.-J.-B.-P. Chaussard.) *Paris, Moutardier,* an VIII-1800, in-8.

C'est la troisième édition de cet ouvrage. La première est intitulée : « de l'Allemagne et de la Maison d'Autriche », 1792, in-8, avec le nom de l'auteur.

Maison d'éducation. (*Paris*), *imp. de L. Cellot,* 1764, in-8, 16 p.

Une note manuscrite sur l'exemplaire de la Bibliothèque nationale porte : Projet de M. Bastide.
Le magistrat de la police n'a pas permis l'exécution de ce *beau* projet.

Maison (la) de glace (roman russe de Logetchnikoff, trad. par.... de Saint-Pétersbourg, et publié) par Alexandre Dumas. *Paris, Michel Lévy,* 1860, 2 vol. in-12.   A. L.

M. Ladrague a publié : « Un Episode peu connu de l'histoire de Russie. Lettre du P. Guillou, fabricant de chaussons de lisière, à un bibliophile du Midi, sur ce problème historique. » *Toulouse,* 1873, in-8, 12 p.

Maison (la) de Lorraine et l'Opinion publique. (Par M. le vicomte de Valori.) *Paris, E. Dentu,* 1860, in-8, 45 p.

Une nouv. éd., *Paris, C. Douniol,* 1860, in-8, 2 ff. de tit. et 27 p., porte le nom de l'auteur.

Maison (la) de Molière, comédie en quatre actes; imitée de Goldoni (par Pierre-Alphonse Guys); représentée à la Comédie françoise sous le nom de Mercier. *Paris,* 1787, in-8.

« Biographie universelle », t. XIX.

Maison de Polignac. Précis historique... par M. le baron de *** (Prudence-Guillaume de Roujoux). *Paris, Hivert,* 1830, in-8, 2 ff. lim. et 236 p.

Maison de réclusion de Brive, district du département de la Corrèze, ou aperçu des vexations exercées envers les détenus dans la ci-devant couvent Sainte-Ursule de cette commune; par un détenu (La Jugie). *S. l. n. d.,* in-8, 54 p.

Maison de réunion pour la communauté philosophe dans la terre de l'auteur de ce projet (J.-A.-V. d'Hupay, domicilié à Aix). *Euphrate,* 1779, in-8.

L'auteur s'est fait connaître depuis pour un ardent disciple de Swedenborg.

Maison de Saintignon. (Par l'abbé J.-J. Bouvier, connu sous le nom de Lyonnois.) *Nancy, veuve Leclerc,* 1778, in-4.

Maison (la) de Socrate le Sage, comédie en cinq actes et en prose. (Par L.-S. Mercier.) *Paris, Duminil-Lesueur,* 1809, in-8, VI-105 p.

Maison (la) des bois, ou le remords et la vertu, anecdote du règne de Marie-Thérèse. Par Mme Adrienne P*** (Mme Adrienne PRIGNOT). *Paris, Pigoreau*, 1821, 2 vol. in-12.

Maison (la) des fous, comédie en un acte et en prose, mêlée de vaudevilles. Par R. (A.-A. RAVRIO et CHATILLON). *Paris, Barba*, an XI, in-8.

Maison (la) des jeux où se trouvent les divertissements d'une compagnie, par des narrations agréables et par des jeux d'esprit. (Par C. SOREL.) *Paris, de Sercy*, 1642, 2 vol. in-8.

Cette édition a reparu avec un titre portant les initiales C. D. M. S. et l'indication de *Paris, de Sommaville*, 1657, 2 vol. in-12.

Maison du bon père de famille, ami vrai de l'humanité. Monument national à ériger pour la création d'un établissement propre à concilier tous les esprits et à prévenir comme à réparer les malheurs de l'indigence. Par l'auteur d' « Un Trait de lumière venu à propos » (M. BOUIS). *Paris, Delaunay*, 1830, 2 parties in-8.

Maison (la) du dimanche P. H. B. V. (Par L. ROCHE.) *Lille, Lefort*, 1855, in-12 143 p.

Souvent réimprimé.

Maison (la) du lundi, par l'auteur de « la Maison du dimanche » P. H. B. V. (L. ROCHE). *Lille, L. Lefort*, 1855, in-18, 137 p.

Souvent réimprimé.

Maison (la) du n° 5, par l'auteur du « Presbytère en plein soleil » (H. TRUSTA, littérateur américain). Traduit de l'anglais. *Genève, Cherbuliez*, 1857, in-12.

Maison impériale de Russie. — A la mémoire de l'empereur Alexandre. — A la mémoire de l'impératrice Elisabeth. — Le neuf janvier. A la mémoire de la reine de Wurtemberg. (Par le comte Serge OUVAROFF). *Paris, imp. de Firmin Didot*, 1828, in-12, 80 p. — Maison imp. de Russie. — A la mémoire de l'impératrice Marie. (Par le même.) *Paris, le même*, 1831, in-12, 25 p.   A. L.

Maison (la) isolée, ou les Doubles Clefs. par M. L.... (L.-P.-P. LEGUAY), membre honoraire de la Société d'émulation à Liége. *Paris, Gérard*, 1808, 4 vol. in-12.

Maison (la) mortuaire du Prince royal. Par J. B. F. (J.-B. FORMAGEOLLE). *Paris, Terry*, 1842, in-8, 2 ff. de tit. et 41 p.

Maison (la) où je demeure, enseignement populaire sur la structure et les fonctions du corps humain. A l'usage des familles et des écoles. Traduit de l'angl. (du docteur W.-M.-A. ALCOTT, par M. et Mme Louis RILLIET DE CONSTANT). *Genève, G. Gruaz*, 1844, in-18. — 2e éd. *Id.*, 1851, in-18.

Maison (la) paternelle. (Par J. GIRARD, anc. secrét. génér. de la préfecture de Marseille.)

Maison réglée (la) et l'Art de diriger la maison d'un grand seigneur et autres, tant à la ville qu'à la campagne. (Par AUDIGER.) *Paris, Michel Brunet*, 1692, 1700, in-12, pl.

Maison rustique, à l'usage des habitans de Cayenne, par M. DE PRÉFONTAINE, suivie d'un dictionnaire galibi, avec un essai de grammaire (par S.-P. DE LA SALLE DE L'ETANG). *Paris, Bauche*, 1763, in-8.

Maison (la) rustique. (Par Louis LIGER.) Nouvelle édition, augmentée par l'auteur de la « Correspondance rurale » (DE LA BRETONNERIE). *Paris*, 1799, 2 vol. in-4.

Voy. « Nouvelle Maison rustique ».

Maisonnette (la) dans les rochers, ou le petit temple des arts et de la vertu... par l'auteur du « Mentor de l'enfance »... (J.-P.-R. CUISIN). *Paris, Brianchon*, 1828, 2 vol. in-18, fig.

Maisons de plaisance, ou palais de campagne de l'Etat de Milan ; grav. par Dalré, avec une explication italienne et françoise. (Par Marc-Ant. DALRÉ.) *Milan*, 1727, 1737, 1743, in-fol.

Maisons historiques de France, immédiatement suivies des maisons royales et princières, par une société de savants (Par Agric.-Hipp. LA PIERRE DE CHATEAUNEUF.) *Paris, imp. de Moreau* (1838), in-4 et in-8.

Les deux prem. liv. sont in-4.
La 3e et la 4e, les dern. publiées, sont in-8, et elles portent le nom de M. de Châteauneuf.

Maisons (des) publiques de jeu, par J. M. B*** (J.-M. BUTIGNOT). *Paris, Delaunay*, 1818, in-8.

Maître (le) à danser, qui enseigne la manière de faire tous les différents pas de danse dans toute la régularité de l'art et de conduire ses bras à chaque pas. (Par RAMEAU, maître à danser des pages de la reine d'Espagne, ancien organiste de la cathédrale de Clermont, en Auvergne.)

Paris, Villette, 1725, in-12, in-8. — *Paris, Lottin fils,* 1748, in-8.

Maistre Aliborum qui de tout se mesle avec le cry des monnoyes. (Attribué à P. GRINGORE.) *S. d.* (vers 1520), petit in-4 goth., 4 ff. — Pet. in-8, 4 ff.

Cette pièce se compose de 140 vers de 10 syllabes. Il en a été fait une réimpression, *Paris, Silvestre,* 1838, in-16 goth.

Maître André et Poinsinet, ou le perroquet poëte, comédie-anecdote en un acte et en vaudevilles; par MM. DUMERSAN et B... (BRAZIER). Représentée pour la première fois, à Paris, sur le théâtre Montansier, le 16 pluviôse an XIII (5 février 1805). *Paris, Mme Cavanagh,* an XIII-1805, in-8, 30 p.

Maître (le) d'école, opéra-comique mêlé d'ariettes, parodie du « Maître en droit », représentée pour la première fois sur le théâtre de l'Opéra-Comique, à la foire Saint-Germain, le vendredi 14 mars 1760. (Par ANSEAUME et P.-A. LEFÈVRE DE MARCOUVILLE.) *Paris, N.-B. Duchesne,* 1760, in-8, 47 p.

Maître (le) d'histoire, ou chronologie élémentaire, historique et raisonnée des principales histoires, ouvrage qui peut servir de suite aux « Principes d'institution ». (Par l'abbé LE MORE.) *Paris, veuve Desaint,* 1776, in-12, XVI-456 p. et 2 ff. de priv.

Maistre (le) d'hostel. (Par Pierre DAVID.) *Paris,* 1659, in-8.

Maître (le) de musique, comédie en deux actes mêlée d'ariettes, parodiées de l'italien. Représentée pour la première fois par les comédiens italiens ordinaires du roi, le 28 mai 1755. Avec les changements qui ont été faits depuis peu par l'auteur dans le second acte. (Par Ch.-Simon FAVART.) *Bruxelles, J.-J. Boucherie,* 1757, in-8, 48 et 36 p.

Maître (le) en droit, opéra-comique en un acte. (Par Fr.-Ant. QUÉTANT.) *Troyes.* 1759, in-8. — *Paris, Cuissart,* 1765, in-12.

Maître (le) en droit, opéra-comique en deux actes. Représenté pour la première fois sur le théâtre de l'Opéra-Comique de la foire Saint-Germain, le 13 février 1760. (Par P.-R. LEMONNIER.) *Paris, Duchesne,* 1760, in-8, 55 p. — *Paris, Ballard,* 1762, in-8, 55 p.

Maître Etienne, ou les fermiers et les châtelains, par le bar. DE L... (E.-L. DE LAMOTHE-LANGON), auteur de « l'Hermite de la tombe mystérieuse », « Gabriel », etc. *Paris, Hubert,* 1819, 4 vol. in-12.

Maître Frontin à Londres, ou l'indemnité conjugale, comédie en un acte et en prose. Par M. D*** (J. B. DUBOIS). Représentée pour la première fois à Paris, sur le théâtre de la Gaîté, le 17 avril 1816. *Paris, Barba,* 1816, in-8, 31 p.

Maître Pathelin.

Voy. « Farce de maître Pathelin », V, 433, *f.*

Maître Pierre, ou jeunesse et folie; histoire plus que véritable; précédée d'une dédicace à l'auteur de « l'Enfant du carnaval ». (Par Mme GUÉNARD.) *Paris, Durosiers,* an XI-1803, 3 vol. in-12.

Maîtresse (la) Clé du royaume des cieux, qui est une clé d'or d'Ophir, enrichie des perles du plus grand prix. (Par Gabriel D'ARTIS.) *Londres,* in-8. V.T.

Catalogue de Duquesnoy, nº 82.

Maîtresses (les) Filles, ou les pères à l'école, folie en un acte, mêlée de couplets. Par M. D*** (J.-B. DUBOIS), représentée pour la première fois sur le théâtre de la Gaîté, le 1er décembre 1814. *Paris, Barba,* 1814, in-8, 32 p.

Major (le) du régiment de Forez, ou le chevalier de Barruel-Beauvert, drame historique, en prose. (Par le comte A.-J. DE BARRUEL-BEAUVERT.) *Genève,* an XIII-1805, in-8.

Major (du) général Martin. (Par M. Aug. GASTINE.) *Lyon, impr. de L. Boitel.* (1843), gr. in-8, 14 p.

Extrait de la « Revue du Lyonnais ».

Majorats (les) dans la Charte, ou réponse à la brochure de M. Lanjuinais, intitulée : « la Charte, la Liste civile et les Majorats », par C. B. V. (Charles BARBANÇOIS VILLEGONGIS). *Paris, Grégoire,* mai 1819, in-8, 58 p.

Mal-assigné (le). (Par Nicolas CATHERINOT.) *S. l. n. d.,* in-4, 4 et 12 p.

Mal (le) et le Remède. (Par J.-R.-P. SARRAN.) *Paris, imp. de A. Boucher,* 1826, in-8, 136 p.

La seconde édit., publiée en 1827, porte le nom de l'auteur.

Mal (le) et le Remède, ou les pensées consolantes d'un citoyen français, touchant la béatitude et la réprobation éternelles. (Par JANNE.) *Paris, Vente,* an IX-1801, in-8.   D. M.

Malade (le) du temps, ou le théocrate ardennois. (Par l'abbé F.-X. DE FELLER.) *Bruxelles, Lecharlier*, in-8, 99 p.

Malade (le) imaginaire, comédie meslée de musique. (Par MOLIÈRE.) *Paris, Guill. Adam*, 1674, in-4.

Ce sont seulement les intermèdes de la comédie. Edition originale.

Malades (les) de belle humeur, ou lettres divertissantes écrites de Chaudray. (Par l'abbé L. BORDELON.) *Paris, Brunet*, 1697, in-12, 6 ff. lim. et 424 p. — *Lyon, Jacq. Guerrier*, 1698, in-12, 6 ff. lim. et 424 p.

Maladie (de la) d'amour.

Voy. « des Causes et des Remèdes de l'amour », IV, 542, a.

Maladie (la) de la France. (Par Jacques LESCHASSIER.) *S. l. n. d.*, in-8, 38 p.

Réimprimé avec le nom de l'auteur. *Paris, P. Durand*, 1618, in-8.

Maladie des pommes de terre. (Par Victor CHATEL.) *Caen, imp. E. Poisson* (1854), in-8, 14 p.

Maladie des pommes de terre, des moyens de la prévenir et de tirer parti des tubercules malades ou gelés. (Par M. DEBREUZE, depuis suppléant au juge de paix de Bar-sur-Seine.) *Bar-sur-Seine, Saillard*, 1847, in-18, 48 p.

Maladie (la) du roi. Ode. (Par GORDON DE BACQ.) *S. l.* (1744), in-8, 4 p.

Maladies contagieuses, guérison et préservation; par le Dr J. C... (J. CARNET), ancien interne des hôpitaux de Paris... *Paris, Dentu*, 1867, in-18.

Maladies de la littérature française, consultation sur son état actuel. (Par J.-J. VIREY.) *Paris, Ponthieu*, 1826, in-8, 40 p.

Maladies des femmes et des enfans, avec un Traité des accouchemens, tiré des Aphorismes de BOERHAAVE, commentés par VAN-SWIETEN, traduits et augmentés de quelques notes et observations, par M. A. L***** (Alphonse LE ROY), D. M. M. *Paris, d'Houry*, 1769, 2 vol. in-12.

Maladrerie de La Neuville, abbaye de Montreuil-sous-Laon, sainte face. (Par ROUIT.) *Laon, Ed. Fleury et Ad. Chevergny*, in-8, 43 p.

Extrait du « Bulletin de la Société académique de Laon », 1853.

Mal-adroit (le), ou Lettres du comte de Gauchemont. (Par le marq. DE LA SALLE.) *Paris, Debray*, 1788, 2 vol. in-12.

Malagrida, tragédie en trois actes et en vers; traduite du portugais. (Par l'abbé Pierre DE LONGCHAMPS.) *Lisbonne, de l'imprimerie de l'Inquisition*, 1763, in-12, 72 p.

Malagutti et Ratta, ou les deux ultramontains, poëme. (Par A. BARTHÉLEMY.) *Paris, Pinard, imp.*, 1826, in-8, 16 p.

Malborough au Sallon du Louvre, première édition, contenant discours préliminaire, chansons, anecdotes, querelles, avis, critiques, lettre à Mlle Julie, changement de têtes, etc., etc. Ouvrage enrichi de figures en taille-douce. (Par L.-A. BEFFROY DE REIGNY.) *A Paris, aux dépens de l'Académie royale de peinture et de sculpture, et se trouve au Louvre, sur les quais de Gèvres et des Augustins, au palais Marchand, aux faubourgs comme à la ville, à Amsterdam, à Constantinople, à Londres, à Rome et enfin par toute la terre*, 1783, in-8, 32 p.

Maldeghem la Loyale. Mémoires et archives publiés par madame la comtesse DE LALAING, née comtesse DE MALDEGHEM. *Bruxelles, Wouters*, 1849, in-8, VIII-469 p.

Recueillis et mis en ordre par M. Emile GACHET.

Malédiction (la) paternelle, ou l'ombre de mon père, traduit de l'anglais de mistr. Eliz. BENNETT, par Mme P*** (Julie PÉRIN). *Paris, Dentu*, 1809, 5 vol. in-12.

Malédiction (la) paternelle, ou la perfidie d'une belle-mère; histoire véritable des malheurs d'Hurtado et de Miranda. Par l'auteur d'« Irma » (Mme GUÉNARD). *Paris, Durosiers, Lerouge*, an IX-1801, 2 vol. in-12.

Malentendu (le), ou il ne faut jurer de rien, comédie-proverbe en un acte et en prose. (Par J.-F. SEDAINE, neveu.) *Amsterdam et Paris, Cailleau*, 1783, in-8.

Malesherbiana, ou recueil d'anecdotes et pensées de Chrétien-Guillaume de Lamoignon-Malesherbes: par C....., d'Aval... (COUSIN, d'Avalon). *Paris, Pillot*, an X-1802, in-18, 143 p.

Malfilâtre. Drame historique en un acte. Par A. H. (A. HOPE). *Paris, Barba*, 1837, in-8, 20 p.

Malhech-Adel, drame en trois actes, représenté pour la première fois, le jeudi

7 novembre 1816, sur le théâtre de la Porte-Saint-Martin. Par MM. A.-J. Le Roi et *** (M.-N. Balisson de Rougemont). *Paris, Barba*, 1816, in-8, 44 p.

Malherbe, comédie en un acte, mêlée de vaudevilles, par MM. Georges Duval et V*** (Pierre-Ange Vieillard). Représentée pour la première fois, sur le théâtre des Variétés... le samedi 27 mai 1809. *Paris, Lecouvreur*, 1809, in-8, 39 p.

Malheur et Bonheur, roman moral. (Par J.-C.-R. de Montjay.) *Paris*, 1802, in-12.
V. T.

Malheureux (le) imaginaire, proverbe dramatique en un acte et en vers libres. (Par A.-J. Ducoudray.) *Paris, Cailleau*, 1777, in-8.

Malheurs (les) d'un amant heureux, ou mémoires d'un jeune aide de camp de Napoléon Bonaparte, écrits par son valet de chambre (Mme S. Gay). *Paris, Boulland et Tardieu*, 1823, 3 vol. in-8.

Malheurs (les) d'une famille émigrée. Par l'auteur des « Orphelines de Flower Garden.» (Mme Cazenove d'Arlens). *Paris, Cogez*, an IX-1801, 3 vol. in-12, fig.

Malheurs (les) d'une libérée. Par L********* (L.-F. L'Héritier, de l'Ain). *Paris, Tenon*, 1829, in-12, 2 ff. de tit. et 245 p.

Malheurs (les) de l'amour. (Par la marquise C.-A. Guérin de Tencin et Ant. Ferriol de Pont de Veyle.) *Amsterdam* (*Paris*), 1747, 2 vol. in-12.

Malheurs (les) de l'amour, ou mémoires d'une femme. (Par P.-J.-B. Dalban.) *Paris, Le Normant*, 1817, in-12, 96 p.

Malheurs (les) de l'amour; première nouvelle, Éléonor d'Yvrée. (Par Mlle Bernard, aidée de Fontenelle.) *Paris, Mich. Gueroult*. 1687, in-12.

Réimprimé dans la « Bibliothèque de campagne », t. II.

Malheurs (les) de l'inconstance, ou lettres de la marquise de Syrcé et du comte de Mirbelle. (Par C.-J. Dorat.) *Paris, Delalain*, 1772, 2 vol. in-8.

Malheurs de la famille d'Ortemberg; trad. de l'anglais de P. Will, d'après l'allemand de Kotzebue. Par F. G*** (F.-J. Goffaux). *Paris, Le Normant*, 1801, 3 vol. in-12.

Malheurs (les) de la jeune Émilie, pour servir d'instruction aux âmes et vertueuses

et sensibles. (Par Charlotte Chaumet, présidente d'Ormoy). *Paris*, 1777, 2 vol. in-12.

Quelques exemplaires portent le nom de l'auteur.
On trouve de curieux détails sur cette dame et sur son roman dans les « Rêveries du promeneur solitaire », seconde promenade. Voy. les « Œuvres » de J.-J. Rousseau, avec des notes historiques (par L.-G. Petitain). *Paris, Lefèvre*, 1819, in-8, t. III, p. 242.

Malheurs (les) du jeune Werther. Traduit de l'allemand (de J.-W. Goethe.) *Paris, libraires associés*, 1792, in-18, 214 p.

Contient 76 lettres. Les pages 197 et suivantes sont occupées par des « Observations du traducteur sur Werther et sur les écrits publiés à l'occasion de cet ouvrage ».

Malheurs (les) du Souverain Pontife Pie VI. (Poëme par J.-L. Brad.) *Grenoble, J.-M. Cuchet* (1802), in-8.

Malheurs (les) et les Espérances de Marseille ; par S. P. (Sabin-Peragallo), ancien négociant de Marseille... *Paris, Delaunay*, 1814, in-8, 55 p.

Malounothombiade (la), pot-pourri satirique en quatre-vingt-dix-neuf couplets et peut-être davantage. (Par Wuillot, de Paturages, plus connu sous le pseudonyme ce « poëte borain ».) *Bruxelles, au bureau du « Charivari belge »*, s. d., 3 livraisons in-8, de 10, 8 et 8 p.
J. D.

Malpas, ou le poursuivant d'amour, par l'auteur du « Cavalier ». (Traduit de l'anglais de Lee Gibbon, par Dubergier.) *Paris, Tenon*, 1826, 5 vol. in-12..

Malte, par un voyageur français (le chevalier F.-E. de Saint-Priest). S. l., 1791, in-8.

Note manuscrite.
Par Destournelles, d'après Quérard.

Malthe suppliante aux pieds du roy, contre l'autheur de l'Abbrégée des mémoires présentés à S. M. pour la réunion de la grand'Maistrise de l'Ordre Sainct Jean de Hiérusalem a sa couronne. (Par Anne de Naberat.) *Paris*, 1627, in-4, tit. gravé.

Maltilda, ou la tour mystérieuse, par Sarrah-Lansdell. Trad. de l'anglais par le traducteur de l' « Abbesse » (de Gouve, maire de Saint-Leu-Taverny). *Paris, Pigoreau*, 1815, 3 vol. in-12.

Malvina, ou l'instinct du cœur. (Par la duchesse Marianne de Wurtemberg, née princesse Czartoryska.) Roman traduit du polonais par une Polonaise (NAKWASKA). *Varsovie*, 1817, 2 vol. in-8.   A. L.

Malvina. Par la cit. *** (Mar.-Jos. RISTEAU, dame COTTIN). *Paris, Maradan*, an IX-1801, 4 vol. in-12.

Souvent réimprimé avec le nom de l'auteur.

Mam' Benoît à la représentation de « Sujet et Duchesse » (pot-pourri, partie en prose, par Eug. MOREAU). *Paris, impr. lithogr. de Fourquemin*, 1836, in-8, 8 p.

Voy. « Supercheries », I, 890, c.

Mammon, ou l'amour de l'argent considéré comme le péché dominant dans l'Eglise chrétienne, par M. HARRIS, trad. librem. de l'angl.... (par Mlle Herminie DE CHAVANNES). *Lausanne*, 1850, in-8, 103 p.

Mandarin (le) chinois en Europe. (Par DUBOURG.)

Voy. l' « Espion chinois », V, 176, b.

Mandarin (le) Kinchifun, histoire chinoise, par M. de *** (le marquis DE BONNAC), gentilhomme de la chambre du Preste-Jean. *Dieppe, veuve de Lormois*, s. d., in-12, 30 p.   D. M.

Mandarinade (la), ou Histoire comique du mandarinat de M. l'abbé de Saint-Martin, marquis de Miskou... *La Haye, P. Paupie*, 1738, in-12, avec portr. — Tome second. *Ibid.* 1739. — Les Démêlés de M. l'abbé de Saint-Martin, docteur en théologie, etc., avec MM. de Lasson et d'Engranville, etc., pour servir de suite au second tome de la « Mandarinade ». *La Haye*, 1739, in-12.

L' « épître dédicatoire aux habitants de la ville de Caen », placée en tête de la première partie, est signée : CENSORINUS PHILALETHES, masque de Ch.-Gabr. PORÉE, de l'Oratoire.
Une nouvelle édition de la première partie seule est datée de *Siam et Caen, Manoury fils*, 1769, in-12.
Voy. « Supercheries », I, 684, d.

Mandement de monseigneur l'archevêque de Paris, qui proscrit l'usage des œufs rouges, à commencer du vendredi dans l'octave de l'Ascension inclusivement, jusqu'à la résurrection des morts inclusivement. *Paris, veuve Simon*, 1772, in-12.

J.-M. AUGEARD, p. 65 de ses « Mémoires secrets », publ. par M. Evar. Bavoux, *Paris*, 1866, in-8, se reconnait l'auteur de cette facétie, qui est reproduite dans le « Maupeouana ». Voy. ce titre.

Mandement de S. E. le cardinal MAURY, pour ordonner qu'un *Te Deum* sera chanté solennellement dans la métropole, ainsi que dans toutes les églises de la ville et diocèse de Paris, conformément aux pieuses intentions de S. M. l'impératrice-reine, et régente; suivi d'une réponse à ce mandement. *Londres*, 1813, in-8, 23 p.

La réponse est signée : L. M. D. L. M. F. (le marquis L. DE LA MAISONFORT).
Elle a reparu séparément sous le titre de : « Lettre à S. Em. le cardinal Maury... » Voy. V, 1117, d.

Mandement du Ciel aux Églises égarées, complément du « Livre des manifestes ». (Par CHAIX DE SOURCESOL.) *L'an Ier du nouvel empire de France et de l'ère chrétienne* 1804, in-12.

Voy. « le Livre des manifestes... », V, col. 1329, b.

Mandement (le) du Ciel en présence des mandements de la terre, ou Dieu défiant la majorité des prêtres qui l'ignorent, par son Œuvre de la miséricorde qui le glorifie... (Par A. MADROLLE.) *Paris, Garnier frères*, 1851, in-12, 19 p.

Mandevie. (Par Jean DUPIN.)

Voy. « Livre de bonne vie », V, col. 1323, b.

Mandrinade (la), ou histoire curieuse, véritable et remarquable de la vie de Louis Mandrin. *A Saint-Geoirs*, 1755, in-12, 48 p.

Voy. « Abrégé de la vie de Louis Mandrin... », IV, 33, f.

Mânes (les) de Pierre le Grand au couronnement d'Alexandre, cantate. *Moscou, Selivanowsky*, 1801, in-8, 17 p.

Signé : l'abbé P****.
Par l'abbé PÉRIN, prêtre émigré, alors attaché à la paroisse française de Saint-Louis des Français, à Moscou, depuis grand vicaire du diocèse de Versailles, où il est mort.
L'abbé Périn est auteur de quelques ouvrages, dont on trouve l'indication dans Quérard, « Fr. litt. », VII, 52.   A. L.
Les « Supercheries », III, 9, c, attribuent, sans doute par suite d'une mauvaise transcription, cet ouvrage à l'abbé PILLARD.

Manie (la) des drames sombres, comédie en trois actes, en vers; représentée à Fontainebleau, devant Leurs Majestés, par les comédiens français, sous le nom du « Dramaturge », le 29 octobre 1776. (Par Mich. CUBIÈRES-PALMEZEAUX.) *Paris, Ruault*, 1788, in-8, 2 ff. lim. et 101 p.

Réimprimé dans les « Œuvres » de l'auteur sous le titre de « le Dramaturge, ou la Manie... »

Manière d'absoudre de l'hérésie et comme elle se pratique dans les maisons des nouveaux et nouvelles catholiques. Avec les preuves des articles de la profession de foi. Par l'authorité de Monseigneur l'archevêque de Paris. (Par le R. P. Herman KRATTMAN, de l'ordre des FF. prêcheurs, aumônier et prédicateur du roi pour les nations septentrionales.) *Paris*, 1685, in-8.

Manière d'allaiter les enfans à la main, au défaut des nourrices, traduite de l'italien de BALDINI (par J.-B. LE FEBVRE DE VILLEBRUNE). *Paris, Buisson*, 1786, in-12.

Manière (de la) d'apprendre les langues. (Par l'abbé Cl.-Fr. LIZARDE DE RADONVILLIERS.) *Paris, Saillant*, 1768, in-8. — *Paris*, 1802, in-8.

Manière (la) d'avoir de l'argent. Très-utile à toutes gens et pour vivre vertueusement. (Par GIRAUD.) *S. l. n. d.*, in-8 goth., 4 ff.

En vers.

Manière (de la) d'écrire l'histoire, par l'abbé DE MABLY, avec la critique de cet ouvrage, sous le titre de « Supplément », par G** DE L. B*** (Paul-Phil. GUDIN DE LA BRENELLERIE). (*Kehl*), 1784, 2 vol. pet. in-12.

Manière d'employer le remède anti-cholérique du Nord. *Metz, impr. de Dieux, s. d.*, in-8, 1 f. — *Metz, impr. de Nouvian, s. d.*, in-8, 1 f.

Signé : DEF..... (DEFONTAINE), doyen curé.

Manière d'enluminer l'estampe posée sur toile, par M. L. B. D. S. J. (L.-G. BAILLET DE SAINT-JULIEN). *Londres*, 1773, in-8, 18 p.

Manière (de la) d'enseigner et d'étudier les belles-lettres par rapport à l'esprit et au cœur, par ROLLIN; nouv. édit. (avec une notice sur la vie et les écrits de l'auteur, et des notes, par Philibert GUENEAU DE MUSSY et A. RENDU). *Paris*, 1805, 4 vol. in-8 et in-12.

Manière de bien juger dans les ouvrages de peinture, ouvrage posthume de l'abbé LAUGIER. (Publié avec des notes, par C.-N. COCHIN.) *Paris, Jombert fils*, 1771, in-12.

Voyez la préface de la traduction des 34e, 35e et 36e livres de Pline l'Ancien, par Etienne Falconet, seconde édition. *La Haye*, 1773, p. xx et suiv.

Manière (la) de bien penser dans les ouvrages d'esprit. Dialogues. (Par le P. Dom. BOUHOURS.) *Paris, veuve Sébastien Mabre-Cramoisy*, 1687, in-4. — Seconde éd. *Ibid., id.*, 1688, in-12.

Souvent réimprimé.

Voy. de Backer, 2e édit., I, col. 814, pour le détail des éditions et des publications auxquelles cet ouvrage a donné lieu.

Manière de bien régler les montres tant simples qu'à répétition. Par le sieur *** (JOLIN). *Orléans, Ch. Jacob*, 1748, in-12.

Manière (la) de bien vivre dévotement pour chascun iour. (Par Jean QUENTIN.) pet. in-4 goth., 6 ff.

L'auteur est nommé au second feuillet.

Voy. Brunet, « Manuel du libraire », 5e édit., IV, 1009.

Manière de bien vivre pour bien mourir et se préparer à la mort jusques au dernier soupir, avec ce qui suit après la mort, etc. (Par Joseph DELACROIX.) *Valenciennes, Jean Boucher*, 1664, in-8.

D. M.

Manière de connoitre et de traiter les principales maladies aiguës qui attaquent le peuple. (Par Fr. RICHARD DE HAUTESIERCK.) 1777, in-12.

Manière (la) de converser avec Dieu. (Par le P. BOUTAULD.)

Cet ouvrage, qui a été faussement attribué au célèbre FOUQUET (voy. IV, 699, *f*), est plus qu'un simple extrait des « Conseils de la sagesse » du même auteur.

Manière de convertir les pécheurs. (Par Ant. LE FELON.) *Paris*, 1701, in-12.

Catalogue manuscrit de l'abbé Goujet.

Manière de cultiver les arbres fruitiers, par le sieur LE GENDRE, curé d'Hénouville (en Normandie). *Paris, Ant. Vitré*, 1652, petit in-12. — Nouvelle édition, augmentée de l'Instruction sur les arbres fruitiers, par M. R. T. P. D. S. M. (R. TRIQUET, prieur de Saint-Mars). *Paris, de Beaujeu*, 1672, in-12.

LE GENDRE est le pseudonyme de Rob. ARNAULD D'ANDILLY.

Voy. « Supercheries », II, 729, *a*.

Manière de donner le quinquina aux pauvres, pour les guérir de toutes sortes de fièvres intermittentes. (Par J. A. HELVÉTIUS.) *Versailles, imp. de F. Muguet*, 1686, in-4, 3 p. — *Id.*, 1687, in-4, 4 p.

Manière (la) de faire les solaires, que communément on appelle quadrans. (Par Elie VINET.) *Poitiers*, 1564, in-4.

Manière (de la) de graver à l'eau-forte et au burin, et de la gravure en manière noire, par Abraham BOSSE, graveur du roi; nouv. édit. augm. de l'impression qui imite les tableaux, de la gravure en manière de crayon, et de celle qui imite le lavis (par C.-N. Cochin). *Paris*, 1758, in-8.

Manière de nourrir les vers à soie. (Attribuée à J. Galle.) *Paris*, 1666, in-fol. obl.

« Bibliographie entomologique », par Ch. Nodier, *Paris*, an IX-1804, in-12.
Douteux.

Manière de parler la langue françoise selon ses différens styles, avec la critique de nos plus célèbres écrivains en prose et en vers, et un petit traité de l'orthographe et de la prononciation françoise. *Lyon, Rey*, 1697, in-12.

La dédicace est signée : A. R** (André Renaud).
L'auteur a fait un carton pour les pages 349-352, qui renfermaient des plaisanteries de mauvais goût contre les approbateurs de livres.
L'exemplaire de la Bibliothèque nationale, provenant du médecin Falconet, contient le carton et, à la fin du volume, les quatre pages remplacées.

Manière de perfectionner les voitures. (Par Armand-Jacques Dupin, de Chenonceaux, fils de C. Dupin.) 1753, in-8, 23 p.

Manière (de la) de poursuivre les crimes dans les différens tribunaux du royaume, avec les lois criminelles de la France. (Par Claude-Jos. Prévost et J. Meslé, avocats.) *Paris*, 1739, 2 vol. in-4.

Manière de prêcher selon l'esprit de l'Evangile. (Par le P. Albert, de Paris, capucin.) *Paris, Couterot*, 1701, in-12.

« Jugemens des savans », par Gibert, liste des auteurs dont il n'a pas cru devoir parler, t. III, p. x.
La première édition fut publiée à Paris, sous ce titre : « la Véritable Manière de prêcher... » Voy. ces mots.
Cet ouvrage a été réimprimé aussi à Lyon, en 1704 et en 1730.

Manière de prier Dieu, etc., traduite du latin d'Erasme (par Claude Bosc). *Paris, de Nully*, 1713, in-12.

Manière de réciter l'Oraison-dominicale dans les divers états et selon les différentes situations de la vie. (Par le P. Jean Lattaignant, jésuite.) *Paris*, 1721, in-12.

Ce livre souffrit quelques difficultés, et il ne passa qu'après des retranchements et des corrections.

Manière de réduire en table la solution de tous les triangles sphériques. (Par le P. Esprit Pézenas). *Avignon, J. Aubert*, 1772, in-4, 16 p.

Manière de se servir des tablettes fébrifuges distribuées par ordre du roi dans les hôpitaux militaires. (Par Guérin.) *Paris, imp. royale*, 1757, in-4, 2 p.

Réimprimé avec le nom de l'auteur.

Manière (la) de tenir le chapitre général de l'ordre de Cîteaux. (Par dom Louis Méchet.) *Paris, E. Léonard*, 1683, in-4.

Manière (la) de tourner en langue françoise les verbes actifz, passifz, gerondifz, etc., les noms, pronoms et participes. (Par Rob. Estienne.) *Paris, R. Estienne*, 1540, in-8. — *Lutetiæ, G. Auvray, s. d.*, in-8.

Manière et Fasson quon tient en baillant le sainct baptesme en la saincte congrégation de Dieu... (Par Guillaume Farel.) *Neufchastel, Pierre de Vingle*, 1533, petit in-8 goth., 44 ff.

Voy. Gaullieur, « Typographie genevoise », p. 129, et Brunet, « Manuel du libraire », 5e éd., III, 1366.

Manière (de la) la plus favorable d'effectuer les emprunts, qui seront nécessaires... par un député du bailliage de Nemours à l'Assemblée nationale (Dupont, de Nemours). *Paris, Baudouin*, 1789, in-8, 16 p.

Manière très-dévote d'honorer la sainte mère Séraphique-Marie-Magdeleine de Pazzi cinq vendredis de suite... Traduite de l'italien du Sr Solazzi, par F. C. D. L. P. R. C. (F. Charles de la Présentation, religieux Carme). *Liége, Hovius*, 1671, in-12.

Manifestation (la) de l'esprit de vérité. *S. l.*, 1819, in-8, 152 p.

Le nom de l'auteur, Alexis Dumesnil, se lit aux pages 121 et 152.

Manifeste au roi, contenant quel doit être le conseil d'un prince. A la gloire du parlement, par L. S. D. T. (le sieur Du Teil). *Paris, D. Langlois*, 1649, in-4, 8 p.

Manifeste au sujet de la conspiration découverte à Berne, en juillet 1749. (Traduit de l'allemand de A.-L. de Wattenville ou Wattenwyl, par Loys de Bochat.) *Berne*, 1749, in-4.

Manifeste de joye, sur l'heureux retour de la royne, à Paris. Présentée à Sa Majesté, par le sieur de B*** (de Bonnefont). *Paris, A. Bacot*, 1620, in-8, 16 p.

Réimprimé avec le nom de l'auteur.

Manifeste (le) de l'autheur qui a composé le Manifeste de Monseigneur le prince de Codé (*sic*), pour servir d'instruction à ceux qui l'ont leu, touchant les affaires d'Estat qu'il a traitées. (Par Mathieu du Bos.) *S. l.* (1651), in-4, 23 p.

Manifeste de l'Eglise romaine dans le monde politique... par l'auteur de la

« Législation générale de la Providence »
(A. MADROLLE). *Paris, Hauquelin,* 1845,
in-4.

Manifeste de l'électeur de Bavière. (Par
l'abbé J.-B. DU BOS.) *S. l.,* 1704, in-12.

Voy. ci-après, « Manifeste de S. A. E... »

Manifeste de l'hospital général de
Bourges. (Par Nicolas CATHERINOT.) *S. l.
n. d.,* in-4.

Manifeste de la loyauté française, adressé
à tous les potentats coalisés pour lui faire
la guerre. *S. l.* (1790), in-8, 2 p.

Signé : PITHOU.

Manifeste de la royne mère. (Par Mathieu DE MORGUES.) *Bloys,* 1618, in-8, 22 p.

Cet ouvrage a été aussi publié sous les titres suivants : « la Restauration de l'Estat », *s. l.,* 1617,
in-8, 30 p.; « le Rétablissement de l'État », *en
France, chez le bon François,* 1618, in-8, 32 p.;
« Consolation aux bons François, vrais et fidèles servi-
teurs du roi, sur la manutention et restauration de
l'Etat », *s. l.,* 1618, in-8, 32 p.

Manifeste de la souveraine raison, cette
dominatrice du genre humain, à tous les
rois et potentats de l'Europe, etc. *Mars*
1789, in-8, 69 p.

Même ouvrage, sauf quelques pages ajoutées au commencement, que celui qui est intitulé : « Adresse au
clergé welche ». (Par le vicomte D'AUBUSSON.) Voy.
IV, 70, *c.*

Manifeste (le) de Mademoiselle, présenté à Son Altesse royale. *Paris, J. Bellay,* 1652, in-4, 8 p.

Il y a une autre édition sous ce titre : « le Manifeste de Mademoiselle, présenté aux cœurs généreux,
par le sieur C. PERRET. » *Paris, J. Bellay,* 1652,
in-4, 16 p.

Manifeste (le) de monseigneur le duc de
Beaufort, par lequel il déclare se joindre
à S. A. R., au parlement et à la ville de
Paris. (Par le cardinal DE RETZ.) *Paris,*
1652, in-4, 15 p.

Manifeste de S. A. E. de Bavière (par
l'abbé J.-B. DU Bos) ; la lettre de S. A. E.
de Cologne à S. M. I. du 19 mars 1702,
en latin et en françois, avec des additions
(depuis la p. 45, par le baron KERG, abbé
du Mont-Saint-Michel, grand-chancelier
et premier ministre de l'électeur de Cologne). 1705, in-8.

(Note manuscrite de l'abbé Lenglet du Fresnoy.)
Casimir Freschot a publié : « Réponse au Mani-
feste, etc. » Voy. ces mots.
Voy. ci-dessus, « Manifeste de l'électeur... »

Manifeste des catholiques français sur
le devoir de soumission aux puissances,

ou traité des devoirs catholiques dans les
révolutions. (Par A.-M. MADROLLE.) *Paris,
Decourchant,* 1831, in-8.

Réimprimé la même année, avec le nom de l'auteur,
sous ce titre : « Traité des devoirs catholiques dans les
révolutions ».

Manifestes des puissances alliées. (Par
J.-B. CANBERLYN D'AMOUGIES.) (*Gand,*
1815), in-8.   J. D.

Manifeste du gouvernement américain
(10 févr. 1815), ou causes et caractères de
la dernière guerre d'Amérique avec l'Angleterre, par James MADISSON, président
des Etats-Unis, et traduit sur la onzième
édition anglaise, par l'auteur de « la Décadence de l'Angleterre » (Ch. MALO). Seconde édition. *Paris, Plancher,* 1816, in-8,
156 p.

Manifeste du roi de Portugal ; contenant les erreurs impies et séditieuses que
les Religieux de la Compagnie de Jésus ont
enseignées aux criminels qui ont été punis
et qu'ils se sont efforcés de répandre
parmi les peuples de ce royaume. (Traduit par P. J. PINAULT.) *Lisbonne, imp.
de M. Rodriguez, s. d.,* in-12, 47 p. — *Id.,*
in-12, 81 p.

La 2ᵉ éd. est suivie du texte portugais, qui a un
titre particulier qui porte : « Erros impios e sedicio-
sos... » La pagination continue.

Manifeste et Déclaration de la noblesse
de Prouence, contenant les causes qui
l'ont meuë de prendre les armes contre
le sieur d'Espernon. (Par le sieur CASTEL-
LANE DE BESAUDUN.) *S. l.,* 1595, in-8,
35 p.

Manifeste, ou notable discours que dom
F. DE S. (dom François DE SILVES), ci-
devant ministre d'Etat... a fait à tous les
peuples d'Espagne... touchant l'élection
du souverain qu'ils doivent avoir, après
la mort du roi. *S. l.,* 1630, in-4.

Manifeste pour le seigneur de Coulons
sur Oron. (Par Nicolas CATHERINOT.) *S. l.
n. d.,* in-4.

Manlius Capitolinus, tragédie représentée pour la première fois en 1698. (Par
Ant. DE LAFOSSE.) *S. l. n. d.,* in-12,
84 p.

Réimprimée avec le nom de l'auteur.

Manloverana. 1762, in-8.

Cet ouvrage est le même que celui qui a pour titre :
« la Paix générale, ou considérations du docteur MAN-
LOVER, d'Oxford, mises en françois par M. MAUBERT
DE GOUVEST. » *De l'imprimerie du futur Congrès.*
1762, in-8.

Manne (la) céleste de l'âme, ou méditations sur des passages choisis de l'Ecriture sainte, traduites de l'italien du P. Segneri, jésuite (par le P. Léau, jésuite). *Heidelberg*, 1719, 4 vol. in-4. — *Paris, Hérissant*, 1779, 4 vol. in-12.

Cette traduction parut pour la première fois en 1713, sous le titre de « Méditations », etc. Voyez ces mots.

Manneken-Pis au Salon de Bruxelles de 1863, par les membres du club Yellow-boy (Félicien Rops et Emile Leclercq), auteurs de « Manneken-Pis au Salon de 1860... » *Bruxelles, Office de publicité*, 1863, in-8. J. D.

Mannequins (les), conte ou histoire, comme l'on voudra. (Attribué au comte de Provence, depuis Louis XVIII.) *S. l.* (1777), in-8, 36 p. — *Id.*, in-8, 37 p. — *Id.*, in-8, 32 p.

Manoël. (Par M. Alphonse Royer.) *Paris, A. Ledoux*, 1834, 1835, in-8.

Manœuvres à l'usage de l'infanterie. (Par Ayral-Bonneville.) *Lille, imp. de Boubers, s. d.*, in-18.

Manoir (le) de Beaugency, ou la vengeance. (Par Mlle Clémentine Mame.) *Paris, Mame-Delaunay*, 1832, in-8, fig.

Manoir (le) de Beaurepaire. Imité de l'anglais de Ch. Reade (par P.-D. Dandely et Mlle Dandely.) *Liége, Desoer*, 1860, 4 vol. in-16.

Publié d'abord en feuilletons dans le « Journal de Liége ». Ul. C.

Manoir et Presbytère, par l'auteur de « Charité Helstone » (Mme Carey Broke) ; traduit de l'anglais par Mlle H. Janin. *Genève, F. Richard*, 1872, in-12.

Manon Lescaut, ballet-pantomime en trois actes. (Par MM. A.-E. Scribe et Aumer.) Musique composée par M. Halévy... Représenté pour la première fois sur le théâtre de l'Académie royale de musique, le 30 avril 1830. *Paris, Bezou*, in-8, 4 ff. lim. et 43 p.

Manon Lescaut et le chevalier Desgrieux, mélodrame en trois actes de MM*** (Etienne Gosse)... Représenté pour la première fois, à Paris, sur le théâtre de la Gaîté, le 16 novembre 1820. *Paris, Barba*, 1820, in-8, 70 p.

Mansarde (la), par Mme Emilie Carlen. Trad. du suédois (par P.-D. Dandely et Mlle Dandely). *Liége, Desoer*, 1855, in-12, 288 p.

Publié d'abord en feuilletons dans le « Journal de Liége ». Ul. C.

Manteau (le) bleu, publié par le prince E. de G. (Emmanuel de Galitzin). *Paris, Dentu*, 1837, in-18.

Manteau (le) écarlate, ou le rêve supposé, comédie-proverbe en un acte. (Par J.-F. Sedaine, neveu.) *Paris, Cailleau*, 1784, in-8.

Manteaux (les). (Recueil par le comte de Caylus.) *La Haye*, 1746, 2 part. in-8, fig. — *Londres et Paris, Costard*, 1775, in-12.

Mantice, ou discours de la vérité de divination par astrologie. (Par Ponthus de Thyard.) *Lyon, J. de Tournes et G. Gazeau*, 1558, in-4, 8 ff. lim. et 97 p. — *Paris, Galiot du Pré*, 1573, in-4.

Manuel à l'usage des catéchismes des paroisses de Saint-Sulpice, de Saint-Etienne du Mont... (Par l'abbé L. de Sambucy.) *Paris*, 1806, in-12.

Réimprimé sous le titre de : « Manuel complet ». *Paris*, 1810, in-12.

Manuel à l'usage des fidèles de la paroisse de Saint-Pierre, de la ville d'Ancenis, associés aux confréries du Rosaire, du Scapulaire, et des Sacrés-Cœurs de Jésus et de Marie, érigées dans ladite église. (Par l'abbé René-Joseph Urien, curé d'Ancenis.) *Nantes, Busseuil*, 1824, in-18.

Catalogue de Nantes, n° 51410.

Manuel alphabétique des maires, de leurs adjoints et des commissaires de police. (Par Ch.-H.-Fréd. Dumont.) *Paris, Garnery*, an XIII-1805, 2 vol. in-8.

Plusieurs fois réimprimé.

Manuel (le) amusant, par l'auteur de « l'Elu et son Président », de « Robinson dans son isle », etc. (Savin). 2e édit. *Londres et Paris*, 1771, 2 vol. in-12. A. L.

Manuel belge du propriétaire et du locataire à la ville et à la campagne... (Par Bazoche-Dumenil.) *Bruxelles, Méline*, in-18. J. D.

Manuel bénédictin. (Par dom A.-J. Pernetti.) 1754, in-8.

Manuel bibliographique des amateurs. (Par N.-L. Moutard, libraire.) *Paris*, 1780, 3 vol. in-8.

Manuel bibliographique du photographe français, ou nomenclature des ouvrages publiés en France depuis la découverte du daguerréotype jusqu'à nos jours, par E. B. de L. (Emile Belier de La Chavignerie). *Paris, A. Aubry*, 1863, in-16.

Manuel bibliographique, ou essai sur les bibliothèques anciennes et modernes, et sur la connoissance des livres, des formats et des éditions, par G. P... (Gabriel PEIGNOT). *Paris, an IX-1800*, in-8.

L'auteur a signé la dédicace.

Manuel chrétien, divisé en cinq parties. (Par le P. CORDIER, de l'Oratoire.) *Paris, Lambert Roulland*, 1690, in-12.

Le même ouvrage, avec des suppressions et des augmentations, a paru sous ce titre : « Manuel chrétien pour toutes sortes de personnes... par un Père de l'Oratoire ». *Paris, Loitin, 1719*, in-12.

Réimprimé en 1736, etc.

Voy. « Supercheries », III, 75, b.

Manuel chronologique et généalogique des dynasties souveraines de l'Europe. (Par le chevalier DE VERGY, chambellan de la reine de Prusse.) *Berlin, de l'imprimerie des frères Wegener*, 1797, in-8.

Manuel constitutionnel pour la province de Hainaut, contenant le traité de Londres... avec des notes et la concordance des articles. (Par Victor et Charles DELECOURT.) *Mons, Hoyois-Derely*, 1829, in-32, 260 p.   J. D.

Manuel d'agriculture pratique. Essai sur la culture des vignes arbustives, dans les pays méridionaux, à l'usage des bestiaux. (Par le comte Math. DEPÈRE.) *S. l. n. d.*, in-8, 38 p.

Manuel d'archéologie religieuse, civile et militaire, par J. O. (OUDIN), curé de B. (Bourron). *Fontainebleau, imp. de Jacquin*, 1841, in-8.

Manuel d'arithmétique ancienne et décimale. (Par François COLLIN, d'Ambly.) *Paris, Ancelle*, 1807, in-18.

Plusieurs fois réimprimé avec le nom de l'auteur.

Manuel d'armement à l'usage des troupes belges. Publié avec approbation du ministre de la guerre. (Par L.-A.-J. VAN MONS, général-major d'artillerie.) *Bruxelles*, 1836. — 2ᵉ édit. *Ibid.*, 1838, in-18.   J. D.

Manuel d'EPICTÈTE (traduit du grec en françois, par G. DU VAIR). *Paris, Abel L'Angelier* (vers 1598), in-18, 59 ff.

Manuel (le) d'EPICTÈTE et le Tableau de CÉBÈS de Thèbes, trad. du grec en vers français (par P.-J.-B. CHOUDARD-DESFORGES). *Paris, an V-1797*, in-4.

Manuel d'EPICTÈTE et Tableau de CÉBÈS, traduits du grec ; présent d'un père captif à ses enfans. (Par A.-G. CAMUS.) *Paris,* *Renouard, an XI-1803*, 2 parties in-18.

Manuel d'EPICTÈTE, précédé de réflexions sur ce philosophe et sur la morale des stoïciens, par M. DE P. (F.-R.-J. DE POMMEREUL), C. a. C. R. d. l'A. (capitaine au corps royal de l'artillerie). *Genève, B. Chirol*, 1783, in-8, 70 p.

Réimprimé à Paris en 1822, in-18, avec le nom de l'auteur.

Manuel (le) d'EPICTÈTE, traduit du grec (par A. DACIER), avec les Commentaires de SIMPLICIUS, le Nouveau Manuel (tiré d'ARRIEN, traduits par le même DACIER), et le Tableau de Cébès (trad. par J.-N. BELIN DE BALLU). *Paris, Bastien*, 1770, in-8.

Manuel d'EPICTÈTE, traduit par M. N. (Jacq.-And. NAIGEON). *Paris, de Bure aîné*, 1782, in-18.

Ce volume est le premier de la « Collection des moralistes anciens ». Voy. IV, 633, c.

Manuel d'exercices intellectuels, destiné aux instituteurs, et pouvant servir également aux mères de famille, par un ancien inspecteur des écoles primaires (Jacques MATTER). *Strasbourg, Mme veuve Levrault*, 1843, in-12.

Manuel d'hygiène militaire, ou recueil des notions applicables à l'entretien de la santé du soldat, publié par les soins d'un médecin de l'armée (Florent CUNIER). *Gand, Vanderhaeghen-Maya*, 1834, in-32, 102 p.   J. D.

Manuel d'infanterie... (Par le colonel E.-A. BARDIN.) Quatr. édit. *Paris, Magimel*, 1814, in-12.

Manuel d'une mère chrétienne, ou courtes homélies sur les épitres et évangiles... par un ancien religieux, docteur en Sorbonne (l'abbé J.-B. LÉCUY). *Paris, Hocquart*, 1822, in-12. — 2ᵉ éd., *Paris, Thiériot*, 1827, 2 vol. in-12.

Manuel de botanique, contenant la propriété des plantes qu'on trouve à la campagne aux environs de Paris, par M. D. (Ant.-Nic. DUCHESNE fils). *Paris*, 1764, in-12.

Manuel de cavalerie... par l'auteur du « Guide des officiers de cavalerie » (le colonel CHATELAIN). *Paris, Didot jeune*, 1817, in-8.

Manuel de dévotion à la sainte Vierge. (Par la comtesse DE SEMALLÉ.) *Paris, imp. de Pochard*, 1826, in-18.

Réimprimé avec le nom de l'auteur. *Paris, Denaix*, 1835, in-18.

Manuel de dévotion à saint Antoine de Padoué. (Par le P. Ed. Tervecoren, jésuite.) *Bruxelles, Goemaere*, 1851, in-12, 299 p.

Manuel de généalogie légale, ou manière de calculer les degrés de parenté dans les partages de successions. . Par Cragnon-Lacoste ; augmenté de notes d'après la jurisprudence et la législation de Belgique, par M. E.. V. . (Émile Verachter), avocat. *Bruxelles, Joostens*, 1852, in-8, 247 p.   J. D.

Manuel de jurisprudence naturelle... (Par Ant.-Nic. Servin.)*Paris, Durand neveu*, 1784, in-12.

Manuel de l'amateur de café, ou l'art de prendre toujours du bon café. Ouvrage contenant plusieurs procédés nouveaux. Par M. H..., (Alexandre Martin). *Paris, Audot*, 1828, in-18.

Manuel de l'archiconfrérie du saint et affligé cœur de Marie, ou nouveau manuel de piété pour la sanctification des âmes pieuses, par le directeur de l'archiconfrérie du saint et affligé cœur de Marie, C. C. M. (Charles Coffineau, mariste). *Nantes, imp. de Hérault, s. d.*, in-8, 16 p.

Cat. de Nantes, n° 38071.

Manuel de l'archisodalité de la Sainte-Famille, . Jésus-Marie-Joseph, canoniquement érigé dans l'église des PP. rédemptoristes, à Liége. (Par le P. Lhoir, rédemptoriste à Mons.) *Liége, H. Dessain*, 1853, 1855, in-8.   J. D.

Manuel de l'artificier. *Paris, Jombert*, 1757, in-12.

La deuxième édition du « Dictionnaire » attribuait cet ouvrage à Perrinet d'Orval. Martin Doisy, dans une note manuscrite, dit à ce propos : « On lit dans l' « Encyclopédie des arts et métiers », au sujet de cet ouvrage : « ... Court abrégé, mais très-méthodique, des Traités de A.-F. Frézier et de Perrinet d'Orval. » La liberté prise par l'auteur de se servir des mêmes planches, en changeant seulement la 10e et la 12e, et en remplaçant la 11e par la 13e, a seule pu induire en erreur, car le style n'a aucun rapport avec les éditions de 1745 et 1750 de l'ouvrage de Perrinet. Ce « Manuel » doit être du libraire C.-A. Jombert, qui l'a annoncé dans ses Catalogues sans en donner la date, ni le nom d'auteur. C'est lui qui plus tard a extrait des ouvrages de Leblond un « Manuel de l'ingénieur et de l'artilleur, ou Dictionnaire..., par M. C.-A. J. », qu'il a imprimé, avec une pagination particulière, à la suite du « Traité de la défense des places » du même auteur, 2e et 3e édit.

Manuel de l'auteur et du libraire. (Par Ant. Perrin.) *Paris, veuve Duchesne*, 1776, in-12, 118 p. et 1 f. de priv.

Voy. « Almanach de la librairie... », IV, 102, e.

Manuel de l'électeur dans l'exercice de ses fonctions. (Par Visinet.)

Voy. « Aide-toi, le ciel t'aidera », IV, 85, a.

Manuel de l'enseignement universel, extrait de l'ouvrage du fondateur sur la langue maternelle. Par un maître d'enseignement universel (V. Jacotot fils). *Paris, l'éditeur*, 1829, in-8, 40 p.

Manuel de l'étranger à Paris, ou le révélateur parisien... Par P. C. (P. Colau). *Paris, Vauquelin*, 1819, in-12.

Manuel de l'étranger qui voyage en Italie.. (Par J.-D. Cassini, quatrième du nom.) *Paris, veuve Duchesne*, 1778, in-12, viii-258 p. et 2 ff. de priv. et d'errata.

Manuel de l'herborisation en Suisse et en Valais, rédigé selon le système de Linné... Par l'auteur de l' « Entomologie helvétique » (de Clairville). *Winterthur, Steiner.* 1811, in-8. — *Genève et Paris, Paschoud*, 1819, in-8.

Manuel de l'histoire ancienne, considérée sous le rapport des constitutions, du commerce et des colonies des divers États de l'antiquité. Trad. de l'allemand de A.-H.-L. Heeren (par A.-P. Thurot). *Paris, F. Didot*, 1823, in-8.

La seconde édition, publiée en 1827, porte le nom du traducteur. — 3e édit., 1831.

Manuel de l'histoire ancienne, considérée sous le rapport des constitutions, du commerce... Par M. Heeren, traduction entièrement refondue (par de Brouwer de Hogendorp). *Liége*, 1832, in-18.   J. D.

Manuel de l'homme du bon ton, ou Cérémonial de la bonne société. (Par Abel Goujon.) *Paris, Parmantier et Audin* (1821), in-12.

Plusieurs fois réimprimé.

Manuel de l'homme du monde... (Par Pons.-Aug. Alletz.) *Paris, Guillyn*, 1761, in-8. — *Paris, Humaire*, 1769, in-8.

Manuel de l'homme libre. (Par Saige, avocat.) *Amsterdam (Bordeaux*, 1787), in-12.

Manuel de l'homme, ou Œconomie de la vie humaine, ouvrage traduit de l'anglois (de Rob. Dodsley). *Paris, Bastien*, 1773, in-12.

C'est la même traduction que celle qui parut en 1760, sous le titre d' « Élixir de la morale indienne ». Voy. V, 23, d.

Manuel de l'hospital general de Bourges.

(Par Nicolas CATHERINOT.) (*Bourges*), *imp. de J. Cristo*, 1672, in-4.

Manuel de l'œuvre de la Sainte-Enfance, à l'usage des zélateurs et des zélatrices de cette œuvre. *Liége, Dessain*, 1853, in-18.

Publié par les soins de l'abbé VILLERS.

Manuel de l'ouvrier chrétien. (Par le P. Achille GUIDÉE, jésuite.) *Paris, Gaume frères*, 1849, in-16.

Souvent réimprimé.

Manuel de la bonne compagnie... (Par J.-P. COSTARD.) *Paris*, 1803, in-18. — Deuxième édition. *Paris, Ancelle*, 1808, in-18. — Troisième édition, corrigée et augmentée. *Paris, Ancelle*, 1818, in-18.

Manuel de la conversation, ou recueil complet des locutions vicieuses les plus usitées en Belgique, avec leur correction. (Par Florim. PARENT.) *Bruxelles, Périchon*, 1831, in-32, 160 p.

Manuel de la gendarmerie nationale, rédigé par l'auteur du « Code de la justice de paix » (A.-C. GUICHARD), et contenant l'ensemble des décrets relatifs à l'organisation et aux fonctions de la gendarmerie nationale... *Paris*, 1791, in-18.

Manuel de la liberté de la presse, ou analyse des discussions législatives sur les trois lois relatives à la presse et aux journaux et écrits périodiques; précédé d'un Essai historique sur l'état de la presse en France avant les lois actuelles... (Par R.-B. MAISEAU.) *Paris, Pillet ainé*, 1819, in-8.

Manuel de la religion, par Jean-Aug. HERMES. Trad. de l'allemand (par ELISABETH-CHRISTINE de Brunswick, femme de Frédéric II, roi de Prusse). *Berlin*, 1784-1788, 2 vol. in-8.

L'ouvr. original parut pour la prem. fois en 1779.

Manuel de la toilette et de la mode. (Par Ch.-S. WALTHER.) *Dresden*, 1770-1780, 11 part. in-18.

Manuel de la vie chrétienne, ou prières et pratiques pour passer saintement l'année, précédé de la vie de saint André d'Avellin. (Par S. MICHEL.) *Bruxelles, Slingeneyer*, 1830, in-18.   J. D.

Manuel de littérature. (Par L.-J.-B.-E. VIGÉE.) *Paris*, 1809, in-12.

Manuel de littérature ancienne, ou court aperçu des auteurs classiques de l'archéologie, de la mythologie et des an-tiquités des Grecs et des Romains. Ouvrage traduit de l'allemand (de J.-Jo. ESCHENBURG) par Henri JOUFFROY. *Leipzig et Paris*, 1842, in-8.

Manuel de météorologie et de nivellement barométrique... Par C. M. E. R. G. (Claude MICHALLET). *Bourg, Bottier*, 1814, in-12, 216 p.

Voy. « Supercheries », I, 760, a.

Manuel de morale, dédié à M. le comte d'Artois. (Par l'abbé J.-M.-L. COUPÉ.) *Paris*, 1772, in-12.

Manuel de morale pratique et religieuse, par MM. Al. BARBIER et C*** (CHENET). *Auxerre, Maillefer*, 1840, in-12.

Réimprimé la même année avec les noms des deux auteurs.

Manuel de persévérance après la première communion. Par M. l'abbé B*** (l'abbé Nicolas BEZ). *Lyon*, 1853, in-18.

Réimp. sous le titre de : « le Bonheur dans la persévérance ». *Lyon*, 1858, in-32.

Manuel de prières journalières et de quelques exercices de dévotion recueillis de divers auteurs, par B. D. (Bonaventure DERNOY), religieux récollet. *Liége, Hoyoux*, 1681, in-12.

Manuel de religion et de morale, en forme de livre de prières... (Par l'abbé J.-G.-E. OEGGER.) *Paris, Eberhard*, 1822, in-12.

Manuel de santé et d'économie domestique... Par A. C. D. S. A. (Auguste CARON). *Paris, Debray*, 1806, in-18.

Réimprimé en 1810, in-12, avec le nom de l'auteur.

Voy. « Supercheries », I, 175, f.

Manuel de tous les âges, ou économie de la vie humaine; traduit d'un ancien manuscrit indien en anglois (composé par Rob. DODSLEY), et de l'anglois en françois, sur la dernière édition, par miss D. P. (Mlle Félicité DUPONT, depuis Mme BRISSOT DE WARVILLE). *Paris, Belin*, 1782, in-12, XXIV-200 p.

J'ai fait connaître dans le « Magasin encyclopédique » (1803), t. XLIX, p. 14 et 15, huit traductions françaises de cet excellent ouvrage. Quelques-unes de ces traductions se réimpriment aujourd'hui sous de nouveaux titres.

Voy. V, 23, f.

Manuel des adorateurs du Saint-Sacrement, par un prêtre de la congrégation du Très-Saint Rédempteur (le P. LEFEBVRE). Ouvrage publié à l'occasion de la sixième commémoration séculaire de l'ins-

titution de la Fête-Dieu. *Liége, Dessain,* 1846, in-18, XVIII–230 p., avec planches.
Ul. C.

Manuel des amateurs d'estampes... Par J. C. L. M. (MUSSEAU). *Paris, Foucault,* 1821, in-12.

Manuel des amateurs des jeux de hasard... Par T... (A. PERSON DE TEYSSEDRE), élève de l'Ecole polytechnique. *Paris, Béchet ainé,* 1826, in-18.

Manuel des âmes intérieures, suite d'opuscules inédits du P. GROU. (Publié par l'abbé J.-P.-J. LESURRE.) *Lyon, Périsse,* 1833-1840, 3 part. in-18.

Manuel des amphitryons... Par l'auteur de l' « Almanach des gourmands » (A.-B.-L. GRIMOD DE LA REYNIÈRE). *Paris, Capelle et Renaud,* 1808, in-8.

Manuel des arbitres, ou traité des principales connaissances nécessaires pour instruire et juger les affaires soumises aux décisions arbitrales... Par M. CH. (CHEVILLARD), ancien jurisconsulte, auteur du « Manuel des experts ». *Paris, A. Bertrand,* 1829, in-8, XII–568 p.

Manuel (le) des artistes et des amateurs... (Par l'abbé J.-R. DE PETITY.) *Paris, Costard,* 1770, 4 vol. in-12.

Il ne faut pas confondre cet ouvrage avec l' « Encyclopédie élémentaire, ou Bibliothèque des artistes et des amateurs », par le même auteur, 3 vol. in-4.

Manuel des assemblées primaires et électorales de France, avec des notes sur les factions d'Espagne, d'Orléans... (Attribué à André DUMONT.) *Hambourg et Paris* (1795), in-12.

Manuel des associés pour la conversion de l'empire du Japon, suivi d'une notice sur l'établissement de l'association de prières pour la conversion de cet empire, des statuts de l'association... de la neuvaine de saint François-Xavier... (Par l'abbé Léon ROBIN, curé de Digna, Jura.) 2ᵉ édit. *Paris, Lethielleux,* 1864, in-32, 344 p.

Le nom de l'auteur se trouve dans l'approbation.

Manuel des bains de mer sur le littoral de Marseille. (Par L.-Jos.-Mar. ROBERT.) *Marseille, de l'imprimerie de Ricard,* 1827, in-16.

Manuel (le) des bandages de chirurgie. (Par Hugues GAUTHIER, médecin.) *Londres* (*Paris, Lottin*), 1760, in-12.

Manuel des boudoirs, ou essais sur les

demoiselles d'Athènes. (Par C.-F.-X. MÉECIER, de Compiègne.) *Cythère, l'an du plaisir et de la liberté* 1240 (*Paris, 1787*), 4 vol. in-18.

Manuel des braves, ou victoires des armées françaises en Allemagne, en Espagne, en Russie... Par MM. Léon THIESSÉ, Eugène B*** (Eugène BALLAND), et plusieurs militaires .. *Paris, Plancher,* 1817-1823, 7 vol. in-12.

Manuel des cérémonies de la messe basse, selon le rite de l'Eglise de Paris. Par un prêtre du diocèse (l'abbé A.-L.-P. CARON). *Paris, Leclère,* 1846, in-8.

Manuel des cérémonies romaines, tiré des auteurs authentiques et des écrivains les plus intelligents en cette matière. *Avignon,* 1743, 2 vol. in-12. — *Montpellier,* 1810, 2 vol. in-12.

Reproduction avec additions de l'ouvrage intitulé : « Manuel des cérémonies romaines... par quelques-uns des prêtres de la congrégation de L. M. (la Mission) ». *Paris,* 1670, in-12, 55 ½ p.

Ces augmentations ont été faites, d'après Gavantus et Merati, par DE CABANIS, supérieur de Saint-Charles. C'était un homme profondément instruit de la rubrique et d'une dévotion extrême, mais très-intolérante. Il fit enterrer, au jardin des Récollets d'Avignon, un pauvre prêtre janséniste qui avait refusé de signer le formulaire. Voy. les « Nouvelles ecclésiastiques » de ce temps.

Manuel des champs. (Par l'abbé DE CHANVALON.) Trois. édit. *Paris,* 1769. — Quatr. édit. *Paris,* 1780, ou *Liége,* 1786, in-12.

Ces trois éditions sont anonymes; les deux premières, *Paris,* 1764 et 1765, ne le sont pas.

Manuel (le) des chrétiens, divisé en cinq parties. (Par CORDIER.) *Paris, Robustel,* 1693, in-12.

Voy. ci-dessus, « Manuel chrétien », col. 35, a.

Manuel (le) des citoyens françois, ou tableau de ce qui a intéressé leur esprit et leur cœur, dans les deux cérémonies de la Fédération et de la Pompe funèbre des citoyens françois, morts sous les murs de Nancy, en combattant pour la liberté et la religion du serment. Par l'auteur de l' « Epître à l'humanité et à la patrie » (Jean CHEVRET). (*Paris*), imp. de N.-H. *Nyon,* 1790, in-8.

Manuel des congrégations de la sainte Vierge. Nouvelle édition considérablement augmentée, par C. A. S. de la C. de J. (le P. Charles-A. SPILLEBAUT). *Gand, veuve Vander-Schelden* (1848), in-24.

La 2ᵉ partie parut en 1849, in-12, sous ce titre : « Trésor de piété ».

Manuel des connaissances utiles aux ecclésiastiques sur divers objets d'art... Pour faire suite au « Rituel de Belley ». (Par monseigneur A.-R. Devie.) *Bourg, Bottier*, 1835, in-12. — 2e édit. *Lyon, Pélagaud et Lesne*, 1836, in-12. — 3e édit. *Id.*, 1837, in-12, xii-430 p.

Manuel des contrôleurs, receveurs et essayeurs des bureaux de garantie d'or et d'argent. (Par Montchrétien.) *Paris, Logeret*, an VI-1798, in-18.   D. M.

Manuel des coulisses, ou guide de l'amateur. (Attribué à Théophile Marion du Mersan.) *Paris, Bezou*, 1826, in-18.
     D. M.

Manuel (le) des dames de charité, ou formules de médicaments faciles à préparer... et un Traité abrégé sur l'usage des différentes saignées. *Orléans et Paris*, 1747, pet. in-8.

Le privilége, daté du 13 mai 1747, est au nom de Louis-Daniel Arnault de Nobleville. Le nom se trouve en tête de trois autres noms, au bas de la dédicace à l'intendant général de la généralité d'Amiens, Pajot. Dans l'édition de *Paris, Debure*, 1754, ces noms sont au nombre de cinq. Il y en a sept dans l'édition de 1758. Ces noms sont ceux des membres du collége de consultations gratuites établies en faveur des pauvres et pour l'usage desquelles ce livre a été fait. Le « Traité sur la saignée » est de Et. Chardon de Courcelles, médecin de la marine à Brest.
La dernière édition du « Manuel de charité » a été donnée, revue et augmentée par J. Capuron. *Paris, Thomine*, 1816, in-8.

Manuel des enfants de Marie, ou livre de prières à l'usage des jeunes personnes et des dames qui prennent surtout la sainte vierge Marie pour modèle et pour patronne dans leurs pratiques de piété. (Par Van Hemel.) *Malines, H. Dessain*, imp., 1862, in-18.

Manuel des étudiants en droit de Bruxelles. (Par Ch.-L. Van Bavière, secrétaire de l'Académie impériale de Bruxelles et de la Faculté de droit.) *Bruxelles, J. Mailly*, 1813, in-18, 204 p.

Il faut y joindre un supplément pour 1814, intitulé : « Etat de la Faculté de droit de Bruxelles, au 1er janvier 1814 », 40 p., et un autre pour 1815, portant un titre analogue, 24 p.

Manuel des experts en matière civile, ou traités d'après les Codes Napoléon, de procédure et de commerce... (Par Chevillard.) *Paris, Arthus Bertrand*, 1809, in-8.

Plusieurs fois réimprimé.

Manuel des gardes champêtres et forestiers, contenant, dans un ordre simple et méthodique, toutes les lois relatives à leurs

fonctions... par A. C. G. (A.-C. Guichard). *Paris, Garnery*, an X, in-12, xxii-120 p.

Manuel des gardes des eaux et forêts, par un officier des eaux et forêts (J. Henriquez). *Paris, Delalain*, 1784, in-12.

Manuel (le) des grammairiens. (Par Nicolas Mercier.) *Paris, Claude Thiboust*, 1667. — *Frères Barbou*, 1732, in-12. — Nouv. édit. (publiée par Philippe Dumas). *Paris, Brocas*, 1763, in-12.

Cet ouvrage a dû paraître vers 1653. Voy. Moréri.

Manuel (le) des inquisiteurs, à l'usage des inquisitions d'Espagne et de Portugal, ou abrégé de l'ouvrage intitulé : *Directorium inquisitorum*, composé vers 1358, par Nicolas Eymeric : on y a joint une courte Histoire de l'établissement de l'Inquisition dans le royaume de Portugal, tirée du latin de Louis a Paramo (par l'abbé André Morellet). *Lisbonne*, 1762, in-12.

Manuel des jeunes professeurs. *Paris, Poussielgue-Rusand*, 1842, in-18.

La 1re partie, pour les classes inférieures, est toute en latin et est du P. François Sacchini ; la seconde, pour les professeurs d'humanités, toute en français, est du P. Judde.

Manuel des juges de paix, des adjoints des maires, etc. (Par J.-M. Dufour.) *Paris, Patris*, 1811, in-12.

Réimprimé plusieurs fois avec le nom de l'auteur.

Manuel des nourrices, par J. M. L*** (J. Montain-Lambin). *Paris*, an XI-1803, in-8.   V. T.

Manuel (le) des officiers de bouche. (Par Menon.) *Paris, Le Clerc*, 1759, in-12.

Manuel des oisifs, contenant sept cents folies et plus, avec des notes que plusieurs ont oubliées et que beaucoup ignorent, ou charades, par le doyen des sages (Sémillard des Ovillers, curé de Tremblay). *Paris, de l'imp. des Quinze-Vingts*, 1786, in-12.   D. M.

Manuel (le) des pescheurs, par un pescheur (par les PP. Fr. de Clugny et E.-B. Bourrée, de l'Oratoire). *Dijon*, 1686, in-12. — Sec. édit. *Lyon*, 1696, in-12. — Trois. édit. *Ibid.*, 1713, in-12.

Manuel des pélerins de Port-Royal-des-Champs. (Par l'abbé J.-A. Gazaignes, dit Philibert.) 1763 ou 1767, in-12.

Manuel des percepteurs et des receveurs municipaux des communes ; par un ancien receveur des contributions directes, ex-chef-adjoint au ministère des finances

(J.-M. Durieu). *Paris*, *l'auteur, juin* 1822, *in*-12.

Réimprimé avec le nom de l'auteur.

Manuel des personnes charitables, rédigé sur les principes de Bossuet... (Par A.-C.-T. de Fontaine de Resbecq.) *Paris, Debécourt*, 1838, in-18, 126 p.

Manuel des préfets et sous-préfets. (Par M. V. des Aubiers. ancien préfet.) *Paris, P. Dupont*, 1847, in-8, vi et 203 p.

Réimprimé avec le nom de l'auteur en 1852. Cette seconde édition a 39 chapitres; la première n'en avait que 20.

Manuel des propriétaires et des locataires, par un ancien jurisconsulte (E.-N. Pigeau). *Paris, Rondonneau et Décle*, 1810, in-12.

Manuel des religieuses hospitalières... (Par Nicolas Henrotte, chanoine honoraire.) *Liége, Grandmont-Donders*, 1849, in-18, xiii-382 p.   Ul. C.

Cette édition reparut en 1851, rafraîchie par un nouveau titre portant pour rubrique : *Tournai, Castermann*.

Manuel des rhétoriciens, ou rhétorique moderne. (Attribué au P. Barbe, doctrinaire.) *Vitry-le-François*, 1759 et 1762 ; — *Paris, Savoye*, 1763, 2 vol. in-12.

Manuel des secours contre les incendies, par E.-F. I. (E.-F. Imbard). *Paris, Potey*, 1812, in-8.

Manuel des sous-officiers et caporaux d'infanterie, par un adjudant-major (Boulade). *Anvers, Ratinckx*, 1834, in-12, 84 p.   J. D.

Manuel des souverains. (Par l'abbé P. Barral.) *S. l.*, 1754, in-12, vii-208 p.

Réimprimé sous le titre de : « Principes sur le gouvernement monarchique. » Voy. ces mots.

Voy. aussi : « Maximes sur le devoir des rois... »

Manuel des supérieurs et réguliers, etc., ou l'art de guérir les maladies de l'âme, ouvrage utile à tous les fidèles dans toutes les conditions, par M. A. P. C. D. L. O. D. M. (dom And.-Jos. Ansart, prieur conventuel de l'ordre de Malte). *Paris, Nyon l'aîné*, 1776, in-12.

Manuel des théophilanthropes ou adorateurs de Dieu et amis des hommes, contenant l'exposition de leurs dogmes, de leur morale et de leur pratique religieuses, avec une instruction sur l'organisation et la célébration du culte ; rédigé par C*** (J.-B. Chemin-Dupontès), et adopté par les Sociétés théophilanthropiques établies à Paris.

Paris, au bureau de l' « *Abeille politique* » *et du* « *Courrier de la librairie* », *an* V-1797, in-32. — *Paris. au bureau des ouvrages de la théophilanthropie. rue de La Harpe*, *an* VI-1798, in-32.

Manuel des vacances à l'usage des grands séminaires... (Par M. l'abbé Bacuès.)

Voy. « Manuel du séminariste ».

Manuel des victimes de Jésus, ou extrait des instructions que le Seigneur Jésus a données à sa première victime. (Extrait des ouvrages de Mlle J.-A. Brohon.) *S. l.*, *an de J.-C.* 1799, in-8.

Dégoûtée par un mystère incompréhensible de la grâce, des honneurs et des applaudissements que lui avaient mérités les ouvrages périodiques qu'elle a donnés au public vers le milieu de ce siècle, Mlle Brohon se retira dans la solitude et y vaqua pendant quatorze ans à l'oraison et à la contemplation de son Dieu.

Manuel dramatique, à l'usage des auteurs et des acteurs, et nécessaire aux gens du monde qui aiment les idées toutes trouvées et les jugements tous faits; par Geoffroy, ancien professeur de l'université de Paris, etc. (publié par M. René Perin). *Paris, Painparré*, 1822, in-18.

Manuel du bibliophile et de l'archéologue lyonnais. (*Lyon, impr. de Vingtrinier*) *Paris, Adolphe Delahaye*, 1857, gr. in-8.

En regard du titre, on doit trouver le portrait de l'auteur, M. J.-D. Monfalcon, qui n'est désigné que par les titres de ses ouvrages.

Cet ouvrage n'est autre que celui publié la même année sous le titre : « le Nouveau Spon », et auquel on a ajouté : 1º le titre, 2 ff. ; 2º Avertissement, 4 ff. n. chiff. ; 3º Notice sur les principaux imprimeurs de Lyon, pp. xlv-lxxvi; 4º Supplément au Recueil des inscriptions. — Additions et Rectifications. — Bibliographie, pp. 373-389, et carton pour les pp. 329-330.

Manuel du Bourguignon, ou nouvel abrégé des titres qui servent à prouver les priviléges de la province. (Par le vicomte de Chastenay-Saint-Georges.) *Dijon*, vers 1790, in-8.

Manuel du canonnier, ou instruction générale sur le service de toutes les bouches à feu en usage dans l'artillerie; par M***, commandant d'artillerie. *Paris, Le Petit*, 1792, in-18.

Copie pure et simple de l'Instruction publiée en 1786 par les inspecteurs généraux de l'armée; M*** y a seulement ajouté une planche de figures fort mal faites.

Souvent réimprimé.

Manuel du catéchiste. (Par le P. J.-N. Loriquet, jésuite.) *Lyon et Paris, Rusand*, 1832, in-12. — Sec. édit. *Paris, A. Leclère*, 1833, in-18.

Manuel du cavalier en temps de paix et

en temps de guerre... (Par le colonel CHA-TELAIN.) *Paris, impr. de Didot jeune,* 1817, in-8.

Manuel du cavalier militaire belge, par demandes et par réponses... (Par N. ABLAY.) *Ypres, Lambin fils,* 1861, in-12.   J. D.

Manuel (le) du cavalier, traduit de l'anglois du capitaine BURDON (par Pierre DE-MOURS). *Paris, Choubert et Bullot,* 1737, in-12, xx-92 p. et 4 ff. et une planche. — *Reims, Florentain,* 1752, in-12.

Manuel du chasseur et des gardes-chasses, contenant le précis des ordonnances et des lois non abrogées. Par M*** (DE MERSAN, ancien capitaine des chasses). *Paris, Desray,* 1808, in-18, 400 p.

Plusieurs fois réimprimé avec le nom de l'auteur.
L'édition de 1825 porte : « Nouvelle éd., entièrement refondue sur celle de M. de Mersan, et plus complète que toutes les précédentes. Par un ancien canonnier à cheval retiré en Poitou (A.-D. VERGNAUD, capitaine au 2ᵉ régiment d'artillerie à cheval). *Paris, Roret,* 1825, in-18. » — La 4ᵉ éd., id., 1828, in-18, porte la même mention. Voy. pour le détail des autres éditions, « Supercheries », III, 1089, c.

Manuel du chasseur, ou simple exposé des lois sur la chasse... Par J.-B.-F. DE G*** (GÉRADON), membre du barreau de Liége et amateur de chasse. *Liége, Desoër,* 1846, in-18, 238 p.

Manuel du chrétien, contenant les Psaumes, le Nouveau Testament et l'Imitation de Jésus-Christ, de la traduction de LE MAÎTRE DE SACY; nouv. édit. augm. de l'ordinaire de la messe (et revue par L.-E. RONDET). *Paris, Desprez,* 1760, in-18.

Pour les « Psaumes » et le « Nouveau Testament », l'éditeur a suivi son édition de la « Bible » de Sacy, publiée en 1759, in-fol.
Il a fait seulement quelques corrections de style dans la traduction de l' « Imitation ».

Manuel du chrétien, contenant les traductions du « Livre des pseaumes », du « Nouveau Testament » et de l' « Imitation de Jésus-Christ ». (Par l'abbé Nic. LE GROS.) *Cologne,* 1740, in-12.

Manuel du cipaye, contenant quelques réflexions sur le parti que l'on pourrait tirer du militaire indien. (Par AUBINEAU-DUPLESSIS.) *Pondichéry,* 1784, in-8.

Catal. Langlès, nº 3479.

Manuel du citoyen. (Par Louis GIRAR-DEAU et Albert-André PATIN DE LA FIZE-LIÈRE.) *Paris,* 1848, in-18.   D. M.

Manuel du citoyen belge. (Publié par H. DEKERCHOVE.) *Gand, J.-P. Vanryckegem-Hovaere,* 1836, in-24.   J. D.

Manuel du citoyen. S. P. D. M. S. J. C. S. E. H. P. L. éditeur. (Par Simon-Pierre MÉRARD DE SAINT-JUST.) *Paris, Garnery,* 1791, in-12.

Manuel du cultivateur dans le vignoble d'Orléans... (Par J.-Fr. COLAS-GUYENNE, chanoine.) *Orléans, Ch. Jacob,* 1770, in-8.

Manuel du cultivateur des chanvres et des lins qu'on destine à être traités par la broie mécanique rurale de M. Laforest, accompagné de la gravure de la broie et de la description de cette machine. (Par MM. LAFOREST, Pierre-Antoine BERRYER fils et Cᵉ.) *Paris, Fortic,* 1826, in-8, 100 p., av. 2 pl.

Manuel du cultivateur et projet d'établissement de quatre universités résidantes dans quatre vastes fermes expérimentales. (Par le colonel DESPINAY.) *Paris et Lyon, Nouzon,* 1818, in-4, fig.

Manuel du dragon, extrait des principales ordonnances relatives aux dragons, etc., avec un détail historique sur l'origine de ce corps, par un officier de dragons (THIROUX DE MONDÉSIR). *Paris,* 1779. — Nouv. édit. corr. et augm. *Paris, Cellot,* 1781, in-12.

Manuel du fashionable, ou guide de l'élégant; par Eugène R.....x (Eugène RON-TEIX). *Paris, Audot,* 1829, in-18.

Manuel du fermier belge, ou guide du jeune cultivateur. Par un agriculteur (Arnold DE THIERS-NEUVILLE, de Verviers). *Liége, F. Renard,* 1863, in-18, 230 p.
                   J. D.

Manuel du financier, des opérations en fonds publics et des sociétés par actions en Belgique, par E. V. D. (Eugène VAN DAMME, ancien juge au tribunal de commerce de Gand). *Gand, Verhulst* (1859), in-8, 244 p.   J. D.

Manuel (le) du gêneur, ou l'art d'être désagréable en société, mis à la portée des gens de tous les mondes, avec un recueil nouveau, revu, corrigé et très-augmenté des meilleures farces de Fumiste, faciles à faire en secret ou en public, et même en voyage. Par un chambellan qui a perdu sa clef (M. Ernest D'HERVILLY). *Paris, imp. Vallée* (1871), in-8, 16 p.

Manuel du jardinier, ou journal de son travail, distribué par mois. Par M. D... (Ant.-Nic. DEZALLIER D'ARGENVILLE). *Paris, de Bure père,* 1772, in-12.

Manuel du jeune chirurgien... (Par Jean NICOLAS.) *Paris, Hérissant fils*, 1770, 2 vol. in-8.

Manuel du laboureur chrétien. (Par le P. A. GUIDÉE, jésuite.) *Paris*, 1851, in-32.

Manuel du laboureur, ou détail de tous les soins qu'il doit se donner pour le gouvernement de sa terre et de ses fonds. Traduit de l'anglais (de Jethro TULL). *Paris, Regnard*, 1764, in-12. — *Paris, Rozet*, 1768, in-12.

Catalogue Huzard, II, n° 383.

Manuel du langage figuré, petit traité des figures de mots et des figures de pensée, d'après Dumarsais, Fontanier, Leclerc, etc., à l'usage des classes supérieures de la langue française. (Par Fréd. HENNEBERT.) *Tournuy, Casterman*, 1855, in-8, 48 p.   J. D.

Manuel du libraire, du bibliothécaire et de l'homme de lettres. Par un libraire (P. CHAILLOT jeune, imp.-lib. à Avignon). *Avignon, Mme Bousquet-Offray.* 1828, in-18, 216 p.

Voy. « Supercheries », II, 781, a.

Manuel du militaire chrétien.

Voy. « Soldat (le) chrétien ».

Manuel du Museum françois, contenant une description analytique et raisonnée, avec une gravure au trait de chaque tableau, tous classés par écoles et œuvres des grands maîtres par F. E. T. M. D. L. J. N. (François-Emman. TOULONGEON). *Paris, Treuttel et Würtz*, 1802-1808, 10 liv. in-8.

Manuel du nageur, ou la pratique de l'art de nager. (Par PRÉVOST DESFOURNEAUX.) *Paris*, 1790, in-12.

Manuel du naturaliste, ouvrage utile aux voyageurs, etc. (Par H.-G. DUCHESNE et P.-J. MACQUER.) *Paris, Desprez*, 1771, in-8. — Nouv. édit., 1797, 4 vol. in-8.

Manuel du naturaliste pour Paris et ses environs... Par A. G. L. B. D. P. D. M. P. (Achille-Guil. LE BÈGUE DE PRESLES, docteur-médecin, Parisien). *Paris*, 1766, in-8.

Manuel (le) du parfait bouvier, ou l'art de connaître les bestiaux, par une société d'agriculteurs... (Par J.-P.-R. CUISIN.) *Paris, Lécrivain*, 1822, in-12, av. 8 pl.

Manuel du pêcheur touché de Dieu, et du juste qui veut avancer dans la vertu.

(Par l'abbé P.-G. LABICHE DE REIGNEFORT.) *Limoges, l'auteur*, 1809, 2 vol. in-12.

Manuel du pédicure, ou l'art de soigner les pieds, par M. M. D. (Math. DUDON), docteur en médecine de la Faculté de Paris. *Paris, Locard et Davi*, 1818, in-12.

Réimprimé avec le nom de l'auteur. *Paris*, 1824, in-12.

Manuel du peintre et du sculpteur, par L.-C. ARSENNE, avec une notice sur les manuscrits à miniatures de l'Orient et du moyen âge, etc. (par M. Ferd. DENIS). *Paris. Roret*, 1838, in-18.

Manuel du pénitent, ou motifs de contrition, réduits en actes pour en faciliter la pratique pour la confession. (Par l'abbé Louis SAMBUCY SAINT-ESTEVE.) *Nimes, Gaude*, 1827, in-18. — *Avignon, veuve Fischer-Joly*, 1834, in-18.

Plusieurs fois réimprimé avec le nom de l'auteur.

Manuel du pétitionnaire et secrétaire royal... Par F. M. M... .. (F.-M. MARCHANT DE BEAUMONT). *Paris, Moronval*, 1814, in-8. — 2ᵉ éd. *Id.*, 1819, in-18. — 3ᵉ éd. *Id.*, 1826, in-18.

Manuel du pieux laïc, où l'on trouve tout ce qui peut contribuer à nourrir et entretenir la piété des laïcs hors du service divin. (Par A.-M. LOTTIN l'aîné.) *Paris, A.-M. Lottin*, 1783, in-18.

Manuel du publiciste et de l'homme d'Etat, contenant les chartes et lois fondamentales, les traités et conventions diplomatiques, etc., avec tables chronologiques et alphabétiques. (Par F.-A. ISAMBERT, avocat.) *Paris*, 1822, in-8.

Manuel du Sacré-Cœur, ou méditations... Par J. G. (GAVARD). *Bruxelles, Goemaere*, 1862, in-18, 600 p.   J. D.

Manuel (le) du sage, ou recueil de maximes, de pensées tirées de J.-J. Rousseau. (Par LECASSE et THOMERET.) *Valenciennes, Prignet et Thomeret*, an IV, in-16.

Manuel du sapeur pompier, contenant la description des machines en usage contre les incendies, etc. (Par François SCHMITZ le jeune, capitaine des pompiers de la ville.) *Nancy, Hissette*, mars 1824, in-4, 56 p., av. pl.   D. M.

Manuel du séminariste en vacances, ou sujets d'oraisons et d'examens particuliers pour les jeunes ecclésiastiques dans le monde. Par un directeur de séminaire (M. l'abbé BACUÈS, du séminaire de Saint-

Sulpice). *Paris, Leroux et Jouby*, 1855, in-32.

Réimprimé sous le titre de : « Manuel des vacances à l'usage des grands séminaires .. Deuxième édition ». *Paris, Leroux et Jouby.* 1856, in-32. — 3e éd. *Paris, Jouby*, 1861, in-32.

Manuel du simple fidèle, où on lui met sous les yeux : 1° la certitude et l'excellence de la religion chrétienne ; 2° les titres et prérogatives de l'Eglise catholique ; 3° les voies sûres qui mènent à la véritable justice. (Par le P. Bernard LAMBERT.) *Paris, Le Clère*, 1803, in-8.

Manuel du soldat chrétien, avec approbation de monseigneur l'archevêque de Paris. (Par le P. Achille GUIDÉE, jésuite.) *Paris, imp. d'A. René*, 1849, in-18, 284 p.

Souvent réimprimé.

Manuel (le) du soldat chrétien, ou les obligations et les devoirs d'un chrétien, et la Préparation à la mort ; ouvrages d'ERASME, traduits en françois (par Cl. Bosc). *Paris, Edme Couterot*, 1711, in-12.

On lit dans l'approbation que le public sera obligé à l'*illustre magistrat* qui a pris la peine de traduire ces deux ouvrages, si l'on en permet l'impression.

On a voulu désigner Claude Bosc DUBOIS, procureur général de la Cour des aydes depuis 1672 et précédemment conseiller au Parlement.

On lit aussi ces mots à la fin de l'avertissement : « Qu'Erasme a composé plusieurs autres excellens ouvrages en ce genre, et qu'on *pourra les donner au public traduits en notre langue* ». Voy. ci-après, le « Mariage chrétien », etc.

Burigny, dans sa « Vie d'Erasme », n'a point parlé de cette traduction ; mais il s'est beaucoup étendu sur celle du même ouvrage qui avait paru dans le XVIe siècle. Voy. « le Chevalier chrétien », IV, 581, *d*, et « Enchiridion », V, 102, *b*. Tous les bibliographes ont attribué cette traduction à Dolet ; mais M. Née de La Rochelle, dans la « Vie de Dolet », *Paris*, 1779, in-8, n'est pas de leur opinion, et il me paraît avoir raison, car Burigny prouve très-bien que la traduction du « Chevalier chrétien » est de Louis BERQUIN, gentilhomme du pays d'Artois, condamné à mort comme hérétique et brûlé le 17 avril 1529.

Le « Chevalier chrétien » est au nombre des livres proscrits par le Parlement de Paris, en vertu d'un arrêt daté du 14 février 1543.

Manuel du spéculateur à la Bourse, contenant : 1° une introduction sur la nature de la spéculation ; 2° son rôle dans la production de la richesse, ses abus, son importance dans l'économie des sociétés et son influence sur la destinée des Etats. (Par P.-J. PROUDHON.) *Paris, Garnier frères*, 1854, in-12.

Dans une préface datée du 15 décembre 1856, et mise en tête de la troisième édition, l'auteur, P.-J. PROUDHON, dit pourquoi les deux premières ne portent pas son nom, et il termine ainsi : « En revendiquant la responsabilité de ce recueil... je dois déclarer ici, pour être tout à fait dans la justice, que je dois à M. G. DUCHÊNE, ancien rédacteur du « Peuple », qui a bien voulu se charger pour moi du gros de la besogne, nombre de pages d'une excellente rédaction, des traits d'une vive ironie que je n'ai pas cru devoir supprimer, des analyses et des jugements d'une ferme et nette intelligence. »

Manuel du vaudevilliste, ou manière de faire un vaudeville, de le faire recevoir, jouer, réussir et prôner par les journaux. Par un vieux collaborateur (G. TOURRET). *Paris, Letellier*, 1826, in-12. — Nouv. éd. corr. et annotée par Henri DESBORDES. *Paris, imp. de Cosson*, 1861, in-32, 127 p.

Manuel du voyageur à Paris... (Par Cl.-Fr.-Xav. MERCIER.) *Paris, Favre*, an VIII-1800, in-18. — *Id.*, an IX, in-18. — *Id.*, an X, in-18.   V. T.

Manuel du voyageur en Italie. (Par KALICHOFF, gentilhomme russe.) *Paris, Lamy*, 1785, in-18.

Manuel du voyageur en Suisse... Trad. de l'allemand de J.-G. EBEL (par le pasteur J. GAUDIN). 3e édit. originale. *Zurich, Orell et comp.*, 1818, 4 vol. in-12, dont 1 de pl.

La même traduction a reparu en 1 vol., mais diminuée de toute la partie géologique, minéralogique, botanique, etc.

Manuel du vrai sage, ou recherches sur le bonheur de l'homme et sur ses devoirs, par M. C. (Martin-Pierre CRUSSAIRE). *Paris, Leclère et Le Normant*, 1803, in-12, 310 p. et 1 f. d'errata.

Manuel ecclésiastique de discipline et de droit, ou sommaire des mémoires du clergé, rédigé par ordre alphabétique..... (Par G.-Cl. GARREAU, ex-jésuite.) *Paris, Desprez*, 1778, in-8.

Manuel électoral de l'habitant des villes, par l'auteur du « Manuel électoral des campagnes » (Charles ROGIER). *Liége, Collardin*, 1830, in-12.   Ul. C.

Manuel électoral des campagnes... (Par Ch. ROGIER, alors avocat.) *Liége, Lebeau*, 1829, in-18, XII-90 p.   J. D.

Manuel élémentaire d'éducation, ouvrage utile à tout ordre de lecteurs, en particulier aux parents et aux maîtres, etc., par BAZEDOW (avec les traductions franaise, par Michel HUBER, et latine, par MANGELSDORF). *Berlin*, 1774, 4 vol. in-8 et 1 vol. de pl. in-4.

Manuel élémentaire de l'art héraldique,

mis à la portée de tout le monde, traduit de l'anglais... par Mme M*** (Charles Mor-REN, née Marie VERASSEL). *Bruxelles, Devrez-Parent*, 1840, in-18, 130 p., fig.
               Ul. C.

Manuel élémentaire de lecture, adapté à la grammaire française pour les Polonais, avec des thèmes et des versions pour chaque règle. (Par PLANSON.) *Vilna*, 1825, 2 vol. in-8.   A. L.

Manuel élémentaire de littérature française... (Par l'abbé C. LOUIS.) *Liége*, *Grandmont-Donders*, 1836, in-18, VIII-220 p.   Ul. C.

Deux éditions ont été publiées depuis avec le nom de l'auteur.

Manuel encyclopédique, ou nouveaux moyens donnés à la jeunesse pour acquérir des connaissances utiles... rédigé par J. R. DOR...Y (J.-R. DORIGNY), de Rheims. *Rheims, Le Bâtard*, 1808, in-12, VIII-472 p.

Manuel épistolaire, ou choix de lettres puisées dans les meilleurs auteurs français et latins... Publié par M. M. D. C. C. R. O. D. M. (J.-J. MOUTONNET-CLAIRFONS, censeur royal). *Paris, Fournier*, 1785, in-12, XII-641 p. et 1 f. de privilége.

Manuel et instructions pour les droits de greffe. (Par PAJAUD.) *Paris, de La Guette*, 1751, in-8.

Manuel géographique, chronologique et historique; par M... (Edme MENTELLE), professeur d'histoire et de géographie à l'Ecole royale militaire. *Paris, Dufour*, 1761, in-12.

Manuel grammatical, ou abrégé des élémens de la langue allemande, par M. DE F... (J.-Fr. DE FONTALLARD). *Metz, J.-B. Collignon*, 1778, in-12.

Manuel-Guide des voyageurs aux Etats-Unis de l'Amérique du Nord, etc., par M. F. D. G. (GELONE). *Paris*, 1818, in-12.

Manuel héraldique, ou clef de l'art du blason, renfermant les éléments de cet art, suivi d'un vocabulaire de motifs, qualités morales, dignités et fonctions auxquelles on peut appliquer des emblèmes de la science héraldique... Par L. F. D. (L. FOULQUE DELANOS), membre de plusieurs académies de Rome. *Limoges, Bargéas*, 1816, in-8. — *Limoges*, 1817, in-8.

Manuel historique du système politique des Etats de l'Europe et de leurs colonies,

depuis la découverte des Deux-Indes ; par M. HEEREN. Traduit de l'allemand sur la troisième édition. *Paris, Barrois l'aîné*, 1821, 2 vol. in-8.

Le tome Ier a été traduit par Jean-Jacques GUIZOT et le tome II par J. VINCENS SAINT-LAURENT.

Manuel historique, géographique et politique des négocians. (Par Jean PAGA-NUCCI.) *Lyon, Bruyset*, 1762, 3 vol. in-8.

Manuel historique, topographique et statistique de Lausanne et du canton de Vaud. (Par Fr. RECORDON.) *Paris, Lausanne*, 1824, in-12.

Manuel lexique ou dictionnaire portatif des mots françois dont la signification n'est pas familière à tout le monde, etc., nouvelle édit. considérabl. augmentée. *Paris, Didot*, 1755, 2 vol. in-8, 542 et 570 p.

L'abbé PRÉVOST est nommé comme auteur dans une note de l' « Avertissement ».

Manuel maçonnique, ou tuileur des divers rites de maçonnerie pratiqués en France, dans lequel on trouve l'étymologie et l'interprétation... précédé d'un abrégé des règles de la prononciation de la langue hébraïque... Par un vétéran de la maçonnerie (VUILLAUME, ancien payeur général). *Paris, Hubert*, 1820, in-8. — *Paris, Setier*, 1830, in-8, VIII-455 p, avec 32 pl. — *Id*., 1830, in-8, VIII-329 p., avec 2 et 32 pl.

Manuel militaire pour l'instruction des officiers suisses de toutes les armes, ou essai d'un système de défense de la Confédération helvétique. Traduit de l'allemand sous les yeux de l'auteur (le chevalier WIELAND), par KUENLIN. *Bâle, Schweighauser*, 1826, in-8, XVIII-496 p., avec 1 carte et 4 plans.

Manuel ou inchiridion (*sic*) de prières, contenant les sept Psaumes pénitentiaux, diverses oraisons de Léon pape et plusieurs oraisons contre les périls du monde. *Lyon, Jean d'Ogerolles*, 1579, in-24. — *Lyon*, 1584, in-24.

Duverdier attribue à François DE TABOET cette traduction des « Oraisons superstitieuses », publiées à Rome en 1525.

Manuel ou journée militaire. *Paris, Hardouin*, 1776, in-12, XII-228 p.

La dédicace au prince de Ligne est signée : DE GAIGNE.

C'est de ce nom que sont signés le titre et le frontispice gravés par J. Mathieu.

Manuel philosophique, ou précis universel des sciences. (Par And.-Jos. PANC-

KOUCKE.) *Lille et Paris, E. Savoye*, 1748, 2 vol. in-12.

Manuel (le) politique, faisant voir par la raison et par l'autorité que le roi, dans l'âge où il est, ne peut point choisir son conseil... (Par DU BOSC DE MONTANDRÉ.) *S. l.*, 1652, in-4, 24 p.

Manuel populaire, ou résumé des principes et connaissances utiles aux classes inférieures de la société... Par Alphonse C*** (Alphonse-Théodore CERFBEER), ancien élève de l'Ecole polytechnique. *Paris, Lecointe*, 1828, in-18.   D. M.

Manuel portatif des pensions de l'armée de terre. (Par LE GOUPIL.) *Paris, Anselin,* 1833, in-32.

Manuel portatif des réformés et protestants de l'empire français. (Par P.-A.-M. MIGER.) *Paris*, 1808, in-18.

Une autre éd. a été publiée la même année sous le titre de : « Almanach des réformés et protestants... »

Manuel portatif du recrutement de l'armée. (Par LE GOUPIL.)*Paris, Anselin,* 1833, in-32.

Manuel pour la concordance des calendriers grégorien et républicain, ou recueil complet de tous les annuaires dans le double style, depuis la première année républicaine. (Par A.-A. RENOUARD.) *Paris, A.-A. Renouard*, 1803, in-12.

Manuel pour la neuvaine en faveur des âmes du purgatoire, ou leur souvenir et mon dévouement pour elles ne s'arrêteront point à leur tombe, par J.-F.-H. B*** (Jean-François BURTON, prêtre séculier à Bruxelles). *Schaerbeek-lès-Bruxelles, Greuse*, 1854, in-18, 86 p.   J. D.

Manuel pour le corps de l'infanterie, extrait des ordonnances relatives à l'infanterie françoise, par un officier de dragons (THIROUX DE MONTDESIR). *Paris, imp. roy.*, 1781, in-12.

Manuel pour les messes des jours ouvrables. (Par P.-A. ALLETZ.) *Paris*, 1778, in-12.

Manuel pour les savants et les curieux qui voyagent en Suisse, par M. BESSON, avec des notes (par J.-S. WITTENBACH). *Lausanne, Heubach*, 1786, 2 vol. in-8.

Manuel religieux, ou recueil de considérations, affections et pratiques pieuses, à l'usage des personnes consacrées à Dieu par les vœux de religion ; précédé d'un discours sur l'excellence de l'état religieux, et d'un autre discours composé pour le jour de la profession de Madame Louise-Marie de France, dans le monastère des religieuses carmélites de Saint-Denis, en France ; par un religieux bénédictin de la congrégation de Saint-Maur, de l'abbaye de Saint-Germain des Prés (dom Cl.-Ant. TURPIN). *Paris, J.-F. Bastien*, 1783, in-12.

Manuel révolutionnaire, ou pensées morales sur l'état politique des peuples en révolution. (Par Fr.-Emm. DE TOULONGEON.) *Paris, Dupont*, an IV, in-16. — *Id.*, an X-1802, in-8.

Manuel utile et curieux sur la mesure du temps... (Par GABORY.) *Angers, Parisot*, 1770, in-12.

Manuel universel et raisonné du canotier, ouvrage illustré de cinquante gravures sur bois et renfermant des recherches historiques sur l'origine et le développement du canotage, par un loup d'eau douce. (Par M. Jules JACQUIN, curé de Saint-Gratien, près de Montmorency.) *Paris*, 1845, in-12.   D. M.

Manuels d'ÉPICTÈTE (trad. par A. DACIER), suivis du Tableau de CÉBÈS (trad. par J.-N. BELIN DE BALLU). *Paris*, 1798, in-18, 1 f. de tit., XXII-228 p.

Manufacture de plagiats, sous le patronage du gouvernement belge, dirigée par M. A. Van Hasselt, membre de l'Académie royale de Belgique et inspecteur des écoles normales et des écoles primaires supérieures. (Par Alfred MICHIELS.) *Bruxelles, Raes*, 1847, in-8, 66 p.

Cette brochure est la réimpression des attaques qui furent dirigées contre M. Van Hasselt, à l'occasion de la publication des « Belges aux croisades », premier volume de la « Bibliothèque nationale ». — Ces articles ont paru d'abord dans la « Revue de Belgique », signés des initiales A. Rs. et du pseudonyme J. PERRIER.   J. D.

Manuscrit (le) de feu M. Jérôme, contenant son œuvre inédite, une notice biographique sur sa personne, un *fac-simile* et le portrait de cet illustre contemporain. (Par le comte Antoine FRANÇAIS, de Nantes.) *Paris et Leipsick, Bossange frères*, 1825, in-8.   D. M.

Manuscrit de l'île d'Elbe. Des Bourbons en 1815. Publié par le comte *********. (Ecrit par le comte Ch.-T. DE MONTHOLON SEMONVILLE, publié par Barry-Edward O'MEARA.) *Londres, J. Ridgway*, 1848, in-8, 86 p.

L'édition de *Bruxelles* porte à tort le nom de M. le comte BERTRAND sur le frontispice.

Manuscrit (le) de ma grand'tante. (Par Mme LOYRÉ D'ARBOUVILLE, née Sophie DE BAZANCOURT.) *Paris, imp. de E. Brière*, 1841, in-8, 254 p.

Manuscrit (le) de Raoul. (Par Mme Stéph. BIGOT.) *Lille, Lefort*, 1857, in-12, 139 p.

Manuscrit (le) de Sainte-Hélène.

Voy. « Manuscrit venu de... »

Manuscrit sur l'agriculture et les mœurs, par B...T (BEYNAGUET). *Aurillac*, 1821, in-8, 4 p.

Manuscrit tombé du ciel...

Voy. « Coups (les) de bec... », IV, 793, *e*.

Manuscrit trouvé à la Bastille, concernant les lettres de cachet lâchées contre Mlle de Chantilly et M. Favart, par le maréchal de Saxe. *S. l.*, 1789, in-8, 49 p.

Rapport de police signé MEUSNIER, suivi d'une correspondance entre le maréchal de Saxe et Mme Favart. Il a été réimprimé à *Bruxelles, J. Rops*, 1868, in-8, XI–63 p., à 70 ex., avec une notice anonyme de M. POULET-MALASSIS, et fac-simile de la marque du théâtre que le maréchal de Saxe eut dans cette ville en 1748.

Voy. l'art. « Cythère assiégée », IV, 832, *b*.

Manuscrit trouvé à Saragosse. (Par le comte Jean POTOCKI.) In-4.

Ce roman, qui n'a pas de titre général, a été imprimé à *Saint-Pétersbourg*, en 1805, au nombre de 100 exemplaires. La première partie contient 158 pages, la seconde n'en a que 48.

L'exemplaire de la première partie que j'ai eu sous les yeux était incomplet des deux dernières pages qui s'y trouvent manuscrites, de la même main qui a fait plusieurs corrections typographiques dans le texte et placé sur le premier feuillet du volume une double rédaction d'un nouveau titre :

1° « Histoire d'Alphonse van Worden, tirée d'un manuscrit trouvé à Saragosse » ;

2° « Alphonse van Worden, manuscrit trouvé à Saragosse ».

Cette dernière rédaction a été préférée.

Cet exemplaire porte sur le dos de la reliure : « Premier Décaméron ».

Cette première partie a été refaite et publiée en allemand, sous ce titre : *Abentheuer in der Sierra Morena. Leipz.*, 1809.

Depuis, ce roman a été reproduit en grande partie et avec de légères modifications dans : « Avadoro, histoire espagnole, par M. L. C. J. P. », *Paris, Gide*, 1813, 4 vol. in-12 (voy. IV, 327, *e*, et « Supercheries », II, 702, *d*), et dans « Dix Journées de la vie d'Alphonse van Worden », *Paris, Gide*, 1814, 3 vol. (Voy. IV, 1102, *f*, et aussi les « Supercheries », I, 625, *e*, et 631, *d*.) M. Paul Lacroix (« Enigmes et Découvertes bibliographiques », *Paris*, 1866) attribue ces deux ouvrages à Charles NODIER ; mais, dans un de ses consciencieux articles du « Bibliophile belge », 1867 (t. II, p. 290-296), M. A. Ladrague dit que la publication faite à Paris, en 1813, sous le titre d' « Ava-

doro », contient des fragments étendus du « Manuscrit de Saragosse », et que les « Dix Ans de la vie d'Alphonse van Wordeu » se retrouvent en entier dans le « Manuscrit », moins quelques fragments de la IXe et de la Xe journée.

Depuis, M. Ladrague a pu constater : 1° que le passage concernant le Juif errant n'est pas dans « Avadoro » ; 2° que l' « Histoire de Pocade-Sowna, chef des Bohémiens, » qui devient l'ouvrage : « Avadoro », commence à la p. 13 de la 2e partie du « Manuscrit » et s'arrête à la p. 48 et dern. imprimée, qui correspond à « Fin de l'histoire de Romati », p. 74 d' « Avadoro ». Il en résulte que trois volumes et demi d' « Avadoro » n'ont pu être imprimés que sur le Ms. original envoyé à Paris, au littérateur infidèle qui l'a gardé sans publier le reste.

C'est par erreur que l'auteur d' « Avadoro », IV, 327, *e*, a été nommé Joseph au lieu de Jean POTOCKI.

Manuscrit trouvé aux Tuileries le 29 juillet 1830, et publié par M. NOGUÈS, compositeur typographe. De l'administration générale du royaume. *Paris, Levavasseur*, 1830, in-8, VIII-456 p.

Par le comte DE THIFFRIES, de Beauvais, né à Raulx, près de Bouchain. (Catal. A. Dinaux, III, 820.) La préface est de M. Paul LACROIX.

Manuscrit venu de Sainte-Hélène d'une manière inconnue. *London, J. Murray*, 1817, in-8, 109 p.

Attribué à Benjamin CONSTANT, à E.-J. SIEYES, à Mme DE STAEL, et enfin à un soi-disant parent de M. Siméon du nom de BERTRAND. (« Dictionnaire des anonymes », n° 22899) Cet écrit remarquable est du Genevois Jacob-Frédéric LULLIN DE CHATEAUVIEUX, m. en 1842. Il en a été fait de nombreuses éditions ; la dernière, *Lyon, Vingtrinier*, 1857, in-8, est dédiée à Napoléon III par l'éditeur, M. DU BLED, ancien officier de l'armée.

En 1858, M. DU BLED a donné, sur pap. ordin., une seconde édition in-12. Elle porte son nom. La dédicace à Napoléon III s'y trouve remplacée par une préface qui occupe les 15 premières pages.

Le restant de cette édition a été transformé, grâce à la réimpression des pages 1-24, et porte ce titre : « Manuscrit venu de Sainte-Hélène. Véritable mémorial du règne de l'empereur Napoléon Ier, dicté par lui-même pendant sa captivité, suivi de son Eloge funèbre prononcé sur sa tombe par le maréchal Bertrand. Edition nationale mise au jour et précédée d'une Introduction par Edouard GOUIN... » *Paris, Eug. Pick, de l'Isère, éditeur, grande librairie napoléonienne...* 1862, in-12. Les p. 1-24 et l'Appendice, p. 295-302, sortent des presses de Simon Raçon.

L'année même où cet ouvrage paraissait à Londres, il était reproduit à Paris dans le « Censeur européen », publié par MM. Comte et Dunoyer (t. III, p. 9-192), mais accompagné de nombreuses notes critiques. Ces notes prouvent combien leur auteur croyait à l'authenticité du « Manuscrit ». Cette reproduction fut condamnée par arrêt de la Cour royale de Paris, et la destruction en fut ordonnée.

Napoléon, qui a connu le « Manuscrit venu de Sainte-Hélène », vers la fin de 1817, et qui en a été lui-même fort intrigué, a fait quarante-quatre notes pour le réfuter, et de plus il l'a formellement désavoué par son testament. Ces notes accompagnent la publication qui a été faite par le général Gourgaud, sous ce titre : « le Manuscrit de Sainte-Hélène avec notes de Napoléon ». *Paris, Baudouin*, 1821, in-8, 147 p.

Voy. « Supercheries », II, 1229, d.

Manuscrits de l'ancienne abbaye de Saint-Julien de Brioude. (Publiés par Auguste TROGNON.) *Paris*, 1826, in-8. D. M.

Manuscrits de l'auteur, lettre à M. Lerouge, membre de la Société royale des antiquaires de France. (Par G.-A.-J. HÉCART.) *Valenciennes, imp. de Prignet*, 1828, in-12, 72 p.

Tiré à 21 exemplaires.

Manuscrits de Marie-Joseph Chénier. 1816, in-4.

Ce mémoire, signé : D.-F. CHÉNIER et maître MOLLION, avoué, publié à l'occasion d'un procès qui avait lieu entre les héritiers de Chénier et une dame de Lesparda, qui se prétendait légataire de la majeure partie des manuscrits de ce poëte, a été rédigé par Pierre-Claude-François DAUNOU. D. M.

Mappe (la) romaine, contenant cinq traitez, savoir : la Fournaise romaine, l'Edome romain, l'Oiseleur romain, la Conception romaine, la Rejouissance de l'Eglise ; le tout extrait de l'anglais de T. T. (Th. TAIL). *Genève, Jean de La Cerise*, 1623, in-8, tit. grav.

Selon M. Gaullieur, « Histoire... de la Bibliothèque publ. de Genève », page 11, le traducteur de la « Mappe romaine » serait Jean JAQUEMOT, de Bar en Lorraine.

Maranzakiniana. *De l'imp. du Vourst, l'an* 1730, *se vend chez Coroco*, in-24, 55 p.

Cet ouvrage est très-rare, n'y en ayant eu qu'une cinquantaine d'exemplaires de tirés par ordre, aux frais et sous les yeux de Mme la duchesse douairière. C'est l'abbé J.-B.-J. WILLART DE GRÉCOURT, anagnoste (lecteur) de cette princesse, qui l'a rédigé. Maranzac était un écuyer d'écurie ou piqueur de feu Monseigneur, fils de Louis XIV, et qui lui servait de fou ou plaisant. Après la mort de ce prince, en 1711, il passa au service de Mme la duchesse, où il est encore, très-âgé. Ce livret est une vraie caricature sur les Ana : c'est un in-24 de 54 pages, très-bien imprimé. M. Lancelot, de qui je tiens cette note, l'a acheté 72 livres d'une femme de garde-robe de Mme la duchesse, à son départ de Paris, en allant dire adieu à Grécourt. (Note extraite par l'abbé de Saint-Léger des « Stromates » de M. Jamet, t. II, p. 1741.)

Voy., pour plus de détails sur cette facétie, Nodier, « Mélanges tirés d'une petite bibliothèque », p. 40.

Marc-Aurèle, ou histoire philosophique de l'empereur Marc-Antonin, ouvrage où l'on présente dans leur entier, et selon un ordre nouveau, les maximes de ce prince, qui ont pour titre : « Pensées de Marc-Antonin de lui-même à lui-même, » en les rapportant aux actes de sa vie publique et privée. (Par L.-M. RIPAULT.) *Paris, Allais*, 1820, 4 vol. in-8.

Marcellin, ou les épreuves du monde. (Par N.-L. PISSOT.) *Paris, Pigoreau*, an VIII-1800, in-18.

Marcellus, ou les persécutions, tragédie chrétienne en trois actes, en vers. (Par Ponce DEHAYES-POLLET, alors âgé de vingt ans, depuis provincial des Minimes, né à Rethel le 26 juillet 1740, mort en cette ville vers 1821.) *Yverdon*, 1765, in-8.

Marchand (le) converti, tragédie nouvelle, en laquelle la vraye et fausse religion, au parangon l'une de l'autre, sont au vif présentées, pour entendre quelle est leur vertu et effort au combat de la science, et quelle doit estre leur issue au dernier jugement de Dieu. De l'imprimerie de Jean Crespin (Genève), 1558, in-12, 4 f. prélimin. et 168 p., lettres rondes. — Autre édition (2e). *Ibid.*, 1561, pet. in-8.

Traduction en vers, par Jean CRESPIN, de la pièce latine intit. : « Th. NAOGEORGI *tragedia nova* : Mercator. » (*Basileæ*), XL (1540), in-8, NAOGEORGUS est la traduction grecque du nom de Thomas KIRCHMAIER, polémiste religieux, né en Bavière en 1511 et mort en 1563.

D'autres éditions, l'une de *Claude d'Augny*, 1585, l'autre de *François Forest*, 1591, sont suivies de « la Comédie du pape malade », traduite du vulgaire arabic en bon roman et intelligible, par Thrasibulc PHENICE.

Voy. « Supercheries », III, 99, c.

**Marchand (le) d'amour, comédie-vaudeville en un acte, par MM. CARMOUCHE et DUPIN (et Eug. SCRIBE), représentée pour la première fois à Paris, sur le théâtre de la Gaîté, le 3 juin 1823. *Paris, Quoy*, 1823, in-8, 36 p.

Marchand (le) d'esclaves, parodie de la Caravane, en 2 actes et en vaudevilles. Par MM. R. et R. (J.-B. RADET et J.-R. LE COUPPEY DE LA ROZIÈRE). *Paris, Brunet*, 1784, in-8.

Marchand (le) d'esprit et le marchand de mémoire, comédie en un acte et en prose. (Par J.-F. SEDAINE DE SARCEY.) *Paris, Cailleau*, 1792, in-8.

Marchand (le) de Londres, ou l'histoire de George Barnwell, tragédie bourgeoise en cinq actes, traduite de l'anglois de LILLO, par M*** (P. CLÉMENT, de Genève). *S. l.*, 1748, in-12, 2 ff. lim. et 139 p. — *Londres, Nourse*, 1767, in-12.

Marchand (le) forain et ses fils, par l'auteur de l'« Infidèle par circonstance » (L.-P.-P. LEGAY). *Paris, Chaumerot*, 1808, 4 vol. in-8.

Réimprimé en 1819, avec le nom de l'auteur. *Paris, Pigoreau*, 4 vol. in-12.

Marchand (le), traictant des propriétés et particularités du commerce et négoce, de la qualité et condition du bourgeois et marchand... Ensemble les Motets gascons, ou sentences recreatives. (Par VOLTOIRE.) *Tolose, vefve de J. Colomiez*, 1607, pet. in-12.

Volume rare. Les *motets gascons* (dictons ou proverbes en patois gascon), au nombre de 616, occupent les pages 129-195 ; ils ont été réimprimés dans la « Bibliographie parémiologique », par Gratet-Duplessis, *Paris*, 1847, in-8, pages 444-468.

Le volume commence par une pièce de vers français intitulé : « l'Embarquement et Voyage du marchand, en forme de dialogues à trois personnages : l'autheur, le patron, le marchand. »

Marché (le) de Marseille, vo lei doues coumaires, comédie en deux actes et en vers. (Par J. CAILHOL.) *Marseille*, 1785, in-8, 45 p. — *Avignon. A. Berenguier*, an VII, in-8, 33 p. — *Avignon, F. Raymond*, 1821, in-8, 32 p.

Souvent réimprimé.
Cette pièce a été attribuée à CARVIN par Pierquin de Gembloux.   G. M.

Maréchal (le) de Boucicault, nouvelle historique. (Par J.-B. NÉE DE LA ROCHELLE.) *Paris*, 1714, in-12.

Maréchal (le) de poche d'un cavalier, qui enseigne la manière de se servir de son cheval en voyage... trad. de l'angl. (de W. BURDON par Th. HAMOND). *Paris, veuve Thiboust*, 1777, in-12.

Cette traduction a été souvent réimprimée. Voy. Catal. Huzard, III, 3990-3997, où l'on cite deux autres traductions demeurées anonymes, l'une de *Paris, Chaubert*, 1737, in-12, et l'autre de *Besançon, veuve de Claude Rochet*, 1749, pet. in-12 ; cette dernière par M. S. M***.

Maréchal (le) des logis, pantomime en 2 actes. (Par ARNOULD.) *Rouen*, 1785, in-12.

Catalogue Soleinne, n° 3024.

Maréchal (le) ferrant de la ville d'Anvers, pièce anecdotique en un acte et en prose, mêlée de vaudevilles. Par le C. Maurice S.... (Maurice SÉGUIER). Représentée pour la première fois au théâtre du Vaudeville, le 23 floréal an VII. *Paris*, 1799, in-8, 44 p.

Maréchal (le) Marmont, duc de Raguse, devant l'histoire. Examen critique et réfutation de ses « Mémoires » d'après des documents historiques la plupart inédits. (Par M. DU CASSE.) *Paris, Dentu*, 1857, in-8. — 2e éd. *Id.*, in-8.

Maréchaussée (la) de France, ou recueil des ordonnances, édits... et autres pièces concernant la création, établissement, fonctions... et priviléges de tous les officiers et archers des maréchaussées. (Par Guill. SAUGRAIN.) *Paris, G. Saugrain*, 1697. — Suite de la Maréchaussée de France... *Paris, veuve Saugrain*, 1717 ; en tout 2 vol. in-4.

Il a été publié dans le même format « Addition au supplément de la maréchaussée », *s. l. n. d.*

Marfore (le) ou discours contre les libelles. Par G. N. P. (Gabriel NAUDÉ, Parisien). *Paris, Louys Boulenger*, 1620, in-8, 22 p.

Réimprimé à *Bruxelles*, typ. *Weissenbruch*, 1868, XI-33 p., à 70 exemplaires (avec notice signée : Charles ASSELINEAU).

Margaretta, comtesse de Rainsfod, traduite de l'anglais par A. L. DE G.... (Mme Alexandrine-Louise DE GUIBERT). *Paris, Pougens*, 1797, 2 vol. in-12.

Margot la ravaudeuse, par M*** (FOUGERET DE MONTBRON). *Hambourg*, 1750, in-12.

Souvent réimprimé, de 1750 à 1800. Il en a été publié une édition, tirée à petit nombre, à *Bruxelles*, 1868, in-18, 173 p.
Une éd. de 1796 a été donnée sous le titre de « Fanchette ». Voy. V, 431, c.

Marguerite Aymond ; lettres écrites en 1820. (Par Mme DE CUBIÈRES.) *Paris, Delaunay*, 1822, 2 vol. in-12.

Marguerite d'Alby, par Mme DE *** (Mme DE GERCY). *Paris, Delaunay*, 1821, in-12.

Réimprimé en 1826 avec le nom de l'auteur.

Marguerite de France. tragi-comédie en 5 actes et en vers. (Par Gabriel GILBERT, Parisien.) *Paris, Augustin Courbé*, 1641, in-4, 4 ff. lim. et 110 p.

La dédicace est signée : G. G.

Marguerite de Rodolphe, ou l'orpheline du prieuré. Par P. V., auteur des « Annales du crime et de l'innocence »... (Par Ph.-Aristide-Louis-Pierre PLANCHER DE VALCOUR et P.J.-A. ROUSSEL.) *Paris, Pigoreau*, 1815, 5 vol. in-12.

Marguerite de Valois, reine de Navarre, par l'auteur de « Robert Emmet » (Mme D'HAUSSONVILLE). *Paris, M. Lévy*, 1870, in-18, 287 p.

Marguerite (la) et l'Alouette. Par Octave D. (Octave DELEPIERRE). *Londres, Acton Griffith*, 1853, in-12, 8 p. en lettres d'or.

50 exemplaires seulement ont été mis en vente.

Marguerites de la Marguerite des princesses, très-illustre royne de Navarre (Marguerite DE VALOIS; recueillies et mises au jour par Symon SYLVIUS, dit DE LA HAYE). *Lyon, Jean de Tournes*, 1547, 2 vol. in-8. — *Lyon, Pierre de Tournes*, 1549, in-16. — *Paris, B. Prevost*, 1552, in-16. — *Paris, Ruelle*, 1554, in-16.

Marguillier (le) de Saint-Eustache, comédie en trois actes et en prose. 2ᵉ édit. (Par le comte P.-L. ROEDERER.) *Paris, imp. de F. Didot*, 1819, in-8, 2 ff. de tit., XXXII-110 p.

Réimprimé dans le t. I des « Comédies historiques » de l'auteur. Une première édition, tirée à petit nombre, avait été publiée en 1818 sous ce titre : « le Marguillier de Saint-Eustache, comédie en trois actes et en prose, par M. le C. R., pour faire suite au Nouveau Théâtre-Français du président Hénault ». *Paris, Imbert*, 1818, in-8.

Mari (le) confident, comédie-vaudeville en un acte de MM. Armand Ov... (Armand-Joseph OVERNAY) et Constant B... (J.-F.-Constant BERRIEN et E.-F. VAREZ). Représentée sur le théâtre de l'Ambigu-Comique, le 2 août 1820. *Paris, Fages*, 1820, in-8, 35 p.

Mari (le) de la veuve, comédie en un acte et en prose, par M*** (Anicet BOURGEOIS, DURIEU et Alex. DUMAS). Représentée pour la première fois sur le Théâtre-Français, le 4 avril 1832. *Paris, A. Auffroy*, 1832, in-8, 63 p. — *Paris, lib. théâtrale*, 1853, in-16, 72 p.

Mari (le) inquiet et content, comédie en un acte (et en pr. par P.-Ch. LECOMTE). *Metz, Verronnais*, an IV-1796, in-8.

Mari (le) jaloux, nouvelle. (Par Mᵐᵉ DE GOMEZ DE VASCONCELLES, mère de Mᵐᵉ de Saintonge.) *Paris, Mich. Guérout*, 1688, in-12.

Mari (le) sans le savoir, comédie-vaudeville en un acte, représentée pour la première fois, à Paris, sur le théâtre des Variétés, le 10 mai 1817, par MM*** (A.-F. VARNER et J.-G. YMBERT). *Paris, Mⁱˡᵉ Huet-Masson*, 1817, in-8, 36 p.

Mari (le) sentimental, ou le mariage comme il y en a quelques-uns (par Sam. CONSTANT DE REBECQUE), suivi des Lettres de mistriss Henley, publiées par son amie Mᵐᵉ DE C***, de Z*** (DE CHARRIÈRE, de Zuylen). *Genève et Paris, Buisson*, 1786, in-12.

Maria Doriville, ou le séducteur vertueux, trad. de l'anglais de M. HOLFORD; par Mᵐᵉ D****** , auteur du « Caissier et

sa fille » (Mⁱˡᵉ MARNÉ DE MORVILLE, dame DE ROME). *Paris, Locard et Davi*, 1813, 4 vol. in-12.

Maria, ou l'enfant de l'infortune. (Par J.-F. VILLEMAIN D'ABANCOUR.) Quatrième édition. *Paris, Aubry*, 1814, 3 parties in-18.

L'édition originale est intitulée : « Maria, fille naturelle de la comtesse D***, ou l'enfant de l'infortune». *Paris*, an IX, 2 vol. in-12.
Ce roman a été souvent réimprimé. Presque toutes les éditions portent sur le titre : « Par V. D'A. »

Maria, ou les véritables mémoires d'une dame illustre par son mérite, son rang et sa fortune. Traduits de l'anglois. *Paris, Bauche, L. Cellot*, 1765, 2 vol. in-12.

Suivant ce que dit le traducteur dans son avertissement, le texte anglais a paru à Londres en 1764, et une traduction française a paru en même temps que la sienne sous le titre de : « Marianne, ou la Nouvelle Pamela », *Rotterdam*.
La traductrice de ce roman est, suivant l'abbé de La Porte, une demoiselle née dans une condition non commune, qui n'écrivait que pour son amusement et qui n'a confié son secret qu'à quelques amis. Voy. l'« Histoire littéraire des femmes françoises », *Paris*, 1769, in-8, t. V, p. 544 et suiv.
Le Fèvre de Beauvray, dans son « Dictionnaire social et patriotique », *Paris*, 1770, in-8, p. 213, place parmi les dames illustres de son temps la traductrice d'un roman anglais intitulé « Maria ».
On a de la même demoiselle les « Lettres de mademoiselle de Jussy ». *Paris*, 1762. —Nouv. éd. augm. en 1763, in-12.

Maria, ou lettres d'un gentilhomme anglois à une religieuse, traduites de l'anglois (de Mᵐᵉ Eliza BLOWER). *Paris, Le Tellier*, 1787, in-12, 180 p.

Maria. Par Mᵐᵉ D*** (Adèle DAMINOIS), auteur de « Léontine de Werteling ». *Paris, Lottin de Saint-Germain*, 1819, 2 vol. in-12.

Mariage (le) à la turque, vaudeville en un acte, par MM. DESPREZ et *** (Edmond CROSNIER). Représentée pour la première fois, à Paris, sur le théâtre de la Gaîté, le 3 avril 1823. *Paris, Quoy*, 1823, in-8, 39 p.

Mariage (le) au point de vue chrétien. (Par Mᵐᵉ Agénor DE GASPARIN, née Valérie BOISSIER.) *Paris, Delay*, 1842-1843, 3 vol. in-8.

La seconde édition porte le nom de l'auteur.
C'est le seul ouvrage qui soit signé de son nom.

Mariage (le) champêtre ou le rendez-vous, ydilles traduites du grec. (Par J.-F. DREUX DU RADIER.) (1757), in-8.

Mariage (le) chrétien... traduit du latin

d'Erasme (par Cl. Bosc). *Paris, Fr. Babuty*, 1714, in-12.

L'approbation du docteur d'Arnaudin contient cette réflexion : « Le public ne peut donc que savoir beaucoup de gré au magistrat respectable qui emploie depuis quelque temps les heures de son loisir et le peu de santé qui lui reste à nous donner en françois ce qu'Erasme a fait de plus beau et de plus pieux sur des sujets choisis « Voy. ci-après, les mots : « Mépris du monde ».

« Le Mariage chrétien » est rempli de choses excellentes, dit Burigny ; il serait à désirer qu'il trouvât un traducteur habile qui, en relevant les endroits qui ont justement mérité la critique et qui l'ont fait mettre à l'index, mit tout le monde en état de profiter d'un livre qui renferme tant de réflexions utiles pour l'usage général de la vie. » C'est précisément ce qu'a exécuté M. Bosc. Mais il paraît que Burigny ne connaissait pas sa traduction ; il cite celle de Louis Berquin, qui, par attachement aux nouvelles opinions, défigura un ouvrage où il se trouvait déjà trop de propositions hardies. Voy. ci-dessus, « Manuel du soldat chrétien », col. 51, c.

Mariage (le) clandestin, comédie en cinq actes, représentée sur le théâtre royal de Drury-Lane, en 1766, par les comédiens de Sa Majesté Britannique. Composée par MM. Garrick et Colman. Traduite de l'anglois, sur la troisième édition (par Marie-Jeanne Laboras de Mezières, dame Riccoboni). *Paris, Le Jay*, 1768, in-8, 155 p.

Ersch, « France littér. », t. II, p. 410, attribue à l'abbé Guill.-Ant. Lemonnier, une pièce intit. : « le Mariage clandestin », comédie en vers, en trois actes, 1768 et 1775, in-8. Quérard, « France littér. », t. V, p. 149, donne cette pièce à Pierre-René Lemonnier, et il ajoute :

« C'est par erreur que M. Beuchot dit, dans la « Biographie universelle, » que cette pièce, imitée de l'anglais de Garrick, n'a pas été imprimée. »

La description bibliographique donnée par Quérard étant la même que celle de la traduction ci-dessus décrite, n'y aurait-il pas confusion de sa part, et le reproche adressé par lui à Beuchot ne devrait-il pas lui être renvoyé ?

Mariage (le) d'Aglaé, comédie en un acte et en prose, par M. le chevalier A. de N.....t (A. de Nieulant). Représentée pour la première fois, par les comédiens français, sur le théâtre de Gand, le 5 janvier 1788. *Paris et Bruxelles, E. Flon*, 1788, in-8, 2 ff. de tit. et 52 p.

Mariage (le) d'une Espagnole, par Mme U..... R...... (M.... de S....). (Par P. Vésinier.) *Londres, imp. internationale anglo-française (Bruxelles, imp. Vanderauwera)*, 1866, in-18, 364 p. — Mariage (le) d'une Espagnole, 2e édition. *Londres, Truelove (Foucaut), libr.-édit.*, 1869, in-18, 346 p.

Les initiales sous lesquelles le livre parut d'abord avaient été choisies pour le faire attribuer à Mme Urbain Rattazzi (Marie de Solms), à qui l'entrée en France du livre « le Mariage d'une Créole » venait d'être refusée.

L'auteur, réfugié français, en Belgique, dénoncé par son édit., J. Rozez père, fut condamné par le jury brabançon à dix-huit mois de prison et 1,000 francs d'amende.

Il avait commencé une réimpression de ce livre dans le journal qu'il publiait à Paris pendant la Commune, en 1871, sous le titre de « Paris libre », et dont il n'a paru que quarante-trois numéros. Voy. « les Journaux de Paris pendant la Commune, par J. Lemonnyer ». *Paris*, 1872, in-12, 94 p.

Mariage (du) dans ses rapports avec la religion et avec les lois nouvelles de la France. (Par P.-J. Agier.) *Paris, imprimerie-librairie chrétienne*, an IX-1801, 2 vol. in-8.

Mariage (le) dans une rose, vaudeville en un acte, par MM. Simonin et B*** (Brazier), représenté pour la première fois, sur le théâtre de la Gaîté, le 25 mai 1808. *Paris, Faças*, 1808, in-8, 20 p.

Mariage (le) de Barôgo, comédie en trois actes en prose. Seconde suite du « Ramoneur prince ». Représentée pour la première fois sur le théâtre des Variétés, au Palais-Royal, le 24 novembre 1785, par M. M...... de P.....y (Mauroy de Pompigny). *Paris, Cailleau*, 1786, in-8, 112 p.

Mariage (le) de Belfégor, nouvelle. (Trad. de l'italien de Machiavel par Tanneguy Le Fèvre.) *Saumur*, 1664, in-12.

Mariage (le) de Dunamore, par Maria-Regina Roche ; traduit de l'anglais par M*** (Dubergier). *Paris, Hautecœur*, 1824, 4 vol. in-12.

Mariage (le) de Fanchette, comédie en trois actes, en prose, par l'auteur du « Mariage de Chérubin » (M.-N. Delon). *Genève*, 1786, in-8.

Mariage (le) de la musique avec la danse, contenant la réponse au livre des treize prétendus académiciens touchant ces deux arts. (Par Guillaume Dumanoir.) *Paris, de Luyne*, 1664, in-12.

Le nom de l'auteur se trouve dans le privilége.

Mariage (le) de la reine de Monomotapa, comédie en un acte et en vers. (Par Belisle.) *Leyde, Félix Lopès*, 1682, in-12, 2 ff. et 42 p.

Catalogue Soleinne, n° 1492.

Mariage (le) de Melpomène, amphigouri en un acte et en vers. (Par L.-H. Dancourt.) *Paris, Cailleau*, 1780, in-8.

Mariage (le) de mon grand-père, suivi du Testament du juif, trad. de l'angl.

(Par O. Sachot.) *Paris, Hachette*, 1853, in-12.

Mariage (le) des fleurs, en vers latins, par Démétrius de La Croix, avec la traduction française (de Patrice Trant) et des notes; quatr. édit. (publiée par Antoine-Alex. Barbier). *Paris, Drost aîné*, 1798, in-12.

Voy. aux anonymes latins, « Connubia florum ».

Mariage (le) des prêtres, ou récit de ce qui s'est passé à trois séances des assemblées générales du district de Saint-Etienne-du-Mont, où l'on a agité la question du mariage des prêtres, avec la motion principale (de l'abbé Ant. de Cournand) et les opinions des honorables membres (P.-R.-A.-G. Guéroult le jeune, professeur de rhétorique, P. Crouzet, professeur de belles-lettres, etc., etc.) qui ont appuyé la motion ; publié au profit des pauvres ménages du district de Saint-Etienne-du-Mont (par l'abbé de Cournand). *S. l.*, 1790, in-8, 96 p.

Mariage des protestants. *S. l.*, 1787, in-8.

Cet opuscule, composé par l'abbé N.-S. Bergier, Lorrain, l'un des adversaires de Voltaire, d'Holbach et d'Anacharsis Clootz, a trait au procès célèbre qu'occasionna la naissance de la dame d'Anglure, dont les parents habitaient Bordeaux.

Mariage (le) des quatre fils Hémon et des filles Dampsimon. *S. l. n. d. (Paris, Pinard)*, 1835, in-8.

Réimpression à 42 exempl., publiée par MM. Giraud et Aug. Veinant, d'une facétie imprimée à *Paris*, in-8, 4 ff. (vers 1530).

Mariage (le) du Chantre, scènes historiques. (En vers, par F. de Montherot.) *S. l.*, 1829, in-8.   G. M.

Mariage (le) du Cid, tragi-comédie. (Par Urb. Chevreau.) *Jouxte la copie impr. à Paris*, 1638, pet. in-8.

Voy. le « Manuel du libraire », II, col. 284, et plus loin, « la Suite et le Mariage... »

Mariage (le) du siècle, ou lettres de Mme la comtesse de Castelli à Mme la baronne de Fréville. (Par André-Guill. Contant d'Orville.) *Amsterdam et Paris*, 1766, 2 vol. in-12.

Mariage (le) du vaudeville et de la morale, comédie en un acte, en vers, mêlée de vaudevilles, par le citoyen Piis (et P.-Yon Barré). *Paris*, an II, in-8, 2 ff. de tit. et 43 p.

Mariage (du) entre proches parents, par H. J. S. (Héliodore-J. de Skor-

zewsky). *Paris, Eberhart*, 1824, in-8, 92 p.

Mariage (le) forcé, ballet du roi, dansé par Sa Majesté le 20e jour de janvier 1664. (Par Molière.) *Paris, R. Ballard*, 1664, in-4, 12 p.

Edition originale du livret du ballet. On y trouve quelques vers français et espagnols de Molière.

Mariage (le) malheureux, ou Mathurin et Magdeleine, histoire véritable. (Par L.-R. Barbet.) *Paris, Lelong*, 1815, 3 vol. in-12.

Mariage (le), ou les femmes anglaises et écossaises, par l'auteur de « l'Héritage » (miss Ferriar), traduit de l'anglais, sur la seconde édition, par MM. T... C... et Nelson Delort. *Paris, Bouquin de La Souche*, 1825, 4 vol. in-12.

Mariage (le) par escalade, opéra-comique à l'occasion de la prise de Port-Mahon, représenté pour la première fois sur le théâtre de l'Opéra-Comique, le samedi 11 septembre 1756. *Paris, veuve Delormel*, 1756, in-8, 2 ff. de tit., 44 p. et 4 p. de musique.

La dédicace est signée : F*** (Ch.-Sim. Favart).

Mariage, par l'auteur de « l'Héritage » (miss Ferriar), traduit de l'anglais par Mme Blanchenay-Vernes. *Paris, Lecointe*, 1825, 4 vol. in-12.

Mariage (le) secret, comédie en trois actes et en vers, représentée à Fontainebleau devant Leurs Majestés, le vendredi 4 novembre 1785 ; et pour la première fois, sur le Théâtre-Français, le 10 mars 1786. (Par Jean-Louis Brousse des Faucherets.) *Paris, veuve Duchesne*, 1786, in-8, 104 p.

Réimprimé avec le nom de l'auteur, *Paris, Barba*, 1818, in-8, 72 p.

On prétend que le comte de Provence, depuis Louis XVIII, prit part à la composition de cette pièce.

Mariages (les) assortis, comédie en trois actes et en vers. Représentée pour la première fois par les comédiens italiens ordinaires du roi, le lundi 10 février 1744. Par Monsieur *** (l'abbé Cl.-Henri de Fusée de Voisenon). *Paris, Didot le jeune*, 1744, in-8, 104 p.

Réimprimé dans les « Œuvres » de Voisenon, *Amsterdam*, 1781, tome V, p. 215-314.

Mariages (des) clandestinement et irrévéremment contractés par les enfans de famille au deçeu, ou contre le gré... de leurs pères et mères... (Par J. de Coras.) *Toulouse, P. du Puis*, 1557, in-8. V. T.

Mariages des Tatars de la Crimée, par C. X. V. A*** (C.-X.-V. Amanton). *Dijon, Odobé*, 1829, in-8, 12 p.

Tiré à 30 exemplaires.

Mariages (des) mixtes, ou observations sur le choix des conditions religieuses dans les mariages mixtes, par un curé du diocèse de Besançon (l'abbé Denizot), 2ᵉ édition considérablement augmentée. *Besançon, Turbergue*, 1850, in-16.

Mariages (les) par circonstance, comédie en un acte et en prose de M. Melchior B*** (Melchior Boisset), représentée pour la première fois, sur le théâtre de l'Ambigu-Comique, le 2 novembre 1824. *Paris, Quoy*, 1824, in-8, 48 p.

Mariagi (lou) de Margarido, coumedio en un acte de moussu R. (Alexandre Routtier). *Marsillo, J. Mossy*, 1781, in-8, 32 p.

Réimprimé plusieurs fois.
Le titre porte : nouvelle édition, ce qui ferait supposer une impression antérieure. Pierquin de Gembloux et G. Brunet n'en parlent pas.
Catal. Burgaud des Marets (1873), n° 1404.

Marianne et Charlotte, ou l'apparence est trompeuse, traduit de l'allemand (de J.-F. Junger, par A.-G. Griffet de Labeaume). *Paris*, 1794, 3 vol. in-18.

Marianne, ou la nouvelle Paméla.

Voy. « Maria, ou les véritables mémoires... »

Marianne, ou le dévouement. Par Marie-Ange de T*** (Just-Jean-Etienne Roy). *Tours, Mame*, 1868, in-8.

Nouvelle éd. en 1870.

Mariane (la), tragédie. (Par Tristan L'Hermite.) *S. l.* (*Paris*, 1637), in-12, 83 p.

Réimprimé sous le titre de : « Mariane, tragédie du sieur Tristan L'Hermite, remise au théâtre » (par J.-B. Rousseau). *Paris, Didot*, 1731, in-12, 90 p. et 2 ff. d'approb. et de priv.
Voy. « Pièces dramatiques choisies » et « le Nouvelliste du Parnasse » (par l'abbé Desfontaines), éd. de 1734, tome I, page 248.

Marie. (Par Mᵐᵉ de Mortefontaine.) *Paris, s. d.*, 2 part. en 1 vol. in-12.

Marie-Antoinette à la Conciergerie, fragment historique, publié par le comte Fr. de Robiano. (Rédigé par Mᵐᵉ de Marboeuf et M. l'abbé Gilet.) *Paris, Baudouin frères*, 1824, in-12.

Marie-Antoinette, archiduchesse d'Autriche, reine de France, ou causes et tableau de la Révolution; par le chevalier

DE M... (DE Maistre). (*Turin*), 1794, in-8, 141 p. — *S. l.*, 1795, in-12, 132 p.

On a réimprimé, pour l'édition de 1794, des titres qui portent : « Par M. le chevalier DE Mayer, etc., etc. »

Marie Brontin, par l'auteur de « Jérôme Paturot » (L. Reybaud). *Paris, M. Lévy*, 1850, 2 vol. in-8.

Marie-Caroline-Auguste de Bourbon, duchesse d'Aumale, 1822-1869. (Par M. Cuvillier-Fleury.) (*Paris, Téchener*), 1870, petit in-8, avec un portrait.

Marie conversant avec ses enfants. (Par monseigneur A.-R. Devie, évêque de Belley.) *Lyon, Poussielgue-Rusand*, 1843, in-18.

Cet opuscule a donné lieu à une polémique animée entre le « Journal des Débats » et l'éditeur, en juin 1844. C'est à cette circonstance qu'est due la révélation du nom de l'auteur, qui avait gardé l'anonyme.

Marie d'Anjou, reine de Maïorque, nouvelle historique et galante. (Par Jean de La Chapelle.) *Paris, Barbin*, 1682, 2 vol. in-12.

Marie de Boulogne, ou l'excommunication, nouvelle historique... (Par P.-F.-N. Hédouin, avocat.) *Paris, Baudouin*, 1824, in-12.

Réimprimé en 1827 avec d'autres pièces, sous ce titre : « les Contes de mon oncle Pierre, traditions romantiques recueillies dans le Boulonnais ». 2 vol. in-12.

Marie de Courtenay, par Mᵐᵉ **** (Joséphine Lasteyrie du Saillant, dame Sirey, nièce du comte de Mirabeau). *Paris, Barba*, 1818, in-12.

Marie de Sinclair. (Par Angélique Caze de La Bove, marquise de Blanville, dame B. Ducos.) *Paris, Maradan*, an VI-1798, in-12.

Marie Dorval. 1789-1849. Documents inédits. Biographie, critique et bibliographie. (Par M. E. Coupy, professeur de mathématiques au prytanée militaire de La Flèche.) *Paris, Lib. internationale*, 1868, in-12, XII-474 p.

Marie et Caroline, ou entretiens d'une institutrice avec ses élèves, par Marie Wollstonecraft Godwin, traduit de l'anglais (par A.-J.-N. Lallemant, secrétaire de la marine). *Paris, Dentu*, an VII-1799, in-12.

Marie et Florence à seize ans; par l'auteur de « Grave et Gai, Rose et Gris » (miss Anne-Fraser TYTLER), et faisant suite à cet ouvrage. Traduit de l'anglais. *Lausanne, Delafontaine*, 1852, in-16, 293 p.

Marie – Eustelle... Par l'auteur des « Essais pratiques » (Mme J. DE GAULLE). *Lille, Lefort*, 1847, in-18.

Souvent réimprimé.
Les dernières éditions portent le nom de l'auteur.

Marie-Madeleine. — Une vie heureuse. — Résignation. (Par Mme LOYRÉ D'ARBOVILLE, née DE BAZANCOURT.) *Paris, impr. royale*, 1843, in-16.

Trois nouvelles insérées d'abord dans la « Revue des Deux-Mondes ». L'édition de l'imprimerie royale, tirée à 100 exemplaires, fut imprimée par ordre de la reine Amélie, pour être donnée en lots dans une loterie de bienfaisance.

Marie Menzikoff ou la fiancée de Pierre II, roman historique par Aug. LAFONTAINE, trad. de l'allemand par J. J. M. D. (J.-J.-M. DUPERCHE), traducteur du « Bal masqué » du même auteur. *Paris, Lerouge*, 1817, 2 vol. in-12.

Marie Millot, ou l'héroïne villageoise, pantomime, par D. B. (D. BIGNON). *Paris*, 1780, in-8.

Catalogue Soleinne, n° 3450.

Marie Muller, traduit de l'allemand (de Mme UNGER) par Mlle Adeline DE C*** (Adeline DE COLBERT). *Paris, Renard*, 1803, 2 vol. in-12, avec grav.

Marie Névil, par l'auteur de « Charles de Montfort » (Mme Sophie DE MARAISE). *Paris, Renard*, 1814, 3 vol. in-12.

Marie, ou les Hollandaises, (Par Louis BONAPARTE). *Paris, Arthus Bertrand*, 1814, 1815, 3 vol. in-12.

La note suivante se lit en tête de l'édition de 1815 :

« La première édition de « Marie, ou les peines de « l'amour », qui a été imprimée à Gratz, en 1812, étant parvenue en France, j'autorise M. *Arthus Bertrand* à publier la troisième édition, sous le titre de : « Marie, « ou les Hollandaises », à la condition expresse qu'il suivra *scrupuleusement* tous les changements que j'y ai faits en dernier lieu et dont le manuscrit original lui a été renvoyé. Je n'avoue et ne reconnais d'autre édition que celle qui sera faite par les soins de M. *Arthus Bertrand*. »

Signé : Louis DE SAINT-LEU.

Lausanne, le 1er juin 1814.

La 1re édit., non anonyme, porte effectivement ce titre : « Marie, ou les peines de l'amour, par Louis-Napoléon BONAPARTE. » *Gratz, Ferstl*, 1812, 2 vol. gr. in-8. Il y en a des exemplaires avec nouv. titres, à la date de 1815.

Ce fut le baron DE CAPELLEN, ci-devant ministre de l'intérieur du royaume de Hollande, sous le roi Louis, alors en visite près de son ancien souverain, qui se

chargea des corrections et de tous les détails de cette publication, ainsi qu'il nous l'apprend dans ses « Souvenirs ».

Inutile de dire que Quérard, Louandre et tant d'autres se trompent en disant que la première édition est de 1800, erreur d'autant plus inconcevable, qu'ils n'avaient qu'à s'en référer à l'article de Barbier. A. L.

Marie, par Mme D*** (Mme A.-Angèle DAMINOIS, née HUVEY). *Paris, Martinet*, 1819, 2 vol. in-12.

Marie, roman. (Par J.-A.-P. BRIZEUX.) *Paris, U. Canel*, 1831, in-18.

La seconde édition, *Paris, Paulin*, 1836, in-8, est qualifiée : poëme.
La troisième édition, publiée en 1840, avec le nom de l'auteur, ne porte pour titre que « Marie ».

Marie, scènes et tableaux de sa vie divine, par l'auteur du « Château de Bois-le-Brun » (Mlle Stéphanie BIGOT). *Lille, Lefort*, 1858, in-12, 140 p.

Réimprimé plusieurs fois.

Marie Stuart en Ecosse, ou le château de Douglas, drame lyrique en trois actes et en prose, paroles de MM*** (F.-A.-Eug. DE PLANARD et J.-F. ROGER); musique de M. Fétis. Représenté pour la première fois sur le théâtre royal de l'Opéra-Comique, le 30 août 1823. *Paris, Lelièvre*, 1823, in-8, 43 p.

Marie Stuart, reine d'Ecosse. (Par J.-J. LE FRANC DE POMPIGNAN.) 1734, in-12.

Marie Stuart, reyne d'Ecosse, nouvelle historique. (Par P.-P.-A. LE PESANT DE BOISGUILBERT.) *Paris, Barbin*, 1675, in-12. — Suivant la copie imprimée à Paris, 1675. 3 part. en 1 vol. pet. in-12. — *Amsterdam, Roger*, 1712, in-12.

Marie Stuart, reine d'Ecosse, tragédie en cinq actes. (Par DOIGNY DU PONCEAU.) *Paris, Boucher*, 1820, in-8, 96 p.

Marie Stuart, tragédie. (Par Fr. TRONCHIN, de Genève.) *Paris, Prault*, 1735, in-8.

Réimprimé dans « Mes Récréations dramatiques », par le même auteur.

Marie Stuart, tragédie en cinq actes, traduction de l'allemand de SCHILLER, publiée par M. H. DE LATOUCHE, précédé de quelques réflexions sur Schiller, Marie Stuart, et les deux pièces allemande et française. *Paris, Bataille*, 1820, in-8, XXVI-184 p.

Suivant Latouche, cette traduction aurait été faite en commun avec M. DIELITZ, qui venait de faire représenter, sur le théâtre de Weimar, une fort belle traduction de l' « Athalie » de Racine. Quérard attribue cette traduction au baron DE RIEDERN, « France littéraire », t. VIII, p. 517, et « Supercheries », II, 672, e.

Marie-Thérèse de Bouès. (Par DU BOIS-AYMÉ, membre de la commission des sciences et des arts de l'armée française en Égypte.) *Grenoble et Paris, Prudhomme,* 1838, in-8. T. 1 et unique.

De nouveaux titres ont été imprimés en 1845, avec l'adresse du libraire *Ebrard*, la date de 1838 et le nom de l'auteur.

Marie Tudor, racontée par Mme Pochet à ses voisines... (Par ROBERGE.) *Paris, imp. de Setier,* 1833, in-8, 88 p.

Mariée (la) de la Courtille, ou Arlequin Ramponeau, ballet-pantomime en un acte et en prose, orné de chants et de danses. Par M. T....... (T.-G. TACONET). *Paris, Ballard* (1760), in-8.

Marin (le) des bords de la Seine, ou Mémoires de Louis-Victor Dacheux, surnommé l'Homme du rivage; dédiés à la Marine française. Rédigés par J.-E. G. (J.-Et. GAUTIER). *Paris, Pilout,* 1840, in-8.

Marine (la) d'Arles-sur-Rhône à S. M. Napoléon III, empereur des Français. Gare maritime projetée. (Par Frédéric BILLOT.) *Toulon, imp. Aurel,* 1867, in-8, 40 p.   G. M.

Marine militaire. Nouvelles considérations sur l'utilité d'une marine militaire. Réfutation des idées et des allégations de M. Van Damme, de « l'Observateur » et du journal « la Meuse ». Exemples de la Suisse et de Hambourg. (Par A. BRIALMONT.) *Bruxelles, Guyot,* in-8, 20 p.

Extrait du « Journal de l'armée belge ».   J. D.

Marine (la) militaire, ou recueil de différens vaisseaux qui servent à la guerre. (Par Nic.-Pierre OZANNE l'aîné, dessinateur de la marine.) *Paris,* 1762, in-8 de 50 planches.

Marinier (le) de la Saône. *Châlon-s.-Saône, imp. de J. Duchesne,* 1840, in-8, 15 p.

Signé : P. C. ORD.... (le docteur P.-C. ORDINAIRE).

Marins (les) du Midi, com. en 1 a. (en v.), m. de couplets analogues au sujet, langage provençal. Par un citoyen de Marseille (TERRASSON-DUVERNO). *Gap, J. Allier, s. d.,* in-8.

Marne (de la) et de la Manière de l'employer utilement à l'amendement et à l'a-

mélioration des terres; chapitre encore tiré du manuscrit qui a pour titre : « Entretiens d'un vieil agronome et d'un jeune cultivateur. » Par M. B. (B. BLANCHOT). *Paris,* 1788, in-8, 53 p. ; — 1801, in-12.

Maronites (les) et la France. (Par Mlle Hermance DUFAUX.) *Paris, E. Dentu,* 1860, in-8, 31 p.

Marque (la), ou la mort. Pamphlet anonyme.

Epigraphe :

Un écrit clandestin n'est pas d'un honnête homme.   L'AUTEUR.

(Par J.-B. JOBARD, directeur du musée de l'Industrie.) *Bruxelles, Demat, et se distribue sous le manteau chez tous les libraires de la Belgique,* 1845, in-8, 60 p.

Sur les marques de fabrique.   J. D.

Marques (les) d'honneur de la maison de Tassis. *Anvers, imp. plantinienne de B. Moretus,* 1645, in-fol.

La dédicace est signée : J. C. (Jules CHIFFLET). Le nom de l'auteur se trouve dans l'approbation.

Marquis (le) à la mode, comédie en trois actes ; par Mme de P*** (Madeleine D'ARSANT, dame DE PUISIEUX). *Londres,* 1763, in-12, 2 ff. de tit. et 104 p.

Marquis (le) d'Œdipe, ou la clef de la cour plénière des îles de Porlas. (Par Aug. JUBÉ DE LA PÉRELLE.) *Paris, Plancher,* 1819, in-8.

Marquis (le) de Botteville, ou tout ça présage une révolution, histoire du siècle dédiée aux électeurs. (Par Théodore THIBON.) *Paris, Baudouin,* 1828, in-12.

Marquis (le) de Sade, l'homme et ses écrits, étude bio-bibliographique. (Par M. Gustave BRUNET.) *Sadopolis (Paris),* an 0000 (1866), in-16.

Tiré à 150 exemplaires.   G. M.

Marquise (la) de Ben***. (Par J.-C.-V. BETTE D'ETTIENVILLE.) *Paris, Buisson,* 1788, 2 vol. in-12.

Voy. « les Effets de la prévention... », V, 37, c.

Marquise (la) de Gange. (Par le marquis, D.-A.-F. DE SADE.) *Paris, Béchet,* 1813, 2 vol. in-12.

Marquise (la) de Los Valientes, ou la dame chrétienne. (Par le P. M.-A. MARIN, minime.) *Paris, Despilly,* 1765, 2 vol. in-12.   V. T.

Marquise (la) de Salusse, ou la patience de Griselidis, nouvelle. (Par Ch. PER-

RAULT.) *Paris, J.-B. Coignard*, 1691, in-12.

Première édition de ce petit conte, qui reparut plus tard sous le titre de « Griselidis » ? Voy. V, 575, *d.*

Marquise (la) de Valcour, ou le triomphe de l'amour maternel. Par Mme *** (TARBÉ DES SABLONS), auteur de « Sidonie ». *Paris, Arthus-Bertrand,* 1816, 3 vol. in-12.

Mars (le) françois, ou la guerre de France, en laquelle sont examinées les raisons de la justice prétendue des armes et des alliances du roi de France, mise au jour par Alex. PATRICIUS ARMACANUS (Corn. JANSENIUS), et traduite de la troisième édition, par C. H. D. P. D. E. T. B. (Ch. HERSENT). 1637, in-8.

Marseillois (le) et le Lion. (Par VOLTAIRE.) *S. l.*, 1768, in-8, 14 p.

Le titre de départ, page 3, porte : « Par feu M. DE ST-DIDIER, secrétaire perpétuel de l'Académie de Marseille. »

Marseille, album des étrangers et visiteurs. (Par T. DELORD et J. MÉRY.) *Marseille, Camoin,* 1835, in-12.

Marseille depuis 1789 jusqu'en 1815; par un vieux Marseillais (Laurent LAUTARD).

Voy. « Esquisses historiques », V, 200, *a,* et « Supercheries », III, 953, *d.*

Marseille, Nismes et ses environs en 1815, par un témoin oculaire (Charles DURAND). *Paris, Plancher,* 1818, 3 part. in-8.

Le nom de l'auteur figure sur le titre des deux dernières parties. La première partie a eu la même année une deuxième édition, qui porte également le nom de l'auteur.

Marseille. Notice historique sur les théâtres privilégiés, en réponse aux questions posées par M. le ministre d'État; par un ancien amateur (M. Marius Roux). *Marseille, Camoin,* 1863, in-8, 144 p.

Marseille sauvée, tragédie nouvelle en cinq actes et en vers, lue et reçue à la Comédie française le 29 mai 1778, par M. F**D**L**T*** (FÉCAIS DE LA TOUR), citoyen de Marseille. *Paris, Cailleau,* 1782, in-8, 96 p.

Marseille savante, ancienne et moderne. Lettre écrite par M. D. L. R. (Jean DE LA ROQUE) à M. R., dans laquelle, à l'occasion de la nouvelle Académie, il est parlé de l'ancienne Académie de Marseille, et des Marseillais qui se sont distingués dans les sciences et les beaux-arts. *S. l.* (1726), in-8.

Extrait des « Mémoires de Trévoux ».

Marseille. Union des arts. Création d'un centre intellectuel. Exposition permanente de peinture, sculpture, objets d'art et de science. (Par L. VIDAL.) *Marseille, imp. Arnaud,* 1862, in-8.

Marseille victourieuse, ou la confirmation joyouso et panegyriquo de MM. Antoine de Bausset, Louys de Vaccon et François Grange, consous... (Par MURAIRE.) *S. l. n. d.* (vers 1659), in-4, 28 p.

Marthe, ou la sœur hospitalière. Par l'auteur de « l'Abbaye de la Trappe » (J.-E. PACCARD). *Paris, Locard et Davi,* 1824, 3 vol. in-12.

Marthésie, première reine des Amazones, tragédie lyriq. et un prolog. Le tout en vers libres. (Par Ant. HOUDART DE LA MOTTE.) Noúv. édit. *Amsterdam, Schelte,* 1700, in-12, fig.

La première édition est de *Paris, Ballard,* 1699, in-4.

Martilloge (le) des faulces lengues, tenu au temple de denger. (Ouvrage attribué à Guillaume ALEXIS.) *Imprimé à Paris, par Jehan Lambert, le ix. iour iuillet Milcccc. quatre vingtz et treze,* in-4 goth., 20 ff. non chiffrés.

Voy., pour le détail des éditions, Brunet, « Manuel du libraire », 5e éd., III, col. 1494.

Martin Hylacomilus Waltzmüller. Ses ouvrages et ses collaborateurs. Voyage d'exploration et de découvertes à travers quelques épîtres dédicatoires, préfaces et opuscules en prose et en vers du commencement du XVIe siècle : notes, causeries et digressions bibliographiques et autres, par un géographe bibliophile (M. D'AVEZAC, membre de l'Académie des inscriptions). *Paris, Challamel ainé,* 1867, in-8 de VI, VI-VIII pour le *post-scriptum* du 1er juin 1867 et 176 p.

Extrait des « Annales des voyages ».

Martinet (le) des salons.

Voy. « le Gaulois », V, 523, *a.*

Martinique (la) en 1820, ou le républicanisme oligarchique désappointé. Réponse à « la Martinique en 1819 », mémoire rédigé par M. Richard de Lucy... (Par JULIEN, de Mortain, Orne.) *Paris, Guiraudet,* 1820, in-8, 16 p.

L'épitre dédicatoire est signée : ANTI-LUCY.

Martinique (la) sauvée, tragédie en cinq actes. (Par DANDRIEUX.) *Au Fort-Royal-Martinique*, 1791, in-8.

Martyr (le) de la liberté; lettres originales de l'infortuné Patkul, ambassadeur et général de Pierre le Grand, empereur de Russie. (Par Ant. SERIEYS.) *Paris, Le Roy*, 1790, 2 vol. in-12.

Les mots : lettres originales, etc., ne se trouvent pas imprimés sur l'exemplaire que M. Minzloff a eu sous les yeux. « Pierre le Grand dans la littérature étrangère », 1872, p. 592.

Martyr (le) de la vérité, dialogue traduit de Lucien, par D. V. Z. (Jean DE VAUZELLES). *Lyon, F. Juste, s. d.*, in-16.

Voy. « Supercheries », I, 1195, e.

Martyre (le) de frère Jacques Clément, de l'ordre de Saint-Dominique, contenant au vray toutes les particularités les plus remarquables de sa sainte résolution et très-heureuse entreprise à l'encontre de Henry de Valois. (Par Charles PINSELET, chefcier de Saint-Germain-l'Auxerrois.) *Paris, R. Le Fizelier*, 1589, in-8, 62 p. et 1 f. — *Troyes, J. Moreau* (1589), in-8, 54 p.

Cette publication donna lieu à un « Arrest de la cour de Parlement, sur la plainte et remonstrance faicte à icelle, par les religieux prieurs et convent de l'abbaye monsieur Sainct-Germain Desprez lez Paris, contenant la reformation ordonnee estre faicte par ledict Arrest des propos injurieux contre eux et leur dicte maison contenuz au 31 feuillet du livre intitulé : « le Martyre... » (12 septembre 1589), in-4.

Dans le passage condamné, et qui a été supprimé dans presque tous les exemplaires, l'auteur disait que les Bénédictins de Saint-Germain des Prés avaient voulu ouvrir une des portes de Paris à Henri III.

Martire (le) de la glorieuse sainte Reine d'Alize. Tragédie (en cinq actes et en vers) composée par un religieux de l'abbaie de Flavigny-Sainte-Reine (le P. George VIOLE), où repose le corps de ladite sainte Reine... 1687, in-8. — *Chastillon, Claude Bourcet*, 1691, in-8, 69 p., fig. — 1692, in-8.

Tragédie différente de celle de Claude Ternet.

Voy. « Supercheries », III, 385, c.

Martyre de la glorieuse sainte Reine d'Alize, tragédie. Dédiée à monseigneur l'évêque d'Autun. *Chastillon, Claude Bourut, s. d.*, in-8, 72 p.

La dédicace est signée : C. T. (Claude TERNET). Souvent réimprimé avec le nom de l'auteur.

Martyre de la reyne d'Escosse, douairière de France, contenant le vrai discours des trahisons à elle faictes, à la suscitation d'Elizabet... (Par Adam BLACKWOOD.)

Edimbourg, chez Jean Nafeild, 1587, pet. in-8.

On croit cette édition imprimée à Paris. Une autre, avec les mêmes indications, mais datée de 1588, est augmentée de l'Oraison funèbre de Marie Stuart, prononcée en l'église de Notre-Dame de Paris. Le « Manuel du libraire », 5e édit., III, 1917, indique encore d'autres éditions, et il signale une réimpression formant la première partie d'un recueil publié sous ce titre : « Histoire et Martyre de la royne d'Escosse, douairière de France, proche héritière de la royne d'Angleterre... » *Paris, G. Bichon*, 1589, in-16, avec 4 pl. en bois à la fin.

Réimprimé dans les « Œuvres » latines et françaises de l'auteur (recueillies par G. NAUDÉ), *Paris*, 1644, in-4; et dans le Recueil de Samuel JEBB sur Marie Stuart, *Londres*, 1725, 2 vol. in-fol.

Martyre de la reine de France, ou le 16 octobre 1793. (Par DE LESPINASSE-LANGEAC.) *Paris, A. Boucher*, 1822, in-8.

Extrait du « Journal de l'anarchie, de la terreur et du despotisme ».

Martyre (le) de Marie-Antoinette d'Autriche, reine de France, tragédie en cinq actes. *Paris*, 1793, in-8, 64 p.

Attribué à Et. AIGNAN ou à J.-J.-G. BERTHEVIN.

Plusieurs fois réimprimé.

Martyre (le) de saint Etienne, par M*** (VIOLET). *Paris, J.-G. Dentu*, 1812, in-8.

En vers.

Martyre de saint Eustache, tragédie. (Par DES FONTAINES.) *Paris, T. Quinet*, 1679, in-12, 1 f. de tit. et 61 p.

Martyre (le) de sainte Catherine, tragédie. (Par l'abbé HÉDELIN D'AUBIGNAC.) *Suivant la copie impr. à Caen chez Eléazar Mangeant*, 1650, in-4.

Martire (le) de sainte Reine, tragédie (3 act. en vers). par M. DE B*** (Gilles DE BOUSSU). *Bruxelles, Josse de Grieck*, 1709, in-8, 48 p., avec fig.

L'édition originale paraît être celle de *Mons, chez la veuve de Gaspar Migot* (sic), *rue de Cleros* (sic), 1709, in-8, 48 p., avec grav. d'Harrewyn.

Martyre (le) de sainte Stratonice et de son fiancé saint Seleucus, qui eut lieu à Cyzique, en l'an 297, traduit en français, d'après la version latine, publié par J. B. M. (Jean-Bapt. MACLOU, évêque de Bruges). *Louvain, Jekx et Geets*, 1847, in-18, 94 p.

J. D.

Martyre (le) et la mort du Bizet, poëme héroï-comique par un homme d'Etat. Dédié, sans permission, à S. Exc. Monseigneur le baron Thiers... (Par Léon CHANLAIRE.) *Paris*, 1840, in-8, 36 p. avec un portrait.

Voy. « Supercheries », II, 299,

Martyrologe littéraire, ou dictionnaire critique de sept cents auteurs vivants; par un ermite qui n'est pas mort (A.-P.-G. MENEGAUT). *Paris, G. Mathiot*, 1816, in-8, XII-349 p.

A la page 259 de cet ouvrage, on trouve une note consacrée à M. Rigobert PIQUENARD, dans laquelle il se déclare auteur du « Martyrologe littéraire ».

PIQUENARD est un pseudonyme de MÉNEGAUT.

Martyrologe, ou idée générale de la vie des saints. (Par l'abbé François PARIS.) *Paris*, 1694, in-8.

Martyrologe (le), ou l'histoire des martyrs de la Révolution. (Par J.-G. PELTIER.) *Coblentz et Paris, Artaud*, 1792, 2 parties en 1 vol. in-8.

Martyrologe (le) romain. Distribué pour tous les jours de l'année suivant la réformation du kalendrier. Tourné en françois et augmenté des saints des Pays-Bas, par un Père de la compagnie de Jésus (Bauduin WILLOT, de Binche). *Liége, Ouwerx*, 1624, in-8, 490 p.

Martyrologe romain, traduit du latin (par le P. Fr. SOULIER, jésuite). *Lyon, Rigault*, 1620, in-8.

Martyrologe (le) romain, traduit en françois, avec des notes (par l'abbé Claude CHASTELAIN); tome premier. *Paris, Léonard*, 1705, in-4.

La suite de cet ouvrage est restée manuscrite.

Martyrologe (le) universel en françois, avec des notes. (Par l'abbé Cl. CHASTELAIN.) *Paris*, 1709, in-4.

Martyrs (les) lyonnais, ou la ligue de 1829, à-propos en vers, enrichi de notes contemporaines à l'usage de la congrégation. Dédié aux jésuites par un jésuite défroqué. *Lyon, Brunet*, 1820, in-8, 60 p.

Par Eugène DE LAMERLIÈRE, d'après les « Supercheries », II, 389, b.

Par Hugues-Marie-Humbert BOCON DE LAMERLIÈRE, d'après M. de Manne.

On donnait dans le public, pour collaborateurs à Lamerlière, César BERTHELON et Sébastien KAUFFMAN.

D. M.

Masaniello, histoire du soulèvement de Naples en 1627. Par M. C. L. (E.-Th. BOURG, dit SAINT-EDME). *Paris, les marchands de nouveautés (Raymond)*, 1828, in-32, 125 p.

Mazaniello, ou la révolution de Naples. tragédie en cinq actes et en vers. (Par le comte Alexandre ANDRAULT DE LANGERON, alors gouverneur d'Odessa.) *S. l. n. d.*, (*Odessa, de l'impr. du Comité des constructions*, 1819), in-8, 4 et 187 p.

Précédé d'un « Précis historique, extrait d'un fragment historique, traduit de l'allemand, par M. Meisner » (lisez : traduit de l'allemand de MEISSNER).

Ouvrage de la plus grande rareté; le seul exemplaire que j'aie vu et qui a été en ma possession était surchargé de corrections; du reste, l'ouvrage est rempli de fautes d'orthographe et de négligence du fait de l'imprimeur.

A. L.

Masaniello, ou la sédition de Naples, fragment historique, nouvellement traduit de l'allemand de MEISSNER, par F. M. C. J** (F.-M.-C. JOURDA). *Paris, Thomine et Fortic*, 1821, in-8, 2 ff. lim. et 127 p. — 2e édit. *Paris, Thomine*, 1828, in-8, 4 et 127 p.

Masque (le). (Par DE CLERO.) *Paris, Duchesne*, vers 1749.

Note de l'inspecteur de la librairie d'Hémery.

Masque (le) arraché, ou ma pensée contre Talleyrand-Périgord, encore ministre des relations extérieures !!! Par un républicain de Mâcon. (DANDELOT aîné). *S. l. n. d.*, in-8, 8 p.

Masque (le) de fer, ou les aventures admirables du père et du fils. (Par Charles DE MOUHY.) *La Haye, Dehondt*, 1747, 1750, 1764, 6 parties in-12. — *Avignon, Offray aîné*, 1830, 3 vol. in-24.

Masque (le) levé et déchiré sur les complots que peuvent former les intrigants... ou la conspiration des Brotier, Poly et consorts... Par le citoyen J. D. L. (JEUDY DE L'HOUMAUD). *Paris, Legras*, an V-1797, in-8, 56 p.

L'auteur a signé à la p. 56.

Masque (le) limbourgeois se lève. (Par le curé d'Afden, S.-P. ERNST.) *Liége, Lemarié*, 1791, in-8, 8 p.

Masque (le), ou anecdotes particulières du chevalier de ***. (Par Jos. DUREY DE SAUVOY, marquis DU TERRAIL.) *Amsterdam, Colinet*, 1751, in-8, 190 p. — *Londres*, 1782, in-16.

Masques (les). (Par l'abbé G.-F. COYER.) *S. l.* (vers 1747), in-8, 16 p.

Suivant une note manuscrite sur l'exemplaire de la Bibliothèque nationale, cette brochure a été supprimée.

Massacre (le) des innocents...

Voy. « Extrait du charnier », V, 401, b.

Massacre (le) des innocents. Poëme de J.-B. MARINI, trad. pour la première fois d'italien en français par le traducteur des poëmes de Vida, de Sannazar et de Céva (l'abbé G.-J.-F. Souquet de Latour, curé de Saint-Thomas d'Aquin). *Paris, Vaton,* 1847, in-8.

Massillon jacobin! discours prononcé par monseigneur A. de S*** (Saussol), évêque de Séez, dans la chapelle du collége d'Alençon, le mardi 6 novembre 1821, second chapitre d'Eliçagaray (par J. Clogenson; publié par J.-L.-J. Brière). *Paris, A. Belin,* 1822, in-8, 14 p.

Masvres (les) de l'abbaye royale de l'Isle Barbe-les-Lyon, ou recueil historique de tout ce qui s'est fait de plus memorable en cette église, depuis sa fondation iusques à présent, avec le catalogue de tous ses abbez tant reguliers que seculiers. (Par Cl. Le Laboureur). *Lyon, imp. de Claude Galbit,* 1655, in-4. — *Paris, Jean Couterot,* 1681, 2 vol. in-4.

L'auteur a signé l'épître dans l'éd. de 1655. Cette épître manque dans beaucoup d'exemplaires. Son nom se trouve seulement sur le titre du tom. II de l'éd. de 1681.

Voy. des détails étendus sur cet ouvrage dans Brunet, « Manuel du libraire », 5ᵉ édit., tome III, col. 955.

Matanasiennes. Lettres, suivies de notes sur des riens philologiques, par un petit neveu du prieur Ogier. (Par Pierre Rostain, ancien notaire à Lyon.) *Lyon, imp. de Charvin,* 1837, grand in-8, 154 p.

Quatre lettres, signées : E. N.

Il est question dans ces lettres du célèbre Jean-Louis-Guez de Balzac, et d'une satire latine composée par lui à l'imitation antique, pastiche qui fut publié par Wernsdorf et autres critiques sous le nom de *Turnus*, contemporain de Juvénal. M. Rostain dévoile pièces en main cette maladresse des savants. D'autres chapitres roulent sur l' « Imitation » de Gerson et ses traductions en vers latins, et sur d'autres questions curieuses. Ces petites dissertations sont entremêlées de citations et de digressions fort savantes, qui dénotent un bibliologue exact, aussi modeste que profondément érudit.

Les « Matanasiennes » ont été tirées à petit nombre et ont été distribuées par l'auteur à quelques amis.

Matériaux pour servir à l'histoire de l'expédition de don Pedro en Portugal, et de la guerre actuelle en Espagne. (Par le comte A. de Durfort.) *Paris, G.-A. Dentu,* 1836, in-8.

Matériaux pour servir à l'histoire des années 1805, 1806 et 1807, dédiés aux Prussiens, par un ancien compatriote (Jean-Guillaume Lombard). *Paris, Colnet,* 1808, in-12.

Maternité (la). *Paris, imp. de Paul Renouard,* 1848, in-8, 32 p.

En vers.

Signé : T. C. (T. Courtat, chef de bureau au ministère des affaires étrangères).

Mathématique universelle abrégée, à l'usage et à la portée de tout le monde. (Par le P. L.-Bertr. Castel.) *Paris, Simon,* 1728, in-4.

Mathieu Laensberg, journaliste, à Mᵐᵉ Mathieu Laensberg, astrologue. Epître (en vers). (Par Charles Rogier et Neoclès Hennequin.) *Liége,* 1825, in-8.   J. D.

Mathieu, ou les deux soupers, comédie en trois actes, en prose, mêlée d'ariettes, représentée devant Leurs Majestés, à Fontainebleau. *Paris, Ballard,* 1783, in-8, 2 ff. de tit. et 78 p.

On lit au verso du faux titre :
Les paroles sont de M. Fallet.
La musique est de M. d'Alairac.

Mathilde d'Aguilar. (Par Madeleine de Scudéry.) *Paris, Courbé,* 1667, in-8. — *Paris, Martin,* 1702, in-8. — *La Haye,* 1738, in-12.

Mathilde de Puiselay, par madame *** (Marguerite Desbrosses). *Paris,* an XI-1803, in-12.   V. T.

Mathilde. Drame historique en un acte. Par A. H. (A. Hope). *Paris, Barba,* 1837, in-8, 28 p.

Mathilde, ou le souterrain, par miss Sophie Lee, traduit de l'anglais (par P.-Bern. de La Mare). *Paris, T. Barrois,* 1786, 3 vol. in-12.

Réimprimé plusieurs fois.

Mathilde, ou les Anglais en Italie, roman du jour, trad. de l'anglais (de lord Normanby), par le traduct. d' « Eliza Rivers », d' « Osmond », etc. (Mᵐᵉ la comtesse Molé, ou plutôt M. Alf. Fayot). *Paris, Denain,* 1826, 4 vol. in-12.

Mathilde, par l'auteur du « Journal de Lolotte » (la baronne F.-H. Wiesenhuetten). *Gotta,* 1803, in-12, avec fig.

Mathilde, voyage en Normandie au XIIᵉ siècle, par un Normand (Théodore de Grébeauval). *Rouen, Frère,* 1825, in-12, 153 p.   D. M.

Matière médicale, extraite des meilleurs auteurs, et principalement du « Traité des médicaments » de M. de Tournefort et des « Leçons » de M. Ferrein. Par M***** (Ch.-L.-F. Andry), docteur en médecine. *Paris, de Bure,* 1770, 3 vol. in-12.

Matinados (Las) de J. D. (J. Degrand, avocat-avoué à Carcassonne). *Carcassonne* (vers 1822), in-8.

Matinée (la) du comédien de Persépolis,

proverbe en un acte. (Par AUDRIETTE.) *Amsterdam et Paris, Cailleau*, 1782, in-8.

Matinée (la), idylle, par M. R. D. L. (Joseph ROUGET DE LISLE). *Paris, Firmin Didot*, 1818, in-8, 11 p.

Matinée (la), la soirée et la nuit des boulevards, ambigu de scènes épisodiques, mêlé de chants et de danses, divisé en quatre parties. Représenté devant Leurs Majestés à Fontainebleau, le 11 oct. 1776. *Paris, imp. de Cailleau*, 1776, in-8, 2 ff. de tit. et 122 p.

On lit au verso du titre :
Les paroles sont du sieur FAVART.

Matinée (la) libertine, ou les moments bien employés. *Cythère*, 1788.

Canevas de « la Petite Maison » de MÉRARD DE SAINT-JUST, proverbe qui se trouve au t. II des « Œuvres de la marquise de Palmarèze ».
Voy. « Supercheries », III, 19, *c*, et l'article « Espiègleries, Joyeusetés », V, 175, *e*.

Matinées du hameau, ou contes d'un grand-père à ses petits-enfants... par l'auteur de « Irma » (Mᵐᵉ GUÉNARD). 2ᵉ édit. *Paris, Mᵐᵉ Desmarets*, 1808, 4 vol. in-12.

Matinées (les) du Palais-Royal, ou amours secrètes de Mˡˡᵉ Julie B***, devenue comtesse de l'Empire, racontées par elle-même. (Par LALLEMANT.) *Paris, marchands de nouveautés*, 1815, in-18.

Réimprimé en 1833 sous le titre de : « Matinées gaillardes, curieuses et amusantes du Palais-Royal... » *Paris, Terry*, in-18.
Cet ouvrage a aussi été attribué à J.-P.-R. CUISIN.

Matinées (les) du roi de Prusse (FRÉDÉRIC II), écrites par lui-même. *Berlin*, 1766, in-12, 90 p.

Ce pamphlet célèbre a été successivement attribué à VOLTAIRE et au baron DE PATONO.
D'après un article publié dans la « Revue de l'instruction publique » du 2 avril 1863, p. 12, une note manuscrite du temps trouvée sur un exemplaire des « Matinées » attribue cet ouvrage au comte DE SCHWERIN, que le roi de Prusse a fait arrêter depuis pour avoir fait des libelles.
Voy. l'article primitif de Barbier reproduit dans les « Supercheries », II, 92, *b*.
Après plus d'un siècle, le nom de l'auteur nous semble encore à trouver, et les gens impartiaux penseront comme nous qu'il faut s'en tenir à l'opinion de Bachaumont, qui, le 7 février 1765, annonçait avoir en main un manuscrit intitulé : « les Matinées du roi de Prusse. » C'est, dit-il, une extension d'un petit imprimé paru il y a plus de six ans, intitulé : « Idée de la personne et de la manière de vivre du roi de Prusse... » « Ce pamphlet est écrit d'un style fin, spirituel et ironique. Nous nous permettrons d'ajouter : les premières pages doivent être la reproduction exacte de l'écrit cité par Bachaumont.

Nous croyons qu'on trouvera ici avec plaisir la nomenclature exacte et aussi complète que possible des titres sous lesquels a été publié ce pamphlet :

1. Entretiens sur l'art de régner, divisés en cinq soirées. 1766, pet. in-8, 29 p. — Nouv. édit., 1768, pet. in-12, 42 p.

2. Les Matinées du roi de Prusse à son neveu. *S. l.*, 1767, in-12, 42 p.

3. Les Six Matinées du roi de Prusse à son neveu, 1768.

C'est cette édition qui paraît avoir été reproduite par Spiess, avec un avis de l'éditeur. *Paris, Dentu*, an V-1797, in-8, 34 p.
Comme on voit, les cinq *soirées* sont devenues six *matinées*. Ce dernier mot, dans la traduction allemande de 1782, est traduit par *Morgenstunden*, tandis que, dans la traduction de 1863, il l'est par : *Morgenstudien*.
Le « Bulletin du bibliophile » de Techener (1842, p. 173) cite une édition dont le titre ne porte que ces mots :

4. Matinées royales.

C'est un in-16 de 72 p., titre compris, plus 1 feuillet pour la table des matières.
On cite encore une édition entièrement gravée, avec ce titre plus étendu :

5. Matinées royales, ou entretiens sur l'art de régner. 1767.

6. Matinées du roi de Prusse, ou entretiens sur l'art de régner. *Londres*, 1774, in-8, 63 p.

On trouve dans cette édition, après la cinquième matinée, quelques opuscules de Voltaire.

7. Matinées du roi de Prusse. *Berlin*, 1781, 1784 (?).

8. Les Six Matinées du roi de Prusse à son neveu, en mil sept cent soixante et huit (avec un avis de l'éditeur, SPIESS). *Paris, Dentu*, an V-1797, in-8, 34 p.

9. Les Matinées du roi de Prusse, Frédéric II. *Paris, Le Fèvre*, 1801, in-8.

10. Sous le même titre, qui ne paraît que dans la préface (p. 5 et 6) du vol. publié par P.-R. Auguis sous le titre de : « Conseils du trône donnés par Frédéric II », *Paris, Béchet aîné*, 1823, et, en 1828, sous le titre de : « Mémoires historiques de Frédéric II, dit le Grand. » (Voy. « Supercheries », II, 93 et 94.)

11. A la suite de la « Correspondance inédite de Buffon », publiée par M. Nadault de Buffon (tome II, 423 et suiv.). *Paris*, 1860, 2 vol. in-8.

On n'y trouve pas certains passages qu'on lit dans les autres éditions.

12. Les Matinées royales, ou l'art de régner. Opuscule inédit de Frédéric II, dit le Grand. *London, William and Norgate*, 1863, in-12, 35 p.

Commence par cette déclaration : « Nous publions pour la première fois le texte authentique et complet de l'*Art de régner* du roi Frédéric II de Prusse, d'après la copie faite à Sans-Souci par M. le baron de Meneval, secrétaire du portefeuille de Napoléon. Nous n'avons pas cru devoir corriger les nombreuses fautes de grammaire et d'orthographe ; mais le cynisme révoltant d'un passage nous a obligé de le retrancher. On trouvera la preuve que cet ouvrage est véritablement de

Frédéric le Grand dans le « Home and foreign Review », n° III.

13. La Politique des rois de Prusse. Conseils du grand roi. *Paris, Lannes (Bruxelles, typographie de E. Guyot)*, 1870, août, in-8, 24 p.

Ne contient que la matière des cinq matinées, mais sans cette division. On lit en tête : « L'original de cette brochure a été trouvé dans les papiers d'une ancienne famille. C'est aujourd'hui la plus grande actualité. »

14. La Politique prussienne, d'après Frédéric II, précédée d'une préface par le comte Hector DE LA FERRIÈRE. *Paris, Dentu*, 1870, in-8, 32 p.

Les seize premières pages sont occupées par la préface de l'éditeur, précédée de ces mots : *l'Art de régner*. On y trouve l'historique des éditions précédentes : « Nous n'avons rien laissé en arrière des preuves pour ou contre. Au lecteur à décider... A chaque page des écrits de Frédéric, nous retrouverions, au besoin, et dans des termes presque identiques, la preuve qu'il a inspiré l' « Art de régner », s'il ne l'a ni écrit, ni dicté. » Par suite, le texte est souvent accompagné de renvois aux écrits de Frédéric où se trouvent mêmes idées ou mêmes phrases.

A la p. 7, M. de La Ferrière dit : « Ce traité n'est donc ni de Voltaire, ni publié par lui pour se venger du roi de Prusse. »

L'éditeur de l'édition qui suit est d'une opinion contraire.

15. Les Matinées du roi de Prusse, par VOLTAIRE. *Bruxelles, chez tous les libraires (imprimerie de veuve Parent et fils)*, 1871, in-8, 58 p.

Les quinze premières pages sont signées : Ch. P. (Charles POTVIN). L'éditeur y donne les raisons qui lui font attribuer ce pamphlet à Voltaire, et il entre dans d'intéressants détails sur les éditions antérieures. Quant à la sienne, il la donne d'après un manuscrit qui ne contenait pas le paragraphe sur les plaisirs où l'on fait faire à Frédéric l'aveu de la plus avilissante faiblesse. Le nouvel éditeur a collationné son texte sur trois éditions différentes, dont il donne les principales variantes :

« L'édition de 1766, sans nom de lieu ni d'éditeur, qui n'est signalée par aucun biographe (*sic*). »

« L'édition faite par M. Nadault d'après la copie trouvée dans les papiers de Buffon. »

« On se convaincra bien vite, dit M. Ch. P., en parcourant ces variantes que, sauf quelques versions que nous avons dû préférer, notre texte est un des meilleurs. »

Mais, comme nous l'avons dit plus haut, nous n'y trouvons pas deux passages importants qui figurent dans la traduction allemande de 1782.

16. Matinées (les) du roi de Prusse, ou le passe-temps royal. *Berlin (Bruxelles, impr. de Toint-Scohier)*, 1871, in-8, xxx-56 p.

Cette réimpression contient six matinées. Elle est précédée d'un Avis de l'éditeur, signé : J. F. D. B. (J.-F.- DE BLAESERE, libraire). On y donne le relevé des différentes éditions des « Matinées », avec des extraits de ce qu'en ont dit les bibliographes Barbier (1823), Renouard (1840) et bibliophile Jacob (1860); vient ensuite le « Portrait de Frédéric par un de ses contemporains », pages xv à xxx, qui n'est que la reproduction des 37 premières pages de l'ouv. intitulé : « Frédéric le Grand, contenant des anecdotes précieuses sur la vie du roi de Prusse régnant, d'autres

sur ses amis et ennemis, ainsi que les portraits de la famille de Sa Majesté. » *Amsterdam, héritiers de Michel Rey*, 1785, in-18, 249 p. Cet ouvrage est la réimpression du volume in-8, publié sans autre titre que : « Frédéric le Grand », et qui a été aussi mis à profit par Auguis dans sa publication : « les Conseils du trône ».

17. Enfin, le « Figaro » de M. de Villemessant crut devoir terminer sa campagne anti-prussienne en imprimant les « Matinées » dans ses n°* des 17 et 18 septembre 1871, avec cet avis préliminaire :

« Le « Figaro » commence aujourd'hui, dans son feuilleton, la publication du « Testament politique de Frédéric II ». Il est écrit sous forme de Conseils à son neveu. Nous avons acheté le droit de reproduire ce manuscrit extrêmement curieux et dont la lecture est on ne peut plus attrayante; son histoire nous a été racontée. Il est resté dans la famille de l'un des secrétaires de Frédéric, et il a été vendu dernièrement à Londres dans une vente d'autographes.

» ..... Le chapitre sur la religion sert évidemment de guide à l'empereur d'Allemagne et à son conseiller, dans le moment présent où ils travaillent à façonner en Allemagne une religion d'Etat.

» ..... Nous avons respecté l'orthographe du roi prussien, homme de lettres français. Elle n'est pas trop fantaisiste. Bien des manuscrits du XVIII° siècle brillent par des licences beaucoup plus remarquables que celles contenues dans l' « Art de régner ».

« Signé : Auguste MARCADE. »

On lit, à propos de cette publication, dans la « Revue politique et littéraire » du 29 septembre 1871 :

« Le droit du « Figaro » a pu s'obtenir en achetant un exemplaire du volume publié par Auguis, sous le titre de : « Conseils du trône ». On y trouve exactement le même texte et, à peu de choses près, la même orthographe que dans la publication de P.-R. Auguis. »

Une traduction allemande avait déjà paru du vivant de Frédéric II, sous ce titre :

18. Die Morgenstunden des Konigs von Pr... oder lerreiche Vorschriften an sein Thronfolger. *Boston*, 1782, in-12, 72 p.

C'est une traduction libre avec rectifications et annotations, dit la suite du titre. Nous y avons trouvé, p. 13, à la fin de la première matinée, un passage de trois phrases, relatif aux enfants naturels, que nous avons vainement cherché dans les textes français récents que nous avons eus sous les yeux. Il en est de même pour un passage relatif aux réformes de Joseph II. (Voy. deuxième matinée, p. 16-17.) Tout naturellement, le nom du président van Loen est correctement donné dans cette traduction.

19. Morgenstudien über die Regierungskunst von dem Konige Friedrich II, von Preussen, genannt der Grosse, geschrieben für seinen Neffen. Originaltext mit gegenüber Uebersetzung. *Freiburg im Brisgau, Herder*, 1863, in-8, 104 p.

Le texte français est la reproduction de l'édition de *Londres*, 1863. Le traducteur-éditeur a relevé les différences que ce texte présente avec celui donné par M. Nadault de Buffon; mais ces différences, au lieu d'être signalées sur le français, le sont sur la traduction allemande. On trouve aussi dans ce volume la traduction de l'article publié par sir John Dalberg Acton, dans le n° de janv. 1863 de la « Home and foreign Review », et l'on a reproduit ce qu'ont écrit MM. Hausser et Preuss, qui nient l'authenticité du manuscrit de l'édit. de *Londres*, 1863.

Matinées (les) et les Veillées du mois de
Marie. (Par Mme la baronne DE CHAVANNES.)
Lille, Lefort, 1842, in-18.

Plusieurs fois réimprimé.

Matinées gaillardes, curieuses et amusantes du Palais-Royal et de ses alentours... (Par LALLEMANT.) *Paris, Terry,*
1833, in-18.

Cet ouvrage avait déjà paru en 1815, sous le titre
de : « Matinées du Palais-Royal... » Voy. ci-dessus,
col. 83, c.

Matinées royales...

Voy. « Matinées du roi de Prusse ».

Matinées senonoises, ou proverbes français, suivis de leur origine... (Par l'abbé
J.-Ch.-Fr. TUET.) *Paris, Née de La Rochelle*, 1789, in-8.

Mattines en françoys nouuellement faittes
sur la genealogie et vie Nostre-Dame. *S. l.
n. d.*, in-4, 126 ff. goth.

Même ouvrage que les « Louanges de la Vierge » de
MARTIAL D'AUVERGNE, dont il diffère seulement en ce
qu'il est divisé en versets.

Matois (le), mary, ou la courtisane at-
trapée, comédie en prose, imitée d'un livre
espagnol... et appropriée aux pratiques
de Paris. *Paris, P. Billaine*, 1634, in-8,
4 ff. et 278 p.

L'ouvrage espagnol est intit. : « el Sagaz estalico
murido examinado, autor Al.-Genon. DE SALAS-BAR-
BADILLO ». *Madrid*, 1620, in-12.

Matrone (la) d'Éphèse, comédie en un
acte, mêlée de vaudevilles. (Par J.-B. RA-
DET.) *Paris, Brunet*, an II-1794, in-8.

Réimprimé avec le nom de l'auteur, *Paris*, an III,
in-8, 52 p.

Matrone (la) d'Ephèse, comédie par
M. D*** (Ant. HOUDART DE LA MOTTE). *Paris, P. Ribou*, 1702, in-12, 46 p.

Maudit (le). Roman, par l'abbé***. *Paris,
Librairie internationale*, 1864, 3 vol. in-8.

C'est par erreur que l'annonce de la 2e édit., faite le
16 janvier 1864, dans la « Bibliographie de la France »,
sous le n° 622, porte : par l'abbé P***. Ce titre, comme
celui de toutes les autres éditions, ne porte rien autre
que l'abbé ***. D'autres ouvrages : « la Religieuse »
(1864), « le Jésuite » (1865), « le Moine » (1865),
« le Curé de campagne » (1867), « les Odeurs ultramontaines » (1867), « les Mystiques » (1869), « le
Confesseur », sont donnés comme œuvres de l'abbé ***,
auteur du « Maudit ».

Un des témoins appelés à déposer dans le procès de
l'abbé Junca, l'abbé Bonnelat (voy. p. 59 du « Procès
de l'abbé Junca, avec une pré-
face par M. J. Peichez », *Bordeaux*, impr. J. Peichez,
1872, in-18, 352 p.), ayant nommé l'abbé Michon
comme auteur du « Maudit », le journal « l'Univers »,
du 12 juin 1872, imprimait :

« Relevons encore ce détail dans la déposition d'un
témoin. C'est que l'auteur du « Maudit », de la « Religieuse », etc., et des productions de ce genre publiées sous l'anonyme, n'est autre que l'abbé MICHON ».
et le lendemain :

« M. l'ancien fâcheux abbé Michon nous adresse la
lettre suivante :

« Monsieur le rédacteur,

« Il ne s'ensuit nullement de la déposition de
« M. Bonnelat que M. Mouls lui ait dit que je fusse
« l'auteur du « Maudit ». Mais quand même M. Mouls
« aurait tenu ce propos à M. Bonnelat, ce serait une
« pure supposition. M. Mouls sait pertinemment que
« je ne lui ai jamais dit cela.

« Veuillez agréer, monsieur le rédacteur, mes salu-
« tations.

« L'abbé J.-H. MICHON.

« Paris, le 12 juin. »

« En insérant cette prétendue rectification de M.
l'abbé Michon, nous lui ferons remarquer que sa lettre
manque de précision. Peu importe que M. l'abbé Michon ait dit à M. l'abbé Mouls le propos qu'a répété
M. Bonnelat. Pour infirmer ce témoignage, M. l'abbé
Michon n'avait qu'une chose bien simple à faire, c'était
de déclarer si oui ou non il est l'auteur du « Maudit ».
Sa lettre ne dit ni oui ni non, et ne saurait par conséquent avoir la moindre valeur en tant que démenti.

(« L'Univers », 13 juin 1872.)

M. l'abbé Jean-Hippolyte MICHON publie, depuis novembre 1871, « la Graphologie, journal des autographes ; l'art de juger les hommes par leur écriture ».
Les 14 premiers numéros sont intitulés : « Journal des
autographes ». Le n° 33, du 1er juillet 1872, contient le portrait graphologique de l'abbé Junca, signé :
J.-H. Michon.

Le « Maudit » a été mis à l'index le 15 mars 1864.

Maugrabin (le), drame mêlé de chants,
imité d'une chronique du XVe siècle, par
MM. SAINT-YVES (Edouard DEADDÉ), VEY-
RAT (Xavier VÉRAT et Charles MÉNÉTRIER).
Représenté pour la première fois à Paris,
sur le théâtre de la Porte-Saint-Antoine,
le 17 août 1836. *Paris, Marchant*, 1836,
in-18, 69 p.   D. M.

Maupeouana, ou correspondance secrette et familière du chancelier MAUPEOU
avec son cœur Sorhouet... (Par M.-F. PI-
DANSAT DE MAIROBERT.) *Imprimée à la Chancellerie*, 1773, 2 vol. in-12.

Réimpression de « Correspondance secrète et familière... » Voy. IV, 778, b.

Maurice, ou la confiance en Marie. (Par
Jules MASSÉ.) *Paris, Gaume frères*, 1839,
in-18.

Maurice, par l'auteur de « la Famille de
Montelle » (Mlle A. DE PETITVAL). *Paris,
Bleuet*, 1820, in-12.

Maurice, traduit de l'allemand de F.
SCHULZ, d'après la nouvelle édition (par
le baron L.-F. DE BILDERBECK). *Lausanne*,
1789, 2 vol. in-8.

Mausolée (le) cardinal, ou éloge funèbre de feu monseigneur le cardinal, duc de Richelieu, contenant sa naissance, sa vie, sa mort et sa sépulture... (Par CHATOUNIÈRES DE GRENAILLE.) *Paris, J. Paslé*, 1643, in-4, 2 ff. lim. et 23 p. — *Id.*, 2 ff. lim. et 3 p.

L'auteur a signé la dédicace.

Mausolée (le) de Marie-Josèphe de Saxe, dauphine de France, poëme, par W....... D'A*** (François-Jean WILLEMAIN D'ABANCOURT). *Paris, Knapen*, 1767, in-4, 8 p.

Mausolée (le) de monseigneur le dauphin dans l'église des Jaccopin. Dialogue de Sanson Griveâ et d'Antône Broneâ. (Par le P. Ant. JOLY, de Dijon.) *Dijon, Ant. Defay*, 1711, in-12.

Mausolée (le) de S. A. R. Marie-Christine d'Autriche, exécuté par le chevalier Ant. Canova, et expliqué par E. C. J. VAN DE VIVERE (traduit de l'italien par M. l'abbé P. D'HESMIVY D'AURIBEAU). *Rome, L.Perego, Salvioni*, 1805, in-12.

Mausolée dressé dans l'église de N.-D. de Paris, au service solennel célébré pour le repos de l'âme de très-haute, très-excellente et très-vertueuse princesse Marie-Thérèse, infante d'Espagne, reine de France et de Navarre. (Par le P. Claude-François MENESTRIER.) *Paris, impr. de P. Le Petit* (1683), in-4, 12 p. — *S. l. n. d.*, in-4.

Mauvais (du) état actuel des chevaux dans le département de la Moselle. Par un propriétaire cultivateur (Em. BOUCHOTTE). *Metz, Bosquet*, 1824, in-8, 23 p.

Mauvais (les) Garçons. (Par MM. Alphonse ROYER et Aug. BARBIER.) *Paris, Renduel*, 1830, 2 vol. in-8.

Mauvais (le) Langage corrigé, ou vocabulaire des locutions vicieuses les plus répandues... (Par J. ROUCHET.) *Bruxelles, Mortier frères*, 1845, in-8, 72 p.

Il y a des exemplaires avec le nom de l'auteur. Cet ouvrage a été contrefait à Paris. J. D.

Mauvais (les) Livres, les Mauvais Journaux et les Romans, avec le catalogue de mauvaises publications périodiques et de mauvais livres, et une liste des romanciers du jour. (Par le P. BOONE, de la Comp. de Jésus.) *Bruxelles, Vander Borgth*, in-32.

L'approbation est du 24 août 1840. Plusieurs fois réimprimé.

Mauvaise (la) Foi dévoilée, ou réponse aux brochures intitulées « Notice sur l'abbé Sicard » et « Défense légitime relativement au serment de haine ». (Par S.-P.

ERNST.) *Maëstricht, Hypels*, an IX-1800, in-8, 76 p.

Mauvaise Foi du philosophe impie relativement à la divinité de J.-C. (Par THOMAS, soldat au régiment du prince Charles.) *Bruxelles*, 1767, in-8. V. T.

Mauvaise Tête et Bon Cœur. (Par M. Alexis EYMERY.) *Paris, Maradan*, 4 vol. in-12.

Mauvaise Tête et Bon Cœur, comédie en trois actes et en prose. (Par Edm.-Guill.-Fr. DE FAVIÈRES.) *Paris, Cailleau et fils*, 1790, in-8.

Maximes, avec des exemples tirés de l'histoire sainte et profane, ancienne et moderne, pour l'instruction du roi... (Par l'abbé J.-B. MORVAN DE BELLEGARDE.) *Paris, P.-M. Huart*, 1718, in-12. — *La Haye*, 1740, in-12.

Maximes, Conseils et Instructions sur l'art de la guerre, aide-mémoire pour la pratique de la guerre, à l'usage des militaires de toutes armes et de tous pays, d'après un manuscrit rédigé en 1815, par un général d'alors, et revu, en 1855, pour être mis en harmonie avec les connaissances et l'organisation du jour. (Par le maréchal BUGEAUD.) *Paris, Leneveu*, 1855, in-32.

Plusieurs fois réimprimé.

Maximes d'amour. *Paris, Th. Jolly*, 1668, pet. in-12.

Attribué à BUSSY-RABUTIN.

Maximes d'État, ou testament politique d'Armand DU PLESSIS, cardinal DE RICHELIEU (nouvelle édition, avec une préface et des notes, par F.-L.-C. MARIN). — Lettre sur le testament politique du cardinal de Richelieu, imprimée pour la première fois en 1750, et considérablement augmentée dans cette seconde édition. (Par É.-L. DE FONCEMAGNE.) *Paris, Le Breton*, 1764, 2 vol. in-8.

Maximes de Balthasar GRACIAN, traduites de l'espagnol, avec les réponses aux critiques de l'« Homme universel » et du « Héros »; traduites du même auteur (par le P. Franç. DE COURBEVILLE). *Paris, Rollin*, 1730, in-12.

Maximes de droit et d'Etat, pour servir de réfutation au mémoire qui paroît sous le nom du duc du Maine, au sujet de la contestation qui est entre lui et M. le duc pour le rang de prince du sang. (Par l'abbé Jean DE VAYRAC.) *S. l.*, 1716, in-8, 24 p.

Maximes de guerre de NAPOLÉON (avec notes de BURNOD, aide de camp de l'empereur de Russie). *Paris, Anselin*, 1827, in-32.

Le faux titre porte : « Bibliothèque portative de l'officier ».

Maximes (des) de l'Église gallicane. (Par C.-A. LACOMBE DE CROUZET.) *Paris, imp. de Renaudière*, 1817, in-12.

Cet opuscule forme l'une des douze lettres indiquées sous le titre : « Etat actuel de l'Eglise en France ». Voy. V, 286, d.

Maximes (les) de l'Église gallicane victorieuses des attaques des modernes ultramontains, ou réponse à deux écrits imprimés à Lyon, dont l'un est intitulé : « Réflexions sur le respect dû au pape et à ses décisions dogmatiques », par M. B., ancien curé et supérieur de séminaire (M. Bettend); l'autre : « Précis abrégé des vérités catholiques, » par M. D. (le P. Archange, ex-capucin, prêtre habitué de Saint-Pierre), ancien professeur de théologie. Par un curé du diocèse de Lyon (l'abbé JACQUEMONT, curé de Saint-Médard, dans le Forez). *Lyon*, 1818, in-8, 130 p.

Maximes de la morale des jésuites.

Voy. « Extrait des assertions... », V, 404, c.

Maximes (les) de la religion chrétienne, en opposition avec la morale corruptrice des jésuites. Inutilité du monachisme. (Par M. QUERCY.) *Paris, Lacombe*, 1844, in-8, 144 p.

Cet ouvrage a été aussi attribué à Jean FUOCOSI, de Pistoie.

Maximes de LA ROCHEFOUCAULD, nouvelle édition, augmentée de vies et de notices (par J.-B.-C. DELISLE DE SALES). *Paris*, an III, 2 vol. in-18.

Maximes de S. ÉTIENNE DE GRANDMONT, en latin et en françois, avec une préface (par A. BAILLET). *Paris, Le Mercier*, 1704, in-12.

Des exemplaires, datés de 1707, portent le nom du traducteur; ce qui a fait dire faussement à Godescard que Baillet avait donné en 1707 une nouvelle traduction de ces maximes. Voy. les « Vies des Pères », etc., t. II, p. 159, édition de 1783.

Maximes (les) de S. IGNACE, avec les Sentiments de S. FRANÇOIS XAVIER, tirés et traduits de leurs Œuvres (par le P. Dominique BOUHOURS). *Paris, Cramoisy*, 1683, in-12.

Souvent réimprimées.

Maximes des princes et Estats souverains...

Voy. « Interests et Maximes des princes... » V, 954, e.

Maximes des saints Pères et des maîtres de la vie spirituelle sur l'examen particulier. (Par l'abbé MARTEL, prêtre à Gap.) *Paris, Gaume*, 1832, in-12.

Maximes du droit public françois. (Rédigées par l'abbé Cl. MEY.) *En France*, 1772, 2 vol. in-12. — Sec. édit. (augm. par Gab.-Nic. MAULTROT, G.-C. AUBRY, BLONDE et autres). *Amsterdam, Marc-Michel Rey*, 1775, 2 vol. in-4. — *Id.*, 1775, 6 vol. in-12.

C'est à tort que MICHAU DE MONTBLIN et LAURAGUAIS ont été désignés par plusieurs bibliographes comme ayant pris part à la rédaction de cet ouvrage.

Maximes (les) du gouvernement monarchique... (Par le comte L.-Gabr. DUBUAT-NANÇAY.) *Londres*, 1778, 4 vol. in-8.

Maximes du Palais sur les titres des Instituts et du Code. Par un ancien magistrat (G. BONNEMANT); avec des observations conférées avec la jurisprudence du parlement de Toulouse et de Provence. *Nîmes*, 1785-1787, 2 vol. in-4.

Maximes et Avis pour conduire un pécheur à une véritable pénitence. (Par le P. Fr. BOYER, de l'Oratoire.) *Paris, Babuty*, 1726, in-12.

Maximes et Devoirs des pères et mères. (Par l'abbé Cl. D'ARVISENET.) *Langres, Laurent-Bournot*, 1801, in-12.

Souvent réimprimé.

Maximes et Libertés de l'Église gallicane, avec plusieurs discours. (Par l'abbé P.-J. SÉPHER et autres.) *La Haye (Paris)*, 1755, in-12.

Maximes et Pensées diverses. (Par Mme la marquise LAVAL DE SABLÉ.) *Paris, Sébastien Mabre-Cramoisy*, 1678, in-12.

Maximes et Pensées, par Mme la comtesse DE *** (la comtesse DE LOSTANGES). *Paris, Appert*, 1846, in-32, 95 p.

Maximes et Questions d'amour, avec les responces aux questions pour s'entretenir en compagnie des dames. (Par Charles JAULNAY.) *Paris, Loyson*, 1674, in-12.

C'est le même ouvrage, avec un nouveau titre, que les « Questions galantes dédiées aux belles », par M. JAULNAY. *Paris, Loyson*, 1671. Cet auteur était doyen et chantre de l'église de Saint-Rieul, à Senlis. Consulter sur son compte la notice de M. Paul Lacroix; mise en tête de la réimpression publiée à *Genève*

(J. Gay et fils, 1868, in-18) de l' « Enfer burlesque », *Cologne (Hollande)*, 1677.

Maximes et Réflexions morales du duc DE LA ROCHEFOUCAULD (précédées d'une notice sur son caractère et ses écrits, par J.-B.-A. SUARD). *Paris, imprimerie royale*, 1778, in-8.

Cette édition a servi de base à la plupart des éditions jusqu'en 1822. On y trouve plus de cinquante maximes déplacées, altérées et défigurées ; le style de l'auteur y a été mis à la mode du XVIIIe siècle, et on y a introduit vingt-quatre maximes rejetées par La Rochefoucauld.

Maximes et Réflexions morales extraites de LA BRUYÈRE (avec une notice sur la personne et les écrits de l'auteur par J.-B.-A. SUARD). *Paris, imprimerie de Monsieur*, 1781, in-18.

Maximes et Réflexions morales, traduites de l'anglois (en prose) (par J. DE SERRÉ DE RIEUX), avec une traduction nouvelle en vers de l' « Essai sur l'homme » de POPE (par le même J. DE SERRÉ). *Londres (Paris)*, 1739, in-8.

Maximes et Réflexions nouvelles sur la littérature et sur les meilleurs auteurs anciens et modernes, ouvrage rempli d'anecdotes intéressantes, de portraits et de pensées diverses. (Par P.-L. DE MASSAC, auteur de l' « Amusement des gens d'esprit », en 1756, réimprimé en 1762.) *Paris, Bastien*, 1773, in-12.

Maximes et Réflexions politiques, morales et religieuses d'un administrateur couronné, qualifié du titre de Philosophe bienfaisant, extraites des « Mémoires de Stanislas Leczinsky », roi de Pologne, mort en 1760. Hommage au monarque éclairé qui s'en rapproche le plus par les liens du sang. *Parma, vedova Bodoni*, 1823.

Cet ouvrage a été, selon Melzi, attribué au prince DE CARIGNAN, depuis roi de Sardaigne sous le nom de CHARLES-ALBERT.

Le marquis Luigi ARBORIO, de Brême, le fit imprimer, et, d'après quelques personnes, il en serait le véritable auteur.

Maximes et Réflexions sur différents sujets de morale et de politique ; suivies de quelques essais, par M. D. L** (le duc P.-M.-G. DE LÉVIS). *Paris, Xhrouet*, 1807, in-12, XII-317 p.

Réimprimé avec le nom de l'auteur.

Maximes et Réflexions sur l'éducation de la jeunesse. Où sont renfermez les devoirs des parents et des précepteurs envers les enfants. Avec des maximes et des réflexions particulières sur l'éducation des

princes. *Paris, veuve Séb. Mabre-Cramoisy*, 1690, in-12.

L'épître au duc de Beauvilliers, gouverneur du duc de Bourgogne, est signée : J. P. (Jean PIC).

Maximes et Résolutions du bienheureux Jean BERCHMANS, traduites du latin, par l'abbé V. d. B. de R. (VAN DEN BRANDEN DE REETH), prêtre du diocèse de Malines. *Malines, Ryckmans Van Deüren*, 1865, in-18, 22 p.   J. D.

Maximes et Sentences sur les sources de la corruption de l'homme, par M*** (H.-F. DE LA RIVIÈRE, sieur DE COUCY). *Paris*, 1720, in-16.   V. T.

Maximes évangéliques recueillies des livres canoniques du Nouveau Testament. (Par le P. P. DES CHAMPS-NEUFS.) *Paris, Séb. Cramoisy*, 1647, in-8.

Réimprimé sous le titre de : « Pratique de la véritable dévotion... » *Ibid.*, id., 1652, in-8, 340 p.

Maximes fondamentales du gouvernement françois, ou profession de foi renfermant tous les dogmes essentiels de notre symbole politique. *Paris, Moutard*, 1789, in-8.

Signé : MOREAU, historiographe de France.

Maximes générales d'un bon gouvernement, suivant les opérations économiques et politiques de J.-B. Colbert. (Par Roch-Ant. DE PELISSERY.) 1777, in-8.

Maximes générales sur les droits domaniaux et seigneuriaux. (Par DE CABANEL.) *Paris*, 1755, in-12.

Maximes journalières du droit françois, par M. A. L. (A. LAPLACE, avec des notes de A.-G. BOUCHER D'ARGIS). *Paris, Durand*, 1749, in-4.

Maximes morales d'un philosophe chrétien, par M. D. (Mlle Marie-Prudence PLISSON). *Paris, Lamy*, 1783, in-12.

Maximes (les) politiques du docte Juste LIPSE, où l'on voit en six livres exactement représentée la science qui règle surtout le devoir du prince et du magistrat, etc. *Cologne, Schoute*, 1682, in-12.

C'est une nouvelle édition de la traduction de cet ouvrage publiée à Genève en 1593, in-12, par Simon GOULART, sous ce titre : « les Politiques de Juste Lipse », etc. Voy. ces mots.

Maximes pour l'éducation d'un jeune seigneur (traduction d'un anonyme, revue par le P. Placide PORCHERON), avec les instructions de l'empereur BASILE pour Léon, son fils, traduit en françois. *Paris, Langronne*, 1690, in-12.

Maximes pour l'éducation des enfants et pour former l'honnête homme. (Par DE MARMET.) *Paris*, 1701, in-12. V. T.

Maximes, Réflexions et Pensées diverses. (Par Edme-P. CHANVOT DE BEAUCHÊNE, médecin.) *Paris*, *Goujon*, 1817, in-18. — Quatr. édit. 1822, in-12, avec le nom de l'auteur.

Maximes saintes et chrétiennes, tirées des Lettres missives de Jean DUVERGIER DE HAURANNE (par WALLON DE BEAUPUIS). *Paris*, *J. Lemire*, 1678, in-12.

Maximes, Sentences et Réflexions morales et politiques. *Paris*, *du Castin*, 1687, in-12.

L'épître dédicatoire est signée : L. C. D. M. ; le privilége est au nom du chevalier DE M... (Georges BROSSIN, chevalier DE MÉRÉ).

Maximes spirituelles et Diverses Instructions très-utiles pour les personnes consacrées à Dieu, etc. Par le R. P. PERGMAYER ; traduit de l'allemand, par un prêtre du diocèse de Liége (l'abbé BURGERS, de Visé). *Liége*, *Lardinois*, 1856, in-12, VIII-320 p. Ul. C.

Maximes spirituelles pour la conduite des âmes, utiles aux directeurs et aux pénitents, par le P. F. G. (F. GUILLORÉ), de la Comp. de Jésus. *Nantes et Paris*, 1668-1671, 2 vol. in-12.

Maximes sur la pénitence (avec la solide Dévotion du Rosaire, du P. Fr. BOYER). *Paris*, *Lottin*, 1727, in-12.

Les « Maximes » sont de l'abbé Cl.-P. GOUJET. Il y en a eu cinq ou six éditions.

Maximes sur le devoir des rois et le bon usage de leur autorité. Tirées de différents auteurs. (Par l'abbé P. BARRAL.) *En France*, 1752, 2 parties in-12.

Ce n'est pas une réimpression du « Manuel des souverains », voy. ci-dessus, col 45, d, comme on le disait sous le n° 10960 de la 2° éd. du « Dictionnaire », où cette erreur avait été rectifiée sous le n° 14857.

Maximes sur le ministère de la chaire. Par le P. M*** prêtre de l'Oratoire (le P. Jean GAICHIÉS, de l'Oratoire). Nouvelle édition. *Nancy*, *Cusson*, 1729, in-12, 4 ff. lim. et 296 p.

Plusieurs fois réimprimé avec le nom de l'auteur. Avait paru d'abord sous le titre de : « l'Art de la prédication... » Voy. IV, 291, c.

Maximes sur les insinuations des donations, publications de substitutions, etc. (Par P. BIARNOY DE MERVILLE, avocat.) *Paris*, 1736, in-12.

Maximes théologiques et morales. (Par DESORMES, comédien en Prusse.) *Amsterdam*, *M.-M. Rey*, 1749, in-12.

Maximes tirées de l'Écriture sainte, sur les principales vérités de la religion, par un prêtre du diocèse de Liége (l'abbé VILLERS). *Liége*, *Grandmont-Donders*, 1855, in-18, 123 p. Ul. C.

Maximilién de Baillet, comte de Latour. (Par Charles SOUDAIN, de Niederweth.) *Bruxelles*, *s. d.*, gr. in-8. D. M.

Maximilien Robespierre. (Par Julien TRAVENS.) *Caen*, *Delaporte*, 1847, in-8, 66 p.

Extrait du « Journal de Caen ».
Tiré à 80 exemplaires.

Mazaniello.

Voy. « Masaniello. »

Mazarin (le) artisané, ou l'artisan mazariné, par M. Q. D. F. L. (Mathurin QUESTIER, dit FORT-LYS). S. l., 1651, in-4, 4 p.

Mazarinade (la). *Sur la copie imprimée à Bruxelles*, 1651, in-4, 24 p.

Dans le « Segraisiana », édition de 1722, p. 165, on dit positivement que P. SCARRON est auteur de cette pasquinade. V. T.
Voy. « Œuvres de Scarron ». *Amsterdam*, *Wetstein*, 1752, 7 vol. in-12, t. I.
M. Moreau, dans sa « Bibliographie des mazarinades », conteste cette attribution, qui ne paraît nullement justifiée.
Philibert de La Mare, dans ses « Mélanges », l'attribue à DE MARIGNY.
Cette pièce a été réimprimée dans un volume intitulé : « la Pure Vérité cachée, et autres Mazarinades rares et curieuses ». *Amsterdam*, 1867 (*Genève*, *Gay*), in-18, p. 11-24.

Mea culpa (le) de Napoléon Bonaparte, l'aveu de ses perfidies et cruautés ; suivi de la relation véridique de ce qui s'est passé à l'enlèvement et à la mort du duc d'Enghien, par N. L. P*** (Noël-Laurent PISSOT). *Paris*, *Aubry* (1814), in-8, 16 p. — *Rouen*, imp. de *Hermeut*, s. d., in-8, 4 p. — *Rouen*, imp. de *Bloquel*, 1814, in-12, 8 p.

Mécanicien (le) anglais, ou description raisonnée de toutes les machines mécaniques, découvertes nouvelles, etc., par W. NICHOLSON, trad. de l'anglais sur la dernière édition, et revue et corrigé par M*** (PIERRUGUES, ingénieur), avec 100 pl. gr. par Lallemand. *Paris*, *Eymery*, 1826, 4 vol. in-8.

Méchanique (la) du feu, ou l'art d'en augmenter les effets et d'en diminuer la dépense... Par M. G. (Nic. GAUGER). *Paris*,

Jacq. Estienne, 1713, in-12, 6 ff. lim. 267 p., 4 ff. de table et 12 pl. — *Amsterdam, Mortier*, 1714, in-12. — *Cosmopolis*, 1714, in-8.

Méchaniques (les) de GALILÉE, trad. de l'italien (par le P. Marin MERSENNE). *Paris*, 1634, in-8.

Méchanisme (du) de l'univers, de l'ordre et de l'harmonie qui y règnent, etc., etc. (Par Bosc de Toulouse.) An VII-1799, in-12.

Mécanisme de la nature. Par le philosophe françois. *A Paris, de l'imprimerie conforme à la prononciation, s. d. (vers 1785)*, in-8, 474 p.

Volume bizarre et pour l'impression duquel on a adopté une nouvelle série de signes typographiques. Le titre dit : « Cette nouvelle science doit former une révolution générale dans toutes les connaissances humaines, et porter le coup mortel au fanatisme de toutes les sortes. »

La préface de l'éditeur est signée : Stremon MORIN. Le dos de l'exemplaire que j'ai vu portait comme nom d'auteur : DE LAIRAS. Cet ouvrage n'est pas cité par Ambr.-F. Didot dans ses « Observations sur l'orthographe ou ortografie française », 2e édition, 1868, in-8.

Voy. « Supercheries », III, 118, *a*.

Mécanisme (le) de la parole dévoilé, c'est-à-dire le mécanisme de la parole dévoilé et écriture universelle, au moyen de quarante-huit phonins ou lettres... par Ch. L. B. D. M. G. (Charles-Louis baron DE MECKLENBOURG). *Paris, F. Didot*, 1829, in-12.

Méchanceté (la) des femmes, par le sieur D. F. D. L. (DE FERVILLE). *Paris*, 1618, in-12.

Catal. Simpson, nº 1377.   V. T.

Méchanceté (la), ou l'école des tragédies, parodies d' « Astarbé », en trois actes. (Par C.-F.-J. BIDAULT DE MONTIGNY.) *Paris*, 1758, in-12.

Mechanique.

Voy. « Mécanique ».

Méchante (la) Femme. (Par Louis COQUELET.) *Paris, J. Langlois*, 1728, in-12, 27 p.

Mécontents (les), comédie en vers et en un acte, précédée d'un prologue. (Par Ch.-Ant. LECLERE DE LA BRUÈRE.) *Paris, Le Breton*, 1735, in-12, 34 p.

Catalogue Soleinne, nº 4775.

Médaille (la) de Sainte-Hélène et la Mé-

daille de Waterloo. *Bruxelles, Parys*, 1858, in-8, 4 p. et une pl.

La pl. représente la médaille satirique composée par F. Rops ; le texte est de M. Xavier OLIN, avocat à Bruxelles.   J. D.

Médaille présentée au roi le jour de la feste de saint Louis l'an 1703... *S. l. n. d.*, in-4, 1 feuillet.

Signé : C. F. M. (le P. Claude-François MENESTRIER).

Médailles attribuées aux Armoricains, avant la conquête du pays par les Romains. Présomptions qu'elles rappellent le culte de Bel. (Par le comte MAUDET DE PENHOUET.) *Paris, s. d. (imp. à Rennes, 1826)*, in-4, médailles.

Médailles sur la régence, avec des tableaux symboliques du sieur Paul Poisson de Bourvalais, premier maltôtier du royaume, et le songe funeste de sa femme..... *A Sipar, chez Pierre Le Musca (Paris, Pierre Le Camus), rue des Cent-Portes, à la Maison percée*, 1716, in-8, 32 p.

Un exemplaire porte cette note manuscrite : « Ce manuscrit, qui n'est qu'une esquisse de ce que j'avais projeté de faire, m'a été volé et a été imprimé à mon insu. On m'a dit que c'est l'abbé de Vérac qui a fait le coup. »

A.-A. Barbier ayant rencontré plusieurs exemplaires de cet ouvrage à côté de quelques autres qui avaient appartenu à Nic. MAHUDEL, s'est cru par là autorisé à l'attribuer à ce numismate. Quant à l'exemplaire en question, il figure au « Catalogue Parison », sous le nº 2094.

Médailles sur les principaux événements du règne de Louis le Grand, avec des explications historiques, par l'Académie royale des médailles et des inscriptions (rédigées par Fr. CHARPENTIER, Paul TALLEMANT, J. RACINE, Nic. BOILEAU, Jacq. DE TOURREIL, E. RENAUDOT, A. DACIER, Et. PAVILLON et J.-P. BIGNON, avec une préface composée par TALLEMANT). *Paris, imp. royale*, 1702, in-fol. — Nouv. édit. (dirigée par Cl. GROS DE BOZE). *Paris, imp. royale*, 1723, in-fol.

La préface a été imprimée séparément ; on la trouve rarement jointe aux exemplaires de ces deux éditions.

Suivant l'abbé Ledieu, cité par le cardinal de Bausset dans son « Histoire de Bossuet », liv. XIII, tome IV, p. 154 de la 5e éd., *Besançon, Gauthier*, 1830, il y a dans cette préface plus de 24 fautes contre la vérité de l'histoire et qu'on ne pardonne pas à la cour. Cette préface a disparu de tous les exemplaires qui survirent les 65 premiers qui avaient déjà été présentés au roi, aux princes, etc.

Cette préface a été réimprimée dans le « Mélange curieux » (voy. ci-après, ce titre) et dans la 3e éd. de l' « Histoire critique des journaux » de Camusat, donnée par J.-F. Bernard, 1734, 2 vol. in-12, tome II, p. 186-197.

Cet ouvrage a été réimprimé avec traduction allemande en regard, sans la préface. *Baden, J.-L. Baldinger*, 1705, in-fol.

Médecin (le) avocat malgré lui. *Noli me tangere*. (Par Louis DE SANTEUL.) *S. l.*, 1743, in-8, 13 p.

Médecin (le) de soi-même, ou l'art de se conserver la santé par l'instinct. (Par Jean DEVAUX, chirurgien de Paris.) *Leyde, de Graef*, 1682, in-12. — Trois. édit. *Leyde, C. Jordan*, 1687, in-12.

Cet ouvrage est devenu rare; il fâcha les médecins contre l'auteur, qui ne continua pas la matière, ainsi qu'il l'avait promis et qu'il devait l'exécuter dans un second volume. C'est ce que je tiens de lui, l'ayant longtemps connu. Il avait un frère médecin. (Catalogue manuscrit de l'abbé Goujet.)
Suivant Eloy, dans son « Dictionnaire de médecine », 1778, 4 vol. in-4, Devaux a donné dans le plus grand ridicule où les médecins puissent tomber, c'est-à-dire l'astrologie médicinale et les influences des astres. Ce qui me porte à croire que son « Médecin de soi-même » est tiré en grande partie de celui de Daniel Becker.

Médecin (le) de soi-même, ou l'art de se conserver par l'instinct (trad. du latin de Daniel BECKER). *Amsterdam*, 1678, in-12.

C'est la traduction du *Medicus microcosmi*, imprimé pour la première fois en 1622 ou 1623, in-12, réimprimé avec de grandes augmentations en 1632.
Haller, dans sa *Bibl. medic. practicæ*, in-4, t. II, p. 509, fait observer que cet ouvrage renferme beaucoup de détails superstitieux.

Médecin (le) de village. Une histoire hollandaise. (Par Mᵐᵉ LOYRÉ D'ARBOUVILLE, née DE BAZANCOURT.) *Paris, imp. de Crapelet*, 1847, in-8.

Médecin (le) des campagnes. Traité des maladies que l'on peut guérir soi-même, de celles que l'on doit traiter avant l'arrivée du médecin, de tous les accidents qui exigent de prompts secours. Par A. G., docteur-médecin (Alexandre GAUTHIER). *Paris, Crochard*, 1832, in-12.

Médecin (le) des dames, ou l'art de les conserver en santé. (Par Jean GOULIN et par A.-L.-B. BRECHILLET JOURDAIN.) *Paris, Vincent*, 1771, in-12.

Médecin (le) des hommes, depuis la puberté jusqu'à l'extrême vieillesse. (Par Jean GOULIN et par A.-L.-B. BRECHILLET JOURDAIN.) *Paris, Vincent*, 1772, in-12.

Médecin (le) des pauvres... Par un docteur en médecine (DUBÉ). — Le chirurgien des pauvres... Par un docteur en médecine. *Paris, Couterot*, 1669, in-12.

Le faux titre porte : « le Médecin et le Chirurgien des pauvres ».
Souvent réimprimé avec le nom de l'auteur.

Médecin (le) françois, qui enseigne la manière de conserver la santé avec les noms des simples, plantes, racines, arbres et fruits qui servent et ont la propriété pour toutes sortes de médicaments. *Paris, veuve G. Loyson*, 1653, in-8.

C'est, avec un nouveau titre, le même ouvrage que l' « Histoire de la vie et de la mort... par François BACON... traduit par J. BAUDOIN. » *Paris, G. et J.-B. Loyson*, 1647. L'original anglais a paru en 1623.

Médecin (le) universel, ou le tableau de la simple et heureuse philosophie. (Par Ch.-A.-Denis MOREAU, médecin de la Faculté de Besançon.) *Paris, Gattey*, 1791, in-8.

Médecine (la) de Cythère, parade en deux actes, (toute) en vaudeville, tirée des « Fastes de Syrie » (par C.-F. RAGOT DE GRANDVAL fils?). *Clignancourt*, 1765, in-8, 51 p.

Catalogue Soleinne, n° 3861. Il existe une autre édition, même lieu et date, 32 p.

Médecine (la) des accidents... avec un supplément relatif aux soins à donner aux animaux domestiques, en cas d'accidents ou de maladies. Par un médecin. (Par MM. F.-M. BARRIER et P.-M. GAUBERT.) *Paris, Carilian-Gœury*, 1837, in-18.

Médecine des chevaux, à l'usage des laboureurs. (Par CHALETTES.) *Paris, Cl. Hérissant*, 1763, in-12.

Chalettes a été le principal rédacteur du « Cours d'hippiatrique » de Ph.-Et. Lafosse.

Médecine (la) et la Chirurgie des pauvres, qui contiennent les remèdes choisis, faciles à préparer et sans dépense, pour la plupart des maladies, par *** (dom Nicolas ALEXANDRE). *Paris, Laurent Le Conte*, 1714, in-12.

Souvent réimprimé.

Médecine expérimentale, ou résultat de nouvelles observations pratiques et anatomiques. (Par Fr. THIERRY.) *Paris, Duchesne*, 1755, in-12.

Médecine (la), la Chirurgie et la Pharmacie des pauvres; par feu M. Philippe HECQUET.... (Ouvrage posthume, publié par l'abbé Gab.-Louis CALABRE PÉRAU.) Avec sa vie (par C.-H. LEFEBVRE DE SAINT-MARC), contenant un catalogue raisonné de ses ouvrages. (Publié par LACHERIE.) *Paris, veuve Alix*, 1740, 3 vol. in-12. — Nouv. édition, revue... par M. BOUDON. *Paris, Clousier*, 3 vol. in-12. — *Paris, Durand*, 1749, 4 vol. in-12.

Médecine (la) militaire. (Par P. HECQUET.) *Paris*, 1733, 2 vol. in-12.

Médecine (la) militaire, ou l'art de conserver la santé des soldats dans les camps, par L.-A. PORTIUS... Traduit par M*** (Marc-Ant. EIDOUS), ci-devant ingénieur des camps et des armées du roi d'Espagne, avec figures. *Paris, Briasson*, 1744, in-12.

Médecine militaire, ou traité des maladies, tant internes qu'externes, auxquelles les militaires sont exposés dans leurs différentes positions de paix et de guerre. Par ordre du gouvernement. (Par J. COLOMBIER.) *Paris, imp. de Coilleau*, 1778, 7 vol. in-8.

L'auteur a signé la dédicace.

Médecine (la) nouvelle, ou l'art de conserver la santé et de guérir les maladies les plus rebelles par une voie douce... par M. L*** (E.-M. LAUGIER, docteur-médecin). *Paris*, 1785, in-8, 91 p.

Médecine occulte, ou traité de magie naturelle et médicinale; par M. D** (F.-A. DOPPET), docteur en médecine. *Paris et Lausanne, Mourer*, 1790, in-8.

Médecine (de la); ouvrage traduit de l'anglais, par M*** (KNAPP). *Mons, Hoyois*, 1821, in-8.   J. D.

Médecine (la) sans médecin... (Par J.-M. AUDIN-ROUVIÈRE.) *Paris, l'auteur*, 1823, in-8.

Souvent réimprimé avec le nom de l'auteur.

Médecine (la) théologique, ou la médecine créée telle qu'elle se fait voir ici, sortie des mains de Dieu... (Par Ph. HECQUET.) *Paris, G. Cavelier*, 1733, 2 vol. in-12.   V. T.

Médecins français contemporains. Par J.-L.-H. P*** (J.-L.-H. PEISSE). *Paris, lib. de l'industrie*, 1827-1828, in-8.

Il n'a paru que deux livraisons de cet ouvrage.

Médecins (les) les plus célèbres... par l'auteur des « Hommes d'Etat les plus célèbres » (Maxime FOURCHEUX DE MONTROND). *Lille, L. Lefort*, 1858, in-12, VIII-192 p.

Médée à Jason, après le meurtre de ses enfans. (Par L.-S. MERCIER.) *La Haye (Paris)*, 1763, in-8.

Médée et Jason, ballet terrible, orné de danses, soupçon, noirceur, plaisir, bêtise, horreur, gaieté, trahison, plaisanterie, poison, tabac, poignard, salade, amour, mort, assassinat et feu d'artifice. (Par Jean-Etienne DESPRÉAUX.) *Paris*, 1780, in-8.

Médée et Jason, tragédie représentée pour la première fois par l'Académie royale de musique, le lundi 24 avril 1713. *Paris, C. Ballard*, 1713, in-4, 67 p. — *Paris, Ballard*, 1736, in-4, 65 p.

L'exemplaire de la Bibliothèque nationale, de 1713, est précédé d'une dédicace autographe au roi, signée : LAROQUE. Une réimpression de 1749 porte au verso du titre : Par l'abbé PELLEGRIN.

D'après Quérard, l'abbé S.-J. PELLEGRIN a fait représenter plusieurs de ses opéras sous le nom d'Antoine DE LAROQUE.

Médée, tragédie. (Par Pierre CORNEILLE.) *Paris, Targa*, 1639, in-4, 4 ff. et 95 p.

L'auteur a signé l'épître.

Le « Manuel du libraire », 5e édit., II, col. 284, maintient l'existence d'une édition de *Paris, Targa*, 1637, in-4, 4 ff. et 124 p., bien qu'elle soit mise en doute par Frère dans son « Manuel du bibliographe normand », I, 276, col. 2.

Médée, tragédie. (Par H.-B. DE ROQUE-LEYNE, baron DE LONGEPIERRE.) *Paris, P. Aubouyn* (1694), in-12, x-83 p.

Réimprimée avec le nom de l'auteur.

Médiateur (le), comédie en un acte, par A. H. (Artigues HÉBERT). *Liége* (1744), in-8.

Médiateur (le). Lettre à M. le marquis de ***. *S. l.* (1739), in-12, 24 p.

Signé : I. D. B. (l'abbé P.-Fr. GUYOT DESFONTAINES).

Médicis (les), ou la renaissance des sciences, des lettres et des arts, en Italie, en France, etc. (Par Jean-Edme PACCARD.) *Paris, Pigoreau*, 1812, 4 vol. in-12.

Méditation d'une retraite ecclésiastique de dix jours, à l'usage des curés, etc. (Par le P. Michel MAUDUIT, de l'Oratoire.) *Lyon, Certe*, 1723, in-12.

Méditation sur le pseaume LXXIX, *Qui regis Israël, intende*, extraite des OEuvres de feu Nicolas LEDIGNE, vivant prieur des Condes et de l'Enfourchure, et traduite en latin par J. A. D. D. S. (Jean ARNOUL, doyen de Sens). *Sens, George Nyverd, s. d.* (vers 1605), in-8.

Jean *Arnoul* était le neveu de Claude *Arnoul*, natif de Chaumont en Bassigny, et qui fut docteur de Sorbonne, professeur en théologie, chanoine théologal, trésorier, et enfin doyen de l'église de Sens. Jean *Arnoul* succéda à son oncle dans les places d'archidiacre d'Etampes et de doyen de l'église de Sens; il obtint cette dernière dignité le 21 avril 1600, mourut à Paris le 12 février 1622, et fut enterré à Saint-Etienne-du-Mont. Jean *Arnoul* fut intimement lié avec Nicolas Ledigne, prieur de l'Enfourchure, à trois lieues de Sens. Dans un ouvrage de ce dernier, intitulé : « la Couronne de la vierge Marie, dédiée à la reine régente », *Paris*,

Eustache Foucault, in-12, on trouve plusieurs vers de *J. Arnoul,* adressés à Nic. *Ledigne;* cet ouvrage parut vers 1610. Jean *Arnoul* s'occupait beaucoup de poésie; il eut, vers la fin de ses jours, quantité de différends avec le chapitre de Sens, et il était occupé à la poursuite de ces procès à Paris, lorsqu'il y mourut.

Voyez sur J. *Arnoul* le troisième volume du « Recueil de pièces d'histoire et de littérature », *Paris, Chaubert,* 1731, 4 vol. in-12, où l'on trouve des recherches historiques sur le « Doyenné et les Doyens de l'église de Sens ».

Méditation sur les Evangiles de l'année, par le R. P Médaille, de la C. de J. Nouvelle édition, augmentée par le R. P. B*** (le P. Bolle, S. J.). *Paris, Berton,* 1780, in-12.

Méditations amoureuses du nouvel Abeilard. par M. A. J. A. (Alexandre, de Marche-les-Dames, alors maître d'étude au collége de Mons). *Mons, Jevenois,* 1823, in-8, 44 p.   J. D.

Méditations chrétiennes. (Par la princesse Isabelle de Bourbon-Parme, femme de l'archiduc Joseph.) *Vienne, de Trattnern,* 1764, in-8.

Tiré à petit nombre.
C'est à tort que cet ouvrage a été attribué au Dauphin, père de Louis XVI. Voyez le Catalogue des livres de l'abbé Rive, *Marseille,* 1793, in-8, p. 36.
Il existe une traduction italienne de cet ouvrage avec les noms de l'auteur.

Méditations chrestiennes, par l'auteur de la « Recherche de la vérité. » (Nicolas Malebranche). *A Cologne, chez Balthasar d'Egmond (à la Sphère),* 1683, pet. in-12. — *Amsterdam,* 1690, in-12.

Méditations chrétiennes sur les Evangiles. (Par dom Robert Morel.) *Paris, Vincent,* 1726, 2 vol. in-12.

Méditations de la raison et de la foi. (Par M. Alexis de Jussieu.) *Lyon, Périsse frères,* 1859, in-12.

Méditations en prose. Par une dame indienne (Alina Deldir, dame Mercier). *Paris, N. Pichard,* 1828, in-8. — 2ᵉ éd. *Paris, Delaunay,* 1828, in-8.

Publiées par le marquis A.-J.-F.-X.-P.-E.-S.-P.-A. de Fortia d'Urban.

Méditations et Comparaisons sur les religions et cérémonies des payens et des papistes. (Par Cherisey.) 1613, in-8.

Méditations et Pratiques de piété sur les mystères et la vie de N. S. J. C., par l'auteur des « Méditations ecclésiastiques » (Math. Beuvelet). Nouv. édit. *Lyon,* 1764, in-12.

Méditations (les) historiques de Philippe

Camerarius, comprises en trois volumes, qui contiennent trois cents chapitres, réduits en quinze livres, tournez de latin en françois par S. G. S. (Sim. Goulart. Senlisien). *Lyon, veuve d'Anthoine de Harsy,* 1610, 3 vol. in-4.

L'édition de *Lyon,* 1603, 2 parties in-4, et celle de *Paris,* 1608, 2 vol. in-8, ne contiennent que deux cents chapitres.

Méditations instructives et touchantes pour tous les jours du mois. (Par l'abbé J.-B. Lasausse.) *Lyon,* 1798, in-18.

Méditations métaphysiques de l'origine de l'âme, sa nature, sa béatitude, son devoir, son désordre, son rétablissement et sa conservation (attribuées à René Fédé, médecin). *Amsterdam,* 1673, in-12, 72 p. — Nouv. édit. avec une version latine en regard du texte, avec ces mots sur le frontispice : *Gallo in monte acuto cogitante.* (*Amsterdam,* 1683), in-12, 95 p. — Nouv. édit. très-augmentée. *Coloniæ Agrippinæ,* 1693, in-12.

L'édition que je possède est sans date ; je soupçonne que c'est celle qui est citée dans les « Œuvres » de Bayle, sous la date de 1683.

Méditations métaphysiques de M. René Descartes, traduites du latin de l'auteur, par M. le D. D. L. N. S. (Charles d'Albert, duc de Luynes), et les objections faites contre ces Méditations, avec les réponses de l'auteur, traduites par M. C. L. R. (Claude Clerselier). *Paris, Jean Camusat,* 1647, in-4. — *Paris, Henri Le Gras,* 1661, in-4. — Trois. édit. divisée par articles, avec des sommaires, par R. F. (René Fédé, docteur en médecine d'Angers). *Paris,* 1673, in-4. — *Paris,* 1724, 2 vol. in-12.

Descartes a revu cette traduction, s'y est corrigé lui-même et a pris soin d'éclaircir quelques passages dont le sens n'était pas assez net dans le latin. (« Manuel du libraire », II, 610.)

Méditations philosophiques sur Dieu, le monde et l'homme. (Par Théodore-Louis Lau.) *Konisberg,* 1770, in-18.

Ce volume forme le huitième tome de la « Bibliothèque du bon sens portatif ». Voy. IV, 445, *f.* Voyez aussi les « Anonymes latins », aux mots : *Meditationes philosophicæ...*

Méditations poétiques. (Par Alph. de Lamartine.) *Paris, Nicolle,* 1820, in-8.

Première édition.
Souvent réimprimées avec le nom de l'auteur.

Méditations poétiques et poésies, par P. J. M. T. *Paris, imp. Dondey-Dupré,* 1843, in-8.

La couverture imprimée porte : Par P.-J. Massét...

Méditations politiques (sur la facilité d'un gouvernement juste) pour faire suite à l' « Esquisse » (de M. de Peyronnet). (Par A. Madkolle.) *Paris, J.-J. Blaise,* 1829, in-8, 96 p.

Voy. « Esquisse politique », V, 199, b.

Méditations pour le jour et l'octave de la Pentecôte. (Par Mlle Marguerite-Emilie Desmée de Villette.) *S. l. n. d.,* in-16, 55 p.

Méditations pour les dimanches, festes et féries principales de toute l'année, traduites du latin de J. Busée (par Nic.-Jos. Binet). *Paris, Thierry,* 1681, in-12.

Méditations pour les prêtres, avant et après la messe. (Par le père Edme Cloysault, de l'Oratoire.) *Lyon, Certe.* 1723, in-12. — Nouv. édit. *Paris,* 1822, in-12.

Méditations pour servir aux retraites, soit annuelles, soit d'un jour par mois, pour les personnes consacrées à Dieu. (Par Jean Bonnet.) Rev. et augm. par Collet. *Paris,* 1769, in-12.

Méditations pour tous les jours de l'année. (Par l'abbé G.-R.-P.-J.-G. de Beaumont.) *Paris, Guérin et de La Tour,* 1759, in-12.

Méditations pour tous les jours de l'année, par un P. de la Compagnie de Jésus (le P. P.-Gabr. Antoine). *Nancy,* 1737, 2 vol. in-8.

Méditations pour tous les jours de l'année, sur les principaux devoirs du christianisme. (Par le P. H. Griffet, jésuite.) *Paris, Guérin et de La Tour,* 1759, in-12 ; — 1769, in-16.

Plusieurs fois réimprimées avec le nom de l'auteur.

Méditations religieuses en forme de discours pour toutes les époques, circonstances et situations de la vie domestique et civile, trad. par MM. Monnard et Gence, de l'ouvrage allemand intit. : *Stunden der Andacht. Paris, Treuttel et Wurtz.* 1830-36, 8 tomes en 15 vol. in-8.

C'est Jos.-Heur.-Dan. Zschokke qui est l'auteur unique du texte allemand publié à Aaran, de 1809 à 1816, en 8 vol., et dont la 26e édit. a paru à Francfort en 1847, 8 vol. in-8.

Les éditeurs français ont caché avec grand soin le nom de leur auteur, se contentant d'affirmer que ce n'était point George Keller, le célèbre théologien catholique libéral, mort en 1827, dont une publication posthume : « Blätter der Erbauung... », porte comme sous-titre : « Fortsetzung der Stunden der Andacht ». *Frib.,* 1832, 2 vol. in-8.

Méditations religieuses et prophétiques,

par M^*** (Delestre). *Toulouse, Pradel,* 1840, in-12.

Méditations religieuses pour chaque soir de la semaine ; trad. de l'angl. (par Mlle de Montrond, du canton de Vaud). *Lausanne,* 1821, in-18.

Méditations (les) saintes. lii consolations excellentes... tiré du latin de M. Jean Gerhard... nouvellement mis en françois par S. G. S. (Simon Goulart, Senlisien). *Genève,* 1628, in-12.

Méditations sur des passages choisis de l'Ecriture sainte, pour tous les jours de l'année, par le P. Segneri, traduites de l'italien (par le P. L. J. [Léau, jésuite]). *Paris, Le Conte,* 1713, 5 vol. in-12. — Nouv. édit. *Bruxelles, 't Serstevins,* 1738, 4 vol. in-12.

Le « Journal des Savans », avril 1724, p. 277, attribue cette traduction au P. J.-Fr. de Courbeville. C'est sans doute une erreur.

Voy. ci-dessus, « Manne céleste », col. 33, a.

Méditations sur l'épître de S. Paul aux Romains, avec le texte latin. (Par l'abbé Nic. Le Gros, publiées par l'abbé Nic. Cabrisseau.) *Paris, Savoye,* 1735, 2 vol. in-12.

Méditations sur l'existence et les conditions d'un enseignement supérieur donné en Belgique aux frais de l'Etat. Par un professeur d'Université (Adolphe Roussel, d'Anvers, avocat à Bruxelles). *Bruxelles, Berthot,* 1835; gr. in-8, 59 p.

Méditations sur l'histoire d'Ezechias. (Par le pasteur A.-L.-Ph. Rochat.) *Neufchâtel, J.-P. Michaud,* 1834, in-8.

La quatrième édition, imprimée à Toulouse en 1834, porte le nom de l'auteur.

Méditations sur l'histoire et la concorde des Evangiles, par un docteur de Sorbonne (Mathieu Feydeau). *Lyon, Glaize,* 1681, 2 vol. in-12. — *Lyon, Plaignard,* 1696, 3 vol. in-12.

Méditations sur la concorde de l'Evangile, avec le texte de la concorde des quatre Evangiles... (Par l'abbé Nic. Le Gros.) *Paris, C. Osmond,* 1730, 3 vol. in-12. — *Id.,* 1733, 3 vol. in-12.

Méditations sur la règle de S. Benoît, pour tous les jours de l'année. (Par dom Robert Morel.) *Paris, Vincent,* 1717, in-8.

Méditations sur la règle de S. Benoît, tirées du Commentaire de M. l'abbé de la Trappe (de Rancé), avec des exercices de piété, etc. (Par dom Pierre Le Nain, trappiste.) *Paris*, 1696, 1713, in-12.

Méditations sur la vie de Jésus-Christ, par le vénérable P. Nicolas Lancicius, de la Compagnie de Jésus, pour tous les jours et les principales fêtes de l'année, traduites du latin en français par un Père de la même Compagnie (le P. Fressancourt). A. M. D. G. *Paris, Poussielgue-Rusand, et Lyon, Pélagaud*, 1849, 2 vol. in-12.

Méditations (les) sur le *Pater*, composées par la séraphique sainte Thérèse de Jésus, et augmentées de plusieurs belles considérations, par un religieux carme déchaussé (Herman de Sainte-Barbe, dans le monde Guillaume Heris). *Liége, Broncart*, 1705, in-12, 162 p.

Méditations sur le *Pater noster* et sur le psaume *Miserere*, tirées des « Œuvres de Jérôme Savonarole », et traduites en françois (par Nicolas de Melicqué). *Paris, Pralard*, 1685, in-12.

Méditations sur le sacrement de baptème, etc., par le P. H. B. (Huguet Bouchard, oratorien). *Paris, Josset*, 1669, in-12.

Méditations sur les épîtres canoniques de saint Pierre, etc. (Par l'abbé Nic. Le Gros.) *Paris, Savoye*, 1754, 6 vol. in-12.

Méditations sur les évangiles de toute l'année et sur d'autres sujets, par le P. Busée, jésuite; traduction nouvelle, par F. M. (l'abbé François Macé). *Paris, André Pralard*, 1684, in-12.

Réimprimées en 1689 avec le nom du traducteur.

Méditations sur les Évangiles pour toute l'année, par le R. P. Pierre Médaille. Nouvelle édit., augmentée par des anciens missionnaires de Besançon (l'abbé J.-B.-T. Vernier). *Besançon, Petit*, 1818, in-12.

Voy. ci-dessus, « Méditation... », col. 103, *b*.

Méditations sur les mystères de la foi et sur les épîtres et évangiles, par un solitaire de Sept-Fonts (l'abbé J. Trotti de La Chétardie, curé de Saint-Sulpice). *Paris, veuve Mazières*, 1708, 1718, 4 vol. in-12. — *Paris, Garnier*, 1753, 4 vol. in-12. — *Paris, Humblot*, 1773, 4 vol. in-12.

Méditations sur les plus importantes véritez chrétiennes et sur les principaux devoirs de la vie religieuse, pour les retraites de ceux qui veulent embrasser cet état. (Par le P. Chartonnet, de Sainte-Geneviève.) *Paris, Edme Couterot*, 1694, in-12.

Méditations sur les principaux devoirs de la vie religieuse, marqués dans les paroles de la profession des religieux. (Par dom Claude de Bretagne.) *Paris*, 1690, in-4. — *Paris, de Bats*, 1703, in-8.

Méditations sur les sept dons du Saint-Esprit, par le R. P. J. Pergmayer, traduit de l'allemand par un prêtre du diocèse de Liége (l'abbé Burghers de Visé). *Liége, Lardinois*, 1857, in-12, 107 p.

Méditations sur les souffrances et la croix de Notre-Seigneur Jésus-Christ, suiv. d'une instruct. apologétique sur les indulgences. (Par G.-A.-Jos. Jauffret, évêque de Metz.) *Paris, s. d.* (vers 1801), in-8, avec une grav.   G. M.

Méditations sur les tombeaux, par Hervey, traduites de l'anglois (par Mme G.-C. Thiroux d'Arconville). *Paris, Lacombe*, 1771, in-12.

La première édition du texte anglais est de 1746.

Méditations sur les vérités chrétiennes et ecclésiastiques, par M*** (J. Chevassu), curé du diocèse de Saint-Claude. *Lyon*, 1751, 5 vol.; — 1763, 1781, 6 vol. in-12.

Méditations sur les vérités fondamentales de la religion chrétienne. (Par L.-Ch. Bisson, évêque constitutionnel de Bayeux.) *Caen*, 1807, in-12.

Méditations sur les vœux du baptême. Par l'auteur du livre « de la Connaissance de Jésus-Christ » (l'abbé Caussel). *Auxerre, Fournier*, 1762, in-8, 35 p.

Méditations sur quelques portions de la parole de Dieu. (Par le pasteur A.-L.-P. Rochat.) *Neufchâtel, J.-P. Michaud*, 1832, in-8.

La troisième édition, imprimée à Toulouse en 1861, porte le nom de l'auteur.

Médus, tragédie. Représentée pour la première fois par les comédiens françois, le 12 janvier 1739. (Par François-Michel Deschamps.) *Paris, Prault*, 1739, in-8, viii-84 p. et 1 f. de privilége.

Méduse (la). Bouclier de Pallas, ou défense pour la France contre un libelle intitulé : « le Bouclier d'Etat », pour ce qui concerne le Portugal. Traduction (supposée) du portugais en françois. (Composé par le chevalier de Jant.) *Jouxte la copie imprimée à Lisbonne* (vers 1667), in-12, 34 ff. et 183 p.

L'auteur de cet écrit s'est fait connaître par des Explications de Nostradamus et par des médailles (supposées) en l'honneur de Louis XIV, écrits maladroits qui ont été l'objet d'une piquante notice de Charles Nodier, dans les « Mélanges extraits d'une petite bibliothèque », chap. XLIV.

Méfiant (le), comédie en cinq actes et en vers. Par M. B*** (Borel). Représentée, pour la première fois, à Paris, sur le Théâtre-Italien, le 20 décembre 1785. *Paris, Cailleau*, 1786, in-8, 108 p.

Mégabize, tragédie en cinq actes et en vers, par le P. J. L. J. (Le Jeune?). *Toulouse, G. Delrieu*, 1735, in-8, 4 ff. et 101 p.

Catalogue Soleinne, n° 1785.

Mégani, ou les comédiens du grand-duc, comédie-vaudeville en trois actes. (Théâtre du Gymnase-Dramatique, 19 août 1840. Par C.-H. Dubois, dit d'Avesnes.) *Paris, Henriot*, 1840, in-8.

Répertoire dramatique, n° 125.

Meilleure (la) Manière d'asseoir l'impôt à Marseille, sans être onéreux au peuple. (Par Ponsard, fils de Jean-François Ponsard, notaire.) *Marseille*, 1789, in-8.

G. M.

Meilleure (de la) Manière d'entendre la sainte messe. (Par l'abbé Nic. Le Tourneux.) *Paris, Roulland*, 1681, in-12.

Meilleure (de la) Manière de prêcher, par M. D. B. (Oliv. des Bords des Doires, prêtre de Rouen). *Rouen*, 1700, in-12. — *Paris, J. Boudot*, 1700, in-12.

Meilleures (les) Etrennes que l'on puisse donner et recevoir. (Par J.-I. de La Touche-Loisi.) *Paris, Prault*, 1728, in-12.

Mélange critique de littérature, recueilli par M*** (l'abbé de La Morlière). *Amsterdam, P. Brunel (Rouen)*, 1701, in-12, 2 ff. lim., 460 p. et 2 ff. de table.

Ce volume n'est qu'un extrait du « Mélange critique de littérature », recueilli des conversations de David Ancillon (par Ch. Ancillon, son fils), *Basle*, 1698, 2 vol. in-12. Cet extrait a été désavoué par Ch. Ancillon. Quelques exemplaires portent le nom de Le Clerc, qui n'y a eu aucune part.

Mélange curieux des meilleures pièces attribuées à M. de Saint-Évremont, et de plusieurs autres ouvrages rares ou nouveaux (publié par P. des Maiseaux). *Amsterdam*, 1706; — *Cologne (Utrecht)*, 1708, 2 vol. in-12. — Nouv. édit. où l'on a retranché plusieurs pièces pour en ajouter de plus intéressantes. *Amsterdam*, 1726, 1739, 2 vol. in-12.

Mélange d'ouvrages historiques et critiques, par M. B*** (A. Bret). *Genève*, 1773, 4 vol. in-8.

Mélange de différentes pièces de littérature, en vers et en prose, avec l'histoire de Mlle de Cerni; trad. de l'allemand par M. L. P. L. C. R. (Philippe Le Fèvre, de Rouen). *Chambéri et Lyon, Réguilliat*, 1761, in-8, 1 f. de tit. et 188 p.

Mélange de différentes pièces de vers et de prose, traduites de l'anglois d'après Mmes Élize Heywood et Suzanne Centlivre, MM. Pope, Southern et autres (par P.-J. Fiquet Dubocage). *Berlin et Paris, veuve David*, 1751, 3 vol. in-12.

Suivant une note de d'Hémery, la duchesse d'Aiguillon serait l'auteur de la traduction, d'après Pope, de l'Epître d'Héloïse à Abailard, insérée dans le deuxième volume.

Mélange de divers problèmes, où sont contenues de nouvelles raisons sur plusieurs choses morales ou sur d'autres sujets: (Par G. Pellisson l'aîné.) *Paris, Aug. Courbé*, 1647, in-12.

« Remarques » de l'abbé Joly sur Bayle, p. 598.

Mélange de diverses médailles, pour servir de supplément aux « Recueils des médailles de rois et de villes ». (Par J. Pellerin.) *Paris*, 1765, 2 vol. in-4. V. T.

Il faut y joindre quatre suppléments publiés par l'auteur : l'un à *Paris*, 1765, in-4, 72 p.; le deuxième, 1766, in-4, 200 p. et 10 pl., et qui contient une table générale des sept volumes; le troisième, 1767, in-4, 136 p. et 6 pl.; le quatrième, 1768, in-4, 136 p. et 3 pl. ; puis une lettre de l'auteur. *Francfort (Paris)*, 1768, in-4, 42 p., fig. — Réimprimé avec une autre lettre du même, *Paris*, 1770, in-4, 220 p., pl., et enfin des additions, *Paris*, 1778, in-4, 108 p., fig.

Mélange de maximes, de réflexions et de caractères, avec une traduction des « Conclusione d'Amore » de Scipion Maffei, avec le texte à côté, par M. D. D. (P. Durey d'Harnoncourt). *Paris, Hochereau*, 1755, 1763, in-8.

Voy. « Supercheries », I, 849, b.

Mélange de poésies fugitives et de prose sans conséquence, par Mme la comtesse de B*** (Fanny de Beauharnois). *Paris, Delalain*, 1776, 2 vol. in-8.

Mélange de remarques, surtout sur César et autres auteurs militaires anciens et modernes, pour servir de continuation aux Commentaires de M. Turpin de Crissé. (Par le général C.-E. de Warnery.) *Varsovie*, 1782, in-8.

Mélange de traductions de différents ouvrages grecs, latins et anglois, sur des matières de politique, de littérature et d'histoire, par l'auteur de la traduction d'Eschyle (J.-J. Le Franc de Pompignan). *Paris, Nyon l'aîné*, 1779, in-8.

Mélange de vers et de prose. (Par le comte François de Paule de Hartig.) *Paris*, 1788, in-8.

Mélange littéraire, ou remarques sur quelques ouvrages nouveaux. (Par C.-F.-F. Boulenger de Rivery et autres.) *Berlin*, 1752, in-12, 238 p.

Cet ouvrage avait paru d'abord sous le titre de : « Lettres d'une société... » Voy. V, 1246, c.

Mélanges. (Par Rod. Toepffer.) *Genève*, 1830-36, broch. diverses in-8.

Mélanges. (Par Alphonse Le Roy, professeur à l'Université de Liége, et A. Picard.) *Liége, Carmanne*, 1859, in-8.
Ul. C.

Mélanges. (Par J.-B.-J. Guenard, lieutenant au 2e zouaves.) *Auxonne, impr. Deleuze*, 1862, in-8, 16 p.

Mélanges biographiques et littéraires pour servir à l'histoire de Lyon, par M*** (Ch. Breghot du Lut)... *Lyon, imp. de J.-M. Barret*, 1828, in-8.

Extrait des « Archives historiques et statistiques... du Rhône ».

Mélanges confus sur des matières fort claires, par l'auteur du « Gazetier cuirassé » (le chevalier Ch. Theveneau de Morande). *Imprimé sous le soleil (Londres*, 1771), in-8.

Voy. « le Gazetier cuirassé », V, 523, d.

Mélanges curieux et intéressants de divers objets relatifs à la physique, à la médecine et à l'histoire naturelle. (Par H. Haguenot.) *Avignon et Paris, de Hansy*, 1771, in-12.

Il y a des exemplaires avec le nom de l'auteur.

Mélanges d'agriculture sur les mûriers et l'éducation des vers à soie. (Par de La Brousse.) *Nîmes, C. Belle*, 1789, 2 vol. in-8, fig.
D. M.

Mélanges d'archéologie, d'histoire et de littérature, rédigés ou recueillis par les auteurs de la monographie de la cathédrale de Bourges (les PP. Art. Martin et Ch. Cahier). Collection de mémoires sur l'orfévrerie et les émaux des trésors d'Aix-la-Chapelle, de Cologne, etc., sur les miniatures, peintures et bas-reliefs. *Paris, Poussielgue-Rusand*, 1848-1856, 4 vol. in-4.

Mélanges d'économie sociale. (Par Aug. Barbet.) *Rouen, Brive*, 1832, in-8.

Mélanges d'histoire, de littérature, de géographie, de morale, etc., par H. A. L. P. (H.-A. Le Pileur). *Leide, veuve M. Cyfveer*, 1808, 3 vol. in-8.

Mélanges d'histoire, de littérature, etc., tirés d'un portefeuille. (Publiés par Quintin Craufurd, Écossais.) *Paris*, 1809, in-4, avec un supplément de 118 p. qui ne se trouve que dans quelques exemplaires. — *Paris, J. Gratiot*, 1817, in-8, 454 p.

Voy. « Essais sur la littérature », V, 279, c.
On trouve dans ce volume les Mémoires de Mme du Hausset, femme de chambre de la marquise de Pompadour, réimprimés, en 1824, par les frères Baudouin dans leur Collection des « Mémoires relatifs à la Révolution française ».

Mélanges d'histoire et d'archéologie bretonnes. *Rennes, C. Catel*, 1855-1858, 2 vol. in-18.

L'avertissement est signé : A. L. B. (Arthur Le Moyne de La Borderie) et P. D. V. (Paul Delabigne-Villeneuve).
Tous les articles de ce recueil sont signés d'initiales dont on trouve l'explication au verso des titres.
Outre les deux signatures données ci-dessus, nous y trouvons :
A. R..... (Alfred Ramé).
L. M..... (Léon Maupillé).
E. Q..... (Edouard Quesnet).
C. K..... (Charles de Kéranflec'h).
L. G..... (Louis Galles).

Mélanges d'histoire et de littérature orientales, par M*** (François-Xavier Rousseau, consul de France à Alep). *Paris, A. Eymery*, 1817, in-8. D. M.

Mélanges d'histoire et de littérature, par M. Vigneul-Marville (Noël-Bonav. d'Argonne); quatr. édit., revue, corrigée et augmentée par M*** (l'abbé Ant. Banier). *Paris, Prudhomme*, 1725, 3 vol. in-12.

Le dernier volume est entièrement de l'éditeur.
Il a resserré dans les deux premiers les trois volumes des éditions précédentes.
Les trois premières éditions sont de Rouen, Ant. Maury, 1699, in-12. — 2e éd. Rouen, 1700, 2 vol. in-12. — Rouen, 1701, 3 vol. in-12.
On dit, dans les avertissements, que M. L. T. a pris le soin de la révision de cet ouvrage, et y a joint un second et un troisième volume. Ces lettres initiales me paraissent désigner l'abbé Paul Tallemant, qui, peu d'années auparavant (en 1698), avait donné le volume intitulé : « Remarques et Décisions de l'Académie françoise ». Beaucoup d'articles du troisième volume des « Mélanges » sont relatifs à la grammaire et peuvent être considérés comme un supplément aux « Remarques ».
L'édition des « Mélanges »; Paris, 1713, ressemble aux éditions de Rouen et de Rotterdam.
Le P. Baizé fait remarquer qu'on a attribué le troisième tome de 1701 au fameux Nic. Gueudeville, de Rouen, encore alors bénédictin : ce qu'il y est dit des

ouvrages de la congrégation de Saint-Maur rend la chose vraisemblable.

Le même P. Baizé croyait que les initiales L. T. désignaient LE TELLIER, ecclésiastique qui était encore à Rouen en 1720.

Mélanges d'histoire naturelle, de physique et de chimie. Par P. TH*** (Pierre THOUVENEL). *Paris, Arthus Bertrand*, 1806, 3 vol. in-8.

Mélanges d'histoire naturelle, par M. A. D. (J.-L. ALLÉON-DULAC). *Lyon, Duplain*, 1763, 2 vol. in-8.

Réimprimés avec le nom de l'auteur, *Lyon, Duplain*, 1765, 6 vol. in-8.

Mélanges de cantiques anciens et nouveaux. (Par G.-T.-J. CARRON.) *Rennes*, 1791, in-12.   V. T.

Mélanges de diverses poésies, divisés en quatre livres. (Par le P. Michel MAUDUIT, de l'Oratoire.) *Lyon, Jean Certe*, 1681, in-12. — Nouv. édit. corr. et très-augm. *Lyon, Jacques Certe*, 1723, in-12.

Mélanges de généalogie et de chronologie, pour servir de correction au Nobiliaire des Pays-Bas et de Bourgogne. (Par HOLLEBER.) *Bruxelles*, 1771, in-8.

Catalogue van Hulthem, n° 25676.

Mélanges de jurisprudence, ou divers plaidoyers, précédés d'un Essai sur l'éloquence du barreau, et suivis de différents morceaux de philosophie et de jurisprudence. (Par Pierre-Louis LACRETELLE l'aîné.) *Paris, Hardouin*, 1779, in-8. — *Paris, F. Buisson*, 1807, in-8.

Mélanges de législation, ou notions élémentaires de législation, à l'usage des élèves de l'école centrale de l'Hérault. (Par J. ALBISSON.) *Montpellier*, an X-1802, in-8.

Mélanges de littérature. (Par le prince C.-J. DE LIGNE.) *A Philosopolis*, 2 vol. in-18, 162 et 147 p.

Imprimés dans une des deux imprimeries particulières du prince de Ligne à son château de Bel-Œil et à Bruxelles.

Mélanges de littérature allemande, ou choix de traductions de l'allemand. (Par P.-J.-G. CABANIS.) *Paris, Smits*, an V-1797, in-8.

Mélanges de littérature anglaise, traduits par Mme B*** (BELOT, depuis DUREY DE MEYNIÈRES). *Paris, Prault fils*, 1759, 2 vol. in-12.

Mélanges de littérature, d'histoire et de philosophie. (Par D'ALEMBERT.) *Berlin (Pa-*

ris, Briasson), 1753-1767, 5 vol. in-12. — *Amsterdam, Zacharie Chatelain*, 1759-1767, 5 vol. in-12. — *Id.*, 1763, 5 vol. in-12.— *Id.*, 1770, 5 vol. in-12. — *Leide*, 1783, 5 vol. in-12.

Mélanges de littérature, de morale et de physique. (Par Mme G.-C. THIROUX D'ARCONVILLE, publiés par ROSSEL.) *Amsterdam*, 1775, 7 vol. in-12.

Le septième volume contient quelques morceaux en prose et en vers de l'éditeur, entre autres un discours *sur la Légèreté françoise*, traduit du latin du P. Ch. PORÉE, jésuite. Les ouvrages de Mme d'Arconville, publiés pour la première fois dans cette collection, pourraient former un volume.

Mélanges de littérature et d'histoire recueillis et publiés par la Société des bibliophiles françois. *Paris, Janet*, 1850, in-8.

Recueil publié sous la direction de M. Jér. PICHON.

Mélanges de littérature et de morale, par VOLTAIRE. (Publ. par B.-M. GENCE.) *Paris, Treuttel et Wurtz*, 1833, 2 vol. in-8.

Mélanges de littérature et de philosophie, traduits de l'anglois de POPE (par Et. DE SILHOUETTE). *Londres*, 1742, 2 vol. in-12.

Mélanges de littérature étrangère. (Publiés par Aubin-Louis MILLIN.) *Paris, Belin*, 1785, 6 vol. in-12.

Mélanges de littérature, par M*** (MOULAS). *Lille, veuve Leleux*, 1816, in-12, 80 p.

Mélanges de littérature, tirez des lettres manuscrites de M. CHAPELAIN... (par Fr.-Denis CAMUSAT). *Paris, Briasson*, 1726, in-12, 6 ff. lim., xx-265 p.

Mélanges de numismatique et d'histoire. (Par le baron N.-D. MARCHANT.) *Metz, imp. Dosquet*, 1826-1827, in-8.

L'auteur avait publié sous ce titre et avec son nom, *Metz, imp. de C. Lamort*, 1818, un volume in-8 de 122 pages, contenant 12 Lettres.

Depuis cette époque jusqu'en 1829, il publia successivement plusieurs suites contenant les lettres 13 à 28.

Plusieurs de ces suppléments sont signés, mais d'autres sont entièrement anonymes.

Ces Mélanges ont été tirés à très petit nombre pour les amis de l'auteur et n'ont pas été mis dans le commerce.

Mélanges de philosophie et de littérature maçonnique. (Par BERNAERT.) *Ostende*, 1822, 12 livr. in-8.

Mélanges de philosophie, par Voltaire, publiés par J. B. M. G. (J.-B.-M. GENCE).

Paris, Treuttel et Wurtz, 1835, 5 vol. in-8.

Voy. « Supercheries », II, 372, *c.*

Mélanges de physique et de morale (Par LOUIS DE LA CAZE.) *Paris, Guérin et Delatour.* 1761, in-12. — Nouv. édit. aug. *Id.,* 1763, in-12.

Mélanges de poésie. (Par JANSON.) *Paris, aux dépens de l'auteur et pour ses amis,* 1801, in-12.

Imprimés à 100 exemplaires.

Mélanges de poésie et de prose, par Mme la comtesse DE VIDAMP... (DE VIDAM-PIERRE, publiés par DELISLE DE SALES). *Paris,* 1777, in-18, 64 p.

Voy. « Supercheries », III, 944, *f.*

Mélanges de poésie, par N. L. A. (Nic.-L. ACHAINTRE, alors instituteur, depuis libraire). *Paris, imp. de Richomme,* 1801, in-8.

Mélanges de poésies. (Rosamonde, conte allégorique ; les Dix-huit Portes ; Lettre de Saint-Preux, par Mme de MONTESSON.) *Paris, Didot l'aîné,* 1782, in-18.

Réimpression d'une partie des pièces contenues dans le volume in-8 des « Mélanges » ; elle est semblable au « Colomb dans les fers » de M. de Langeac et à la collection du comte d'Artois ; elle a été tirée à 50 exemplaires, et elle n'a pas été mise dans le commerce.

Mélanges de poésies angloises, trad. en français. (Par Mme G.-Ch. THIROUX D'ARCONVILLE.) *Paris,* 1764, in-12.

Ce volume renferme l' « Essai sur la poésie » de BUCKINGHAM ; le « Temple de la renommée » de POPE ; « Henri et Emma », imité de la « Belle Brune » de CHAUCER, par PRIOR.

Mélanges de poésies tirées du portefeuille de M. le B. (baron) DE ST*** (Alex.-Cés.-Annib.-Firm.. baron DE STONE, marquis DE SY), capitaine au régiment de Dauph*** (Dauphiné). *Londres (Grenoble), ex typis Jos. Allier,* 1782, 2 vol. in-18.

Tirés à 60 exemplaires, et imprimés par l'auteur lui-même.

Voy. « Supercheries », III, 722, *f.*

Mélanges de religion, de morale et de critique sacrée. (Par le pasteur J.-L.-S. VINCENT.) *Nîmes, imp. de Guibert,* 1820-25, 10 vol. in-8.

Mélanges de traductions de différents ouvrages de morale, italiens et anglois (par J.-J. LE FRANC DE POMPIGNAN). *Paris, Nyon l'aîné,* 1779, in-12.

Voy. ci-dessus, « Mélange de traductions... »

Mélanges érotiques et historiques, ou les œuvres posthumes d'un inconnu, publiées par un chapelain de Paphos (N.-J. HUGOU DE BASSEVILLE). *Salamines et Paris, Laurent,* 1784, in-12.

Mélanges géographiques, physiques et historiques sur l'Asie, l'Afrique et l'Amérique. Tirés des « Lettres édifiantes » et des voyages des missionnaires jésuites. Par l'auteur des « Mélanges intéressants et curieux » (J.-P. ROUSSELOT DE SURGY). *Paris, Durand neveu,* 1767, 4 vol. in-12.

Mélanges helvétiques, contenant des traits historiques, des anecdotes peu connues, tirées des « Annales de la Suisse ». (Par Ph.-Syr. et J.-Ph.-L. BRIDEL.) *Lausanne,* 1787, in-12.

Le rédacteur a publié, de trois ans en trois ans, un volume sous ce titre ; le quatrième parut en 1794. Ces mélanges sont tirés des « Étrennes helvétiques », dont la publication remonte à 1782. Les collaborateurs ont fait un choix des morceaux qu'ils ont fournis à ces deux ouvrages ; le libraire de Lausanne, Louis Knab, l'a publié sous le titre de « Conservateur suisse, ou recueil complet des Étrennes helvétiennes », édit. augm., 1813-1815, 7 vol. in-12.

Mélanges historiques. *Oranges, Jaques Rousseau,* 1675, in-12, 96 p.

L'édition d'*Utrecht, P. Elzevier,* 1692, porte sur le titre les initiales P. C., et Paul COLOMIÈS est nommé dans la préface.

Voy. « Supercheries », III, 51, *c.*

Mélanges historiques, anecdotiques et critiques sur la fin du règne de Louis XIV et le commencement de celui de Louis XV, par Mme la princesse ELISABETH-CHARLOTTE de Bavière, seconde femme de Monsieur (le duc d'Orléans), frère de Louis le Grand ; précédés d'une notice sur cette princesse (par AUBLET DE MAUBUY). *Paris, L. Collin,* 1807, in-8.

Mélanges historiques et critiques, contenant diverses pièces relatives à l'histoire de France. (Par A.-P. DAMIENS DE GOMICOURT.) *Amsterdam et Paris, Dehansy,* 1768, 2 vol. in-12.

Un arrêt de la Chambre des comptes, du 23 décembre 1768, a supprimé cet ouvrage.

Le Parlement l'a aussi supprimé par un arrêt du 3 février 1769, mais en déclarant que l'arrêt de la Chambre des comptes avait été rendu sans pouvoir ni juridiction.

Mélanges historiques et littéraires. (Par Claude BREGHOT DU LUT.) *Lyon, Barret,* 1830-1831, 2 vol. in-8.   D. M.

Extrait des « Archives historiques et statistiques du Rhône ».

Mélanges historiques et religieux, par L. C. D. T. (le chevalier du Tibre, M. le comte Ch. PASERO DE CORNELIANO). *Paris, Bailleul*, 1810, in-8.

On trouve dans ce volume plusieurs opuscules publiés séparément par l'auteur.

Voy. « Dissertation historique... », IV, 1060, *b*.

Mélanges historiques, oratoires et poétiques, relatifs à quelques événements de la fin de l'an VIII et du commencement de l'an IX à Corbeil. (Par J.-A. GUIOT.) *Corbeil, Christ-J. Gélé* (1800), in-18, 16 p.
V. T.

Meslanges historiques, ou recueil de plusieurs actes, traictez, lettres missives et autres mémoires qui peuvent servir en la déduction de l'histoire, depuis l'an 1390 jusques à l'an 1580. (Par Nic. CAMUSAT.) *Troyes, Noël Moreau*, 1619, 6 part. en 1 vol. in-8. — Trois. édit. *Troyes, par J. Febure*, 1644, in-8.

L'avis au lecteur est signé : N. C. T.

Il y a des exemplaires qui ne contiennent pas la cinquième et la sixième partie, ajoutées après coup.

Mélanges historiques, recueillis et commentés par M*** (J. DE LA BRUNE, ministre protestant). *Amsterdam, Le Cène*, 1718, in-12.

Mélanges historiques, satiriques et anecdotiques de M. DE B... JOURDAIN (DE BOIS-JOURDAIN), écuyer de la grande écurie du roi, contenant des détails ignorés ou peu connus... *Paris, Chèvre et Chanson*, 1807, 3 vol. in-8.

Mélanges historiques sur le Dauphiné, et principalement sur le département de l'Isere. (Par J.-J. CHAMPOLLION-FIGEAC.) *S. l. n. d.*, in-8.

Mélanges intéressants. (Par le marquis Charles DE VILLETTE.) *S. l. n. d.*, in-8, 36 p.

Mélanges intéressants et curieux... Par M. R. D. S*** (J.-P. ROUSSELOT DE SURGY). *Paris, Durand*, 1763-1765, 10 vol. in-12. — *Yverdon*, 1764, 12 vol. in-8.

Mélanges intéressants, précédés des mémoires de ma vie ; par l'auteur du « Comte de Valmont » et des « Leçons de l'histoire » (l'abbé Louis-Philippe GÉRARD). *Paris, Blaise*, 1810, in-12.

Voy. précédemment, IV, 661, *d*, et V, 1074, *c*.

Mélanges littéraires. (Par G.-H. GAILLARD.) *Amsterdam (Paris)*, 1756, petit in-12.

Mélanges littéraires, par A. J. B. (Anne-

Joseph BRUAND, avocat, sous-préfet à Vitry : dédiés à M. Charles Weiss). *Toulouse, Benichet* (vers 1812), in-8, 75 p.

Tirés à peu d'exemplaires.

Mélanges mathématiques, ou mémoires sur différents sujets de mathématiques tant pures qu'appliquées. (Par C.-F. DE NIEUPORT.) Second recueil. *Bruxelles, imp. Lemaire*, an VII-1799, in-4.

Le premier recueil, *Bruxelles, imp. Lemaire*, 1794, porte le nom de l'auteur.

Mélanges militaires, littéraires et sentimentaires. (Par le prince C.-J. DE LIGNE.) *A mon refuge sur le Leopoldsberg, près de Vienne*, 1795-1811, 34 vol. in-12.

Mélanges militaires, VI. Quelques idées sur le recrutement par G. B. (G. BRIOIS). *Paris, C. Tanera*, 1871, in-8, 16 p.

Mélanges moraux et instructifs, ou lectures pour la jeunesse depuis l'âge de cinq à quinze ans. (Par Mlle Herm. CHAVANNES.) *Lausanne*, 1842, in-12.

Mélanges, par L. P. (Alphonse LE ROY, professeur à l'université de Liége, et Adolphe PICARD, conseiller à la cour d'appel de Liége). (*Liége, Carmanne*), 1859, in-8, 16 p.

Tirage à part du « Bulletin de la Société liégeoise de littérature wallonne ».   Ul. C.

Mélanges phalanstériens. (Par V. CONSIDÉRANT.) *Bruxelles*, 1847, in-8. J. D.

Mélanges philosophiques, par DE T*** (le baron Hermann-Jean DE TRAPPÉ DE LOZANGE). *Paris (Liége)*, 1818, in-8, 96 p.
Ul. C.

Mélanges poétiques, tragiques, comiques et autres œuvres diverses. De l'invention de L. D. L. F. *Lyon, A. Travers*, 1624, in-8.

Par J. GODARD.

Voy. « Supercheries », II, 712, *b*.

Mélanges politiques. (Par X. BOUGARD.) *Liége*, 1853, 2 br. in-8 de 16 p. chacune.
Ul. C.

Mélanges politiques et littéraires, extraits du « Spectateur politique et littéraire ». Par l'auteur de la « Lettre de Robespierre » (M. ROGER). *Paris, imp. de Migneret*, 1818, in-8, 92 p.

Mélanges pour servir à l'histoire du Soissonnais, recueillis et publiés par En. F.... D....... (Em. FOSSÉ-DARCOSSE). *Soissons, imp. de E. Fossé-Darcosse*, 1844, 2 part. en 1 vol. in-8.

Mélanges religieux, par Mlle N. S. (Sour-DEAU). *Paris,* 1833, in-8.

Mélanges religieux, par Mlle Natalie P*** (Natalie PITOIS). *Paris, Blaise,* 1827, 2 vol. in-12. — *Paris, A. Leclère,* 1833, in-8.

Mélanges religieux, philosophiques et politiques concernant spécialement le Jura catholique. (Par l'abbé Henri-Joseph CRE-LIER.) *Besançon, imp. de Jacquin,* 1851, in-12.

Mélanges sérieux, comiques et d'érudition. *Paris, P. Ribou,* 1704, in-12.

Ce libraire a réuni dans ce volume sept ou huit opuscules qu'il avait publiés séparément en 1703, tels que : 1° les Colinettes, nouvelles du temps, par la comtesse D. L. (D'AUNEUIL) ; 2° l'Origine du lansquenet, nouvelle du temps (par la même dame) ; 3° les Essays critiques de prose et de poésie attribués à l'abbé Anthelme TRICAUD DE BELMONT) ; 4° l'Erudition enjouée, en trois lettres (par Mlle Marie-Jeanne L'HÉRITIER), voy. V, 172, *d* ; 5° les Dialogues des animaux (par l'abbé DE CHARNES) ; 6° les Entretiens d'Hortense et de Philinte sur les ouvrages du temps (par GIRAUD DE SAINVILLE) ; 7° Peintures parlantes, traduction en vers des mœurs et des caractères du siècle précédent, selon le « Théophraste françois » (par BOUCHER).

Mélanges socialistes. (Par X. BOUGARD.) *Liége,* 1853, in-8, 16 p.

Mélanges soi-disant littéraires d'un amateur (M. Jean-François CHAPONNIÈRE père), première et dernière édition. *Marseille,* 1849, in-8.   G. M.

Mélanges sur les beaux-arts. Extrait de la « Gazette universelle de Lyon », années 1825 et 1826. Par un amateur lyonnais (Jean PASSERON). *Lyon, Targe,* 1825, in-8, 48 p.

Mélanges sur les langues, dialectes et patois, renfermant entre autres une collection de versions de la parabole de l'Enfant prodigue, en cent idiomes ou patois différents, presque tous de France... (Par E. COQUEBERT DE MONTBRET et l'abbé J. DE LA BOUDERIE.) *Paris, Delaunay,* 1831, in-8.

Mélanges tirés d'un petit portefeuille. (Par Sylvain MARÉCHAL.) Première partie. *Avignon et Paris,* 1782, in-12, xx-211 p.

Cet ouvrage n'a pas été continué.

Mélanges tirés d'une grande bibliothèque. (Par A.-R. DE VOYER D'ARGENSON, marquis DE PAULMY, et A.-G. CONTANT D'ORVILLE.) *Paris, Moutard,* 1779-1784, 70 vol. in-8.

Les deux premiers volumes ont été réimprimés en 1785, avec des corrections.

Mélanie de Rostange. Par Mme Armande R..... (Armande ROLAND), auteur de « Palmira ». *Paris, Mestayer,* 1806, 3 vol. in-12.

Mélanie, drame en trois actes et en vers. (Par J.-F. DE LA HARPE.) *Amsterdam, Van Harrevelt,* 1770, in-8, 64 p. — *Yverdon,* 1770, in-8, 75 p.

Plusieurs fois réimprimé avec le nom de l'auteur.

Mélanie et Jeanne, ou le nécessaire et le superflu dans l'éducation. Par Marie-Ange DE T*** (Just-Jean-Etienne ROY). *Tours, Mame,* 1866, in-18, 108 p.

Nouvelle édition en 1870.

Mélanie et Lucette, ou les avantages de l'éducation religieuse... (Par D'AVIAU DU BOIS DE SANZAY, archevêque de Bordeaux.) *Poitiers, Barbier,* 1811, in-12. — Nouv. édit. *Tours, Mame,* 1823, in-18.

Mélanie, ou la veuve charitable, histoire morale. (Par l'abbé Franç. MACÉ.) *Paris, Deshayes,* 1729, in-12.

Cet ouvrage fut attribué, dans le temps, à l'abbé F.-T. DE CHOISY.

Melchior Ardent, ou les aventures plaisantes d'un incroyable, par Mme S*** (Mlle Louise-Marie SUREMAIN). *Paris, Moutardier,* an VIII-1800, in-12.

Melchukina, ou anecdotes secrètes et historiques. (Par Jean DU CASTRE D'AUVIGNY.) *Amsterdam (Paris),* 1736, in-12.

Melcour et Célis, ou les vicissitudes de l'amour et de la fortune. (Par N.-G. LAISNÉ.) *Paris,* 1800, in-18.

Méléagre, tragédie. (Par Jos. DE LA GRANGE-CHANCEL.) *Paris, Ribou,* 1699, in-12, 3 ff. lim. et 73 p.

Réimprimée avec le nom de l'auteur.

Méléagre, tragédie en cinq actes et en vers, par J. A. S. (J.-A. SCORIL). *Paris, Ferra,* 1820, in-8, 59 p.

Méléagre, tragédie lyrique. *Paris, Ballard,* 1709, in-12.

Attribuée à Ant.-Franç. JOLLY. Catalogue Soleinne, n° 1704.

Mélide, ou le navigateur, comédie en deux actes et en vers mêlée d'ariettes. (Paroles de M. DE RELLY), mise en musique par Philidor. *Vienne, Schrambl,* 1794, in-8.

Catalogue Soleinne, n° 3057.

Mélisse, tragi-comédie pastorale (cinq

actes et prol. v.). *S. l. n. d.*, in-12, 4 ff. et 80 p.

Attribuée à MOLIÈRE, par M. P. Lacroix. Voy. « Catalogue Soleinne », t. I, nº 1180, et « Bibliographie moliéresque », p. 45-46. J.-Ch. Brunet n'est pas de cette opinion. Voy. « Manuel du libraire », 5ᵉ édit., III, 1591.

Mélisthènes, ou l'illustre Persan, nouvelle, par M. DE P** (Mᵐᵉ MEHEUST). *Paris, Prault*, 1732, in-12.

Voy. « Supercheries », III, 6, *a.*

Mélite et Lindor, ou la délicatesse par amour, comédie en un acte et en vers. (Par RAUQUIL-LIEUTAUD.) *Paris, Cailleau*, 1785, in-8.

Mélite, ou les fausses lettres, pièce comique. (Par P. CORNEILLE). *Paris, Targa*, 1633, in-4 de 6 ff. et 150 p. — *Paris, Jacq. de Loge*, in-12.

Cette pièce a été jouée en 1629.
L'auteur a signé l'épître.

Mélomanie (de la) et de son Influence sur la littérature, par J. F. R. (J.-F. RUPHY), métrophile. *Paris, an X-1802*, in-8.

Mélomanie (la), opéra-comique en un acte et en vers. (Par GRENIER.) *Nantes, Brun l'aîné*, 1783, in-8.

Réimprimé avec le nom de l'auteur, *Paris, Vente*, 1825, in-8.

Melon (le) de Gill, complainte. *Paris, imp. F. Dufour et Cie* (1868), in-16, 23 p.

Signé : Un Melon désespéré. (Par Ernest D'HERVILLY.)

Mélopée (de la) chez les anciens et de la Mélodie chez les modernes. (Par C.-P. COQUEAU.) *Paris*, 1779, in-8.

Melpomène et Thalie vengées, ou nouvelle critique impartiale et raisonnée, tant des différents théâtres de Paris que des pièces qui y ont été représentées pendant le cours de l'année dernière. Deuxième année. *Paris, Marchant, an VII*, in-32.

Attribué à Fabien PILLET.

La première année est intitulée : « Vérités à l'ordre du jour, ou nouvelle critique raisonnée tant des acteurs et actrices des théâtres de Paris que des pièces qui y ont été représentées pendant le cours de l'année dernière », *Paris, Garnier*, an VI, in-32 ; la troisième : « la Revue des théâtres, ou suite de « Melpomène « et de Thalie vengées », 3ᵉ année. » *Paris, Marchand*, an VIII, in-32, fig.

Mélusine. (Par JEAN d'Arras.) *Genève, Adam Steinschaber*, 1478, in-fol.

Première édition de ce roman, qui fut souvent réimprimé. Voy., pour le détail des éditions, Brunet, « Manuel du libraire », 5ᵉ éd., III, col. 510. Une réim-

pression, avec le nom de l'auteur, conforme à cette édition de 1478, avec une préface de M. Ch. Brunet, a paru en 1854, *Paris, Jannet*, in-16.

JEAN d'Arras, serviteur du duc de Berry, recueillit ces traditions par ordre du roi Charles V ; son travail fut revu par un dominicain nommé ETIENNE. Voir une analyse dans la « Bibliothèque des romans », juillet 1775, tome II, p. 138.

Memento (le) des vivants et des morts, ou quelques réflexions sur l'état de la France sous le gouvernement de Louis XVIII, au mois de mai 1817... par un desservant du diocèse de Bayeux, membre d'un des comités d'instruction publique. (Par L.-F. DOYÈRE.) *Caen, imp. de F. Poisson*, 1817, in-8.

Memento, ou souvenirs inédits, anecdotes et fragments historiques, littéraires et dramatiques. (Par NICOLET, ancien imprimeur, compagnon libraire de Ch. Colnet et son légataire) *Paris, Lenormant*, 1838, 2 vol. in-18.

Mémeté des quatre grades...

Voy. ci-dessus, la « Maçonnerie écossaise », col. 4, *f.*

Memnon, histoire orientale. (Par VOLTAIRE.) *Londres (Paris)*, 1747, in-8. — *Londres, pour la Compagnie*, 1748, in-8, 2 ff. de tit. et 172 p. — *Bar-le-Duc, V. Damblard et fils*, 1773, in-8.

Mémoire. (Par L.-H. DUCHESNE DE VOIRON.) *S. l.* (1787), in-8.

Sur le projet de M. de Fer d'amener les eaux des rivières de l'*Yvette* et de *Bièvre* à Paris.

Mémoire. (Par PERIER, fermier général et secrétaire général de la marine.) *S. l.* (vers 1789), in-4, 29 p.

Mémoire. (Sur les impositions à Marseille, par BERTRAND.) *Marseille*, 1789, in-8.
G. M.

Mémoire. (*Gand, Steven*), in-4, 18 p.

Mémoire attribué à J.-B. CAMBERLYN D'AMOUGIE et à J.-J. RAEPSAET, et présenté au roi Guillaume Iᵉʳ par la noblesse de la Flandre orientale pour obtenir le rétablissement de ses privilèges.
J. D.

Mémoire à consulter au roi et aux Chambres, où l'on considère les congrégations comme le premier moyen d'ordre ou de désordre dans l'État, ou si l'on veut comme un système religieux et politique tendant à maintenir la religion, la société et le trône, ou à les renverser, selon qu'elles se forment et qu'elles agissent au nom de Dieu ou en celui de la liberté. (Par A. MADROLLE.) *Paris. Dondey-Dupré père et fils, s. d.*, in-8, 2 ff. de tit. et 111-44 p.

Mémoire à consulter, et Consultation

pour des curés du diocèse du Mans. (Par
Nic.-And. VIARD.) *Paris, Butard*, 1768,
in-12.

Mémoire à consulter, et Consultation
pour J. Lionci, contre le corps et société
des PP. Jésuites. (Par J.-Ch. LALOURCÉ.)
Paris, 1761, in-12.

Mémoire à consulter, et Consultation
pour MM. Boyelleau, Langrenée et autres
contre un imprimé publié par le sieur de
La Rone de Colombel, ci-devant capitaine
des troupes de la compagnie des Indes,
contenant des faits intéressants sur l'autorité et le régime de la compagnie et de
ses représentants dans les Indes orientales.
(Rédigé par L.-P. ABEILLE.) *Paris*, 1768,
in 8.

Mémoire à consulter, et Consultation
pour S. A. le duc Charles de Brunswick,
sur les droits garantis aux étrangers par
les lois françaises. (Par Charles COMTE, rédacteur du « Censeur européen ».) *Paris,
Dezauche*, 1832, in-8. D. M.

Mémoire à consulter pour les curés à
portion congrue de la province de Dauphiné. (Par l'abbé Henri REYMOND, depuis
évêque de Dijon.) Suivi d'une consultation
d'avocats de Paris, du 28 janvier 1780,
in-8.

Mémoire à consulter pour les professeurs
conventuels de la Faculté de théologie, en
l'Université de Toulouse, etc., contre les
professeurs séculiers perpétuels de la
même Faculté, etc. (Attribué au P. Jos.
DUFOUR, dominicain.) *Paris, Simon et
Nyon*, 1786, in-4, 90 p.

Mémoire à consulter sur la légalité de
la visite des navires, et sur l'utilité d'une
commission nautique libre dans un grand
port de commerce, par un membre de
l'ancienne Commission nautique libre du
port d'Anvers (Jean-André GRAS). *Anvers,
Jacobs*, 1841, in-8. J. D.

Mémoire à consulter sur la question de
l'excommunication que l'on prétend en-
courue par le seul fait d'acteurs de la
Comédie françoise. (Par Fr.-Ch. HUERNE
DE LA MOTHE.) *Paris*, 1761, in-12.

Même ouvrage que « Libertés de la France ». Voy.
V, 1312, c.

Mémoire à l'appui d'un projet pour utiliser les constructions de la Madeleine, et
les transformer en un temple consacré
par S. M. l'Empereur à la gloire des armées françaises. (Par P. VIGNON.) *Paris*,
févr. 1807, in-4, 15 p. avec 3 pl.

Mémoire à Monseigneur le contrôleur
général. *Aix, J. David (s. d.)*, broch. in-4,
8 p.

Par JOURDAIN DE ROCHEPLATTE, suivant une note
manuscrite contemporaine. Le titre courant porte :
« Terrier de Provence, 1732 ».

Mémoire à M. le garde des sceaux et à
la Chambre des députés, sur la réorganisation de la magistrature... (Par M. POIREL,
avocat général.) *Nancy*, 1831, in-4.

Catalogue Noël, n° 4030.

Mémoire à nosseigneurs de l'Assemblée
nationale sur les juges de paix, et sur la
défense gratuite des pauvres en matière
criminelle. Par l'auteur du « Mémoire des
orphelins » (LACROIX, lieutenant de la châtellenie à Bourgoin). *S. l. n. d.*, in-8, 8 p.

Mémoire à nosseigneurs des États de la
province de Languedoc. (Par dom D.-J.
VAISSETTE et dom Cl. DE VIC.) *Paris, imp.
de J. Vincent, s. d.*, in-4.

C'est un compte rendu des travaux auxquels ces
religieux se sont livrés pour la composition de leur
« Histoire générale du Languedoc ». Voy. plus loin,
« Réponse de l'historien... »

Mémoire à S. M. Léopold Ier, roi des
Belges, pour la Société anonyme de la
route royale de la Vesdre. (Par le baron
Jules DEL MARMOL, avocat.) (*Liége, Desoer*,
1841), in-4, 22 p. Ul. C.

Mémoire abrégé concernant la chapelle
de la Conception de la sainte Vierge, première érigée en France, en l'église... de
Saint-Séverin... (Par A.-M. LOTTIN.) *Paris,
A.-M. Lottin*, 1759, in-4, 4 ff. lim. et
42 p.

Mémoire abrégé pour le procureur de
la nation de France, au sujet de la nomination faite par ladite nation, le 26 avril
1718, à la cure de Saint-Cosme. (Par Ch.
ROLLIN.) In-4.

Mémoire abrégé pour les princes du
sang. (Par N. BEGON, avocat au Parlement.)
S. l. (1716), in-fol. — *Id.*, in-8, 47 p.

Mémoire abrégé sur la vie et les écrits
de M. de Beausobre, par M. F. M. D. S. E.
(J.-H.-S. FORMEY, ministre du S. Evangile).

Il se trouve en tête d'un certain nombre d'exemplaires de l' « Histoire critique de Manichée et du ma-
nichéisme », par de Beausobre. *Amsterdam*, 1734-39,
2 vol. in-4.

Mémoire adressé à la Chambre de com-
merce par les fabricants d'armes de Liége.
(Par CHARPENTIER, de Damery.) *Liége,
Collardin* (1863), in-8, 46 p. Ul. C.

Mémoire adressé à la Chambre des représentants le 23 juin 1815. (Par le marquis J.-C.-A.-F. DE MANNOURY-DECTOT.) *S. l.* (1815), in-8, 7 p.

Mémoire adressé à la nation, pour Marie-Thérèse-Charlotte de Bourbon, fille de Louis XVI... (Par DE BEAULIEU.) *Paris, chez les marchands de nouveautés*, 1795, in-8, 23 p.

Mémoire adressé à la noble commission pour la révision des lois de la république de Genève, par A. G. B. (Abr.-Gédéon BINET). 1777, in-8.

Mémoire adressé à MM. les XL de l'Académie française, pour César-Chrisogone-Alexandre-Baltazar Metrolin, au nom et comme adjoint de Melchior-Aaron-Bartholomée l'Éclair, Emmanuel-Annibal-Melchisédech de Cerveau-Creux, Christophe-Auguste-Israël de Saint-Martin-Sec et consorts, demandeurs et défendeurs contre la compagnie des histrions et joueurs de marionnettes françoises de la ville, faubourgs et banlieue de la ville de Paris. (Par Alexis MATON.) *S. l. n. d.*, in-12, 70 p.

Ce mémoire comique est signé : Me BRILLANTIN, avocat, et Mes PIPÉE et TRAQUENARD, procureurs.

Mémoire adressé à M. le ministre des finances en juillet 1841. (Par le vicomte DUBUS DE GHISIGNIES.) *Bruxelles*, 1846, in-8.　　　　　　　　　　J. D.

Mémoire adressé au Corps législatif par l'administration municipale d'Auxonne, sur la nécessité de conserver l'arsenal de construction et l'école d'artillerie établis dans cette commune... (Rédigé par C.-N. AMANTON.) *Dijon, Frantin*, an VII-1799, in-8, 32 p.

Mémoire adressé au public et à l'armée, sur les opérations du conseil de guerre. (Par J.-A.-H. DE GUIBERT.) *S. l.* (1789), in-8.

Mémoire adressé au roi par les imprimeurs de la ville de Paris en 1814. (Par A.-A. EVERAT.) *Paris, imp. d'Everat*, 1816, in-4.

Mémoire adressé au roi, sur les exceptions réclamées par l'article 11 de la loi concernant le nouveau système d'imposition, par quelques faïenciers des provinces méridionales du royaume. (Par P.-J. BOCH.) *Liége*, 1821, in-4.　　　　　J. D.

Mémoire adressé aux souverains de l'Europe sur l'état présent des affaires de l'ancien et du nouveau monde. Par M. Thomas POWNAL. Traduit de l'anglais par M*** (l'abbé Jean NEEDHAM TURBERVILL). *Londres (Bruxelles, Em. Flon)*, 1781, in-8.

Mémoire adressé par les habitants du quartier du nord à MM. les membres composant le conseil communal de Liége. (Par CHARPENTIER, de Damery.) *Liége, Lardinois*, 1843, in-8, 12 p.　　Ul. C.

Mémoire apologétique de Pierre BRUGIERE, curé de Saint-Paul, suivi de notes et pièces justificatives. (Publié par l'abbé MASSY, prêtre de Saint-Germain-l'Auxer., et le frère RENAUD, des écoles chrét. du faubourg Saint-Antoine, mort en 1806.) *Paris, an XII-1804*, in-8.

Mémoire apologétique sur les droits de l'Eglise et sur ceux du souverain, relativement au gouvernement de la religion. Par le R. P. L. R..... (Louis RICHARD, dominicain français). *Bruxelles, aux dépens de l'auteur*, 1787, in-8, 40 p.

Mémoire au concile provincial de Lyon, sur les Facultés de théologie universitaires. *Lyon, J.-B. Pélagaud*, 1850, in-8, 47 p.

Signé : S. C. (S. CHOLETTON), ancien vicaire général, chanoine délégué du chapitre de Lyon.

Mémoire au conseil du roi... (Par A. MADROLLE et M.-R.-A. HENRION.)

Voy. « Question d'Etat ».

Mémoire au conseil municipal (concernant les impositions, par EYMAR aîné). *Marseille*, 1789, in-8.　　　　　G. M.

Mémoire au roi, par M. le lieutenant général CARNOT. On y a réuni les notes du général, celles contenues dans le premier volume du « Lynx », et les Commentaires qui ont circulé avec le manuscrit en août et en septembre 1814. *Paris, Latour*, 1815, in-8.

L'avis de l'éditeur est signé : A. J. (Aug. JUBÉ DE LA PERELLE).

Mémoire au roi pour Demiannay aîné, ancien banquier. (Par Odilon BARROT.) *Paris, Malteste et Cie*, 1836, in-4.　　　　　　　　　　D. M.

Mémoire au roi sur l'imposture et le faux matériel de la Conciergerie. Par l'auteur des « Mémoires secrets et universels de la reine de France » (LAFONT D'AUSSONNE). *Paris, Dentu*, 1825, in-8, 29 p.

Mémoire au sujet de la location des chaises dans les églises. Par M. L*** (Mme LAGNEAU). *Paris, imp. de Valleyre* (s. d.), in-8, 15 p.

Mémoire badin sur un sujet sérieux, dédié aux campagnards et aux curés du département des Landes; par un citoyen (Fr. Batbedat). Ouvrage posthume, mis en lumière et enrichi de notes morales, par un filleul de l'auteur. *Londres, et se trouve chez Le Clercq, à Dax* (1791), in-4.

Mémoire communiqué par M.... pour montrer le rapport des trois dimensions du corps avec les trois personnes de la nature divine. (Par Jacques du Rondel.)

Inséré dans les « Nouvelles de la république des lettres », juillet 1685. Cet écrit ayant été critiqué, l'auteur inséra dans le même recueil, septembre 1685, « Réplique de M..... aux remarques publiées dans les « Nouvelles » du dernier mois contre le parallèle de la Trinité avec les trois dimensions de la matière ». Voir Boulliot, « Biographie ardennaise », t. II. p. 347.

Mémoire concernant l'horlogerie, par M. L. R. (Pierre Le Roy, fils aîné de Julien Le Roy). 1752, in-12.   V. T.

Mémoire concernant l'institut, la doctrine et l'établissement des Jésuites en France. (Par le P. Henri Griffet, jésuite.) *Avignon, Giroud,* 1761, in-12. — *Rennes, Vatar,* 1762, in-12.

Voyez « Mémoire sur l'établissement » et « Mémoire sur l'institut... »

Mémoire concernant l'utilité des Etats provinciaux, relativement à l'autorité royale, aux finances, au bonheur et à l'avantage des peuples. *A Rome, apud Laurentium Carabioni, in viâ sanctâ,* 1751, in-12, 44 p., dont la dernière a 9 lignes. — Autre édition. *Ibid., id., id.,* et dont la dernière page a 12 lignes.

Cet écrit est de l'abbé Constantin, comme on voit par la note placée à l'article « Le B. » Voy. IV, 373, c.

Un des exemplaires de la Bibliothèque nationale porte ce nom écrit à la main, au siècle dernier.

En 1754, il en parut une nouvelle édition sous ce titre :

Mémoire sur les Etats provinciaux. *S. l. n. d.,* in-12, vi-138 p.

Il n'y a qu'un faux titre, qui est suivi d'une lettre A. M. de S. C. On y lit :

« C'est purement en votre considération et sous vos « auspices que j'entreprends de retoucher un petit ou-« vrage qui n'a de mérite que son objet.

« Vous sçavez seul que je suis l'auteur du « Mé-« moire sur l'utilité des Etats provinciaux », qui courut « l'année passée; mais l'*incognito* que j'ai gardé « m'a mis à portée d'apprendre ce qu'on en pensait « alors...

« Vous avez la bonté de me demander aujourd'hui « de revoir le petit ouvrage et de lui donner plus « d'étendue. Quelque flatteur que soit pour moi ce dé-« sir de votre part, je m'y serais difficilement déter-« miné si vous ne m'avez promis en même temps votre « concours. Personne ne sait mieux que moi combien « il m'est nécessaire pour la forme ou pour le fond de

« l'ouvrage; mais s'il y a quelque force et quelque « solidité, tout le monde vous devinera pour le guide, « et personne ne me connaîtra pour l'auteur.

« ... Voilà mon plan; daignez le diriger, le nourrir, « l'embellir enfin. C'est un soin digne d'un citoyen, et « je n'en connais pas de meilleur que vous. »

Cette nouvelle édition, avec la lettre A. M. de S. C., a été reproduite en 1758 et dans les éditions ulté-rieures comme t. IV de l' « Ami des hommes » (par Victor Riquetti, marquis de Mirabeau). Voy. ce titre, IV, 133, a.

Mémoire concernant la clôture des héri-tages, le vain pâturage et le parcours en Lorraine. (Par Nic.-L. Durival.) *Nancy, Thomas,* 1763, in-8, 15 p.

Mémoire concernant la forme des assem-blées des Etats de Languedoc. (Par Edme Mariotte.) *S. l.,* 1704, in-4, 2 ff. lim. et 27 p.

L'auteur a signé la dédicace.

Mémoire concernant le système de paix et de guerre des régences barbaresques, sur les côtes d'Afrique; trad. de l'ital. de N... (par le baron E.-F. d'Henin de Cuvillers). *Venise, Formaleoni,* 1787 ou 1788, in-12, 128 p.

Mémoire concernant les corps à talents qui doivent entrer dans la composition de l'armée; pour servir de réponse aux obser-vations de M. le comte de Caire... sur le projet de M. de Jarri. Par un ancien ingé-nieur géographe militaire (de Vault). *S. l.,* 1790, in-8.

Mémoire concernant les droits respec-tifs des auteurs dramatiques et des entre-preneurs de spectacles. (Par François-Benoît Hoffmann.) *S. l. (Paris,* vers 1790), in-4.

Mémoire contenant des explications théoriques et pratiques sur un carte tri-gonométrique servant à déduire la dis-tance apparente de la lune au soleil, ou une étoile en distance vraie, et à résoudre d'autres questions de pilotage. (Par Main-gon, de Brest.) *Paris, imp. de la Répu-blique,* an VII-1799, in-4.   D. M.

Mémoire contenant des observations, desquelles on peut déduire une théorie des manœuvres. (Par Paul-Gédéon Joly de Maizeroy.) *Metz, J. Antoine, s. d.,* in-8, 48 p. — Deuxième mémoire sur les avantages de l'ordre profond dans les atta-ques de postes. (Par le même.) *S. l. n. d.,* in-8, 23 p. et 2 pl.

Mémoire contenant des observations sur la disposition de la nouvelle église de Sainte-Geneviève, par un des élèves de l'Académie royale d'architecture (Des-boeufs). *La Haye (Paris)*, 1763, in-12, 35 p.

Mémoire contenant diverses mesures à prendre pour établir à l'avenir la tranquillité dans le royaume, sur la partie des grains... (Par Malines d'Hertereau.) *Paris*, 1789, in-8, 52 p.

Mémoire contenant l'histoire des Jeux floraux et celle de Clémence Isaure. (Par l'abbé Forest, de l'Académie des Jeux floraux.) *Toulouse, Robert*, 1775, in-4.

Mémoire contenant le détail et le résultat d'expériences faites par un laboureur du Vexin (de Gonfreville, fermier de Sicurey, près de Vernon), pour parvenir à connoître ce qui produit le bled noir, etc. *Paris*, 1760, in-4.   V. T.

Mémoire contenant le précis des faits, avec leurs pièces justificatives, pour servir de réponse aux « Observations » envoyées par les ministres d'Angleterre dans les cours de l'Europe. (Par Jacob-Nicolas Moreau.) *Paris, imp. royale*, 1756, in-4. — *Id.*, in-12, viii-275 p.

Mémoire contenant les intrigues secrètes et malversations du duc de Savoye. (Par Raym.-Balth. Phélippeaux, ambassadeur de France à Turin.) *Bâle*, 1705, in-12.

Édition incorrecte du manuscrit que Phélippeaux fit imprimer ensuite lui-même sous le titre de « Lettre au roi », etc. Freschot a reproduit ce « Mémoire » avec des additions et des changements. Voy. « Intrigues secrètes », V, 959, *a*.

Mémoire contenant quatre problèmes sur les suites. (Par l'abbé Girault de Keroudou.) *La Haye (Paris)*, 1770, in-8, 20 p.

Mémoire contenant un aperçu statistique de l'Etat de Guatemala, ainsi que des renseignements précis sur son commerce, son industrie, etc., etc. (Par Obert.) *Bruxelles, Lesigne et Cie*, 1840, in-8.

Catalogue Ch. Leclerc, n° 1092.

Mémoire contre la caisse de Poissy. (Par G.-F. Le Trosne.) (*Paris*), 1770, in-12.

Memoire contre la jurisdiction reguliere et monastique que monsieur le cardinal de Boüillon, abbé commendataire de Cluny, pretend exercer sur tous les monasteres et religieux de l'ordre de Cluny. Où l'on repond au Memoire qui sert à l'etablissement de la jurisdiction des abbez generaux de Cluny, sur tout l'ordre de Cluny. (Par Rolland du Bourg.) *Paris, F.-H. Muguet*, 1707, in-fol.

a Mémoire contre le chevalier Bochsa. (Par Bergerat.) *Paris, Herhan*, 1817, in-8.

Mémoire contre le très-haut et très-puissant prince Charles-Eugène, prince de Lorraine et de Lambesc, feld-maréchal en Autriche. (Par P.-G. Bonnain.) *Paris, imp. de Mme Jeunehomme-Cremière*, 1822, in-4, 64 p.

b Mémoire contre Louis Prudhomme. (Par Fulchiron.) *S. d.* (vers 1800), in-4.
D. M.

Mémoire couronné par l'Athénée des arts de Paris, dans sa séance annuelle du 17 juillet 1838, sur cette question : Quelle serait l'organisation du travail la plus propre à augmenter le bien-être des classes laborieuses? Par M. D..... (Decorde, con-*c* seiller à la Cour royale de Rouen.) *Paris, Malteste*, 1838, in-8. — 2e éd. *Id.*, 1839, in-8, 111 p., précéd. d'observations prélim., 45 p.

Mémoire critique sur un des plus considérables articles (d'Alès de Corbet) de l' « Armorial général » de M. d'Hozier de Serigny, dont on a rendu compte dans presque tous les ouvrages périodiques. (Par l'abbé P.-Alex. d'Alès de Corbet.)
d *S. l. n. d.* (1756), in-12, 44 p.

D'Hozier répondit; l'abbé d'Alès répliqua. « Année littéraire » de Fréron, 1756, t. IV, p. 187.

Mémoire curieux, historique et intéressant sur la fondation, le patronage et le droit de nomination à la cure de l'église paroissiale de Sainte-Marguerite, au faubourg Saint-Antoine de Paris... *S. l.*, 1738, in-12, 103 p.

e Signé : Me Lescuyer.

Mémoire d'observations sur le privilége accordé à M. de Fer. (Par L.-H. Duchesne.) *Paris*, 1787, in-8, 8 p.

Mémoire d'un contemporain, que la Révolution française fit orphelin en 1793, et qu'elle raya du nombre des vivants en 1795, pour servir à l'appui de la demande en reconnaissance d'état qu'il se propose de présenter. (Par Claude Perrin, connu *f* sous le nom de Henri Hébert, se disant baron de Richemont.) *Paris, imp. de Vassal frères*, 1843, in-8, 232 p.

Voy. « Supercheries », II, 885 et 934, *b*.

Mémoire d'un docteur en théologie (le P. J.-B. Langlois, S. J.) adressé à Messeigneurs les Evêques de France, sur la Réponse d'un théologien des RR. PP. Bénédictins à la Lettre de l'abbé Allemand. 1699, in-12.

Mémoire d'un ex-fonctionnaire public, destitué à la révolution de Juillet (COLLENNE). *Epinal, P.-H. Faguier,* 1833, in-8, 126 p.

Mémoire d'un militaire au roi, sur ce qui doit payer les corvées en France. (Par J.-Ant. HÉDOUIN DE PONS-LUDON.) *Liége,* 1778, in-8.

Mémoire d'un négociant de Marseille à l'occasion de l'assemblée des Etats généraux. (Par SEYMANDY.) *S. l.,* 1788, in-8. G. M.

Mémoire dans lequel on propose un établissement qui, sans être à charge à l'Etat, rendra des services très-essentiels à l'Eglise, deviendra utile aux savans et aux gens de lettres, et contribuera à la gloire de la nation. Par les auteurs des « Principes discutés » (les PP. Louis DE POIX, capucin, et autres). In-4.

Mémoire de ce qu'auront à faire MM. les cardinaux, prélats et chevaliers, nommez pour estre receus dans l'ordre du S. Esprit. (Par Pierre DE CLAIRAMBAULT.) *S. l.* (1724), in-4.

Mémoire de ce qui s'est passé en la frontière de Champagne... tant pendant les guerres de la Ligue que de Lorraine et Luxembourg, jusques à la paix de l'an 1598. (Par LA CAILLE.) *S. l.,* 1614, in-12, 168 p.

Mémoire de droit public sur la ville de Strasbourg et l'Alsace en général. (Par Jean DE TÜRCKHEIM.) *Strasbourg, imp. de P.-J. Dannbach,* 1789, in-4.

Mémoire de l'état ancien et moderne de la Lorraine... Tiré de la Géographie historique et politique de M. J. D. (Jean DOUJAT), professeur du roi en droit et historiographe de Sa Majesté. *S. l.,* 1673, in-4.

Mémoire de l'Université sur les moyens de pourvoir à l'instruction de la jeunesse et de la perfectionner. (Par François de Paule COMBALUSIER.) *S. l. n. d.* (1762), in-12, VIII-60 p.

Mémoire de Mme F. DE LA C. (FAULQUES DE LA CÉPÈDE, ou Mme DE VAUCLUSE), contre M. C. (Célesia, ministre de la République de Gènes). *Londres,* 1788, in-8.

Tiré à petit nombre.

Mémoire de René, sire de Rieux, prince de la maison de Bretagne, et la généalogie de sa maison. (Par Mathieu MARAIS.) *Paris* (1710), in-4.

Catalogue de La Vallière, par Nyon, t. VI, no 24070.

Mémoire de Sultan-Faithful. (Par J.-H. RONESSE aîné.) *Au Mans, et se trouve à Paris, chez Hardouin et Gattey,* 1787, in-8, 2 ff. de titre et 161 p.

Mémoire des curés de Sens, par M. G. (GOURLIN). 1732, in-4.   V. T.

Mémoire des députés de la ville de Tulles, relatif aux troubles du bas Limousin, pour être mis sous les yeux de l'Assemblée nationale. (Rédigé par l'abbé André MORELLET.) *Paris, imp. de Demonville,* 1790, in-8.

Mémoire des fabricans de Lorraine et de Bar (composé par l'abbé André MORELLET) à monseigneur l'intendant de la province, concernant le projet d'un nouveau tarif, et servant de réponse à un ouvrage (de Coster) intitulé : « Lettres d'un citoyen à un magistrat ». *Nancy,* 1762, in-8.

Voy. V, 1236, *d.*

Mémoire des princes du sang, pour répondre au Mémoire instructif des princes légitimés, du 15 novembre 1716, et à celui du 9 décembre suivant. (Par MILAIN, secrétaire des commandemens du duc de Bourbon.) *S. l., imprimé par ordre des princes du sang, le 1er février* 1717, in-fol. — *La Haye, C. Le Vier,* 1717, in-4.

Mémoire (troisième) des princes légitimés. (1717), in-fol.

« On a dit, dans le temps et en bon endroit, que ce « savant « Mémoire » étoit de M. DAVISARD, avocat « général du Parlement de Languedoc, dont le duc du « Maine étoit le gouverneur, et que le P. DANIEL y avoit « eu aussi bonne part : car on a remarqué que les jé-« suites étoient fort portés pour cette cause des princes « légitimés. » (Catalogue manuscrit de la Doctrine chrétienne, t. X, p. 440.)

On a également attribué au P. Daniel ou à l'abbé Le Gendre : « Examen de la prétendue loi fondamentale, qui exclut les princes légitimés de la succession à la couronne ». (*Ibid.,* p. 439.)

Mémoire des princes présenté au roi. *S. l.* (1788), in-8, 14 p.

Rédigé par A.-J.-B. AUGET, baron DE MONTYON. Réimprimé sous le titre de « Mémoire présenté au roi ». Voy. ci-après, col. 151, *d.*

Mémoire des tanneurs, relativement au droit de marque sur les cuirs et peaux, dont l'établissement est proposé par le titre V, art. 186 à 210 de la loi présentée à la Chambre des députés le 23 décembre

1815. (Rédigé par N. Bricogne, ex-premier commis des finances.) *Paris*, 1816, in-8, 72 p.

Mémoire descriptif à l'appui du projet de la Bourse d'Anvers. (Par Charles Marcellis.) *Liége, Desoer*, 1860, in-4, 23 p.

Mémoire dogmatique et historique, touchant les juges de la foi. Où on prouve que les évêques seuls, et indépendamment des prêtres, sont juges de la foi. (Par l'abbé Pierre Corgne.) *Paris, veuve Mazières et J.-B. Garnier*, 1736, in-8.

L'auteur a signé la dédicace.

Mémoire du comte de Belle-Isle, sur l'échange du marquisat de Belle-Isle avec le roy. *S. l. n. d.*, in-4.

Signé : Foucquet de Belle-Isle.

D'après une note manuscrite, sur l'exemplaire de la Bibliothèque nationale, « ce Mémoire a été composé par l'abbé Boismorand, breton, ex-jésuite, cognu à l'hotel de Gesvres sous le nom de l'abbé Saive. »

Mémoire du duc de Rovigo, sur la mort de Pichegru, du capitaine Wright, de M. Bathurst, et sur quelques autres circonstances de sa vie (trad. de l'anglais, et accompagné d'une Notice, par A. Scheffer). *Paris, Ponthieu*, 1825, in-8, 3 ff. lim., XXVI-72 p.

Mémoire du procureur général du roi au parlement de Provence (Jean-Pierre-François de Ripert de Monclar), sur la souveraineté du roi à Avignon et dans le comtat Venaissin. *Paris*, 1769, in-4 ou 2 part. in-12.

Mémoire attribué aussi à l'abbé de Pithon-Court. Voy. « Supercheries », III, 252, b.

Mémoire ecclésiastique et politique concernant la translation des fêtes aux dimanches, en faveur de la population. (Attribué à l'abbé Ant. Yart, curé du Saussay.) *Philadelphie*, 1765, in-12, 122 p.

Mémoire en faveur des artistes dont le jury des arts n'a pas admis les ouvrages présentés au Salon d'exposition en 1817. Par M. A. D. (Antoine Dupuis, avocat et artiste amateur). *Paris, Delaunay*, 1817, in-8, 16 p.

Mémoire en faveur des colons et des propriétaires de vignobles,..... (Par Benj. Gradis.) *Paris, Delaunay*, 1829, in-8.

Mémoire en forme d'observations sur le « Dictionnaire des livres jansénistes ». (Par l'abbé Cl.-P. Gouget.) (*Paris*), 1755, in-12.

Mémoire en forme de lettre, au sujet du

prix général de l'arquebuse, indiqué à Châlons-sur-Marne en l'année 1757. (Par L.-Fr.-Xav. Beschefer.) *Châlons, chez Seneuze, impr. du roi*, gr. in-8, 38 p. et un feuillet non chiffré pour le privilége.

Un supplément a paru sous le titre de « Lettre d'un chevalier de l'arquebuse ». Voy. V, 1144, c.

Mémoire en forme de réfutation de ce qui est dit de l'origine des notaires... dans la « Collection de décisions nouvelles »... par Denizart... (Par Renaud.) *Paris, Gueffier*, 1768, in-4, 35 p.

Mémoire en réplique adressé à la Chambre de commerce par les fabricants d'armes de Liége. Décembre 1836. (Par Charpentier de Damery.) *Liége, Collardin, s. d.*, in-4, 71 p.   J. D.

Mémoire envoyé à M. Petitpied, D. de la M. et S. de S., par M. l'abbé d'E. (d'Etemare), le 20 août 1736. Pour lui remettre sous les yeux trois exemples des calomnies répandues dans les deux écrits du « Système du mélange » et du « Système des discernants »... *S. l. n. d.*, in-4, 14 p.

Mémoire et consultation pour Claude-Xavier Girault (ancien magistrat), contre dame A.-Cl. Petit, son épouse. Par Claude-Nicolas Amanton.) *Dijon, Causse*, 1792, in-8.   D. M.

Mémoire et consultation pour servir à l'histoire de l'abbaye de Château-Châlon. (Par Le Riche.) *Lons-le-Saulnier, P. Delhorme*, 1765, in-fol. — 2ᵉ édit. *Besançon, Fantet*, 1766, in-8.

Mémoire et devis estimatif de la canalisation de la Dendre d'Ath à Alost. (Par Auguste et Valentin Van der Elst.) *Mons, Piérart*, 1845, in-8, 16 p.   J. D.

Mémoire et épitaphe de feu de bonne mémoire tres hault... prince Domp Fernande, roy de Castille... faict par Le Songeur (Nicaise Ladam ou L'Adam). *Anvers, Michel de Hoochstraten, s. d.* (vers 1516), petit in-fol. En vers.

Mémoire et instruction sur les baux à cheptel de troupeaux de mérinos, ou de race pure, par M. G**** (Gabiou, ancien notaire). *Paris*, 1810, in-8.

Mémoire et observations sur la courbure accidentelle des os longs. (Par L.-A. Champenois.) *Rethel, imp. de Beauvarlet*, 1846, in-4, 8 p.

Réimprimé avec le nom de l'auteur. *Rethel, id.*, 1857, in-4, 36 p.

Mémoire et observations sur les maladies des ouvriers de la Digue. (Par L.-Ch.-P. Le Roux.) *Liége*, 1785, in-8.

Mémoire et pièces justificatives pour Mme A.-M.-R. Lusignan de Champignolles, veuve de M. Louis-Joseph de Douhault. (Par Pierre-Antoine Laloy.) 1807, in-8.
D. M.

Mémoire et plan du cours de la Charente. (Par J. Digard de Kerguette.) *Rochefort*, 1773, in-4.

Mémoire et soumission pour l'exploitation des salines des ci-devant provinces de Lorraine et de Franche-Comté, situées aujourd'hui dans les départemens de la Meurthe et du Jura, adressés à l'Assemblée nationale. (Par Léopold, comte de Beust, directeur général des salines en Pologne et en Saxe, d'après une signature autographe.) (*Paris*), *imp. du Patriote français*, *s. d.*, in-4.

Mémoire (la) éternisée de Louis le Grand. (Par Jean-Baptiste de Saint-Yriey des Marines.) *Tolose, J. Leblois*, 1682, in-12.

> L'auteur a signé la dédicace.

Mémoire explicatif sur la sphère caucasienne, et spécialement sur le zodiaque, etc., par C. G. S. (Schwartz). *Paris, Migneret*, 1813, in-4.

Mémoire fait en 1717. Où l'on démontre que l'appel interjeté de la bulle *Unigenitus* au futur concile est manifestement nul et insoutenable. (Par le cardinal de Bissy.) *S. l.*, 1718, in-4.

> Réimprimé l'année suivante, in-12, avec le nom de l'auteur.

Mémoire historique concernant les droits du roi sur les bourgs de Fumay et de Revin. (Par Chrétien-Frédéric Pfeffel.) *S. l.* (*imp. royale*), 1772, in-fol., cxvi-151 p.   D. M.

Mémoire historique de la vie d'un fantassin de vingt-cinq ans de service, sans aucune discontinuation, et les noms des 120 capitaines avec lesquels il a servi au régiment de Lyonnois. (Par Nicolas Severat.) *S. l.*, 1711, in-12 allongé.

> Ouvrage rare, dont l'auteur était de famille lyonnaise.
G. M.

Mémoire historique, didactique et polémique, présenté à nosseigneurs les commissaires nommés par Sa Majesté pour donner leur avis sur les contestations concernant l'état et les droits des prêtres et des clercs séculiers de la congrégation de la Doctrine chrétienne. Contre le projet formé par le Père général et par son conseil. (Par Me Lesure, avocat.) (*Paris*), *P.-A. Paulus du Mesnil, s. d.*, in-fol., 48 p.

Mémoire historique et critique sur la généalogie de la maison de Lorraine, par l'auteur de la « Méthode d'un thermomètre universel » (Micheli Ducrost, capitaine dans un régiment suisse au service de France). *Basle*, 1762, in-4.

Mémoire historique et généalogique sur la très-ancienne noble famille de Kerkhove, dite Vandervarent. Nouvelle édition corrigée, complétée et augmentée des autres branches de la maison de Kerkhove, par un descendant de cette maison (Joseph Kirckhoff). *Anvers, Janssens*, 1839, in-8, viii-171 p.   J. D.

Mémoire historique ou anedocte (*sic*) galante et secrète de la duchesse de Bar, sœur d'Henry IV, roy de France. Avec les intrigues de la cour pendant les règnes d'Henry III et Henry IV. (Par Mlle Charlotte-Rose de Caumont de La Force.) *Amsterdam, Desbordes*, 1713, in-12, 5 ff. et 542 p.

> Voy. l'art. « Anecdotes secrètes et galantes ». IV, 187, b.

Mémoire historique, où l'on essaie de prouver que le cardinal de Granvelle n'eut point de part aux troubles des Pays-Bas dans le seizième siècle. (Par dom P.-Philippe Grappin.) *Besançon, Couché*, 1788, in-8, 1 f. de tit. et 102 p.

Mémoire historique pour l'ordre souverain de Saint-Jean de Jérusalem... publié par la commission des trois langues françaises (rédigé par L.-A.-F. de Marchangy). *Paris, Egron*, 1816, in-8, 79 p.

Mémoire historique pour servir à l'éloge de Charles du Fresne, sieur du Cange... (par Jean-Charles du Fresne d'Aubigny). *Paris, imp. de L.-F. Delatour*, 1766, in-4, 40 p.

Mémoire historique relatif aux négociations qui eurent lieu en 1778 pour la succession de Bavière; par le comte Eustache de Goertz, alors envoyé du roi de Prusse Frédéric le Grand près des princes bavaro-palatins. (Publié par Fr. de Barbé-Marbois.) *Paris, Cerioux*, 1812, in-8.

Mémoire historique sur Fouché de Nantes, maintenant duc d'Otrante. Par un Anglais (le marquis A.-F. de Frénilly). *Paris, Delaunay*, 1815, in-8.

Mémoire historique sur l'ancienne et

illustre maison de Bazentin, de Montauban, de Hervilly, de Malapart, d'après des documents anciens et les crayons généalogiques de P. d'Hozier, seigneur de La Garde, chevalier de l'Ordre du roi, juge général des armes de France, en 1642. *Mons, Manceaux-Hoyois*, 1860, in-4 avec 8 planch. d'écussons.

Voy. « Armorial historique d'une famille montoise ». (Par le P. ROLAND.) IV, 278, *a*.

Mémoire historique sur l'émigration de la colonie grecque de la Morée en Corse, et Lettres authentiques de son établissement à Paomie, par la république de Gênes, et ensuite de Cargèse, par Louis XVI. *Ajaccio, M. Marchi*, 1820, in-4, 32 p.

Cet ouvrage, indiqué par Quérard dans sa « France littér. », t. II, p. 671, col. 1, est probablement de J.-F.-J. RÉALLIER-DUMAS, successivement conseiller à la Cour royale de Corse, puis à celle de Riom.

Mémoire historique sur la constitution des Etats de Bretagne... (Par Jos.-Mich. PELLERIN.) *S. l., novembre* 1788, in-8, 55 p.

Mémoire historique sur la fondation de l'Eglise françoise de Berlin, publié à l'occasion du jubilé qui sera célébré le 10 juin 1772. (Par J.-P. ÉRMAN.) *Berlin, au profit des pauvres*, in-12, 1 f. de tit., 124 p. et 1 pl.

Mémoire historique sur la fondation des colonies françoises dans les Etats du roi, publié à l'occasion du jubilé qui sera célébré le 29 octobre 1785. *Berlin, Starcke* (1785), in-8, 1 f. de tit., 102 p. et 1 gravure.

Les auteurs, J.-P. ERMAN et Fréd. RECLAM, sont nommés sur le verso du titre.

Mémoire historique sur la maladie singulière de la veuve Melin, dite la Femme aux ongles. (Par Ch.-J. SAILLANT, médecin.) *Paris*, 1776, in-12, 45 p.

Mémoire historique sur la négociation de la France et de l'Angleterre, depuis le 26 mars 1761 jusqu'au 20 septembre de la même année (par le duc Et.-Fr. DE CHOISEUL-STAINVILLE), avec les pièces justificatives. *Paris, imp. royale*, 1761, in-8 et in-12. — *Sur l'imprimé à Paris, de l'imprimerie royale*, 1761, in-12.

L'avant-propos est de J.-F. DE BASTIDE.

Mémoire historique sur la topographie de Paris... *Paris*, 1771, in-4.

Signé : BOUQUET et DE VANNES. Contre l' « Histoire de l'emplacement de l'ancien hôtel de Soissons », par Terrasson. *Paris*, 1762, in-4. Ce dernier publia,

en 1772, une « Réfutation du Mémoire » ci-dessus ; ce qui amena de la part de Bouquet et de de Vannes une « Réplique à la prétendue Réfutation du Mémoire historique ». *Paris*, 1772, in-4.

Mémoire historique sur la vie et les ouvrages de M. Jac. Vernet. (Par SALADIN.) *Paris, Desray*, 1790, in-8.

Mémoire historique sur le maréchal Abraham Fabert. (Par dom N.-H.-L. BARDOU DUHAMEL.) *Metz*, 1779, in-8.

Mémoire historique sur les marbres employés à la décoration de l'entrée du chœur de l'église de Rouen. (Par Fr.-Ch. TERRISSE.) *Rouen*, 1777, in-8.

Mémoire historique sur les statues de saint Christophe, et en particulier sur celle qui était dans l'église cathédrale d'Auxerre. (Par l'abbé André MIGNOT, grand-chantre de cette ville.) 1768, in-8, 16 p.

L'auteur a eu la principale part au « Martyrologe de l'Église d'Auxerre », 1751, in-4 ; au « Processionnal », « au Bréviaire » et au « Missel ». On trouve dans le « Missel » imprimé en 1738 une messe très-bien composée, sur l'autorité des rois et l'obéissance qui leur est due.

Mémoire historique sur M. du Cange. (Par Jean-Charles DU FRESNE D'AUBIGNY.) *S. l. n. d.*, in-8, 22 p.

Mémoire historique sur M. Lançon (Nic.-Franç.), maître échevin de Metz... (Par D.N.-H.-L. BARDOU-DUHAMEL, mort à Metz, sa patrie, le 25 août 1811, âgé de 77 ans.) *S. l.* (1779), in-16, 27 p.

Mémoire important sur les dixmes d'herbages. (Par SAVARY.) *Bayeux, Nicole*, 1782, in-4.

Mémoire important sur les stipulations de propre. (Par J.-Ch. LALOURCÉ.) *Paris, Butard*, 1766, in-4.

Mémoire instructif sur l'établissement fait par le roi d'une commission ou société et correspondance de médecine. (Par Félix VICQ D'AZYR.) *S. l.* (1776), in-4, 60 p.

Mémoire instructif sur la manière de rassembler, de préparer, de conserver, etc., les diverses curiosités d'histoire naturelle. (Par le chevalier Et.-François TURGOT, frère du ministre.) *Lyon*, 1758, in-8.

Mémoire intéressant sur le commerce de l'eau-de-vie. (Par DARIGRAND, frère de l'auteur de l' « Anti-Financier ».) *Paris*, 1775, in-4.

Mémoire inutile sur un sujet important

(les courses de chevaux, par le comte L.-L.-F. DE LAURAGUAIS). *Londres*, 1778, in-8, 58 p.

Attribué par erreur au comte DE ROSNAY-LAGNY.

Mémoire justificatif de l'auteur des « Mémoires historiques et politiques sur la république de Venise » (le comte Léopold DE CURTI). *Leipzig*, 1796, in-8.

Mémoire justificatif de la révolution roumaine du 11/23 juin 1848. (Par Abdolonyme UBICINI.) *Paris, imp. Cosson*, 1849, in-8, 66 p.

Mémoire justificatif de la Société des amis de la constitution de Marseille, séante à Marseille..... (Par GUINOT et RICARD.) *Marseille*, 1791, in-8.

Mémoire justificatif de Thomas de Mahy de Favras, ou appel à la postérité et à la cour de révision par l'auteur des « Réflexions sur le jugement et la mort de M. de Favras » (PITHOU DE VALENVILLE). *Paris, Rainville*, 1790, in-8, 2 f. de tit., VIII-83 p.

L'auteur a signé.

Mémoire justificatif des remontrances du clergé de Sens, en réponse au curé de Véron. (Par l'abbé Jér. BESOIGNE.) 1734, in-12.

Mémoire justificatif des sentiments de saint Thomas, sur l'indépendance absolue des souverains, sur l'indissolubilité du serment de leurs sujets et sur le régicide. (Par le P. P.-H. SIMON, dominicain.) *Paris*, 1762, in-12, 75 p.

C'est le mieux raisonné des écrits publiés en faveur de S. Thomas.

Mémoire justificatif du livre intitulé : « Exposition de la doctrine chrétienne », par l'abbé Mesenguy. (Publié par l'abbé Claude LEQUEUX.) 1763, in-12.

Mémoire justificatif pour les citoyens de Genève, connus sous le nom de natifs. (Par J.-P. BÉRENGER.) *Genève et Paris, Lacombe*, 1770, in-8.

Signé BOVIER, avocat au Parlement de Grenoble.

Mémoire justificatif pour Louis XVI, ci-devant roi des François... Par A. J. D. G. (A. JEUDY-DUGOUR). *Paris, F. Dufart*, 1793, in-8.

Mémoire justificatif pour servir de réponse à l'exposé, etc., de la cour de France. (Par Edw. GIBBON.) *Londres*, 1779, in-4, 32 p.

Mémoire justificatif pour trois hommes condamnés à la roue. (Par Ch.-Marg.-J.-B. MERCIER-DUPATY.) *Paris, impr. de Pierres*, 1786, in-8, 271 p.

L'arrêt du 11 août 1786, *Paris, imp. de G. Simon et N.-H. Nyon*, 1786, in-8, 298 p., qui condamna cet ouvrage, donna lieu aux publications suivantes :

Résumé du Mémoire justificatif de Bradier, Simare et Lardoire... et leur Réponse au réquisitoire. 1787, in-8, 176 p.

— Nouveau Mémoire pour... *S. l. n. d.*, 29 p.

— Questions relatives aux trois malheureux condamnés à la roue par le Parlement de Paris. Par M. le M.... de C.... *Londres, imprimerie de la Vérité*, 1787, in-8, 14 p.

Mémoire militaire sur Kehl, contenant la relation du passage du Rhin par l'armée de Rhin-et-Moselle, sous le commandement du général Moreau... Par un officier supérieur de l'armée (le général Fr.-L. DEDON). *Strasbourg, F.-G. Levrault*, 1797-an V, in-8, 124 p. et 1 carte.

Mémoire où l'on démontre que les Dominicains sont chanoines réguliers et non religieux mendians. (Par le P. Bern. LAMBERT.) *Paris, Le Clere*, 1789, in-8, 36 p.

Mémoire où l'on enseigne les moyens de se préserver de la petite vérole, et la manière de traiter ceux qui en seront attaqués. (Par J. BOUILLET.) (*Béziers*), 1770, in-4, 9 p.

Mémoire où l'on établit le droit des abbés généraux de Saint-Antoine de présider aux Etats de la province de Dauphiné, en l'absence de M. l'évêque de Grenoble... (Par Claude BOUDET, chanoine régulier, procureur général de l'ordre de Saint-Antoine.) *S. l.* (1746), in-4.

Mémoire où l'on établit qu'il n'est dû aucun droit de consignation sur les saisies réelles des biens établis dans la vallée de Barcelonnette. (Par L.-F. SOZZI.) 1743, in-4.

Mémoire où l'on fait voir en quoi peut consister la prééminence de la médecine sur la chirurgie. (Par l'abbé P.-Fr. GUYOT DESFONTAINES.) *S. l.* (1738), in-4, 20 p.

Mémoire où l'on prouve que la ville de Troyes en Champagne est la capitale de la province. (Par Remy BREYER, chanoine de l'église de Troyes.) *S. l.*, 1723, in-4.

Mémoire physique et médicinal, montrant des rapports évidens entre les phénomènes de la baguette divinatoire, du magnétisme et de l'électricité... par M. T***, D. M. M. (Pierre THOUVENEL, docteur en médecine de Montpellier). *Londres et Paris, Didot le jeune*, 1781, in-8.

L'auteur publia un second Mémoire sur le même sujet, en 1784.

Mémoire politico-critique, où l'on examine s'il est de l'intérêt de l'Eglise et de l'Etat d'établir pour les calvinistes du royaume une nouvelle forme de se marier, et où l'on réfute l'écrit qui a pour titre : « Mémoire théologique et politique sur les mariages clandestins des protestants de France ».. (Par l'abbé J. NOVI DE CAVEIRAC.) *S. l.*, 1756, in-8, 4 ff. prélim. et 229 p.

Voy. ci-après « Mémoire théologique ».

Mémoire politique et historique des insurrections de l'Ouest, par un officier supérieur (Jean-Julien-Michel SAVARY), qui a été chargé d'une partie des opérations relatives au rétablissement de la tranquillité intérieure. *Paris, Moutardier*, an VIII-1800, in-8, 1 f. de tit. et 65 p.

Voy. « Supercheries », II, 1297, d.

Mémoire pour Abraham Chaumeix, contre les prétendus philosophes Diderot et d'Alembert, ou réfutation par faits authentiques des calomnies qu'on répand tous les jours contre les citoyens zélés qui ont eu le courage de relever les erreurs dangereuses de l' « Encyclopédie ». *Amsterdam*, 1759, in-12, 46 p.

Dans un Supplément à la « Correspondance de Grimm », *Paris*, 1814, in-8, p. 323, A.-A. Barbier disait : « Il est reconnu aujourd'hui que le fameux Mémoire... a été composé par DIDEROT... Morellet m'a affirmé n'en être pas l'auteur. »

La première édition du « Dictionnaire des anonymes » attribuait cet ouvrage à l'abbé André MORELLET, et, à la table de la 2e éd., il est indiqué comme douteux.

J.-A. Naigeon, dans son ouvrage posthume « Mémoires hist. et philos. sur Diderot », *Paris*, 1821, in-8, ne parle pas de cet ouvrage.

Il est probable qu'il n'est ni de Diderot, ni de Morellet.

Mémoire pour Donat Calas, pour son père, sa mère et son frère. (Par VOLTAIRE.) *Genève*, 1762, in-12.

Mémoire pour établir la jurisdiction du Parlement et de la Chambre des comptes du Dauphiné sur la principauté d'Orange. (Par J.-P. MORET DE BOURCHENU DE VALBONNAYS.) *Grenoble*, 1713, in-fol. V. T.

Mémoire pour Étiennette Boyau, femme de Louis Le Large, tisserand, demeurant à Troyes; ladite Étiennette Boyau, garde-malade, etc., demanderesse; contre maître François Bourgeois, chanoine de l'insigne église collégiale et papale de Saint-Urbain de Troyes, défendeur. (Par P.-J. GROSLEY, avocat.)

Réimprimé dans le tome II des « Causes amusantes et connues ».

Mémoire pour faire connoître l'esprit de la compagnie établie en la ville de Caen, appelée l'Hermitage. (Par Charles DU FOUR, aidé de P. NICOLE et de LE MAÎTRE.) (*Paris*), 1660, in-4.

Mémoire pour Gaudon...

Voy. « Recueil des facéties parisiennes ».

Mémoire pour justifier l'usage de recevoir des requêtes de la part des parties intéressées, touchant l'enregistrement des édits et déclarations du roi... (Par DUCORNET.) *S. l.* (1720), in-4, 8 p.

Mémoire pour justifier la compagnie des Indes contre la censure des casuistes qui la condamnent. (Par J. TERRASSON.) (1720), in-12.

Voy. « Lettres sur le nouveau... », V, 1300, c.

Les lettres qui y sont indiquées ont été réimprimées en leur entier, et avec des notes curieuses, dans le tome XII des « Nouvelles littéraires » de l'ex-jésuite du Sauzet.

Mémoire pour justifier la conduite des théologiens qui ne se croient pas obligés à condamner les cinq propositions au sens de Jansénius sans explication. (Par Noël DE LA LANE.) *S. l.* (1663), in-4.

Mémoire pour l'asne de Jacques Féron, blanchisseur à Vanves, demandeur et défendeur, contre l'asnesse de Pierre Le Clerc, jardinier fleuriste, demanderesse et défenderesse. *S. l. n. d.*, in-8, 1 f. de faux titre et 54 p.

Le faux titre porte : Cause célèbre. On lit au bas de la page 1 : « Cette plaisanterie est de M. R*** D. J*** (RIGOLEY DE JUVIGNY), aujourd'hui conseiller au Parlement de M*** (Metz).

Mémoire pour l'église de Saint-Estienne de Dijon, contre la sainte Chapelle. (Par Antoine DE FOURCROY.) *S. l. n. d.*, in-4, 34 p.

Mémoire pour l'établissement de la taille proportionnelle. (Par l'abbé C.-I. CASTEL DE SAINT-PIERRE.) *S. l.*, 1717, in-8.

Mémoire pour l'Université de Paris. (Par E. POURCHOT.) *Paris*, 1701, in-4.

Mémoire pour la compagnie des Indes de France. (Par SAINTARD.) (1745), in-12.

Mémoire pour la compétence du Châtelet de Paris. (Par MAROTTE DU COUDRAY.) *Paris*, 1758, in-4. V. T.

Mémoire pour la conservation des bibliothèques des communautés séculières et régulières de Paris. (Par l'abbé Barth. MERCIER DE SAINT-LÉGER.) *Paris, Bailly*, 1790, in-8, 16 p.

Mémoire pour la cour souveraine de Lorraine contre le Parlement de Metz. (Par J.-F. COSTER.) (*Nancy*), 1766, in-4, 36 p.

Mémoire pour la demoiselle Le Blanc de Crouzoul, contre le sieur Poinsinet le jeune. (Attribué à C.-G. COQUELEY DE CHAUSSEPIÈRE et à GENEST DU BROCHET.)

Tome II des « Causes amusantes et connues ».

Mémoire pour la loge des Neuf Sœurs. (Par Nic. BRICAIRE DE LA DIXMERIE.) *Paris*, 1779, in-4.

Mémoire pour la noblesse de France, contre les ducs et pairs. (Par le comte Henri DE BOULAINVILLIERS.) *S. l.* (avril 1717), in-12. — *Amsterdam* (*Trévoux*), 1732, in-8.

Mémoire pour la vérification des reliques prétendues de saint Germain d'Auxerre... (Par l'abbé DETTEY, chanoine d'Auxerre.) *Paris, veuve Lottin*, 1754, in-8.

Une analyse de ce Mémoire se trouve dans l'édit. de 1780 de la « Description des saintes grottes ». Voy. ce titre, IV, 900, *f.*

Mémoire pour la veuve Game. (Par A.-J.-M. SERVAN.) *Lyon*, 1773, in-12.

Mémoire pour la ville de Belley, où sont exposés les droits de cette ville à la résidence de l'évêque, etc. (Attribué à Jean-Humbert MONIER, avocat général à la Cour de Lyon.) *Lyon, Rusand*, 1826, in-4.
D. M.

Mémoire pour la ville de Liége, contre la commission permanente du syndicat d'amortissement. (Par Charles BELLEFROID, avocat.) (*Liége, Stas*, 1826), in-4, 47 p.
Ul. C.

Mémoire pour le baron de Pontet, conseiller au Parlement de Metz, en réponse à celui de M. de Custines. (Par l'abbé THOUVENEL, curé à Metz.) *Metz*, 1789, in-4.
D. M.

Mémoire pour le chef de brigade Magloire Pelage et pour les habitans de la Guadeloupe... (Rédigé par Hipp. DE FRASANS et par J.-T. LANGLOIS, ancien avocat.) *Paris, Desenne*, an XI-août 1803, 2 vol. in-8.

Mémoire pour le clergé de France. (Par DU VERGER, ancien mousquetaire, puis avocat.) 1753, in-12.

a Mémoire pour le commerce de Liége, en réponse au discours de M. le procureur général près la Cour supérieure de justice de cette ville. (Par Charles BELLEFROID, avocat.) *Liége, Stas et Kersten*, 1824, in-4, 28 p.
Ul. C.

Mémoire pour le grand hospice civil de la ville d'Auxonne, département de la Côte-d'Or, sur une question de liquidation de la dette publique. (Rédigé par C.-N. AMANTON.) *Dijon, Frantin*, an VIII-1800, in-8.

Il n'y a que quinze exemplaires en papier vélin qui portent ce titre et le nom de l'auteur : le reste de l'édition est sans frontispice.

Mémoire pour le peuple françois. (Par J.-A.-J. CÉRUTTI.) *S. l.*, 1788, in-8. — 2e éd. *S. l.*, 1788, in-8.

Mémoire pour le prince de Monaco, contre le duc de Savoye. (Par ARRAULT.) *Paris*, 1712, in-4.
V. T.

Mémoire pour le prince de Montbéliard. (Par Luc DE COURCHETET D'ESNANS.) In-4.

Mémoire pour le procureur général au parlement de Provence, servant à établir la souveraineté du roi sur la ville d'Avignon et le comté Venaissin. (Par J.-P.-F. DE RIPERT DE MONCLAR et l'abbé PITHONCOURT.) *Paris*, 1769, 2 parties in-8.

Cet ouvrage est extrêmement rare, disent les continuateurs du P. le Long, t. IV, n° 38324, le fond de l'édition ayant été mis dans le dépôt des affaires étrangères.

Voyez, sur les deux auteurs présumés de ce mémoire, la « Chronique littéraire des ouvrages de l'abbé Rive », p. 23 et suiv.

Mémoire pour le sexe féminin contre le sexe masculin par Mme... (M.-A.-J. GACONDUFOUR). *Londres et Paris*, 1757, in-12, 50 p.

Mémoire pour le sieur de La Bourdonnais, et Supplément. (Par Pierre DE GENNES.) *Paris, Delaguette*, 1750 et 1751, 2 vol. in-4 et 4 vol. in-12.

Mémoire pour le sieur de La Gatinais, capitaine dans les Indes, détenu au château de la Bastille. (Par L. HORDRET, avocat.) (1750), in-4.

Mémoire pour le sieur François Corneille, contre les légataires de feu M. de Fontenelle. (Par J.-F. DREUX DU RADIER.) 1758, in-4, 32 p.

On a dans ce Mémoire la généalogie de P. et de T. Corneille, leurs alliances avec M. de Fontenelle, et les prétentions du demandeur à la succession du dernier. Il ne lui a été adjugé qu'une somme de 2,000 fr. Dans la suite, on se disputa le titre de son bienfaiteur.

Mémoire pour le sieur Pierre-Paul Sirven, feudiste, habitant de Castres, appellant contre les consuls et communauté de Mazamet, seigneurs-justiciers de Mazamet, Hautpoul et Hautpoulois, prenant le fait et cause de leur procureur jurisdictionnel, intimés. (Par Voltaire.) S. l. 1771, in-8, 219 p.

Mémoire pour le sieur Quéret de Méry, marchand mercier à Paris, contre le sieur de B***, l'un des comédiens françois ordinaires du roi, et contre le sieur Baron, ci-devant l'un des comédiens françois ordinaires du roi, présentement caissier. (Attribué à Élie de Beaumont.)

Réimprimé dans le tome II des « Causes amusantes et connues ».

Mémoire pour les abbés et religieux bénédictins des monastères de Lorraine, contre les prétentions des abbés et religieux chanoines réguliers du même pays, touchant la préséance dans les cérémonies publiques... (Par dom Matthieu Petit-Didier.) S. l. (1699), in-4, 19 p.

Mémoire pour les abbés, prieurs et religieux des abbayes de Saint-Vincent du Mans, de Saint-Martin de Sées, de Saint-Sulpice de Bourges, de Saint-Alire de Clermont, et de Saint-Augustin de Limoges. (Par l'abbé Claude Mey.) Paris, Lambert, 1764, in-4.

Ces abbayes, malgré le droit prouvé des Bénédictins, leur ont été enlevées par la Grand'Chambre, au commencement de septembre 1764. Le Mémoire de l'abbé Mey contient un excellent « Traité des élections », depuis la p. 131 jusqu'à la p. 462. (Goujet.)

Mémoire pour les citoyennes Trudaine, veuve Micault, Micault, veuve Trudaine, et le citoyen Vivant Micault-Courbeton fils. (Par l'abbé André Morellet.) Paris, Maret, an III-1795, in-8.

Mémoire pour les citoyens Bossange, Masson et Besson, libraires, contre les libraires Moutardier et Le Clerc, contrefacteurs de la cinquième édition du Dictionnaire de l'Académie française. (Rédigé par l'abbé André Morellet.) Paris, (1800), in-8, 66 p.

Mémoire pour les coiffeurs des dames de Paris contre la communauté des maîtres barbiers, perruquiers, baigneurs, étuvistes. S. l. n. d., in-8, 20 p.

Signé : Bigot de la Boissière, procureur.
Attribué à F.-M. Vermeil, avocat.
Réimprimé dans le tome I des « Causes amusantes ».

Mémoire pour les curés du diocèse de Chartres, sur la modicité de leurs béné

fices. (Par J.-F.-A. Janvier de Flainville.) Chartres, 1765, in-4.

Mémoire pour les doïens des tribus de Sens et de Tours, et autres opposans à l'entreprise de la nation de France, etc. (Par E. Pourchot.) 1718, in-4.

Mémoire pour les élus généraux des états du duché de Bourgogne, contre le parlement et la cour des aydes de Dijon, etc., par M. V*** S. E. C. D. E. D. B. (Jacques de Varenne, secrétaire en chef des Etats de Bourgogne). Paris, 1762, in-8.

On trouve des détails curieux sur l'affaire de M. de Varenne dans le volume intitulé : « Mémoires pour servir à l'histoire du droit public de France en matière d'impôts ». Bruxelles, 1779, in-4, p. 304-369. Voy. ces mots.

Mémoire pour les habitants du faubourg Saint-Honoré. Paris, impr. de C. Simon, 1733, in-4, 15 p.

Une note manuscrite sur le titre de l'exemplaire de la Bibliothèque nationale porte : « Ce Mémoire est attribué à M. Daguesseau de Valjoing, conseiller au Parlement de Paris.

Mémoire pour les Jésuites de Franche-Comté. A Besançon, 1762, in-12, 109 p.

Attribué au P. Bernard Routh, par Collombet, II, 358. (De Backer, 2e édit., I, 601.)

Mémoire pour les ministres d'Angleterre, contre l'amiral Byng, traduit de l'anglois. (Par E.-J. Genet.) 1757, in-12.

Mémoire pour les officiers municipaux de la ville de Marseille. (Par Michel Senvel.) Marseille, 1789, in-8.   G. M.

Mémoire pour les ordres religieux, contre les principes de la commission établie en 1768. (Par dom J.-P. Deforis.) 1785, in-12.

Cet ouvrage parut dès 1768, sous le titre de l' « Importance et l'étendue », etc. Voy. V, 905, b.

Mémoire pour les religieuses de Port-Royal. (Par Ant. Arnauld et P. Nicole.) S. l. (13 juin 1664), in-4, 8 p.

Mémoire pour Mme Kornmann, par M. S. (Par J.-P.-L. de La Roche du Maine, marquis de Luchet.) 1788, in-8.

Ce Mémoire, que Beaumarchais crut de M. Suard, attira à ce dernier une violente et grossière diatribe.

Mémoire pour Mme la comtesse de Reichenberg, douairière de monseigneur le landgrave Constantin de Hesse-Rothenbourg, nommée princesse de Hesse par le codicille de ce prince. (Par Louis-Théo dore HÉRISSANT.) (*Ratisbonne, Neubauer*), 1779, in-8, 68 p.

Tiré à 100 exemplaires.

Mémoire pour MM. les Plénipotentiaires. Juste idée que l'on doit se former des Jésuites. (Par Jérôme BESOIGNE.) In-4, 24 p.

Le même auteur a publié : « A Nosseigneurs les Plénipotentiaires du Congrez assemblé à Soissons, en leur adressant la dénonciation des Jésuites et de leur doctrine ». (1729), 4 p. in-4.

Mémoire pour messire Jean-Louis de l'Estendard, marquis de Bully, contre Edme-Élisabeth de Lécluse, ci-devant actrice de l'Opéra. (Par Pierre DE GENNES.) 1737, in-4.

Réimprimé dans le tome I des « Causes amusantes et connues ».

Mémoire pour M. de Beaumanoir au sujet du pain bénit. (Par J.-H. MARCHAND.) 1736, in-8.

Mémoire pour M. de La Sauvagère. (Par J.-F. DREUX DU RADIER.) 1759, in-4.

Mémoire pour M. Klinglin, préteur royal de Strasbourg. (Par Pierre DE GENNES.) *Grenoble, André Giroud,* 1753, in-12.

Mémoire pour M. N.-Max. Lesoinne, demandeur appelant, contre la société anonyme des charbonnages de Sclessin, demanderesse intimée, etc. (Par CHARPENTIER, de Damery.) *Liége, Rosa,* 1836, in-4, 89 pag.   Ul. C.

Mémoire pour perfectionner la police sur les chemins. (Par l'abbé C.-I. CASTEL DE SAINT-PIERRE.) S. l. (1715), in-4.

Mémoire pour prouver que tous les enfans donataires entre-vifs, tant premiers que derniers, doivent contribuer à la légitime des autres enfans. (Par BARBIN, avocat.) *Paris,* 1694, in-12.

Mémoire pour S. Thomas, contre un anonyme calomniateur de sa doctrine. (Par le P. Jos. DUFOUR, dominicain.) S. l., 1762, in-12.

Mémoire pour servir à commencer l'histoire des araignées aquatiques. (Par l'abbé J.-A. LELARGE DE LIGNAC, publié par LIEUTAUD DE TROIS-VILLES, de Nantes.) *Paris. Pissot,* 1748, in-8, 80 p. — Sec. édit. *Paris, Barbou,* 1799, in-12, 64 p.

L'auteur est nommé dans la préface de la 2ᵉ éd., qui est signée I. F. A. O.

Mémoire pour servir à l'établissement

de la jurisdiction des abbez généraux de Cluni, sur tout l'ordre de Cluni. Avec le recueil des titres et pièces justificatives de l'exercice de cette jurisdiction. *Paris, veuve L. Vaugon,* 1706, in-fol.

Par M. CHEVALIER, avocat, d'après une note manuscrite contemporaine; par Antoine LE VAILLANT, d'après le P. Lelong.

Mémoire pour servir à l'histoire d'Orléans, ou remarques sur l'explication historique et topographique d'Orléans, de l'abbé de Vayrac, imprimée dans le « Mercure » d'avril 1722. (Par M.-G. PERDOULX DE LA PERRIÈRE.) *Orléans,* 1722, in-8.

Mémoire pour servir à l'histoire de Germain Pillon, sculpteur du roi. (Par le baron J. PICHON.) *Paris, aux dépens de l'auteur,* 1860, in-8, 19 p.

Extrait des « Mélanges de littérat. et d'hist., rec. et publ. par la Société des bibliophiles français », 1856.

Mémoire pour servir à l'histoire de la cour des aides, depuis son origine en 1355, sous le roi Jean, jusqu'à sa suppression le 22 janvier 1791, sous le règne de Louis XVI. (Par L.-Ach. DIONIS, doyen de la cour des aides.) *Paris, Knapen,* 1792, in-4.

Mémoire pour servir à l'histoire de la jonglerie dans lequel on démontre les phénomènes du mesmérisme. (Par RETZ, médecin.) *Londres et Paris, Méquignon,* 1784, in-8, 2 ff. lim. et 47 p.

Une nouv. édit. augm. parut la même année avec le nom de l'auteur.

Mémoire pour servir à l'histoire de la ville de Vesoul en Franche-Comté. *Yverdun, Félice,* 1779, in-4, 58 p.

La première partie de cet ouvrage est attribuée à G.-J. MIROUDOT DE SAINT-FERJEUX, et la seconde à DE LA TERRADE.

Mémoire pour servir à l'histoire des Cacouacs. (Par J.-N. MOREAU.)

Voy. « Nouveau Mémoire... »

Mémoire pour servir à l'histoire des couplets de 1710, attribués faussement à M. Rousseau. (Par Nic. BOINDIN.) *Bruxelles, Foppens,* 1752, in-12.

Réimprimé sous le titre de : « Mémoire pour servir à l'histoire du célèbre Rousseau, où l'on prouve que les fameux couplets qui lui ont été faussement attribués sont réellement de La Motte, Saurin et Malafer. Nouvelle édition, augmentée du vrai caractère de Rousseau, en deux lettres de M. RACINE et une de M. l'abbé D'OLIVET... » *Bruxelles, Foppens,* 1753, in-12.

Mémoire pour servir à l'histoire des

dernières révolutions de Naples, ou détail des événemens qui ont précédé l'entrée des Français dans cette ville, recueillis par B. N*** (Bartholomeo NARDINI), témoin oculaire. *Paris, Duprat-Le-Tellier*, 1803, in-8.

Mémoire pour servir à l'histoire du célèbre Rousseau...

Voy. ci-dessus, « Mémoire pour servir à l'histoire des couplets... », col. 148, e.

Mémoire pour servir à l'histoire du siége de Gibraltar, par l'auteur des « Batteries flottantes » (J.-C.-E. LEMICHAUD D'ARÇON). *Cadix, Hermil frères (Besançon)*, 1783, in-8, 66 p. — Autre édit. in-8, 62 p. *Madrid, impr. d'Allonso Gregorio*, 1783, in-8, 60 p.

C'est par erreur que cet ouvrage a été indiqué précédemment, V, 792, e, comme le même que l' « Histoire du siége de Gibraltar... » et a été par suite attribué au même auteur.

Doisy dit, dans une note manuscrite : « Girod Chantrans ne l'attribue pas à D'ARÇON, et il a raison. »

Mémoire pour servir à l'histoire du village et de l'ancienne seigneurie de Médan, près de Poissy. *Paris, Techener*, 1849, in-8.

Signé : J. P. (Jérôme PICHON).

Extrait du « Bulletin du bibliophile », 1849, nos 1 et 2.

Tiré à 15 exemplaires.

Mémoire pour servir à la culture des mûriers et à l'éducation des vers à soye. (Par DE LA BOURDONNAYE DE BLOSSAC.) *Poitiers*, 1754, in-12.

Mémoire pour servir à la vie de M. Defavanne, peintre ordinaire du roy, et recteur de l'Académie royale de peinture et sculpture. (Par COUSIN DE LA CONTAMINE.) *Paris, veuve D.-A. Pierres*, 1753, in-12, 34 p. et 1 f. de priv.

Je cite cet auteur d'après une note manuscrite de Beaucousin, dans mon exemplaire de la « Bibliothèque historique de la France ».

Beaucousin s'est trompé pour le *La* du nom de l'auteur; car ces MÉMOIRES peuvent très-bien être de COUSIN DE CONTAMINE, auteur d'un éloge de Coustou. Il vivait encore quand j'étais enfant; il demeurait chez mon père, et on disait en plaisantant que ce surnom de Contamine lui avait été donné pour Catonmine ou mine de Caton.   (Note de L.-T. Hérissant.)

Mémoire pour servir à une nouvelle histoire de Louis XII... (Par le comte P.-L. ROEDERER.) *Paris, F. Didot*, 1819, in-8.

Le nom de l'auteur ne se trouvant que sur l'étiquette collée au dos de chaque volume broché, les exemplaires reliés sont nécessairement anonymes. Ce volume a été réimprimé en 1825 avec le nom de l'auteur; il est suivi d'un second volume sous ce titre : « Louis XII

et François Ier, ou Mémoires pour servir à une nouvelle histoire de leur règne. »

Mémoire pour servir au rétablissement général des affaires en France.

Voy. « Détail de la France », IV, 913, f.

Mémoire pour servir dans l'instance, pendante au Conseil du Roi, entre les religieuses, abbesse et couvent de l'abbaye de Sainte-Croix, de l'ordre de Citeaux, en la ville d'Apt, défenderesses, et M. l'Evêque d'Apt, demandeur en cassation d'arrêt contradictoire du parlement de Provence, du 9 avril 1699. *S. l. n. d.*, in-4, 24 p.

Par Me LAUTHIER, dont la signature se trouve sur l'exemplaire de la Bibliothèque nationale.

Mémoire pour servir de réponse à celui de Monseigneur l'archevêque de Césarée... (Par Nic. DE BROUILLY.) *S. l.* (1727), in-4, 41 p.

Mémoire pour servir de réponse au programme de M. le baron de la Turbie sur le moyen de secourir les mouliniers dans les années de disette de soie en Piémont, illustré de notes. (Par Modeste PAROLETTI, avocat.) *Carmagnole*, 1788, in-8.

Mémoire préliminaire, sur le travail des États-Généraux, par M. D... (Jacq.-Vinc. DELACROIX). *S. l. n. d.*, in-8, 56 p.

L'auteur a publié un second Mémoire avec son nom. 16 p. in-8.

Mémoire présenté à l'Assemblée constituante, au nom des provinces de l'Angoumois, du Quercy et du Limousin. (Par l'abbé André MORELLET.) 1790, in-8.

Mémoire présenté à la députation permanente de la province de Namur par la société anonyme des terres plastiques et produits réfractaires d'Andenne, à l'appui d'une réclamation relative au droit de patente. (Par Alfred DE BROUCKERE.) *Bruxelles, Bols*, 1865, in-8, 43 p. Ul. C.

Mémoire présenté à MM. les membres de la députation du département de l'Hérault à la Chambre des députés du royaume, en 1816 à 1817. (Par J.-B.-T. BAUMES.) *Montpellier, Tournel frères*, 1817, in-8, 12 p.

Mémoire présenté au concours ouvert en 1819 pour la réorganisation du corps royal d'état-major. (Par le vicomte Maurice DU PARC.) *Lons-le-Saulnier, impr. de Gauthier* (1828), in-8, 18 p.

Le titre de départ, p. 5, porte : Sur la nécessité et les moyens d'affaiblir la puissance anglaise aux Indes orientales.

L'auteur a signé une note servant de préface, p. 3.

Mémoire présenté au conseil de la guerre, au sujet des places fortes qui doivent être démolies ou abandonnées, ou examen de cette question : Est-il avantageux au roi de France qu'il y ait des places fortes sur les frontières de ses États? (Par L.-N.-M. Carnot.) *Paris, Barrois l'aîné*, 1789, in-8, 1 feuillet de titre et 46 p.

Mémoire présenté au gouvernement belge au nom du commerce et de l'industrie de la province de Liége à l'appui du rétablissement de nos relations avec la Hollande. (Par E.-L. Renard.) *Liége, Collardin*, 1846, in-4, 64 p.

Mémoire présenté au gouvernement, concernant les dépenses d'administration municipale dans les villes qui ont vingt mille francs de revenus et au-dessus, et dont la population est au-dessous de cent mille âmes, considérées par rapport à la ville d'Auxonne. (Rédigé par C.-N. Amanton.) *Dijon, veuve Frantin*, 1803, in-8, 61 p.

Mémoire présenté au roi par les avocats au parlement de Normandie, sur les États-Généraux. *Rouen, Sfyer*, 1788, in-8, 15 p.

Ce Mémoire, signé au nom des avocats par *Ferry*, syndic, et *Legendre*, secrétaire, a été rédigé par J.-G. Thouret, membre de l'Assemblée constituante.

Mémoire présenté au roi, par Monseigneur, comte d'Artois, M. le prince de Condé, M. le duc de Bourbon, M. le duc d'Enghien et M. le prince de Conti. *S. l.* (1788), in-8, 15 p.

Rédigé par A.-J.-B. Auget, baron de Montyon, alors chancelier du comte d'Artois. Avait paru d'abord sous le titre de : « Mémoire des princes ». Voy. ci-dessus, col. 132, *f*.

Mémoire présenté au roi par son premier chirurgien (Pichaut de La Martinière), pour répondre à celui qui a été présenté à Sa Majesté par son premier médecin (Chicoyneau). *S. l.* (1748), in-4, 20 p.

Mémoire présenté par la cour souveraine de Lorraine et Barrois, pour prouver que le parlement de Metz ne peut à aucun titre ni par aucune considération demander le ressort de la cour souveraine de Lorraine et Barrois. (Par Ch.-Nic. Costen, avocat et négociant à Nancy.) *S. l.* (1766), in-4, 36 p. — Second mémoire présenté à la cour souveraine... *S. l. n. d.*, in-4, 16 p.

Mémoire présenté par la Société royale d'agriculture à l'Assemblée nationale, le 24 oct. 1789, sur les abus qui s'opposent aux progrès de l'agriculture, et sur les encouragements qu'il est nécessaire d'accorder à ce premier des arts. (Rédigé par L.-P. Abeille.) *Paris, Baudouin*, 1789, in-8, 176 p.

Mémoire que présentent à messieurs les maire et échevins de la ville de Rouen les communautés, corporations et citoyens particuliers de l'ordre du tiers-état de cette ville. (Rédigé par J.-G. Thouret.) *S. l.* (décembre 1788), in-8, 12 p.

Les communautés, etc., prient les maire et échevins de se rendre auprès du roi, pour demander : 1º que les députés du tiers état soient en égalité de nombre avec les députés des deux ordres privilégiés ; 2º qu'ils ne puissent être choisis ni parmi les nobles ni parmi les anoblis ; 3º que les trois ordres délibèrent en commun, et votent par tête dans l'assemblée des États-Généraux.

Suit un arrêté du 30 novembre, par lequel les maire et échevins adhèrent au vœu exprimé dans ledit Mémoire et chargent deux commissaires de le porter au pied du trône.

Mémoire qui indique les principaux traits de la vie de Mlle de Joncoux, et les ouvrages auxquels elle a eu quelque part. (Par Pierre Sartre, ancien prieur et docteur de Sorbonne.) *S. l. n. d.*, in-12, 48 p.

Mémoire raisonné sur l'avantage de semer du trèfle en prairies ambulantes. (Par le chevalier de Ferrand.) *Paris, Fétil*, 1769, in-12.   V. T.

Mémoire raisonné sur la conduite des cours de Vienne et de Saxe, et sur leurs desseins dangereux contre S. M. le roi de Prusse, avec les pièces originales et justificatives qui en fournissent les preuves. (Par le comte Ewald-Fréd. de Hertzberg.) *Berlin*, 1756, in-12, 120 p.

Reproduit avec le nom de l'auteur dans le « Recueil des déductions, manifestes... rédigés et publiés pour la cour de Prusse par le ministre d'État comte de Hertzberg... » *Berlin*, 1789-1795, 3 vol. in-8.

Voy. « Lettre d'un baron saxon », V, 1142, *d*.

Mémoire relatif à l'assainissement du port et du canal de la douane de Marseille, examen et comparaison de divers moyens de l'établir. (Par Armand.) *Marseille, imp. Olive*, 1842, in-4, 12 p. — *Lyon, imp. Marle*, 1843, in-4.

Mémoire relatif au projet d'une histoire générale de la province de Normandie, par des religieux bénédictins. (Rédigé par dom Jacques-Louis Le Noir.) *Rouen, Lallemant*, 1760, in-4, 14 p.

Mémoire sur Bayonne, le Labourd et le Saint-Esprit. (Par Lespès de Hureaux.) *Paris*, 1718, in-8.

Mémoire sur cette question : Quelle conduite peuvent et doivent tenir les personnes religieuses, lorsque, dans les circonstances présentes, elles sont à même de recueillir une succession? (Attribué à J.-A. Émery.) *Paris* (vers 1798 ou 1799), in-8.

C'est une époque où rien ne se faisait dans le clergé de Paris que sous l'autorité de M. Emery.

Mémoire sur cette question : Quelles sont les causes principales de l'émigration des gens de la campagne vers les grandes villes et quels seraient les moyens d'y remédier? (Par P.-Fr. Boncerf.) 1784, in-8.

Mémoire sur Démétrius de Phalère, considéré comme orateur, homme d'Etat, érudit et philosophe. (Par S.-J. Legrand et F. Tychon.) *Bruxelles*, 1852, in-4.

Extrait des « Mémoires couronnés » de l'Académie royale de Belgique.

Mémoire sur des roches coquillières trouvées à la cime des Alpes dauphinoises, et sur les colonnes d'un temple de Sérapis à Pouzzoles, près de Naples. Par M. B** (P. Barral, colonel du génie). *Grenoble*, 1813, in-8, 26 p.

Mémoire sur deux grandes obligations à remplir par les Français. *Tours*, 1809. — Mémoire sur le scandaleux désordre causé par les jeunes filles trompées et abandonnées dans un absolu dénûment. *Tours*, 1808. — Mémoire sur les moyens de prévenir les vols et les assassinats. *Tours*, 1807, 3 part. en 1 vol. gr. in-8 de 93 p.

Volume imprimé par Mame avec une pagination unique, mais avec trois titres différents et ayant chacun une date différente. Le premier titre est le seul qui ne porte pas le nom de l'auteur, Balzac, père du célèbre romancier.

Mémoire sur différents objets d'agriculture. Première partie. *Nancy, imp. de Barbier*, 1786, in-4.

Par Delisle de Moncel.

Noël dit n'avoir jamais rencontré la seconde partie. « Catalogue des collections lorraines », n° 5781.

Mémoire sur l'achèvement du Louvre, avril 1749. (Par L. Petit de Bachaumont.) *S. l. n. d.*, in-4, 4 p. — *Id.*, in-8, 8 p.

Mémoire sur l'administration des finances de l'Angleterre depuis la paix, ouvrage attribué à M. Grenville, ministre d'Etat; trad. de l'anglois (par Israël Mauduit), et

augmenté de notes. *Mayence (Paris)*, 1768, in-4.

Mémoire sur l'administration des forêts. (Par Fontayne, agent forestier à Saint-Mihiel.) *Paris, Knapen*, an IX-1801, in-8, xi et 82 p.

Mémoire sur l'agriculture. (Par de Lormoy.) 1789, in-8.

Mémoire sur l'amélioration des biens communaux, le desséchement des marais, le défrichement des terres incultes et la replantation des bois... Par C..... D. P.....(F. Cretté de Palluel), cultivateur, membre de plusieurs Sociétés... *Paris, imp. royale*, 1790, in-8.

Mémoire sur l'amélioration des domaines et bois du roi, sur les vices de l'administration actuelle, et sur les moyens d'en tirer un parti plus avantageux au profit de l'Etat, en procurant la tranquillité aux détempteurs. (Par G.-J.-B. Target.) *Berlin et Paris, Gattey*, 1788, in-8, 58 p.

Attribué à M. Fouquet par le Catalogue de la Bibliothèque nationale, d'après une note manuscrite sur un des exemplaires de cet ouvrage.

Mémoire sur l'amélioration des embouchures du Rhône. (Par A. Surell.) *Nîmes*, 1847, in-4, 3 p.   G. M.

Mémoire sur l'ancienne église de Merdrignac et la construction de la nouvelle. (Par J.-B. Souchet, chanoine curé.) *Rennes, imp. de Mlle Jausions*, 1834, in-8, 47 p.

Mémoire sur l'antiquité des zodiaques d'Esneh et de Denderah, trad. de l'anglais (de W. Drummond). *Paris*, 1822, in-8.

Catalogue Langlès, n° 573.

Mémoire sur l'appel au futur concile. (Par l'abbé Nicolas Le Gros.) 1718, in-4.

Mémoire sur l'appel d'une décision prise par la 1re section, le 12 juin 1828. A MM. les présidents et membres des 2e et 3e sections de la commission chargée de la répartition de l'indemnité affectée aux anciens colons de Saint-Domingue. *Paris, imp. de Decourchant* (1828), in-4, 9 p.

Signé à la main : Ch. Lemesle.

Mémoire sur l'application des acides gras à l'éclairage. (Par Jules de Cambacérès.) *Strasbourg, veuve Berger-Levrault* (1855), in-4, 18 p., fig.

Mémoire sur l'artillerie de marine, suivi d'un projet pour la réunion des divers corps qui sont employés à ce service en un seul qui en seroit chargé, ainsi que de la garnison habituelle des vaisseaux. *Paris, imp. de Pain* (1791), in-8, 41 p.

Une autre édition est signée : THOUVENOT, DE NOLZIER.

Mémoire sur l'éducation classique des jeunes médecins, considérée sous le seul point de vue de haute littérature et pratique médicale... Par le docteur *** (Fr.-Chr.-Flor. DE MERCY). *Paris, Cosson,* 1827, in-8, 2 f. de titre et 63 p.

Mémoire sur l'Egypte, considérée comme possession agricole, commerçante, militaire et politique. (Par MIGNONNEAU.) *Paris, Desenne,* an VI-1798, in-8. — Sec. édit. augm. An VII-1799, in-8, 74 p.

Mémoire sur l'électricité. (Par J.-B DE SECONDAT.) *Paris, veuve David,* 1746, in-8.

Mémoire sur l'emploi des petites armes dans la défense des places. (Par VILLENEUVE, capitaine du génie.) *Paris, imp. de Fain,* 1827, in-8.

Mémoire sur l'emploi du gluten dans la fabrication économique du pain. (Par Victor AUDRAIN.) *Nantes, A. Guéraud, s. d.,* in-4, 4 p.

Mémoire sur l'entrepôt de Metz. (Par M. PÉLICIER.) *Metz, Verronnais,* 1833, in-4.

Mémoire sur l'espèce de gouvernement établi à Berne le 25 décembre 1813. (Par le général Frédéric-César DE LA HARPE, l'ancien instituteur de l'empereur de Russie, Alexandre Ier.) *Paris,* 1814, in-8.

               D. M.

Mémoire sur l'établissement d'un commissariat d'amélioration et sur les avantages qui résulteraient de la vente de toutes les landes du royaume... par l'auteur des « Projets de fortune offerts aux capitalistes. » (le capitaine PEYROUX DE LA COUDRENIÈRE). *Nantes, imp. de Hérault,* 1827, in-8, 16 p.

Mémoire sur l'établissement de compagnies qui assureront en maladie des secours, etc., moyennant une petite somme par an ou par mois. (Par C.-H. PIARRON DE CHAMOUSSET.) In-12.

Mémoire sur l'établissement de la taille proportionnelle. (Par Charles-Irénée CASTEL, abbé de Saint-Pierre.) *S. l. n. d.,* in-4.

Mémoire sur l'établissement des fontaines publiques d'Amiens. (Par le P. André FERY, minime.) 1749, in-4.

Le même auteur fit paraître en 1750 un « Mémoire sur l'établissement des fontaines publiques de Dôle ».

Mémoire sur l'établissement des Jésuites en France. (Par le P. H. GRIFFET.) *Rennes, Vatar,* 1762, in-8.

La seconde édition contient une troisième partie.
Voy. ci-dessus, col. 127, *c,* « Mémoire concernant l'Institut... », et ci-après, « Mémoire sur l'Institut... »

Mémoire sur l'état actuel de l'Allemagne, par M. DE S.... (A. DE STOURDZA), conseiller d'Etat de S. M. I. de toutes les Russies. *Paris, imp. de Smith,* 1818, in-8, 66 p. — *Aix-la-Chapelle,* 1818, in-8.

Tiré à 50 exemplaires.
Will.-J. Krug a publié : « l'Etat actuel de l'Allemagne, ou examen et réponse au Mémoire... » *Leipsick,* 1819, in-8.

Mémoire sur l'état de la ville de Metz et les droits de ses évêques avant l'heureux retour des Trois-Évêchés sous la domination de nos rois. (Par Nic.-Fr. LANÇON, maître échevin de Metz.) *Metz, imp. de F. Antoine,* 1737, in-fol., 14 p.

Mémoire sur l'état religieux et sur la commission établie pour les réguliers. (Par l'abbé Claude MEY.) *S. l. n. d.,* in-12.

Cette commission était composée de MM. de Brienne, archevêque de Toulouse ; de Boisgelin, archevêque d'Aix, et de Marbeuf, évêque d'Autun.

Mémoire sur l'examen de cette question : Comment et par qui l'autorité administrative militaire doit-elle être exercée dans un ordre de choses régulier ? *Paris, Magimel,* août 1816, in-4.

Des exemplaires datés d'octobre 1816 portent : Par M. VOLLAND, commissaire ordonnateur des guerres.

Mémoire sur l'huile de Petrole en général, et particulièrement sur celle de Gubian. (Par J. BOUILLET.) *Beziers,* 1752, in-4, 20 p.

Mémoire sur l'importance et l'organisation des écoles moyennes. (Par Germain RAINGO.) *Mons, Hoyois* (1826), in-8, 12 p.
               J. D.

Mémoire sur l'institut et la doctrine des Jésuites. (Par le père H. GRIFFET.) *Rennes, N.-Paul Vatar* (vers 1763), in-8, 208 p.

Voy. ci-dessus, « Mémoire concernant l'Institut... », col. 127, *c,* et « Mémoire sur l'établissement... »

Mémoire sur l'institution des bureaux des finances et l'utilité de leurs fonctions. (Rédigé par P.-L. LACRETELLE aîné.) *S. l.,* 1789, in-8.

Mémoire sur l'obligation dans laquelle sont tous les prêtres d'administrer les sacremens. (Par DORIGNY, avocat, mort le 9 août 1765.) *S. l.* (vers 1755), in-8.

Mémoire sur l'observation des longitudes en mer. Publié par ordre du roi. (Par DE CHARNIÈRES.) *Paris, imp. royale.* 1767, in-8, 1 f. de tit., XVI-112 p. et 3 planches.

Le nom de l'auteur se trouve dans l'approbation de l'Académie des sciences.

Mémoire sur l'organisation de la caisse de l'extraordinaire. (Par AMELOT, commissaire du roi.) *S. l. n. d.*, in-8, 16 p.

Mémoire sur l'organisation de la force militaire de la France. (Par BALLIET.) *Dijon, Frantin*, 1828, in-8, xij-162 p.

Mémoire sur l'origine de l'abbaye de Saint-Victor en Caux. (Par F.-C. TERISSE.) (*Rouen*), 1742, in-4.

Les notes qui se trouvent au bas des pages sont de J. SAAS.

Mémoire sur l'Université. (Par l'abbé C.-R. LIAUTARD.) *Paris*, 1814, in-8, 1 f. de tit. et 49 p. — *Lyon, Girard et Guyet*, 1845, in-8, 32 p.

Mémoire sur l'usage œconomique du digesteur Papin. Donné au public par la Société des belles-lettres, sciences et arts de Clermont-Ferrand. Par M*** (Franç.-Guill. QUÉRIAU), avocat, ancien secrét. de la même société et auteur des « Ouvertures de paix universelle ». *Clermont-Ferrand, Viallanes*, 1761, in-8, 43 p.

Mémoire sur l'utilité des histoires particulières des provinces et sur la manière de les écrire. (Par l'abbé Nic. BAUDEAU.) *Paris, Lambert*, 1759, in-8, 57 p.

Mémoire sur la canalisation de la Sambre. (Par Remy DE PUYDT.) *Bruxelles*, 1834, in-4, avec cartes.   J. D.

Mémoire sur la canonicité de l'institut de Saint-Dominique, etc. (Par le P. Pierre JACOB.) *Beziers, Barbut, et Paris, de Bure*, 1750, in-12.

Mémoire sur la carrière militaire et politique de M. le comte de Boigne... Publié par ordre de la Société royale académique de Savoye. (Par G.-M. RAYMOND.) *Chambéri, Rettil*, 1829, in-8, 150 p.

Mémoire sur la cause des évêques qui ont distingué le fait du droit. (Par Pierre NICOLE.) *S. l.* (1666), in-4, 6 p. — Second mémoire... *S. l. n. d.*, in-4, 13 p. — Troisième mémoire... *S. l. n. d.*, in-4, 6 p. — Quatrième mémoire... *S. l. n. d.*, in-4, 15 p.

Mémoire sur la cause des tremblemens

de terre. (Par A.-L. THOMAS.) *Lyon*, 1758, in-12.

Mémoire sur la chorée épidémique du moyen âge. (Par HECKER.) *Paris* (1836), in-8, 80 p.

Extr. des « Annales d'hygiène publique ». Trad. par Ferd. DUBOIS, suivant Choulant.

Mémoire sur la colonie de la Guiane française et sur les avantages politiques et commerciaux de sa possession. *Paris, Charles*, an XII-1803, in-8, 67 p.

De nouveaux titres portent : ...Rédigé sur les notes d'un colon (VIDAL) par P.-F.-F.-J. GIRAUD. *Ibid.*, id., an XII-1804.

Mémoire sur la colonisation de l'Algérie, par le duc DE D*** (le duc DE DINO)... *Paris, imp. de Rignoux*, 1847, in-8, 40 p.

Mémoire sur la concession de la plaine anciennement forêt de Bièvre. (Par M.-O. DOUDART DE LAGRÉE.) *Grenoble, impr. roy.*, 1780, in-4, XXVIII-580 p.

Mémoire sur la conduite de la France et de l'Angleterre à l'égard des neutres. (Par C.-L. LESUR.) *Paris, impr. impér., chez A. Galland*, 1810, in-8.

Cet ouvrage avait d'abord été attribué par erreur à ANDRÉ D'ARBELLES.

Mémoire sur la constitution actuelle des fermes du roi, pour la perception des droits sur le sel, sur le tabac, sur l'entrée, la sortie et la circulation des marchandises. (Par Errard DE L'ISLE, seigneur DE BRAINVILLE, D'HARCOURT et DE MALAINCOURT et non DE BRUIN, comme on le dit dans la précédente édition.) *S. l.*, 1782, in-12.

Le 22 juin 1782, Errard de l'Isle envoie cet ouvrage à son beau-frère, Dominique-Louis d'Arbois de Jubainville, et lui dit : « Je vous envoye, mon cher ami, mon Mémoire sur les fermes générales du roi ; quelques personnes le trouvent bon ; j'espère qu'il fera sensation dans les tems avenir, car pour le présent il n'y a pas d'apparence ; je vous prie de le lire au moins trois fois. »

Mémoire sur la constitution politique de la ville et cité de Périgueux... (Signé : Me MOREAU DE VORMES, avocat.) — Recueil de titres et autres pièces justificatives employés dans le « Mémoire... » *Paris, imp. de Quillau*, 1775, le tout en 1 vol. in-4.

D'après une note manuscrite de Chérin, « ce Mémoire a été rédigé par M. MOREAU (Jacob-Nicolas), sur le travail de M. SUDRAT (Pierre DE LAUBANIE, seigneur DE), député de la ville de Périgueux. »

Mémoire sur la construction des chemins publics et les moyens de les exécuter, couronné par la Société littéraire de Châlons en 1779, par M. L. (LECREULX), ingénieur en chef des p.... et ch.... *En France*, 1782, in-8.

Mémoire sur la culture du sainfoin et ses avantages dans la haute Champagne, par M*** (A.-G.-N. DE FRANCE DE VAUGENCY). *Chalons, Seneuze*, in-8, 40 p. — *Amsterdam*, 1764, in-12, IV-58 p. — *Paris, Meurant*, an VI-1797, in-12, 120 p.

Mémoire sur la déesse Vénus, auquel l'Académie royale des Inscriptions et Belles-Lettres a adjugé le prix de la Saint-Martin 1775, par M. LARCHER, avec un huitième index par un ami de l'auteur (l'abbé Gaspard MICHEL, dit LE BLOND). *Paris, Valade*, 1776, in-12, fig.

Larcher ayant inséré dans son ouvrage sept index différens, l'abbé LE BLOND eut l'idée d'en ajouter un huitième, qu'il intitula : « Drôleries éparses de côté et d'autre dans ce volume ». Ce huitième index a été imprimé deux fois. La seconde édition, plus ample que la première, commence à la p. 357 et finit à la p. 376 inclusivement.

Mémoire sur la défense de la France par les places fortes concurremment avec l'action des armées, par M. C*** (Henri COURNAULT et non COURNEAUX, officier supérieur). *Paris, imp. de P. Didot l'aîné*, 1820, in-8.

Mémoire sur la défense des côtes. (Par le général CARBONNIER, baron D'ARLÈS.) *Moscva*, 1808, in-8.

Mémoire sur la déportation des forçats, présenté en 1828 à Son Excellence le ministre de la marine et des colonies. Par M*** (Ch. DE MORTEMART DE BOISSE), lieutenant de vaisseau. *Le Havre, imp. de Faure*, 1840, in-8, 61 p.

Mémoire sur la description géographique et historique du Languedoc. (Par dom Fr.-Nic. BOUROTTE.) 1759, in-4.

Mémoire sur la diminution du traitement affecté aux membres de la Légion d'honneur, comparé à la dotation de l'ex-sénat, de la Chambre des pairs et des chevaliers de Saint-Louis. (Par le chevalier POULET.) *Paris, Lhuillier*, 1818, in-8, 28 p.

Signé : Par un Officier supérieur d'état-major général.

Mémoire sur la division du département d'Angoulême en districts. (Par M. ROY, avocat, député du tiers-état d'Angoulême aux états généraux.) *S. l.* (1790), in-8, 15 p.

Mémoire sur la fabrication des eaux-de-vie de sucre et particulièrement sur celle de la guildive et du tafia, avec des appendices sur le vin de cannes et sur la fabrication du sucre. (Par Joseph-François DE CHARPENTIER-COSSIGNY.) *Ile-de-France, imp. royale*, 1781-1782, 2 vol. in-4.
D. M.

Mémoire sur la fortification perpendiculaire, par plusieurs officiers du corps royal du génie. *Paris, Nyon*, 1786, in-4, av. pl.

Cet ouvrage, annoncé comme ayant été rédigé par plusieurs officiers du génie, avait effectivement pour auteur Ch.-Ric. FOURCROY DE RAMECOURT, qui fut aidé dans son travail par le major GRANIER, en retraite depuis longtemps, et par DE FRANCHEVILLE, officier beaucoup plus jeune, qui fut chargé des calculs et des dessins.
D. M.

Mémoire sur la génération des animaux à bourse, pour servir de supplément à l'instruction rédigée par les professeurs du Muséum d'histoire naturelle, administrateurs du jardin du roi, et destinée aux voyageurs naturalistes. (Par GEOFFROY SAINT-HILAIRE.) *Paris, imp. Tastu*, 1824, in-8.

Mémoire sur la guerre de 1756. (Par F.-F. DE LANNOY.) In-4.

Mémoire sur la Hollande, sur sa population, son commerce, son esprit public, etc. (Attribué à M. le comte D.-J. GARAT.) *Paris*, 1805, in-8.

Mémoire sur la jurisprudence consulaire. (Par SAVOYE, négociant.) *Paris*, 1769, in-4.

Mémoire sur la libération des finances. (Par le baron D'OGILVY.) 1761, in-12.

Mémoire sur la liberté de l'exportation et de l'importation des grains. (Par LE MOYNE DE BELLE-ISLE, secrétaire des commandements du duc d'Orléans.) (1764), in-12, 40 p.

Mémoire sur la liberté de la presse, suivi de quelques autres mémoires concernant la librairie. (Par Dieudonné THIÉBAULT.) *S. l.* (1789), in-8, 124 p.

Dans l'avertissement, l'auteur dit qu'il publie ce que des circonstances particulières l'ont mis à portée de connaître. On lit, à la page 124, en *nota* : Les autres Mémoires destinés à suivre celui-ci sont sous presse.

Mémoire sur la Lorraine et le Barrois, suivi de la table alphabétique et topographique des lieux. (Par D.-Nic. DURIVAL.) *Nancy, Henry Thomas*, 1753, in-4.

Mémoire sur la maladie épidémique qui a régné à Meyrueis et ses environs, présenté à M. le vicomte de Saint-Priest, in-

tendant de la province de Languedoc, le
3 septembre 1768. (Par TANDON.) *Mont-*
pellier, A.-F. Rochard, 1769, in-8.

Mémoire sur la marine, ou idées générales d'une constitution pour toutes les
branches de ce département.... (Par Daniel LESCALIER.) *Paris, Clousier*, 1790,
in-4, 2 ff. de tit., IV-82 p. — *Paris, imp. de*
Baudelot et Eberhart, an VIII, in-8, XXIX-
68 p. et 2 ff. de table.

Mémoire sur la meilleure manière d'é-
clairer pendant la nuit les rues de Paris.
(Par BAILLY.) (*Paris*). *Gueffier* (*s. d.*),
in-4, 8 p.

Le permis d'imprimer est du 13 mars 1766.

Mémoire sur la meilleure manière de
construire les alambics et fourneaux propres à la distillation des vins pour en tirer
les eaux-de-vie. (Par Ant. BAUMÉ.) *S. l.*
(1778), in-8.

Mémoire sur la mer Caspienne. (Par
J.-B. BOURGUIGNON D'ANVILLE.) *Paris*,
imp. roy., 1777, in-4, 18 p. avec une
carte.

Imprimé d'abord dans le « Recueil de l'Académie
des sciences », mais sans la carte.

Mémoire sur la nature et l'autorité des
assemblées du clergé de France. (Par
Gab.-Nic. MAULTROT.) *S. l. n. d.*,
in-12.

Mémoire sur la navigation dans la mer
du Nord, depuis le 63e degré de latitude
vers le pôle, et depuis le 10e au 100e degré de longitude, avec une nouvelle carte
sur cette étendue, par M. le B. E. (le
bailli Sam. ENGEL). *Berne, F.-S. Fetsche-*
rin, 1779, in-4, 2 ff. lim., 28 p., 1 f.
d'errata et 1 carte.

L'auteur a publié, avec son nom, un supplément à
ce Mémoire, intitulé : « Remarques sur la partie de la
relation du voyage du capitaine Cook, qui concerne le
détroit entre l'Asie et l'Amérique, dans une lettre
adressée à M. D*** par le Baillif ENGEL ; traduite de
l'allemand et augmentée, pouvant servir de suite au
Mémoire du même auteur de 1779. Avec une carte
dressée avec soin. » *Berne, imp. F.-S. Fetscherin*,
1781, in-4, 1 f. de tit., 26 p. et 1 carte.

Mémoire sur la navigation intérieure du
Berri, par un des membres de l'administration provinciale de cette généralité, lu
à l'Assemblée de 1780 et inséré au procès-verbal de ses séances. (Par le duc DE
CHAROST.) *S. l.*, 1781, in-4, 29 p. et une
carte.

Mémoire sur la nécessité à l'Hôtel-Dieu
de Nantes de recevoir tous les enfants

trouvés... (Par B. RICHARD-DUPLESSIS.)
S. l. (*Nantes*), 1757, in-8, 22 p.

Catalogue de Nantes, n° 5558.

Mémoire sur la nécessité d'établir dans
Paris une maison d'instruction pour former des maîtres, et quelques collèges pour
les basses classes.(Par F.-D. RIVARD.) (Vers
1762), in-12, 28 p.

Mémoire sur la nécessité d'un tribunal
de commerce dans la ville de Vimoutiers.
(Par Louis DU BOIS.) *Alençon*, 1820, in-8.

Mémoire sur la nécessité de conserver
les haras, particulièrement dans la Normandie. (Par P.-J. MALPART.) *Alençon*,
1790, in-4.

Mémoire sur la nécessité de diminuer le
nombre des fêtes. (Par L.-E. ARCÈRE, de
l'Oratoire.) 1763, in-12.

Mémoire sur la nécessité de diminuer
le nombre et de changer le système des
maisons religieuses. (Par le P. L.-E. AR-
CÈRE, de l'Oratoire.) *S. l.*, 1755, in-12,
26 p.

Un anonyme a publié : « Réponse au Mémoire...
etc. », in-12, 51 p.

Mémoire sur la nécessité de fonder une
école pour former des maîtres, suivant le
plan d'éducation donné par le parlement
de Paris. (Par l'abbé PELLICIER.) 1762,
in-12.

Ce Mémoire a été suivi de trois autres.

Mémoire sur la nécessité de rendre
l'existence à un commerce de sel nommé
commerce de la troque. (Par le comte
Cl.-L.-G.-Donatien DE SESMAISONS.)*Paris*,
1814, in-4, 24 p.

Mémoire sur la nécessité de transférer
et reconstruire l'Hôtel-Dieu de Paris (par
C.-P. COQUÉAU, architecte), suivi d'un Projet de translation de cet hôpital, proposé
par le sieur POYET, architecte... *S. l.*,
1785, in-4, 1 f. de tit., 44 p. et 3 pl.

Il faut joindre à cet ouvrage une brochure intitulée :
« Relevé des principales erreurs contenues dans le Mémoire relatif à la translation de l'Hôtel-Dieu... », *s. l.*,
1785, in-4, 15 p., et une réponse de Coquéau à cette
brochure, intitulée : « Supplément au Mémoire sur la
nécessité de transférer l'Hôtel-Dieu de Paris, ou analyse du Relevé des principales erreurs contenues dans
cet ouvrage. » *Paris, Desenne*, 1786, in-4, 63 p.

Mémoire sur la nécessité et la manière
de faire des bassins où l'on pourrait construire et remiser tous nos vaisseaux de
guerre, pendant la paix, pour en prolonger
la durée. (Par MORNINVILLE.) *Imp. de la*
veuve Delaguette (*Paris*, 1790), in-8, 19 p.

Mémoire sur la noblesse et les moyens de la relever, par le président de l'Académie archéologique de Belgique (Joseph-Romain-Louis Kirckhoff). 2ᵉ édition. *Anvers, Decort*, 1844, in-8. — 3ᵉ édition. *Ibidem*, 1848, in-8.

La première édition, publiée en 1844, porte le nom de l'auteur.   J. D.

Mémoire sur la pacification de la Vendée, par un habitant du pays (Hullin). *Angers, Jahyer et Geslin*, an IV-1796, in-8.

Mémoire sur la pénurie des finances, par un anti-financier. *Rouen, imp. de la Soc. typographique*, an IV, in-8, 39 p.

Une note sur l'exemplaire de la Bibliothèque nationale porte : Fait à Rouen, le 15 pluviôse, et adressé aux deux Chambres et au Directoire exécutif, le 8 ventôse an IV de la République. Signé : Ribart, capitaine du génie en chef.

Mémoire sur la population, dans lequel on indique le moyen de la rétablir et de se procurer un corps militaire toujours subsistant et peuplant. (Par Cerfvol.) *Londres (Paris)*, 1768, in-8, 115 p.

Reproduit en 1770, à la suite du « Parloir de l'abbaye de ***... »

Mémoire sur la possibilité de mettre les établissements français de la côte septentrionale de l'Afrique en rapport avec ceux de la côte occidentale, en leur donnant, pour point de raccord, la ville centrale et commerciale de Tumbuctou. *Paris, Porthmann, imp.*, 1839, in-8, 60 p.

Reproduit la même année avec une préface signée de l'auteur, M. Augier La Sauzaye.

Mémoire sur la pratique du semoir. (Par Thomé.) 1760, in-12.

L'année suivante, l'auteur publia un second Mémoire sur le même sujet.

Mémoire sur la question relative aux vivres des troupes de terre. Par un ancien munitionnaire (Dampierre de La Salle). *S. l.*, 1790, in-8, IV-172 p.

Mémoire sur la race canine, par Toffoli, trad. par A. R. (Ant. Raikem). *Bruxelles*, 1843, in-8.

Mémoire sur la réformation des finances. *Paris*, 1787, in-8, 1 f. de tit. et 116 p.

On lit au verso du titre : Signé Cl. de B. C. D. R. E. S. C. M. O. E. S. C. D. C. (Ath.-Alex. Clément de Boissy, conseiller du roi en ses conseils, maître ordinaire en sa chambre des comptes). Ce 19 mai 1787.

Mémoire sur la réunion de l'artillerie et du génie, adressé au premier consul de la république française. *Paris, Duprat*, an IX-1800, in-8.

Signé : A.-A. (le général P.-A.-J. Allent).

Mémoire sur la révolution d'Avignon et du Comtat Venaissin. (Par Passery.) *S. l.*, 1793, 2 vol. in-4.

Mémoire sur la route de Rouen à Falaise à ouvrir par la ville de Vimoutiers, de préférence au bourg de Livarot. (Par Louis du Bois.) *Alençon*, 1820, in-8.

Mémoire sur la situation des catholiques dans les Pays-Bas, depuis leur émancipation en 1789, jusqu'à nos jours, par un électeur hollandais. (Attribué à de Cramer.) *Bruxelles, Greuse*, 1849, in-12.
Ul. C.

Mémoire sur la solution de la question suivante, proposée en 1802 par l'Académie de Dijon : « Les fièvres catarrhales deviennent aujourd'hui plus fréquentes qu'elles ne l'ont jamais été... » (Par G.-G. Lafont-Gouzi.) *Toulouse, imp. de Bellegarique*, 1803, in-12.

L'auteur a signé la dédicace.

Mémoire sur la spiritualité de l'âme. (Par Faure, professeur au collège de Gap.) *Paris, A. Leclere*, 1828, in-8.   D. M.

Mémoire sur la suppression de la mendicité en la ville de Gand. (Par P.-J. de Smet.) *Gand, Fernand*, 1817, in-8, 16 p.
J. D.

Mémoire sur la terre et seigneurie de Fenestrange. (Par de Bermann.) 1763, in-8.

Mémoire sur la trigonométrie sphérique et son application à la confection des cartes, par un officier de l'état-major de l'armée du Rhin (Delangle). *Paris, Duprat*, an IX-1801, in-8, 44 p. av. 2 cartes.

Mémoire sur la vertu répulsive du feu, considéré comme agent principal de la nature, et application de ce principe à la formation des vapeurs, à leur élévation, et à quelques-uns des principaux phénomènes qui en résultent. Par M. D. M. (de Montesson). *Paris, Quillau*, 1783, in-8, 50 p.

Mémoire sur la vie de M. de Pibrac (par C.-J. de Lespine de Grainville, augmenté par l'abbé P.-J. Sépher), avec les pièces justificatives, ses lettres amoureuses et ses quatrains. *Amsterdam, M.-M. Rey (Paris)*, 1758, 1761, in-12.

Mémoire sur la vie de M. l'abbé Gédoyn... (Par PETIT DE BACHAUMONT.) *S. l.*, 1752, in-12.

Publié d'abord dans le « Mercure » de janvier 1745, cet écrit a été-reproduit en tête des « Œuvres diverses de l'abbé Gédoyn », publiées par l'abbé Joseph THOULIER D'OLIVET. C'est là ce qui explique l'erreur du P. Lelong et de l'abbé Goujet, qui attribuent ce Mémoire à l'abbé D'OLIVET. Voy. « Œuvres diverses de M. l'abbé Gédoyn ».

Mémoire sur la vie et la puissance d'Ali-Pacha, visir de Janina. (Par F.-C.-H.-L. POUQUEVILLE, ancien consul.) *Paris, Delaunay*, 1820, in-8, 50 p.

Mémoire sur la vie et les ouvrages de feu M. l'abbé François-Philippe Mésenguy... (Par l'abbé Claude LEQUEUX.) *S. l.*, 1763, in-12.

Avait paru d'abord en tête du Catalogue des livres de feu Mesenguy, publié la même année.

Mémoire sur la vie et les ouvrages de M. Besoigne. (Par L.-E. RONDET.) *S. l.*, 1763, in-8, 16 p.

Avait paru d'abord en tête du Catalogue des livres de M. Besoigne.
Les exemplaires imprimés séparément contiennent des corrections et des augmentations.

Mémoire sur la vie et les ouvrages de P. Palliot. (Par Jean-Bernard MICHAULT.) *S. l. n. d. (Dijon*, 1699), in-12.

Mémoire sur la vie et les vertus de feu Mᵐᵉ la princesse électorale Louise, palatine de Bavière, 24ᵉ abbesse de l'abbaye royale de Maubuisson. (Par Cl.-Ch. GENEST.) *Paris, T. Guillain*, 1709, in-12.

Mémoire sur la ville souterraine découverte au pied du mont Vésuve. (Par MOUSSINOT.) *Paris*, 1748, in-8.

Mémoire sur le calendrier arabe avant l'islamisme et sur la naissance et l'âge du prophète Mohammed, par Mahmoud EFFENDI, astronome égyptien. (Traduit en français, par Edme-François JOMARD.) *Paris, imp. impériale*, 1858, in-8.

                                           D. M.

Mémoire sur le canal de Bourgogne, qui a remporté le prix de l'Académie de Dijon en 1763. (*Paris, impr. de Desprez*), 1764, in-8, 58 p.

La dédicace au prince de Condé est signée : Thomas DEMOREY.

Mémoire sur le canal de jonction de la Meuse à la Moselle dans le Luxembourg, par un ingénieur (Remy DEPUYDT). *Mons, Hoyois-Derely*, 1831, in-4, 93 p.

                                           J. D.

Mémoire sur le canal de jonction de la Sambre à la Meuse, de Châlons à Toul, rédigé par un ingénieur des ponts et chaussées (Jos. CORDIER). *Paris, Gœury*, 1828, in-8.

Mémoire sur le catéchisme de Sens. (Par l'abbé GOURLIN.) 1742-1755, 3 vol. in-4.

Mémoire sur le choléra, par L. B. M. (L.-B. MALAISE, docteur en médecine). *Liége*, 1832, in-12, 11 p.

Mémoire sur le commerce de la France et de ses colonies. (Par DE TOLOSAN, intendant du commerce.) *Paris, Moutard*, 1789, in-4.

Le négociant de qui on parle dans l'avertissement se nommait BÉCHET.

Mémoire sur le comte de Bonneval, par le prince DE LIGNE, suivi des lettres de la comtesse DE BONNEVAL à son mari, etc.; nouvelle édition, revue, corrigée et augmentée (par Ant.-Alex. BARBIER). *Paris, Salmon*, 1817, in-8.

Voy. sur le comte de Bonneval une Notice de Sainte-Beuve, « Causeries du lundi », tome V, p. 397-405.

Mémoire sur le Conservatoire de musique et les écoles de chant. (Par N.-E. FRAMÉRY.) *Paris*, 1795, in-12.   V. T.

Mémoire sur le cours de l'Araxe et du Cyrus. (Par G.-E.-J. GUILHEM DE CLERMONT-LODÈVE, baron DE SAINTE-CROIX.) *S. l. n. d.*, in-4, 66 p. et 1 pl.

Mémoire sur le délibéré prononcé dans la cause du S. Roch-Jos. Adamoli contre MM. de l'Académie des sciences, belles-lettres et arts de Lyon. (Par Pierre-Suzanne DESCHAMPS.) *Lyon, Faucheux, s. d.*, in-8, 35 p.

Mémoire sur le dieu Moritasgus et l'inscription trouvée en 1652 parmi les ruines d'Alise... par C. H. M. D. C. (Charles-Hippolyte MAILLARD DE CHAMBURE). *Saumur, Berry et Lereuil*, 1822, in-8, 20 p.

Mémoire sur le figuré du terrain dans les cartes topographiques. *Paris, J. Didot aîné, s. d.*, in-8, 52 p.

Signé : le général H. (F.-N.-B. HAXO). Cet ouvrage n'a pas été mis en vente.

Mémoire sur le Guatemala, avec une carte. (Par le colonel DE PUYDT.) *Bruxelles, librairie polytechnique*, 1841, in-8.

                                           J. D.

Mémoire sur le Guatemala et la coloni-

sation du département de Vera-Paz., Amérique du Centre. (Par OBERT, fabricant de tissus.) *Bruxelles, Lesigne,* 1840. in-8, 34 p.
                    J. D.

Mémoire sur le Louvre, novembre 1789. (Par L. PETIT DE BACHAUMONT.) *S. l. n. d.,* in-8, 15 p.

Voy. ci-dessus « Mémoires sur l'achèvement du Louvre », col. 153 *f*, et ci-après « Premier Mémoire... »

Mémoire sur le magnétisme animal, présenté à l'Académie de Berlin en 1818. *Paris, Baudouin,* 1818, in-8, 49 p.

Attribué à CHARDEL, le magistrat.
                    A. Dureau.

Mémoire sur le mariage des protestans, en 1785. (Par Guil. DE LAMOIGNON DE MALESHERBES.) *S. l. n d.,* in-8. — Second mémoire... (Par le même.) *Londres,* 1787, in-8.

Attribué par M. de Manne à JOLY DE FLEURY, ancien procureur général au Parlement de Paris.

Mémoire sur le patronage et sur les droits vulgairement nommés honorifiques des patrons et hauts-justiciers. (Par Louis RONDELLE DE FÉRANVILLE.) *Paris, Hérissant,* 1768, in-8.

Note manuscrite.

Mémoire sur le pays des Cafres et la terre de Nuyts. (Par Jean-Pierre PURRY.) *Amsterdam, Humbert,* 1718, in-12.

Il y a deux Mémoires, l'un de 83 et l'autre de 77 p.

Mémoire sur le plus ancien monastère des Gaules et sur l'état actuel de l'église de Liguçé. (Par M. l'abbé A. COUSSEAU.) *Poitiers, imp. de Saurin* (1840), in-8, 48 p. et 1 pl.

Extrait des « Mémoires de la Société des antiquaires de l'Ouest ».

Mémoire sur le projet de détruire les corps religieux. (Attribué au P. Bern. LAMBERT.) *Paris, veuve Desaint,* 1789, in-8, 47 p.

Signé : F. Ch. GRAND-JEAN..., F. Jos. FAITOT. F. Élie CHRISTOPHE..., F. Louis BREYMAND.

Mémoire sur le projet soumis au concours pour le monument à élever sur l'emplacement de la Magdelaine avec cette devise : *Arma virumque cano.* (Par BONFIN, architecte à Bordeaux.) *Bordeaux, Pinard,* 1807, in-4.

Mémoire sur le rang que tiennent les églises cathédrales dans l'ordre hiérarchique. (Par Edme MOREAU, chanoine de la

cathédrale d'Auxerre.) *Auxerre*, 1780, in-12, 125 p.

Mémoire sur le refus des sacremens à la mort, qu'on fait à ceux qui n'acceptent pas la constitution... (Par G.-N. MAULTROT.) *S. l.,* 1750, in-12, XII-69 p.

Catalogue manuscrit de l'abbé Goujet.
Attribué à l'abbé L.-G. GUÉRET par une note manuscrite contemporaine.

Mémoire sur le régime établi en Espagne dans les troupeaux de mérinos et sur les moyens d'améliorations convenables aux provinces méridionales de la Russie. (Par Guill. ROUVIER.) *Saint-Pétersbourg, Pluchard,* 1811, in-8.

L'auteur, né à Marseille en 1760, d'une famille d'origine italienne, fut obligé de quitter Toulon lors du siége de cette ville. Il passa en Espagne, quitta ce pays devant les armées françaises, voyagea en Orient et vint enfin s'établir en Crimée, puis de temps après, il se rendit à Saint-Pétersbourg. L'Empereur Alexandre lui confia une frégate pour aller chercher des béliers espagnols.

A son retour, l'Empereur lui concéda des terres en Crimée et lui avança de l'argent pour former un établissement dans ce pays ; il fut aussi attaché à la commission des lois.

Rouvier mourut à Saint-Pétersbourg en 1815. Ses propriétés en Crimée furent partagées entre ses trois gendres, MM. Vassal, Mari ou Marti et le général Pottier, Français au service de la Russie.

Rouvier avait, paraît-il, une grande facilité de versification, et plusieurs recueils périodiques contiennent de ses vers ; je ne connais de lui que les « Stances sur l'invasion de Buonaparte ». (Voy. ce titre.)
                    A. L.

Mémoire sur le repeuplement, l'augmentation et la conservation à venir des bois dans les départemens de la Meurthe, Moselle, Aisne, Meuse, Marne, etc. (Par DELISLE DE MONCEL.) *Nancy,* 1791, in-8.
                    V. T.

Mémoire sur le rétablissement des finances. (Par le chevalier A.-J.-U. HENNET.) *Paris, Delaunay,* 1814, in-8.

Mémoire sur le rétablissement des haras, présenté au premier consul et au ministre de l'intérieur, le 1er floréal an VIII. (Par le général SERVES-DEGRAS.) *Paris, imp. de Demonville,* in-4, 16 p.

Catalogue Huzard, III, n° 4171.

Mémoire sur le roi de Prusse Frédéric le Grand, par Mgr le P. DE L**** (le prince C.-J. DE LIGNE). *Berlin, J.-F. Unger,* 1789, gr. in-8, 56 p.

Mémoire sur le système à adopter pour une nouvelle administration. Octobre 1827. (Par le comte Hugues-Bernard MARET, duc

DE BASSANO.) *Paris, Fain,* 1830, in-8, 32 p.

L'auteur a signé, page 10.   D. M.

Mémoire sur les abus à réformer. (Par DE LA POTONIÈRE.) *S. l.* (vers 1788), in-8, 12 p.

Mémoire sur les abus dans les mariages, et sur le moyen possible de les prévenir. (Par l'abbé Th.-J. PICHON.) *Amsterdam et Paris, Vente,* 1766, in-12.

Mémoire sur les abus du célibat dans l'ordre politique, et sur le moyen possible de les réprimer, par l'auteur de la « Physique de l'histoire » (l'abbé Th.-J. PICHON). *Amsterdam,* 1765, in-12, 58 p.

Mémoire sur les affaires d'Italie, adressé à la diplomatie européenne. (Par REINTJENS.) *Bruxelles, Flatau,* 1859, in-8, 215 p.
                                              J. D.

Mémoire sur les anciens adjoints provisoires aux commissaires des guerres, licenciés par l'ordonnance du 29 juillet 1817... Par J. N..L. (J. NOEL), ancien adjoint provisoire aux commissaires des guerres. *Strasbourg, imp. de G.-L. Schuler* (1819), in-4.

Mémoire sur les antiquités, monuments et curiosités qui existent dans l'église cathédrale d'Aix, sous le titre de Saint-Sauveur. (Par Jules-Antoine-Alphonse FAURIS DE SAINT-VINCENS fils, président à la cour royale d'Aix.) *Aix, imp. d'A. Pontier,* 1818, in-8, 19 p.

Publié comme supplément à la « Description des antiquités, monuments et curiosités... d'Aix... » Voy. IV, 898, d.

Mémoire sur les appels des jugemens ecclésiastiques. (Par l'abbé Nic. PETITPIED.) 1717, in-12.

Mémoire sur les avantages de la mouture économique et du commerce de France, par M. B. (E. BÉGUILLET), de la Société d'agriculture de Lyon. *Dijon, Frantin,* 1769, in-8.   D. M.

Mémoire sur les avantages qui résulteraient de la cession à forfait ou en location de la main-d'œuvre dans les dépôts de mendicité. (Par F.-S. BULENS.) *Bruxelles,* 1844, in-8, 28 p.   J. D.

Mémoire sur les bleds, avec un projet d'édit pour maintenir en tout temps la valeur des grains à un prix convenable au vendeur et à l'acheteur. (Par Cl. DUPIN, fermier général.) *Paris,* 1748, in-4.

Ce travail forme un chapitre (tome I, p. 203-246)

du livre des « Œconomiques » du même auteur, publié trois ans auparavant. Voy. ce titre.

Réimprimé dans le « Journal œconomique », février et mars 1760, in-8.

Mémoire sur les bois communaux de Reauville... à l'effet d'en obtenir le pacage. *Montélimar, imp. de Bourron,* 1847, in-4, 30 p.

Par l'abbé CHARVAT, curé, d'après un envoi manuscrit.

Mémoire sur les bois de cerf fossiles trouvés en Dauphiné, à Grenoble. (Par B. FAUJAS DE SAINT-FOND.) *Paris, Ruault,* 1776, 1779, in-4.

Mémoire sur les campagnes de César dans la Belgique et particulièrement sur la position du camp de Q. Cicéron chez les Nerviens; par P. J. B.... (BAERT), publié par J.-E. ROULEZ. *Louvain,* 1833, gr. in-4, avec cartes.   J. D.

Mémoire sur les causes de la voix de l'homme et de ses différents tons. (Par Denis DODART.) *S. l.,* 1703, in-4.

Mémoire sur les changemens projetés dans l'ordre judiciaire, par M. B. D. P. (C.-E. BOSCHERON-DESPORTES), p. a. l. c. r. d'O. (président à la cour royale d'Orléans). *Paris, Pillet,* 1817, in-8, 44 p.

Mémoire sur les chaussées vicinales, et sur les moyens d'en compléter le développement dans la province de la Flandre orientale; dédié à ses magistrats, par H. V... (le comte Hippolyte VILAIN XIV). *Gand, Mestre,* 1829, in-8, 86 p.   J. D.

Mémoire sur les combustibles minéraux et végétaux comparés. (Par Amand COLSON.) *Liége, Noël,* in-8, 54 p.   J. D.

Mémoire sur les communications par eau à ouvrir entre la Loire et les ports de Lorient et de Brest, et sur la petite navigation. (Par A.-J. RAUPT-BAPTESTEIN DE MOULIÈRES.) *Paris, Caillot,* in-8.

Mémoire sur les conflits élevés contre la Chambre des comptes en 1779, dans lequel on établit la nécessité du concours des premiers juges, notamment en ce qui concerne les fonctions de la Chambre des comptes. *Paris, impr. de L. Cellot,* 1780, in-4, 1 f. de titre, VIII-370 p. et 1 f. d'addition.

Attribué à A.-A. CLÉMENT DE BOISSY.

Mémoire sur les contributions indirectes relatives aux boissons, soumis à la Chambre des pairs, par des propriétaires et des délégués de propriétaires de vignes de divers départements réunis à Paris. (Rédigé par le comte J.-A.-M. Agar de Mosbourg.) *Paris, Dondey-Dupré*, 1828, in-8.   D. M.

Mémoire sur les corvées. (Par l'abbé Percheron de La Galaisière.) *S. l.*, 1785, in-8, 23 p.

Mémoire sur les défrichements. (Par L.-F.-H. de Menon, marquis de Turbilly.) *Paris, veuve d'Houry*, 1760, in-12, xii-321 p. — Addition à la pratique sur les défrichements. *Paris*, 1761, in-12. — 4ᵉ édit. sous le titre de : Pratique des défrichements. *Paris*, 1811, in-8, avec le nom de l'auteur.

Voy. le « Catalogue Huzard », t. I, nᵒˢ 1342-1349.

Mémoire sur les dernières révolutions de la Pologne, où l'on justifie le retour du roy Auguste, par un gentilhomme polonois (Przbendowski). *Amsterdam, Fritsch*, 1710, in-8.

Mémoire sur les désavantages de la mouture économique et du commerce exclusif des farines, par rapport aux consommateurs... par M*** (François Mellin). *Nantes, Brun l'aîné*, 1784, in-12.

Mémoire sur les différents moyens de donner la plus grande activité au commerce et aux manufactures des villes de Nancy, Metz, et de leurs alentours. (Par Delisle de Moncel.) *Nancy*, 1791, in-8.   V. T.

Mémoire sur les distinctions qu'on peut accorder aux riches laboureurs, avec les moyens d'augmenter l'aisance et la population dans les campagnes ; pièce qui a obtenu l'accessit au prix de l'Académie de Caen, en 1766. (Par Vaudrey.) *Dijon*, 1789, in-8.

Mémoire sur les droits du second ordre du clergé, avec la tradition qui prouve les droits du second ordre. (Par l'abbé Nic. Le Gros.) *En France*, 1733, in-4.

Mis à l'Index le 26 août 1733.
Réfuté en 1736 par l'abbé Corgne. Voy. ci-dessus « Mémoire dogmatique », col. 133, a.

Mémoire sur les eaux minérales d'Audinac, près la ville de Saint-Girons au département de l'Ariége. (Par Lafont et J.-P. Magnes.) *Toulouse, imp. de F. Vieusseux* (1817), in-8, 25 p.

Mémoire sur les eaux minérales et les établissements minéraux des Pyrénées... (Par Ant.-François Lomet, baron des Foucaux, général et chef de la division topo-

graphique et des mouvements militaires au ministère de la guerre.) Publié par ordre du Comité de salut public. *Paris, R. Vatar*, an III, in-8, xxvii-154 p., 1 f. d'errata et 4 planches.

L'auteur a signé l'avant-propos.

Mémoire sur les effets de l'impôt indirect sur le revenu des propriétaires des biens-fonds. (Par J.-N.-M. Guérineau de Saint-Péravi.) *Londres (Paris), Desaint*, 1768, in-12.

Mémoire sur les États-Généraux et provinciaux des Francs et des Bourguignons, sous les différentes races de leurs souverains. (Par l'abbé J.-B. Rose, de Quingey.) *Besançon*, 1788, in-8, 86 p.

Mémoire sur les États-Généraux, leurs droits, et la manière de les convoquer. (Par E.-A. Delaunay, comte d'Antraigues.) *S. l.*, 1788, in-8.

Réimprimé la même année avec la mention : Par M. le comte d'Ant......; et en 1789 : Par M. le comte D'.A.N.T.R.A.I.G.U.E.S.

Mémoire sur les Etats provinciaux...,

Voy. ci-dessus « Mémoire concernant l'utilité... », col. 127, d.

Mémoire sur les finances. *Paris, imp. d'Everat*, 1815, in-4, 11 p.

Signé : Le comte A. de M*** (A. de Malartic, ancien conseiller d'Etat).

Mémoire sur les fonds ruraux du département de l'Escaut. Par J.F.D.L. (J.-F. de Lichtervelde). *Gand, de Gœsin*, 1815, in-8, 10-179 p., 1 carte, 6 tableaux et 4 pl.   J. D.

Mémoire sur les fossiles du bas Dauphiné, par D. G. C. (de Genton). *Avignon*, 1781, in-12.

Mémoire sur les grandes routes, les chemins de fer et les canaux de navigation, traduit de l'allemand de F. de Gerstner (par Olry Terquem), et précédé d'une introduction, par P. S. Girard, membre de l'Institut. *Paris, Bachelier*, 1827, in-8.   D. M.

Mémoire sur les haras, par M. L. B. D. C. (Le Boucher du Crosco, de la Soc. roy. d'agric. de Bretagne). *Utrecht, chez les libraires associés (Paris, Lacombe)*, 1770, in-8, 2 ff. et 140 p., première partie.

L'édition d'*Utrecht et Paris, Lacombe*, 1771, in-8, n'est pas anonyme.

Mémoire sur les interdits arbitraires et sur le refus public des sacrements et de la sépulture ecclésiastique. (Par l'abbé JACQUEMONT.) *Paris, imp. d'Egron*, 1815, in-12, 72 p.

Mémoire sur les laines, où l'on examine : 1º quelles sont les différentes qualités des laines propres aux manufactures de France ; 2º ... (Par l'abbé Cl. CARLIER.) *Bruxelles et Paris, les frères Vasse*, 1755, in-12, 168 p.

On publia la même année, *Amiens, Vᵉ Godart*, in-12, sous le pseudonyme de M. DE BLANCHEVILLE, une édition qui fut désavouée par l'auteur.

Mémoire sur les libertés de l'Eglise gallicane. (Par l'abbé Et. MIGNOT.) *Amsterdam, Arkstée et Merkus (Paris)*, 1755, in-12.

Mis à l'Index le 21 novembre 1757.

Mémoire sur les libertés de l'Eglise gallicane et sur les moyens de les maintenir. (Par Claude HENNEQUIN.) 1714, in-12.

Réimprimé dans le tome second du « Renversement des libertés de l'Eglise gallicane », etc. Voy. ces mots.

Mémoire sur les limaçons terrestres de l'Artois, par un membre de l'Académie littéraire d'Arras (WARTEL). 1758, in-8.

Mémoire sur les maladies de la Guadeloupe et ce qui peut y avoir rapport. (Par BERTIN, médecin à la Guadeloupe.) *A la Guadeloupe, imp. de Benard*, 1778-80, 2 parties in-4.

Catalogue Huzard, III, nº 1681.

Mémoire sur les maladies épidémiques des bestiaux, qui a remporté le prix proposé par la Soc. roy. d'agric. de la généralité de Paris pour l'année 1765 ; par BARBERET, avec des notes instructives (par Cl. BOURGELAT). *Paris, veuve d'Houry*, 1766, in-8.

Les notes ont près de 100 pages.

Mémoire sur les malheurs de la Hollande et le remède à y apporter, en hollandais et en français. (Par Hermann TOLLIUS.) *Anvers*, 1796, in-8.

Mémoire sur les manuscrits de M. du Cange. (Par J.-C. DU FRESNE D'AUBIGNY.) *S. l.*, 1752, in-4, 30 p.

Mémoire sur les moyens d'améliorer en France la condition des laboureurs, des journaliers... Par un Savoyard (Simon CLICQUOT DE BLERVACHE) ; ouvrage couronné par l'Académie de Châlons-sur-Marne, en 1783. *Paris, Delalain*, 1789, in-8.

Il y a des exemplaires qui portent le titre de

« Essai sur les moyens d'améliorer... » Voy. V, 260, *f*.

Cet ouvrage a été réimprimé la même année, avec des augmentations, sous le titre d' « Ami du cultivateur ». Voy. IV, 134, *e*.

Mémoire sur les moyens d'améliorer les laines et d'augmenter le produit des bêtes à laine dans le département de l'Indre ; par un membre de la Société d'agriculture du département de l'Indre (le marquis C.-H. DE BARBANÇOIS VILLEGONGIS). *Châteauroux, Bayvet*, an XII-1804, in-8, 47 p.

Mémoire sur les moyens d'exploiter par le Sénégal les mines d'or de Bambouc, et de fonder un grand commerce avec l'Afrique intérieure. Par L. M. D. L. F. (le marquis DE LA FEUILLADE). *Paris, Bachelier*, 1826, in-8, av. carte.

Mémoire sur les moyens d'indemniser un accusé reconnu innocent, ouvrage couronné à Besançon le 25 août 1781. (Par L. PHILIPON DE LA MADELAINE.) 1782, in-8.

Mémoire sur les moyens de détruire la mendicité en France et de venir au secours des indigents de toutes les classes. Lu à la Société d'agriculture. (Par VOLLANT.) *Paris*, 1790, in-8.

Mémoire sur les moyens de mettre un terme à la guerre civile en Portugal. (Par MM. S. PINHEIRO-FERREIRA et Ph. FERREIRA D'ARRAIISO E CASTRO.) *Paris, Lachevardière*, 1833, in-8, 24 p.

Mémoire sur les moyens de perfectionner les études publiques et particulières, où l'on montre en quoi il paroit que consiste la perfection de la méthode d'enseigner. (Par Franç.-Dom. RIVARD.) *Paris, veuve Méquignon*, 1769, in-12.

Mémoire sur les moyens de rendre les études de droit plus utiles. (Par Charles LORRY.) 1764, in-12.

Les exemplaires datés de 1768 portent le nom de l'auteur.

Voy. ci-après : « Réponse de l'Université d'Orléans au Mémoire sur les moyens », etc. (par BRETON), 1764, in-4.

Mémoire sur les moyens qui peuvent conduire à l'indépendance italienne. (Par le général Guill. PÉPÉ, publié par Armand CARREL.) *Paris, Paulin*, 1833, in-8.

Cet ouvrage fut publié aussi en italien à la même époque et chez le même libraire.

Mémoire sur les noirs de l'Amérique septentrionale, lu à la Société des amis des noirs. (Par J.-P. BRISSOT DE WARVILLE.) *S. l.*, 1790, in-8.

Mémoire sur les nouveaux systèmes d'artillerie. (Par DE SAINT-AUBAN.) (*Paris*, 1775), in-8, 295 p.

Je n'ai jamais pu vérifier la date de cet ouvrage, qui forme comme le fonds de tous ceux de Saint-Auban. Séparément, ou dans la collection des « Œuvres de M. de S.-A. sur l'artillerie », je l'ai toujours vu sans indication de ville, d'imprimeur et d'année ; il n'a pas, à proprement parler, de frontispice. Dans divers catalogues, on le donne comme étant de 1764, 1769, 1775, 1776.   (Doisy.)

Mémoire sur les opérations de l'armée française sur la côte d'Afrique depuis le 14 juin, jour du débarquement jusqu'à la prise d'Alger, le 5 juillet 1830. Par un capitaine de l'état-major général de l'armée expéditionnaire (PÉLISSIER, depuis maréchal de France). *Alger, typ. Duclaux*, 1863, in-8, 78 p. et une carte.

Mémoire sur les os fossiles. (Par André-François DE BRANCAS VILLENEUVE, abbé d'Aulnay.) 1756.

Mémoire sur les principaux objets de l'éducation publique. (Par le P. CORBIN, général de la Doctrine chrétienne.) *Paris, Desaint* (vers 1788), in-8.

Mémoire sur les principes et les lois de la neutralité maritime, accompagné de pièces officielles justificatives. (Par le comte A.-M. BLANC D'HAUTERIVE.) *Paris* (*imp. impér.*), 1812, in-8.

Mémoire sur les priviléges des avocats, dans lequel on traite du tableau et de la discipline de l'ordre. (Par MORIZOT, avocat et commis dans les bureaux de M. de Clugny, contrôleur général.) *Paris, de l'impr. de Quillau* (1785), in-4, 82 p.

Mémoire sur les priviléges et fonctions des trésoriers généraux de France... (Par J.-L. PATAS DE BOURGNEUF.) *Orléans, F. Rouzeau*, 1745, in-4.

Mémoire sur les produits du règne minéral de la monarchie prussienne, et sur les moyens de cultiver cette branche de l'économie politique. (Par A.-F. DE HEINITZ, ministre d'État et des finances.) *Berlin, Decker*, 1786, in-4, 38 p.

Mémoire sur les propositions renfermées dans la constitution *Unigenitus*, qui regardent la nature de l'ancienne et de la nouvelle alliance. (Par J.-B. LE SCESNE D'ETTEMARE.) S. l. (1714-1715), in-12.— 2e édit. S. l., 1718, in-12.

Mémoire sur les propriétés et priviléges exclusifs de la librairie. (Attribué à S.-N.-H. LINGUET.) 1774, in-4.

Mémoire sur les rangs et honneurs de la cour ; pour servir de réponse aux trois derniers chapitres du « Traité des preuves qui servent à établir la vérité de l'histoire » par le P. Henri Griffet. (Par Jos.-Balth. GIBERT, secrétaire des ducs et pairs, contre les prétentions de la maison de Rohan.) S. l. (1771), in-8.

Voy. « Réponse à un écrit anonyme ».

Mémoire sur les ressources que présente le commerce pour affermir son crédit, etc. Avec des additions importantes , etc. Par P. J. CH. (Pierre-Joseph CHEDEAUX), membre du Conseil général du commerce de France. *Metz, Collignon*, 1814, in-8, 48 p.   D. M.

Mémoire sur les salines de Lorraine, Trois-Evêchés et Franche-Comté. *S. l. n. d.*, in-12, 40 p.

Par Claude DURIVAL, d'après le catalogue Noël. Par DE SAINT-ALPHONSE, d'après Van Thol.

Mémoire sur les Samojèdes et les Lappons. (Par Timothée-Mersahn KLINGTSTOED, de Bahrdt en Poméranie.) *S. l.*, 1762, in-8, 15-112 p. — *Copenhague*, 1766, in-8, 44 p.

Mémoire sur les savants de la famille de Terrasson, par M. l'abbé de C*** (J.-M.-J. THOMASSEAU DE CURSAY). *Trévoux* (*Paris*), 1761, in-8, 1 f. de tit. et 39 p.

Ce Mémoire est précédé d'une lettre à Jamet le jeune, descendant des Jamet dont Marot parle dans ses poésies.

Mémoire sur les sépultures de la ville de Lyon, par un membre de l'Académie des sciences (l'abbé P.-A. BOISSIER SAUVAGES DE LA CROIX). *Lyon*, 1776, in-8.
                                          V. T.

Mémoire sur les sociétés protestantes secrètes dans les Pays-Bas. (Par J.-W. CRAMER.) *Amsterdam*, 1852, in-8.
                                          V. D.

Mémoire sur les sols calcaires et les sols siliceux. (Par Marc-Antoine PUVIS.) *Bourg, Bottier*, 1813, in-8, 34 p.

Mémoire sur les tarifs des droits de traites en général, et en particulier sur le nouveau projet de tarif unique et uniforme. (Par DE MONTARAN.) *Paris, Prault*, 1762, in-8.

Mémoire sur les trois plus fameuses sectes du musulmanisme, les Wahabis, les Nosaïris et les Ismaélis, par M. R. (J.-B.-L.-J. ROUSSEAU). *Marseille, Masvert*, 1818, in-8, 84 p.

Mémoire sur les vagabonds et sur les mendiants. (Par G.-F. Le Trosne.) *Soissons (Paris)*, 1764, in-8.

Mémoire sur les vexations qu'exercent les libraires et imprimeurs de Paris. (Attribué à l'abbé Laur. Blondel, dans le *Moréri*.) Vers 1720, in-fol., 16 p. (*Très-rare.*)

Ce Mémoire devait être suivi d'un second.

Mémoire sur les vices et les lacunes de nos dispositions législatives et administratives concernant le prêt hypothécaire... en réponse aux questions proposées par M. Casimir Périer. (Par M. Duchesne, avocat à Grenoble.) *Paris, Delaunay*, 1830, in-8.

Mémoire sur Pierre de Craon. *Paris, aux dépens de l'auteur*, 1860, in-8, 2 ff. de tit., 33 p. et 1 pl.

Extrait des « Mélanges de littérature et d'histoire, recueillis et publiés par la Société des bibliophiles français » (1856).
Attribué à Mme la princesse de Craon, membre de cette Société.

Mémoire sur quelques applications du ressort de l'air atmosphérique comprimé, considéré comme force motrice. (Par le comte L.-G. Dubuat-Nançay.) *Valenciennes, imp. de Henry, s. d.*, in-4.

Mémoire sur quelques historiens belges inédits, par F. D. R. (Frédéric de Reiffenberg). *Bruxelles*, 1822, in-8.

Mémoire sur un camée du cabinet des pierres gravées de S. M. impériale l'empereur de toutes les Russies, et sur quelques portraits antiques de Julia Augusta. (Par H.-C.-E. de Koehler.) *Saint-Pétersbourg, de l'imprimerie de Pluchart*, 1810, in-8, iv-101 p. et 3 pl.

Mémoire sur un moyen facile et infaillible de faire renaître le patriotisme en France, dans toutes les classes des citoyens, comme dans les deux sexes; et d'assurer le remboursement des dettes de l'Etat, sans nouveaux impôts, sans emprunts, et sans faire éprouver aucune réduction, présenté au roi par M. R. D. B. (A.-J. Raup de Baptestein de Moulières). *Amsterdam et Paris, Desenne*, 1787, in-8, viii-104 p.

Cet écrit a donné lieu à une réponse intitulée « Observations sommaires du chevalier de P... » Voy. ces mots.

Mémoire sur un nouveau système de construction, voiture et navigation sans voiles, par M. d'A. L. F... (d'Aubusson

La Feuillade l'aîné). *Paris, Goujon*, 1810, in-8, 94 p.

Mémoire sur un objet intéressant pour la Picardie, ou projet d'un canal... (Par S.-N.-H. Linguet.) *La Haye (Abbeville)*, 1764, in-8.

Mémoire sur un procès entre les apothicaires et les épiciers de Chartres. (Par J.-F.-A. Janvier de Flainville.) *Chartres*, 1756, in-4.

Mémoire sur une fièvre putride soporeuse qui a régné à l'hôpital militaire de Grenoble, depuis le 10 ventôse jusqu'au 10 germinal suivant; rédigé par les officiers de santé de l'hôpital (Cabanne, chirurgien en chef, et Villar, médecin).— Observations ajoutées au Mémoire... concernant la fièvre putride soporeuse. *Grenoble, imp. de veuve Giroud et fils* (1797), in-8, 32 et 34 p.

On trouve la signature des auteurs au verso du titre de la 1re partie.

Mémoire sur une nouvelle administration des bois. (Par F.-R.-J. de Pommereul.) *S. l.* (1787), in-8, 24 p.

Mémoire sur une nouvelle collection des conciles de France. (Par dom P.-Dan. Labat.) *Paris, G. Desprez*, 1785, in-4.

Mémoire sur une nouvelle manière d'éclairer pendant la nuit les rues de Paris. (Par Bourgeois.) (*Paris*), *imp. de P.-F. Gueffier (s. d.)*, in-4.

Le permis d'imprimer est du 10 octobre 1765.

Mémoire sur une nouvelle mappemonde. Par M. B*** (Nic.-Ant. Boulanger). 1753, in-4, 16 p.

Mémoire sur une nouvelle méthode d'administrer le mercure dans les maladies vénériennes et autres. (Par Arnolphe d'Aumont.) *Montpellier*, 1762, in-8.

Mémoire sur une question proposée par l'Académie des Inscriptions; suivi d'un opuscule de Héron de Byzance sur les mesures, trad. du grec pour la première fois, et de quelques observations sur les mesures itinéraires des anciens, par l'auteur de la traduction d'Aristarque de Samos (le marquis A.-J.-F.-X.-P.-E.-S.-P.-A. de Fortia d'Urban). *Paris, F. Didot et fils*, 1823, in-8.

Mémoire sur une question relative aux vivres des troupes de terre, par un ancien munitionnaire (de Dampierre de La Salle). *S. l.*, 1790, in-8.

Mémoire tendant à appeler le concours du gouvernement et des administrations départementales pour l'exécution du projet d'établissement en Algérie de 86 colonies agricoles et industrielles, sous la dénomination de colonies départementales. *Alger, imp. de A. Bourget*, 10 nov. 1849, in-8, 39 p.

Signé : Les membres de la commission de rédaction de la Société agricole de l'Algérie.

Réimprimé en 1853, *Alger, A. Bourget*, in-8, 27 p. avec la signature : Cœur de Roy.

Mémoire tendant à parer dans tous les temps à la cherté des grains en France... (Par Malines d'Hertereau.) *S. l.*, 1789, in-8, 1 f. de tit. et 52 p.

Mémoire théologique et politique au sujet des mariages clandestins des protestants de France, où l'on fait voir qu'il est de l'intérêt de l'Eglise et de l'Etat de faire cesser ces sortes de mariages, en établissant, pour les protestants, une nouvelle forme de se marier, qui ne blesse point leur conscience, et qui n'intéresse point celle des évêques et des curés. *S. l.*, 1755, in-8, 141 p. — Seconde édit. revue et corrigée. *S. l.*, 1756, in-8, 142 p. — 1756, in-12, 129 p.

La partie politique de ce Mémoire est de J.-P.-F. Ripert de Monclar, et la partie théologique, de l'abbé Quesnel, précepteur du duc de Penthièvre.

Les continuateurs de la « Bibliothèque historique » du P. Le Long, t. I, n° 6267, attribuent à Galafrey ce Mémoire, dont ils dénaturent le titre.

Beaucousin, dans ses notes manuscrites sur mon exemplaire de cette « Bibliothèque historique », dit que ce Mémoire passait au palais pour être de l'avocat Pierre Le Ridant.

Mémoire théologique sur ce qu'on appelle les secours violents dans les convulsions. (Par l'abbé L.-F. Boursier.) *S. l.*, 1743, in-4, 2 ff. lim. et 142 p.

Réimprimé avec le nom de l'auteur, *Paris, Crapart*, 1788, in-12.

Mémoire touchant l'établissement d'une mission chrétienne dans le troisième monde, autrement appelé la Terre australe méridionale, antarctique et inconnue, présenté à N. S. P. le pape Alexandre VII, par un ecclésiastique originaire de cette même terre. *Paris, Cl. Cramoisy*, 1663, pet. in-8 de 13 ff. prélim. pour le titre, l'épître au pape et la table des chap. et 214 p. y compris le privilège.

Ce Mémoire curieux est de J.-P. Paulmyer, chanoine de la cathédrale de Lisieux. Il contient une relation du voyage du capitaine Binot Paulmyer de Gonneville, qui partit du port d'Honfleur en juin 1503, et amena en France le fils d'un roi d'une terre australe qu'il avait découverte ; et ce jeune homme,

nommé Epomeric, fut adopté par son patron dont il prit le nom. L'auteur du Mémoire ci-dessus était son arrière-petit-fils. (Voir à ce sujet l'article Gonneville, par Eyriès, dans la « Biographie universelle ».)

Cet ouvrage ayant été imprimé et mis en vente à l'insu de l'auteur, celui-ci n'en eut connaissance que six semaines après ; ne pouvant obtenir la saisie de l'édition, à cause du privilège dont elle est revêtue, il consentit à ce qu'elle circulât, après toutefois qu'on y eût joint un avertissement où ses griefs sont exposés. Cet avertissement, qui occupe neuf pages et est suivi d'un feuillet d'errata, ne se trouve donc pas dans les premiers exemplaires vendus. Celui qu'a vu l'auteur du « Manuel du libraire » était accompagné d'une petite carte par Defer, intit. : « Description de la terre universelle. »

Mémoire touchant la nature et la formation de la grêle et des autres météores qui y ont rapport, par un ancien professeur de philosophie de l'Université d'Avignon (le P. Jos. Galien). *Avignon*, 1755, in-12.

Réimprimé avec le nom de l'auteur, sous ce titre : « L'Art de naviguer dans les airs », 1757, in-12.

Mémoire touchant la seigneurie du Pré-aux-Clercs, appartenant à l'Université de Paris, pour servir d'instruction à ceux qui doivent entrer dans les charges de l'Université. (Par Edme Pourchet.) *Paris, veuve de Claude Thiboust et P. Esclassan*, 1694, in-4.

Réimprimé par M. Ed. Fournier dans le t. IV de ses « Variétés historiques et littéraires » (Biblioth. elzév.).

Mémoire touchant la succession à la couronne d'Espagne. Traduit de l'espagnol... (par l'abbé J. Le Grand). *S. l.*, 1710, in-8, 1 f. de tit. et 128 p. — *S. l.*, 1711, in-8, 1 f. de tit. et 128 p.

Mémoire touchant le droit des Jésuites et de ceux qui sont congédiés de leur Compagnie, avant qu'ils aient fait leurs derniers vœux. (Par le P. J.-J. Petitdidier, jésuite.) *Nancy, Fr. Midon*, 1726, in-fol.

Mémoire touchant le progrès du jansénisme en Hollande. (Attribué au P. Louis Doucin, jésuite.) *Cologne, héritiers de P. Marteau*, 1698, in-12.

Mémoire touchant les moyens d'apaiser les disputes présentes. (Par Ant. Arnauld et P. Nicole.) *S. l.*, 1661, in-4, 8 p.

Mémoire touchant les pépinières. (Par d'Urdos.) 1783, in-8.   V. T.

Mémoires académiques, ou nouvelles découvertes sur la lumière... (Par Jean-Paul Marat.) *Paris, N.-T. Méquignon*, 1788, in-8.

Mémoires alphabétiques pour servir à l'histoire, au pouillé et à la description générale du Barrois, par *** (Claude DE MAILLET, conseiller à Bar). *Bar-le-Duc,* 1749, in-12.

Réimprimés à *Nancy* en 1773, avec le nôm de l'auteur et des changements.

Mémoires anecdotes d'un ministre étranger résidant à Saint-Pétersbourg (trad. de l'allemand de WEBER, par le P. MALASSIS). *La Haye, Van Duren,* 1729, in-12.

Voy. « Mémoires pour servir à l'histoire de l'empire russien ».

Mémoires anecdotes pour servir à l'histoire de M. Duliz, et la suite de ses aventures, après la catastrophe de celle de Mlle Pelissier, actrice de l'Opéra de Paris. (Par DESFORGES, comédien.) *Londres,* 1739, pet. in-8, front. gravé. — *Ibid.,* 1752, in-12.

Mémoires anecdotiques pour servir à l'histoire de la Révolution française, publiés par le traducteur d'Obéron (F. Daniel PERNAY). *Paris, Fuchs,* 1800, in-12.

Mémoires au sujet d'un nouvel écrit (de l'abbé Capmartin de Chaupy) contre le Parlement, intitulé : « Observations sur le refus que fait le Châtelet de reconnoître la Chambre royale ». (Par dom L.-B. DE LA TASTE, suivant l'abbé Goujet.) *S. l.,* 1754, in-12.

Cet ouvrage a été attribué à L.-A. LE PAIGE par plusieurs bibliographes.

Mémoires authentiques d'une sage-femme (Mlle Alexandrine Jullemier, de la fac. de Paris.) *Paris, Dumont, Bonnaire,* 1835, 2 vol. in-8.

Ouvrage piquant, rédigé par G. TOUCHARD-LAFOSSE sur les notes de Mlle JULLEMIER.
Voy. « Supercheries », II, col. 435 à 437.

Mémoires authentiques et intéressants, ou histoire des comtes de Struensée et de Brandt, édition faite sur le manuscrit, tirée du portefeuille d'un grand (DE FALKENSKIOLD). *Londres,* 1789, in-8, 255 p.

Mémoires authentiques pour servir à l'histoire du comte de Cagliostro. (Par J.-P.-L. DE LA ROCHE DU MAINE, marquis DE LUCHET.) *S. l.,* 1785, in-12, 76 p. — Deuxième éd. *S. l.,* 1785, in-12, 90 p.

Pamphlet rempli de détails scandaleux et inventés à plaisir. Il y est question de l'affaire du collier.

Mémoires chronologiques et dogmatiques, pour servir à l'histoire ecclésiastique, depuis 1600 jusqu'en 1716, avec des réflexions et des remarques critiques

(par le P. H. ROBILLARD D'AVRIGNY, jésuite, revus par le P. J.-P. LALLEMANT). (*Paris, Guérin*), 1720, 1739, 4 vol. in-12.

Mis à l'Index par décret du 2 sept. 1727.

Mémoires chronologiques pour servir à l'histoire de Dieppe et à celle de la navigation française... (Par DESMARQUETS, maître des eaux et forêts.) *Paris, Desauges, et Dieppe, Dubuc,* 1785, 2 vol. in-12.

Mémoires complets et authentiques du duc DE SAINT-SIMON sur le siècle de Louis XIV et la régence, publiés pour la première fois sur le manuscrit original écrit de la main de l'auteur. (Par M. le marquis DE SAINT-SIMON.) *Paris, Sautelet,* 1829-30, 21 vol. dont 1 de table.

Suivant la « Biographie des Bouches-du-Rhône », c'est M. A. SENTY qui a été chargé de surveiller cette publication.

Mémoires complets et auth. du duc de SAINT-SIMON sur le siècle de Louis XIV et de la régence. Publ. sur le man. original par le marquis de SAINT-SIMON, pair de France, nouv. édit. rev. et corr. (par E.-J.-M. OURRY). *Paris, Delloye,* 1840, 39 vol. in-12.

Mémoires concernant Christine, reine de Suède, pour servir d'éclaircissement à l'histoire de son règne, etc., suivis de deux ouvrages de cette savante princesse, qui n'ont jamais paru (recueillis par J.-W. ARCHENHOLTZ). *Amsterdam et Leipsick, P. Mortier,* 1751-1760, 4 vol. in-4.

Les « Mélanges » de d'Alembert contiennent des Observations sur cette vie, et Archenholtz publia : « Réponse à une lettre du baron de Holberg sur les singularités concernant la vie de Christine de Suède ». *Cassel, J.-F. Harpen,* 1753, in-8.

Mémoires concernant l'administration des finances sous le ministère de M. l'abbé Terrai. (Par J.-B.-L. COQUEREAU, avocat.) *Londres, J. Adamson,* 1776, in-8, VIII-427 p.

Le même ouvrage a été publié sous le titre de : « Mémoires de l'abbé Terrai, contrôleur général des finances; avec une Relation de l'émeute arrivée à Paris en 1775... » *Londres,* 1776, in-8 de 1 f. pour la Préface et 398 p. On a supprimé l'Avertissement du libraire.
Et aussi sous celui de : « Mémoires de l'abbé Terrai... contenant sa vie, son administration, ses intrigues et sa chute. Nouvelle édition ». *A la Chancellerie,* 1777, 2 vol. in-12 de VI, 249 et 204 p.
Cette réimpression est augmentée (p. 177-204) d'une « Lettre de l'abbé Terrai, ex-contrôleur général, à M. Turgot, ministre des finances. »

Mémoires concernant l'histoire, les sciences, les arts, les mœurs et les usages des Chinois, par les missionnaires de Pékin (composés par les PP. Amiot, Bourgeois, Cibot, Ko, publiés par l'abbé Ch. Batteux et par L.-G. Oudart Feudrix de Bréquigny). *Paris, Nyon ainé,* 1776-1789, 15 vol. in-4.

Mémoires concernant la navigation des rivières de la province des Trois-Évêchés et le commerce de la ville de Metz, lus dans l'assemblée publique de la Société royale des sciences et des arts de Metz, le 18 novembre 1772. *Metz, P. Marchal,* 1773, in-4, avec une carte en trois feuilles.

On trouve dans ce volume des Mémoires de Ch. Gardeur Le Brun, ingénieur ; de Ch.-Alex. de Calonne, intendant des Trois-Évêchés ; de Mathis, membre d'une Société de gens de lettres à Metz.

Mémoires concernant la théologie et la morale. (Publiés par H. Thémiseul de Saint-Hyacinthe.) *Amsterdam,* 1732, in-12.

Les soixante-cinq premières pages de ce volume sont de Firm. Abauzit ; on les trouve revues sur un manuscrit de l'auteur, dans l'édition des « Œuvres » d'Abauzit, publiées par de Vegobre. *Genève,* 1770, 1 vol. in-8. Les morceaux qui suivent paraissent traduits de l'anglais de Th. Chubb, par Daudé. Voy. la « Bibliothèque britannique », t. I, p. 172.

Il n'y a de Saint-Hyacinthe dans ce recueil que la « Lettre à un ami, touchant le progrès du déisme en Angleterre. »

Mémoires concernant la vie et les écrits du comte Fr. Algarotti, trad. de l'italien (de l'abbé Domenico Michelessi, par J.-P.-M.-M. de Castillon). *Berlin, Decker,* 1772, in-8.

Ces Mémoires sont habituellement joints aux « Œuvres du comte Algarotti » (voy. ce titre), dont ils forment alors le huitième volume. **A. L.**

Mémoires concernant le contrôle des rentes... de l'Hôtel-de-Ville (de Paris)... (Par P. Le Roy, contrôleur des rentes.) *Paris, Le Mercier,* 1717, in-12.

Le nom de l'auteur se trouve dans le privilége.

Mémoires concernant les affaires de France sous la régence de Marie de Médicis... (Par Paul Phélippeaux de Pontchartrain.) *La Haye, Johnson,* 1720, 2 vol. in-8.

Mémoires concernant les arts et les sciences. (Publiés par J.-B. Denis.) *Jouxte la copie imprimée à Paris, Bruxelles, Henry Fricx,* 1672, in-12, 231 p.

Ce Recueil a été réimprimé avec le nom de l'auteur, *Paris, Amsterdam,* 1682, in-12 ; 1672-1683, in-4. *Paris,* 1682, in-4.

Voy. une Notice sur les « Mémoires et conférences de J.-B. Denis », par le docteur Payen, dans le « Bulletin du bibliophile », 1857, p. 269-278.

Mémoires concernant les dernières guerres d'Italie, depuis 1625 jusqu'en 1632, par divers auteurs, avec trois traités de Jean de Silhon sur le même sujet. *Paris,* 1669, 2 vol. in-12.

Le premier Mémoire est attribué à L. de Guron, le second au maréchal de Schomberg, le troisième au marquis A. Coiffier d'Effiat, le quatrième au cardinal de Richelieu. (*Journal des Savans,* 11 février 1669.)

Mémoires concernant les impositions et droits en Europe. (Par J.-L. Moreau de Beaumont.) *Paris, imprimerie royale,* 1768, 4 vol. in-4.

Réimprimés en 1787 avec un cinquième volume, composé par N.-L.-J. Poullin de Viéville.

Mémoires concernant les pairs de France, avec les preuves. (Par Ant. Lancelot.) *Paris, Coustelier,* 1720, in-fol.

Mémoires concernant M. le comte de Stenbock, sénateur de Suède et généralissime des armées de S. M. suédoise en Allemagne, pour servir d'éclaircissement à l'histoire militaire de Charles XII, avec quelques observations historiques et critiques sur ces Mémoires, par M. N*** (J.-C. Nemeitz). *Francfort sur-le-Mayn,* 1745, in-8.

Mémoires concernant notre famille et contenant quelques essais historiques, biographiques et littéraires ; par M*** (Ernest Juglet de Lormaye). *Paris, imp. de Schiller ainé,* 1852, in-8.

Tiré à petit nombre et non mis en vente.

Mémoires contenant ce qu'il y a de plus remarquable dans Villefranche, capitale du Beaujolois... *Villefranche, Ant. Baudrand,* 1671, in-4, 187 p. et 1 f. de permission.

Signé : L. J. S. (Louvet, suivant le Catalogue Fevret de Fontette, n° 1885).

Le P. Lelong attribue cet ouvrage à Jean de Bussières.

Pierre Louvet est auteur d'une « Histoire de Villefranche ». *Lyon, Gayet,* 1671, in-12.

Mémoires contenant ce qui s'est passé de plus considérable en France depuis l'an 1608 jusqu'en l'année 1636 (connus sous le nom de Mémoires de Monsieur ou du duc d'Orléans, rédigés par Et. Algay de Martignac). *Paris, C. Barbin,* 1685, in-12. — *La Haye, Moetjens,* 1685, in-12. — *Amsterdam, Mortier,* 1685, in-12.

Réimprimés sous le titre de : « Mémoires de feu M. le duc d'Orléans ». *La Haye, Adrien Moetjens,* 1685, in-12.

Réimprimé en 1756 dans le recueil intitulé : « Mémoires particuliers », dans le tome XXXI de la

2ᵉ série de la collection Petitot et Monmerqué et dans celle de Michaud et Poujoulat.

Mémoires contenant divers événements remarquables arrivés sous le règne de Louis le Grand, l'état où était la France lors de la mort de Louis XIII, et celui où elle est à présent. (Par Gatien SANDRAS DE COURTILZ.) *Cologne (La Haye), P. Marteau,* 1684, in-12.

Mémoires, correspondance et manuscrits du général LAFAYETTE, publiés par sa famille. (Mis en ordre, annotés et publiés par M. Franc. DE CORCELLES, petit gendre du général.) *Paris, H. Fournier,* 1837-38, 6 vol. in-8.

Mémoires critiques d'architecture, contenant l'idée de la vrâye et de la fausse architecture. Une instruction sur toutes les tromperies des ouvriers infidèles travaillant dans les bâtimens. Une dissertation sur la formation des mineraux, leur nature et leur emploi, et sur l'abus dans l'usage du plâtre. Sur la qualité de la fumée et des moyens d'y remédier et sur d'autres matières non encore éclaircies. (Par FREMIN, président au bureau des finances de la ville de Paris.) *Paris, Saugrain,* 1702, in-8.

Mémoires curieux et galants d'un voyage nouveau d'Italie. *La Haye, A. Troyel,* 1702, pet. in-12, 383 p.

Attribués à François NODOT, par M. P. L. (Paul Lacroix). Voy. le « Bulletin du bibliophile », 14ᵉ série, p. 520.

Mémoires curieux et intéressants de divers objets relatifs à la physique, à la médecine et à l'histoire naturelle. (Par Henri HAGUENOT.) *Avignon et Paris, de Hansy,* 1771, in-12.

Quelques exemplaires portent le nom de l'auteur.

Mémoires D. M. L. D. M. (de Mᵐᵉ la duchesse MAZARIN, Hortense MANCINI). *Cologne, P. du Marteau,* 1675, in-12.

Ces Mémoires sont faussement attribués à une Mᵐᵉ DU RHUT, dans les « Lettres historiques et galantes », par Mᵐᵉ de C*** (du Noyer). *La Haye,* 1708, t. I, p. 70. On trouve dans le tome II, p. 8, l'histoire de cette dame du Rhut. Mais on regarde généralement les « Mémoires de la duchesse Mazarin » comme l'ouvrage de l'abbé DE SAINT-RÉAL. C'est une autre erreur. Ces Mémoires sont d'Hortense MANCINI elle-même, qui y fait son portrait.

On les trouve dans les « Œuvres » de Saint-Evrémond, qui n'en est pas non plus l'auteur. L'avocat Erard a rédigé un « Mémoire » pour la duchesse Mazarin. V. la Harpe, « Cours de littérat. », édit. de 1813, in-12, t. VII, p. 214.

La lettre touchant le caractère de la duchesse Maza-

rin, qui termine le volume, n'est pas de l'auteur des « Mémoires ».

Mémoires d'artillerie, par DE SAINT-REMY ; nouvelle édition, augmentée (par Guil. LE BLOND). *Paris,* 1745, 3 vol. in-4.

Ces Mémoires parurent pour la première fois en 1697, 2 vol. in-4.

Mémoires d'Azéma, contenant diverses anecdotes des règnes de Pierre le Grand, empereur de Russie, et de l'impératrice Catherine, son épouse (prétendus), trad. du russe, par M. C... D... (mais composés par A.-G. CONTANT D'ORVILLE). *Amsterdam,* 1764, 2 vol. in-12.

Traduit aussi en allemand et en danois. A. L.

Mémoires d'ELISABETH-CHARLOTTE duchesse d'Orléans ; précédés d'une notice sur cette princesse, et suivis d'éclaircissements et de notes. (Publ. par V.-D. MUSSET-PATHAY.) *Bruxelles, Cautaerts,* 1827, 2 vol. in-8.

Réimpression de l'édition publiée sous le titre de : « Mémoires sur la cour de Louis XIV ». Voy. ces mots.

Mémoires d'Etat (par le maréchal Annibal D'ESTRÉES), contenant les choses les plus remarquables arrivées sous la régence de la reine Marie de Médicis (publiés par le P. Pierre LE MOYNE, jésuite). *Paris, D. Thierry, C. Barbin, ou T. Jolly,* 1666, in-12.

Réimprimés sous ce titre : « Mémoires de la régence de la reine Marie de Médicis. » *Paris, Billaine, Cl. Barbin ou Th. Jolly,* 1666, in-12.

On retrouve encore ces Mémoires comme formant le t. II des « Mémoires particuliers pour servir à l'histoire de France sous les règnes de Henri III, de Henri IV, sous la régence de Marie de Médicis et sous Louis XIII ». Voy. ce titre.

Ils font aussi partie des collections Petitot et Michaud et Poujoulat.

Mémoires d'Etat, servant à l'histoire de notre temps, par M. DE VILLEROY, depuis 1567 jusqu'en 1604 (publiés par DE MACLÉON). *Paris,* 1622, in-4 et in-8. — (Continués jusqu'en 1620, par DUMESNIL-BASIRE). *Paris,* 1634-1636, 4 vol. in-8. — *Amsterdam,* 1729, 7 vol. in-12.

Mémoires d'Henriette WILSON, concernant plusieurs grands personnages d'Angleterre, et publiés par elle-même. Traduction de l'anglais (par J.-A. LARDIER), revue et corrigée par l'auteur. *Paris, imp. de Tastu,* 1825, 8 vol. in-12.

Plusieurs fois réimprimés.

Mémoires d'Olivier CROMWELL et de ses enfants, écrits par lui-même, ouvrage traduit de l'anglais (par Charles MALO). *Paris, Delaunay*, 1816, 4 vol. in-12. D. M.

Mémoires d'outre-tombe d'un peuplier mort au service de la république. (Par l'abbé MÉTHIVIER.) *Paris, Sagnier et Bray*, 1830, in-18, 108 p.

Mémoires (les) d'outre-tombe, poëme; par un anonyme (Ad. MATHIEU, de Mons). *Mons, imp. de Piérart*, 1849, in-18, 23 p.

Réimprimés avec le nom de l'auteur.

Mémoires d'un Américain, avec une description de la Prusse et de l'isle Saint-Domingue; par l'auteur des « Lettres d'Affi à Zurac, » etc. (J.-V. DELACROIX). *Lausanne et Paris, veuve Regnard*, 1771, 2 vol. in-12.

Mémoires d'un ancien capitaine italien sur les guerres et les intrigues d'Italie de 1806 à 1821. Par le comte G. D. F. (Giuseppe FERRER). Traduit de l'italien par l'auteur lui-même. (*Paris*), *l'auteur*; *Valence, imp. de Marc Aurel*, 1845, in-8, 221 p.

Donnés par les « Supercheries », II, 149, d., sous le nom de Henri-Joseph LE COMTE. N'y a-t-il pas là une indication inexacte ou plutôt incomplète?

Mémoires d'un ancien ministre du Trésor public (le comte Fr.-Nic. MOLLIEN), de 1800 à 1814. *Paris, imp. de H. Fournier*, 1837, 4 vol. in-8.

Édition détruite par l'auteur avant la publication.

Mémoires (les) d'un ange gardien. (Par Jules MASSÉ.) *Paris, Gaume frères*, 1840, in-18.

Mémoires d'un apothicaire sur la guerre d'Espagne, pendant les années 1808 à 1814. (Par Sébastien BLAZE.) *Paris, Ladvocat*, 1828, 2 vol. in-8.

C'est à tort que la « Nouvelle biographie générale » attribue cet ouvrage à Léon GOZLAN. D. M.
Réimprimé à Bruxelles la même année.

Mémoires d'un caporal de grenadiers, ou le prisonnier de l'île de Cabrera. *Paris, Mongie aîné*, 1828, in-12.

La dédicace est signée : Le caporal DE LA FONTAINE.

Mémoires d'un célèbre nain Joseph Boruwlaski, gentilhomme polonais; contenant un récit fidèle et curieux de sa naissance, etc., écrit par lui-même en français, et traduit du français en anglais par (J.-Th. HÉRISSANT) DES CARRIÈRES. *Londres*, 1788, in-8.

Mémoires d'un détenu, pour servir à l'histoire de la tyrannie de Robespierre.

(Par Honoré RIOUFFE.) *Paris, chez la Cit. B. Mathé*, an III, in-8.

La 2e éd., publiée la même année, porte le nom de l'auteur.
Voy. « Supercheries », I, 926, c.

Mémoires d'un détenu, suivis de divers fragments de littérature et d'histoire naturelle. (Par Charles DUMONT.) *Paris (imp. de la Rép.), an III-1795*, in-12.

Mémoires d'un émigré, écrits par lui-même. (Par Etienne-Léon DE LAMOTHE-LANGON.) *Paris, veuve Lepetit*, 1830, 2 vol. in-8.

Mémoires d'un empleado, ouvrage sérieux, par l'auteur de la brochure « le Cercle de l'avenir » (Samuel J. ROBERTS). *Paris, Fowler*, 1861, in-16.

Mémoires d'un Espagnol, ou histoire de don Alphonse de Peraldo, écrite par lui-même et publiée par *** (le baron A.-E.-G. DE THÉIS). *Paris, Maradan*, 1818, 2 vol. in-12.

Voy. « Supercheries », I, 1252, f.

Mémoires d'un favori de S. A. R. M. le duc d'Orléans (DE BOIS D'ANNEMETS ou D'ALMAY). *Leyde, Jean Sambix le jeune*, 1668, in-12, 2 ff. lim. et 239 p. — *Sur l'édition de Leyde, 1668, in-12. — Leyde, Sambix*, 1670, in-12.

Voy., dans la « Bibliothèque raisonnée », tome V, p. 356, et tome VI, p. 371, deux lettres, où l'on justifie Arnauld d'Andilly de diverses accusations avancées contre lui dans les Mémoires du favori Bois d'Annemets.

Mémoires d'un forçat, ou Vidocq dévoilé. (Par Jean-François RABAN et Émile-Marc HILAIRE, dit MARCO SAINT-HILAIRE.) *Paris, H. Langlois*, 1828-1829, 4 vol. in-8. D. M.

Mémoires d'un fou. (Par VARNET.) *Paris, an IX-1802*, 2 vol. in-12. V. T.

Réimprimés en 1818, sous le titre de « Folie et Jeunesse, » etc., avec le nom de l'auteur.

Mémoires d'un frivolite, par l'auteur ambulant. (Par Toussaint-Gaspard TACONET.) *Paris*, 1761, 2 part. in-12.

Mémoires d'un gentilhomme suédois (le comte DE HORDT, rédigés par J.-A. Borelly, et publiés sans sa participation). *Berlin*, 1788, in-8.

Voy. la nouvelle rédaction de ces Mémoires, publiés par M. Borelly, *Paris, Buisson*, en 1805, 2 vol. in-8.

Mémoires d'un grrand (*sic*) homme de Lovendegem, écrits sous le règne de S. M.

Léopold Iᵉʳ, roi des Belges, et destinés à faire partie des fastes de la Belgique. Par A. B. D. W. (A.-B.-D. WESPELAERE). *Bruxelles, Van Buggenhoudt,*1854, in-8, 34 p.

Voy. « Supercheries », I, 164, e.

Mémoires d'un homme de lettres, ouvrage anecdotique, faisant suite aux « Mémoires sur la Révolution française ». (Par Jacques LABLÉE.) *Paris,* 1825, in-8.

Mémoires d'un honnête homme. (Par l'abbé A.-F. PRÉVOST.) *Amsterdam (Paris),* 1745, in-12. — Nouvelle édition, augmentée d'un second volume, par M. DE M... (Eléazar DE MAUVILLON). *Dresde,* 1753, 2 vol. in-12.

Mémoires d'un jeune Grec sur la prise de Tripolizza, et pour servir à l'histoire de la régénération de la Grèce. (Par Mᵐᵉ CASTEL DE COURVAL.) *Paris, Corbet,* 1825, in-8.
D. M.

Mémoires d'un jeune prêtre, recueillis et publiés par un laïque. (Par Paul-Alex. TIBY, du ministère de la marine.) *Paris, Boulland,* 1834, in-12.

Mémoires d'un Languedocien, contenant des voyages, des aventures et des événements curieux et intéressants... Par M. B******D (BERTRAND), de Montpellier. *Montpellier, J. Martel ainé,* 1772, in-8.

Mémoires d'un Lyonnais de la fin du XVIIIᵉ siècle. Précis de la vie de l'auteur ; par R. C. (RICARD-CHARBONNET). *Lyon, imp. de I. Deleuze,*1838, 2 part. in-8.

Voy. « Supercheries », II, 999, e.

Mémoires d'un médecin, par le docteur HARRISON, membre de plusieurs sociétés savantes, traduits de l'anglais sur la troisième édition (par M. Philarète CHASLES). *Paris, Dumont,* 1833, 2 vol. in-8.

Avant d'être réunis en corps d'ouvrage, ces « Mémoires » avaient paru par fragments dans la « Revue britannique ».   D. M.
Une autre traduction a été publiée sous ce titre : « Mémoires d'un vieux médecin », *Paris, G. Baillière,* 1848, 5 parties en 2 vol. in-12.

Mémoires d'un négociant patriote (GOTTSKOWSKY). *Berlin,* 1769, in-8.

Mémoires d'un officier français, prisonnier en Espagne, ou relation circonstanciée de la captivité du corps de l'armée française, sous les ordres du lieutenant général Dupont... Par un officier de la garde royale (C. DE MÉRY). *Paris, imp. de Huzard-Courcier,* 1823, in-8.

On a réimprimé des titres avec le nom d'auteur et la mention : 2ᵉ éd. *Paris, Boulland,* 1820.

Mémoires d'un pauvre diable... (Par J. PASSERON.) *Lyon, imp. de G. Rossary, s. d.,* in-8.

Mémoires d'un pauvre hère. (Par Gustave DE BONNET et A. DELCOUR.) *Paris, imp. de David,* 1829, 4 vol. in-12. — 2ᵉ édit. *Paris, Denain,* 1830, 4 vol. in-12.

Ces Mémoires ont été revus par le baron DE BARRÉ.
Voy. « Supercheries », III, 46, b.

Mémoires d'un père (Aug. NICOLAS) sur la vie et la mort de son fils. *Paris, imp. de P.-A. Bourdier,* 1865, in-8.

Plusieurs fois réimprimés.

Mémoires d'un prêtre régicide. (Par Denis-Alexandre MARTIN.) *Paris, Ch. Mary et Tenon,* 1819, 2 vol. in-8, avec un *fac-simile* de Camille Desmoulins.

L'article du « Journal de la librairie » (nov. 1829) qui concerne cette publication semble établir que le personnage dont ce livre retrace les intéressants souvenirs serait MONNEL, l'un des curés qui passèrent, avec Grégoire et Brousse, du côté du Tiers-Etat, à la Constituante.
La dernière partie de l'ouvrage a été revisée par Ant. MERLIN, de Thionville.

Mémoires d'un prisonnier d'Etat, sur l'administration intérieure du château royal de Vincennes; pour servir de suite aux « Mémoires sur la Bastille », publiés par M. Linguet. *Londres,* 1783, in-8.

Reproduction textuelle de la 2ᵉ partie de l'ouvrage de MIRABEAU : « des Lettres de cachet... » Voy. V, 1246, f.

Mémoires d'un protestant condamné aux galères de France pour cause de religion, écrits par lui-même (Jean MARTEILHE, de Bergerac, mort à Cuilenbourg en 1777, âgé de quatre-vingt-quinze ans; revus par Daniel DE SUPERVILLE). *Rotterdam, Beman et fils,* 1757, in-8.

Réimprimés à Strasbourg, imp. de veuve Berger-Levrault, 1865, in-16.
Voy. « Supercheries », III, 266, c.

Mémoire d'un réfugié au Champ d'asile (J.-B. MESNARD), écrits par lui-même et publiés par M***. *Paris, A. Leroux,* 1825, 2 vol. in-12.

Mémoires d'un sot, contenant des niaiseries historiques, révolutionnaires et diplomatiques, recueillies sans ordre et sans goût. (Par Vinc. LOMBARD, de Langres.) *Paris, N. Maze,* 1820, in-8.

Même ouvrage, à quelques retranchements près, que les « Souvenirs » publiés par le même auteur, en 1819, avec son nom.
Voy. « Supercheries », III, 712, c.

Mémoires d'un touriste, par l'auteur de « Rouge et Noir » (H. BEYLE, dit DE STENDHAL). *Paris, Ambroise Dupont,* 1838, 2 vol. in-8, 432 et 365 p.

Une seconde édition fictive à la même date.

Réimprimés à *Bruxelles* la même année.

Plusieurs fois réimprimés sous le pseudonyme de STENDHAL.

Mémoires d'un vicaire de campagne. (Par l'abbé EPINEAU.) *Paris, Lachapelle,* 1841, in-8. — 2ᵉ édit., précédée d'une introduction, par M. Ant. AUMÉTAYER. *Paris, Royer,* 1843, in-8. — 3ᵉ édit. *Paris, Royer,* 1844, in-8.

Mémoires d'un vieil avocat, écrits par lui-même, recueillis et mis en ordre par le comte Am. DE B*** (Amédée DE BAST). *Paris, Souverain,* 1847, 3 vol. in-8.

Mémoires d'un vieillard de vingt-cinq ans (le baron E.-L. DE LAMOTHE-LANGON). *Paris,* 1809, 5 vol. in-12.

Ce roman a été attribué parfois à M.-N. BALISSON DE ROUGEMONT.

Mémoires d'un vieux soldat. (Par CALOSSO, traduits en français par A. BURNEL.) *Turin, Gianini et Fiore,* 1857, in-18.

Catalogue de Nantes, nº 46328.

Mémoires d'une célèbre courtisane des environs du Palais-Royal, ou vie et aventures de Mˡˡᵉ Pauline, surnommée la veuve de la grande armée. (Par MM. Edouard D'ELIÇAGARAY et Emile MARCO SAINT-HILAIRE.) *Paris, Terry,* 1833, in-8.

Mémoires d'une créole du Port-au-Prince (L.-A. RAVINET, née MOZARD). *Paris, imp. Malteste,* 1844, in-8, 238 p.

L'épître est signée : Laurette-Marie MOZARD.

Voy., pour une suite à ces Mémoires : « la Fièvre sympathique... », V, 457, *e.*

Mémoires d'une femme de chambre. (Par M. Henri DE PÈNE.) *Paris, E. Dentu,* 1864, in-12, 2 ff. de tit. et 318 p.

Plusieurs fois réimprimés.

Mémoires d'une femme de qualité, depuis la mort de Louis XVIII jusqu'à la fin de 1829. (Par MM. DAMAS-HINARD, Armand MALITOURNE et Maxime-Catherinet DE VILLEMAREST.) *Paris, Mame et Delaunay-Vallée,* 1830, 2 vol. in-8.

D. M.

Mémoires d'une femme de qualité, sur Louis XVIII, sa cour et son règne. (Par MM. Etienne-Léon DE LAMOTHE-LANGON, DAMAS-HINARD, Pierre-Armand MALITOURNE et Maxime-Catherinet DE VILLE-

MAREST.) *Paris, Mame et Delaunay-Vallée,* 1829, 4 vol. in-8. D. M.

Mémoires d'une fille de qualité qui ne s'est pas retirée du monde. (Par Charles DE FIEUX, chevalier DE MOUHY.) *Paris,* 1748, 4 vol. in-12. V. T.

Mémoires d'une fille de qualité qui s'est retirée du monde. (Par l'abbé I.-V. GUILLOT DE LA CHASSAGNE.) *Amsterdam et Paris,* 1742, 1755, 2 part. in-12.

L'édition de 1742 porte les lettres initiales : *par M. D. L. P.,* et l'avertissement donne à entendre qu'elles désignent M. DE LA PLACE ; mais tous les bibliographes attribuent cet ouvrage à LA CHASSAGNE.

Mémoires d'une honnête fille, avec le portrait de l'auteur par G. Stahl. (Par Alfred DELVAU.) *Paris, A. Faure,* 1865, in-18, 312 p.

La « Petite Revue », du 20 octobre 1865, dévoila l'anonyme. Deux portraits ont été gravés pour ce livre : le premier, par Ch. Carrey, ne fut pas utilisé, parce que ¥ « honnête fille », en grande toilette, ressemblait à l'impératrice Eugénie ; le second ne se trouve que dans les exemplaires de première mise en vente.

D'après Lorenz, la comtesse DE CHABRILLANT, née Céleste VENART, aurait réclamé, dans le « Nain-Jaune », contre l'attribution faite à Alfred DELVAU, et aurait déclaré être l'auteur de cet ouvrage.

La première attribution n'a pas été pour cela abandonnée, et ces mémoires sont généralement attribués à Alfred DELVAU.

Mémoires d'une provinciale, écrits par elle-même. (Par FENESTRE DE HOTOT.) *Paris,* 1764, 2 part. in-12.

Mémoires d'une reine infortunée (CAROLINE-MATHILDE, reine de Danemark), entremêlés de lettres écrites par elle-même. *Londres,* 1776, in-12, portr.

Mémoires d'une religieuse, écrits par elle-même, recueillis par M. DE L*** (Pierre DE LONGCHAMPS). *Paris, Lesclapart,* 1766, 2 part. in-12.

Mémoires d'une Société célèbre, considérée comme corps littéraire et académie, depuis le commencement de ce siècle, ou Mémoires des Jésuites, sur les sciences, les belles-lettres et les arts. (Publiés par l'abbé J.-B.-G.-A. GROSIER.) *Paris, Defer de Maisonneuve,* 1792, 3 vol. in-8.

Cette collection, extraite du fameux « Journal de Trévoux », rédigé par les Jésuites, devait être portée à un plus grand nombre de volumes, mais les troubles de la Révolution forcèrent le libraire à s'arrêter après l'impression des trois volumes. La préface de l'éditeur est une éloquente apologie des Jésuites, considérés surtout sous le rapport littéraire.

Mémoires de Babiole, ou la lanterne magique anglaise, par Caroline W***

(Wuiet). *Paris, Martinet*, an XI-1803, 3 vol. in-12.

On dit que A.-B.-L. Grimod de La Reynière a eu beaucoup de part à cet ouvrage.

Mémoires de Barthélemi Vieillevoye, directeur de l'Académie des beaux-arts de Liége (publiés et mis en ordre par Jules Pety de Rosen). *Tongres, veuve Collée*, 1858, in-8, 58 p.

Tiré à part du « Bulletin de la Société scientifique du Limbourg ».   Ul. C.

Mémoires de Bilboquet, recueillis par un bourgeois de Paris. (Par Maurice Alhoy, Taxile Delord et Edmond Texier.) *Paris, imp. de Raçon*, 1853-1854, 3 vol. in-18.

Mémoires de ce qui s'est passé de plus mémorable en France, depuis l'établissement de la monarchie jusqu'à présent. (Par l'abbé J.-B. de La Landelle de Saint-Remy.) *La Haye, E. Foulque*, 1701, 2 vol. in-12.

Le nom de l'auteur se trouve à la fin de l'épître. Réimprimés en 1716, avec le nom de l'auteur.

Mémoires de ce qui s'est passé en la frontière de Champagne, principalement vers Châlons et Sainte-Menehould, tant pendant les guerres de la Ligue que de Lorraine et Luxembourg, jusques à la paix de l'an 1598. (Par La Caille.) *S. l.* (1614), in-12, 168 p.

Cet ouvrage a été, par erreur, indiqué ci-dessus, col. 131, *d*, sous le titre de : « Mémoire de ce qui s'est passé... »

Mémoires de Cécile. (Par Mlle Eléon. Guichard, revus par P.-Ant. de La Place.) *Paris, Rollin*, 1751, 4 part. in-12. — *Id.*, 1752, 4 part. in-12.— *Rouen*, 1788, 4 vol. in-12.

« Histoire littéraire des femmes françoises », 5 vol. in-8.

On trouve une anecdote intéressante sur ce roman dans le cinquième volume des « Pièces intéressantes et peu connues ». *Paris*, 1787, in-12, p. 135.   V. T.

Mémoires de Charles Perrault, de l'Académie françoise et premier commis des bâtimens du roy, contenant beaucoup de particularités et d'anecdotes intéressantes du ministère de Colbert (publiés par Pierre Patte). *Avignon (Paris)*, 1759, in-12.

Mémoires de chimie, trad. du suédois et de l'allemand de Scheele (par Mme Guyton-Morveau). *Dijon, Mailly*, 1785, in-12.

Mémoires de Condé, ou recueil pour servir à l'histoire de France, où l'on trouvera des preuves de l'histoire de M. de Thou, augmentés d'un grand nombre de pièces curieuses qui n'ont jamais été imprimées... (Par D.-F. Secousse.) *Londres et Paris, Rollin*, 1743, 5 vol. in-4. — Mémoires de Condé, servant d'éclaircissement et de preuves à l'histoire de M. de Thou, tome sixième, ou supplément... (Publié par l'abbé Nic. Lenglet du Fresnoy.) *La Haye, P. de Hondt*, 1743, in-4.

Il existe deux sixièmes volumes : Le premier est de l'année 1744 ; l'abbé Lenglet du Fresnoy en a été l'éditeur. Le second est daté de 1745 ; il renferme quatre parties et de nouvelles notes. On le doit à Prosper Marchand ; sa dissertation sur l'*Anti-Coton* forme la quatrième partie. Il faut examiner si l'exemplaire contient l'une ou l'autre de ces éditions, ou mieux joindre les deux volumes.

Il y a des exemplaires du supplément publié par Prosper Marchand qui portent ce titre : « Mémoires pour servir à l'histoire de Charles IX et de Henri IV, rois de France... » *Paris, aux frais et dépens de l'auteur*, 1745, in-4.

Mémoires de Crockett ; suivis de la recette pour dompter les lions, par un lion dompté. (Par Louis Lemercier de Neuville.) *Paris, chez tous les libraires*, 1863, in-16, 32 p.

Mémoires de famille, historiques, littéraires et religieux. Par l'abbé Lamb... (Lambert). *Paris, C. Painparré*, 1822, in-8.

Mémoires de Fanny Wilkes, traduits de l'allemand (de Timothée Hermès, pasteur de Saint-Bernard et membre du consistoire de Breslau, en Silésie). *Leipsick*, 1766, in-8.

Mémoires de Félix Platter, médecin bâlois (trad. en français par Ed. Fick). *Genève, J.-G. Fick*, 1856, gr. in-8.

Mémoires de feu M. Omer Talon, avocat général en la cour du Parlement de Paris, depuis 1630 jusqu'en 1653. (Publiés par A.-F. Joly, censeur royal.) *La Haye, Gosse (Paris)*, 1732, 8 vol. in-12.

Mémoires de Floricourt. (Par J.-Gasp. Dubois-Fontanelle.) *Londres (Paris)*, 1782, 3 vol. in-18.

Même ouvrage que « Effets des passions... » Voy. V, 37, *d*.

Mémoires de François de Boyvin, baron de Villars, sur les guerres démêlées tant dans le Piémont qu'au mont Ferrat et duché de Milan, par Charles de Cossé, comte de Brissac, maréchal de France ; troisième édition, continuée jusqu'en 1629, par C. M. (Claude MALINGRE), historiographe. *Paris, Besogne*, 1630, 2 vol. in-8.

La première édition est de *Paris*, 1607, in-4 ; la seconde, de *Lyon*, 1610, in-8.

Mémoires de François de Paule DE CLERMONT, marquis DE MONTGLAT (publiés par le P. G.-H. BOUGEANT). *Amsterdam (Rouen)*, 1727, 4 vol. in-12.

Mémoires de Frédéric-Henri DE NASSAU D'ORANGE (publiés par Is. DE BEAUSOBRE). *Amsterdam, P. Humbert*, 1733, in-4.

Mémoires de Gaspard DE SAULX, seigneur de Tavanes, maréchal de France, etc.

Voy. « Mémoires de très-noble », ci-après, col. 212, e.

Mémoires de GIBBON, suivis de quelques ouvrages posthumes et de quelques lettres du même auteur, recueillis et publiés par lord SHEFFIELD, traduits de l'anglais (par J.-E.-F. MARIGNIÉ). *Paris*, an VI-1797, 2 vol. in-8.

Mémoires de Guillaume Nortingham, ou le faux lord Kington. (Par Cl.-Et. BOURDOT DE RICHEBOURG.) *La Haye, Gosse; Paris, Damonneville*, 1741, 2 vol. in-12.

Mémoires de Henri-Charles DE LA TRÉMOUILLE, prince DE TARENTE (revus et publiés par le P. H. GRIFFET). *Liége, Bassompierre*, 1767, in-12.

Mémoires de Henri DE CAMPION (publiés par le général P.-H. DE GRIMOARD). *Paris*, 1806, in-8.

Mémoires de Henri DE LA TOUR-D'AUVERGNE, souverain duc de Bouillon. (Par Paul LE FRANC, avocat.) *Paris*, 1666, in-12.

Mémoires de Hollande. *Paris, Est. Michallet*, 1678, in-12.

Une nouvelle édition a été publiée en 1858, par M. A.-T. BARBIER, qui attribue ce roman à Mme DE LA FAYETTE ; mais il a été démontré que c'est une erreur.

Leber (Catalogue, n° 2308) pense que cet écrit pourrait bien être de Gatien SANDRAS DE COURTILZ.

Mémoires de J.-P. D. (Jean-Pierre DESFERRIÈRES), écrits par lui-même dans son dernier voyage en Italie. (*Milan*), 1806, in-8, IV-188 p.   D. M.

Mémoires de James GRAHAM, marquis DE MONTROSE, contenant l'histoire de la rébellion de son temps; traduits de l'anglois par M*** (l'abbé Jacques GAUDIN). *Paris, Prault le jeune*, 1768, 2 vol. in-12. *Douteux.*

Mémoires de Jean D'HOLLANDER, sur la révolte des Ganthois, en l'an 1539. (Publiés par HOYNCK VAN PAPENDRECHT.) *La Haye*, 1747, in-4.   V. T.

Mémoires de Jean DE WITT, grand pensionnaire de Hollande ; traduits de l'original (hollandais de Emm. VAN DER HOEVEN), en français par Mme de *** (ZOUTELANDT, née LINDENER, depuis Mme BOISSON). *La Haye, Van Bulderen*, 1709, in-12. — *Ratisbonne*, 1709, in-8.

Mémoires de Joseph-Jean-Baptiste ALBOUY DAZINCOURT, comédien sociétaire du Théâtre-Français, directeur des spectacles de la cour, ex-professeur de déclamation au Conservatoire; par H. A. K***s. (Henri-Alexis CAHAISSE). *Paris, Favre*, 1809, in-8. — 2e éd. *Id.*, 1810, in-8.

Réimprimés, par les soins de E.-T.-M. OURRY, dans le huitième volume de la « Collection des Mémoires sur l'art dramatique ».

Mémoires de Justice, ou les Confessions d'une fille du monde qui s'est retirée en province. (Par J.-B.-M. MAGNY.) *Londres* (*Paris*), 1754, in-12.

Mémoires de l'abbé EDGEWORTH DE FIRMONT... Recueillis par C. Sneyd EDGEWORTH et trad. de l'anglais par le traducteur d' « Edmond Burke » (DUPONT, conseiller d'Etat). *Paris, Gide fils*, 1815, in-8.

Mémoires de l'Académie de la ville neuve de Nancy, tome premier (par RECOUVREUR, COGNEL, MATHIEU DE MOULON, DE NICEVILLE et PIERROT, médecin). *Cologne (Nancy), Pierre Marteau*, 1757. — Suite. 1757, in-8.

Ces Mémoires sont le produit d'une débauche d'esprit qui avait pour but de verser le ridicule sur l'Académie fondée par Stanislas le Bienfaisant. Cette facétie, qui ne manque pas de sel, a donné lieu à une méprise assez plaisante de la part des continuateurs de la « Bibliothèque historique » du P. Le Long ; ils placent, tom. IV, n° 45596, l'ouvrage parmi ceux qui concernent l' « Histoire des Académies de province ». Ceci ressemble assez au classement qu'a fait Haller du roman intitulé : « la Jardinière de Vincennes », dans le nombre des livres qui composent la *Bibliotheca botan.*, 1771-1772, 2 vol. in-4.

La « France littéraire » de 1769 mentionne les « Mémoires de l'Académie de la ville neuve de Nancy », par M. C***, t. II, p. 399.

Le troisième volume, publié en 1778, beaucoup moins satisfaisant que les deux premiers, rappelle le même ouvrage sous un titre purement d'imagination : « Mémoires de l'Académie burlesque de Nancy, par M. Le Recouvreur, avocat, avec M. Cognel, » in-12, 1755. C'est une indication erronée, en ce qui concerne le titre et la date du livre ; elle n'est exacte que pour le nom des deux auteurs, auxquels il faut ajouter ceux qu'on lit en tête de cet article. (*Article envoyé par M. Justin Lamoureux, avocat à Nancy.*)

Mémoires de l'Académie des colporteurs. (Par le comte DE CAYLUS.) *De l'imprimerie ordinaire de l'Académie, 1748, in-8.*

Réimprimés dans les « Œuvres badines » de Caylus. Voy. « Supercheries », I, 174, *f*.

Mémoires de l'Académie des ignorants. (10 août-8 octobre 1818. Rédigés par le chevalier B.-F.-A. DE FONVIELLE.) *Paris, 1818, 5 livraisons en 1 vol. in-8.*

Continués sous les titres suivants :

Le Parachute, ou Mémoires de l'Académie des ignorants (10 novembre 1818-9 juillet 1819). *Paris, imp. de A. Boucher,* 21 livraisons en 4 vol. in-8.

Le Mercure royal de France, ouvrage semi-périodique, exclusivement consacré à la littérature, et formant la première section des Mémoires des ignorants (1er septembre 1819-30 mars 1820). *Paris,* 12 livraisons en 2 vol. in-8.

Le Parachute monarchique, ou Mémoires de l'Académie des ignorants, à raison d'une livraison au plus par mois (19 août 1819-10 mai 1820). *Paris,* 9 livraisons en 2 vol. in-8. (Deuxième section des Mémoires de l'Académie des ignorants.)

Mercure royal, ouvrage consacré à la littérature, publié par l'Académie des ignorants (27 mai-20 juillet 1820). *Paris,* 10 livraisons en 1 vol. in-8.

Mercure royal, ouvrage consacré à la littérature, faisant suite au « Parachute monarchique » (5 août 1820-juin 1822). *Paris,* 39 livraisons en 4 vol. in-8.

Mémoires de l'Académie des sciences, inscriptions, belles-lettres et beaux-arts, nouvellement établie à Troyes, en Champagne. (Par P.-J. GROSLEY, André LEFÈVRE, DAVID, etc.) *Liége, C. Barnabé (Troyes, Lefebvre),* 1744, in-8, 72 p. (tome Ier, seul paru de cette édition). — *Troyes et Paris,* 1756, 2 vol. in-8. — 3e éd. *S. l.,* 1768, in-12, 343 p.

Ces « Mémoires » ont été insérés dans la collection des « Œuvres badines » du comte de Caylus.

Voy. sur ce facétieux ouvrage : « Lettre sur les Mémoires.... » (par And. LEFÈVRE). Voy. V, 1214. *b*.

« Histoire sérieuse d'une Académie qui ne l'était pas » (par le Dr PAYEN). Voy. V, 834, *a*.

On sait que ce recueil comprend uniquement des facéties et des pièces scatologiques, ce qui ne l'a pas empêché de figurer souvent dans les catalogues et dans plusieurs ouvrages bibliographiques, parmi les Mémoires des Sociétés savantes.

Mémoires de l'Académie royale de chirurgie. (Par Fr. DE LA PEYRONIE.) *Paris, Ch. Osmont fils,* 1743, 5 vol. in-4.

D. M.

Plusieurs fois réimprimés.

Mémoires de l'auteur des « Vues nouvelles sur le christianisme » (Guillaume MONOD). *Paris, Thorin,* 1873, in-8, 122 p.

L'auteur se nomme dès la première page.

Mémoires de l'Éléphant, écrits sous sa dictée et traduits de l'indien par un Suisse. (Ouvrage composé par Jean-Henri MARCHAND.) *Paris, Costard,* 1771, in-8.

Mémoires de l'Estat de France sous Charles neufiesme. (Publ. par Simon GOULART.) *S. l.,* 1577, 3 vol. in-8. — *Meidelbourg, H. Wolf,* 1578, 3 vol. in-8.

Suivant une note du Catalogue Leber, t. I, n° 3935, il y a une autre édition, avec date de 1578, en petits caractères, où l'on ne trouve pas plus que dans l'édition de 1577 les « Mémoires de la troisième guerre civile ». Voy. ci-après ce titre, col. 201, *d*.

C'est dans ce recueil que l'on trouve imprimé pour la première fois le fameux ouvrage d'Étienne DE LA BOËTIE, intitulé : « de la Servitude volontaire, ou le Contr'un. »

Voy. « Notice bio-bibliographique sur La Boëtie... », suivie de « la Servitude volontaire », donnée pour la première fois, selon le vrai texte de l'auteur, par le Dr J.-F. PAYEN. *Paris, Didot,* 1853, in-8 de 148 p., avec 1 pl. et 1 *fac-simile.*

Mémoires de l'histoire de notre temps. *La Rochelle,* 1573, in-8.

On lit, à la première page de cet ouvrage, la devise : « Le péché y rendra l'ire. » C'est, selon La Croix du Maine, l'anagramme de Pierre LE CHANDELIER, auteur de cette histoire.

Lelong, « Bibliothèque historique », n° 18196.

Mémoires de la baronne D'ALVIGNY, par Mme M. D. S. J. N. A. J. F. D'O. (Mme MÉRARD DE SAINT-JUST, née Anne-Jeanne-Félicité D'ORMOY). *Londres et Paris, Maradan,* 1788, in-12.

Réimprimés sous le titre de : « Dangers de la passion du jeu... », voy. IV, 837, *d*, et « la Mère coupable ». Voy. ces mots.

Mémoires de la comtesse D'ALBESTROPE, mère de Mme la duchesse d'Albany. (Par la comtesse Palamède DE MACHECO, née DE BATAILLE.) *Paris, Delaunay,* 1818, in-12.

Réimprimés en 1820, à la suite du « Comte de Saint-Heerem... » Voy. IV, 661, *a*.

Mémoires de la comtesse D'HORNEVILLE. (Par Claude-François SIMON.) *Paris, l'auteur,* 1739, 1740, 2 vol. in-12. — *Amsterdam,* 1740, 2 vol. in-12.

Mémoires de la cour d'Angleterre. (Par Mme D.... (D'AULNOY). *Paris, Barbin,* 1695, 2 vol. in-12. — *Paris, imp. de P.-G. Le Mercier fils,* 1726, 2 vol. in-12.

Quelques exemplaires de cette dernière édition portent ce titre : « Anecdote secrette et galante de la cour d'Angleterre ». *Amsterdam, L'Honoré et Castellan,* 1727, 2 vol. in-18.

Mémoires de la cour d'Auguste, tirés de l'anglois de Thomas BLACKWELL et de Jean MILLS (par A.-A.-J. FEUTRY). *La Haye et Paris, Segault,* 1768, 3 vol. in-12.

Mémoires de la cour d'Espagne. (Par Marie-Catherine Le Jumel de Berneville, comtesse d'Aulnoy.) *Paris, Cl. Barbin,* 1690, 2 vol. in-12.

Réimp. à *La Haye,* 1691 ; *Paris,* 1692 ; *Lyon,* 1693 ; 2 t. in-12 ; et sous le titre : « Histoire nouvelle de la cour d'Espagne ». *La Haye,* 1692, in-12. Voy. V, 820, *d.*
Le privilége est accordé à Mme B****D**.

Mémoires de la cour d'Espagne, depuis l'an 1679 jusqu'en 1681. (Par le marquis de Villars.) *Paris, J.-Fr. Josse,* 1733, pet. in-8.

Cet ouvrage a été réimprimé à petit nombre, par les soins de M. W. Stirling, sous le titre de : « Mémoires de la cour d'Espagne sous le règne de Charles II, 1678-1682 ». *Londres, Trübner,* 1861, in-8. Le nouvel éditeur croyait que cette relation intéressante était restée inédite.

Mémoires de la cour de Vienne, contenant les remarques d'un voyageur curieux sur l'état présent de cette cour et sur ses intérêts. (Par Casimir Freschot.) *Cologne,* 1705, in-12. — Sec. édit., augment. *Cologne, G. Etienne,* 1705, in-12. — Autre édition, divisée en 7 part. *Cologne,* 1706, in-12.

Mémoires de la dernière révolution d'Angleterre, contenant l'abdication de Jacques II... Par M. L. B. T. (de Lamberty). *La Haye, L'Honoré,* 1702, 2 vol. in-12.

Mémoires de la famille et de la vie de Mme de ***, contenant plusieurs particularités du gouvernement de la République de Hollande, etc. (Par Mme de Zoutelandt.) *La Haye, H. Van Bulderen,* 1710, in-12.

Mémoires de la Grande-Bretagne et de l'Irlande, depuis la dissolution du dernier Parlement de Charles II jusqu'à la bataille navale de La Hogue, par Jean Dalrymple; traduits de l'anglois (par l'abbé J.-L. Blavet). *Londres,* 1776, 2 vol. in-8.

Mémoires de la guerre d'Italie, depuis l'année 1733 jusqu'en 1736, par un ancien militaire (le comte Félix-François d'Espie)... *Paris, veuve Duchesne,* 1777, in-12.

Mémoires de la guerre de Transilvanie et de Hongrie, entre l'empereur Léopold Ier et le Grand Seigneur Mehemet IV, etc. (par Ascagne Centorio de gli Hortensii, de Milan, historien très-estimable, suivant de Thou); trad. de l'italien en françois. *Amsterdam, D. Elzevier,* 1680, 2 vol. in-12.

Pr. Marchand, dans son article du May, présente ce publiciste comme auteur du présent ouvrage ; c'est une

a erreur dans laquelle l'a fait tomber la production de Louis du May, intitulée : « Discours historiques et politiques sur les causes de la guerre de la Hongrie et sur les causes de la paix entre Léopold Ier, empereur des Romains, et Mahomet IV, sultan de Turquie. *Lyon, Rivière,* 1665, in-12.

Mémoires de la jeune Pauline, par Mlle D**** (Bonne-Philippine Dumont). *Mons, Monjot,* 1806, 2 vol. in-12.
.J. D.

b Mémoires de la Ligue sous Henri III et Henri IV, rois de France. (Par Simon Goulart, sous le nom de Samuel du Lys.) *S. l. (Genève),* 1602-1604, 6 vol. in-8. — Nouv. édit. revue et augmentée de notes historiques et critiques (par l'abbé C.-P. Goujet). *Amsterdam (Paris),* 1758, 6 vol. in-4.

On ne croit pas que Goulart soit l'éditeur des tomes I et II de ces « Mémoires ». (« Remarques » de l'abbé
c Joly sur Bayle, au mot *Goulart.*)
Pour les éditions antérieures, voy. « Recueil contenant les choses... »

Mémoires de la maison de Condé...
Voy. « Mémoires pour servir à l'histoire de la maison de Condé... »

Mémoires de la minorité de Louis XIV, sur ce qui s'est passé à la fin de la vie de Louis XIII et pendant la régence d'Anne
d d'Autriche, mère de Louis XIV. (Par François de La Rochefoucauld, avec des notes et une préface de A.-N. Amelot de La Houssaye.) *Villefranche, J. de Paul,* 1688, in-12.

Souvent réimprimés.
Les premières éditions avaient paru sous le titre de : « Mémoires de M. D. L. R. » Voy. ci-après ces mots, col. 204, *a.*

Mémoires de la princesse Caroline (la
e princesse de Galles), adressés à la princesse Charlotte, sa fille, publiés par Thomas Ashe, écuyer; traduits de l'anglais sur la quatrième édition (par Picot, de Montpellier). *Paris, Dentu,* 1813, 2 vol. in-8.

Mémoires de la régence de la reine Marie de Médicis. (Par le duc d'Estrées, publiés par le P. Le Moyne.) *Paris, Billaine, C. Barbin ou T. Jolly,* 1666, in-12.
f
On les trouve aussi sous le titre de : « Mémoires d'Etat... » Voy. ci-dessus, col. 186, *c.*
Ces Mémoires ont été réimprimés en 1756 dans les « Mémoires particuliers... », voy. ces mots, et dans le tome XVII de la collection Petitot et Monmerqué.

Mémoires de la régence de S. A. R. Monseigneur le duc d'Orléans, durant la minorité de Louis XV... (Par le chevalier de Piossens.) *La Haye, J. Van Duren,* 3 vol. in-12. — *Id.,* 1736, 3 vol. in-12. — *Id.,*

1737, 3 vol. in-12. — *Amsterdam, Chatelain*, 1739, 3 vol. in-12. — *La Haye, J. van Duren*, 3 vol. in-12. — Nouvelle édition considérablement augmentée (par N. LENGLET DU FRESNOY). *Amsterdam*, 1749, 5 vol. in-12.

Mémoires de la reine de Hongrie, ou les événements intéressants arrivés dans le système de l'Europe après la mort de l'empereur Charles VII, jusqu'au temps de l'élection de François Ier. *Francfort et Leipsick, veuve Knoch et J.-G. Esslinger*, 1745, pet. in-8, 8 ff. prél. et 199 p. — *Id.*, 1747, in-8, 8 ff. lim. et 199 p.

L'auteur a signé la dédicace de ses initiales C. A. B. (Conrad Adam BARTH).

Mémoires de la reine Marguerite. (Publiés par Auger DE MOLÉON, seigneur DE GRANIER.) *Paris, Ch. Chappellain*, 1628, petit in-8.

Pour le détail d'autres édit., voy. le « Manuel du libraire », 5e édit., t. III, 1419.

Voy. aussi ci-après, « Mémoires de Marguerite de Valois... », col. 206, a.

Mémoires de la senora PEPITA. Aveux et confidences d'une danseuse. Trad. de l'espagnol, par A. X. (Félix BERNARD, notaire). *Liège, Kornicker*, 1855, in-12.

Tome I, seul paru.   Ul. C.

Mémoires de la société de 1789.

Voy. « Journal de la société de 1789 », V, 1013, e.

Mémoires de la troisième guerre civile et des troubles de France .... Charles IX régnant. (Par Jean DE SERRES.) *S. l.*, 1570, in-8. — *S. l.*, 1571, in-8.

Réimprimés dans le t. III des « Mémoires de l'Estat de France sous Charles IX » (publiés par Simon Goulart), *Meidelbourg, H. Wolf*, 1578, 3 vol. in-8, édit. en gros caractères, mais ils ne figurent pas dans l'édit. de 1576, ni dans l'édit. en petits caractères de 1578.

Mémoires de la vie de F. d'Usson de Bonrepos, ambassadeur de France en Danemark. (Par DE LA TROUSSIÈRE.) *Amsterdam*, 1671, 1677, in-12.

Mémoires de la vie de François Scepeaux, sire de Vieilleville ... contenant plusieurs anecdotes des règnes de François Ier, Henri II, François II et Charles IX, composés par Vinc. CARLOIX, son secrétaire (revus et publiés par le P. H. GRIFFET). *Paris, Guérin et de La Tour*, 1757, 5 vol. in-8.

Mémoires de la vie de Frédéric-Maurice de La Tour-d'Auvergne, duc de Bouillon... (Par Jacques DE LANGLADE, baron DE SAU-

MIÈRES.) *Paris, P. Trabouillet*, 1692, in-12, 4 ff. lim. et 263 p. — *Suivant la copie de Paris, Amsterdam, A. Brackman*, 1693, in-12.

Mémoires de la vie de Henriette-Sylvie de Molière. *Paris, Claude Barbin*, 1691, 6 vol. in-12.

Souvent réimprimés.

Quelques éditions sont intitulées : « les Aventures, ou mémoires de la vie... » Voy. IV, 345, c.

Le passage ci-après prouve que l'on a eu tort d'insérer ce roman dans la collection des « Œuvres » de Mme DE VILLEDIEU :

« Un gentilhomme nommé d'A..... (D'ALÈGRE), auteur de la « Vie de Henriette-Sylvie de Molière », roman qui a eu une grande réputation et qui est encore lu avec plaisir, est le véritable père de la « Coquette » et de l' « Homme à bonnes fortunes ». Baron lui donna 500 écus pour mettre cette dernière pièce sous son nom. » (D'Allainval, lettre à mylord *** sur Baron... p. 15.)

Le dernier ouvrage de d'Alègre, intitulé : « Histoire de Moncade », parut en 1735. Il y a donc soixante-trois ans de distance entre cette publication et celle de la vie de Henriette-Sylvie de Molière : cela paraît un peu difficile à croire. Je serais donc porté à ajouter foi à l'assertion de Leris, qui, dans son « Dictionnaire des théâtres », attribue au fameux SUBLIGNY la « Vie de Henriette-Sylvie de Molière ».

Mémoires de la vie de Jacques-Auguste DE THOU, ouvrage mêlé de prose et de vers, avec la traduction de la préface qui est au devant de sa grande histoire. Première édit., traduite du latin en françois. *Amsterdam, Leers (Rouen)*, 1711, in-4. — *Amsterdam, F. L'Honoré*, 1713, in-12. — *Id.*, 1714, in-12.

Jacques-George LE PETIT, secrétaire honoraire du roi, a traduit la prose ; quant à la préface, tirée de la grande histoire, il n'a fait que revoir la traduction d'un ministre protestant, insérée en tête de l'histoire de l'édition de Nantes.

La traduction des vers est de Frédéric COSTARD, seigneur D'IFS.

Note autographe de A.-A. Barbier, confirmée par Frère, « Manuel du bibliographe normand », II, p. 97.

Mémoires de la vie de Mme de Ravesan. (Par Louise-Genev. GOMEZ DE VASCONCELLOS, dame GILLOT DE BEAUCOUR.) *Paris*, 1678, 4 parties in-12.   V. T.

Mémoires de la vie de Mlle Delfosses, ou le chevalier Baltazard (attribués à LE NOBLE). *Paris, Barbin*, 1695, in-12.

Voyez Moréri. Cependant cet ouvrage ne se trouve pas dans la collection des « Œuvres » de Le Noble.

Lenglet du Fresnoy dit, dans ses notes manuscrites, que c'est un curé nommé LE TELLIER qui a fait ce roman. « Nous avons aussi de lui, ajoute-t-il, quatre volumes de sermons assez mauvais. »

L'abbé Lenglet a sans doute voulu parler de dom François LE TELLIER DE BELLEFONS, bénédictin, dont on a six volumes de sermons peu estimés. Voyez le « Journal des Savans » de 1702, in-4, p. 672.

Mémoires de la vie de M. (Charles) Walon de Beaupui, prêtre (directeur des écoles de Port-Royal, par l'abbé DE LA CROIX, son neveu, publiés par l'abbé Pierre LE CLERC). *Utrecht (Paris)*, 1751, in-12.

Même ouvrage que « Vies intéressantes et édifiantes des amis de Port-Royal... » Voy. ces mots.

Mémoires de la vie de mylord duc d'Ormond, traduits de l'anglois (de Thomas CARTE). *La Haye*, 1737, 2 vol. in-12.

Ce n'est qu'un abrégé de l'ouvrage de Thomas Carte, fort important pour l'histoire d'Irlande : « History of the Life of James, duke of Ormond », *London*, 1735-36, 3 vol. in-fol., réimprimé à *Oxford*, 1851, 6 vol. in-8.

Mémoires de la vie de Théodore-Agrippa D'AUBIGNÉ, écrits par lui-même (revus et corrigés par J. DU MONT); avec ceux de Frédéric-Maurice DE LA TOUR, prince DE SEDAN (rédigés par AUBERTIN, son domestique); une « Relation de la cour de France en 1700 », par PRIOLO; et l' « Histoire de Mme de Mucy », par Mlle DE *** (par Guillaume DE VALDORY). *Amsterdam*, J.-Fr. Bernard, 1731, 2 vol. in-12.

« Journal littéraire » de La Haye, t. XVI, p. 503.

Mémoires de la vie du comte de Grammont, contenant particulièrement l'histoire amoureuse de la cour d'Angleterre, sous le règne de Charles II. (Par Ant. HAMILTON.) *Cologne, P. Marteau*, 1713, in-12.

Souvent réimprimés avec le nom de l'auteur.

Mémoires de la vie du lord Lovat. Relation de la conduite du comte de Kilmarnoch après sa sentence prononcée. (Par J. FOSTER.) *Amsterdam*, 1747, in-12.
V. T.

Mémoires de la vie privée de Benjamin FRANKLIN, écrits par lui-même; traduits de l'anglais (par Jacq. GIBELIN). *Paris, Buisson*, 1791, in-8.

L'autobiographie de cet homme célèbre a été souvent imprimée; l'édition de *New-York*, 1849, gr. in-8, est accompagnée de 76 fig. sur bois.

Mémoires de lady Hamilton, ambassadrice d'Angleterre à la cour de Naples, ou choix d'anecdotes curieuses sur cette femme célèbre, etc. (trad. de l'anglais par PICOT, de Montpellier). *Paris, Dentu*, 1816, in-8, avec portrait gravé par J. Romney.

Ces prétendus Mémoires sont apocryphes.

Mémoires de littérature, par M. DE S*** (A.-H. DE SALLENGRE). *La Haye, du Sauzet*, 1715-1717, 2 vol. in-8.

Voy. « Continuation des Mémoires... », IV, 750, c.

Mémoires de Lucie d'Olbery, traduits de l'anglois (par Mme BECCARI). *Paris, Dehansy le jeune*, 1769, 2 vol. in-12.

Mémoires de Lucile. (Par A.-J.-F.-A. DE LABROUE, baron DE VAREILLES-SOMMIÈRES.) *Paris, Jorry*, 1756, in-12.

Mémoires de M. D. L. R. (François DE LA ROCHEFOUCAULD), contenant : Les Brigues pour le gouvernement à la mort de Louis XIII. Guerre de Paris... *Cologne, P. Van Dyck*, 1662, in-12.

Souvent réimprimés.

Ces Mémoires ont aussi paru sous le titre de : « Mémoires de la minorité de Louis XIV... » Voy. ci-dessus, col. 200, c.

Mémoires de M. D. M. (Mlle DE MONTPENSIER). In-12.

Sans frontispice. Paginé 3-482. C'est tout ce qui a paru de cette édition, dont l'impression a été arrêtée et les exemplaires supprimés.

Mémoires de M. D..... (DE MESMES, comte D'AVAUX) touchant les négociations du traité de paix fait à Munster en 1648. *Cologne*, 1674, in-8. — Sur l'imprimé à *Cologne*, 1674, in-12.

Mémoires de M. L. C. D. R. (le comte de Rochefort), contenant ce qui s'est passé de plus particulier sous le ministère du cardinal de Richelieu et du cardinal de Mazarin... (Par Gatien SANDRAS DE COURTILZ.) *Cologne, Marteau*, 1687, in-16.

On prétend que l'auteur y a fait son portrait, p. 22. Souvent réimprimés.

Mémoires de M. L. D. D. N. (Mme la duchesse DE NEMOURS), contenant ce qui s'est passé de plus particulier en France pendant la guerre de Paris... *Cologne*, 1709, in-12. — *Amsterdam, J.-F. Bernard*, 1718, in-8. — *Id.*, 1738, in-8.

Publiés par Mlle M.-J. L'HÉRITIER.

Mémoires de M. L. M. D. B. (le marquis Henri DE BEAUVEAU), pour servir à l'histoire de Charles IV. *Metz*, 1686, in-12. — *Cologne*, 1689, in-12.

Voy. « Mémoires du marquis de B*** », ci-après, col. 218, e.

Mémoires de M. L. P. M. M. G. connétable de Naples (Mme la princesse Marie Mancini, grande connétable de Naples, par SAINT-BRÉMONT). *Cologne*, 1676, 1677, in-12.

Mémoires de Mme C... (CHARDON, femme d'un conseiller de la cour des aydes de Paris), née et élevée dans la religion prétendue réformée, contenant les motifs de sa conversion à la religion catholique, écrits par elle-même. *Paris, Simon*, 1755, in-12.

Mémoires de Mme DU N** (DU NOYER), écrits par elle-même. *Cologne, Pierre Marteau*, 1710, 5 vol. in-12, avec frontispices.

Réimprimés depuis à la suite des « Lettres historiques et galantes » de Mme du Noyer, mais sans les dédicaces à divers grands personnages protestants de l'époque. Voy. V, 1275, *e*.

Mémoires de Mme la comtesse de M*** avant sa retraite, pour servir de réponse aux Mémoires de Saint-Evremont. (Par Mme H.-J. DE CASTELNAU, comtesse DE MURAT.) *Paris*, 1697; — *Amsterdam*, 1698, 1741, 2 vol. in-12.

Il y a des exemplaires de l'édition de 1697 qui portent le titre de : « la Défense des femmes... » Voy. IV, 862, *a*.

Mémoires de Mme la comtesse de Zurlac. Par Mme DE P** (Madeleine D'ARSANT, dame DE PUISIEUX). *Berlin*, 1752, 2 vol. in-12.

Mémoires de Mme la marquise DE LA ROCHEJAQUELEIN, écrits par elle-même. Quatrième édition... *Paris, L.-G. Michaud*, 1817, in-8.

Souvent réimprimés.
Les premières éditions portent : Rédigés par M. DE BARANTE.
Les « Supercheries », II, 666, *b*, ont à tort attribué la rédaction absolue de cet ouvrage à ce dernier. On peut voir à ce sujet ce que M. Pie, évêque de Poitiers, a publié dans les « Mémoires de la Société des antiquaires de l'Ouest », t. XXXIII, 1868, et qui a paru séparément sous ce titre : « Monsieur de Barante, sous-préfet à Bressuire, et les « Mémoires de la marquise de La Rochejaquelein ». *Poitiers, imp. de A. Dupré*, 1869, in-8, 83 p.

Mémoires de Mlle de Baudéon. (Par J.-P.-L. DE LA ROCHE DU MAINE, marquis DE LUCHET.) 1784, in-12.

Réimpression de l'ouvrage intitulé : « Insuffisance de la vertu ». Voy. V, 952, *d*.
Cet ouvrage a encore été publié sous le titre de : « Mémoires de M. de B... » Voy. ci-après, col. 208, *e*.

Mémoires de Mlle DE MONTPENSIER, fille de M. Gaston d'Orléans, frère de Louis XIII, roi de France. (Revus par J. REGNAULD DE SEGRAIS.) *Paris, Le Breton*, 1728, 6 vol. in-12. — Edition où l'on a rempli les lacunes... (dirigée par J.-Fréd. BERNARD, auteur de la préface). *Amsterdam, J. Wetstein*, 1735, 8 vol. in-12.

Ces Mémoires ont été souvent réimprimés.

Mémoires de Mlle de Sternheim (par Marie-Sophie de Guttermann, dame DE LA ROCHE), publiés par WIELAND; traduits de l'allemand, par Mme DE L. F. (Mar.-

Elis. DE LA FITE). *La Haye, P.-F. Gosse*, 1773, 2 vol. in-12.

Mémoires de MARGUERITE DE VALOIS, reine de France et de Navarre, auxquels on a ajouté son éloge, celui de M. de Bussy (par P. DE BRANTOME), et la Fortune de la cour (par P. DE DAMPMARTIN). *Liége, J.-P. Broncart (Bruxelles, Foppens)*, 1713, in-8. — *La Haye, Adr. Moetjens*, 1715, 2 vol. pet. in-8, portr.

Edition publiée par J. GODEFROY.
Voy. ci-dessus, « Mémoires de la reine Marguerite », col. 201, *b*.

Mémoires de MARGUERITE DE VALOIS, suivis des Anecdotes inédites de l'histoire de France, pendant les XVIe et XVIIe siècles, tirés de la bouche de M. le garde des sceaux du Vair et autres (par N.-Cl. FABRI DE PEIRESC), publiés avec notes par M. Ludovic LALANNE. *Paris, Jannet*, 1858, in-16.　　　　　　　　　　　G. M.

Mémoires de mathématique et de physique, rédigés à l'Observatoire de Marseille. (Par les PP. Esprit PEZENAS, BLANCHARD, LA GRANGE et CORRÉARD.) *Avignon*, 1755 et 1756, 2 vol. in-4.

On trouve, dans le second volume, un grand Mémoire sur les variations célestes ou sur les inégalités du mouvement des planètes, par Guillaume DE SAINT-JACQUES DE SILVABELLE, mort le 10 février 1801.

Mémoires de Maximilien DE BÉTHUNE, duc DE SULLY... mis en ordre, avec des remarques, par M. L. D. L. D. L. (l'abbé P.-M. DE L'ECLUSE DES LOGES). *Londres (Paris)*, 1745, 3 vol. in-4.

Cette édition a été reproduite plusieurs fois dans le format in-12. Celle de *Londres*, 1778, en 10 vol., contient des « Observations » sur les remarques de l'abbé de L'Ecluse (par les abbés J.-G. PETIT DE MONTEMPUIS et C.-P. GOUJET), l' « Esprit de Sully » (par Mlle Thérèse WILLEMS DE SAINT-VAST) et l' « Esprit de Henri IV » (par L.-L. PRAULT).

Mémoires de MELVIL, traduits de l'anglois, avec des additions considérables (par l'abbé F.-M. DE MARSY). *Edimbourg, Barrows et Young (Paris, Barrois et Nyon)*, 1745, 3 vol. in-12.

Le tome troisième contient les lettres de Marie STUART, les unes originales, les autres traduites de l'anglais et du latin.
Voyez « Mémoires historiques ».

Mémoires de messire J. DE SAULX, comte DE TAVANNES... *Paris, Langlois*, 1691, in-12.

Dans un exemplaire qui a appartenu au couvent d'Issy, j'ai trouvé la note suivante : « Ces Mémoires ont été recueillis et donnés au public par N.-J. BINDO, avocat, » et sur le titre on a marqué *ex dono autoris*.　　　　　　　　　　　　　　V. T.

Ces Mémoires ont été réimprimés dans la « Bibliothèque elzévirienne », avec notes de M. C. Moreau. *Paris, Jannet*, 1858, in-16.

Mémoires de messire Olivier de La Marche, premier maistre d'hôtel de l'archiduc Philippe d'Autriche (mis en lumière par Denis Sauvage), avec les annotations et corrections de J. L. D. G. (Jean Lautte ou Lautens, de Gand). *Gand, de Salenson,* 1566 ; — *Bruxelles, Velpius*, 1616 ; — *Louvain*, 1645, in-4.

Mémoires de messire Philippes de Mornai, seigneur du Plessis-Marly... *La Forest*, 1624-1625, 2 vol. in-4. — *Leyde, Elzevier*, 1651 et 1652, 4 vol. in-4.

Ces Mémoires ont été rédigés par David Licques, d'après un manuscrit de Mme du Plessis-Mornay, jusqu'à l'année 1666, et pour les dix-sept années suivantes, d'après les renseignements fournis tant par Jean Daillé que par deux secrétaires de Mornay, nommés Jules de Meslay et René Chalopin.

Mémoires de messire Robert Arnauld d'Andilly, écrits par lui-même. (Avec un avertissement par l'abbé C.-P. Goujet.) *Hambourg, imp. d'A. Vanden-Hoeck*, 1734, 2 part. in-8.

Voy. « la Vérité sur les Arnauld », par P. Varin. *Paris*, 1847, 2 vol. in-8.

Mémoires de Michel de Castelnau... nouvelle édition, revue... (par Jean Godefroy). *Bruxelles, J. Léonard*, 1731, 3 vol. in-fol.

Mémoires de Michel de Marolles, abbé de Villeloin... nouvelle édition, avec des notes historiques et critiques (par C.-P. Goujet). *Amsterdam (Paris)*, 1755, 3 vol. in-12.

L'éditeur a retranché de ces Mémoires les généalogies qui sont dans l'édition in-fol. ; mais il y a ajouté le *dénombrement des noms de ceux qui ont donné de leurs livres* à l'auteur.

Mémoires de miledy (*sic*) B..., par Mme R... (Marie-Jeanne Laboras de Mezières, dame Riccoboni). *Paris, Cuissart*, 1760, 4 part. in-12.

Mémoires de milady de Varmonti, comtesse de Barneshau, par M. le comte de M..... (L.-L.-J. Gain de Montagnac). *Londres*, 1778, 2 vol. in-12.

Attribués à tort par l'abbé de La Porte à Mlle de La Guesnerie.

Mémoires de milord, traduits de l'anglois par M. D. L. P. (P.-Ant. de La Place). *Paris, Prault*, 1737, in-12. Douteux.

Mémoires de miss Bellamy, célèbre actrice de Londres ; traduits de l'anglais (par MM. Benoist et P.-Bernard de La Mare). *Paris*, an VII-1799, 2 vol. in-8.

Les exemplaires à l'adresse de *Nicolle*, libraire, portent le nom de Benoist sur le frontispice.

Mémoires de miss Séraphine de Gange, ouvrage posthume de Mme de R**** (Mme Roland, née Louvet, et publ. par P.-A.-M. Miger). *Paris*, an IX, 2 vol. in-12. — Sec. éd. *Paris, Charles*, an XII, 2 vol. in-12.

Mémoires de miss Sidney Bidulph, traduits de l'anglois (de Mme Shéridan, par J.-B.-R. Robinet). *Amsterdam*, 1762, 3 vol. in-12.

Suite des « Mémoires pour servir à l'histoire de la vertu... » Voy. ces mots.

Mémoires de M. de **** (J.-B. Colbert, comte de Torcy), pour servir à l'histoire des négociations depuis le traité de paix de Riswick jusqu'à la paix d'Utrecht. *La Haye (Paris)*, 1756, 3 vol. in-12.

Réimprimés avec le nom de l'auteur, *Londres, Nourse et Vaillant*, 1757, 3 vol. in-12.

Mémoires de M. de ***, pour servir à l'histoire du dix-septième siècle... (Publiés par A.-G. Meusnier de Querlon.) *Amsterdam, Arkstée (Paris)*, 1760, 2 vol. in-12.

Ouvrage intéressant, mais supposé. On donne à entendre dans la préface que l'auteur est le comte de Brégy ; mais cette allégation a été détruite par le désaveu que le marquis de Brégy a fait de ces Mémoires dans le « Mercure » et dans l' « Année littéraire », 1760, II, 71. Voyez les notes historiques et critiques sur les auteurs cités dans l' « Esprit de la Fronde », t. I, p. xlvii.

Mémoires de M. de B..., pour servir à l'histoire de l'année dernière, etc. (Par J.-P.-L. de La Roche du Maine, marquis de Luchet.) 1786, in-12.

Réimpression de l'ouvrage intitulé : « Insuffisance de la vertu », voy. V, 952, *d*, ou « Mémoires de Mlle de Baudéon ». Voy. ci-dessus, col. 205, *e*.

Mémoires de M. de B*** (de Bouy), secrétaire de M. le C. D. R. (le cardinal de Richelieu, par Gatien Sandras de Courtilz). *Amsterdam, Henri Schelten (Rouen)*, 1711, 2 vol. in-12.

Mémoires de M. de Belval, ou la vérité de la religion reconnue. (Par Loisson ou Loysson de Guinaumont.) *Paris, Egron*, 1822, in-8.

Mémoires de M. de Bordeaux, intendant des finances, par M. G. D. C. (Gatien

SANDRAS DE COURTILZ). *Amsterdam (Paris, Nyon)*, 1758, 4 vol. in-12.

Une anecdote sur la famille Berrier (t. IV, p. 266 à 277) excita les plus vives réclamations du garde des sceaux Berrier et de Lamoignon de Baville, son gendre. Cet article fut supprimé avec rigueur, et le libraire obligé de réimprimer la fin du tome IV, depuis la page 265.

L'article supprimé commence par ces mots : « Outre le duché de Mazarin, que le cardinal, etc. », et finit par : « Dont les uns y prétendirent ouvertement, et les autres en secret. »

Les exemplaires où se trouve cette anecdote sont d'une excessive rareté.

Mémoires de M. DE GOURVILLE (publiés par Mlle DE BUSSIÈRE). *Paris, Ganeau, 1724; — Barrois l'aîné*, 1781, 2 vol. in-12.

Ces Mémoires ont été réimprimés dans le tome LII, seconde série, de la collection Petitot et Monmerqué.

Mémoires de M. DE S. H*** (DE SAINT-HILAIRE), contenant ce qui s'est passé de plus considérable en France depuis le décès du cardinal de Mazarin jusqu'à la mort de Louis XIV. *Amsterdam (Paris), Arkstée et Merkus*, 1766, 4 vol. in-12.

SAINT-HILAIRE, auteur de ces Mémoires, était fils de celui qui eut un bras emporté du même coup de canon qui tua le maréchal de Turenne le 27 juillet 1675.

Mémoires de M. DEAGEANT, envoyez au cardinal de Richelieu... (Publiés par Adrien DE ROUX DE MORGES, conseiller au parlement de Grenoble, et petit-fils de l'auteur.) *Grenoble, P. Charvys*, 1668, in-12.

Voy. « Mémoires particuliers », tome III.

Mémoires de M. DU GUAY-TROUIN (continués par M. DE LA GARDE, son neveu, et publiés par P.-F. GODARD DE BEAUCHAMPS). (*Paris*), 1740, in-4. — *Amsterdam, Mortier*, 1740, in-8.

La première édition de ces Mémoires fut publiée par Pierre DE VILLEPONTOUX en 1730. *Amsterdam, P. Mortier*, 2 vol. in-12.

Mémoires de M. DU N** (DU NOYER), écrits par lui-même. Ouvrage curieux. *A Paris, chez Jérôme Sincère*, 1713, in-12, 273 p., front. gravé.

Voy. ci-dessus, « Mémoires de Mme du N** », colonne 205. a.

Les Mémoires de M. du Noyer ont été réimprimés à la suite de ceux de sa femme dans toutes les éditions complètes des « Lettres historiques et galantes ».

Mémoires de M. GISQUET. ancien préfet de police, écrits par lui-même. (Revus et corrigés par Horace-Napoléon RAISSON.) *Paris, Marchant*, 1840, 4 vol. in-8.

Une contrefaçon parut à Bruxelles, en 6 vol. in-12.
D. M.

Mémoires de M. L*** (Pierre LENET), conseiller d'Etat, contenant l'histoire des guerres civiles des années 1649 et suivantes. (*Paris, Guérin*), 1729, 2 vol. in-12.

Ces « Mémoires » ont été réimprimés dans la collection Petitot et Monmerqué, 2e série, tome LIII, et dans celle de Michaud et Poujoulat; ils sont, dans cette dernière, beaucoup plus complets, ayant été revus sur des manuscrits inédits.

Mémoires de M. l'abbé EDGEWORTH DE FIRMONT, recueillis par C. SNEYD EDGEWORTH, et traduits de l'anglais (par DUPONT, conseiller d'Etat). *Paris, Gide*, 1815, in-8.

Mémoires de M. l'abbé MORELLET, de l'Académie française, sur le dix-huitième siècle et sur la Révolution ; précédés de l'éloge de l'abbé Morellet, par M. LÉMONTEY, de l'Académie française (publiés avec une préface et des notes, par J.-V. LE CLERC). *Paris, Ladvocat*, 1821, 2 vol. in-8.

Il faut joindre à ces deux volumes un « Supplément » publié par le libraire, mais auquel l'éditeur n'a eu aucune part.

Mémoires de M. le duc DE CHOISEUL... écrits par lui-même, et imprimés sous ses yeux, dans son cabinet, à Chanteloup, en 1778. (Publiés par J.-L. GIRAUD SOULAVIE l'aîné.) *Chanteloup et Paris, Buisson*, 1790, 2 vol. in-8.

Mémoires de M. le duc DE LAUZUN (publiés par Charles-Jean BARROIS). *Paris, Barrois l'aîné*, 1821, in-8.

Une seconde édition, en 2 vol. in-12, parut l'année suivante. Cette publication souleva beaucoup de réclamations de la part des familles attaquées. Les passages supprimés ont été rétablis dans la « Revue rétrospective », 1re série. La réimpression complète de ces Mémoires fut faite, en 1860, par M. Louis Lacour, et donna lieu à des poursuites et à une condamnation contre les éditeurs. Cette édition a eu deux tirages distincts.
D. M.

Mémoires de M. le duc de Montausier, pair de France, écrits sur les Mémoires de Mme la duchesse d'Uzès, sa fille, par N*** (le P. Nic. LE PETIT, jésuite). *Rotterdam*, 1731, in-12.

Réimpression de « la Vie de M. le duc de Montausier... » Voy. ces mots.

Mémoires (les) de M. le duc DE NEVERS, prince de Mantoue, gouverneur et lieutenant général pour les rois Charles IX, Henri III et Henri IV... (recueillis par DE GOMBERVILLE, et mis en ordre par Jean CUSSON, imprimeur). *Paris, Th. Jolly*, 1665, 2 vol. in-fol.

Mémoires de M. le duc DE SAINT-SIMON, ou l'observateur véridique sur le règne de Louis XIV et sur les premières époques des règnes suivants. (*Londres*), *Paris, Buisson, et Marseille, J. Mossy père et fils*, 1788, 3 vol. in-12.

Extraits tronqués publiés par J.-L. GIRAUD SOULAVIE, qui y ajouta un supplément, *Paris, Buisson*, 1789, 4 vol. in-8 ; puis les reprit, les remania, les grossit sans utilité de notes et de pièces justificatives, sous le titre de : « Œuvres complètes de Louis de Saint-Simon ». Voy. ces mots.

Les « Mémoires » de Saint-Simon n'ont été publiés qu'en 1829-1830, 21 vol. in-8, dans leur forme originelle et authentique.

Mémoires de M. le marquis de Fieux. Par M. le chevalier D. M. (Ch. DE FIEUX, chevalier DE MOUHY). *La Haye*, 1735, in-12. — Autre édit. Par M. le chevalier DE ***. *Paris, Prault*, 1735, in-12.

Mémoires de M. le marquis de Saint-Forlaix (trad. de l'anglois de Mᵐᵉ Fr. BROOKE), par FRAMERY. *Paris*, 1770, 4 part. in-12.

Mémoires de M. MOLESWORTH, envoyé de Sa Majesté Britannique à la cour de Danemarc l'an 1692. *Nancy*, 1694, in-8. — *Paris, veuve Mabre-Cramoisy*, 1697, in-8.

Même ouvrage que l' « État du royaume de Danemarck ». Voy. V, 297, *e*.

Mémoires de M. R***** (RIGADE), chevalier de la Légion d'honneur, officier supérieur de cavalerie et prévôt de la Dalmatie. *Agen, imp. de P. Noubel*, 1828, in-8, IV-145 p. et 1 f. de table.

Mémoires de MONTÉCUCULLI, traduits de l'italien en françois (par Jacques ADAM). *Paris*, 1712, 1760, 2 vol. in-12 ; — *Amsterdam*, 1734, 1746, 1752, 1756, 2 vol. in-12 ; — *Strasbourg*, 1735, 2 vol. in-12.

Mémoires de notre temps...

Voy. « Mémoires pour servir à l'histoire de notre emps... »

Mémoires de plusieurs choses considérables avenues en France ; avec quelque récit touchant les affaires des pays voisins, depuis le commencement de l'année 1607, où finit l'histoire de J. Aug. de Thou. (Par D'ESPESSES.) *Paris, Th. Blaise*, 1634, in-8.

Mémoires de Préville, membre associé de l'Institut national, professeur de déclamation au Conservatoire et comédien français ; par K. S. H. (Henri-Alexis CAHAISSE). *Paris, Guillaume*, 1812, in-8.

Réimprimés dans un meilleur ordre, en 1823, par les

soins de E.-T.-M. OURRY, dans le tome VIII de la « Collection des Mémoires sur l'art dramatique ».

Mémoires de Saint-Gory, par Mᵐᵉ la duchesse DE V... (DE VIOLAINE). *Londres* (*Paris*), *marchands de nouveautés*, 1776, in-12.

Mémoires de Saint-Julien-Molin-Molette, primitivement Saint-Julien-Moulin-Moulette, enrichis de la planche du lieu. Par l'abbé C*** (CHALAND). *Lyon, imp. de Maillet, Girard et Josserand*, 1851, in-8, 32 p.

Mémoires de Saturnin, portier des Chartreux. (Par J.-Ch. GERVAISE DE LATOUCHE.) *Londres*, 1787, 2 vol. in-18.

Voy. « Histoire de dom B***** », V, 665, *e*.

Mémoires de Sébastien-Joseph DE CARVALHO et MÉLO, comte D'OEYRAS, marquis DE POMBAL... (traduits de l'italien de François GUSTA, jésuite espagnol, par C.-M. GATTEL). *Lisbonne et Bruxelles, B. Le Francq* (*Lyon*), 1784, 4 vol. in-12.

Mémoires de Séraphie de Gange, ouvrage posthume de Mᵐᵉ R... (ROLAND, née LOUVET). Publiés par P.-A.-M. MIGER. *Paris, Charles*, 1801, 2 vol. in-8.

Mémoires de Silvio PELLICO, ou mes prisons. Traduit de l'italien par M. Oct. B.... (Octave BOISTEL D'EXAUVILLEZ). *Paris, Gaume*, 1833, 2 vol. in-18.

Mémoires de sir Georges Wollap ; ses voyages dans différentes parties du monde, aventures extraordinaires, etc. Par M. L. C. D. (le chevalier Pierre DUPLESSIS). *Paris, veuve Duchesne*, 1788, 6 vol. in-12.

Mémoires de très-noble et très-illustre Gaspard DE SAULX, seigneur DE TAVANNES, maréchal de France (depuis l'an 1530 jusqu'à sa mort en 1573, dressés par son second fils, Jean DE SAULX, vicomte DE TAVANNES ; avec ceux de ce dernier, depuis 1573 jusqu'en 1596 ; le tout recueilli par Charles DE NEUFCHAISES, neveu de Gaspard de Saulx). *S. l. n. d.*, in-fol.

Ces Mémoires ont été imprimés en 1657, au château de Lugny, près d'Autun, appartenant à la maison de Tavannes, et non à Sully, comme le disent les continuateurs du P. Lelong, t. II, nᵒ 18217.

Mémoires de Versorand, ou le libertin devenu philosophe. (Par H.-F. DE LA SOLLE.) *Amsterdam* (*Paris*), 1750, 6 part. in-12. — *Maestricht, J.-E. Dufour*, 1774, 2 vol. in-12. — *Amsterdam, s. d.*, 3 vol. in-12.

Réimprimés sous le titre de : « Versorand, ou le

libertin... », *Tours*, an III, 6 part. in-12, et sous celui de : « le Petit Faublas, ou amours et aventures de Versorand », *Tours, imp. de C. Billault*, an X, 6 vol. in-12.

Mémoires de Victoire. (Par J.-V. DE LA CROIX.) *Amsterdam, et Paris, Durand neveu*, 1769, in-12.

Mémoires des aventures singulières de la cour de France, par Mme L. M. D*** (M.-C. LE JUMEL DE BERNEVILLE, comtesse D'AULNOY). *La Haye, Alberts*, 1692, 3 parties in-12.

Mémoires des choses passées en Guyenne ès années 1621 et 1622, sous messieurs les ducs de Guyenne et d'Elbeuf. (Par BRSLY.) *La Rochelle, A. Tiffaine*, 1629, in-4, 62 p.

L'auteur a signé l'épître.

Mémoires des commissaires du roi et de ceux de Sa Majesté Britannique sur les possessions et les droits respectifs des deux couronnes en Amérique. (Par Et. DE SILHOUETTE et DE LA GALISSONIÈRE, et surtout par l'abbé J.-l. DE LA VILLE, ex-jésuite.) *Paris, imprimerie royale*, 1755-1757, 4 vol. in-4. — *Id.*, 1756, 6 vol. n-12.

Mémoires des contemporains. Mémoires d'un tailleur. (En' vers, par F. DE MON-THEROT.) *Lyon, imp. de G. Rossary* (vers 1831), in-8, 4 p.   G. M.

Mémoires des deux dernières campagnes de M. de Turenne en Allemagne, et de ce qui s'est passé depuis sa mort, sous le commandement du comte de Lorge. (Par DESCHAMPS.) *Paris, C. Barbin*, 1678, in-12. — *Strasbourg, J.-R. Doulssecker*, 1734, 2 vol. in-12. — Nouv. édit. augm. (par D'HAUTVILLE). *Paris, C.-A. Jombert*, 1756, in-12.

Réimprimés dans l' « Histoire de Turenne », par Ramsay. *Paris*, 1773, 4 vol. in-12.

Mémoires des divers emplois et des actions du maréchal DU PLESSIS-PRASLIN (rédigés par César DE CHOISEUL, son frère; publiés par le sieur DE SAINT-VIC-TOR). *Paris, Cl. Barbin*, 1676, in-4.

Mémoires des intrigues de la cour de Rome, depuis l'année 1669, jusqu'en 1676. (Par l'abbé PAGEAU, curé de Gien.) *Paris, Etienne Michallet*, 1676, in-12, 2 ff. lim. et 255 p. — *Id.*, 1677, in-12, 4 ff. lim. et 265 p.

Mémoires des intrigues politiques et galantes de la reine Christine de Suède et

de sa cour. (Par C.-G. FRANCKENSTEIN.) *Liége*, 1710, 2 vol. in-12.   V. T.

Réimpression de l' « Histoire des intrigues galantes... » Voy. V, 756, *d*.

Mémoires (les) des troubles arrivés en France sous les règnes des rois Charles IX, Henri III et Henri IV, avec les voyages des sieurs de Mayenne et de Joyeuse au Levant et en Poitou, par M. (François RA-CINE) DE VILLEGOMBLAIN. *Paris, J. Guillery*, 1667, 2 vol. in-12. — *Paris, L. Billaine*, 1667, 2 vol. in-12. — *Paris, G. de Luyne*, 1667, 2 vol. in-12. — *Paris, J. Guignard fils*, 1668, 2 vol. in-12.

Publiés par RIVAUDAS DE VILLEGOMBLAIN, neveu de l'auteur.

Mémoires du bal Mabille. (Par Paul MAHALIN.) *Paris, chez tous les libraires*, 1864, in-18, 2 ff. de tit. et 124 p.

Mémoires du baron DE CAPELLEN DE MARSCH, traduits du hollandois (par Marc CHAPPUIS, de Genève). *Paris, Jansen*, 1791, in-8.

Mémoires du baron H.-A. DE LA MOTTE-FOUQUÉ, général d'infanterie prussienne, dans lesquels on a inséré sa correspondance intéressante avec Frédéric II, roi de Prusse (publiés par G.-A. BUTTNER). *Berlin*, 1788, 2 vol. in-8.   A. L.

Mémoires du cardinal DE RETZ, nouvelle édition, augmentée de plusieurs éclaircissements historiques et de quelques pièces du cardinal DE RETZ et autres. *Amsterdam, J.-Fréd. Bernard*, 1731, 4 vol. in-8.

L'avertissement est signé : B. D. M. E. A. A. (Jean-Fréd. BERNARD DE M...., établi à Amsterdam).

Mémoires du chevalier d'Erban. (Par GANIFEY.) *Paris, Duchesne*, 1755, in-12.

Mémoires du chevalier de***. (Par J.-B. DE 'BOYER, marquis D'ARGENS.) *Londres* (Hollande), 1745, 2 vol. in-8.

Mémoires du chevalier de Berville, ou les deux amis retirés du monde. (Par LECH.) *Paris*, 1764, 2 vol. in-12.

Mémoires du chevalier de Gonthieu. *Amsterdam* (*Paris*), 1766, 2 vol. in-12.

Ersch, et Van Thol d'après lui, ont attribué cet ouvrage à Pierre-Firmin DE LA CROIX. C'est une erreur, suivant Quérard. (« France littéraire », II, 429.) L'auteur est Jacq.-Vinc. DELACROIX, et s'il y a des exemplaires anonymes, tous ne le sont pas.

Mémoires du chevalier de Kilpar, traduits ou imités de l'anglois de FIELDING.

(Composés par L.-L.-J. DE MONTAGNAC.) *Paris, Duchesne,* 1768, 2 parties in-12.

Reproduits l'année suivante à la suite des « Aventures de Robinson Crusoé... », imit. par Jos. Fentry. Voy. IV, 337, *f.*

. Mémoires du chevalier de Saint-Vincent. (Par Ambr. FALCONNET.) *Londres* et *Paris, veuve Duchesne,* 1770, in-12.

Nouveau frontispice mis à l'ouvrage intitulé : « Début, ou premières aventures... » Voy. IV, 842, *a.*

Mémoires du colonel Lawrence, contenant l'histoire de la guerre dans l'Inde, entre les Anglois et les François, sur la côte de Coromandel, depuis 1750 jusqu'en 1761... donnés sur les papiers originaux, par Richard-Owen CAMBRIDGE; traduits de l'anglois par M*** (M.-A. EIDOUS). *Amsterdam, et se vend à Paris,* 1766, 2 vol. in-12.

Mémoires du comte Alexandre DE TILLY, pour servir à l'histoire du XVIII° siècle. *Paris, Lenormand,* 1828, 3 vol. in-8. — 2° édit. *Paris, C. Heideloff,* 1830, 3 vol. in-8.

Ces Mémoires sont interrompus au milieu du t. III. Ils ont été continués jusqu'à la mort de DE TILLY, sur les notes trouvées dans ses papiers, par Hygin-Auguste CAVÉ, depuis chef de division au ministère des beaux-arts, sous le règne de Louis-Philippe.   D. M.

Mémoires du comte de Baneston. (Par DE FORCEVILLE.) *La Haye (Paris),* 1755, 2 vol. in-12.

Mémoires du comte DE BRIENNE, ministre et premier secrétaire d'Etat, contenant les événements les plus remarquables du règne de Louis XIII et de celui de Louis XIV... (avec des notes par J.-F. BERNARD). *Amsterdam, J.-F. Bernard,* 1719, 3 vol. in-12.

L'épître est signée : BERNARD. Plusieurs fois réimprimés.

Mémoires (les) du comte de Comminge. (Par D'ARGENTAL, la marquise C.-A. GUÉRIN DE TENCIN et Ant. FERRIOL, comte PONT DE VEYLE.) *La Haye, Néaulme (Paris),* 1735, in-12.

Souvent réimprimés. Voyez la notice sur le comte d'Argental, par M. Hochet, à la suite des « Lettres inédites de Mme du Châtelet » à cet ami de Voltaire. *Paris,* 1806, in-8 et in-12. Voy. aussi « Supercheries », III, 1076, *d.*

Mémoires du comte de Comminville. (Par Jean DU CASTRE D'AUVIGNY.) *Paris, Josse,* 1735, in-12.

Mémoires du comte DE GUICHE, concer-

nant les Provinces-Unies des Païs-Bas. (Publiés par Prosper MARCHAND, d'après un manuscrit acheté à Paris en 1740, à la vente de la bibliothèque du ministre d'Angervilliers.) *Londres, Changuion,* 1744, in-12. — *Utrecht, Vander-Aa,* 1744, 2 vol. in-12.

Mémoires du comte de Guine. (Par Ant. BLANC, dit LE BLANC DE GUILLET.) *Amsterdam (Paris),* 1761, in-12.

Mémoires du comte de M... (MORET DE PONTGIBAUD); précédés de cinq lettres, ou considérations sur les mémoires particuliers (par le comte C.-M. DE SALABERRY). *Paris, V. Thiercelin,* 1828, in-8.

Mémoires du comte de Samarandes, ou le bon fils, par l'auteur de « De tout un peu ». Nouvelle édition, revue et augmentée. (Par J.-Auguste JULLIEN, connu sous le nom de DESBOULMIERS.) *Bruxelles, Delalain,* 1772, 4 vol. in-12.

Publiés d'abord sous le titre de : « le Bon Fils, ou les Mémoires du comte de Samarandes... » Voy. IV, 440, *e.*

Mémoires du comte de Vaxère, ou le faux rabin, par l'auteur des « Lettres juives » (J.-B. DE BOYER, marquis D'ARGENS). *Amsterdam,* 1737, in-12.

Mémoires du comte Robert et de Mme de Villepereux. (Par ROGER DE SERY.) *Paris, Clousier.*

Note de l'inspecteur de la librairie, d'Hémery, du 10 juin 1750.

Mémoires du comte Rostopchine, écrits en dix minutes. Son mot sur Fouché, Talleyrand et Potier, anecdote de La Palisse. (Publiés par M. Serge POLTORATZKY.) *Paris, impr. de Lange-Lévy,* 1839, in-8.

Les Mémoires de Rostopchine avaient déjà été publiés par la même personne dans « le Temps », feuilleton du 16 avril 1839.

Mémoires du duc D'ANTIN. (Publiés par le duc DE NOAILLES.) *Paris, impr. de F. Didot,* 1821, in-8.

Fait partie du t. II des « Mélanges » publiés par la Société des bibliophiles français.

Mémoires du duc DE LA ROCHEFOUCAULD (nouvelle édition, publiée sur un manuscrit chargé de corrections et d'additions de la main de l'auteur, par Ant.-Aug. RENOUARD). *Paris, Renouard,* 1804, in-12, avec sept portraits gravés par Saint-Aubin.

On sait que les Mémoires de La Rochefoucauld n'ont pas été publiés par l'auteur. Lorsqu'il les vit imprimés aussi négligemment qu'ils le sont, il en fit faire une copie exacte, qu'il remit au célèbre Arnaud d'Andilly, en le priant d'y faire les changements qu'il jugerait convenables : malgré cette attention, La Rochefoucauld mourut sans avoir livré cette copie à l'impression ; elle tomba, dans ces derniers temps, entre les mains de M. Renouard. La nouvelle édition qu'il a donnée des Mémoires de La Rochefoucauld est donc la seule qui mérite d'être recherchée aujourd'hui.

Mémoires du duc DE ROHAN sur les choses advenues en France depuis la mort de Henri le Grand jusques à la paix faite avec les réformés au mois de juin (publiés par les soins de Samuel SORBIÈRE) ; dernière édition, augmentée d'un quatrième livre et de divers discours politiques du même auteur, ci-devant non imprimés. S. l., 1646, in-4. — (Hollande, Elzevier), 1646, 2 vol. petit in-12. — Paris, 1661, 2 vol. in-12. — Paris, la Compagnie des libraires, 1665, 2 vol. in-12. — Amsterdam, A. de Hoogenhuysen, 1693, in-12. — Les mêmes (avec une préface de l'abbé C.-P. GOUJET). Amsterdam (Paris), 1756, 2 vol. in-12.

La première édition avait paru en 1644, pet. in-12.

Mémoires du général CUSTINE, rédigés par un de ses aides de camp (le général L. BARAGUEY D'HILLIERS). Hambourg et Francfort, 1794, 2 vol. in-8.

Une édition publiée la même année porte : « Mémoires posthumes du général français Custine... » Voy. ces mots.

Réimprimés sous le titre de : « Mémoires du général Custine sur les guerres de la République, précédés d'une notice sur le général Dumouriez ». Paris, Philippe, 1831, in-8.

Mémoires du général J.-D. FREYTAG... contenant des détails sur les déportés du 18 fructidor et un précis de la retraite effectuée par l'arrière-garde de l'armée française en Russie... accompagnés de notes historiques, topographiques et critiques, par M. C. DE B. (COUVRAY DE BEAUREGARD). Paris, Nepveu, 1824, 2 vol. in-8.

Le « Bulletin des sciences militaires », I, 518, déclare que ces Mémoires sont faits à coups de ciseaux et ne peuvent venir du général Freytag, qui aurait d'abord commencé à parler de sa campagne à l'armée du Rhin, en 1794, et de celle d'Italie, en 1794, où il a figuré d'une manière si honorable.

Mémoires du général MORILLO, comte de Carthagène, marquis de La Puerta, relatifs aux principaux événements de ses campagnes en Amérique, de 1815 à 1821 ; suivis de deux précis de don Jose-Domingo DIAZ... traduits de l'espagnol (par B.-L. DE BLOSSEVILLE et MEISSONNIER DE VALCROISSANT). Paris, Dufart, 1826, in-8.

Mémoires du maréchal DE BASSOM-

PIERRE, depuis 1598 jusqu'à son entrée à la Bastille en 1631 (publiés, dit-on, par Claude DE MALLEVILLE, son secrétaire). Cologne (Elzev.), 1663, 2 vol. ; — 1665, 3 vol. — Amsterdam (Trévoux), 1721, 4 vol. in-12.

Malleville étant mort en 1647, n'a pu mettre au jour cet ouvrage en 1665. Cette observation n'a pas échappé aux continuateurs du P. Lelong. Voyez le t. II, n° 21657. Cependant Malleville a pu, de son vivant, coopérer à la rédaction de ces Mémoires, ainsi que le dit M. Weiss dans la « Biographie universelle ».

Mémoires du maréchal duc DE RICHELIEU, pour servir à l'histoire des cours de Louis XIV, de la régence du duc d'Orléans, de Louis XV, et à celle des quatorze premières années du règne de Louis XVI. (Publiés par J.-L. SOULAVIE l'aîné). Londres, de Boffe; Paris, Buisson, 1790, 9 vol. in-8.

Voy. « Supercheries », III, 424, b.

Mémoires du marquis D**. (Par GUIARD DE SERVIGNÉ.)

Voy. « les Sonnettes ou Mémoires... »

Mémoires du marquis D***, contenant ce qui s'est passé de plus secret depuis le commencement de la guerre d'Espagne, de Bavière et de Flandres. (Par Gatien SANDRAS DE COURTILZ.) Cologne (La Haye), 1712, 2 vol. in-12.

Même ouvrage que la « Guerre d'Espagne ». Voy. V, 580, b.

Mémoires du marquis D'ARGENS, chambellan de Frédéric le Grand, roi de Prusse... nouvelle édit., précédée d'une notice historique sur la vie de l'auteur... (par Jacq. PEUCHET). Paris, Buisson, 1807, in-8, VIII-426 p., avec une fig. du monument de d'Argens.

La première édition parut en 1737, in-8.

Mémoires du marquis de B*** (Henri DE BEAUVEAU), contenant ce qui s'est passé de plus mémorable sous le règne de Charles IV, duc de Lorraine et de Bar. (Hollande, Elzevier), vers 1667), in-12.

A la page 219, on lit le contrat de mariage du duc avec la damoiselle Mariane Pajot, fille de l'apothicaire de Mlle de Montpensier. Voy. ci-dessus, « Mémoires de M. L. M. D. B. », col. 204, e.

Mémoires du marquis de Boissy, 1798-1866, rédigés d'après ses papiers, par Paul BRETON, avocat, l'un de ses anciens secrétaires, précédés d'une lettre-préface, par Mme la marquise de B*** (DE BOISSY). Paris, Dentu, 1870, 2 vol. in-8.

Mémoires du marquis DE CHOUPPES

(publiés par F.-J. Duport du Tertre).
Paris, Duchesne, 1753, 2 vol. in-12.

Mémoires du marquis de Langal-
lery, lieutenant général des armées de
France, etc. (publiés par Gautier de
Faget, Hollandais). *La Haye*, 1743, in-12.

Il ne faut pas confondre cet ouvrage avec « le Manifeste du général marquis de Langallerie au sujet de ce
qu'il a quitté le service de France et s'est retiré du
royaume », *La Haye, J. Swars*, 1714, in-8, pièce
très-rare, ni avec un roman historique de Sandras de
Courtilz, intitulé : « la Guerre d'Italie, ou Mémoires
historiques, politiques et galans du marquis de Langallerie ». *Cologne (Rouen)*, 1709, 2 vol. in-12. La
première édition est de 1707. Voy. V, 580, *d*.

Mémoires du marquis de Maffei... contenant une exacte description de plusieurs
des plus fameuses expéditions militaires
de notre siècle, traduits sur l'original italien (par J.-F. Séguier, de Nismes). *La
Haye, J. Néaulme*, 1740, 2 vol. in-8. —
Venise, 1741, 2 vol. in-12.

Mémoires du marquis de Mirmon, ou le
solitaire philosophe, par M. L. M. D.
(J.-B. de Boyer, marquis d'Argens). *Amsterdam, Wetstein*, 1736, in-12.

Mémoires du ministère du duc d'Aiguillon... (Rédigés par le comte de Mirabeau, et publiés par J.-L. Giraud Soulavie l'aîné). *Paris, Buisson*, 1792, in-8.

Mémoires du règne de Catherine, impé-
ratrice de Russie. (Par J. Rousset.) *La
Haye*, 1728, in-8, 613 p. — *Amsterdam,
Covens*, 1729, in-12.

Mémoires du sérail sous Amurat II.
(Par Deschamps.) *Paris*, 1679, 6 vol.
in-12.

Mémoires ecclésiastiques concernant la
ville de Laval et ses environs, diocèse du
Mans, pendant la révolution de 1789 à
1802, par un prêtre de Laval. *Laval,
imp. de P.-A. Genesley-Portier*, 1841,
in-8.

Tiré à petit nombre ; n'a pas été mis dans le commerce.
La 2ᵉ édit., *Laval, Godbert*, 1846, in-8, porte le
nom de l'auteur, Isidore Boullier.

Mémoires, en forme de lettres, de deux
jeunes personnes de qualité. (Par Mᵐᵉ Mézières du Gest, baronne d'Andelau, marquise de Saint-Aubin, mère de Mᵐᵉ de
Genlis.) *La Haye et Paris, Robin*, 1765,
4 part. in-12.

Mémoires, en forme de lettres, pour servir à l'histoire de la vie de feu messire
Louis-François-Gabriel d'Orléans de La

Motte, évêque d'Amiens. (Par l'abbé Louis-
Michel d'Argnies.) *Malines, imp. de Ha-
nicq*, 1785, 2 vol. in-12. — 2ᵉ éd. *Id.*,
1785, 2 vol. in-12.

Réimprimés avec le nom de l'auteur, *Paris*, 1835,
3 vol. in-12. — *Toulouse, J.-M. Corne*, 1837,
2 vol. in-8.

Mémoires en réponse à celui de M. Patte,
relativement à la constructton de la cou-
pole de l'église de Sainte-Geneviève, savoir : « Doutes raisonnables d'un marguillier » ; « Lettre du R. P. Radical » ;
« Lettre d'un graveur en architecture ».
Paris, Jombert fils, 1772, in-8.

Ces trois opuscules paraissent être de Jean Rondelet.
Voy. « Doutes raisonnables », IV, 1118, *d*.

Mémoires et Amours de mademoiselle
de Fanfiche. (Par Gimat de Bonneval.)
Amsterdam, P. Mortier (Paris), 1750, 2 part.
in-12.

Même ouvrage que « Fanfiche... » Voy. V, 431, *f*.

Mémoires et Aventures d'un bourgeois
qui s'est avancé dans le monde. (Par Jean
Digard.) *La Haye (Paris, Musier)*, 1751,
2 vol. in-12.

Mémoires et Aventures d'un homme de
qualité qui s'est retiré du monde. (Par
l'abbé A.-F. Prévost.) *Paris, Martin*,
1728, 6 vol. in-12. — *Amsterdam*, 1731,
2 vol. in-12. — *Paris, Delaulne*, 1732,
8 vol. in-12. — *Amsterdam*, 1742, 7 vol.
in-18. — *Paris*, 1756, 8 vol. in-12.

Voy. « Suite des Mémoires et Aventures... »

Mémoires et Aventures d'une dame de
qualité qui s'est retirée du monde. (Par
l'abbé Cl.-Fr. Lambert.) *La Haye*, 1739,
3 vol. in-12. — *Amsterdam*, 1772, 6 vol.
in-12.

Mémoires et Aventures de don Inigo de
Pascarilla. (Par l'abbé Cl.-Fr. Lambert.)
Paris, Duchesne, 1764, in-12.

Mémoires et Aventures de M. de ***,
traduits de l'italien par lui-même (composés par Grandvoinet de Verrière). *Paris,
Prault*, 1735, 2 vol. in-12.

Voy. « Supercheries », III, 1036, *b*.

Mémoires et Aventures de M. de P***,
écrits par lui-même, et mis au jour par
M. E*** (Emery). *Paris, Dupuis*, 1736,
in-12.

Mémoires (les) et Aventures de Saint-
Aubin, histoire véritable et intéressante.
La Haye (Paris), 1744, 2 vol. in-12.

Réimpression de l'ouvrage de Préchac, intitulé :
l' « Héroïne mousquetaire », histoire véritable de

Mme Christine, comtesse de Meyrac. *Paris*, 1677 et 1678, 4 parties in-12. Voy. V, 621, *a*.

Mémoires et Correspondance de DU PLESSIS-MORNAY... Édition complète publiée (par A.-D. DE LA FONTENELLE DE VAUDORÉ et P.-R. AUGUIS) sur les manuscrits originaux, et précédée des Mémoires de Mme DE MORNAY sur la vie de son mari... *Paris, Treuttel et Wurtz*, 1824-25, 12 vol. in-8.

Publication restée inachevée; la dernière pièce est datée du 12 mars 1614. Voy. sur le peu d'exactitude de cette édition le Rapport de M. Avenel sur les manuscrits historiques de la Bibliothèque de Sorbonne, dans le « Bulletin des comités historiques, histoire, sciences, etc. » Juillet-août 1851, in-8, p. 200-207.

Mémoires et Correspondance de Mme D'É-PINAY... *Paris, Brunet*, 1818, 3 vol. in-8. — Sec. édit., augm. dans le t. III. *Ibid.*, 1818, 3 vol. in-8.

C'est PARISON, ami de J.-Ch. Brunet, qui fut chargé de cette publication. Le manuscrit original de ces Mémoires a figuré sous le n° 120 de la section des autographes, dans la vente J.-Ch. Brunet. Il se composait de 9 vol. pet. in-4 de 4 à 500 pages chacun. Suivant la note placée à la suite de ce numéro, « dans l'édition de 1818, on a laissé de côté cinq volumes qui sont encore inédits. »

Mémoires et Correspondance inédits du général DUMOURIEZ, publiés sur les manuscrits autographes déposés chez l'éditeur, et précédés d'un *fac-simile. Paris, E. Renduel*, déc. 1834, 2 vol. in-8.

Publication due à Louis-François-Joseph LEDIEU, qui fut en Angleterre le dernier secrétaire de Dumouriez.

Ces deux volumes contiennent : Tome I, Préface (de l'éditeur), p. 1-58. — Coup d'œil politique sur l'Europe au mois de décembre 1819, p. 59-174. — Réflexions sur la révolution espagnole, avril 1820, p. 175-246. — Mémoire militaire sur le royaume des Deux-Siciles, novembre 1820, p. 247-340. — Tome II. Mémoire militaire pour l'Espagne, juillet 1821, p. 1-168. — Mémoire général sur le gouvernement de Buenos-Ayres, p. 169-178.

Mémoires et Instructions pour l'establissement des meuriers et art de faire la soye en France. *Paris, Jamet et P. Mettayer*, 1603, in-4, 29 p. et 1 f. non chiffré.

Par Nicolas CHEVALLIER et Jean-Bapt. LETELLIER, d'après le privilège. Ce dernier signe seul à la page 27 et s'intitule : Marchant de soye, bourgeois de Paris, l'un des entrepreneurs de l'établissement de mûriers et art de faire la soye en France.

Mémoires et Instructions pour le fonds des rentes constituées sur l'Hôtel-de-Ville. (Par DE GRIEUX, Sébastien HARDY, etc.) *Paris, Huby*, 1616, in-8.

Mémoires et Instructions pour les ambassadeurs, ou lettres et négociations de WALSINGHAM, traduits de l'anglois (par Louis BOULESTEIS DE LA CONTIE). *Amsterdam, Gallet*, 1700, in-4, ou 4 vol. in-12.

Mémoires et Instructions pour servir dans les négociations et affaires concernant les droits du roy de France. (Par Denis GODEFROY.) *Paris, S. Cramoisy*, 1665, in-fol. et in-12. — *Amsterdam, M. Michel*, 1665, in-12. — *Paris, Journel*, 1681, in-12. — *Ibid.*, Lefebvre, 1689, in-12.

Attribué aussi à DE LIONNE.

Mémoires et la Vie de messire Claude DE LÉTOUF, baron DE SIROT... sous les règnes des rois Henri IV, Louis XIII et Louis XIV. (Publiés par la comtesse DE PRADINE, sa petite-fille.) *Paris, Barbin* ou *C. Osmont*, 1683, 2 vol. in-12.

« Année littéraire » de Fréron, 1758, t. V, p. 285 et suivantes.

Mémoires et Lettres du maréchal DE TESSÉ. (Publiés par le général GRIMOARD.) *Paris, Treuttel et Wurtz*, 1806, 2 vol. in-8.

Mémoires et Lettres pour servir à l'histoire de la vie de Mlle de L'Enclos. (Par DOUXMÉNIL.) *Rotterdam*, 1751, in-8.

Dans ses notes de police, d'Hémery dit de cet auteur : « Il s'habille en femme tous les matins, et il n'ouvre qu'à onze heures. »

Mémoires et Négociations de la cour de France touchant la paix de Munster... (Mis en ordre par Nicolas CLÉMENT, et publiés par Jean AYMON.) *Amsterdam, Chatelain*, 1710, in-fol. — *Id.*, 1710, 4 vol. in-12.

Mémoires et Observations faits par un voyageur en Angleterre, sur ce qu'il y a trouvé de plus remarquable, tant à l'égard de la religion que de la politique des mœurs... *La Haye, Henri Van Bulderen*, 1698, in-12, 422 p. et 38 p. n. chiff., av. fig. et plans.

La dédicace est signée : H. M. DE V. (Henry MISSON DE VALBOURG).

Cet ouvrage a été publié par Maximilien MISSON, frère de l'auteur.

Voy. « Supercheries », III, 980, *e*.

Mémoires et Observations géographiques et critiques sur la situation des pays septentrionaux de l'Asie et de l'Amérique, d'après les relations les plus récentes (et principalement de G.-F. MULLER), auxquelles on a joint un Essai sur la route aux Indes par le Nord, et sur un commerce très-vaste et très-riche à établir dans la mer du Sud. Par M*** (Samuel ENGEL). *Lausanne, A. Chapuis*, 1765, in-4, avec 2 cartes.

Mémoires et Prophéties du petit homme rouge, par une sibylle, depuis la Saint-Barthélemy jusqu'à la nuit des temps. (Par Eugène BARESTE.) *Paris, Aubert,* 1843, in-16.

Le faux titre porte : le Petit Homme rouge.

Mémoires et Recueil de l'origine, alliance et succession de la royale famille de Bourbon, branche de la maison de France... (Attribués par les uns à Pierre DE BELLOY, et par les autres à PELISSON, maître des requêtes de Navarre.) *La Rochelle, P. Haultin,* 1587, in-8.

Mémoires et Réflexions sur l'éducation de la jeunesse, où sont renfermez les devoirs des parens et des professeurs envers les enfans... *Paris, veuve Cramoisy,* 1690, in-12, 16 ff. lim. et 381 p.

L'épître est signée : J. P. (Jean PIC).

Mémoires et Réflexions sur la constitution *Unigenitus* de Clément XI et sur l'instruction pastorale des XL prélats acceptants, par M. D. (Louis-Ellies DUPIN), docteur de Sorbonne ; avec plusieurs lettres très-curieuses de quelques évêques contre cette bulle, et deux mémoires, l'un sur la convocation d'un Concile national, par le célèbre M. N. (NOUET), avocat au Parlement de Paris, et l'autre sur les libertés de l'Eglise gallicane... *Amsterdam,* 1717, in-12.

Mémoires et Réflexions sur les principaux événemens du règne de Louis XIV... par L. M. D. L. F. (le marquis C.-A. DE LA FARE). *Rotterdam, Fritsch,* 1715, in-12. — *Amsterdam, Bernard,* 1734, in-12.

Souvent réimprimés.

Mémoires et Relations sur ce qui s'est passé à Port-Royal-des-Champs depuis le commencement de la réforme de cette abbaye. (Par la Mère Marie-Angélique ARNAULD, LE MAISTRE, etc.) *S. l.,* 1716, in-12, 1 f. de tit. et 297 p.

Mémoires et Révélations d'un page de la cour impériale, de 1802 à 1815. (Par Emile-Marc HILAIRE.) *Paris, Charles Malot,* 1830, 2 vol. in-8.   D. M.

Mémoires et Souvenirs d'un pair de France, ex-membre du Sénat conservateur. *Paris, Tenon,* 1829-1830, 4 vol. in-8.

Mémoires prétendus du comte J.-P. FABRE (de l'Aude).
Le canevas de cet ouvrage appartient au baron E.-L. DE LAMOTHE-LANGON.
Les deux premiers volumes ont été refaits en partie

par GUILLEMARD, avocat, et les deux derniers par L.-F. L'HÉRITIER (de l'Ain), ou plutôt par J.-A. LARDIER.

Voy. « Supercheries », III, 16, b.

Mémoires et Souvenirs d'une femme de qualité sur le Consulat et l'Empire.. (Par Etienne-Léon DE LAMOTHE-LANGON.) *Paris, Mame et Delaunay-Vallée,* 1830, 4 vol. in-8.

Mémoires et Souvenirs sur la cour de Bruxelles et sur la société belge jusqu'à nos jours. Publiés par P. ROGER, ancien sous-préfet, et Ch. DE CH. (J.-L.-Ch.-A. LIOULT DE CHENEDOLLÉ, professeur émérite de rhétorique). *Lessines, Janssens-Deffosse,* 1856, in-8, 439 p.

Mémoires et Voyages d'une famille émigrée. (Par Mlle J.-F. POLIER DE BOTTENS.) Publiés par J.-N. BELIN DE BALLU. *Paris, Maradan,* an IX, 3 vol. in-18. — *Hambourg, Fauche,* 1809, 3 vol. in-12.

Trompé par le mot *publié,* Pigoreau, dans sa « Bibliographie romancière », a présenté Belin de Ballu comme l'auteur de ces « Mémoires », et par contrecoup lui a attribué deux autres ouvrages de Mlle Polier.

Mémoires généalogiques pour servir à l'histoire des familles des Pays-Bas. (Par le comte Joseph DE SAINT-GENOIS.) *Amsterdam,* 1780, 2 vol. in-8, pl.

Mémoires géographiques, physiques et historiques sur l'Asie, l'Afrique et l'Amérique. (Par J.-P. ROUSSELOT DE SURGY.) *Paris, Durand,* 1767, 4 vol. in-12.

Mémoires historiques concernant l'ordre royal et militaire de Saint-Louis et l'institution du mérite militaire. (Par MESLIN.) *Paris, impr. roy.,* 1785, in-4.

Mémoires historiques concernant M. le général d'Erlach, gouverneur de Brisach, pour servir à l'histoire de la fameuse guerre de Trente-Ans, et des règnes de Louis XIII et de Louis XIV. (Par Alb. D'ERLACH, baron DE SPIEZ.) *Yverdun,* 1784, 4 vol. in-8.

L'auteur a signé l'épître.

Mémoires historiques, critiques et anecdotes des reines et régentes de France... (Par J.-F. DREUX DU RADIER.) Nouv. éd. augm. *Amsterdam, M.-M. Rey,* 1776, 6 vol. in-12.

La première édition parut en 1764, sous le titre de « Mémoires historiques, critiques, et Anecdotes de France ». *Amsterdam, Neaulme,* 4 vol. in-12.
Réimprimés avec le nom de l'auteur. *Paris, Mame,* 1808, 6 vol. in-8.

Mémoires historiques, critiques et littéraires, par feu M. BRUYS ; avec la Vie de l'auteur et un Catalogue raisonné de ses ouvrages (par l'abbé Louis-Philippe JOLY). *Paris, J.-T. Hérissant*, 1751, 2 vol. in-12.

L'éditeur a inséré dans le 2ᵉ vol. « la Promenade de Saint-Cloud », dialogue sur les auteurs, par Gabr. GUÉRET; « Borboniana », ou fragments de littérature et d'histoire de Nicolas DE BOURBON; « Chevaneana », ou fragment de mélanges de Jacq.-Aug. DE CHEVANES, et des « Lettres » de Maurice DAVID à du Cange.

Mémoires historiques de ce qui s'est passé de plus remarquable en Europe depuis l'an 1672 jusqu'en 1679. Par M. D. (M.-C. LE JUMEL DE BERNEVILLE, comtesse D'AULNOY). *Paris*, 1692, 2 vol. in-12.

Voyez les mots : « Nouvelles, ou... »

Mémoires historiques de la révolte des fanatiques, par M. D*** (Fr. DUVAL). *Paris, J. Moreau*, 1708, in-12.

Réimprimés en 1712, sous le titre de : « Histoire nouvelle et abrégée de la révolte des Cevennes », voy. V, col. 821, *b*, et en 1713, sous celui de : « Histoire du soulèvement des fanatiques... », voy. V, col. 793, *e*.

Mémoires historiques de Mesdames Adélaïde et Victoire de France, filles de Louis XV... Par M. T*** (Ch.-Cl. DE MONTIGNY). *Paris, Lerouge*, 1802, 3 vol. in-12. — *Paris, veuve Tilliard et fils*, an XI-1803, 2 vol. in-12.

Mémoires historiques des dauphins et des dauphines du Viennois, à l'occasion de la mort de monseigneur le dauphin et de madame la dauphine... *Paris, Valleyre*, 1712, in-12.

L'épître dédicatoire est signée DU PERRIER.

Mémoires historiques et anecdotes de la cour de France pendant la faveur de Mᵐᵉ de Pompadour... (Publiés par J.-L. SOULAVIE l'aîné.) *Paris, A. Bertrand*, 1802, in-8.

L'auteur est le même que celui des « Galanteries de la cour de Pékin ».   V. T.

Mémoires historiques et authentiques sur la Bastille, dans une suite de près de trois cents emprisonnements, détaillés et constatés par des pièces, notes, lettres, rapports, procès-verbaux trouvés dans cette forteresse, et rangés par époques depuis 1475 jusqu'à nos jours... (Publiés par J.-L. CARRA.) *Londres et Paris, Buisson*, 1789, 3 vol. in-8.

Voy. « la Bastille dévoilée... », IV, 386, *b*.

Mémoires historiques et chronologiques sur l'abbaye de Port-Royal des Champs... (Par l'abbé Pierre GUILBERT.) *Utrecht*, 1755-1758, 9 vol. in-12.

La 3ᵉ partie, formant 7 vol., a été publiée avant la 1ʳᵉ. La 2ᵉ n'a pas paru.

Mémoires historiques et critiques pour l'année 1722. (Par D.-F. CAMUSAT et A.-A. BRUZEN DE LA MARTINIÈRE.) *Amsterdam*, 1722, 2 vol. in-8.

Mémoires historiques et critiques pour l'histoire de Troyes. *Paris, veuve Duchesne*, 1774, in-8, tome premier et 190 pages seulement du second volume.

Ces « Mémoires » ont été rédigés par P.-L. GROSLEY et sont fort curieux, comme tout ce qui est sorti de la plume de cet écrivain laborieux, savant et original. Il avait le projet d'y intercaler, dans un ordre méthodique, les différents morceaux historiques qu'il avait successivement publiés sur la ville de Troyes, dans les « Ephémérides troyennes », dont on recherche aussi les douze années (de 1757 à 1768 inclusivement). Voy. V, 140, *d*.

E.-T. Simon, ancien ami de Grosley, a complété en 1802 le second volume des « Mémoires » pour l'histoire de Troyes, en composant cette suite de plusieurs morceaux des « Ephémérides » et de quelques notices sur des illustres Troyens.

Il résulte de cette publication et de celle tant des « Ephémérides troyennes » que des « Œuvres posthumes » de Grosley, par M. Patris-Debreuil, que l'on trouve dans trois ouvrages portant le nom de Grosley les mêmes notices sur des hommes célèbres, et dans deux ses mêmes morceaux tirés des « Ephémérides troyennes ». Ces doubles et triples emplois sont un outrage à la mémoire de Grosley.

Mémoires historiques et critiques sur divers points de l'histoire de France... par Fr. EUDES DE MÉZERAY (publiés par D.-F. CAMUSAT). *Amsterdam, Bernard*, 1732, 2 vol. in-8. — *Id.*, 1753, 2 vol. in-12.

Mémoires historiques et géographiques sur la Valachie, publiés par M. DE B*** (F.-G. DE BAUER, lieutenant général). *Francfort-sur-le-Mein; Broenner*, 1778, in-8.

Voy. « Histoire de la Moldavie... », V, 702, *f*.

Mémoires historiques et géographiques sur les pays situés entre la mer Noire et la mer Caspienne. *Paris, Jansen*, 1796, in-4.

On trouve dans ce recueil : 1° l'Extrait d'un écrit de Bryan EDWARDS, par J.-B.-L.-J. BILLECOCQ; 2° un Mémoire de G.-E.-J. DE SAINTE-CROIX sur le cours de l'Araxe et du Cyrus, avec une analyse de la carte de J.-D. Barbié du Bocage, qui sert à l'intelligence de ce Mémoire; 3° l'Extrait d'un voyage entrepris en 1784 dans la partie de la Russie qui avoisine le Caucase, par A.-B.-F. DE BAERT, appelé depuis à une de nos assemblées législatives. L'abbé E.-A. BOULOGNE l'a aidé dans ce travail.

Cet ouvrage a été reproduit sous le titre de : « Voyages historiques et géographiques dans les pays situés entre la mer Noire et la mer Caspienne. » 1798, in-4. On y trouve une traduction complète par P. DE LA MONTAGNE, de l'écrit d'EDWARDS, dont Billecocq n'avait donné qu'un extrait.

Mémoires historiques et inédits sur la

vie politique et privée de l'empereur Napo-léon, depuis son entrée à l'école de Brienne jusqu'à son départ pour l'Égypte, par le comte Charles d'Og.. (DANGEAIS), élève de l'école de Brienne, ex-officier attaché à l'état-major général de l'armée d'Italie, ami intime de Napoléon. *Paris, A. Corréard*, 1822, in-8.

Catalogue du Dépôt de la guerre, t. I, p. 405, n° 195.

Mémoires historiques et littéraires de M. l'abbé GOUJET, dans lesquels on trouve une liste exacte de ses ouvrages. (Écrit posthume, publié par l'abbé P. BARRAL.) *La Haye, du Sauzel*, 1767, in-12.

La Bibliothèque nationale possède un exemplaire avec notes manuscrites et un passage relatif à M. de Sartine (p. 222-223), cartonné dans les exempl. publiés. (Catal. de l'histoire de France, t. IX, p. 616.)

Mémoires historiques et philosophiques sur Pie VI et son pontificat, jusqu'à sa re-traite en Toscane... (Par J.-F. BOURGOING.) *Paris, Buisson*, an VII-1799, 2 vol. in-8.

Ces Mémoires ont eu une seconde édition, revue et corrigée. Les curieux préfèrent la première.

Mémoires historiques et pièces authen-tiques sur M. de La Fayette, pour servir à l'histoire des révolutions. (Par L.-P. DE BÉRENGER.) *Paris, Le Tellier*, an II, in-8.

Mémoires historiques et politiques d'un fou de qualité. (Par Ch. DORIS, de Bourges.) *Paris, Lemonnier*, 1819, in-8.

Mémoires historiques et politiques de François-Eugène, prince de Savoie, con-cernant ses campagnes. (Par D'ARTAIN-VILLE) *La Haye*, 1712, 2 vol. in-12.
P. B.

Mémoires historiques et politiques des Pays-Bas autrichiens... (Par le comte P.-M. DE NENY.) *Neufchâtel, Fauche*, 1784, in-8 et 2 vol. in-8.

Réimprimés aussi en 1784, 2 vol. petit in-8, avec le nom de l'auteur.

M. Louis de Bæcker s'est approprié, en le publiant sous son nom, un extrait textuel des « Mémoires histo-riques et politiques », qu'il a intitulé : « de l'Orga-nisation politique, administrative et judiciaire de la Belgique pendant les trois derniers siècles ». *Paris, René*, 1841, in-12, 196 p.

Voy. Quérard, « France littéraire », t. XI, p. 358.

Mémoires historiques et politiques du marquis de Saint-A***, ou l'ami de la for-tune, publiés par l'auteur de l' « Histoire politique du siècle » (MAUBERT DE GOUVEST). *Londres, Nourse (Hollande)*, 1761, 2 vol. in-8.

Même ouvrage que l' « Ami de la fortune... » Voy. V, 130, e.

Mémoires historiques et politiques sur l'ordre de Malte. (Par J.-B. LE FEBVRE DE VILLEBRUNE.) *Paris, Cocheris*, an V, in-8.

Mémoires historiques et politiques sur la république de Venise, revus et corrigés et enrichis de notes par l'auteur (le comte Léopold DE CURTI). *Munster*, 1802, 2 vol. in-8.

La première édition, imprimée à Francfort en 1795, ne formait qu'un volume.

Voy. « Aperçu des rapports... et Mémoire justificatif de l'auteur... », IV, 228, c, où l'auteur est désigné à tort sous le nom de CURTÉ.

Mémoires historiques et secrets concer-nant les amours des rois de France, avec quelques autres pièces... (savoir : Ré-flexions historiques sur la mort de Henri le Grand ; le Mal de Naples ; Trésors des rois de France ; le tout publié par J.-B. DE BOYER, marquis D'ARGENS). *Paris, vis-à-vis le Cheval de bronze (Hollande.)*, 1739, pet. in-12.

« La matière de ce livret, qui n'est que trop histo-rique, est tirée en grande partie des « Annales de Paris » de Sauval, 3 vol. in-fol. C'est cette histoire galante qui a été ajoutée aux « Galanteries des rois de France », par Vannel (voy. V, 515, c), dans les réim-pressions hollandaises du dernier siècle. Mais ces di-verses éditions ne concordent pas entre elles, et aucune n'est conforme aux manuscrits de l'auteur. Ce qu'il y a de plus curieux dans le recueil de 1739, ce sont les « Observations » d'Augustin Conon, *alias* du Canon, *sur la mort de Henri IV*, dont je ne connais pas d'autre édition. Encore celle-ci a-t-elle échappé à l'at-tention des éditeurs de la « Bibliothèque historique de la France », qui ne citent que le manuscrit. » (Catal. Leber, t. I, n° 2151.)

Mémoires historiques, littéraires et cri-tiques de BACHAUMONT, depuis l'année 1762 jusques 1788... Par J. T. M...E (Jean-Tous-saint MERLE). *Paris, L. Collin*, 1808, 2 vol. in-8.

Mémoires historiques, militaires et po-litiques de l'Europe. (Par l'abbé T.-G.-F. RAYNAL.) *Amsterdam (Paris)*, 1754, 1772, 3 vol. in-8.

Édition augmentée des « Anecdotes historiques » du même auteur, publiées en 1753. Voy. IV, 184, b.

Dans sa lettre à Formey, du 3 mars 1759, VOLTAIRE dit avoir, lors de son séjour à Berlin, corrigé cet ou-vrage avec l'auteur. « Œuvres » de Voltaire, édition du « Siècle », t. VIII, correspondance générale, lettre n° 2873.

Mémoires historiques, ou anecdotes ga-lantes et secrètes de la duchesse de Bar sous Henri IV, avec les intrigues de la cour sous Henri III et Henri IV. (Par Char-lotte-Rose DE CAUMONT DE LA FORCE.) *Ams-terdam*, 1729, in-12.

Voy. « Anecdote galante », IV, 178, b ; « Anec-dotes du XVIe siècle... », IV, 182, d ; « Anecdotes secrètes et galantes... », IV, 187, b; « Histoire secrète de Catherine de Bourbon... », V, 830; c; et « Mémoire historique... », ci-dessus, col. 136, d.

Mémoires historiques, ou lettres écrites sous le règne d'Auguste. Paris, L. Collin, 1808, in-8.

Même ouvrage que « Lettres écrites sous le règne d'Auguste... » Voy. V, 1267, e. Le frontispice seul a été changé.

Mémoires historiques, politiques et littéraires. (Par Ab.-Nic. AMELOT DE LA HOUSSAYE.) 1722, 2 vol. in-8. — Amsterdam (Paris), 1737, 2 vol. in-12. — Nouv. édition (avec une continuation par L. COQUELET). Paris, 1737, 3 vol. in-12. — Paris, 1742, 3 vol. in-12.

Mémoires historiques, politiques et militaires sur la Russie, par le général MANSTEIN, avec la vie de l'auteur (par Mich. HUBER). Lyon, Bruyset, 1772, 2 vol. in-8.

Réimprimés à Leipzig.

Nouvelle édition collationnée sur le manuscrit original corrigé de la main de Voltaire. Paris, Franck, 1860, 2 vol. in-12. Forme les tomes I-II de la « Bibliothèque russe », nouvelle série.

Mémoires historiques pour le siècle courant, avec des réflexions, depuis juillet 1728 jusqu'au mois d'octobre 1742. (Par J.-B. DES ROCHES DE PARTHENAY.) Amsterdam, 1728 et ann. suiv., 42 vol. in-12.

Mémoires historiques, pour servir à l'histoire des inquisitions. (Par L.-Ell. DUPIN.) Cologne, 1716, 2 vol. in-12, fig.

Mémoires historiques, principalement par rapport à l'Angleterre et à l'Écosse, sous les règnes d'Élisabeth, de Marie Stuart et de Jacques Ier, par Jacques MELVIL (publiés par Georges SCOT, traduits de l'anglois). Paris, 1695, 2 vol. petit in-12. — Nouv. édit. augmentée (par l'abbé F.-M. DE MARSY). Edimbourg (Paris), 1745, 3 vol. in-12.

Voy. ci-dessus, « Mémoires de Melvil... », col. 206, e.

Mémoires historiques sur l'affaire de la bulle Unigenitus dans les Pays-Bas, depuis 1713 jusqu'en 1730. (Par l'abbé Gab. DU PAC DE BELLEGARDE.) Bruxelles (Paris, imp. roy.), 1754, 4 vol. in-12.

Voy. sur l'auteur, la note du Catalogue van Hulthem, nº 25315.

Mémoires historiques sur la Louisiane, contenant ce qui y est arrivé de plus mémorable depuis l'année 1687 jusqu'à présent... composés sur les mémoires de M. (BUTEL-) DUMONT, par M. L. L. M. (l'abbé Jean-Bapt. LE MASCRIER). Paris, Bauche, 1753, 2 vol. in-12.

Mémoires historiques sur la révolution d'Espagne, par l'auteur du « Congrès de Vienne » (l'abbé Dominique DUFOUR DE PRADT). Paris, Rosa, 1816, in-8.

Plusieurs fois réimprimés.

Mémoires historiques sur le règne des trois Dagobert. (Par BERAIN.) Strasbourg, 1717, in-8.   V. T.

Mémoires historiques sur les affaires ecclésiastiques de France, pendant les premières années du XIXe siècle. (Par le comte Joseph JAUFFRET.) Paris, A. Le Clère, 1819-1824, 3 vol. in-8.

Mémoires historiques sur les guerres du XVIe siècle dans le comté de Bourgogne. (Par dom P.-P. GRAPPIN.) Besançon, imp. de J.-F. Couché, 1787, in-8.

Mémoires historiques sur Raoul de Coucy, et le recueil de ses chansons... (Par J.-B. DE LA BORDE.) Paris, Pierres, 1781, 2 vol. in-18.

Mémoires importants concernant le bien de la France et les incommodités des monarchies circonvoisines. (Par DE MOLEYRES.) 1628, in-12.

Mémoires instructifs : I. Sur la vacance du trône impérial. II. Les droits des électeurs et de l'Empire... Par le baron DE D*** (par Jean ROUSSET), ministre de la diète de Ratisbonne. Amsterdam, P. Mortier, 1741, in-12, 4 ff. lim. et 372 p. — Id., 1742, 2 vol. in-12.

Mémoires instructifs pour un voyageur dans les divers Etats de l'Europe, avec des remarques sur le commerce et sur l'histoire naturelle. (Attribués à Charles-Frédéric DE MERVEILLEUX.) Amsterdam, du Sauzet, 1738, 2 vol. in-8.

Cet ouvrage a été rédigé sur des Mémoires fournis par DE LA MELONIÈRE, réfugié français.

Mémoires instructifs sur l'usage de différents remèdes spécifiques pour les armées du roi et les malades de la campagne. (Par J.-A. HELVÉTIUS.) Paris, Le Mercier, 1705, in-12.

L'auteur a signé l'épître.

Mémoires historiques sur les Templiers, ou éclaircissements nouveaux sur leur histoire, leur procès, les accusations intentées contre eux, et les causes secrètes de leur ruine, etc., par Ph. G*** (Ph. GROUVELLE). Paris, Buisson, an XIII-1805, in-8.

Mémoires intéressants, précédés des Mémoires de ma vie, par l'auteur du

« Comte de Valmont » et des « Leçons de l'histoire » (l'abbé Louis-Philippe GÉRARD). *Paris, Blaise*, 1810, in-12, 2 ff. lim. et 505 p.

Mémoires laissés à mon fils. (Par François PIET.) *Noirmoutiers, de l'imprimerie de l'auteur*, 1806, in-4.

Édition originale tirée à 16 exemplaires.
Catalogue de la Bibliothèque de Nantes, n° 47508.

Mémoires libertins et dévots de Charles X, ou avant, pendant et après... *Paris, impr. de Poussin*, 1830, in-8, 56 p.

Le nom de l'auteur, Scipion MARIN, se trouvait sur la couverture imprimée.

Mémoires littéraires, contenant des réflexions sur l'origine des nations, la pierre philosophale, l'histoire naturelle, la médecine et la géographie, traduits de l'anglois (par M.-A. EIDOUS). *Paris, Cailleau*, 1750, in-12.

Quelques exemplaires portent le nom du traducteur avec un titre un peu différent de celui-ci.

Mémoires littéraires, critiques, philologiques, biographiques et bibliographiques, pour servir à l'histoire ancienne et moderne de la médecine. (Par Jean GOULIN.) *Paris, Pyre*, 1775 et 1776, in-4.

Cet ouvrage commença à paraître le 15 janvier 1775. L'auteur en publia cinquante-deux numéros cette année, et trente-six pendant l'année 1776.

Mémoires littéraires de la Grande-Bretagne pour 1767 et 1768. (Par G. DEYVERDUN et Edw. GIBBON.) *Londres*, 1768 et 1769, 2 vol. in-8.

Mémoires littéraires par S. D. L. R. C. *La Haye, Le Vier*, 1716, in-8.

Tome Ier, le seul publié.
La voix publique a toujours donné ces Mémoires à l'auteur du « Chef-d'œuvre d'un inconnu », c'est-à-dire à THEMISEUL DE SAINT-HYACINTHE. (Camusat, « Histoire critique des journaux » ; voir tome II, p. 153-158.)
Réimprimés en 1740, sous le titre de : « Matanasiana ».
Voy. « Supercheries », II, 1073, *f.*

Mémoires militaires de Louis de Bourbon-Berton, des Balbes de Quiers, duc DE CRILLON. (Publiés avec des notes par l'abbé A. BERTHON DE CRILLON.) *Paris*, 1791, in-8.
V. T.

Mémoires militaires sur la campagne de l'armée belgique dans les Pays-Bas autrichiens, par un officier de l'armée (le comte VILAIN XIIII). *Londres, T. Spilsbury et fils*, 1791, in-8. — *Bruxelles, Hayez*, 1851, gr. in-18, VIII-141 p.

Mémoires ou aventures du comte de Kermalec, par M. G. D. L. B. (GAILLARD DE LA BATAILLE). *La Haye (Paris)*, 1740 et 1741, 2 vol. in-12.

Mémoires ou correspondance secrète du P. LENFANT (avec une notice par M. Paul LACROIX). *Paris, Mame*, 1834, 2 vol. in-8.

Les tomes I et II sont les seuls publiés.

Mémoires ou essai pour servir à l'histoire de F.-M. Le Tellier, marquis de Louvois... (Attribué à N. CHAMLAY ou à SAINT-POUANGES.) *Amsterdam, M.-C. Le Cène*, 1740, in-8.

Mémoires ou relation militaire, contenant ce qui s'est passé de plus remarquable dans les attaques et dans la deffence de la ville de Candie... par un capitaine françois, commandant dans la place pour les Vénitiens (L. DE LA SOLAYE, capitaine d'infanterie, qui avait suivi en Candie le marquis de Saint-André Montbrun). *Paris, C. Barbin*, 1660, in-12, 24, 345 et 4 p.

L'auteur a signé la dédicace.

Mémoires particuliers extraits de la correspondance d'un voyageur avec feu M. Caron de Beaumarchais, sur la Pologne, la Lithuanie, la Russie blanche, Pétersbourg, Moscow, la Crimée, etc., publiés par M. D... (J.-C.-H. MEHÉE DE LA TOUCHE). *Hambourg et Paris, Galland*, 1807, in-8.

Mémoires particuliers, formant, avec l'ouvrage de M. Hue et le journal de Cléry, l'histoire complète de la captivité de la famille royale à la tour du Temple. (Attribués à MADAME, duchesse D'ANGOULÊME.) *Paris, Audot*, 21 janvier 1817, in-8, IV-77 p.

L'exemplaire vendu sous le n° 303 du « Catalogue de la vente de M. F*** (Faucheux), *Paris*, 14 avril 1853, *Delion*, libraire », s'y trouve ainsi décrit :
« Avec note d'envoi autographe de l'auteur DUSSAULT et de nombreuses notes manuscrites de L.-A. Pithou, à qui le livre est adressé ; les notes sont signées. »
Il est probable que Dussault n'a été que l'éditeur.
Voy. la préface de l'édition publiée sous le titre de : « Relation de la captivité... »
Cet ouvrage a été réimprimé plusieurs fois et sous divers titres. Voir le Catalogue L'Escalopier, n° 4569.

Mémoires particuliers pour servir à l'histoire de France, sous les règnes de Henri III, de Henri IV, sous la régence de Marie de Médicis et sous Louis XIII. *Paris, Didot*, 1756, 4 vol. in-12.

Tome I. — Mémoires du duc D'ANGOULÊME.
Tome II. — Mémoires du duc D'ESTRÉES. (Voy. ci-dessus, « Mémoires d'État », col. 186, c.)
Tome III. — Mémoires de M. DÉAGEANT.

Tome IV. — Mémoires du duc d'ORLÉANS. (Rédigés par Et. ALGAY DE MARTIGNAC.)

Mémoires particuliers touchant le mariage de Charles II, roi d'Espagne, avec Marie-Louise d'Orléans, fille de Monsieur, frère unique du roi Louis XIV. (Par le sieur D. L., probablement DE LANGLADE.) *Paris, Barbin*, 1681, in-12.

Mémoires philosophiques du baron de***. (Par l'abbé A. BERTHON DE CRILLON.) *Vienne en Autriche, et Paris, Berton*, 1777, 2 vol. in-8. — 2e éd. *Id.*, 1779, 2 vol. in-12. — Nouv éd., rev., corr. et consid. augm., par l'abbé L... et publiée par J. FABRE. *Lyon, Boursy*, 1823, in-8.

Mémoires philosophiques, historiques et physiques, concernant la découverte de l'Amérique, etc., par don ULLOA, avec des observations et additions sur toutes les matières dont il est parlé dans l'ouvrage : traduits en français (par J.-B. LE FEBVRE DE VILLEBRUNE). *Paris, Buisson*, 1787, 2 vol. in-8.

Mémoires poétiques, événements contemporains, voyages. facéties. (Par F. DE MONTHEROT.) *Paris, Techener*, 1833, in-8, 2 ff. de tit., XII-288 p.

On a réimprimé des titres avec le nom de l'auteur pour un certain nombre d'exemplaires.

Mémoires politiques, amusants et satyriques de messire J. N. D. B. C. DE L. (Jean-Nicolas DE BRASEY, comte de Lyon), colonel du régiment de dragons de Casanski et brigadier des armées de S. M. Czarienne. *A Veritopolie, chez Jean disant vrai (Amsterdam, Roger)*, 1716, 3 vol. in-12. — *Id.*, 1735, 3 vol. in-12.

Voy. « Supercheries », II, 410, *e*, et Minzloff, « Pierre le Grand dans la littérature étrangère », *Saint-Pétersbourg*, 1773, p. 131.

Mémoires politiques concernant la guerre et la paix, ou principes de la loi naturelle appliqués à la conduite et aux affaires des nations et des souverains, par M. D. V. (E. DE VATTEL.) *Francfort et Leipsick*, 1758, 2 vol. in-12.

Cette attribution est déclarée inexacte par Quérard. Voy. « Supercheries », I, 1194, *f*, et ci-après, « Mémoires pour servir à l'histoire de notre temps.

Mémoires politiques et militaires pour servir à l'histoire de notre temps, recueillis et publiés par M. D. V***.

Voy. « Mémoires pour servir à l'histoire de notre temps. »

Mémoires politiques et militaires pour servir à l'histoire secrète de la Révolution

---

a   française... (Par Ant. SERIEYS.) *Paris, Buisson*, an VII-1799, 2 vol. in-8.

Mémoires politiques sur la conduite des finances et sur d'autres objets intéressants. (Par J. FAIGUET DE VILLENEUVE.) *Amsterdam, M.-M. Rey*, 1720 (1770), in-12.

Mémoires posthumes du comte de B. avant son retour à Dieu. (Par Charles DE *b*   FIEUX, chevalier DE MOUHY.) *Paris, Poilly*, 1737, in-12.

Mémoires posthumes du général français comte DE CUSTINE, rédigés par un de ses aides de camp (le général L. BARAGUEY D'HILLIERS). *Hambourg*, 1794, 2 vol. in-8.

Une autre édition, publiée la même année, porte : « Mémoires du général Custine... » Voy. ci-dessus, col. 217, *c*.

c

Mémoires posthumes, lettres et pièces authentiques touchant la vie et la mort de Charles-François duc de Rivière. (Par Ant.-René-Balth. ALISSAN DE CHAZET.) *Paris, Ladvocat*, 1829, in-8.

Mémoires pour l'histoire du cardinal duc de Richelieu, recueillis par le sieur AUBERY (et par Antoine BERTIER). *Paris, A. Bertier*, *d*   1660, 2 vol. in-fol. — *Cologne, P. Marteau*, 1667, 5 vol. in-12.

Voy. les « Mémoires » de Charles Ancillon. *Amsterdam*, 1709, in-8, article L. Aubéry.

Mémoires pour l'histoire naturelle de la province de Languedoc. (Par J. ASTRUC.) *Paris, Cavelier*, 1737, in-4, fig. et cartes.

Voy. « Bibliothèque physique de la France », par L.-A.-P. Hérissant, n° 47.

e   Mémoires pour la cour de Rome, sur l'état de la religion chrétienne en Chine. (Par le cardinal C.-T. MAILLARD DE TOURNON.) *Paris*, 1709, in-4. V. T.

Mémoires pour la France, ou système de négociation générale, conforme à l'état actuel de la civilisation, etc. Premier mémoire. (Par M. Félix BARTHE, professeur à l'école militaire de Saint-Cyr.) *Paris, Delaunay*, 1833, in-8, 104 p.

f

Il n'a paru qu'un Mémoire.

Mémoires pour la vie de François Pétrarque, tirés de ses Œuvres et des auteurs contemporains, avec des notes ou dissertations et les pièces justificatives. (Par l'abbé J.-F.-P.-A. DE SADE.) *Amsterdam, Arsktée (Avignon)*, 1764-1767, 3 vol. in-4.

Il y a des exemplaires de cet ouvrage dont le titre porte : « Œuvres choisies de PÉTRARQUE », parce qu'en effet on trouve dans ces trois volumes la traduction de beaucoup de morceaux de ce poête.

Mémoires pour le clergé de France, au sujet de la prestation de foi et hommage. (Par Jean-de-Dieu Raymond DE BOISGELIN DE CUCÉ, archevêque d'Aix.) Avec la réponse de l'inspecteur du domaine. 1785, in-8.

Mémoires pour Louis Travenol, contre le sieur Voltaire. (Par J.-A. RIGOLEY DE JUVIGNY.) 1746, in-4.

Mémoires pour servir à l'éloge historique de Jean de Pins, évêque de Rieux, célèbre par ses ambassades, avec un recueil de plusieurs de ses lettres au roi François Ier, à Madame Louise de Savoye, régente, et aux principaux ministres d'Etat. (Par le P. Et.-Léonard CHARRON, du diocèse de Montauban.) *Avignon (Toulouse), Charrier,* 1748, petit in-8, portr.

Quérard, dans sa « France littéraire », II, 133, met cet ouvrage sous le nom de CHARDON, ce qui nous paraît être une erreur. La « France littéraire » de 1769, ainsi que le P. de Backer, nomment cet auteur CHARRON.

Mémoires pour servir à l'examen de la constitution du pape contre « le Nouveau Testament en français, avec des réflexions morales ». (Par le P. Pasquier QUESNEL.) *S. l.,* 1713, in-12.

Mémoires pour servir à l'histoire d'Espagne sous le règne de Philippe V, par le marquis de SAINT-PHILIPPE, traduits de l'espagnol (par DE MAUDAVE). *Amsterdam (Paris),* 1756, 4 vol. in-12.

Mémoires pour servir à l'histoire d'un homme célèbre, par M. M**** (J.-B.-J. I.-P. REGNAULT-WARIN). *Paris, Plancher,* 1819, in-8.

Mémoires pour servir à l'histoire de Brandebourg. (Par FRÉDÉRIC II, roi de Prusse.) Tirés de celle de l'Académie roy. des sciences et belles-lettres de Berlin de l'année 1746. *S. l. n d.,* in-4, 59 p. — *Au donjon du château,* 1751, in-4, 20 et 498 p., avec cartes et portraits gravés par G.-F. Schmidt.

Cette dernière édition, publiée par les soins de Frédéric II, est une édition de luxe. Elle est extrêmement rare. Les planches de Schmidt sont au nombre de 33. La vignette actuelle de la page XV du Discours préliminaire, où l'on voit le chiffre du roi, n'est pas celle qui avait été faite d'abord pour cette place, d'après un dessin de Le Sueur, et qui représentait un lion couché brisant une flèche, au-dessus l'aigle de Prusse planant et les mots : *Quis hunc impune lacessat?* sur une banderole.

Voyez sur les diverses éditions de cet ouvrage l'Avertissement placé par M. Preuss en tête du tome I des « Œuvres complètes de Frédéric II », *Berlin,* 1846 et années suivantes, dont il a été l'éditeur.

Réimprimés sous le titre de : « Mémoires pour servir à l'histoire de la maison de Brandebourg ». Voy. ces mots.

Mémoires pour servir à l'histoire de Charles IX et de Henri IV, rois de France, contenant en quatre parties des pièces importantes, et quantité de remarques historiques et critiques qui servent à leur éclaircissement. (Par Prosper MARCHAND.) *Paris, aux dépens de l'éditeur (Hollande),* 1743, in-4.

C'est, avec un titre particulier, la réimpression augmentée du sixième volume des Mémoires de Condé, publié par Lenglet du Fresnoy.

Voy. ci-dessus, « Mémoires de Condé », col. 194, a.

Mémoires pour servir à l'histoire de Corse. *Londres, S. Hooper,* 1768, in-8.

Signés : Frédérick (DE NEUHOF, fils du roi Théodore). Suivant Quérard, « France littéraire », I, 206, des exemplaires, avec la date de 1767, portent le nom de l'auteur.

Mémoires pour servir à l'histoire de Dauphiné, généalogie de la maison de La Tour du Pin, justifiée par titres. (Par J.-P. MORET DE BOURCHENU DE VALBONNAIS.) *S. l. n. d.,* in-fol., 2 ff. lim., 61 p. et 1 f. de privilège.

Mémoires pour servir à l'histoire de Dauphiné sous les dauphins de la maison de La Tour du Pin, où l'on trouve tous les actes du transport de cette province à la couronne de France... (Par J.-P. MORET DE BOURCHENU DE VALBONNAIS.) *Paris, Imbert de Bats,* 1711, in-fol.

Réimprimés en 1722, avec des augmentations, sous le titre d' « Histoire de Dauphiné ». Voy. V, 665, c.

Mémoires pour servir à l'histoire de France, contenant ce qui s'est passé de plus remarquable dans ce royaume depuis 1515 jusqu'en 1611... (Par Pierre DE L'ETOILE, publiés par Jean GODEFROY.) *Cologne (Bruxelles), héritiers de H. Demen,* 1719, 2 vol. in-8.

Les curieux recherchent toujours cette édition des « Mémoires de L'Etoile », parce que l'abbé Lenglet a fait des suppressions dans celles qu'il a publiées.

Voy. « Journal des choses mémorables... », V, 1017, e, et « Journal du règne de Henri IV... », V, 1027, d.

Mémoires pour servir à l'histoire de France en 1815, avec le plan de la bataille du Mont-Saint-Jean. (Par NAPOLÉON.) *Paris, Barrois l'aîné,* 1820, in-8, 336 p.

L'avis de l'éditeur est signé C. B. (Ch. BARROIS). Cet ouvrage forme le IXe livre des « Mémoires de Napoléon ». Il contient l'histoire militaire des Cent-Jours.

M. Barrois l'aîné déclare avoir fait cette édition sur le manuscrit qui lui avait été transmis par M. O'Meara, ex-chirurgien du vaisseau de Sa Majesté Britannique

« le Northumberland ». Il en existe plusieurs contre-façons.

Ces Mémoires, saisis à la requête du ministère public, furent rendus à la circulation par arrêt de la Cour d'assises du 21 mars 1820.

Mémoires pour servir à l'histoire de France et de Bourgogne, contenant un journal de Paris sous les règnes de Charles VI et de Charles VII, l'histoire du meurtre de Jean sans Peur, duc de Bourgogne, avec les preuves... *Paris, Gandouin,* 1729, 2 vol. in-4.

Ces Mémoires ont été recueillis par dom DES SALLES, bénédictin, et mis au jour par L.-F.-J. DE LA BARRE, auteur de la préface. Il y a aussi quelques morceaux de dom Guillaume AUBRY, bénédictin. Voy. « Lettres sérieuses et badines », tome III, lettre II.

Dans l'exemplaire de la Bibliothèque nationale, on lit en tête la note manuscrite qui suit :

« Cet ouvrage est attribué, sur de bonnes preuves, à N. DE BOIS-MOREL, religieux de Saint-Bénigne de Dijon, très-honnête homme et de bonnes mœurs, lequel, non par libertinage, mais par égarement d'esprit sur la religion, passa de France en Hollande, où il se fit protestant. »

Mémoires pour servir à l'histoire de Frédéric le Grand, avec les pièces justificatives. (Par Gabriel SEIGNEUX DE CORREVON.) *Lausanne,* 1760, 2 vol. in-8.

Mémoires pour servir à l'histoire de Hollande et des autres Provinces-Unies, où l'on verra les principales causes des divisions qui sont depuis soixante ans dans cette république et qui la menacent de ruine. (Par Louis AUBRY, chevalier, seigneur DU MAURIER.) *Paris, J. Vilette,* 1680, in-12.

Mémoires pour servir à l'histoire de l'année 1789, par une société de gens de lettres. (Par J.-P.-L. DE LA ROCHE DU MAINE, marquis DE LUCHET.) *Paris, Lavillette,* 1790, 4 vol. in-8.

Mémoires pour servir à l'histoire de l'Assemblée constituante et de la révolution de 1789, par le cit. C. E. F. (Ch.-Elie DE FERRIÈRE). *Paris, Morin,* 1798, 3 vol. in-8.

Réimprimés dans la collection des « Mémoires sur la Révolution française ».

Mémoires pour servir à l'histoire de l'empire russien sous le règne de Pierre le Grand. Où l'on traite du gouvernement civil et ecclésiastique de ce pays ; des troupes de terre et de mer du czar, de ses finances et de la manière dont il les a réglées ; des divers moyens qu'il a employés pour civiliser ses peuples et agrandir ses Etats, de ses traités avec divers princes d'Orient ; et de tout ce qui s'est passé de plus remarquable dans sa cour et dans ses Etats, depuis l'an 1700 jusqu'en 1720. Par un ministre étranger, résident en cette cour. *La Haye, T. Johnson et J. van Duren,* 1725, in-12 de LXXXII et 379 p.

Traduction par le P. MALASSIS, jésuite, de l'ouvrage de WEBER, ambassadeur de Brunswick-Lunébourg à Moscou, publié en allemand sous ce titre : « Das veränderte Russland. » *Francfort,* 1721, in-4, et 3ᵉ partie, 1739, in-4.

Cette traduction porte aussi les deux titres ci-après :

1° Mémoires anecdotes d'un ministre étranger résidant à Saint-Pétersbourg, concernant les principales actions de Pierre le Grand... avec deux lettres d'un autre ministre étranger, écrites à un prince de l'empire, qui contiennent le caractère du feu czar et ceux de ses principaux ministres, *La Haye, Van Duren,* 1729, et avec l'indication de seconde édition, *ibid.,* 1737, in-12.

2° Nouveaux Mémoires sur l'état présent de la Grande-Russie ou Moscovie. Où l'on traite du gouvernement civil et ecclésiastique de ce pays... *Paris, Pissot,* 1725. — *Amsterdam, P. Mortier,* 1725. Même édition avec un autre feuillet de titre.

Voy. Minzloff, « Pierre le Grand dans la littérature étrangère », *Saint-Pétersbourg,* 1872, in-8, p. 138 et 139.

Ajoutons que le nom du P. Malassis ne figure pas dans la Bibliothèque du P. de Backer, 2ᵉ édit., in-fol.

Mémoires pour servir à l'histoire de l'Europe, depuis 1740 jusqu'à la paix d'Aix-la-Chapelle en 1748. (Par le baron J.-F. DE SPON.) *Amsterdam,* 1749, 3 vol. in-12.

On trouve quelques exemplaires reliés en 4 vol. ; d'autres portent la date de 1752.

Mémoires pour servir à l'histoire de l'hôtel de Roulle...

Voy. « les Canevas de la Paris... », IV, 490, b.

Mémoires pour servir à l'histoire de la barbe de l'homme. (Par dom Aug. FANGÉ, bénédictin.) *Liége, Broncart,* 1774, in-8.

Mémoires pour servir à l'histoire de la calotte. (Par Guillaume PLANTAVIT DE LA PAUSE, abbé DE MARGON, l'abbé P.-F. GUYOT DESFONTAINES, J. AYMON, Franç. GACON, P.-C. ROY et autres.) *Basle, héritiers de Brandmyller,* 1725, in-8. — *Moropolis (Hollande), chez le libraire de Momus, à l'enseigne du Jésuite démasqué,* 1732, 2 vol. in-12. — *Bâle, héritiers de Brandmyller,* 1735, in-8 — *Moropolis,* 1735, in-12. — *Moropolis,* 1739, 3 vol. in-18. — *Aux Etats calotins, de l'impr. calotine,* 1752-1754, 3 vol. in-12.

Mémoires pour servir à l'histoire de la campagne de 1796, contenant les opérations de l'armée de Sambre-et-Meuse, sous les ordres du général en chef Jourdan. Par * (le général Jean-Baptiste JOURDAN).** *Paris, Magimel,* 1818, in-8. | D. M.

Mémoires pour servir à l'histoire de la Constitution civile du clergé (depuis le 6 janvier 1792 jusqu'au 4 août de la même année, par l'abbé H. JABINEAU, aidé de BLONDE et G.-N. MAULTROT). In-4.

La mort de l'abbé Jabineau interrompit cet ouvrage. Voy. les mots : « Nouvelles ecclésiastiques... »

Mémoires pour servir à l'histoire de la guerre de la révolution de Pologne, depuis 1794 jusqu'à 1796. (Par DE FAVRAT.) Berlin, 1799, in-8.

Ces Mémoires n'existent pas, du moins en français. Il y a en allemand : « Beiträge zur Geschichte der polnischen Feldzüge von 1794 bis 1796. Als Antwort auf die vom General-Lieutenant Grafen von Schwerin ihm gemachten öffentlichen Beschuldigungen. Aus dem franzós. Manuscripte des Fr.-And. von Favrat übersetzt ». Berlin, Himburg, 1799, in-8, 174 p., avec 1 carte. — On connaît peu de choses sur la naissance de Franz-Andreas JACQUIER DE BERNAY DE FAVRAT. Il est né, pense-t-on, en Savoie, d'une dame de la haute société savoisienne et du maréchal de Saxe, le 4 septembre 1730 ; il servit d'abord en Autriche et passa ensuite au service de Prusse ; nommé en 1801 général d'infanterie, il mourut le 5 septembre 1804. Voy. Bülau, « Geheime Geschichten », VII, 340-57.   A. L.

Mémoires pour servir à l'histoire de la guerre de la Vendée, par M. le comte DE *** (DE VAUBAN). Paris, 1806, in-8.

Voy. « Supercheries », I, 771, a.

Mémoires pour servir à l'histoire de la guerre entre la France et la Russie en 1812, avec un atlas militaire, par un officier de l'état-major de l'armée française (le général GUILLAUME DE VAUDONCOURT). Paris, Barrois l'ainé, 1817, 2 vol. in-4.

Quelques exemplaires portent sur le titre : Londres, Deboffe, 1815.

Mémoires pour servir à l'histoire de la maison de Brandebourg. (Par FRÉDÉRIC II, roi de Prusse.) Berlin et La Haye, J. Néaulme, 1751, 2 vol. in-4, avec 35 grav. de Schleuen. — Autre édition. Ibid., id., 1 vol. in-12, 403 p., sans gravures, mais avec deux cartes et un tableau. — A Berlin, chez Chrét.-Fréd. Voss, 1767, 3 vol. in-4, avec les vignettes de G.-F. Schmidt, deux tableaux généalogiques et deux cartes. — Londres, J. Nurse, 1767, 3 part. in-12.

Cet ouvrage avait paru d'abord sous le titre de : « Mémoires pour servir à l'histoire de Brandebourg ». Voy. ci-dessus, col. 235, e.

Mémoires pour servir à l'histoire de la maison de Condé... (Par le prince DE CONDÉ et par Ch.-Louis DE SEVELINGES.) Paris, Boucher, 1820, 2 vol. in-8.

La 2e édit. est intitulée : « Mémoires de la maison de Condé... » Paris, 1820, 2 vol. in-8.

Mémoires pour servir à l'histoire de la religion, à la fin du XVIIIe siècle. (Par G.-J.-A.-J. JAUFFRET, évêque de Metz.) Paris, Le Clere, 1803, 2 vol. in-8.

Mémoires pour servir à l'histoire de la révolution opérée dans la musique par M. le chevalier Gluck. (Rédigés par M. F.-L. GAND LEBLAND DU ROULLET ou le bailli DU ROLLET, LAURENT, J.-F. MARMONTEL, Pascal BOYER, J.-B.-A. SUARD, Fr. ARNAUD, Gasp. LE BLOND, CONDORCET et autres.) Naples et Paris, Bailly, 1781, in-8.

La portion contributive de Condorcet est la Lettre d'un ermite de la forêt de Sénart aux auteurs du « Journal de Paris ».

Mémoires pour servir à l'histoire de la vertu, extraits du journal d'une jeune dame. (Composés par l'abbé A.-F. PRÉVOST.) Cologne (Paris), 1762, 4 vol. in-12.

Voy. « Mémoires de miss Sidney Bidulph », ci-dessus, col. 208, b. C'est une suite à l'ouvrage de l'abbé Prévost.

Mémoires pour servir à l'histoire de la vie et des ouvrages de M. Charles Bonnet. (Par J. TREMBLEY.) Berne, 1795, in-8.

Mémoires pour servir à l'histoire de la vie et des ouvrages de M. l'abbé Lenglet du Fresnoy. Londres et Paris, Duchesne, 1761, in-12.

Signé : G*** P***. (Jean-Bernard MICHAULT).

Mémoires pour servir à l'histoire de la vie et des ouvrages de Winckelmann. (Par Mich. HUBER.) S. l. n. d., in-8.

Mémoires pour servir à l'histoire de Louis, dauphin de France, mort à Fontainebleau le 20 décembre 1765, avec un traité de la « Connoissance des hommes », fait par ses ordres en 1758 (par le P. H. GRIFFET, et publiés par l'abbé Y.-M.-M. DE QUERBEUF). Paris, Simon. 1777, 2 vol. in-12. — 2e édition. Id., 1778, 2 vol. in-12.

Lorsque l'on imprima ces « Mémoires », les scrupules du censeur ou d'autres motifs obligèrent l'éditeur de supprimer, dans le traité de la « Connoissance des hommes », quelques passages. J'ai lu ces morceaux, copiés en tête d'un exemplaire ; les plus piquants sont relatifs : 1° aux écrits de Voltaire et de Montesquieu (le P. Griffet se plaint de ce qu'on a fermé la bouche à ceux qui voulaient leur répondre) ; 2° aux sollicitations dont on assiège les princes lorsqu'ils ont des places à donner (le P. Griffet cite la sollicitation toute-puissante de Mme de Maintenon, qui fit faire de mauvais choix à Louis XIV).

Mémoires pour servir à l'histoire de Louis de Bourbon, prince de Condé. (Par Jean DE LA BRUNE.) Cologne, P. Marteau, 1693, 2 vol. in-12, IV ff. prél. non chiff.

pour le titre et l'avertissement, 460 et 330 p. et un portr. — Autre édit. *Ibid.*, *id.*, 2 vol. in-12, 567 et 406 p.

Le tome I porte sur le titre une marque avec cette devise : *Virtutes sibi invicem hærent.*

D'autres éditions, également datées de 1693, portent le titre de : « Histoire de la vie de Louis de Bourbon... » Voy. V, 713, *a*.

Cet ouvrage n'est pas mentionné dans la nouv. édit. de la « Bibliothèque historique de la France ». Bayle en parle dans ses Lettres.

D'après les manuscrits de Court, les divers écrits qui passent pour être sortis de la plume de Jean DE LA BRUNE, et celui-ci est du nombre, devraient être attribués à un autre pasteur, François LA BRUNE, originaire de Lunel et vivant à la même époque.

Mémoires pour servir à l'histoire de Louis XVIII... par l'auteur des « Mémoires du duc d'Enghien » (André BOUDARD). Première partie. *Paris, Gaillot,* 1824, in-8.

Mémoires pour servir à l'histoire de Louis le Grand. (Par DE VIZÉ.) *S. l.,* 1697-1703, 10 vol. in-fol.

L'auteur a signé la dédicace.

Mémoires pour servir à l'histoire de Louis XIV, par feu l'abbé DE CHOISY. (Publiés par D.-F. CAMUSAT.) *Utrecht, Van de Vater,* 1727, 3 vol. in-12.

« L'abbé DE CHOISY me remit tous ses ouvrages entre les mains peu avant sa mort, dit d'Argenson dans les « Essais dans le goût de ceux de Montaigne ». J'en ai tiré ce qui m'a paru le plus intéressant, et j'en ai formé trois gros volumes ; mais, n'ayant pu en refuser la communication à une dame de la famille, curieuse de les lire, elle les garda longtemps et les communiqua à l'abbé D'OLIVET : celui-ci en tira un ouvrage en deux petits volumes, qu'il a fait imprimer en Hollande sous le titre de « Mémoires », etc. Il est certain que ces deux volumes contiennent, s'il est permis de s'exprimer ainsi, la fleur de mon manuscrit. Il reste cependant encore quelques traits que je peux mêler avec des réflexions sur les ouvrages de l'auteur, qui, en me les donnant tous, n'a jamais manqué de me conter à quelle occasion il les avoit composés. »

« J'ai sous les yeux une lettre autographe de l'abbé d'Olivet au président Bouhier, du 28 juin 1736. Il lui dit : « Je n'ai pas plus de part que vous, monsieur, à l'impression des « Mémoires » de l'abbé de Choisy. Il est vrai que j'en ai une copie ; et j'en ai fait la lecture à qui l'a voulu depuis dix ans. Mais M. d'Argenson, feu Mme de Lambert, et d'autres que je ne sais pas, en avoient des copies aussi ; et je n'ai pas encore pu voir l'imprimé, pour juger s'il est conforme à la copie que j'ai. »

On a vu dans la note de l' « Histoire amoureuse des Gaules » (voy. V, 639, *f*) que l'abbé de Choisy avait inséré dans ses Mémoires des récits peu conformes à la vérité.

Camusat a fait la préface de ces Mémoires et a retranché du manuscrit ce qu'il a jugé à propos. Voy. « Vie de l'abbé de Choisy » (par d'Olivet), p. 223 et suiv.

Mémoires pour servir à l'histoire de

Lyon pendant la Ligue. *Lyon, imp. de L. Boitel* (1836), in-8, 64 p.

Le titre de départ, page 9, porte en plus : Par D. THOMAS.

Extrait de la « Revue du Lyonnais ».

Mémoires pour servir à l'histoire de Mme de Maintenon et à celle du siècle passé. (Recueillis par L. ANGLIVIEL LA BEAUMELLE.) *Amsterdam,* 1755-1756, 6 vol. in-12. — **Lettres de Mme de MAINTENON,** pour servir d'éclaircissements aux Mémoires précédents (recueillies et retouchées par le même). *Amsterdam,* 1756, 9 vol. in-12.

Réimprimés soit en 15, soit en 12 vol. in-12.

Mis à l'index par décret du 7 janvier 1765.

Mémoires pour servir à l'histoire de Malthe, ou l'histoire de la jeunesse du commandeur de *,** par l'auteur des « Mémoires d'un homme de qualité » (l'abbé A.-F. PRÉVOST). *Paris,* 1741 ; — *Utrecht,* 1742, 2 vol. in-12.

Mémoires pour servir à l'histoire de M. DE VOLTAIRE, dans lesquels on trouvera divers écrits de lui peu connus sur ses différends avec J.-B. Rousseau... un grand nombre d'anecdotes et une notice critique de ses pièces de théâtre. (Par le baron DE SERVIÈRES, revus par l'abbé Louis-Mayeul CHAUDON.) *Amsterdam,* 1785, 2 vol. in-12.

Cet ouvrage finit par ce singulier *lapsus* : les prêtres canoniseraient Cartouche *de vol* (au lieu de *dévot*).

Ces Mémoires n'ont rien de commun avec les « Mémoires pour servir à l'histoire de Voltaire, écrits par lui-même ». *Berlin,* 1784, in-8.

Mémoires pour servir à l'histoire de notre temps... par l'observateur hollandois (J.-N. MOREAU) ; rédigez et augmentez par M. D. V. (E. DE VATTEL). *Francfort,* 1757-1762, 30 vol. in-12.

Cette attribution à Vattel est déclarée inexacte par Quérard.

Nous allons donner les titres de ceux des volumes de cette collection que nous avons pu voir :

Mémoires pour servir à l'histoire de notre temps, par rapport à la guerre anglo-gallicane. Par l'observateur hollandois, redigez et augmentez par M. D. V. *Francfort,* 1757-1758, 2 vol. in-12.

Mémoires pour servir à l'histoire de notre temps, où l'on déduit historiquement le droit et le fait de la guerre sanglante qui trouble actuellement l'Europe. Par l'observateur hollandois, redigez et augmentez par M. D. V. *Francfort,* 1758, in-12.

Mémoires politiques concernant la guerre, ou principes de la loi naturelle appliqués à la conduite et aux affaires des nations et des souverains. Par M. D. V. *Francfort,* 1758, 2 vol. in-12.

Mémoires pour servir à l'histoire de notre temps, contenant des réflections politiques sur la guerre présente. Par l'observateur hollandois, redigez et augmentez par M. D. V. *Francfort*, 1758-1759, 3 vol. in-12.

Mémoires pour servir à l'histoire de notre temps, par rapport aux dissentions présentes entre la Grande-Bretagne et la république des Provinces-Unies au sujet des déprédations angloises sur mer. *Francfort*, 1759-1760, 3 vol. in-12.

Mémoires pour servir à l'histoire de notre temps, par rapport à la république des Provinces-Unies, recueillis du hollandois. *Francfort*, 1759, in-12.

Mémoires politiques et militaires pour servir à l'histoire de notre temps, recueillis et publiés par Mr. D. V***. Opérations des armées françoises en Allemagne en 1759. *Francfort*, 1760, in-12.

Mémoires politiques et militaires pour servir à l'histoire de notre temps, recueillis par Mr. D. V***. Opérations des armées impériales et de leurs hauts alliés en 1750. *Francfort*, 1760, 3 vol. in-12.

Mémoires politiques et militaires pour servir à l'histoire de notre temps. Recueillis et publiés par M. DE V***. *Francfort*, 1760, in-12.

Autres Lettres trouvées par les Hanovriens parmi le butin qu'ils ont fait sur les François lors de la bataille de Minden. *La Haye et Amsterdam*, 1760, in-12.

Les Campagnes du roi, avec des réflexions sur les causes des événements. 1762, in-12.

Mémoires de notre temps. Nouvelles considérations sur la présente guerre en Allemagne. Par l'auteur des précédentes considérations sur le même sujet. Traduit de l'anglois sur la 4e édit. *Francfort*, 1763, in-12.

Nouveaux Mémoires pour servir à l'histoire de notre temps... *Francfort*, 1759, 6 vol. in-12.

On trouve dans ces « Nouveaux Mémoires » les différents ouvrages donnés sous le titre de : « Point d'appui », etc., entre autres le « Point d'appui », ou les intérêts présens des principales puissances », trad. de l'anglois de mylord Bolingbroke. C'est la traduction de l' « Etat présent de l'Europe », tracé par ce grand publiciste. On y trouve aussi les différents poèmes attribués à Chevrier, tels que l' « Acadiade », l' « Albionide », l' « Hanovriade », la « Maudrinade » et la « Prussiade ».

Plusieurs morceaux de prose sont du même Chevrier, entre autres le « Point d'appui entre Thérèse et Frédéric » et l' « Histoire de la campagne de 1758 ».

Quelques exemplaires de la « Prussiade » et des autres poëmes ont été publiés séparément sous le titre de : « Poëmes sur l'histoire de notre temps », 2 vol. in-12. L'exemplaire que j'ai sous les yeux contenait, au lieu de la « Prussiade, poëme nouveau en quatre chants, en vers héroï-comiques, par un anonyme » (peut-être le major GORDON), la « Prussiade, poëme en quatre chants (et en vers alexandrins, par M. de Sauvigny. » Ainsi, dans ces sortes d'exemplaires, on a substitué l'éloge à la satire.

Mémoires pour servir à l'histoire de notre temps. (Par Fr.-Ant. CHEVRIER et autres.) Première partie. *Leipsick; Nancy, veuve d'Ant. Leseur*, 1757, 2 parties in-8.

Recueil des plus rares, composé de deux parties. La première se compose de 21 pièces ou dissertations diverses. Elle fut contrefaite.

Chevrier a refondu, dans les tomes VIII et IX de son « Histoire civile et militaire... » (voy. V, 645, *b*), les matériaux qu'il avait employés ici. Voy. n° 33 de la notice de M. Gilet sur Chevrier.

Mémoires pour servir à l'histoire de notre temps, depuis 1617 jusqu'en 1632, par L. D. D. R. (le duc DE ROHAN). 1645, in-8.   V. T.

Mémoires pour servir à l'histoire de Perse. *Amsterdam, aux dépens de la Compagnie*, 1745, pet. in-8 de 3 p. non chiff. y compris le titre, 4 ff. non chiff. pour la liste ou clef des noms propres, 265 pages, plus la table. — Nouvelle édition, revue, corrigée et augmentée. *Ibid., id.*, 1746, in-8 de 3 ff. préliminaires y compris le titre et 307 p. — Mémoires secrets pour servir à l'histoire de Perse, avec des éclaircissements et une clef marginale plus complette et rectifiée par D. S. *A Amsterdam*, 1763, petit in-8 de 8 ff. préliminaires et 320 p.

La préface de l'éditeur est bonne à reproduire, la voici :

« Les Mémoires secrets pour servir à l'histoire de « Perse, c'est-à-dire de France, parurent pour la pre-« mière fois en 1745. L'éditeur voulut faire accroire « au public qu'ils n'étaient qu'une traduction d'un ori-« ginal anglois. Peut-être le fit-il pour exciter d'autant « plus la curiosité du public et pour cacher en même « temps le véritable auteur. On les attribua au célèbre « M. PECQUET (Antoine), premier commis des affaires « étrangères, dont nous avons d'excellens ouvrages de « morale et de politique. Il y a pourtant lieu d'en dou-« ter, vu la différence du style des « Mémoires secrets « de Perse » à celui de M. Pecquet. Dans la même « année, on en fit une copie en Hollande, et pour faire « valoir cette édition, on y joignit une clef la plus « fautive du monde. Le débit de ce petit livre fut si « extraordinaire, qu'on en fit une seconde en 1756 « (lisez 1746) à *Amsterdam*. On tâcha en même « temps de persuader le public qu'on l'avait considé-« rablement augmentée; mais on ne fit que lui impo-« ser. Contre ces « Mémoires secrets de Perse » avait « déjà paru une lettre de M. le B. de C** insérée dans « la « Bibliothèque raisonnée », t. XXXIV, p. 483. « Les objections ne sont pas d'importance; on y répli-« qua dans le « Journal des savants », juillet 1745, « édition de Hollande, p. 348. Voy. aussi « Journal « universel », juin 1745, et « Bibliothèque françoise », « t. XLII. Les répliques ne valent pas beaucoup mieux « que les objections. On en donna enfin une quatrième « édition in-12, à *Berlin*, en 1759. Un honnête « homme, qui aime à servir le public, m'engagea à « en donner la cinquième. Je l'ai augmentée des éclair-« cissements propres et nécessaires à répandre de la « lumière sur les ténèbres dont l'auteur a jugé à propos « d'envelopper les événements.

« Pour la commodité du lecteur, on a mis la clef « dans la marge, vis-à-vis des noms déguisés, et on a « tâché de la rectifier.

« C'est à vous, cher lecteur, à juger si j'y ai réussi.

                          « D. S. »

Le travail de l'éditeur a bien son mérite, mais

malheureusement son édition est privée de la table alphabétique des matières qui se trouve dans toutes les autres.

La note qui accompagnait le n° 11783 de la 2ᵉ édit. était ainsi conçue :

« On attribue ordinairement ces Mémoires au chevalier DE RESSEGUIER; c'est à tort : s'il fut mis à la Bastille à cette époque, c'est pour avoir composé des vers contre Mᵐᵉ de Pompadour. »

« L'exemplaire que je possède de cet ouvrage contient une note manuscrite conçue en ces termes :

« M. Pecquet, commis au bureau des affaires étrangères, est l'auteur de ce livre, et a été mis à la « Bastille en punition. »

« Je serais porté à croire à la vérité de cette note, mais une lettre trouvée dans les papiers de Mᵐᵉ du Hausset, femme de chambre de Mᵐᵉ de Pompadour, porte que les « Mémoires secrets » sont de Mᵐᵉ DE VIEUX-MAISONS, une des femmes les plus méchantes de son temps. Cette dame serait aussi l'auteur des « Amours de Zeo-Kinizul, roi des Kofirans », attribués ordinairement à Crébillon le fils. Il est probable que cette dame a confié la publication de ces deux libelles à Pecquet et à Crébillon fils. Voy. les « Œuvres philosophiques » de Senac de Meilhan, Hambourg, 1795, t. II, et les « Mélanges d'histoire », etc., par Craufurd, p. 591, édition in-4.

« Les « Mémoires de Perse » sont le premier ouvrage où l'on a parlé du Masque de fer. »

Voici ce que dit de Mᵐᵉ de Vieux-Maisons l'inspecteur de la librairie, d'Hémery, dans une note de police du 10 octobre 1750 :

« Mᵐᵉ de Vieux-Maisons, vingt-huit ans. Paris, « demeurant rue de Bourbon, faubourg Saint-Germain, « à côté des Théatins. — Petite, fort blanche, blonde, « la physionomie perfide. C'est la femme d'un con« seiller au Parlement, sœur de Mᵐᵉ de Vauvray et « fille de M. Ath, fermier général.

« Elle a beaucoup d'esprit et fait des vers et des « couplets contre tout le monde, étant très-méchante. « Elle était ci-devant faufilée avec Robbé et Bret, avec « lesquels elle vient de se brouiller. Elle est main« tenant maîtresse de M. de Latteignant, conseiller au « Parlement. Cette société, dans laquelle est M. le « marquis de Bissy (1), qui a été longtemps l'amant « de Vauvray, est la plus dangereuse de Paris et est « soupçonnée vivement d'avoir enfanté les « Anecdotes « de Perse ».

« Elle a une copie de tous les vers de Robbé qu'elle « ne veut point lui rendre, parce qu'il est brouillé avec « elle. Elle le menace même de les faire imprimer pour « le perdre. — 1ᵉʳ octobre 1750. »

M. Paul Lacroix s'est efforcé d'établir, dans son « Histoire de l'homme au masque de fer » (Paris, 1840, in-12), que cet ouvrage était sorti de la plume de Voltaire.

M. Ch. de Barthélemy a fait de même dans ses « Erreurs et Mensonges historiques », Paris, Ch. Blériot, 1866, 2 vol, in-18, t. I, p. 232.

Voltaire a réfuté d'avance cette attribution. Dans son « Supplément au siècle de Louis XIV », répondant à La Beaumelle au sujet de cet ouvrage, il dit : « Il n'ap« partient qu'à vous de citer parmi les historiens un « libelle qui est aussi obscur et presque aussi mépri« sable que votre Qu'en dira-t-on? »

<hr/>

(1) Dans une autre note, d'Hémery dit : le comte de Bissy, l'auteur de l' « Histoire de l'âme ».

Beuchot dit que les « Mémoires de Perse » ont aussi été attribués à LA BEAUMELLE. Voy. son édition de Voltaire, t. XX, p. 509.

Mémoires pour servir à l'histoire de Pierre III, empereur de Russie, avec un détail historique des différends de la maison de Holstein avec la cour de Danemark; publié par M. D. G. (Ange DE GOUDAR). *Francfort et Leipzig*, 1763, in-8. — Supplément aux Mémoires... *Ibid.*, 1763, in-8.

Mémoires pour servir à l'histoire de plusieurs hommes illustres de Provence. (Par Jos. BOUGEREL, de l'Oratoire.) *Paris, Cl. Hérissant*, 1752, in-12.

Dès 1718, D. Bougerel avait publié : « Projet d'une histoire des hommes illustres de Provence ». *Aix, imp. veuve G. Legrand*, in-4.

Mémoires pour servir à l'histoire de Port-Royal (précédés d'une préface par l'abbé Cl.-P. GOUJET). 1734-1738, 4 vol. in-12.

Ce recueil contient des relations des vies et des vertus de plusieurs religieuses de Port-Royal. Quelques-unes sont de la Mère Angélique de Saint-Jean ARNAULD.

Mémoires pour servir à l'histoire de Port-Royal des Champs. (Par P. THOMAS, sieur DU FOSSÉ.) *Utrecht*, 1736, in-12.

Réimprimés en 1739 avec le nom de l'auteur.

Mémoires pour servir à l'histoire de Port-Royal et à la vie de la R. mère Marie-Angelique de Sainte-Magdelène Arnauld, réformatrice de ce monastère. *Utrecht*, 1742, 3 vol. in-12.

Suivant l'abbé Goujet, dans son Catalogue manuscrit, c'est la Mère Angélique de Saint-Jean ARNAULD qui a dressé la plus grande partie des relations contenues dans ces trois volumes. Les autres sont de diverses personnes qui ont été engagées à écrire, comme elle, ce qu'elles avaient vu et remarqué. L'éditeur y a joint, en tête du tome Iᵉʳ, une généalogie de la famille Arnauld.

L'abbé Lenglet et Drouet nous apprennent, dans la « Méthode pour étudier l'histoire », t. X, p. 359, que cet éditeur a été J.-L. BARBEAU DE LA BRUYÈRE. Les originaux de tous les morceaux qu'il a livrés à l'impression étaient conservés dans la Bibliothèque de Saint-Germain-des-Prés, à Paris.

Mémoires pour servir à l'histoire des controverses nées dans l'Église romaine, sur la prédestination et sur la grâce, depuis le concile de Trente. (Par Jean LE CLERC.) *Cologne, P. Marteau*, 1689, in-12.

Mémoires pour servir à l'histoire des égarements de l'esprit humain, par rapport à la religion chrétienne, ou dictionnaire des hérésies, des erreurs et des schismes... *Paris, Nyon*, 1762, 2 vol. in-8.

La dédicace à l'archevêque d'Albi, M. de Choiseul, est signée PLUQUET. Une nouvelle édition, corrigée avec soin, *Besançon*, *Petit*, 1817, 2 vol. in-8, est augmentée des articles : Bérenger, Constitutionnels, Jansénisme, Quesnelisme et Richérisme, et donna lieu à une réclamation du neveu de l'auteur. Voy. l' « Ami de la religion et du roi », 24 juillet 1819.

Mémoires pour servir à l'histoire des événements de la fin du xviiie siècle, depuis 1760 jusqu'en 1806-1810, par un contemporain impartial (l'abbé J.-F. GEORGEL, jésuite, etc., publiés par GEORGEL, avocat). *Paris*, *Eymery*, 1817, 6 vol. in-8.

On assure que plusieurs hommes de lettres ont retouché le manuscrit de cet ouvrage au moment de l'impression et pendant l'impression. On dit, par exemple, que P.-F.-F.-J. GIRAUD a rédigé la préface; que M.-B. DESRENAUDES a remanié l'article des *Girondins*; que J.-F. BAUDOUIN le père a fourni des notes et adouci l'article de Raynal.

La notice qui se trouve en tête des « Mémoires » et les notes placées au bas des pages sont pour la plupart d'Étienne PSAUME.

Mémoires pour servir à l'histoire des hommes illustres dans la république des lettres. (Par le P. J.-P. NICERON, le P. F. OUDIN, J.-B. MICHAULT et l'abbé C.-P. GOUJET.) *Paris*, *Briasson*, 1726-1745, 43 vol. in-12.

Le P. J. BOUGEREL, de l'Oratoire, a rédigé quelques articles d'anciens auteurs, tels que *Tacite*, *Tite-Live*, etc. L'abbé BONARDY a aussi coopéré à cet intéressant recueil.

Mémoires pour servir à l'histoire des hommes illustres de Lorraine.

Voy. « Histoire secrette de quelques personnages... », V, 831, *f*.

Mémoires pour servir à l'histoire des Indes orientales... par S. D. R. (SOUCHU DE RENNEFORT). *Paris*, 1688, in-4.

Réimprimés avec le nom de l'auteur, sous le titre de : « Histoire des Indes orientales ».

Mémoires pour servir à l'histoire des Jésuites, contenant le précis raisonné des tentatives qu'ils ont faites pour s'établir à Troyes. (Par P.-J. GROSLEY.) Seconde édition, 1757, in-12.

Voy. ci-après, « Mémoires pour servir de supplément... », col. 251, *d*.

Mémoires pour servir à l'histoire des mœurs du xviiie siècle. (Par Ch. PINOT, sieur DUCLOS.) (*Paris*), 1751, in-12.

Réimprimés dans les « Œuvres » de l'auteur.

Mémoires pour servir à l'histoire des révolutions de Hongrie. (Par Franz-Léopold RAGOCZY.) *La Haye*, 1738, 2 vol. in-4 ou 6 vol. in-12.

Mémoires pour servir à l'histoire des

révolutions de Pologne, particulièrement de 1794. (Par Joseph WEYBICKI et François-Xavier DMOCHOWSKI. Traduits par Casimir DE LA ROCHE.) *Paris*, *librairie républicaine*, an III-1795, in-8, 88 p.

Premier Mémoire, seul publié.
Voy. « Supercheries », I, 743, *f*.

Mémoires pour servir à l'histoire des sciences et des beaux-arts. Recueillis par l'ordre de Son Altesse Sérénissime monseigneur prince souverain de Dombes. *Trévoux et Paris*, *J. Boudot*, 1701-1767, 813 tomes en 271 vol. in-12.

Cette publication, connue sous le nom de « Journal de Trévoux », fut fondée par les Jésuites.

Elle a eu pour principaux rédacteurs, depuis 1701 jusqu'en 1762, les PP. Fr. CATROU, P.-J. ROUILLÉ, R.-J. DE TOURNEMINE, MERLIN, Jean HARDOUIN, DESPINEUL, Cl. BUFFIER, L. MARQUER, TELLIER, PLISSE, Barth. GERMON, J.-Fr. DE COURBEVILLE, DE BLAINVILLE, HONGNANT, DORIVAL, J.-A. DU CERCEAU, L.-B. CASTEL, G.-H. BOUGEANT, Et. SOUCIET, P. BRUMOY, F.-X. DE CHARLEVOIX, FONTENAY, B.-G. FLEURIAU, S. DE LATOUR, G.-F. BERTHIER.

A l'époque de l'expulsion des Jésuites, le « Journal de Trévoux » fut dirigé, de 1762 à 1764, par Jean-Louis JOLIVET, docteur en médecine. Il passa ensuite sous la direction de Barth. MERCIER, abbé de SAINT-LÉGER, qui y a fourni beaucoup d'extraits jusqu'en 1767. Un de ses coopérateurs a été l'abbé Guil.-Germ. GUYOT, depuis septembre 1764 jusqu'en octobre 1765.

A partir de 1768, le journal change de titre et devient : « Journal des beaux-arts et des sciences... » par M. l'abbé AUBERT. *Paris*, *P.-F. Didot le jeune*, 1768-1774, 28 vol. in-12. Le titre de l'année 1774 porte : Par MM. CASTILHON.

Journal des sciences et des beaux-arts, dédié à Monseigneur le comte d'Artois par M. CASTILHON. *Paris*, *Lacombe*, 1776-1783, 40 vol. in-12.

L'année 1778 porte : Par une société de gens de lettres, et l'année 1779 : Par M. l'abbé GROSIER. A partir de l'année 1779, le titre devient : « Journal de littérature, des sciences et des arts ».

Voir sur ce journal la notice en tête de « Table méthodique des Mémoires de Trévoux » (1701-1775), par le Père P.-C. SOMMERVOGEL, de la Compagnie de Jésus. *Paris*, *A. Durand*, 1864-65, 3 vol. in-16.

Mémoires pour servir à l'histoire des spectacles de la foire, par un acteur forain. (Par les frères François et Claude PARFAICT.) *Paris*, *Briasson*, 1743, 2 vol. in-12.

Mémoires pour servir à l'histoire des troubles arrivés en Suisse à l'occasion de Consensus. (Par Barthélemy BARNAUD.) *Amsterdam*, 1726, in-8, xxxii-479 p.

Mémoires pour servir à l'histoire du bailliage de Pontarlier. (Par Fr.-N.-E. DROZ.) *Besançon*, 1760, in-8.

Mémoires pour servir à l'histoire du cardinal de Grandvelle... par un religieux bénédictin de la congrégation de Saint-

Vannes (dom Prosper LÉVÊQUE). *Paris*, *G. Desprez*, 1753, 2 vol. in-12.

, L'auteur a signé la dédicace.

Mémoires pour servir à l'histoire du différend entre le pape et le canton de Lucerne, à l'occasion du bannissement des terres de Lucerne du nommé, etc. (Par C.-G. LOYS DE BOCHAT.) *Lausanne*, 1727, in-8.

Mémoires pour servir à l'histoire du droit public de la France en matière d'impôts, ou recueil concernant la cour des aides, depuis 1756 jusqu'au mois de juin 1775... (Publié par AUGER, avocat, sous l'inspection du président CHOART.)*Bruxelles* (*Paris*), 1779, in-4, avec un supplément de 10 p.

Ce précieux volume est le recueil de toutes les opérations du sage et vertueux Malesherbes pendant sa première présidence de la Cour des aides, c'est-à-dire pendant vingt-cinq ans. M. Dubois dit avec raison, dans sa « Notice historique » sur Malesherbes (troisième édition, *Paris*, *Potey*, 1805, in-8), que la haine de cet homme illustre pour le despotisme et son amour pour la liberté se montrèrent plus courageusement et plus à découvert dans tout ce qu'il a écrit comme magistrat, que dans la plupart des ouvrages philosophiques où l'on essaya de former l'opinion sur les droits des peuples et les devoirs des rois.

Ce recueil est devenu très-rare, parce qu'il n'a point été mis dans le commerce et qu'il n'a pu être imprimé qu'avec permission tacite ; encore n'y laissa-t-on pas insérer dans leur entier les remontrances énergiques dans lesquelles Malesherbes parlait au roi le langage de la plus austère vérité. Les morceaux retranchés ont été ensuite imprimés dans le même format, d'après une copie manuscrite trouvée dans les papiers d'un ministre qui était en place lorsque ces remontrances ont été présentées. C'est ce qui forme un supplément de dix pages ; on le trouve joint à un petit nombre d'exemplaires des « Mémoires ».

Les remontrances contenues aux pages 440 et suiv., 447 et suiv., 525 et suiv., sont de M. LE MOINE DE LA CLARTIÈRE, conseiller de la Cour des aides de Paris.

Par arrêt de la Cour des aides du 26 février 1779, rendu au rapport de M. Dionis du Séjour, et sur le réquisitoire de M. l'avocat général Bouïa de Mareuil, ce livre a été supprimé comme contraire à l'autorité de la Cour, au respect dû à ses décisions et au secret de ses délibérations.

Mémoires pour servir à l'histoire du droit public de la Franche-Comté, principalement en matière d'administration et d'impôts. (Par Fr.-Nic.-Eug. DROZ.) *Besançon*, 1789, in-8.

Mémoires pour servir à l'histoire ecclésiastique des six premiers siècles... par le sieur D. T. (L.-S. LE NAIN DE TILLEMONT). *Paris*, *C. Robustel*, 1693, 16 vol. in-4.—*Bruxelles*, *E.-H. Frick*, 1695, 43 vol. in-12.

La seconde édition, *Paris*, *C. Robustel*, 1700-1713, 16 vol. in-4, porte le nom de l'auteur.

Mémoires pour servir à l'histoire ecclésiastique pendant le xviii° siècle. (Par M.-J.-P. PICOT.) *Paris*, *Le Clere*, 1806, 2 vol. in-8. — Seconde édition revue et augmentée. *Paris*, *Le Clere*, 1815, 4 vol. in-8.

Mémoires pour servir à l'histoire et à l'établissement du magnétisme animal. *S. l.*, 1784. — Suite des... *Londres*, 1785, in-8. — Seconde édition. *Paris*, 1809, 2 vol. in-8. — Troisième édition, par M. J. DE CHASTENET, marquis DE PUYSÉGUR. *Paris*, 1820, in-8.

Les deux premières éditions ont été signées par l'auteur.

Mémoires pour servir à l'histoire générale des Jésuites, ou extraits de l'« Histoire universelle » de M. de Thou... (Par l'abbé Christ. COUDRETTE.) *Paris*, 1761, in-12.

Ce volume sert de suite à l' « Histoire générale de la naissance... » Voy. V, 808, *d*.

Mémoires pour servir à l'histoire littéraire des dix-sept provinces des Pays-Bas... (Par l'abbé J.-N. PAQUOT.) *Louvain*, 1763-1770, 3 vol. in-fol. ou 18 vol. in-8.

Mémoires pour servir à l'histoire naturelle des animaux. (Par Cl. PERRAULT.) *Paris*, *impr. royale*, 1671 et 1676, 2 vol. in-fol. — *La Haye*, 1731, in-4. — *Amsterdam*, 1736, in-4.

Cet ouvrage a été réimprimé avec des augmentations, dans le tome III de l' « Histoire de l'Académie des sciences », années 1666 à 1699. *Paris*, 1733, 11 vol. in-4.

Mémoires pour servir à l'histoire romaine pendant les cent vingt-six ans qui ont précédé l'ère chrétienne. (Par M. le marquis A.-J.-F.-X.-P.-E.-S.-P.-A. DE FORTIA D'URBAN.) Extraits du cinquième volume de l' « Art de vérifier les dates ». *Paris*, *imp. de Moreau*, 1821, in-8.

Mémoires pour servir à l'histoire universelle de l'Europe, depuis 1600 jusqu'en 1716, avec des réflexions et des remarques critiques. (Par Hyacinthe ROBILLARD D'AVRIGNY.) *Paris*, *Mézières*, 1725, 4 vol. in-12.—*Amsterdam*, *veuve Desbordes*, 1725, 4 vol. in-12. — Nouvelle édition. *Paris*, *Delespine*, 1731, 4 vol. in-12. — Nouvelle édition, corrigée et augmentée (par le P. H. GRIFFET). *Paris*, *Guérin et Delatour*, 1757, 5 vol. in-12. — Nouvelle édition. *Nismes*, *P. Beaume*, 1789, 2 vol. in-8.

Mémoires pour servir à la connoissance des affaires politiques et économiques de Suède jusqu'à la fin de 1776. (Par J.-G. CANZLER.) *Dresde*, 1776, 2 vol. in-4.

Mémoires pour servir à la vie de Nicolas de Catinat, maréchal de France. (Par le marquis DE CRÉQUY.) *Paris, Duchesne*, 1775, in-12, 302 p.

Voy. « Vie de M. de Catinat ».

Mémoires pour servir au rétablissement général des affaires en France, où, par occasion, on fait voir les causes de sa décadence. (Par Pierre LE PESANT DE BOISGUILBERT.) *Villefranche, Pierre et Jean*, 1697, in-12.

Réimpression de la première édition du « Détail de la France ». Voy. IV, 913, f.

Mémoires pour servir aux nouveaux principes d'hydraulique et d'aérométrie. (Par l'abbé J.-E. PELLIZER.) *Londres*, 1787, in-8.   V. T.

Mémoires pour servir de réfutation à la brochure intitulée : « Considérations pour les peuples de l'Etat, imprimées avec l'approbation des cinq corps de l'Etat de la souveraineté de Neufchâtel et de Valengin ». *Neufchâtel*, 1761, in-8.

Contient deux Mémoires : le premier est de Samuel-Frédéric OSTERWALD, alors banneret de Neufchâtel et cousin de Ferdinand Osterwald, l'auteur des « Considérations » ; le second Mémoire est de Ch.-Aub. PURY.

Voy. Ersch, « France littéraire », supplément, 1802, p. 356 et 386.

L'auteur des « Considérations pour les peuples de l'Etat » n'avait pas tardé à faire connaître son nom en publiant : « Défense des principes et de l'auteur d'un écrit intitulé : « Considérations... », par Ferd. Osterwald, auteur des « Considérations ». *Genève (Lausanne)*, 1761, in-8. Voy. IV, 707, b.

Mémoires pour servir de supplément aux « Antiquités ecclésiastiques du diocèse de Troyes », par M. N. Camuzat. (Par P.-J. GROSLEY.) *S. l.* (Troyes), 1750, in-12. — Seconde édition, très-augmentée. *S. l.*, 1757, in-12.

La première édition fut saisie en arrivant à Paris et brûlée à la Bastille ; Grosley a fait mettre cette inscription au milieu du frontispice de chaque édition : J. N. R. J. On sait qu'elle signifie : *Jesus Nazarenus, Rex Judæorum.* Mais Grosley lui donnait ce sens : Jésuite n'aura rien ici.

L'exemplaire de la seconde édition de ces Mémoires, envoyé ou donné par Grosley lui-même aux prêtres de la Doctrine chrétienne de Paris, se trouvait, en 1823, dans la Bibliothèque du château de Fontainebleau. Il a deux frontispices : l'un est conforme à celui qui est l'objet du présent article ; l'autre est rapporté ci-dessus, col. 247, e.

Mémoires relatifs à la discussion du privilége de la nouvelle compagnie des Indes. (Par l'abbé André MORELLET.) *Paris, Demonville*, 1787, in-4.

L'auteur a encore publié « Examen de la réponse de M. N*** ». Voy. V, 347, c.

Mémoires relatifs à la famille royale de France pendant la Révolution... publiés pour la première fois d'après le journal, les lettres et les entretiens de la princesse de Lamballe, par une dame de qualité (Catherine HYDE, marquise GOVION-BROGLIO-SOLARI), attachée au service confidentiel de cette infortunée princesse. (Traduit de l'anglais par Th. LICQUET.) *Paris, Treuttel et Würtz*, 1826, 2 vol. in-8.

Mémoires secrets de la cour de Charles VII... (Par Mme Catherine BÉDACIER DURAND.) *Paris, Ribou*, 1700, 2 vol. in-12. — *Paris, Prault*, 1734, 2 vol. in-12. — *Amsterdam*, 1735, 2 vol. in-12.

Réimprimés sous ce titre : « Mémoires secrets de la cour de France sous le règne de Charles VII ». 1757, 2 vol. in-12.

Cette édition a été publiée par Mlle Marguerite DE LUSSAN. Voy. la « Bibliothèque universelle des romans », t. XXII, p. 208, première partie.

Mémoires secrets de la cour de France, contenant les intrigues du cabinet pendant la minorité de Louis XIV. (Par L. RUSTAING DE SAINT-JORY.) *Amsterdam, Girardi*, 1733, 3 vol. in-12.

Mémoires secrets de la république des lettres, ou le théâtre de la vérité, par l'auteur des « Lettres juives » (le marquis J.-B. DE BOYER D'ARGENS). *Amsterdam, Néaulme*, 1744-48, 7 vol. in-12.

L'auteur a publié, avec son nom, une nouvelle édition entièrement refondue, sous le titre de : « Histoire de l'esprit humain, ou Mémoires secrets et universels de la république des lettres ». *Berlin*, 1765-1768, 14 vol. in-8.

Mémoires secrets de la république des lettres...

Voy. « Journal d'opposition... », V, 1006, f.

Mémoires secrets de mylord BOLINGBROKE, traduits de l'anglois, avec des notes historiques (par FAVIER). *Londres*, 1754, 3 parties in-8.

Mémoires secrets de plusieurs grands princes de la cour. (Par Mme M.-C. LE JUMEL DE BERNEVILLE, comtesse D'AULNOY.) *Paris*, 1696, in-12.   G. M.

Mémoires secrets de Robert, comte DE PARADES, écrits par lui au sortir de la Bastille (et publiés par Richard DU PIN), pour servir à l'histoire de la dernière guerre. *S. l.*, 1789, in-8, 2 ff. de tit., IV-VII et 188 p.   G. M.

Mémoires secrets des intrigues de la cour de Charles VII. (Publiés par Mlle Marguerite DE LUSSAN.) 1757, 2 vol. in-12.

Copie de l'ouvrage de Mme Durand. Voy. ci-dessus, « Mémoires secrets de la cour ».

Mémoires secrets du second Empire. (Par Léopold STAPLEAUX.) *Bruxelles, Office de publicité, s. d.* (1871), in-8, 99 p.

Plusieurs éditions.

Mémoires secrets pour servir à l'histoire de la république des lettres en France, depuis 1762 jusqu'à nos jours... *Londres,* 1777-89, 36 vol. in-12.

Ces Mémoires, connus sous le titre de : « Mémoires de Bachaumont », ont eu successivement pour rédacteurs : L. PETIT DE BACHAUMONT, M.-F. PIDANSAT DE MAIROBERT, MOUFLE D'ANGERVILLE et autres. On a publié de nos jours : « Table alphabétique des auteurs et personnages cités ». *Bruxelles, J. Gay,* 1866, in-12, tiré à 200 exemplaires.

Voy. Hatin, « Bibliographie », p. 67, et Ch. Aubertin, l' « Esprit public au XVIIIe siècle », *Paris, Didier,* in-8, p. 387-399 et 480.

Mémoires secrets pour servir à l'histoire de Perse.

Voy. ci-dessus, « Mémoires pour servir à l'histoire de Perse », col. 244, b.

Mémoires secrets sur l'établissement de la maison de Bourbon en Espagne, extraits de la correspondance du marquis DE LOUVILLE, etc. (Publiés par M. le marquis Scipion DU ROURE.) *Paris, Maradan,* 1818, 2 vol. in-8.

Mémoires secrets sur la cour de Russie, et particulièrement sur le règne de Catherine II et le commencement de celui de Paul Ier. (Par Ch.-Fr.-Philib. MASSON DE BLAMONT.) *Amsterdam (Paris),* 1800-1803, 4 vol. in-8. — *Paris, Levrault,* 1804, 4 vol. in-8.

Le 4e vol. de la seconde édition porte le nom de l'auteur.

Cette édition a subi des suppressions. La première contient des détails qui justifient trop complétement le titre de : « Mémoires secrets ».

Réimprimés, mais aussi avec des suppressions, dans la collection Barrière. Cet ouvrage a été traduit en allemand, *Strasbourg,* 1802, 3 vol. in-8.

Mémoires secrets sur la vie de M. Clément, évêque de Versailles... (Par l'abbé Ch.-Jos. SAILLANT.) *Paris, Savoye,* 1812, in-8, 136 p.

Mémoires secrets sur les règnes de Louis XIV et de Louis XV, par feu M. DUCLOS... (Publiés par C.-S. SAUTREAU DE MARSY.) *Paris, Buisson,* 1790, 2 vol. in-8.

Plusieurs fois réimprimés.

Voy. « de la Valeur des Mémoires secrets de Duclos, par L. Mandon ». *Montpellier, imp. de Boehm et fils,* 1872, in-8, 90 p.

Mémoires secrets sur Napoléon Bonaparte, écrits par un homme qui ne l'a pas quitté depuis quinze ans (par Charles

DORIS, de Bourges), faisant suite au « Précis historique », publié par le même. *Paris, Germain Mathiot,* 1814, 2 vol. in-12.

Réimprimés plusieurs fois, ces Mémoires, entièrement apocryphes, ont, à chaque nouvelle édition, subi de légères modifications dans le titre. Les dernières éditions portent : Par M. le baron DE B***.

Mémoires secrets tirés des archives des souverains de l'Europe, depuis le règne de Henri IV. (Ouvrage traduit de l'italien de Vittorio SIRI, par Bapt. REQUIER.) *Amsterdam (Paris, Saillant et Nyon l'aîné),* 1775-1784, 50 vol. in-12.

Mémoires sur Clermont (Oise). (Par Victor LE MOINE.) *Amiens,* 1838, in-8.

D. M.

Mémoires sur divers genres de littérature et d'histoire, mêlés de remarques et de dissertations critiques, par la Société des curieux. (Publiés par Adrien MARTEL, de Toulouse.) *Paris,* 1722, in-12.

Mémoires sur divers objets qui intéressent la province et la capitale de la Franche-Comté, et réplique à sa réfutation. (Par GRILLET.) *Besançon,* 1786, in-8.

Mémoires sur l'abbaye de Faverny, qui contiennent en abrégé l'histoire de cette ville, par un bénédictin de la congrégation de Saint-Vanne... *Besançon, E.-J. Daclin,* 1771, in-8.

Par le P. B. PETREMENT, d'après M. de Manne.

Attribués aussi à dom P.-P. GRAPPIN.

Quérard, dans la « France littéraire », les donne sous les deux noms.

Mémoires sur l'administration de la marine et des colonies, par un officier général de la marine, doyen des gouverneurs généraux de Saint-Domingue (Gabriel BORY). *Paris, Pierres,* 1789, 2 vol. in-8.

Voy. « Supercheries », II, 1295, a.

Mémoires sur l'agriculture du Boulonnois et des cantons maritimes voisins, par M. D. C*** (Georges DUMONT DE COURCET). *Boulogne, Fr. Dolet,* 1784, in-8.

Mémoires sur l'Amérique et sur l'Afrique. Donnés au mois d'avril 1752. (Par Philippe DE PRÉTOT.) *S. l.,* 1752, in-4, 1 f. de tit. et 58 p.

Mémoires sur l'armée de Chanzy. Journal du bataillon des gardes mobiles de Mortain. (Par M. Roger DE MAUNI, capitaine des gardes mobiles de la Manche.) *Paris-Bruxelles,* 1871, in-12, 372 p.

Réimprimés avec le nom de l'auteur.

Mémoires sur l'astronomie pratique, traduits du portugais de MONTEIRO DA ROCHA (par MELLO). *Paris*, 1808, in-4.

Mémoires sur l'état des Israélites, dédiés et présentés à Leurs Majestés impériales et royales réunies au congrès d'Aix-la-Chapelle. (Par L. LAVIGNE.) *Paris, F. Didot*, 1819, in-8, 79 p.

Attribués par M. de Manne à Lewis WAY, qui a signé, page 26, le Mémoire adressé à l'empereur de Russie.

Mémoires sur l'impératrice Joséphine, ses contemporains, la cour de Navarre et de la Malmaison. (Par Mme BOCHSA, née Georgette DUCREST, nièce de Mme de Genlis.) *Paris, Ladvocat*, 1828, 3 vol. in-8.

Réimprimés l'année suivante à *Bruxelles, veuve Demat*, 3 vol. in-8.

Attribués par M. Delecourt à Mme DURAND.

Mémoires sur l'origine des maisons et duchés de Lorraine et de Bar-le-Duc. (Par Louis CHANTEREAU LE FÈVRE.) *Paris, imp. de N. Bessin*, 1642, in-fol.

Mémoires sur la cour de Louis XIV et de la régence, extraits de la correspondance allemande de madame Elisabeth-Charlotte, duchesse D'ORLÉANS, mère du régent; précédés d'une notice sur cette princesse, et accompagnés de notes (par MONMERQUÉ et Alex. SCHUBART). *Paris, Ponthieu*, 1823, in-8.

Cet ouvrage est une nouvelle traduction très-augmentée de « Fragmens de lettres originales... » Voy. V, 492, a.

Elle fut supprimée par arrêt de la Cour royale du 26 juin 1823, comme contenant des outrages à la morale publique.

Voy. aussi « Mémoires d'Elisabeth-Charlotte... », ci-dessus, col. 186, b.

Mémoires sur la cour de Louis-Napoléon et sur la Hollande. (Par Louis GARNIER, chef du garde-meuble de Louis Bonaparte.) *Paris, Ladvocat*, 1828, in-8. **D. M.**

Mémoires contemporains. Première livraison.

Mémoires sur la cour du prince Eugène, et sur le royaume d'Italie, pendant la domination de Napoléon Bonaparte, par un Français attaché à la cour du vice-roi d'Italie (Ch.-J. LAFOLIE). *Paris, Audin*, 1824, in-8.

Même ouvrage que « Histoire de l'administration du royaume d'Italie... » Voy. V, 677, c.

Mémoires sur la dernière guerre entre la France et l'Espagne dans les Pyrénées occidentales... par le cit. B** (BEAULAC). *Paris, Treuttel et Wurtz*, 1801, in-8.

Mémoires sur la destruction de l'abbaye de Port-Royal des Champs (recueillis et

publiés par l'abbé Jacq. FOUILLOU). *S. l.*, 1711, in-12.

Mémoires sur la franche-maçonnerie, par une société de maçons. (Par F.-H.-S. DE L'AULNAYE.) *Paris*, 5806 (1806), in-8.

Mémoires sur la grâce... dictés au séminaire de Saint-Magloire, à Paris, en l'année 1668. (Par le père Louis THOMASSIN.) *Louvain*, 1668, 3 vol. in-12. — *Paris, Cramoisy*, 1681, 3 vol. in-12. — *Paris*, 1682, in-4. **V. T.**

Mémoires sur la guerre, tirés des originaux de M. de Turenne. Avec plusieurs mémoires concernant les hôpitaux militaires présentés au conseil en l'année 1736. Par M*** (LA MAIRIE D'OLDINVILLE). *La Haye, Gosse*. 1738, 2 parties in-12. — *Paris, Rollin*, 1739, 2 parties in-12.

Mémoires sur la jeune Italie et sur les derniers événements de Savoie. Par un témoin oculaire (Harro-Paul HARRING, exporte-drapeau dans l'armée russe). *Paris, Derivaux*, 1834, 2 parties in-8.

Le faux titre porte : Mémoires d'un rebelle.

Mémoires sur la librairie et sur la liberté de la presse, par M. DE LAMOIGNON DE MALESHERBES (avec un fac-simile de son écriture; publiés par A.-A. BARBIER). *Paris, H. Agasse*, 1809, in-8, XIV-435 p.

Mémoires sur la manière d'élever les vers à soie et sur la culture du mûrier blanc. Lus à la Société royale d'agriculture de Lyon, par M. T**** (C.-J. THOMÉ, de la même Société). *Paris, Vallat La Chapelle*, 1767, in-12, XII-430 p. et 1 f. de priv.

Mémoires sur la révolution d'Avignon et du comtat Venaissin. (Par PASSERY, en italien et en français.) *S. l.*, 1793, 2 vol. in-4.

Donnés ci-dessus, par erreur, sous le titre de : « Mémoire... », col. 164, a.

Mémoires sur la révolution de Pologne, trouvés à Berlin. *Paris, Galland*, 1806, in-8, CIV-215 p.

Par le quartier-maître général DE PISTOR, avec un précis des causes et événements qui ont amené le démembrement de la Pologne, par Ch.-L. LESUR. Dans la seconde édition de ce dictionnaire, le précis avait été attribué à ANDRÉ D'ARBELLES. Cette erreur avait été rectifiée à la table.

Par DE BEAUVERNET, employé au Sénat, d'après M. de Manne.

Mémoires sur la vie de Jean Racine. (Par L. RACINE fils.) *Lausanne et Genève, M.-M. Bousquet (Paris)*, 1747, 2 vol. in-12.

Le second volume contient des lettres.

Ces « Mémoires » ont été réimprimés, avec des changements et corrections, au tome Ier des « Œuvres de Louis Racine ». *Amsterdam, Rey*, 1752, 6 vol. in-12.

Mémoires sur la vie de Mlle de Lenclos, par M. B*** (A. BRET). *Amsterdam et Paris, Rollin fils*, 1751, in-12. — *Amsterdam, Joly*, 1751, in-12. — *Id.*, 1775, 3 vol. in-12.

Mémoires sur la vie de M. de Laval, premier évêque de Québec. (Par l'abbé B. DE LA TOUR.) *Cologne, J.-F. Motiens*, 1761, 2 vol. in-12.

Mémoires sur la vie de M. Olier, par l'abbé DE BRETONVILLIERS, ancien curé de Saint-Sulpice (publiés par l'abbé H.-F. SIMON DE DONCOURT). *S. d.*, in-12.

Beaucousin, dans ses notes manuscrites sur mon exemplaire de la « Bibliothèque historique de la France ».

Mémoires sur la vie de Nicolas Poussin, par Maria GRAHAM... Traduits de l'anglais (par F.-J.-L. RILLIET DE CONSTANT). *Paris, P. Dufort*, 1821, in-8, avec 2 planches.

Mémoires sur la vie du philosophe Héraclite (extraits des œuvres posthumes de Gabriel DE GLATIGNY, avocat général en la cour des monnaies de Lyon). *Paris* (1759), in-8.   D. M.

Mémoires sur la vie et la mort de la princesse Loyse Juliane, électrice palatine, née princesse d'Orange, etc. (Par Frédéric SPANHEIM.) *Leyden, Jean Maire*, 1645, in-4.

Mémoires sur la vie et le siècle de Salvator Rosa, par lady MORGAN, traduits par le traducteur de « l'Italie », du même auteur (Mlle Adèle SOBRY), et par M*** (PIERHUC). *Paris, A. Eymery*, 1824, 2 vol. in-8.

La 2e édit., publiée quatre mois après, est en 2 vol. in-12.   D. M.

Mémoires sur la vie et les écrits de Benjamin FRANKLIN, etc., publiés sur le manuscrit original... par W.-Temple FRANKLIN, son petit-fils, et traduits de l'anglais (par A.-Ch. RENOUARD). *Paris, J. Renouard*, 1828, 2 vol. in-18, avec portr. de Franklin et de Washington.

Mémoires sur la vie et les ouvrages de M. Turgot. (Par DUPONT, de Nemours.) *Philadelphie* (*Paris, Barrois l'aîné*), 1842, 2 part. in-8 de VIII, 148 et 268 p. — Nouvelle édition revue et corrigée avec soin. *Philadelphie*, 1788, 2 part. in-8 de 204 et 224 p.

Mémoires sur la voie romaine du Mans à Orléans, à partir de cette première ville jusqu'aux bords de la Braye, près de Sargé,

département de Loir-et-Cher. *Saint-Calais, Peltier-Voisin*, 1843, in-8, 6-28 p.

Le premier de ces deux Mémoires est par l'abbé A. VOISIN ; le second est de M. DIARD.   D. M.

Mémoires sur le commerce des Hollandois dans tous les Etats et empires du monde. *Amsterdam*, 1717, in-12, 307 p. — Nouvelle édition, augm. *Ibid.*, 1718, in-8.

Attribués à P.-D. HUET, dans les « Nouvelles de la république des lettres », 1716.

Mémoires sur le Consulat, 1799 à 1804. Par un ancien conseiller d'Etat (A.-C. THIBAUDEAU). *Paris, Ponthieu*, 1827, in-8, ij-464 p.

Voy. « Supercheries », I, 324, c.

Mémoires sur le gouvernement de la Pologne. *Manheim, Pierron*, 1759, 1772, in-8.

Publiés par Chr.-Fréd. VON PFEFFEL, à l'insu de l'auteur, Joh.-Benj. STEIN-HAUSER.   (Meusel.)

Voy. aussi « Etat de la Pologne », V, 295, b.

Mémoires sur le Louvre. (Par L. PETIT DE BACHAUMONT.) Troisième édition, revue et corrigée. *S. l.*, 1751, in-8, 31 p.

Réimpression de « Mémoire sur l'achèvement... », voy. ci-dessus, col. 153, f, et de « Mémoire sur le Louvre », voy. col. 167, a.

Voy. aussi « Premier Mémoire... »

Mémoires sur le port, la navigation et le commerce du Havre-de-Grâce... Par M*** (M.-J. DU BOCAGE DE BLÉVILLE). *Au Havre-de-Grâce, P.-J.-D.-G. Faure*, 1753, 2 part. in-12.

Il y a des exemplaires signés du nom de l'auteur.

Voy. « Supercheries », III, 1046, c.

Mémoires sur les campagnes d'Italie, de MDCCXLV et MDCCXLVI, auxquels on a joint un journal des mêmes campagnes tenu dans le bureau de M. le maréchal de Maillebois ; avec une explication de tous les passages et cols du Dauphiné versant en Savoie et en Piémont. (Par P.-J. GROSLEY.) *Amsterdam, M.-M. Rey*, 1777, in-12.

Volume rare. Voy. « Vie de Grosley », par Maydieu. *Paris*, 1787, in-8, p. 270.

Mémoires sur les campagnes des Pays-Bas en 1745-47. (Par le prince Ch.-Fr. DE WALDECK.) Publiés par A.-G.-L. HEEREN. *Gottingue, Rower*, 1803, in-8.

Mémoires sur les eaux minérales de Bourbonne-les-Bains. (Par H.-A. JUVET.) *S. l.*, 1757, in-8.

Cet ouvrage a été traduit en latin, sous ce titre : « Thermis de Borboniensibus apud Campanos specin en medico-praticum », *Calvo-Monti, C.-A. Bouchard*, 1774, in-4, 86 p., avec la signature de l'auteur.

                       G. M.

Mémoires sur les éthers. (Par P.-F.-G. BOULLAY, pharmacien de Paris.) *S. l. n. d.*, in-8, 67 p. et 1 pl.

Un premier tirage des 39 premières pages portait le nom de l'auteur.

Mémoires sur les matières domaniales, ou traité du domaine, ouvrage posthume de LE FÈVRE DE LA PLANCHE, avec une préface et des notes de l'éditeur (P.-C. LORRY, avocat du roi au domaine). *Paris, Desaint*, 1764, 3 vol. in-4.

Mémoires sur les moyens qu'il serait facile d'employer pour parvenir sûrement, promptement, sans bouleversement et sans commotion, à toute la perfection dont le militaire de France est susceptible ; et pour établir la stabilité si désirée dans sa constitution et dans les ordonnances qui le concernent. (Par Fr.-Jos. DARUT, baron DE GRANDPRÉ, lieutenant général.) *S. l.*, 1787, 2 vol. in-8.

Ersch et Quérard, d'après lui, indiquent une seconde édition augmentée, 1789, en 3 vol. in-8, et qui paraît n'être pas anonyme.

Mémoires sur les opérations militaires des Français en Galice, en Portugal et dans la vallée du Tage en 1809, sous le commandement du maréchal Soult, duc de Dalmatie, avec un atlas militaire. (Par P.-M. LE NOBLE, intendant militaire.) *Paris, Barrois l'aîné*, 1821, in-8.

Les premiers exemplaires mis en vente ne portant pas le nom de l'auteur, cet ouvrage fut attribué par quelques personnes à M. le maréchal Soult, qui, pour détruire ce bruit, réclama dans le « Moniteur » (voir, pour la lettre et la réponse, les nᵒˢ 36 et 38 de 1821). Cette correspondance détermina à réimprimer un nouveau titre, sur lequel M. Le Noble mit son nom.

Mémoires sur les priviléges et fonctions des trésoriers généraux de France, avec une table générale et chronologique des ordonnances, édits... (Par J.-Léon PATAS DE BOURGNEUF.) *Orléans, F. Rouzeau*, 1745, in-4.

C'est par erreur que cet ouvrage a été donné ci-dessus, sous le titre de : « Mémoire... » Voy. col. 175, *e*.

Mémoires sur les proportions musicales, le genre énarmonique des Grecs et celui des modernes. Par l'auteur de l' « Essai sur la musique » (J.-B. DE LABORDE). Avec les observations de M. VANDERMONDE, de l'Académie des sciences, et des remarques de M. l'abbé ROUSSIER. Supplément à l' « Essai sur la musique ». *Paris, imp. de P.-D. Pierres*, 1781, in-4, 2 ff. de tit., XIV-70 p.

Mémoires (deux) sur les réverbères-lanternes (inventés), par M. Bourgeois de Châteaublanc. (Rédigés par le P. Jos.-Romain JOLY, capucin.) 1764, in-4.

Mémoires sur Molière (sa vie, par J.-L. LE GALLOIS, sieur DE GRIMAREST) et sur Mᵐᵉ Guérin, sa veuve (extrait de « la Fameuse Comédienne », voy. V, 424, *e*), suivis de mémoires (lettre à milord **) sur Baron et sur Mˡˡᵉ Lecouvreur, par l'abbé D'ALLAINVAL (avec la lettre sur l' « Imposteur », et des Notices, par J.-B.-D. DESPRÉS). *Paris, Ponthieu*, in-8.

Ce recueil fait partie de la « Collection des Mémoires sur l'art dramatique », *Paris*, 1822-25, 14 vol. in-8.

Mémoires sur quelques fossiles d'Artois. (Par WARTEL, de la Société littéraire d'Arras.) *Arras*, 1765, in-12.

Mémoires sur Voltaire et sur ses ouvrages, par LONGCHAMP et WAGNIÈRE, ses secrétaires ; suivis de divers écrits inédits de la marquise DU CHATELET, du président HÉNAULT, de PIRON, DARNAUD-BACULARD, THIRIOT, etc., tous relatifs à Voltaire. (Publiés par L.-P. DECROIX et A.-J.-Q. BEUCHOT.) *Paris, A. André*, 1826, 2 vol. in-8.

Mémoires tirés des papiers d'un homme d'État, sur les causes secrètes qui ont déterminé la politique des cabinets dans la guerre de la Révolution, depuis 1792 jusqu'en 1815. *Paris, Ponthieu*, 1828-1838, 13 vol. in-8.

Par le comte A.-Fr. D'ALLONVILLE, A. DE BEAUCHAMP et A. SCHUBART.

Voy. « Supercheries », II, 297, *b*.

On prétend que des parties détachées des Mémoires, encore inédits, du prince Charles-Auguste DE HARDENBERG, ont servi à composer cet ouvrage anonyme. Les « Mémoires de Hardenberg » sont déposés aux archives du royaume, à Berlin.   D. M.

Nous avons peu de renseignements sur la biographie du comte Armand-François D'ALLONVILLE. La « Biographie universelle et port. des contemporains » de Rabbe et Boisjolin lui a consacré un court article, t. I, 82, et la « Nouvelle Biographie générale » en a donné un encore plus court dans t. II, 165. Un ouvrage de la plus grande rareté que j'ai eu entre les mains : « Matériaux en grande partie inédits pour la biographie future du comte Théodore Rastaptchine, rassemblés par son fils (le comte André RASTAPTCHINE), » — tiré à douze exemplaires, — *Bruxelles, imp. de M.-J. Poot*, 1864, petit in-4 ou gr. in-8 de 528 p., et dont un seul exemplaire avait été donné par le comte à son ami, M. Serge Sobolewski, qui avait bien voulu me confier avec l'assentiment de l'auteur, m'a fourni quelques renseignements sur M. d'Allonville. Le comte d'Allonville, comme beaucoup d'émigrés, se livra à l'enseignement pendant son exil. Il vint, en 1805, à l'âge de quarante et un ans, à Moscou, appelé par le comte Théodore Rastaptchine, pour être le précepteur de ses enfants, Le comte Rastaptchine, en en informant sa femme, lui écrit que M. d'Allonville a été élevé par son oncle, qui était premier professeur du Dauphin, et que le nouveau précepteur lui-même avait enseigné la géographie et la géométrie à cette infortunée victime de nos révolutions. Ce fut chez les Rastaptchine que M. d'Allonville fit la connaissance de la comtesse Munnich, demoiselle déjà âgée, qui habitait la maison. Il quitta sa place pour se marier. M. Feuillet de Conches, dans ses « Causeries d'un curieux », III, 416, nous dit, en parlant de l'abbé Edgeworth, le dernier confesseur de Louis XVI, que ce fut ce vénérable prêtre qui bénit le mariage du comte d'Allonville avec la petite-fille de Munnich ; ce fut donc à Mittau que le mariage eut lieu, car l'abbé Edgeworth ne vint jamais à Moscou, et les registres de l'église française de cette ville ne contiennent pas l'acte de mariage du comte.

Les mêmes documents m'ont appris qu'à l'époque de son mariage M. d'Allonville eut l'intention d'entrer au service de la Russie, et qu'il prit à cette intention la naturalisation russe ; mais il ne donna pas suite à son projet, car peu de temps après il était attaché à l'ambassade des Deux-Siciles à Saint-Pétersbourg.

A. L.

Mémoires touchant la Pologne...

Voy. ci-dessus, « Mémoires sur le gouvernement... », col. 258, b.

Mémoires touchant la succession à la couronne d'Espagne, traduits de l'espagnol (ou plutôt composés par l'abbé Joachim LE GRAND). 1711, in-8.

Mémoires touchant les ambassadeurs et les ministres publics, par L. M. P. (le ministre prisonnier, DE WICQUEFORT). *Rouen, Vaultier*, 1677, in-12.

Voy. « Réflexions sur les Mémoires... »

Mémoires touchant M. de Thou, où l'on voit ce qui s'est passé de plus particulier durant son ambassade d'Hollande, par M. D. L. R. (DE LA ROQUE). *Cologne, P. Marteau*, 1710, in-12.

Douteux.

Mémoires très-particuliers pour servir à l'histoire d'Henri III, roi de France et de Pologne, et d'Henri IV, roi de France et de Navarre. (Par M. le duc D'ANGOULÊME, publ. par Jacques BINEAU.) *Paris, D. Thierry, ou C. Barbin*, 1667, in-12.

Réimprimés avec le nom de l'auteur.

Mémoires turcs, ou histoire galante de deux Turcs pendant leur séjour en France. (Par GODARD D'AUCOURT.) *La Haye*, 1743, 2 vol. in-12.

Souvent réimprimés.

Les premières éditions ne contiennent pas l'épître dédicatoire à Mlle Duthé, qui contribua beaucoup à la vogue qu'eut cet ouvrage et qui parut pour la première fois dans la sixième édition en 1776.

Cette dédicace est reproduite en abrégé dans l' « Espion anglais », t. I, p. 338.

Voy. « Supercheries », I, 411, c.

Mémorables (les) Journées des Français, où sont décrites leurs grandes batailles et leurs signalées victoires, depuis le commencement de la monarchie jusqu'à la bataille de Rocroy, en 1643. (Par le P. Ant. GIRARD, jésuite.) Avec des figures de Chauveau. *Paris, Le Gras*, 1682, 2 vol. in-12.

Voy. « Batailles mémorables... », IV, 389, c.

Memorandum à l'usage de MM. les députés qui siégent au centre de la salle. (Par GILLET.) *Paris, imp. de Goetschy* (1824), in-8, 16 p.

Memorandum. Aux délégués du pays. (Par le marquis DE LA GERVAISAIS.) *Paris, Pihan-Delaforest*, 1832, in-8, 24 p.

Memorandum pour la session de 1830. (Par le marquis DE LA GERVAISAIS.) *Paris, Pihan-Delaforest*, 1829, in-8, 16 p.

Mémorial alphabétique des choses concernant la justice, la police et les finances de la France. (Par BELLET-VERRIER.) *Paris, Saugrain*, 1724, 2 vol. in-8.

Mémorial alphabétique des matières des eaux et forêts, contenues en l'ordonnance du mois d'août 1669. (Par Mich. NOEL.) *Paris, Henry*, 1724, in-24. — *Paris, Legros*, 1737, in-4.

Mémorial catholique à l'usage des royalistes devenus ou reconnus libéraux. (Par A.-M. MADROLLE.) *Paris, Pillet ainé*, 1824, in-8, 100 p.

Extrait du « Mémorial catholique ».

Mémorial d'un mondain. (Par Joseph-Maximilien comte DE LAMBERG.) *Au cap Corse (Vienne)*, 1775, in-8. — *Londres*, 1776, 2 vol. in-8.

Mémorial de chronologie généalogique et historique... (Par l'abbé Jacq. DESTRÉES.) 1752-1755.

Suite de l' « Almanach généalogique... » Voy. IV, 411, d.

Continué sous le titre de : l' « Europe vivante ». Voy. V, 326, a.

Mémorial de l'homme public, ou le défenseur des libertés françaises. Par une réunion de jurisconsultes, de publicistes et d'hommes de lettres. *Paris*, juillet 1818-janvier 1819, 14 livraisons in-8.

Par Gab. DE BOURBON-BUSSET, dit BOURBON-LE-BLANC.

Voy. « Supercheries », III, 400, d.

Attribués aussi à J.-L. VOIDET.

Mémorial de l'officier d'infanterie... par l'auteur du « Manuel d'infanterie » (le général E.-Al. BARDIN)... Deuxième édition. *Paris, Magimel*, 1813, 2 vol. in-8.

La première édition est de 1809.

Mémorial de la confrérie des saints martyrs. Par l'auteur des « Grands Souvenirs de Lyon » (G. MEYNIS). *Lyon, J.-B. Pelagaud*, 1863, in-18, VI-310 p.

Mémorial de la session de 1815, et lettre d'envoi. Par un député des Ardennes, réélu (Tatius-Rodolphe GILBERT, baron DE SALIS). *Paris, imp. d'Hacquart*, 1817, in-8, 85 p.

M. de Salis a publié aussi, sous le voile de l'anonyme, le « Mémorial des sessions de 1816, 1817, 1818 », etc.

Mémorial de Paris et de ses environs... (Par l'abbé A. ANTONINI, augmenté par l'abbé G.-T. RAYNAL.) *Paris, Bauche fils*, 1749, 2 vol. in-12.

Une édition de *Paris, J.-N. Le Clerc*, 1744, in-12, porte le nom de l'auteur.

Mémorial des agriculteurs, fabricans de draps et marchands de laine. (Par DAVALLON.) *Paris, imp. de Tastu*, 5 juin au 31 juillet 1815, in-8, 9 numéros.

Catalogue Huzard, II, n° 3137.

Mémorial des gens d'esprit. (Par P.-J.-B. NOUGARET.) *Paris, Desnos*, 1775, in-24.

Mémorial des libraires; journal littéraire. (Par J.-S. QUESNÉ.) *Paris, imp. de Tiger*, 1815, 5 numéros in-8.

Mémorial dramatique, ou almanach théâtral... (Par Pierre-Joseph CHARRIN.) *Paris, Hocquart et C*, 1807-1819, 13 vol. in-24.

Mémorial du garde champêtre, ou instruction générale à l'usage des gardes champêtres du département de la Moselle, avec des modèles d'actes. (Par G.-F. TEISSIER.) *Thionville, de l'imp. de Frondeur*, 1821, in-12, 138 p. — Deuxième édition. *Metz, Ch. Dosquet*, 1829, in-12, XVIII et 310 p.

Voy. « Supercheries », III, 717, c.

Mémorial du peuple. Par C*** (Ch.-Yv. COUSIN D'AVALLON). *Paris*, 1818, in-18.

Mémorial et Prophéties du petit homme rouge, par une sybille. (Par Eugène BARESTE.) Depuis la Saint-Barthélemy jusqu'à la nuit des temps. *Paris*, 1843, in-18.

D. M.

Mémorial forestier, ou recueil complet des lois, arrêtés et instructions relatifs à l'administration forestière, depuis le 14 juillet 1789 jusqu'à la fin de l'an X (1801-1802); mis en ordre et rédigé par D. L. S. G***** (D.-L.-S. GOUJON). *Paris, Goujon fils*, 1801-1803, 2 vol. in-8.

Mémorial historique de ce qui s'est passé depuis l'année 1647 jusqu'à l'année 1653, touchant les cinq propositions (de Jansénius), tant à Paris qu'à Rome. (Par G. GERBERON.) *Cologne (Hollande)*, 1676, pet. in-12, 93 p.

Mémorial mnémonique. Histoire de France... Par U. P. (Ulysse PIC)... *Paris* (1855), in-12. — *Dijon, imp. de Darcier-Legendre*, 1855, in-12.

Mémorial pittoresque de la France, ou recueil de toutes les belles actions, traits de courage, de bienfaisance, de patriotisme et d'humanité, arrivés depuis le règne de Henri IV jusqu'à nos jours, par L. (LEBAS)... *Paris, Didot jeune*, 1787 et ann. suivante, 11 livraisons grand in-4.

Mémorial portatif de chronologie, de biographie, d'économie politique, etc. (Par le comte Emmanuel DE LAUBESPIN et BATELLE.) *Paris, Verdière*, 1822, in-12. — *Paris, Verdière*, 1829-1830, 2 vol. in-12, et atlas de 6 tableaux.

Mémorial pour servir à l'histoire de la catinomanie, ou recueil de diverses pièces rassemblées comme elles ont été produites en une cause importante, suscitée par un fait extraordinaire, réprobateur de catinomanie, par l'auteur de deux plaintes, rendues à la fin de 1784, l'une à M. le procureur général, l'autre à M. le baron de Breteuil, et d'une brochure qui fait la troisième partie de ces mélanges. (Par BUREAU.) *S. l.*, 1787, in-4, XXI-235 p.

Note manuscrite sur l'exemplaire de la Bibliothèque nationale ; la deuxième édition du « Dictionnaire » a nommé à tort cet auteur BULEAU.

Mémorial pratique du chimiste-manufacturier, ou recueil de procédés d'arts et de manufactures, traduit de l'anglais sur la troisième édition de l'ouvrage de M. Colin MACKENSIE, intitulé : « One thousand experiments in chemistry »; revu et considérablement augmenté par le traducteur (A. BULOS). *Paris, Barrois l'ainé*, 1824-1825, 3 vol. in-8.

Mémorial que présente à Sa Majesté la cité de Besançon, au fait de sa suprême juridiction en civil, criminel, milice et police. (Par Jules CHIFFLET.) *S. l. n. d.*, in-4. — *S. l.*, 1661, in-4.

Mémorial religieux et biblique, ou choix de pensées sur la religion et sur l'écriture sainte. Par G. P. (Gabriel PEIGNOT). *Dijon, V. Lagier*, 1824, in-18, XI-282 p. et 1 f. de table.

Ménage diabolique, histoire pour quelques-uns, roman pour quelques autres, sujet à réflexions pour tous; par D...GNY (Louis - Archambault DORVIGNY). *Paris,* 1801, 2 vol. in-12.

Ménage (le) parisien, ou Déliée et Sotentout. (Par RÉTIF DE LA BRETONNE.) *La Haye,* 1773, 2 parties in-12.

La dédicace : « A mes pairs en sotise », est signée : Morille DINDONNET. C'est, dit M. Monselet, un ouvrage à avoir parmi les premiers de Rétif.

Ménagerie (la), à Son Altesse royale Mademoiselle. (Par l'abbé Ch. COTIN.) *S. l. n. d. (Paris,* 1666), in-12, 72 p. — Autre édition en petits caractères et avec des augmentations. *S. d.,* in-18, 92 p.

La Ménagerie est un recueil de vers contre Ménage ; les curieux recherchent encore cet opuscule.

La première édition, *s. d.*, porte au bas du frontispice : *Imprimé pour les Antiménagistes, chez le Pédant démonté, à Cosmopolis.* L'édition de *La Haye,* 1666, est plus complète; mais les pièces ajoutées ne sont pas de Cotin. Il existe des exemplaires avec la date de 1705, *Amsterdam, Henry Schelte,* petit in-12.

Ménages de la troupe. (Par J.-F. MARTENS, capitaine quartier-maître au 2e régiment d'artillerie.) *Bruxelles, Tallois,* 1847, in-12, 231 p.   J. D.

Ménagiana, ou les bons mots, les pensées critiques, historiques, morales et d'érudition de MÉNAGE (publiés par A. GALLAND et GOULLEY). *Paris, Delaulne,* 1693, in-12. — Les mêmes (publiés avec des augmentations, par l'abbé FAYDIT). *Paris, Delaulne,* 1694, 2 vol. in-12.— Les mêmes, troisième édition, plus ample de moitié (publiée par B. DE LA MONNOYE). *Paris, Delaulne,* 1715, 4 vol. in-12. 1729 .

Il a été fait différents cartons pour cette édition ; on les trouve réunis sous le titre d' « Indice expurgatoire », 48 p., dans les « Mémoires de littérature » de Sallengre, t. I, seconde partie, p. 223 et suiv. Quelquefois cet « Indice » est joint à des exemplaires de 1715.

Mesnagier (le) de XÉNOPHON, plus un discours de l'excellence du mesme autheur (traduit du grec en français, par F. DE FERRIS, médecin de Toulouse). *Paris, V. Sertenas,* 1562, petit in-8.

Ménandre. (Par M. COLLIN, professeur à la Faculté des lettres.) *Strasbourg, imp. de Huber,* 1853, in-8, 36 p.

Mendiante (la) de qualité. (Par BOULLANT.) *Paris,* an VIII-1800, in-18.
V. T.

Mendicité (de la) légitime des pauvres séculiers. Par J. P. C. E. D. Belley (J.-P. CAMUS, évêque de Belley). *Douai, imp. de la veuve Marc Vyon,* 1634, in-12.

Ménestrels (les), ou la tour d'Amboise, opéra en trois actes, paroles de M*** (le baron J.-A. DE REVERONY SAINT-CYR). *Paris, Fages,* 1811, in-8.

Menou d'or (lou). *Dijon,* 1614 (ou 1621).

Cette pièce de vers, en patois bourguignon, ainsi que deux autres : *Lou véritable vey de Côdó* (la troisième sans titre), sont attribuées à Pierre MALPOY (ou MALPOIX), avocat à Dijon, mort en 1644. Charles Nodier les donnaient à Aimé PIRON, mais à tort; Aimé Piron n'était pas né en 1611.

Voir Mignard, « Histoire de l'idiome bourguignon », p. 238.

Ces pièces, insérées dans le « Recueil des nouvelles poésies », *Londres,* 1739, ont reparu dans le « Recueil d'opuscules et de fragments en vers patois ». *Paris,* 1839, in-16.

Meneurs (les) du G. O. jugés d'après leurs œuvres, ou leçons de grammaire, de géographie, de mythologie, d'histoire et même de morale à l'usage de ces messieurs. (Par LEBÈGUE-CLAVEL.) *Paris, imp. de Setier,* 1828, in-8.

Menologe historique de la Mère de Dieu, par une religieuse bénédictine du Saint-Sacrement (Mme Jacqueline DE BLÉMUR). *Paris,* 1682, in-4.

Mensonges et Calomnies pour la baronne de Feuchères, par les avocats du suicide. Deuxième partie de l' « Assassinat du dernier des Condé ». (Par l'abbé F.-X.-J. PELIER DE LA CROIX, ancien aumônier du prince.) *Paris, Levavasseur,* 1832 (fin novembre), in-8, 208 p.

L' « Assassinat du dernier des Condé », paru le 10 novembre précédent, n'est pas anonyme.
D. M.

Mensonges et Réalités de la guerre d'Orient. Nouv. édit. augmentée. *Bruxelles et Leipsick,* 1855, in-12.

Réunion d'articles publiés dans le « Sancho » par Victor JOLY, qui en était le rédacteur en chef.

Mensonges (des) imprimés et du Testament politique du cardinal de Richelieu. (Par VOLTAIRE.) (*Hollande*), 1750, petit in-8, 4 et 62 p.

Voy. « Bibliographie voltairienne », no 194.

Mensonges (les) ministériels, chanson par Satan , suivie de Girardin et Guizot.

(Par G.-M. MATHIEU-DAIRNVAELL.) *Paris, à la Librairie populaire*, 1847, in-16, 8 p.

La couverture imprimée sert de titre.

Menteur (le), comédie. (Par P. COR-NEILLE.) *Paris, A. de Sommaville*, 1644, in-4, 4 ff. et 130 p.

Édition originale. Nombreuses réimpressions.

Menteur (le), ou le journal par excellence. (Par F.-B. HOFFMAN et autres.) (*Paris*), *Huet, s. d.* (an V), 48 numéros in-8.

Mentor (le) cavalier, ou les illustres infortunés de notre siècle. (Par J.-B. DE BOYER, marquis D'ARGENS.) *Londres*, 1736, in-12.

Mentor (le) chrétien, ou catéchisme de Fénelon. (Par l'abbé René-Michel LE GRIS-DUVAL, mort à Paris le 18 janvier 1819, dans sa cinquante-quatrième année.) Tome premier (et unique). *Paris*, 1797, 1 vol. petit in-12.

Plusieurs fois réimprimé. Cet ouvrage devait avoir 3 vol.

Réimprimé sous le titre de : « Fondemens de la morale ». Voy. V, 479, d.

Mentor (le) de l'étranger à Paris. (Par B.-A. BECK.) *Paris, Ledoyen*, 1829, in-18.

Mentor (le) des campagnes, ou soirées instructives et amusantes. (Par Maxime DE MONTROND.) *Paris, Bricon*, 1832, in-12.

Mentor (le) des enfants, ou recueil d'instructions, de traits d'histoire... par M. l'abbé *** (Jos. REYRE). *Paris, Berton*, 1786, in-12.

Nouvelle édition augmentée de l' « Ami des enfants... » Voy. IV, 132, c.

Souvent réimprimé.

Mentor (le) moderne, traduit de l'anglois d'ADDISSON, STEELE et autres (par Juste VAN EFFEN). *La Haye, Vaillant*, 1723. — *Rouen*, 1725, 3 vol. in-12.

Mentor (le) vertueux, moraliste et bienfaisant. (Par L.-P. BÉRENGER.) *Lyon*, 1788; *Paris, Belin*, 1808, in-12.

Souvent réimprimé.

Menus (les) Propos. *Paris, G. Couteau*, 1521, in-8 de 130 ff. goth.

Le nom de l'auteur, Pierre GRINGORE, se lit dans un acrostiche à la fin du livre.

Voy. le « Manuel du libraire », 5e édit., II, 1751.

Menus Propos sur l'amour des femmes

pour les sots. *Liège, Renard*, 1859, in-18, 45 p.

Reproduction de trois articles divers publiés par MM. N. PEETERMANS, G. FRÉDÉRIX et Léon JACQUES, dans le « Journal de Liège », la « Tribune » et la « Meuse », sur la brochure de M. V. Henaux, « de l'Amour des femmes pour les sots ». Voy. IV, 140, f.
U. C.

Menzikoff, tragédie. (Par J.-H. MAR-CHAND et P.-J.-B. NOUGARET.) 1775, in-8.

A la suite des « Caprices de la fortune ». Voy. IV, 495, f.

Méphistophélès; journal politique, hebdomadaire. (Par M. GOUJON, docteur en médecine.) *Paris, Rouge frères, Dunon et Fresné* (février et mars 1871), 2 numéros in-8.

Mépris (du) de la cour et de la Louange de la vie rustique, traduit de l'espagnol d'Antoine DE GUEVARE (par Antoine ALAI-GRE). *Lyon, Pierre de Tours*, 1542, in-8.

Souvent réimprimé.

Voy., pour le détail des nombreuses éditions de ce livre, Brunet, « Manuel du libraire », 5e édit., II, col. 1798 et 1799.

Mespris de la court et Louange de la vie (rustique), en espagnol, en italien, et de nouveau mis en françois d'Ant. DE GUE-VARE, par L. T. L. (Louis TURQUET, Lyonnois). *S. l.* (*Genève*). *Jean de Tournes*, 1591, in-16.

Mespris du monde. (Par DRELINCOURT.) *S. l.*, 1611, in-16, 362 ff.

Mépris (du) du monde et de la Pureté de l'Église chrétienne, avec un discours sur l'enfant Jésus et une lettre qui contient l'éloge de la solitude, traduit du latin d'ÉRASME (par Cl. Bosc, conseiller d'État). *Paris, Babuty*, 1713, in-12.

Voyez le Catalogue de Boissier, rédigé par Martin. *Paris*, 1725, in-12, t. I, p. 137. Les auteurs du « Dictionnaire » de Moréri, et l'abbé de Claustre, dans la « Table du Journal des savans », attribuent cette traduction à l'abbé MANSOLLIER ; mais ils me paraissent s'être trompés, vu que, dans l'approbation, le docteur d'Arnaudin dit qu'on ne saurait trop reconnaître combien on est redevable à l'*illustre et pieux magistrat* qui nous donne aujourd'hui en notre langue des traités si utiles.

D'après une assertion aussi positive, on pourrait tout au plus dire, avec Burigny (Vie d'Érasme, t. II, p. 548), que Marsollier a travaillé à cette traduction conjointement avec Bosc. Voy. ci-dessus, « Manuel du soldat chrétien... », col. 51, c, et « le Mariage chrétien... », col. 64, f.

Méprise (la) d'Arras. (Par VOLTAIRE.) 1771, in-8. — Autre édition. *Lausanne*, 1772, in-12.

Bibliographie voltairienne, n° 69.

Méprise (la), ou quelque chose qui passe la plaisanterie ; traduit de l'anglais de LITTLE JOHN, par M. J. B. S*** (Jacq.-Barth. SALGUES). *Paris*, 1801, 3 vol. in-12.

Méprises (les) par ressemblance, comédie en trois actes, mêlée d'ariettes. Représentée devant Leurs Majestés à Fontainebleau, le mardi 7 novembre. *Paris, imp. de P.-R.-C. Ballard*, 1786, in-8, 2 ff. lim. et 116 p. — *Paris, J. Brunet*, 1786, in-8, 2 ff. lim. et 103 p.

Par Joseph PATRAT. Le nom de l'auteur se trouve au verso du titre.

Réimprimé avec le nom de l'auteur sur le titre : *Paris*, 1817, in-8, 96 p.; *Paris, Lib. théâtrale*, 1856, in-16, 2 ff. de tit. et 67 p.

Mer (la) des croniques et Mirouer historial de France, jadiz composée en latin par religieuse personne frère-Robert GAGUIN... (Traduit par Pierre DESRAY.) *Paris, Nicole de La Barre*, 1518, in-fol. — *Paris, Regnault-Chaudière* (1520), in-fol.—(*Paris, Nicole de La Barre*), 1527, in-fol.— *Paris, Jaques Niverd*, 1530, in-fol.

Cette traduction a été aussi publiée sous le titre de : « Grandes Croniques ». Voy. V, 589, *e.*

Mer (la) des histoires. *Achevé au mois de février pour Vincent Comin, marchant demourant à l'enseigne de la Rose... et imprimé par maistre Pierre Le Rouge, libraire et imprimeur du roy*, 1488, 2 vol. gr. in-fol.

Cet ouvrage est traduit librement de l'ouvrage latin ntitulé : *Epithoma partes in sex juxta mundi sex œtates divisum, prius alibi non receptum quod placuit Rudimentum Novitiorum intitulari. Impressum in urbe Lubicana (per Lucam Brandis de Schafz)*, 1475, 2 vol. in-fol. goth., fig. en bois.

Le traducteur était du pays de Beauvoisis. Une note d'une écriture du commencement du XVIe siècle, contenue sur le frontispice de l'exemplaire qui a appartenu à l'abbaye de Saint-Denis de Reims; ferait croire que cet anonyme se nommait Vincent COMMIN ; mais, comme ce nom est celui du libraire pour lequel la traduction a été imprimée, la question est de savoir si ce libraire était en même temps auteur. Je ne trouve point son nom dans la « Notice des libraires et imprimeurs-auteurs », insérée par M. Née de La Rochelle à la suite de sa « Vie d'Etienne Dolet », *Paris*, 1779, in-8.

Beaucoup de bibliographes attribuent l'original latin de la « Mer des histoires » à Jean COLUMNA, dominicain ; mais il est reconnu que l'ouvrage du même genre, composé par Columna, est resté manuscrit. Voy. le P. Quetif, *Scriptores ordinis prædicatorum*, t. I, p. 419, et le Dictionnaire de Prosper Marchand, *verbo* VELDENER.

Quelques-uns croient que le latin est d'un autre dominicain, nommé Brocard ou Brochard ; on a seulement inséré dans ce recueil le « Voyage à la Terre-Sainte » de ce dominicain, qui vivait dans le XIIIe siècle.

Plusieurs fois réimprimé. Pour le détail des éditions, voy. Brunet, « Manuel du libraire », 5e éd., tome III, col. 1640.

Mercure aux Champs-Elysées, pièce épisodique en un acte et en vers... par l'auteur de « la Fausse Mère » et d' « Astyanax » (Ph.-E. RICHER). *Paris, Hautecœur-Martinet*, 1833, in-8, 71 p.

Attribué par erreur, par M. de Manne, à RICHEROLLE, d'Avalon, auteur d'un « Astyanax » joué en 1789.

Mercure (le) d'Etat, ou recueil de divers discours d'Etat. (Par Paul HAY, sieur DU CHASTELET.) *Genève, P. Aubert*, 1634 ; — *S. l.*, 1635, in-8.

Mercure danois (rédigé principalement par P.-H. MALLET, E.-S.-F. REVERDIL et ROGER, secrétaire du baron de Bernstorff). *Copenhague, Lillie et Philibert*, juillet 1757-1760, plusieurs vol. in-8.

Mercure (le) de Gaillon, ou recueil de pièces curieuses, tant hiérarchiques que politiques. (Par François DE HARLAY.) *Gaillon, de l'imp. du chast. Archiep.*, 1644, in-4.

Recueil de 24 pièces relatives à l'histoire du diocèse de Rouen, imprimées séparément par les soins de M. de Harlay, et réunies en un volume.

Voy. l'article HARLAY (François DE) dans le tome II du « Bibliographe normand », par Ed. Frère.

Mercure de Russie, ouvrage périodique. (Par LOEILLOT.) *Saint-Pétersbourg*, 1786, in-8.

Recueil qui paraissait mensuellement. M. Hatin n'en parle pas dans sa « Bibliographie de la presse ».

Mercure du département de la Roër. (Rédigé par H.-A. CAHAISSE.) *Cologne*, 3 vol. in-8.

Du 11 février 1810 au 31 décembre 1812.

Mercure et les Ombres, pièce épisodique en vers. (Par P.-G. PARISAU.) 1783, in-8.

Mercure et Minerve, ou choix des nouvelles politiques et littéraires les plus intéressantes, pour l'année 1738. (Par J.-H.-S. FORMEY.) *Berlin*, 1738, in-8.

Suite des « Amusements littéraires... » Voy. IV, 160, *b.*

Mercure (le) françois, ou la suitte de l'histoire de la paix, commençant l'an 1605, pour suitte du septenaire du D. Cayer... (et finissant en 1644, composé par Jean RICHER jusqu'en 1635, et continué par Théoph. RENAUDOT jusqu'en 1644). *Paris, Jean Richer*, 1611-1648, 25 vol. in-8.

Voy. « Chronologie novenaire... » et « Chronologie septenaire... », IV, 604, *f*, et 605, *a.*

Mercure (le) galant, contenant plusieurs

histoires véritables et tout ce qui s'est passé depuis le 1er janvier 1672... *Paris, C. Barbin*, in-12.

Cette collection célèbre se compose des parties suivantes :

1° Mercure galant, 1672, 1 vol. ; 1673 et 1674, 5 vol. ; 1677, 10 vol. ; 1678 à 1716 inclus., 509 vol., y compris 24 vol. de différentes relations. — Extraordinaires, 33 vol. — Affaires du temps, 13 vol. — En tout, 571 vol. in-12.

2° Mercure de France, de 1717 à juin 1778, 603 vol. in-12, qui sont ordinairement reliés deux en un.

3° Mercure de France, suite publiée par Panckoucke, de juin 1778 au 15 décembre (n° 49) 1792, 174 vol. in-12.

4° Mercure de France, in-8. Il a commencé à paraître le 15 décembre 1792 et s'est continué d'abord, tous les jours, jusqu'au 25 mars 1793, sous les n°° 50 à 67 et 1 à 82 ; ensuite toutes les semaines, depuis le 28 mars 1793 (no 87) jusqu'au 30 pluviôse an VII. Cette série in-8 forme 40 vol., dont le dernier n'a que 3 numéros.

5° Mercure de France, in-12, imprimé chez Cailleau, en l'an VII (1799), 40 numéros en 10 vol.

6° Mercure de France, in-8, imprimé chez Didot le jeune, du 1er messidor an VIII (1800) au 30 prairial an X (1802), 8 vol., et continué sans interruption, mais par différents éditeurs, depuis le 1er messidor an X (juin 1802) jusqu'au samedi 17 janvier 1818, époque à laquelle il fut remplacé par un autre écrit périodique intitulé : « la Minerve française ».

7° Mercure de France, in-8, repris le samedi 17 juillet 1819 et continué seulement jusqu'au 19e numéro.

8° Le Mercure du XIXe siècle, *Paris, Baudouin frères*, in-8, apparut en avril 1823 pour mourir bientôt après.

Les principaux auteurs qui ont travaillé à cette collection sont : J. DONNEAU DE VISÉ, LE FÈVRE DE FONTENAY, l'abbé P.-Fr. BUCHET, Ch. RIVIÈRE DUFRESNY, Antoine DE LA ROQUE, Jean DE LA ROQUE, L. FUZELIER, l'abbé S.-J. PELLEGRIN, Ch.-Ant. LE CLÈRE, C.-A. LECLERC DE LA BRUÈRE, DE CLÈVES D'ARNICOURT, P. RÉMOND DE SAINTE-ALBINE, l'abbé T.-G.-F. RAYNAL, Louis DE BOISSY, J.-F. MARMONTEL, qui y insérait encore en 1789, 1790 et 1791, ses « Nouveaux Contes moraux », Ph. BRIDARD DE LA GARDE, DE LA PLACE, Jacques LACOMBE, l'abbé J.-H. REMY, P.-L. LACRETELLE, Dominique-Joseph GARAT, Barth. IMBERT, VOLTAIRE, LA HARPE, qui ne cessa d'y coopérer que vers la fin de l'année 1793, G.-H. GAILLARD, N.-E. FRAMERY, Ange FARIAU DE SAINT-ANGE, J.-A. NAIGEON, J.-C. LE VACHER DE CHARNOIS, J.-H. CASTERA, J. MALLET DU PAN, S.-R.-N. DE CHAMFORT et P.-L. GINGUENÉ.

Pendant les années III, IV, V et VI (1795-1798) de la République, la partie littéraire du « Mercure » a été composée par J.-J. LE NOIR LA ROCHE, rédacteur en chef, P.-J.-G. CABANIS, A.-L.-C. DESTUTT-TRACY, A.-P. LOTTIN le jeune, Antoine MONGEZ, Pierre ROUSSEL, Antoine-Alexandre BARBIER et autres.

Voici comment M. l'abbé Grosier raconte dans le premier volume de son « Journal de littérature, des sciences et des arts », *Paris*, 1779, in-12, p. 19, la coopération de Voltaire au « Mercure de France » :

« Personne n'ignore que, dans le cours de l'année 1777, l'auteur de « Mérope » ne dédaigna pas de fournir plusieurs articles au journal du sieur Panckoucke. Des plaisanteries légères, des saillies de gaîté, décelèrent d'abord la plume brillante à laquelle ces morceaux

étaient dus ; mais on vit avec regret que ces différents articles n'offraient ni développement, ni analyse, ni critique solide et raisonnée : le lecteur riait aux dépens de l'auteur persiflé et n'en était pas plus instruit de ce que contenait son ouvrage (1). »

J.-G. DUBOIS-FONTANELLE a rédigé la partie politique de ce journal depuis 1778 jusqu'en 1784. Il a été remplacé par J. MALLET DU PAN, qui a été chargé de cette partie depuis 1784 jusqu'après le 10 août 1792. Pendant les années III, IV, V et VI (1795-1798) de la République, la partie politique a été rédigée par M. GEOFFROY, qui a été secrétaire général de la caisse d'amortissement.

M. Agasse ayant cessé l'impression du « Mercure » dans les premiers mois de l'an VII (1799), ce journal passa entre les mains de Cailleau, libraire, qui le fit paraître pendant quelques mois de format in-12. Il en publia quarante numéros.

Au mois de messidor an VIII (1800), L. FONTANES, J.-F. LA HARPE, les abbés A. MORELLET et S.-J. BOURLET DE VAUXCELLES se chargèrent de faire revivre le « Mercure » sous le format in-8. L'impression en fut confiée à Didot le jeune, et la rédaction à J.-B. ESMÉNARD. Depuis 1802 jusqu'en 1810, L. FONTANES, DE CHATEAUBRIAND, Charles DELALOT, C.-B. PETITOT, J.-B. ESMÉNARD, J. FIÉVÉE, E.-A. DE WAILLY, L.-G.-A. DE BONALD, P. GUENEAU DE MUSSY, J.-M.-B. BINS DE SAINT-VICTOR, L.-S. AUGER, GUAIRARD et autres ont eu beaucoup de part à sa composition. Il s'imprimait chez Le Normant.

La « Revue philosophique », suite de la « Décade philosophique », ayant été réunie au « Mercure » en septembre 1807, les principaux auteurs de la « Décade » et de la « Revue », savoir, P.-L. GINGUENÉ, Amaury DUVAL, etc., devinrent collaborateurs du « Mercure ». À la même époque, G.-M.-J.-B. LEGOUVÉ et l'abbé C.-M. DORIMONT DE FELETZ furent leurs associés.

Dans le cours de l'année 1814 et au commencement de 1815, le « Mercure » fut publié par le libraire Plancher ; J.-B.-Boniface DE ROQUEFORT en était alors le principal rédacteur. Ce journal avait repris sa distribution hebdomadaire. Le 9 septembre 1815, le « Mercure » se débitait chez M. Eymery, libraire ; au mois de janvier 1817, il passa chez M. Panckoucke ; en janvier 1818, le « Mercure » fut remplacé par la « Minerve française », dont il a paru 8 vol. Il fut encore repris le samedi 7 juillet 1819, et s'est continué pendant quelques mois. Voy. « Nouveau Mercure ».

M. Johannis Guigard a publié, en 1869, l' « Indicateur du Mercure de France », 1672-1789, contenant, par ordre alphabétique, les noms des personnages sur lesquels on trouve dans cette collection des notices généalogiques et biographiques. *Paris, Bachelin-Deflorenne*, in-8, 148 p.

Voy. pour de longs détails relatifs à cette volumineuse collection, Hatin, « Bibliographie de la presse », p. 24, et Camusat, « Histoire des journaux », II, 198.

Mercure historique et politique, contenant l'état présent de l'Europe, ce qui se passe dans toutes les cours, l'intérêt des princes, leurs brigues, et généralement

(1) Rien de plus faux que ce que dit l'abbé Grosier. On peut en juger par les « Extraits de livres » insérés dans les collections des « Œuvres » de Voltaire, volumes de littérature ; il est impossible de mieux faire.

(Note d'Eus. Salverte.)

tout ce qu'il y a de curieux, le tout accompagné de réflexions politiques sur chaque État. *La Haye*, 1686-1782, environ 200 vol. in-12.

Par Gatien DE SANDRAS DE COURTILZ, P. BAYLE, J. DE LA BRUNE, SAINT-ELIER, Edme GUYOT, Jean ROUSSET, LE FÈVRE et autres.

Une contrefaçon en a été faite à Liége pour plusieurs années.

Mercure historique et politique des Pays-Bas. (Par J.-H. MAUBERT DE GOUVEST.) *Bruxelles*, 1759-60 , 2 vol. in-8.

Mercure (le) indien, ou trésor des Indes, par P. D. R. (Pierre DE ROSNEL). *Paris*, 1667, in-4.

Mercure (le) jésuite, ou recueil des pièces concernant le progrès des Jésuites... (Par Jacq. GODEFROY.) *Genève, P. Aubert*, 1626, 2 vol. in-8. — Deuxième édition. *Id.*, 1631, in-8.

Réimpression du tome I.

Mercure royal de France... (Par le chevalier B.-F.-A. DE FONVIELLE.)

Voy. ci-dessus, « Mémoires de l'Académie des ignorants... », col. 197, *b*.

Mercure (le) savant. (Par Nicolas DE BLÉGNY.) *Amsterdam, H. Desbordes*, janvier et février 1684, in-18.

Ces deux volumes se joignent quelquefois aux « Nouvelles de la République des lettres » de Bayle, qui ne commencent qu'au mois de mars de la même année.

Mercure (le) suisse. (Par Frédéric SPANHEIM le père.) *Genève, P. Aubert*, 1634, in-8. — *S. l.*, 1634, in-8. — *Paris, Jean Martin*, 1634, in-8.

Mercuriale (la) du goût aux Français. Etrennes au public. (Par M. GEANROT, avocat au Parlement.) *Au Congo*, 1756, in-8.

Merdiana, recueil propre à certain usage. *S. l.*, an XI-1803, in-18, 144 p., avec une figure coloriée.

L'une des meilleures éditions de ce recueil, souvent réimprimé. Toutes ne sont pas identiques. Nous tenons de bonne source que cet ouvrage a pour auteur Alphonse MARTAINVILLE, le rédacteur du « Drapeau blanc ». « Bibliotheca scatologica ». *Paris*, 1850, in-8, aux *addenda*, p. 136, n° 29.

Mère (la) coquette, ou les amants brouillés, comédie représentée par la troupe du roy. (Par Ph. QUINAULT.) *Paris, Michel Robin*, 1666, in-12, 6 ff. lim. et 71 p.

Réimprimé avec le nom de l'auteur. *Paris, C. David*, 1705, in-12, 4 ff. lim., 97 p. et 1 f. de priv.

Mère (la) coupable, ou les dangers de la passion du jeu. (Par Mme MÉRARD DE SAINT-JUST.) *Paris, Leprieur*, in-18.

Nouvelle édition des « Mémoires de la baronne d'Alvigny ». Voy. ci-dessus, col. 198, *d*.

Mère (la) de famille. Journal moral, religieux, littéraire, d'économie et d'hygiène domestiques... *Paris, Verdière*, sept. 1833-sept. 1834, 12 numéros in-8.

Mme SIREY, née Joséphine LASTEYRIE DU SAILLANT, nièce de Mirabeau, en était le principal rédacteur.

Mère (la) de famille, ou exposition familière des principes qui doivent diriger une mère dans l'éducation de ses enfants; trad. de l'anglais de John-S.-C. ABBOTT (par M. le past. VIVIEN). *Paris, Risler*, 1835-1836, in-18.

Mère (la) intrigante, traduit de l'anglais de miss EDGEWORTH (par Jos. JOLY). *Paris, Galignani*, 1812, 2 vol. in-12.

Mère (la) marâtre, ou l'injustice vengée par elle-même. (Par P. DUFOUR, alors colporteur et depuis libraire.) 1750.

Note de l'inspecteur de la librairie, d'Hémery.

Mère (la) mariée par ses enfants, roman historique, par D*** (Jean-Baptiste DOGNON). *Paris, Mme Masson*, 1808, in-12.

D. M.

Mère (la) rivale. (Par Ch. COLLÉ.)

Parade insérée au tome III du « Théâtre des boulevards », 1756.

Mères (les) dévouées, ou histoire de deux familles françaises, par l'auteur du « Marchand forain » (L.-P.-P. LEGAY). *Paris, Hubert*, 1814, 3 vol. in-12.

Mérinos Béliéro, ou l'autre école des vieillards, parodie en cinq actes et en vers de « Marino Faliero ». Par M*** (Mich.-Nic. BALISSON DE ROUGEMONT et A. ROMIEU). Représentée, à Paris, sur le théâtre des Variétés, le 20 juin 1829. *Paris, Quoy*, 1829, in-8.

Mérinos (les) français, poëme en deux chants. (Par Cl. DELOYNES D'AUTROCHE.) *Orléans, Guyot ainé*, 1819, in-8.

Mérite (le) à la mode. Comédie historique en deux actes et en vers. Par A. H. (A. HOPE). *Paris, Barba*, 1836, in-8, 44 p.

Merles et Pinsons. Poésies, par un Suisse (le docteur Henri-M. VALLON-COLLEY). *Paris, Lachaud*, 1873, in-16.

Merlin (le premier et le second volume, avec les prophéties de). (Par Robert DE BORRON.) *Paris, Ant. Vérard*, 1498, 3 vol.

in-fol. — *Paris, Michel Le Noir*, 1505,
3 vol. in-4.

Voy. pour le détail des autres éditions, Brunet,
« Manuel du libraire », 5e édit., III, col. 1654 et
1655.

Mérope (la) françoise, avec quelques
petites pièces de littérature. (Par Voltaire.) *Paris, Prault fils*, 1744, in-12,
2 ff. lim., xx-86 p.

Mérope, tragédie de M. le marquis de
Maffei. Nouvellement trad. par M. l'abbé
D. B. (du Bourg). *Paris, veuve Bienvenu*,
1743, in-8, 2 ff. de tit., 90 p. et 1 f. de priv.

Mérope, tragédie du marquis de Maffei,
traduite de l'italien en françois, par d'Al...
(Nic. Fréret), avec le texte. *Paris*, 1718,
in-12.

Mérope travestie en un acte et en vers,
dédiée à M. de Voltaire, par M. S... (Ant.-
Fabio Sticotti). *Berlin*, 1759, in-4.

Mérovingiens (les) et les Carlovingiens,
et la France sous ces deux dynasties. (Par
de Mauléon.) *Paris, Égron*, 1816, 2 vol.
in-8.

Merveilles (les) de l'œuvre de la Miséricorde devenues plus éclatantes que jamais
par l'aveuglement et les malédictions
mêmes de leurs dénégateurs, ou bref contre
bref, par l'auteur du « Mandement du
ciel » et de « la Grande Apostasie dans le
lieu saint » (Ant. Madrolle). *Paris, imp.
de J.-B. Gros* (1851), in-8, 8 p.

Voy. ci-après, col. 276, *f*.

Merveilles (les) de la fontaine d'Amour,
ode dédiée aux buveurs d'eau. (Par le
P. L.-F. Daire, religieux célestin.) *Au
Pont-Euxin, chez François Canard, à l'enseigne du Verseau. Amiens, veuve Godart*,
1748, in-12.

Merveilles (les) de la France, ou le *vade
mecum* du petit voyageur... (Par M. Augustin Challamel.) *Paris, Challamel*
(1841), in-8.

Merveilles (les) de la glorieuse Vierge
Marie, honorée en l'église de Saint-Séverin,
à Liége... (Par Noël Jacmart.) *Liége, Ant.
Lenoir*, 1681, in-12.

L'auteur a signé l'épître dédicatoire.

Merveilles (les) de la Providence. Lectures instructives et édifiantes pour tous
les dimanches de l'année. (Par Louis-Philibert Machet.) *Paris, Hivert*, 1838, in-8.

La deuxième édition est intitulée : « Merveilles de
la Providence dans la nature et la religion ». *Paris*,
1840, in-12.

Merveilles (les) de la ville de Rome. (Par
Pierre Leoni.) *Rome*, 1725, petit in-8,
216 p. et nombr. fig.

Merveilles (les) de Tilly... (Par Ant.
Madrolle.)

Voy. « A M. le directeur de la « Gazette de France »,
IV, 8, *e*.

Merveilles (les) des bains naturels et
des étuves naturelles de la ville de Digne
en Provence, par D. T. (de Lautaret).
Aix, Tholosan, 1620, in-8.

Merveilles (les) du ciel et de l'enfer, et
des terres planétaires et astrales, par Emmanuel de Swedemborg, nouvelle édition,
traduite du latin par A.-J. P. (A.-J. Per-
nety). *Berlin, G.-J. Decker*, 1786, 2 vol.
in-8.

Voy. « Supercheries », I, 223, *e*.

Merveilles (les) du monde, et principalement des admirables choses des Indes et
du Nouveau-Monde... et y est aussi montré le lieu du paradis terrestre. (Par Guil.
Postel.) *Paris, Jean Ruelle*, 1553, in-16
de 96 feuillets en tout.

Je tire cet article des « Nouveaux Eclaircissemens
sur la vie et les ouvrages de Postel », par le P. Des-
billons, *Liége*, 1773, in-8. Le biographe ne paraît
nullement douter que cet ouvrage ne soit de Postel.
L'abbé de Saint-Léger, qui a chargé de notes l'exemplaire que j'ai sous les yeux, n'a joint aucune observation à cet article. J'ai donc lieu d'être étonné que
M. Née de la Rochelle dise, dans le tome dixième de la
« Bibliographie instructive », que les « Merveilles des
Indes » sont attribuées à Postel sans aucune certitude.

Merveilles (les) du monde selon le temps
qui court. Une ballade francisque et une
autre ballade de lesperance des henouyers.
(Par Adrian Charpentier.) *S. l. n. d.*,
petit in-8 de 4 ff. goth., y compris le titre.

La Croix du Maine, I, p. 6, cite une édition de 1532.

Merveilles et Histoire patriotique du ci-
devant Dauphiné. Ouvrage fait à l'occasion
du banquet dauphinois annoncé pour le
20 septembre 1830, et qui a eu lieu le
18 octobre suivant. Par un Dauphinois fixé
à Paris (Monery). *Paris, F. Didot*, 1831,
in-8.

Merveilles (les) et les Vertus exemplaires
de Tilly et de Sion, devenues plus éclatantes que jamais par l'aveuglement, les
mensonges, les malédictions et l'apostasie
mêmes de leurs dénégateurs, ou bref contre
bref, à cette fin de faire trembler à jamais
les chargés du salut du monde... *Paris,
imp. de J.-B. Gros* (1851), in-8, 8 p.

Signé : l'auteur de la « Législation générale de la
Providence... » (Ant. Madrolle).

Voy. ci-dessus, col. 275, *c*.

Merveilleuse (la) Histoire de l'esprit qui naguères s'est apparu au monastère des religieuses de Saint-Pierre de Lyon, laquelle est pleine de grande admiration... *Rouen, Rolin,* 1529.

Dans sa « Bibliothèque .curieuse et instructive » (t. II, p. 85), le P. Ménestrier constate que cet ouvrage est une réimpression pure et simple de celui qui avait paru l'année précédente, sous ce titre : « la Merveilleuse Histoire de l'esprit qui s'est apparu aux religieuses de Saint-Pierre de Lyon », par Adrien DE MONTALEMBERT, aumônier du monastère de Saint-Pierre de Lyon, *Paris,* 1528, et qu'une autre réimpression porte ce titre : « Histoire merveilleuse de sœur Alis de Thésieux, religieuse de Saint-Pierre... » *Paris, Pinard,* 1580, in-12. Voy. V, 815, *f.* G. M.

Réimprimé dans le « Recueil de dissertations sur les apparitions » (1752), t. I, part. 1, 1-90.

Mes Adieux au Languedoc, par F. P. F. (François PAULINIER-FONTENILLE, lieutenant-colonel d'état-major). 1815, in-8.

Mes Adieux au monde, ou mon entrée à l'abbaye de la Trappe, par M. Henri A... (Henri ARMANDEAU). *Nantes, impr. de Hérault,* 1826, in-12, xx-98 p.

Catalogue de Nantes, n° 27514.

Mes amis, voici comme tout irait bien. Epigr. : « Indulgence et Oubli ». (Par DE LA GERVAISAIS.) Avril 1790, in-8, 72 p.

En réponse à une brochure intitulée : « Mes amis, voici pourquoi tout va si mal ».

Mes Amours à Nanterre, ou le diable n'est pas toujours à la porte d'un pauvre homme, par l'auteur de la « Mendiante de qualité » (M.-J. BOULLAULT). *Paris, Pigoreau,* 1801, in-18.

Mes Bagatelles, ou les torts de ma jeunesse, contenant Phaéton, poëme héroïcomique, imité de l'allemand de ZACHARIE, par l'auteur des « Avantures de Chœrée et de Callirhoé » (Nic. FALLET). *Londres et Paris, Costard,* 1776, in-8.

Mes Cahiers, par le marquis de V*** (Charles DE VILLETTE). *Senlis,* 1789, in-8.

Réimprimés plusieurs fois avec le nom de l'auteur.

Mes Caprices, ou . spéculations sur l'homme, poëme en trois chants, par M. M***** (MAUGER). *Orléans, Couret de Villeneuve,* 1764, in-8, 80 p.

Note manuscrite communiquée par M. Boulard.

Mes Consolations, poésies fugitives. (Par Louis BRAILLARD DE LEURI.) *Angers, veuve Pavie et fils,* 1810, in-12, 79 p.

Note manuscrite.

Mes Délassemens, ou amusemens de so-

ciété, par M. V. (J.-J.-Denys VALADE). *Paris,* 1787, in-18.

Tiré à 25 exemplaires.

Mes Délassemens, ou les fêtes de Charonne. Dédié à Mᵐᵉ L. C. D. M. par son mari (Nic. LE CAMUS DE MÉZIÈRES). *S. l.,* 1781, in-8, 102 p.

Il y a deux éditions, *Paris, s. d.,* in-18, et 1787, in-18. La première, tirée à très-petit nombre, est plus complète que la seconde. (Catalogue Cigongne, 1030.)

Mes Délassements, par V. A. V....R (VANIER). Deuxième édition. *Paris, Roux,* 1819, in-18.

Mes Dernières Folies, ou opuscules d'une jeune militaire. (Par le past. B.-S. FROSSARD.) *Vienne,* 1790, 2 vol. in-8.

Mes Dix-neuf Ans, ouvrage de mon cœur. (Par Barn. FARMIAN DE ROZOI.) *A Kusko, chez Naïf, libraire, à la Sincérité,* 1762, in-12, 1 f. de tit., VI-191 p..

L'épitre est signée : D. R.

Mes Doutes, ou problèmes à résoudre sans algèbre et à l'aide du simple sens commun, suivis de diverses recettes propres à rendre la vue aux aveugles et l'ouïe aux sourds, par l'auteur d'un « Cours d'histoire » (le P. J.-N. LORIQUET, jésuite). Seconde édition. *Paris, Poussielque-Rusand,* 1839, 1842, 2 vol. in-32. — *Naples, Tramater,* 1840, in-16.

La première édition porte le titre suivant :

Mes Doutes, ou séries de questions proposées aux personnes qui ont le sens commun. (Par le P. J.-N. LORIQUET, jésuite.) *Paris,* 1838, in-32, 192 p.

Mes Douze Premières Années. (Par Mᵐᵉ Mercédès JARUCO, comtesse MERLIN.) *Paris, imp. de Gaultier-Laguionie,* 1831, in-12, 264 p.

Mes Enfants, ou moins que rien, poésies fugitives. (Par LOMBARD DE LA NEUVILLE, ancien officier de la marine, attaché au service des Etats-Unis d'Amérique.) *Paris, A.-G. Debray,* an XII-1804, in-8, 190 p. et 1 f. d'errata. D. M.

Mes Espiègleries, ou campagnes de l'abbé de T***. (Par S.-P. MÉRARD SAINT-JUST.) *Paris,* 1797, in-18, front. gravé.

Mes Etrennes à la jeunesse, par Mˡˡᵉ Emilie R*** (Emilie ROUSSEAU, depuis Mᵐᵉ KEINER). *Paris, Rousseau,* 1822, in-12.

Mes Etrennes civiques à S. M. le roi des Pays-Bas (en vers, par M. L.-B. COYON, avoué). *A Huy, de Chaisse*, 1825, in-8, 24 p.

Texte latin en regard de la traduction française.

Mes Fantaisies. (Par J.-C.-J. DORAT.) *Amsterdam et Paris, Jorry*, 1768, in-8, XLVIII-238 p., 3 vignettes d'après Ch. Eisen. — Troisième édition. *La Haye (Paris)*, 1770, in-8.

Mes Gasconnades. (Par STICOTTI, acteur.) *Berlin*, 1762, in-12.

Mes Glanes, poésies de Charles R..... (Charles RAHLENBEECK). *Bruxelles, Parent*, 1843, in-18, 71 p.   J. D.

Mes Hommages aux souverains de l'Europe, par P. F. P***** (Pierre-François PALLOY). *S. l.*, 1816, in-8, 10 p.

Mes Idées sur l'éducation du sexe, ou précis d'un plan d'éducation pour ma fille (dédiées à Mme la comtesse d'H*** [d'Harville], née princesse de La C***, par le comte DE GOLOWKIN). *Londres*, 1778, in-12, VIII-81 p.

Mes Idées sur la nature et les causes de l'air déphlogistiqué, d'après les effets qu'il produit sur les animaux, en prolongeant leur force et leur vie, par F. D. B. G. D. L. G. F. D. F. (FABRE DU BORQUET, gentilhomme de la grande fauconnerie de France). *Londres (Paris)*, 1785, in-8.

Tiré à petit nombre.
Catalogue Luzarche, n° 1165.

Mes Loisirs. (Par P.-A. DE SAINTE-FOIX, chevalier D'ARCQ.) *Paris*, 1755, in-12. — *Paris, Desaint*, 1756, in-12.

L'auteur a signé la dédicace.

Mes Loisirs. (Par le chevalier Th. PRINCETEAU.) *Périgueux, F. Dupont*, 1816-19, 3 vol. in-8.

Tirés à 52 exemplaires pour les amis de l'auteur.

Mes Loisirs, opuscules en vers, par M. Hilaire L. S. *Paris, Pélicier*, 1823, in-8, 1 f. de tit. et 235 p.

Par Hilaire-Léon DE SAZERAC, d'après les « Supercheries »; II, 973, b.
Par LE SORBIER, d'après M. de Manne.

Mes Loisirs, ou encore des bluettes. Suivi d'une lettre inédite de Voltaire. Par un auteur de l' « Almanach des Muses » (F.-A. HENRY). *Troyes, imp. de Bouquot*, 1821, in-8, 20 p.

Mes Loisirs, ou poésies d'un inconnu (L. DAMIN). *Paris (Toulouse), marchands de nouveautés*, 1807, in-8, 2 ff. et 72 p.

Mes Loisirs, par M. DE C. (DE CALLOUS). *La Haye*, 1764, 2 vol. in-12.

Mes Loisirs, par M. DE G. (le comte J.-J.-B. DE GASSENDI), ancien officier d'artillerie. *Dijon*, 1820, in-18.

Volume tiré à 100 exemplaires et non destiné au commerce.

Mes Méditations sur les tombeaux; trad. de l'italien, texte en regard. *Paris et Liége*, 1792, in-8.

L'auteur de cet ouvrage est Mgr BRANCADORO, nonce du pape à Bruxelles, en 1793. (Catalogue Van Hulthem, I, 4413.)

Mes Momens heureux. (Par Mme L.-F.-P. TARDIEU D'ESCLAVELLES, dame DE LA LIVE D'EPINAY.) *A Genève, de mon imprimerie*, 1758, in-8, 198 p. — Autre édition. *Ibid., id.*, 1759, petit in-8, VIII-224 p.

La seconde édition est terminée par 12 p. qui renferment le portrait de Mme *** (d'Houdetot), en 1755.
Réimprimés comme tome II des « Œuvres de Mme d'Epinay, avec une préface de M. CHALLEMEL-LACOUR », *Paris, Sauton*, 1869, 2 vol. in-12.

Mes Nouveaux Torts, ou nouveau mélange de poésies, pour servir de suite aux « Fantaisies ». (Par C.-J. DORAT.) *Amsterdam et Paris*, 1776, in-8.

Mes Passe-temps, chansons, suivies de l' « Art de la danse », poëme en 4 chants, calqué sur l'Art poétique de Boileau-Despréaux, ornés de gravures d'après les dessins de Moreau le jeune, avec les airs notés. *Paris*, 1806, 1809, 2 vol. in-8, fig.

L'auteur de ce livre se nommait Jean-Etienne DESPRÉAUX, né en 1748, mort en 1820; il était danseur de son état, professeur de *grâces* au Conservatoire, maître des ballets à la cour de Napoléon, enfin chansonnier distingué et versificateur assez habile, mais peu amusant.

Mes Passe-temps, ou le nouvel Organt de 1792 ..

Voy. « Organt... »

Mes Pensées. *Copenhague*, 1751, grand in-12 de III et 407 p.

Première édition des « Pensées » de Laurent ANGLIVIEL DE LA BEAUMELLE; elle en contient 240. Le faux titre porte ces mots : *Qu'en dira-t-on ?* Ils sont répétés au haut de chaque page par une méprise de l'imprimeur, qui prit l'épigraphe pour le titre. L'ouvrage est dédié A M. F. (c'est-à-dire à mon frère) ; la dédicace, datée de Copenhague, le 24 août 1751, est signée : GONIA DE PALAJOS, pseudonyme composé de deux mots grecs : *Gonia*, vieux ; *Palaios*, angle.
Voici le détail des diverses éditions tel qu'il a été communiqué par M. N. Saint-Ybarr à M. N. Joly, et donné par ce dernier, p. 34-35, dans une « Notice sur deux livres rarissimes, qui font partie de ma bibliothèque, accompagnée de Pensées inédites de La Beaumelle et d'une Lettre autographe de Lacondamine, rela-

tive à la première incarcération de l'auteur des « Pensées » à la Bastille. » *Toulouse, Douladour*, 1870, in-8, 36 p., et le portrait de La Beaumelle. C'est un extrait du t. II, p. 194-227, des « Mémoires de l'Académie impériale des sciences, inscriptions et belles-lettres de Toulouse », 7ᵉ série.

Deuxième édition. *Berlin*, 1752, petit in-12, 240 pensées, 2 ff. lim. et 212 p.

Troisième édition. *Hambourg*, février 1752.

Quatrième édition. *Francfort*, septembre ou octobre 1752, augmentée d'un grand nombre de pensées nouvelles, avec ou sans points énigmatiques. C'est de cette édition que Voltaire s'est servi pour les citations. Il l'appelle à tort deuxième édition.

Cinquième édition. *Leyde*, ou *Amsterdam*, ou *Trévoux*, ou *Bruxelles*, ou encore *Francfort*.

Sixième édition. *Londres, Nourse*, 1752, augmentée de plus de moitié, 242 p., 423 pensées. — Réimprimé la même année, 325 p., 455 pensées.

Septième édition. *Berlin*, 1753, petit format, 436 p., 522 pensées.

Cette édition offre cela de remarquable, que les lacunes des Pensées où se trouvent des initiales ou des points sont comblées dans un petit cahier de 22 pages, placé à la fin du volume.

Cette septième édition fut reproduite la même année, *Paris, Rolin*, 1753, petit in-12, 347 p., 502 pensées.

La même année, 1753, on imprimait à Berlin un Supplément à « Mes Pensées », ou addition de la sixième à la cinquième édition, qui comprenait sans doute les additions faites par La Beaumelle à sa seconde édition et qui était destinée à compléter une réimpression de la première édition. Le volume porte, en effet, sur le dos : « Mes Pensées, t. II. » Il renferme 267 pensées et 139 pages. Les deux volumes réunis auraient eu ainsi 507 pensées, plus la conclusion du t. II.

Huitième édition. *Berlin*, 1755, petit in-12, 194 p.; elle reproduit les 240 pensées de la première édition. Un supplément paginé à part, sous le titre de : « Supplément à Mes Pensées, ou addition de la sixième édition jointe à la cinquième », *Berlin*, 1755, 125 p., donne les pensées comprises dans le supplément de 1753 ; le volume contient ainsi 507 pensées en tout.

Dixième édition. *Berlin*, 1761, la même que la précédente, si ce n'est que le supplément n'est point paginé à part. In-8, 315 p.

Onzième édition. *Amsterdam, Joly*, 1768, 3 part. in-12.

La troisième partie contient le supplément, qui renferme 255 pensées, plus une addition de 4 pages et 12 pensées.

Le livre des « Pensées » était, comme on le voit, continuellement remanié par La Beaumelle. L'auteur mourut en 1773, à l'âge de quarante-huit ans.

Son ouvrage fut encore réimprimé à Berlin et à Copenhague. Il avait donc eu au moins 12 éditions.

Dans cette liste si soigneusement dressée par M. Saint-Ybarr, ne figure peut-être pas, ajoute M. N. Joly, une édition dont il ne possède que les six derniers feuillets, et qui comprenait 302 p. et 450 pensées. Celles qui portent les nᵒˢ 445, 446 et 447 présentent des lacunes qui n'ont pas été comblées par l'auteur.

Mes Pensées, ou petites idées d'un cerveau étroit, par H. D. (Henri DELMOTTE). *Mons (impr. de Maubach, à Bruxelles)*, 1819, in-18, 164 p.   J. D.

Tiré à 50 exemplaires.

(a) **Mes Périls** pendant la révolution de Naples, ou récit de toutes les horreurs commises dans cette ville par les lazaronis et les Calabrois; suivi d'une notice exacte sur les mœurs des habitants de la Calabre, par N*** (Bartoloméo NARDINI), témoin oculaire, et faisant suite à l'Essai pour servir à l'histoire des révolutions de Naples, précédé d'une esquisse des mœurs napolitaines. *Paris, Bacot*, 1806, in-8.

(b) **Mes Premières Etourderies**, ou quelques chapitres de ma vie en attendant mieux. (Par Charles PERTUSIER, ami de Ch. Nodier.) *Paris, Marchand*, an VIII, 3 vol. in-12, fig.

Au sujet de ce roman et de son auteur, voir de curieux détails dans une correspondance publiée par le « Bulletin du bibliophile », 1860, p. 929 et suiv.

G. M.

(c) **Mes Principes**, ou la vertu raisonnée, par Mᵐᵉ B*** (Fr.-Albine PUZIN DE LA MARTINIÈRE, dame BENOIT). *Amsterdam et Paris, Cuissart*, 1759 et 1760, 2 vol. in-12.

Mes Prisons. Mémoires de Silvio PELLICO. (Trad. par MM. LALLIER et O. Z.) *Paris, Debécourt*, 1835, 2 vol. in-18.

(d) **Mes Rapsodies**, ou recueil de différents essais de vers et de prose du comte de **** (FÉKÉTI, Hongrois, chambellan de l'empereur d'Autriche). *Genève (Bude ou Presbourg)*, 1781, 2 vol. in-12.

Voy. « Supercheries », III, 1121, *b*.

Mes Récréations dramatiques. (Par Fr. TRONCHIN, de Genève.) *Genève, P. Bonnant*, 1779, 5 vol. in-8.

(e) Les quatre premiers volumes ont été réimprimés l'année suivante, sous le titre de : « Mes Récréations dramatiques, ou choix des principales tragédies du grand Corneille, auxquelles on s'est permis de faire des changements, en supprimant ou raccourcissant quelques scènes et substituant des expressions modernes à celles qui ont vieilli ; précédé de quatre tragédies nouvelles de l'éditeur. » *Genève*, 1780, 4 vol. in-8.

Mes Récréations, ou mélanges de pièces fugitives en vers, suivies de « Virginie ou le Décemvirat », tragédie en cinq actes et en vers, par M. S*** D*** (A. CARRIÈRE-DOISIN). *La Haye et Paris, Hardouin*, 1777, in-8.

(f) **Mes Réflexions**, ouvrage relatif aux dissensions qui troublent le comté de Neufchâtel. (Par le pasteur SANDOZ, de Neufchâtel.) 1762, in-8.

Mes Rêveries, 1ᵉʳ janvier 1832. (Par Ernest JUGLET DE LORMAYE.) *Paris, Fournier*, 1832, in-8.   D. M.

En vers.

Mes Rêves : 1° sur M. Linguet et d'autres écrivains ; 2° sur la Bretagne et d'autres provinces ; 3° sur la littérature et les armes ; 4° sur la gloire ; 5° sur l'étude de la haute antiquité ; 6° sur quelques points militaires, politiques et moraux ; 7° sur quelques romans et contes allégoriques et philosophiques. *Amsterdam, Markus et Arkstée*, 1772, in-12, xii-200 p.

L'épître dédicatoire est signée : C. G. T*** (Charles-Gaspard TOUSTAIN DE RICHEBOURG).

Mes Riens pour rien. (Par Hugues et Pierre-Louis DELALOGE.) *Dijon, impr. de Carion* (1814), in-8.

Tirés à petit nombre.
Catalogue Veinant, 1863, n° 358.

Mes Soirées, ou le manuel amusant. (Par SAVIN.) *Neufchâtel, Société typographique, et Paris, rue Saint-Jean-de-Beauvais*, 1775, 2 vol. in-12.

Mes Souhaits du jour de l'an 1823, poëme fugitif en un chant. (Par Jules CLOGENSON.) *Paris, les marchands de nouveautés*, 1823, in-18, 45 p.

Ce petit écrit a été publié par les soins de A.-J.-Q. BEUCHOT. Il s'en trouve un exemplaire dans sa collection voltairienne, avec corrections et augmentations de sa main.

Mes Souhaits pour l'année 1816. (Par le marquis L.-F.-A.-N. DE MESSEY.) *Paris, Le Normant*, 1815, in-8, 12 p.

Mes Souvenirs. (Poésies par M. Romain LEROY, ancien magistrat.) *Amiens, Yvert*, 1852, in-8, 127 p.

Mes Souvenirs. (Par Louis-Jos. LEGAY, membre de l'Académie des Rosati d'Arras, mort procureur du roi, vers 1823.) *Londres, et Paris, Belin*, 1786, in-12, 2 ff. lim. et 184 p.

Recueil de poésies qui a été réimprimé, en 1788, avec le nom de l'auteur, sous la rubrique de : *Pays de Vaud*, et *Caen, Manoury*, 2 vol. in-16, et une autre fois, *Paris, Janet*, vers 1819, in-18.

Mes Souvenirs de 1814 et 1815, par M. M*** (Ant.-Jos. REBOUL). *Paris, A. Eymery*, 1824, in-8.

Mes Souvenirs du Piémont. (Par Mᵐᵉ DE MONTPEZAT, marquise DE TAULIGNAN.) *Paris, Plon*, 1855, in-8, 142 p.

N'a pas été mis dans le commerce.

Mes Souvenirs sur Mirabeau. Par Mᵐᵉ A. R... (Armandine ROLLAND). *Paris, V. Goupy*, 1869, in-8, 3 ff. lim. et 230 p.

Mes Trente-six Contes et les Trente-six Contes en vers, avec un essai sur ce genre, par l'auteur des « Fables allemandes »

(A.-J.-L. CHEVALIER, dit DU COUDRAY). *Paris, Delalain*, 1772, in-12.

Réimprimés sous le titre de : « Almanach conteur... » Voy. IV, 100, d.

Mes Vieux Péchés, chansons et pièces diverses, par G. R... (B.-G. RUELLE, directeur des contributions indirectes à Bordeaux en 1849). *Paris, impr. W. Remquet*, 1861, in-8, 184 p.

Mes Vingt Ans de folie, d'amour et de bonheur, ou mémoire d'un abbé petit-maître. (Par Ant. CAILLEAU.) *Paris*, 1807, 3 vol. in-12.

Mes Visites au Musée royal du Louvre, du Luxembourg, ou coup d'œil critique de la galerie des peintres vivants. Par M. Gustave J.... (Augustin JAL). *Paris, Ladvocat*, 1818, in-8.

Mes Vœux exaucés, adresse à ma patrie, par P. F. P****** (Pierre-François PALLOY). *S. l.*, 1814, in-8, 12 p.

Signé à la fin : Patriote PALLOY.

Mes Voyages avec le docteur Philips dans les républiques de la Plata (Buénos-Ayres, Montévideo, Banda-Oriental, etc.), par Armand DE B*** (Just-Jean-Etienne ROY). *Tours, Mame*, 1860, grand in-8, avec 4 gravures. — *Tours, Mame*, 1863, grand in-8.

Mesdemoiselles de Marsange. *La Haye* (*Paris*), 1757, 4 parties in-12.

Réimprimé sous le titre de « Julie, ou la sœur ingrate... » Voy. **J.** 1052, d.

Mesdemoiselles Duguesclin, ou Tiphaine et Laurence, roman historique. Par l'auteur des « Lettres sur le Bosphore » (la comtesse DE LA FERTÉ-MEUN). *Paris, Locard et Davy*, 1822, 3 vol. in-12.

Meslanges.

Voy. « Mélanges ».

Mesmer blessé, ou réponse à la lettre du R. P. Hervier sur le magnétisme animal. Par M*** (le P. J.-Fr. GIRARD.) *Paris, Couturier*, 1784, in-8, 34 p.

Mesmer justifié. (Par J.-J. PAULET.) *Constance et Paris*, 1784, in-8, 46 p. — *Id.*, 1784, in-8, 252 p.

Mesmériade (la), ou le triomphe du magnétisme animal, poëme en trois chants, dédié à la lune. *Genève et Paris, Couturier*, 1784, in-8, 15 p.

Attribué au doyen de la Faculté, PHILIP. (Voy. *Dureau*, « Histoire de la médecine et des sciences occultes ».) Attribué par Quérard à F.-A. DOPPET.

Mespris de la cour.

Voy. « Mépris ».

Messager (le) céleste, contenant toutes les nouvelles découvertes qui ont esté faites dans les astres depuis l'invention de la lunette d'approche, avec des réflexions sur les utilitez qu'on en peut tirer pour la conservation de la vie. Premier extraordinaire du *Journal de médecine*, publié le 1re octobre 1681 (par Nicolas DE BLÉGNY). *A Paris, à l'Académie des nouvelles découvertes de médecine, et chez Cl. Blageart et L. d'Houry*, 1681, in-12.

L'avertissement est signé.

Nicolas de Blégny n'est, en réalité, que l'éditeur de ce volume, qui contient « diverses pièces curieuses de la traduction et de la composition de M. Alexandre TINELIS... escuyer, sieur DE CASTENET, etc. », entre autres la traduction du *Nuntius sidereus* de GALILÉE.

Messager (le) croustilleux, ou la semaine récréative, avec une sauce piquante, par un esprit follet (P.-L. D'AQUIN DE CHATEAULION). 1793, an II de la République. *Paris, Demoraine*, in-12.

Il n'a paru de ce journal facétieux que quelques numéros.

Voy. « Supercheries », I, 1255, a.

Messagier (le) d'amours. *S. l. n. d.*, pet. in-4 goth. de 14 ff.

Le nom de l'auteur PILVILIN se trouve en acrostiche dans les huit derniers vers du poëme. Voy. Brunet, « Manuel du libraire », 5e édit., III, 1671.

Messager (le) de Paris, almanach populaire pour l'an de grâce 1829. (Par Emile DE LA PALME.) *Paris, Baudouin frères*, décembre 1828, in-12.

Cet almanach, dont le but était de répandre dans les classes peu aisées des notions utiles, a cessé de paraître en 1830. · D. M.

Messagère (la) d'amour...

Voy. « Instruction pour les jeunes dames », V, 936, e.

Messagerie (la) du Pinde et Homère travesti, par M. O. H. O. L. EE. B. (HENZI, officier de Leurs Excellences bernoises). *S. l.*, 1747, in-8.

Voy. « Supercheries », II, 1300, c.

Messe (la) et ses Mystères comparés aux mystères anciens, ou complément de la science initiative; par Jean-Marie DE V..... (Jean-Marie RAGON DE BETTIGNIES, ingénieur civil). *Nancy, Troup*, 1844, in-8, 472 p.

Messe pour les jours solennels et anniversaires de la Confédération des Français, célébrée pour la première fois le 14 juil-

let 1790. (Par l'abbé L.-P. SAINT-MARTIN, aumônier général de la garde nationale.) *Paris, Simon*, MDCCCXI (*sic*, 1791), in-8, VIII-15 p.

Réimprimé en 1832 avec le nom de l'auteur et le fac-simile de la délibération des membres du comité de Confédération de la Commune.., *Paris, Crapelet*, 1832, in-8.

Messe (la) trouvée dans l'Ecriture. *Villefranche et Rouen*, 1647, in-8, 32 p. — *Cologne (Hollande)*, 1672, petit in-12.

On cite encore des éditions de 1652, 1658, etc. Cet opuscule a aussi été réimprimé à la suite de : « Véron, ou le hibou janséniste » (ouvrage de J. MESTREZAT, voy. « Supercheries », II, 408, b, où il faut lire p. 596, pour le renvoi au tome II du « Bibliographe normand » de M. Frère). Quelques exemplaires de ces deux pièces réunies portent ce titre : « Recueil de plusieurs pièces curieuses ». *Villefranche, N. Selon, imprimeur et libraire, à l'enseigne de la Bataille, s. d.* (1678), in-12.

La « Messe » a aussi été réimprimée sous ce titre « Miracles du P. Véron sur la Messe, *Londres*, 1699, in-12.

Dans ce pamphlet, écrit en forme de dialogue, Lucas JANSSE, écrivain protestant, tourne en ridicule le P. Véron pour avoir, dans l'édition faite à Paris, en 1646, de la « Bible de Louvain », traduit le commencement du verset 2 du chap. XIII des Actes des apôtres (*quos autem illi sacrificarint domino*) par : « eux disent la messe au Seigneur. » Pour prévenir les poursuites du Parlement de Rouen, l'auteur retira de la circulation les exemplaires qu'il avait distribués.

Cet écrit a été quelquefois, mais avec moins de vraisemblance, attribué à David DERODON.

Messiade (la) de KLOPSTOCK, poëme en vingt chants, traduite en français par une dame allemande (Mme Thérèse DE KOURZROCK, de l'académie des Arcades, sous le nom d'ELBANIE). *Aix-la-Chapelle, Beaufort*, 1801, 3 vol. in-8.

Voy. « Supercheries », I, 856, c.

Messianisme : union finale de la philosophie et de la religion constituant la philosophie absolue. Tome I : Prodrome du messianisme : révélations des destinées de l'humanité. (Par Hoëné WRONSKI.) *Paris, Doyen, impr.*, 1831, in-4, 13 ff. plus une planche.

Un prospectus in-4 a été imprimé la même année chez Poussielgue. Il est sorti des mêmes presses, la même année, une demi-feuille in-4, intitulée : « Union antinomienne ». Le tout a été précédé de « Aux souverains de l'Europe », *ibid.*, in-4, demi-feuille, pièce signée par l'auteur.

Messie (le), poëme, traduit de l'allemand de KLOPSTOCK (par P.-Th. D'ANTELMY). *Paris*, 1769, 2 vol. in-12.

MM. (Messieurs) de Bausset et La Mennais. Justification de l'abbé Lequeux et des Bénédictins éditeurs des « Œuvres » de

Bossuet, accusés d'infidélité par M. le cardinal de Bausset, etc. — Du Système de M. de La Mennais sur les traductions de la Bible et sur la lecture de l'Ecriture sainte. (Par M.-M. Tabaraud.) *Paris, Baudouin,* 1820, in-8, 24 p.

Messieurs et chers concitoyens de l'assemblée des Deux-Cents, vous avez été témoins... *S l. n. d. (Nantes, Despilly,* 1789), in-8, 11 p.

Motions faites par l'auteur des « Réflexions tendantes au bonheur des citoyens et à la prospérité de la France » (Armand-François Delaville).

Catalogue de Nantes, n° 50403.

Mesté mauchuan, ou le jugement de l'âne, comédie en un acte et en vers provençaux. (Par Thomas Thobert.) *Marseille,* 1813, in-8, 12 p.— *Marseille, H. Terrasson,* 1825, in-8.

Mesure (la) de la terre. (Par J. Picard.) *Paris, impr. royale,* 1671, in-fol.

Mesure (la) des rois. Conte. (Par Jacq. Cambry.) *Paris* (1797), in-8.

Métallurgie, ou l'art de tirer et de purifier les métaux, traduit de l'espagnol d'Alphonse Barba, avec les dissertations les plus rares sur les mines. *Paris, Le Prieur,* 1751, 2 vol. in-12.

L'épître dédicatoire est signée : Gosford.

Gosford se peint comme un étranger qui est venu habiter la France ; mais il trace avec trop d'exactitude l'histoire de la famille des Grassins, pour qu'on ne le considère pas comme un Français qui cherche en vain à se déguiser sous un nom emprunté. C'est un masque déjà pris par l'abbé N. Lenglet du Fresnoy, ainsi que le prouve le commencement d'une « Lettre de M*** à M***, au sujet du nouvel Abrégé chronologique de l'Europe », in-4, 8 p., s. d. Voici ce commencement :

« Vous avez sans doute appris, monsieur, que M. l'abbé Lenglet a composé un nouvel Abrégé chronologique de l'histoire de l'Europe, et que pour pressentir le goût du public il a donné, sous le nom supposé de Gosford, un extrait de cet ouvrage dans un « Calendrier historique », qui contient l'origine de toutes les maisons souveraines. »

Ce calendrier fut supprimé par arrêt du conseil du 3 janvier 1750, et l'auteur mis à la Bastille. Voy. IV, 478, d.

Métamorphose (la) d'Ovide figurée. *Lyon, Jan de Tournes,* 1557, petit in-8.

Réimprimée plusieurs fois. L'explication en vers qui se trouve au-dessous de chacune des 176 figures sur bois est attribuée par quelques personnes à Barthélemy Anéau.

Métamorphoses (les), comédie en quatre actes (par G.-F. Poullain de Saint-Foix) Avec quatre intermèdes par M. B. de Va*** Représentée pour la première fois le jeudi 25 avril 1748, par les comédiens italiens

ordinaires du roi. *Paris, Cailleau,* 1749, in-8, 2 ff. lim. et 60 p.

Réimprimées dans le Théâtre de l'auteur, sous le titre de : « les Parfaits Amants, ou les métamorphoses ».

Métamorphoses (les) d'Ovide, mises en rondeaux (par Isaac de Benserade). Imprimées par ordre de Sa Majesté. *Paris, impr. royale,* 1676, in-4. — *Amsterdam, Abraham Wolfgang,* 1679, in-8.

Métamorphoses d'Ovide, traduction nouvelle, avec le latin à côté (par J.-G. Dubois-Fontanelle). *Paris, Barbou,* 1766, 2 vol. in-12.

Réimprimées avec des notes et le nom de l'auteur en 1802, 4 vol. in-8.

Métamorphoses (les) d'Ovide, traduites en prose françoise (par Nicolas Renouard). *Paris, veuve L'Angelier,* 1619, in-fol.

Métamorphoses (les) d'Ovide, traduites en vers français (par L.-Ch.-C. Mathey de Massilian). *Orléans, Couret de Villeneuve,* 1784, 3 vol. in-8.

Métamorphoses (les) de l'Amour, chansonnier dédié aux dames. (Par A. Deville.) *Paris, Melle-Deville,* 1817, in-18.

Métamorphoses (les) de l'Amour, par M. C** D*** (A.-G. Contant d'Orville). 1768, in-12, iv-161 p.

Métamorphoses de la religieuse. (Par Mme de Laboureys.) *Paris, Prault,* 1768, 2 parties in-12.

Métamorphoses (les) de Trivelin, comédie en trois actes, par J. J. R*** (J.-J. Rolland). *Nantes, veuve Valar,* 1768, in-8, 2 ff. lim. et 62 p.

Cette pièce reparut la même année avec un titre réimprimé portant le nom de l'auteur.

Métamorphoses (les) des fleurs, par M. Edouard D.... (Dumont, professeur au collège royal de Saint-Louis). *Paris, Duponcet,* 1818, in-18.

Métamorphoses (les) extravagantes, comédie en prose. (Par N. Carmontelle.) *La Haye, Néaulme,* 1748, in-8.

Métamorphoses (les), ou l'âne d'or d'Apulée, traduites par de Montlyard, nouvellement revues et corrigées (par Nic. de La Coste). *Paris, de La Coste,* 1648, in-8.

Métamorphoses (les), ou l'âne d'or d'Apulée. traduits en françois, avec des remarques... et le Démon de Socrate, du même aucteur (par l'abbé Compain de Saint-Martin). *Paris, Michel Brunet,* 1707,

2 vol. in-12. — *Francfort*, 1769, 2 vol. in-12.

Même traduction que celle publiée sous le titre de : « l'Ane d'or... » Voy. IV, 177, *d*.

Métamorphoses (les), ou liste des noms de famille et patronymiques des ci-devant ducs, marquis, comtes, barons, etc., excellences, monseigneurs, grandeurs, demi-seigneurs et anoblis. (Par Louis Brossard.) — N. 2. Les Revenants, ou suite de la liste des ci-devant ducs, marquis. — N. 3 (à 9). Suite de la liste des noms de famille et patronymiques des ci-devant princes, ducs, marquis... *Paris*, *Brossard*, 1790, in-8.

Les six premiers numéros existent aussi sous les deux titres suivants :
Liste des noms de famille et patronymiques des ci-devant ducs, marquis, comtes, barons, etc., excellences, monseigneurs, grandeurs, demi-seigneurs et anoblis. *S. l. n. d.*, in-8.
Catalogue général des noms de famille et patronymiques... *Paris*, 1790, in-8.

Métamorphoses (les), poëme héroï-comique, traduit de l'allemand de M. Za-charie (par Muller, secrétaire des commandements du prince de Lambesc). *Paris*, *Fournier*, 1764, in-12, xii-178 p. et 2 ff. de priv.

Metaneologie. Sur le suget de l'archicongrégation des Penitens de l'Annonciation de Nostre Dame... (Par Edmond Auger.) *Paris*, *Jamet Mettayer*, 1584, in-4.

L'ateur a signé l'épître.

Métaphysique d'amour....

Voy. « Réflexions nouvelles sur les femmes... »

Métaphysique de l'âme, ou théorie des sentiments moraux, traduite de l'anglois de M. Adam Smith... par M*** (M.-A. Eidous). *Paris*, *Briasson*, 1764, 2 vol. in-8.

Métaphysique de l'amour...

Voy. « Réflexions nouvelles sur les femmes ».

Métaphysique (la) des études, ou recherches sur l'état actuel des méthodes dans l'étude des lettres et des sciences ,.et sur leur influence relativement à la solidité de l'érudition. (Par G.-M. Raymond.) *Paris*, *Pougens*, an XII-1804, in-8.

Métaphysique nouvelle, ou essai sur le système intellectuel et moral de l'homme. (Par Charles-Louis Bonnard.) *Paris*, *Aimé-André*, 1826, 3 vol. in-8.

Métaphysique (la), qui contient l'entologie, la théologie naturelle et la pneumatologie, par l'auteur de la « Clef des sciences et des beaux-arts » (Jules Cochet, profes-seur de philosophie). *Paris*, *Desaint*, 1753, in-8, xvi-360 p.

Métempsycose (la), pièce en vers telle qu'elle est restée au théâtre, suivie des scènes qui ont été jouées quand elle a paru pour la première fois et de celles qui n'ont jamais paru. Représentée pour la première fois par les comédiens ordinaires du roi, le 16 mai 1732. (Par Yon.) *Paris*, *Duchesne*, 1753, in-12, 156 p.

Méthode abrégée d'étudier la religion par principes et d'en démontrer la vérité. (Par Fuchs.) *Strasbourg*, *Levrault*, 1783, in-12.

Méthode abrégée et facile pour apprendre la géographie, où l'on décrit la forme de chaque gouvernement, les mœurs des habitants, avec un abrégé de la sphère. (Par l'abbé A. Le François.) *Paris*, *Brunet*, 1705, in-12.

Souvent réimprimée.
Cette géographie, qui, dans la librairie, est dite de Crozat, à cause de la dédicace à Mlle de C**, est de l'abbé Le François, qui la composa pour l'instruction de la fille du marquis Ant. de Crozat. Il a signé la dédicace des initiales A. L. F.
Cet abbé Le François ne peut être le même que l'abbé Laurent Le François, né en 1698, avec lequel Quérard l'a confondu dans sa « France littéraire », III, 194.

Méthode assurée et efficace pour guérir la maladie vénérienne, sans salivation mercurielle, composée en latin par un célèbre médecin d'Angleterre (Dav. Abercromby) et nouvellement mise en françois par le sieur G.-B. de Saint-Romain... *Paris*, *d'Houry*, 1690, in-8.

L'édition latine intitulée : *Tuta ac efficax luis venereæ... Londini*, *Smith*, 1684, in-8, porte le nom de l'auteur.

Méthode courte et facile pour discerner la véritable religion chrétienne d'avec les fausses qui prennent aujourd'hui ce nom. (Par le P. Jean Lombard, jésuite.) *Paris*, 1725, in-12.

Réimprimée plusieurs fois.
La première édition parut sous le titre de : « Abrégé des controverses sur la religion, ou méthode courte... » *Nancy*, 1723, in-16. Voy. IV, 39, *f*.
Feller attribue cet ouvrage au P. d'Orléans, mort en 1698; l'abbé Migne a suivi Feller dans la notice qui précède la réimpression de la « Méthode » au t. XIV des « Démonstrations évangéliques », col. 1070. Les Pères de Backer ont suivi également cette opinion au tome I, p. 528, de leur « Bibliothèque »; mais, au tome VI, p. 279, ils changent d'opinion, et ils regardent cette « Méthode » comme l'œuvre du P. Jean Lombard. Quérard s'est trompé (« France littéraire », V, 310) en nommant cet auteur Théodore Lombard; ce sont deux personnages tout différents. Dans l' « Aver-

tissement du libraire », il est dit que l'auteur a prêché devant le plus grand roi du monde; or, le P. d'Orléans ne prêcha jamais devant Louis XIV, tandis que le P. Lombard eut cet honneur pendant l'Avent de 1696 et le Carême de 1703. A la première page de la préface, l'auteur parle de l'abbé d'Arguetie, « aujourd'hui évêque de Tulle ». Cette promotion fut faite en 1723, et le P. d'Orléans était mort en 1698. L'attribution au P. Lombard est donc exacte. (Note du P. Sommervogel, insérée dans la chronique du « Journal général de la librairie » et reproduite dans le « Bulletin du bibliophile belge », XX, p. 377.)

Méthode courte et facile pour rappeler à l'unité de l'Eglise ceux qui en sont séparés. (Par l'abbé Michel, ancien supérieur du séminaire Saint-Firmin.) *Bordeaux*, 1728, in-12.

Voy. la « Bibliothèque d'un jeune ecclésiastique », par Collet, troisième édition, *Paris*, 1751, in-8, p. 12.

Méthode courte et facile pour se convaincre de la vérité de la religion catholique, d'après les écrits de Bossuet, Fénelon, Pascal et Bullet. (Par l'abbé Jean-Edme-Auguste Gosselin, d'abord directeur au séminaire de Saint-Sulpice, ensuite supérieur de celui d'Issy, né à Rouen, le 28 septembre 1787.) *Paris, Demonville*, 1822, in-12, 104 p. — Seconde édition, revue, corrigée et augmentée. *Paris, Méquignon junior*, 1824, in-18 — Troisième édition. *Paris, le même*, 1833, in-18. — Quatrième édition. *Ibid.*, 1840, in-32.

Les trois premières éditions sont entièrement anonymes; la quatrième porte : « Par un directeur de séminaire ».

Méthode d'élimination par le plus grand commun diviseur. Par M. L...... (Labbatie, de Douai). *Paris, Bachelier*, 1832, in-8.

D. M.

Méthode d'étudier, tirée des ouvrages de saint Augustin, traduite de l'italien de P. Ballerini (par L.-A.-Nicole de Lacroix). *Paris, J.-T. Hérissant*, 1760, in-16.

Méthode d'oraison. (Par le P. Jean Crasset.) *Paris, E. Michallet*, 1672, in-12.

Méthode de classement et d'organisation d'une bibliothèque considérable, spécialement dans un établissement religieux. Extrait du tome X de la « Bibliographie catholique ». *Paris*, 1853, in-8, 76 p.

Tiré à 100 exemplaires.
Une seconde édition, considérablement augmentée et portant le nom de l'auteur, a paru sous ce titre : « le Guide du bibliothécaire dans les colléges et les communautés, ou méthode... par le P. A. Pourcelet, de la Compagnie de Jésus ». *Paris, Adr. Le Clère*, 1856, in-8, 114 p.

Méthode de géographie historique. (Par

l'abbé L. de Courcillon de Dangeau.) *Paris*, 1706, in-fol.

Méthode de J. Carstairs, faussement appelée méthode américaine, ou l'art d'apprendre à écrire en peu de leçons, traduite de l'anglais sous la direction de l'auteur (par Stanislas Julien, depuis administrateur du Collége de France)... et accompagnée de 26 planches nouvellement gravées. Deuxième édition. *Paris, Théophile Barrois*, avril 1828, in-8, 108 p. — Troisième édition. *Id.*, in-8, 120 p.

La première édition avait été publiée sous le titre de : « l'Art d'apprendre à écrire en peu de leçons... » *Paris, L. Colas*, février 1828, in-8, cxvi-74 p. et 1 f. d'errata.

Méthode de la sous-répartition de la contribution foncière entre les arrondissements et les communes dans chaque département, par l'auteur de la « Législation complète sur les fabriques des paroisses » (Lebesnier). *Rouen, Périaux fils aîné*, 1822, in-8, 56 p.

Méthode de lecture sans épellation. (Par M. T. Jacquemin, chef d'institution.)

Cet ouvrage se compose de quatre parties publiées à Liége et souvent réimprimées, de 1832 à 1853. Voy. le « Nécrologe liégeois » d'Ul. Capitaine, année 1851.

Méthode de lever les plans et les cartes de terre et de mer... (Par Jacq. Ozanam.) *Paris, Michallet*, 1693, in-12. — Nouvelle édition (avec des changements, corrections et additions, par C.-A. Jombert). *Paris, Jombert*, 1750, in-12.

Méthode de musique, selon un nouveau système très-court, très-facile et très-sûr... par M*** (Demoz de la Salle), prêtre. *Paris, P. Simon*, 1728, in-8, 6 ff. lim., 216 p. et 2 ff. de priv.

Le nom de l'auteur se trouve dans le privilége.

Méthode de nomenclature chimique proposée par MM. Morveau, Lavoisier, Berthollet et Fourcroy. (Par P.-Aug. Adet.) *Paris, Cuchet*, 1787, in-8.

Méthode de plain-chant selon un nouveau système très-court, très-facile et très-sûr... (Par Demoz de la Salle.) *Paris, P. Simon*, 1728, in-8.

Méthode de traiter les plaies d'armes à feu, traduite de l'anglois de J. Ramby (par P. Demours). *Paris, Durand*, 1745, in-12.

Méthode élémentaire et pratique de plain-chant, par l'auteur du « Recueil de motets à l'usage des écoles normales » (Nicolas HENROTTE). *Liége*, *Grandmont-Donders* (1843), in-18, VIII-99 p.

Plusieurs fois réimprimée.　　　　　J. D.

Méthode éprouvée pour le traitement de la rage. (Par J.-M.-F. DE LASSONE.) Publiée par ordre du gouvernement. *Paris*, *impr. royale*, 1776, in-4, 14-XI p.

Méthode facile pour apprendre à lire correctement et agréablement, dédiée à monseigneur le prince de Bouillon, avec des figures. (Par l'abbé VITOL.) *Paris*, *Lottin et Butard*, 1749, in-8.

Méthode facile pour apprendre l'histoire d'Angleterre, dédiée au prince d'Elbeuf, par M. D*** (Simon GUEULLETTE). *Paris*, *Martin et G. Jouvenel*, 1697, in-12.

L'abbé Lenglet cite sous le même titre un ouvrage imprimé à Amsterdam en 1706, et il l'attribue à JOUVENEL.

Méthode facile pour apprendre l'histoire de France, par M. D*** (Simon GUEULLETTE). *Paris*, *Jouvenel*, 1684, in-12.

Plusieurs fois réimprimée.

Méthode facile pour apprendre l'histoire de l'Eglise, par M. D. G. (Simon GUEULLETTE). *Paris*, *P. de Launay*, 1693 et 1698, 4 vol. in-12.

Méthode facile pour apprendre le latin. (Par F.-D. RIVARD.) 1760, in-12.

Méthode facile pour être heureux en cette vie et assurer son bonheur éternel. (Par le P. Jean-Jacques-Joseph CALMEL, carme, mort à Paris en 1737, âgé de quatre-vingts ans.) *Paris*, *veuve Mazière*, 1727, in-12.

Méthode familière pour les petites écoles, contenant les devoirs des maitres et des maitresses d'école, avec la manière de bien instruire; on y a joint un traité de la prononciation et de l'orthographe françoise (le tout par Sébastien CHERRIER). *Toul*, *Rolin*, 1749, in-12.

Méthode générale d'analyses, ou recherches physiques sur les moyens de connoître toutes les eaux minérales; traduit de l'anglois (de Pierre SHAW), par M. COSTE. *Paris*, *Vincent*, 1767, in-12.

Le nom de l'auteur se trouve dans la dédicace du traducteur et dans le privilége.

Méthode la plus naturelle et la plus simple d'enseigner à lire. (Par Nic.-Maur. CHOMPRÉ.) *Paris*, *veuve Courcier*, 1813, in-8.

Méthode nouvelle et facile de guérir la maladie vénérienne... Par M. CLARE... traduit de l'anglais par J. D. D. M. H D. M. C. D. A. (J.-D. DUPLANIL, médecin honoraire de monseigneur le comte d'Artois). *Londres et Paris*, *Froullé*, 1785, in 8.

Méthode nouvelle et très-exacte pour enseigner et apprendre la première partie de Despautère, dans laquelle tout ce qui appartient au genre des noms est clairement expliqué par des figures en taille-douce, par L. C. D. E. M. (Louis COUVAY, docteur en médecine). *Paris*, *Gaillard*, 1649, in-8.

· Méthode pour apprendre à lire le françois et le latin, par un système si aisé et si naturel, qu'on y fait plus de progrès en trois mois qu'en trois ans par la méthode ancienne et ordinaire; contenant aussi un Abrégé des sons exacts de la langue françoise, les différentes dénominations et variations des lettres et leurs usages; un Traité des accens et de la ponctuation. Ouvrage utile, principalement aux étrangers qui veulent parler et écrire cette langue correctement. Avec des Réflexions sur la Méthode du bureau tipographique; et un Plan nouveau d'une ortographe facile, abrégée et régulière. *Paris*, *Ch. Mouette*, 1741, in-12, XXXV et 220 p.

Le privilége, daté du 7 janvier 1741, est au nom du sieur DE LAUNAY.

C'est une nouvelle édition de la « Méthode du sieur Pierre PY-POULAIN DE LAUNAY, ou l'art d'apprendre à lire... », publiée pour la première fois en 1719, in-12.

Le nouvel éditeur dit avoir reformé et perfectionné l'ouvrage de son père, conformément aux observations de l'abbé Goujet, sa « Bibliothèque françoise ».

Cet ouvrage est rare. M. Ambr.-F. Didot (« Observations sur l'orthographe française », 2ᵉ édit., 1868, p. 265) déclare n'avoir pu encore le voir.

Méthode pour apprendre à lire, par Ch. D..... (Ch. DUCLOS). *Lyon*, *Lugné*, 1829, in-12.

Méthode pour apprendre aisément le latin. (Par F.-D. RIVARD.) 1762, in-12.

Méthode pour apprendre facilement l'histoire de la Bible, avec l'histoire des conciles généraux, par M. D. (l'abbé DE FOURCROY). *Paris*, *Jouvenel*, 1694, 1695, 1697, in-12.

Méthode pour apprendre facilement l'histoire des papes, avec une table chronologique, par M. D*** (Simon GUEULLETTE). *Paris*, *Jouvenel*, 1695, in-12.

Méthode pour apprendre facilement l'histoire romaine. Deuxième édition, par M. D*** (l'abbé DE FOURCROY). *Paris*, 1702, in-12.

Méthode pour apprendre facilement la fable héroïque ou histoire des dieux. (Par Simon GUEULLETTE.) *Paris, Jouvenel,* 1692, in-12.

L'abbé de Claustre, dans la « Table du Journal des Savans », attribue à tort cet ouvrage à l'abbé DE FOUR-CROY, puisque le rédacteur du journal dit expressément, en 1693, qu'il est du même auteur que les « Méthodes pour apprendre les histoires de l'Eglise et de France ». Voy. le « Journal des Savans », 1693, in-4, p. 432.

Méthode pour converser avec Dieu. (Par le P. BOUTAUD, jésuite.) *Paris,* 1684, in-16.

Souvent réimprimée:

Le P. Vaubert, ou l'éditeur de son opuscule inti-tulé : « le Saint Exercice de la présence de Dieu », a pris la « Méthode » pour en faire le livre troisième de son œuvre ; il ne nomme pas le P. Boutaud. Alphonse de Liguori, puisant à la même source, se borne à con-fesser qu'il a traduit un « Opuscule français ». Voy. « Traité de l'amour de Dieu », chap. II. (De Backer, 2e édit., in-fol., I, 836.)

Méthode pour enseigner les instructions du premier âge et le catéchisme de Liége. (Par Richard-Antoine-Corneille VAN BOM-MEL, évêque de Liége.) *Liége, Dessain,* 1847, in-8, LII-112 p.   J. D.

Méthode pour étudier la géographie (par D. MARTINEAU DU PLESSIS, refondue et corrigée), par l'abbé LENGLET DU FRES-NOY. *Paris, Hochereau,* 1716, 4 vol. in-12. — Quatrième édition, revue, corrigée et augmentée (par E.-F. DROUET et J.-L. BAR-BEAU DE LA BRUYÈRE). *Paris, Tilliard,* 1768, 10 vol. in-12.

L'ouvrage original de Martineau du Plessis est inti-tulé : « Nouvelle Géographie, ou description exacte de l'univers, tirée des meilleurs auteurs, tant anciens que modernes ». *Amsterdam,* 1700, 3 vol. in-12. L'abbé Lenglet avoua qu'il lui avait servi de base pour la pre-mière édition de sa « Méthode ».

Méthode pour étudier la théologie (par Louis ELLIES-DUPIN), suivie de l'indication des principaux ouvrages qui traitent les différentes questions théologiques (par Ch. WITTASSE). *Paris, A.-V. Coustelier,* 1716, in-12. — Nouvelle édition, avec le nom de Dupin et des augmentations par l'abbé DINOUART. *Paris, Desprez,* 1768, in-12.

Méthode pour la direction des âmes dans le tribunal de la pénitence et pour le bon gouvernement des paroisses, par un directeur du séminaire de Besançon. (Joseph POCHARD, mort le 25 août 1786). *Besançon, Couché,* 1784. — Troisième édi-tion. *Besançon, veuve Couché,* 1811, 2 vol. in-12.

Méthode pour se former en peu de temps et sans étude à une prononciation facile et correcte des langues étrangères. Extraite d'un ouvrage inédit sur l'étude des langues. Par le comte d'H*** (Alex.-Maurice BLANC D'HAUTERIVE). *Paris, Fil-leul,* 1827, in-8, 24 p.

Méthode pour servir la messe basse, à l'usage des paroissiens. (Par JAMINET, curé de Stembert.) *Liége,* 1833, in-32. — Deuxième édition. 1840, in-32. — Troi-sième édition. 1855, in-32.   Ul. C.

Méthode pour visiter les malades et as-sister les mourants... (Par l'abbé BONNAR-DEL.) *Lyon et Paris, Rusand,* 1824, in-18.

Méthode pratique pour converser avec Dieu, troisième édition, par un Père de la Compagnie de Jésus (le P. Ant. FRANC). *Lyon,* 1724, in-12.

Souvent réimprimé. La première édition est d'*Avi-gnon,* 1721, in-18.

Méthode pratique pour faire le caté-chisme. (Par monseigneur A.-R. DEVIE, évêque de Belley.) *Lyon, J.-B. Pélagaud,* 1852, 2 vol. in-12.

Méthode que l'on pratique à l'hôtel des Invalides pour guérir les soldats de la vé-role. (Par DE LA BRUNE.) *Paris, imp. de Muguet, s. d.,* in-4, 14 p. — *S. l. n. d.,* in-12, 23 p.

Méthode rationnelle pour apprendre si-multanément la langue latine et les élé-ments de celles qui lui sont voisines. Par un ancien élève des écoles centrales, qui désire en voir revivre le large enseigne-ment sous de meilleurs principes (l'abbé Auguste LATOUCHE). *Paris, James,* 1830, in-12.

Méthode simple pour apprendre soi-même la tachigraphie. Par L* D*** (J.-B. BARONIÈRE LEDOUX, officier de santé d'ar-tillerie). *Lille,* avril 1806, in-8, 2 ff. lim., 8 p. et un tableau.

La deuxième édition, *Paris,* 1807, in-8, 10 p. et 1 pl., porte le nom de l'auteur.

Méthode simplifiée pour l'enseignement populaire de la musique vocale, par M*** (L. DANEL). *Lille, imp. de L. Danel,* 1853, in-4, 3 ff. lim., 29 p., 2 ff. et 1 pl. — *Id.,* 1856, in-4, 2 ff. de titre, III-27 p. et 3 pl.

Méthodes nouvelles pour apprendre à lire aisément et en peu de temps, par S. CH. CH. R. (Sébastien CHERRIER, chanoine ré-gulier). *Paris, Aug.-Martin Lottin,* 1755, in-12.

Méthodes sûres et faciles pour détruire

les animaux nuisibles. (Par P.-J. Buc'hoz.) *Paris, La Porte*, 1782, in-12.

Réimprimées plusieurs fois avec le nom de l'auteur.

Méthodes tirées des Exercices spirituels de saint Ignace, approuvés par le Saint-Siége... (Par le P. J.-Fr. Barrelle, jésuite.) *Avignon, Séguin*, 1826, in-18.

Réimprimées plusieurs fois.

Métrologie constitutionnelle et primitive, comparées entre elles avec la métrologie d'ordonnances. (Par J.-F. Lesparat, ancien avocat au Parlement de Paris.) *Paris, Jansen*, an X-1801, 2 vol. in-4.

Métrologie (la), ou traité de la poésie. (Par Duduit de Mézières.) *Amsterdam et Paris, Pillot*, 1771, in-12.

Il y a des exemplaires de cette édition qui portent le titre de : « le Portefeuille du chevalier D. D. M***, ou la métrologie ».

Métrologie, ou traité des mesures, poids et monnoyes des anciens peuples et des modernes. (Par A.-J.-P. Paucton.) *Paris, veuve Desaint*, 1780, in-4.

Métroxylotechnie, poëme en un chant. (Par M. Viollet-Leduc.) *Paris, Bobée*, 1820, in-18, 20 p. Tiré à 25 exemplaires.

Metz, campagne et négociations par un officier supérieur de l'armée du Rhin (J.-H.-G. d'Andlau). *Paris, J. Dumaine*, 1871, in-8, xv-512 p. et 1 carte.

Nombreuses éditions.

Meurtre (le) de la vieille rue du Temple. (Par Edouard Cassagnaux, d'Amiens.) *Paris, Audin*, 1832, in-8.　　D. M.

Meurtrier (le), ou le dévouement filial, mélodrame historique en trois actes, à spectacle, par MM. (A. Villain de) Saint-Hilaire et *** (Edm. Crosnier)... Représenté pour la première fois, à Paris, sur le théâtre de la Gaîté, le 　 juillet 1822. *Paris, Pollet*, 1822, in-8, 67 p.

Meuse et Danube. Un poëte valaque (H. Grandéa, étudiant à l'Université de Liège; par Alphonse Leroy). *Liège-Bucharest*, 1867, in-18, 15 p.

Meuse (la). Etudes faites par ordre du gouvernement belge. (Par Hippol. Guillery, ingénieur au corps des ponts et chaussées, né à Versailles en 1793, mort à Liège en 1849.) *Bruxelles, Devroye*, 1843, in-fol., 3-550 p.　　　　Ul. C.

Mexique (le) conquis, poëme. (Par Boesnier.) *Paris, Desaint*, 1752, 2 vol. in-12.

Mexique (le) en 1823, ou relation d'un

a voyage dans la Nouvelle-Espagne... Par M. Beulloch, propriétaire du Musée mexicain, établi à Londres; ouvrage traduit de l'anglais par M*** (Mlle A. Sobry); précédé d'une introduction et enrichi de pièces justificatives et de notes, par sir John Beyerley. *Paris, Eymery*, 1824, 2 vol. in-8.

Mexique (le) et l'Alliance hispano-anglo-française. (Par le baron du Graty.) *b* *Bruxelles, veuve Parent et fils*, 1862, in-8, 14 p.　　　　　　　　　　　J. D.

Mexique (le), principes de l'ère nouvelle, journal publié à Mexico. (Par Guiterres.) 185...

Catalogue J.-M. Andrade, 1869, n° 4048. N'est-ce pas Gutierrez qu'il faut lire?

Mexique. Quatre lettres au maréchal Bazaine. (Par Victor Considérant.) *Bruxelles,* *c* *Muquardt, éditeur*, 1868, in-8, 228 p.

Michel-Ange en rapport avec Shakespeare. (Par William Beckford.) *Londres*, 1802, in-8.

Michel Morin. (Par Fonpré de Fracansalle.)

Catalogue Soleinne, dernière partie, p. 82, n° 3066.

Michel Morin et la Ligue, nouvelle poli-*d* tique; traduite de l'italien. (Composée en français par J.-M.-V. Audin.) *Paris, Audin*, 1818, in-8.

Microcosme. (Par Maurice Scève, de Lyon.) *A Lion, par Ian de Tovrnes*, 1562, in-4, 101 p.

Attribué par erreur à Jean Desmontiers par La Croix du Maine.

Micromégas, histoire philosophique. *e* (Par Voltaire.) In-8.

Beuchot pense que l'édition originale est sans millésime et avec un titre gravé. Il existe cependant une édition datée de 1750 et une autre de 1752.

Microscope (le) à la portée de tout le monde, traduit de l'anglois de Henri Baker (par le P. Esprit Pezenas). *Paris, Jombert*, 1754, in-8.

Microscope (le) bibliographique; pre-*f* mière nouvelle et dernière édition revue, corrigée et diminuée par *** (Malebranche). *Amsterdam* (1771), in-12, 12 p.

Satire contre Pierre Rousseau, de Bouillon, et contre sa femme.

Malebranche avait été chassé de Bouillon par arrêt de la cour souveraine, ainsi que des Pays-Bas, où il avait risqué d'être pendu en 1767.

Microscope (le), dictionnaire libre, satyrique et comique, en vingt-quatre volumes. (Par Justin Caillet.) *Bruxelles, Sacré-Duquesne, éditeur*, in-32.

Après quatre numéros, dont le dernier est à la date du 7 février 1869, ce pamphlet, qui paraissait irrégulièrement, est devenu journal hebdomadaire.

Midas, ou le combat de Pan contre Apollon sur la prise de Namur, par D. L*** (Eustache Le Noble). *Paris*, 1692, petit in-12, 24 p.

Mignardises (le premier livre des) et Gayes Poésies, par A. D. C. A. M. (Antoine de Cotel, ancien magistrat). *Paris, pour Gilles Robinot*, 1578, in-4, 60 ff. — Le quatorzième livre de l' « Iliade » prins du grec d'Homère. 1578, 24 ff.

Mignardises littéraires, ou les étincelles d'une muse lilloise... par un anonyme très-connu (J.-B. Popelard, né à Lille en 1782, mort à l'hôpital Comtesse, le 20 mars 1851). *Lille, E. Durieux*, 1841, in-16, 68 p.

Mikou et Mézi, conte moral, avec plusieurs pièces fugitives en vers, par M. M*** (Alexis Maton). *Paris, Durand neveu*, 1765, in-8.

Voy. le « Cabinet des fées », t. XXXVII, p. 391.

Mil sept cent quatre-vingt en 1829, ou le ministère Wellington-Polignac, à-propos en vers et en trois chants. (Par D. Bertholon de Pollet.) *Lyon*, 1829, in-8, 48 p.

1796, ou un thé chez Barras, comédie en un acte et en vers, par A. R. (R.-V.-A. Rousset), auteur de la « Bataille électorale, ou les marionnettes politiques ». *Lyon, imp. de Boursy fils*, 1844, in-8, 57 p.

1828. Nouveaux Mémoires secrets pour servir à l'histoire de notre temps. (Par V.-D. de Musset-Pathay.) *Paris, Brissot-Thivars*, 1829, in-8, 2 ff. de tit. et 457 p.

Mil huit cent soixante-trois. Etude du passé et revue du présent, pour la recherche d'un meilleur avenir, par l'auteur du « Philanthrope économiste » (H. Delemer). *Bruxelles, Mertens et fils*, 1863, in-8, 16 p.   J. D.

Milice (de la) et Garde bourgeoise de Lyon; hommage qu'elle a rendu à M. Tolozan de Montfort, commandant et prévôt des marchands de cette ville. (Par F.-A. Delandine.) *S. l.*, 1786, in-4, 30 p.

La deuxième édition, s. l., 1786, in-4, 32 p., porte à la fin le nom de l'auteur.

Militaire (le) en Franconie, ou traité sur une constitution militaire adaptée à des principes de tactique qui lui sont pro-

pres; par le marquis de B*** (de Baudran de Porabère). *Liége, Plomteux*, 1777, 2 vol. in-8.

Militaire (le) en solitude, ou le philosophe chrétien. Entretiens militaires édifiants et instructifs. Ouvrage nouveau, par M. de ***, chevalier de l'ordre militaire de Saint-Louis. (Par Jacques-Ignace de La Touche, ou plutôt par de Creden, officier irlandais.) *Paris*, 1735, 2 vol. in-12.

Formey, dans les corrections de sa « France littéraire », Berlin. 1757, in-8, assure que cet ouvrage n'est pas de La Touche.

Militaire (le) philosophe, ou difficultés sur la religion, proposées au P. Malebranche, prêtre de l'Oratoire. Par un ancien officier (J.-A. Naigeon). *Londres (Amsterdam, M.-M. Rey)*, 1768, in-8.

Ouvrage refait en très-grande partie par Naigeon, sur un manuscrit intitulé : « Difficultés sur la religion, proposées au P. Malebranche ». Le dernier chapitre est du baron d'Holbach.

Il existe deux réfutations anonymes. Voy. « Lettres à M. le chevalier de *** », V, 1220, f, et « Lettres aux auteurs du « Militaire philosophe », du « Système de la nature », etc., V, 1226, f.

Mille et un Guignons, ou l'homme qui a renoncé à tout, roman philosophi-tragicomique. (Par Dorvigny.) *Paris, Barba*, 1807, 4 vol. in-12.

Mille (les) et un Jours, contes persans (par le dervis Moclès), traduits du persan en françois, par Petis de La Croix (et A.-R. Lesage). *Paris*, 1710-1712, 5 vol. in-12.

Ces contes sont reproduits dans le « Cabinet des fées » et ont été réimprimés avec d'autres contes orientaux et des notes de M. Loiseleur-Deslonchamps, *Paris*, 1841, gr. in-8.

Pour donner à son travail le mérite d'un style élégant et facile, l'orientaliste emprunta le secours de l'auteur de « Gil Blas ».

C'est dans sa préface que Petis de La Croix dit que l'original persan est l'ouvrage d'un derviche d'Ispahan, nommé Moclez. Malheureusement, le précieux manuscrit donné par le derviche ne s'étant jamais retrouvé, on est fondé à regarder comme une fable l'histoire de la communication de ce texte persan, et, ce qui doit en outre la rendre fort suspecte, c'est que Petis, qui parle du derviche Moclès dans son « Journal », n'y fait mention en aucune manière des « Mille et un Jours ». Le titre et l'arrangement de ces contes ont pu être inventés par l'orientaliste et par le spirituel écrivain qu'il avait choisi pour collaborateur; mais il n'en résulte nullement qu'ils soient controuvés. Lesage a pu, de temps à autre, s'abandonner à son imagination et introduire dans le récit quelques détails étrangers au canevas qu'il avait sous les yeux et qu'il s'était chargé de broder; mais il est certain que les contes que renferment les « Mille et un Jours » sont extraits de manuscrits en langue persane ou en langue turque.

Mille (les) et un Quarts d'heure, contes tartares. (Par T.-S. Gueullette.) *Paris, Saugrain,* 1715, 2 vol.; — 1723, 3 vol.; — *libraires associés,* 1753, 3 vol. in-12.

Réimprimés dans le « Cabinet des fées ».

Mille (les) et un Souvenirs, ou les veil-lées conjugales, recueil d'anecdotes véri-tables, galantes, sérieuses, bouffonnes... (Par P.-J.-B. Choudard-Desforges.) *Ham-bourg et Paris, Chaigneau,* 1799, 4 vol. in-12. — *Hambourg, chez les marchands de nouveautés,* 1799 (*Nancy, imp. de Hœner,* 1819), 5 vol. in-12.

Mille (les) et un Théâtres, opéra-comique en un acte et en vaudevilles; représenté sur le théâtre du Vaudeville, le 14 février 1792. (Par G.-Fr. Fouques-Deshayes, plus connu sous le nom de Desfontaines de La Vallée.) *Paris,* 1792, in-8, 2 ff. de tit. et 52 p.

Mille (les) et une Calomnies, ou extraits des correspondances privées insérées dans les journaux anglais et allemands pendant le ministère de M. le duc Decazes. (Pu-bliées avec des notes par J.-B. Salgues.) *Paris, Dentu,* 1822-1823, 3 vol. in-8.

Mille (les) et une Faveurs. (Par F.-A. Paradis de Moncrif.) *Paris, Saugrain,* 1716, in-12.

Cet ouvrage avait paru en 1715, sous le titre d' « Avantures de Zéloïde et d'Amanzarifdine ». Voy. IV, 342, a.

Mille (les) et une Faveurs, contes de cour, tirés de l'ancien gaulois par la reine de Navarre (Charles de Fieux, chevalier de Mouhy). *Londres (Paris), Compagnie,* 1783, 5 vol. in-12.

Cet ouvrage parut pour la première fois en 1740, 8 vol. in-12, avec le nom de l'auteur.

Mille (les) et une Folies, contes français, par M. N*** (P.-J.-B. Nougaret). *Paris, veuve Duchesne,* 1771, 4 vol. in-12.

Mille (les) et une Heures, contes péru-viens. (Par T.-S. Gueullette.) *Amster-dam, Wetstein,* 1733, 1734, 2 vol. in-12 et petit in-12.

Mille (les) et une Soirées. (Par T.-S. Gueullette.) *La Haye (Paris),* 1749, 3 vol. in-12.

Même ouvrage que les « Sultanes de... » Voy. ces mots.

Mille (les) Imaginations de Cypille, en suite des Adventures amoureuses de Poli-dore, par le sieur de M. (de Mante), sei-gneur de P. *Paris, Saugrain,* 1609, in-12.

Milliade (la), satyre contre le cardinal de Richelieu. In-8.

Voy. « le Gouvernement présent... », V, 551, a.

Milliard (le) perdu et retrouvé, ou simple analyse de la conversion de 140 millions de rentes 5 0/0 en 112 millions de rentes 3 0/0. (Par Victor Masson, maître des re-quêtes au Conseil d'Etat.) *Paris, Pélicier,* 18 mai 1824, in-8, 55 p.

Milord Biftec, ou les traités de Tilsitt, vaudeville impromptu en un acte, par F***y (Ferrary). *Gand, Steven, s. d.,* in-8, 40 p.   J. D.

Milord Go, ou le 18 brumaire, tableau impromptu en un acte, mêlé de vaude-villes. (Par M.-A. Désaugiers et M.-F.-D.-T. Le Roi, baron d'Allarde, connu sous le nom de Francis.) *Paris, Mme Cava-nagh,* an XIII, in-8.

Milord Stanley, ou le criminel ver-tueux. (Par C.-J.-L.-A. Rochette de La Morlière.) *Cadix (Paris),* 1747, 3 parties in-12.

Miltiade à Marathon, opéra en deux actes; représenté pour la première fois sur le théâtre national de l'Opéra, le 15 bru-maire de la seconde année républicaine. (Par N.-F. Guillard.) *Paris, imp. de P. de Lormel* (an II), in-8, 31 p.

Mimili, ou souvenirs d'un officier fran-çais dans une vallée de Suisse, en 1814 et 1815, imité (de l'allemand) de Clauren (pseudonyme de Ch.-G.-S. Heun, par Edouard Monnais). *Paris, Corby,* 1827, in-12.

Mimographe (le), ou essai d'écriture mimique propre à régulariser le langage des sourds-muets. (Par R.-A.-A. Bébian.) *Paris, L. Colas,* 1825, in-8, 42 p.

Mimographe (la), ou idées d'une hon-nête femme pour la réformation du théâtre national. (Par N.-E. Rétif de La Bre-tonne.) *Amsterdam, Changuyon, et La Haye, Gosse (Paris),* 1770, in-8, 466 p.

Voir l'ouvrage de Ch. Monselet sur Rétif. On ne peut douter que Rétif n'ait eu qu'une part relativement peu importante à la rédaction de cet ouvrage, qui n'a pas été écrit par une femme, quoique l'auteur parle tou-jours au féminin. Celui qui a fourni la plus grande part, sinon la meilleure, à « la Mimographe », est certaine-ment P.-J.-B. Nougaret. Voir une note du bibliophile Jacob. « Catalogue A. Fontaine », 1874, n° 2081, p. 372.

Mina de Barnhelm, ou les aventures des militaires, comédie de C.-E. Lessing, trad. de l'allemand (par F.-G.-W. Grossmann). *Berlin, A. Mylius,* 1772, in-8.

Minakalis, fragment d'un conte siamois. (Par F.-A. Chevrier.) *Londres (Paris, 1752)*, pet. in-12, 95 p. et 2 ff. lim., titre gravé.

L'auteur a eu en 1752 une permission tacite pour publier ce livre. Registre de la police 41.

V. T.

Mine (la) céleste, ou le trésor des indulgences accordées par le Saint-Siége. (Par le chanoine et censeur J. Tollenare.) *Gand, Vanderschelden (1857)*, in-16.

Réimprimée avec le nom de l'auteur. J. D.

Mine (la) d'ivoire. Voyage dans les glaces des mers du Nord, trad. de l'angl. (par O. Sachot). *Paris, Hachette*, 1853, in-12.

Minéralogie des gens du monde, ou notions générales sur les minéraux les plus utiles à la société, par M. R*** (Jean Reynaud). *Paris, Moutardier*, 1836, in-18, 421 p.

Minéralogie, ou description générale des substances du règne minéral, par Jean-Gotschalk Wallerius, traduite de l'allemand (par le baron d'Holbach). *Paris, Durand*, 1753, 2 vol. in-8. — *Paris, Hérissant*, 1759, 2 vol. in-12.

Minerve à Thémis, allégorie sur la distribution solennelle des prix du Collége de Metz en présence du Parlement, par C. P. D. R. (P.-Ch. Cosson, professeur de rhétorique). *Metz* (1763), in-4.

Mines et Usines. De l'exploitation et du traitement des substances minérales en Belgique. (Par Aug. Visschers.) *Bruxelles, Van Dooren*, 1843, in-8, 62 p. J. D.

Minet bleu et Louvette. (Par Mme M.-A. Fagnan.) 1768, in-12. V. T.

Mineurs (les), mélodrame en trois actes, par M. Francis (Francis Cornu et A. Bourgeois)... représenté sur le théâtre du Cirque-Olympique, le 24 août 1835. *Paris, imp. de Mme Delacombe*, 1835, in-8.

Ministère (le) chinois, scènes recueillies dans la salle des grands mandarins, au palais impérial de Pékin. (Par François-Charles Farcy.) *Paris, imp. de A. Bobée*, 1818, in-8, 1 f. de tit. et 25 p.

Ministère (du) dans le gouvernement représentatif, par un membre de la Chambre des députés (E.-F.-A. d'Arnaud, baron de Vitrolles). *Paris, Dentu (imp. royale)*, 1815, in-8, vii-80 p.

Ministère (le) de l'enfance, ou les jeunes messagers de la miséricorde. Traduit de l'anglais (de Mme Maria-Louisa Charlesworth)... *Toulouse, Société des livres religieux*, 1857, in-12.

Plusieurs fois réimprimé.

Ministère (le) de l'homme esprit, par le philosophe inconnu (L.-C. de Saint-Martin). *Paris, de l'imprimerie de Migneret*, an XI-1802, in-8, xvi-472 p.

C'est à tort que Quérard, « France littéraire », VIII, 353, donne cet ouvrage comme traduit de J. Boehme.

A. L.

Ministère (du) de la police générale, par un ancien administrateur de la police (Jacq. Peuchet). 1814, in-8.

Ministère (le) de la réforme et le Parlement réformé. (Traduit de l'anglais, par Thibaudeau fils.) *Paris, Paulin*, 1833, in-8. — Autre édition. *Paris, Mesnier*, 1833, in-8, 111 p.

Attribué à tort à F.-P.-G. Guizot par les auteurs de la « Littérature française contemporaine ».

Ministère (le) de M. Thiers, les Chambres et l'Opposition de M. Guizot, par l'auteur de l' « Histoire de la Restauration » (M. B.-H.-R. Capefigue). *Paris, Dufey*, 1836, in-8.

Ministère (du) de Muelenaere-Nothomb. (Par Jean-François Van Cleemputte.) *Bruxelles, Périchon*, 1841, in-8, 27 p.

J. D.

Ministère (du) de Turgot. Mars 1840. (Par M. d'Argout fils.) *Paris, imp. de P. Renouard, s. d.*, in-8, 16 p.

Ministère du négociateur. (Par C.-A. L'Escalopier de Nourar.) *Amsterdam*, 1763, in-8.

Ministère (le) du 31 juillet, ou le cabinet noir. (Par Philippe-Auguste Wuillot.) *Bruxelles, Parys*, 1845, in-8, 12 p.

J. D.

Ministère (le) et le Clergé dans la question de l'enseignement moyen. Observations et documents. (Par l'abbé Van Hemel, vicaire général à Malines.) *Bruxelles, Demortier*, 1851, in-8, 140 p. J. D.

Ministère (le) évangélique, ou réflexions sur l'éloquence de la chaire et la parole de Dieu... (Par l'abbé du Jarry.) Nouvelle édition augmentée d'une seconde partie. *Paris*, 1726, in-12.

Ministère (le) expliqué et justifié. (Par M. Gatien Arnoult, alors professeur de philosophie à la Faculté des lettres de

Toulouse.) *Paris*, 1830, in-8, vij-104 p.

Ministère (du) pastoral, dans l'Eglise catholique. (Par l'abbé G.-J.-A.-J. JAUF-FRET, depuis évêque de Metz.) *Paris, Le Clère*, 1791, in-8.

Ministère (le) public et le barreau, leurs droits et leurs rapports, avec une introduction de M. Berryer. (Par Henri Mo-REAU, avocat.) *Paris, Lecoffre*, 1860, in-8.
D. M.

Ministère (le) vengé, ou apologie victorieuse de la nécessité d'une législation de la presse... par un constitutionnel salarié (Alfred THIERY, capitaine d'artillerie). *Paris, Plancher*, 1818, in-8.

Ministériel (le), ou la manie des dîners, comédie en un acte et en vers. (Par F.-I.-H. DE COMBEROUSSE.) *Paris, Ladvocat*, 1819, in-8, 39 p.

Ministre (le). (Par le marquis DE LA GERVAISAIS.) *Paris, Hivert*, 1826, in-8, 64 p.

Ministre (le) d'Etat flambé. *Paris, J. Brunet*, 1649, in-4, 16 p.

Signé : D. B.
Mazarinade attribuée à Cyrano DE BERGERAC, par M. Paul Lacroix, qui l'a insérée dans son édition (p. 208-224) des « Œuvres » de cet auteur, *Paris, Delahays*, 1858, gr. in-18.

Ministre (le) de Wakefield, d'Olivier GOLDSMITH, traduction nouvelle, par E** A*** (Etienne AIGNAN, membre de l'Institut). *Paris, Louis*, 1803, in-12.

Ministre (le) de Wakefield (par GOLDSMITH), traduit de l'anglois (peut-être par Mme DE MONTESSON). *Londres et Paris, Pissot*, 1767, in-12.

Il est fort douteux que Mme de Montesson ait traduit ce roman. On croit que cette traduction est de M. ROSE, retiré en Angleterre à cette époque, et qui envoyait les feuilles au libraire de Paris, à mesure qu'elles étaient traduites.
Cette traduction a encore été attribuée à M. CHARLOS, avocat au Parlement.

Ministre (le) de Wakefield, traduit de l'anglois d'Olivier GOLDSMITH (par L.-Cl. GIN). *Paris*, 1797, in-8.

Ministre (le) de Watsbury, ou Fanny Balding. Par l'auteur de « Agathe d'Entragues » (Mme GUÉNARD). *Paris*, 1813, 2 vol. in-12.

Ministre (le) des finances, roman de mœurs imité de l'allemand (de KOTZEBUE), par Ch*** (Eug. GARAY DE MONGLAVE). *Paris, Tenon*, 1825, 3 vol. in-12.

Voy. « Octavie... »

Ministre (le) dévoilé. (Par JULIAN DE CARENTAN.) *Paris*, 1787, in-12. V. T.

Ministre (le) et l'Homme de lettres, dialogue. (Par M.-J. CHÉNIER.) 1788, in-8.

Réimprimé dans les « Œuvres » de l'auteur. 1824-1826, 8 vol. in-8, tome III.

Ministre (le) protestant aux prises avec lui-même et ses coreligionnaires. Par M. A. F. (Ant. FAIVRE, de Lyon). *Lyon, Pélagaud*, 1836, in-12.

Ministres (les) anciens et ceux de l'époque actuelle jugés d'après leurs œuvres. Par H. A. K. S. (Henri-Alexis CAHAISSE). *Paris, Lebègue*, 1826, in-8, 48 p.

Ministres (les) de la marine et des colonies jugés par les actes de leur administration ; par Ange P*** DELAF..... (Ange PIHAN-DELAFOREST). (*Paris*), *imp. de A. Boucher* (1823), in-8. Prospectus.

Ministres (des) depuis le ministère Villèle. (Par Charles ROBERT.) *Paris*, 1829, 44 p.

Ministresse (la) Nicole, dialogue poictevin de Josue et de Jacot, ou l'histoire au vrai de ce qui arriva chez le ministre Duson et dans le temple des huguenots de Fontenay, le 1er mai 1655. (Publié par M. Paul DE MALDEN.) *Poitiers*, 1846, pet. in-12.

Tiré à 25 exemplaires.

Minna, ou lettres de deux jeunes Vénitiennes. Par Mme S.-M. L. (S.-M. LEVACHER DE LA FEUTRIE), auteur de « Nella, ou la Carinthienne ». *Paris, Maradan ; Pigoreau*, an X-1802, 2 vol. in-12.

Minorque conquise, poëme héroïque en quatre chants. (Par P.-Nic. BRUNET.) *Paris, Delormel*, 1756, in-8.

Minos, ou l'empire souterrain, comédie en un acte et en scènes épisodiques. (Par Cl.-Fr. SIMON, imprimeur-libraire à Paris.) (*Paris*), *s. d.* (1741), in-12.

Minuciana, ou supplément aux notes de la traduction de l' « Octavius », publiée à Lyon en 1843. (Par Marc-Antoine PÉRICAUD.) *Lyon, imp. Nigon*, 1847, in-8, 32 p.

Minuit, ou les aventures de Paul de Mirebon. Par l'auteur de « Sophie de Beauregard » et de « Zabeth » (Mme LAGRAVE). *Paris, Leprieur*, an VII-1798, in-12, 1 fig. gravée par Bovinet.

Miracle arrivé à Provins par la dévotion à la Sainte-Epine révérée à Port-Royal, reconnu et approuvé par la sentence de

M. le grand vicaire de monseigneur l'archevêque de Sens, rendue sur les lieux le 14 décembre 1656. (Par Alexandre VARET.) *S. l. n. d.*, in-4, 12 p.

Miracle de Notre-Dame de Cambron, arrivé en l'an 1326 le 8 d'avril, représenté en la présente action faicte par D. C. (Denis COPPÉE), à l'honneur de la glorieuse Mère de Dieu. *Namur, Jean van Milst*, 1647, in-8, 31 p.

Miracle de Nostre-Dame, de la marquise de la Gaudine... à XVII personnages. (Publié par Auguste VEINANT.) *Paris, Silvestre*, 1841, in-16 goth.   G. M.

Miracle (le) du P. Véron...

Voy. ci-dessus, « la Messe trouvée dans l'Ecriture », col. 286, *a*.

Miracles (les) de la nature en la guérison des maladies par les eaux minérales de Bourbon-Lancy. (Par Philippe MOUTEAU.) *Autun*, 1655, in-8.

Réimprimés à Châlons, 1660, in-8, 37 p., sous le titre de : « Lettre sur les eaux minérales de Bourbon-Lancy ».

Miracles (les) de Mesmer. *Paris*, 1780, in-12, 23 p.

Tirage à part des articles publiés par J.-J. PAULET dans sa « Gazette de santé ».   A. Dureau.

Miracles de Nostre-Dame, de Robert le Dyable, fils du duc de Normandie... Publiés pour la première fois d'après un manuscrit du XIVᵉ siècle de la Bibliothèque du roi, par plusieurs membres de la Société des antiquaires de Normandie (MM. Edouard FRÈRE, Achille DEVILLE, A. POTTIER et Paulin PARIS). *Rouen*, 1836, in-8, fig., xxxviij-160 p. plus 2 ff.   G. M.

Miracles (les) de saint François Xavier, par le P. BARTOLI, traduits en françois (par le P. I.-G. PARDIES). *Paris, Le Petit*, 1672; — *Lyon*, 1710, in-12.

Voy. la préface de l' « Histoire ecclésiastique du Japon », par l'abbé de T.... (le père Crasset, jésuite).

Miracles et Grâces de Notre-Dame-de-Bon-Secours-lès-Nancy. *Nancy, par S. Philippe*, 1630, in-8. — Avec titre gravé par Callot. *Nancy, A. Lescure*, 1734, in-8.

Signés : F.-Nicolas JULET, provincial des RR. PP. Minimes en Lorraine.

Miracles et Merveilles arrivés dans l'église Notre-Dame de Ceignac. Augmentés d'un traité de pèlerinage... (par Jean MAZEAU, prieur de la dite église). Nouvelle édition, sur copie imprimée en 1660. (Publiée par le chevalier DE RUDELLE, curé

de Notre-Dame de Ceignac.) *Paris, Demonville*, 1823, in-18, XII-96 p.

Les premières éditions, intitulées : « Histoire de l'église Notre-Dame de Ceignac », portent le nom de l'auteur.

Miracles (les), ou la grâce de Dieu, conte dévot. (Par Marie-Joseph DE CHÉNIER.) *Paris, Dabin*, an X-1802, in-8, 32 p.

L'auteur s'est caché sous le nom de l'abbé MAUDUIT, dans la Lettre à l'éditeur placée en tête de cet écrit.

Voy. « Supercheries », II, 1077, *d*.

Miracles (les), par M. C***** (Fr. COLLIN D'AMBLY, ancien professeur). *Paris, Martinet*, 1825, in-12.

Voy. « Supercheries », I, 612, *f*.

Miraculi in nova hæmorrhoïssa perpetrati a Christo... præconium... Le Miracle opéré dans la nouvelle hémorrhoïse par Jésus-Christ présent dans la sainte eucharistie, à Paris, le 31 mai 1725. Cet écrit est tissu des paroles de la sainte Ecriture. (Par Pierre LE ROY.) *S. l.*, 1726, in-4, 25 p.

Miral (le) moundi, pouemo en bintet un libré, ambé soun dictiounari. (Le « Manuel » l'attribue au P. NASSIAN, jésuite; le privilége nomme l'auteur HILLET.) *Toulouse*, 1781, in-12.

Miramondo (la), pastouralo en langatge d'Agen. par J. J. D. C. (J.-J. DE COURTÈTE). *Agen, Gayan*, 1685, in-8.

Mirima, impératrice du Japon, par l'auteur du « Cousin de Mahomet » (Nic. FROMAGET). *La Haye (Paris)*, 1745, in-12.

Miroir (le), comédie en un acte et en vers, représentée par les comédiens italiens. Par M*** (Antoine PETIT). *Paris, Cailleau*, 1747, in-8, 32 p.

Miroir (le) d'alchimie de Rogier BACON, philosophe très-excellent, traduit de latin en françois par un gentilhomme de Dauphiné (Nic. BERNAUD). *Lyon, Macé Bonhomme*, 1557, très-petit in-8, 135 p.

Lenglet du Fresnoy, dans une note manuscrite, dit : « Ce « Miroir » est attribué à Jean DE MEUN dans l'édi-« tion de 1613, mais à tort. »   V. T.

Sous le nº 730 du « Catalogue Ouvaroff, Spécimen », M. A. Ladrague fait observer que c'est à tort que le « Manuel du libraire » donne la traduction du « Miroir » à J.-Girard DE TOURNUS, qui n'a traduit que le huitième des ouvrages dont se compose ce recueil, intitulé : « de l'Admirable Puissance de l'art... ou traité de la pierre philosophale de Roger Bacon », 95 p.

Le neuvième traité des « Choses merveilleuses en nature » (par Claude CÉLESTIN), 192 p., traite de l'astrologie et de la divination.

Mirouer (le) de l'air, par bon ordre et

breves sentences donnant a chascun veue...
de toutes choses faictes et engendrées en
l'air : comme sont pluyes, gresles, ton-
noires, fouldres, esclairs, neiges, orages,
ventz et autres; le tout veu par l'autheur
(Antoine MIZAULD, de Montluçon). *Paris,
Regnaud Chaudière,* 1548, in-8.

C'est la traduction de la *Meteorologia* du même,
imprimée à Paris, en 1547, in-8.

Miroir (le) de l'ame pecheresse, auquel
elle recongnoit ses fautes et pechez, aussi
les grâces et benefices a elle faictz par
Jesu Christ son espoux. (Par MARGUERITE
de France, reine de Navarre.) *Paris, par
Ant. Augereau,* 1533, pet. in-8.

A la suite du « Miroir » vient une nouvelle édition
de la « Briefve Doctrine pour deuement escripre selon
la propriété du langaige francoys », par Jean SALOMON,
dit MONTFLORY ou FLORIMOND.

Voy. « Geofroy Tory », par Aug. Bernard, 2ᵉ édit.,
p. 375-6, et le « Manuel du libraire », 5ᵉ édit., III,
1414. Le « Miroir » a été réimprimé avec le nom de
l'auteur.

Miroir (le) de l'art et de la nature qui
représente par des planches en taille-douce
presque tous les ouvrages de l'art et de la
nature, des sciences et des métiers. En
trois langues : français, latin et allemand,
par N. L. J. (Nicolas LE JEUNE, seigneur
de Franqueville). *Paris,* 1691, in-8.
                D. M.

Miroir (le) de l'empire ottoman. (Par le
chevalier DE LA MAGDELEINE, nouvelle édition revue et corrigée.) *Paris, Barbin,*
1678; — *Cousielier,* 1688, 2 vol. in-12.

La première édition avait paru à Bâle en 1677; elle
était pleine de fautes.   Le P. Baizé.

Miroir (le) de la cruelle et horrible tyrannie espagnole, perpétrée aux Pays-Bas par
le tyran duc d'Albe et autres comman-
deurs de par le roy Philippe le deuxiesme.
(Par Jean-Everhardts CLOPPÉNBOURG.) On
a adjoinct la deuxième partie de « les Ty-
rannies commises aux Indes occidentales
par les Espagnols »... *Tot Amsterdam,
ghedruckt by Iam Evertss Cloppenburg,* 1620,
2 parties in-4.

La seconde partie, qui ne doit pas être séparée de la
première, porte ce titre : « le Miroir de la tyrannie
espagnole perpétuée aux Indes occidentales... mise en
lumière par un evesque, Bartholome DE LAS CASAS...
nouvellement refaite avec les figures en cuivre... »
1620.

Miroir de la jeunesse, pour la former à
bonnes mœurs et civilité de vie. (Par Mathurin CORDIER.) *Poitiers, pour P. et J.
Moine frères,* 1559, in-16.

Ce petit volume est le type de l'ouvrage connu sous

le titre de : « Civilité puérile et honnête »; il est si
rare, que je n'ai pu encore le voir.

Du Verdier indique une autre édition, *Paris, Jehan
Bonfons, s. d.,* in-16.

Miroir de la pénitence. (Par ROUAULT.)
Paris, 1718, in-12.

Note manuscrite.

Miroir de la perfection chrétienne, où
l'on fait voir comment l'homme doit se
tourner à Dieu. (Par Jean-Juste LANSBERG.)
Traduit de l'allemand. *Cologne, J. de La
Pierre,* 1714, pet. in-12.

Miroir de la procédure de Philippe, roy
de Castille, en l'usurpation du royaume
de Portugal, etc., nouvellement traduit de
latin en françois, par (du P. Jos. TEXEIRA)
J. D. M. (MONTLYARD), avec les annotations
de J. J. T. A. V. J. C. G. *Paris, Monstrœil
et Richer,* 1593, petit in-8, 60 ff.

C'est la traduction du *Speculum tyrannidis...*
Voy. l'article *de Electionis jure...*

Miroir (le) de la tante Marguerite et la
Chambre tapissée, contes, par sir Walter
SCOTT; précédés de : « Essai sur l'emploi
du merveilleux dans le roman », et suivis
de « Clorinda, ou le collier de perles ».
Traduit de l'anglais, par l'auteur de :
« Olésia, ou la Pologne » (Mᵐᵉ LATTIMORE-
CLARKE, née MAME). *Paris, Ch. Gosselin,*
1829, in-12.   D. M.

Cette traduction est attribuée par Quérard à Mᵐᵉ Charles GOSSELIN.

Miroir (le) de la tyrannie espagnole.

Voy. ci-dessus, « Miroir de la cruelle et horrible
tyrannie... »

Miroir de la vérité, dédié à tous les maçons. (Par le Fr. Ant.-Firmin ABRAHAM.)
Paris, 1800-1802, 3 vol. in-8.
                A. L.

Miroir de la vie d'un véritable disciple
du Christ, traduit du russe. (Par la comtesse Catherine ROSTOPCHINE, née PRATAS-
SOF.) *Moscou, impr. de N.-S. Vsévolojsky,*
1817, in-24, 24 p.   A. L.

. Miroer de mort (cy commence ung excellent et très-prouffitable livre pour toute
créature humaine, appellé le). (Par Olivier
DE LA MARCHE.) *S. d.,* in-fol. goth., 16 ff.

Mirouer (le) de pénitence... faict et
composé nouuellement en l'an mil cinq
cens et sept par celui qui autrefoys a con-
pille en francoy le Liure de la femme forte
et le Dyalogue de consolation entre lame
et raison (François LE ROY). (*Paris*), *Simon Vostre,* gr. in-8, sign. A-Z.

Miroir (le) de vertu et Chemin de bien vivre, contenant plusieurs belles histoires, par quatrains et distiques moraux, le tout par alphabet. Avec le stile de composer toutes sortes de lettres messives, quittances et promesses. La punctuation et le cens de la langue françoise, l'instruction et secret de l'art de l'escriture. Reueu et augmenté de nouveau par l'autheur. *Rouen, Théodore Reinsart, s. d., vers* 1580, petit in-12 de 167 et 96 p.

Le nom de l'auteur, Pierre HABERT, se trouve en tête de chaque traité, ainsi qu'en tête de la dédicace adressée au roi Henri III.

Au folio 6, il y a un sonnet au public, signé : Iean VEZOU, qui n'a pas autrement pris part à la composition de ce recueil.

Le « Manuel du libraire », 5ᵉ édit., t. III, col. 5, donne le détail de plusieurs éditions.

Miroir (le) des abbés et des abbesses en règle... (Par dom François BLANQUART, bénédictin de l'abbaye de Maroilles.) *Liége, F.-A. Barchon,* 1731, in-8.

De Theux, « Bibliographie liégeoise » (1867), p. 224.

Miroir (le) des alchimistes, où l'on voit les erreurs qui se font en la recherche de la pierre philosophale, par explication de diverses sentences des anciens philosophes qui en ont escrit, soubs figures, analogies et couvertement au général. Avec instruction aux dames, pour dorefnuauent estre belles et en convalescence, sans plus user de leurs fards venimeux ordinaires. Par le chevalier impérial. *S. l.,* 1609, in-12.

C'est par erreur que Lenglet-Dufresnoy attribue cet ouvrage au président Jean D'ESPAGNET ; le « Miroir » est l'œuvre d'un gentilhomme allemand, demeurant à Hambourg ; employé en Espagne dans des négociations par l'archiduc Ferdinand, il vint ensuite se fixer à Paris. Il est beaucoup question de lui dans le « Trompette françois », 1612. (« Biographie universelle », article Espagnet, première colonne, t. XIII, p. 316.) Voir *Enchiridion* aux « Anonymes latins ».

Miroir (le) des dames et de la jeunesse, ou leçons de toutes les vertus qui honorent les deux sexes... (Par Rob. DODSLEY.)

Voy. « Economie de la vie humaine... », 1812, V, 22, f.

Miroir (le) des dames, où les effets d'une saincte amitié sont au vif représentés, par J. B. D. (Jean-Baptiste DUPONT). *Lyon, Ancelin,* 1603, in-12.

Miroir (le) des esprits forts, en vers et en prose. *Bouillon, Foissy,* 1771, 2 vol. in-12.

Cet ouvrage est du P. SIXTE, de Murvaux, près de Dun, département de la Meuse, et mort en 1774, au couvent des Capucins de Mouzon ; il avait publié précé-

demment : « les Principaux Points de l'histoire sacrée, en vers françois ». *Bouillon, Jean Brasseur,* 1762, 3 vol. in-12.

Miroir (le) des événements actuels, ou la belle au plus offrant, histoire à deux visages. (Par François-Félix NOGARET.) *Paris,* 1790, in-8.

Mirouer des femmes vertueuses. Ensemble la patience de Griselidis par laquelle est démonstrée lobédience des femmes vertueuses. (Traduit ou imité du latin de Fr. PÉTRARQUE.) Lhistoire admirable de Jehanne pucelle, native de Vaucouleur. *Lyon,* 1546, in-16, 40 ff. — Autre édition. *Paris,* 1547, petit in-8. — *Orléans,* 1547, in-12.

Cette dernière édition est citée par Lenglet Dufresnoy. Brunet dit ne l'avoir jamais vue, « Manuel », 5ᵉ édit., III, 1753, mais il cite une réimpression plus moderne de ce recueil. Voy. « Histoire de la patience », V, 705, f.

Miroir (le) des moines mondains...

Voy. « Chant réal... », IV, 564, d.

Miroir des passions, ou le Labruyère des dames. (Par Ch. MALO.) *Paris, Janet,* 1819, in-18.

Mirouer (le) des pecheurs. (Par Olivier CONRAD ou CONRARD.) *Paris (Fr. Regnault),* s. d., in-8 goth.

Voy. le « Manuel du libraire », 5ᵉ édit., II, 230.

Miroir (le) des pecheurs et pecheresses. (Par Jean DE CASTEL.) *Paris, pour Ant. Vérard,* 1478, petit in-4.

Voy. le « Manuel du libraire », 5ᵉ édit., I, 1622.

Miroir (le) des princesses orientales. (Par Mᵐᵉ M.-A. FAGNAN.) *Paris,* 1755, in-12.

Miroir (le) des vertus législatives. (Par J.-D. RAMIER.) 1782, petit in-8.

Mirouer (le) du bibliophile parisien, où se voyent au vray le naturel, les ruses et les joyeulx esbattements des fureteurs de vielz livres. (Par A. BONNARDOT.) *Paris, Guiraudet et Jouaust,* 1848, in-16, VI-93 p.

Tiré à 160 exemplaires et non destiné au commerce.

Miroir (le) du clergé. (Par l'abbé COSSART et autres prêtres émigrés français.) *Munster,* 1799 ; — *Lyon, Rusand,* 1815 ; — *Paris, Méquignon fils ainé,* 1817, 1821, 1824 ; — *Besançon et Paris, Gaume frères,* 1823 ; — *Lyon et Paris, Rusand,* 1824, 2 vol. in-12.

Miroir (le) du cœur humain, ou l'abeille dramatique, recueil d'observations et de pensées ingénieuses, morales et amusantes... (Par E.-M.-J. Lepan.) *Paris, Cordier*, 1815, in-12.

Mirouer du monde, nouuellement imprimé a Genesve. *Genesve, Jacques Vivian*, mil CCCCC et XVII, petit in-4, 102 feuillets.

Ce poëme est le même que celui de Gautier, de Metz, intitulé : « Mappemonde ». Un auteur du XVIᵉ siècle se l'est attribué en faisant quelques modifications pour déguiser son plagiat. Selon M. Victor Le Clerc, François Buffereau, nommé dans le prologue de l'imprimé, a retouché l' « Image du monde », écrite en vers au XIIᵉ siècle, et l'a publiée comme son propre ouvrage. Voir le « Manuel du libraire », tome III, col. 1753.

Miroir du monde, ou épitome du théâtre d'Abraham Ortelius, auquel se représente... la vraye situation... de la terre universelle. (Par P. Heyns.) Aggrandi et enrichi... (par Zacharie Heyns, fils de l'auteur). *Amsterdam, Z. Heyns*, 1598, in-4.

L'édition d'*Anvers, C. Plantin,* 1583, in-4 obl., porte le nom de l'auteur sur le titre.

Mirouer (le) du prince chrestien, posé sur les deux colonnes de piété et justice. (Par Jean Helvis, de Thillard en Beauvoisis.) *Paris, Th. Bruneau (de l'imprimerie de Fleury-Prévost)*, 1566, in-8.

Mirouer (le) et Exemple moralle des enfans ingratz pour lesquelz les pères et mères se détruisent pour les augmenter qui en la fin les descongnoissent (moralité à quatre personnages). In-4 goth. — Nouv. édition. *Aix*, 1836, petit in-8.

Réimprimé aussi sous le titre de : « Histoire de l'enfant ingrat... » L'abbé Mercier de Saint-Léger attribue cette moralité à Eustorge de Beaulieu. On l'a souvent confondue avec l' « Histoire de l'enfant prodigue », qui est traduite du latin de Macropedins par Ant. Tyron. Voy. « Manuel du libraire », 5e édit., III, col. 1750.

Mirouer (le), exemplaire et fructueuse instruction selon la compilation de Gilles de Rome, du Régime et Gouvernement des rois et princes, etc.; translaté du latin en françois (par François Henri de Ganchy ou de Gand). *Paris, Guill. Eustace*, 1517, in-folio goth.

Miroir (le) fidèle, ou entretiens d'Ariste et de Philindor. Cet ouvrage renferme des réflexions politiques et morales; avec un plan abrégé d'éducation opposé aux principes du citoyen de Genève. Par M. le chevalier de C*** de B*** (J.-B. de Chiniac de La Bastide). *Londres et Paris*, 1766, in-12, XII-178 p.

Miroir (le) magique, opéra-comique en un acte. (Par Jacq. Fleury.) *S. l.*, 1752,

in-8, 48 p. — *Paris, Duchesne*, 1755, in-8, 55 p.

Miroir (le), ou histoire gringuenodine. *Paris*, 1745, 2 vol. in-12.

Réimpression du roman de féerie déjà imprimé sous le titre de : « Néraïr et Melhoë ». Par Claude Parfait, d'après le Catalogue de Lamoignon, *Paris,* 1770, in-fol., p. 227.

Dans ses notes de police, à la date du 14 mai 1749, l'inspecteur de la librairie d'Hémery attribue « Néraïr... » aux frères Parfait, et il ajoute : « Vente, le libraire auquel les auteurs en ont cédé 200 exemplaires, a changé le titre pour y mettre une estampe très-indécente, au sujet de quoi il vient d'être conduit à la Bastille et lesdits exemplaires saisis. »

Ces deux renseignements concordent, comme l'on voit; mais il faut observer, d'un autre côté, que la « France littéraire » de 1769, t. II, p. 10, contient cet article : « Blanes (Henri-Barthél. de), mestre de camp de cavalerie, né en Auvergne, mort le 27 février 1754, dans sa quarante-septième année, « Néraïr et Melhoë », roman oriental. »

Miroir politique de la France, par un homme du peuple. (Par M. Singer, négociant-manufacturier.) *Paris, Raymond Bocquet*, décembre 1841, in-8, 232 p.

Réimprimé avec le nom de l'auteur.

Miroir universel des arts et sciences en général, par Léonard Fioravanti, traduit de l'italien (par G. Chappuis). *Paris, P. Cavellat*, 1584, in-8.

Mirouer.

Voy. « Miroir ».

Mirza et Fatmé, conte indien, traduit de l'arabe. (Par B.-J. Saurin.) *La Haye (Paris)*, 1754, in-12.

Mirza-Nadir, ou mémoires et aventures du marquis de Saint-T***... (Par C.-J.-L.-A. Rochette de La Morlière.) *La Haye (Paris)*, 1749, 4 vol. in-12.

Misantrope (le). (Par Juste Van Effen.) *La Haye, Johnson*, 1712, 2 vol. in-8 ; — 1742, 3 vol. in-12.

Misantrope (le), comédie, par I. B. P. de Molière. *Paris, J. Ribou*, 1667, in-12, 11 ff. et 84 p.

Précédé de « Lettre écrite sur la comédie du Misantrope ». (Par J. Donneau de Visé.)

Misanthrope (le) de vingt ans, comédie en trois actes et en vers. (Par Bernard Campan.) *Montpellier, imp. de Bœhm*, 1846, in-8.

Misaule (le), ou haineux de court, lequel, par un dialogisme et confabulation fort agréable et plaisante, demonstre serieusement l'estat des courtisans et autres suivans la cour des princes; avec la manière, costumes et mœurs des courtisans alemands, prinses de la cour d'Ulrech UTENE (Ulric DE HUTTEN), chevalier alemand, traduites à la fin par l'autheur du « Misaule », G. C. D. T. (Gabriel CHAPPUIS de Tours). *Paris, Linocier,* 1585, in-8.

Miscellanea; amusemens d'un solitaire des bords de la Vienne, ci-devant de la congrégation de la Mission (l'abbé CHARMET). *Poitiers, Chevrier,* 1780, in-12.

Miscellanée. (Par Xavier BOUGARD.) *Liége, Noël* (1853), in-8, 16 p.   Ul. C.

Misère (la) des aprentifs imprimeurs, apliquée par le détail à chaque fonction de ce noble art; en vers burlesques, à M. F***. 1745, in-8.

Il y a, dit l'abbé de Saint-Léger, des choses assez plaisantes dans ces vers, et des détails pratiques heureusement rendus. Jamet le jeune a marqué sur la première page de son exemplaire que ce badinage est d'un nommé DUFRÈNE, prote du fameux Léonard, obligés l'un et l'autre de s'expatrier pour prévarication contre le gouvernement. Ce Dufrène (depuis ministre de la R. P. R. en Hollande) est mort en 1748. Léonard mourut à Londres, où il s'était réfugié.

· (Note manuscrite de l'abbé de Saint-Léger.)

L'opuscule de Dufrène a été recueilli par le libraire Cailleau, dans le volume intitulé : « les Misères de ce monde, ou complaintes facétieuses sur les apprentissages de différens arts et métiers de la ville et faubourgs de Paris, précédées de l'histoire du bonhomme Misère. » *Paris,* 1783, in-12.

Réimprimé par M. Ed. Fournier dans le tome V de ses « Variétés historiques et littéraires », d'après une édition datée de 1710, et dans le titre de laquelle les mots de « noble art » sont remplacés par ceux de « pénible état ».

Miséricorde (la) de Dieu sur la conduite d'un pécheur pénitent, avec quelques autres pièces chrestiennes. Le tout composé et mis en lumière par luy-mesme en réparation du passé... (Par Pierre PATRIX.) *Blois, Jules Hotot,* 1660, in-4, 4 ff. et 87 p.

En vers.

Miséricorde et Providence, ou principaux traits de la vie de Mlle de Lamourous... Par Mme D*** (Mme J. DE GAULLE). *Lille, L. Lefort,* 1845, 2 vol. in-18. — Deuxième édition. *Id.,* 1853, in-18.

Réimprimé avec le nom de l'auteur.

Miseys, ou le visage qui prédit, histoire. *Troyes,* 1745, in-12, 30 p.

La « France littéraire » de 1778, pages 17 et 144, annonce cet ouvrage comme ayant été attribué au cardinal F. J.-P. DE BERNIS.

Misogug, ou les femmes comme elles sont, histoire orientale, traduite du chaldéen. (Composé par Mich. CUBIÈRES DE

PALMEZEAUX.) *Paris, Poinçot,* 1788, 2 parties in-12.

Misotechnites (les) aux enfers, ou examen des observations sur les arts, par une société d'amateurs. (Par C.-N. COCHIN.) *Amsterdam et Paris,* 1763, in-12.

Miss Mac Rea, roman historique. (Par HILLIARD D'AUBERTEUIL.) *Philadelphie,* 1784, in-18.

Mission (la) à Grenoble. *Paris, Baucé-Rusand,* 1818, in-8, 32 p.

On lit à la fin : Par J.-F. (JAYET-FONTENAY), de Grenoble.

Mission (la) à Grenoble, par J.-L. B... (Jean-Louis BRAD). *Grenoble, imp. de C.-P. Baratier,* 1818, in-12, 12 p.

Mission à Tilff. Lettre à M***. (Par Léon EVRARD.) *Liége, Desoer,* 1838, in-8, 80 p.
                                    J. D.

Mission de Coutances, ou description des cérémonies et analyse des instructions de la Mission; ouvrage dédié à la ville de Coutances. (Par l'abbé J.-L. DANIEL, mort évêque de Coutances, le 4 juillet 1862.) *Coutances, Voisin,* 1821, in-12, 186 p. et 1 f. de table.

C'est le premier ouvrage imprimé de cet auteur.

Mission (de la) de la justice humaine et de l'Injustice de la peine de mort; de la Justice de la répression et particulièrement de l'Inutilité et des Effets pernicieux de la peine de mort. (Par Ed. DUCPÉTIAUX.) *Bruxelles,* 1827, in-8, 106 p.

Mission de Montpellier (en 1821). Souvenir de la Mission. Analyse des discours qui ont été prononcés, et de toutes les cérémonies religieuses qui ont eu lieu à la cathédrale Saint-Pierre de cette ville, depuis le 11 mars jusqu'au 30 avril inclus. de la présente année, par G. M. B. (G.-M. BOUGETTE). *Montpellier, Séguin* (1821), in-8.

Mission (la) de saint Auspice, martyr, premier évêque d'Apt, avec un abrégé chronologique d'une grande partie des évêques qui lui ont succédé. (Par P. DE MARMET DE VALCROISSANT.) *Paris, imp. de H. Le Gentil,* 1685, in-12, 6 ff. lim., 208 p. et 1 f. d'errata.

Voy. la « Chasse aux bibliographes », p. 194.

Le nom de l'auteur se trouve dans l'approbation et dans le privilège.

Mission des Capucins en Poitou (rédigée par l'abbé LE MÉTAYER). *Poitiers,* 1620, in-8.

Mission donnée à Romans en novembre et décembre 1820. (Par Laurent ANTHELME, curé de Romans.) *Valence, imp. de J. Montal*, mars 1821, in-8, 28 p.   G. M.

Mission (la) vengée. A M. Belmontet fils; étudiant. (*Toulouse*), *imp. de Bénichet aîné* (1819), in-8, 3 p.

Signé : H.... DE F.... (Henri DE FAJAC).

Missionide (la), suivie d'une épître aux amis des missionnaires, par un Rouennais, témoin oculaire des événements (Joseph CAHAIGNE). *Rouen, Frère; Paris, A. Braud*, 1826, in-32, 27 p.

En vers.

La destruction de cet écrit fut ordonnée par arrêt de la Cour de Paris du 5 décembre 1826, et l'auteur condamné à plusieurs mois de détention.

Missionnaire (le) catholique, ou instructions familières sur la religion, etc. (Par F.-M. BIGEX, mort archevêque de Chambéry.) *Mai 1796*, in-8.

Missionnaire (le) démasqué. (Par REVAL, chapelain de Saint-James.) *Londres*, 1724, in-8.   V. T.

Missionnaire (le), par miss OWENSON (depuis lady MORGAN, traduit en français par DUBUC). *Paris*, 1812, 4 vol. in 12.

Missionnaire (le) paroissial. (Par J. CHEVASSU.)

Voy. « Prônes pour tous les dimanches... »

Missionnaire (le) selon l'Evangile, par M. le comte DE N*** (François de Sales D'AMALRIC). *Paris, Arthus Bertrand*, 1821, in-12.

Missionnaires (les) de 93, par l'auteur du « Génie de la Révolution considéré dans l'éducation » (J.-B.-G. FABRY); seconde édition, revue, corrigée, augmentée, terminée par la liste des régicides, avec la distinction des morts et des vivants, bannis, rentrés, oubliés, et par le plaidoyer de Louvel. *Paris, Lenormant*, 1820, in-8.

Missions autour de nous, ou les chrétiens sans christianisme. Récit authentique. Par l'éditeur des « Païens à la porte » (le pasteur César-H.-A. MALAN). *Genève, Barbezat*, 1829, in-8.

Missions de Dijon, qui ont eu lieu dans les années 1468, 1592, 1679, 1683, 1712, 1737, 1760 et 1824. (Par J.-B. NOELLAT et J.-C. PAUL, son gendre.) *Dijon, Noellat*, 1824, in-12.

Missions (des) en France. (Par le comte Jos. JAUFFRET.) *Paris, Delaunay*, 1820, in-8, 48 p.

Mital, ou aventures incroyables, et toutefois, *et cœtera*. Ces aventures contiennent quinze relations d'un voyage rempli d'un très-grand nombre de différentes sortes de prodiges, de merveilles, de divertissements, etc. (Par l'abbé L. BORDELON.) *Paris, Le Clerc*, 1708, 2 vol. in-12.

Mitistoire barragouyne de Fanfreluche et Gaudichon, trouvée depuis n'aguère d'une exemplaire escrite à la main à la valeur de dix atomes pour la recréation de tous bon fanfreluchistes, autheur, a, b, c, d (jusqu'à z). *On les vend à Lyon par Jean Dieppi*, 1574, in-16, 48 ff. non chiff.

Voy. sur cette facétie de Guill. DES AUTELS, M. G. Brunet, dans le « Bulletin du bibliophile belge », t. IV, p. 363-373, et dans P. Jannet, « Journal de l'amateur de livres », 1849, n° 3, p. 33 et suiv., et le « Manuel du libraire », 5e édit., II, 606.

Mitra, ou la démone mariée, nouvelle hébraïque et morale. (Par Cather.-Charlotte PATIN, fille de Guy Patin.) *A Démonopolis* (1688), in-12.

Réimprimé plusieurs fois, notamment en 1705, à Paris, sous la rubrique de *Demonopolis*.

L'auteur a signé la dédicace à la reine de Pologne, datée de Padoue, 1er janvier 1688. L'ouvrage est donné comme écrit en langue hébraïque par le rabbin Abraham MAIMONIDE, et traduit en arabe au XIIe siècle.

Réimprimé aussi sous ce titre : « le Démon marié, ou le malheur de ceux qui violent les préceptes de leurs parents, nouvelle hébraïque morale traduite de la langue hébraïque d'Abraham Maimonide. » *La Haye, Jean Neaulme*, 1748, in-12.

Mitridate, roman. (Par Roland LE VAYER DE BOUTIGNY.) *Paris, Toussaint Quinet*, 1648, 1649 et 1651, 4 vol. in-8.

Mizirida, princesse de Firando. (Par DU HAUTCHAMP, auteur de « Rhetima ».) *Paris*, 1738, 6 vol. in-12.

Mizram, ou le sage à la cour, histoire égyptienne. (Par J.-A. PERREAU.) *Neuchâtel, de l'impr. de la Société typographique*, 1782, in-8.

Mnémonique géographique, ou méthode pour apprendre en peu de leçons la géographie, la statistique et la politique. (Par Charles FOURIER.) *Paris, impr. de Carpentier-Méricourt* (1824), gr. in-8, 15 p.

Réimprimé dans le « Mercure de France au XIXe siècle », 1830, t. XXXI, p. 400-412 et 443-453.

Mode de Quintilien. Par l'auteur de la « Théorie des ellipses latines » (l'abbé Antide MANGIN). *Paris, F. Didot*, 1816, in-8, 72 p.

Mode (le) français, ou discours sur les principaux usages de la nation française.

(Par J.-F. Sobry.) *Londres,* 1786, in-8.

L'édition presque entière de cet ouvrage a été supprimée par le ministre Breteuil. Les exemplaires qui ont été sauvés se vendaient jusqu'à quatre louis. Le « Nouveau Machiavel » du même auteur, qui parut en 1788, est une suite du « Mode français ».

Modèle (le), croquis d'atelier, folie-vaudeville en un acte, de MM. Théodore C. et Hippolyte C. (Théodore et Hippolyte Cogniard), représenté pour la première fois, sur le théâtre des Nouveautés, le 3 juillet 1831. *Paris, J.-N. Barba,* 1831, in-8, 22 p.

Modèle d'un bail à ferme. (Par le vicomte Ch.-G. Morel de Vindé.) *Paris,* 1799, in-fol.

Modèle d'un nouveau ressort d'économie politique, ou projet d'une nouvelle espèce de banque ; qu'on pourra nommer Banque rurale, par P. A. V° D*** (Pierre-Arnauld, vicomte d'Aubusson). *Amsterdam,* 1772, in-12.

Réimprimé à *Paris, Laurens,* 1789, in-8, avec différents morceaux du même auteur sur l'économie politique, auxquels il donna le titre d'Albuconiana.

Modèle d'une sainte et parfaite communion en cinquante méditations, trad. de l'espagnol de Balt. Gracian, par C. D. L. G. (Claude de La Grange, victorin). *Paris, Boudot,* 1693, in-12.

Modèle de charité, ou vie de Mme de Mejanès, par l'auteur de « la Piété rend heureux » (le comte de Lambel). *Lille, Lefort,* 1858, in-12. — Deuxième édition. *Lille, Lefort,* 1863, in-12.

Modèle de foi et de patience dans toutes les traverses de la vie et dans les grandes persécutions, ou vie de la mère Marie des Anges (Suireau), abbesse de Maubuisson et de Port-Royal (écrite par la sœur Sainte-Eustochie de Flecelles de Brégy, sur les Mémoires de la sœur de Sainte-Candide Le Cerf, religieuse de Maubuisson, revus par Nicole). *Amsterdam,* 1754, 2 parties in-12.

La première partie avait été imprimée à Paris en 1737, in-12.

Modèle (le) des pasteurs, ou éloge historique et philosophique de M. Foussat, curé de la paroisse de Marquay... (Par Jean Chicoude Richy.) *Paris, Lottin de Saint-Germain, imp.,* 1823, in-8.

Modèle (le) des pasteurs, ou précis de la vie de M. de Sernin... On y a joint des lettres sur différents sujets intéressants, et quelques fragments qu'on a trouvés dans ses papiers après sa mort. Recueillis et publiés par M. P*** (l'abbé P.-J. Picot de

Clorivière, ex-jésuite). *Paris, Valade,* 1779, in-12.

Modèle (le) des pasteurs, ou vie de M. Musart, curé de Somme-Vesle, diocèse de Châlons-sur-Marne, mort à Reims, pour la foi, le 11 mars 1796. (Par le P. J.-N. Loriquet.) *Lyon et Paris, Rusand,* 1827, in-18.

C'est une seconde édition. La première, publiée sans le consentement de l'auteur, avait paru à Reims, en 1814, sous le titre de : « Vie de M. Musart ». Une troisième édition a été publiée en 1845, sous le titre de : « Vie de M. Musart... » Voy. ces mots.

Modèle (le) des pénitents, ou paraphrase nouvelle, en vers françois, des sept Psaumes de la pénitence. (Par Jean Maugard.) *Paris, d'Houry,* 1702, in-8.

Modèles d'éloquence latine, ou morceaux choisis dans les discours publics des professeurs les plus célèbres, avec la traduction à côté. (Par Pons-Aug. Alletz.) *Cologne et Paris, Brunet et Demonville,* 1774, in-12.

Modèles d'éloquence, ou les traits brillants des orateurs françois les plus célèbres. (Par Pons-Aug. Alletz.) *Paris, Quillau,* 1753 ; — *Belin,* 1803, in-12.

Modèles (les) d'une vie chrétienne et parfaite dans les conditions les plus humbles. Troisième édition, augmentée d'une courte instruction sur l'oraison mentale pour les commençants. (Par Vanberwaer.) *Liège, Dessain,* 1849, in-18, 63 p.
                                 Ul. C.

Modèles de l'enfance, T. P. (Par l'abbé Théodore Perrin.) *Le Mans, Fleuriot,* 1828, in-8.

Modèles de l'héroïsme et des vertus militaires, ou histoire abrégée des plus célèbres guerriers anciens et modernes, contenant les vies d'Annibal, etc. *Paris, Nyon,* 1780, 2 vol. in-12.

Le premier volume a été rédigé par dom P.-P. Labbé, bénédictin. Voy. « l'Héroïsme, ou l'histoire militaire... », V, 621, c. Le second volume, qui renferme les vies de César, de du Guesclin, de Bayard, de Louis II, prince de Condé, est tiré de Plutarque, de Combes, de Turpin et de Thomas. Ce n'est qu'une compilation.

Modèles de leçons pour les salles d'asile et les écoles élémentaires, ou premiers exercices pour le développement des facultés intellectuelles et morales. Imité de l'anglais. (Par A.-A.-E.-Ch.-L.-M. Rendu.) *Paris, Langlois et Leclerq,* 1842, in-12.

Modèles de lettres sur différents sujets choisis dans les meilleurs auteurs épistolaires. (Par Louis Philipon La Madelaine.) Nouvelle édition. *Lyon*, *P. Bruyset-Ponthus*, 1763, in-12.

Souvent réimprimés.

L'auteur a reproduit cet ouvrage sous le titre de : « Manuel épistolaire à l'usage des lycées », *Paris, Capelle et Renaud*, 1804, in-12. Il en existe aussi plusieurs éditions.

Modèles du clergé, ou vies édifiantes de MM. Jean-Augustin Frétat de Sarra... Joseph-Augustin Bourseul... Vincent-Toussaint Beurier... Gabriel-Charles-Joseph Morel de La Motte... (Par l'abbé G.-T.-J. Carron.) *Paris, Morin*, 1787, 2 vol. in-12.

Réimprimés avec le nom de l'auteur, *Paris, Méquignon fils aîné*, 1823, 2 vol. in-12.

Moderne (le) Secrétaire français, suivi des formules du pétitionnaire... (Par J.-P. Cuisin.) *Paris, Masson*, 1825, in-18.

Modes (des) accidentels de nos perceptions, ou examen sommaire des modifications que des circonstances particulières apportent à l'exercice de nos facultés et à la perception des objets extérieurs. (Par le comte S.-E. de Redern.) *Paris, Delaunay*, 1815, in-8, 64 p.

Réimprimés avec le nom de l'auteur, *Paris, Mongie*, 1818, in-8, 69 p.

Modes (les) parisiennes, almanach pour l'année 1820, orné de trois figures. (Par Antoine Béraud.) *Paris, J.-N. Barba*, 1819, in-18.

Modeste Déclaration de la sincérité et vérité des Eglises réformées de France, contre les invectives de l'évêque de Luçon et autres. (Par D. Blondel.) *Sedan*, 1619, in-8.   V. T.

Modestes Observations sur le « Mémoire des princes », faites au nom de 23 millions de citoyens français. (Par l'abbé Gab. Brizard.) *Paris, impr. nationale*, 22 décembre 1788, in-8, 50 p.

Voy. « Mémoire présenté au roi... », col. 151, *d*.

Modifications et Eclaircissements sur le projet d'une nouvelle banque publique, adressé à la Chambre des députés. (Par Riffé.) *Paris, Delaunay*, 1817, in-8, 12 p.

Modistes (les), tableau-vaudeville en un acte, par MM. Ferd. de Villeneuve, Ch. Dupeuty et *** (C.-G. Delestre-Poirson). Représenté à Paris, sur le théâtre du Vaudeville, le 7 février 1824. *Paris, Duvernois*, 1824, in-8, 32 p.

Mœurs (les). (Par Fr.-V. Toussaint.) *S. l.*, 1748, pet. in-8.

Édition originale. 16 ff. préliminaires non chiffrés et 474 p. Frontispice gravé en regard du titre ; le Vice, que la Vertu foule aux pieds, tient un poignard de la main droite. Il y a de plus une vignette en tête de chacun des trois livres et un fleuron répété sur le titre de chaque partie, mais au moyen de deux planches différentes, car, dans le fleuron de la seconde partie, le génie qui soulève le voile est à gauche, tandis qu'il est à droite sur les titres des deux autres parties.

Autre édition. *Amsterdam, aux dépens de la Compagnie*, 1748, pet. in-8 de XL et 391 p., sans grav.

Autre édition. *S. l.*, 1748, 16 ff. préliminaires, y compris le titre, 528 p., avec gravures imitées de l'édition originale.

* Les trois fleurons sont dans un seul et même sens.

Autre édition. *Amsterdam, aux dépens de la Compagnie*, 1763, pet. in-8 de XXVIII et 404 p., gravures imitées.

Troisième édition. (*S. l.*), 1748, petit in-8 de XXXVIII p. pour les préliminaires et 390 p., titre rouge et noir.

Cette édition n'a qu'un fleuron et la gravure de frontispice ; l'explication s'en trouve à la page 390. Contrairement à ce qui se voit dans l'édition originale, le Vice renversé à terre et foulé aux pieds par la Vertu tient son poignard de la main gauche ; le fleuron du titre est disposé comme celui de la deuxième partie de l'édition primitive, où le génie se trouve à gauche.

Condamné par le Parlement, le 6 mai 1748, cet ouvrage a été réfuté par plusieurs auteurs, et entre autres par l'abbé Jérôme Richard. (Voy. « Réflexions critiques sur le livre... »)

Cet auteur dit connaître trois éditions postérieures à la condamnation.

C'est à l'édition originale par nous indiquée que renvoie le premier chiffre placé par l'abbé Richard en tête de chacune de ses « Réflexions ».

L'épître dédicatoire à M. A. T*** est signée : Panage, mot tiré du grec et qui répond à celui de Toussaint. C'est ce qui explique le titre donné par Le Guay de Prémontval à sa critique du livre de Thomas : « Panagiana panurgica, ou le faux évangéliste ». *La Haye*, 1751, in-12.

Ce n'est qu'en 1762 que Toussaint répondit à ses critiques en publiant : « Eclaircissement sur les mœurs, par l'auteur des « Mœurs ». *Amsterdam, Marc-Michel Rey*, in-12 de LX et 333 p., plus la table.

Mœurs alsaciennes. Vie de Strasbourg. Epître. *Strasbourg, P.-A. Dannbach*, 1842, in-8, 21 p.

Signées : J.-J. P. (J.-J. Pascal, médecin en chef de l'hôpital militaire).

Mœurs (les) angloises, ou appréciation des mœurs et des principes qui caractérisent la nation britannique. (Traduit de l'anglois de John Brown, par P. Chais.) *La Haye, P. Gosse*, 1758, in-8.

Mœurs (les) de Londres. (Par E. Lagentie de Lavaisse.) *Paris*, 2 vol. in-18.   V. T.

Mœurs (les) de Paris, par M. de L. P.

Y. E. (La Peyre). *Amsterdam, Guill. Castel,* 1747, 1748, in-12.

Mœurs des Jésuites, leur conduite sacrilége dans le tribunal de la pénitence, avec des remarques critiques, etc. (Par Nic. Jouin.) *Turin, Alétophile,* 1756, in-12.

Nouvelle édition de « Chanson d'un inconnu... » *Turin,* 1732, in-12, publiée sous le pseudonyme de Mathanasius.

Voy. « Supercheries », II, 1074, *b.*

M. Frère, dans son « Manuel du bibliographe normand », I, 235, attribue à Pierre-François Choine, avocat au Parlement, né à Alençon, la « Chanson d'un inconnu », citée dans l'article Mathanasius des « Supercheries », II, 1074, *b,* et qui se trouve réimprimée dans le volume « Mœurs des Jésuites ». M. Frère renvoie à Odolant Desnos, « Mémoires historiques sur Alençon », t. II, p. 522.

Mœurs du siècle, ou dialogues...

Voy. « Tableau des mœurs du temps ».

Mœurs et Coutumes des Corses. Mémoire tiré en partie d'un grand ouvrage sur la politique, la législation et la morale de diverses nations de l'Europe. (Par G. Feydel.) *Paris, Garnery,* an VII-1799, in-8.

L'auteur a signé la dédicace.

Mœurs (les) et Coutumes des François dans les premiers temps de la monarchie, par M. l'abbé Le Gendre; précédées des mœurs des anciens Germains, etc., trad. du latin de Tacite. *Paris, Briasson,* 1753, in-12.

Cette traduction des « Mœurs des Germains » n'est pas nouvelle; c'est celle de François Bruys, avec de légères corrections de style. Voy. ces mots : « Tacite, avec des notes... »

C'est bien à tort que Drouet, bibliothécaire des avocats, a attribué cette traduction à Diderot, dans la nouvelle édition de la « Méthode pour étudier l'histoire », par l'abbé Lenglet du Fresnoy. *Paris,* 1772, t. XII, p. 23. On sait seulement que Diderot avait fait une lecture assez approfondie de Tacite, ainsi que le prouvent son « Essai sur la vie de Sénèque » et ses « Principes de politique des souverains, ou notes écrites de la main d'un souverain à la marge de Tacite ». Voy. la collection de ses Œuvres, publiée par Naigeon. *Paris,* 1798, t. VIII et IX.

Cependant Naigeon démontre, dans des notes très-judicieuses, que souvent Diderot a cité Tacite de mémoire avec peu de fidélité. Ce philosophe était incapable de s'assujettir à ne voir dans un livre que ce qui s'y trouve, et il est rare qu'il s'autorise d'un fait sans l'altérer.

Mœurs et Coutumes liégeoises au moyen âge. Premier fragment : les Croix de Verviers. (Par Matthieu-Lambert Polain.) *S. l. n. d.,* in-8.

Tiré à part de la « Revue belge ».   J. D.

Mœurs (des) et des Doctrines du rationalisme en France. *Paris, Debécourt,* 1839, in-8, 226 p. et 1 f. de table.

La couverture imprimée porte en plus : Par M. l'abbé Constant Symon de L*** (Latreiche, professeur au séminaire de Metz).

Mœurs (des) et des Usages des Romains. (Par Le Fèvre de Morsan, revu et corrigé par Franç. Granet.) *Paris, Briasson,* 1739, in-12. — Nouvelle édition. *Paris,* 1744, 2 vol. in-12.

Mœurs (les) et les Entretiens du frère Laurent de la Résurrection, religieux carme déchaussé; avec la pratique de l'exercice de la présence de Dieu, tirée de ses lettres. (Par l'abbé J. de Beaufort, vicaire général de Châlons.) *Châlons, J. Seneuze,* 1694, in-12.

Mœurs et Usages des Turcs, leur religion, leur gouvernement civil, militaire et politique... avec un Abrégé de l'histoire ottomane. *Paris, Coustellier,* 1746, 2 vol. in-4, avec pl.

La dédicace est signée du nom de l'auteur Jean-Ant. Guer.   A. L.

Meurs (les), Humeurs et Comportemens de Henry de Valois, representez au vray depuis sa naissance. Quels ont été ses parrains... (Par André de Rossant.) *Paris, A. Le Riche,* 1589, in-8.

Mœurs (les). poëme en sept chants. (Dédié au maréchal de Mouchy, par l'abbé Duprat.) *Paris,* 1786, in-8.

Moi. (Par le baron d'Haussez.) *Rouen, imp. d'A. Péron,* 1834, in-8, viii-73 p.

Cet ouvrage ne devait être distribué qu'après la mort de l'auteur. Voy. Mathon, « Annuaire normand », 1855, p. 563-566.

Moïna, ou la religieuse du Mont-Cenis. (Par Joseph Bonaparte.) *Paris, Honneret,* an VII, in-18. — Seconde édit. *Paris, Pelicier,* 1814, in-18, avec le nom de l'auteur.

Moine (le), par l'abbé ***, auteur du « Maudit », de « la Religieuse » et du « Jésuite ». *Paris, Librairie internationale,* 1865, in-8.

Voy. ci-dessus, « le Maudit », col. 87, *e.*

Moine (le) sécularisé. (Attribué à un ecclésiastique de Lyon, nommé du Pré.) *Cologne, P. du Marteau,* 1675, in-12, 3 ff. lim., 240 p. et 1 f. d'errata. — *Id.,* 1675, in-12, 216 p. — *Id.,* 1678, in-12, 2 ff. lim., 134 p. — *Villefranche, Jean le Grand, s. d.,* in-12, 191 p.

Note de Desmaizeaux sur la dix-neuvième lettre de Bayle.

MINUTOLI a eu part à cet ouvrage. Voy. les « Lettres » de Bayle.

On a encore : « l'Auteur du « Moine sécularisé » se rétractant lui-même et faisant amende honorable ». 1676, in 12.

Moine (le), traduit de l'anglais de LEWIS (par J.-M. DESCHAMPS, J.-B.-D. DESPRÉS, BENOIT et P.-B. DE LAMARE). *Paris, Mara-dan*, 1797, 4 vol. in-12.

Moines (les), comédie en musique, composée par les RR. PP. Jésuites, et représentée en leur maison de récréation à Mont-Louis, devant feu le R. P. D. L. C. (le R. P. de La Chaize), par les jeunes de leur Société. *Berg-op-Zoom, Abacuc Stré-litz*, 1709, in-12, 57 p. — *S. l.*, 1716, in-8.

Par l'abbé Pierre DE VILLIERS, d'après Barbier. — Par le P. LALLEMAND, jésuite, d'après le Catalogue Soleinne.

Cette dernière attribution a été adoptée par le P. de Backer, 2ᵉ édit., in-fol., tome II, col. 582.

Moins que rien, suite de peu de chose. (Par A.-B.-L. GRIMOD DE LA REYNIÈRE.) 1793, in-8.   V. T.

Mois (le) angélique, ou la dévotion à la Reine des anges. (Par le P. Rob. DESBROSSES S. J.) *Bordeaux*, 1815, in-18.

Souvent réimprimé.

Mois (le) consacré à Marie, ou pratique de dévotion à l'honneur de la sainte Vierge, pour un mois entier, traduit de l'italien de François LALOMIA, missionnaire (par le P. Pierre DORÉ). *Nancy*, 1787, in-24.

Souvent réimprimé.

Voy. ci-après, « le Mois de Marie », col. 326, c.

Mois de janvier de l'Archiconfrérie. Etrennes historiques pour les Enfants de Marie. (Par l'abbé P.-M. RIDEAU.) *Paris*, 1859, in-18.

Mois (le) de juin consacré au précieux sang de Jésus-Christ... (Par DE STRAMBI, évêque de Macerata.) *Lyon, Rusand*, 1833, in-18.

Mois (le) de mai célébré par les Enfants de Marie. Recueil de pieux exercices dédié aux écoles, aux familles, aux sociétés et aux congrégations. (Par l'abbé MEYNDERS.) *Bruxelles*, 1854, in-16, 188 p.   J. D.

Mois de mai de l'Archiconfrérie, ou l'Enfant de Marie au printemps. (Par l'abbé P.-M. RIDEAU.) *Paris*, 1859, in-18.

Mois (le) de mai sanctifié en Belgique, avec l'historique de la dévotion à Marie dans un de ses principaux sanctuaires en Belgique. (Par Jean-Baptiste DUFAU.) *Liége*, 1847, 1848, in-18.

Mois (le) de Marie au village. (Par Mᵐᵉ DE SAINT-MAUR et Mˡˡᵉ RECURT.) Précédé d'une lettre de l'évêque d'Orléans. *Paris. Lesort*, 1863, in-18, VII-428 p.   D. M.

Mois (le) de Marie en famille, à l'usage des enfants. (Par Mᵐᵉ Ch. FOUQUES DUPARC, née Amélie DE GUAITA.) Revu par M. LE COURTIER... *Paris, Lesort*, 1859, in-32, VIII-344 p.

Mois (le) de Marie historique, ou pèlerinages aux sanctuaires de la Mère de Dieu. (Par l'abbé POUJET.) *Lyon*, 1840, in-18. — *Tournai*, 1841, in-18. — *Id.*, 1852, in-18.

Mois (le) de Marie musical, ou trente et un cantiques extraits des recueils les plus nouveaux et notés en plain-chant... (Par le chanoine N.-J. HENROTTE.) *Liége, L. Grandmont*, 1853, in-18, 83 et 32 p.

Mois (le) de Marie, ou le mois de mai consacré à la gloire de la Mère de Dieu; ouvrage traduit de l'italien (de Franç. LALOMIA, missionnaire, par Pierre DORÉ, ex-jésuite); nouvelle édition. *Paris, Société typographique*, 1807, in-24.

Souvent réimprimé.

Voy. ci-dessus, « le Mois consacré à Marie... », col. 325, d.

Mois (le) de mars consacré au très-glorieux patriarche saint Joseph, pour obtenir son puissant secours pendant la vie et à l'heure de la mort. Ouvrage traduit de l'italien... (Par J.-F.-H. OUDOUL.) *Lyon, J.-M. Barret*, 1822, in-18.

Souvent réimprimé.

Mois (le) de mars consacré au très-glorieux patriarche saint Joseph, pour obtenir son puissant secours pendant la vie et à l'heure de la mort; avec la messe et les vêpres. Par un prêtre du diocèse de Valence (l'abbé J.-F. BLETON). *Lyon, F. Guyot*, 1833, in-18, 1 f. de tit., VI-208 p.

Ouvrage différent du précédent.

Mois du sacré-cœur de Jésus. A. M. D. G. *Paris, Poussielgue-Rusand*, 1836, in-32.

Souvent réimprimé.

Cet ouvrage a été composé d'après le plan du P. J.-N. LORIQUET et sous sa direction. (Vie du P. Loriquet, 1845, p. 370.)

Moïsade (la).

Attribuée à tort à J.-B. ROUSSEAU; est d'un nommé LOURDET, qui n'a jamais donné que cette pièce exécrable. (Ibrailh, « Querelles littéraires », t. II, 1761, p. 33.)

Moïse dévoilé, ou explication des types et figures de l'Ancien Testament. (Par Jean-Jacques DES BERGERIES, médecin.) *Genève*, 1670, in-8.

On trouve des détails sur la famille *des Bergeries* dans le « Voyage de Suisse », par Reboulet et La Brune. *La Haye*, 1686, petit in-12, première partie, p. 16.

Moyse éclairci, ou explication littérale et physique du premier chapitre de la Genèse. (Par D.-J. NITAR.) *Amsterdam*, 1709, in-12.

Moyse en Égypte et chez les Madianites, par un solitaire du canton d'Appenzell (A. BARTHÈS DE MARMORIÈRES). *Paris*, *Belin*, 1802, in-18.

Lettre autographe de l'auteur.

Moïse, opéra en quatre actes. Musique de M. Rossini; représenté pour la première fois sur le théâtre de l'Académie royale de musique, le lundi 26 mars 1827. (Par J.-L. BALLOCHI et V.-J. DE JOUY.) *Paris*, *A. André*, 1827. in-8, VIII-54 p. — *Id.*, 1832, in-8, 61 p.

Moissons (les) de l'été. Par M. M*** (J.-H. MARCHAND). *Paris*, *Guillot*, 1782, in-8, VIII-134 p.

Molichou et Garcounière, comédie, que le p'pé dau p'pa dau p'pé d'ma meirine à vuse en son jeune tem d'sous l'âle de Paris et qu'at été afistolée en patoê d'Jarnat, peur qu'a seuje joée d'dan les pension de jenne damoeiselle de tieu pays. (Par H. BURGAUD DES MARETS.) *Paris*, *imp. F. Didot*, 1853, in-12, 24 p.

Moliérana, ou recueil d'aventures, anecdotes, bons mots et traits plaisants de Pocquelin de Molière, par C..... d'Aval. (COUSIN d'Avalon). *Paris*, *Marchand*, an IX-1801, in-18.

Molière à la nouvelle salle, ou les audiences de Thalie, comédie en un acte et en vers libres, représentée pour la première fois par les comédiens françois, sur le nouveau théâtre du fauxbourg Saint-Germain, le 12 avril 1782. Par une société de gens de lettres. (Par J.-F. DE LA HARPE.) *Paris*, *Lambert et P.-J. Baudouin*, 1782, in-8, XVI-58 p.

Molière, comédie épisodique en un acte et en vers (par A.-François DERCY), représentée sur le Théâtre-François, par les comédiens ordinaires du roi, le 15 de janvier 1828, anniversaire de la naissance de Molière. *Paris*, 1828, in-8, VIII-48 p.

Molière comédien aux Champs-Élysées; nouvelle historique, allégorique et comique. (Par l'abbé L. BORDELON.) *Lyon*, *A. Briasson*, 1694, in-12.

Molière de la jeunesse, ou recueil de pièces propres à être représentées aux distributions de prix par les élèves de maisons d'éducation. Par Al. P. M. (l'abbé Aloys PERRAULT-MAYNARD). *Lyon*, *Pélagaud*, 1836, 2 vol. in-18.

Molière et son Tartuffe, étude en trois époques et en vers, par M. F. Alphonse (Alph.-François DERCY). *Paris*, *Ledoyen*, 1839, in-8, 87 p.

Molière, l'académicien Cordemoy...

Voy. « Trouvailles bibliographiques ».

Molière, le critique et Mercure aux prises avec les philosophes, comédie en deux actes, en prose. (Par E. LE NOBLE.) *En Hollande*, 1709, in-12.

Mombars l'exterminateur, le protecteur des Indiens, sixième chef des flibustiers, aventuriers et boucaniers d'Amérique; par M. A*** (J.-Fr. ANDRÉ, des Vosges). *Paris*, *Tiger*, 1813, in-18.

Momie d'Égypte exposée au Salon de la Société royale des beaux-arts à Gand. (Par Léop. VAN ALSTEIN.) (*Gand*, *de Goesin*), 1824, in-8, avec une planche.

Momiers (les) anglais à Lyon, ou les pièges de la nouvelle hérésie démasquée, par une société d'ouvriers (l'abbé CATTET). *Lyon*, *Girard*, 1848, in-8.

Mômiers (les) sont-ils nuisibles ou nécessaires au bonheur de l'Etat? Par l'éditeur du « Protestant vraiment catholique » (César-Henri-Abraham MALAN). *Genève*, *imp. de G. Fick*, 1823, in-8, 56 p.

Momus au cercle des Dieux, dans lequel il leur fait récit de ce qui se passe dans la république des lettres, dans la galanterie et dans la politique. *Paris*, *L.-A. Sevestre*, 1717, in-12, 4 ff. prélim. et 180 p.

Le nom de l'auteur, René DE BONNEVAL, est donné dans le privilége.

Momus au Salon, comédie-critique en vers et en vaudevilles; suivie de notes critiques. (Par J.-B. PUJOULX.) (*Paris*), 1785, in-8, 2 ff. lim. et 70 p.

Momus et le Nouvelliste, ouvrage (en vers) mêlé d'histoires, de maximes, de bons mots et de nouvelles du temps. (Par Ch. ROBINET DE SAINT-JEAN.) *Paris*, *au Palais*, 1685, petit in-8.

Suite des « Lettres en vers à Madame », publiées par le même auteur sous le pseudonyme de DU LAURENS. Voy. « Supercheries », I, 1024, *a*.

Momus (le) françois, ou les aventures

divertissantes du duc de Roquelaure, suivant les mémoires que l'auteur a trouvés dans le cabinet du maréchal d'H..... Par le S. L. R... (Ant. LE ROY). *Cologne, P. Marteau*, 1781, in-12.

Momus (le) normand, recueil littéraire. (Par Alex.-Aug. DE BERRUYER et L.-Fréd. BARBEY D'AUREVILLY.) *Caen*, 1832-17 avril 1835, 2 vol. in-8.

Momus philosophe, comédie en un acte et en vers. (Par C.-F.-F. BOULENGER DE RIVERY.) *Amsterdam, P. Mortier (Paris)*, 1750, in-12.

Réimprimé dans le « Théâtre bourgeois ».

Momus redevivus, ou les saturnales françaises, Biblia jovialis ad usum compagnonorum adhuc ridentium. Editio modernissima, grandissimis soinis collecta, excusa et emendata, a minimo grandissimi Merlini Cocaii, sumptibus achetantium utriusque sexus. (Par MERCIER, de Compiègne.) *A Lutipolis, de l'imprimerie du libraire-auteur*, 2496, 2 vol. in-18.

Mon Apologie. (Par l'abbé FRANÇOIS, lazariste.) *S. l. n. d.* (1791), in-8, 40 p. — Mon Apologie, d'après le serment civique dans le vrai sens de la Constitution et revêtu de tous les motifs réunis pour en justifier la prestation. *S. l. n. d.*, in-8, 40 p. et 1 f. d'errata.

Voy. « Défense de mon Apologie... », IV, 859, c. L'abbé François a été massacré dans les premiers jours de septembre 1792. Il a publié avec son nom un « Discours pour la fête séculaire célébrée à Saint-Cyr », 1786, in-8 ; et en 1788, une « Oraison funèbre » de Madame Louise, in-8.

Mon Appel, par la « Contemporaine » (Elzélina VAN AYLDE JONGHE). *Paris, chez l'auteur*, 1832, in-8, 64 p.

Brochure relative au procès qui fut intenté à la « Contemporaine », par M. de Toucheboeuf.   D. M.

Mon Aventure dans mon passage, de France en Suisse. *Imprimé à Bâle en Suisse, le 20 mars de l'année* 1791, in-8, 1 f. de tit. et 21 p.

Une note manuscrite sur l'exemplaire de la Bibliothèque nationale porte : Par un sieur PARIS, se disant de Paris, fils d'un architecte et neveu de ce Pinet qui s'est tué ou a été tué en 1789, manquant de 54 millions.

Mon Bonnet de nuit, vaudeville en un acte, représenté pour la première fois sur le théâtre de l'Ambigu-Comique, le 24 mars 1833. Par MM. MARÉCHALLE et P***** (Adolphe POUJOL). *Paris, Barba*, 1833, in-8, 37 p.

Mon Cabinet. (Par A.-F. BOUREAU-DESLANDES.) 1745, in-12.

Petite pièce de vers suivie d'une lettre en prose.

Mon Caractère, mes Goûts et mes Penchants dévoilés par quelques-uns de mes écrits, par M. Ernest DE V*** (Ernest DE VILLIERS). *Rouen, Périaux*, 1831, in-8.

Mon Coup d'œil. (Par BELIN.) *Paris, Robustel*, 1769, in-12. 1 f. de titre, VIII p., 1 f. de permission et 243 p.

Le nom de l'auteur se trouve dans la permission.

Mon Cousin Gilles, ou le secret des francsmaçons, par un des enfants de la veuve C. V. (Christ. VERDOT). *Verviers, Coumont*, 1838, in-8.   J. D.

Mon Cousin Nicolas, ou les dangers de l'immoralité. (Par S. BOULARD.) *Paris, Pigoreau*, 1808, 4 vol. in-12.

Mon Dernier Mot. (Par J.-M.-B. CLÉMENT.) *Genève*, 1775, in-8.

Mon Dernier Voyage à Vaucluse, mêlé de prose et de vers, suivi d'une Notice historique sur Pétrarque et la belle Laure. Par M. B*** (J.-F. BRACHET.) *Avignon, Séguin aîné*, 1823, in-8.

Mon Embarras, conte moral en vers. (Par Alexis MATON.) *La Haye*, 1765, in-8.

Mon Habit mordoré, ou Joseph et son maître, par l'auteur du « Voyage de vingt-quatre heures » (A.-H. KÉRATRY). *Paris, Maradan*, 1802, in-12.

Mon Histoire au trente-un et celle de tous ceux qui le jouent. (Par A.-T. DE GAIGNE.) Seconde édition. *Londres, Bell (Paris)*, 1799, in-12.

Mon Histoire ou la tienne, avec des notes historiques et géographiques. (Par Jean-Frédéric LEMIERRE DE BERMONT, dit DE CORVEY, et Hyacinthe DORVO.) *Paris, André*, 1802, 3 vol. in-8.   D. M.

Mon Journal d'un an, ou mémoires de Mlle de Rozadelle Saint-Ophelle. (Par S.-P. MÉRARD DE SAINT-JUST.) *Paris*, in-12.

Tiré à un petit nombre d'exemplaires.

Mon Journal d'un an. (Par S.-P. MÉRARD DE SAINT-JUST.) Suivi de poésies diverses, par Mme M. D. S. J. N. A. J. F. D. (Mme MÉRARD DE SAINT-JUST, née Anne-Jeanne Félicité D'ORMOY). (*Vers* 1788), in-12.

Mon Journal pendant la campagne de Russie, écrit de mémoire après mon retour à Paris. (Par le comte Adrien DE MAILLY, marquis DE NESLE.) *Paris, imp. de J.-B. Gros*, 1841, in-8, 160 p.

Cet ouvrage n'a pas été mis en vente ; il n'a été tiré qu'à 50 exemplaires.

Mon Odyssée, ou journal de mon retour de Saintonge, poëme à Chloé, en IV chants. (Par P.-H. ROBBÉ DE BEAUVESET.) *La Haye (Paris)*, 1760, in-8.

Mon Oisiveté. (Par Ch. REMI.) *Amsterdam et Paris, Gueffier*, 1779, in-8.

Permission tacite.   V. T.

Publié en 1787 avec titre réimprimé portant : « Considérations philosophiques sur les mœurs, les plaisirs et les préjugés de la capitale... » *Londres et Paris, Le Roy*, 1787, in-8.

Mon Opinion sur l'organisation des manufactures, etc., par un commerçant (MÉNARD). *Paris, Morisset*, 1809, in-8, 52 p.

                       D. M.

Mon Opinion sur le jugement de Louis XVI. (Par Louis-Alexandre DEVERITÉ.) *S. l.* (1792), in-8, 16 p.

Mon Opinion sur les juifs ; extrait des cahiers dont je suis porteur. *Paris, Baudouin*, 1789, in-4, 12 p.

Signée : H... (HELL), député de H... (Haguenau).

Mon Pamphlet, ou précis des causes qui ont amené la révolution de France. (Par J. LANTEIRES.) *Lausanne*, 1793, in-8.

Mon Petit Portefeuille. (Par L.-Théodore HÉRISSANT, conseiller de légation.) *Londres (Bruxelles, Boubers)*, 1774, 3 parties in-12.

Mon Portefeuille, dédié à ma femme. *Paris, Mme Valade*, 1791, in-18.

Ce recueil de poésies est attribué à Stanislas DE CLERMONT-TONNERRE, de l'Assemblée constituante, ou à M. DE BOUCHARD.

Mon Premier Pas, par le cit. Justin G... (J.-M.-A.-J. GENSOUL). *Paris, Goujon*, an XI-1803, in-8.

Mon Radotage et celui des autres, recueilli par un invalide retiré du monde, pendant son carnaval. (Par J.-H. MARCHAND.) *Bagatelle*, 1759, in-12.—*Id.*, 1760, in-12.

Mon Refuge, ou satire sur les abus des jardins modernes, par le P.... DE L.... (le prince Charles-Joseph DE LIGNE). *Londres, de Boffe*, 1801, in-12, 46 p.

Mon Rêve, ou le télescope de l'Observatoire. *De l'imp. républicaine, rue Saint-Sauveur*, n. 99, *s. d.*, in-8, 8 p.

Signé : J. L. V. (VACHARD), électeur.

Mon Serretête, ou les après-soupers d'un petit commis. Brochure comme il y en a tant. (Par MERCIER, de Compiègne.) *Frivolopolis (Paris, Favre)*, 1788, in-12, 3 ff. lim., 141 p. et 1 f. de table.

Mon Testament, en vers et en prose. (Par le marquis Augustin-Louis XIMENÈS. *Bouillon et Paris, Bailli*, 1787, in-8, 18 p.

Mon Testament politique et moral, par Mlle A. D. M. (Mlle A. DE MARSILLY). *Amsterdam et Paris, Couturier fils*, 1772, in-8.

Permission tacite.   V. T.

Mon Théâtre. (Par le baron Th.-Ch.-G. BOISSEL DE MONVILLE, mort pair de France en 1832.) *Paris, imp. de F. Didot*, 1828, in-8, XXIX-323 p. et 1 f. de table.

L'édition entière a été mise au feu par l'auteur. Il n'en reste que les exemplaires de dépôt.

Mon Voyage au Corps législatif ; par un habitant de Château-Thierry (M. Fernand GIRAUDEAU, chef du cabinet du ministre d'Etat en 1865). *Paris, Poulet-Malassis*, 1864, in-12.

Mon Voyage au mont d'Or, par l'auteur du « Voyage à Constantinople par l'Allemagne et la Hongrie » (C.-M. D'YRUMBERRY, comte DE SALABERY). *Paris, Maradan*, an X-1802, in-8.

Mon Voyage en Prusse, ou mémoires secrets sur Frédéric le Grand et la cour de Berlin. Par L. M. D: L*** (le marquis DE LANGLE, ou mieux J.-M.-J. FLEURIOT et non pas FLEURIAU DE LANGLE). *Paris, Frechet*, 1807, in-8, 216 p.

Monacologie, illustrée de figures sur bois. *Paris, Paulin*, 1844, petit in-8 de 96 p. avec figures sur bois dans le texte.

Cette publication, due à M. Charles MARTINS, reproduit, en regard du texte latin d'Ignace DE BORN (voy. « Supercheries », Physiophilus, III, 121, *d*), la traduction qu'en a donnée P.-M.-A. BROUSSONNET, sous le titre de : « Essai sur l'histoire naturelle de quelques espèces de moines », mais améliorée. Voy. V, 233, *a*.

Monarchie (la) de l'Eglise, contre les erreurs du livre « de la Puissance ecclésiastique et politique » d'Edmond Richer. (Par Pierre PELLETIER.) *Paris, Huby*, 1612, in-8. — *Lyon, Muguet*, 1612, in-8.

Monarchie (la) des Hébreux, traduite de l'espagnol du marquis DE SAINT-PHILIPPE (par Ant. DE LA BARRE DE BEAUMARCHAIS). *La Haye, Alberts*, 1727, 4 vol. in-12.

L'année suivante, des exemplaires de cet ouvrage, vendus chez *Scheurléer*, portaient le nom du traducteur.

Monarchie (la) des Solïpses, traduit de l'orignal latin de Melchior INCHOFER, avec des remarques (par Pierre RESTAUT). *Amsterdam, H. Vytwerf,* 1721, 1754, in-12.

Plusieurs bibliographes attribuent cet ouvrage à Jules-Clément SCOTI; mais on ne peut rien affirmer à ce sujet. Voy. la dissertation de M. J.-Gottl. Kneschke, *de Auctoritate libelli de monarchia Solipsorum,* publiée en 1812, à l'occasion des fêtes anniversaires du collége de Zittau, en Saxe.

Monarchie (la) et les Préjugés politiques. Par G. G. (Georges GRISET). *Paris,* 1853, in-8.

Réimprimé à Bruxelles la même année.

Monarchie (la) parfaite, ou l'accord de l'autorité d'un monarque avec la liberté de la nation qu'il gouverne; discours. (Par LE ROY DE BARINCOURT.) *Genève et Paris, Briand,* 1789, in-8.

Monarchie (de la) prussienne sous Frédéric le Grand... par le comte DE MIRABEAU. *Londres,* 1788, 4 vol. in-4, ou 8 vol. in-8 et atlas in-fol.

On assure que le fond de cet ouvrage est de Jacq. MAUVILLON.

Le professeur Jean-Charles LAVEAUX en a composé une grande partie. Voy. page 5 de sa « Réponse à un écrit anonyme intitulé : « Portrait de Laveaux, etc. » *Paris,* 1793, in-8, 8 p.

Voy. « Supercheries », II, 1158, *b.*

Monarchie (la) sauvée; galerie politique des 422 députés qui siégent dans la présente session, renfermant des détails sur leur conduite, sur les preuves de dévouement qu'ils ont données au roi, sur la carrière qu'ils ont suivie... par un royaliste (René ALISSAN DE CHAZET). *Paris, Ponthieu,* 1820, in-8.

Monastère (le) de la Verne, ou le départ des Chartreux. (Par P.-J. DE HAITZE.) *Brignolles, imp. de Dufort cadet,* 1827, in-12.

Réimpression.

Monastère (le) de Saint-Columba, ou le chevalier aux armes rouges. (Par Regina-Maria ROCHE.) Traduit de l'anglais. *Paris,* 1819, 3 vol. in-12.

Monde (le) comme il est, par l'auteur du « Nouveau Spectateur » (J.-F. DE BASTIDE). *Paris, Bauche,* 1760 et 1761, 4 vol. in-12.

Monde (le) dans la lune, traduit de l'anglois (de Jean WILKINS), par Jean DE LA MONTAGNE. *Rouen,* 1655-1656, 2 vol. in-8.

L'ouvrage original anglais a été publié en 1640 sous le voile de l'anonyme.

Jean DE LA MONTAGNE peut être regardé comme le

masque de Jean BAUDOUIN, de l'Académie française. (« Bulletin du bibliophile », 14e série, p. 1485.)

Monde (le) dramatique, revue des spectacles anciens et modernes. *Paris,* 1835-1841, 10 vol. grand in-8.

Fondé par Gérard LABRUNIE DE NERVAL et Fréd. SOULIÉ. Le plus riche recueil de ce genre qui ait jamais paru. (Filippi, 364.)

Monde (le) et la Retraite, ou correspondance de deux jeunes amies, publiée par M. A. D. (Abel DUFRESNE). *Paris, Pélicier,* 1817, 2 vol. in-12.

Monde (le) fou préféré au monde sage, en vingt-quatre promenades de trois amis, Criton, Philon, Eraste. (Par Mlle Marie HUBER.) *Amsterdam, Wetstein et Smith,* 1731, 2 vol. in-12.

L'édition de *Paris,* 1744, se compose de vingt-six promenades.

Monde (le) maritime, ou tableau géographique et historique de l'archipel d'Orient, de la Polynésie et de l'Australie, par M. W.....R (Charles-Athanase WALKENAER). *Paris, Nepveu,* 1813, 3 vol. in-18.
D. M.

Monde (le) moral, ou mémoires pour servir à l'histoire du cœur humain. (Par l'abbé A.-F. PRÉVOST D'EXILES.) *Genève (Paris),* 1760, 2 vol. in-12.

Monde (le) naissant, ou la création du monde démontrée par des principes trèssimples et conformes à l'histoire de Moyse. (Par Théodore BARIN, ministre.) *Utrecht,* 1686, petit in-8.

Lettres de Bayle, édition de Prosper Marchand, t. I, p. 205.

Monde (le) pacifié, poëme, par l'auteur des « Vœux patriotiques à la France » (Pierre LE FÈVRE DE BEAUVRAY). *Paris, Prault,* 1763, in-4, 12 p.

Monde (le), par Adam FITZ-ADAM (masque sous lequel s'est caché Edw. MOORE, aidé du comte DE CHESTERFIELD, d'Horace WALPOLE, de Richard-Owen CAMBRIDGE, de l'archevêque HERRING, de John DUNCOMBE, de W. WHITEHEAD et d'autres), ou feuille périodique sur les mœurs du temps; traduit de l'anglois (par Gaspard-Joel MONOD). *Leyde,* 1757, 2 vol. in-12.

L'introduction de cet ouvrage en France n'a été permise qu'en y faisant un certain nombre de cartons. Le texte original, 1753-1756, in-fol., forme 210 numéros.

Réimprimé en 4 vol. in-12, 1756, 1763, 1772, etc.

Monde (le) renversé, opéra-comique en un acte, de Mrs. L. S. Do.... et A. (A.-R.

Le Sage, d'Orneval et Anseaume). Représenté pour la première fois à l'Opéra-Comique le 2 avril 1753... *Paris, Duchesne*, 1753, in-8, 49 p. et 2 ff.

Monde (le) renversé, ou dialogues (4) des génies différents qui renversent le monde, par le chevalier... *Imprimé à Villefranche*, 1712, in-12, 3 feuillets et 190 p.

Attribué à l'abbé L. Bordelon. (Catalogue Soleinne, n° 3765.)

Monde (le) renversé sans dessus dessous; traicté auquel est montré, par maintes belles raisons, que le péché a jeté une horrible confusion en l'univers; fait premièrement par F.-J. Affinati d'Acuto, de l'ordre des F. Prescheurs, et mis en françois (par F.-Gaspard Cornuère, du même ordre). *Paris, Huby*, 1610, in-8.

Monde (le). Son Origine et son Antiquité. Première partie. *Londres (Paris, Briasson)*, 1751, in-12, xii-244 p. — De l'Ame et de son Immortalité. Seconde partie. *Londres*, 1751, in-12, 2 ff. de titres et 172 p.

Ouvrage condamné au feu par le Parlement. La 2ᵉ éd., *Londres*, 1778, in-8, xvii-134-181 p., est augmentée d'une troisième partie, intitulée : « Essai sur la chronologie ».

La préface a été rédigée par l'abbé J.-B. Le Mascrier, l'un des éditeurs. L'autre éditeur a été le célèbre César Chesneau du Marsais. Voy. l'article Mirabaud dans l' « Encyclopédie méthodique », Dictionnaire de la philosophie ancienne et moderne.

La première partie est de J.-Fr. Bernard, le style en a été retouché (voy. ci-devant, « Dissertations mélées », IV, 1090, e) ; la seconde est de Jean-Bapt. de Mirabaud ; l'abbé Le Mascrier les a accompagnées de quelques notes. La troisième partie paraît être de l'abbé Le Mascrier. On trouve dans la première des articles sur la création et sur le déluge, tirés de « Telliamed ». L'abbé Le Mascrier possédait à cette époque les manuscrits de Maillet, on peut croire qu'il en a profité pour faire des additions au manuscrit de Mirabaud ; ou bien il faut supposer que Mirabaud lui-même a pillé le texte de Maillet, tel que Guer l'avait publié en 1748.

Monétaires des rois mérovingiens. Recueil de 920 monnaies en 62 planches, avec leur explication. (Par G. Conbrouse.) *Paris, Rollin*, 1843, in-4.

Moniteur (le). *S. l.*, in-8, 30 p.

Avec cette épigraphe : *Major rerum nascitur ordo.* Æneid., lib. VII.

Attribué à M.-J.-A.-N. Condorcet, J.-P. Brissot et Et. Clavière.

Voir au sujet de cette production hardie, qui circula secrètement et qui fit une certaine sensation, Hatin, « Bibliographie de la presse », p. 92.

Moniteur égyptien. *Alexandrie, impri*-

merie de Son Altesse (Mehemet-Ali, vice-roi d'Égypte), *dirigée par A. Lainé.*

Le premier numéro de ce journal a paru le samedi 17 août 1833. Le comité chargé par le vice-roi d'Égypte de la direction du « Moniteur » se composait, en 1833, de MM. d'Anastali, consul général de Suède; B. Bastré et Roquerb, négociants français; E.-T. Lubbert, ancien directeur de l'Opéra de Paris. Le rédacteur en chef était M. Camille Turle, aussi Français.

Moniteur (le) françois. (Par Jac.-Nic. Moreau.) *Paris, Desaint et Saillant*, 1760, in-12.

J'ai vu six numéros de cet ouvrage, formant le premier volume, et 72 pages du second.

Voy. Hatin, « Bibliographie de la presse », p. 65.

Moniteur (le) ottoman.

Rédigé en 1841 par M. Rouet, ancien élève de l'École polytechnique, pendant plusieurs années secrétaire de Reschid-Pacha, ministre des affaires étrangères à Constantinople.

Moniteur patriote. (Par Marat.) *S. l.* (1789), in-8, 8 p.

N° 1 et unique.

Un autre journal, intitulé : « Moniteur patriote, ou nouvelles de France et du Brabant », *Paris, imp. de Momoro*, novembre 1789 à février 1790, 40 numéros in-8, a été attribué par Deschiens et plusieurs autres bibliographes à Marat. C'est une erreur. Voy. sur ces deux journaux, Hatin, « Bibliographie de la presse », p. 100 et 140. Il attribue ce dernier à Marin.

Moniteur (le) secret, ou tableau de la cour de Napoléon, de son caractère et de celui de ses agens. (Par J.-B. Couchery.) *Londres, imp. de Schulze et Dean; Paris, marchands de nouveautés*, 1814, 2 vol. in-8, iv-236 et 232 p. — Autre édition. *Ibid., id.*, in-8, iv-263 et 267 p. — Seconde édition. *Paris, veuve Lepetit*, 1816, in-8, iv-263 et 267 p.

Cette seconde édition, qui de fait est la troisième, est une réimpression réelle. La préface des éditeurs commence ainsi : « Le Moniteur secret » n'est autre chose... », au lieu qu'on lit dans les autres éditions : « Le Logographe, ou moniteur secret ».

Au sujet de la « Correspondance interceptée », qui se trouve ici, t. I, n° IV, voir la « Biographie Michaud », 2ᵉ édit., t. XXXIII, p. 304, article Pigault-Lebrun.

Moniteur universel.

Voy. « Gazette nationale », V, 525, d.

Monnaies celtiques, armoricaines, trouvées près d'Amanlis en 1835, par A. B. D. T. (Aimé-Marie-Rodolphe baron du Taya). *Rennes, imp. de J.-M. Vatar*, 1835, in-8, 80 p.

Tiré à 100 exemplaires.

Catalogue de la Bibliothèque de Nantes, n° 48992.

Monnaies d'Hannut. (Par Th. de Jonghe.) *Bruxelles, s. d.*, in-8, 3 p.

Extrait de la « Revue de la numismatique belge ».

J. D.

Monnaies de Thoren. (Par Th. DE JON-
GHE.) *Bruxelles, s. d.*, in-8, 5 p.

Extrait de la « Revue de la numismatique belge ».
J. D.

Monnaies des comtes de Provence. (Par
J.-F.-P. FAURIS DE SAINT-VINCENS.) *Aix,
Henricy*, an IX, in-4.

Monnaies inconnues des évêques des
innocents, des fous et de quelques autres
associations singulières du même temps,
recueillies et décrites par M. M.-J. R.
(M.-J. RIGOLLOT), d'Amiens ; avec des notes
et une introduction sur les espèces de
plomb, le personnage de fou, et les rébus
dans le moyen âge ; par M. C. L. (J.-M.-C.
LEBER). *Paris, Merlin*, 1837, in-8.

Monnaies mérovingiennes de la collection de feu M. Renault de Vaucouleurs.
Metz, imp. de Nouvion (1851), in-8, 42 p.

Signées : C. R. (Charles ROBERT).

Monographie, ou description historique
et complète de l'église collégiale des Saints
Michel et Gudule. (Par Adolphe GUÉRARD.)
Bruxelles, Devaux et Cie, 1865, in-12.
J. D.

Monologie historique de la Mère de Dieu.
Par une religieuse bénédictine du Saint-
Sacrement (Mᵐᵉ DE BLÉMUR). *Paris*, 1682,
in-4.

Mônolôgue borguignon por être pronon-
cai devan Son Altesse serenissime monsei-
gneu le duc. (Par Aimé PIRON.) *Dijon, de
Fay*, 1724.

Mignard, « Histoire de l'idiome bourguignon »,
p. 325.

Monologue (le) des sots joyeulx de la
nouvelle bande, la déclaration du prépa-
ratif de leur festin et banquet, mis en lu-
miere par le seigneur du Rouge et Noir,
adressant à tous joyeulx sotz et autres.
Paris, Guill. Nyverd, s. d., pet. in-8, 8 ff.
goth.

Cette pièce est terminée par la devise : *Espérant
mieux*. Or, cette devise est celle qu'a adoptée Jean
LE BLOND, sieur DE BRANVILLE. C'est peut-être par
opposition à son nom que Le Blond se sera nommé ici
le seigneur du Rouge et Noir. (« Manuel du libraire »,
5ᵉ édit., III, 1829.)

M. A. de Montaiglon a réimprimé le « Monologue »
dans le t. III de son « Recueil de poésies françaises »
(Bibliothèque elzévirienne). Par erreur, on a imprimé
dans la note de la page 12, troisième ligne du bas,
Jean Lehoux au lieu de Leblond.

Monopole (le) cause de tous les maux,
par O'CONNOR-CONDORCET. (Traduit de l'anglais en français par Ossian LAREVEILLÈRE.)
Paris, F. Didot, 1849-1850, 3 vol. in-8.

Monopole de la houille. (Par ROYET.)
Lyon, imp. de Chanoine, 1850, in-8.

Monopole (le), ou la centralisation du
débit et la répartition de la fabrication
comme solution de la question du sucre.
Par l'auteur de l' « Esquisse d'un système
de civilisation et de colonisation de l'Algérie » (le comte Venceslas JABLONOWSKI).
Paris, Bohaire, 1840, in-8, 32 p.

Monopole (le) universitaire destructeur
de la religion et des lois, ou la Charte et
la liberté de l'enseignement. *Lyon, Librairie
chrétienne*, 1843, in-18.

Signé : N. D., chanoine, ancien officier (Nicolas
DESGARETS, chanoine, ancien officier).

Monopole (le) universitaire dévoilé à la
France libérale et à la France catholique ;
les doctrines, les institutions de l'Eglise et
le sacerdoce enfin justifiés devant l'opinion
du pays. Par une société d'ecclésiastiques
sous la présidence de M. l'abbé Rohrbacher.
(Rédigé par M. l'abbé GAROT, aumônier du
collège de Nancy.) *Paris et Nancy, Myot*,
1840, in-8, 197 p.

Monosimplentos (le). (Par J.-A. GUER.)
La Haye, vers 1740.

Note de l'inspecteur de la librairie, d'Hémery.

Monotypie (la), ou l'art d'écrire et d'imprimer avec un seul caractère ; nouvelle
manière de représenter les sons articulés,
à l'usage des peuples de tous les pays ;
par un citoyen français (THIRION). *Paris*,
an V-1797, in-8, 16 p.

Monrose, ou suite de « Félicia ». (Par
le même auteur, A.-R. ANDRÉA DE NERCIAT.)
S. l., 1792, 1795, 1797, 4 vol. in-18.

La note d'Eusèbe Salverte, insérée à la suite de l'article « Félicia » (voy. V, 442, e), est inexacte. « Félicia » et « Monrose » sont bien d'Andréa de Nerciat,
mort à Naples en 1800.

Mons et ses environs. (Par Ad. MATHIEU.)
Mons, Piérard, 1842, pet. in-8, 31 p.

En vers.

Monseigneur de Quélen, archevêque de
Paris, par l'auteur de la vie de Mᵐᵉ de
Méjanès (le comte DE LAMBEL). *Lille, Lefort*,
1860, in-12, 69 p. et 1 f. de table.

Monseigneur, le Parlement se flatte...

Voy. « Requête du Parlement à monseigneur le duc
d'Orléans... »

M. Barthélemy Dumortier et ses détracteurs. (Par L'ESCHEVIN, avocat à Tournai.) (*Tournai, Casterman*), juin 1847,
in-8, 36 p.   J. D.

Monsieur Bonassin, ou les espérances

trompées. Dédié à MM. les gardes nationaux de toute la France, par un chasseur de la garde nationale de Paris. (Par Philippe-Irénée BOISTEL D'EXAUVILLEZ.) *Paris, Gaume frères*, 1832, in-18.   D. M.

Monsieur Bonhomme, ou la léthargie, vaudeville en un acte, par MM. Eugène et Léopold DE P*** (Eugène et Léopold DE PLANARD). Représenté à Paris, pour la première fois, sur le théâtre des Variétés, le 9 février 1836. *Paris, J.-N. Barba*, 1836, in-8, 28 p.

M. Bonne-Grâce, ou le petit volage, comédie en un acte mêlée de couplets. Par MM. Georges DUVAL et D*** (Th. MARION DU MERSAN). Représentée pour la première fois, sur le théâtre des Variétés, le 24 mai 1808. *Paris, Mme Cavanagh*, 1808, in-8, 24 p.

Monsieur Boucacous, ou l'S et le T, comédie en un acte et en vers, par M*** (Daniel ENCONTRE, professeur de mathématiques à Montpellier). *Montpellier, veuve Martel*, 1806, in-8.

M. Brabant et l'Autorité royale. Placement de cinq soldats chez la veuve Boogmans, pour compte d'autrui, le 19 juillet 1838. (Par GISLAIN, avocat.) *Namur*, 1838, in-4.   J. D.

M. Bricogne au vrai, en la forme et au fond. Moyens, non sans fondement, de réduire, dès 1819, les impositions. (Par Armand SÉGUIN.) *Paris, P. Gueffier*, 1819, in-8, 121 p.

M. Canning. (Par le baron DE ROUVROU, maréchal de camp.) *Paris, A. Pihan de La Forest* (1827), in-8.

Monsieur Chose, ou la foire de Pantin, folie-vaudeville par MM*** (Th. MARION DUMERSAN et George DUVAL). *Paris, Cavanagh*, 1809, in-8.

M. Cicogne. (Par Ben.-Jos.-Cl. LEFÈVRE.) *Paris, imp. de J.-L. Chanson* (1819), in-8, 10 p.

Contre M. Bricogne.

Cette brochure a été aussi attribuée à BELMONDI, auteur des « Fragments extraits du portefeuille de M. Cicogne... » Voy. V, 493, *c*.

M. Cousin. *Paris, C. Douniol*, 1859, in-16.

Signé : J. W. (Jean WALLON).

Monsieur Croûton, ou l'aspirant au Salon, pièce grivoise en un acte, mêlée de couplets. Par MM. M..... (C.-F.-J.-B. MOREAU) et LAFORTELLE (et F.-D.-T.-M. LEROI D'AL-

LARDE). Représentée pour la première fois à Paris, sur le théâtre des Variétés, le 24 novembre 1814. *Paris, Barba*, 1814, in-8, 40 p.

M. Danverss, ou le dire et le faire, traduit de l'anglais, de l'auteur de l' « Homme d'affaires » (Théodore HOOK), par Mlle Renée ROGER (Mlle Alex. ARAGON); suivi de « Marthe ou la Bohémienne », traduit de l'anglais par Mlle Claire DESAGES. *Paris, Persan*, 1825, 2 vol. in-12.

Monsieur Daube, ou le disputeur, comédie en un acte, mêlée de couplets, par MM. Georges DUVAL et Charles H. DE G*** (Charles HÉGUIN DE GUERLE). *Paris, Marchant*, 1840, in-8.

M. David, comédie anecdotique, en un acte et en prose, par MM. SAINT-ANGE MARTIN, Alexandre MARTIN et A. J. L. (A.-J. LEROY DE BACRE). Représentée pour la première fois, à Paris, sur le théâtre de la Porte-Saint-Martin, le 13 novembre 1820. *Paris, Quoy*, 1820, in-8, 31 p.

M. de Calonne tout entier, tel qu'il s'est comporté dans l'administration des finances, dans son commissariat de Bretagne, etc., etc., avec une analyse de sa requête au roi et de sa réponse à l'écrit de M. Necker; ouvrage critique, politique et moral, par M. C**** (J.-L. CARRA). *Bruxelles*, 1788, in-8.

M. de Champlouis. 24 septembre 1788-24 février 1850. *Paris, imp. de J. Delalain* (1850), in-8, 8 p.

Signé : S. (N.-A. DE SALVANDY). « Journal des Débats », 27 février 1850.

M. DE FÉNELON, archevêque de Cambray, sur les libertés gallicanes; ouvrage très-rare et très-estimé. *Avignon*, 1792, in-8, 70 p.

Cette brochure n'est autre chose que le discours de l'abbé Cl. FLEURY sur les libertés de l'Eglise gallicane.

Monsieur de Fintac, ou le faux connaisseur, comédie en 3 actes et en vers par l'aveugle de Ferney (R.-G. LEFEBURE DE SAINT-ILDEPHONT). *Genève*, 1774, in-8, 2 ff. lim. et 71 p.

Voy. « Supercheries », I, 415, *b*.

M. de La Mennais, réfuté par lui-même, à l'occasion de son ouvrage intitulé : « Esquisse d'une philosophie ». (Par M. l'abbé A.-C. PELTIER.) *Paris, Debécourt*, 1841, in-8, 92 p.

M. de Montalembert et l'Italie en 1849 et 1859. (Par REINTJENS.) *Bruxelles, Lemoine*, 1859, in-8, 14 p.

Monsieur de Talleyrand. (Par Charles-Maxime DE VILLEMAREST.) *Paris, J. Rôret*, 1834-1835, 4 vol. in-8.

Avec cette épigraphe : « Ni pamphlet, ni panégyrique ».

M. de Voltaire peint par lui-même, ou lettres de cet écrivain, dans lesquelles on verra l'histoire de sa vie, de ses ouvrages, de ses querelles... avec un grand nombre d'anecdotes, de remarques, etc. *Lausanne (Avignon)*. 1766, 2 part. in-12. — *Ibid.*, 1768, in-12. — *Toulouse*, 1768, in-12. — *Lausanne*, 1768, 1769, 1772, 1775, petit in-8. — *Rouen*, 1772, 2 part. in-12.

La préface et les notes de ce recueil ont été attribuées à Laurent ANGLIVIEL DE LA BEAUMELLE.

Nous avons sous les yeux une note de Beuchot, qui déclare que cette attribution est inexacte.

Monsieur de Voltaire traité comme il le mérite. Epître. (En vers de dix syllabes.) (Par DENESLE.) *Amsterdam (à la Sphère)*, 1756, in-12, 11 p.

Monsieur Dorguemont, drame en cinq actes et en prose, par P.-P-C. M. C. (Pierre-Prosper-Constant MAILLÉ-COCHAISE). *Paris, Chaigneau jeune*, 1815, in-4.   D. M.

Monsieur Duguignon, comédie en un acte, mêlée de couplets, par MM*** (Benjamin ANTIÉ et Frédéric DUPETIT-MÉRÉ), représentée sur le théâtre de la Porte-Saint-Martin, le 16 janvier 1821. *Paris, Quoy*, 1821, in-8.

Monsieur Dupinceau, ou le peintre d'enseignes, facétie en un acte, mêlée de couplets ; par A*** C*** (Armand CROIZETTE et A.-J.-B. SIMONNIN). *Paris, Barba*, 1808, in-8.

Monsieur et madame Bernard, ou les deux portraits. comédie en un acte et en prose, mêlée de vaudevilles. Par M. D*** (J.-B. DUBOIS). *Paris, J.-N. Barba*, 1814, in-8.

Monsieur et madame Denis, ou souvenez-vous-en, comédie en un acte et en vaudevilles, par MM. SIMONIN et B*** (BRAZIER). Représentée pour la première fois, à Paris, sur le théâtre de la Gaîté, le 18 juin 1808. *Paris, Barba*, 1808, in-8, 32 p.

Monsieur et madame Frontal, ou crânomanie et romantisme. Comédie-critique en un acte, mêlée de vers. Par M. C*** (Marc COLOMBAT), de l'Isère... *Paris, Mansut fils*, 1830, in-8, 43 p.

M. Feuilleton, ou scène additionnelle (en vers libres) à la comédie du « Mercure galant » de Boursault. (Par Nic. GOBET.) *Paris*, an XII-1804, in-8.

M. Florent Lysen, plagiaire, chevalier de divers ordres, secrétaire général de l'Académie belge d'histoire et de philologie... à propos du livre intitulé : « Etudes sur l'histoire de l'économie politique ». (Par Ch. NYS, d'Anvers.) *Anvers, L. Shotmans*, 1855, in-18.

Voy. « Supercheries », II, 1000, e.

Monsieur Fournitout, ou le bureau de placement, comédie-vaudeville en un acte, représentée pour la première fois, sur le théâtre de Nancy, le 21 novembre 1827. (Par Ch.-Aug. CLEVER, baron DE MALDIGNY.) *Nancy, Hœner*, 1827, in-8, 39 p.

M. François Lenormant et le Trésor de Hildesheim. — Une monographie. *Paris, impr. Pillet fils aîné*, in-12, 11 p.

Daté du 8 novembre 1869 et signé : FR. (FRŒHNER), auteur d'un article publié dans le « Journal officiel » du 25 juin 1869, dans lequel il se plaint d'avoir été trop servilement mis à contribution par M. Fr. Lenormant dans son article de la « Gazette des Beaux-Arts » du 1er novembre 1869.

M. Gelin, ou les effets de l'envie et de la médisance. (Par L.-P.-P. LE GAY.) *Paris, Chaumerot*, 1810, 4 vol. in-12.

Monsieur Gratien invité à revoir ses assertions sur le mariage. (Par l'abbé Guillaume-André-René BASTON.) *S. l. n. d.* (Rouen, 1792), in-8.   D. M.

Monsieur Guillaume, ou le disputeur. (Par l'abbé T.-J. DUVERNET.) *Amsterdam*, 1781, in-8.

Voy. les « Diners de M. Guillaume », p. 60.

M. Guizot. *Paris, F. Didot*, 1838, in-8, 30 p.

Attribué par les uns à M. A. AUDIGANNE, avocat, et par les autres à M. LORAIN.

M. Guizot, par un homme du peuple (M. Victor VERNEUIL). *Paris, imp. de Fain*, 1846, in-8, 16 p.

Monsieur Hoc, ou le méfiant, comédie en trois actes et en vers. *Dinan, de l'imp. de A. Rowoloni, s. d.*, in-8, 102 p.

Bien qu'insérée dans le t. I des « Œuvres de Rœder », cette pièce, à en croire Quérard, serait de BRIÈRE, le libraire-éditeur des « Œuvres de Diderot ».

Voy. « Supercheries », III, 441, c.

M. Ingres, par un homme de rien (M. Louis DE LOMÉNIE). *Paris*, 1842, in-12.

Œttinger.

M. Ingres, peintre et martyr. (Par LAURENT-JAN.) *S. l. n. d.* (Paris, vers 1842), in-8.

Extrait du « Plutarque drôlatique ».

Œttinger.

M. Isaac Cornuand. (Par J.-P. Bérenger.) Du 13 juin 1781, in-8.

Monsieur Lambin, comédie-vaudeville en un acte, par M. R. St-Ph. (Rousseau Saint-Phal). Représentée pour la 52ᵉ fois, à Paris, sur le théâtre de la Gaîté, le 29 fructidor an XI... Paris, Fages, an XIII-1805, in-8, 28 p.

M. Lamiral réfuté par lui-même, ou réponse aux opinions de cet auteur sur l'abolition de la traite des noirs... Par un ami des blancs et des noirs (F. Lanthénas). Paris, Desenne, 1790, in-8.

M. le baron de Gerlache, président du congrès de Malines et l'orangisme. (Par Verzyl, avocat à Bruxelles.) Bruxelles, chez tous les libraires, 1864, in-8, 8 p.
                                        J. D.

M. le bâtonnier de l'ordre des avocats (Ph.-Sim.-Dupin, par La Gervaisais). Paris, imp. de A. Pihan de La Forest (1837), in-8, 4 p.

Monsieur le duc et madame la duchesse de Berri, ou précis des événements qui ont signalé jusqu'à ce jour l'histoire de ces deux augustes personnages. (Par P.-R. Auguis.) Paris, H. Vauquelin, 20 juin 1816, in-18, 104 p.

Monsieur le Marquis, esquisse de 1815, comédie-vaudeville en un acte. Par MM. Eugène S** (Eugène Sue) et A. de Forges. Représentée pour la première fois, à Paris, sur le théâtre de S. A. R. Madame, le 17 mars 1829. Paris, Barba, 1829, in-8, 1 f. de titre et 33 p.

M. le ministre des travaux publics et la compagnie du chemin de fer du Nord. (Par F.-L. Behr.) (Liége, Desoer), 1856, in-fol., 28 p.
                                        Ul. C.

Monsieur le Plat, ou c'est moi, encore moi, toujours moi. (Par J.-B. Pujoulx.)

C'est une satire dramatique en cinq scènes contre l'abbé de Pradt. Elle se trouve dans un volume intitulé : « l'Astrologue parisien, ou le nouveau Mathieu Læensberg », par A. B. C. D....., etc. Paris, veuve Lepetit, 1817, in-32.
Catalogue Soleinne, nᵒ 3817, et Supplément, p. 86.

Monsieur le Préfet. (Par le baron E.-L. de Lamothe-Langon.) Paris, 1824, 4 vol. in-12. — Troisième édition. Ibid., id., 4 vol. in-12.

M. Manuel. (Par Ramond de La Croisette.) Paris, Ponthieu, 1824, in-12, 60 p.

Monsieur Mudry, ou histoire des démê-

lés du curé Mudry et des habitants de Versoix avec le parti prêtre, suivi de quelques mots sur le sort de M. Mudry depuis 1824. (Par M. le curé Moglia.) Genève, 1846, in-8.

Monsieur Napoléon et sa cour. (Par Mᵐᵉ la comtesse d'Ash et M. A.-N. Lebègue.) Bruxelles, Office de publicité, s. d. (1871), in-8, 84 p.
Plusieurs éditions.

Monsieur Olier, instituteur et fondateur de la congrégation de Saint-Sulpice, par l'auteur de « Monseigneur de Quélen » (le comte de Lambel). Lille, Lefort, 1861, in-12, 72 p. — Deuxième édition. Id., 1865, in-12, 72 p.
Les éditions suivantes portent le nom de l'auteur.

M. P.-J. Proudhon et ses récents travaux. (Par Philippe Bourson, docteur en médecine.) Bruxelles, veuve Vanbuggenhout (1862), in-8, 16 p.
Extrait de la « Revue britannique », édition belge.
                                        J. D.

M. Perrot d'Ablancourt vengé, ou Amelot de La Houssaie convaincu de ne pas parler françois et d'expliquer mal le latin. (Par Nic. Frémont d'Ablancourt.) Amsterdam, Wolfgang, 1686, in-12, 225 p.
Amelot de La Houssaye a répondu à cette critique en tête des « Six premiers livres des Annales de Tacite », trad. en françois. Amsterdam, 1716, 4 vol. in-12.

Monsieur Pierre. (Par E. Souvestre.) Paris, Bourgogne, 1838, in-8, 32 p.
Extrait du « Magasin pittoresque ». 1838.

M. Poynter, vicaire apostolique de Londres, échouant dans sa tentative pour amener le clergé français résidant dans son district aux innovations que ce clergé rejette. (Par l'abbé P.-L. Blanchard.) Londres, 1818, in-8, 86 p.

Monsieur Proudhon. (Par Ozynski, un des rédacteurs du journal « la Pologne ».) Paris (Bruxelles), Nys, 1864, in-12, 24 p.
                                        J. D.

Monsieur Rétif...
Voy. « la Vie de mon père... »

M. Rococo, ou le nouveau Salon d'exposition. (Par Antoine Dupuis.) Paris, Delaunay, 1817, in-8, 16 p.

M. S** (Louis Silvy), ancien magistrat, à l'auteur de l'écrit intitulé : « le Passé et l'Avenir expliqués par des événements extraordinaires arrivés à Thomas Martin, laboureur de la Beauce ». *Paris, imp. de A. Pihan-Delaforest* (1832), in-8, 28 p.

Voy. « Supercheries », II, 877, *d*, et ci-après, « Relation concernant les événements... »

M. Schérer, ses disciples et ses adversaires, par quelqu'un qui n'est ni l'un ni l'autre (M. Jean-Fréd. ASTIÉ). *Paris, Meyrueis*, 1834, in-8.

Monsieur Sensible, comédie-vaudeville en un acte, par MM*** (E.-J.-E. MAZÈRES, DUVERGIER et DE LURIEU). Représentée pour la première fois, sur le théâtre du Gymnase dramatique, le 1ᵉʳ mars 1821. *Paris, Barba*, 1821, in-8, 35 p.

M. Seringa, ou la fleur des apothicaires, parade en un acte et en prose, mêlée de vaudevilles, par les auteurs de « Cri-Cri » (A. GOUFFÉ, George DUVAL) et M. T*** (TOURNAY). Représentée pour la première fois à Paris, sur le théâtre Montansier, le 11 prairial an XI. *Seringapatam et Paris, Mᵐᵉ Cavanagh*, an XI-1803, in-8, 29 p.

Monsieur T..... d'O..... (Thomas d'Onglée) à M. le doyen et à ses respectables confrères. (Par LE ROUX DES TILLETS.) *S. l. n. d.*, in-8, 7 p.

M. Th. Juste, chevalier de l'ordre de Léopold. (Par Ch. POTVIN.) *Bruxelles, J. Rozez*, 1852, in-8, 26 p.   J. D.

M. Thiers sous tous les régimes, y compris le régime actuel. (Par M. E. TESTE-LEBEAU.) *Paris, Amyot*, 1872, in-18, 2 ff. lim., 86 p. et 1 f. de table.

Réimprimé avec le nom de l'auteur.

Monsieur Touche-à-Tout, comédie-vaudeville en un acte. Par MM*** (COGEY dit SAINT-LUC et PONCY). Représentée sur le théâtre du Vaudeville, le 8 septembre 1819. *Paris, Barba*, 1819, in-8.

Monsieur X et Madame Trois-Etoiles, par un inconnu (Mᵉ GUYET-DESFONTAINES). *Paris, M. Lévy*, 1861, in-18, 295 p.

Monstre (le). Par l'auteur du « Damné » (Hugues - Marie - Humbert BOCON, plus connu sous le nom d'Eugène LAMERLIÈRE). *Paris, Urbain Canel*, 1824, 2 vol. in-8.   D. M.

Suivant quelques personnes, Mᵐᵉ J. BASTIDE aurait eu part à ce roman, qui fut saisi presque aussitôt sa publication. Voy. ci-dessus, IV, 835, *c*.

Monstruosité (de la) pontificale, ou tableau fidèle des papes, traduit de l'anglois. *Londres*, 1772, in-12, 56 p.

Cet ouvrage est donné comme traduit d'un ouvrage intitulé : *A true Picture of Popery*, et dont l'auteur

serait un nommé DAVISSON. La date de 1772 n'est pas celle de l'édition ici décrite, qui sort d'une presse clandestine.

Mont (le) Blanc, vaudeville en un acte, par Victor C. (CORBIZIER) et Charles LAVRY. Représenté pour la première fois à Bruxelles, sur le théâtre royal du Parc, le 30 juin 1830. *Bruxelles, Géruzet*, 1839, in-32, 50 p.   J. D.

Mont-Cantal (le), ou les malheurs de la famille Beauvalier, par Mᵐᵉ L. B. D. (Mᵐᵉ L.-B. DESHAYEUX). *Paris, Lerouge*, 1820, 3 vol. in-12.

Mont (le) César, ou le faux père, mélodrame en trois actes et en prose. (Par A.-Fr. GIRARD aîné.) *Paris, an XII-1804*, in-8.

Mont-d'Or (le), poésies imprimées au profit des pauvres. (Par Sophie-Claudine BALLYAT, de Lons-le-Saunier.) *Paris, Beck*, 1851, in-18, 2 ff. de tit. et 282 p.   D. M.

Mont Joux (le), ou le mont Bernard, discours historique lu à la séance publique de la Société philotechnique du 20 messidor an VIII (par M.-A.-B. DE MANGOURIT); suivi d'une lettre de M. MURITH, religieux du Mont-Bernard... *Paris (Gueffier)*, an IX-1801, in-8, 2 ff. de tit., 98 p., 1 f. de table et 1 gravure.

Mont Saint-Michel (le) au péril de la mer, fragment. (Par Guillaume-Sébastien TRÉBUTIEN.) *Caen, Hardel*, 1841, in-8, 26 p.

Extrait de la « Revue du Calvados ».

Mont (du) Valérien et des Missionnaires. (Par CHATEAUBRIAND.) *Paris, Boucher*, 1819, in-8, 8 p. — *Bordeaux*, 1819, in-8, 12 p.

Extrait du « Conservateur », t. IV, p. 263-275.

Mont Valérien (le), ou histoire de la croix, des lieux saints et du calvaire établi au mont Valérien. (Par C. LEBER.) *Paris, Dentu*, 1826, in-18, fig.

Mont Valérien (le), ou pèlerinage et amitié, par M. Max... DE M*** (C.-M.-J.-Maxime FOURCHEUX DE MONTROND). *Paris, à la Société des bons livres*, 1834, in-12, 236 p.

Mont Viso (du) et de son souterrain. (Par le baron J.-C.-F. DE LA DOUCETTE.) *Cologne, s. d.*, in-8, 8 p.

Montagne (la) de Saint-Lié, ou la ferme champenoise. Par une jeune insulaire (Mˡˡᵉ COUTIER). *Reims, Ledoyen*, 1830, 2 vol. in-12.

Montaigne aux Champs-Élysées, dialogue en vers, et les Soirées de campagne, conte en vers. (Par le baron DE BALLAINVILLIERS.) *Paris, Delaunay,* 1822, in-8.

Montaigne, discours qui a obtenu une mention au jugement de l'Institut. (Par J.-B. BIOT.) *Paris, Michaud,* 1812, in-8.

Montauban le Courageux, quatrième chef des flibustiers, aventuriers et boucaniers d'Amérique; ses entreprises hardies; par M. A*** (J.-Fr. ANDRÉ, des Vosges). *Paris, Tiger,* 1813, in-18.

Montbard et Buffon. Extrait de la « Revue archéologique... » (Par le comte Henri DE BUFFON.) *Paris, imp. de C. Lahure* (1855), in-8, 23 p.

Monthenon, poëme. (Par J.-J. PORCHAT.) *Lausanne,* 1823, in-8.

Montcalm, ou la faillite, drame en cinq actes et en vers, par M*** (Aug.-Ch. DUFRESNE). *Paris, imp. d'Everat,* 1817, in-8, 127 p.

Voy. « Supercheries », III, 1097, *b*.

Montesquieu. Sa réception à l'Académie française et la deuxième édition des « Lettres persanes ». *Paris, Didier* (1872), in-8, 24 p.

Signé : L. V. (Louis VIAN).

Montésuma, ou Fernand Cortez, tragédie de M. DRYDEN, célèbre poëte anglois, et traduite par M. l'abbé D. B. (DU BOURG). *Paris, J. L'Esclapart,* 1743, in-8, 2 ff. lim. et 95 p.

Montfort, poëme. (Par le comte DE DION.) *Paris, imp. d'Everat,* 1823, in-8.

Monthermé. (*Paris,* 1848), in-16, 212 p.

Roman par le baron Ant.-Marie RŒDERER. On trouve, p. 87 et suiv., un conte facétieux en vers, intitulé : « la Vierge de Monthermé ». Tiré à 10 ou 12 exemplaires.

Montlupines (les), nouvelles en vers amusantes et badines, par Mᵉ F. G. (F. GARNIER). *Paris, A. Dupont* (Lyon), 1827, in-18.

Montmorency. Voyage, anecdotes. (Par H. DE LATOUCHE.) *Paris, Audot,* 1825, in-18, avec une carte.

Montoise (la). (Chanson patriotique composée, en 1830, par V. SMOLDER.) *S. l. n. d.,* in-8, 2 p.   J. D.

Montoni, ou le château d'Udolphe, drame en cinq actes et en prose, imité du roman « les Mystères d'Udolphe », par le C. Alex. D.... (Alexandre-Vinc. PINEUX DUVAL).

Paris, an VI-1798, in-8, 2 ff. lim., 121 p. et 3 p. de musique. — *Paris, Fages,* 1813, in-8, 87 p.

Montpensier, roi d'Espagne. (Par Hippolyte BABOU.) *Paris, Vallée,* 1869, in-8, 31 p.

Monument à la gloire nationale, ou recueil de proclamations... depuis le commencement de la guerre de la Révolution, en 1792, jusqu'au mois de juin 1815. (Par P.-R. AUGUIS.) *Paris, Chaumerot,* 1815, 2 vol. in-8.

L'ouvrage devait avoir deux autres volumes.

Monument consacré à la mémoire de Peiresc. (Par A.-J.-A. FAURIS DE SAINT-VINCENS.) *Aix, imp. de A. Henricy,* an XI, in-4, 12 p. — *Aix, imp. de A. Pontier,* 1817, in-4, 12 p.

Monument (le) de Carnac et les deux pierres colossales de Locmariaquer (département du Morbihan). Par M. le baron de M... L... (le baron DE MONTLEZUN). *Paris, Duprat,* 1845, in-8, 48 p. et 2 pl.

Monument de la famille de Laittres dans l'église de Saint-Mard. (Par Eugène DE GERLACHE.) *Bruxelles, Polack-Duvivier,* 1850, in-4, 10 p. et 7 planches.   J. D.

Monument de la présence des Français en Russie, ou recueil d'événements relatifs à P.... J... (Pierre-Pétrovitch JDANOFF), marchand de Moscou, traduit du russe (d'après sa propre relation) par V.... C.... *Saint-Pétersbourg, Pluchart et Cie,* 1815, in-8, 55 p.   A. L.

Monument de la ville de Rheims. (Par M.-F. DANDRÉ-BARDON.) *Rheims,* 1765, in-12.   V. T.

Monument des martyrs de la révolution belge de 1830, orné de trois planches représentant l'ensemble du monument et les bas-reliefs qui décorent le socle de l'édifice. (Par le général don Juan VAN HALEN et Charles POPLIMONT.) *Bruxelles, Mayer et Flatau,* 1849, in-8, 31 p.   J. D.

Monument du costume physique et moral de la fin du XVIIIᵉ siècle, ou tableaux de la vie, ornés de 26 figures dessinées et gravées par Moreau le jeune. (Texte par RETIF DE LA BRETONNE.) *Neuwied, chez la Société typographique,* 1789, grand in-fol., 36 p. de texte avec 26 grav.

Cet ouvrage a reparu en petit format, sous ce titre : « Tableaux de la bonne compagnie ». Voy. ces mots et voy. aussi la monographie de Ch. Monselet sur Rétif de La Bretonne, p. 160-163.

Monument élevé à la mémoire de Van Hulthem, à Gand. (Par Norbert CORNELISSEN.) *Gand, Hebbelynck*, 1844, in-8. 10 p. et une planche.   J. D.

Monuments anciens et modernes de la ville d'Amiens, dessinés par Duthoit frères et décrits par M. H. D. (Hyacinthe DUSEVEL). *Amiens, R. Machart*, 1831-1843, in-4.

Voy. « Supercheries », II, 249, d.

Monuments anciens (les) et modernes de Metz, patrie de l'auteur, département de la Moselle. (Par P.-J. BUC'HOZ.) *Paris, Buc'hoz*, an III-1795, in-fol.

Monuments antiques. Description d'une tombe trouvée dans les décombres de l'église des ci-devant religieuses de Sainte-Claire, à Amiens, en avril 1842. (Par Antoine-Joseph LEVRIER, correspondant de l'Institut.) *S. d.*, in-4.   D. M.

Monumens antiques. Par M. F. D. A. (FÉLIBIEN DES AVAUX). *Paris, Delaulne et Lucas*, 1690, in-4. 4 ff. et 12 p.

Monuments d'architecture gothique, romane et de la Renaissance... (Par POLLET.) *Paris, Bance*, 1840, in-fol. de 15 p. de texte et 60 pl.

Monuments de la reconnaissance nationale, votés en France au mérite éminent, depuis 1789 jusqu'à la loi du 22 février 1819, relative à M. le duc de Richelieu, avec des réflexions sur la retraite des étrangers et sur l'invasion du jacobinisme, qui ont eu lieu sous le même ministère, par l'auteur du « Génie de la Révolution, considéré dans l'éducation » (J.-B.-G. FABRY). *Paris, Le Normant*, 1819, in-8.

Monumens de la vie privée des douze Césars, d'après une suite de pierres gravées sous leurs règnes. (Par P.-F. HUGUES D'HANCARVILLE). *Caprée, chez Sabellius (Nancy, Le Clerc)*, 1780, in-4.

Voy. ci-après, « Monuments du culte secret... »

Monumens (les) de Rome, ou descriptions des plus beaux ouvrages de peinture, de sculpture et d'architecture qui se voyent à Rome et aux environs. Avec des observations sur les principales beautez de ces ouvrages dont on ne fait pas des descriptions. *Paris, veuve Cl. Barbin*, 1700, in-12. — *Amsterdam, Est. Roger*, 1701, in-18, avec front. grav. — Seconde édition. *Paris, Jean Villette*, 1702, in-12. — *Londres*, 1737, in-12.

La dédicace à messeigneurs les conservateurs de

Rome est signée : RAGUENET. Ce nom se retrouve aussi dans le privilége, daté du 2 mai 1700.

Une nouvelle édition a paru avec le nom de l'auteur, sous ce titre : « Observations nouvelles sur les ouvrages de peinture... pour servir de suite aux « Mémoires des « voyages et recherches du comte de B*** à Rome ». *Londres, Moyse Chastel*, 1765, in-4. Le véritable titre de l'ouvrage auquel on a voulu rattacher les « Observations nouvelles » est : l' « Education du jeune comte D. B***, ses amours avec Emilie de T***... » Quérard l'a reproduit exactement (voy. « France littéraire », t. VII, p. 438); mais il a omis de dire qu'il porte : *volume I*. L'abbé Fr. Raguenet, mort en 1722, ne peut être pour rien dans cette singulière publication.

Monuments (les) des arts existant à Dijon, par C.-X. G*** (Claude-Xavier GIRAULT). *Dijon, Bernard Defay*, 1818, in-16.   D. M.

Monuments des victoires et conquêtes des Français; recueil de tous les objets d'art, statues... consacrés à célébrer les victoires des Français de 1792 à 1815. *Paris, Panckoucke*, 1829 et ann. suiv., 20 livr. in-4 obl.

Les planches ont été dessinées et gravées par Ambr. Tardieu. Le texte a été rédigé par J.-Ph. VOÏART.

Monumens du culte secret des dames romaines, pour servir de suite aux « Monumens de la vie privée des douze Césars ». (Par P.-F. HUGUES D'HANCARVILLE.) *Caprée (Nancy, Le Clerc)*, 1784, in-4.

Les 50 gravures que renferment chacun de ces deux volumes sont presque toutes, à ce qu'on croit, de l'invention de d'Hancarville ; le texte en offre une explication remplie de passages empruntés à Suétone, Martial, etc. Le tout fut, dit-on, imprimé à Nancy. Il existe une autre édition, 1782 et 1784, grand in-8. Dans celle de 1787, in-4, les citations sont supprimées. Dans une autre édition, sous la rubrique de *Rome, imprimerie du Vatican*, les « Césars » portent la date de 1786 et les « Dames » celle de 1790; beaucoup de notes sont ajoutées, et l'ordre des chapitres est sensiblement modifié. — Destruction ordonnée par arrêt du 19 septembre 1826, à cause des gravures obscènes que l'ouvrage contient. Voir le Catalogue de la vente M., faite par l'Alliance des arts, en 1846, n° 1454, pour la différence que présentent diverses éditions. Voir aussi Noël, « Collections lorraines », p. 787; et le « Bibliophile illustré », *Londres*, 15 juin 1862, p. 181. Voy., pour le détail des planches, Cohen, « Guide de l'amateur des livres à vignettes ». *Paris, Rouquette*, 1870, in-8.

Monuments érigés en France à la gloire de Louis XV. (Par l'abbé DE LUBERSAC.) *Paris, Lacombe*, 1772, in-fol.

Monuments inédits sur l'apostolat de sainte Marie-Madeleine en Provence, et sur les autres apôtres de cette contrée : saint Lazare, saint Maximin, sainte Marthe... Par l'auteur de la dernière vie de M. Olier (l'abbé FAILLON). Ouvrage orné d'un grand nombre de gravures, et publié par M. l'abbé

MIGNE. *Paris (Migne)*, 1848, 2 vol. grand in-8.

Monumens romains de la France. Monumens de Nîmes. (Par Auguste PELET.) *S. l. n. d.*, in-8, 40 p.

Morale chrétienne en action, ou choix d'histoires édifiantes, d'anecdotes, de contes moraux, etc., par l'auteur de la « Morale en action » (L.-P. BERENGER). *Lyon*, 1810, 2 vol. in-12.

Morale chrétienne, ou l'art de bien vivre. (Par Benoît PICTET.) 1695 et 1696, 8 vol. in-12. — Nouvelle édit., augmentée. 1710, 2 vol. in-4 ou 8 vol. in-12.

Morale chrétienne, partagée en trente articles pour tous les jours du mois. (Par le P. Pierre BRUMOY, jésuite.) *Paris, Le Mercier*, 1722, in-18.

Réimprimée avec le nom de l'auteur.

Morale chrétienne rapportée aux instructions que Jésus Christ nous a données dans l'Oraison dominicale. (Par P. FLORIOT.) *Rouen*, 1672 ; — *Paris, Desprez*, 1676, in-4.

Souvent réimprimée.

Dans l'édition de *Bruxelles* (Rouen), 1741, 6 vol. in-12, on a inséré en tête du premier volume la traduction du « Traité de S. Cyprien sur la prière », publiée à *Paris*, 1663, in-12, par un anonyme, et le traité intitulé : « Explication de l'Oraison dominicale, composée des pensées et des paroles mêmes de S. AUGUSTIN », traduction du livre (de Martin LARDENOY, célestin, intitulé : *Phileremi Palæologi*, etc., voy. les « Anonymes latins » ; par l'abbé G. LE ROY). *Paris, Guill. Desprez*, 1674, 1688, in-12.

Le sixième volume a été publié par l'abbé C.-P. GOUJET, qui a mis en tête un éloge de l'auteur.

Morale (la) d'ARISTOTE, traduction nouvelle (par CATEL). *Tolose*, 1644, in-4.

G. M.

Morale d'Épicure, avec des réflexions. *La Haye*, 1686, in-12. — Autre édition, revue, corrigée et augmentée par l'auteur de la « Vie d'Epicure ». *La Haye, Barent Beek*, 1686, in-12.

Cet ouvrage, qui est du baron DES COUTURES, avait paru l'année précédente à *Paris, chez Th. Guillain* ; le nom de l'auteur n'était pas un mystère, puisqu'on le lit au bas de l'épître dédicatoire. Le deuxième libraire de La Haye a trompé les lecteurs par l'équivoque que présente le titre de son édition ; il a seulement ajouté à l'ouvrage du baron des Coutures la « Vie d'Epicure », qui est de DU RONDEL, professeur à Sedan. Bayle nous apprend que ce professeur, entièrement étranger à la réimpression de la « Morale d'Epicure », fut fort fâché du procédé du second libraire de La Haye.

« République des lettres », janvier 1686, p. 86.

Morale de Confucius, philosophe de la Chine. (Par J. DE LA BRUNE.) *Amsterdam,*

Savouret (Paris), 1688, in-12, 10 ff. lim. et 100 p.

« République des lettres », par J. Bernard, septembre 1710, p. 305.

L'abbé Simon Foucher publia la même année à Paris, avec les seules initiales de son nom, une « Lettre sur la Morale de Confucius » (voy. V, 1208, a), qui a été plusieurs fois réimprimée avant ou après l'ouvrage dont il est ici question. Les deux opuscules ont été réimprimés ensemble à *Paris, chez Valade*, 1783, in-8.

Malgré l'assertion de Jacques Bernard, l'Avertissement qui précède la « Morale de Confucius » ne me permet pas de croire que l'ouvrage ait été rédigé par un protestant ; il me semble plutôt venir d'un catholique.

Le Catalogue Filheul, n° 379, donne la « Morale de Confucius » au président COUSIN ; et j'avoue être très-porté à adopter ce nouveau renseignement.

Voy. Barbier, « Examen critique », p. 228, article COUSIN.

Morale (la) de l'adolescence enseignée par les oiseaux. (Par J.-P.-R. CUISIN.) *Paris, Masson*, 1825, in-18.

Morale de l'enfance ; collection de quatrains moraux mis à la portée des enfants. Par M. M..... DE VIN..... (Ch.-G. MOREL DE VINDÉ). *Annonay, Prodhon*, 1851, in-16.

La première édition a paru en 1790, sous le titre de : « Etrennes d'un père à ses enfants ». Voy. V, 310, b.

Souvent réimprimée.

Morale (la) de l'Evangile en forme d'élévation à Dieu, ou la religion du cœur, avec le tableau des vertus chrétiennes d'un grand magistrat. (Par l'abbé ANDRÉ, bibliothécaire de M. d'Aguesseau.) *Paris, Cellot*, 1786, 3 vol. in-12.

Suivant une note manuscrite de Barbier, cet ouvrage serait du chancelier H.-F. D'AGUESSEAU.

Morale de l'histoire, par M. DE MOPINOT, lieutenant-colonel de cavalerie, etc. Rédigé et publié par M*** (J.-F. DE BASTIDE). *Bruxelles et Paris, Delalain*, 1769, 3 vol. in-12.

Cet ouvrage devait avoir 20 volumes.

Morale de SÉNÈQUE, extraite de ses Œuvres, avec un discours préliminaire, par M. N. (J.-A. NAIGEON). *Paris, Didot l'aîné*, 1782, 3 vol. in-18.

Cet ouvrage fait partie de la belle « Collection des moralistes », imprimée par Didot. Voy. IV, 633, c.

Morale (la) des apôtres, ou concordance des épîtres de saint Paul, etc. (Par l'abbé Jér. BESOIGNE.) *Paris, Rondet*, 1747, in-12.

Morale (la) des factieux, ou abrégé de la doctrine des révolutionnaires. (Par Pierre STEVENS, avocat, mort à Bruxelles, en 1855, et l'abbé G. MOENS.) *Liége, Jeunehomme*, 1833, in-16, 54 p. J. D.

Morale (la) des Jésuites, extraite fidèlement de leurs livres, par un docteur de Sorbonne (Nic. PERRAULT, avec une préface par Alexandre VARRET). *Mons, vefve Waudret, 1667, in-4. — Suivant la copie imprimée à Mons, 1669, 1702 et 1739, 3 vol. in-12.*

Morale des patriarches et des prophètes... (Par GIROT.) *Paris, Poncelin, 1801, 2 vol. in-18.*

Morale des princes, précédée de quelques pensées sur les ministres, par J. B. comte DE COMAZZI, traduite de l'italien (par J.-B. DUPUY-DEMPORTES). *La Haye, Néaulme, 1754, 4 vol. in-12.*

Morale des rois puisée dans l'Eloge du Père du peuple, pour servir de suite à la Collection des moralistes. Par le rédacteur de la « Morale de Moïse » (le vicomte C.-G. DE TOUSTAIN DE RICHEBOURG). *Stockholm, 1785, in-12.*

Morale (la) des sens, ou l'homme du siècle, rédigé par M. DE M. *Londres, 1792, in-12, fig.*

Ce volume, qui renferme des aventures galantes et qui offre de grandes analogies de style avec « le Libertin de qualité », autre ouvrage assez infâme sorti à la même époque de presses clandestines, n'est point de MIRABEAU, auquel les initiales du titre l'ont fait attribuer. Il y aurait à en chercher l'auteur parmi les nombreux écrivains qui ont composé des ouvrages galants à la fin du siècle dernier.   G. M.

Morale (la) du christianisme, offerte à la jeunesse, par M. DE S..... (SABOULIN). *Lille, Lefort, 1841, 2 vol. in-18.*

                 D. M.

Morale (la) du monde, ou conversations, par M. DE S. D. R. (Mlle DE SCUDÉRY). *Paris, Thomas Guillain, 1686, 2 vol. in-12.*

Morale du Nouveau Testament, partagée en réflexions pour tous les jours de l'année. (Par le P. A.-J. DE LA NEUVILLE, jésuite.) *Paris, 1722, 1758, 4 vol. in-12.*

Réimprimée à Paris, chez Nyon l'aîné, en 1783, 3 vol. in-12, sous le nom de Charles FREY DE LA NEUVILLE, célèbre prédicateur. Cette ruse a déjà induit en erreur plusieurs bibliographes.

Il est certain que le P. De La Neuville, qui vivait en 1721, ne peut rien avoir de commun avec les frères de Neuville, prédicateurs vers la seconde moitié du XVIIIe siècle.

Morale du sage, ou les Proverbes, l'Ecclésiaste et la Sagesse, en latin, avec une paraphrase en françois (par Mme Marie-Éléonore DE ROHAN, abbesse de Malnoüe). *Paris, Barbin, 1665, 1667, 1681, in-12.*

On trouve en tête d'une nouvelle édition de cet ou-

vrage, publiée en 1691, le nom de l'auteur, son portrait gravé et son épitaphe en latin et en français.

Morale (la) du second âge, ou idylles tirées des jeux de l'enfance. (Par C.-F.-X. MERCIER, de Compiègne.) Deuxième édit. *Paris, 1794, in-18.*

Morale (la) en action, ou élite de faits mémorables et d'anecdotes instructives. (Par L.-P. BÉRENGER et le P. Eust. GUIBAUD, de l'Oratoire.) *Lyon, frères Périsse, 1783 et 1787, 2 vol. in-12.*

L'ouvrage du P. GUIBAUD, c'est-à-dire le deuxième volume, a pour second titre : « Manuel de la jeunesse françoise », etc., en trois parties. Le premier volume contient une dédicace à M. de Barentin. Les deux volumes ont été réimprimés en 1789, le premier sans la dédicace et avec beaucoup de changements. Ce premier volume, ainsi revu, se réimprime fort souvent sans le second.

Morale (la) en exemples, ou élite d'anecdotes anciennes et modernes. (Par L.-P. BÉRENGER.) *Lyon et Paris, Nyon jeune, 1801, 3 vol. in-12.*

Morale (la) évangélique comparée à celle des différentes sectes de religion et de philosophie, par M. R. P. D. en Th. (J.-B. ROSE, prêtre, docteur en théologie). *Besançon, Charmet, 1772, 2 vol. in-12.*

Morale évangélique opposée à quelques morales philosophiques publiées dans ce siècle... Par P. N. P. E. M., etc. (Philippe NAUDÉ). *Berlin, Rudiger, 1699, 2 vol. in-8.*

Morale (la) évangélique, ou discours sur le sermon de Jésus-Christ sur la montagne. (Par Jean-Elie BERTRAND.) *Neufchâtel, Société typographique, 1778, 7 vol. in-8.*

Morale galante, ou l'art de bien aimer. (Par LE BOULANGER.) *Paris, Claude Barbin, 1669, 2 parties in-12.*

Morale indienne, ou économie de la vie humaine, traduite de l'anglois (de Rob. DODSLEY). *Paris, Pichard, 1785, in-12.*

Voy. « Economie de la vie humaine... », V, 22, e.

Morale (la), l'OEconomique, la Politique et la Rhétorique du prince. (Par Franç. DE LA MOTHE LE VAYER.) *Paris, Courbé, 1651, in-8.*

Morale militaire, par A. D. B. (DES BORDELIERS), capitaine de chasseurs. *Gand, Van der Hæghe, 1849, in-18, 183 p.*

Une deuxième édition, *Bruxelles, Rosez, 1856*, porte le nom de l'auteur.   J. D.

Morale militaire relative au caractère

des Français. (Par P.-A. DE VARENNES.) *Paris*, 1778, in-12.

Réimpression de : « Essai d'une morale ». Voy. V, 206, d.

Morale (de la) naturelle. (Par J.-H. MEISTER.) *Paris, Bailly*, 1788, in-18. — Nouv. édition, suivie du Bonheur des sots, par NECKER. *Paris*, 1788, in-8.

Morale (la), par l'auteur de la « Clef des sciences et des beaux-arts » (l'abbé Jean COCHET). *Paris, Cl.-J.-B. Hérissant*, 1755, in-12.

Morale (la) pratique des jésuites, représentée en plusieurs histoires arrivées dans toutes les parties du monde. Extraitte ou des livres tres-autorisez et fidellement traduits, ou de mémoires tres-seurs et indubitables. *Cologne, Gervinus Quentel*, 1669-1695, 8 vol. in-12.

Les deux premiers volumes sont de Sébastien-Joseph DU CAMBOUT DE PONTCHATEAU, le troisième et les suivants d'Antoine ARNAULD.

A partir du tome IV, la tomaison ne se trouve que sur le faux titre, et chaque volume a un titre particulier :

Tome IV. — Histoire de dom Jean de Palafox, évèque d'Angelopolis, et depuis d'Osme, et des différens qu'il a eus avec les PP. Jésuites. 1690.

Tome V. — Histoire de la persécution de deux saints évêques par les jésuites : l'un, dom Bernardin de Cardenas, évêque du Paraguay, dans l'Amérique méridionale ; l'autre, dom Philippe Pardo, archevêque de l'église de Manile, métropolitain des isles Philippines, dans les Indes orientales. 1691.

Tome VI. — Histoire des différens entre les missionnaires jésuites d'une part et ceux des ordres de Saint-Dominique et de Saint-François de l'autre, touchant les cultes que les Chinois rendent à leur maître Confucius, à leurs ancestres et à l'idole Chin-Hoan. 1692.

Tome VII. — Suite de l'histoire des différens... 1693.

Tome VIII. — Calomnie (de la), ou instruction du procez entre les jésuites et leurs adversaires, sur la matière de la calomnie. 1695.

Morale primitive, ou recueil de proverbes et sentences des Orientaux, par M. C. P*** (Charles PAULTRE, ancien lieutenant-colonel). *Paris, Alex. Johanneau*, 1813, in-18.

Morale théologique et politique sur les vertus et les vices. (Par BASNAGE DE FLOTTEMANVILLE.) *Amsterdam*, 1701, 2 vol. in-12.

Morale (la) universelle, ou les devoirs de l'homme fondés sur sa nature. (Par le baron D'HOLBACH.) *Amsterdam, M.-M. Rey*, 1776, in-4, ou 3 vol. in-8. — *Tours, Le-*

tourmi, 1792, 3 vol. in-12. — *Paris, Smith*, an VI-1798, 3 vol. in-8.

Morale (de la) universelle ramenée à un seul principe, par J. A. J. (J.-A. JOUVE, juge à Trèves). *Paris, Migneret*, 1806, in-8.

Morale (la) universelle, tirée des livres sacrés. (Par CHASSANIS.) *Paris, Couret*, 1791, in-16.

Morales (les) d'EPICTÈTE, de SOCRATE, de PLUTARQUE et de SÉNÈQUE, extraites et traduites en françois (par Jean DESMARETS DE SAINT-SORLIN). *Au château de Richelieu, Migon*, 1653, in-8.

Moraliste (le) aimable. (Par R.-L. D'ERLACH.) *Amsterdam*, 1788, 3 vol. in-12.

Moraliste (le) mesmérien, ou Lettres philosophiques sur l'influence du magnétisme. (Par J.-B. SALAVILLE.) *Londres et Paris*, 1785, in-12, 132 p.

Moralité...

Voy. « Recueil de farces ».

Moralité de la maladie de la chretienté à XIII personnages... (Par Matthieu MALINGRE.) *Paris, Pierre de Vignolle*, 1533, in-8 goth., 48 ff.

L'auteur se nomme dans un acrostiche à la fin de la pièce.

Moralité de Mundus, Caro, Demonia ; farce de deux savetiers. *Paris, F. Didot*, 1827, in-8.

L'avis de l'éditeur est signé : D. DE L. (DURAND DE LANÇON).

Tiré à 100 exemplaires.

Moralité très-excellente à l'honneur de la glorieuse Assomption de Notre-Dame. (Par Jean PARMENTIER, de Dieppe, et réimprimée par les soins de M. Auguste VEINANT.) *Paris, Silvestre*, 1839, in-16 goth.

Moralités et Allégories, traduites de l'allemand (de F.-A. KRUMMACHER, par l'abbé L.-E.-M. BAUTAIN). *Lille, Lefort*, 1834, in-18, 107 p.

Souvent réimprimé.

Morceaux choisis d'auteurs faciles, à l'usage des classes inférieures des athénées royaux et de la division supérieure des écoles moyennes, par L. V. N*** (Aug. ALVIN, préfet des études à l'Athénée de Liége). *Liége, Ledoux*, 1859, in-18, 244 p.
                             Ul. C.

Morceaux choisis de BUFFON, ou recueil de ce que ses écrits ont de plus parfait sous le rapport du style et de l'éloquence. (Par F.-J. GOFFAUX, professeur.) *Paris, Renouard*, 1809, in-12 et in-18.

Morceaux choisis des « Lettres édifiantes et curieuses », écrites des missions étrangères, etc., par A. C. (Ant. CAILLOT). *Paris, Brunot-Labbe*, 1810, 2 vol. in-12. — *Id.*, 1813, 2 vol. in-8.

Morceaux choisis des principaux orateurs et poëtes français classés dans l'ordre chronologique, et précédés d'une notice sur chaque écrivain, à l'usage de l'Université de Moscou. (Par A. PASCAULT.) *Moscou, impr. de l'Université*, 1837, 2 vol. ou part. in-8.   A. L.

Morceaux choisis du Rambler, ou Rôdeur; traduit de l'anglais de JOHNSON, par A. M. H. B. (A.-M.-H. BOULARD). *Paris, Lottin*, 1785, in-12.

Morceaux choisis pour servir à la traduction du français en russe, à l'usage de l'Université de Moscou. (Par Ad. PASCAULT.) *Moscou, impr. de l'Université*, 1838, in-8.   A. L.

Morceaux choisis sur la kermesse de Mons. (Par H. DELMOTTE, CAZEMELLE et BROUTA.) *Mons, Hoyois-Berely*, s. d., in-8.

Morceaux de déclamation et saynètes (petites pièces de théâtre), à l'usage des pensionnats, réunions de famille et concerts d'amateurs. (Par Joseph. GRUNER.) *Vienne, Lechener*, 1864, gr. in-8.

More-Lack (the), ou essai sur les moyens les plus doux et les plus équitables d'abolir la traite et l'esclavage des nègres d'Afrique, en conservant aux colonies tous les avantages d'une population agricole. (Par LE COINTE-MARSILLAC.) *Londres et Paris, Prault*, 1789, in-8.

Moreau et Pichegru au 18 fructidor an V, suivi de la conjuration de ce dernier pendant les années III, IV et V, et de la correspondance des nommés Drake et Spencer Smith... tendante à renouer les trames contre la France et la personne du Premier Consul. *Paris, impr. de Bertrand-Pottier*, germinal an XII, in-12, 335 p.

Les 113 premières pages reproduisent la brochure publiée sous ce titre : « Pichegru et Moreau » ; à la page 114 commence le « Mémoire concernant la conjuration de Pichegru dans les années III, IV et V », lequel est signé : MONTGAILLARD. Le reste du volume est occupé par les notes et les pièces justificatives. Voici ce que dit, au sujet de ce « Mémoire », le comte Jean Gabr.-Maurice ROCQUES DE MONTGAILLARD, dans une note reproduite par Quérard dans la « France littéraire », VI, p. 253 : « Ce Mémoire fut remis par le comte de

Montgaillard, en mars 1798, avec les pièces et lettres originales du prétendant, Louis XVIII, du prince de Condé, etc., au ministre de la République française à Hambourg (Roberjot) ; il a été imprimé et publié sous le nom du comte de Montgaillard, sans aucune participation de sa part et même à son insu, par ordre du Premier Consul, et inséré en entier dans le « Moniteur » du mois de germinal an XII (mars 1804). Il en fut tiré, par ordre de Bonaparte, une édition particulière, in-8, à 40,000 exemplaires, dont 6,000 envoyés par lui aux Etats-Unis. »

Moreau et sa Dernière Campagne, esquisse historique, par un officier de son état-major à l'armée du Rhin. Traduit de l'allemand. (Par G.-F. TEISSIER.) *Paris, Thomine*, 1814, in-8, 2 ff. lim., XII-120 p.

Morgan l'Incomparable, cinquième chef des flibustiers, aventuriers et boucaniers d'Amérique, par M. A. (J.-Fr. ANDRÉ, des Vosges). *Paris, Tiger*, 1813, in-18.

Morlaques (les), par J. W. C. D. U. et R. (J. WYNNE, comtesse DES URSINS et ROSEMBERG). *Venise*, 1788, in-8.

Cet ouvrage, imprimé pour l'auteur, n'a point été mis dans le commerce.

Voy. l' « Esprit des journaux », juillet 1790, et « Supercheries », II, 446, a.

Mort aux procès, ouvrage destiné à perfectionner la procédure civile... (Par J.-B. SELVES.) *Paris, Cellot*, 1811, in-8, 176 p.

Mort (la) chrétienne, sur le modèle de celle de Notre-Seigneur Jésus-Christ, et de plusieurs saints et grands personnages de l'antiquité. (Par le P. Jean MABILLON.) *Paris, Robustel*, 1702, in-12.

Mort (la) d'Abdul Medjib, dernier jour de l'empire ottoman. (Par Louis-Charles COLLAS, professeur d'histoire.) *Paris, Dentu*, 1861, in-8, 31 p.

Mort (la) d'Abel, poëme en cinq chants, traduit de l'allemand de GESSNER par HUBER (en société avec TURGOT, auquel il enseignait alors la langue allemande). *Paris, Nyon aîné*, 1761, 1775, in-12.

Turgot voulut que cette traduction parût sous le nom de son maître seul. « Je suis magistrat, lui dit-il ; une occupation de ce genre pourrait me nuire auprès de mes collègues et de mes supérieurs : permettez que notre traduction de la « Mort d'Abel » soit imprimée sous votre nom, et adoptez aussi la préface que j'y mettrai. » Hubert n'osa le refuser.

Œuvres de Turgot (publiées par Dupont de Nemours). *Paris*, 1810, in-8, t. IX, p. 152.

Mort (la) d'Abel, traduction libre en vers de GESSNER, par un officier d'artillerie (Gab. DE GAILLON). *Paris, Renard*, 1809, in-18.

Mort (la) d'Adam, tragédie en trois actes

et en vers, imitée de l'allemand de KLOP-STOCK, par M******* (l'abbé DE SAINT-ENER). *Paris, veuve Duchesne*, 1770, in-8, 64 p.

Mort (la) d'Adam, tragédie traduite de l'allemand de M. KLOPSTOCK, avec des Réflexions préliminaires sur cette pièce (par l'abbé J.-J.-T. ROMAN). *Paris, Prault*, 1762, in-12, 120 p. — *Ibid.*, 1770, in-8.

Mort (la) d'Agis, tragédie (en cinq actes et en vers, par GUYON GUÉRIN DE BOUSCAL). *Paris, A. de Sommaville*, 1642, in-4.

Catalogue Soleinne, n° 1115.

Mort (la) d'Ambiorixène, vengée par celle de Jules César, assassiné par Brutus. (Par Denis NAULT, juge de Lusy et de Toulon.) *Lyon*, 1688, in-12.

Mort (la) d'Hercule, tragédie en cinq actes et en vers. (Par DE SAINT-GERMAIN, de Besançon.) *Paris, J.-F. Bastien*, 1778, in-8.

Mort (la) d'un dominicain, à Mons, le 16 août 1794. (Par Léopold DEVILLERS, archiviste adjoint de la province du Hainaut.) (*Mons, Manet*, 1855), in-8, 3 p.
                                J. D.

Mort (la) d'un philosophe esprit-fort ; apologue par l'hermite de Gentilly (l'abbé Thomas DESTRUISSARTS, curé de ce lieu). *Paris*, 1813, in-8, 16 p.

Mort (la) de Brute et de Porcie, ou la vengeance de la mort de César, tragédie (en cinq actes et prologue, par GUYON-GUÉRIN DE BOUSCAL). *Paris, T. Quinet*, 1637, in-4.

Catalogue Soleinne, n° 1115.

Mort (la) de Bucéphale, tragédie burlesque en un acte et en vers. (Par P. ROUSSEAU.) VI° (1re) édit. *Bucéphalie, Gilles Poignard, au grand Phœbus, s. d.*, in-8, 35 p. — *Paris, Cailleau*, 1749, in-8. — *Paris, veuve Duchesne*, 1767, in-8. — *Toulouse, J.-B. Brouilhet*, 1786, in-8. — *Avignon, J.-G. Garrigan*, 1791, in-8. — *Paris, Fage, an XI-1803*, in-8, 16 p. — *Paris, Bezou*, 1823, in-8, 16 p.

Ces deux dernières éditions sont intitulées : « la Mort de Bucéphale, tragédie pour rire... »

Cette différence a trompé Noël et lui a permis d'attribuer cette pièce, dans son « Catalogue des collections lorraines », à son compatriote N.-F.-X. GENTIL-LIATRE. Il la supposait à tort différente de celle de Rousseau.

Cette pièce se retrouve dans le « Théâtre de campagne », 1767 ; dans le « Théâtre burlesque », 1840, 2 vol. in-32, et dans le « Théâtre pour rire », *Paris, Sandré, s. d.*, in-12.

Mort (la) de Caton, ou l'illustre désespéré, tragédie (cinq actes, en vers, par Jacques AUGER). *Rouen et Paris, Cardin Besongne*, 1648, in-12, 4 ff. et 79 p., titre gravé.

Catalogue Soleinne, n° 1242.

Mort (la) de Caton, tragédie en trois actes. (Par Henri PANCKOUCKE.) *Paris, Panckoucke*, 1768, in-8, 62 p. et 1 f. d'approb.

Voy. dans les « Œuvres de Voltaire », la lettre de Voltaire à cet auteur, qui lui avait adressé sa tragédie.

Suivant le rédacteur du Catalogue de la Bibliothèque de Soleinne, tome II, n° 2113, cette pièce fut réimprimée en province sous la rubrique de *Paris, Delalain*, 1778, in-8, avec le nom de Voltaire, qui prit fort mal cette plaisanterie.

Mort (la) de Cléopâtre. Par A. H. (A. HOPE). *Paris, Barba*, 1836, in-8, 14 p.

Mort (la) de Coligny, ou la nuit de Saint-Barthélemy 1572, scènes historiques. (Par SAINT-ESTEBEN.) *Paris, Fournier*, 1830, in-8.

Mort (la) de David, par A. M. (Ad. MA-THIEU). *Mons, Piérart*, 1826, in-8, 23 p.
                                J. D.

Mort (la) de Germanicus Cæsar, tragédie en cinq actes et en vers. (Par Benigne GRIGUETTE, avocat au Parlement de Dijon.) *Dijon, Pierre Palliot*, 1646, in-4.

Catalogue Soleinne, n° 1121.

Mort (la) de Gilbert, drame en trois actes, par M. Adrien H*** (Adrien HUGOT). *Paris, J. Berrier*, 1834, in-8, 2 ff. lim. et 61 p.

Mort (la) de Goret, tragédie représentée pour la première fois sur le théâtre de l'Opéra-Comique, le jeudi 12 juillet 1753. *Paris, Duchesne*, 1753, in-8, VI-42 p.

Attribuée à Jacq. FLEURY ou à DELORME.

Mort (la) de Henri IV. Fragment d'histoire dialogué, divisé en journées, et les journées en scènes. (Par le comte P.-L. ROEDERER.) *Paris, imp. de Lachevardière*, 1827, in-8.

Se trouve joint à quelques exemplaires du t. I des « Comédies historiques » de l'auteur. Voy. IV, 641, e.

Mort (la) de Jésus. Révélations historiques sur la véritable genre de mort de Jésus ; trad. du latin en allemand et de l'allemand en français, d'après le manuscrit d'un frère de l'ordre sacré des esséniens contemporain de Jésus. (Par M. Daniel RAMÉE.) *Paris, Dentu*, 1863, in-8, 211 p.

Réimprimée avec le nom du traducteur.

Mort (la) de Kléber, scène lyrique (en vers); suivie d'une ode sur le passage du mont Saint-Bernard et d'une notice sur l'assassinat du général Kléber. (Par L. Damin.) *Toulouse et Paris, Favre,* 1801, in-8, 20 p.

Mort (la) de l'amiral Bing, poëme (par A.-M.-H. Blin de Sainmore), avec l'extrait d'une lettre de M. de Voltaire. *Londres,* 1761, in-8.

Mort de l'archevêque de Paris. Dithyrambe qui a concouru pour le prix de poésie décerné par l'Académie française, dans sa séance du 5 juillet 1849. (Par J.-B. M. Girard.) *Nantes, imp. de Mme veuve C. Mellinet,* 1849, in-8, 8 p.

Mort (la) de l'Opéra-Comique, élégie pour rire et pour pleurer, par un jeune homme âgé de dix-sept ans (P.-J.-B. Nougaret). *Par-tout,* 1762, in-8, 13 p. — *Paris, Michel,* thermidor an V-juillet 1797, in-8, 13 p.

Mort (la) de Louis XI, roi de France, pièce historique (en un acte et en prose, par L.-S. Mercier). *Neufchâtel,* 1783, in-8.

Casimir Delavigne n'a pas dédaigné de prendre deux ou trois scènes dans ce drame, que l'auteur de « Quentin Durward » connaissait aussi. C'est pour constater ces emprunts qu'on a réimprimé, en 1827, « la Mort de Louis XI », qui était complétement oubliée.
(Catalogue Soleinne, n° 2143.)

Mort (de la) de Louis XV, et de la Fatalité. (Par Voltaire.) *S. l. n. d.,* in-8, 14 p.

Mort (la) de Louis XVI. (Par Grosley neveu.) In-8.

Mort (la) de Louis XVI, roi de France et de Navarre, drame historique en trois actes et en prose, traduit de l'allemand par le chevalier de B. de Montjay. *Liége, Lemarié,* 1793, in-8, 3 ff. et 50 p.

« Le traducteur annonce dans la préface que ce drame a été composé par François Hochkirch. On ne trouve ce nom dans aucune bibliographie allemande, ce qui fait supposer que le traducteur est le véritable auteur de ce drame. »
(Ul. Capitaine, dans la « Bibliographie liégeoise » de M. de Theux, p. 346.)

Mort (la) de Louis XVI, scènes historiques de juin 1792 à janvier 1793. (Par Armand Duchatellier.) *Paris, Moutardier,* 1828, in-8.

Mort (la) de Louis XVI, tragédie (en trois actes, par Etienne Aignan et J. Berthevin). *Paris, chez les marchands de nouveautés,* 1793, in-8, 36 p., avec le portrait

de Louis XVI gravé sur le titre. — *Ibidem,* in-8, 39 p., avec les armes royales à la place du portrait.

Ces deux éditions sont les seules que nous ayons vues. Le Catalogue Soleinne, n°ˢ 2436 et 2437, en indique plusieurs autres.
Sous le n° 5013 du Catalogue de sa bibliothèque, tome II, p. 447, Leber, mettant en doute l'existence de plusieurs pièces différentes publiées sous ce titre, dit avoir trouvé le même texte dans tous les exemplaires de la « Mort de Louis XVI » qui ont passé sous ses yeux.

Mort (la) de Mandrin, tragi-comédie en deux actes, représentée pour la première fois à Nancy, sur le théâtre, le 3 février 1756. Par M. L*** (Nicolas de La Grange). *Sur la copie imprimée à Valence (Nancy, imp. de P. Antoine),* 1756, in-12.

Mort (la) de Mardi-Gras, tragédie-comédie, ou comédie faite pour pleurer, ou tragédie pour rire, en un acte, en vers, par des membres de l'académie de Cocagne. (Par Fonpré de Fracansalle.) *Paris, Carnavallo,* 1804, in-8.

Réimprimée, en 1840, dans un « Théâtre burlesque, » 3 vol. in-32.

Mort (la) de Marie-Antoinette d'Autriche, reine de France, tragédie en cinq actes et en vers, faisant suite à la « Mort de Louis XVI ». *Paris, Boncompte,* 1797, in-18, 108 p., avec gravure. — *Paris, Lebègue,* 1814, in-8, 17 p.

Généralement attribuée à Barthès de Marmorières, cette pièce avait paru d'abord sous le titre de : « le Martyre de Marie-Antoinette... » Voy. ci-dessus, col. 78, c, où elle a été donnée aux auteurs de la « Mort de Louis XVI ».
Les deux scènes des Royalistes et du *Constitutionnel*, qui terminaient les premières éditions, ont été supprimées dans celles-ci.
M. de Soleinne regardait Aignan comme auteur de cette tragédie ; le rédacteur de son Catalogue, M. Paul Lacroix, la croit plutôt de Berthevin.
La bibliographie des ouvrages sur Marie-Antoinette, insérée dans « le Quérard », tome II, pages 401 et suiv., donne à tort « le Martyre... » et « la Mort de Marie-Antoinette » comme deux ouvrages différents : le premier y est attribué à Aignan et le second à Barthès. A la note de la page 485 de la même revue, Quérard dit posséder « un document autographe de Berthevin dans lequel il ne revendique aucune part dans le « Martyre de Marie-Antoinette ».

Mort (la) de Mariotte, ou Bernat vengé. (Par A. Verdié.) *Bordeaux, l'auteur,* 1816, in-8.

Pièce de vers réimprimée avec le nom de l'auteur.

Mort (la) de Mirabeau, drame en cinq actes et en vers; par l'auteur de « la Mort de Danton » (Al. Rousset). *Lyon, impr. de Deleuze,* 1841, in-8.

Tiré à 100 exemplaires.

Mort (la) de Molière, pièce en trois actes, en vers, reçue à la Comédie françoise le 31 janvier 1788. (Par Mich. DE CUBIÈRES DE PALMEZEAUX.) *Londres et Paris, Knapen et fils,* 1788, in-8.

Mort (la) de monseigneur le duc de Longueville. (Par le P. Dom. BOUHOURS.) *Paris, F. Muguet,* 1663, in-12, 1 f. de tit. et 52 p.

Mort (la) de M. Calicot... (Par Bertrand DE GRASSAVAL, avocat et homme de lettres.) *Bordeaux, imp. de veuve Cavazza,* 1817, in-8, 4 p.

Chanson.

Mort (la) de Pompée, tragédie. (Par Pierre CORNEILLE.) *Paris, Courbé et Sommaville,* 1644, in-4 de 3 ff. et 100 p. avec un front. grav. — *Paris, A. de Sommaville et A. Courbé,* 1644, in-12.

L'auteur a signé l'épître.

Mort (la) de Ricci, dernier général des Jésuites, avec quelques réflexions générales sur l'extinction de la Société. (Par Ange GOUDAR.) *Amsterdam (Venise),* 1776, 2 vol. in-8.

Mort (la) de Robespierre, ou la journée des 9 et 10 thermidor, drame en trois actes. Par G*** (GODINEAU). *Paris, an III-1795,* in-8.

Voy. « Supercheries », II, 119, *d.*

Mort (la) de Robespierre, tragédie en trois actes et en vers, avec des notes où se trouvent des particularités inconnues... Ouvrage précédé du poëme de l'anarchie en 1791 et 92, et suivi de quatorze dialogues entre les personnages les plus célèbres dans la Révolution... par *** (Ant. SERIEYS). *Paris, Monory,* 9 thermidor an IX-1801, in-8, XIV-XIII-272 p.

Réimprimée sous le titre de : « la Mort de Robespierre, drame en trois actes... » *Paris, Monory, s. d.* (1802), in-8, XXXIII-XIII-286 p.

Attribuée par Quérard à J. CHAS (« France littéraire », II, p. 143). Il la donne néanmoins (t. IX, p. 73) sous le nom de Serieys.

Mort (la) de Séjan, tragédie en vers, précédée de deux épîtres en vers. (Par Jean-Baptiste-Charles CHOPIN.) *Berlin et Paris, Duchesne,* 1753, in-12, XII-56 p.

Catalogue Soleinne, n° 1976.

Mort (la) de Sénèque, tragédie. (Par François TRISTAN L'HERMITE.) *Paris, Toussaint Quinet,* 1647, in-12, 4 ff. lim. et 80 p.

L'auteur a signé l'épître.

Mort (la) de septembre; drame en six tableaux, en prose, par un patriote belge

(Auguste JOUHAUD). Dédié aux amis de la liberté. *Bruxelles, J.-A. Lelong,* 1834, in-18, 34 p.   J. D.

Mort (la) de Socrate, tragédie en trois actes et en vers. (Par L.-E. BILLARDON DE SAUVIGNY.) *Paris, Prault,* 1763, in-8.

Mort (la) de Théandre, ou la sanglante tragédie de la mort et passion de Jésus-Christ. (Par CHEVILLARD.) *Rouen, Besogne, s. d.,* in-12.

Le « Manuel du libraire » cite de nombreuses éditions, dont plusieurs portent le nom de l'auteur.

Cette tragédie, composée en 1670, se jouait encore en Bretagne en 1789.

Mort (la) des Girondins, scènes historiques. *Paris, Rapilly,* 1829, in-8.

Le nom de l'auteur, Armand DUCHATELLIER, ne se trouve pas sur le frontispice, mais il est à la fin de la préface. Ce volume devait être suivi de deux autres, « la Mort de Danton » et « le Neuf Thermidor », mais l'exécution de ce projet a été ajournée.

Mort (la) des pécheurs dans l'impénitence. (Par Etienne LOCHON.) *Paris,* 1709, in-12.

Mort (la) du colonel Mauduit, ou les anarchistes au Port-au-Prince, fait historique en un acte et en prose. Par l'auteur de la P...e F...e (« la Pauvre Femme », c'est-à-dire B.-J. MARSOLLIER DES VIVETIÈRES). *Paris, Cailleau,* an VIII, in-8, 37 p. et 1 f. d'errata.

Mort (la) du connétable de Bourbon. Tragédie en cinq actes, par M*** (BAUDET-DULARY). *Paris, A. Pihan-Delaforest,* 1827, in-8, 69 p.

Mort (la) du duc d'Enghien. (Par N. LOUMYER.) *Bruxelles, Devroye,* 1855, in-8, 12 p.

Cet article, analyse d'une tragédie manuscrite de M. Marie-Gabriel-Louis TEXIER D'HAUTEFEUILLE, mestre de camp des armées du roi, bailli, grand-croix de l'ordre souverain de Malte, devait paraître dans le « Bulletin du bibliophile belge », 1855; mais la crainte de froisser des sentiments impériaux en empêcha la publication. L'article composé fut tiré à douze exemplaires non destinés au commerce; il est aujourd'hui introuvable.   J. D.

Mort (la) du Fils de l'homme. Ode dédiée à un autre jeune exilé. Par A. D. L. M. (A.-D.-L. MONGIS). *Troyes, imp. de Cardon, s. d.* (1832), in-8, 10 p.

Mort (la) du général Lamarque, par BARTHÉLEMY (et J. MÉRY). *Paris, Perrotin,* 1832, in-8, 16 p.

Mort (la) du prince Léopold de Brunswick, ode envoyée au concours. (Par l'abbé DELAUNAY.) *Paris,* 1786, in-8, 17 p.

L'auteur a signé la dédicace.

Mort du roi. (Par Dubois-Thorn, gouverneur de la province de Brabant.) *Bruxelles, Guyot*, 1865, in-4, 8 p.

En vers.   J. D.

Mort (la) du roy de Sweyne, en vers du xiv⁰ siècle. Publiée pour la première fois, d'après le manuscrit de la bibliothèque d'Avranches, par l'éditeur du « Roman de Robert le Diable » (G.-S. Trébutien). *Caen, F. Poisson*, 1846, in-16, viii-24 p. goth.

Tirée à 120 exemplaires.

Mort et Dernières Paroles de Sénèque. (Par Mascaron, avocat au Parlement de Provence.) *Paris*, 1637, in-12.

Mort (la) immortelle, pour les regrets funèbres de la reine Marguerite. Composés sur la presse, le 28 mars 1615, par l'auteur du « Lis fleurissant » (Jean d'Alary). *S. l.* (1615), in-8.

Mort (le) marié, comédie en deux actes et en prose. (Par M.-J. Sedaine.) *Paris, Cl. Hérissant*, 1771, in-8, 61 p.

Mort, Testament et Enterrement de M⁰ Target. (Par le vicomte de Mirabeau.) *S. l.* (1790), in-8, 27 p.

Mort (le) vivant au Salon de 1779. (Par R.-M. Lesuire.) *Amsterdam et Paris*, 1779, in-12, 24 p.

Morte (la) de trois mille ans, au Salon de 1783. (Par R.-M. Lesuire). *Paris, Quillau*, 1783, in-12, 24 p.

Morts (les). *Paris, lith. Rival* (1844), in-4, 1 feuillet.

L'exemplaire de la Bibliothèque nationale porte la signature autographe de l'auteur : Gustave Leroy.

Morts (les) enterrent leurs morts. Esquisse d'après nature. Par l'auteur du « Fils aîné » (le pasteur César-H.-A. Malan). *Genève*, 1827, in-12.

Morve (de la) dans l'espèce humaine, par A. C. (Auguste Cordier). *Louvain, van Linthout*, 1846, in-8, 36 p.   J. D.

Mosaïque. (Par Grignon, libraire à Bruxelles.) *Bruxelles*, 1831, in-18, 314 p.

Mosaïque (la). Anecdotes et propos comiques, traits de satire et moralités. (Par M. Arthur Ménier, archiviste paléographe.) *Paris, Gaume frères*, 1862, in-12, 500 p.   D. M.

Mosaïque (la), ou le code du bien, du bonheur et de l'intelligence, par A. B. (Adolphe Brachélet). *Douai, d'Aubers*, 1842, in-8.   D. M.

Mosaïque, par l'auteur du « Théâtre de Clara Gazul » (Prosper Mérimée). *Paris, Fournier jeune*, 1833, in-8, 440 p.

La couverture imprimée porte le nom de l'auteur. Souvent réimprimée.

Mosaïque poétique. (Publiée par Claud.-Ant. Renal.) *Paris, Bohaire*, 1834, in-18.

Moscou avant et après l'incendie, ou notice contenant une description de cette capitale... Par G. L. D. L... (G. Lecointe de Laveau). *Paris, Gide fils*, 1814, in-8.

La deuxième édition porte : Par deux témoins oculaires. *Paris, Gide fils*, 1818, in-8.

Moscou et la Silésie, brochure traduite de l'allemand, par un témoin oculaire (Pierre-Alex. Lemare). *Paris, de l'impr. de Charles*, 1814, in-8, 7 p.

Voy. « Supercheries », III, 771, c.

Mosellane sur la distribution des médailles accordées par le roi à l'industrie du départ. de la Moselle. (Par M. Blanc.) *Metz, Verronnais*, 1829, in-8, 16 p.

Mot (le) de l'énigme, par Ed. R. (Edouard Richer). *Paris, Servier*, 1836, in-8, 36 p.

Mot (le) et la Chose. (Par Campan.) 1752, in-12.

Moteur (le) de nos actions, ou l'essence de l'âme, dédiée au genre humain. Par J.-A. W. (Wilhelmi). *Anvers, Wilhelmi*, 1830, in-12, 180 p.   J. D.

Motif de la réclamation de la Faculté de médecine de Paris, contre l'établissement de la Société royale de médecine. (Par A.-F.-T. Le Vacher de La Feutrie.) *S. l.* (vers 1779), in-8, 8 p.

Motifs convaincants qui ont persuadé et obligé P. L. S. (Pierre Lambert de Saumery), ci-devant membre de la religion réformée, de quitter cette secte et d'embrasser l'Eglise catholique, apostolique et romaine. *Liége, Barnabé*, 1730, in-12, 64 p.

Motifs de confiance et Règles de conduite pour le temps présent; ou réponse d'un ami à son ami. (Par Pottier.) *Paris, Crapart*, 1791, in-8, 36 p.

Motifs de consolation au clergé, ou réflexions proposées par un patriote français sur le décret de l'Assemblée nationale, du 2 novembre 1789, concernant les biens du clergé (par l'abbé Villetard). *Paris, Leclere*, 1791, in-8, 34 p.

Voy. « Supercheries », III, 40, f.

Motifs de la conversion de saint Augustin à la foi catholique, pour servir de modèle aux protestants. (Par l'abbé TERSON.) *Paris, Thierry.* 1685, in-12.

« Nouvelles de la république des lettres », par Bayle, septembre 1686, p. 1093.

Motifs de la suspension de l'espèce du vin dans la communion du peuple, par R. G. P. (R. GAUDON, prêtre). *Paris, Anisson,* 1693, in-12.

Motifs de ma foi en Jésus-Christ... par un magistrat (P.-F. MUYART DE VOUGLANS). *Paris, veuve Hérissant,* 1776, in-12.

Motifs de pénitence, traduits de l'italien (par le P. GOSSARD). *Turin, Reycends,* 1769, in-12.

Motifs des juges du Parlement de Provence qui ont été d'avis de condamner le P. Girard. (Par André BARRIGUE DE MONTVALON.) 1733, in-4.

Motifs déterminants d'embrasser la foi catholique, fondés sur l'efficacité de sa doctrine dans l'intérêt humanitaire et social... (Par M. D'AGAR DU BUS.) *Issoudun, l'auteur; Bourges, P.-A. Manceron,* etc., 1844, 2 vol. in-12.

S'est vendu au profit des pauvres.
Le second volume est anonyme, tandis que le premier, qui avait paru quelques mois auparavant, porte le nom de l'auteur.

Motifs et Conduite de M. Fischer, dans l'attaque des contrebandiers à Gunau. (Par Ch.-Emm. BORJON DE SCELLERY.) *Pont-de-Vaux, impr. de Borjon de Scellery,* 1786, in-8, 10 p.

Motifs et Résultats des assemblées nationales tenues depuis Pharamond jusqu'à Louis XIII, avec un précis des harangues prononcées dans les Etats généraux et les assemblées des notables, par ordre de date. (Par RONDONNEAU DE LA MOTHE.) *Paris, de l'impr. polytype,* 1787, in-8.

Motifs ou vues pieuses, pour une personne obligée à réciter l'office en une langue qu'elle n'entend pas. (Par J. TROTTI DE LA CHÉTARDIE, curé de Saint-Sulpice.) *Paris,* 1713, in-12.

Motifs qui ont ramené à l'Eglise catholique un grand nombre de protestants. (Par l'abbé R.-Fr. ROHRBACHER.) *Paris, imp. de Béthune,* 1827, in-12.

La troisième édition, 1850, porte le nom de l'auteur.

Motion d'un avocat de la Bresse. (DUHAMEL) à sa province. *Sept.* 1788, in-8, 55 p.

Motion d'un campagnard sur la déclaration des droits. (Par l'abbé J.-A. BRUN.) *Paris,* 1790, in-8.

Motion d'un citoyen à l'Assemblée nationale. (*Paris*), *imp. de Monsieur,* 1789, in-4.

Par M. COLLIGNY, suivant une note manuscrite sur l'exemplaire de la Bibliothèque nationale.

Motion patriotique. *Paris, imp. de veuve Delaguette* (1789), in-4.

Par MARTIN DE BUSSY, suivant une note manuscrite sur l'exemplaire de la Bibliothèque nationale.

Motion patriotique, par M. PAP... DU CH** (PAPION DU CHATEAU). *S. l.* (1789), in-8, 64 p.

Motions faites le 18 juillet 1789 (au conseil municipal de Marseille, par Mathieu BLANC-GILLI, avocat). *Marseille,* 1789, in-8.
G. M.

Mots (des) à la mode et des Nouvelles Façons de parler... (Par F. DE CALLIÈRES.) *Paris, Barbin,* 1692, in-12. — *La Haye, Abr. Troyel,* 1693, in-12.

Il parut en 1698 une troisième édition augmentée de plusieurs nouvelles façons de parler, etc.
Le privilége, daté du 12 juillet 1689, indique l'auteur par les lettres M. D. C.

Mots (les) dorés de CATHON en francois et en latin, auecques bons et vtiles enseignements, prouerbes, adages, autorites et ditz moraux des saiges... *Paris, J. Longis,* ou *P. Sergent* (vers 1530), pet. in-8 goth.

On attribue cette traduction à Pierre GROSNET ou GROGNET. Il existe aussi le « Second Volume des molz dorez de grand et saige CATHON », *Paris, J. Longis et P. Sergent,* 1533 ; dans les pièces préliminaires, on trouve une épître dédicatoire de P. GROSNET à François de Valois, dauphin de France. Dans la requête qui précède le privilége, on lit le nom de GROGNET. (Voy. Brunet, « Manuel du libraire », 5e édit., I, 1670.)

Mots (les) et Sentences dorés du maistre de saigesse CATON, en francoys et latin. Avec bons enseignements, prouerbes, adages... *Lyon, Oliv. Arnoullet,* 1533, pet. in-8.

Le nom de J. MACÉ se trouve au commencement des « Bons et Utiles Enseignements », et probablement Macé est auteur, sinon de l'ouvrage entier, du moins de cette partie.
D'après une note de M. G. Duplessis, le traducteur des « Distiques » de Caton est un nommé FEVRE ou LE FEVRE, probablement Jehan LE FEBVRE de Therouenne, auteur du « Matheolus ».
M. Robert, « Fables inédites des XIIe, XIIIe et XIVe siècles », attribue cette même traduction à un nommé maistre Jehan DICKEYMAN, dit LE LABOUREUR. Voy. Brunet, « Manuel du libraire », 5e édit., col. 1670 et 1671.

Mots (des) vides de sens. Le mandat, le serment, etc., etc.. etc. (Par le marquis DE LA GERVAISAIS.) *Paris, imp. d'A. Pihan-Delaforest,* 1831, in-8, 36 p.

Mouchard (le), ou espion de Mazarin. *Paris, C. Boudeville*, 1649, in-4, 8 p.

Attribué à LA COLOMBIÈRE.

Mouche (la) de Lucian et la Manière de parler et de se taire. (Par VOLATERRAN.) Translaté par maistre Geofroy TORY, de Bourges. *Paris, s. d.* (1533), in-8, 3 feuillets.

La « Manière » est extraite du XVIIIe livre de la « Philosophie » de Volaterran.

Mouche (la), ou les aventures et espiègleries facétieuses de Bigand. (Par Charles DE FIEUX, chevalier DE MOUHY.) *Paris, Dupuis*, 1736-1742, 4 vol. in-12. — *Paris*, 1762, 4 vol. in-12. — *Venise et Paris, veuve Duchesne*, 1777, 4 vol. in-12. — *Paris, Batillot*, an VI, 4 vol. in-18.

Mouchoir (le), ou l'odalisque volontaire, comédie en un acte, par MM. Louis et D*** (Louis-François DE BILDERBERBERCK, conseiller intime de légation, et Jean-Pierre MÉNIATHON-DUPERCHE). Représentée pour la première fois à Paris, sur le théâtre de la Gaîté, le 12 avril 1817. *Paris, Barba*, 1817, in-8, 35 p.   D. M.

Moulin (le) d'André, ou les meuniers et les meunières, pantomime en deux actes mêlée de danses. (Par J.-B. BLACHE et RHÉNON.) *Paris*, 1817, in-8.

Moulin (le) de Bayard, vaudeville historique en un acte, par MM. REVEL et *** (V.-A. VOLLEAU, dit REVEL, J.-D.-Fulgence DE BURY et Saint-Laurent NOMBRET). Représenté sur le théâtre des Variétés, le 24 juillet 1819. *Paris, Barba*, 1819, in-8.

Moulinet premier, parodie de « Mahomet second », représentée pour la première fois à l'Opéra-Comique, le 15 mars 1739. (Par Ch.-Sim. FAVART.) (*S. l. n. d.*), in-8.

Mourat et Turquia, histoire afriquaine, par Mlle DE L*** (Mlle DE LUBERT). *Londres* (*Paris*), *Clément*, 1752, in-12.

Réimprimé sous le titre de : « Anecdotes africaines ». Voy. IV, 178, *e*.

Moussu Jus, comédie en un acte et en vers, revue et corrigée par l'auteur (J. CAILHOL). *Marseille, J. Mossy*, an XII-1804, in-8, 20 p.

Moutarde (la) celtique, poëme en neuf chants, héroïque, historique, érotique, comique et lyrique, avec une préface par le meilleur des amis de l'auteur, etc. (Par

Théophile-Marie LAENNEC.) *Saint-Brieuc, G. Bourel*, 1811, in-8, 15 p.

Cette spirituelle facétie sur la moutarde celtique de Lamaout n'est pas, malgré son titre, un poëme en neuf chants. On y trouve seulement, après la préface, qui est en prose : 1º un vaudeville (en neuf couplets), par Th.-M. Laennec ; 2º un extrait du feuilleton du « Courrier de l'Europe et des spectacles », signé : SALGUES ; 3º une chanson (en neuf couplets), par L. MARESCHAL. (Catalogue de Nantes, nº 26970.)

Mouvement français donnant, au moyen de l'air extérieur agissant librement comme dans la respiration, la force illimitée appelée à remplacer tous les moteurs. (Par JUMELAIS.) *Paris, Ledoyen*, 1859, in-8, 47 p.

Mouvement (le) igné considéré principalement dans la charge d'une pièce d'artillerie, précédé de réflexions physiques. (Par PEYRE.) *Gênes, Casamara ; et Toulon, Mme Peyre* (1809), in-4.

On trouve en tête une lettre signée F. C. D. B., membre de la Légion d'honneur et correspondant de l'Athénée français, datée de la Spezia, 1er octobre 1809. Cette lettre est accompagnée d'une « Réponse à un rapport sans nom, fait sur le mouvement igné », etc. Ces deux pièces ne se trouvent pas dans tous les exemplaires. Le verso de la première feuille porte : *Je poursuivrai le contrefacteur*, etc. : L. C. D. G. M. D. L. L. D. H. ; et, de la main de l'auteur, PEYRE.

La réponse ci-dessus porte à la fin : PEYRE. Elle a été imprimée chez Le Normant (Paris), sans date, mais probablement en 1811.

Mouvement (du) religieux en Angleterre, ou les progrès du catholicisme et le retour de l'Eglise anglicane à l'unité. Par un catholique (Jules GANDON). *Paris, Sagnier et Bray*, 1844, in-8.

Moyen abrégé d'apprendre et de citer les vers français, appliqué à trois poëmes choisis (l'Art poétique de Boileau, le Lutrin et la Henriade), par BR.... (BROUTILLOT), instituteur. *Paris*, 1804, in-8.

Moyen aisé d'apprendre les langues qui par leur origine ont de la conformité avec celles que nous savons, mis en pratique sur la langue espagnole. (Par J. DOUJAT.) *S. l. n. d.*, in-12, 44 p.

Moyen clair et solide de rétablir la circulation du numéraire ; réfutation du projet de M. Necker... Inconvénients d'une banque... Par M. L*** (LOYSEAU)... *S. l.* (1789), in-8, 1 f. de tit. et 90 p.

Réimprimé en 1790 avec le nom de l'auteur.

Moyen court et facile de connaître le bon maître à danser. *Alençon, Malassis le jeune*, 1767, in-12.

Signé : M....L (MANUEL).
Ce Manuel, dit Ernouf, fut le père du général de ce

nom. On croit que, très-jeune encore, celui-ci a coopéré à la rédaction de ce volume.   **D. M.**

Moyen court et très-facile pour l'oraison que toutes personnes peuvent pratiquer très-aisément, et arriver par là en peu de temps à une haute perfection. (Par Mme GUYON.) *Grenoble*, 1685, in-12. — *Paris*, 1690, in-12.

Mis à l'index le 29 novembre 1689.

Moyen (le) d'être heureux, ou le temple de Cythère (par RIVIÈRE), avec les Aventures de Chansi et de Ranué (par CHICANEAU DE NEUVILLÉ). *Amsterdam* (*Paris*), *P. Mortier*, 1750, 2 vol. in-12.

Moyen de commerce pour faire fortune, quoique l'on soit pauvre. (Par MOURGUYO.) *Paris*, an IX, in-8.   **D. M.**

Moyen de consolider les institutions... (Par Paul-D. BONNEAU.)

Cet écrit forme le t. I des « Considérations sur les destinées humaines » (voy. IV, 722, *d*), suivant ce que dit l'auteur, p. 11 de sa « Royauté frappée au cœur ».

Moyen de déconcerter les ennemis de la Révolution, en rétablissant le crédit malgré eux, par M. P... (PAPILLON), citoyen d'Orléans, colonel de la milice nationale de Vennecy. *Paris, l'an second de la liberté* (1790), in-8, 1 f. de tit. et 6 p.

Réimprimé avec le nom de l'auteur.

Moyen de paix perpétuelle, ou réponse à l'auteur d'un ouvrage intitulé : « du Seul Moyen de faire avec succès la guerre à l'Angleterre ». Par l'ami des bêtes (MENARD). *Paris, Delaunay*, 1815, in-8, 51 p.

Moyen de paix universelle et perpétuelle. (Par J.-M. DUFOUR.) *Paris, Charles*, 1815, in-8.

Moyen (le) de parvenir, œuvre contenant la raison de tout ce qui a été et sera, etc. *Imprimé cette année*, in-16, 439 p.

Cet ouvrage parut pour la première fois vers 1610.

Il a été attribué à François BÉROALDE DE VERVILLE et souvent imprimé sous son nom.

Cette attribution a trouvé de nombreux contradicteurs :

M. Péricaud (« Lyon sous Louis XIII », p. 18) demande pourquoi on n'a pas donné à T.-A. D'AUBIGNÉ le « Moyen de parvenir ». Celui qui a écrit les « Aventures du baron de Fœneste » était bien capable de le composer. Il y a bien des traits de ressemblance entre ces deux ouvrages.

Ch. Nodier, dans une note du Catalogue Pixérécourt, n° 1411, refuse absolument le « Moyen de parvenir » à Béroalde : « Je me contenterai d'un seul raisonnement qui en vaut mille. L'auteur du « Moyen » est un des écrivains les plus vifs, les plus originaux, les plus variés, les plus piquans de notre vieille langue, un des hommes qui en ont le mieux connu l'esprit et les ressources, et, par-dessus tout, un conteur inimitable. Béroalde est le plus lourd, le plus diffus, le plus languissant, le plus ennuyeux des prosateurs de son époque. »

M. Paul Lacroix, dans ses « Dissertations bibliographiques », *Paris*, 1864, in-12, fragment intitulé : « le *Véritable Auteur du Moyen de parvenir* », p. 137-166, dit : « L'esprit et le style de certains passages « du « Moyen » ne nous laissent aucun doute sur son « origine rabelaisienne. Béroalde trouva sans doute « dans la bibliothèque de son père un manuscrit de « l'auteur de « Pantagruel » ; il le refondit en rajeu- « nissant le langage. »

Enfin, M. J. Blavignac a inséré dans le « Bulletin de l'Institut national genevois » (*Genève*, mai 1865), p. 189-214, des « Recherches historiques et littéraires sur le « Moyen de parvenir ». Il en a été tiré à part quelques exemplaires. Elles développent les motifs qui semblent devoir faire attribuer cet ouvrage à Henry ESTIENNE.

Moyen de payer cinq milliards et de préparer la revanche. Par un officier rentrant d'Allemagne (J. LAFONT). *Toulouse*, *impr. L. Hébrail*, 1871, in-8, 53 p.

Moyen de relever l'industrie linière, tout en favorisant l'agriculture. (Par VERSTRAETE.) *Bruges, Vandecasteele-Werbrouck*, 1847, in-8, 16 p.   **J. D.**

Moyen de rendre nos religieuses utiles et de nous exempter des dots qu'elles exigent, par M**** (l'abbé HUEL, curé de Noueux-Neufchâteau, diocèse de Toul). *S. l.*, 1750, in-8.

Cet ouvrage a été condamné par le Parlement de Lorraine.

Moyen de se préserver des erreurs de l'usage dans l'instruction de la jeunesse, ou découverte de la meilleure manière possible d'enseigner les sciences et les langues aux enfants de l'un et de l'autre sexe; ouvrage encyclopédique, contenant un corps complet de traités élémentaires. (Par F.-P. BARLETTI DE SAINT-PAUL et ......) *Bruxelles, Emm. Flon*, 1781, in-4.

Premier cahier du premier volume. L'ouvrage devait avoir six volumes.

Moyen de sortir de la crise actuelle, extrait d'une lettre d'un membre du congrès national de 1830. (Par Ferdinand EENENS.) *Bruxelles, veuve Vanbuggenhoudt*. 1864, in-12, 12 p.   **J. D.**

Moyen de transporter les lettres, un corps quelconque ne dépassant pas un certain poids, avec une vitesse télégraphique de cent lieues à l'heure. (Par le baron Alfred D'ESPIARD DE COLONGE, attaché à la légation de France en Bavière.) Avec quatre fig. sur bois. *Munich, impr. de G. Franz,* 1843, in-8, 28 p.

Il y a des exemplaires avec le nom de l'auteur.

Moyen (le) de voyager seurement par les champs, sans estre destroussez des larrons et volleurs. (Par Artus DESIRÉ.) *Paris, A. Houic,* 1573, petit in-8.

Même ouvrage que le « Grand Chemin céleste de la maison de Dieu pour tous vrais pelerins célestes traversans les desertz de ce monde », *Paris, Th. Bessault,* 1565 ; c'est la même édition ; mais le « Grand Chemin » porte le nom de l'auteur, et il présente une dédicace adressée à la duchesse de Parme, laquelle, dans le « Moyen de voyager », est remplacée par une autre dédicace à la duchesse de Montmorency.

Moyen infaillible d'assurer le sort des actionnaires des pompes à feu de Chaillot, quelle que soit leur position actuelle. (Par le chevalier DE FORGES, ancien écuyer de main du roi.) *S. l.* (avril 1786), in-8, 44 p.   D. M.

Moyen infaillible pour apprendre en une heure de temps, sans instructeur, à monter à cheval dans tous les principes de l'art, et de dresser les chevaux neufs, etc., traduit de l'allemand, et revu de nouveau par G. B. D. B. (Guillaume BOUQUET DE BEAUVAL, officier d'artillerie de la garde royale). (*Paris, Le Febvre*), 1816, in-8.

Moyen le plus économique, le plus prompt, le plus facile d'améliorer la terre d'une manière durable. (Par J.-Z. PARADIS DE RAYMONDIS.) *Bourg-en-Bresse, Paris et Lyon,* 1789. in-12, 2 ff. et 215 p.

Moyen (du) le plus propre d'utiliser la chair du cheval, de l'âne et du mulet. (Par A. DAUNASSANS.) *Toulouse,* 1856, in-8, 12 p.

Moyen très-équitable de réparer en grande partie les désastres de la France. (Par C.-J. ROBILLARD.) *Paris, impr. de Lottin de Saint-Germain,* 1815, in-8, 16 p.

Moyens assurés de parvenir à la formation d'un système général de finance en France, et d'amortir l'intégralité de la dette publique, etc.; par M. G. D. G. (GROUBER DE GROUBENTAL). *Paris, Debray,* an VIII-1800, in-8.

Moyens certains et assurés de conserver et de maintenir... les colonies agricoles de la Belgique, par un ancien habitant de la Campine (J.-P. COQUILHAT, né à Marseille, le 15 mai 1772, mort à Liége, le 23 septembre 1840). *Anvers, Van Merlen,* 1840, in-8, 22 p.

Voy. pour l'indication des ouvrages de cet auteur, « le Quérard », tome I, p. 22.

Moyens d'abus, entreprises et nullités du rescrit et bulle du pape Sixte V du nom, en date du mois de septembre 1585. Contre le sérénissime prince Henry de Bourbon, roy de Navarre... Par un catholique... mais bon François... (Par P. DE BELLOY.) *S. l.,* 1586, in-8. — *Coloigne, H. Lobin,* 1586, in-8. — *Ambrun, P. Chaubert,* 1586, in-8.

Moyens (les) d'acquérir la perfection, par un Père de la Compagnie de Jésus (le P. Gabr. ANTOINE). *Nancy, Baltazard,* 1738, in-12, 179 p. sans la table.

Moyens (les) d'adoucir la rigueur des lois pénales en France sans nuire à la sûreté publique, ou discours couronnés par l'Académie de Châlons-sur-Marne en 1780 (composés par J.-P. BRISSOT DE WARVILLE et J.-E.-D. BERNARDI) suivis du Discours qui a obtenu l'accessit. *Châlons, Seneuze,* 1781, in-8.

Moyens d'apprendre à lire avec facilité et en peu de temps... (Par F.-D. RIVARD.) *Paris,* 1767, in-12, 72 p.

Voy. ci-après, « Moyens pour apprendre à lire », col. 377, c.

Moyens (des) d'assurer le succès et la durée de la Constitution. (Par J. DEVAINES.) *Paris, Desenne,* 1790, in-8, 32 p.

Moyens d'entretenir d'hommes les troupes provinciales, et de délivrer le peuple des maux que cet impôt cause par la forme actuelle de tirer au sort. (Par M. le comte DE FOUCAULT.) 1789, in-8, 47 p.

Moyens (des) d'étendre le commerce de long cours et d'assurer sa prospérité. (Par M. Eug. DE BRAY.) *Paris, impr. de Trouvé,* 1824 ; — Appendice. *Ibid.,* 1825, in-8.

Moyens d'extirper l'usure... par un avocat au Parlement de Paris (R.-H. PRÉVOST DE SAINT-LUCIEN). *Paris, Lesclapart,* 1775, 1778, in-12.

Moyens d'opérer une forte réduction de la contribution sur les terres au budget de 1819, sans affaiblir les recettes. (Par J.-Fr. CRESTIN.) *Paris, Delaunay,* 1819, in-8.

Moyens (des) de conserver la santé des blancs et des nègres aux Antilles, ou climats chauds et humides de l'Amérique... (Par BERTIN, docteur en médecine.) *Saint-Domingue et Paris, Méquignon l'aîné,* 1786, in-8.

Moyens de conserver le gibier par la destruction des oiseaux de rapine. (Par J.-B. SIMON.) *Paris,* 1738, 1743, in-12.

Moyens de crédit public en donnant aux biens dits nationaux la valeur des biens patrimoniaux... (Par J.-B. DARMAING.) *Paris, Boucher*, 1819-1820, 2 part. in-8.

Moyens de défense du sucre indigène. (Par Émile ISTA.) *Bruxelles*, 1846, in-8.
J. D.

Moyens (les) de détruire la mendicité en France, tirés des mémoires présentés à l'Académie de Chaalons-sur-Marne. (Par l'abbé DE MALVAUX.) Nouvelle édit. augm. *Chaalons, Seneuze*, 1780, in-8.

La première édition parut sous le titre de « Résumé des Mémoires ». Voy. ces mots.

Moyens de former un bon domestique... par M. N*** (J.-Ch. BAILLEUL). *Paris, Bailleul*, 1814, in-12.

Moyens de lire avec fruit, traduit de l'italien (ou plutôt du latin) de SACCHINI (par J.-M. DUREY DE MORSAN). *La Haye et Paris, Guillot*, 1783, in-12.

Moyens de perfection pour une vierge chrétienne. Cinquième édit. augmentée... *Lyon, Rusand*, 1817, in-12, XVI-416 p.

Plusieurs fois réimprimés.
La dédicace est signée : G. O... (G. OGIER), prêtre missionnaire.

Moyens (des) de prévenir les délits dans la société, suivis d'un discours couronné en brumaire de l'an VII, par le jury d'instruction de Vaucluse, sur cette intéressante question. (Par DUPUIS et RABLOT.) *Paris, Lemoine*, an IX-1801, in-8.
D. M.

Moyens (des) de procurer des secours à la classe indigente dans les années de disette. Par M. le comte DE M*** (le comte DE MAROLLES), membre du conseil général du département de Loir-et-Cher. *Paris, F. Didot*, 1830, in-8, 60 p.

Moyens de réaliser les vœux du roi, les espérances et l'attente du monde. (Par Paul-D. BONNEAU.) *Paris, L.-G. Michaud*, 1815, in-8, 16 p.

Reproduits dans le second volume des « Considérations sur les destinées humaines... » (voy. IV, 722, *d*), publiées en 1824, avec le nom de l'auteur.

Moyens de remédier aux inconvénients du budget proposé par le ministre des finances, par l'auteur des « Considérations sur l'organisation sociale », imprimées en 1802 chez Migneret (Jean SAINT-SARDOS DE MONTAGU, marquis DE MONDENARD). *Paris, L.-G. Michaud*, août 1814, in-8, 14 p.

Moyens de rendre la franche maçonnerie plus utile à l'humanité. (Par WINKLER.) *Strasbourg*, 1790, in-8.

Moyens (des) de réprimer la colère, par PLUTARQUE (texte grec), avec sommaires français et notes explicatives (par EBERHART, ancien professeur). *Paris, Maire-Nyon*, 1833, in-12.
D. M.

Moyens de réunir les protestans avec l'Eglise romaine, publiés par M. CAMUS, évêque de Belley, sous le titre de l' « Avoisinement des protestans vers l'Eglise romaine », nouv. édit. corrigée et augmentée de remarques pour servir de supplément, par M*** (Richard SIMON). *Paris*, 1703, in-12.

Quelques exemplaires portent le nom de l'éditeur.

Moyens de rouvrir de nouvelles négociations pour procurer la paix à la France et même à l'Europe, avec l'abrégé du nouveau droit public. Par un membre de la Société libre des sciences, lettres et arts de Paris (J.-B.-V. DE SAVOISY). *Paris, Surosne*, an VIII, in-8, 40 p.

Réimprimés la même année avec le nom de l'auteur.

Moyens (des) de s'enrichir par l'agriculture, par un laboureur du Gâtinois (J.-P. LAPIE, dit DE LA FAGE). *Paris (Hautdebout)*, 1803, in-12, 120 p. — *Paris, Vieillard*, 1804, in-12.

Moyens de salut pour les chrétiens de tous les sexes, de tous les états et de tous les âges... par l'auteur des « Moyens de perfection pour une vierge chrétienne » (l'abbé G. OGIER). *Lyon, Rusand*, 1817, in-12, VIII-436 p.

Moyens et Méthodes pour éteindre les droits féodaux. (Par P.-F. BONCERF.) *S. l. n. d.*, in-8, 8 p.

Voy. « Inconvéniens des droits féodaux... », V, 910, *e*.

Moyens faciles pour connoitre la véritable religion. (Par DES FRESNEAUX.) *Caen*, 1685, in-12.

Moyens faciles pour détruire les loups et les renards, à l'usage des habitants de la campagne. Par T. DE C. (le marquis Tanneguy DE COURTIVRON). *Paris, Migneret*, 1809, in-8, 40 p.

Moyens infaillibles de conserver la vue en bon état jusqu'à une extrême vieillesse, et de la rétablir et de la fortifier lorsqu'elle s'est affaiblie... Trad. de l'allemand de G.-J. Beer (par Thiercelin). *Bruxelles*, 1802, in-8.

Réimprimés avec le nom du traducteur, qui ne reconnaît que la sixième édition. *Paris, Gabon*, 1819, in-8, les autres ayant été imprimées ou sans correction d'épreuves ou subrepticement.

Moyens (les) justes et efficaces pour ramener dans le sein de l'Eglise catholique ceux qui en sont séparez. (Par Vigne, ministre de Grenoble, devenu ensuite catholique.) *Cologne, P. Marteau*, 1684, in-12.

Moyens (des) les plus économiques de mettre Liége à l'abri des inondations, et de rattacher les établissements industriels de la vallée de la Meuse au canal de Maëstricht. (Par Henri Borguet, entrepreneur de travaux publics, mort à Vaucluse le 24 septembre 1852.) *Liége, Redouté*, 1851, in-8, 51 p. et un plan: J. D.

Moyens pour apprendre à lire avec la plus grande facilité. (Par F.-D. Rivard.) In-8, 58 p.

Voy. ci-dessus, « Moyens d'apprendre... » col. 374, c.

Moyens préservatifs contre le choléra. (Par le baron du Montet.) *Nancy, Dard*, *s. d.*, in-fol. plano.

Moyens proposés pour le bonheur des peuples qui vivent sous le gouvernement monarchique. (Par le comte de Thélis.) 1778, in-4.

Moyens proposés pour prévenir l'infanticide. (Par Pétion de Villeneuve.) 1781, in-12.

Moyens propres à garantir les hommes du suicide, par le P. L. D. (le P. Laliman, dominicain). *Paris, Morin*, 1779, in-12.

Moyens sûrs d'acquitter promptement et avec avantage les dettes de la France, par R...... (Reverdy), de Lyon. *Paris, Audin*, 1816, in-8, 102 p.

Moyens sûrs d'apprendre les langues, et principalement la latine. (Par P.-C. Chompré.) *Paris, Guérin*, 1757, in-12.

Moyens sûrs et honnêtes pour la conversion de tous les hérétiques. *Cologne*, 1683, 2 vol. in-12.

Il a été impossible, suivant Bayle, de découvrir l'auteur de cet ouvrage. Voy. ses « Œuvres diverses », t. II, p. 780.

Voy. aussi « le Semeur », t. XV, 1846, p. 246-248. M. du Roure, « Analecta Biblion », t. II, p. 345, entre dans de longs détails au sujet de ce livre; il indique une édition de *Cologne*, 1681; celle de 1683 est peut-être la même, avec un titre nouveau.

Moyens très-simples de convoquer les

Etats-Généraux sans qu'il en coûte un sol au roi, par M. P. D. S. L. (Prévost de Saint-Lucien). 1789, 2 parties in-8.

Moyse.

Voy. « Moïse ».

Muet (le), aveugle, sourd et manchot. (Par T.-S. Gueulette.)

Parade insérée dans le « Théâtre des boulevards », t. III.

Muette (la), ou la servante de Weilheim, fait historique en un acte par MM*** (J.-G.-A. Cuvelier de Trie et Léopold Chaudezon). Représenté, pour la première fois, à Paris, au Cirque olympique, le 8 novembre 1820. *Paris, Fages*, 1820, in-8, 28 p.

Muette (la), pantomime dialoguée, mêlée de danses et combats, en trois tableaux. Par M. de R.... (Max. de Redon)... Représentée pour la première fois sur le théâtre forain du Luxembourg, le jeudi 17 avril 1828. *Paris, J.-N. Barba*, 1828, in-8, 2 ff. de tit. et 35 p.

Muette (la) qui parle au Sallon de 1781. (Par R.-M. Lesuire.) *Paris, Quillau*, 1781, in-12, 23 p.

Multiplions les hôpitaux et les secours, par un homme depuis vingt ans cosmopolite (La Rocque). *Londres*, 1813, in-8.

Avec un supplément de 4 p. in-8, imprimé à *Londres, Schulze et Dean*, en 1816.   D. M.

Münster dans la vallée de Saint-Grégoire. (Par P.-A. Grandidier.) *Sainte-Marie-aux-Mines*, 1808, in-8.

Très-rare. Note de F.-C. Heiz à la suite du n° 1163 de sa « Bibliothèque alsatique ».

Muraille (la) parlante, ou tableau de ce qu'on a écrit et dessiné sur la muraille du jardin du Corps impérial des cadets gentilshommes. (Par le comte d'Anhalt.) A l'usage du Corps des cadets. *Saint-Pétersbourg, imp. du Corps*, 1790, in-16, IV-XVI-138 p., avec fig. et tableaux.

Plus « la Salle de récréation, ou la suite et le second volume de la Muraille parlante, ou tableau de ce qui se trouve dans la salle de récréation des quatrième et cinquième âges du Corps impérial des cadets gentilshommes, à l'usage du Corps des cadets. » *Saint-Pétersbourg, imp. du Corps*, 1791, in-16.   A. L.

Mûrier (le), vaudeville en un acte, par MM. Jules Vernet et *** (A.-F. Jouslin de La Salle). Représenté pour la première fois sur le théâtre de la Porte-Saint-Martin, le 22 juin 1819. *Paris, Fages*, 1819, in-8, 32 p.

Murs de Troyes, ou l'origine du burlesque. (Par Charles PERRAULT, Claude PERRAULT et leur ami BEAURAIN.) *Paris, L. Chamhoudry*, 1653, in-4.

Il n'y a que le premier chant d'imprimé; le second, resté manuscrit; doit être à la bibliothèque de l'Arsenal. Voy. le « Magasin encyclopédique », t. XVII, p. 578.

Musarion, ou la philosophie des grâces, poëme en trois chants. (Trad. de l'allemand de C.-M. WIELAND, par J.-C.-T. DE LAVEAUX.) (*Kehl*), *de la Société littéraire-typographique*, 1784, in-18, 68 p.

L'édition de *Basle, J.-J. Thurneysen*, 1780, in-8, avec 4 grav. et 3 culs-de-lampe gravés par J.-R. Kolzbach, d'après Saint-Quentin, n'est pas anonyme.

Muse (la) bretonne, étrennes pour l'an 1809 dédiées aux dames. Première année. (Par F.-M. BINARD, imprimeur-libraire à Brest.) *Brest* (1809), in-8, xv-214 p., plus une figure.

Ce recueil est entièrement composé par des Bretons; il renferme des chansons et des pièces de vers; les xv pages en tête sont occupées par quatre notices de dames bretonnes, savoir : Anne de Bretagne, la maréchale de Guébriant, la comtesse de Montfort et la comtesse de Murat.   L. A. B.

Muse (la) d'un théologien du Mont-Jura, ou recueil de petites poésies et d'opuscules d'un docteur en théologie, par M. l'abbé GR*** (l'abbé GRAND-JARQUET). *Lausanne*, 1777, 2 vol. in-8.

Muse (la) errante au Salon, ou apologie critique des peintures... exposées au Louvre. (Par A.-C. CAILLEAU.) *Paris*, 1771, in-12.

Muse folastre (le premier, le second et le troisième livre de la), recherchée des plus beaux esprits de ce temps. *Rouen*, 1603, 3 part. in-24.

Le « Manuel du libraire » indique diverses éditions de ce recueil; il en a été donné une réimpression à *Bruxelles*, 1864, in-18, tirée à 106 exemplaires. L'éditeur primitif ne s'est pas nommé, mais on peut supposer que c'est Paul DE L'ECLUSE, qui a inséré quelques morceaux en les signant et qui a placé ses initiales P. D. L. au bas de quelques autres. Les noms de plusieurs poëtes sont imprimés en toutes lettres au bas des pièces qu'ils ont écrites : Z. BLENET, dit BELAIR, DE LA SOUCHE, C. BRISSARD, BÉROALDE DE VERVILLE (il y en a trois de ce célèbre écrivain tourangeau).

Bien des auteurs ne sont désignés que par des initiales qu'on chercherait inutilement à deviner. Voy. Brunet, « Manuel du libraire », 5e édit., III, col. 1960, et P. Lacroix, « Enigmes bibliographiques », p. 235.

Muse (la) guerrière... (Par Claude, sieur DE TRELLON.) *Paris, Abel Langelier*, 1587, in-8.

Plusieurs fois réimprimée.

Pour le détail des éditions, voy. Brunet, « Manuel du libraire », 5e édit., V, 934.

Muse normande. 1730.

Recueil de pièces anacréontiques publiées par l'abbé Marie-Pierre FONTAINE, curé de Vassonville-sur-Scie (Seine-Inférieure).
(Frère, « Manuel du bibliographe normand », t. I, p. 475.)

Muse (la) nouvelle, recueil de poésies. (Par Jean-Baptiste-Pierre DALBAN.) *Grenoble*, 1832, in-8.   D. M.

Muse (la) pariétaire et la Muse foraine, ou les chansons des rues depuis quinze ans, par C. N. (Charles NISARD). *Paris, J. Gay*, 1863, in-8, xxiv-368 p. — *Id.*, in-12.

Muse (la) protestante consacrée aux partisans de la bonne cause. Lullisipeade, poëme sur les calamités de Lisbonne, suivi de l'Archi-héros et quelques autres pièces fugitives du même auteur où se trouve l'idée la plus juste du système des francs-maçons. (Par J.-D. RAMIER.) *S. l. n. d.*, in 12.

Muse sans artifice à M. l'abbé d'Aulne, etc., par L. Th. D. d'Env. (Louis THIREL, doyen d'Envermeu). *Rouen, vefve Holand*, 1658, in-8.

Voy. « Supercheries », II, 986, b.

Musée Dantan. Galerie des charges et croquis des célébrités de l'époque, avec texte explicatif et biographique. (Par Louis HUART.) *Paris, Delloye*, 1839, gr. in-8.

Musée de peinture et de sculpture de Nantes.

Voy. « Catalogue des tableaux », IV, 524, a.

Musée (du) de Toulouse et du Rapport de M. George, ancien commissaire expert du musée du Louvre. (Par J.-M.-Constantin PRÉVOST.) *Toulouse, imp. I. Viguier* (1862), in-8, 24 p.

Musée des statues, groupes... qui ornent le jardin des Tuileries et du Luxembourg, avec 88 gravures représentant les 170 statues, etc. (Par Louis PRUDHOMME.) *Paris, imp. de Gueffier*, 1825, in-12.

Musée français, ou collection complète des tableaux, statues et bas-reliefs qui composent la collection nationale, avec l'explication des sujets, et des discours sur la peinture, la sculpture et la gravure, publié par ROBILLARD PÉRONVILLE et Pierre LAURENT. *Paris*, 1803-1811, 4 vol. gr. in-fol.

Ce magnifique ouvrage se publiait par livraisons : chaque volume en contient vingt.

Les discours placés à la tête des volumes et les notices qui donnent l'explication des gravures sont de S.-C. CROZE-MAGNAN, jusqu'à la trente-huitième livraison inclusivement. MM. EMERIC-DAVID et F. GUIZOT lui ont succédé à dater de la trente-neuvième livraison. E.-Q. VISCONTI a rédigé plusieurs articles.

Un second tirage des planches a été publié à Paris, 1829-1830 (*Galignani*, imp. *F. Didot*); le texte, rédigé par M. Duchesne aîné, est un abrégé du texte original, et il est accompagné d'une traduction anglaise.

Voy. ci-après, « Musée royal ».

Musée montois, descriptions et portraits. (Par Ferdinand-Charles-Hyacinthe PARIDAENS.) *Mons, Hoyois-Derely*, 1829, in-18, 37 p.

En vers.   J. D.

Musée moral, ou préceptes, conseils et exemples recueillis chez les anciens moralistes et divers autres personnages célèbres de l'antiquité, par M. Ch. S... DE L... (Charles SAMBUCY DE LUSANÇON). *Paris, Carilian-Gœury*, 1828, in-8.

Première livraison. Cette publication n'a pas été continuée.   D. M.

Musée olympique de l'école vivante des Beaux-Arts... (Par EMERIC-DAVID.) *Paris, Plassan* (1796), in-8, 51 p.

Musée (le), revue du Salon de 1834, par Alexandre D...... (DECAMPS, le frère du peintre Alexandre - Gabriel). *Paris, Ab. Ledoux*, 1834, in-8 carré, grav.

L'article qui concerne A.-G. Decamps est de Charles ROGER.

Musée (le) royal d'antiquités, d'armures et d'artillerie. (Par Th. JUSTE.) *Bruxelles, Bols*, 1862, in-8, 23 p.

Tiré à part du « Bulletin des commissions d'art et d'archéologie ».   J. D.

Musée royal de France, ou collection gravée des chefs-d'œuvre de peinture et de sculpture dont il s'est enrichi depuis la Restauration, publiée par Mme veuve FILHOL (avec texte par A. JAL). *Paris, F. Didot*, 1827, in-8.

Suite du « Cours historique et élémentaire de peinture... », IV, 806, c.

Musée royal de Naples, peintures, bronzes et statues érotiques du cabinet secret, avec leur explication par M. C. F. (C. FAMIN), contenant 60 gravures coloriées. *Paris, A. Ledoux*, 1836, in-4.

L'édition de 1857 porte le nom de l'auteur.
Voy. « Supercheries », I, 684, d.

Musée (le) royal, publié par Henri LAURENT... ou recueil de gravures d'après les plus beaux tableaux, statues et bas-reliefs

de la collection royale, avec description des sujets, notices littéraires et discours sur les arts... (par E.-Q. VISCONTI, F. GUIZOT et le comte C.-O.-F.-J.-B. DE CLARAC). *Paris, imp. de P. Didot*, 1816-1818, 2 vol. in-fol.

Cette collection, qui a paru en 40 livraisons, forme la seconde série du « Musée français ».

Musées de province. Galerie de Oisème. *Chartres, imp. de Garnier*, 1861, in-16, 32 p.

10 août 1861. — Signé : X. — Description de la collection de M. Marcille par M. BRACCINI, maire de d'Oisème. — Tiré à 30 exemplaires. — N'est pas destiné à être vendu.

Muselière. Fragments sur cette question : La protection accordée à l'industrie n'est-elle pas le meilleur moyen de gouverner le peuple et d'en demeurer maître? Publié par l'auteur des « Lettres de Livry » (Nicolas CHATELAIN, de Rolle, dans le canton de Vaud [Suisse]). *Genève, impr. de E. Pelletier*, 1839, in-8 de 72 p.

Muses (les) artisanes, ou l'auteur perruquier, opéra-comique en un acte. (Par F.-A. QUÉTANT.) *S. l. n. d.* (1757), in-8.

Muses (les) chrétiennes, ou petit dictionnaire poétique, contenant les meilleurs morceaux des poëtes connus. (Par P.-L. DAQUIN DE CHATEAULYON.) *Paris*, 1618, *Ruault*, 1773, in-12.

Dans le cours de la Révolution, cet auteur se nomma *Rabelais-Daquin*. Il avait soixante-dix ans le 10 floréal an II, lorsqu'il publia l' « Apparition de Marat », in-8 de 4 pages; en vers et en faveur de Marat.

Muses (les) de la nouvelle France. (Par Marc LESCARBOT, aut. de l' « Histoire de la nouvelle France ».) *Paris, A. Perier*, 1618, in-8, 76 p.

Cet opuscule se trouve souvent joint à l' « Histoire de la nouvelle France » portant sur le titre le nom de l'auteur.

Muses (les) dunkerquoises. (Par Cons- tant PIETERS, bibliothécaire de la ville de Dunkerque.) *Dunkerque, Lallou*, 1827-28, 3 vol. in-32.

Muses (les) françoises. Première partie, contenant un tableau universel par alphabet et numéro des théâtres de France, avec les noms de leurs auteurs et de de toutes les pièces anonymes de ces théâtres, depuis les mistères jusqu'en l'année 1764. (Par le chevalier DUDUIT DE MÉZIÈRES.) *Paris, Duchêne*, 1764, in-8.

La « France littéraire » de 1769, t. II, p. 417, a attribué faussement cet ouvrage à un nommé PIJON, conseiller au présidial de Provins, compatriote de l'auteur.

Quérard, tout en reproduisant cette note dans sa « France littéraire », donne cet ouvrage sous les deux noms.

Muses gaillardes recueillies des plus beaux esprits de ce temps par A. D. B. P. (Antoine DU BREUIL, Parisien). *Paris, du Breuil*, 1609, in-12.

Il y a deux autres éditions, *s. d.*, avec quelques différences. Ce recueil a été réimprimé à *Bruxelles, Mertens et fils*, 1864, in-18, à 100 exemplaires, plus deux sur vélin et quatre sur chine, avec une notice bibliographique signée P. L. (Paul LACROIX). Un exemplaire porte la désignation de quelques noms écrits de la main d'un contemporain d'A. du Breuil. La pièce intitulée : « d'une Puce » (feuillet 45) est du sieur DE SAINTE-BARBE ; la pièce intitulée : « Desdains d'une dame » (feuillet 133) est de MOTIN. Il y a aussi une chanson de MOTIN au feuillet signé : *S ii*.

Voy. « Supercheries », I, 188, *b*, et Brunet, « Manuel du libraire », 5e édit., III, col. 1963.

Muses (les) helvétiennes, ou recueil des pièces fugitives de l'Helvétie. (Par P.-S. BRIDEL.) *Lausanne*, 1775, in-8.

Muses (les) illustres de MM. MALHERBE, L'ESTOILE, TRISTAN, BAUDOIN, COLLETET le père, OGIER, Gilles BOISLEAU, etc. (Par Fr. COLLETET le fils.) *Paris, P. David*, 1658, petit in-12.

Ce recueil, dédié par l'éditeur au comte de Saint-Aignan, est divisé en quatre parties : la Muse sérieuse, la Muse bachique, la Muse amoureuse, et Raillerie à part, ou la Muse burlesque. Le Boileau nommé sur le frontispice n'est point Despréaux, mais son frère aîné, Gilles Boileau, de l'Académie française, contrôleur de l'argenterie du roi ; et la pièce qu'on y trouve de lui est son Dialogue amoureux sur la goutte de Conrart, imprimé depuis (en 1670) dans ses « Œuvres posthumes », sans autre changement qu'une faute d'impression et le nom de *Daphnis* au lieu de Conrard.

(L.-Th. Hérissant.)

Muses (les) incognves, ou la seille aux bourriers... *Rouen, J. Petit*, 1604, in-12.

Le « Manuel du libraire » attribue à Michel GUY de Tours la formation de ce recueil de poésies légères. L'auteur de l'avant-propos mis en tête de la réimpression publiée à *Paris, J. Gay*, 1862, in-18, à 102 exemplaires, penche plutôt pour BÉROALDE DE VERVILLE. Quoi qu'il en soit, on ne connaît qu'un seul exemplaire de ce petit volume, celui de la bibliothèque de l'Arsenal, provenant du duc de La Vallière. La plupart des pièces de vers insérées dans les « Muses incognves » sont anonymes, mais il en est qui sont signées : G. DE T., ou B. DE V.

Muses provinciales, ou recueil des meilleures productions du goût des poëtes, tant des provinces que des pays étrangers. (Publié par E.-T. SIMON.) *Paris, Leroy*, 1778, in-12.

Muses (les) ralliées. *Paris, Math. Guillemot, s. d.* (vers 1599), in-12.

Titre gravé par L. Gaultier. La dédicace au prince Charles de Bourbon, comte de Soissons, est signée : DESPINELLE. Première édition, qui se compose de : 1re partie, 344 feuillets ; vers funèbres, 121 feuillets ; la table et le privilège, daté du 6 novembre 1598 ; et un avertissement au lecteur, suivi de plusieurs pièces corrigées par l'auteur et publiées à part, 21 feuillets ; il y a deux feuillets, 20 et 21.

La seconde édition est intitulée : « les Muses françoises ralliées de diverses parts ». *Paris, M. Guillemot*, 1599, in-32.

Le titre porte la marque reproduite par Silvestre, sous le n° 887.

Réimprimées plusieurs fois avec le nom de l'auteur sur le titre.

Muses (les) véridiques, pièce à tiroir en six scènes rimées. (Par l'abbé F.-V. MULLOT.) *S. l. n. d.*, in-8, 16 p.

Musette (la) (et autres poésies) du S. D. (du sieur Ch. VION D'ALIBRAY). *Paris*, 1646, 1647, 1653, in-8.

Voy. « Supercheries », III, 618, *a*.

Musette rochelloise ou bagatelles poétiques, par G. J. B. CR** (Gabriel-Jacques-Constantin CROIZETIÈRE).** *La Rochelle, Lhomandie*, an VII, in-24, XII-208 p.

Musicomanie (la), comédie. (Par N.-M. AUDINOT.) *Paris*, 1779, in-8.

Catalogue Soleinne, n° 3451.

Musique (de la) en Italie. (Par le prince DE BELOSELSKI.) 1778, in-8, 39 p.

Musique (de la) et de Nephté, aux mânes de l'abbé Arnaud. (Par G.-L.-G. TOSCAN.) *Paris, imprimerie de Monsieur*, 1790, in-8, 28 p.

Musique (la) et le Théâtre en 1871. (Par M. Jules RUELLE.) *Paris, impr. Renou et Maulde*, juin 1871, in-4.

Musique (la), poëme en quatre chants. (Par BORDENAVE.) *Paris*, 1811, in-8.

Musique (la), poëme en quatre chants, par M. D..... (J. DE SERRÉ DE RIEUX). *Amsterdam, E. Roger*, 1714, in-12. — *Lyon, André Laurens*, 1717, in-4. — *La Haye, Abraham Henri*, 1737, in-12.

Voy. « Supercheries », I, 851, *b*.

Musique (la) théorique et pratique dans son ordre naturel, avec l'art de la danse, par B* (BORIN).** *Paris*, 1747, in-4.

Myriade, nouvelle méthode chronologique par laquelle on rapporte la série des temps à une période composée de dix mille années régulières. (Par BRANDEL.) *Stockholm*, 1800, in-8.

Myrtil et Mélicerte, pastorale héroïque

(Par N.-A.-M. GUÉRIN D'ETRICHÉ.) *Paris, Trabouillet*, 1699, in-12, 10 ff. lim. et 75 p.

Myrton, nouvelle comique en vers burlesques, par D*** (Germain-Eustache DESCHAMPS). *Bruxelles (Auxerre, Fournier)*. 1768, in-8, 33 p.

Voy. « Supercheries », I, 844, *a*.

Mysis et Glaucé, poëme, traduit du grec (composé par l'abbé SERAN DE LA TOUR). *Genève (Paris)*, 1748, in-12.

Mystère (le) d'iniquité dévoilé. (Par l'abbé REGNAUD, curé de Vaux.) 1788, in-12.

Mystère de Griselidis, marquise de Saluces, par personnaiges. *Paris, Pinard*, 1832, in-4.

Réimpression figurée tirée à 42 exemplaires. Au dernier feuillet se trouve une note signée : V. G. (Aug. VEINANT et Ch. GIRAUD). Cette réimpression a été faite d'après l'édition originale, *Paris, J. Bonfons. s. d.*, dont on ne connaît qu'un seul exemplaire, celui de la Bibliothèque nationale.

Mystere de l'institution de l'ordre des Frères prescheurs. *Paris, J. Trepperel, s. d.*, in-4, goth., 38 ff.

Attribué au frère Jean MARTIN, jacobin de Valenciennes. Voy. Brunet, « Manuel du libraire », 5e édit., III, col. 1976.

Mystere (le) de la conception et nativité de la glorieuse Vierge Marie : avecques le mariage d'icelle : la nativité, passion, resurrection et assencion de Iesucrist ; ioué à Paris l'an de grâce mil cinq cens et sept. *Paris, Geoffroy de Marnef*, (vers 1507), in-fol. — *Paris, J. Trepperel, s. d.*, petit in-4. — *Id., veuve Jehan Trepperel, s. d.*, pet. in-4. — *Id., Alain Lotrian*, in-4. — *Id., Pierre Sergent*, petit in-4. — *Id., Alain Lotrian et Denis Jannot, s. d.*, in-4. — *Id., Alain Lotrian*, 1539, in-4.

Voy. au sujet de ces diverses éditions, le « Manuel du libraire », 5e édit., t. III, col. 1969-1971. M. Brunet observe que le texte, revu par Jean MICHEL, tel qu'il se trouve dans ces dernières éditions, diffère sensiblement de celui que présentent les manuscrits de cette ancienne composition dramatique. Il signale à cet égard une excellente notice de M. Louis (faute d'impression, lisez Paulin) Paris, dans le sixième volume de ses « Manuscrits français », p. 280 à 314, et l'article fort curieux que M. Magnin a inséré dans le « Journal des savants », année 1846.

Mystère de la Croix affligeante et consolante, mortifiante et vivifiante, humiliante et triomphante de Jésus-Christ et de ses membres. Ecrit au milieu de la croix, au dedans et au dehors, par un disciple de la croix de Jésus. Achevé le 12

d'août 1732. On y a ajouté quelques poésies latines sur divers sujets, composées aussi dans la solitude de Sonneinstein. Nouv. édit. *Lausanne, Fr. Grasset*, 1791, in-8, IV-XXIV-390 p.

Klotz, « Bibliogr. der Freimaur. », n° 3888, indique une première édition de *Hombourg vor der Höhe, Memhard*, 1732, in-8.

M. A. Ladrague, sous le n° 124 du Catalogue Ouvaroff, signale une autre édition, *sans indication de pays ni de libraire*, mais de *Moscou* ou *Pétersbourg*, 1786, in-8.

Il nous apprend de plus que l'auteur est un nommé DOUZETEMPS, réfugié français, qui fut accusé d'avoir voulu empoisonner Auguste, roi de Pologne et duc de Saxe, et qui fut enfermé dans la prison d'État de Sonnenstein, dans laquelle il composa son ouvrage, dont il existe une traduction allemande, 1782, in-8.

Mystère (le) de la danse des tables, dévoilé par ses rapports avec les manifestations spirituelles d'Amérique par un catholique (le comte Eugène PANON DES BASSAYNS DE RICHEMONT). *Paris, Devarenne*, 1853, in-8, 32 p.

Mystere (le) de la passion Iesu-crist, iouee à Angers. *S. l. n. d*, in-fol. goth.

Composé au commencement du XVe siècle, ce mystère a eu pour éditeur Jean MICHEL, mort en 1493. Il l'a retouché, et on lui en attribue le prologue. Voy. le « Manuel du libraire », 5e édit., III, 1971 et suivantes.

Mystère des magnétiseurs et des somnambules, dévoilé aux âmes droites et vertueuses ; par un homme du monde (l'abbé FUSTIER). *Paris, Legrand*, 1815, in-8, 50 p.

Cet ouvrage avait d'abord été attribué à tort à l'abbé J.-B. FIARD.

Mystere. Lapocalypse sainct Jehan Zebedée où sont comprises les visions et revelations que icelluy saint Jehan eut en lysle de Pathmos... *Paris, Arnoult et Charles les Angeliers frères*, l'an mil cinq cens xli, in-fol., xlvi ff. à 2 col.

Au verso du titre on lit : « Ludovici CHOQUET ad magistrum Antonium Le Coq, epigramma... »

Ce volume fait partie du premier (et second) volume du « Triomphant Mystère des Actes des apostres » (voir ce mot) ; mais quelquefois on le trouve séparément.

Mystère (le), ou il y a quarante ans. Par l'auteur de « Calthorpe » (Francis LATHOM) ; traduit de l'anglais par le traducteur des romans historiques de sir Walter Scott (A.-J.-B. DEFAUCONPRET). *Paris, imp. de A. Clo*, 1821, 4 vol. in-12.

Mystères (les) d'Udolphe, par Anne Radcliffe, trad. de l'anglais sur la trois. édit. par la cit. V. D. C. (Victorine DE CHASTENAY, revus par MM. P.-V. BENOIST et J.-

B.-Den. Després). *Paris, Maradan*, 1797, 4 vol. in-12. — Nouv. édit. *Ibid.*, 1819, 4 vol. in-12.

Souvent réimprimés avec le nom du traducteur.

Mystères (les) de Jésus-Christ expliqués en forme d'instructions, etc. (Par l'abbé René Cerveau.) *Paris, Mérigot*, 1770, in-12.

C'est un abrégé de « Instructions et Pratiques... » Voy. V, 946, *f*.

Mystères de l'agiotage dévoilés, ou Lettres à M. Jacques Lafitte. (Par Charles-Joseph Coubé, ancien député.) *Paris, chez l'auteur*, 1829, in-8, 160 p.   D. M.

Mystères de la création et de la destinée de l'homme, suivant Jésus-Christ et les philosophes de l'antiquité... Par un ami de la vérité (Poncet, de Mâcon, suicidé au Havre). *Paris*, juin 1830, in-8, 35 p.
D. M.

Mystères (les) de la police. (Par Auguste Vermorel.) *Paris, Libr. centrale*, 1864, in-12.

Continué sous le titre de : « la Police pendant la Révolution et l'Empire », 2ᵉ partie...; « la Police contemporaine », 3ᵉ et dernière partie.

Mystères (les) de la Toison d'or. — Velleris aurei mysteria. (Auctore Car.-Franc. Amounet de Hailly.) *Bruxellis*, 1658, pet. in-4.

Mystères (les) de la tour de Saint-Jean, ou les chevaliers du Temple, par Lewis, auteur du « Moine », etc., trad. de l'anglais par le baron de L*** (le baron Et.-Léon de Lamothe-Langon). *Paris, Corbet*, 1818, 4 vol. in-12.

Traduction supposée.

Mystères (des) de la vie humaine, par le Cte de Montlosier, précédés d'une notice historique sur la vie de l'auteur (par F. de Montrol). *Paris, Pichon et Didier*, 1829, 2 v. in-8.

Mystères (les) de Laeken. (Par Oscar Hardy, de Liége.) *Bruxelles*, 1853, in-16, 20 p.   J. D.

Mystères des pères Jésuites par interrogatoire...

Voy. « Soirées de Saint-Acheul... »

Mystères (les) des théâtres de Paris, observations, indiscrétions, révélations ! ! ! Par un vieux comparse (Jean-Baptiste-Salvador Tuffet, ex-comédien). *Paris, Marchand*, 1844, in-12.   D. M.

Mystères (les) du christianisme approfondis radicalement et reconnus physiquement vrais. (Par Bebescourt.) *Londres*, 1771, 1775, 2 vol. in-8.

Note trouvée sur l'exemplaire de Moët, traducteur des ouvrages de Swedenborg.
Le faux titre porte : « la Vérité »'.

Mystères (les) du grand monde. (Par Ch. Marchal.) *Paris, Jourdan*, 1844, 6 vol. in-8.

Mystères du presbytère et de la vie religieuse. Par le solitaire (l'abbé Hippolyte Barbier, d'Orléans). *Paris, Desloges*, 1844, in-18.

Mystères (les) italiens, ou le château della Torrida, par Francis Lathom, traduit de l'anglais par un des traducteurs des romans historiques de Walter Scott (Jules Saladin). *Paris, Garnot*, 1823, 4 vol. in-12.

Mystères (les) sacrez de Notre Seigneur et de la sainte Vierge, selon le cours de l'année. (Par le P. de La Grange.) *Paris*, 1697, 3 vol. in-12.

Mystères sur mystères, ou les onze chevaliers, histoire merveilleuse. (Par Mᵐᵉ Guénard.) *Paris, Chaumerot*, 1807, 4 vol. in-12.

Mystificateurs (les) mystifiés, ou rira bien qui rira le dernier, proverbe, par M. V. *Paris, Delaunay*, 1827, in-8, 37 p.

Par J.-J.-Denis Valade, d'après Quérard.
Par Henri Valade, d'après M. de Manne.

Mystifications (les) d'Innocentin Poulot, petit-fils de M. de Pourceaugnac, par l'auteur des Janot et des Jocrisse. (Par Dorvigny.) *Paris*, 1809, 4 vol. in-12.

Voy. sur Dorvigny « les Originaux du siècle dernier » de Monselet (1863), p. 257 et suiv.   G. M.

Mystiques (les), par l'abbé***, auteur du « Maudit », de « la Religieuse », du « Moine », du « Jésuite », du « Curé de campagne », etc. *Paris, Lib. internationale*, 1869, in-8.

Voy. ci-dessus, « le Maudit », col. 87, *e*.

Mythistoire barragouyne de Fanfreluche et Gaudichon.

Voy. ci-dessus, « Mitistoire barragouyne... », col. 818, *a*.

Mythologie ancienne et moderne à l'usage des pensionnats et des écoles, par l'auteur du « Syllabaire chrétien » (Charles Duvivier). *Liége, Duvivier*, 1829, in-18.

Plusieurs fois réimprimée.   Ul. C.

Mythologie, c'est-à-dire explication des fables, extraite du latin de Noël LE COMTE, par J. D. M. (Jean DE MONTLYARD). *Lyon*, *Frellon*, 1597, 1607, 2 vol. in-4. — Nouvelle édition, revue par J. BAUDOIN. *Paris*, *Chevalier*, 1627, in-folio.

Mythologie (la) des demoiselles, par Mme DE N*** (Mme LORY DE NARP). *Paris*, *Louis*, 1805, in-8.

Mythologie élémentaire. (Par P. BLANCHARD.) *Paris*, 1801, in-12.

Souvent réimprimée.

Mythologie (la) mise à la portée de tout le monde, sec. éd. refondue. (Par A.-L. MILLIN.) *Paris*, *Deterville*, 1797, 12 vol. in-18.

Mythologie raisonnée, à l'usage de la jeunesse, par S. M. (Sylvain MARÉCHAL). *Paris*, an XI-1803, in-8.

Voy. « Supercheries », III, 655, c.

N

N'ayez pas peur, soyons sur pied ; si l'étranger paraît, voilà comme cela se passera. (Par N.-V. ROYER.) *Paris*, *impr. de Renaudière*, 1815, in-8.

N'en parlons plus, et parlons-en toujours ; par l'auteur de « la Lanterne magique de la rue Impériale » (Antoine CAILLOT). *Paris*, *imp. de Cellot* (1814), in-8, 8 p.

Naboth, tragédie. (Par le P. BERGEROT, jésuite.) Représentée par la jeunesse du collége de la Compagnie de Jésus à Luxembourg, le 12 septembre 1647... *Namur*, *J. van Milst*, in-4, 4 p.

Nabuchodonosor, tragi-comédie, avec le cantique des trois enfants, chanté en la fournaise (en vers), par A. D. L. C. (Ant. DE LA CROIX). *Paris*, 1561, in-8.

Voy. « Supercheries », I, 194, c.

Naddok le Noir, ou le brigand des Pyrénées, traduit de l'allemand de E.-F. VANDERVELDE (par Léon ASTOUIN). *Paris*, *Pigoreau*, 1825, 3 vol. in-12.

Nadir, histoire orientale, roman moral et politique (par le chevalier Ant. GAUTIER DE MONTDORGE). *La Haye*, *Lefebure*, 1769, in-12.

Nadir-Kan et Guliane, conte persan, pour servir de supplément aux « Mille et une Nuits ». (Par Fr. BARBÉ-MARBOIS.) *Londres et Paris*, *Bastien*, 1772, in-12.

Même ouvrage que « Guliane ». Voy. V, 596, d. Les changements de titres indiquent assez généralement que les ouvrages n'ont pas eu un grand succès.

Nadir ; lettres orientales. (Par Ulrich GUTTINGUER, de Rouen.) *Paris*, *Ladvocat*, 1822, in-12.

Nadir, ou Thamas-Koulikan, tragédie, par M. D. B. (P.-U. DU BUISSON). *Paris*, *Jombert*, 1780, in-8.

Nain blanc (le), feuille littéraire et politique. *Gand*, 1er juin-15 septembre 1815, in-8.

Rédigé par Jean-Bapt.-Magloire ROBERT père et Charles ROBERT fils. Continué dans le format in-folio, sous ce titre : « le Nain blanc et Nouvelles de la cour, journal du soir. » Octobre et novembre. Au n° 47, il prend le titre suivant : « le Fidèle Ami du roi », jour-

nal commencé à Gand, 17 nov. 1815 – 4 nov. 1816.—
En tout, 381 numéros in-fol.

Voy. Quérard, « France littér. », t. VIII, p. 73,
et Hatin, « Bibliographie de la presse », p. 330.

Nain (le) couleur de rose, journal politique, littéraire et moral. (Par M.-E.-G.-M.
Théaulon de Lambert, Cyprien Robert et
A. Dartois.) *Paris, 15 septembre 1815-
mai 1816, 47 numéros in-8.*

Au deuxième volume, le titre est : « le Nain rose ».

Nain (le) jaune, ou journal des arts, des
sciences et de la littérature. *Paris, impr.
de Fain, 15 décembre 1814-15 juillet 1815,
34 numéros in-8.*

Ce journal a une tomaison particulière et une série
de numéros qui lui est propre ; mais, à la signature,
il continue celles du « Journal des arts, des sciences et
du commerce », publié du 8 thermidor an VII au 10 décembre 1814, dont il est la suite.
Il a eu pour principaux rédacteurs : L.-A.-F. Cauchois-Lemaire, Dirat, C.-G. Etienne, V.-J. de
Jouy, J.-B.-G.-M. Bory de Saint-Vincent, F.-A.
Harel, J.-T. Merle et N.-J. Lefebvre-Duruflé.
Voy. Hatin, « Histoire de la presse », t. VIII, p. 91.

Nain (le) jaune réfugié, par une société
d'anti-éteignoirs (L.-A.-F. Cauchois-Lemaire, A.-V. Arnault, Isid. Guyet et autres). *Bruxelles, impr. du « Nain jaune »,
1816, 2 vol. in-8.*

Nain (le), journal des théâtres, de la littérature, des mœurs, des arts et des modes.
(Par Aug. Bonjour.) *Paris, 25 janvier-
25 août 1825, 42 numéros in-8.*

Nain (le) rose.

Voy. « le Nain couleur de rose ».

Nain tricolore, ou journal politique des
arts, des sciences et de la littérature, numéro premier, janvier 1816. *Paris, de
l'impr. du « Nain tricolore », in-8, 1 f. de
titre et 14 p.*

Journal imprimé à Troyes par Stanislas Bouquot et
dont il n'a paru que ce premier numéro. Il était rédigé
par Robert Babeuf, Pierre-Spiridion Dufey et Georges-
Constantin Zenowitz. Les auteurs, ainsi que l'imprimeur et les deux libraires, Babeuf et J.-J.-L. Beaupré,
furent condamnés à la déportation par arrêt de la Cour
d'assises de la Seine, du 11 juin 1816.
C'est par erreur que Ch. Desmaze, « Trésor judiciaire de la France, Curiosités des anciennes justices »,
1867, in-8, p. 278, donne à ce journal la date de
1812.

Nain (le) vert, ou mélanges de politique.
*Paris, Chanson, 15 juin-18 septembre 1815,
21 numéros in-8.*

Au n° 22, ce journal prend le titre de « Géant
vert » ; au n° 44, « Chronique politique et littéraire »,
par les auteurs du « Géant vert », et enfin, au n° 78,
« Chronique de Paris ».

Finit le 5 août 1816 avec le n° 92. Voy. Hatin,
« Histoire de la presse », tome VIII, p. 181, et « Bibliographie de la presse », p. 330.

Naissance de Clinquant et de sa fille
Mérope, conte allégorique et critique. (Par
Godart d'Aucourt.) *S. l., 1744, in-12.*

Naissance (la) du héros. Dessin du feu
d'artifice dressé à Chambéry dans la place
du Chasteau par les soins de M. le marquis
de Saint-Maurice, pour la naissance de
monseigneur le prince de Piedmont. (Par
le P. Claude-François Menestrier.) *Grenoble, R. Philippes, 1666, in-4.*

Naissance (la) du Sauveur, cantate à
quatre voix avec accompagnement de
piano. Paroles et musique de Mme de ***
(Madeleine Gerbier de La Massillaye), au
profit des familles indigentes de Mantes-
sur-Seine. *Paris, H. Lemoine, s. d., in-4,
86 p.*

Voy. « Supercheries », III, 1123, b.

Naissance (de la) et de la Chute des anciennes républiques, traduit de l'anglais
(d'Edouard-Worthley de Montague), par
Cantwel. *Paris, Maradan, 1793, in-8.*

Cet ouvrage avait déjà été traduit. Voy. « Histoire
du gouvernement... », V, 780, c.

Nanin et Nanine, fragment d'un conte,
traduit de l'arabe, par le S. L. D. V.
(Composé par Ph. Le Febvre). *Amsterdam
(Paris), 1749, in-8.*

Nanine, comédie en trois actes, en vers
de dix syllabes, donnée par l'auteur. (Par
Voltaire.) *Paris, P.-G. Le Mercier, 1749,
in-8, xviii-92 p. et 1 f. de privilége.*

Réimprimée avec le nom de l'auteur.

Nanine, sœur de lait de la reine de Gol-
conde, parodiée par imitation, sur les plus
jolis airs connus, en trois actes et quelques vaudevilles. (Par Gondot.) *Genève
(Paris), Duchesne, 1768, in-8, 48 p. et 8 p.
de musique. — Id., 1773, in-8, 64 p.*

Le Dictionnaire dramatique de Laporte et Chamfort
attribue cette pièce à C. Desfontaines de Lavallée.

Naples : ce qu'il faut faire pour rendre
ce pays florissant. (Par Ange Goudar.)
Amsterdam (Venise), 1771, in-8.

Naples et les Napolitains. (Par M. Th.
Vernes.) *Bruxelles, J. Rozez, 1859, in-12,
315 p.*

Naples et Venise. (Par la baronne de
Montaran, née Marie-Constance-Albertine
Moisson de Vaux.) *Paris, Delloye, 1836,
in-8.*   D. M.

Naples; histoire, monuments, beaux-arts, littérature. L. L. F. (Par L.-J. LEFORT fils.) *Lille, Lefort*, 1857, in-8.

Napoléide (la), poëme en six chants, par M. M. de G. (A.-P.-F. MÉNÉGAULT, de Gentilly). *Paris, Hénée*, 1806, in-8, 129 p.

Napoléon au paradis et en exil, poëme avec des notes, suivi d'une épître au diable, par le R. P. ignoraDtin *** (L.-J.-A. DE POTTER), membre correspondant de l'Académie des bonnes lettres. *Paris (Bruxelles)*, 1824, in-18, avec 1 lithogr.

Voy. « Supercheries », III, 1107, *a*.

Napoléon aux Champs-Elysées. Nouveau dialogue des morts. Par un vieux soldat (le chevalier C.-J. BAIL). *Paris, L'Huillier*, 1821, in-8, 29 p.

Napoléon Bonaparte, fragment d'épopée. (Par J. BÉARD, de Rumilly.) *Annecy*, 1843, in-8.

Cet écrit n'a pas été mis dans le commerce.

Napoléon Bonaparte, lieutenant d'artillerie, documents inédits sur ses premiers faits d'armes en 1793. *Paris, Corréard*, 1821, in-8, 17 p.

Signé : M. D. V. (Agricole MOUREAU, de Vaucluse).

Napoléon Buonaparte, sa vie civile et militaire, réduite aux seuls faits depuis l'instant de sa naissance jusqu'à celui de sa retraite dans l'île d'Elbe... Par Charles D*** (Charles DESROSIERS), auteur des Vies de Henri IV et de Sully. *Paris, Lécrivain*, 1814, in-8.

Napoléon devant la postérité; par L. G...... (L. GAMBET), ancien administrateur du département de la Marne. *Paris, l'auteur*, 1830, in-8, 27 p.

Napoléon devant ses contemporains. (Par J.-J. ADER.) *Paris, Baudouin frères*, 1826, in-8. — Seconde édition, revue, corrigée et augmentée. *Ibid.*, 1827, in-8.

D'après Œttinger, cet ouvrage a été aussi attribué à Lucien BONAPARTE.
Traduit en allemand, *Darmstadt*, 1827-1828, 3 vol. in-12 ; en espagnol, *Paris*, 1827, 2 vol. in-32.

Napoléon en exil à Sainte-Hélène, relation contenant les opinions et les réflexions de NAPOLÉON sur les événements les plus importants de sa vie, et ornée d'un *fac-simile*; recueillies par Barry E. O'MEARA. *Paris, Plancher*, 1822, 2 vol. in-8.

Cette traduction est la même que la suivante, à quelques légers changements de mots près. On retrouve dans les deux éditions les mêmes altérations et les mêmes suppressions.

On a retranché dans celle-ci la description de l'île de Sainte-Hélène, que l'on a remplacée par quelques pièces historiques déjà connues.

Napoléon en exil, ou l'écho de Sainte-Hélène, ouvrage contenant les opinions et les réflexions de NAPOLÉON sur les événements les plus importants de sa vie, recueillies par Barry E. O'MEARA, son dernier chirurgien (traduit par Mme COLLET et revu par M. Ed. BEAUPOIL DE SAINT-AULAIRE). *Paris*, 1822, 2 vol. in-8.

Napoléon et la Conquête du monde, 1812 à 1832. Histoire de la monarchie universelle. (Par Louis GEOFFROY.) *Paris, Delloye*, 1836, in-8.

Cet ouvrage, retiré de la circulation par l'auteur pendant quelques années, a été mis en vente en 1841, avec le nom de l'auteur, sous le titre de : « Napoléon apocryphe. Histoire de la conquête du monde et de la monarchie universelle », 1812-1832. *Paris, Paulin*. Une nouvelle édition, format gr. in-12, a paru en 1841.

Napoléon et la France, élégies nationales, par Gérard L*** (Gérard LABRUNIE, plus connu sous le nom de Gérard DE NERVAL). *Paris, Ladvocat*, 1826, in-8, 32 p.
                           D. M.

Napoléon et la Grande Armée en Russie, ou examen critique de l'ouvrage de M. le comte de Ségur. Par le général GOURGAUD... *Paris, Bossange frères*, 1825, in-8.

On lit, page XV de la première édition, la note suivante : « Nous avons puisé dans les souvenirs de nos amis, et nous avons été principalement secondé dans notre entreprise par un homme (le baron MENEVAL) qui, placé dans le cabinet de l'Empereur depuis la paix d'Amiens jusqu'à la fin de son règne, a été constamment honoré de sa confiance. »

Napoléon et la Grande Armée ; précédé d'une introduction historique sur l'origine et les principaux événements de la Révolution française... par un ancien officier supérieur. (Par Pierre-René AUGUIS.) *Paris, Dalibon*, 1822, 2 vol. in-8.

Napoléon et les Parthes. Extrait des « Souvenirs sur le bibliothécaire de l'Empereur ». Par L. B. (Louis BARBIER). Extrait du « Spectateur militaire », cahier de septembre 1842. *Paris, imp. de Bourgogne et Martinet, s. d.*, in-8, 14 p.

Napoléon et Louise, ou le mariage du héros, lettres sur l'union de S. M. Napoléon le Grand... et de S. A. I. et R. Marie-Louise... (Par P.-D. LEMAZURIER, mort à Versailles, le 7 août 1836.) *Paris, Chamerot*, 1810, 2 vol. in-12.

Napoléon et son Epoque. (Par Adrien

JARRY DE MANCY.) *Paris, impr. F. Didot, s. d.*, in-fol. plano.

Napoléon (le), journal hebdomadaire, politique, littéraire et scientifique (6 janvier-19 mai 1850). *Paris*, 20 numéros gr. in-4.

Rédigé par MM. Léon LAYA, LHERMINIER, Aug. RO-MIEU, D'ALAUX, GRÉGOIRE, BRUGUET, MONCLAR, REY-BAUD, LAFONT, DAMERY, Eug. BRIFFAULT ; gérant : JACQUIER.

Journal rédigé pour le compte du président, futur Empereur. En 1851, les dépenses montent à 83,907 fr. 87 c., les ventes et abonnements à 25,407 fr. 84. La perte pour le président est de 58,500 francs.

Voy. « Papiers et Correspondances de la famille impériale ». 1871, t. II, p. 120.

Napoléon, poëme en dix chants. *Philadelphie, G. Tell (Maurice)*, in-8. — Seconde édition). *Philadelphie, impr. de Thos.-H. Palmer*, 1823, in-8, VIII et 204 p., portr.

Ce poëme est l'œuvre de Hubert-Louis LORQUET, né le 19 décembre 1768, en Champagne, et professeur de latin au Collège de l'île Maurice, qui le composa et le fit imprimer en 1822, sous la fausse désignation de Philadelphie. La seconde édition, réellement imprimée à Philadelphie, le fut par les soins de Joseph Bonaparte, qui portait alors le nom de comte de Survilliers. Petroni en a publié une traduction, avec le texte en regard, *Londres*, 1834, 2 vol. in-8. Plus tard, Lorquet donna, avec son nom, une nouvelle édition revue, corrigée et augmentée. *Ile Maurice, imp. de V. Deglos*, 1838, gr. in-8 de 320 p., et, deux ans après, ou publiait à Paris : « Napoléon, poëme historique par Joseph Bonaparte, précédé d'une notice sur l'enfance et la jeunesse du héros, suivi des « Cendres de Napoléon » et de quelques autres poésies sur son exil et sur sa mort, par Th. Villenave ». *Paris*, 1840, in-8, front. gr.

Voy. « Supercheries », I, 549, f.

Napoléon, sa famille, ses amis, ses généraux, ses ministres et ses contemporains, ou soirées secrètes du Luxembourg, des Tuileries, de Saint-Cloud, de la Malmaison, de Fontainebleau, etc., par M. le ....., ex-ministre de S. M. Impériale et Royale. (Par E.-L. DE LAMOTHE-LANGON.) *Paris, P.-H. Krabbe*, 1840, 5 vol. in-8.

Napoléon III et la France libérale... (Par C. DE SENNEVAL.) *Paris, H. Dumineray*, 1861, in-8, 31 p.

La deuxième édition porte le nom de l'auteur.

Napoléontine, par Mme Jenny D*** (Jenny DUFOURQUET, dame BASTIDE). *Paris, imp. de Dupont*, 1821, in-8, 8 p.

Napolitain (le), défenseur du vray mérite de sa maîtresse et de deux autres galantes. (Par DE GERMONT.) *Paris, Blageart*, 1682, in-12. — *Lyon, J. Viret*, 1698, in-12, 316 p.

Note manuscrite de l'abbé Lenglet du Fresnoy.

Narcisse dans l'isle de Vénus, poëme en quatre chants. (Par J.-C.-L. CLINCHAMP DE MALFILATRE, publié avec une préface par Ch. DE LAFONT DE SAVINE et J.-B. COLLET DE MESSINE.) *Paris, Lejay*, 1769, in-8. — Nouvelle édition (avec le même frontispice, les mêmes figures, et une nouvelle notice.... par L. DE FONTANES). *Paris, Crapelet* (1790), in-8. — Autre édition (publiée par P.-F. AUBIN, avec l'épisode de « Narcisse », tiré du troisième livre des Métamorphoses d'OVIDE, et la traduction en regard par N.-J. SELIS). *Paris*, 1795, in-12.

Narcisse, ou le château d'Arabit, par Mlle D. C*** (Désirée CASTELLERAT). *Paris, Dentu*, 1804, 3 vol. in-12.

Narrateur (le), ou journal du boudoir des dames. T. I, nos 1 à 5. (Par G.-P. BONAFONT.) *Rudolstadt*, 1819, in-8.

Narration de la mort de Louis XVI. (Par Charles-Joseph LACRETELLE.) Traduite en toutes les langues et répandue dans l'Europe. (1793), in-8. D. M.

Narration sommaire de ce qui est advenu en la ville de Nantes par ceulx que l'on a prétendu conspirateurs contre la majesté du roy, nostre sire et souverain seigneur. MDLX. (Publiée pour la première fois par Emile GAUTIER.) *Nantes, imp. A. Guéraud*, 1860, gr. in-8, 16 p.

Tiré à vingt-cinq exemplaires, dont deux sur vélin.

Narrations d'Omaï, insulaire de la mer du Sud, ami et compagnon de voyage du capitaine Cook ; ouvrage traduit de l'o-taïtien, par M. K*** et publié par le capitaine L. A. B. (Composé par l'abbé G.-A.-R. BASTON, chanoine de Rouen.) *Rouen, Le Boucher*, 1790, 4 vol. in-8.

Narré exact de ce qui s'est passé au théâtre des Arts le vendredi 1er juin, à cinq heures du soir, l'an de grâce 1804. (Par GENTIL et Raoul CHAPAIS.) *Rouen, Frère*, 1804, in-8, 7 p.

Voy. « Supercheries », I, 162, b.

Naru, fils de Chinki, histoire cochinchinoise, qui peut servir à d'autres pays, et de suite à celle de Chinki, son père. *Londres*, 1776, in-8.

Par L.-A. DU WICQUET D'ORDRE, suivant Barbier ; par DE MAUGÉE, suivant A. Dinaux.

Voy. « Supercheries », III, 45, b.
Voy. aussi ci-devant, IV, 586, a.

Nassogne et son patron saint Monon. (Par GEUBEL.) *Charleroi, Deghistelle*, 1862, in-12, 92 p. J. D.

Natalie de Bellozane, ou le testament, par Mme *** (d'Heuzé). *Paris*, an XI-1803, 2 vol. in-12.

Natalie, ou la famille russe, opéra en trois actes ; représenté pour la première fois sur le théâtre de l'Académie royale de musique, le 30 juillet 1816. (Par J.-H. Guy.) *Paris, Roullet*, 1816, in-8, 6 ff. lim. et 48 p.

Natalie, par Mme de *** (Mme Charles de Montpezat), publié par N.-A. de Salvandy. *Paris, G. Barba*, 1833, in-8, ou 2 vol. in-12.

 Voy. « Supercheries », III, 1111, *f.*

Natalie reconnue, ou voyage aux eaux de Charbonnière, près de Lyon. (Par J.-B. Mazade, marquis d'Avèze.) Troisième édit. *Paris, Béthune*, 1833, in-8 , 2 ff. de titre, III-47 p.   D. M.

Natilica, conte indien, ou critique de Catilina. (Par Desforges.) *S. l. n. d.*, in-4, 4 p. — *Amsterdam*, 1749, in-12.

 Voir Quérard, « Livres à clef », 1873, p. 114.

Nation (la) sans culotte. (Par Fr. Marchant.) *Paris, imp. de la Chronique* (1791), in-8, 20 p.

Nationalité. (Par Edouard Boinvilliers.) *Paris, imp. d'E. Duverger*, 1853, in-8, 54 p.

Nationalité de la Belgique et ses devoirs au milieu de la crise européenne, par un patriote belge (Albert Lacroix). *Bruxelles. Rosez*, 1859, in-8, 31 p. J. D.

Nationalité (la) polonaise détruite. Lettre d'un Polonais (C.-A. Hoffmann) adressée aux députés de la France, 17 novembre 1832. *Paris, Bossange*, 1832, in-8, 48 p.

Nationalités (les) considérées au point de vue de la liberté et de l'autonomie individuelle. (Par Puraye.) *Bruxelles, Fischlin*, 1862, in-12, 52 p. J. D.

Nativité de monseigneur le Duc, filz premier de monseigneur le Dauphin. *Paris, J. Nyverd*, 1543, in-8 goth., 4 ff.

 A la fin de cette pièce de vers, on lit le nom de Salet, qui est sans doute celui de l'auteur ; mais peut-être faut-il lire Salel.

 Réimprimé dans le tome I des « Anciennes Poésies françaises », éd. par M. A. de Montaiglon, dans la Bibliothèque elzévirienne.

Nativité de Nostre-Seigneur Jhesuchrist, par personnages. Avec la digne accouchée. *Paris, Silvestre*, 1839, in-16.

 Réimpression d'un livret dont on ne connaît qu'un seul exemplaire (à la Bibliothèque nationale) ; elle est accompagnée d'une note bibliographique signée : A. V. (Auguste Veinant).

Naturalisme (le) des convulsions dans les maladies de l'épidémie convulsionnaire. (Par Phil. Hecquet.) *Soleure, A. Gymnicus (Paris)*, 1733, 3 parties in-12. — *Id.*, 1734, 3 parties in-12.

Nature (de la). (Par J.-B.-R. Robinet.) *Amsterdam, E. Van Harrevelt*, 1761, in-8.

 Réimprimée avec des suppressions et le nom de l'auteur, qui a publié sur le même sujet quatre autres volumes, dont le quatrième a pour titre : « Considérations philosophiques sur la gradation naturelle des formes de l'être », etc.

 Le P. Ch.-Louis Richard, dominicain, a publié : « la Nature en contraste avec la religion et la raison, ou l'ouvrage qui a pour titre : « de la Nature », condamné au tribunal de la foi et du bon sens... » *Paris, Pyre*, 1773, in-8.

 Mis à l'index, le 9 septembre 1762.

Nature (la) considérée sous ses différents aspects, ou lettres sur les animaux, etc. (Par P.-J. Buc'hoz.) *Paris, Costard*, 1771-1780, 34 vol. in-12.

Nature (la) développée (ouvrage périodique, par Desmaillaits.) *Paris, Jorry*, 1765, 3 vol. in-12 ou 14 parties.

Nature (la) dévoilée, ou théorie de la nature... (Par Dufournel, médecin.) *Paris, Edme*, 1772, 2 vol. in-12.

 C'est une traduction de l'ouvrage allemand d'alchimie, intitulé : *Aurea Catena Homeri*, dont Lud. Favrat a donné une traduction latine. *Francfort*, 1762, in-12.

 Cette attribution donnée par Barbier sous le n° 23013 de la deuxième édition ne paraît pas avoir été maintenue par lui, car le nom de Dufournel ne figure pas à la table du « Dictionnaire des anonymes ». (Voy. A. Ladrague, « Bibliothèque Ouvaroff, Catalogue spécimen », n°s 1442 à 1447, *Moscou*, 1870, in-4.)

Nature (de la) du duché de Lorraine. (Par le président J.-L. Bourcier.) *S. l. n. d.*, in-4.

 Réimprimée sous le titre de : « Dissertation sur l'origine et la nature... » Voy. IV, 1069, *a*.

Nature (de la) du réalisme pendant le moyen âge jusqu'au XIIe siècle. Thèse philosophique. (Par G.-A. Patru.) *Paris, imp. Fain et Thunot*, 1847, in-8, 112 p.

Nature (de la) et du Choix de l'impôt, et des moyens qui en peuvent soulager le fardeau... (Par de Pille, procureur des comptes à Paris.) *S. l.*, 1787, in-12, XII-384 p.

Nature (de la) humaine, ou exposition des facultés, des actions et des passions de l'âme et de leurs causes, traduites de l'anglois de Hobbes (par le baron d'Hol-bach). *Londres (Amsterdam, M.-M. Rey),* 1772, in-8.

Nature (la) vengée, ou la réconciliation imprévue. (Par l'abbé Compan.) *Amsterdam et Paris, Mérigot le jeune,* 1769, in-12.

Naturel et Légitime. *S. l.,* an XII-1804, in-8, 40 p. — *Paris, Maradan,* an XIII-1805, in-8.

Le titre de départ, page 1, porte : « Lettre du solitaire des Pyrénées à M. D..... »
Par L.-F.-E. Ramond de Carbonnières.
Cette brochure avait d'abord été attribuée à tort à Bertr. Barrère de Vieuzac.

Naturel (le) et Profit admirable du meurier, qui, en l'ouvrage de son bois, feuilles et racines, surpasse toutes sortes d'arbres, que les François n'ont encore su reconnoître, par B. D. L. F. (Barthélemy de Laffemas). *Paris, Bourriquant,* 1604, in-8.

Natures (des) et Complexions des hommes, et d'une chacune partie d'iceux... *Lausanne, Le Preux,* 1571, in-8, 202 p. — *Paris, veuve Dupré* ou *Nicolas Bonfons,* 1572, in-12.

Dans sa dédicace à l'avoyer de Berne, Jacques Aubert dit avoir traduit cet ouvrage du latin.

Naudæana et Patiniana, ou singularités remarquables prises des conversations de Naudé et Patin; seconde édition, revue, corrigée et augmentée d'additions au Naudæana, qui ne sont point dans l'édition de Paris. (Par Ant. Lancelot, et publiée par P. Bayle.) *Amsterdam,* 1703, in-12.

L'édition de Paris fut publiée en 1701, chez *Fl. et P. Delaulne.*

Naufrage (le) de la Méduse, folie-vaudeville en un acte, par MM. Auguste J*** (Aug. Jouhaud) et Thiéry. Représentée sur le théâtre du Temple, le 18 mai 1839. *Paris, Gallet,* 1839, in-8.

Naufragé (lou) de la Meduso arriba dins l'annado 1816. Segui d'uno pastouralo et d'un dialogo, de M. V. T. (V. Touron). *Toulon, Aurel,* 1824, in-8.

Naufrage des îles flottantes, ou Basiliade du célèbre Pilpaï, poëme héroïque, traduit de l'indien, par M. M******. (Composé par Morelly.) *Messine (Paris),* 1753, 2 vol. in-12.

Naufrage du brick français la *Sophie,* perdu le 30 mai 1819, sur la côte occidentale d'Afrique, et captivité d'une partie des naufragés dans le désert de Sahara, vaec de nouveaux renseignements sur la

ville de Timectou... par Charles Cochelet (publié par J.-B.-B. Eyriès). *Paris, P. Mongie,* 1821, in-8.

Catalogue Langlès, n° 2463.

Naufrage du navire la *Nathalie,* d'après le récit de M. Gand Houiste, de Granville, chevalier de la Légion d'honneur, capitaine second à bord de ce bâtiment, par M. D* (l'abbé Jacques-Louis Daniel, depuis évêque de Coutances). Nouvelle édition. *Coutances, Voisin,* 1830, in-8, 37 p.

Voy. « Supercheries », I, 847, c.

Naufrage et Aventures de P. Viaud. (Publiés par J.-G. Dubois-Fontanelle.) *Bordeaux et Paris,* 1768, 1770, 1780, in-12.

Naufrage (le) et la Mort du comte de Boulainvilliers. (Rédigés par A.-G.-S. de Kersaint.) Publiés par M. Paillet. *Versailles,* an VI-1798, in-18.

Naufrage et Retour en Europe de M. de Kearny, etc. (Publiés par A.-G. Meusnier de Querlon.) 1764, in-8, 48 p.

Naufrage (le), ou l'île déserte. Imité de l'anglais. *Lille, Lefort,* 1840, in-16.

Ce livre a été traduit de l'anglais par P. Blanchard; mais sa traduction ayant subi des modifications de la part d'un écrivain anonyme, on a substitué le mot *imité* au mot *traduit.*   D. M.

Naufrage (le), ou la pompe funèbre de Crispin, comédie en vers par M. D. L. F. (Jos. de Lafont). *Paris, P. Ribou,* 1710, in-12, 32 p. — *S. l. n. d.,* in-12, 35 p.

Naufragé (le) sauvé par son chien. Par Edmond de M*** (Armand-Edmond de Manne). *(Paris),* 1820, in-8.

Navigation de Panurge, disciple de Pantagruel, es isles incogneues et estranges. *Lyon, Pierre de Tours,* 1543, in-16.

Réimprimé sous le titre de : « Navigation du compaignon à la bouteille ». *Rouen,* 1545, 1547 ; *Orléans,* 1571 ; *Lyon,* 1595 ; *Troyes, s. d.* Cet ouvrage a également reparu sous le titre de : « Bringuenarilles, cousin germain de Fessepinte », 1544, et sous celui de : « Voyage et Navigation des isles incogneues ». *Lyon,* 1556 ; *Rouen,* 1576.
Attribué à tort à F. Rabelais. Voy. Brunet, « Manuel du libraire », 5e édit., IV, col. 1067-1068.

Navigation (la) du compaignon à la bouteille.

Voy. ci-dessus, « Navigation de Panurge ».

Navigation (la), poëme en quatre chants. (Par Grée.) *Paris, Mérigot jeune,* 1781, in-8.

Navire (le) de la France arrivé heureusement au port de la paix, etc. (Par DE COCQUEREL.) 1660, in-4.   V. T.

Nawreiez numismatographiquez so Lige ramehnéiez; par D. T. (Ferdinand HÉNAUX, de Liége), de l'Académie d'archéologie de Belgique. *Lige, imprimerie di F. Oudart,* YVIIICYYIIII, in-8, 11 p.

Quérard a attribué par erreur cette facétie à R.-H.-G. CHALON.

Voy. « Supercheries », I, 989, *a.*

Ne pas croire ce qu'on void, histoire espagnole. (Par E. BOURSAULT.) *Paris, Cl. Barbin,* 1670, 2 vol. in-12.

La dédicace est signée : E. B.
Réimprimé avec le nom de l'auteur.

Ne prenez jamais médecine, ou la mort de Molière, poëme héroï-comi-véritico. (Par H. DELAHODDE.) *Boulogne, imp. H. Deahodde,* 1850, in-8, 16 p.

Nécessaire (le) du percepteur des contributions directes... (Par N.-G.-M. GAUT aîné.) *Paris,* 1825, in-8.

Nécessaire maçonnique. Par E. J. C. Ma∴ Regr∴ (E.-J. CHAPPRON). *Amsterdam, L.-C.-A. Hesse, et Paris, Canet,* 1812, in-12, 120 p.

Nécessité (de la), ainsi que de la facilité et du vrai moyen d'avoir en France un conseil d'amirauté, avec un ministère de la marine sagement et convenablement organisé dans les véritables intérêts de la France et de son armée navale. (Par J.-P.-G. LAIGNEL.) *Paris, Painparé,* 1823, in-8.

Nécessité d'abolir la peine de mort; discours en vers, suivi de quatre discussions en prose, où l'on examine l'opinion de Mably, de J.-J. Rousseau. (Par Jos.-Hon. VALANT.) *Paris, Pélicier,* 1822, in-8, 80 p.

Nécessité (de la) d'adopter un système stable d'économie et quelques moyens de l'établir. (Par le comte E. DUBOURG BUTLER.) *Paris, Michaud,* 1816, in-8.

Nécessité (la) d'aimer, poëme qui a concouru pour le prix de l'Académie en 1764. (Par G.-H. GAILLARD.) *Paris,* 1764, in-8.

Nécessité d'appliquer à l'état de la France, en 1824, les vérités contenues dans la déclaration faite par les princes en décembre 1788. (Par Paul DE BONNEAU.) *Paris, impr. de Boucher,* 1824, in-8, 76 p.

Nécessité (de la) d'employer quelques marins auprès des négociateurs français lorsqu'ils ont à traiter avec l'Angleterre,

et principalement dans la circonstance actuelle du congrès assemblé à Vienne; soutenue sur quelques détails intéressants relativement aux deux marines de France et d'Angleterre. Par un officier de la marine en non-activité (ROBERT). *Paris, de l'impr. de Renaudière,* décembre 1814, in-8, 84 p.

Attribué aussi à J.-P.-G. LAIGNEL, capitaine de vaisseau.

Nécessité (de la) d'être utile, poëme qui a concouru pour le prix de l'Académie française. (Par LEPRIEUR, anc. avocat au parlement de Paris.) *Paris, veuve Regnard,* 1768, in-8.

Nécessité (de la) d'un changement de dynastie, par un Français victime de celles qui ont régi la France depuis trente ans (Albert PIERQUIN DE GEMBLOUX). *Paris,* 1815, in-8.

Nécessité d'un congrès pour pacifier l'Europe; par un homme d'Etat (Charles DUVEYRIER). *Paris, impr. de F. Didot,* 1855, in-8.

Nécessité (de la) d'un culte public, extrait de Mably; publié par F. B. M. (François-Bernard MILLE), ministre du culte catholique. *Paris, Goujon,* 1801, in-8, 63 p.

Nécessité (de la) d'un rapprochement sincère et réciproque entre les républicains et les royalistes, par un ami de la France et de la paix publique. (Par J.-M.-G. ROCQUES DE MONTGAILLARD.) *Paris, C.-F. Patris,* janvier 1815, in-8, 72 p.

La deuxième édition porte : Par M. TASCHEREAU DE FARGUES, ancien envoyé extraordinaire près la cour d'Espagne.

« MM. le maréchal duc de Raguse, le chancelier de France Dambray, Blacas, Beugnot, etc., écrivirent audit Taschereau, mon prête-nom, pour le féliciter sur son talent et sur ses principes, qui étaient ceux d'un Français aussi zélé pour le bien de l'Etat que dévoué à la personne du roi. »
(Note de J.-G.-M. ROCQUES DE MONTGAILLARD.)

Nécessité (de la) d'une communication directe entre Pont-l'Evêque et Pont-Audemer, par un électeur indépendant (Elie VANIER). *Rouen, impr. D. Brière,* in-8.

Nécessité d'une constitution. Par M. D*** (F.-J.-F. DURBACH). *Paris,* 1814, in-8.

Nécessité d'une dernière débâcle politique en France. (Par Victor CONSIDÉRANT, alors capitaine du génie.) *Paris, imp. de Bourgogne,* 1836, in-12, 152 p.

Le paragraphe 9 du chapitre V est intitulé : « de l'Absurdité de notre titre ».

Cette brochure a reparu avec le nouveau titre de : « Débâcle de la politique ». 1836. Voy. IV, 840, *a.*

Nécessité (de la) d'une foi éclairée et de ses avantages. (Par l'abbé Fr. MALOT.) 1784, in-12, 238 p.

Note manuscrite d'une demoiselle gratifiée d'un exemplaire par l'auteur.

Nécessité d'une réforme dans l'administration de la justice, et dans les lois civiles en France... (Par S.-N.-H. LINGUET.) Amsterdam, 1764, in-8.

Réimprimé en 1768, avec des augmentations et la moitié du nom de l'auteur sur le frontispice, sous le titre de : « Considérations sur l'utilité de réformer les lois civiles de France », etc., in-8.

Nécessité (de la) de l'établissement d'un cercle de libraires. (Par J. HÉBRARD.) Paris, J. Hébrard et Cie, 1847, in-8, 20 p.

Nécessité de la dérivation de la Meuse à Liége. (Par Jacques RENOZ.) Liége, Grandmont-Donders, 1844, in-8, 23 p.
J. D.

Nécessité (de la) de la foi en Jésus-Christ pour être sauvé. (Par Ant. ARNAULD, publié par L.-Ellies DUPIN.) Paris, Osmont, 1701, 2 vol. in-12.

Nécessité (de la) de mettre fin aux pirateries des Barbaresques. Opportunité des circonstances actuelles pour en purger la Méditerranée. (Par Eug. BURNOUF. Extrait de la « Revue encyclopédique ».) Paris, in-8, 20 p.

Nécessité (de la) de n'employer dans l'épuration de l'armée que des mesures légales, et moyen de former une garde royale qui offre à la nation des garanties suffisantes. (Par le comte Fr. DUBOURG-BUTLER.) Paris, 1815, in-8.

Nécessité (de la) de rendre nos colonies françaises indépendantes, et de supprimer notre acte de navigation, par C. G. D. B. (Ch. GUILLOTON DE BEAULIEU). Paris, in-12.

Nécessité (de la) de rétablir constitutionnellement la censure. Par L. DEV... (L. DEVÈRE), officier d'état-major. Paris, Bohaire, 1842, in-8.

Nécessité (de la) de réviser les lois relatives aux attributions des députations permanentes, et du devoir qu'a le corps électoral de veiller à la bonne composition des conseils provinciaux, par un docteur en droit (REYNAERT). Bruxelles, Decq, 1861, in-8, 52 p.
J. D.

Nécessité de se rallier au roi pour sauver la France. Par un ancien officier, mousquetaire noir, auteur d'un « Mémoire à l'Empereur sur les griefs et les vœux du peuple français » et d' « Observations critiques sur le Champ de mai » (N.-A. DE SALVANDY). Paris, Delaunay, juillet 1815, in-8, 27 p.

Nécessité (de la) du culte religieux, suivie de fragments sur l'éducation. Par Mme L. J*** (Mme Louise JAMME, née LAGUESSE). Liége, Desoer, 1831, in-8, 72 p.

Nécessité (la) du divorce. (Par DE CAILLY.) Paris, imp. de Boulard, 1790, in-8, 41 p.

Nécessité du rétablissement de Saint-Domingue. (Par LÉAUMONT.) Paris, imp. de J.-G. Dentu, 1824, in-8, 4 p. — (Paris), imp. de A. Moessard et Jousset, 1842, in-8, 4 p.

Nécessité du rétablissement des juridictions prévôtales. Par l'auteur du « Moyen très-équitable de réparer une grande partie des désastres de la France » (C.-J. ROBILLARD). Paris, imp. de Lottin de Saint-Germain, octobre 1815, in-8, 19 p.

Nécessité (de la) et de l'expérience, considérées comme criterium de la vérité... Par G. M*** (G. MASUYER, docteur-médecin). Strasbourg, Lagier, et Paris, Roret, 1836, in-8.
D. M.

Nécessité (de la) et des Moyens de combiner le remplacement avec le rengagement. (Par G. DE CARRION D'ESPAGNE DE NISAS DE PAULIN.) Paris, Anselin, 1827, in-8.

Le faux titre porte : « du Remplacement et du Rengagement dans l'armée française. »
En 1828, on a imprimé un nouveau titre portant : « Par G. DE NISAS, lieutenant au 1er régiment d'infanterie de la garde ».

Nécessité et Moyens d'établir une loi agraire, d'assurer la subsistance des pauvres, de réformer le clergé et la constitution militaire. Par C.-C. M., de S...ns (C.-C. MARTIN, de Salins). S. l., 1789, in-8, 31 p.

Nécessités (les) de l'époque. (Par DE LA GERVAISAIS.) Paris, A. Pihan-Delaforest, 1830, in-8, 43 p.

Neckeriana, ou lettres sur les « Mélanges » de Mme Necker. (Par l'abbé S.-J. BOURLET DE VAUXCELLES.) Paris, an VII-1798, in-8.

Neckriade (la) provinciale, par un vieux citoyen d'une province très-éloignée de la capitale, qui l'a déposée dans ses archives, pour apprendre à ses descendans qu'il n'avait jamais été la dupe, comme tant de ses contemporains, de la charlatanique éloquence du célèbre Necker. (Par le vicomte Pierre-Armand d'Aubusson.) *S. l. n. d.,* in-12.

Nécrologe de l'abbaïe de Notre-Dame de Port-Roïal des Champs... (Composé par les religieuses de Port-Royal et principalement par la mère Angélique de Saint-Jean Arnauld ; publié par dom Ant. Rivet, bénédictin.) *Amsterdam, Nic. Potgieter,* 1723, in-4.

C.-H. Le Fèvre de Saint-Marc a publié en 1735 un second volume, sous le titre de : « Supplément au Nécrologe ». Voy. ces mots.

Nécrologe (le) de 1832, ou notices historiques sur les hommes les plus marquants tant en France que dans l'étranger, morts pendant l'année 1832. (Par Pierre-Charles Desrochers.) *Paris, chez l'auteur,* 1833, in-8.   D. M.

Nécrologe des appellans et opposans à la bulle *Unigenitus,* de l'un et de l'autre sexe, avec des pratiques et des prières à chaque article. (Par le P. Labelle, de l'Oratoire.) *S. l.,* 1755, in-12.

Nécrologe des auteurs vivans, par L. M. D. L*** (le marquis de Langle, J.-M.-F. Fleuriot, et non Fleuriau de Langle). *Paris, Frechet,* 1807, in-18.

Cette mauvaise brochure est une réimpression avec modifications de celle qui a pour titre : « Paris littéraire ». Voy. ces mots.

Voy. aussi « Supercheries », II, 654, e.

Nécrologe des hommes célèbres de France, par une société de gens de lettres (L. Poinsinet de Sivry, Ch. Palissot, Jean Castillon, Jos.-Jérôme de Lalande, N.-L. François de Neufchâteau, Hughes Maret de Dijon et autres). *Paris, Moreau et autres,* 1767-1782, 17 vol. in-12. — *Maestricht, J.-E. Dufour,* 1775, 13 vol. in-12.

Nécrologe des plus célèbres confesseurs et défenseurs de la vérité du xviiᵉ (et du xviiiᵉ) siècle... (Par l'abbé René Cerveau.) *S. l.,* 1760-1763-1778, 7 vol. in-12.

Nécrologe liégeois. (Par Ulysse Capitaine.) *Liége, F. Renard,* 1851-1861, 11 vol. in-12.

Nécrologe lyonnais. (Par A. Péricaud l'aîné et Breghot du Lut.) *Lyon, Rusand,* 1836, in-8.

Nécrologie. *Dijon, imp. de Frantin,* 1813, in-8, 3 p.

Notice sur le baron Riouffe, extraite du « Journal de la Côte-d'Or », et signée : A. (C.-N. Amanton).

Nécrologie de Emmanuel-Joachim-Joseph Claus, bâtonnier de l'ordre des avocats de Mons. (Par H. Rousselle.) *Mons, Pierard,* décembre 1848, in-8, 8 p.   J. D.

Nécrologie. Le prince Vassiltchikoff. (Par M. Dmitri Boutourlin.) *Saint-Pétersbourg,* 1847, in-8.

C'est le général Wassiltschikoff, créé prince en 1839, auquel M. Boutourlin avait dédié, en 1812, sa Relation... de la campagne de 1799.   A. L.

Nécromancien (le) irlandais, traduit de l'anglais. Par M*** (Dubergier). *Paris, Delavigne,* 1824, 4 vol. in-12.

Nef (la) de santé, avec le Gouvernail du corps humain et la Condamnation des bancquetz, à la louange de diepte et sobriété (moralité à 38 personnages, par Nicole de La Chesnaye), et le traictie des passions de lame. *Paris, Ant. Vérard, s. d.,* in-4. — *Paris, Michel Le Noir,* 1511, in-4.

Les initiales des dix-huit derniers vers du prologue donnent le nom de : Nicole de La Chesnaye. Ouvrage en prose et en vers qui, suivant le Catalogue de la Bibliothèque nationale (Médecine, t. I, p. 449), est la traduction de celui de Benedictus de Nursia, « Opus de conservanda sanitate et magistri Tadæi de Florentia de regimine sanitatis tractatus ». *Bononiæ,* 1477, in-4.

La « Condamnation des banquets », moralité en vers à 38 personnages, qui fait partie de ce volume, a été réimprimée dans le « Recueil de farces, soties et moralités du xvᵉ siècle » (*Paris, Delahays,* in-16), publié par M. Paul Lacroix.

Nef (la) des dames vertueuses, composée (en prose et en vers) par maistre Simphorien Champier, docteur en medecine ; contenant quatre livres (avec une traduction en vers des « Dits des dames », par Jean Robertet, notaire et secrétaire du roi). *Lyon, Jacques Arnollet, s. d.,* in-4, 86 ff. — *Paris, Jehan Delagarde,* 1515, in-4, 100 ff. — *Paris, Philippe Le Noir, s. d.,* in-8.

« Bibliothèque françoise » de l'abbé Goujet, t. X, p. 206 et suiv., 211 et suiv.

Nef (la) des folles, selon les cinq sens de nature, composée selon levangile de monseigneur saint Mathieu, des cinq vierges qui ne prindrent point duylle avec eulx pour mectre en leurs lampes. (Traduit du latin de Joce Bade, par Jean Droyn ou Drouyn, bachelier en droit.) *Paris, Petit-Laurens, pour Geoffroy de Marnef, s. d.,* in-4, 4 ff. prélim., 72 ff. de texte et 2 ff. — *Paris, Jean Treperel,* 1501, in-4, 4 ff. prélim., lxi ff. chiffrés et 1 f. non chiffré. — *Lyon, Jean d'Ogerolles,* 1583, in-4, 142 p.

Nef (la) des folz du monde. *Paris, Geof-froy de Marnef*, 1497, in-fol.

On lit au recto de l'avant-dernier feuillet : « Pre-mierement composée en aleman par maistre Sebastien Brant, docteur es droiz. Consecutivement daleman en latin, redigee par maistre Jacques Locher. Reveue et ordonnée de plusieurs belles concordances et addicions par le dit Brant. Et de nouvel translatee de latin en francoys... »

Traduction en vers par Pierre Rivière, Poitevin.

Voy. pour le détail des différentes traductions de cet ouvrage célèbre, Brunet, « Manuel du libraire », 5e éd., I, col. 1206.

Négociant·(le) anglais, comédie en trois actes et en prose, par MM. de Servières et Ernest (Joseph-François Grille). *Paris, Cavanagh*, 1803, in-8.   D. M.

Négociant (le) anglois, ou traduction libre du « The British Merchant » (de Charles King, par Fr. Véron de Forbonnais). *Paris, frères Estienne*, 1753, 2 vol. in-12. — *Amsterdam*, 1755, 2 vol. in-8.

Négociant (le), ou annonces et avis divers sur le commerce. (Par L.-F. Le Camus.) *Paris, impr. de Knapen*, 15 mars 1762-15 mars 1763, in-8.

Négociant (le) patriote. (Par Bedos.) *Paris*, 1779, in-8.

Négociation faite en cour d'Espagne pour la liberté de S. A. S. Charles IV, duc de Lorraine, retenu par les Espagnols au château de Tolède. *Imp. à Leyden*, M DC LXVI (*à la Sphère*), in-12, 167 p.

La dédicace est signée : L. D. N. P. P.

Par Nicolas du Bois, Dubois, ou du Boys de Riocour.

C'est la première édition de l'ouvrage intitulé : « Histoire de l'emprisonnement de Charles IV, duc de Lorraine, détenu par les Espagnols dans le château de Tolède ». *A Cologne, chez Pierre Marteau*, 1688, in-12, 132 p. (*à la Sphère*).

Edition habituellement séparée.

L'édition de 1666 est très-rare.

Une autre édition de 1688, sans sphère, se trouve à la suite des « Mémoires du marquis de Beauvau ».

Autre édition : *A Amsterdam, chez Pierre Brunel, sur le Dam, à la Bille-d'Or*, M. DCC. XII, in-12, 132 p.

Publié aussi sous ce titre : « Histoire de la prise de Charles IV, duc de Lorraine, retenu par les Espagnols au château de Tolède. Avec ce qui s'est passé dans la négociation de sa liberté, par M. le marquis du Châtelet, maréchal de Lorraine, et M. du Boys, conseiller d'Etat, intendant de ses armées et ambassadeur en cour d'Espagne ». *Imprimé à Leyden*, M. DC. LXXXVIII, in-12, 167 p. et 4 ff. préliminaires (*à la Sphère*).

(H. de l'Isle.)

Négociations à la cour de Rome et en différentes cours d'Italie de messire Henri

---

Arnauld (publiées par Paul-Denis Burtin). (*Paris*), 1748, 5 vol. in-12.

Voy. sur Henri Arnauld de Trie, « la Vérité sur les Arnauld », par P. Varin. *Paris*, 1847, 2 vol. in-8.

Négociations de la paix de Ryswick, ouvrage où l'on examine les droits et les prétentions du roi de France sur chacun des princes alliés, et les prétentions des alliés sur le roi de France. (Par Freyre de Montarvoyo Mascarenhas.) *La Haye*, 1697, 2 vol. in-8.

Négociations de M. le comte d'Avaux en Hollande (depuis 1679 jusqu'en 1688, publiées par l'abbé Edme Mallet). *Paris, Durand*, 1752 et 1753, 6 vol. in-8.

Voy. les « Cinq Années littéraires » de Clément de Genève, lettre 109e.

Négociations (les) de M. le président Jeannin. (Publiées par l'abbé de Castille, son petit-fils.) *Paris, P. Le Petit*, 1656, in-fol. — *Jouxte la copie de Paris, chez P. Le Petit*, 1659, 2 vol. in-12. — *Amsterdam, A. de Hoogenhuysen*, 1695, 2 vol. in-12.

Réimprimées à Paris en 1819, 3 vol. in-8.

Négociations, ou lettres d'affaires ecclésiastiques et politiques, écrites au pape Pie IV et au cardinal Borromée... par Hippolyte d'Est, cardinal de Ferrare, légat en France, au commencement des guerres civiles. Traduction du manuscrit italien... (par J. Baudoin). *Paris, veuve N. Buon*, 1650, in-4. — *Paris, S. Piget*, 1658, in-4.

Négociations secrètes touchant la paix de Munster et d'Osnabrug, depuis 1642 jusqu'en 1648, avec d'autres pièces touchant le même traité, jusqu'en 1654, et un avertissement sur l'origine des droits de la nature et des gens et public. (Par Jean Le Clerc.) *La Haye, Néaulme*, 1725, 4 vol. in-fol.

Nègre (le) comme il y a peu de blancs. (Par Joseph La Vallée.) *Madras et Paris, Buisson*, 1789, 3 vol. in-12.

Nègre (le) et la Créole, ou mémoires d'Eulalie D***. Par Mme Gabrielle de P. (Gabrielle de Paban). *Paris, Boulland et Cie*, 1825, 3 vol. in-12.

Nélida. (Par la comtesse d'Agoult, née Marie de Flavigny.) *Paris*, 1846, in-8.   D. M.

Nella, ou la Carinthienne, par Mme S. M. L. (S.-M. Le Vacher de La Feutrie). *Paris*, an IX-1801, 3 vol. in-12.   V. T.

Nembrod, poëme en quatre chants. (Par

Gilles-François-René JAGOREL, de Gué-
rande.) S. l. (Nantes, imp. de Brun aîné),
an X, in-12, 67 p.

Catalogue de Nantes, n° 26267.

Némésis confondue, ou satyres contre
Barthélemy, en réponse à sa pièce du
2 mars 1845, intitulée : « les Ultramontains ». Par M. l'abbé Gges CH*** (Georges
CHAMAYRON), curé de S*** (canton de Gre-
nade-sur-Garonne). Toulouse, Bonnal,
1845, in-8, 102 p. et 1 f. de table.

Némésis médicale, recueil de satires par
un Phocéen (A.-F.-H. FABRE). Paris, imp.
de Béthune, 1834-1835, 24 liv. in-4, 200 p.

L'auteur a signé le dernier numéro.

Némésis, par le poëte borain (Philippe-
Auguste WUILLOT). Bruxelles, Vanderauwera, 1857, in-8, 108 p.   J. D.

Néologiste (le) français, ou vocabulaire
portatif des mots les plus nouveaux de la
langue française, avec l'explication en allemand et l'étymologie historique d'un grand
nombre. Ouvrage utile, surtout à ceux
qui lisent les papiers publics français et
autres ouvrages modernes dans cette langue. (Par Ch.-Fréd. REINHARD.) Nürnberg,
Grattenauer, 1796, in-8, 392 p.   A. L.

Néon, tragédie. Lyon, J. Lyons, 1705,
in-12.

La permission nomme l'auteur P.-J.-A. MORAND,
de la Compagnie de Jésus, dont le nom ne figure pas
dans la deuxième édition de la « Bibliothèque » du
P. de Backer.

Néophysiologie du goût, par ordre alphabétique, ou dictionnaire de la cuisine
française ancienne et moderne... (Par
Maurice COUSIN, comte de COURCHAMPS.)
Paris, imp. de Béthune, 1839, in-8.

Nephélococugie (la), ou la nuée des cocuz,
comédie, par Pierre LE LOYER, précédée
d'une notice biographique et bibliographique, par M. G. B. (Gustave BRUNET).
Turin, J. Gay et fils, 1869, petit in-8, XII-
171 p.

Réimpression à 100 exemplaires d'une pièce singulière et fort rare publiée à Paris en 1579, dans les
« Œuvres et Mélanges poétiques » de l'auteur.

Néphis, fait historique. (Par J.-B.-D.
MAZADE D'AVÈZE.) Paris, Fain, 1829, in-12.

Nephtali, ou les Ammonites, opéra en
trois actes. (Par Ét. AIGNAN.) Paris, Ballard, 1806, in-8.

Népotien, ou l'élève du sanctuaire. (Par
l'abbé VERNET, grand vicaire du diocèse

de Viviers, mort le 4 mai 1843.) Lyon,
Lesne, 1837, in-12.

Nepotisme (le) de Rome, ou relation des
raisons qui portent les papes à aggrandir
leurs neveux. Traduction de l'italien (de
Gregorio LETI). S. l. (Hollande), 1669,
2 vol. in-12.

Cette édition se joint à la collection des Elzevier,
quoiqu'elle ne soit peut-être pas sortie des presses de
ces typographes célèbres. Daniel Elzevier avait imprimé
en 1667 le texte italien.

Neptune (le) françois, ou recueil des
cartes marines (par Ch. PENE), avec un
Mémoire sur les cartes (par J.-N. BELLIN).
Paris, 1753, in-fol.

Neraïr et Melhoë, conte ou histoire. Ouvrage orné de digressions. Imprimé à ***,
se vend à ***, chez *, rue *, à l'enseigne.
l'an de l'âge de l'auteur 60 (s. d.), 2 vol.
in-12 de VI-268 et VIII-260 p. — Autre
édition. Ibid., id., 1748, 2 vol. in-12 de
VIII-219 et VIII-208 p.

Cette dernière édition, dont le titre est orné d'une
vignette, paraît être la seconde ; toutes les fautes indiquées dans les deux errata de l'édition sans date ne s'y
trouvent pas.

Cet ouvrage a été réimprimé sous le titre de : « le
Miroir, ou histoire gringuenodine ». Voy. ci-dessus,
col. 314, a.

Il a été attribué à Claude PARFAIT ou à Henri-Barth.
DE BLANES.

Nérelle, roman pastoral, par F. B. (François BOIZARD, né à Cormeilles, près de
Caen). Caen, Poisson, 1817, 2 vol. in-18.

Néron et Poppée, drame historique en
un acte. Suivi de l'Art de plaire aux
belles. Les parapluies. Par A. H. (A. HOPE).
Paris, Barba, 1837, in-8, 39 p.

Nerviens (les), anciens habitants de
l'arrondissement d'Avesnes, avant et pendant la conquête des Gaules par César,
par I. L. (I. LEBEAU, d'Avesnes). Avesnes,
Charles Viroux, 1843, in-12   D. M.

Nestorianisme (le) renaissant, dénoncé à
la Sorbonne (par le P. RIVIÈRE, jésuite,
contre la traduction des Homélies de S. Jean
Chrysostome par Fontaine). Cologne, 1693,
2 vol. in-12.

Netturales (les), ou la Lycéride, fragment traduit du latin. 1743, in-8, 13 p.

Une note manuscrite de Jamet le jeune porte que
cet ingénieux morceau a été attribué à MONTESQUIEU. Il
a été réimprimé dans le « Conservateur » du mois de
janvier 1757. C'est un des opuscules qui composent la
collection des « Contes » du comte de Mirabeau. Voy.
« Recueil de contes... », et « Bibliothèque choisie de
contes... », IV, 411, b.

Au reste, des vers que contient mon exemplaire de

« Netturales » prouvent que l'auteur était un homme de haute naissance, puisqu'on l'appelle *chantre auguste de Lycéride*.

Voir le « Nouveau Choix de pièces tirées des anciens Mercures », 1762 ; et la traduction de Tibulle, par Mirabeau, 3ᵉ vol. *Tours*, 1796, in-8.

Neuchâtel en 1848, esquisses poétiques. Par J. G. (J. GERSTER). *Neuchâtel*, 1848, in-8.

Neuf Août (le), vaudeville en deux actes, en prose. (Par GONCHON-BELLIN.) *Ypres, Lambin, s. d.*, in-8.

Neuf Advertissements pour servir à l'utilité publique, aduenus sur le bonheur de la naissance de monseigneur le Daulphin... Fait par B. D. L. (Barth. DE LAFFEMAS). *Paris, par Pierre Pautonnier, imp. et lib.*, 1601, in-8, 12 p.

Le nom de l'auteur se trouve dans le privilége.

Neuf (le) et le Vieux, ou le prophète de malheur. (Par J.-F. BELLEMARE.) *Paris, Pillet*, 1815, in-8, 25 p.

Neuf (le) Janvier. (A la mémoire de S. A. I. Catherine Ravlovna, reine de Wurtemberg ; par le comte S. OUVAROF.) *Saint-Pétersbourg, impr. de Pluchart*, 1819, in-8. A. L.

Neuf Jours d'hymen, ou la cour en 1610, par l'auteur de l' « Aide de camp ». *Paris, Lachapelle*, 1834, 2 vol. in-8.

L' « Aide de camp » a paru sous le pseudonyme de Maurice de Viarz (voy. « Supercheries », III, 938, *a*), qui cache le nom de Alfred-Emmanuel ROERGAS DE SERVIEZ, fils du général de ce nom.

Neuf (les) Livres, suivis de la Théorie de l'envahissement et d'un aperçu général de la théorie des formes sociales. *Paris, Leblanc*, 1809, in-8.

L'auteur, F.-G. COESSIN, né à Lisieux en 1782, est mort à Paris le 14 septembre 1843. La biographie Rabbe a donné sur lui un curieux article. Voy. aussi Erdan, « la France mystique ».

Neuf (le) Octobre mil huit cent dix-huit, ou le départ des troupes alliées, par D.-F. D*** (D.-F. DÉCORS), aide garde-meuble, tapissier du roi. *Paris, A. Eymery*, 1818, in-8, 11 p.

L'auteur a signé page 11.

Neuf Prédictions remarquables. (Publiées par l'imprimeur VANDERSCHELDEN.) *Gand, Vanderschelden*, 1848, in-18, 50 p. J. D.

Neuf (les) Preux, gravure sur bois du commencement du xvᵉ siècle, fragments de l'hôtel de ville de Metz. (Par le comte F.

VANDER STRAETEN-PONTHOZ.) *Metz, imp. de E. Vignancour*, 1804, in-8, 1 f. de titre et 56 p.

L'auteur a signé l'avis.

Neuilly, Notre-Dame et Dreux. Par C.-F. (CUVILLIER-FLEURY). Extrait du « Journal des Débats ». *Paris, imp. de Le Normant*, 1842, in-8.

Neutralité (de la) de l'Autriche dans la question d'Orient, par un Européen (M. Alfred-Ernest CRAMPON). *Paris, Amyot*, 1854, in-8, 160 p.

Neutralité (la) maritime, traduit de l'allemand par Ch. L. (Charles LEBEAU, secrétaire d'ambassade). *Bruxelles, Decq*, 1854, in-8, 19 p. J. D.

Neuvaine à l'honneur du sacré cœur de Jésus... par l'auteur de « l'Ame élevée à Dieu » (l'abbé Barth. BAUDRAN). Seconde édition. *Lyon*, 1774, in-16.

Souvent réimprimée avec le nom de l'auteur.

Neuvaine à l'honneur du sacré cœur de Jésus, par l'auteur de l' « Imitation de la sainte Vierge » (l'abbé D'HÉROUVILLE). *Avignon et Paris, de Hansy*, 1770, in-24.

Neuvaine à saint Remi, en actions de grâces de l'heureuse délivrance de S. A. R. Mᵐᵉ la duchesse de Berri et de la naissance de S. A. R. monseigneur le duc de Bordeaux. *Paris, Le Clere* (1820), in-16, 7 p.

On a joint à l'exemplaire de la Bibliothèque nationale un envoi autographe de l'auteur, Victor PIRMÉ, à la duchesse de Berri.

Neuvaine des grâces, ou neuvaine en l'honneur de saint Fr. Xavier... (Par le P. V. ALET, jésuite.) *Lille, Lefort*, 1861, in-18.

Neuvaine en l'honneur de notre séraphique père saint François. (Par Bonaventure BRUNNEL, récollet.) *Gand, C.-J. Vanryckegem-Lepère*, 1850, in-8. J. D.

Neuvaine en l'honneur des saints de la Compagnie de Jésus. *Paris, Crapart*, 1792, in-12.

Cet ouvrage, fruit de la plume du père Dom. DE COLONIA et de plusieurs jésuites, avait paru par cahiers séparés. Le P. N.-M. VERRON, né à Quimper, ex-jésuite, les a réunis.

Neuvaines à la vierge et martyre de Jésus-Christ sainte Philomène, surnommée la Thaumaturge du xixᵉ siècle, tirées de l'ouvrage composé par M. J. F. B*** (le P. Jean-Fr. BARRELLE), de la Compagnie de Jésus. *Nice, imp. Cauvin*, 1861, in-32, 48 p.

Neuvaines sur les mystères de Jésus-Christ. (Par l'abbé J.-B. LASAUSSE.) *Paris*, 1793, 2 vol. in-12.

Neuvième (le) Article du Symbole, ou supplément au Catéchisme de MM. les évêques sur l'Eglise, par l'auteur de l'ouvrage intitulé : « Principes pour l'acceptation de la Constitution civile du clergé ». (Par P.-C. LE JEUNE, curé de Clérey, district de Troyes.) *Troyes, Sainton*, 1791, in-8.

IXᵉ Lettre au R. P. dom Louis La Taste... (Par PONCET DESESSARTS.) *S. l.* (1734), in-4, 16 p.

Voy. « Lettres de M* à un de ses amis... » V, 1255, *c*.

Neuvième Lettre sur les miracles, écrite par le Jésuite des Anguilles. (Par VOLTAIRE.) In-8, 7 p.

Voy. « Questions sur les miracles ».

Neufieme (le) Livre d'Amadis de Gaule, auquel sont contenuz les gestes de dom Florisel de Niquee, surnommé le Chevalier de la Bergere, qui fut filz d'Amadis de Grece et de la belle Niquée..... rendu en nostre vulgaire françoys par Claude COLET, Champenois. *Paris*, 1553, in-fol.

Le texte espagnol, publié à Séville en 1546, fut plusieurs fois réimprimé ; il est attribué à un historiographe de Charles-Quint, don Feliciano DE SILVA, qui est également l'auteur de la « Segunda Comédia de la famosa Celestina ».

Neveu (le) de Monseigneur, opéra bouffon en deux actes. Par MM** (J.-F. BAYARD, T.-M.-F. SAUVAGE et Aug. ROMIEU)... Représenté pour la première fois, à Paris, sur le théâtre royal de l'Odéon, le 7 août 1826. *Paris, Bezou*, 1826, in-8, 47 p.

Neveu (le) de Rameau, dialogue, ouvrage posthume et inédit par DIDEROT (traduit de l'allemand en français par Jos.-H. DE SAÜR, maître des requêtes, d'après la version faite par M. GOETHE sur l'original français que le prince Henri de Prusse lui avait communiqué). *Paris, Delaunay*, 1821, in-8.

Dans l'édition des « Œuvres de Diderot » donnée par Brière, le « Neveu de Rameau » a été imprimé sur le manuscrit original de Diderot.

Neveu (le) du chanoine, ou confessions de l'abbé Guignard, écrites par lui-même. (Par Jules SERVAN DE SUGNY.) *Paris, Werdet*, 1831, 4 vol. in-12.   D. M.

Newgate et Tyburn, ou recueil de pro-cès criminels, traduits de l'anglais (par TOBIE), nº 1. *Paris, Desenne*, 1796, in-12.

Il existe en anglais divers recueils de procès criminels, sous le titre de : « Newgate and Tyburn Calendar », 1778-80, 5 vol. ; « Newgate Calendar », 1764, 6 vol. ; 1775, 5 vol. ; « New Newgate Calendar », 1811, 4 vol. ; « New and Complet Newgate Calendar », 1800-1808, 7 vol. ; 1818, 8 vol., etc. Voir Lowndes, 2ᵉ édit., p. 1666.

Newtonianisme de M. de Voltaire, ou entretiens d'un étudiant avec un docteur newtonien. Par M. S... P. (Philippe SERANE, professeur). *Paris, B. Morin*, 1779, in-12, IV-116 p.

Nez (le), par un électeur peu blanc, quoique fort de la halle aux farines (Etienne ARAGO). (*Bruxelles, Labroue*), *s. d.* (1850), une feuille in-fol.

En vers.   J. D.

Ni paix ni sécurité pour l'Europe avec la Russie telle qu'elle est. (Par WOLODKOWICZ.) *Paris, Dentu*, 1855, in-12.

Ni pour ni contre les jésuites, à propos du « Juif errant ». Réflexions soumises aux souscripteurs belges pour offrir une médaille à M. E. Sue, par un indifférent (Louis DE POTTER). *Bruxelles, Périchon*, 1844, in-8.   J. D.

Nicaize, opéra-comique. Par L. B. D. L. B. (LEBONY DE LA BAPAUMERIE). *Paris*, 1755, in-8.

Catalogue Soleinne, nº 3144.

Nice et ses environs, ou vingt vues dessinées d'après nature, en 1812, dans les Alpes-Maritimes; par A... DE L...... (Auguste DE LOUVOIS). *Paris, Remoissenet*, 1814, in-4, obl.

Nicomède, tragédie. (Par Pierre CORNEILLE.) *Rouen, Maurry; et Paris, de Sercy*, 1651, in-4, 4 ff. et 124 p. — *S. l.*, 1652, pet. in-12.

Le nom de l'auteur se trouve dans le privilége de l'édition de 1651.
L'édition de 1652 est une contrefaçon sans le privilége.

Nièce (la) d'un roi. (Par J. VATOUT.) *Paris, Dupont*, 1824, in-8, 30 p. — Deuxième édition. *Id.*, in-8, 30 p.

Nièce (la) de l'émigré, ou dévouement et reconnaissance. Par Mᵐᵉ Marie-Ange DE T*** (Just-Jean-Etienne ROY). *Tours, Mame*, 1863, in-18, 107 p.

Nouvelle édition en 1868.

Nièce (la) de Mélanie, tragédie bouffonne mêlée de prose, de vers, de couplets et de vignettes, et un prologue, cinq actes et cinq épilogues. (Par Henri NICOLLE.) *Paris, impr. de Brière*, 1847, in-32, 64 p.

Parodie de l' « Agnès de Méranie » de Ponsard ; il existe des exemplaires anonymes et d'autres portant le pseudonyme de Louis LA ROQUE.

Voy. « Supercheries », II, 667, *c*.

Nièce (la) de Tekeli, rédigée par l'abbé PRÉVOST, et publiée par MM***. *Paris, Hubert*, 1823, 4 vol. in-12.

Le nom de l'abbé Prévost est une supposition ; l'ouvrage est de la composition de JANNINET, personnage fort peu connu.

Voy. « Supercheries », III, 1105, *c*.

Nîmes et ses Monuments. Lettre à un ami. (Par M. Félix-Jos.-Franç. WOUTERS.) *Bruxelles, Wouters*, 1844, in-8.

Nina et Lindor, ou les caprices du cœur, intermède en deux actes, représenté pour la première fois sur le théâtre de l'Opéra-Comique, le samedi 9 septembre 1758. (Par César-Pierre RICHELET.) *Paris, Ballard*, 1758, in-8, 44 p. — *Avignon, L. Chambeau*, 1759, in-8.

Nina et Mervyn. Thrown together. Par l'auteur de « Un Enfant sans mère » (F. MONTGOMMERY). *Paris, Grassart*, 1874, in-18.

Le nom de l'auteur se trouve au dos de la couverture.

Nina, ou la folle par amour, comédie en un acte, en prose, mêlée d'ariettes. Par M. M. D. V. (B.-J. MARSOLLIER DES VIVETIÈRES). Représentée, pour la première fois, par les comédiens italiens ordinaires du roi, le 15 mai 1786. *Paris, Brunet*, 1786, in-8.

Nina, ou le château de Jouvence, chronique du IXᵉ siècle. Publiée en vieux français par l'auteur du « Voyage sentimental »; retouchée et mise en nouveau style par l'auteur d' « Angélina » (A.-P.-F. MÉNÉGAULT). *Paris, J. Chaumerot*, 1808, 2 vol. in-12.

Nine, par M. D. B. *Paris, Hochereau*, 1756, 2 part. in-12.

La « France littéraire » de 1769, t. I, p. 238, donne cet ouvrage à Louis DESBIEZ, avocat, né à Dôle ; mais, dans le t. II, elle écrit plusieurs fois ce nom : DESBIEF. Quérard nomme cet auteur DESBIEFS.

Ninka, nouvelle indienne, par Mᵐᵉ *** (Victorine COLLIN DES GIMÉES). *Paris, Mongie*, 1826, in-12.   D. M.

Ninon à la campagne, comédie-proverbe. (Par Amédée DU LAURENT.) *Lyon, C. Coque*, 1826, in-8, 2 ff.-lim. et 59 p.

Nitétis, tragédie (lyrique en cinq actes et un prologue, le tout en vers libres, par J.-L.-Ignace DE LA SERRE). *Paris, J.-B. C. Ballard*, 1741, in-4.

Nithophar, anecdote babylonienne pour servir à l'histoire des plaisirs. (Par J.-F.-D. DE MAUCOMBLE.) *Paris, Delalain*, 1768, in-12.

Niveleurs (des). (Par Ant.-Tous. DESQUIRON.) *Paris, A.-T. Trouvé*, 1822, in-8.

Nobiliaire de Picardie. Généralité d'Amiens, contenant l'extrait des titres et les généalogies produits devant M. Bignon, intendant de cette généralité; avec les jugements rendus en exécution de la déclaration du mois de septembre 1696. *Amiens, Pierre Morgant-Warvillier*, 1708, in-fol.

Cet ouvrage n'a pas de titre. La description ci-dessus a été prise sur le titre manuscrit de l'exemplaire de Clairambault.

Ce recueil a été fait sous la direction de Nicolas DE VILLIERS, sieur DE ROUSSEVILLE.

Nobiliaire de Ponthieu et de Vimeu, par R. DE B....... (René DE BELLEVAL). *Amiens, Lemer aîné*, 1861, in-8, VII-395 p.

Nobiliaire des Pays-Bas et du comté de Bourgogne... par M. D**** S. D. H** (DEVEGIANO, seigneur DE HOVEL). *Louvain, Jacobs*, 1760, 2 vol. in-8. — Supplément au même ouvrage. *Louvain*, 1775, 6 vol. in-8.

Nobiliaire militaire suisse, contenant la généalogie, l'histoire et la chronologie des familles nobles de la Suisse, avec des preuves. (Par l'abbé J.-Fr. GIRARD, professeur à Fribourg.) *Basle*, 1776-1787, 2 vol. in-8.   V. T.

Noble (la) Chevalerie de Jésus-Christ, c'est-à-dire l'institution et la confirmation de la confrérie de la Charité, avec ses règles et indulgences. Pour le soulagement des pauvres ménages et pestiférez de la cité de Liége. Par un prédicateur recollet de la province de Flandre (François-Jean DEZABLEAUX). *Liége, veuve Streel*, 1655, in-8, 200 p.

Noble (le), conte, par Mˡˡᵉ DE Z... L... (DE ZUYLEN), aujourd'hui Mᵐᵉ de Ch...rr...eres (DE CHARRIERES). *Amsterdam*, 1763, in-8. — *Londres*, 1770, in-12, avec un discours préliminaire de l'éditeur.

Réimprimé dans le cinquième volume de la « Bibliothèque choisie des contes », etc. Voy. IV, 411, *b*.

Noble (la) Vénitienne, ou la Bassette, histoire galante. (Par DE PRÉCHAC.) *Lyon, Th. Amaulry*, 1676, in-12. — *Suivant la* copie de Paris, *chez Claude Barbin*, 1679, in-12, 7 ff. et 127 p.

Nobles (les), satire. (Par Bern. CAMPAN, docteur en médecine de la Faculté de Montpellier.) *Montpellier*, 1849, in-8.

Voy. « Supercheries », I, 476, e.

Noblesse (de la), Ancienneté, Remarques et Mérites d'honneur de la troisième maison de France. (Par Nicolas VIGNIER.) *Paris, Abel L'Angelier*, 1587, in-8.

Voy. la Vie de l'auteur, par Guillaume Colletet, en tête du quatrième volume de la « Bibliothèque historiale », 1650, in-fol.

Noblesse (la) commerçable, ou ubiquiste. (Par J.-H. MARCHAND.) *Amsterdam*, 1756, in-12. — *Paris, imp. de la noblesse commerçante*, 1756, in-8.

Noblesse (la) commerçante. (Par l'abbé G.-F. COYER.) *Londres et Paris, Duchesne*, 1756, in-12.

Réimprimée avec le nom de l'auteur.

Noblesse (de la) de la gentry, la plus ancienne de l'Angleterre, d'Irlande et d'Ecosse, et seule héraldique, d'après le blason; par T. J. R. (Th.-John RUSSELL), l'un des barons d'Ulster. *Pau, impr. de Vignancour*, 1847, in-8.

Noblesse (de la), de ses droits, des sacrifices qu'elle a faits et qu'elle doit faire. (Par F.-D. DE MORY D'ELVANGE.) (*Nancy, veuve Bachot*), 1789, in-8.

Mory d'Elvange, membre de l'Académie de Nancy, connu par son profond savoir dans la science numismatique, fut traduit au tribunal révolutionnaire, condamné à mort et décapité le 14 mai 1794.
M. Charles-Léopold Mathieu, dans la séance publique de la Société royale des sciences, lettres, arts et agriculture de Nancy, du 20 août 1818, a lu un « Eloge historique » de Mory d'Elvange. Voy. le « Précis des travaux » de cette Société pendant les années 1816, 1817 et 1818. *Nancy*, 1819, in-8.

Noblesse des F. M., ou institution de leur société avant le déluge universel, de son renouvellement après le déluge, poëme par un prophane (JARRIGUE). *Francfort-sur-Mein, J.-A. Raspe*, 1756, in-8.
                                     A. L.

Noblesse (la) et le Commerce, dédié à la petite noblesse de province. Ouvrage entremêlé de deux satyres en vers et suivi d'un recueil de chansons trouvées derrière un comptoir; par le fils d'un commerçant, avocat, auteur de l' « Epître aux étudians en droit » (Léopold BOUGARRE). *Paris, Renard*, 1837, in-8, 102 p.   D. M.

Noblesse (de la) féodale et de la Noblesse

nationale, par M*** (Ch. THEREMIN). *Paris, Plancher*, 1817, in-8, 77 p.

Noblesse (la) française en 1861, par un maire de village (le marquis GODARD DE BELBŒUF, sénateur). *Paris, Lahure*, 1861, in-8, 48 p.

Noblesse (de la) française selon la Charte, et un Mot sur les ordres de chevalerie, par un gentilhomme qui avant tout est François et citoyen (le baron Aug. DE SCHONEN, conseiller à la Cour royale de Paris). *Paris, Dondey-Dupré*, 1817, in-8, 112 p.

Noblesse (la) militaire, ou le patriote français. (Par Philippe-Auguste DE SAINTE-FOIX, chevalier D'ARCQ.) *S. l.*, 1756, in-12.

Noblesse (la) oisive. (Par M.-A.-J. ROCHON DE CHABANNES.) *S. l.* (1756), in-12, 23 p.

Noblesse (la), ou le corps équestre considéré comme institution. (Par PIRSON.) *S. l. n. d.*, in-8.   D. M.

Noblesse (la) ramenée à ses vrais principes, ou examen du « Développement de la noblesse commerçante ». (Par le marquis DE VENTO DES PENNES.) *Amsterdam (Paris), Desaint et Saillant*, 1759, in-12.

Noblesse (la) telle qu'elle doit être, ou moyen de l'employer utilement pour elle-même et pour la patrie. (Par DE LA HAUSSE.) *Amsterdam et Paris, Lottin*, 1758, in-12.

Nopce (la) de village, comédie. (Par G. MARCOUREAU, sieur DE BRÉCOURT.) *Paris, J. Ribou*, 1681, in-12, 2 ff. lim. et 29 p.

Le nom de l'auteur se trouve dans le privilége.

Noce (la) interrompue, parodie d'Alceste en trois actes, repr. pour la prem. fois, par les coméd. italiens ordin. du roi, le jeudi 26 janv. 1758. Nouvelle édition. (Par Ch.-Sim. FAVART.) *Paris, Duchesne*, 1758, in-8.

Noces (les) d'un fils de roi, ou le gouverneur, drame en trois actes et en prose. (Par J. FONTAINE-MALHERBE.) *Amsterdam et Paris, Le Jay*, 1770, in-8, 76 p. — *Paris, veuve Duchesne*, 1770, in-8, 46 p.

Réimprimées la même année avec le nom de l'auteur.

Nopces (les) de Bellone, ou la campagne de M. DC. XCIII. (Par M. l'abbé DE LUBERT.) *S. l. n. d.*, in-8.

Noces (les) de Thétis et de Pélée, poëme de CATULLE, trad. en vers franç. (par G.-A. CRAPELET). *Paris*, 1809, in-8.

Nopces (les) de Vaugirard, ou les naïvetés champêtres, par L. C. D. (Discret). *Paris*, 1638, in-8. **V. T.** *a*

Nopces (les) de village, mascarade ridicule. Dansé par S. M. à son chasteau de Vincennes. (Par Benserade.) *Paris, R. Ballard*, 1663, in-4, 1 f. de tit. et 9 p.

Nocrion, conte allobroge. *Paris, Robustel*, 1747, in-12. — 1748, in-12. — *Londres (Cazin)*, 1777, 1781, in-18. — *Constantinople*, 1789, in-12.

Attribué au comte. DE Caylus, mais ne se trouve pas dans ses Œuvres.

Par T.-S. Gueullette, suivant une note de l'inspecteur de la librairie, d'Hémery.

Par l'abbé F.-J.-P. DE Bernis, suivant une note manuscrite de Jamet le jeune.

Noei tô noûea. Compôzac an lai rue de la Roulote. Ansanne le noei compôzai cidevan an lai rue du Tillô. Le tô di moime auteu. (Par Bernard DE LA Monnoye.) *Ai Dijon, Jean Ressayre*, 1701, in-12, 90 p.

Souvent réimprimé sous le titre de : « Noei borguignon », ou « Noëls bourguignons », sous le pseudonyme de Guy Barosay.

Voy. « Supercheries », I, 460, d.

Noël. 1836. *Paris*, imp. *de Dezauche*, in-8, 223 p. — Noël. 1837. *Paris*, imp. *d'Everat*, in-8, 239 p.

Ces deux volumes contiennent des articles insérés précédemment dans la « Revue européenne ». Ce sont des hommages de fête pour M. le baron Dumartroy, conseiller d'Etat, dont le prénom est Emmanuel et dont la fête est par conséquent le jour de Noël.

Le premier de ces volumes n'a été tiré qu'à cinq exemplaires et le second à vingt-cinq. L'auteur est M. le comte Franz DE Champagny.

Noëls bourguignons. (Par Philippe Joly, dominicain.) *Dijon, Michard*, 1720, in-12.

Papillon, « Bibliothèque des auteurs de Bourgogne ».

Noëls bressands. (Par Borjon, mort en 1690.) Nouvelle édition considérablement augmentée et plus correcte que les précédentes. *Pont-de-Vaux*, 1797, pet. in-8.

Réimpression de l'édition donnée en 1787 par Charles-Emmanuel Borjon DE Scellery, descendant de l'auteur. Le « Manuel », t. IV, col. 91, fait erreur en attribuant à ce dernier les « Noëls mâconnois ». Voy. ces mots, ci-après. **G. M.**

Noëls bressans de Bourg (par Jacques Brossard DE Montaney), de Pont-de-Vaux (par Borjon) et des paroisses voisines, augmentés de plusieurs couplets inédits et de six noëls bugistes, de trois anciens noëls français et de la musique, par Philib. Leduc. *Bourg-en-Bresse*, 1845, in-12. **G. M.**

Noëls bressans sur la naissance de Notre-Seigneur Jésus-Christ. (Par Jacques Brossard DE Montaney.) *Bourg-en-Bresse*, 1814, in-12.

La première édition fut publiée vers 1684. **G. M.**

Noëls mâconnois, ou dialogue sur la naissance de Jésus-Christ en patois mâconnois (par l'abbé Luillier, plus connu sous le nom de *Parrain Bliaise*, originaire et curé de Fuisse, près de Mâcon). *Pont-de-Vaux, Moiroud*, 1797, in-12, 72 p. *b*

Ces noëls, composés vers 1720, parurent sous ce titre : « Dialogue entre des Bregi é dé Bregire », *s. d.*, in-12, 68 p. C'est par erreur qu'ils ont été attribués par le « Manuel » et par Sirand, « Bibliographie de l'Ain », à Borjon DE Scellery. **G. M.**

Noëls nouveaux. *S. l. n. d.*, pet. in-8, 48 p. goth.

Volume imprimé par Pierre de Vingle, à Neufchâtel, en 1533. Il contient 24 noëls empreints de l'esprit de la Réforme. L'anagramme : Y ME VINT MAL A GRE, imprimé au verso du titre, indique Mathieu Malingre comme l'éditeur, peut-être comme l'auteur. Voir le « Chansonnier huguenot du XVIe siècle », *Paris, Tross*, 1870, p. 424. *c*

Noëls nouveaux et anciens en patois de Besançon et autres petites poésies dans le même patois. (Recueil formé et composé en partie par Fr. Gauthier, imprimeur à Besançon, mort en 1730.) *Besançon*, 1717, 4 vol. in-12. *d*

Réimprimés en 1750 et 1751.

Les noëls de Fr. Gauthier ont été publiés de nouveau, avec le nom de l'auteur, sous le titre : « Recueil de noëls anciens en patois de Besançon ». *Besançon*, 1773, 2 tomes petit in-12. Voy. ce titre.

Noëls nouveaux, françois et bourguignons, sur la naissance de Notre-Seigneur Jésus-Christ, par M. F. P. (Mlle Françoise Paschal). *Paris*, 1670, in-8. — *Dijon, Sirot*, 1723, in-12. *e*

Cette demoiselle, dont on a encore la « Grande Bible renouvelée », *Troyes et Paris*, 1723, in-8, n'est pas mentionnée dans la « Notice des cantiques qui ont paru depuis 1586 jusqu'en 1772 », en tête de la troisième partie des « Opuscules sacrés et lyriques... » Voy. ces mots.

Noëls nouviaux sur des vieux airs. (Par Ch. Ribault DE Laugardière.) *Bourges, cheux E. Pigelet*, 1837, in-12, 48 p. *f*

Noëls nouveaux sur les chants anciens... (Par Pierre Bonjan.) *Paris, J.-B.-C. Ballard*, 1702, in-8, 4 ff. lim. et 72 p. — *Id.*, 1715, in-8, 80 p. — *Id.*, 1717, in-8, 80 p.

L'auteur a signé la dédicace.

Noëls provençaux et français, ou cantiques sur la naissance du Sauveur. (Peut-être l'une des réimpressions du « Recueil de Noëls provençaux » de Nicolas SABOLY.) *Carpentras*, *s. d.* (commencement du XIXᵉ siècle), petit in-12, fig. **G. M.**

Voy. « Recueil de noëls provençaux ».

Noëls sur les airs les plus nouveaux, par Mˡˡᵉ de B. (DE BEAUMONT). *Paris, Cavelier*, 1716, in-8.

Nœud d'amour (le), comédie en un acte, par M. M. DE *** (MAURIN DE POMPIGNY). *Amsterdam (Paris), Cailleau*, 1785, in-8.

Nœud (le) gordien. (Par A.-F.-J. DE FREVILLE.) *Paris*, 1770, 4 vol. in-12.

Permission tacite, 9 août 1770. **V. T.**

Nœud (le) gordien sur les Etats généraux. (Par l'abbé J.-A. BRUN.) *En France*, 1789, in-8, 54 p.

La dernière page finit par : Fait à Versailles par M. B. D. L. C. P. L. E. L., etc. (Ersch, t. V, p. 90.)

Nœuds (les) de l'amour. Dessein des appareils dressez à Chambéry à l'entrée de Leurs Altesses Royales à l'occasion de leurs nopces. (Par le P. Claude-François MENESTRIER.) *Chambéry, par les FF. du Four*, 1663, in-4.

Réimprimés avec les initiales de l'auteur sur le titre. Voy. « Supercheries », I, 685, *d*, et III, 53, *d*.

Nœuds (les) enchantés, ou la bizarrerie des destinées. *Rome, de l'imprimerie papale*, 1789, 2 t. in-12, 144 et 116 p.

M. P. L. (Paul Lacroix) attribue ce roman à Mᵐᵉ la comtesse Fanny DE BEAUHARNAIS. Voir le « Bulletin du bibliophile », 15ᵉ série, p. 1422.

Noir et Rouge. Les gens de Beaumont à M. Félix Pyat. (Par M. Louis VEUILLOT.) *Paris, impr. d'E. Duverger*, 1849, in-18, 34 p.

Noirs (des), de leur situation dans les colonies françaises. L'esclavage n'est-il pas un bienfait pour eux et un fardeau pour leurs maîtres? Par F* Pᴺ (Félix PATRON). *Paris, Ch. Mary*, 1831, in-8, 24 p.

Nom, Maison, Religion, etc., des souverains qui règnent en Europe. En janvier 1695. (Par l'abbé L. DE COURCILLON DE DANGEAU.) *S. l. n. d.*, in-fol. plano.

Nombre (du) des délits criminels, comparés à l'état de l'instruction primaire, par un membre de la Société formée à Paris pour l'amélioration de l'enseignement élémentaire (Edme-François JOMARD). *Paris, Colas*, 1827, in-8, 36 p.
       D. M.

Nombres (les) d'or. Par un croyant (Louis BELMONTET). *Paris, Amyot*, 1844, in-18.

Réimprimés en 1845, avec le nom de l'auteur.

Nomenclature des hameaux, écarts, fermes isolées... de la Côte-d'Or; suivie du cours des eaux et de l'itinéraire du même département. Par l'auteur des «Annuaires» (Cl.-X. GIRAULT). *Dijon, Gaulard-Marin*, 1822, in-12.

Nomenclature patoise des plantes des environs d'Arles, leur concordance avec les noms français, la synonymie latine des auteurs et les familles naturelles. (Par le baron LAUGIER DE CHARTROUSE.) *Arles, Serré*, 1859, in-8, VIII-64 p. **G. M.**

Noms des peintres les plus célèbres et les plus connus, anciens et modernes. (Par André FÉLIBIEN.) *Paris*, 1679, in-12, 1 f. de titre, 81 p. et 15 ff. de table non chiffrés.

Noms des protecteurs, des directeurs, des officiers et des académiciens de l'Académie royale de peinture et sculpture qui sont morts depuis l'établissement d'icelle, en 1648, jusqu'à l'année courante 1704... *S. l. n. d.*, in-fol. plano.

Par REYNÈS, concierge de l'Académie, d'après une note de l'auteur sur l'exemplaire de la Bibliothèque nationale.

Noms féodaux, ou noms de ceux qui ont tenu fiefs en France depuis le XIIᵉ siècle jusque vers le milieu du XVIIIᵉ, extraits des « Archives du royaume », par un membre de l'Académie des inscript. et belles-lettres (l'abbé P.-L. DE BETENCOURT)... *Paris, Beaucé-Rusand*, 1826, 2 vol. in-8. — Nouv. édition avec le nom de l'auteur. *Paris, Schlesinger*, 1868, 4 vol. in-8.

Noms (les), Surnoms, Qualités, Armes et Blasons de tous les princes, seigneurs... de l'ordre et milice du benoît saint Benoist... (Par Fr. LA FLECHE.) *Paris, Lamy*, 1643, in-fol.

Le nom de l'auteur se trouve dans le privilége.

Nonne (la) éclairée, ou les délices du cloître. (Par l'abbé J. BARRIN.) Nouv. édit., revue, corrigée et augmentée. *Amsterdam*, 1774, in-12. — *Paris*, 1831, 2 vol. in-18.

Même ouvrage que « Vénus dans le cloître », publié sous le pseudonyme de l'abbé Duprat. Voy. « Supercheries », I, 1182, *e*.

Nonnes (les) galantes, ou l'amour embéguiné. (Par le marquis D'ARGENS.) *La Haye*, 1649, in-12.

Nopces.

Voy. « Noces ».

Norac et Javolci, drame en trois actes et en prose. (Par B.-J. MARSOLLIER DES VIVETIÈRES; représenté pour la première fois à Lyon, le jeudi 3 mars 1785.) *Lyon,* 1785, in-8.

Norac est l'anagramme de Caron (de Beaumarchais); Javolci est celui de Clavijo.

Le sujet du drame est tiré des « Mémoires » de Beaumarchais : c'est l'aventure qui lui est arrivée avec Clavijo en 1764. Voy. le quatrième Mémoire contre Goezmann.

Norac-Oniana (le), contenant les douze mouchoirs, ou le portefeuille de cabinet, ou tout ce que vous voudrez. Par qui bon vous semblera. Dit, ça en est. (Par P.-S. CARON.) *Imprimé quand ça en était, où ça se fait, se vend chez ça en sera toujours — des sottises, l'an* 1500, in-8, 8 ff.

La réimpression faite par M. de Montaran a 12 ff.

Nord (le) du globe, ou tableau de la nature dans les contrées septentrionales, traduit de l'anglais de PENNANT (par Pierre LE TOURNEUR). *Paris,* 1789, 2 vol. in-8.

Normandie (la) historique, pittoresque et monumentale, ou souvenirs d'un voyage sur les bords de la Seine. (Par Mme Amable TASTU.) Illustrée de 50 dessins... *Paris, P.-C. Lehuby,* 1847, in-8.

Normands (les) en Italie, ou Salerne délivrée, poëme en quatre chants. (Par A. DE PASTORET.) *Paris, imp. de F. Didot,* 1818, in-8.

Nos Adieux au public, bluette en prose, mêlée de couplets, par MM. E. S..... A—т B..... et L. A. B....... (L.-A. BOUTROUX). *Montargis,* 1818, in-8.

Catalogue Soleinne, n° 2987.

Nos Après-dînés à la campagne. (Par dom F.-P. GOURDIN.) *Rouen,* 1772, in-12.

Nos devoirs envers le Pape dans les circonstances actuelles. Par l'auteur des « Récits anecdotiques sur Pie IX » (l'abbé Victor-Alfred DUMAX). *Paris, V. Palmé,* 1860, in-18, 34 p. — *Id.,* 1861, in-18, 36 p.

Nos Folies, ou mémoire d'un musulman connu à Paris en 1798; recueil. et publ. par l'auteur de « Sabina d'Herfeld », etc. (J.-A. DE REVERONY SAINT-CYR). *Paris, Lemierre,* an VII-1799, 2 vol. in-12.

Nos Sottises et les Moyens d'y remédier, quoiqu'un peu tard; mais il vaut mieux tard que jamais. (Par J.-Isaïe RI-

BERT, Sédanois.) *Paris,* 20 avril an II-1794, in-8, 80 p.

Nostradamus, ou le physicien plaideur, comédie en un acte et en vers, par M. E. M. B. C. D. S. M. (dom Etienne MAUGER, bénédictin de Saint-Etienne de Caen, congrégation de Saint-Maur). *Leyde (Caen),* 1779, in-12.

Notables Arrests des audiences du Parlement de Paris, depuis 1657 jusqu'à présent; recueillis par J. H. S. D. L. P. R. A. (J. HUET, avocat). *Paris,* 1664, in-4.

Notaire (le), comédie-vaudeville en un acte, par MM*** (E.-J.-E. MAZÈRES et G. DE LURIEU). Représentée pour la première fois, à Paris, sur le théâtre du Gymnase, le 25 avril 1822. *Paris, J.-N. Barba,* 1822, in-8, 36 p.

Notaire (le) de Moulins, comédie en un acte, mêlée de couplets, par MM. Eugène DE P*** (Eugène DE PLANARD) et PAULIN (Paul DUPORT); représentée sur le théâtre des Nouveautés, le 30 octobre 1828. *Paris, imp. de Chassaignon,* in-8. — *Bruxelles,* 1829, in-18.

Notariat (le) considéré dans ses rapports intimes et journaliers avec la morale; ouvrage précédé d'un coup d'œil rapide sur l'institution notariale depuis les temps les plus reculés jusqu'à nos jours. Par M. R..... (P.-M. RAINGUET), notaire. *Paris, Durand,* 1847, in-8.

Notariat (le) dévoilé. (Vers 1789), in-8.

Par HERVY, suivant un *ex dono.*

Note à consulter, pour le projet de rectification de la route départementale n° 13, en ce qui concerne la rampe de Saint-Vorles et la Tête-de-Maisey, dans l'intérêt du tracé par le quartier neuf de la ville de Châtillon. (Par M. DAVIN, propriétaire à Châtillon.) *Châtillon-sur-Seine, impr. de F. Lebeuf* (1848), in-4, 4 p.

Note à l'appui de la demande en concession d'un chemin de fer, formée par les sociétés charbonnières de Belle et Bonne, Sainte-Placide et Sainte-Thérèse. (Par Ad. MATHIEU.) *Mons, Piérard* (1833), in-8, 16 p.   J. D.

Note bibliographique sur le « Festin de Pierre » de Molière. (Par A.-J.-Q. BEUCHOT.) *Paris, imp. de Pillet* (1817), in-8, 4 p.

Extrait du « Journal de la librairie » du 21 juin.

Note biographique. Eugène Labaume,

colonel d'état-major... décédé le 8 février 1849... *Paris, impr. de G. Jousset, s. d.*, in-8, 2 p.

Signée : C. L. (Caroline LABAUME).

Note biographique sur M. M.-J. de Bure. *Paris, imp. de Pillet fils aîné, s. d.*, in-8, 1 feuillet.

Extrait du « Journal de la librairie » du 17 juillet 1847, signé : C. M. (Charles MAGNIN).

Note du commissaire royal du cadastre. (Par A.-J.-U. HENNET.) *Paris, imp. royale*, avril 1818, in-8, 4 p.

Note étymologique, philologique, glossologique, archéologique, céramicologique, critique et historique sur le Coquemart, pot romain dont l'origine remonte aux premiers siècles de la République. Par N. F. L. (N. FOURGEAUD-LAGRÈZE). *Ribérac, Alb. Bounet*, 1868, in-16, 7 p.

Note explicative du nouvel appareil télégraphique. (Par Alphonse JOLY.) *Marseille, typ. veuve Marius Olive* (1867), in-8, 8 p.

Note historique sur Falaise, par l'auteur de la « Nouvelle Histoire de Normandie » (VAUQUELIN DE LAFRENAYE). *Falaise, Brée jeune*, juillet 1816, in-8, 42 p.

Note pour MM. les souscripteurs de la médaille de Malherbe. (Par VAUQUELIN DE LAFRENAYE.) *S. l. n. d.*, in-8, 1 feuillet.

Note pour servir de supplément au Commentaire sur les Œuvres de Louise Labé. (Par Ch. BREGHOT DU LUT.) *Lyon, imp. de Barret*, 1830, in-8.

Tirage à part, à 50 exemplaires, d'un extrait des « Nouveaux Mélanges » du même auteur.

Note relative à Descartes. (Par le docteur A.-R. PIGNÉ, ancien directeur de la maison des Jeunes-Aveugles.) *Paris, impr. veuve Bouchard-Huzard*, 1867, in-8, 12 p.

Note secrète exposant le prétexte et le but de la dernière conspiration. (Par E.-F.-A. D'ARNAUD, baron DE VITROLLES.) *Paris, Foulon*, 1818, in-8. — Deuxième édition. *Id.*, 1818, in-8.

Note sur l'établissement formé à Paris, sous le nom de Dépôt des laines ; par M. C. D. V., P. d. F. (Ch.-Gilb. MOREL DE VINDÉ, pair de France). *Paris, Mme Huzard*, 1816, in-8, 28 p.

Extrait du t. LXV des « Annales de l'agriculture française ».

Note sur l'état des forces navales de la France. (Par le prince DE JOINVILLE.) *Paris,*

Fournier, 1844, in-8, 1 f. de titre, 74 p. et 4 tableaux. — *Paris, impr. de Crapelet,* 20 mai 1844, in-8, 64 p. — Deuxième édition. *Paris, Garnier frères*, 1844, in-8, 36 p.

Cette « Note » avait paru moins complète dans la « Revue des Deux-Mondes » du 15 mai 1844.

Elle a été réimprimée sous le titre de : « Etat des forces navales ». Voy. V, 296, *e*.

Note sur l'impôt du sel et sur ses effets, publiée par l'administration des Douanes. (Rédigée par M. GALLOIS-MAILLY, sous-directeur de l'administration des Douanes.) *Paris, impr. royale*, 1831, in-8.

Note sur l'organisation militaire de la Confédération de l'Allemagne du Nord. (Par NAPOLÉON III.) *Wilhelmshoehe*, janv. 1871 (*Bruxelles, imp. de Ch. Lelong*), pet. in-fol., 86 p. — Autre édition, gr. in-8, 85 p.

Note sur la création de l'Institut. (Par A.-H. TAILLANDIER.) *Paris, impr. de Duverger*, 1840, in-8, 15 p.

Note sur la découverte de caquer le hareng, faite par Guillaume Beukels, pilote de Biervliet. *Gand, Poelman*, 1816, in-8, 18 p.

N'a pas été reproduite dans les œuvres complètes de l'auteur, J.-J. RAEPSAET.

Note sur la porte de secours du château de Caen. Par R. B. (R. BORDEAUX). *Caen, Hardel*, in-8.

Voy. « Supercheries », III, 342, *a*.

Note sur la propriété littéraire, et des moyens d'en assurer la jouissance aux auteurs dans les principaux Etats de l'Europe, sans nuire aux intérêts matériels des peuples et sans nécessiter des lois prohibitives. (Par M. Alexandre BAUDOUIN.) *Bruxelles, Berthot*, 1836, in-8, 18 p.

Seconde édition corrigée la même année.

Note sur la situation de la Compagnie du palais de l'Industrie et sur la proposition de rachat par l'Etat. Par un actionnaire (Paul ROUX). *Paris, imp. de Morris*, 1856, in-4, 8 p.

Note sur le château du Bois-Sir-Amé. *Bourges, imp. de Jollet-Souchois, s. d.*, in-8, 8 p.

Signée : L. R. (Louis RAYNAL).

Note sur le classement des imprimés, la rédaction et la publication du Catalogue général de la Bibliothèque royale. *Paris,*

Porquet; Clermont, impr. de Thibaud-Landriot frères, 1847, in-8, 19 p.

Une seconde édition, publiée la même année aux mêmes adresses, porte le nom de l'auteur, B. Gonod, bibliothécaire de la ville de Clermont-Ferrand.

Sur le titre de cette deuxième édition, on lit comme épigraphe :

« La rédaction et la publication du Catalogue de la « Bibliothèque royale peuvent s'exécuter en moins de « cinq ans, sans charge pour l'Etat. »

Note sur le projet d'impôt soumis au conseil d'Etat, en ce qui concerne les compagnies d'assurances à primes fixes contre l'incendie. (Par Thomas, de Colmar.) *Paris; Chaix,* 1864, in-8.   D. M.

Note sur les changements survenus dans l'état de l'église Saint-Seurin à Bordeaux, et sur son clergé, par L. de L. (Léonce DE Lamothe). *Bordeaux, impr. de Durand,* 1846, in-8, 29 p.

Note sur les colonies d'indigents. (Par Léop. DE Bellaing.) *Paris, imp. de Lebel,* 1825, in-4.

Note sur les principes politiques de saint Thomas et sur les intérêts actuels de l'Eglise universelle. (Par le comte Ch. Pasero DE Corneliano.) *Paris, Bailleul,* 1819, in-8, 8 p.

Notes adressées au congrès de Vérone. (Par Audibert, collaborateur de la « Quotidienne ».) *Paris, Boucher,* 1822, in-8, 36 p.

Extrait de la « Quotidienne ».

Notes analytiques et critiques sur le « Contrat social » de J.-J. Rousseau. (Par Aimé DE Virieu, né à Lyon, mort à Alger en novembre 1834.) *Lyon, Barret,* 1829, in-8.

Notes concernant la première partie de l' « Opinion d'un créancier de l'Etat sur le budget et sur les observations et réflexions dont il a été l'objet », adressées aux créanciers de l'Etat. (Par M.-M.-C. Gaudin, duc DE Gaete, ancien ministre des finances.) *Paris, imp. de Ballard* (1814), in-4, 20 p.

Signées : l'Ami de la vérité.

Notes critiques, remarques et réflexions sur le « Génie du christianisme ». (Par le comte E.-L.-Z. DE Sabran.) *Paris, Pelletier,* 1803, in-8, 166 p.

Notes d'un compilateur pour servir à l'histoire du Point de France. Lettre adressée à M. Léon de La Sicotière. (Par Philippe, marquis DE Chennevières-Poin-

TEL.) *Amiens, Lenoel-Herouard,* 1867, in-8, 16 p.

Tirage à part d'articles insérés dans le journal « la Picardie ».

Notes d'un compilateur sur les sculpteurs et les sculptures en ivoire. (Par Philippe, marquis DE Chennevières-Pointel.) *Amiens, Lenoel-Herouard,* 1857, in-8.

Tirage à 50 exemplaires d'articles publiés dans « la Picardie », revue littéraire et scientifique.

Notes d'un voyage fait dans le Levant en 1816 et 1817. (Par M. Ambr.-Firmin Didot.) *Paris, de l'imp. de F. Didot,* 1826, in-8.

La seconde partie, qui devait renfermer les notes de l'auteur, n'a pas paru ; seulement, M. de Pouqueville en a placé quelques fragments dans les deux éditions de son « Voyage dans la Grèce ».

« Manuel du libraire », 5e édit., IV, 110.

Notes écrites pour le procès-verbal d'autopsie du duc de Berry. (Par le docteur Pignier.) *Paris, veuve Bouchard-Huzard,* 1867, in-8, fac-simile.

Notes et Analectes devant servir à une histoire complète de Neuve-Eglise. (Par le chanoine Vandeputte.) *Bruges. Vandecasteele-Werbrouck,* 1852, in-8, 42 p.   J. D.

Notes et Corrections sur le Bréviaire de Lyon. Par C. L. L. P. de l'Isle-Barbe (C. Le Laboureur, prévôt de l'Isle-Barbe). *Lyon, J. Champion,* 1647, in-12, 8 ff. lim. et 64 p.

L'auteur a signé la dédicace.

Notes et Documents pour servir à l'histoire locale. Le duc de Guise dans l'Auxerrois (1593). (Par Léon Bastard d'Estang.) *Auxerre,* 1859, in-8, 27 p.   D. M.

Notes et Mémoires pour servir à l'Inquisition de France. (Par Taupin Dorval.) 1749.

L'auteur a été à la Bastille, et transféré au château de Pierre-en-Cise.

« Bastille dévoilée », *Paris,* 1789, in-8, première livraison, p. 114.   V. T.

Notes et Observations de médecine légale. *Paris, imp. de Félix Malteste* (1868), in-8, 128 p.

Reproduction d'une série d'articles de M. Théophile Gallard, extraits de « l'Union médicale », du 2 mai 1861 au mois d'avril 1867.

Notes géographiques pour servir d'index à la carte de Syrie, relative à l'histoire de l'expédition de Bonaparte en Orient. (Par Charles Paultre, ancien aide de camp du général Kléber.) *Paris, H.-L. Perronneau, Lapie et Piquet*, an XI=1803, in-8, 38 p., plus 1 f. non chiff.

Cet auteur a été par erreur, dans la précédente édition du « Dictionnaire », désigné sous le nom de LEPAUTE.

Notes historiques. Les origines et la réforme thérésienne de l'ordre de N. D. du Mont-Carmel en Espagne, en Italie et particulièrement en France, par un prêtre de la communauté de Saint-Sulpice (l'abbé GRAMIDON). *Paris, Poussielgue*, 1873, in-12.

Voy. « les Carmélites de France », par l'abbé Houssaye, p. 1, note.

Notes historiques relatives au Conseil d'Artois. (Par Pierre-Antoine-Samuel-J. PLOUVAIN.) *Douai*, 1809, in-4.

Une nouvelle édition a paru en 1823.   D. M.

Notes historiques relatives aux offices et aux officiers de la gouvernance du souverain bailliage de Douay et Orchies. (Par P.-A.-S.-J. PLOUVAIN.) *Lille, Marlier*, 1810, in-4.   D. M.

Notes historiques relatives aux offices et aux officiers du Conseil provincial d'Artois. (Par P.-A.-S.-J. PLOUVAIN.) *Douai, Wagrez*, 1823, in-4. — *Douai, Deregnaucourt*, 1843, in-4.   D. M.

Notes historiques relatives aux offices et aux officiers du Parlement de Flandres. (Par P.-A.-S.-J. PLOUVAIN.) *Douai*, 1809, in-4.   D. M.

Notes historiques sur l'aumône générale d'Avignon et les diverses œuvres de bienfaisance qui lui ont été unies... *Avignon*, 1853, in-4.

Signées : P. A. (P. ACHARD).

Notes historiques sur la vie de Molière, par A. BAZIN... Deuxième édition, revue par l'auteur et considérablement augmentée. *Paris, Techener*, 1851, in-8.

La note de l'éditeur est signée : P. P. (Paulin PARIS).

Notes historiques sur le bas Vendômois, par M. le curé V*** (l'abbé VOISIN)... *Saint-Calais, Peltier-Voisin*, 1836, in-18.

Notes historiques sur le monastère de Saint-Antoine des Feuillants, à Bordeaux, par L. DE L. (Léonce DE LAMOTHE). *Bordeaux, P. Chaumas*, 1846, in-8, 46 p.

Notes historiques sur le rétablissement de la Compagnie de Jésus en Portugal. Document J. (Par le P. Ph. DELVAUX, jé-

suite.) *Poitiers, H. Oudin*, 1863, in-8, XII-84 p.

Forme le tome X des « Documents inédits concernant la Compagnie de Jésus, publiés par le P. Auguste Carayon ».

Notes instructives pour MM. les architectes et entrepreneurs des grands travaux de l'ex-gouvernement. (Par BELLANGER, architecte.) *Paris, imp. de Chaignieau aîné*, 1814, in-8.

Notes inutiles sur un sujet important, par un hippomane bas-normand (Ch.-Juste HOUEL). (*Rouen*), 1819, in-8, 32 p.

Notes, ou essais de statistique sur les communes composant le ressort de la Cour royale de Douai. (Par P.-A.-S.-J. PLOUVAIN.) *Douai, Wagrez*, 1824, in-8.

Notes pour servir à l'histoire, à la bibliographie et à la cartographie de la Nouvelle-France et des pays adjacents. 1540-1700. Par l'auteur de la « Bibliotheca americana vetustissima » (Henry HARRISSE). *Paris, Tross*, 1872, in-8, XXXIII-366 p.

Notes pour servir à la biographie de F.-Toussaint Gros. (Par M. Laurent DE CROZET.) *Marseille, imp. de veuve M. Olive*, 1860, in-8.   G. M.

Notes pour servir à la biographie des grands hommes de la ville de Bordeaux et du département de la Gironde, par L. L. (Léonce DE LAMOTHE). *Bordeaux, Gounouilhou*, 1838, in-8, 70 p.

Notes pour servir à la biographie des hommes utiles ou célèbres de... Bordeaux et... de la Gironde, par L. L. (Léonce DE LAMOTHE). *Paris, Derache*, 1863, in-8, VIII-72 p. — Notes supplémentaires. *Genève*, 1869, in-8, 36 p.

Notes pour servir à une mythologie végétale, par M. S...... (Vinc.-Louis SOULIER, avoué). *Montpellier, Tournel*, 1845, in-8.

Notes prises à la hâte et seulement pour mémoire pendant l'invasion des Prussiens à Saint-Germain-en-Laye (Seine-et-Oise), années 1870-1871. (Par le marquis DE BEAUVAIS.) *Saint-Germain, imp. L. Toinon*, in-18, 36 p.

Notes recueillies aux archives de la ville sur d'anciennes fondations de Strasbourg. (Par M. DE SCHAUENBERG.) *Strasbourg*, 1855, in-8.

Nº 2354 de la « Bibliothèque alsatique ».

Notes secrètes sur l'abbaye de Long-champ en 1678. (Publié par M. Désiré LACROIX.) *Paris, Fréd. Henry*, juin 1872, in-32, 32 p.

La couverture et le faux titre portent : « Bibliothèque galante ».

Notes sur Calais en 1802, 1803 et 1804, (Par M. H.-J. DE RHEIMS, conservateur de la Bibliothèque publique de la ville de Calais, décembre 1847.) *Calais, imp. de D. L. Roy* (s. d.), in-8, 47 p.

Notes sur ce qu'on voit dans le monde social. (Par Jean BLONDEL, mort en 1810, président à la Cour impériale de Paris.) *Paris*, 1757, in-12.   D. M.

Notes sur ce qui s'est passé dans la commune de Queyrac, arrondissement de Lesparre (Gironde), le 10 décembre 1848, à l'occasion des élections pour la présidence de la République, et sur les conséquences de cette journée en ce qui me concerne. *Bordeaux, lith. de Laborie, s. d.*, in-4, 10 p.

L'exemplaire de la Bibliothèque nationale est signé à la main : J.-L. BORDES.

Notes sur l'ancien imprimeur de la liste civile de Louis XVI. (Par son fils, Henri VALADE.) *Paris*, 1822, in-8.   D. M.

Par J.-J.-D. VALADE lui-même, d'après Quérard.

Notes sur l'impossibilité de maintenir la circonscription du département de l'Orne et du département d'Eure-et-Loir. (Par le président J.-C. GIROUST.) *Nogent-le-Rotrou, imp. de Lecomte*, 1824, in-4, 8 p.

Notes sur l'impôt territorial foncier en Angleterre. (Par F.-A.-F. DE LA ROCHEFOUCAULT-LIANCOURT.) *Paris*, 1790, in-8.

Notes sur la civilisation. (Par. Ange DE GARDANE.) *Marseille*, 1813, in-8.

Notes sur la législation anglaise des chemins, par l'auteur des « Notes sur l'impôt territorial de l'Angleterre » (F.-A.-F. DE LA ROCHEFOUCAULD-LIANCOURT). *Paris, Agasse*, an IX-1801, in-8.

Notes sur la Lettre de M. de Voltaire à M. Hume. Par M. L.... (Par VOLTAIRE.) *S. l. n. d.*, in-12, 32 p.

Notes sur le Concile de Trente (recueillies par Etienne RASSICOD, avocat, des conférences tenues par de Caumartin, Bignon, Le Pelletier et de Besons). *Cologne, d'Egmont*, 1706, in-8. — *Bruxelles, Foppens*, 1711, in-8.

Notes sur le libre échange. A MM. les membres de la Chambre de commerce de Rouen. *Rouen, imp. de H. Renaux* (1856), in-8.

Signées : Ch. Ts Fs Aé (Charles THOMAS, fils aîné).

Notes sur le siége d'Huningue. (Par COURVOISIER.) *Strasbourg, imp. veuve Berger-Levrault*, 1863, in-8, 28 p.

Extrait du « Bibliophile alsacien ».

Notes sur les intérêts agricoles à l'occasion des remontes de la cavalerie française, par P. C. (Pierre CAZEAUX, ancien ingénieur au service de l'Etat). *Paris, Lecointe*, 1842, in-8, 40 p.   D. M.

Notes sur les Mémoires du général Dumouriez, et sa correspondance avec le général Miranda. (Par le général Joseph SERVAN.) *Paris*, 1795, in-8.

Notes sur les Observations (relatives à la Déclaration du roi du 23 avril 1743, par Michel PROCOPE). *S. l. n. d.*, in-8, 22 p.

Notes sur les principaux passages du Nouveau Testament qui combattent les erreurs de l'Eglise romaine. (Par F. BUNGENER.) *Genève, Fick*, 1854, in-32, 67 p.

Notes sur P. Corneille Blessebois. (Par Aug. POULET-MALASSIS.) *S. l.*, 1866, in-12.

Tirage à part de la notice anonyme placée en tête de la réimpression des « Œuvres » de Blessebois.

Notes sur Sarcus. (Par le comte DE SARCUS.) *Paris, imp. de Moquet* (1854), in-8.

Notes sur un livre intitulé : « la Défense de la vertu », extraites de plus amples animadversions, par P. L. R. P. (Par J.-P. CAMUS, évêque de Belley.) *Paris*, 1643, in-8.

Voy. « Supercheries », III, 189, b.

Notice abrégée sur la vie et les ouvrages de M. de La Porte du Theil, insérée dans le catalogue de sa bibliothèque. *S. l. n. d.*, in-8, 11 p.

Signée : S. DE S. (A.-I. SILVESTRE DE SACY).

Notice abrégée sur la vie, le caractère et les crimes des principaux assassins aux gages de l'Angleterre, qui sont aujourd'hui traduits devant le tribunal de la Seine. (Attribuée au comte J.-G.-M. ROCQUES DE MONTGAILLARD.) *Paris, imp. impériale*, an XII-1804, in-8, 72 p.

Notice bibliographique et critique sur

les écrits de M. le comte Ortofilo Ausonico. *Paris, A. Bailleul,* 1820, in-8.

Cette brochure est du comte Charles PASERO DE CORNELIANO, qui, dans plusieurs de ses ouvrages, s'est caché sous le pseudonyme précité.   D. M.

Notice bibliographique sur les cartes à jouer. (Traduit du « Lehrbuch » de GRAESSE, par M. Gustave BRUNET.) *Bordeaux, impr. de Coudert,* 1842, in-8, 12 p.

Notice bibliographique sur les éditions connues des « Œuvres » de P. Goudelin, suivie de deux sonnets de ce même auteur qui ne se trouvent dans aucune édition de ses Œuvres. *Toulouse, A. Abadie,* 1862, in-8, 14 p.

La notice est signée : A. A. (Auguste ABADIE).

Notice bibliographique sur un traité manuscrit du XVe siècle, jusqu'ici inédit, avec une copie figurée de l'original, par J. S. S. (John-Spencer SMITH). *Caen,* 1840, grand in-8.   D. M.

Notice biographique des hommes illustres dont les statues, bustes et médaillons décorent de nouveau la grand'place de la ville de Bruges, à l'occasion des fêtes de septembre 1850. (Par Edmond VEYS et Pierre BOGAERTS.) *Bruges, Bogaerts* 1850, in-8, 103 p., avec planches.   J. D.

Notice biographique sur M. F.-J. Alvin, ancien principal du collége de Nivelles... par H. G. (Hippolyte GUILLERY). *Liége, Jeunehomme,* 1838, in-8, 7 p.   J. D.

Notice biographique sur M. Guillaume **Amoreux,** docteur en médecine de la Faculté de Montpellier. (Par P.-J. AMOREUX fils.) *Montpellier, Auguste Ricard,* 1806, in-8.

Notice biographique et nécrologique sur trois membres de la famille d'A... (d'**Aubigneu**). *Moulins, impr. de P.-A. Desrosiers* (1851), in-8, 29 p.

Signée : J. B. M. (J.-B. MICHEL).

Notice biographique sur M. G.-A.-R. **Baston.** (Par DUPUTEL.) *Rouen, F. Baudry, impr.,* 1826, in-16, 48 p.

Tirée à 50 exemplaires, dont deux sur papier de couleur.   D. M.

Notice biographique sur Mlle M. C. A. de **Biolley,** décédée à Borcette, le 8 août 1862. (Par B.-C.-E. MEUNIER, curé de Notre-Dame à Verviers.) *Verviers, Nautet,* 1862, in-12, 12 p.   Ul. C.

Notice biographique sur **Bulard** (Arsène-

François), docteur en médecine... *Sèvres, M. Cerf,* 1848, in-8.

Signée : A. B. (A. BULARD).

Notice biographique sur M. J. B. Nompère, comte de **Champagny,** duc de Cadore. (Par le comte Napoléon DE CHAMPAGNY, l'un de ses fils.) *Paris, Gœtschy* (1836), gr. in-8, 28 p.

Extraite du « Biographe ».

Notice biographique sur le général **Clump,** par B. V. T. *Gand, Hoste,* 1857, in-8, 32 p.

Cette notice avait été faite par M. Félix HACHEZ pour la Société des sciences et des lettres du Hainaut. M. VAN-THEMSCHE, ancien associé du libraire Hoste, ayant eu communication du manuscrit, en profita pour le faire imprimer sous ses initiales. Voir la réclamation de M. Hachez, « Mémoires de la Société des sciences... du Hainaut », 1857, 2e série, tome IV, p. 414.   J. D.

Notice biographique sur M. le vicomte de **Colomby**... Par un membre de l'Association normande (FORMIGNY DE LA LONDE). *Caen, impr. de Delos,* 1853, in-8, 7 p.

Extraite de l' « Annuaire normand ».

Notice biographique sur la vie et la mort de M. l'abbé de **Courson,** supérieur général de la Société de Saint-Sulpice... par un de ses anciens élèves (l'abbé Abel CAHOUR). *Nantes, impr. Guéraud,* 1850, in-8, 46 p.

Notice biographique. Elie-Louis-Aymar, marquis de **Dampierre.** *Paris, impr. de Ducessois,* 1843, in-12, 24 p.

Signée : Le duc DE C. T. (CLERMONT-TONNERRE).

Notice biographique sur M. Guillaume **Debusscher,** imprimeur. (Par le baron de SAINT-GENOIS.) *S. l. n. d.,* in-8, 7 p.   J. D.

Notice biographique et littéraire sur H. **Delmotte,** publiée par la Société des bibliophiles belges. (Par Frédéric HENNEBERT.) *Mons, Leroux,* 1836, in-8, 42 p.

Les exemplaires destinés au commerce portent le nom de l'auteur.   J. D.

Notice biographique sur le lieutenant général comte **Despinoy.** *Paris, J. Techener,* 1849, in-8, 16 p.

Signée : D. R. B. (D. REBOUL).
Voy. « Supercheries », II, 1093, d.

Notice biographique sur Madame **Elisa-**

beth, sœur du roi. *Paris, Michaud*, sept. 1814, in-8, 14 p.

Signée : L—S—E (A.-E. Gigault de La Salle).

Notice biographique et littéraire sur Gœthe. Par Albert S.....r (Ph.-Albert Stapfer).

Imprimée en tête des « Œuvres dramatiques » de Gœthe, trad. en français (par MM. Stapfer, Cavaignac et Marguerie). *Paris, 1821-25, 4 vol. in-8.*

Il en a été tiré des exemplaires à part.

Notice biographique sur le chevalier Jacques **Graberg** de Hemso, rédigée par L. G. (Louise Graberg). *Florence, Pezzati, 1831, in-16.*

Notice biographique sur M. **Grégoire**, ancien évêque de Blois, présenté au Sénat par le Corps législatif (rédigée par Henri Grégoire lui-même). *S. l. n. d.*, in-8, 8 p.

Notice biographique sur A. **Grétry**, par L. D. S. (L. de Saegher, lieutenant dans l'armée belge). *Bruxelles, Mertens, 1869,* in-18, 37 p.

Notice biographique et littéraire sur Alexandre-Auguste **Guilmeth**... Par B. C. (Benjamin Cocagne), son ancien secrétaire. *Paris, impr. de F. Didot*, 1860, in-8, 32 p.

Notice biographique sur **Guiot**. (Par Etienne-Théodore Pinard, greffier au tribunal civil de Vassy.) *Rouen*, 1843, in-8. D. M.

Tirée à 30 exemplaires.

Notice biographique sur M. Augustin **Hachez**, ancien chanoine de l'ordre des Prémontrés de l'abbaye de Saint-Feuillen au Rœulx... (Par Félix Hachez.) *Mons, Thiercelin*, 1855, in-8, 16 p. et un portrait. J. D.

Notice biographique sur M. de **Lalande**. *S. l.* (1806), in-8, 16 p.

Signée : A. J. Q. B. (A.-J.-Q. Beuchot).
Extraite de la « Revue philosophique, littéraire et politique ».

Notice biographique sur Jean-François-André **Le Blanc de Castillon**, procureur général au Parlement de Provence. (Par Pierre d'Hesmivy d'Auribeau.) *Paris, N. Pichard*, 1829, in-4, 8 p.

Notice biogéographique sur F.-F.-J. **Le-couvet**, professeur à l'Alliance de Gand, par Fd. V. H. (Ferdinand Van der Haghen, conservateur de la bibliothèque de l'Université de Gand). *Gand, Hebbelynck*, 1864, in-8.

Notice biographique sur M. l'abbé **Leduc**,

chanoine honoraire de Tours. *Tours, Cattier*, 1852, in-8, 8 p.

Signée : Un professeur du petit séminaire de Tours (l'abbé Janvier).
La couverture imprimée sert de titre.

Notice biographique sur M. Paul **Legrand**, successeur de Debureau au théâtre des Funambules, par l'auteur de « Pierrot marié». *Paris, typ. J. Frey,* 1847, in-8, 8 p.

Signée : J. V. (Jules Viard).

Notice biographique sur le docteur Jacques **Leroy**. (Par Ferrier.) *Paris, Egron* (1812), in-8, 14 p.

Notice biographique sur M. **Lullin de Châteauvieux**. (Par M. Naville de Chateauvieux.) *Paris, impr. de E. Duverger*, 1843, in-8, 18 p.

Notice biographique sur Thierry **Martens**. (Par Théodore Juste.) *Bruxelles, imp. de Deltombe*, 1849, in-8, 10 p.

Extraite du « Moniteur ».   D. R.

Notice biographique sur M. l'abbé **Morel**, supérieur du grand séminaire. (Par l'abbé Abel Cahour.) *Nantes, imp. de Guéraud, s. d.*, in-8, 8 p.

Extraite de l' « Alliance » de Nantes du 25 janvier 1850.

Notice biographique sur J.-C.-W.-Théoph. **Mozart**. (Par Théoph.-F. Winckler.) *Paris (Strasbourg)*, 1801, in-8.

Notice biographique sur **Napoléon**, extraite de la « Galerie historique des contemporains », augmentée jusqu'à sa mort. (Par Jullian.) *Bruxelles, Wahlen*, 1822, in-18, figures.   J. D.

Notice biographique et bibliographique sur Gabriel **Peignot**, par P. D. (Pierre Deschamps). *Paris, J. Techener*, 1857, in-8, 2 ff. de tit. et 60 p.

Notice biographique et bibliographique sur Louis de **Pérussis**. (Par le comte M.-C.-L.-J.-C. de Blégier de Pierre-Grosse.) *Avignon, imp. de Jacquet et J.-B. Joudou*, 1839, in-12, 16 p.

Cette notice, qui n'a été tirée qu'à cinquante exemplaires, a été reproduite, corrigée et considérablement augmentée par l'auteur dans l' « Annuaire de Vaucluse », 1841-1842.

Notice biographique sur Antoine **Pirquet** de Mardaga, capitaine au service d'Autriche, traduit de l'allemand, par A. D. (A. Dupont). *Liége, Carmanne*, 1856, in-8, 8 p.

Tirée à part, à 25 exemplaires, du journal « la Meuse ».   Ul. C.

Notice biographique sur Pierre **Pirquet** de Mardaga, baron de Cesenatico. (Par DE GUERRY.) *Liége, Carmanne*, 1856, in-12, 11 p.

Tirée à part, à 25 exemplaires, du journal « la Meuse ». UI. C.

Notice biographique sur Paul **Rabaut**, pasteur pendant plus de cinquante ans de l'Eglise réformée de Nimes... extraite de l'ouvrage intitulé : « Réflexions philosophiques et politiques sur la tolérance religieuse... » Par J. P. de N*** (Jean PONS, de Nîmes). *Paris, Brasseur aîné*, 1808, in-8, 32 p.

Notice biographique concernant M. **Rœderer**, extraite de la « Biographie nouvelle des contemporains ». *Paris, imp. de Lachevardière*, 1823, in-8, 56 p.

Cette notice, dont le comte P.-L. RŒDERER a fourni lui-même les matériaux à A.-V. ARNAULT, est précédée d'une préface et accompagnée de notes dont il est l'auteur. Voir dans Quérard, « France littéraire », t. XII, une bibliographie très-détaillée des ouvrages de cet auteur.

Notice biographique et littéraire sur Mᵐᵉ de **Saint-Surin**. 3ᵉ édit. (Par L.-J.-N. MONMERQUÉ.) *Paris, imp. de Bonaventure et Ducessois*, 1848, in-8.

Tirée à 100 exemplaires.

Notice biographique sur Mᵐᵉ la comtesse de **Saisseval**. (Par le P. Armand DE PONLEVOY.) *Paris, veuve Poussielgue-Rusand*, 1850, in-8, 52 p.

La deuxième édition, *Paris*, 1870, in-8, porte le nom de l'auteur.

Notice biographique sur Mᵐᵉ la princesse Constance de **Salm**, par M. le baron DE L... (LADOUCETTE). *Paris, imp. de C. Bajat*, 1842, in-8, 13 p.

Réimprimée avec le nom de l'auteur.

Notice biographique sur F.-B. **Solvyns** ; par Ph. L. (Philibert LESBROUSSART). *Bruxelles*, 1824, in-8.

Notice biographique sur M. F. B. **Van Coppenole**. (Par G...DE BUSSCHER.) *S. l. n. d. (Bruges*, 1823), in-8.

Notice d'un recueil de lettres sur la peinture, la sculpture et l'architecture, écrites par les plus grands maîtres qui ont fleuri dans ces trois arts depuis le XVᵉ siècle jusqu'au XVIIᵉ. (Par ARNAUD.) *Paris*, 1804, in-8, 86 p.

Catalogue Goddé, n° 120.

Notice de l'état ancien et moderne de la province et comté d'Artois, par M***

(A.-L.-E. BULTEL). *Paris, G. Desprez* 1748, in-12.

Notice de l'œuvre de François Girardon, de Troyes, sculpteur ordinaire du roi... (Par CORRARD DE BREBAN.) *Paris, Roret*, 1833, in-8.

Réimprimée avec le nom de l'auteur, *Troyes*, 1859, in-8.

Notice de la marine à Cherbourg pour l'an V de la République française. *Cherbourg*, an V-1797, in-8.

Sous le n° 23026 de la deuxième édition du Dictionnaire, cet opuscule est donné à Gabr. NOEL, ex-ingénieur des ponts et chaussées ; mais, suivant M. de Pontaumont (Notice sur l'hôpital de la marine à Cherbourg), 1851, in-8, il doit être attribué à BLESCHAMP, commissaire principal de la marine à Cherbourg.

Notice de Senones, ci-devant principauté de Salm-Salm, réunie présentement au département des Vosges, par un voyageur (RELOG). *Rovensbourg (Saint-Louis)*, 1809, in-18, III-117 p.

Notice des anciennes monnaies des comtes de Flandre, ducs de Brabant et comtes de Hainaut, faisant partie de la collection des médailles, etc., de l'Université de Gand. (Par Fr. DENDUYTS.) 1839, 3 parties petit in-fol., avec 17 pl. et suppl.

La première partie est seule anonyme.

Notice des bénéfices dè France, par M. J. T. (Jean TOURNET, avocat). *Paris*, 1621, in-8. V. T.

Notice des dessins sous verre, tableaux, esquisses, recueils de dessins et d'estampes, réunis à la bibliothèque de la Faculté de médecine de Montpellier. (Par J.-M. KUHNHOLTZ.) *Montpellier, Jean Martel aîné*, 1830, in-8.

L'avis préliminaire, pages 1-22, est de M. X. ATGER.

Notice des diocèses de l'Eglise universelle, avec un sommaire des conciles généraux et provinciaux, etc., par J. T. A. A. P. (Jean TOURNET, avocat au Parlement). *Paris, Targa*, 1625, in-8.

Notice des estampes exposées à la Bibliothèque du roi, contenant des recherches historiques et critiques sur ces gravures et sur leurs auteurs... (Par Jean DUCHESNE aîné, alors employé au cabinet des estampes et depuis conservateur.) *Paris, Leblanc*, 1819, in-12.

Souvent réimprimée avec le nom de l'auteur.

Notice des inscriptions antiques du Musée de Lyon, par F. A. (Fr. ARTAUD). *Lyon, imp. de Pelzin*, 1816, in-8.

Notice des manuscrits de la Bibliothèque de l'église métropolitaine de Rouen, primatiale de Normandie. (Par l'abbé Jean SAAS.) *Rouen*, 1746, in-12, 1 f. de tit., XXIII-116 p. et 2 ff. de table.

Notice (la) des manuscrits de la Bibliothèque de l'église métropolitaine de Rouen, par l'abbé Saas... revue et corrigée par un religieux bénédictin de la congrégation de Saint-Maur (dom R.-P. TASSIN). *Rouen*, *J.-N. Besongne*, 1748, in-12.

Cette brochure est une critique et non pas une nouvelle édition de celle de l'abbé Saas, comme plusieurs bibliographes l'ont avancé.

Voy. « Supercheries », III, 383, b.

Notice des monuments exposés dans le cabinet des médailles, antiques et pierres gravées de la Bibliothèque du roi... (Par Théophile MARION DUMERSAN.) *Paris, Journé*, 1819, in-12, 76 p. — *Id.*, 1822, 71 p. — *Id.*, 1824, 60 p.

Plusieurs fois réimprimée avec le nom de l'auteur.

Notice des monumens publics, palais, édifices, musées, galeries, dépôts, bibliothèques, etc., de la ville de Paris, avec l'indication des ministères, etc. (Par Ch.-J. LA FOLIE.) *Paris, Ballard*, 1820, 1828, in-12.

Notice des monuments typographiques qui se trouvent dans la bibliothèque de M. Razoumoffsky. (Par G. FISCHER.) *Moscou, imp. de l'Université*, 1810, in-8, 1 pl.

Notice des ouvrages de bibliologie, d'histoire, de philologie, d'antiquités et de littérature, tant imprimés que manuscrits, de Gabriel P******. (Par Gabriel PEIGNOT.) *Paris, imp. de Crapelet*, 1830, in-8, 44 p.

Voy. « Supercheries », III, 12, d.

Notice des ouvrages de M. d'Anville, premier géographe du roi, membre de l'Académie des inscriptions et belles-lettres, etc. (par L.-Ch.-J. DE MANNE et J.-Denis BARBIÉ DU BOCAGE), précédée de son Eloge (par B.-J. DACIER). *Paris, Fuchs*, an X-1802, in-8, 120 p.

Notice des ouvrages imprimés et manuscrits de l'abbé Rive. (Par MORÉNAS, son neveu.) *Paris, imp. de P. Gueffier* (1817), in-8, 23 p.

Notice des ouvrages manuscrits de M. du Cange. (Par l'abbé Aug. BELLEY.) *Paris, G.-F. Quillau*, 1750, in-4, 23 p.

Notice des peintures et sculptures du palais de Versailles. (Par LOUIS-PHI-LIPPE Ier.) *Paris, imp. de Crapelet*, 1837, in-12, 460 et 80 p.

Voy. « Supercheries », II, 952, e.

Notice des principaux écrits relatifs à la personne et aux ouvrages de J.-J. Rousseau, par A. A. B. (Ant.-Alex. BARBIER), extraite des « Annales encyclopédiques », juillet 1818. *Paris*, 1818, in-8. — Seconde édition, revue, corrigée et augmentée (extraite de l'édition des « Œuvres » de J.-J. Rousseau avec des notes historiques, par Petitain.) *Paris, Lefèvre*, 1822, in-8, 65 p. — Troisième édition, très-augmentée (extraite des « Œuvres » de J.-J. Rousseau, publiées par M. Lequien). *Paris*, 1823, in-8.

La quatrième édition, mise dans un nouvel ordre et augmentée par MM. Louis Barbier et Quérard, a paru dans le t. VII de la « France littéraire ». Il en a été fait un tirage à part, sous ce titre : « Notice bibliographique sur les diverses éditions des ouvrages de J.-J. Rousseau et sur les principaux écrits relatifs à sa personne et à ses ouvrages, par A.-A. BARBIER... » *Paris, typogr. de F. Didot*, 1836, in-8, 44 p. à 2 col.

Notice des principaux événements qui se sont passés à Beaucaire depuis l'assemblée des notables en 1788. (Par le chevalier DE FORTON.) *Avignon, Séguin ainé*, 1836, in-8, 219 p. et 1 f. de table.

Notice des principaux objets d'histoire naturelle conservés dans la galerie du Muséum du Jardin des Plantes. (Par J.-H. JAUME SAINT-HILAIRE.) *Paris, Comminges ainé*, 1802, in-12.   V. T.

Notice des principaux règlemens publiés en Angleterre, concernant les pauvres... (Par N.-F.-M. ANGOT DESROTOURS.) *Paris, Méquignon le jeune*, 1788, in-8.

Notice des principaux travaux à faire en faveur de l'agriculture et du commerce dans les différents départements. (Par l'abbé C.-J. BONCERF.) *S. l.* (1790), in-8, 16 p.

Notice des priviléges de la Lorraine en matière d'impôts. (Par DE MORY D'ELVANGE.) *S. l. n. d.*, in-8.

Notice des tableaux du Musée de la ville de Lyon. Par F. A** (François ARTAUD). *Lyon, Pelzin*, 1816, in-8, 32 p.

Réimprimée en 1823 et en 1825, avec le nom de l'auteur.

Notice des tableaux exposés dans la galerie de peinture du Musée de Boulogne-sur-Mer. (Par François MORAND, archiviste de Boulogne-sur-Mer.) *Boulogne-sur-Mer, typ. de C. Le Roy*, 1860, in-16.

Notice des titres et des textes justificatifs de la possession de nos rois de nommer aux évêchés et aux abbayes de leur Etat. (Par P. Bouquet, bibliothécaire de la ville de Paris pour la partie manuscrite.) *Paris*, 1764, in-4.   V. T.

Notice descriptive du médaillon en or voté par le conseil municipal de Gand, dans sa séance du 23 février 1842, à M. Charles Wauters, peintre à Malines. (Par Norbert Cornelissen.) *Gand, Annoot*, in-4.   J. D.

Notice descriptive et historique de l'église de Sainte-Marie d'Auch; par P. S..... (Pierre Sentetz). Nouvelle édition revue et corrigée. *Auch, J.-P. Duprat*, 1808, in-12, 79-vi p. et 2 ff.

La première édition est intitulée : « Notice historique et descriptive... » Voy. ces mots.
Réimprimée avec le nom de l'auteur.

Notice descriptive et historique des principaux châteaux et des grottes de la Belgique, par M. C. D. T. (Charlé de Tyberchamps). *Namur, Legros*, 1820, in-8. 20 p.
                      J. D.

Notice du cahier original de la noblesse, assemblée à Orléans pour les Etats généraux de 1614; adressée aux rédacteurs de l' « Analyse des papiers anglois ». 10 juillet 1788. *S. l.*, in-8, 8 p.

Signée : L'abbé de St-L*** (Barth. Mercier, abbé de St-Léger).
Tirage à part du n° LXVII de l' « Analyse des papiers anglois ».
L'exemplaire de la Bibliothèque nationale est celui de l'auteur, auquel est jointe une lettre à lui adressée par l'avocat Molé et relative à cette notice.

Notice ecclésiastique sur le Roussillon, suivie du Catalogue des évêques d'Elne; par un prêtre de Perpignan (Jos. Fortaner). *Perpignan, A. Tastu*, 1824, in-8.

L'auteur a signé la dédicace.

Notice et Description des tableaux et statues exposées au Muséum du département de l'Escaut, situé à Gand, dans l'église de la ci-devant abbaye de Saint-Pierre. (Par de Goesin.) *Gand, de Goesin*, an XI-1802, in-12, 90 p.   J. D.

Notice et Dissertation sur Provins; est-il l'*Agendicum* des « Commentaires » de César? Question de point de fait historique, proposée pour prix par la Société libre d'agriculture, sciences et arts de Provins, à sa séance publique du 26 juin 1820 : par le secrétaire perpétuel de la Société, bibliothécaire de la ville (Pasques). *Provins, Le Beau, et Paris, Mme Huzard*, 1820, in-8.

Notice et Plan des constructions romaines trouvées dans les fouilles faites, en 1827-29, sur l'emplacement présumé du *Forum Hadriani*... (Par C.-J.-C. Reuvens.) *La Haye*, 1830, in-fol., une feuille avec 1 pl.

Notice extraite d'une relation du passage de Sa Majesté Louis XVIII et de son séjour à Abbeville les 20 et 21 mars 1815. (Par M. de Boubers.) In-16.

Notice généalogique, biographique et littéraire sur Jacques du Fouilloux, gentilhomme poitevin... auteur d'un célèbre « Traité de vénerie », suivie de la Bibliographie raisonnée de cet ouvrage... *Paris, Techener*, 1852, in-8, 112 p.

Signée : P****** D** M****** (Pressac, bibliothécaire à Poitiers).
Extraite des « Mémoires de la Société des antiquaires de l'Ouest », et tirée à 78 exemplaires.

Notice généalogique sur la famille de Minckwitz. (Par Alphonse Fosset.) *Grammont, de Zutter*, 1845, petit format.
                    J. D.

Notice géographique sur le pays de Nedjd, ou Arabie centrale, accompagnée d'une carte; suivie de notes sur l'histoire d'Egypte sous Mohammed-Aly. Par M. E.J. D. L. (Edme-François Jomard, de l'Institut). *Paris, imp. de Rignoux*, 1824, in-8, 68 p.

Cette notice est extraite de l' « Histoire d'Egypte sous Mohammed-Aly », par M. Félix Mengin, qui a paru en 1823. Elle a été tirée à part, au nombre de 100 exemplaires, et n'a point été destinée au commerce.   D. M.

Notice historique, archéologique et géologique sur la ville et l'arrondissement de Roanne. (Par MM. Alph. Coste et J.-B. Desevelinges.) *Roanne, imp. Chorgnon*, 1862, in-12, 111 p.

Notice historique concernant la sonnerie ancienne et moderne de l'église cathédrale de Chartres. Deuxième édition. *Chartres, Garnier*, 1841, br. in-12.

Par M. Pie, depuis évêque de Poitiers. Le faux titre porte : « Historique de la cathédrale de Chartres ». — Imprimé d'abord dans un recueil de « Prières pour la bénédiction des cloches », en 1840, et dans l' « Annuaire du département d'Eure-et-Loir pour 1841 ».

Notice historique des descentes qui ont été faites dans les Iles-Britanniques, depuis Guillaume le Conquérant jusqu'à l'an VI de la République française. (Par le comte Stanislas de Girardin.) *Paris, Crapelet*, an VI-1798, in-4, 43 p., 1 pl.

Notice historique et abrégée des anciens

Etats de Provence. (Par Charles-François Bouche, avocat au Parlement d'Aix.) Genève (Aix), 1787, in-4.   D. M.

Notice historique et anecdotique des découvertes et inventions (ouvrage commencé en 1768, et continué jusqu'en 1791, par Guillaume Deschamps ; et depuis 1805, par P.-J.-B. Nougaret). Paris, Demoraine, 1768-1823, in-4.

Notice historique et archéologique sur l'église abbatiale de Saint-Julien de Tours. Tours, Mame, s. d., in-4, 8 p.

Signée : E. M. (Edouard Massé).

Notice historique et archéologique sur l'église Saint-Martin d'Argentan. Caen, Delos, 1856, in-8, 24 p.

Signée : T. L. C*** (Théodore Le Cerf, avoué à la Cour d'appel de Caen), de la Société des antiquaires de Normandie.

Extraite du journal « l'Ordre et la Liberté » des 9 et 11 décembre 1856.

Notice historique et archéologique sur les églises des villes de Brabant et sur quelques monuments gothiques de cette province. (Par A.-J. Sterckx.) Bruxelles, veuve Wouters, 1850, in-8, 84 p.

Tirage à part, à 50 exemplaires, de l' « Exposé de la situation administrative du Brabant ». Session de 1850.   J. D.

Notice historique et bibliographique des journaux et ouvrages périodiques publiés en 1818. (Par A.-J. Mahul.) Paris, Brissot-Thivars, 1819, in-8, 54 p.

Notice historique et bibliographique sur Jean Pélerin. chanoine de Toul, et sur son livre de Artificiali perspectiva. (Par M. Anatole de Montaiglon.) Paris, impr. C. Jouaust (1860), in-fol., 4 p.

Réimprimée avec le nom de l'auteur, 1861, in-fol. et in-8.

Notice historique et bibliographique sur la légende du Juif errant, par G. B., de B. (Gustave Brunet, de Bordeaux). Bordeaux, imp. de Lavigne, 1845, in-8, 19 p.

Tirée à 50 exemplaires.

Notice historique et bibliographique sur les travaux de Maine de Biran, contenant : 1° l'Histoire des manuscrits inédits de ce philosophe ; 2° le Catalogue raisonné de ses ouvrages, tant inédits que publiés ; 3° le Catalogue des écrits relatifs à sa vie et à ses doctrines. (Par M. Ernest Naville.) (Genève, imp. de F. Ramboz et Cie), avril 1851, in-8, xxxiv-52 p.

Notice historique et biographique sur

M. Noël des Quersonnières, ancien commissaire général des armées françaises, âgé de cent seize ans, par l'auteur du « Médecin de l'âge de retour et de la vieillesse » (M. P. Guyétant, D. M.). Paris, l'auteur, 1844, in-8, 20 p., avec un portr. lith.

Notice historique et critique sur la sainte couronne d'épines de Notre-Seigneur Jésus-Christ, et sur les autres instrumens de sa Passion, qui se conservent dans l'église métropolitaine de Paris. (Par M. l'abbé J.-E.-A. Gosselin.) Paris, A. Leclère, 1828, in-8.

Notice historique et descriptive de l'église de Sainte-Marie d'Auch. (Par P. Sentetz.) Auch, J.-P. Duprat, 1807, in-12, 77 p.

Réimprimée sous le titre de : « Notice descriptive et historique... » Voy. ci-dessus, col. 441, b.

Notice historique et descriptive sur l'église métropolitaine de Sainte-Cécile d'Albi... par M. H. C. (Hippolyte Crozes)... Toulouse, imp. de veuve Dieulafoy, 1841, in-8.

Réimprimée en 1850 et en 1861, avec le nom de l'auteur, sous le titre de : « Monographie de la cathédrale... »

Notice historique et descriptive sur la commune de Trèves-Condrieu (Rhône). Par l'abbé J. Ch (l'abbé J. Chavanne). Lyon, 1865, in-8, 1 f. de tit., 103 p. et 1 f. de table. — Lyon, A. Brun, 1866, in-8, 1 f. de tit., 103 p. et 1 f. de table.

Notice historique et descriptive sur la route du Mont-Cenis. (Par R.-M. Derrien.) Angers, A. Mame, s. d., in-4, viii-36 p., avec 4 tableaux.

Notice historique et généalogique sur la branche des ducs et comtes de Ponthieu, d'origine royale, et sur celle des princes et comtes de Vismes, de la branche de Ponthieu. (Par Antoine-Guillaume-Bernard Schayes.) Bruxelles, imp. de Devroye, 1843, in-8.

Œttinger.

Notice historique et généalogique sur la maison Chapt de Rastignac, publiée par la famille. (Publiée par Mme la marquise de Rastignac et Mme la duchesse de La Rochefoucauld.) Paris, imp. de A. Wittersheim, 1858, in-12.

Notice historique et littéraire sur la vie et les écrits du comte François de Neufchâteau. (Par J.-B.-J. Lamoureux.) Nancy, imp. de Raybois, 1843, in-8, 74 p.

Cette notice a paru d'abord dans la « Biogr. universelle », t. LXIV, p. 439-453, puis dans les « Mémoires de la Société royale des sciences... de Nancy », 1841, in-8, p. 220-286. L'édition de 1843 est augmentée et n'a été tirée qu'à 100 exemplaires.

Notice historique et statistique sur le Conseil général de la Gironde, depuis l'an VIII (1800), date de sa création, jusqu'à ce jour, 30 juin 1868, par l'un de ses membres en exercice à cette dernière époque (M. O. BRUN, régisseur de l'octroi de Paris). *Bordeaux, imp. d'Eug. Bissei*, 1868, gr. in-8, 228 p. et 6 tableaux in-fol.

> Le numéro 1 est bissé.
> L'errata a été réimprimé.
> La seconde édition remplit les pages 225 et 226.

Notice historique et topographique sur la ville de Sézanne, par P. F. B*** (Pierre-François BROUARD). *Sézanne, C. Songis*, 1837, in-18.

Notice historique, religieuse et topographique sur Força-Réal... (Par MM. Victor ARAGON, l'abbé TOLRA DE BORDAS et J. MARIA.) *Perpignan, H. Saint-Martori*, 1859, in-8, 214 p. et 1 f. d'errata.

Notice historique, statistique et topographique sur Valmont et sur Angerville-la-Martel... Par Alexandre L*** (Alexandre LESGUILLEZ)... *Darnétal, Fruchart*, 1860, in-12.

Notice historique sur Adam de Crappone. (Par DE JESSÉ CHARLEVAL.) *Marseille, imp. M. Olive*, 1849, in-8, 16 p.

> La couverture imprimée sert de titre.

Notice historique sur Antonello de Messine ; traduit de l'italien (de Tommaso PUCCINI, par RASSMAN) : augmenté de notes et de la description d'un tableau de ce peintre, par DEBAST. *Gand, de Goesin*, 1825, in-8, avec 3 planches.   J. D.

Notice historique sur C.-M. Gattel. (Par Jean-Marie BRUYSET.) *S. l. n. d. (Lyon, 1813)*, in-8.

> Cette notice a été faite pour être placée en tête de l'édition du « Dictionnaire de la langue française », par Gattel, publiée à Lyon en 1813, 2 vol. in-8, dont la première est de 1797, 2 vol. in-8. Ce « Dictionnaire » a été réimprimé en 1803, à l'insu de l'auteur, avec des notes qu'il n'approuvait pas. La dernière édition est de 1827, 2 vol. in-8.

Notice historique sur Compiègne et Pierrefonds. (Par MM. COTTU-DELORME, BAILLET et GARANGER.) *Compiègne, Baillet*, 1838, in-8, 84 p. et 2 ff. de table. — Deuxième édition. *Compiègne, Dubois*. 1843, in-8, 88 p. et 2 ff. de table. — *Compiègne, J. Dubois fils*, 1856, in-8, 67 p.

Notice historique sur Falaise... Par l'auteur de la « Nouvelle Histoire de Normandie » (André VAUQUELIN DE LA FRENAYE). *Falaise, imp. de Brée jeune*, juillet 1816, in-8, 48 p.

Notice historique sur Gaspard Monge. (Par Barnabé BRISSON, mort en 1828, inspecteur divisionnaire des ponts et chaussées.) *Paris, Plancher*, 1818, in-8, 27 p.

> Attribuée par Quérard à A. DULEAU, ingénieur des ponts et chaussées.

Notice historique sur Jean-Baptiste Descamps, peintre du roi, premier directeur et professeur de l'école gratuite de peinture, sculpture, gravure et architecture civile et militaire de la ville de Rouen, par un de ses élèves (DESCAMPS fils). *Rouen, imp. de Périaux*, 1807, in-8, 15 p.

Notice historique sur J.-J.-P. Gay, architecte, par F.-F. R*** (F.-F. RICHARD). *S. l.*, juillet 1832, in-8, 11 p.

Notice historique sur Joseph-Hilaire Eckel, garde du cabinet d'antiquités de Vienne. (Par A.-L. MILLIN.) *Paris, s. d.*, in-8.

Notice historique sur L. A. H. de Bourbon-Condé, duc d'Enghien, prince du sang royal (par M. le comte DE FIRMAS PÉRIÈS)... suivie de son Oraison funèbre, prononcée dans la chapelle catholique de Saint-Patrice, à Londres, en présence de la famille royale, par l'abbé DE BOUVENS. *Paris, Michaud frères*, 1814, in-8, 40 p.

> Cet ouvrage a eu deux éditions.

Notice historique sur l'abbaye de Saint-Riquier. (Par l'abbé PADÉ, d'Amiens.) *Amiens, Ledien-Candia*, 1826, in-8.

Notice historique sur l'ancien chapitre de chanoinesses nobles de Munsterbilsen. (Par M.-J. WOLTERS.) *Gand, Gyselinck*, 1849, in-8.   J. D.

Notice historique sur l'ancien chapitre impérial de chanoinesses à Thorn, dans la province actuelle de Limbourg. (Par M.-J. WOLTERS.) *Gand, Gyselinck*, 1850, in-8, 240 p.   J. D.

Notice historique sur l'ancien comté de Hornes et sur les anciennes seigneuries de Wert, Wessem, Ghoor et Kessenich. (Par M.-J. WOLTERS.) *Gand, Gyselinck*, 1850, in-8, 288 p.   J. D.

Notice historique sur l'ancien comté impérial de Reckheim, dans la province actuelle de Limbourg. (Par M.-J. WOL-

TERS.) *Gand, Gyselinck,* 1848, in-8, 236 p., avec planches.   J. D.

Notice historique sur l'ancien grand cimetière et sur les cimetières actuels de la ville d'Orléans, par M. C.-F. V......D (C.-F. VERGNAUD-ROMAGNÉSI). *Orléans, Beaufort* (1824), in-4.

Notice historique sur l'ancienne abbaye d'Averboden. (Par Mathias-Joseph WOLTERS.) *Gand, Gyselinck,* 1849, in-8.   J. D.

Notice historique sur l'ancienne abbaye de Herckenrode, dans la province actuelle de Limbourg. (Par M.-J. WOLTERS.) *Gand, Gyselinck,* 1849, in-8, 96 p.   J. D.

Notice historique sur l'ancienne abbaye noble de Milen, près de Saint-Trond, par M. J.W. (Mathias-Joseph WOLTERS). *Gand, Gyselinck,* 1853, in-8, 210 p.   J. D.

Notice historique sur l'ancienne et la nouvelle chapelle de Notre-Dame de Grâce (de Honfleur), avec des dissertations, etc., par L. V. C. D. G. (l'abbé VASTEL, curé de Grâce). *Havre,* 1833, in-12.

Notice historique sur l'ancienne grande commanderie des chevaliers de l'ordre Teutonique dite des Vieux-Joncs, dans la province de Limbourg. (Par M.-J. WOLTERS.) *Gand, Gyselinck,* 1849, in-8, 60 p., avec planche.   J. D.

Notice historique sur l'art de la gravure en France, par P. P... CH...... (P.-P. CHOFFARD). *Paris, Pichard,* an XI-1804, in-8.

Notice historique sur l'église de Notre-Dame de Cléry, département du Loiret, où est le tombeau de Louis XI. (Par C.-A.-I. JACOB fils aîné.) *Orléans, Jacob aîné,* 1823, in-8, 42 p., fig.

Notice historique sur l'établissement de la République dans le département de l'Ain, par un membre de la Société d'émulation de l'Ain (JOSSERAND). *Bourg-en-Bresse, imp. de Milliet-Bottier,* 1850, in-8, 2 ff. de tit. et 64 p.

Notice historique sur l'origine et les effets de la nouvelle médaille frappée en l'honneur de l'Immaculée Conception de la très-sainte Vierge, et généralement connue sous le nom de médaille miraculeuse. Par M*** (ALADOL, lazariste)... *Paris, imp. de Bailly,* 1834, in-18.

Souvent réimprimée.

Notice historique sur la cathédrale

d'Evreux. *Evreux, Canu,* 1844, in-12, 12 p.

Signée : D. (l'abbé DELANOE).

Notice historique sur la chapelle d'Arcachon. (Par l'abbé SOUIRY, curé de la paroisse Sainte-Eulalie de Bordeaux.) *Bordeaux, E. Mons,* 1843, in-8, 29 p.

Notice historique sur la léproserie de la ville de Troyes, suivie de la liste des dons faits à cette maison... avec les noms des bienfaiteurs, et accompagnée de toutes les pièces justificatives... (Par HARMAND.) *Troyes, Bouquot,* 1849, in-8.

Notice historique sur la province de Rummen et sur les anciens fiefs de Grasen, Vilre, Binderwelt et Weyer, en Hesbaye. (Par Mathias-Joseph WOLTERS.) *Gand, Hebbelynck,* 1846, in-8, VI-405 p. sans la table, avec 1 carte et 19 planches.   D. M.

Notice historique sur La Roche-Guyon. *Versailles, imp. de Brunox* (1860), in-8, 47 p.

Signée : J. A. (J. AUGER).

Réimprimée la même année avec le nom de l'auteur.

Notice historique sur La Tour d'Auvergne Corret, par F. C...... (F. CALOHAR, avocat), de Carhaix (Finistère). *Paris, Dumaine,* 1841, in-12.

Réimprimée la même année avec le nom de l'auteur.

Notice historique sur la tour Saint-Jacques-la-Boucherie... *Paris, imp. de A. Blondeau,* 1855, in-8, 15 p.

Signée : F. Rz (F. RITTIEZ).

Réimprimée avec le nom de l'auteur.

Notice historique sur la vie et la mort de S. A. R. monseigneur le duc d'Orléans, prince royal... Rédigée d'après les documents les plus authentiques. (Par H.-S. MAUGÉ.) *Paris, imp. de Pommeret et Guénot,* 1842, in-12, 12 p.

Réimprimée la même année avec le nom de l'auteur.

Notice historique sur la vie et la mort du P. E.-M.-F. Estève... (Par le P. Achille GUIDÉE, jésuite.) *Paris, Poussielgue,* 1849, in-12.

Réimprimée avec le nom de l'auteur. *Paris,* 1855, in-12.

Notice historique sur la vie et les ouvrages de J.-B. Porta, gentilhomme napolitain. Par D**** (H.-G. DUCHESNE.) *Paris, Poignée,* an IX, in-8, 383 p.

Notice historique sur la vie et les ouvrages de M. le général de Toulongeon...

lue par M. le secrétaire perpétuel en séance publique de la Société académique de Besançon, le 14 août 1813. (Par Pierre-Phil. GRAPPIN.) *S. l. n. d.*, in-8, 15 p.

Notice historique sur la vie et les ouvrages de P.-P. Prudhon, peintre. (Par Mme Anne-Elisabeth-Elise PETIT-PAIN, dame VOIART.) *Paris, F. Didot*, 1824, in-8, 48 p., avec un portrait.

Notice historique sur la vie et les ouvrages de Servan, par F. A. V. H. (Félix VAN HULST). (*Liége, Collardin*, 1819), in-8, 16 p.

Extraite de l'édition liégeoise des « Œuvres choisies de Servan ».   Ul. C.

Notice historique sur la vie, le culte et les miracles de saint Nicolas, évêque de Myre et patron de la Lorraine, dont les reliques reposent dans l'église de la ville de Saint-Nicolas-de-Port. (Par l'abbé MASSON, curé de cette paroisse.) *Nancy*, 1823, in-18.

Catalogue Noël, n° 1890.

Notice historique sur la ville d'Arlon et ses comtes, par L. D. S. S. L. (L. DE SAEGHER, sous-lieutenant). *Arlon, Poncin*, 1867, in-8, 16 p.

Notice historique sur la ville de Jodoigne, par un Jodoignois (Alex. BOUVIER). *Bruxelles, Wouters, Raspoet et Cie*, 1843, in-18, 60 p.

Cette notice, tirée à très-petit nombre, n'a pas été mise dans le commerce.   J. D.

Notice historique sur la ville de Limbourg, par un antiquaire (Eug. POSWICK). *Liége, Lardinois*, 1862, in-8, 37 p. et un plan.   J. D.

Notice historique sur la ville de Marienbourg, contenant une relation détaillée et un plan des attaques des Prussiens en 1815, par F. S*** (Franç.-Jean-Baptiste SCHOLLAERT). *Liége, Oudart*, 1843, in-8, 48 p., avec carte.

Tirage à part de la « Revue militaire belge ».   Ul. C.

Notice historique sur la ville de Maeseyck. Par M. J. W. (M.-J. WOLTERS). *Gand, Gyselynck*, 1855, in-8, 189 p., avec fig.

Notice historique sur la ville et le domaine de Rambouillet, chef-lieu du VIe arrondissement du département de Seine-et-Oise. Par M. S. (SÉGUIN). *Rambouillet, imp. de Raynal*, 1836, in-12.

a   Notice historique sur le château de Beauregard. (Par le duc DE DINO.) *Paris, Curmer*, in-4, 29 p., fig. lithog.

Notice historique sur le château de Chenonceaux. (Par A. JOURDAIN.) *Tours, imp. de Mame*, 1841, in-8. — *Tours, Mame*, 1845, in-8, 16 p.

b   Notice historique sur le château de La Bourdaisière, depuis sa possession par la famille du maréchal de Boucicaut Ier, au commencement du XIVe siècle, jusqu'à sa destruction en 1771 par M. le duc de Choiseul, ministre de Louis XV. (Par le baron ANGELLIER.) *Tours, A. Mame*, 1850, in-12, VII-184 p.

Notice historique sur le château de Vincennes; avec un plan descriptif. (Par M. BELCHAMP, alors capitaine du génie.) c   *Rouen, imp. de Berdalle de Lapommeraye*, 1847, in-8, 2 ff. de tit. et 100 p.

Notice historique sur le château du Bois-Sir-Amé. (*Paris*), imp. de G. Gratiot (1848), in-4, 4 p.

Signée : L. R. (Louis RAYNAL), auteur de l' « Histoire du Berry ».

Notice historique sur le chevalier don Joseph-Nicolas d'Azara, Aragonnais, ambassadeur d'Espagne à Paris, mort en cette d   ville le 5 pluviôse an XII (26 janvier 1804). (Par le baron J.-F. BOURGOING.) In-8, 26 p.

Attribuée à tort au prince C.-M. DE TALLEYRAND-PÉRIGORD.

Notice historique sur le collège royal de Lyon, d'après les monuments authentiques et les pièces originales. (Par F.-J. RABANIS.) *Lyon*, 1828, in-8.

e   Notice historique sur le général Dumouriez, extrait de la « Biographie universelle », tome LXIII. *Paris, imp. de P. Dupont* (1838), in-8, 34 p.

Signée : M—D j. (L.-G. MICHAUD jeune).

Notice historique sur le tableau représentant l'entrée de Henri IV dans Paris, par M. Girard... (Par DE MAUPERCHER.) f   *Paris, Delaunay*, 1817, in-8, 7 p., avec grav.

Notice historique sur le théâtre de Nantes, suivie d'un prologue en vers, pour l'ouverture de l'année théâtrale 1825. Par MM. *** et *** (Camille MELLINET). *Nantes, Mellinet*, 1825, in-8, 60 p.

Notice historique sur le vœu de Notre-Dame de Bonne-Nouvelle, rendu par la ville de Rennes en 1634 et renouvelé en 1861... *Rennes, au bureau du « Journal de Rennes »,* 1861, in-18.

Signée : P. S. V. (P.-S. VERT).

Notice historique sur les anciens seigneurs de Steyn et de Pietersheim, grands vassaux de l'ancien comté de Looz, par M. J. W. (Mathias-Joseph WOLTERS). *Gand, Gyselynck,* 1854, in-8, 182 p. et 7 pl.

J. D.

Notice historique sur les antiquités et monuments de la cité de Véson. (Par le comte H.-F.-A. WILGRIN DE TAILLEFER.) *Périgueux,* 1806, in-4.

Notice historique sur les armoiries de la ville de Versailles, par S. G. (Sainte-James GAUCOURT). *Versailles, Montalant-Bougleux,* 1842, in-8. D. M.

Notice historique sur les changements prodigieux et les faits miraculeux qui ont eu lieu depuis le 18 septembre de l'an 1692 sur la statue de la sainte Vierge honorée dans l'église paroissiale de Notre-Dame à Verviers. Publiée à l'occasion du troisième jubilé de cinquante ans qui a eu lieu en mémoire de ces changements, en 1842. (Par B.-C.-E. MEUNIER.) *Verviers, Remacle,* 1842, in-18, 33 p., avec figures.

J. D.

Notice historique sur les changements prodigieux et les faits miraculeux qui ont eu lieu le 18 septembre 1692, dans la statue de la sainte Vierge Marie honorée dans l'église de PP. Récollets, maintenant église paroissiale de Notre-Dame à Verviers; contenant les documents authentiques sur ces changements et sur les guérisons obtenues de 1692 à 1696. (Par B.-C.-E. MEUNIER, curé.) *Verviers, Nautet-Hans,* 1855, in-18, XXIV-331 p. J. D.

Notice historique sur les évêques, leur origine, leurs prérogatives, etc. (Par Charles DE CHÊNEDOLLÉ.) *Liége, Desoer,* 1829, in-8, VI-96 p. Ul. C.

Notice historique sur les hôpitaux de Verdun. (Par l'abbé CLOUET.) *S. l. n. d.,* in-4, 18 p.

Notice historique sur les médecins du grand Hôtel-Dieu de Lyon. (Par J.-P. POINTE.) *S. l.* (1826), in-8, 54 p.

Notice historique sur les ponts militaires depuis les temps les plus reculés jusqu'à nos jours. *Paris, J. Corréard jeune,* 1838, in-8, 133 p.

Signée : B*** (Jean-Pierre BORN, depuis colonel d'artillerie).

Notice historique sur les propriétés des vins de Constance, au cap de Bonne-Espérance, Afrique du Sud. (Par COMMAILLE.) *Bruxelles, Masure et Seghers,* 1840, in-8.

J. D.

Notice historique sur les reliques de saint Antoine du Désert. (Par M. BOSQ.) *Marseille, Marius Olive,* 1845, in-8.

Notice historique sur les reliques de saint Prest, martyr... (Par M. PIE, depuis évêque de Poitiers.) *Chartres, Garnier,* 1841, in-12.

Notice historique sur les rites de l'Eglise de Paris, par un prêtre du diocèse (l'abbé A.-L.-P. CARON). *Paris, A. Leclère,* 1846, in-8.

Notice historique sur les voitures publiques de Metz à Paris. (Par DE MARDIGNY.) 1853, in-8.

Notice historique sur les voyages des papes en France, sur le sacre de nos rois et sur leurs relations avec la cour de Rome, par L. B. DE R. (LE BOUCHER DE RICHEMONT), président de canton. *Paris, Fain jeune,* 1805, in-8, II-259 p.

Notice historique sur Louis XVI. (Par le vicômte L.-G.-A. DE BONALD.) *(Paris),* imp. d'Everat (1820), in-8, 20 p.

Notice historique sur M. Bénigne-Jérôme Baudot. (Par son fils P.-L. BAUDOT.) *Dijon, s. d.,* in-8.

Notice historique sur M. Bochard, grand vicaire du diocèse de Lyon... (Par M. l'abbé LYONNET.) *Lyon, Boursy,* 1834, in-8, 79 p.

Notice historique sur M. Courbon, premier vicaire général du diocèse de Lyon. (Par NOLHAC.) *Lyon, J.-M. Boursy,* 1824, in-8, 16 p.

Notice historique sur M. de Cambry... Par un associé correspondant de l'Académie celtique (P.-G. DE ROUJOUX). *Dôle, imp. de F. Prudont,* 1808, in-8, 19 p.

Notice historique sur M. de Lamoignon de Malesherbes, insérée dans la « Collection de portraits d'hommes illustres vivants », par M. D. B. (J.-B. DUBOIS). *Paris, imp. de Monsieur,* 1788, in-8, 13 p.

Notice historique sur M. Js-Pcal Virebent... Par M*** (V. VIREBENT), avocat à la Cour royale. *Toulouse, Vieusseux,* 1831, in-8.

Notice historique sur M. l'abbé Arnoux

et sur la maison de refuge des jeunes condamnés dont il a été le fondateur, par un ancien administrateur de cet établissement (le docteur A.-R. PIGNIER). *Paris, imp. de veuve Bouchard-Huzard*, 1859, in-8, 67 p.

Notice historique sur M. l'abbé Legris Duval, pour servir de préface à ses sermons, par M. le C. D. B. (le cardinal L.-F. DE BAUSSET). *Paris, Leclère*, 1820, in-8.

Très-rare de ce format.

Notice historique sur M. le comte Paul-François de Sales, lieutenant général des armées sardes, ancien ambassadeur, ministre d'Etat, grand de cour, etc. (Par Monseigneur Louis RENDU, évêque d'Annecy.) *Paris, Lecoffre*, 1853, in-8, 244 p., avec un portrait.

Notice historique sur M. Leboucher, ancien avocat au Parlement de Paris... *Paris, imp. de Coniam*, 1828, in-8, 16 p. —*Paris, imp. de Lachevardière*, 1829, in-8, 23 p.

Signée : D*** (l'abbé DANIEL).

Notice historique sur Naigeon (Jean)... peintre d'histoire, ancien conservateur du Musée de Luxembourg... (Par NAIGEON fils.) *Paris, imp. de Vinchon*, 1848, in-8, 7 p.

Notice historique sur Notre-Dame de Bethléem, vulgairement appelée Notre-Dame la Noire, statue byzantine vénérée à Pézénas, depuis le XIVᵉ siècle. Par l'abbé J. P. (PAULINIER, chanoine honoraire, curé de Sainte-Ursule, à Pézenas), membre de la Société française pour la conservation des monuments historiques. *Pézénas, Eug. Richard*, 1860, in-8, 107 p. D. M.

Notice historique sur Notre-Dame de Bure (province de Namur), par A. D. R. (Auguste DEREUME). *Bruxelles, Goemaere*, 1860, in-8, 4 p.

Tirée à 50 exemplaires. J. D.

Notice historique sur Notre-Dame de Herent, près de Louvain, par A. D. R. (Auguste DEREUME). *Bruxelles, Verteneuil*, 1862, in-8, 4 p. J. D.

Notice historique sur Notre-Dame de la Brèche... (Par M. PIE, depuis évêque de Poitiers.) *Chartres, Garnier*, 1843, in-12, 2 ff. de tit., 70 p.

Notice historique sur Notre-Dame des Aydes, chapelle vieille près d'Orléans. *Orléans, lith. de Mᵐᵉ Tiget* (1856), in-18.

Signée : J. C. (J. CADRAIS), curé.

Notice historique sur Renty... extraite de l'ouvrage de M. PIERS sur cette ville, mise par ordre de demandes et réponses, et augmentée de plusieurs particularités intéressantes, par M. B..... (BAYART), curé de Renty. *Arras, imp. de A. Tierny*, 1835, in-8, 23 p.

Notice historique sur Simon Stévin. (Par A. INGHELS.) *Bruges*, 1847, in-12, 25 p. J. D.

Notice historique sur Son Eminence monseigneur Alexandre-Angélique de Talleyrand, cardinal de Périgord, archevêque de Paris, etc. (Par le cardinal L.-F. DE BAUSSET.) *Versailles et Paris, Lebel*, 1821, in-8.

Notice historique sur Son Eminence monseigneur le cardinal de Boisgelin, archevêque de Tours; par un de ses anciens grands vicaires (le cardinal L.-F. DE BAUSSET). *Paris, veuve Nyon*, an XIII-1804, in-8, 2 ff. de tit. et 58 p.

Publiée par M. DE CROUZEILLES, évêque de Quimper.

Notice historique sur Sorèze et ses environs, suivie d'un voyage au dedans et au dehors de la montagne de Causse; par J.-A. C. (J.-A. CLOS), membre correspondant de la Société des antiquaires de France. *Toulouse, Benichet cadet*, 1822, in-8.

Notice intéressante et curieuse des ouvrages satyriques qui parurent à l'époque des Etats-Généraux de 1614. (Par L.-A. CARACCIOLI.) 1789, in-8.

Notice littéraire et historique sur les poëtes alsaciens. (Par Jean-George-Daniel ARNOLD, né à Strasbourg le 18 février 1780, mort en 1829, professeur de droit à Coblentz de 1806 à 1809, puis professeur d'histoire à l'Université de Strasbourg, en 1811 professeur de droit romain.) *Paris, Delance*, 1806, in-8, 1 f. de tit. et 41 p.

Extraite du « Magasin encyclopédique », numéro de juin 1806.

Notice médicale sur les bains de mer du Croisic et sur l'effet thérapeutique des eaux mères, de l'hydrothérapie marine et des bains de sable administrés à l'établissement du Croisic. (Par le docteur TROUSSEAU.) *Paris, Labé*, 1855, in-8, 47 p. — Nouvelle édition, avec le nom de l'auteur sur la couverture imprimée. *Paris, Labé*, 1873, in-8, 46 p.

Notice militaire et historique sur l'ancienne ville de Lambæse (province de

Constantine). Par A. C. (A. Charpentier), officier d'infanterie. *Paris*, 1860, in-8, avec 13 pl.

Notice mortuaire sur M. de Mirabeau. (Par J.-A.-J. Cérutti.) *S. l. n. d.*, in-8, 12 p.

Extraite de la « Feuille villageoise », n° 20, jeudi 14 avril 1791.

Notice nécrologique sur M. J.-P. Corbin. Par M. l'abbé *** (l'abbé Vassont). *Orléans, imp. de J.-B. Niel*, 1842, in-8, 7 p.

Notice nécrologique sur P.-L. Courier. *Paris, imp. de Rignoux, s. d.*, in-8, 7 p.

Extraite de la « Revue encyclopédique », mai 1825.
Signée : V. L—c (Viollet-Leduc).
Attribuée à tort par le « Catalogue de l'histoire de France », de la Bibliothèque nationale, à Victor Leclerc.

Notice nécrologique sur M. Charles-Henri **Dambray**, chancelier de France. (Par de Laporte-Lalanne.) *Paris, imp. de J. Tastu*, 1830, in-8, 14 p.

Notice nécrologique sur M. Léopold-Lambert **Doutremer**. (Par H. Rousselle.) *Mons, Piérard*, 1847, in-8, 8 p.   J. D.

Notice nécrologique sur M. **Dumont**. (Par J.-C.-L. Simonde de Sismondi.) *S. l. n. d.* (*Paris*, 1829), in-8.

Notice nécrologique sur le lieutenant général baron Louis **Duvivier**. (Par Hip. Rousselle.) *Mons, Piérard*, 1833, in-8, 8 p.   J. D.

Notice nécrologique sur J. F. **Hennequin**, gouverneur et sénateur de la province de Limbourg. (Par Félix Capitaine.) *Liége, Desoer*, 1846, in-8, 59 p.

Notice nécrologique sur la vie et les ouvrages de M. Antoine-Prosper **Lottin**, ancien libraire. *S. l.* (1813), in-8, 8 p.

Signée : A. M. H. B. (A.-M.-H. Boulard).
Réimprimée avec le nom de l'auteur.

Notice nécrologique sur M. J.-B. **Martinière**, avoué, par B. S. (J.-M. Blanc Saint-Bonnet). *Lyon*, in-8.

Catalogue Coste, n° 15534.

Notice nécrologique sur **Poisson**… membre de l'Institut… (Par Garnier-Dubreuil.) *Orléans, Durand*, 1840, in-8, 8 p.

Notice nécrologique et historique sur J.-J. **Raepsaet**. (Par Norbert Cornelissen.) *S. l. n. d.*, in-8, avec portrait.
                     J. D.

Notice nécrologique sur M. L. M. Ripault, membre de l'Institut d'Egypte, par L. D. (Louis Dubois). *S. l. n. d.* (*Orléans*, 1823), in-8.

Notice nécrologique sur le docteur D. **Sauveur**, professeur de la Faculté de médecine à l'Université de Liége, suivie d'une note sur la congrégation de l'Oratoire, par L. E. R….d (Laurent-Emile Renard). *Liége, Collardin*, 1838, in-8, 36 p.   J. D.

Notice nécrologique sur Mme Constance **Spencer-Smith**, née baronne de Herbert-Rathkeal, décédée à Vienne en 1829. (Par G.-S. Trébutien.) *Caen, Chalopin*, 1829, in-8, 30 p.

Tirée à 100 exemplaires.

Notice périodique de l'histoire moderne et ancienne de la ville et district de Corbeil… (Par l'abbé J.-A. Guiot.) *Paris, imp. de P.-F. Didot*, 1792, in-18, 212 p.

Suite de l' « Almanach de la ville, châtellenie et prévôté de Corbeil… » Voy. IV, 103, a.

Notice pour servir à l'histoire de la vie et des écrits de S.-N.-H. Linguet. (Par Louis-Alex. Devérité.) *Liége*, 1781, in-8. — Nouvelle édit. corrigée et augmentée. *Liége*, 1782, in-8.

Notice pour servir à la biographie d'une fameuse illustration des temps modernes. (Par Théod. Dotrenge, avocat, ancien conseiller d'Etat.) *A Borch-Loen, chez l'ancien imprimeur de la salle de Curange* (*Liége, Collardin*), 1834, in-8, 15 p.

Pamphlet rare, imprimé à 75 exemplaires et dirigé contre le comte P.-J.-M. d'Aerschot-Schoonhoven, grand-maréchal du roi Léopold Ier.   Ul. C.

Notice raisonnée des ouvrages de Gaspar Schott, jésuite, contenant des observations curieuses sur la physique expérimentale, l'histoire naturelle et les arts ; par M. l'abbé M*** (Barth. Mercier), abbé de Saint-Léger de Soissons. *Paris, La Grange*, 1785, in-8.

Notice sommaire par ordre alphabétique des noms d'auteurs, des livres composant une petite bibliothèque, avec quelques indications de biographie et de bibliographie. (Par M. Hyacinthe Vinson.) *Pondichéry, imp. de E.-V. Geruzet*, 1857, in-4, 192 p.

Tirée à 150 exemplaires.

Notice succincte d'une collection unique de manuscrits concernant l'histoire de Belgique, et de livres, etc., rédigée par un amateur (l'abbé Brasseur). (*Bruxelles*), *Simon*, 1811, in-8, 314 p.

C'est le Catalogue de la collection d'Ant. Nuewens.

Notice sur Adrien Willaert, précédée et suivie de quelques détails sur les musiciens de la Flandre occidentale. (Par l'abbé Ch. CARTON, né à Pitthem en 1802, mort à Bruges en 1863.) *Bruges, Vandecasteele-Werbrouck,* 1849, in-8, 31 p.   J. D.

Notice sur Ahmed, bev de Solyman, réfugié en France. *Paris, Michaud, impr.,* 1814, in-4.

M. SENTIER a eu part à la rédaction de cet opuscule.

Notice sur Aimé Leroy, bibliothécaire de la ville de Valenciennes. (Par Arthur DINAUX.) Publiée par la Société des bibliophiles de Mons. *Mons, Hoyois,* 1849, in-8.   D. M.

Notice sur Alexandre Ier, empereur de Russie; par H.-L. E. (Henri-Louis EMPEYTAZ). *Genève,* 1828, in-8.

Notice sur Antoine Coysevox.

Voy. « Biographie lyonnaise », IV, 432, d.

Notice sur Antoine Dubost. *Lyon, imp. de J.-M. Barret,* 1827, in-8, 20 p.

Signée : Z. (J.-S. PASSERON).

Notice sur Antoine Masson, graveur orléanais. Loury, 1636. Paris, 1700. (Par J. DANTON.) Suivie du Catalogue de l'œuvre de Masson et d'un document inédit (par H. HERLUISON). *Orléans, H. Herluison,* 1866, in-8.

Notice sur Beaumarchais. (Par Saint-Marc GIRARDIN.) *Paris, Lefèvre,* 1836, in-8, 50 p.

Notice sur Benjamin Constant, extraite de la « Biographie universelle et portative des contemporains », par l'auteur de la « Notice sur Canning » (Alphonse RABBE). *Paris, A. Dupont,* 1827, in-8, 41 p.

Notice sur Benoît Gingenne. *(Lyon), mp. de J.-M. Barret (s. d.),* in-8, 12 p.

Signée : Z. (J.-S. PASSERON).

Notice sur Boufflers. (Par M. J. TASCHEREAU.) *Paris, imp. de H. Fournier, s. d.,* in-8, 21 p.

Tirage à part de la préface des « Œuvres de Boufflers ». *Paris, Furne,* 1827.

Notice sur Brantôme, avec des observations bibliographiques sur les diverses éditions et sur les manuscrits de ses ouvrages. (Par MONMERQUÉ.) *Paris, Foucault,* 1824, in-8.

Cette notice fait partie des « Œuvres complètes de Brantôme », en 8 vol. in-8, dont Monmerqué a été l'éditeur.

Notice sur Brignoles. (Par F.-J.-M. RAYNOUARD.) *Brignoles (Var), imp. de Perreymond-Dufort,* 1829, in-12, 124 p.

Tirée à 200 exemplaires.   G. M.

Notice sur C. H. Morel-Voleine. (Par Claude BREGHOT DU LUT.) *Lyon, Barret,* 1828, in-8, 17 p.

Voy. « Supercheries », I, 668, c.

Notice sur ce qu'on voit dans le monde social. (Par J. BLONDEL.) 1757, in-12.

Notice sur Chalier.

Voy. « Biographie lyonnaise », IV, 432, d.

Notice sur Charlotte-Elisabeth, duchesse d'Orléans, mère du régent. *(Paris), imp. de Plassan* (1822), in-8, 24 p.

Signée : D.-G. (Georg.-Bern. DEPPING). C'est un extrait des préliminaires des « Mémoires sur la cour de Louis XIV... » Voy. ci-dessus, col. 255, c.

Notice sur Chasselay, département du Rhône. (Par MORAND DE JOUFFREY.) *Lyon, Boitel,* 1832, in-8, 15 p.

Notice sur Claude Brossette. Suivie d'une lettre inédite du président BOUHIER. *S. l. n. d.,* in-8, 3 p.

Extraite du « Journal de Lyon » du 31 juillet 1821. Signée : A. P. (Antoine PÉRICAUD).

Notice sur Colard Mansion, libraire et imprimeur de la ville de Bruges en Flandre, dans le xve siècle. *Paris, Crapelet,* 1829, in-8, avec cinq fac-simile.

Fils d'un imprimeur de Bruges, J.-B.-B. VAN PRAET, auteur de cette notice, avait voué un véritable culte à son compatriote Colard Mansion, et il avait publié dans l' « Esprit des journaux » un premier travail, intitulé : « Recherches sur la vie, les écrits et les éditions de Colard Mansion ».

Par son testament, il légua sa collection des Colard Mansion au département des imprimés de la Bibliothèque alors royale, à la tête duquel il demeura placé pendant plus de quarante années.

Notice sur d'Allemand, ingénieur et architecte de Carpentras. (Par le comte M.-C.-J.-L.-C. DE BLEGIER DE PIERREGROSSE). 1840.

Note de Quérard.

Notice sur Daniel Sarrabat. *(Lyon), imp. de J.-M. Barret,* in-8, 12 p.

Signée : Z. (J.-S. PASSERON).

Notice sur deux anciens romans, intitulés : « les Chroniques de Gargantua », où l'on examine les rapports qui existent entre ces deux ouvrages et le « Gargantua » de Rabelais, et si la première de ces chroniques n'est pas aussi de l'auteur de « Pantagruel », par l'auteur des « Nouvelles

Recherches bibliographiques» (J.-Ch. Bru-net). *Paris, Silvestre,* décembre 1834, in-8, 2 ff. de titre et 28 p.

Indépendamment des exemplaires sur papier ordi-naire, il en a été tiré 60 sur grand papier, qui contiennent en plus des « Extraits des Chroniques admirables du puissant roi Gargantua », paginés 29 à 39.

Notice sur deux manuscrits des archives de la commune de Montpellier. (Par Jules Renouvier.) *Montpellier, imp. de veuve Picot,* 1835, in-8, 31 p.

Notice sur Edmond Auger. *Lyon, imp. de J.-M. Barret,* 1828, in-8, 26 p.

Extraite des « Archives historiques et statistiques... du Rhône », et signée : A. (Ant. Péricaud).

Notice sur Emile Gachet, publiée par la Société des bibliophiles belges, séant à Mons. (Par Jean-Franç.-Nic. Loumyer.) *Mons, Masquiller et Duchesne,* 1861, in-8, 53 p.   J. D.

Notice sur Erembald, châtelain de Bruges. (Par Charles Carton.) *Bruges, Vandecasteele-Werbrouck,* 1847, in-8, 27 p.
         J. D.

Notice sur F. A. F. T., baron de Reiffenberg, conservateur de la Bibliothèque royale de Belgique... (Par Adolphe-Joseph-Ghislain Mathieu.) *Mons,* 1851, in-8.

Œttinger.

Notice sur F.-F. Lemot. *Lyon, imp. de J.-M. Barret,* 1827, in-8, 32 p.

Signée : Z. (J.-S. Passeron).

Notice sur feu l'abbé Georgel, ancien grand vicaire de M. le cardinal Louis de Rohan, chargé d'affaires et secrétaire d'ambassade à Vienne... Par M. P. (Et. Pskaume). *Paris, A. Eymery,* 1817, in-8, 24 p.

Notice sur feu monseigneur Prosper de Tournefort, évêque de Limoges, par l'abbé P... (Paul Jouhanneaud). *Limoges, O. Laferrière* (1844), in-8, couverture imprimée servant de titre, et 29 p.

Cette notice se trouve en tête des « Mémoires pour servir à l'histoire des événements de la fin du xviiie siècle », par l'abbé Georgel.

Notice sur Francheteau. (Extraite de la « Biographie bretonne ».) *Rennes, imp. de A. Marteville et Lefas,* 1851, in-8, 13 p.

Signée : A. G.....d (Armand Guéraud).

Notice sur Francis Blin, paysagiste. *Orléans, H. Herluison,* 1866, in-8, 8 p.

Signée : J. D. (J. Danton).

Notice sur G. de Taregua, qui pratiquait

la médecine à Bordeaux en 1500, avec un examen raisonné de ses ouvrages. (Par Jean-Marie Caillau.) *Bordeaux,* 1820, in-8.

Extraite de l' « Almanach de la Société de médecine de Bordeaux ».

Voir sur Taregua une notice de M. Jules Delpit dans les « Actes de l'Académie de Bordeaux », 1848.

Notice sur G.-J. Massaux, sculpteur et graveur à Gand. (Par P.-J. Goetghebuer.) *Gand,* 1851, in-8, avec portrait.

Œttinger.

Notice sur Gilion de Trasignyes, roman français du xve siècle, suivie de quelques autres fragments. (Par M. G. Brunet.) *Paris, Techener,* 1839, in-8, 39 p.

A la fin de cet opuscule, imprimé à 80 exemplaires seulement, se trouvent les initiales G. B. Le roman de Gilion de Trasignies y est analysé d'après l'ouvrage du docteur O.-L.-B. Wolff : « Altfranzösische Volkslieder », Leipzig, 1833. Ce savant allemand a publié en 1839 le texte entier d'après le manuscrit conservé à la Bibliothèque de Iéna : « Histoire de Gilion de Trasignies et de dame Marie, sa femme », Leipzig, 1839, in-8, xiv-239 p.

Notice sur Girard Audran. *Lyon, imp. de J.-M. Barret,* in-8, 15 p.

Signée : Z. (J. Passeron).

Notice sur Guillin Dumontet. Extraite de la « Revue du Lyonnais », 18e livraison. *Lyon, imp. de L. Boitel,* 1836, in-8, 24 p.

Signée : J. S. P. (Passeron).

Notice sur H. Hoyois, imprimeur-libraire à Mons. (Par Ad. Mathieu.) *Mons, Hoyois,* in-8.   J. D.

Notice sur H.-J. Rutxhiel. (Par Pierre-Joseph Goetghebuer.) *Gand,* 1851, in-8.

Œttinger.

Notice sur Henri Colson, par Victor H....x (Henaux). *Liége, Redouté,* 1854, in-8, 12 p.

Tirée à part de la « Tribune ».   Ul. C.

Notice sur Henri Delloye, troubadour liégeois, par un anonyme (Ulysse Capitaine). *Liége, Desoer,* 1849, in-18, 60 p.
         J. D.

Notice sur Henri Gœthals, célèbre dans l'histoire de l'Eglise et dans les annales diplomatiques, par un amateur de l'histoire de sa patrie (Jean Van Hoorebeke). *Gand, Vanderhaeghen,* 1829, in-8, 30 p.
         J. D.

Notice sur Hippolyte Guillery, ingénieur

des ponts et chaussées, ancien secrétaire de la commission des « Annales des travaux publics ». (Par le général CHAPELIÉ.) *Bruxelles, Vandooren,* 1849, in-8, 26 p.
                        J. D.

Notice sur Hyacinthe Blondeau, professeur à l'Ecole de droit de Paris. (Par G. NYPELS, professeur à l'Université de Liége, et Eug. DEL MARMOL, président de la Société archéologique de Namur.) *Namur,* 1836, in-8, 18 p.

Notice sur Hyacinthe Fabry, dernier représentant politique de l'ancien pays de Liége. (Par Ulysse CAPITAINE.) *Liége, Carmanne,* 1831, in-12, 31 p.   J. D.

Notice sur J.-B.-F. Bayard. *S. l. n. d.* (an VIII), in-8, 14 p.

Cette pièce, extraite du « Magasin encyclopédique », est signée de son auteur, J.-B.-E.-B. SOREAU ; elle est terminée par une note signée : A. L. M. (Aubin-Louis Millin) ; c'est ce qui l'a fait attribuer à ce dernier par MM. de Manne et Œttinger. Cette erreur est reproduite dans les « Supercheries », 2ᵉ édit., I, 274, d.

Notice sur J.-B.-J. Boscary de Villeplaine. Extraite des « Archives historiques et statistiques... du Rhône... » *Lyon, imp. de J.-M. Barret* (1828), in-8, 19 p.

Signée : Z. (J.-S. PASSERON).

Notice sur J.-B. Poidebard, rédigée par M. C. B. D. L. (Claude BRÉGHOT DU LUT), des Académies de Lyon et de Dijon. *Lyon, imp. de J.-M. Barret,* 1826, in-8, 10 p.

Œttinger.

Notice sur J.-H. Hubin. (Par Jean-François-Nicolas LOUMYER.) *S. l. n. d.,* in-8.

Tirée à part, à 25 exemplaires, du « Bulletin du bibliophile belge », tome VIII.   J. D.

Notice sur J.-J. Rigaud, ancien syndic (de Genève). (Par A. CRAMER.) *Genève, F. Ramboz et Cⁱᵉ,* 1854, in-18, 10 p.

Tirée du « Journal de Genève », du 1ᵉʳ avril 1854. On a du même auteur une Allocution du président de la Société d'histoire et d'archéologie, dans la séance du 27 avril 1854, au sujet de la mort de M. l'ancien syndic Rigaud. Imprimée dans les Mémoires et Documents de ladite Société, t. IX (1855), p. 81-83.

Notice sur Jacques-Louis David, par l'auteur de la « Notice sur Canning » (Alph. RABBE). *Paris, au Bureau de la Biographie des contemporains,* 1827, in-8, 12 p.

Extraite de la « Biographie universelle et portative des contemporains ».

Notice sur Jean-Bapt.-Théod. de Jonghe, publiée par la Société des bibliophiles belges de Mons. (Par Charles RUELENS.) *Mons,* 1861, in-8, 26 p.   J. D.

Notice sur Jean Breydel, chevalier flamand. (Par Charles CARTON, chanoine à Bruges.) *Bruges, Van de Casteele,* 1847, in-8, 26 p.   J. D.

Notice sur Jean de Tornamira, médecin du XIVᵉ siècle, doyen de la Faculté de Montpellier, etc. (Par le comte M. C.-J.-L.-C. DE BLÉGIER DE PIERREGROSSE.)

Note de Quérard.

Notice sur Jean-Frédéric Oberlin, pasteur à Waldback, au Ban-de-la-Roche, mort le 1ᵉʳ juin 1826. *Paris, H. Servier,* 1826, in-8, 79 p., avec un portrait lithogr.

Signée : H. L. (Henri LUTTEROTH).

Notice sur Jules-Basile Féron de La Ferronays, évêque et comte de Lisieux. (Par Auguste BORDEAUX DE PRESTREVILLE.) *Lisieux,* 1840, in-8.   D. M.

Notice sur Jules-François-Paul Fauris de Saint-Vincens. (Par Alex.-Jules-Ant. FAURIS DE SAINT-VINCENS, son fils.) *S. l. n. d.,* in-8, 23 p.

Extraite du « Magasin encyclopédique ». Cette notice est suivie d'une note additionnelle, signée : A.-L. M. (A.-L. MILLIN). Cette signature a trompé les rédacteurs du Catalogue de la Bibliothèque nationale et leur a fait à tort attribuer la notice à ce dernier.

Réimprimée avec modifications et additions. *Aix, Henricy,* an VII, in-4, 16 p. — *Id.,* an VIII, in-4.

Notice sur L.-F. Thomassin, chef de division au gouvernement provincial, par M. E. L. A. A. L. U. D. L. (E. LAVALLEYE, agrégé à l'Université de Liége). *Liége, Redouté,* 1837, in-8, 5 p.

Tirage à part, à 30 exemplaires, du tome I de l'« Histoire du Limbourg » d'Ernst.   J. D.

Notice sur l'abbaye de Solesmes. (Par dom Prosper GUÉRANGER, abbé de Solesmes.) *Le Mans, Fleuriot,* 1839, in-8, 33 p.

Notice sur l'abbé J. N. S. (Par Claude BRÉGHOT DU LUT.) *Lyon, Barret,* 1827, in-8, 7 p.

Catalogue Coste, nº 15620.

Notice sur l'abbé Jos.-Hipp. Duvivier, ancien secrétaire du cardinal-archevêque de Malines... (Publiée par Fr. HENNEBERT, d'après les notes de H. DELMOTTE.) *Tournai, Hennebert frères,* 1840, in-8, 21 p., portr.   J. D.

Notice sur l'abbé Legris-Duval. (Par Mich.-J.-P. Picot.) *Paris*, 1819, in-8, 31 p.

Notice sur l'abbé Léon de Foere, par F. D. P. (F. de Pachtere). *Bruges*, 1817, in-8.

Notice sur l'abbé Sicard, instituteur des sourds-muets, pour l'intelligence de ses « Annales philosophiques, morales et littéraires », par rapport au serment du 19 fructidor. (Par l'abbé Jos.-Hipp. Duvivier, né à Mons en 1752, mort à Tournay, en 1834.) *Mons, Bocquet*, 1800, in-8, 26 p.
J. D.

Le curé d'Afden a publié une réfutation, sous ce titre : « la Mauvaise Foi dévoilée... » *Maestricht*, an IX, in-8, v-73 p.

Notice sur l'Académie royale de Belgique. (Par Mathieu-Lambert Polain.) *Liége, Carmanne*, 1857, in-18, 25 p.

Tirée à part de l' « Annuaire de la Société d'émulation de Liége ». Ul. C.

Notice sur l'acteur Baron. (Par Pierre-David Lemazurier, secrétaire de la Comédie française.) *S. l.* (vers 1826), in-8.
D. M.

Notice sur l'agriculture des Celtes et des Gaulois. (Par Jacques Cambry.) *Paris, au cabinet de lecture des dames Lavernette*, 1806, in-8, xiv-42 p.

Notice sur l'amélioration du Rhône. Extraite du Mémoire présenté à l'appui de l'avant-projet général des travaux à faire pour améliorer la navigation du Rhône entre Lyon et Arles. (Par Bouvier et A. Surell.) *Avignon*, 1843, in-8. M. G.

Notice sur l'ancienne abbaye de Saint-Pierre de Haut (Aveyron), par M. l'abbé *** (Bousquet). *Millau, Carrère*, 1848, in-12, 40 p.

Catalogue Moquin-Tandon, n° 527.

Notice sur l'ancienne cathédrale d'Arras et sur la nouvelle église Saint-Nicolas. (Par Debray, curé.) *Arras, imp. de A. Tierny*, 1839, in-8.

Notice sur l'ancienne horloge de la ville de Vire et sur la tour où elle était placée. Par F. C. (François Cazin). *Vire, impr. de veuve Barbot*, 1858, in-18, 46 p.

Notice sur l'Association libre des compositeurs typographes de Bruxelles, fondée en janvier 1842. (Par Dauby, ouvrier typographe.) *Bruxelles, Mathieu et Cie*, 1857, in-12, 88 p.
J. D.

Notice sur l'église de Saint-Laumer, autrement Saint-Nicolas de Blois. (Par l'abbé Voisin.) *Paris*, 1840, in-4.

Notice sur l'église Saint-Eloi à Bordeaux. *Bordeaux, T. Lafargue* (1848), in-8, 7 p.

Signée : L. L. (Léonce de Lamothe).

Notice sur l'église Saint-Pierre à Bordeaux. *Bordeaux, T. Lafargue* (1848), in-8, 4 p.

Signée : L. de L. (Léonce de Lamothe).

Notice sur l'église Saint-Thomas de Vire. (Par François Cazin.) *Vire, imp. de veuve Barbot fils*, 1854, in-16, 44 p.

Notice sur l'établissement de l'imprimerie dans la ville d'Aire au xviie et au xviiie siècle. (Par Fr. Morand.) *Aire*, 1845, in-8, 16 p.

Notice sur l'établissement en Belgique de caisses de prévoyance en faveur des ouvriers mineurs. (Par Auguste Wisschers.) *Bruxelles, Vandooren*, 1843, in-8, 31 p. J. D.

Notice sur l'état des Israélites en France, en réponse à des questions proposées par un savant étranger. *Paris, Pillet aîné*, 1821, in-8, vii-92 p. — *Id.*, 1821, in-8, vii-108 p.

Signée : E. C. M. (Eug. Coquebert de Montbret fils, attaché au ministère des affaires étrangères).
Une note placée à la suite de l'annonce de cette brochure, dans le « Journal de la librairie », nous apprend que l'auteur avait déjà distribué 25 exemplaires de son opuscule, lorsque de nouveaux renseignements lui étant parvenus, il supprima les pages 84 à 92, qu'il remplaça par les pages 84 à 108.

Notice sur l'histoire de la ville de Clermont, le siége d'Issoire et la bataille de Cros-Rolland ; précédée d'un rapport de M. le maire (André d'Aubière) sur les sépultures publiques. *Clermont, imp. de Landriot* (1826), in-8, 23 p.

Notice sur l'origine et le rétablissement de l'ordre chapitral d'ancienne noblesse des quatre empereurs d'Allemagne, rédigée d'après d'anciens manuscrits et documents authentiques. (Par Joseph-Romain-Louis Kirckhoff, vicomte de Kirckhove, dit de Kirckhoff vander Varent, docteur en médecine, ancien président de l'Académie d'archéologie de Belgique.) *Anvers, imp. de Decort*, in-8, 16 p. J. D.

Notice sur l'Université de Liége. (Par J.-B.-Ph. Lesbroussart.) *Liége, Desoer*, 1841, in-8, 24 p. Ul. C.

Tirée à part du « Journal de Liége ».

Notice sur la Bibliothèque de la ville de Lyon. (Par A. Péricaud.) *Lyon, imp. de Rusand*, 1834, in-8, 24 p.

Extraite de l' « Annuaire de Lyon » pour 1834.

Notice sur la Bibliothèque de la ville de Lyon, extraite des « Archives historiques et statistiques du département du Rhône », tome VI. (Par Claude Bréghot du Lut.) Nouvelle édition, revue et corrigée. *Lyon, Barret*, 1828, in-8.

Cette notice a eu deux tirages. Le premier, en 16 pages seulement, est rigoureusement conforme au texte des « Archives ». Le deuxième, en 24 pages, mentionné ci-dessus, contient des corrections et additions qu'on trouve rapportées dans le tome VII du même ouvrage.

Cette notice a été réimprimée en décembre 1834.

D. M.

Notice sur la Bibliothèque publique de la ville de Moulins. (Par G.-N.-A. Ripoud.) *Moulins*, 1832, in-12.

Extraite de l' « Annuaire du département de l'Allier », 1832.

Tirée à 50 exemplaires.

Notice sur la carte géographique et héraldique du Franc de Bruges, ouvrage de Pierre Pourbus. (Par le chanoine Canton.) *Bruges*, 1852, in-8, carte. J. D.

Notice sur la cathédrale de Namur, par un membre du clergé attaché à cette église (Lambert-François-Joseph de Hauregard, chanoine et doyen de la cathédrale de Saint-Aubain). *Namur, Wesmael-Legros*, 1851, in-8, 268 p., non compris l'appendice et 3 planches. J. D.

Notice sur la cathédrale de Saint-Bavon, à Gand, par un membre du clergé de cette église (J.-J. Desmet, chanoine pénitentier de la cathédrale). *Gand, Vanryckegem-Lepere*, 1853, in-16, 106 p. J. D.

Notice sur la chapelle de Notre-Dame des Anges... (Par l'abbé A. Jouveaux.) *Paris, imp. de Bailly, Divry et Cie* (1852), in-32, 64 p.

Plusieurs fois réimprimée.

Notice sur la chapelle du pensionnat des Frères, à Béziers, par M. l'abbé *** (Brioust, et par le frère Samuel). *Béziers, imp. de Mme veuve Millet*, 1856, in-8.

D. M.

Notice sur la chapelle Saint-Roch, sise dans les monts de Vaudry, près de Vire. Par F. C. (François Cazin). *Vire, veuve Barbot*, 1863, in-12, 64 p.

Notice sur la châsse de Saint-Sever.

(Par Deville.) *Caen, Hardel*, 1837, in-8, 33 p., fig.

Notice sur la commune de Lampernisse. (Par le chanoine F. Vandeputte.) *Bruges*, 1853, in-8. J. D.

Notice sur la consécration de l'église de la maison principale des Frères de l'instruction chrétienne de Ploërmel. (Par le frère Joseph-Marie Havart.) *Vannes, imp. de G. de Lamarzelle*, 1856, in-8, 16 p.

Catalogue de Nantes, n° 37417.

Notice sur la construction et la dédicace de la chapelle Saint-Louis, érigée par le roi des Français, Louis-Philippe Ier, la onzième année de son règne (1841), sur les ruines de l'ancienne Carthage, près de Tunis. (Par P.-F.-L. Fontaine.) *Paris, Fain et Thunot*, 1841, in-fol., 22 p.

Notice sur la famille Marc-Aurel. (Par H.-J.-A. Rochas.) *Valence* (s. d.), in-8, 12 p.

Notice sur la lithographie, ou l'art d'imprimer sur pierre, par M*** (F. Mairet). *Dijon, chez l'auteur, papetier*, 1818, in-12, 57 p.

Réimprimée avec le nom de l'auteur, *Châtillon-sur-Seine, Cornillac*, 1824, in-12, 228 p.

Notice sur la maison de Boubers-Abbeville-Tunc (Ponthieu). (Par le comte Am.-Ch. de Boubers-Abbeville.) *Paris, imp. de Schneider et Langrand* (1845), gr. in-8, 20 p.

Extraite de l' « Armorial de la noblesse de France ».

Notice sur la maison de Boutery, par un gentilhomme picard, auteur du « Trésor généalogique de la Picardie » (René de Belleval). *Amiens, imp. de veuve Herment*, 1860, in-8, 40 p.

Notice sur la mer Noire, sur son littoral et sur les principaux forts. (Par Vandevelde.) *Bruxelles*, 1854, in-8, carte et plans.

Notice sur la mort de Paul Ier, empereur de Russie. (Par R.-C.-H. de Chateaugiron.) *S. l. n. d.*, in-8, 24 p.

Réimprimée, avec quelques différences, dans le « Mercure » de 1806, et encore dans l' « Histoire de Russie » de Levesque, édition de 1813.

Notice sur la nouvelle organisation militaire du royaume de Sardaigne. (Par le général Ravichio de Peretsdorf.) *Paris, Corréard*, 1834, in-8, 30 p., avec des tableaux.

Notice sur la personne et les écrits de

La Bruyère. (Par J.-B.-A. Suard.) *Paris, imp. de Monsieur*, 1781, in-18.

Tirage à part, à 25 exemplaires, de la notice placée en tête des « Maximes et Réflexions morales extraites de La Bruyère ».

Notice sur la personne et les écrits de La Rochefoucauld. (Par J.-B.-A. Suard.) *Paris, imp. de Monsieur*, 1782, in-18, 24 p.

Extraite de l'édition des « Maximes » de 1779.

Notice sur la personne et les ouvrages du comte Vittorio Alfieri. (Par Oct.-Alex. DE FALLETTE-BARROL.) 1804, in-8.
                                  D. M.

Notice sur la place d'Ypres et son démantèlement. 1830-1858. (Par Alphonse VANDENPEEREBOOM, ministre de l'intérieur.) *Ypres, Lambin fils* (1858), in-8, 141 p. et 2 plans.   J. D.

Notice sur la police de la presse et de la librairie, sous la Monarchie, la République et l'Empire ; influence de la presse sur les événements politiques et sur le mouvement des idées. Par B....... (Alex. BAUDOUIN), secrétaire de la présidence à la Chambre des représentants des Cent-Jours. *Paris, Rignoux*, 1852, in-8, VI-32 p.

Notice sur la position de la station romaine Robrica. (Par A. BOREAU.) *Angers, Cosnier et Lachèse, s. d.* (1858), in-8, 18 p.

Catalogue de Nantes, n° 39668.

Notice sur la prison cellulaire de Bruchsal (grand-duché de Bade). Des libérations conditionnelles en Angleterre. (Par Ed. DUCPÉTIAUX.) *Bruxelles, Weissenbruch*, 1855, in-8, 56 p.   J. D.

Notice sur la révérende mère Joseph de Jésus (Anne Capitaine), religieuse carmélite. (Par Pierre KESTERN.) *Liége, Desoer*, 1848, in-8, 15 p.   Ul. C.

Notice sur la rue Belle-Cordière à Lyon, contenant quelques renseignements biographiques sur Louise Labé et Charles Borde. *Lyon, Barret*, 1828, in-8, 16 p.

Signée : M. C. B. D. L. (M. C. BREGHOT DU LUT). Extraite des « Archives historiques et statistiques du Rhône ».

Notice sur la Sainte-Baume. (Par l'abbé DE VILLENEUVE.) *Draguignan, Fabre, s. d.*, in-8.

Catalogue de Nantes, n° 37044.

Notice sur la Sainte-Baume (par Alex. DE LA MOTTE BARACÉ, vicomte SÉNONNES), accompagnée de vues et de plans, et publiée par les soins de M. Chevalier, préfet du département du Var. *Paris, F. Didot*, 1822, in-fol.

Notice sur la seigneurie de Dilsen. (Par Jules PETY DE ROSEN.) *Tongres, Collée*, 1864, in-8, 34 p.   J. D.

Notice sur la situation particulière dans laquelle se trouvent les employés des administrations des contributions indirectes et des tabacs relativement aux retraites. (Par J.-P. PEYTAL, chef aux contributions.) *Paris, Mme Huzard*, 1833, in-4, 16 p.

Notice sur la Société de Saint-Georges à Gand. Discours prononcé le 11 août 1818, à l'occasion de l'installation du nouveau parc destiné aux exercices de l'arbalète, et du banquet solennellement offert au respectable M. François-Bernard Huyttens, jubilaire de la Société et son premier directeur. Par N. C*** (Norbert CORNELISSEN), un des membres. *Gand, de Busscher*, 1818, in-8, 14 p.   J. D.

Notice sur la Sorbonne. (Par M. l'abbé DE FOUCAUD.) *Paris, imp. de Le Normant*, 1818, in-8, 64 p.

Notice sur la vie de Voyer d'**Argenson**, préfet des Deux-Nèthes... (Par VOYER-D'ARGENSON fils). *Paris, imp de Mme de Lacombe*, 1845, in-8, 119 p.

Notice sur la vie de M. l'abbé **Bardenet**, par un de ses amis. (Par F. PERRON.) *Paris, imp. de J.-B. Gros*, 1844, in-8, 40 p.

Notice sur la vie et les écrits de M. Joël **Barlow**, ministre plénipotentiaire des États-Unis d'Amérique auprès de Sa Majesté l'empereur des Français. (Par OELSNER.) *Paris, imp. de Smith*, 1813, in-4, 32 p.

Notice sur la vie et les travaux de feu P.-Fr. **Bellot**, doyen de la Faculté de droit de Genève. (Par le professeur CHERBULIEZ.) *Genève*, 1838, in-8, 37 p.

Notice sur la vie et les ouvrages de Ch. **Borde**. (Par A. PÉRICAUD.) *Lyon, Barret, s. d.* (1824); in-8, 20 p.

Tirée à 100 exemplaires seulement.

Notice sur la vie et les relations de voyages du capitaine **Bossu** (Jean-Bern., né à Baigneux-les-Juifs, mort à Auxerre le 4 mai 1792), par feu M. le docteur Bourée, précédée de notices biographiques sur le docteur Bourée (l'une par Gabriel Bourée, son fils, l'autre par M. Jules Beaudouin). *Châtillon-sur-Seine, imp. de F. Lebeuf* (1852), in-8, 59 p.

Notice sur la vie et les ouvrages de M.-J. de **Chénier**... Par M***. *Paris, Dabin*, 1811, in-8, 27 p.

Par P.-C.-F. Daunou, d'après le « Catalogue de l'histoire de France » de la Bibliothèque nationale.
Par D.-J. Garat, d'après Œttinger.
Cette notice a été aussi attribuée à P.-L. Ginguené.

Notice sur la vie et les travaux de P.-L.-A. **Cordier**... Suivie d'une liste chronologique et raisonnée de ses ouvrages. Deuxième édition, revue et augmentée de son « Mémoire posthume sur l'origine des roches calcaires et des dolomies... » (Par M. Ch. Read, gendre de Cordier.) *Paris, B. Duprat*, 1862, in-8.

La première édition se trouve en tête du Catalogue de la vente des livres de Cordier.

Notice sur la vie et les écrits de Mme **Cottin**. (Par Jos. Michaud.) *Paris*, 1818, in-12.

Tirée à 25 exemplaires et réimprimée en tête du roman : « Elisabeth, ou les exilés en Sibérie ». *Paris, Michaud.*

Notice sur la vie et les écrits de M. **Émery**, ancien supérieur général de Saint-Sulpice. (Par L.-F. de Bausset.) In-8, 46 p.

M. Émery est mort le 28 avril 1811. La notice doit avoir paru peu de temps après.

Notice sur la vie et les écrits de l'abbé Jacq.-And. **Émery**, supérieur du séminaire de Saint-Sulpice. (Par M.-J.-P. Picot.) *Paris*, 1811, in-8.

Cette notice assez étendue fut saisie par la police, qui la fit mettre au pilon. (Quérard, « France littéraire », t. VII et t. XI.)

Notice sur la vie et la mort du P. E. M. F. **Estève**... (Par le P. Ach. Guidée, jésuite.) *Paris, Poussielgue-Rusand*, 1849, in-12, 83 p. — Nouvelle édition, 1855, in-12, avec le nom de l'auteur.

Notice sur la vie et les ouvrages de l'abbé **Feller**. (Par P.-J. Desdoyarts.) *Liége*, an IX-1802, in-8. — *Id.*, 1810, in-8.

Notice sur la vie et les travaux de J.-A. **Galiffe**, par J. B. G. G. (Galiffe). *Genève*, 1856, in-8.

Notice sur la vie et les ouvrages de **Gœthe**. *Paris, imp. de Bobé*, 1824, in-8, 184 p.

Signée : Albert S.....r (Stapfer).
Cette notice se trouve eu tête de l'édition des « Œuvres dramatiques de Gœthe », traduites en français. *Paris, Ladvocat*, 1824, 4 vol. in-8.

Notice sur la vie et les ouvrages de **Grainville**... S. l. (1806), in-12, 12 p.

Signée : M. Le B..... (A.-F. Le Bailly).

Notice sur la vie et le pontificat de **Grégoire XVI**, par A. M. (Adolphe Mortemart). *Lyon et Paris, Périsse*, 1856, in-8, 72 p.   D. M.

Notice sur la vie, la mort et les funérailles de monseigneur Jean-Nicaise **Gros**, évêque de Versailles, par un prêtre du diocèse (l'abbé Chauvet). *Versailles, Dagneau jeune*, 1857, in-8, 15 p. — Deuxième édit. *Id.*, 1857, in-8, 15 p.   D. M.

Notice sur la vie de M. L. **Hachette**, suivie des discours prononcés à ses obsèques et des articles nécrologiques consacrés à sa mémoire. (Par M. A. Lesieur.) *Paris, imp. Lahure*, 1864, in-8, viii-83 p.

Notice sur la vie et les ouvrages, tant imprimés que manuscrits, du P. **Houbigant**, de l'Oratoire. Extraite du « Magasin encyclopédique »... mai 1806... S. l. n. d., in-8.

Signée : J.-F. A—y (J.-F. Adry).
Paginée 123 à 149.

Notice sur la vie et les ouvrages de **Kessels**, sculpteur belge, suivie du catalogue de ses ouvrages. (Par A.-C. Albitès.) *Bruxelles*, 1837, in-8.

Notice sur la vie de **La Fontaine**, avec quelques observations sur ses fables. (Par Jacques-André Naigeon.) *Paris, A.-A. Renouard*, 1795, in-16, 48 p.

Tirée à un petit nombre d'exemplaires.
Imprimée d'abord en tête des éditions des « Fables de la Fontaine » publiées par Didot aîné pour l'éducation du Dauphin.

Notice sur la vie et les ouvrages de M. L.-M. **Langlès**. Par M. A. R. (Abel Rémusat). *Paris, imp. Dondey-Dupré*, 1824, in-8, 12 p.

Extraite du « Journal asiatique ».

Notice sur la vie et les ouvrages de C.-A.-J. **Lavry**, par E. V. B. (Eugène van Bemmel). *Bruxelles*, 1850, in-8.

Notice sur la vie et les ouvrages de M. l'abbé **L'Ecuy**. S. l. (Paris), imp. Ad. Leclère (1834), in-8, 16 p.

Signée : M** (le docteur Martin).

Notice sur la vie et les ouvrages de Mme **Le Brun**, par J. T. L. F. (J. Tripier Le Franc). In-8.

Extraite du « Journal-Dictionnaire de biographie moderne ».
Catalogue Duchesne, n° 411.

Notice sur la vie et les ouvrages de M. **Lenglet**, président à la Cour royale de Douai, ex-législateur. Par E. T. (É.-F.-J. Tailliar, conseiller à la Cour de Douai). *Douai, Adam*, in-8, 82 p.

Notice sur la vie et la mort de Joseph **Lesurque**. (Par J.-B. Salgues.) *Paris, imp. de veuve Scherff*, 1821, in-4, 12 p.

Notice sur la vie et les ouvrages de **Martial**. (Par Claude Breghot du Lut.) Extraite de la « Biographie universelle » (t. XXVII, 1820). *Paris, Everat*, in-8, 7 p.

Notice sur la vie et la mort de M. Jean-Gabriel **Perboyre**, prêtre de la congrégation de la mission de Saint-Lazare, martyrisé en Chine... avec le portrait du martyr, par un prêtre de la même congrégation (le P. J.-B. Etienne). *Paris, Le Clere*, 1842, in-8.

Notice sur la vie de M. **Poivre**... (Par P.-S. Dupont de Nemours.) *Philadelphie et Paris, Moutard*, 1786, in-8, 78 p.

Réimprimée dans les dernières éditions des « Voyages d'un philosophe », par Poivre.

Notice sur la vie et les œuvres de M. l'abbé **Prevost**, chanoine titulaire de la métropole de Rouen, etc., par P. V. (Paul Vavasseur, avocat). *Rouen, Fleury*, 1854, in-12, 168 p.

Notice sur la vie et les ouvrages de M. **Ricard**. (Par G.-E.-J. de Sainte-Croix.) — Autre Notice extraite du « Journal de Paris. (Par J. Tonnelier (1803), in-12, 16 p.

Notice sur la vie et les écrits de l'abbé **Robert de Briançon**, généalogiste provençal. (Par le comte M.-C.-J.-L.-C. de Blégier de Pierregrosse.)

Notice sur la vie de M. **Schœpflin**, par J. G. S. (J.-G. Schweighæuser). *S. l. n. d.*, in-8, 15 p.

Notice sur la vie de **Sieyès**, membre de la première Assemblée nationale et de la Convention, écrite à Paris, en messidor, deuxième année de l'ère républicaine (vieux style, juin 1794). *En Suisse, et Paris, Maradan*, an III, in-8, 66 p.

Cette notice, attribuée à E.-J. Sieyès lui-même, est plus vraisemblablement de Conrad-Engelbert Oelsner.

Notice sur la vie et les ouvrages de M. François **Thurot**. (Par P.-C.-F. Daunou.) (*Paris*), *imp. de H. Fournier* (1833), in-8, 1 f. de tit. et 49 p.

Notice sur la vie et les ouvrages de

R. Aubert de **Vertot**. (Par Antoine-Augustin Renouard.) *Paris*, 1796, in-8.

Notice sur la vie et les ouvrages de **Wieland**, surnommé le Voltaire de l'Allemagne. (Par le baron J.-C-F. de Ladoucette.) *Paris, Fantin*, 1820, in-8, 32 p.

Notice sur la vie de Mme la princesse Marie d'Orléans, duchesse de **Wurtemberg**. (Par M. Trognon.) *Paris, imprimerie royale*, 1840, in-8, 179 p.

Notice sur la ville d'Amiens, ou description sommaire des rues, places, édifices et monuments les plus remarquables de cette ville, accompagnée d'un précis des événements qui s'y rattachent ; par MM. H. D*** (Hippolyte Dusevel) et R. M*** (Raoul Machart). *Amiens, Allo-Poiré*, 1825, in-8, 122 p.

Notice sur la ville de Dijon, ses environs et quelques autres villes de l'ancienne Bourgogne, à l'usage des voyageurs qui visitent ces contrées ; avec trente-deux planches représentant des sites et des monuments. (Par Fyot de Mimeure.) *Dijon, Gaulard-Marin*, 1817, in-8, 4 ff. lim. et 111 p.

Notice sur la ville de Dôle, dans le département du Jura, par M. D. P***** (P.-M.-Casimir de Persan). *Dôle, Florent Prudont*, 1806, in-8, 33 p.

Notice sur la ville et le château de Clisson, ornée de jolies vues de Clisson. (Par M. Jules Forest aîné.) *Nantes, Forest*, 1841, in-18, 86 p.

Catalogue de Nantes, n° 51493.

Notice sur Lambert Darchis, fondateur de l'hospice liégeois à Rome. (Par M.-L. Polain.) *Liége*, 1838, in-8.

Notice sur le baron de Rioufte. (*Paris*), L.-P. Setier fils (1814), in-8, 1 f. de tit. et 17 p.

Signée : Par un membre de la Société académique de Nancy, de l'Académie des antiquaires de France, etc. (Michel Berr).

Notice sur le baron Félix Bonnaire. (Par M. F. Bonnaire, son fils.) *Paris, imp. de Gerdès*, 1846, in-8, 102 p.

Notice sur le cabinet d'antiquités nationales de feu M. Jean d'Huyvetter. (Par A. Voisin.) *Gand, s. d.*, in-8, portr. et pl.
J. D.

Notice sur le caractère et la mort de M. le baron Malouet. (Par J.-B.-A. Suard.) *Paris, Pillet* (1814), in-8, 11 p.

Notice sur le château de Cabanes, près de Carlat en Auvergne. (Par le baron L. DE LA MORINERIE, employé à la préfecture de la Seine.) *Paris, imp. de J. Claye et Cie,* 1852, in-8, 27 p., plus une planche.

Tirée à 60 exemplaires.

Notice sur le chef-d'œuvre des frères van Eyck, trad. de l'allemand (de M. G.-F. WAAGEN, par M. RASMANN); augmentée de notes inédites sur la vie et les ouvrages de ces célèbres peintres, par L. DE BAST. *Gand, P. de Goesin,* 1825, in-8, avec grav.

Notice sur le collège de Juilly, par un ancien élève de cette académie (J.-F. ADRY). *Paris,* 1807, in-8, 32 p. — Nouvelle édit. augmentée. *Paris,* 1816, in-8, 48 p.

Attribuée par M. de Manne à J. CLO.

Notice sur le comte Joseph de Puisaye, lieutenant général, par un officier général qui a servi sous ses ordres. (19 décembre 1827.) *Mortagne, Glaçon,* in-8, 19 p.

Cette notice est l'œuvre du marquis Antoine DE PUISAYE, frère aîné du lieutenant général, né en 1751 et mort vers 1847, presque centenaire. L'article qui lui est consacré dans la « Biographie universelle » de Michaud, supplément, fourmille d'erreurs. Le marquis de Puisaye a laissé plusieurs ouvrages d'agriculture et de philosophie religieuse, assez médiocres. Il fut député de l'Orne à la Chambre introuvable. Il n'est pas exact qu'il eût servi sous les ordres de son frère; et il n'est même pas certain qu'il eût rempli à son nom quelqu'un des brevets que ce dernier lui avait envoyés en blanc d'Angleterre.   L. D. L, S.

Notice sur le couvent des capucins de Vire, suivie de l'abrégé de la vie de Jean Halbout, son fondateur, et précédée d'un précis historique sur l'ordre des capucins; par F. C. (François CAZIN). *Vire, imp. de veuve Barbot,* 1855, in-16, 134 p.

Notice sur le 18 brumaire, par un témoin qui peut dire : *Quod vidi testor.* (Par J.-J. COMBES-DOUNOUS.) *Paris, F. Schoell,* 1814, in-8, 44 p.

Notice sur le fauteuil de Molière. Par M*** (ASTRUC et SABATIER). *Pézenas, imp. de Bonnet,* 1836, in-8, 32 p.

Notice sur le général Belliard, avec un portrait en pied, d'après la statue exécutée par Guillaume Geefs et placée à Bruxelles. (Par J.-B. PETIT.) (*Bruxelles*), *librairie militaire,* 1838, in-8.   J. D.

Notice sur le général Rigau. Extrait des archives et documents déposés aux Archives de la guerre. (Par le baron Dieudonné RIGAU, colonel, fils du général.) *Paris, imp. François et Cie,* 1843, in-8, 21 p.

Notice sur le grand tableau de P.-P. Rubens. Baptême de Jésus-Christ par saint Jean. (Par CORNELISSEN.) (*Gand*), s. d., in-4, 6 p., avec le dessin du tableau gravé au trait par Onghena.

En français et en anglais.   J. D.

Notice sur le Holle-Griet, dédiée aux membres du conseil communal de Diest, par l'auteur, leur collègue, P. C. (CHRISTIANS). *Diest, Henckens* (1859), in-8, 11 p.   J. D.

Notice sur le *madia sativa,* ou résumé de tout ce qui a paru sur cette plante intéressante, par A. S. J. A. T. C. D. B. (Alex. SIRAND, juge au tribunal civil de Bourg). *Bourg, Bottier,* 1841, in-8, 32 p.

Notice sur le Mont-Saint-Michel, par M. F. V. (Frédéric VAULTIER). *Caen, Pagny* (1840), in-8, 16 p.

Notice sur le monument élevé à Fénelon dans l'église cathédrale de Cambrai, précédée de quelques documents sur la mort de ce prélat... (Par André LE GLAY.) *Cambrai, à la sacristie de l'église cathédrale,* août 1826, in-8, 38 p., avec fig.

Notice sur le palais de la Chambre des pairs de France, anciennement appelé palais de Luxembourg ou d'Orléans. Description de cet édifice à l'extérieur et à l'intérieur; détails sur la destination de chacune de ses parties, sur les peintures et les statues qui le décorent; description de ses jardins, de ses dépendances, et d'une partie du quartier qui l'avoisine, pour servir de guide à ceux qui visitent ce palais. Par M. G. DE LA V. (Claude-Madeleine GRIVAUD DE LA VINCELLE). *Paris, Nepveu,* 1818, in-12. — 2ᵉ édit. *Ibid.,* 1820, in-12.

Notice sur le palais des Tuileries. (Par M. VIOLLET-LEDUC, conservateur des résidences royales.) *Paris, imp. de Guiraudet et Jouaust,* 1836, in-12, 52 p.

Notice sur le pèlerinage de Notre-Dame de Roc-Amadour, par M. l'abbé LE G*** (LE GUENNEC), supérieur du séminaire. *Cahors, imp. de Plantade,* 1856, in-8, 193 p., 2 ff.

Notice sur le poëme des « Jeux de mains » (de Rulhière). (Par le comte L.-L. F. DE LAURAGUAIS, duc DE BRANCAS.) *S. l.* (1818), in-8.   D. M.

Notice sur le prieuré de Solesmes. (Par dom GUÉRANGER, prieur de Solesmes). *Au Mans, imp. de Belon,* 1834, in-8, 30 p.

Réimprimée en 1839, sous ce titre : « Notice sur l'abbaye de Solesmes », in-8, 33 p.

Notice sur le R. P. Vincent Lamarche, de l'ordre de Saint-Dominique... (Par Emile NÈVE.) *Tirlemont, Merckx*, 1850, in-8, 8 p. J. D.

Extraite de la « Revue catholique ».

Notice sur le roman en vers des « Sept Sages de Rome ». (Par M. Pierre-Gustave BRUNET.) *Paris, Techener*, 1839, in-8, 40 p.

Tirée à 65 exemplaires.

Notice sur le scapulaire de l'Immaculée Conception, ou scapulaire bleu. Traduite de l'italien par Z. (F.-Z. COLLOMBET). *Lyon et Paris*, 1848, in-18, 54 p.

Notice sur le séjour à Marseille du roi d'Espagne Charles IV, depuis la fin de 1808 jusqu'au printemps de 1812 ; par un vieux Marseillais (Laurent LAUTARD). *Marseille, Achard*, 1826, in-8, 66 p.

Notice sur le temple de Saint-Pierre, ancienne cathédrale de Genève. (Par Ed. MALLET.) *Genève*, 1835, in-8.

Notice sur le temple et l'hospice du mont Carmel. (Par le chevalier ARTAUD DE MONTOR.) *Paris*, 1843, in-8. — Nouvelle édit. en 1844, avec le nom de l'auteur.

· Notice sur les améliorations à introduire dans le pavement de la ville de Bruxelles, par un industriel (BOUVIER). *Bruxelles, Labroue*, 1853, in-8, 26 p., 2 planches.

Réimprimée la même année. J. D.

Notice sur les anciens livres d'heures, par un membre de la Société des antiquaires de Normandie. (Fréd. PLUQUET.) *Caen*, 1834, in-8, 29 p.

Notice sur les autels et les tombeaux des anciens peuples du nord de l'Europe. (Par GALLARDOT et le baron P.-Fr. PERCY.) *Paris, Sajou*, 1811, in-8.

Notice sur les bains de mer de Boulogne. Mars 1825. (Par A. VERSIAL, fondateur de l'établissement.) *Boulogne, imp. de P. Hesse* (1825), in-8, 17 p., avec 4 planch. doubles et une fig. au trait de la colonne de Boulogne.

La couverture porte : « Notice sur les bains de mer de Boulogne et sur l'établissement formé par A. Versial ».

Notice sur les bains de Wattwiller, à propos de la construction projetée d'un nouvel établissement. (Par le docteur HEUCHEL.) *Belfort, typog. Clerc*, 1863, in-8, 15 p.

· Notice sur les cadres sculptés par Lau-

rent Vandermeulen, de Malines. (Par A. VAN LOKEREN.) *Gand*, 1836, in-8, 8 p. J. D.

Notice sur les campagnes de mer et les services de M. Ducampe de Rosamel, vice-amiral... Par R***** (RAMPAL). *Toulon, imp. de A. Aurel*, 1834, in-8, 52 p.

Réimprimée la même année avec le nom de l'auteur ·

Notice sur les Charmettes, vallon des environs de Chambéry, à l'usage des voyageurs qui visitent la retraite de J.-J. Rousseau. (Par Georges-Marie RAYMOND.) *Genève, J.-J. Paschoud*, 1811, in-8. — *Chambéry, imp. de F. Cléaz*, 1817, in-8.

Notice sur les comestibles, et principalement sur l'économie d'introduire dans le pain les pommes de terre râpées crues... (Par J.-P. DE LOYS DE CHÉSAUX.) *Lausanne* (1813), in-8.

Notice sur les cryptes de l'abbaye Saint-Victor-les-Marseille. Précis historique. Description de ces souterrains. *Marseille, veuve Marius Olive*, 1864, gr. in-8, 112 p., 1 plan.

Le nom de l'auteur, Ch. KOTHEN, se trouve en monogramme sur le verso de la couverture.

Tirée à 40 exemplaires sur différents papiers.

Notice sur les dalles tumulaires de cuivre ciselées et gravées par des artistes flamands en Angleterre. (Par Isidore HYE.) *Bruges*, 1850, in-8, fig. J. D.

Notice sur les deux siéges de Metz de 1444 et de 1552 (par M. MERSON), suivie de la relation du simulacre du siége de cette ville pendant septembre 1844, et des opérations des camps de la Moselle (par M. F. VERRONNAIS). *Metz, Verronnais*, 1844, in-8.

Notice sur les eaux et boues thermo-minérales sulfureuses de Saint-Amand (Nord). (Par le docteur CHARPENTIER, membre correspondant de l'Académie impériale de médecine, etc.) *Paris, imp. de Bonaventure et Ducessois* (1857), in-8, 15 p. — Autre édition, avec le nom de l'auteur. *Paris, J. Masson*, 1861, in-8, 16 p., 1 pl.

Notice sur les eaux minérales sulfureuses et ferrugineuses du Masca, commune de Castéra Verduzan (Gers). *Toulouse, Bonnal et Gibrac*, 1845, in-8, 32 p.

Signée : J. B. N. (NOULET), D. M.

Notice sur les écrits et la vie du docteur Bosquillon... (Par Philibert DUBOIS.) *Paris, imp. de Crapelet, s. d.*, in-8, 13 p.

Notice sur les estampes gravées par Marc-Antoine Raimondi, d'après les dessins de Jules Romain, par C. G. DE MURR, traduite et annotée par un bibliophile (M. G. BRUNET). *Bruxelles, Mertens*, 1865, pet. in-8, 66 p.

Voy. « Supercheries », I, 525, *a.*

Notice sur les établissements littéraires et scientifiques de la ville de Bayeux. (Par Fréd. PLUQUET.) *Bayeux, Groult*, 1834, in-8.

Notice sur les établissements thermaux du département des Hautes-Pyrénées. (Par Ed. LAFFON DE LADÉBAT.) 1822, in-8.

Notice sur les évêques, leur origine, leurs prérogatives..... suivie du tableau complet des cérémonies usitées à leur sacre et à leur dégradation, et d'une liste chronologique des évêques et des suffragans du siége de Liége. (Par Ch. DE CHENEDOLLÉ.) *Liége, Desoer*, 1829, in-8, VII-95 p.   Ul. C.

Notice sur les fers de construction de la Société des forges de la Providence, à Marchienne-au-Pont. (Par Eugène-Jean-Dieudonné ROFFIAEN.) *Fleurus, Félix Oudart*, 1858, in-8, 382 p., 18 pl.
                         J. D.

Notice sur les forêts du département de la Côte-d'Or. Par N. (Jean-Baptiste NOELLAT). *Dijon, imp. Noellat*, 1827, in-12, 28 p.

Extraite de l' « Annuaire de la Côte-d'Or ».

Notice sur les hospices de la ville de Clermont-Ferrand... (Par M. MARQUIS, archiviste.) *Clermont, A. Veysset* (1844), in-8, 2 ff. de tit., 163 p.

Notice sur les hospices de Vire. Par F. C. (F. CAZIN). *Vire, veuve Barbot*, 1857, in-8, 151 p.

Notice sur les imprimeurs de la famille des Elzevirs, faisant partie de l'introduction au Catalogue raisonné de toutes les éditions qu'ils ont données, par un ancien bibliothécaire (J.-F. ADRY). *Paris, Delance*, 1806, in-8, 59 p.

Extraite du « Magasin encyclopédique », août et septembre 1806. On n'a fait qu'y ajouter un frontispice et changer les numéros des pages.

Notice sur les inspirés, fanatiques, imposteurs, béates, etc., de la Manche; par F. P. (Fréd. PLUQUET). *Saint-Lô, imp. de J. Elie*, 1829, in-8, 14 p.

Tirée à 16 exemplaires.

Notice sur les institutions qui ont pour objet la vente ou la distribution à prix réduits des denrées alimentaires. (Publication faite par ordre du ministre de l'intérieur, par MM. BELLEFROID et VERGOTE, attachés au ministère.) *Bruxelles, Lesigne*, 1850, in-8, 40 p.

N'a pas été mise dans le commerce.   J. D.

Notice sur les libertés de l'Eglise catholique, par W. de R., écuyer, ancien jurisconsulte (François-Jean, chevalier WYNS DE RAUCOURT, vice-président du Sénat, ancien bourgmestre de Bruxelles). *Bruxelles, Demat*, 1846, in-12, 30 p.   J. D.

Notice sur les plans gravés de l'hôpital Saint-Jean, à Bruxelles. (Par Victor DELECOURT.) In-4.

Extraite de la « Renaissance », novembre 1843.
                        J. D.

Notice sur les principaux tableaux de l'exposition de 1859. Peintres français. (Par Auguste-Philibert CHALONS D'ARGÉ.) *Paris, H. Plon*, 1859, in-8, 2 ff. de tit. et 68 p. — Deuxième édition. *Id.*, 1859, in-8, 72 p.   D. M.

Notice sur les principaux tableaux du musée impérial de l'Ermitage, à Saint-Pétersbourg. (Par J.-H. SCHNITZLER.) *Saint-Pétersbourg*, 1828, in-12, xij-155 p., avec une vue de l'Ermitage lithogr.

Notice sur les quêteuses. (*Paris*), *imp. de Lefebvre* (1815), in-8, 12 p.

Signée : A. P. Q***** (A.-P. QUINOT).

Notice sur les tableaux des artistes étrangers et les principaux ouvrages de sculpture, gravure, architecture, dessin, aquarelle, miniature, numismatique, lithographie, chromo-lithographie, photographie de l'exposition de 1859. (Par Auguste-Philibert CHALONS D'ARGÉ.) *Paris, H. Plon*, 1859, in-18, 60 p.   D. M.

Notice sur les tombes découvertes en août 1841, dans l'église-cathédrale de Saint-Sauveur, à Bruges. (Par Octave DELEPIERRE.) *Bruges*, 1841, in-8, avec une grande planche sur bois.

Cette notice a été imprimée d'abord dans les « Annales de la Société d'émulation de Bruges ».
                        J. D.

Notice sur les traductions françaises du « Manuel d'Epictète », par G. A. J. H*** (Gab.-Ant.-Jos. HÉCART). *Valenciennes, imp. de Priguet*, 1826, in-18, 74 p. et un appendice de 12 p.

Tirée à 50 exemplaires de ce format et 12 exemplaires de format in-4.

L n 27 21537

Notice sur les vies de sainte Macrine, de Magné, et de sainte Pezenne, près de Niort... écrite sur des documents historiques et traditionnels, par l'abbé P. P. (P. PICARD), curé de Magné. *Niort, imp. de Morisset, s. d.*, in-18, 77 p.

La deuxième édition, *Niort, typ. de L. Favre*, 1870, in-32, 64 p., porte le nom de l'auteur.

Lf 182 10

Notice sur les vignobles de la Touraine et de l'Anjou, ou histoire d'une barrique de vin... par M*** (DU PETIT-THOUARS), propriétaire de vignes dans les deux provinces. *Paris, imp. de H. Fournier*, 1829, in-8, 15 p.

La deuxième édition, publiée la même année, porte le nom de l'auteur.

L6 45 24

Notice sur Louis XVIII le Législateur, Louis le Grand, deuxième du nom. (Par L.-A. DE CHAPUYS-MONTLAVILLE.) *Paris, imp. de J. Didot aîné*, 1825, in-8, 23 p.

Notice sur Louis Garon et sur la fête du cheval fol... (Publiée par A. PÉRICAUD l'aîné et COSTE.) *Lyon, Boitel*, 1837, in-8, 32 p.

Tirée à 25 exemplaires.

L n 27 14642

Notice sur Louis Tolozan de Montfort. Publication de la « Revue du Lyonnais ». *Lyon, imp. de L. Boitel*, 1837, in-8, 59 p.

Signée : J. S. P. (J.-S. PASSERON).

L n 27 21613

Notice sur ma fille. (Par Ch. RIOBÉ.) *Le Mans, imp. de Monnoyer frères*, 1863, in-8, 2 ff. de tit. et 359 p.

L n 27 9173

Notice sur Mme Augustine Dufresne, veuve d'Antoine-Jean Gros... *Paris, imp. de H. Fournier*, 1842, in-8, 11 p.

Signée : S. DE B. (Joséphine SARAZIN DE BELMONT). Réimprimée, avec la signature de l'auteur, sous le titre de : « Hommage à la mémoire de Mme Augustine Dufresne... » *Paris, imp. de J. Claye*, 1859, gr. in-8.

L n 27 14275

Notice sur Mme de Miramion... (Par Mme Marie-Benigne-Esther LETISSIER.) *Paris, P. Devarenne*, 1846, in-12, 67 p.

Notice sur Mme Guizot (née Pauline de Meulan), par M. O*** (François-Jean GUIZOT, son fils). *Paris* (vers 1835), in-8. D. M.

L n 27 15217

Notice sur Mme la vicomtesse de Noailles. *Paris, imp. de C. Lahure*, 1855, in-8, 2 ff. de tit. et 92 p.

Signée : S. N. S. (Mme STANDISH, née DE NOAILLES), membre de la Société des bibliophiles.

L n 27 12121

Notice sur Mlle Legras, fondatrice des sœurs de charité. (Par Mme Marie-Benigne-Esther LETISSIER.) *Paris, P. Devarenne*, 1846, in-12, 36 p.

Notice sur Marc-Antoine Fazy, pasteur. (Par le pasteur J.-J.-C. CHENEVIÈRE.) *Genève, J.-G. Fick*, 1857, in-8, 31 p.

Notice sur Marguerite d'Autriche, gouvernante des Pays-Bas. (Par le docteur François BULCKENS.) *Malines, Vanvelsen, Vander Elst*, 1844, in-8, 39 p.

Cette brochure n'a pas été mise dans le commerce. J. D.

L n 27 23...

Notice sur M. Casimir Bonjour. *Paris, imp. F. Malteste*, 1857, in-8, 32 p.

Signée : A. F. (A. FRANÇOIS).

Notice sur M. Ch. Delecourt, décédé à Mons, le 4 juin 1839, suivie de quelques mots prononcés sur sa tombe, par un de ses nombreux amis (Camille WINS). *Mons, Hoyois*, 1839, in-8, 8 p. J. D.

Notice sur M. Coutelle, etc. (Par DAGONEAU.) *Le Mans*, 1836, in-8.

Œttinger.

L n 27 47...

Notice sur M. d'Anthoine, baron de Saint-Joseph, ancien maire de Marseille, par un des membres du conseil général du département des Bouches-du-Rhône, son ancien adjoint à la mairie. *Paris, veuve Agasse*, 1826, in-8, 20 p.

Signée : D. S. (DESSOLIERS).

L n 27 181...

Notice sur M. de Sainte-Croix, membre de l'Institut. (Par M.-J.-P. PICOT.) *S. l. n. d.* (1809), in-8, 22 p.

L n 27 175...

Notice sur M. Henry de Richeprey. (Par Jacq. VINCENS SAINT-LAURENT.) *Paris, imp. de Mme Huzard* (1824), in-8, 48 p.

Extraite des « Mémoires de la Société royale et centrale d'agriculture », année 1824.

Notice sur M. Houdon. (Par Antoine-Chrysostome QUATREMÈRE DE QUINCY.) *Paris*, 1828, in-8. D. M.

Notice sur M. J.-J. de Meyer, docteur en médecine et en chirurgie, président de la commission médicale de la province de la Flandre occidentale. (Par le chanoine Ch. CARTON.) *Bruges, Vandecasteele-Werbrouck*, 1861, in-8, 32 p. J. D.

L n 27 20...

Notice sur M. Jean-Baptiste Volfius. (Par C.-N. AMANTON.) *Dijon, Frantin*, 1824, in-8, 8 p.

Extraite du « Compte rendu de l'Académie des sciences, arts et belles-lettres de Dijon », pour 1822-1823.

Notice sur M. L.-B. Coyon, lue en séance du comité de littérature et des beaux-arts (de la Société d'émulation de Liége ; par N. LOUMYER). *Liége, Carmanne,* 1859, in-18, 9 p.

Tirée à part de l' « Annuaire de la Société d'émulation ». Ul. C.

Notice sur M. l'abbé Mortier. *Toulouse, imp. de A. Manavit* (1846), in-8, 16 p.

Signée : A. M. (Aug. MANAVIT).

Notice sur M. Le Comte. (Par Urbain-René-Thomas LEBOUVIER-DESMORTIERS.) *Paris, imp. de P. Didot aîné, s. d.,* in-8, 16 p.

Notice sur M. le comte de Civry (Pierre du Collin de Barizien), articles nécrologiques et biographiques extraits de divers journaux, de l' « Abeille des Vosges », etc. *Paris, imp. de Schneider et Langrand,* 1843, in-8, 43 p.

Par son fils, Eugène DE CIVRY.
C'est la généalogie la plus fantasque et la plus dévotement inventée qu'il soit possible d'imaginer.
(Catalogue Noël, n° 2030.)
Cette notice est attribuée par Œttinger au baron DE BROS.

Notice sur M. le vicomte de Bonald... par M. Henri DE B. (Henri DE BONALD). *Paris, Leclere,* 1841, in-8, 2 ff. de tit. et 120 p. — *Avignon,* 1844, in-8, 112 p.

Notice sur M. Letronne. *Paris. imp. E. Duverger* (1842), in-4, 6 p.

Signée : F. D. (F. DEHÈQUE).
Extraite de l' « Encyclopédie des gens du monde », tome XVI, 2° partie, pages 475 et suivantes.
Tirée à six exemplaires.

Notice sur M. Losier, ancien curé (assermenté) de Moyaux (Calvados), décédé le 15 novembre 1820. (*Paris*), *Moreau,* in-8. 4 p.

Par Louis DU BOIS, auteur du discours qui remplit presque en entier cette petite brochure.

Notice sur M. Martinière. *Lyon, imp. de J.-M. Boursy,* 1818, in-8, 8 p.

Signée : M** (On.-Ben. MOULIN).

Notice sur M. Piau, curé de Loroux. (Par M. l'abbé ALLARD.) *Nantes,* mai 1864, in-18.

Catalogue de Nantes, n° 37979.

Notice sur M. Rodet. *Bourg, imp. de Bottier,* 1838, in-8, 8 p.

Extraite du « Journal de l'Ain », et signée : E. M. (Etienne MILLIET).

Notice sur Notre-Dame du Marillais, ou

Notre-Dame l'Angevine. *Angers, E. Barassé, imp.-lib.,* 1873, in-12, 48 p.

La préface est signée : F. B. (l'abbé F. BELLANGER, chanoine de la cathédrale, d'après l'approbation).

Notice sur Orderic Vital... Extraite de l'édition d'Orderic Vital, publiée pour la Société de l'histoire de France. *Paris, imp. de C. Lahure,* 1855, in-8.

Signée : L. D. (Léopold DELISLE).

Notice sur P. Delmotte, bibliothécaire de la ville de Mons. (Par Henri-Florent DELMOTTE.) *Valenciennes,* 1834, in-8.

Œttinger.

Notice sur P.-E. Lémontey. *S. l. n. d.* (Lyon, 1827), in-8, 16 p.

Signée : Z. (J.-S. PASSERON, de Lyon).
Extraite des « Archives historiques du Rhône ».

Notice sur Philibert de Lorme. (*Lyon*), *imp. de L. Boitel, s. d.,* in-8, 24 p.

Signée : J. S. P. (J.-S. PASSERON).
Extraite de la « Revue du Lyonnais », octobre 1835.

Notice sur Pierre de Savoye, archevêque de Lyon (1308-1332). — Notice sur Guillaume de Sure, archevêque de Lyon (1333-1340). (Par A. PÉRICAUD.) *Roanne, imp. de Ferlay* (1860), gr. in-8, 12 p.

Notice sur Pierre l'Hermite, par un membre de la Société des antiquaires de Picardie (A. DUTILLEUX): *Amiens, Lenoël-Hérouart* (1854), in-12, 24 p.

Tirage à part du « Mémorial du département de la Somme ».

Notice sur quelques débris de constructions romaines, conservés dans la commune de Herten, près de Ruremonde, par M. J. W. (Mathias-Joseph WOLTERS). *Gand, Hebbellynck,* 1849, in-8, 23 p. J. D.

Notice sur quelques livres rares imprimés au monastère de Clairlieu-les-Nancy. 1606-1610. (Par J.-N. BEAUPRÉ.) *A Saint-Nicolas-du-Port, imp. Trenel,* 1844, in-8.

Notice sur quelques localités de l'ancien duché de Brabant. (Par D. MARLIN.) *Namur,* 1837, gr. in-8. J. D.

Notice sur R. C. A. Van Bommel, évêque de Liége. (Par Ulysse CAPITAINE.) *Liége,* 1853, in-12, 95 p. J. D.

Notice sur Rivarol. *Paris, imp. de H. Fournier,* 1829, in-8, 2 ff. de tit., 52 p.

Signée : H. L. (Hipp. DE LA PORTE).

Notice sur saint Prest, office pour la fête de saint Prest, martyr. (Par l'abbé PIE, depuis évêque de Poitiers.) *Chartres, Garnier*, 1841.

Voy. A.-S. Morin, « le Prêtre et le Sorcier ». *Paris*, 1872, in-12, p. 22.

Notice sur Sainte-Céronne (dans l'arrondissement de Mortagne, Orne). (Par M. l'abbé HOYAU.) *S. d.*, in-12.   D. M.

Notice sur sainte Gertrude, vierge et martyre. (Par François LEFORT, prémontré, né à Mouzon en 1730, mort curé de Vaux-Deuillet, Ardennes, en 1703.) *S. l. n. d.* (*Charleville*, 1702), in-12.

Notice sur Sauveur Legros. (Par Jean-François-Nicolas LOUMYER.) *S. l. n. d.*, in-8.

Tirée à part, à 25 exemplaires, du « Bulletin du bibliophile belge », tome XII.   J. D.

Notice sur Simon Stévin, Brugeois. (Par le chanoine CARTON.) *Gand, Annoot-Braeckman*, 1847, in-16, 4 ff.   J. D.

Ouvrage tiré à 26 exemplaires.

Notice sur Théodore Brossard de Montenai, agriculteur, homme de lettres et magistrat à Bourg dans le xviie siècle. Par T. R. (Thomas-Philibert RIBOUD). *Bourg, Bottier*, an V-1797, in-8, 8 p.

Notice sur Théodore de Bèze. (Par le pasteur G.-D.-F. BOISSARD.) (*Paris, imp. de J. Smith*, 1820), in-8, 69 p.

Extraite du « Musée des protestants ».

Notice sur un livre d'évangiles conservé dans l'église de Saint-Jean-Evangéliste à Liége. (Par M.-L. POLAIN.) (*Liége, Carmanne*), 1854, in-8, 6 p.

Tirée à part du « Bulletin de l'Institut archéologique liégeois ».   Ul. C.

Notice sur un mariage de raison. *Paris, lithographie de Fonrouge, Brosset sculpsit* (1830), in-8, 40 p.

Cette curieuse notice auto-biographique est due à Sainte-Marie BROSSET jeune, connu par ses travaux sur la langue géorgienne, et qui devint secrétaire perpétuel de l'Académie impériale de Saint-Pétersbourg. Elle n'est pas citée dans la « Littérature française contemporaine » de Quérard. Ce bibliographe a donné dans « le Quérard », t. II, p. 63, la liste des ouvrages publiés en Russie par Brosset jusqu'en 1849.

Notice sur un monument funéraire connu sous le nom de pendentif de Valence. (Par Jules OLIVIER.) *Valence*, 1830, in-8, 16 p.

Notice sur un ouvrage de Volcyr, imprimé en 1530, et où il est particulièrement question des richesses minérales de la Lorraine et de ses verreries. (Par J.-N. BEAUPRÉ.) *Nancy*, 1842, in-8.

Extraite du journal l' « Impartial ».
Catalogue Noël, n° 1049.

Notice sur un passage remarquable de la chronique de Sigebert de Gembloux, relatif à l'autorité prétendue par les papes sur les couronnes des rois. (Par Adrien-Philippe RAOUX.) *Bruxelles, Hayez*, 1827, in-4, 22 p.   J. D.

Cette notice est tirée à part des « Mémoires de l'Académie », 1827.

Elle a été attribuée par Quérard à J.-B.-P. LESBROUSSART.

Notice sur un sceau en bague trouvé à Mont-de-Marsan. (Par G. AINSWORTH.) *Douai, Wagrez*, 1826, in-16. — *Paris, imp. de Fain* (1826), in-8, 6 p.

Notice sur un tombeau trouvé à Harlebeke, le 3 août 1845. (Par les chanoines Charles CARTON et VANDEPUTTE.) *Bruges, Vandecasteele*, 1858, in-4.   J. D.

Notice sur une dalle tumulaire de cuivre du xve siècle, qui se trouve au béguinage à Bruges. (Par Isidore HYE.) *Bruges, Vandecasteele*, 1852, 15 p.   J. D.

Notice sur une feuille de diptyque d'ivoire représentant le baptême de Clovis, par J. R. (J. RIGOLLOT). *Amiens, Boudon-Caron*, 1832, in-8.

Notice sur une idole des anciens Saxons nommée Irmensul, et sur l'étymologie de ce nom. (Par Eloy JOHANNEAU.) *S. l. n. d.* (*Paris, imp. de L.-P. Dubray*, 1808), in-8, 8 p.

Catalogue de Nantes, n° 23457.

Notice sur une mitre, dite de Philippe de Dreux, conservée au musée de Beauvais (par M. MATHON); suivie d'une Note sur des étoffes anciennes, fabriquées en Sicile (par M. W. BURGES). *Beauvais, Desjardins*, 1857, in-8, fig.

Catalogue L'Escalopier, n° 698.

Notice sur une nouvelle édition de la traduction françoise de Longus, par Amyot, et sur la découverte d'un fragment grec de cet ouvrage. (Par A.-A. RENOUARD.) (*Paris, de l'impr. de Crapelet*, 1810), in-8.

Notice sur une statuette trouvée à Casterie. (Par le chanoine Charles CARTON.) *Bruges, Vandecasteele-Werbrouck*, 1846, in-8, 24 p.   J. D.

Notice sur une traduction anglaise de l'Ecriture sainte, publiée au xviie siècle et

désignée ordinairement sous le titre de
Bible de Douai et Nouveau Testament de
Reims. (Par G. DUPLESSIS.) *Douai, imp. de
V. Adam*, 1841, in-8.

Tirée à 50 exemplaires.

Notice sur Viotti, par C*** D'EY... (Claude
D'EYMAR), préfet du Léman. *Genève*, 1800,
in-8.   D. M.

Notice topographique et médicale sur
les eaux minérales de Bagnoles de l'Orne,
à l'usage des médecins et des malades;
par L. D. (L. DESNOS), pharmacien. (*Paris*),
imp. de Guiraudet et Jouaust (1843), in-8,
40 p., avec une planche.

Notice topographique, historique, statistique et militaire sur l'île de Sainte-Hélène,
par le chevalier H...y G....T (Henry GUIL-
LOT). *Paris, Delaunay*, 1815, in-12, avec
2 cartes et 1 plan.

Notice topographique sur la ville de
Lyon. (Par COSTE aîné, C. BRÉGHOT DU
LUT et A. PÉRICAUD.) *Lyon, Rusand*, 1832,
in-8, 22 p. — Nouvelle édit. 1834, in-8,
24 p., avec les noms des auteurs.

Notice trouvée dans les papiers de M. le
comte Lambrechts et publiée par son héritier (Charles D'OUTREPONT). *Paris, imp. de
David*, 1823, in-8.

Notices biographiques des princes et
princesses de la maison d'Orléans. (Par le
duc d'Orléans, depuis roi sous le nom de
LOUIS-PHILIPPE Ier.) *Paris, de l'imp. de
Plassan*, 1824, in-8, 150 p.

Ces notices sont extraites du quinzième volume de
la « Nouvelle Biographie des contemporains », de Jay,
Jouy, Arnauld, etc.

Notices biographiques sur M. l'archiprêtre Coll, curé de Dangé. *Paris, imp. de
J.-G. Dentu* (1817), in-8, 20 p.

Signées : H. C. (le baron D'HENIN-CUVILLERS).

Notices des travaux littéraires des missionnaires anglais dans l'Inde. (Par L.-M.
LANGLÈS.) *Paris, Le Normant*, 1817,
in-8.

Extraites du numéro de juillet des « Annales encyclopédiques ».

Notices et Extraits de quelques ouvrages
écrits en patois du midi de la France. (Par
M. Gustave BRUNET.) *Bordeaux; Paris,
Leleux*, 1840, in-12, x-188 p.

Notices et Observations à l'occasion de
quelques femmes de la société du XVIIIe
siècle. (Par M. Hippolyte DE LA PORTE.)
Paris, imp. de Fournier, 1835, in-8.

Notices et Rapports sur le filtrage de
l'eau en grand par le système Souchon.
(Par le docteur Henri BAYARD.) *Paris*,
1841, in-8..   G. M.

Notices explicatives, historiques, biographiques, sur les principaux ouvrages
de peinture et de sculpture exposés au
palais des Champs-Elysées, avec un appendice sur la gravure, la lithographie et la
photographie. (Par Auguste-Philibert CHA-
LONS-D'ARGÉ.) *Paris, H. Plon*, 1861, in-12
84 p.   D. M.

Notices extraites du Catalogue manuscrit de la bibliothèque de M. D*** (Pierre
Duputel, et rédigées par M. DUPUTEL lui-
même). *Rouen, de l'imp. de Brière*, 1839,
in-8, 248 p.

Voy. sur cet ouvrage la note de M. Beuchot dans la
« Bibliographie de la France », 1839, n° 3773.

Cette bibliothèque fut vendue, après la mort de son
propriétaire, partie à *Paris, Techener*, février 1853
(1086 numéros), et partie à *Rouen, Le Brument*, novembre 1853 (627 numéros).

Notices généalogiques. In-8.

L'exemplaire de cet ouvrage que possède la Bibliothèque nationale n'offre ni faux titre, ni titre, ni indication de lieu, ni date. On y lit seulement la note manuscrite qui suit : « Par la circonstance où j'ai acquis
ce volume de 320 feuilles, qui étaient divisées en deux
parties, je suis porté à croire qu'il vient de la vente de
M. le duc DE SAINT-AIGNAN ; que ce seigneur, qui était
grand généalogiste, en est lui-même l'auteur; et qu'il
a été imprimé par demi-feuilles, peut-être en très-petit
nombre d'exemplaires, car elles étaient toutes séparées.
Personne, que je sache, ne connaît cet ouvrage et n'en
a vu d'annonce nulle part dans les journaux. Le nom
de LABOULLAYE, qu'on trouve pages 67 et 121, est
peut-être celui d'un de ses secrétaires, qui a été mis
là pour dérouter les curieux.   D. M.

Notices historiques sur le pays de Liége,
recueillies par G. N. (NAUTET). *Verviers,
Nautet-Hans*, 1853-1854, 3 vol. in-8.

Notices historiques sur les prêtres du
diocèse de Besançon, condamnés à la mort
ou à la déportation pendant la persécution
de la fin du XVIIIe siècle. (Par monseigneur
PETIT BENOÎT DE CHAFFOY.) *Besançon, J.
Petit*, 1820, 1821, in-12.

Notices préliminaires des recherches
historiques relatives à l'état de Neufchâtel et Vallengin. (Par le baron DE CHAM-
BRIER D'OLEIRES.) *Parme, Bodoni*, 1789,
in-8.

Notices statistiques sur les colonies françaises, imprimées par ordre de M. le vice-
amiral de Rosamel, ministre... de la marine et des colonies. (Rédigées par Edme-
Jean-Hilaire FILLEAU SAINT-HILAIRE, direc-

teur du bureau des colonies.) *Paris, impr. royale*, 1837-1840, 4 vol. in-8. D. M.

Par Paul-Alexandre TIBY, sous-chef au ministère de la marine, d'après Quérard.

Notices sur Agnès Sorel, Diane de Poitiers et Gabrielle d'Estrées, depuis duchesse de Beaufort. (Par Quintin CRAUFURD.) *Paris, J. Gratiot*, 1819, in-8, avec portr.

Œttinger.

Notices sur l'empire d'Allemagne, les maisons électorales et principautés ecclésiastiques. (Par DE VERDI.) *Hombourg*, 1782, in-4.

Volume I.

Notices sur l'hôtel de Cluny et sur le palais des Thermes, avec des notes sur la culture des arts, principalement dans les XVᵉ et XVIᵉ siècles. (Par M. A. DUSOMMERARD.) *Paris, Ducollet*, 1834, in-8, 267 p.

Notices sur l'intérieur de la France, écrites en 1806. (Par Th. FABER.) *Saint-Pétersbourg, imp. de l'Académie des sciences*, 1807, in-8, 327 p.

La paix de Tilsitt arrêta la publication d'un second volume qui devait paraître. Le premier volume n'a été répandu dans le public que par une réimpression faite à Londres, dans le recueil intitulé : « Offrandes à Bonaparte par trois étrangers ». 1810, in-8.

Notices sur la vie et les ouvrages de M. Dulaure. *S. l. n. d.*, in-8, 15 p.

Signées : A. T. (Alph. TAILLANDIER) et A. G. (A. GIRAULT DE SAINT-FARGEAU).

Notices sur le commerce du département de Jemmapes, après la paix du 30 mai 1814, par N. D... (DELNEUFCOUR). *Mons, Hoyois*, 1814, in-8, 8 p. J. D.

Notices sur le département de la Loire-Inférieure et sur la ville de Nantes... par J. L. B. (Jean LE BOYER). Troisième édit., revue, corrigée et considérablement augmentée. *Nantes, Forest*, 1832, in-12, 476 p.

Les deux premières éditions sont intitulées : « Notices sur les villes... » Voy. ci-après, col. 488, c.

Notices sur le président de Thou et sur Jacques Harris, auteur de l' « Hermès », traduites de l'anglais par A.-M.-H. BOULARD. *Paris, Maradan*, 1818, in-8, 20 p.

Notice sur de Thou, tirée des « Essais moraux et littéraires de KNOX ».
Notice sur Jacques Harris, par lord MALMESBURY.

Notices sur les anciens monuments de la ville de Vire. Par F. C. (François CAZIN).

Vire, de l'imp. de la veuve Barbat, 1856, in-18, 46 p.

Notices sur les batailles de Voulon, Poitiers, Maupertuis et Moncontour. (Par SAINT-HYPOLITE.) *Paris, Bourgogne*, 1844, in-8, 61 p., 1 f. de table, 1 carte.

Extraites du « Spectateur militaire ».

Notices sur les graveurs qui nous ont laissé des estampes marquées de monogrammes, chiffres, rébus... (Par l'abbé J.-P. BAVEREL et par MALPÉ.) *Besançon, imp. de Taulin-Dessirier*, 1807-1808, 2 vol. in-8.

Notices sur les manuscrits qui appartiennent au dépôt d'archives de la Flandre orientale, à Gand, par J. D. S. G. (Jules DE SAINT-GENOIS), archiviste. Première notice ; manuscrits historiques. *Gand, Hebbelynck*, 1837, in-8, 23 p. J. D.

Notices sur les villes et principales communes du département de la Loire-Inférieure, et en particulier sur la ville de Nantes, etc., par J. L. BR. (Jean LE BOYER, professeur de physique). *Nantes, imp. de Forest*, 1823, in-12, 165 p. — Deuxième édit. *Id.*, 1825, in-12, 312 p.

La troisième édition est intitulée : « Notices sur le département de la Loire-Inférieure... » Voy. ci-dessus, col. 487, e.

Notices sur Philippe-Daniel Duboy Laverne, directeur de l'imprimerie de la République. *Paris, imp. Duverger*, 1826, in-8, 15 p.

Signées : S. DE S. (SILVESTRE DE SACY).
Extraites du « Moniteur » du 29 brumaire an XI.

Notices sur un ouvrage de Claude-François Le Joyand, (« les Principes naturels »), etc. (Par C.-F. LE JOYAND lui-même.) *Paris (Moutardier)*, le 1ᵉʳ jour de mars de l'an 1800, in-8, 153 p.

Notion de l'œuvre des convulsions et des secours, surtout par rapport à ce qu'elle est dans les provinces du Lyonnais, Forez, Mâconnais, etc. A l'occasion du crucifiement public de Fareins. (Par le P. CRÈPE.) *S. l. n. d.*, in-12.

Notions claires sur les gouvernements. (Par L.-Séb. MERCIER.) *Amsterdam*, 1787, 2 vol. in-8. — Autre édition, 2 vol. in-12.

Notions de chimie inorganique à l'usage des cultivateurs, par H. J. F. (FRAIPONT, instituteur). *Liége, Grandmont*, 1850, in-18, 88 p. Ul. C.

Notions de géométrie nécessaires pour apprendre à tracer et faciliter l'intelligence des tables de construction de l'artillerie de la marine, à l'usage de la 4ᵉ compagnie d'ouvriers du corps royal d'artillerie de la marine. (Par P.-Fr. Bourée. capitaine d'artillerie de la marine.) *Lorient* (1810), in-12.

Notions élémentaires d'astronomie. (Par Jean-Baptiste Boichot.) *Bruxelles et Leipzig, Lacroix*, 1862, in-12, 34 p.

Une édition, avec le nom de l'auteur, a paru en 1863, 78 p., avec figures. J. D.

Notions élémentaires d'économie politique, à l'usage des jeunes gens qui se destinent au service des administrations. Nouvelle édition, augmentée d'une introduction contenant des considérations... Par M. le comte D'H*** (A.-M. Blanc d'Hauterive). *Paris, Thoisnier-Desplaces*, 1825, in-8.

Cet ouvrage avait paru d'abord sous le titre de : « Eléments d'économie politique... » Voy. V, 49, c.

Notions élémentaires d'optique. (Par Jean-Paul Marat.) *Paris, P.-F. Didot*, 1784, in-8, viii-44 p.

Le nom de l'auteur se trouve dans l'approbation.

Notions élémentaires de botanique, avec l'explication d'une carte composée pour servir aux cours publics de l'Académie de Dijon. (Par J.-F. Durande.) *Dijon*, 1781, in-8.

Notions élémentaires de géographie astronomique, naturelle et chimique, par M. le D. D. G. (le duc de Gaete). *Paris*, 1821, in-8.

Tirées à peu d'exemplaires.

Notions élémentaires de géographie physique destinées aux enfants du canton de Genève. (Par Jean-Pierre du Pin.) *Genève, F. Ramboz*, 1845, in-12, 136 p. — Deuxième édition. *Genève*, 1848, in-12.

Notions élémentaires de la science sociale de Fourier, par l'auteur de la « Défense du fouriérisme » (H. Dameth). *Paris, librairie de l'école sociétaire*, 1844, in-12, 300 p.

Une deuxième édition a été publiée sous le nom de Gorsse, en 1846. Voy. ce nom aux « Supercheries », II, 197, f.

Notions élémentaires de musique, à l'usage des maisons d'éducation, par un professeur (François Lourdeau, à Tournai). *Tournai, Delmer* (1861), in-8, 16 p. J. D.

Notions philosophiques des vérités fon-

damentales de la religion. (Par le P. Joseph de Menoux, jésuite.) *Nancy, chez les héritiers de Balthazard*, 1758, in-12, 144 p.

Cet ouvrage a aussi paru sous ce titre : « Défi général à l'incrédulité ». Voy. IV, 869, a.

Notions préliminaires à l'étude des sciences. Bibliothèque du peuple et des écoles. (Par Jean-Bapt. Boichot.) *Bruxelles, Lacroix*, 1862, in-12, 15 p. J. D.

Notions sur la rade de Cherbourg, sur le port Bonaparte et sur leurs accessoires, par un officier français (J.-J.-M. Savary, de Saint-Lô). *Cherbourg, imp. de Boulanger*, an XII, in-8.

Notre-Dame de Deux-Acren (Hainaut), par l'auteur de : « les Vierges miraculeuses » (Auguste Dereume). (*Bruxelles*), *Goemaere* (1864), in-8, 3 p. J. D.

Notre-Dame de France, ou histoire du culte de la Vierge en France, depuis l'origine du christianisme jusqu'à nos jours... Par M. le curé de Saint-Sulpice (l'abbé A.-J.-M. Hamon). *Paris, H. Plon*, 1861-1866, 7 vol. in-8.

Notre-Dame de Grâce. Histoire de la chapelle dédiée aux pèlerins, par C. de B. (C. de Baudre). *Honfleur, C. de Baudre*, 1831, in-16.

Notre-Dame de Grœninghe, poëme historique, par Mlle C. H. (Clémence Hiers, prieure du couvent du béguinage à Courtrai). *Courtrai, Beyaert*, 1862, in-8, 48 p. J. D.

Notre-Dame de la Délivrande. Notice historique sur la chapelle. Esprit et pratique du pèlerinage. Par M. l'abbé Eug. L...... (Eugène Laurent). *Caen, Hardel*, 1840, in-12, 217 p. et 1 f. de table. — *Tours, Mame*, 1851, in-18.

Notre-Dame de la Délivrande, par V. E. P. (V.-E. Pillet). *Bayeux, Nicolle*, 1840, in-8, 11 p. — *Bayeux, Delarue*, 1851, in-8, 6 p.

Critique de l'ouvrage précédent.

Notre-Dame de Laeken. Description de cette église monumentale, fêtes et cérémonies qui ont eu lieu lors de son inauguration... (Par l'abbé Gérard-Jean-Népomucène-Bernard Meynders.) *Bruxelles*, 1854, in-8, 16 p. J. D.

Notre-Dame de Lotivi, ou notice sur la chapelle de ce nom, paroisse de Saint-Pierre, à Quiberon. (Par l'abbé Le Toul-

LEC.) *Vannes, imp. de N. de Lamarzelle.* 1845, in-18, 71 p.

Notre-Dame de Manosque en Provence. (Par J. COLUMBY.) *Lyon*, 1638, in-12.
V. T.

Notre-Dame de Ommel (Brabant septentrional), par A. D. (Auguste DEREUME). *Bruxelles, Goemaere*, 1860, in-8, 2 p.

Tirée à 50 exemplaires.   J. D.

Notre-Dame de Regla. (Par Antoine DE LATOUR.) *Paris, imp. de Guiraudet et Jouaust*, 1853, in-18, 64 p.

Tirée à 100 exemplaires.

Notre-Dame de Soulac ou de la Fin-des-Terres. Le tombeau et le culte de sainte Véronique à Soulac. (Par l'abbé MEGURET, curé de Notre-Dame de la Fin-des-Terres.) *Lesparre, J. Rivet*, 1865, in-8, III-326 p.

Le nom de l'auteur se trouve sur la couverture.

Notre-Dame des Roses, histoires et légendes de quelques sanctuaires consacrés à Marie. (Par H. LEBON.) *Lille, L. Lefort*, 1858, in-18.

Plusieurs fois réimprimée.

Notre-Dame du Rouet ou du Roilh, près de Marseille, ancien prieuré rural de l'abbaye de Saint-Victor. Notice historique, description, plan et détails gravés. *Marseille, imp. de la veuve Marius Olive*, 1864, in-8, 16 p.

Le nom de l'auteur, Ch. KOTHEN, se trouve en monogramme sur le titre.
Tirée à 100 exemplaires.

Notre Dédale catholique et libéral. Pour résoudre la difficulté, il faut poser la question. (Par SPINNAEL.) *Bruxelles, Michel*, 1842, in-8, 14 p.   J. D.

Notre Ennemi le luxe. (Par H. NADAULT DE BUFFON, magistrat, arrière-petit-neveu du grand naturaliste.) *Paris, Furne*, 1868, in-18.

Réimprimé avec le nom de l'auteur.

Notre Histoire (récit des premiers mois de la République de 1848). (Par William HUGHES.) *Paris*, 1848, in-16.   D. M.

Notre Histoire. Résumé des événements accomplis depuis le 22 février... (jusqu'au 30 juillet 1848)... (Par Francis LACOMBE, René KÉRAMBRUN, Albert DE LA FIZELIÈRE, Louis GIRAUDEAU, L. DE MARSAY.) *Paris*, 1848, 2 vol. in-8.

Nourjahad, histoire orientale, trad. de l'anglois (de Mᵐᵉ SHÉRIDAN, par Mᵐᵉ DE SÉRIONNE). *Paris, Gauguery*, 1769, in-12.

Insérée dans le « Cabinet des fées ».

Mᵐᵉ Shéridan, mère du célèbre orateur de ce nom, mourut à Blois le 17 septembre 1766 ; l'évêque, pénétré de respect pour sa mémoire, conseilla aux amis de cette dame, malgré la force du préjugé qui régnait encore à cette époque, de faire porter ses restes mortels pendant la nuit en terre sainte, afin de n'être point troublés dans ce pieux devoir.

C'est de ce conte philosophique que Mᵐᵉ de Genlis a tiré le « Règne d'un jour ».

L'original anglais, publié en 1767, a été souvent réimprimé.

Nous est-il encore permis de parler grains ; ou quelques observations subsidiaires sur le commerce des grains dans le royaume des Pays-Bas ; par l'auteur d'une « Lettre à M. le baron ***, membre de la première chambre des Etats-Généraux, sur la liberté illimitée de ce commerce »... (René BEERENBROEK). *Bruxelles, Demat*, 1825, in-8, 13 p.   J. D.

Nous pouvons et devons faire nos emprunts chez nous, et auxiliairement chez l'étranger. (Par DE POIX.) *Paris, imp. de A. Bobée* (1817), in-8, 16 p.

Réimprimé avec le nom de l'auteur.

Nous voilà dans de beaux draps ! *Paris, s. d.* (1799), in-8.

Signé : G...... (GENTHON).

Nouveau (le) Armorial universel ; contenant les armes et blazons des maisons illustres de France et autres Estats de l'Europe. (Par Cl. LE CELLYER.) *Paris, P. Bessin*, 1663, in-fol.

Nouveau Barême, ou tables de réduction des monnaies et mesures anciennes en monnaies et mesures républicaines... (Par A.-J.-B. DE FAUCONPRET.) *Paris*, an VII-1799, in-12.   V. T.

Nouveau (le) Bartimée, ou l'aveugle devenu voyant. Par l'éditeur de la « Valaisanne » (le pasteur César MALAN). Seconde édition, revue et augmentée par l'auteur. *Genève, Barbezat*, 1829, in-12, 100 p.

Nouveau Bouclier d'Etat et de justice, où l'on découvre le peu de fondement qu'ont les rois de France dans leurs prétentions à l'empire et aux autres royaumes de Charlemagne, et où l'on combat les paradoxes avancés par le P. Maimbourg dans son « Histoire de la décadence de l'empire après Charlemagne ». (Par H.-P.-G. PREUDHOMME.) *Amsterdam, P. Chayer*, 1696, in-12, 6 ff. lim., 130 p.

L'auteur a signé l'épître.

Nouveau Buffon de la jeunesse... (Par LALOURCEY.) *Paris, H. Tardieu,* an X-1802, 4 vol. in-18.   V. T.

Nouveau (le) Cabinet des muses gaillardes, réimprimé sur l'édition originale de 1665, avec une notice bibliographique. *Genève, J. Gay,* 1867, in-18, x-87 p.

Tiré à 100 exemplaires et 2 sur vélin.

La notice est signée + (Paul LACROIX).

Nouveau Calendrier perpétuel. (Par l'abbé J.-P. SERVOIS.) *Saint-Quentin, imp. de Moureaux fils,* 1814, in-folio plano.

Nouveau Calendrier spirituel chronologique et historique... (Par Jos. MEDON.) Troisième édit. *Orléans, Couret de Villeneuve,* 1764, pet. in-8.

Nouveau Casse-tête ou amusement de société, par J^{en} P****T (Julien PICART). *Nantes, imp. Mellinet-Malassis, s. d.,* in-12, 10 p., 2 ff.

Catalogue de Nantes, n° 27195.

Nouveau Catéchisme des francs-maçons, dédié au beau sexe. (Par L. TRAVENOL). Troisième édition. *Jérusalem, P. Mortier,* 5440 depuis le déluge (vers 1748), in-12.

Nouveau Catéchisme républicain indiquant à tout citoyen ses droits, ses devoirs et la forme de gouvernement qui convient le mieux à la dignité et au bonheur d'un peuple. Par un prolétaire (P. MARTIN). *Lyon, aux bureaux de La Glaneuse,* 1833, in-8, 87 p.

Nouveau Choix de pièces de poésies (qui ont paru depuis vingt ans, fait par Fr. DUVAL). *Nancy et Paris, P. Witte,* 1715, 2 parties in-8.

L'éditeur a mis en tête une judicieuse préface de 44 pages. Voy. les « Lettres curieuses sur divers sujets » (par le même auteur), *Paris,* 1725, t. II, p. 74 et suiv.

Nouveau Choix de pièces, ou théâtre comique de province; contenant plusieurs opéras-comiques, représentés sur différens théâtres de province. (Par Toussaint-Gaspard TACONET.) *Amsterdam et Paris, Cuissart,* 1758, in-12.

Nouveau Choix de poésies morales et chrétiennes... (Par LE FORT DE LA MORINIÈRE.) *Paris, Simon,* 1740, 3 vol. in-4 et 3 vol. in-8.

L'auteur a signé la dédicace.

Nouveau Choix des lettres de Mme de Sévigné, spécialement destiné aux petits séminaires, par M. l'abbé A*** (ALLEMAND),

directeur des études dans un petit séminaire. *Valence, Jaucourt,* 1817, 3 vol. in-18.   D. M.

Nouveau Christianisme, dialogues entre un conservateur et un novateur. (Par Henri SAINT-SIMON.) Premier dialogue. *Paris, Bossange père,* 1825, in-8, 2 ff. de titre, VIII-91 p.

Nouveau Code criminel de l'empereur, publié à Vienne le 15 janvier 1787; traduit de l'allemand par M. L. D. (A.-J. LE MIÈRE D'ARGY). *Paris, Hardouin et Gattey,* 1787, in-8.

Nouveau Code de lois, ou instructions (par CATHERINE II) adressées à la commission, etc.; traduit de l'allemand. *Paris,* 1769, in-12.

Même ouvrage que « Instructions adressées... » Voy. V, 943, d.

Nouveau Code des tailles... quatrième édition, revue, corrigée et augmentée (par N.-L.-J. POULLIN DE VIÉVILLE). *Paris, Prault,* 1761 et 1783, 6 vol. in-12.

Nouveau (le) Code du bonheur. (Par J.-A. SALLÉ.) 1776, 3 vol. in-12.

Nouveau (le) Collège de Liége. (Par Laurent RENARD.) *Liége, Desoer,* 1843, in-8, 8 p.   J. D.

Nouveau Commentaire des loix de commerce, comparées les unes aux autres, ou traité des abus introduits dans le commerce, et moyens de les faire cesser. (Par TESTARD DU BREUIL.) *Paris, Nyon l'aîné,* 1787, in-12.

Nouveau Commentaire sur l'édit du mois d'avril 1695, concernant la jurisdiction ecclésiastique. Par M*** (Daniel JOUSSE), conseiller au présidial d'Orléans. *Paris, Debure,* 1757, in-12.

Réimprimé en 1764, sous le titre de : « Commentaire... » Voy. IV, 645, a.

Nouveau Commentaire sur l'ordonnance civile de 1667, par l'auteur du « Nouveau Style criminel » (C.-H.-F. DUMONT, avocat). *Paris, Berton,* 1783, in-12.

Nouveau Commentaire sur l'ordonnance civile du mois d'avril 1667. Par M*** (Daniel JOUSSE), conseiller au présidial d'Orléans. *Paris, Debure l'aîné,* 1753, in-12. — *Id.,* 1757, in-12. — *Paris, C.-P. Breton,* 1783, in-12.

Plusieurs fois réimprimé avec le nom de l'auteur.

Nouveau Commentaire sur l'ordonnance

criminelle du mois d'août 1670. Avec un abrégé de la justice criminelle. Par M*** (Daniel Jousse), conseiller au présidial d'Orléans. *Paris, Debure*, 1756, in-12. — *Id.*, 1763, in-12.

Nouveau Commentaire sur l'ordonnance de la marine du mois d'août 1681, par M*** (B.-M. Emerigon), avocat au Parlement. *Marseille*, 1780, 2 vol. in-12. — Nouvelle édition, augmentée (par Pastoret, ancien assesseur de l'hôtel de ville de Marseille, et avocat). *Marseille et Paris, Bossange*, an XI-1803, 3 vol. in-12.

Nouveau Commentaire sur les ordonnances des mois d'août 1669 et mars 1673, ensemble sur l'édit du mois de mars 1673, touchant les épices. Par M*** (Daniel Jousse), conseiller au présidial d'Orléans. *Paris, Debure l'aîné*, 1761, in-12.

Nouveau Compte rendu, ou tableau historique des finances d'Angleterre, depuis le règne de Guillaume III jusqu'en 1784. (Par Hilliard d'Auberteuil.) *Paris*, 1784, in-8.

Voy. « Histoire de l'administration du lord North... », V, 677, c.

Nouveau Conducteur de l'étranger à Bordeaux... Par E. L. Orné de quatre gravures et du plan de Bordeaux... *Bordeaux, P. Chaumas*, 1858, in-18, 116 p. — *Id.*, 1861, in-18, 76 p. — *Id.*, 1865, in-18, 2 ff. de tit., II-80 p.

Les deux dernières éditions portent : Par P. C. (Paul Chaumas).

Nouveau Conducteur ou guide des étrangers dans Lille et dans ses environs. Edition ornée du plan de cette belle cité... (Par Simon Blocquel.) *Lille, Castiaux*, 1826, in-12, 299 p.

Nouveau (le) Congréganiste, ou le fils chéri de Marie, par l'auteur du « Trésor des âmes pieuses » (l'abbé C.-J. Vauchot)... *Besançon, Cornu* (1867), in-18, XII-204 p.

Nouveau (le) Conservateur belge...

Voy. « Conservateur belge », IV, 702, c.

Nouveau (le) Continent, conte, par une dame angloise, auteur des « Aveux d'une femme galante » (baronne Cornélie Wouters de Vassé). *Londres*, 1783, in-12.

Nouveau Coup d'œil sur le « Mémorial catholique », par un ancien grand vicaire (l'abbé Clausel de Coussergues). *Paris, A. Leclère*, 1827, in-8.

Nouveau Cours complet d'agriculture théorique et pratique, par les membres de la section d'agriculture de l'Institut de France (And. Thouin, A.-A. Parmentier, etc.). *Paris, Déterville*, 1809, 13 vol. in-8.

Nouveau Cours de chimie suivant les principes de Newton et de Stahl. (Par J.-B. Senac.) *Paris, Vincent*, 1723, 1737, 2 vol. in-12.

Nouveau Cours de médecine, où, selon les principes de la nature et des mécaniques, expliqués par MM. Descartes, Hogelande, Regius, Arbérius, Villis, les docteurs de Louvain, et par d'autres, on apprend le cors (sic) de l'home, avec les moiens de conserver la santé et de chasser les maladies. *Paris, Fr. Clouzier et P. Aubouyn*, 1669, in-12, 728 p. et 4 ff. n. chiff. pour la table.

On trouve dans ce volume une troisième édition de la « Physique d'usage », établie sur des fondements expliqués en partie par M. Descartes, ouvrage que l'on doit aux soins et à la dépense de M. d'Alibert (trésorier de France), ainsi que le transport des ossements de M. Descartes à Sainte-Geneviève.

Cet ouvrage est en partie une composition et en partie une traduction, mais libre.

Le privilège, daté du 20 novembre 1660, est accordé au sieur D. R. (de Rouvière). Cet auteur, d'un esprit original, doit prendre rang parmi les réformateurs de l'orthographe, comme le démontre l'impression du présent volume et celle de la deuxième édition de la « Physique d'usage ». Voy. à ce dernier titre pour le détail des parties dont se compose cette « Physique ».

Nouveau (le) Cri de la vérité, ou il était temps ! Par M. C. de S.-E. (Colmet de Saint-Elne). *Paris, Dondey-Dupré*, 1829, in-8.   D. M.

Nouveau (le) Cuisinier des cuisiniers, ou trésor de la cuisinière de la ville, de la campagne et de la maîtresse de maison. *Bruxelles, Tircher*, 1861, in-18.

Réimpression de l'ouvrage de H.-N. Raisson, publié sous le titre de : « Trésor de la cuisinière... », avec le pseudonyme de A.-B. de Périgord.   J. D.
Voy. « Supercheries », III, 80, d.

Nouveau Cuisinier royal et bourgeois... (Par Fr. Massialot.) *Paris, C. Prud'homme*, 1712, 2 vol. in-12.

Souvent réimprimé.

Nouveau (le) Cynée, ou Discours des occasions et moyens d'establir une paix générale et la liberté du commerce pour tout le monde. (Par Emery de La Croix.) *Paris, Villery*, 1623, in-8.

Nouveau (le) d'Assas, trait civique en un acte et en prose, mêlé de chants. (Par

J.-Cl.-Bedéno Dejaure.) *Paris, Vente*, 1790, in-8.

Nouveau Dénombrement du royaume, par généralitez, élections, paroisses et feux... *Paris, Saugrain l'aîné*, 1720, ou *P. Prault*, 1735, 2 parties in-4.

Le privilége, daté du 17 août 1720, est au nom de Claude-Marin Saugrain... imprimeur... « lequel nous ayant fait remonter qu'il souhaiteroit *continuer* à imprimer et donner au public un livre... qu'il a dressé sur les états des intendans et commissaires départis dans les provinces pour l'exécution de nos ordres ; mais comme il y a plusieurs particuliers qui n'ont d'autre science et industrie que de se prévaloir du travail d'autrui par des voies indirectes en supposant d'autres titres. »
L'épître à l'abbé Bignon, signée : Saugrain, est suivie de deux pages, intitulées : « le Libraire au lecteur ». « Les soins que je me suis donnez pour rendre cette nouvelle édition plus parfaite que la précédente... » Cette première édition est intitulée : « Dénombrement du royaume... » *Paris. Claude*, ou *Charles Saugrain*, 1709, 2 part. in-12. Le titre porte : Par M***, employé dans les finances.

Nouveau Dialogue des morts, ou critique de la comédie intitulée : « Lassone, ou la séance de la Société royale de médecine ». (Par H. Phelip.) *S. l.* (*Paris*, 1779), in-8, 8 p.

Nouveau Dictionnaire civil et canonique de droit et de pratique. (Par P.-J. Brillon.) *Paris, Besoigne*, 1697, in-4.

Nouveau Dictionnaire d'anecdotes, ou l'art de se désennuyer... Pour servir de suite à l'ancien « Dictionnaire d'anecdotes » de M. Lacombe. (Par Fr. Lemarié.) *Liége, Lemarié*, 1783, 2 vol. in-12. — Deuxième édition. *Id.*, 1789, 2 vol. in-12.

Nouveau Dictionnaire d'anecdotes, par J. B. B. (J.-B. Bourlet). *Cambrai, Hurez*, 1826, in-18.

Nouveau Dictionnaire de bibliographie, ou essai d'une bibliothèque universelle, par Desessarts. Précédé des « Conseils pour former une bibliothèque peu nombreuse, mais choisie » (de J.-H.-S. Formey). *Paris, Desessarts*, 1798, in-8.

Reproduit en 1804, avec un nouveau frontispice, et sans autre addition que l'ouvrage de A.-A. Barbier : « Catalogues servant à indiquer les principaux livres qui peuvent composer les différentes bibliothèques d'un homme d'État, d'un magistrat et d'un jurisconsulte, d'un militaire, d'un ministre du culte. »

Nouveau Dictionnaire de la langue française, par une société de professeurs, sous la direction de M. Valery, philologue. *Paris, Houdaille*, 1834, 2 vol. in-8.

Par Victor Verger.

Plusieurs fois réimprimé avec ou sans le nom de l'auteur.
Voy. « Supercheries », III, 690, *e*.

Nouveau Dictionnaire de poche de la langue française, rédigé d'après le Dictionnaire de l'Académie et ceux de Wailly, de Laveaux, de Boiste, par un homme de lettres (Emmanuel Antoine). Revu et corrigé par M. Jannet, professeur de rhétorique de l'Université. *Paris, Thériot*, 1828, in-8. D. M.

Plusieurs fois réimprimé.

Nouveau Dictionnaire de rimes. *Paris, Courbé*, 1648, in-8, 4 ff. lim., 402 p. et 4 ff. pour le privilége et l'explication des abréviations. — Le même, nouvelle édition. *Paris, Th. Jolly*, 1666, in-8. — Le même (de la même édition) corrigé et augmenté (c'est-à-dire précédé d'une lettre à M***, contenant l'histoire de la rime). *Paris, Th. Jolly*, ou *Louis Billaine*, 1667, in-8. — *Paris, E. Loyson*, 1673, in-8, 14 ff. lim. et 412 p. — Le même, sous ce titre : « Dictionnaire de rimes, dans un nouvel ordre, etc., » par P. Richelet. *Paris, Delaulne*, 1692, in-12. — Le même, édition augmentée d'un grand nombre de mots françois et de tous les mots latins, par M. D. F. (du Fresne, ecclésiastique de Lyon). *Paris, Delaulne*, 1700. — Le même. *Ibid.*, 1702, in-12 ; 1721, 1732, in-8.

L'abbé Goujet, dans le tome III de sa « Bibliothèque françoise », attribue l'édition de 1667 à Nicolas Fremont d'Ablancourt, depuis envoyé de France en Portugal, neveu de Perrot d'Ablancourt ; mais il ignorait, ainsi que l'abbé Joly dans l'Eloge de P. Richelet, que la première édition de cet ouvrage est précisément le Dictionnaire de rimes imprimé en 1648, dont il parle quelques pages auparavant. J'ai vu cette première édition ; le curieux à qui elle avait appartenu l'avait rendue presque semblable à celle de 1667, en copiant à la fin la lettre sur l'origine de la rime. Cette lettre, d'après le « Menagiana » et l'abbé Goujet, est du célèbre P. Richelet. J'en ai la preuve dans un exemplaire où je lis ces mots : « Pour monsieur Boileau, par son très-« humble serviteur Richelet. »
Baraton a eu beaucoup de part à l'édition de 1692. Voy. le « Journal des savants » de cette année.

Nouveau Dictionnaire des aliments, vins et liqueurs. (Par le docteur César Gardeton.) *Paris, Naudin*, in-8.

Nouveau Dictionnaire des commençans, français-latin... Par M. B*** (Brun), professeur au collége royal de Lyon. *Lyon, Fr. Mistral*, 1822, in-8. — *Lyon, Ayné frères*, 1826, in-8.

Souvent réimprimé avec le nom de l'auteur.

Nouveau Dictionnaire des ménages...

Par C*** G*** (César GARDETON). *Paris, Corbet*, 1825, in-12.

Nouveau (le) Dictionnaire françois, contenant généralement tous les mots anciens et modernes, et plusieurs remarques sur la langue françoise. (Par P. RICHELET.) *Rouen, Machuel*, 1719, 2 vol. in-fol.

A l'exception de quelques changements et retranchements, cette édition est conforme à celle qui avait été donnée en 1709 à Lyon, sous le titre d'*Amsterdam*, et en 2 vol. in-4 (par les soins du P. J.-C. FABRE, de l'Oratoire). Il parut une autre édition à Lyon en 1728, 3 vol. in-fol., avec des remarques et articles d'histoire, de grammaire, de critique et de jurisprudence (par P. AUBERT, avocat à Lyon), et une Bibliothèque des auteurs cités dans l'ouvrage (par l'abbé L.-J. LE CLERC).
Voy. « Dictionnaire de la langue française », IV, 961, *e*, *f*.

Nouveau Dictionnaire français. Par M. le comte de F. P. (A.-T.-J.-A.-M.-M. DE FORTIA DE PILES)... *Paris, Pelicier*, 1818, in-8.

Nouveau Dictionnaire géographique portatif, traduit de l'anglais de L. ECHART, par VOSGIEN, nouvelle édition augmentée et entièrement refondue, par Auguste L*** (A.-J. LETRONNE). *Paris, Saintin*, 1813, in-12.

Voy. « Dictionnaire géographique portatif... », IV, 975, *b*.

Nouveau Dictionnaire hébraïque, contenant les racines et les dérivés de cette langue, en vers françois. (Par le P. J.-B. RENOU, de l'Oratoire, publié après la mort de l'auteur, par le P. Jacq. LE LONG.) *Paris, Collombat*, 1709, in-8.

Voy. « Nouvelle Méthode... »

Nouveau Dictionnaire historique portatif... par une société de gens de lettres. (Par L.-Mayeul CHAUDON.) *Amsterdam, M.-M. Rey (Avignon)*, 1766, 4 vol. in-8. — *Paris, Le Jay*, 1772, 6 vol. in-8. — Nouvelle édition, corrigée (par l'abbé Jean SAAS). *Amsterdam, M.-M. Rey (Rouen)*, 1769, 4 vol. in-8. *5 éd. 1783, 8 vol. in 8.*

Ce Dictionnaire, malgré les erreurs dont il fourmille, a eu le plus grand succès. CHAUDON et F.-A. DELANDINE ont publié la huitième édition à *Lyon, Bruyset*, 1804, 13 vol. in-8. Les précédentes avaient été imprimées à Caen. P.-J. GROSLEY, de Troyes, et F. MOYSANT, professeur de rhétorique à Caen, ont envoyé ou communiqué beaucoup d'articles à Chaudon.

Nouveau Dictionnaire portatif de la langue française, composé d'après les ouvrages les plus nouveaux en ce genre, auquel on a ajouté, entre autres choses, tous les mots récemment adoptés dans la chi-mie, la botanique et les différents arts, par le C^en C*** (COLETTE), homme de lettres. *Metz, Antoine Brice*, an XI-1803, in-8.
        D. M.

Colette avait été prieur de l'ancienne abbaye de Saint-Symphorien de Metz. Il est mort en 1827.

Nouveau Dictionnaire pour servir à l'intelligence des termes mis en vogue par la Révolution, dédié aux amis de la religion, du roi et du sens commun. Janvier 1792. *Paris, impr. de Crapart*, in-8, 132 p. — Seconde édition, par M. B***. *Paris, Adr. Le Clère*, 1821, in-8, 5 ff. prélim. y compris le titre, 124 p.

Cette nouvelle édition commence par deux pièces que l'auteur a signées : A.-Q. BUÉE, chanoine honoraire de l'église métropolitaine de Paris et membre de l'institution royale de la Grande-Bretagne. C'est donc bien à tort que cet ouvrage a été attribué à BEUCHOT.

Nouveau (le) Dictionnaire provençal-français, précédé d'un abrégé de grammaire provençale française, et suivi de la collection la plus complète des proverbes provençaux, par M. G. (Étienne GARCIN). *Marseille, impr. de Mme veuve Roché*, 1823, in-8, 385 p.

Réimprimé avec le nom de l'auteur, *Draguignan*, 1841, 2 vol. in-8.
Cette édition est considérablement augmentée ; mais elle ne contient ni l'abrégé de grammaire provençale, ni la collection de proverbes provençaux de la première.

Nouveau Dictionnaire universel des arts et des sciences, traduit de l'anglois (de Ch. DYTCHE, par le P. Esprit PEZENAS et l'abbé J.-F. FÉRAUD). *Avignon, Girard*, 1753-54, 2 vol. in-4.

Le titre de cet ouvrage a été rafraîchi de la manière suivante :
« Encyclopédie françoise, latine et angloise, ou Dictionnaire universel des sciences et des arts », etc. *Londres (Lyon)*, 1764, 2 vol. in-4.

Nouveau Dictionnaire universel et raisonné de médecine, de chirurgie et de l'art vétérinaire... Par une société de médecins (NICOLAS, DEMARQUE et DE LA SERVOLE le fils). *Paris, veuve Duchesne*, 1772, 6 vol. in-8.

Nouveau (le) Disciple de Luther, ou le prêtre *** convaincu par les lois d'être un concubinaire publiquement scandaleux, etc. (Par P. BRUGIÈRE.) 1791, in-12.

Nouveau Discours sur les révolutions du globe. Par AJ. DE GR. (J.-B.-F.-E. AJASSON DE GRANDSAGNE) et P. (Valentin PARISOT), traducteurs des « Principes de géologie » de Ch. Lyell... *Paris, impr. de Beaulé*, 1836, 2 vol. in-18.

Nouveau (le) Doyen de Killerine, comédie en trois actes, en prose. Représentée au château de ***, le 17 octobre 1788. (Par L.-S. Mercier.) *A l'Envie, chez tous les libraires du royaume*, 1790, in-8, VIII-54 p.

Nouveau Epitome d'arithmétique. Par I. G. (Jean Galle). *Liége, Streel*, 1616, in-12.

Nouveau Fabeulier jarnacoès quat été compousé liudi venant a hier peur l'ébaudissement d'ine Saintongeose in p'tit feugnon. (Par H. Burgaud des Marets.) *Paris, Didot*, 1852, in-8.

Tiré à fort petit nombre.

Nouveau Fablier français, à l'usage des écoles. *Paris, Capelle et Renand*, an XII-1804, in-18.

Ce volume forme le tome VII de la « Petite Encyclopédie poétique ». Voy. ces mots.

Nouveau (le) Farçadin, ou Aventures comiques et plaisantes, etc., par C... d'Aval... (Charles-Yves Cousin, d'Avalon). *Paris, Chassaignon*, 1826, in-18.

D. M.

Nouveau Guide de l'étranger à Bordeaux et dans le département de la Gironde... par L. L. (Léonce de Lamothe). *Bordeaux, P. Chaumas*, 1856, in-18.

Nouveau Guide de l'étranger à Nantes et dans le département de la Loire-Inférieure ; avec un plan... *Nantes, impr. de A. Guéraud* (1858), in-18. — Deuxième édition. *Id.*, 1861, in-18.

Signé : P. (Félix-Joseph Pinson).

Nouveau (le) Guide des dîneurs, par C* G* (César Gardeton). *Paris, Breauté*, 1828, in-32.

Nouveau Guide des sous-officiers des troupes à cheval de la garde et de la ligne... Par M. L*** (Le Goupil). *Paris, Anselin et Pochard*, 1825, in-18. — Deuxième édit. *Paris, Anselin*, 1828, in-18.

Nouveau Guide du voyageur dans Liége, Spa, Chaudfontaine et les environs ; administration de la ville, juridiction, cultes, etc. (Par Rigo fils.) *Liége, Philippart*, 1844, in-18, 162 p., 9 planch. et un plan.

Ul. C.

Nouveau Guide ou conducteur parisien... augmenté de toutes les nouvelles rues... (Par E.-F. Bazot.) *Paris, Chassaignon*, 1824, in-18.

Souvent réimprimé.

Nouveau (le) Gulliver, ou voyage de Jean Gulliver, traduit d'un manuscrit anglois, par M. L. D. F. (composé par l'abbé P.-F. Guyot Desfontaines). *Paris, Clousier*, 1730, 2 vol. in-12.

Se joint à l'édition originale de la traduction du roman de Swift, publié par le même traducteur, sous le titre de : « Voyages de Gulliver ».

Nouveau Journal de littérature et de politique de l'Europe et surtout de la Suisse. (Par H.-D. Chaillet.) *Neufchâtel*, 1784, in-8.   V. T.

Nouveau Journal des savans, dressé à Roterdam par le sieur C. (Etienne Chauvin, réfugié françois). *Roterdam*, 1694-1698, 4 vol. in-8.

Nouveau Jugement de ce qui a été dit et écrit pour et contre le livre de la « Doctrine curieuse des beaux esprits de ce temps », etc., dialogue. *Paris, J. Quesnel*, 1623, in-12, 143 p.

La dédicace est signée : Guay, masque du P. Garasse.

Nouveau (le) Juvénal satyrique.

Voy. « Discours satyriques », IV, 1031, c.

Nouveau (le) Lavater complet, ou réunion de tous les systèmes pour étudier et juger les hommes et les jeunes gens, connaître et distinguer leur genre d'esprit, etc. (Par le docteur Morel, de Rubempré.) *Paris, Terry*, 1838, in-18, avec 33 grav. et un front.

Nouveau (le) Machiavel, ou lettres sur la politique. (Par J.-F. Sobry.) 1788, in-8.

Voy. ci-dessus, « le Mode français... », col. 318, f.

Nouveau (le) Magasin des modernes, comédie en un acte, en prose, mêlée de vaudevilles. Représentée, pour la première fois, sur le théâtre du Vaudeville, le 18 frimaire an VII. (Par J.-B.-D. Desprez et J.-M. Deschamps.) *Paris*, an VII, in-8, 47 p.

Nouveau (le) Maître de grammaire allemande, ou méthode nouvelle, facile et amusante pour apprendre l'allemand, par J.-V. Meidinger ; nouvelle édition, revue, corrigée avec soin et augmentée considérablement par des professeurs des deux langues (notamment par D.-F.-A. Lemarié). *A Vienne et à Liége, F. Lemarié*, 1853, in-8.   D. M.

Voy. ci-après, « Nouvelle Grammaire allemande... »

Nouveau Manuel complet de la fabrication des vins de fruits, de cidre... traduit

de l'anglois de Frédér. Accum. par MM. G***
(J.-J.-V. Guilloud) et Ol*** (Olivier).
Paris, Roret, 1825, in-18. — Nouv. édit.,
refondue, par M. F. Malepeyre. *Ibid.*,
1851, in-18.

Nouveau Manuel d'Epictète, extrait des
Commentaires d'Arrien et traduit du grec
(par J.-F. Debure Saint-Fauxbin). *Paris*,
Didot le jeune, 1784, 2 vol. in-18.

Nouveau Manuel de l'électeur.

Voy. « Aide-toi, le ciel t'aidera », IV, 85, *c*.

Nouveau Manuel des frères et sœurs du
tiers ordre de la pénitence de Saint-Dominique. (Par Bernard Moulaert, dominicain.) *Gand, C.-J. Vanryckegem*, 1845,
in-24.   J. D.

Nouveau Manuel des notaires, ou traité
théorique et pratique du notariat. Par
MM. J.-P. P*** (Jean-Pierre Pagès) et
J. B. T. A. de M***. *Paris, Bèchet*, 1818,
in-8. — Deuxième édition. *Id.*, 1822, in-8.

Nouveau Manuel du chasseur... par
MM. de Mersan et B. (N.-J.-B. Boyard).
Cinquième édition... *Paris, Roret*, 1835,
in-18, iv-278 p.

Plusieurs fois réimprimé avec les noms des deux
auteurs.

Nouveau Manuel épistolaire, renfermant,
par ordre alphabétique, des modèles de
lettres sur différens sujets. (Par L.-Mayeul
Chaudon.) *Caen, Le Roy; et Paris, Dela-*
lain. 1785, in-12. — Nouvelle édition.
1786, 2 vol. in-12.

Nouveau Manuel illustré du jeu des
échecs... Par J. A. de R. (Jules Arnoux-
Rivière)... *Paris, Passard*, 1861, in-12,
144 p.

Nouveau Manuel, ou style des huissiers
relatif au Code de commerce intérieur et
maritime... (Par A.-G. Daubanton.) *Paris,*
Arthus Bertrand, 1824, in-12.

Nouveau Manuel pratique des juges de
paix, de leurs greffiers et huissiers... (Par
A.-G. Daubanton.) *Paris, Arthus Ber-*
trand, 1809, in-12.

Nouveau Mémoire concernant l'empoisonnement et le testament de la comtesse
de Lusignan... (Par Jacq. Lablée.) *Paris,*
1827, in-8.

Nouveau Mémoire pour servir à l'histoire des Cacouacs. *Amsterdam*, 1757,
in-12, xlij-108 p.

Jac.-Nic. Moreau a donné à cet écrit le titre de :
« Nouveau Mémoire », parce que le « Mercure » avait

publié, dans le premier volume d'octobre 1757, un
morceau sur les Cacouacs, intitulé : « Avis utile ».

Ces deux pièces ont été réimprimées de nos jours.
Paris, Bricon, 1828, in-12.

Voici le contenu de cette nouvelle édition : 1° Préface de l'éditeur, de 1828 ; 2° Mémoire pour servir à
l'histoire des Cacouacs ; 3° l'Avis utile ; 4° et avec une
nouvelle pagination : Catéchisme et Décisions des cas
de conscience à l'usage des Cacouacs... (réimpression,
voy. ce titre, IV, 532, *d*) ; 5° Petit Supplément à
l' « Histoire des Cacouacs » depuis la fin du xviiie siècle
jusqu'au temps présent, par un membre de la Société
catholique des bons livres.

Moreau avait déjà reproduit son « Nouveau Mémoire »
dans ses « Variétés morales et philosophiques » (voy.
ce titre).

Nouveau Mémoire signifié par l'asne de
Jacques Féron. (Par Rigoley de Juvigny.)
1751, in-4, 12 p.

Voy. « Cause célèbre », IV, 540, *a*, et « Mémoire
pour l'asne... », ci-dessus, col. 142, *d*.

Nouveau Mémoire sur l'agriculture...
par M. V*** (Vaudrey). *Paris, Desventes*
de La Doué, 1767, in-12, 70 p.

Voy. « Supercheries », III, 883, *c*.

Nouveau Mémoire sur la navigation intérieure du Berri et la confection d'un
canal dans cette généralité... Par un des
membres de l'administration provinciale
du Berri, auteur d'un des mémoires sur la
navigation intérieure, lu à l'Assemblée de
1780 (le duc de Charost). *S. l.*, 1786, in-4,
13 p.

Nouveau (le) Mercure de France. (Par
H.-A.-O. Reichard.) *Gotha*, 1775-77,
in-8.

Nouveau (le) Mercure, dédié à Son Altesse Sérénissime le prince de Dombes.
(Janvier 1708 à mars 1709 et janvier à
mai 1711.) *Trévoux, J. Estienne*, 1708-
1711, 14 vol. in-12.

Par l'abbé Aug. Nadal et par J.-A. Piganiol de
La Fonce.

Ce journal est rare. Le but de ses auteurs était de
critiquer le « Mercure galant ».

Nouveau (le) Miroir de la vérité, ou les
réguliers et les dissidens jugés d'après
leurs œuvres, par un chev.·. de tous les
ordres maç.·. (Ét.-Fr. Bazot). *Paris, imp.*
de Gueffier, 1827, in-8.

Nouveau (le) Mississipi, ou les dangers
d'habiter les bords du Scioto, par un patriote voyageur (Roux, sergent-major du
district des Prémontrés). *Paris, imp. de*
Jacob-Sion, 1790, in-8, 44 p.

L'avis de l'éditeur est signé : Fr. Jacquemart, citoyen du district Saint-Nicolas des Champs.

Le nom de l'auteur se trouve dans l'avertissement.

Nouveau (le) mõde avec lestrif
Du pourueu et de lellectif
De lordinaire et du nomme
Cest un liure bien renomme
Ensuiuant la forme auctentique
Ordonnee par la pragmatique.

(*Paris, G. Eustace*), in-8, goth., 30 feuillets, fig. sur bois.

Pièce satirique contre l'abolition de la pragmatique sanction, représentée à Paris le 11 juin 1508. On l'attribue soit à Jean BOUCHET, soit à Pierre GRINGORE.

Nouveau (le) Monde, comédie mêlée d'intermèdes, et précédée d'un prologue, par M*** (l'abbé S.-J. PELLEGRIN). *Paris, veuve de Pierre Ribou*, 1723, in-12, 7 ff. lim., 88 p. et 2 ff. d'approbation et de priv.

Nouveau (s'ensuyt le) Monde et navigations faites par Emeric de Vespuce, Florentin, des pays et isles nouvellement trouvez, auparavant à nous inconnus, tant en Ethiopie qu'Arabie, Calichut et autres plusieurs régions étranges, translaté d'italien (de Montebaldo FRACANZO) en langue françoise par Mathurin DU REDOUER, licencié ès loys. (*Paris, Philippe Le Noir*, vers 1515), in-4, 88 feuillets sans compter le frontispice et la table, qui en ont 4.

Le « Manuel du libraire » (art. VESPUCE) indique d'autres éditions de ce livre, très-recherché aujourd'hui.

Nouveau Nécrologe français, ou liste alphabétique des auteurs nés en France, ou qui ont écrit en français, morts depuis le 1er janvier 1800. *Paris, Guitel*, 1812, in-8, 48 p.

La préface est signée : A. J. Q. B. (Adrien-Jean-Quentin BEUCHOT).

Nouveau (le) Newcastle, ou nouveau traité de cavalerie géométrique et pratique. (Par Cl. BOURGELAT.) *Lausanne et Genève*, 1744, in-8. — *Paris, Grangé*, 1747, in-12. — *Lyon, Grabit*, 1771. pet in-12.

Nouveau (le) Panurge avec sa navigation en l'isle imaginaire, son rajeunissement en icelle et le voyage que feit son esprit en l'autre monde... *La Rochelle. Michel Gaillard, s. d.*, in-12, 291 p. et la table. — *Lyon*, 1615, in-16. — *Ibid.*, 1616. in-16, 390 p. sans les pièces lim. et la table.

Livre assez rare, dont on ignore l'auteur, si ce n'est Guill. REBOUL, dont il est parlé page 160. Note de Falconet. Voy. le Catalogue des livres de sa bibliothèque, n° 12152.

Voy. aussi le « Manuel du libraire », 5° édit., t. IV, col. 1068.

Nouveau (le) Paraclet du tiers état français. (*S. l.*, vers 1788), in-8.

Par M. REMY, curé de Gorhey, suivant une note manuscrite sur l'exemplaire de la Bibliothèque nationale.

Nouveau (le) Pâris, ou la malice de trois femmes, nouvelle comique et amusante, trad. de l'allemand (de J.-G. MULLER, par le baron L.-F. DE BILDERBECK). *Gotha*, 1786, in-8.

Suivant Quérard (« France littéraire », V; 357), l'original a paru sous le titre de : « der Ring » (l'Anneau), et Bilderbeck n'ayant point présenté cette nouvelle comme traduite, il en fut publié, en 1787, une version allemande faite sur la traduction française.

Nouveau (le) Parnasse chrétien, ou choix des meilleures poésies chrétiennes, ouvrage utile à la jeunesse. (Par Jacq. LABLÉE.) *Paris, Ch. Villet*, 1806, in-12, x-331 p.

On assure que la seconde édition de cet ouvrage, publiée en 1807, n'a point été rédigée par M. Lablée.

Nouveau (le) Parnasse des muses galantes, ou les divertissements de la poésie françoise. *Paris, Estienne Loyson*, 1665. in-12.

Ce recueil renferme six idylles du sieur DE RAMPALLE, qui, dit-on, ne se trouvent que là.

(« Manuel du libraire », 5° édit., IV, 382.)

Nouveau Parterre du Parnasse françois, ou recueil des pièces les plus rares et les plus curieuses, par D. B. (BONAFOUS). *La Haye*, 1737, in-12. front. gravé.

Nouveau Pas sur les sentiers de la nature... par un habitant des Hautes-Alpes (ROCHAS). *Gap, J.-B. Genoux*, juin 1808, in-12, 159 p.

Nouveau (le) Patelain (*sic*). (*Paris*), 1748, in-12, 12-50 p. et front. grav.

Edition publiée par Sim. GUEULLETTE, lequel, dans sa préface, attribue cette pièce à Franç. VILLON. Elle n'est pourtant pas de ce poëte ; mais l'idée en est prise dans le second chapitre de ses « Repues franches ».

Nouveau (le) Pensez-y bien, ou considérations sur les vérités éternelles avec des histoires et des exemples. Nouv. édit., revue et augmentée par l'auteur des « Instructions chrétiennes »... (l'abbé B. BAUDRAND). *Toul, J. Carez (Paris, impr. de Valade)*, 1779, in-12.

Souvent réimprimé avec le nom de l'auteur.

Nouveau (le) Père de famille, traduit de l'anglois par l'auteur de l' « Orphelin normand » (Louis CHARPENTIER). *Paris, Nyon*, 1768, 2 parties in-12.

Nouveau Plan d'éducation et d'instruction publique, dédié à l'Assemblée nationale. (Par VILLIERS, de l'Oratoire.) *Angers, Mame*, 1789, in-8.

Nouveau Plan d'études, ou essai sur la manière de remplir les places dans les colléges que les Jésuites occupoient ci-devant, par M. L. A. P. D. P. S. D. H. (attribué à A.-J. DE CHAUMEIX). *Cologne (Paris)*, 1762, vol. in-12.

Nouveau Plan d'études pour toutes les classes, et projet de principes raisonnés de la langue latine, accompagnés d'observations sur les inconvéniens des rudimens, méthodes et exercices ordinaires des classes. (Par l'abbé BOURY, longtemps précepteur, et mort camaldule à Grosbois, vers 1769 ou 1770.) *Paris, Guillyn*, 1754, in-12.

Nouveau Plan de constitution pour la médecine en France, présenté à l'Assemblée nationale par la Société royale de médecine. (Par Félix VICQ D'AZIR.) *S. l.*, 1790, in-4, VIII-201 p.

Note manuscrite de Simon, bibliothécaire du Tribunat.

Nouveau Plan de législation financière relatif aux circonstances présentes. (Par l'abbé J.-A. BRUN.) *Paris*, 1786, in-8.

Nouveau Portefeuille des enfants. (Par le pasteur GONTHIER.) Sec. édit. *Paris, Paschoud*, 1810, in-12.

Nouveau Pouillé des bénéfices du diocèse de Rouen. (Publié par l'abbé J. SAAS.) *Rouen, J.-J. Le Boullenger*, 1738, in-4.

Nouveau (le) Praticien françois, par T. (Q. V.) (Q.-V. TENNESSON). *Paris*, an V-1797, in-8.   V. T.

Nouveau Précis de l'histoire d'Angleterre depuis le commencement de la monarchie jusqu'en 1783, traduit de l'anglois (par Mlle Félicité DUPONT, depuis Mme BRISSOT DE WARVILLE). *Paris, Belin*, 1783, in-12. — Nouvelle édit. 1785, in-12.

Nouveau Projet d'une taille réelle, pour l'intérêt de l'État et le soulagement des peuples... (Par l'abbé C.-I. CASTEL DE SAINT-PIERRE.) *S. l. n. d.*, in-8, 43 p.

Nouveau Projet de paix perpétuelle entre tous les peuples de la chrétienté, basé sur une délimitation fixe et naturelle des territoires nationaux et sur la propagation des sentiments religieux et philanthropiques. Ouvrage composé et revu plusieurs fois dans l'intervalle de temps de 1815 à 1826. *Paris, Delaunay*, 1826, 2 vol. in-8, cllxxj, 391 et 444 p.

Cet ouvrage a reparu sans autre modification que celle du titre, sous celui de : « Études de géographie appliquées à la politique actuelle, suivies de considérations administratives et morales tendant à assurer la paix et le bonheur des princes et des peuples de la chrétienté; ou nouveau projet de paix perpétuelle ». *Paris, Béchet*, 1829, 2 vol. in-8.

L'auteur dit, page XIV de sa préface : « ... La difficulté de mon entreprise a encore été augmentée par le secret dont je me suis imposé la loi et qui m'a empêché de consulter des personnes instruites ou de faire des recherches ostensibles : deux précautions si essentielles à la plupart des auteurs jaloux de leur réputation. »

Le désir de ne pas être connu était poussé si loin par l'auteur, que ce fut par les mains de Ch. Fourier, un autre utopiste demeuré célèbre, qu'il faisait offrir à la Société de géographie de Paris un exemplaire de son ouvrage sous sa double dénomination. Il en est résulté que Ch. FOURIER est donné comme l'auteur de ces deux ouvrages dans le Catalogue des livres de cette Société.

L'appel que nous avons fait au public pour connaître le nom de cet auteur, dans l' « Intermédiaire » du 25 avril 1874, col. 211, est demeuré sans réponse jusqu'à ce jour, 26 août 1874.

Nouveau Projet de réorganisation de la médecine, de la chirurgie et de la pharmacie en France. *Paris, Méquignon-Marvis*, 1817, in-8.

Signé : F. DE P. (François FOURNIER DE PESCAY).

Nouveau Protée, ou le moine aventurier. (Par l'abbé Cl.-Fr. LAMBERT.) *Haarlem*, 1740, in-12.

Catalogue de la bibliothèque de l'Arsenal.
                                          V. T.

Nouveau Quadrille des enfants...

Voy. « Quadrille ».

Nouveau (le) Ragotin, ou l'assaut du moulin, poëme héroï-comique en cinq chants; par C. D. (COURTIN D'USSY). *Paris, imp. de Fain*, 1822, in-18, 84 p.

Nouveau Recueil contenant la vie, les amours, les infortunes et les lettres d'ABAILARD et d'HÉLOÏSE, etc. *Anvers, Samuel Le Noir*, 1722, in-12.

Ce recueil contient :

1° Une Histoire abrégée de la vie d'Abailard (par un anonyme).

2° Les Amours d'Abailard et d'Héloïse (par ALLUIS). Voy. IV, 144, c.

3° Histoire des infortunes d'Abailard, ou lettre d'ABAILARD à Philinte (traduite librement du latin par un anonyme).

4° Lettre d'HÉLOÏSE à Abailard (traduite librement du latin par Nic. RÉMOND DES COURS). Voy. V, 1136, f.

5° Réponse d'ABAILARD à Héloïse (par le même RÉMOND).

6° Seconde Lettre d'Héloïse à Abailard (par un anonyme).

7° Seconde Réponse d'Abailard à Héloïse (par un anonyme).

8° Troisième Lettre d'Héloïse à Abailard (par un anonyme).

On trouve encore dans ce volume :

1° Les « Lettres d'amour d'une religieuse portugaise », Voy. V, 1233, *d*.

2° Les Lettres galantes de Cléante et de Belise (écrites par la présidente Anne FERRAND au baron de Breteuil). Voy. « Histoire des amours..... », V, 738, *e*.

Nouveau Recueil d'apophthegmes ou bons mots, rencontres agréables et pensées judicieuses des anciens et modernes, mis en vers françois. (Par le P. Michel MOURGUES.) *Toulouse*, *s. d.*, in-12, front. gravé.

Nouveau Recueil d'ouvrages de M. DE SAINT-EVREMOND, qui n'ont point encore été publiez. *Paris*, *Anisson*, 1701, in-12.

Ce recueil a été donné par l'abbé Jean PIC ; mais il n'y a de Saint-Évremond que le commencement du Parallèle de M. le Princé et de M. de Turenne.

Nouveau Recueil de cantiques à l'usage des écoles et des paroisses. (Par Charles DUVIVIER DE STREEL.) *Liége*, *Duvivier* (1827), in-32.

Réimprimé avec le nom de l'auteur.   Ul. C.

Nouveau Recueil de cantiques sur les principales vérités de la foi et de la morale. Nouvelle édition, considérablement augmentée, par J.-B. M. (Jean-Baptiste MARDUEL), prêtre, auteur de ce recueil, avec les airs notés des cantiques. *Lyon*, *Rusand et Cie*, 1805, in-12, VIII-448 p., plus 94 p. pour le chant des cantiques et l'errata.   D. M.

C'est à la page 24 que se trouve le curieux cantique de l'*Angelus*, que l'on chante encore dans les villages des diocèses de Lyon et de Belley.

L'abbé Marduel, né à Lyon, est mort à Paris.

Nouveau Recueil de divers rondeaux. (Par VOITURE, BOIS-ROBERT, MALLEVILLE, HABERT; publié par l'abbé COTIN, etc.) *Paris*, *Augustin Courbé*, 1650, 2 vol. pet. in-12, front. grav., portr.

C'est de ce recueil (1ʳᵉ partie, pages 1 et 5) que sont tirés les deux rondeaux cités par La Bruyère à la fin du chapitre intitulé : « de Quelques Usages ». La Bruyère les a légèrement remaniés en les citant.

(Sainte-Beuve.)

Nouveau Recueil de gaieté et de philosophie; par un gentilhomme retiré du monde (le comte DE LA TOURAILLE). *Paris*, *Belin*, 1785, 2 vol. in-12. — *Paris*, 1790, 2 vol. in-12.

Nouveau Recueil de lettres des dames, tant anciennes que modernes... (Par CHA-

TOUNIÈRES DE GRENAILLE.) *Paris*, *Quinet*, 1642, 2 vol. in-12.

L'auteur a signé l'épître.

Nouveau Recueil de pensées. (Par M. DUPUY, conseiller à la Cour royale de Paris.) *Paris*, *Dentu*, 1824, in-18.

Nouveau Recueil de pièces comiques et facétieuses, les plus agréables et divertissantes de ce monde. *Cologne*, *Gaillard*, *s. d.*, in-12.

Autre édition. *Paris*, *Loison*, 1661, in-12. Le Catalogue La Vallière, par Nyon, donne, sous le n° 10885, le détail de ce qu'elle contient. Suivant le « Manuel du libraire », 5ᵉ édit., t. I, col. 1105, ce recueil aurait été réimprimé de nouveau, sous ce titre : « le Facécieux drolifique et comique réveil-matin des esprits mélancoliques... » *Vaudemont*, *Jean Tapage*, petit in-12. Viollet-Leduc dit de ce volume (« Bibliothèque poétique », t. II, p. 196) : « C'est un composé assez hétérogène de morceaux pris de toutes parts, des « Jeux de l'in- « connu », de TABARIN, de BRUSCAMBILLE, et de « Lettres hypocondriaques » prises je ne sais où, mais au nombre de 44, puis du « Parterre de plaisance fa- « çonné de plusieurs rencontres facétieuses d'Eunigag ». Eunigag est un personnage imaginaire... dans le genre du sieur Gaulard des « Bigarrures », et, suivant encore le « Manuel du libraire » (*loc. cit.*), ces deux ouvrages ne seraient qu'une édition augmentée de « la Gallerie des curieux, contenant, en divers tableaux, les chefs-d'œuvre des plus excellens railleurs de ce siècle », par Gérard BONTEMPS. *Paris*, *Besongne*, 1646, in-8.

On ignore encore qui s'est caché sous le nom de BONTEMPS.

Nouveau Recueil de pièces en vers et en prose. (Par Mᵐᵉ DUMONT, née LUTEL.) *Paris*, *Dehansy*, 1764, in-12.

On trouve dans ce recueil, qui est très-rare, quatre vers composés par Voltaire, « Tout debout et sur-le-champ », en réponse à une épître anonyme et en vers de Mᵐᵉ Dumont, dans laquelle elle lui demandait trois billets pour voir, avec sa fille *âgée de quinze ans*, le spectacle qui se préparait à l'occasion du mariage du dauphin. Voici ces vers, qui ont été insérés sous le voile de l'anonyme dans l'édition des « Œuvres » de Voltaire publiée par Beaumarchais ; on les trouve dans les nouvelles éditions, sous le nom de l'auteur :

Il faut au duc d'Ayen montrer vos vers charmans.
De notre paradis il sera le saint Pierre ;
    Il aura les clefs, et j'espère
Qu'on ouvrira la porte aux beautés de quinze ans.

L'ouvrage de Chavray de Boissy, intitulé : « l'Avocat, ou réflexions sur l'exercice du barreau », contient une réponse de Mᵐᵉ Dumont, en vers et en prose, à une ode que l'auteur lui avait adressée. L'abbé de La Porte nous a transmis quelques détails sur cette dame. « Histoire littéraire des femmes françoises », t. IV, p. 524.

Nouveau Recueil de pièces fugitives d'histoire et de littérature; t. IV. *Paris*, 1717, in-12.

Les trois premiers volumes portent le nom d'ARCHIMBAUD; mais cet abbé étant parti pour l'Allemagne,

CHANCEY, ex-jésuite, donna ce quatrième tome, auquel l'abbé A. TRICAUD eut aussi beaucoup de part.

Nouveau Recueil de poésies, contenant « la Suite du Lutrin », en cinq chants. (Par Louis BONAPARTE, ex-roi de Hollande.) *Florence*, 1827, in-12.   D. M.

Tiré à un petit nombre d'exemplaires.

Nouveau Recueil de poésies, des plus célèbres autheurs du temps. (Par Jean CONART.) *Paris, Louis Chamhoudry*, 1653, in-12, 3 ff. lim., 174 p.

Voy. « Recueil de diverses poésies... »

Nouveau Recueil de voyages au nord de l'Europe et de l'Asie... Ouvrage traduit de différentes langues par une société de gens de lettres... (Publié par P.-H. MALLET.) *Genève, Paul Barde*, 1785-86, 3 vol. in-4 ou 6 vol. in-8.

Les deux derniers volumes in-4 et les quatre derniers volumes in-8 contiennent la traduction des « Voyages au Nord » de W. COXE, par MALLET.

Nouveau Recueil des divertissements comiques, contenant : le Solliciteur de procès ; l'Apprenty charlatan ; le Chevalier de l'industrie ; le Philosophe hipocondre ; le Pédant soldat ; la Vieille en colère ; l'Héritier par figure ; le Commis révoqué. *Paris, G. de Luyne*, 1670, in-12 de 6 ff. prélim. non chiff. et 262 p.

La dédicace au marquis de Sévigné est signée : OUDIN. Le privilége, daté du 4 novembre 1670, est signé : François-César OUDIN DE PRÉFONTAINE.

Nouveau Recueil des épigrammatistes françois, anciens et modernes, depuis Marot, par M. B. L. M. (A.-A. BRUZEN DE LA MARTINIÈRE). *Amsterdam, Wetstein*, 1720, 2 vol. in-12.

On trouve dans ce recueil la traduction française, par C.-I. BRUGIÈRE DE BARANTE, de la dissertation latine de P. NICOLE sur la vraie beauté poétique.

Nouveau Recueil des pièces les plus agréables de ce temps, ensuite des « Jeux de l'inconnu » et de la « Maison des jeux ». (Par C. SOREL.) *Paris, de Sercy*, 1644, in-8, 7 ff. lim., 504 p.

Voy. « Recueil de pièces en prose, les plus agréables de ce temps ».

Nouveau Recueil des plus beaux énigmes de ce temps, composez sur divers sujets sérieux et enjoüez, avec leurs explications naturelles et morales. (Par LA CHARNAYS, G. COLLETET, CARNEAU, célestin, etc., publié par Fr. COLLETET.) *Paris, J.-B. Loyson*, 1659, pet. in-12.

Nouveau Recueil des plus beaux vers de ce temps. (Publié par DE ROSSET.) *Paris*,

Toussaint du Bray, 1609, in-8, 15-536 et 22 p.

Voici les noms des poëtes dont on a inséré les œuvres dans ce recueil : DU PERRON, BERTAUT, MALHERBE, MOTIN, DE LA PICARDIÈRE, D'AVITY, DE LINGENDES, DE L'ESPINE, DE ROSSET, D'AUDIGUIER, etc. Quelques-uns de ces poëtes n'ont été imprimés que là.

Nouveau Recueil des statuts et règlemens du corps et communauté des maîtres marchands tapissiers hauteliciers, etc., de la ville de Paris, avec les arrêts, sentences, etc., et une préface historique (par LAPORTE, alors tapissier, depuis avocat au Parlement de Paris). *Paris, Gissey*, 1756, in-4.

Nouveau Recueil des troupes légères de France, leur uniforme et leurs armes, dessiné d'après nature sous la direction des officiers. (Par DE LA RUE.) *Paris, Chereau*, 1747, in-fol.

Nouveau (le) Réveil du peuple. (Par A.-T. DESQUIRON DE SAINT-AIGNAN.) *S. l. (Paris), Mame frères, s. d.*, in-8, 3 p.

Catalogue de Nantes, n° 27052.

Nouveau (le) Robinson, pour servir à l'amusement et à l'instruction des enfans, traduit de l'allemand de CAMPE (par Aug. Simon D'ARNEX). *Berne*, 1794, in-8. — *Genève*, 1801, 2 vol. in-12.

Nouveau (le) Sceau enlevé, ou la draacéniade, poëme héroï-comique en cinq chants, avec des notes, et suivi de la Pierre de la fée, légende rimée. Par le docteur Jules C... (César-Jules CAVALIER), de plusieurs sociétés scientifiques et littéraires. Deuxième édition, corrigée et augmentée. *Paris, Didier*, 1842, in-8, 2 ff. de titre et 232 p.

La première édition avait paru l'année précédente sous le pseudonyme de Jean-Jérôme HERMOLAUS.

Nouveau (le) Secrétaire, contenant diverses lettres choisies et familières, par M. H. P. (H. PIKKERT). *Paris*, 1688, in-12.   V. T.

Nouveau (le) Secrétaire de la cour... (Par René MILLERAN.) *Paris, T. Le Gras*, 1737, in-12.

Souvent réimprimé.
Le nom de l'auteur se trouve dans le privilége.

Nouveau (le) Seigneur de village, opéra-comique en un acte. Paroles de MM. (Aug. CREUZÉ DE LESSER et J.-F. ROGER). Musique de Boieldieu. Représenté pour la première fois, à Paris, sur le théâtre impérial de l'Opéra-Comique, par les comédiens ordinaires de S. M. l'empereur et roi, le 29 juin 1813. *Paris, Barba*, 1813, in-8, 48 p.

Nouveau (le) Siècle de Louis XIV, ou choix de chansons historiques et satiriques, presque toutes inédites, de 1634 à 1712, accompagnées de notes par le traducteur de la « Correspondance de Madame, duchesse d'Orléans » (M. Gustave Brunet). *Paris, Garnier frères*, 1857, gr. in-18, xx-367 p.

Nouveau Siècle de Louis XIV, ou poésies-anecdotes du règne et de la cour de ce prince, avec des notes historiques et des éclaircissements. (Par C.-S. Sautreau de Marsy et Fr. Noel.) *Paris, Buisson*, 1793, 4 vol. in-8. — *Paris*, 1803, 4 vol. in-8.

Nouveau (le) Siècle, ou la France encore monarchie. (Par Anselme d'Outremont.) *Londres*, 1796, 2 vol. in-8.

Nouveau (le) Sobrino, ou grammaire espagnole simplifiée, par Martinez, corrigée par P. B. (Pierre Beaume). *Bordeaux, Beaume*, 1809, in-12.   D. M.

Nouveau Spectateur. (Par J.-F. de Bastide.) *Paris*, 1758-1761, 12 vol. in-12, avec les suites.

Nouveau (le) Spectateur françois, ou discours dans lequel on voit un portrait naïf des mœurs de ce siècle. (Attribué à Juste Van Effen.) *La Haye, Néaulme*, 1725, 2 vol. in-12.

Nouveau (le) Spon, ou manuel du bibliophile et de l'archéologue lyonnais. (Par J.-B. Monfalcon.) *Lyon, A. Vingtrinier*, 1856, gr. in-8.

Voy. ci-dessus, « Manuel du bibliophile », 46, c.

Nouveau Style du Châtelet de Paris et de toutes les jurisdictions du royaume. (Par Ch. Desmarquets.) *Paris*, 1746, in-4.   V. T.

Nouveau Style du Châtelet de Paris, tant en matière civile et criminelle que de police. (Par Ch. Desmarquets.) *Paris*, 1741, in-4.   V. T.

Nouveau Style, ou manuel des huissiers... par l'auteur du « Manuel des maires » (Ch.-H.-Fréd. Dumont). Sixième édition. *Paris*, 1802, in-12.

Nouveau Supplément à la « France littéraire ». (Par J.-A. Guiot.)

Voy. la « France littéraire », V, 504, f.

Nouveau Supplément au « Cours de littérature » de M. de La Harpe, avec

l'examen de plusieurs assertions hasardées par le même M. de La Harpe dans sa « Philosophie du xviiie siècle », par M*** (A.-A. Barbier). *Paris, Mme Hérissant Le Doux*, 1818, in-8 ; et *Salmon*, 1823, in-8, avec un frontispice renouvelé et le nom de l'éditeur.

Nouveau Supplément au grand Dictionnaire de Moréri, pour servir à l'édition de 1732 et aux précédentes. (Par l'abbé C.-P. Goujet.) *Paris, Vincent*, 1749 et 1750, 2 vol. in-fol.

Nouveau Sistème de bibliographie alfabétique, seconde édition, précédée par des considérations sur l'orthographe française, divisé en trois parties, orné d'un portrait de Thot ou Hermès. (Par le marquis A.-J.-F.-X.-P.-E.-S.-P.-A. de Fortia d'Urban.) *Paris, Treuttel et Wurtz*, 1822, in-12.

Voy. pour la première édition, « Sistème général de bibliographie... »

Nouveau Système de philosophie, établi sur la nature des choses connues par elles-mêmes. (Par Louis-Fr. Ladvocat.) *Paris, Lebreton*, 1728, 2 vol. in-12.

Nouveau Système de répartition de la contribution foncière. *Douai*, 1802, in-4.   D. M.

Ce livre, que Quérard a attribué à tort à J.-E. Michel, administrateur du département des Bouches-du-Rhône, est de Claude-Louis-Samson Michel, ancien procureur impérial de la Cour de Douai, où il est mort le 16 janvier 1814.

Nouveau Système de traitements, salaires et pensions, applicable à tous les services publics et privés, et qui, sans surcroît de dépense ni retenues mensuelles, permettrait d'augmenter les traitements et les pensions, et d'étendre ces pensions à tous les traitements. (Par M. L. Le Terme, depuis directeur de Charenton.) *Paris, Paul Dupont et Cie*, 1842, in-8, 104 p., plus une page de rectifications.

Nouveau Système, ou nouvelle explication du mouvement des planètes ; par Philippe Villemot, prêtre, etc. (avec une traduction latine en regard du texte, par Camille Falconet). *Lyon, Louis Claustre*, 1707, in-12.

L'auteur avait déjà publié « Nouveau Sistème du mouvement des planètes ». *Lyon*, 1704, in-12.

Nouveau Sistème par pensées sur l'ordre de la nature, par D. A. R. (dom André Roze, bénédictin). *Paris, Villery*, 1696, in-12.

Nouveau Système sur la manière de fortifier et de défendre les places. Ouvrage posthume de M. D., publié par M. DE MARNE (graveur ordinaire de la reine). *Paris, Clouzier,* 1731, in-12.

Le privilége, daté de 1730, donne le nom de l'auteur, DAZIN. Le discours préliminaire est du P. L.-B. CASTEL.

Nouveau Système typographique, ou moyen de diminuer le travail et les frais de composition, de correction et de distribution, découvert en 1774, par Mme de ***. (Par F.-P. BARLETTI DE SAINT-PAUL.) *Paris, impr. royale,* 1776, in-4.

Nouveau Tarif nécessaire aux négociants et aux fabricants d'eau-de-vie. (Par Louis BOURDIN, imprimeur à La Rochelle.) 1714, in-12.

Nouveau (le) Tarquin, comédie en trois actes (prose et vaudevilles, par J.-J. BEL). *S. l. n. d.*, in-12, 48 p. — Autre édition. In-12, 48 p. — Le Nouveau Tarquin, comédie allégorique, en trois actes (prose et vaudevilles). *Amsterdam, J. Desbordes,* 1732, in-8, 76 p.

Pièce publiée à l'occasion du procès de Marie-Catherine Cadière et du P. Girard, jésuite. On trouve une bibliographie complète de tout ce qui se rattache à ce procès dans la « Bibliothèque » du P. de Backer, 2e édit., t. I, col. 2133 et suiv.

Le « Manuel du libraire » nous apprend qu'on réunit cette pièce au « Théâtre janséniste », où doit aussi se trouver l' « Examen de la cause du P. Girard... avec la critique d'un ouvrage intitulé le « Nouveau Tarquin ». Dans cette critique, il est dit que l'auteur du « Nouveau Tarquin » est le même que celui de la « Gazette ecclésiastique ». Si ce dire est sérieux, l'attribution à J.-J. Bel ou Le Bel est erronée.

Nouveau Te Deum en vers saphiques, avec des notes sur le pape, sur le légat, sur le nouvel archevêque de Paris, sur les philosophes, etc. (Par L.-A. BEFFROY-REIGNY, dit le Cousin JACQUES.) *Paris,* 1802, in-8.

Nouveau (le) Teinturier parfait... (Par DE LORMOIS.) *Paris, Jombert,* 1769, 2 vol. in-12. — *Paris, Barrois l'aîné*, an VIII-1800, 2 vol. in-12.

Nouveau (le) Télémaque, ou voyage et avantures du comte de... et de son fils... par l'auteur des « Mémoires d'une dame de qualité » (l'abbé Cl.-Fr. LAMBERT). *La Haye,* 1749, 2 vol. in-8.

La première édition est de 1741.

Nouveau (le) Testament, auquel est démontré Jésu-Christ, sauveur du monde, être venu annoncé de Dieu à nos pères anciens dès le commencement du monde, et en plusieurs lieux prédict par les prophètes, avec la déclaration des œuvres par lesquelles l'homme peut être congneu et en soi et des autres, fidèle ou infidèle. *Anvers, Martin Lempereur,* 1531, in-12.

Cette traduction est de Jacq. LE FÈVRE d'Estaples, qui a traduit la Bible en entier. Voy. IV, 402, *f*, et 590, *f*.

Nouveau (le) Testament, c'est-à-dire la nouvelle Alliance de Notre-Seigneur Jésus-Christ (de la version de Robert-Pierre OLIVETAN, revue et corrigée). — Les Pseaumes de DAVID, mis en françois par Clément MAROT et Théodore DE BÈZE. — De la forme des prières ecclésiastiques. *Charenton, Pierre Deshayes,* 1647, in-12.

Nouveau (le) Testament de Notre-Seigneur Jésus-Christ, nouvellement traduit en françois (par Jacques LE FÈVRE d'Etaples). *Paris, Simon de Colines,* au mois de janvier, l'an 1524. — Les Epîtres de saint POL, de saint PIERRE, de saint JEAN et de saint JUDE. *Paris, Simon de Colines,* le 17 octobre 1523. — Les Actes des Apôtres, écrits par saint JEAN l'Evangéliste, *cum privilegio. Paris, Simon de Colines,* le 31 octobre 1523. — L'Apocalypse de saint JEAN, apostre. *Paris, Simon de Colines,* le 5 novembre 1523, 2 vol. in-8, caractère demi-goth.

Le caractère de la seconde partie est plus gros que celui de la première, qui est une réimpression. Voy. IV, 590, *f*. Il manque au second volume de mon exemplaire le *frontispice* et *une épître exhortatoire à tous chrétiens et chrétiennes*, dont Richard Simon cite deux fragmens assez étendus et fort curieux, dans le quatrième volume de sa « Bibliothèque critique », publiée sous le nom de Saint-Jore. Cette épître exhortatoire, ayant été considérée comme favorisant le luthéranisme, a été retirée de la presque totalité des exemplaires. Ces deux volumes sont d'une grande rareté.

Les deux *épîtres exhortatoires* se trouvent dans une nouvelle édition, *Paris, Simon Duboys,* 1525, in-8, décrite par l'abbé Goujet dans le tome I de son Catalogue manuscrit.

LE FÈVRE d'Etaples a publié successivement la traduction complète de la Bible. Le dernier volume de l'Ancien Testament parut à Anvers en 1528, chez Martin Lempereur. Cet imprimeur réimprima la Bible entière en 1530, in-fol. Voy. « Deux dissertations, l'une sur les Bibles françaises, etc. », par N. Indès (Denis Nolin, avocat). *Paris,* 1710, in-12, p. 49 et suiv.

Voy. « Supercheries », II, 337, *b*.

Nouveau (le) Testament de Notre-Seigneur Jésus-Christ, traduit en françois, avec des notes littérales pour en faciliter l'intelligence (par l'abbé F.-P. MESENGUY). *Paris, Lottin et Desaint,* 1729, in-12. — *Desaint et Saillant,* 1752, 3 vol. in-12.

Nouveau (le) Testament de Notre-Seigneur Jésus-Christ, traduit en françois

selon la Vulgate (par les PP. Domin. Bou-
HOURS, Mich. LE TELLIER et Pierre BES-
NIER). *Paris, L. Josse,* t. I, 1697; t. II,
1703, in-12.

Traduction souvent réimprimée avec le nom du P.
Bouhours seul.

Voy. « Difficultés proposées au R. P. Bouhours... »,
IV, 992, *a.*

Nouveau (le) Testament de Notre-Seigneur Jésus-Christ, traduit en françois
selon l'édition Vulgate, avec les différences
du grec. *Mons, Gasp. Migeot,* 1667, 2 vol.
in-12.

M. Chalon a donné, dans le « Bibliophile belge »,
t. I, p. 106-116 et 244-45, la liste des différentes
éditions de cette traduction. Le P. de Backer l'a reproduite dans sa Bibliothèque, 2ᵉ édit., in-fol., t. I,
col. 186-188.

Voyez une note curieuse sur cette traduction dans les
« Mémoires littéraires de Paquot », édit. in-fol., t. I,
p. 174.

Je trouve la note suivante au sujet de cet ouvrage,
dans le Catalogue manuscrit des livres de la bibliothèque
de l'abbé Goujet :

« On a souvent donné cette traduction au célèbre
docteur Antoine ARNAULD. Mais il dit lui-même, au
troisième volume de ses Lettres, lettre CXCIV, p. 283,
qu'il n'y a eu d'autre part que celle d'avoir assisté aux
assemblées tenues pour la revoir et la corriger; et au
cinquième volume des mêmes Lettres, lettre CCCLV, il
dit positivement que l'ouvrage est de LE MAISTRE DE
SACY. »

Une note manuscrite de Jean Racine porte ceci : « Le
N. T. de Mons a été l'ouvrage de cinq personnes :
MM. DE SACY, ARNAULD, LE MAISTRE, NICOLE et le duc
DE LUYNES. M. de Sacy faisoit le canevas et ne le
remportoit presque jamais tel qu'il l'avoit fait ; mais il
avoit lui-même la principale part aux changements, étant
assez fertile en expressions. M. Arnauld étoit presque
toujours celui qui déterminoit le sens. M. Nicole avoit
presque toujours devant·lui S. Chrysostome et Bèze ;
ce dernier, afin de l'éviter. »

L'édition de *Mons,* 1684, a été revue par le docteur
ARNAULD seul.

Nouveau (le) Testament de Notre-Seigneur Jésus-Christ, traduit sur l'ancienne
édition latine, avec des remarques (par
Richard SIMON). *Trévoux, Ganeau,* 1702,
2 vol. in-8 et 3 vol. in-12.

Bossuet a composé deux Instructions pastorales contre
cette version.

Nouveau (le) Testament du P. Quesnel,
dénoncé à l'Académie françoise. (Par l'abbé
Joachim TROTTI DE LA CHÉTARDIE, curé
de Saint-Sulpice.) *S. l.,* 1713, in-12.

Nouveau (le) Testament en françois,
avec des réflexions morales sur chaque
verset, etc. (Par le P. Pasquier QUESNEL,
de l'Oratoire.) *Paris, Pralard,* 1692, 4 vol.
in-8.

Souvent réimprimé.

Nouveau (le) Testament mis en catéchisme par demandes et par réponses,
avec des explications et annotations, par
M. G. P. (G. POLIER, professeur de langues orientales à Lausanne). *Lausanne et
Amsterdam, M.-M. Rey,* 1736, 6 vol. in-8.

Ce professeur mourut en 1759, âgé de quatre-vingts
ans.

Le fils de l'auteur a fait paraître la suite de cet ouvrage en 1764, 1765 et 1766, 11 vol. in-8, sous ce
titre : « La Sainte Écriture de l'Ancien Testament, exposée et éclaircie par demandes et par réponses ».

Nouveau (le) Testament traduit en françois selon la Vulgate (par l'abbé Matthieu
DE BARNEVILLE). *Paris, Phil.-Nic. Lottin,*
1719, in-12. — Quatrième édition. *Paris,
Quillau,* 1727, in-12 ; — *Osmont,* 1731,
in-18.

Ce traducteur, né à Dublin, fit toutes ses études à
Paris, et fut reçu dans la congrégation de l'Oratoire, le
30 octobre 1688 ; il expose, dans l'avertissement qui
précède l'édition de 1719, les motifs qui l'ont guidé
dans la rédaction d'une traduction nouvelle du Nouveau
Testament. Son but principal paraît avoir été d'en faire
vendre les exemplaires à meilleur marché, ou même de
les donner aux pauvres au moyen d'avances faites par
des personnes aisées.

Dans la préface qui précède l'édition de 1726, il se
félicite de la bénédiction que Dieu a répandue sur cet
ouvrage. On y apprend que des gens riches et charitables
ne se contentèrent pas d'en faire provision pour eux et
pour leur famille ; ils eurent encore la générosité d'en
acheter un grand nombre, qu'ils ont fait distribuer gra-
tuitement aux pauvres, à Paris et dans les provinces.
Aussi l'on a toujours eu soin que les exemplaires ne
fussent vendus que ce qu'ils avaient coûté pour l'impression.

Dans l'édition de 1731, l'auteur a mis aux marges
la concordance de l'Ancien Testament avec le Nouveau ;
et après la préface, il y a un avertissement utile sur
ces concordances.

L'auteur a placé de plus amples concordances dans
une édition qu'il a donnée en 1735, chez Lamesle ;
cette édition est partagée en deux volumes, qui se relient
souvent en un. Voici son titre : « Le Nouveau Testament de Notre-Seigneur Jésus-Christ, traduit selon
la Vulgate ; enrichi d'amples concordances ou citations
de l'Écriture sur presque chacun des versets, augmenté
d'une table historique et géographique et d'une table
très-abondante des matières, et orné de cartes géographiques, nouvelle édition. » L'ouvrage est précédé d'une
préface de 28 pages sur le dessein et l'usage de la présente édition. On lit le nom de l'auteur dans le privilége
du roi.

Le libraire Lamesle a publié la même année une édition in-12, sans concordance ; il existe encore des éditions de 1730, chez *Osmont,* et de 1732, chez *Valleyre,*
in-12.

L'abbé de Barneville avait soixante-seize ans en 1735.
Il est probable qu'il ne vivait plus en 1740. Aussi, en
cette année, le libraire *Quillau* donna-t-il une édition
de son Nouveau Testament sans préface ni avertissement.
Valleyre fit de même en 1753.

A cette époque, les traductions de Sacy, de Mesenguy et de Le Gros se réimprimèrent plus communément. Je n'ai point vu d'édition du Nouveau Testament
de l'abbé de Barneville postérieure à 1753.

On peut considérer cet abbé comme le fondateur des sociétés bibliques qui se sont formées en différents pays dans ces derniers temps, pour envoyer dans les pays les plus lointains la Bible et le Nouveau Testament, et pour les faire traduire en toute sorte de langues.

Nouveau (le) Testament, traduit fidèlement du texte original grec, et commenté sur tous les points qui ont besoin d'explication. (Par L.-P. MACHET.) *Reims, imp. d'Assy et Cie; Paris, Aurel*, 1842, in-8.

Nouveau (le) Testament traduit sur les textes originaux, avec les différences de la Vulgate (par l'abbé Nicolas LE GROS); nouvelle édition, revue et augmentée de concordances, tables chronologiques et quelques notes (par Laur.-Et. RONDET). *Paris*, 1753, 1754, 1 ou 2 vol. in-12.

La première édition parut en 1739. Voy. IV, 405, *c*, et ci-dessus, col. 47, *e*.

Nouveau (le) Théâtre anglois. (Traduit par Mme Jeanne LABORAS DE MEZIÈRES, dame RICCOBONI.) *Paris, Humblot*, 1769, 2 vol. in-12.

Contient quatre comédies en cinq actes et une en deux, par E. MOORE, MURPHY, Hugh KELLY et G. COLMAN.

Nouveau Théâtre d'éducation. (Par Anne-Adrien-Firmin PILLON-DUCHEMIN.) *Paris, Maire-Nyon*, 1836, in-12.   D. M.

Nouveau Théâtre d'Italie, ou description exacte des villes, palais, églises, etc., de cette partie de la terre (dressé sur les dessins de Jean BLAEU, et remis dans un nouvel ordre). *Amsterdam*, 1704, 4 vol. in-fol.

Nouveau Théâtre de la Grande-Bretagne... (Par J. KIP.) *Londres, J. Smith*, 1724-1729, 4 vol. in-fol.

Nouveau (le) Théâtre de Séraphin, ou entretiens instructifs, amusants et moraux d'une mère de famille avec ses enfants... par P. B*** (André-Joseph GRÉTRY, neveu du célèbre compositeur). *Paris, Philippe*, 1810, 2 vol. in-18.   D. M.

Nouveau Théâtre du monde, contenant les Etats, empires, royaumes et principautés, par D. T. V. Y. (Pierre DAVITY). *Paris*, 1655, 2 vol. in-fol.   V. T.

Nouveau Théâtre du monde, ou nouvel atlas.. *Amsterdam, H. Hondius*, 1641. 3 vol. in-fol.

HONDIUS, l'auteur-éditeur, a donné de cet ouvrage en société avec Jean JEANSSON, une nouvelle édition sous le titre de : « Nouvel Atlas, ou théâtre du monde... » Voy. ci-après, col. 539, *f*.

Nouveau Théâtre du Piémont et de la

Savoye. (Traduit du latin de Jean BLAEU, par Jacques BERNARD.) *La Haye, Alberts*, 1725, 2 vol. in-fol.

C'est une seconde édition du « Théâtre » publié à *La Haye*, 1700, 2 vol. in-fol. Le texte latin avait paru à *Amsterdam* en 1682, 2 vol. in-fol.

Nouveau Théâtre italien; Sanson, tragi-comédie, par Luigi RICCOBONI, dit LELIO, en italien et en françois (traduit par Nic. FRÉRET). *Paris, Coustelier*, 1717, in-12.

Romagnesi a imité cette pièce en vers français et l'a fait représenter en 1730, par les comédiens italiens, sur le théâtre de l'hôtel de Bourgogne.

Voltaire, dans son « Dictionnaire philosophique », a confondu la traduction en prose de cette pièce avec l'imitation en vers de Romagnesi. Voy. les « Œuvres de Voltaire », édition de Beaumarchais, t. XLIII, p. 146, in-8.

Nouveau Théâtre sentimental à l'usage de la jeunesse, par Mme la marquise DE S***. (Par CARRIÈRE-DOISIN.) *Paris, Laurens jeune*, 1790, in-8.

Le « Moniteur » du 8 mai 1791 a été dupe d'une supercherie d'auteur ou de libraire, puisqu'il a annoncé ce volume comme étant de Mme de Sillery-Genlis. C'est un nouveau frontispice mis à une partie des exemplaires des « Fables mises en action... » Voy. V, 415, *b*.

En 1786, à la tête d'une comédie de sa composition, intitulée : « les Folies du luxe réprimées », cet auteur a réclamé, comme lui appartenant, la comédie du « Café littéraire », imprimée sous le nom de Mlle C. D.

Nouveau Traité d'arithmétique décimale, contenant toutes les opérations ordinaires du calcul... Première édition enrichie de 1316 problèmes à résoudre pour servir d'exercices aux élèves, par P....... F..... *Paris, Moronval*, 1830, in-12.

Souvent réimprimé sous ces initiales ou sous celles de : P. F. et L. C.

Attribué par M. de Manne à Philippe BRANSIET, supérieur des Ecoles chrétiennes, et à Claude-Louis CONSTANTIN; et par Quérard à Pierre FOURNIER et à Léon CONSTANTIN.

Nouveau Traité de diplomatique... (Par dom René TASSIN et dom Ch.-Franç. TOUSTAIN.) *Paris, Desprez*, 1750-1765, 6 vol. in-4.

Nouveau Traité de géographie, par BUSCHING, traduit de l'allemand (par J.-M. GÉRARD DE RAYNEVAL, C.-T. PFEFFEL et J.-Fr. BOURGOING). *Zullichow et Strasbourg*. 1768-1779, 14 vol. in-8.

Réimprimé sous le titre de : « Géographie universelle... » Voy. V, 540, *f*.

Nouveau Traité de géographie par demandes et par réponses (faisant partie de la « Science de la cour »), par M*** (l'abbé Nic. LENGLET DU FRESNOY). *Paris, Compagnie*, 1752, 2 vol. in-12.

Nouveau Traité de l'Antechrist, dans lequel on prouve que l'Eglise romaine et son clergé sont le grand Antechrist, etc., par une personne de qualité (DE SOULIGNÉ). 1698, in-12.

Imprimé sur papier jaune.

On a de cet écrivain plusieurs opuscules du même genre. Voy. le Catalogue de Mac-Carthy, t. I, n° 966.

Nouveau Traité de la civilité qui se pratique en France parmi les honnêtes gens. (Par Ant. DE COURTIN, mort en 1685.) *Paris, Hélie Josset*, 1671, in-12.

Une seconde édition, revue, corrigée et augmentée, datée de 1672, est précédée d'une épître à M. le duc de Chevreuse, signée à la main, dans l'exemplaire de la Bibliothèque nationale . Jean MEUSNIER. C'est le nom qui se trouve sur le registre de la communauté des libraires; il répond aux lettres I. M. du privilége daté du 16 novembre 1670.

Les termes de l'épître sont très-ambigus; mais J. MEUSNIER me paraît avoir été que l'éditeur des divers traités d'Ant. DE COURTIN.

Souvent réimprimé.

Voy. « Traité de la paresse ».

Nouveau Traité de la cour, ou instruction des courtisans, enseignant aux gentilshommes l'art de vivre à la cour et de s'y maintenir. (Par Eustache DU RÉFUGE.) *Paris, Claude Barbin*, 1664, in-12.

Voy. « Traité de la cour... »

Nouveau (le) Traité de la cuisine... (Par MENON.) *Paris, Paulus du Mesnil*, 1739, 3 vol. in-12.

Le nom de l'auteur se trouve dans le privilége.

Nouveau Traité de la culture des jardins potagers... (Par GARNIER.) *Paris, C. de Sercy*, 1692, in-12, 4 ff. lim., 285 p. et 3 ff. de table.

Nouveau Traité de la pluralité des mondes, par feu M. HUGHENS, traduit du latin en françois, par M. D. (DUFOUR). *Paris, Moreau*, 1702, in-12. — *Amsterdam*, 1718, in-8.

Nouveau Traité de la sphère, avec un discours sur les éclipses, tant du soleil et de la lune, que des autres astres. (Par Dan. JOUSSE.) *Paris, Debure*, 1755, in-12.

Nouveau Traité de la vénerie, contenant la chasse du cerf, celle du chevreuil, etc., par un gentilhomme de la vénerie du roi (Antoine GAFFET, sieur DE LA BRIFARDIÈRE), publié par P. Clément DE CHAPPEVILLE. *Paris, Nyon*, 1750, in-8.

Nouveau (le) Traicte de la vraye noblesse, translate nouuellement de latin (de Jodocius CLICHTOVEUS) en françoys, auquel est adiouste en la fin les douze vertuz de vraye noblesse (en vers). *Paris (Denis Janot)*, 1535, pet. in-8, 8 ff. prélim. et 49 ff. chiff.

Nouveau Traité de physique sur toute la nature... (Par Franç.-Jos. HUNAUT, médecin.) *Paris, Didot*, 1742, 2 vol. in-12.

Nouveau Traité des devoirs du chrétien envers Dieu... Par L. C. (Léon CONSTANTIN et Pierre FOURNIER). *Paris, l'auteur*, 1834, in-12.

Souvent réimprimé.

Nouveau Traité des donations entrevifs, testamentaires et des successions, suivant les principes du Code civil... Par l'auteur du « Nouveau Stile des notaires de Paris » (J.-A. COMMAILLE). *Paris, imp. d'Hacquart*, 1804, 2 vol. in-8.

Nouveau Traité des eaux minérales de Forges; de leur vertu et en quoi elle consiste... Par M. B. L*** (Barth. LINAND), docteur en médecine. *Paris, veuve C. Coignard*, 1696, in-8, 1 f. de titre et 22 p.

Réimprimé l'année suivante avec le nom de l'auteur.

Nouveau Traité des eaux minérales de Greoux en Provence. (Par Mich. DARLUC.) *Aix, Audibert*, 1777, in-8, 50 p.

Nouveau Traité des œillets, où l'on explique la meilleure méthode de les cultiver. (Par GOUBE, de Valenciennes.) *Cambray, S. Berthoud*, 1769, in-12.

Nouveau Traité des orangers et citronniers... (Par BALLON et GARNIER.) *Paris, C. de Sercy*, 1692, in-12, 6 ff. lim., 187 p. et 2 ff. de table.

Nouveau Traité des rêves et leur interprétation, par l'Oracle de la Chaussée d'Antin (J.-J. MENUT DE SAINT-MESMIN)... *Paris, l'auteur*, 1818, in-12.

Nouveau Traité des tutelles et des curatelles, par J. G. (Jean GILLET). *Paris*, 1686, in-4.   V. T.

Nouveau Traité du droit de chasse, avec un recueil des ordonnances. (Par Franç. DE LAUNAY.) *Paris, Quinet*, 1681, in-12..

L'auteur a signé l'épître.

Nouveau Traité du sublime. (Par SYLVAIN, avocat.) *Paris, Prault*, 1741, in-12.

Cet ouvrage parut en 1732, chez le même libraire, mais avec le nom de l'auteur, sous ce titre : « Traité du sublime », etc.

M. A. Michiels a publié, en 1852 : « la Théorie de Kant sur le sublime, exposée par un Français en 1708 ». *Paris*, in-8, 19 p. C'est une revendication en l'honneur de Sylvain.

Nouveau Traité pour la culture des fleurs, qui enseigne la manière de les cultiver, multiplier et les conserver selon leurs espèces, avec leurs proprietez merveilleuses et les vertus medicinales. Divisé en trois livres. (Par Pierre MORIN, fleuriste.) *Paris, Ch. de Sercy,* 1674, 1682, 1696, in-12.

Le nom de l'auteur est au privilége.

Nouveau Traité sur l'art de fabriquer la bière, par M. C. C. V*** (Charles CABOCHE-VIRENNE, ancien brasseur à Stenwood). *Douai, André Vinoi,* 1820, in-8.
D. M.

Nouveau Traité sur l'autorité de l'Église, par le P. C. J. D. V. R. T. (le P. C.-J. DE VELLES, religieux théatin). *Rome,* 1736, in-12.

Nouveau Traité sur le jeu de billard... Par C. B. (Simon BLOCQUEL), amateur. *Paris, imp. d'Eyron,* 1814, in-12.

Nouveau (le) Traité sur les fortifications, dans lequel on se propose de renforcer quelques ouvrages de la fortification de Vauban et d'en établir une nouvelle. (Par le chevalier DE QUERELLES.) *Paris, C.-J.-B. Delespine,* 1745, in-8. — *Paris, Savoye,* 1749, in-8.

Nouveau (le) Trésor des enfants, ou recueil de traits historiques, fables nouvelles, maximes, etc. Par l'abbé X... (Jos. REYRE). *Limoges, F.-F. Ardant frères* (1869), in-12.

Souvent réimprimé avec le nom de l'auteur.

Nouveau (le) Trésor du Parnasse, ou élite de poésies fugitives. *Liége et Paris,* 1772, 6 vol. in-12.

Voy. « Elite de poésies fugitives », V, col. 64, *f*.

Nouveau (le) Triomphe...

Voy. « Triomphe des Lettres d'un chanoine... »

Nouveau (le) Tryphon, ou dialogues entre un juif et un chrétien. (Par l'abbé MAGNE.) *En France (Paris),* 1780, in-12.

Nouveau Vocabulaire du dictionnaire portatif de la langue française... par J.-F. ROLAND. Quatorzième édition, revue par M. A. P*** (Antoine l'ÉRICAUD l'aîné). *Lyon, Périsse,* 1840, in-8.

La première édition date de 1812.
Roland était un bonhomme d'imprimeur qui ne parlait pas français. Son vocabulaire est copié, à peu de chose près, sur le vocabulaire publié par Demonville, en 1800, à Paris.
D. M.

Nouveau Voyage à Tunis, publié en 1811 par M. Thomas Maggill, et traduit de l'anglais, avec des notes, par M**** (Alex.-Louis RAGUENEAU DE LA CHESNAYE). *Paris, Panckoucke,* 1815, in-8.

Nouveau Voyage au Levant, par le sieur D. M. (Jean DU MONT). *La Haye, Foulque,* 1694, in-12.

Il en a été donné une nouvelle édition, très-augmentée, quoique tronquée en quelques parties, sous le titre de : « Voyages de M. Dumont en France, en Italie, en Allemagne, à Malthe et en Turquie ». *La Haye, Foulque,* 1699, 4 vol. in-12.

Nouveau Voyage aux îles d'Amérique, contenant l'histoire naturelle de ce pays... (Par le P. J.-B. LABAT.) *Paris,* 1722, 6 vol. in-12. — *La Haye, P. Husson,* 1724, 2 vol. in-4. — *Paris,* 1742, 8 vol. in-12.

Réimprimé avec le nom de l'auteur, sous le titre de : « Voyage aux îles françaises de l'Amérique ». *Paris, Lefebvre,* 1831, in-8.

Nouveau Voyage d'Italie, contenant une description exacte de toutes ses provinces, villes... *Lyon, Jean Thioly,* 1699, deux parties in-12.

La dédicace est signée : François DESEINE. Dans l'extrait du privilége du roi, du 16 décembre 1698, il est dit que cé livre a pour auteur E. D. R. Ces initiales ne se trouvent pas sur l'enregistrement original fait à la communauté des libraires, en date du 7 janvier 1699.

Nouveau Voyage d'Italie, fait en l'année 1688... (Par Fr.-Maximilien MISSON.) *La Haye, H. van Balderen,* 1691, 2 vol. in-12.

L'auteur a signé l'épître.
Plusieurs fois réimprimé.
La cinquième édition, avec les remarques d'Addisson, *Utrecht,* 1722, 4 vol. in-12, est la meilleure. Le P. FRESCHOT a publié une critique, sous le titre de : « Remarques historiques et critiques... » Voy. ces mots. Misson s'étant justifié dans la préface des « Voyages et Aventures de François Leguat », qu'il édita, son adversaire répliqua avec vivacité dans la « Nouvelle Relation de la ville de Venise ».

Nouveau Voyage dans la partie méridionale de l'Afrique, traduit de l'anglais de Jean BARROW (par C.-A. WALCKENAER). *Paris, Dentu,* 1806, 2 vol. in-8.

Nouveau Voyage de France. (Par DUMAS.) *Paris,* 1720, in-12. V. T.

Nouveau Voyage de France, avec un itinéraire et des cartes... (Par J.-A. PIGANIOL DE LA FORCE.) *Paris, T. Le Gras,* 1724, 2 vol. in-12. V. T.

Réimprimé plusieurs fois avec le nom de l'auteur.

Nouveau Voyage de France, géographique, historique et curieux... *Paris, Saugrain l'aîné,* 1720, in-12.

L'approbation est du 18 décembre 1718.

Le titre de l'édition de *Paris, libraires associés*, 1771, porte : Par M. L. R. Le privilége de cette édition, daté du 10 mai 1769, est au nom de Claude-Marin Saugrain le jeune.

L'auteur dit avoir déjà *dressé* le « Dénombrement du royaume » (voy. « Nouveau Dénombrement », ci-dessus, col. 497, *a*) et les « Curiositez de Paris ». Ces deux ouvrages sont attribués à Cl.-M. Saugrain l'aîné.

Nouveau Voyage de Genève, suivi de quelques opuscules. (Par Claude Van Debergue-Seurrat.) 1783, in-8. V. T.

Nouveau Voyage de Grèce, d'Égypte, de Palestine, d'Italie, de Suisse, d'Alsace et des Pais-Bas, fait en 1721, 1722 et 1723. *La Haye, Gosse*, 1724, in-12, xxx-412 p. et 1 f. d'errata.

L'épître est signée : C. D. S. M. (Charles de Sainte-Maure, autrement le commandeur de Beaulieu).

Nouveau Voyage du Nord, dans lequel on voit les mœurs, la manière de vivre et les superstitions des Norwégiens, des Lapons, etc., par le sieur *** (P.-Martin de La Martinière). *Amsterdam, Roger, s. d.* (vers 1700), in-12.

L'édition originale de ce Voyage est de *Paris*, 1671, sous le titre de : « Voyage des pays septentrionaux », etc., avec le nom de l'auteur. Il a aussi été réimprimé sous le titre de : « Nouveau Voyage vers le Septentrion ». *Amsterdam, Roger*, 1708, in-12.

Nouveau Voyage en Espagne. (Par P.-L.-A. de Crusy, marquis de Marcillac.) *Paris, Le Normant*, 1805, in-8, 2 ff. lim., x-339 p.

Nouveau Voyage en Espagne et en Portugal. (Par W. Dalrymple.) Traduit de l'anglois par un officier françois (G.-H. de Romance de Mesmon)... *Bruxelles et Paris, Volland*, 1787, in-8, 7 ff. lim. et 257 p.

Nouveau Voyage en Espagne, fait en 1777 et 1778... (Par Peyron, revu par André Morellet.) *Londres et Paris, Th. Barrois*, 1782, 2 vol. in-8.

C'est un nouveau frontispice mis à l'ouvrage de l'auteur, qui a paru anonyme, sous ce titre : « Essais sur l'Espagne et Voyage fait en 1777 et 1778, etc. » *Genève*, 1780, 2 vol. in-8.

Nouveau Voyage en Espagne, ou le tableau de l'état actuel de cette monarchie... (Par le baron J.-F. Bourgoing.) *Paris, Regnault*, 1789, 3 vol. in-8.

La quatrième édition a paru en 1807, sous le titre de : « Tableau de l'Espagne moderne », avec le nom de l'auteur et un atlas in-4.

Nouveau Voyage vers le Septentrion. *Amsterdam, Roger*, 1708, in-12.

Voy. ci-dessus, « Nouveau Voyage du Nord... »

Nouveau (le) Vrai Supplément aux deux volumes du « Nobiliaire des Pays-Bas et de Bourgogne », ou mélanges de généalogie et de chronologie, avec le blason des armoiries. *La Haye*, 1774, in-8, 2 ff. lim. et 294 p.

Ce livre est attribué à Joseph-Ferdinand Ghislain, comte de Cuypers et d'Alsingen.

L'auteur nous apprend dans une note que, « malgré l'approbation, le Nobiliaire des Pays-Bas fut supprimé par le gouvernement, parce qu'il contenait la noblesse de l'Empire et les concessions irrégulières. »

D. M.

Ce supplément avait été attribué par Van Thol à Holleber, d'Ascow.

Voy. ci-dessus, « Nobiliaire des Pays-Bas... », col. 416, *c*.

Nouveau (le) Werther, imité de l'allemand. (Par le marquis J.-M.-J. Fleuriot de Langle.) *Neufchâtel, de l'imp. de S.-P. Couvert*, 1786, in-8.

Nouveau Zodiaque, réduit à l'année 1755... (Par P.-C. Le Monnier, ou sous ses yeux, par Guillaume de Seligny.) *Paris, imp. royale*, 1755, in-8. — Nouvelle édition. *Versailles, imp. de la Marine*, 1773, in-8.

Nouveautés dédiées à gens de différens états, depuis la charrue jusqu'au sceptre. (Par l'abbé L. Bordelon.) *Paris*, 1724, 2 vol. in-12.

Nouveaux Amusemens des eaux de Spa. (Par J.-P. de Limbourg.) *Paris et Liége, Desoer*, 1763, in-12. — *Liége*, 1769, in-12. — *Amsterdam*, 1782, 2 vol. in-12.

Nouveaux Amusemens du cœur et de l'esprit. (Publiés par E.-A. Philippe de Prétot.) *La Haye (Paris), Chastelain*, 1737-1745, 15 vol. in-12.

Les volumes 1 à 8 sont qualifiés de *nouvelle édition, abrégée et augmentée. Amsterdam et La Haye*, 1741 ; les volumes 9 à 15 et dernier sont intitulés : « les Amusemens du cœur et de l'esprit ».

On a du même auteur : « Amusemens du cœur et de l'esprit pour l'année 1748 ». *Paris*, 1748, tome I, 2 divisions ou parties. — Suite nouvelle, tome II, 1749, 2 divisions ou parties.

Nouveaux Amusemens poétiques. (Par Ign. Vanière.) *Paris, Duchesne*, 1756, in-12.

Nouveaux (les) Articles de foi de M. le cardinal de Bissy réfutés, ou réponse générale à ses mandements du 30 mai 1712 et du 10 novembre 1715, contenue en deux écrits. (Par l'abbé Jacques Fouillou.) *S. l. n. d.*, 1718, in-12.

Nouveaux Cantiques spirituels, avec de parodies sur les grands airs et la musique

instrumentale. (Par l'abbé Jean LAGEDA-
MON, sulpicien.) *Paris, J.-B. Garnier,* 1750,
3 vol. in-12.

Nouveaux Conseils aux femmes, sur l'âge
prétendu critique... Par C. S. (Constant
SAUCEROTTE), docteur en médecine... *Paris, Mme Auger-Méquignon,* 1828, in-8,
31 p.

Réimprimé avec le nom de l'auteur, *Paris,* 1829,
in-8.

Nouveaux Contes arabes, ou supplé-
ment aux « Mille et une Nuits », par
M. l'abbé *** (N.-S. GUILLON). *Paris,
Prault,* 1788, in-12.

Nouveaux Contes de fées. (Par le marquis H.-C. DE SENETERRE.) *Amsterdam (Paris),* 1745, in-8.

Nouveaux Contes des fées allégoriques.
(Par la présidente DRUILLET et Franç. DU-
CHÉ DE VANCY, dame LE MARCHAND.) *Pa-
ris, Didot,* 1736, in-12.

Voy. « Supercheries », II, 320, *b.*

Nouveaux (les) Contes des fées, par
Mme M*** (H.-J. DE CASTELNAU, comtesse
DE MURAT). *Paris, Cl. Barbin,* 1698, in-12.

Première édition.

Nouveaux Contes en vers. (Par Félix
NOGARET.) 1804, in-18.

Réimprimés avec le nom de l'auteur, sous le titre :
« Apologues et Nouveaux Contes ». *Orléans,* 1816,
in-18.

Nouveaux Contes en vers, et Epigram-
mes, par M*** (P. GANEAU). *Genève (Paris),*
1765, in-12.

Nouveaux (les) Contes excentriques. (Par
Adrien-Charles-Alexandre BASSET.) *Paris,
Hachette,* 1858, in-16. D. M.

Nouveaux Contes moraux en vers, par
un arrière-neveu de Guillaume VADÉ (N.-L.
FRANÇOIS DE NEUFCHATEAU). *Berlin,* 1781,
in-12, 69 p.

Voy. « Supercheries », I, 386, *f.*

Nouveaux Contes moraux, ou historiettes galantes et morales, par M. C***
(L. CHARPENTIER). *Paris, Delalain,* 1767,
3 parties in-12.

Nouveaux Coups de fouet scientifiques
(Par M. F.-V. RASPAIL.) *Paris, Meilhac,*
1830, in-8, 33 p.

Nouveaux Dialogues des dieux. (Par DE
TERNAN.) *Amsterdam,* 1684, in-12.

Dictionnaire de Bayle, article *Luther,* note *i.*

Nouveaux Dialogues des dieux, ou réflexions sur les passions, avec un discours
sur la nature du dialogue. (Par Touss. RÉ-
MOND DE SAINT-MARD, publiés par Jean LE
CLERC.) *Amsterdam, Est. Roger,* 1711, in-12,
284 p., 2 ff. de table. — *Cologne, Pierre
Marteau,* 1713, in-12.

Voy. les « Œuvres » de l'auteur.

Nouveaux Dialogues des morts. (Par
FONTENELLE.) *Paris, C. Blageart,* 1683,
in-12, 12 ff., 263 p. — Seconde édition.
Ibid., id., id., id., avec un « Avertissement » de plus entre l'épître et les titres
des dialogues.

L'année suivante, l'auteur publia : « Jugement de
Pluton sur les deux parties des Nouveaux Dialogues des
morts ». *Paris, Cl. Blageart,* in-12.
Les deux ouvrages ont été réimprimés ensemble.
Paris, Mich. Brunet, 1700, 2 vol. in-12, et depuis
en un seul volume.

Nouveaux Dialogues des morts. (Par C.-E.
PESSELIER.) *(Paris),* 1753, 2 vol. in-12.

Nouveaux Dialogues des morts. *S. l.,*
1755, in-12, 2 ff. de tit., 272 p.

L'épître est signée : J. F. D. (Jacques-François
DEMACHY).

Nouveaux Dialogues français, russes et
allemands. (Par Théodore HARJAVINÉ.)
Saint-Pétersbourg, 1816, in-8.

Souvent réimprimés.
La première édition, non anonyme, a paru à Saint-
Pétersbourg en 1808, in-8. A. L.

Nouveaux Discours académiques. (Par
l'abbé J.-Ant. LA SERRE.) *Nîmes, Gaude,*
1769, in-8.

Nouveaux Drames sacrés : la Nativité ;
la Purification ; la Fuite en Egypte ; par
l'auteur de « Marie, scènes et tableaux de
sa vie divine » (Mlle Stéphanie BIGOT).
Lille, Lefort, 1859, in-18, 135 p.

Nouveaux Eclaircissements, en forme de
conversation, sur « Conaxa » et « les Deux
Gendres ». (Par F.-B. HOFFMAN.) *Paris,
Barba,* 1812, in-8.

Réimprimés dans le t. III des « Œuvres » de l'auteur.

Nouveaux Eclaircissements sur l' « Histoire de Marie », reine d'Angleterre, adressés à M. David Hume. (Par le P. Henri
GRIFFET.) *Amsterdam et Paris, Delatour,*
1766, in-12.

Nouveaux Eclaircissements sur l'inoculation de la petite vérole, pour servir de
réponse à un écrit de M. Rast.... *S. l. n. d.,*
in-12, 36 p.

Par le marquis Fr.-J. DE CHASTELLUX, suivant une

note manuscrite sur l'exemplaire de la Bibliothèque nationale.

Nouveaux Eclaircissemens sur l'origine et le Pentateuque des Samaritains, par un religieux de la Congrégation de Saint-Maur (dom Maurice PONCET, publié avec une préface et des additions, par dom Fr. CLÉMENT). *Paris, Nyon*, 1760, in-8.

Nouveaux Eclaircissements sur quelques objections qu'on oppose au Concordat, suivis de réflexions sur un écrit de M. Fiévée. (Par M. l'abbé P.-Denis BOYER, ancien professeur au séminaire de Saint-Sulpice.) *Paris, Le Clere*, 1808, in-8.

Nouveaux Elémens d'anatomie raisonnée. (Par Claude PERSON.) *Paris, Desaint et Saillant*, 1749, in-8.

Réimprimés avec le nom de l'auteur.

Nouveaux Eléments de botanique à l'usage des élèves qui suivent le cours du Jardin des Plantes... Par M. L. (L. HANIN). *Paris, Crochard*, 1809, in-12. — Nouvelle édit., revue par M. C.... D. M. P. *Paris, Crochard*, 1812, in-12.

Cet ouvrage avait paru d'abord sous le titre de : « Voyage dans l'empire de Flore... » Voy. ces mots.

Nouveaux Eléments de géométrie, contenant, outre un ordre tout nouveau et de nouvelles démonstrations des propositions les plus communes, de nouveaux moyens de faire voir quelles lignes sont incommensurables... (Par Antoine ARNAULD.) *Paris, Savreux*, 1667, in-4. — Deuxième édit. *Paris, Desprez*, 1683, in-4. — *La Haye*, 1690, in-12.

Nouveaux Élémens de la grammaire grecque, par H. H. G*** (GAUTIER). Seconde édition. *Paris*, 1813. in-8.

Nouveaux Eléments de la langue latine, ou cours de thèmes français-latins. (Par l'abbé BOURDELIN.) *Lyon, Périsse*, 1788, 4 vol. in-12.

Nouveaux Entretiens politiques et historiques de plusieurs grands hommes aux Champs-Élysées, sur la paix traitée à La Haye et à Gertruydemberg, et conclue à Utrecht. (Par DE CHEVIGNY.) *Paris, F. Barrois*, 1714, in-12. — *La Haye, J. Néaulme*, 1730, in-12.

Nouveaux Entretiens sur les sciences secrètes, ou le comte de Gabalis; renouvellé et augmenté d'une lettre sur ce sujet. (Par l'abbé MONTFAUCON DE VILLARS.) *Cologne*, 1691, pet. in-12, 215 p.

Cette édition ne contient que les cinq premiers en-

tretiens, plus la Lettre citée. La première édition est de *Paris, Barbin*, 1670, in-12. Voy. « Supercheries », II, 124, *d*.

Cet ouvrage est tiré, pour la plus grande partie, de « la Chiave del Cabinetto » du chevalier Gius.-Franc. BORRI.

Réimprimé sous ce titre : « Comte de Gabalis, ou entretiens sur les sciences secrètes, renouvelé et augmenté d'une Lettre ». *Amsterdam, P. de Coup*, 1715, in-8, 155 p. Voy. IV, 660, *d*.

Il a encore paru :

« La Suite du comte de Gabalis, ou nouveaux entretiens sur les sciences secrètes touchant la nouvelle philosophie. Ouvrage posthume. » *Ibid., id.*, 1715, in-8, 152 p.

Cette première suite contient sept nouveaux entretiens.

« Les Génies assistants et Gnomes irréconciliables, ou suite au comte de Gabalis ». *La Haye*, 1718, in-8, II-176 p. Voy. V, 537, *c*.

Ce dernier volume, de la composition du P. Ant. ANDROL, est bien moins estimé que les volumes précédents. (Catalogue Ouvaroff, Spécimen, n° 1048.)

Nouvelle édition. *Londres, frères Vaillant*, 1742, 2 vol. in-12, avec le nom de l'auteur.

Nouveaux Essais de morale, contenant plusieurs traités sur différents sujets. (Par WALLON DE BEAUPUIS, prêtre.) *Paris, Desprez*, 1699, in-12.

Nouveaux Essais de morale sur le luxe et les modes, etc. (Par Jean FRAIN DU TREMBLAI.) *Paris, D. Hortemels*, 1691, in-12.

Nouveaux Essais en différents genres de littérature, de M. DE *** (C.-C.-F. THOREL DE CAMPIGNEULLES), membre de plusieurs académies des sciences et des belles-lettres. *Genève*, 1765, in-8, VIII-165 p. et 1 f. d'errata.

Nouveaux Essais historiques sur Paris, pour servir de suite et de supplément à ceux de M. de Saintfoix. *Paris, Belin*, 1781-86, 6 tomes en 3 vol. in-12.

Le tome V, non chiffré, contient : 1° le Comte et la Comtesse du Nord... 1782, 144 p.; 2° Voyage du comte de Haga en France... 1784, 119 p. Chacun de ces deux ouvrages a un faux titre qui porte : « Suite des Essais de Paris ».

Les dédicaces des deux premiers volumes sont signées : Le chevalier DU COUDRAY.

Nouveaux Exercices d'orthographe et d'analyse, d'après Lhomond, à l'usage des écoles élémentaires, précédés d'un résumé des principes de grammaire. (Par A.-J. LOYE.) *Chalon-sur-Saône, Montalan* (1855), in-12.

La deuxième édition porte le nom de l'auteur.

Nouveaux Extraits des journaux d'un magnétiseur, depuis 1786 jusqu'au mois d'avril 1788. (Par le comte DE LUTZEBOURG.) *Strasbourg*, 1788, in-8, 99 p.

Voy. « Extrait des journaux », V, 399, *e*.

Nouveaux Intérêts des princes de l'Europe, où l'on traite des maximes qu'ils doivent observer pour se maintenir dans leurs Etats et pour empêcher qu'il ne se forme une monarchie universelle. (Par Gatien SANDRAS DE COURTILZ.) *Cologne, P. Marteau*, 1685. — Deuxième édit. *Ibid., id.*, 1686. — Troisième édit. 1688, in-12.

Ces trois éditions sont très-réelles; on y trouve beaucoup de changements. Une prétendue quatrième édition, datée de 1688, ne diffère de la troisième que par le titre. Il n'en est pas de même de celle de 1689, qui est complètement refondue sous ce titre : « Nouveaux Intérêts des princes de l'Europe, revus, corrigés et augmentés par l'auteur, selon l'état où leurs affaires sont aujourd'hui. » *Cologne, P. Marteau*, 1689, 2 part. in-12.

Nouveaux Jeux de société, suivis d'un nombre de vers, ou moyen simple et facile de faire sur-le-champ des vers, des couplets, etc., bien mesurés et bien rimés, sans avoir aucune connaissance de l'art de la versification; par C. J. R. (C.-J. ROUGEMAITRE) de D. (Dieuze). *Paris, Ménard et Desenne*, 1817, in-12.

Réimprimés avec le nom de l'auteur.

Nouveaux Logogriphes, avec la clef. (Par C.-F. PANARD.) *Paris, Delormel*, 1744, in-12.

Voy. « Logogriphes », V, 1337, *a*.

Nouveaux Loisirs d'un curé. Par M. l'abbé H..... (l'abbé T.-F.-X. HUNCKLER). *Paris, Béthune*, 1833, in-18.

Nouveaux Mélanges de poésies grecques, auxquels on a joint deux morceaux de littérature anglaise. (Par Scipion ALLUT, de Montpellier.) *Paris, Mérigot le jeune*, 1779, in-8, XII-242 p.

Nouveaux Mélanges historiques. (Par Pierre-Louis BAUDOT aîné.) *Dijon, Frantin*, 1810, 2 vol. in-8.   D. M.

Ces volumes sont formés de la réunion de divers opuscules publiés successivement pendant plusieurs années par M. Baudot. Le premier volume renferme une adresse à ses amis, une table des pièces contenues dans le volume et une table des matières. Pareille chose reste à faire pour le second, et le fils de l'auteur se propose de s'en occuper. (Note de M. Amanton.)

Nouveaux Mélanges philosophiques, historiques, etc., etc. *S. l.*, 1765, 3 vol. in-8.

« Ces trois volumes ont été publiés par VOLTAIRE, ou au moins sous ses yeux. Partie des opuscules qu'ils contiennent avaient déjà vu le jour: d'autres, au contraire, sont imprimés là pour la première fois. »

C'est ainsi que commence le n° 270 de la « Bibliographie voltairienne », dans le t. X de la « France littéraire », p. 340. Vient ensuite le détail des 51 pièces

contenues dans ces trois volumes, avec la date de 1765; mais ces trois volumes, avec un nouveau titre, daté de 1770, ont été suivis de seize autres. Tous sont qualifiés de parties, quoique les signatures des volumes XVI à XIX portent l'indication de *tome*. Voici les dates que portent ces titres et le nombre de pages de chaque partie : I, 1770, ij-376 p. ; II, 1770, 388 p. ; III, 1770, 430 p. ; IV, 1770, xvi-416 p. ; V, 1768, 366 p. ; VI, 1768, 376 p. ; VII, 1768, 364 p. ; VIII, 1769, xxvi-312 p. ; IX, 1770, 334 p. ; X, 1770, 304 p. ; XI, 1774, ij-355 p. ; XII, 1772, 348 p. ; XIII, 1774, viii-344 p. ; XIV, 1774, iv-400 p. ; XV, 1772, 1xxii-348 p. ; XVI, 1775, 356 p. ; XVIII, 1776, x80 p. ; XIX, 1775, xvi-388 p.

La Bibliothèque nationale possède un exemplaire de ces dix-neuf volumes reliés en demi-maroquin rouge à l'oiseau (le t. XVII manque). On y remarque ces deux particularités : 1° Le troisième volume n'a pas, aux pages 415-418, la table que Quérard dit exister dans l'édition de 1765. 2° A la suite du titre de la dix-huitième partie, l'on trouve un titre de la troisième partie avec la date de 1776. Il y a des exemplaires des quatorze premiers volumes avec la date de 1772. On ne cite que quatorze volumes dans l'Index romain.

M. Alb. de La Fizelière a publié dans le « Bulletin du bibliophile » de 1855, p. 326-342 : « Voltaire était-il complètement étranger à la publication des Mélanges publiés sous son nom ? »

Nouveaux Mélanges sur différents sujets, contenant des Essais dramatiques, philosophiques et littéraires. (Par J.-G. DUBOIS-FONTANELLE.) *Bouillon, Société typographique*, 1781, 3 vol. in-8 de 2 ff. n. chiff. y compris le titre, 297 p. ; 260 p., 1 f. ; VIII-244 p.

Le t. II est intitulé : « Nouveaux Mélanges contenant des essais philosophiques et littéraires », et le t. III : « Nouveaux Mélanges contenant des contes... » Ces trois volumes ont été reproduits en 1785, sous ce titre : « Théâtre et Œuvres philosophiques... » Voy. ces mots.

Nouveaux (les) Mémoires d'un homme de qualité, par M. le M*** DE BR*** (RESTIF DE LA BRETONNE). *La Haye et Paris, veuve Duchesne*, 1774, 2 vol. in-12.

Voir une note du « Bibliophile Jacob » (P. Lacroix) dans le « Catalogue de la librairie Auguste Fontaine », 1873, n° 2083. J.-H. MARCHAND avait voulu faire imprimer, sous le voile de l'anonyme, les « Mémoires de M. d'Armentières » ; les exigences de la censure l'amenèrent à faire cadeau de son livre mutilé à P.-J.-B. NOUGARET. Ce dernier y mit du sien, et RESTIF y ajouta une seconde partie, avec beaucoup de pièces détachées, en sorte que les trois quarts de l'ouvrage lui appartiennent.

Nouveaux Mémoires des missions de la Compagnie de Jésus dans le Levant. *Paris*, 1717-1755, 9 vol. in-12.

Les sept premiers volumes ont été rédigés par le P. Th.-Ch. FLEURIAU d'Armenonville, le huitième par le P. N.-L. INGOULT, et le neuvième par le P. J.-B. GEOFFROI, célèbre professeur, ou plutôt par le P. ROGER, procureur des Missions. Voy. « Lettres édifiantes... », V, 1267, *f*.

Nouveaux Mémoires du maréchal de BASSOMPIERRE, recueillis par le président Hénault, imprimés sur le manuscrit de cet académicien, publiés par l'éditeur de l' « Etablissement des Français dans les Gaules », du président Hénault (Ant. Sé-RIEYS). *Paris, Locard fils*, an X-1802, in-8.

Nouveaux Mémoires ou anecdotes du règne et du détrônement de Pierre III, empereur de Russie, par M. D. L. M. (DE LA MARCHE). *Berlin et Dresde*, 1765, in-12.

Nouveaux Mémoires, ou observations sur l'Italie et sur les Italiens, par deux gentils-hommes suédois. (Par P.-J. GROSLEY.) *Londres, Jean Nourse*, 1764, 3 vol. in-12.

Réimprimés sous le titre d' « Observations sur l'Italie... » Voy. ces mots.

Nouveaux Mémoires pour servir à l'histoire de l'empereur Napoléon et des Cent-Jours. (Par Antony BÉRAUD.) *Paris, Mac Carthy*, 1818, 2 vol. in-8.

Interdit en France, cet ouvrage a été réimprimé en Belgique, en 1824, en 1 vol. in-8.

Nouveaux Mémoires pour servir à l'his-toire de notre temps... *Francfort*, 1759, 6 vol. in-12.

Voy. « Mémoires pour servir à l'histoire de notre temps... », ci-dessus, col. 242, d.

Nouveaux Mémoires pour servir à l'his-toire du cartésianisme, par M. G. de l'A. (Par P.-D. HUET, évêque d'Avranches.) *S. l.*, 1692, in-12, 7 ff. lim., 75 p. — Nou-velle édit., augmentée. *Amsterdam*, 1698; *Paris, Mazières*, 1711, in-12.

GILLES DE L'AUNAY, qui tenait des conférences pu-bliques de philosophie à Paris, voulut bien prêter son nom, ou plutôt ses initiales, à l'évêque d'Avranches pour la première édition de cet ouvrage.

Nouveaux Mémoires secrets pour servir à l'histoire de notre temps. (Par V.-D. DE MUSSET-PATHAY.) *Paris, Brissot-Thivars*, 1829, in-8.

Tome I et unique.
Obligé de faire des cartons à son ouvrage, l'auteur a mis à contribution les « Souvenirs d'un député de 1820 » (M. de CAYROL, son ami), qui sont encore inédits.

Nouveaux Mémoires sur l'état présent de la Chine. Par le P. L. (LE COMTE, S. J.). *Paris, J. Anisson*, 1696, 2 vol. in-12, avec belles gravures sur cuivre. — Troi-sième édit. *Ibid., id.*, 1697, 3 vol. in-12. Le troisième volume est du P. Ch. LE GO-BIEN. — Autre troisième édition, revue et corrigée sur la dernière de Paris. *Amster-*

dam, 1698, 2 vol. in-8, avec 21 fig. et le portrait de l'empereur de la Chine.

Cette dernière édition porte le nom de l'auteur sur le titre.
Les « Nouveaux Mémoires », dont il existe au moins sept éditions, furent compris dans la liste des ouvrages que le Parlement de Paris condamna au feu par un arrêt du 6 août 1762.

Nouveaux Mémoires sur l'état présent de la Grande-Russie.

. Voy. « Mémoires pour servir à l'histoire de l'empire russien », ci-dessus, col. 237, f.

Nouveaux Motifs pour porter la France à rendre libre le commerce du Levant, par Ange G*** (GOUDAR). *Avignon, Mé-rande*, 1755, in-12.

Nouveaux Moyens de parvenir. Quel-ques préceptes généraux, suivis de quel-ques exemples particuliers. Par M. E. P. (Den.-Jos.-Cl. LEFÈVRE). *Paris, Delaunay*, 1819, in-8.

Nouveaux Opuscules de M. l'abbé FLEU-RY, sous-précepteur des enfans de France, confesseur du roi, etc. (publiés avec une préface de 92 pages, par l'abbé Jacq.-And. EMERY, supérieur général de la commu-nauté des Sulpiciens). *Paris, veuve Nyon*, 1807, in-12, xcij-328 p.

L'éditeur, ayant appris que le chef du gouvernement avait témoigné n'être pas content des développements donnés dans la préface sur les libertés de l'Eglise gal-licane, publia en 1809, pour sa justification, des cor-rections et additions de 72 p. et 2 p. d'*errata*, in-12, qui n'ont été tirées qu'à petit nombre.
Les « Nouveaux Opuscules » ont eu une seconde édition dans laquelle les corrections ont été fondues. *Paris, Adr. Leclère*, 1818, in-12, 447 p.

Nouveaux (les) Patrons de l'usure ré-futés, y compris le dernier défenseur de Calvin, sur le même sujet ; ouvrage dédié aux Etats-Généraux. (Par l'abbé ROUGANE.) *Paris, veuve Hérissant*, 1789, in-12.

Nouveaux Petits Contes populaires pour les enfants, par Christophe SCHMID, tra-duction nouvelle (par BERGERON), revue par un inspecteur de l'enseignement pri-maire (FABRI). *Namur, Wesmael-Legros*, 1856, in-8, 190 p.   J. D.

Nouveaux Petits Contes pour les en-fants ; par l'auteur des « OEufs de Pâques » (Christ. SCHMID). *Strasbourg, veuve Le-vrault*, 1850, in-18.

Souvent réimprimés.

Nouveaux Principes de la perspective linéaire, traduction de deux ouvrages, l'un anglois du docteur Brook TAYLOR, l'autre latin de M. Patrice MURDOCH (par le P. Ant.

Rivoire), avec un Essai sur le mélange des couleurs, par Newton. *Amsterdam* (*Lyon*), 1757, in-8.

Les exemplaires de cette traduction estimée, datés Lyon, 1759, portent au frontispice le nom du traducteur.

Nouveaux Proverbes dramatiques, ou recueil de comédies de société. (Par C.-G.-T. Garnier.) *Paris, Cailleau*, 1784, in-8.

Une grande partie de ces proverbes furent insérés dès 1770 dans le « Mercure de France », sous le masque de Mlle Raigner de Malfontaine. (« Biographie universelle ».)

Nouveaux (les) Ricochets. A-propos sur le cours de M. Lenormant; suivi de la troisième édition de « M. Quinet et les Etudiants de Paris ». Par un ami de Timon (Léon Guillemin). *Paris, galeries de l'Odéon*, 1846, in-8, 14 p.

Nouveaux (les) Rudimens de la langue latine, nouvelle édition, avec des changemens et des additions considérables. (Par Philippe Dumas.) *Paris, Brocas*, 1762, in-12.

Nouveaux (les) Saints. (Par M.-J. Chénier.) *Paris, Dabin*, an IX-1801, in-12.

Cette satire a eu plusieurs éditions, dont la cinquième est *augmentée d'observations sur le projet d'un nouveau Dictionnaire de la langue française et sur le Dictionnaire de l'Académie. Paris, an X-1802, in-8, 32 p.* Elle a été réimprimée dans les « Œuvres » de l'auteur.

Nouveaux Sermons d'un prédicateur célèbre (le P. Gaspard Terrasson, de l'Oratoire). *Utrecht*, 1739, in-12.

Tome premier et unique.

Nouveaux Sermons pour l'Avent, le Carême, etc. (Par le P. Jérôme, feuillant, revus et publiés par les abbés Fr. Ilharat de La Chambre et Jean-Omer Joly de Fleury.) *Liége, Broncart (Paris, Guérin)*, 1738, 5 vol. in-12.

Nouveaux Sermons sur divers textes de l'Ecriture sainte, traduits de l'anglois de Doddridge (par Jean Bertrand). *Genève*, 1759, in-12.

Nouveaux Souvenirs d'Holy-Rood. (Par le comte Etienne-Romain de Sèze). *Paris, Dentu*, 1832, in-16.   D. M.

Nouveaux Sujets de peinture et de sculpture. (Par le comte A.-C.-P. de Caylus.) *Paris, Duchesne*, 1755, in-12.

Nouveaux Synonymes français, moraux,

galans et politiques. (Par Gab. de Bourbon-Busset.) *Dijon, Causse*, 1789, in-12, 22 p.

Tirés à 50 exemplaires.

Nouveaux Synonymes français... par l'abbé Roubaud. *Paris, Moutard*, 1785, 4 vol. in-8.

Fr.-P. Barletti de Saint-Paul assure, dans un « Mémoire manuscrit » sur sa vie littéraire, avoir beaucoup travaillé à cet ouvrage, et il ajoute que la part qui lui fut donnée par l'auteur dans le produit n'équivalait pas à l'honneur qu'il eût retiré de sa coopération si son nom eût paru avec celui de l'auteur sur le frontispice de l'ouvrage ou s'il eût été mentionné dans la préface; mais les désagréments qu'il essuya dans ce temps s'y opposèrent.

M. Barletti rapporte cette publication à l'année 1764.

(Note autographe de A.-A. B—r.)

Nouveaux Tableaux de Paris, ou observations sur les mœurs et usages des Parisiens au commencement du XIXe siècle... (Par Jos. Pain et C. de Beauregard.) *Paris, Pillet aîné*, 1828, 2 vol. in-12, avec grav. et vign.

Nouveaux Trappistes de la Suisse et de l'Angleterre, ou établissement des monastères de la Trappe, établis depuis le commencement de la Révolution. On y trouve un discours très-frappant sur l'amour de Dieu par un excellent ecclésiastique qui est mort religieux de la Trappe. (Par l'abbé Jean-Baptiste Lasausse.) *Paris*, juillet 1797, in-8.

Nouveaux Voyages de M. le baron de La Hontan dans l'Amérique septentrionale... *La Haye, les frères L'Honoré*, 1703, 2 vol. in-12.

Le second volume est intitulé : « Mémoires de l'Amérique septentrionale, ou la suite des voyages de M. le baron de La Hontan... » (par Nic. Gueudeville).

Seconde édition, augmentée des Conversations de l'auteur avec un sauvage distingué (de la composition de Gueudeville). *Ibid.*, 1705, 2 vol. in-12.

Dans cette édition, Gueudeville, pour faire entrer ses Conversations, a supprimé le Voyage de La Hontan en Portugal, en Espagne et en Danemark.

Amsterdam, 1728 ou 1731, 3 vol. in-12, avec fig.

Voy. la note de la « Bibliothèque historique de la France », III, n° 39706, et Struve, « Bibliotheca historica », III, part. I, p. 295-96, qui prétend que l'ouvrage est entièrement de Gueudeville. Quant aux Dialogues publiés dans la deuxième édition, ce n'est qu'une seconde édition, la première ayant paru séparément en 1704. Voy. IV, 948, e.   A. L.

Nouveaux Voyages en plusieurs provinces de France, ou correspondance de Mme de G*** (Mme Gauthier), où se trouvent plusieurs anecdotes. *Londres et Paris*, 1787, in-12.

Même ouvrage que « Lettres contenant plusieurs anecdotes... » Voy. V, 1230, d.

Nouvel (le) Abailard, ou lettres d'un singe au docteur Abadolfs, traduites de l'allemand. (Composées par C.-C.-F. THOREL DE CAMPIGNEULLES.) *Paris, Grangé*, 1763, 2 vol. in-12.

Nouvel (le) Abailard, ou lettres de deux amans qui ne se sont jamais vus. (Par RÉTIF DE LA BRETONNE.) *La Haye et Paris, veuve Duchesne*, 1778, 4 vol. in-12, avec 10 grav. — *En Suisse, chez les libraires associés*, 1779, 4 vol. in-12.

Nouvel Abrégé chronologique de l'histoire d'Angleterre, traduit de l'anglois de SALMON (par l'abbé GARRIGUES DE FROMENT). *Paris, Rollin fils*, 1751, 2 vol. in-8.

Nouvel Abrégé chronologique de l'histoire de France, contenant les événements de notre histoire depuis Clovis jusqu'à la mort de Louis XIV, les guerres... les traités de paix, nos lois principales... On y trouve aussi les familles de nos rois, leurs enfants, etc... rangés par colonnes, avec la date de leur mort. *Paris, impr. de Prault père*, 1744, in-8.

Nombreuses réimpressions, dont on peut voir le détail dans le « Catalogue de l'histoire de France » de la Bibliothèque nationale, t. I, p. 53 et 54.

Ce n'est qu'en 1788 que le titre a porté le nom du président HÉNAULT.

« Ce grand auteur fut beaucoup aidé par un abbé BOUDOT, qu'il ne nomme pas et qui n'a pas réclamé. Cet infortuné littérateur, encore existant, a survécu à sa raison et à sa mémoire. Il est en état de démence et même de folie... » (Petite Histoire de France, t. I, p. 140.) Voy. ce titre.

Nouvel Abrégé chronologique de l'histoire de France, depuis les temps les plus reculés jusqu'à l'avénement de Henri IV. (Par A. VOYSIN DE GARTEMPE, ex-procureur du roi près le tribunal de Mantes.) *Paris, Hachette*, 1847, in-8, 183 p.

Nouvel Abrégé chronologique de l'histoire des empereurs. *Paris, David*, 1754, 2 vol. in-8.

La dédicace de l'auteur, Adrien RICHER, au président Hénault, et l'avertissement qui la suit, ont été retranchés dans les exemplaires avec nouveau titre daté de *Paris*, 1767.

Nouvel Abrégé de géographie à l'usage des écoles primaires et des classes élémentaires, par P.-A. P. DE B. (Paul-Auguste POULAIN DE BOSSAY). *Paris, Maire-Nyon*, 1829, in-8, 108 p.

Plusieurs fois réimprimé avec le nom de l'auteur.

Nouvel Abrégé de géographie moderne, suivi d'un appendice et d'un Abrégé de géographie sacrée. (Par l'abbé Jean HOL-

MES.) Quatrième édition, revue et augmentée. *Québec, W. Neilson*, 1846, in-12.

Nouvel Abrégé de tous les voyages autour du monde, depuis Magellan jusqu'à D'Urville et Laplace (1519-1832). (Par E. GARNIER.) Nouvelle édit. *Tours, Mame*, 1840, 2 vol. in-12. — Troisième édition. *Tours, le même*, 1842, 2 vol. in-12 avec 8 grav.

La première édition, publiée en 1836 par Lavigne, pour sa « Bibliothèque des familles », portait le nom de l'auteur.

Nouvel Abrégé des géographies de Nicolle de Lacroix, Crozat, Lenglet-Dufresnoy, par demandes et par réponses... Par un professeur de géographie (A. PANNELIER). *Paris, J. Delalain*, 1816, in-12.

Voy. « Supercheries », I, 340, a.

Nouvel Abrégé des vies des saints, rédigé d'après le grand ouvrage d'Alban Butler... par M. G. T. V. (M.-G.-T. VILLENAVE), ex-rédacteur du « Journal des curés ». *Paris, impr. de Belin*, 1812-1813, 4 vol. in-8.

Ouvrage non terminé; il finit au mois de juillet.

Nouvel Abrégé du droit, dans lequel on suit, autant que possible, l'ordre du Code français publié par Napoléon Ier; par J.-A. C*** (COMMAILLE), ancien jurisconsulte, à l'usage des écoles de droit. *Paris*, 1806-1808, 3 vol. in-8.   D. M.

Nouvel (le) Adam, où sont expliquées les cérémonies du baptême, en forme de dialogue; par le R. P. F. D. S. P. (François DE SAINT-PÉ), de l'Oratoire. *Paris, Léonard*, 1669, pet. in-12.

Nouvel Almanach des gourmands, servant de guide dans les moyens de faire excellente chère, dédié au ventre. Par A. B. de Périgord (Horace-Napoléon RAISSON). *Paris, Baudouin*, 1825-27, 3 vol. in-18.

Nouvel Almanach des Muses... *Paris, Capelle et Renand*, 1802-1813, 12 vol. in-12.

A.-J.-Q. BEUCHOT a été l'éditeur des années 1808 à 1813.

Nouvel Almanach du Perche pour 1834, dédié à M. Emile de Girardin... (Par A. DENAIX, greffier de justice de paix.) *Mortagne (Orne), Glaçon*, 1834, in-12, 120 p.

Il n'a paru que cette année.

Nouvel (le) An, poëme héroï-fou. *A Brochuromanie, l'an du déluge des almanachs*, 1751, in-12.

Attribué à SAURIN.

Nouvel (le) Anacharsis dans la nouvelle Grèce, où l'ermite d'Epidaure. Faisant suite à la collection des mœurs françaises, anglaises, italiennes, espagnoles. Orné de gravures et de vignettes. (Par Pierre Du-PUY, mort en 1830.) *Paris, Pillet aîné*, 1828, 2 vol. in-12.

Nouvel (le) Anténor, ou voyages et aventures de Thrasybule en Grèce, ouvrage pouvant faire suite aux « Voyages d'Anténor », par Lantier. *Paris*, 1803, in-8.

Ce n'est qu'une réimpression de la traduction d'Achilles TATIUS, par L.-A. DU PERRON DE CASTERA, seulement on a changé le nom des personnages du roman : Clitophon est devenu Thrasybule, et Leucippe, Naïs.

Voy. l' « Achilles Tatius » de Jacobs, præf., p. LXVII.

Nouvel Appel à la raison, des écrits et libelles publiés par la passion contre les Jésuites de France. (Par l'abbé J. NOVI DE CAVEIRAC.) *Bruxelles, Vandenberghen*, 1762, in-8.

Voy. « Appel à la raison... », IV, 259, a.

Nouvel Armorial universel... revu, corrigé et augmenté d'un discours pour trouver et expliquer le nom de chaque famille. (Par Claude LE CELLYER.) *Paris*, 1663, in-fol.

On cite une édition de *Paris*, 1679, in-4.

Cet ouvrage n'est qu'une nouvelle édition de celui publié par Ch. SEGOING, sous le titre de : « Armorial universel ». *Paris*, 1654 ou 1660, pet. in-fol.

Nouvel (le) Astre du ciel de l'église dressé dans le premier monastère de la Visitation Sainte-Marie d'Annessy, à l'occasion de la première solemnité faite pour la canonisation de saint François de Sales, évêque et prince de Genève, fondateur de l'institut de la Visitation, depuis le 9 may de l'année 1666 jusqu'au 16º du mesme mois. (Par le P. Claude-François MENESTRIER.) *Grenoble, R. Philippes*, 1666, in-4.

Nouvel (le) Astrologue parisien, ou le Mathieu Laensberg réformé, à l'usage des habitants de la France... Par V. X. Y. Z. (J.-B. PUJOULX.) *Paris*, 1813, in-32. — Deuxième édit. *Paris, veuve Lepetit*, 1820, in-32.

Nouvel (le) Athéisme renversé, ou réfutation du système de Spinosa... par un religieux bénédictin de la congrégation de Saint-Maur (le P. Franç. LAMY). *Paris, L. Roulland*, 1695, in-12.

Nouvel Atlas, ou théâtre du monde, comprenant les tables et descriptions de toutes les régions du monde universel.

Amsterdam. Jean Jansson, 1656 et années suivantes, 7 parties in-fol.

Le préface est signée : Henry HONDIUS et Jean JANSSON.

La première édition, qui est de 1641, est intitulée : « Nouveau Théâtre du monde... » Voy. ci-dessus, col. 519, f.

Nouvel (le) Egoïste, comédie en deux actes en prose. (Par L.-Alex. DEVÉRITÉ.) *Paris, Cailleau*, 1787, in-8.

Catalogue Soleinne, nº 3226.

Nouvel Elysée, ou projet de monument à la mémoire de Louis XVI et des plus illustres victimes de la Révolution. (Par Amaury DUVAL.) *Paris, J.-G. Dentu*, 1814, in-8, 24 p.

Nouvel (le) Emile, ou l'histoire véritable de l'éducation d'un jeune seigneur français expatrié par la Révolution, par un ancien professeur à l'Université de Paris (DE LA NOUE). *Besançon*, 1814, 4 vol. in-12.

Les deux premiers volumes avaient paru dès 1809.

Nouvel Entretien de Christine...

Voy. « Entretiens de Christine... », V, 126, e.

Nouvel (le) Epiménide, ou progrès de la civilisation dans un siècle, par J. F. B*** (BUNEL). Seconde édition. *Grenoble, Prudhomme*, 1838, in-8, XIV-163 p.

La première édition est de 1831.

Nouvel Essai sur l'équitation, et seconde expression du bauchérisme, par un amateur (Edmond CHAVÉE). *Louvain, Van Linthout*, 1863, in-8, 47 p. et un portrait.

J. D.

Nouvel Essai sur l'organisation des mondes et le mécanisme de l'univers; par M. D... (J.-N. DÉAL). *Paris, Locard*, 1822, in-8.

Nouvel Essai sur la théorie physico-mathématique de la musique, par un étudiant en médecine (Edmond CHAVÉE). *Louvain, Van Linthout*, 1859, in-8, 26 p.

J. D.

Nouvel Essai sur le projet de la paix perpétuelle. (Par A. POLIER DE SAINT-GERMAIN.) *En Suisse*, 1788, in-8, 59 p.

Nouvel Essai sur les grands événemens par les petites causes, tiré de l'histoire. (Par A. RICHER.) *Amsterdam (Paris)*, 1759, in-12.

Voy. « Essai sur les grands événemens... », V, 258, a.

Nouvel Examen de l'inscription grecque

déposée dans le temple de Thalmis en Nubie par le roi Silco. (Par Jean-Antoine LETRONNE.) *Paris, imp. royale*, 1823, in-4.

D. M.

Nouvel Examen de la question relative aux bourses d'études, que la loi du 15 juillet 1849 a réservées exclusivement aux universités de l'Etat. (Par DEJAER.) *Tirlemont, Merckx*, 1854, in-8, 34 p.

Extrait de la « Revue catholique ». J. D.

Nouvel Examen du préjugé sur l'inversion, pour servir de réponse à M. Beauzée. (Par l'abbé Ch. BATTEUX.) *Paris, Saillant*, 1767, in-12.

Nouvel (le) Homme. (Par L.-C. DE SAINT-MARTIN.) *Paris*, an IV-1796, in-8, IV-432 p.

Nouvel (le) Homme gris, éphémérides politiques constitutionnelles. (Par CUGNET DE MONTARLOT, L.-S. BRISSOT-THIVARS, L.-A.-F. CAUCHOIS-LEMAIRE et R.-T. CHATÉLAIN.) *Paris, imp. de Renaudière*, 1819-1821, 21 numéros en 2 vol. in-8.

Nouvel (du) Hôtel des douanes. (Par M. E. DE LAQUERIÈRE.) *Rouen, Brière*, 1838, in-8.

Nouvel Itinéraire à l'usage des voyageurs qui visitent les bains de Réwal, Hapsal et des environs. (Par R.-H. REUTLINGER.) *Saint-Pétersbourg*, 1847, in-12.

Nouvel Itinéraire italien. (Par J.-M.-Constant LEBER.) *Paris et Orléans*, 1804, in-12.

Nouvel (du) Ordre de choses, du roi, de la noblesse. Essai politique et moral dédié aux amis du roi et de la France : par un Lyonnais qui n'est rien, n'a rien été et ne peut rien être. *Lyon, Brunet*, 1814, in-8, 55 p.

Signé : A.-C.-F. DEV. (Aimé DE VIRIEU), négociant. Cette brochure a été aussi attribuée à Louis-Aimé MARTIN.

Nouvelle (la) Abeille du Parnasse, ou choix de morceaux tirés de nos meilleurs poëtes ; à l'usage des maisons d'éducation. (Par Ch.-Const. LE TELLIER.) *Paris, Le Prieur*, 1806, in-18. — Troisième édit., revue, corrigée et augmentée. *Paris, le même*, 1810, in-18, 250 p.

Réimprimée un grand nombre de fois depuis et toujours avec le nom de l'auteur.

Nouvelle Académie des jeux, avec une préface, par l'auteur du « Code civil »

(H.-N. RAISSON). *Paris, E. Picard*, 1835, in-18.

Raisson a réclamé, dans le « Journal de la librairie » du 18 avril 1835, contre une annonce faite par son éditeur, qui le présentait comme l'auteur de ce livre.

« Je déclare, dit-il, que, dans cet ouvrage, la préface seule est de moi, ainsi que l'indique le titre, le reste du livre est entièrement copié dans un petit volume in-18 édité il y a trente ans par feu Bertrand Pottier, rue de la Parcheminerie, n° 2. »

L.-M. Guillaume, l'éditeur de Raisson, répondit, le 25 du même mois, dans le feuilleton du même journal, que l'assertion de Raisson se trouvait démentie et par sa préface, où il déclare que l'ouvrage est à lui, et par son acte de vente enregistré.

Nouvelle Académie des jeux, ou règles des jeux du whist, du boston, de l'écarté, du reversis, du piquet, de la comète, du commerce, de l'ambigu ; précédée d'un nouveau traité sur le jeu de billard, dans lequel on trouve une instruction précise sur l'exécution de ce jeu, ainsi que la partie des quilles, avec ou sans le casin ; par C. B. (C. BOUVARD), amateur. *Paris, Hubert*, 1814, in-12.

Plusieurs fois réimprimée.

Nouvelle Administration politique et économique de la France, à commencer de sa nouvelle organisation... (Par G. DAIGNAN.) *Paris, Valade*, 1791, in-8.

Nouvelle allégorique, ou histoire des derniers troubles arrivez au royaume de l'éloquence. (Par Ant. FURETIÈRE.) *Paris, G. de Luyne*, 1658, in-8, avec une carte. — Seconde édit. *Ibid.*, 1658 et aussi 1659, in-12. — *Suivant la copie imprimée à Paris* (Hollande, Elzevier), 1658, pet. in-12 de 152 p., avec la carte. — *Amsterdam, H. Desbordes*, 1702, in-12.

Nouvelle Ambassade des Bartavelles. (Par G. PEIGNOT.) *S. l. n. d.*, in-8, 1 f. de titre et 9 p.

Nouvelle Anthologie françoise, ou choix des épigrammes et madrigaux de tous les poëtes françois depuis Marot jusqu'à ce jour. (Par C.-S. SAUTREAU DE MARSY.) *Paris, Delalain*, 1769, 2 vol. in-12. — *Paris, Letellier*, 1787, 2 vol. in-12.

Nouvelle (la) Antigone, suivie de : Vive le roi ! Par Mme D*** (G.-B***) (Mme Julie DELAFAYE-BREHIER). *Paris, A. Eymery*, 1825, in-18.

Nouvelle Apologie des décrets de l'Assemblée nationale sur la constitution civile du clergé. (Par le P. Luc LALANDE.) *Paris, Froullé*, 1791, in-8.

Réimprimée avec le nom de l'auteur.

Nouvelle (la) Arcadie, ou l'intérieur de deux familles, par Auguste LAFONTAINE; traduit de l'allemand, par L. F*** (Louis FUCHS). Nouvelle édition. *Paris, Dentu*, 1829, 4 vol. in-12.

Nouvelle (la) Astrée, dédiée à Son Altesse royale Madame. *Paris, Nicolas Pepie*, 1713, in-12.

Cet ouvrage est un bon abrégé de l'Astrée de D'URFÉ. On l'a réimprimé dans le tome V de la « Bibliothèque de campagne ». *La Haye et Genève, les frères Cramer*, 1749, 18 vol. in-12. Contant d'Orville l'attribue à l'abbé F.-T. DE CHOISY, dans le tome II des « Mélanges d'une grande bibliothèque », édition de 1779, p. 60.

Nouvelle (la) Astronomie du Parnasse françois, ou l'apothéose des écrivains vivans dans la présente année 1740. (Par le chevalier Jean-Florent-Joseph DE NEUFVILLE DE BRUNAUBOIS-MONTADOR.) *Sur l'imprimé au Parnasse, chez Verologue, seul imprimeur d'Apollon pour la satyre en prose*, 1740, in-12, 34 p.

Nouvelle (la) Atlantide de Fr. BACON, chancelier d'Angleterre, traduite en françois, par M. R*** (l'abbé G.-B. RAGUET). *Paris, Musier*, 1702, in-12.

L'ouvrage anglais ne fut pas achevé. Publié en 1635, in-fol.; réimprimé en 1639 et 1660, in-fol.; 1662, in-8.

Nouvelle Bibliothèque belgique. (Par Sam.-Fr. L'HONORÉ.) *Paris, Delalain aîné; La Haye, C. Plaat*, 1781-1784, 12 vol. in-8.

Nouvelle Bibliothèque choisie, où l'on fait connoître les bons livres en divers genres de littérature... (Par Nicolas BARAT.) *Amsterdam, Mortier*, 1714, 2 vol. in-12.

Quelques bibliographes, notamment G. Peignot, ont, à tort, attribué ce livre à l'abbé P. BARRAL.

Nouvelle Bibliothèque d'un homme de goût... (Par l'abbé Jos. DE LA PORTE.) *Paris, Duchesne*, 1777, 4 vol. in-12.

Voy. « Bibliothèque d'un homme de goût... », IV, 412, d, et « Supercheries », II, 799, d.

Nouvelle Bibliothèque de littérature, d'histoire, etc., ou choix des meilleurs morceaux tirés des *Anas*, par M. G*** (Guil. GRIVEL). *Lille, Henry*, 1765, 2 vol. in-12.

Nouvelle Bibliothèque de société. (Rédigée par C.-S. SAUTREAU DE MARSY.) *Paris, Delalain*, 1782, 4 vol. in-12.

Voy. « Bibliothèque de société... », IV, 413, d.

Nouvelle Bibliothèque des familles. Les grands hommes de l'Eglise en biographies.

(Par GRENIER.) *Paris, Meyrueis*, 1859, in-12.   D. M.

Nouvelle Bibliothèque des romans, dans laquelle on donne l'analyse raisonnée des romans anciens et modernes... Par une société de gens de lettres. (Par P. BLANCHARD, H. COIFFIER, J.-M. DESCHAMPS, G.-F. DESFONTAINES DE LA VALLÉE, J.-J.-M. DUPERCHE, M. FABRE D'OLIVET, J. FIÉVÉE, Mme DE GENLIS, A.-H. KÉRATRY, LABAUME, J.-L. LAYA, J.-M.-J.-B. LEGOUVÉ, LEMOINE, Jos. MONBRON, MABILLE, MOLLIN, F.-J. NOEL, PETITOT, Mme DE STAEL, L.-J.-B.-E. VIGÉE.) *Paris, Demonville*, 1798-1805, 112 vol. in-12.

Voy. « Bibliothèque universelle des romans », IV, 421, d, et « Supercheries », III, 674, e.

Nouvelle Bibliothèque germanique, ou histoire littéraire de l'Allemagne... par les auteurs de la « Bibliothèque germanique ». *Amsterdam, Mortier*, 1746-1760, 26 vol. in-8.

Suite de la « Bibliothèque germanique ». Voy. ce titre, tome IV, col. 417, b.

Nouvelle Bibliothèque, ou histoire littéraire des principaux écrits qui se publient (par Charles CHAIS, J. BARBEYRAC, J.-B. DE BOYER D'ARGENS, Armand BOISBELEAU DE LA CHAPELLE et autres). *La Haye*, 1738-1744, 19 vol. in-18.

« France littéraire » de Formey.

Nouvelle Cacographie dont les exemples sont tirés tant de l'Ecriture sainte que des saints Pères et autres bons auteurs, suivie d'un grand nombre de modèles d'actes. (Par Frère Philippe BRANSIET et Claude-Louis CONSTANTIN.) *Paris, Moronval*, 1827, in-12.   D. M.

Souvent réimprimée.

Cet ouvrage est attribué par les « Supercheries » à Pierre FOURNIER et à Léon CONSTANTIN. Voy. III, 92, d.

Nouvelle (la) Chambre. (Par le marquis DE LA GERVAISAIS.) *(Paris), imp. de Pihan-Delaforest*, 1827, in-8, 23 p.

Nouvelle Chymie du goût et de l'odorat. (Par le P. Polycarpe PONCELET, récollet.) Nouvelle édition entièrement changée. *Paris, Pissot*, 1774, in-8. — Autre édition. *Versailles et Paris, Delalain*, an VIII-1800, 2 vol. in-8.

Voy. « Chimie du goût... », IV, 585, c.

Nouvelle Chimie du goût et de l'odorat, etc. Par M. G*** (GAUTHIER), professeur de chimie. *Paris, Dentu*, 1829, 2 vol. in-8.   D. M.

Nouvelle Chronique de la ville de Bayonne, par un Bayonnais (Jean-Baptiste BAILAC, ancien sous-intendant militaire). *Bayonne, impr. de Duhart-Fauvet*, 1829, 2 vol. in-8.   D. M.

La pagination des deux volumes se suit.

Nouvelle (la) Conquête des villes de Thunis et de Biserte, faite sur les Turcs et Mores, par le seigneur dom Jouan d'Austrie, au mois d'octobre dernier. (Par Nic. DU MONT.) *Paris, Dallier*, 1573.

Nouvelle Conspiration contre les Jésuites, dévoilée et exposée brièvement ; avec une relation succincte de leur institut et quelques observations sur le danger des systèmes d'éducation indépendants de la religion, par R. C. DALLES, trad. de l'anglais (par Th. CLIFFORD). *Bruxelles*, 1816, in-8.

Nouvelle Cosmologie, ou essai philosophique sur une nouvelle analyse des principes organiques et constituants de l'univers, pour servir d'initiation à la vraie religion, par un cultivateur (BUQUET, ancien négociant, propriétaire du château et parc de Roissy-Caraman). *Paris, Baudouin*, 1804, in-4, 116 p.

Nouvelle Cuisine avec de nouveaux menus... pour servir de continuation au « Nouveau Traité de la cuisine ». (Par MENON.) Tome troisième. *Paris, Paulus du Mesnil*, 1742, in-12.

Voy. ci-dessus, « Nouveau Traité de la cuisine », col. 521, d.

Nouvelle (la) Cuisinière bourgeoise... par l'auteur du « Parfait Cuisinier » (COUSIN, d'Avalon). *Paris, Davi et Locard*, 1815, in-8.

Souvent réimprimée.

Nouvelle Découverte d'une langue universelle pour les négocians, etc. (Par DE BERNONVILLE, de Blois.) *Paris*, 1687, in-12.   V. T.

Nouvelle Défense de l'histoire du peuple de Dieu depuis la naissance du Messie, etc., pour servir de réponse à deux libelles. (Par le P. I.-J. BERRUYER.) *Nancy*, 1755, in-12.

Nouvelle Défense de la traduction du Nouveau Testament imprimée à Mons, contre le livre de M. Mallet... (Par Ant. ARNAULD.) *Cologne, Schoulten*, 1680, in-8.

Nouvelle Deffence pour les Françoys a lencontre de la nouvelle entreprinse des

ennemys, comprenant la manière deviter tous poisons, avec les remedes a l'encontre diceulx. (Par Bertrand DE LA LUCE, médecin.) *Paris, par Denys Janot, s. d.* (1537), pet. in-8, goth., 52 ff.

Opuscule composé à l'occasion de l'empoisonnement du Dauphin, fils de François Ier, dont Charles-Quint était accusé.

Nouvelle (la) Dœmonologie de la Sorbonne. (Par P. PITHOU.) *S. l.*, 1593, in-8.

Nouvelle Description de la ville, château et parcs de Versailles... Par l'auteur du « Voyage des environs de Paris » (Louis PRUDHOMME fils). *Paris, Prudhomme fils*, 1820, in-12.

Plusieurs fois réimprimée.

Nouvelle Description des châteaux et parcs de Versailles et de Marly, contenant une explication de toutes les peintures... (Par J.-A. PIGANIOL DE LA FORCE.) *Paris, F. et P. Delaulne*, 1701, in-12.

Souvent réimprimée avec le nom de l'auteur.

Nouvelle Description des grottes d'Arci en Bourgogne, par M. M*** (J.-Fr.-Cl. MORAND), de la Société royale de Lyon. *S. l. n. d.* (1752), in-8.

Nouvelle Description du cap de Bonne-Espérance, avec un journal historique d'un voyage de terre sous le commandement du capitaine Hop (traduite du hollandais par J.-S.-N. ALLAMAND). *Amsterdam, J.-H. Schneider*, 1778, in-8.

Nouvelle Description physique, historique, civile et politique de l'Islande, avec des observations critiques sur l'histoire naturelle de cette isle par M. Anderson, ouvrage traduit de l'allemand de M. HORREBOW, par M. D. S.... (J.-P. ROUSSELOT DE SURGY et MESLIN). *Paris, Charpentier*, 1764, 2 vol. in-12.

L'original de cette description est en danois ; c'est t sur une version allemande qu'a été faite la traduction française.

Nouvelle Disposition de l'Ecriture sainte, mise dans un ordre perpétuel pour la lire toute entière chaque année... (Par Claude LANCELOT.) *Paris, C. Savreux*, 1669, in-8, 32 p. et 8 ff. non chiff. — Deuxième édit. *Paris, veuve C. Savreux*, 1670, in-8, 36 p. et 8 ff. non chiff.

Le privilège est accordé à L. H. D. L. C. D. B. (Louis-Henri DE LOMÉNIE, comte DE BRIENNE).

Nouvelle Dissertation sur la « Recherche de la vérité », contenant la réponse à la « Critique de la Critique de la Recherche de la vérité »... *Paris, de La Caille,* 1679, pet. in-8.

Par l'abbé Sim. FOUCHER, chanoine de Dijon, auteur d'une première « Dissertation ». Voy. IV, 1074, *f.*

Nouvelle Dissertation sur les paroles de la sainte Eucharistie, où l'on montre que les liturgies orientales sont conformes à la romaine sur le rite de la consécration, etc. (Par l'abbé Remi BREYER, chanoine de Troyes.) *Troyes, Lefebvre,* 1733, in-8.

Nouvelle Dissertation touchant le temps auquel la religion chrétienne a été établie dans les Gaules... (Par l'abbé ABBADIE, chanoine à Comminges.) *Toulouse, veuve J.-J. Boude,* 1703, in-12.

Nouvelle Division du territoire français. (*Paris*), *impr. de Patris* (an III), in-8, 8 p.

L'exemplaire de la Bibliothèque nationale est signé à la main : LHOTE.

Nouvelle (la) du jour, ou les feuilles de la Chine. (Par G. MAILHOL.) *Londres (Paris),* 1753, in-12.

Nouvelle (la) Ecole des mères, ou l'enfant gâté, comédie en un acte. (Par A.-C. CAILLEAU.) *Paris, Cailleau, s. d.,* in-12.

Nouvelle (la) Ecole du monde, ouvrage nécessaire à tous les états, et principalement à ceux qui veulent s'avancer dans le monde. (Par A.-J. LE BRET, censeur royal.) *Lille, Henry,* 1764, 2 vol. in-12.

Nouvelle (la) Ecole du monde, par un vieillard qui croit l'avoir connu, ou recueil de nouveaux quatrains et distiques moraux, satiriques et galans, propres à tous les âges. (Par P.-Ant. DE LA PLACE.) *Amsterdam et Paris, Didot fils aîné,* 1787, in-8.

Nouvelle édition de la Pratique de la mémoire artificielle, pour apprendre et pour retenir l'histoire de France... (Par le P. Cl. BUFFIER.) *Paris, N. Le Clerc,* 1708, in-12.

Nouvelle (de la) Eglise de France. (Par le président L.-P.-J. JOLY DE BÉVY.) *Dijon et Paris, Michaud,* 1816, in-8.

Nouvelle (la) Emma, ou les caractères anglais du siècle; trad. de l'anglais de l'auteur d' « Orgueil et Préjugé » (miss Jane AUSTEN). *Paris, Art. Bertrand,* 1816, 4 vol. in-12.

Nouvelle Encyclopédie portative, ou tableau général des connoissances humaines... (Par Aug. ROUX, médecin.) *Paris, Vincent,* 1766, 2 vol. in-12.

Nouvelle et Ancienne Orthographe françoise, mise au jour en faveur du bien et utilité publique, par une méthode autant facile qu'abrégée. (Par Guillaume DE SANTEUL.) *Paris, chez l'auteur,* 1654, in-18. 96 p.

G. de Santeul fonda en 1655, sur la paroisse de Saint-Leu-Saint-Gilles, une école de charité pour soixante pauvres enfans. Il dirigeait lui-même les maîtres de cette école.

Nouvelle et suite de la cinquième (et de la sixième) partie... (Par RICHER.)

Voy. « Agréable Conférence... », IV, 80, *d.*

Nouvelle Explication d'une médaille d'or du cabinet du roi. (Par l'abbé Pierre LORRAIN DE VALLEMONT.) *Paris, Anisson,* 1698, in-12.

Nouvelle Explication de l'Apocalypse, ou histoire générale de la guerre entre le bien et le mal, par un abbé de la Trappe (Joseph-Marie HEUCLIN). *Au monastère de la Trappe de Bellefontaine, près Cholet, Cholet, impr. de F. Lainé,* 1844, in-8, xxxviij-486 p.

Nouvelle Façon d'hygromètres, par S. F. (Simon FOUCHER, de Dijon). *Paris,* 1672, in-12.

Nouvelle (la) Fausse Suivante, comédie en 2 actes et en vers. (Par Fr. BÉLIARD.) *Paris, Mérigot père,* 1763, in-12.

Nouvelle (la) Forêt, roman nouveau; traduit de l'anglais d'H. SMITH (par A.-J.-B. DEFAUCONPRET). *Paris, Gosselin,* 1831, 4 vol. in-12.

Nouvelle Fortification, tant pour un terrain bas et humide que sec et élevé, trad. du hollandois de MENNON, baron DE COEHORN (par le baron F.-D. ROTBERG). *La Haye, Scheurléer,* 1741, in-8.

Il existe une autre traduction anonyme dont le titre porte : Traduit du flamand de MINNO, baron DE COEHORN. *La Haye, Bulderen,* 1706, in-8.

Nouvelle France, ou la France commerçante. Par M*** (F.-X. TIXEDOR). *Génes et Paris, J.-Th. Hérissant,* 1765, in-12, 264 p.

La première édition est de 1755.

Nouvelle Géographie complète de la Belgique, précédée des définitions géographiques, de la division générale du globe et de la division physique et politique de l'Europe, par C. C. et F. (CALLEWAERT frères). Nouvelle édit. renfermant trois cartes. *Bruxelles, Callewaert frères,* 1864, in-8, 35 p.   J. D.

Nouvelle Géographie en vers latins et en prose françoise, accommodée à l'usage de l'école, avec des remarques sur la géographie, l'histoire et la chronologie. (Par l'abbé Thomas L'HÉRAUT DE LYONNIÈRE.) *Paris, veuve Thiboust*, 1695, in-12.

Nouvelle Géométrie et Trigonométrie (Par N.-J. DE SARRAZIN.) *Metz, impr. de Pierret*, 1837, in-8, 100 p.

Nouvelle Grammaire allemande pratique, ou méthode nouvelle, facile et amusante. pour apprendre l'allemand, par J.-V. MEIDINGER. Nouvelle édition, revue, corrigée avec soin, et augmentée considérablement par des professeurs des deux langues (notamment par D.-F. Alexandre LEMARIÉ). *Liége, Lemarié*, 1797, in-8.　D. M.

Cette grammaire a été encore réimprimée en 1803, en 1814, et enfin en 1853. Voy. « le Nouveau Maltre de grammaire allemande... », ci-dessus, col. 502, *e*.

Nouvelle Grammaire des grammaires. Doctrine de la création de toutes les langues, secondée du fruit de sa fécondité... par H... (le docteur HERPAIN). *Bruxelles, tous les libraires*, 1860, in-12, 36 p.
J. D.

Nouvelle Grammaire française à l'usage des Flamands, par P. T. (TRUBERT, directeur du pensionnat de Belcele). *Gand, Vanryckeghem-Hovaere*, in-8, 191 p.

Cet ouvrage parut en flamand, en 1836, chez le même éditeur et sous les mêmes initiales. J. D.

Nouvelle Grammaire française accessible aux jeunes esprits, par un vieux praticien (VINCENT, instituteur à Biesmerée). *Namur, A. Wesmael fils*, in-12.　J. D.

Nouvelle Grammaire française, avec l'application des règles à l'histoire de Belgique et un tableau raisonné des principaux flandricismes et wallonismes, par un ancien professeur (GUILLEREZ, WILLEQUET et autres). *Gand, Lebrun-Devigne*, 1843, in-8.　J. D.

Nouvelle Grammaire françoise, par laquelle tout étranger qui saura le latin pourra facilement s'instruire de la langue françoise (en latin et en françois, par le sieur MAUCONDUY, maître de langue françoise). *Paris, Th. Jolly*, 1678, in-12.

On trouve en tête de cette grammaire un avis du docteur Louis Gorin de Saint-Amour, lequel renferme une anecdote curieuse relative à dom Lancelot, auteur des excellentes méthodes pour apprendre les langues grecque, latine, italienne et espagnole. Il y a lieu de s'étonner que ce profond grammairien, qui a tracé avec tant d'habileté les règles de plusieurs langues si riches et si variées, ne se soit pas occupé de la langue fran-

çaise. Voici ce que nous apprend à ce sujet M. de Saint-Amour. Il voyageait avec le célèbre imprimeur-libraire de Hollande, Daniel Elzevier, qui lui témoigna son étonnement et son déplaisir de ce qu'il n'y avait point en France de grammaire française supportable, tandis qu'on avait publié dans ce pays de si belles grammaires pour diverses langues. M. de Saint-Amour lui dit qu'il connaissait particulièrement l'auteur de ces bonnes grammaires, et qu'il se chargeait volontiers de l'engager à composer une grammaire française. Dès les premiers momens de son retour en France, il ne manqua pas d'aller voir dom Lancelot pour lui parler de cet objet ; le savant religieux dit à son ami qu'il avait résolu plusieurs fois d'entreprendre ce travail, mais qu'il y avait toujours trouvé tant de difficultés et si peu d'apparence de pouvoir les surmonter, qu'il avait été obligé d'y renoncer. Le docteur réitéra plusieurs fois son invitation. Ayant toujours reçu la même réponse, il perdit tout espoir de voir jamais une grammaire française raisonnable. Cependant le sieur Mauconduy était aussi connu de M. de Saint-Amour par une petite grammaire française de sa composition et par les leçons de langue française qu'il donnait avec succès aux étrangers. Il ne se montra pas si rebelle que dom Lancelot aux invitations du docteur, et se détermina aisément à livrer à l'impression les leçons qui avaient facilité à beaucoup d'étrangers la connaissance de notre langue. Telle est l'origine de la « Nouvelle Grammaire » du sieur Mauconduy. Le public n'a pas confirmé l'opinion avantageuse qu'en donne le docteur de Saint-Amour ; l'abbé Goujet ne l'a pas même citée dans sa « Bibliothèque françoise ».

Nouvelle Grammaire italienne pour les dames. (Par A.-J.-U. HENNET.) *Paris*, 1790, in-4 obl. de VIII-86 p., plus la table des matières.

Nouvelle Grammaire latine à l'usage de la sixième classe du collége de Genève. (Par Ant. DUVILLARD.) *Genève*, 1811, in-8, 159 p.

Nouvelle (la) Héloïse dévoilée. (Par MILON.) *Bruxelles et Paris, A. Boudet*, 1775, in-12, 1 f. de tit. et 28 p.　V. T.

Permission tacite.

Nouvelle Hérésie dans la morale dénoncée au pape et aux évêques, aux princes et aux magistrats. (Par Ant. ARNAULD.) *Cologne, N. Schouten*, 1689, in-12.

L'auteur a encore publié 2e, 3e, 4e et 5e Dénonciation, comme suite... *Cologne, héritiers de Balthasar d'Egmont*, 1690, in-12.

Nouvelle Hérésie des Jésuites, soutenue publiquement à Paris, dans le collége de Clermont, par des thèses imprimées du 12 décembre 1661, dénoncée à tous les évêques de France. (Par Ant. ARNAULD et Pierre NICOLE.) *S. l.* (1662), in-4.

Nouvelle Histoire abrégée de l'abbaye de Port-Royal... (Par Mlle POULAIN DE NOGENT.) *Paris, Varin*, 1786, 4 vol. in-12.

Nouvelle Histoire de France... (Par

Pierre DE LESCONVÉL.) *Paris, P. Ballard*, 1698, 2 vol. in-12.

Nouvelle Histoire de France, depuis le commencement de la monarchie jusqu'à la mort de Louis XIII et la majorité de Louis XIV... (Par Louis LE GENDRE.) *Bruxelles, B. Henrick*, 1730, 8 vol. in-12. — *Id.*, 1732, 8 vol. in-12. — *Amsterdam, J.-F. Bernard*, 1734, 8 vol. in-12.

Les premières éditions, *Paris, C. Robustel*, 1718, 3 vol. in-fol., et *Paris, Robustel*, 1719, 6 vol. in-12, portaient le nom de l'auteur.

Nouvelle Histoire de France, par demandes et par réponses. (Par Jean DU CASTRE D'AUVIGNY et l'abbé P.-Fr. GUYOT-DESFONTAINES.) *Paris, veuve Delaulne*, 1730, in-12.

Réimprimée sous le titre de : « Histoire de France ». Voy. V, 670, c.

Nouvelle Histoire de Henri IV, traduite pour la première fois du latin de Raoul BOUTRAYS ; suivie d'un extrait de la traduction que fit HENRI, à l'âge de onze ans, des « Commentaires » de César, que l'on croyait perdue... (le tout publié par Ant. SÉRIEYS). *Paris, Delaunay*, 1816, in-12.

Nouvelle Histoire de l'abbaye royale et collégiale de Saint-Filibert et de la ville de Tournus, enrichie de figures... Par un chanoine de la même abbaye (Pierre JUENIN). *Dijon, A. de Fay*, 1733, 2 vol. in-4.

L'auteur a signé l'épître.

Nouvelle Histoire de messire François de Salignac de La Mothe-Fénelon, archevêque, duc de Cambrai ; publiée par ordre du marquis DE FÉNELON, son neveu, sur l'édition procurée à Londres (en 1747, chez *Davies*) par Md G. (mylord Granville) (par Prosper MARCHAND). *La Haye, J. Néaulme*, 1747, in-8.

Nouvelle Histoire de Normandie, enrichie de notes prises au muséum de Londres, et nouveaux détails sur Guillaume le Conquérant, duc de Normandie et roi d'Angleterre, tirés des plus anciens historiens, tels que DUDON de Saint-Quentin, GUILLAUME de Jumiéges, Orderic VITAL, etc. (par VAUQUELIN DE LAFRESNAYE) ; terminée par les Amours d'Arlcitte, extraits à Londres d'un poëme du XIIe siècle, par BENEOIS DE SAINTE-MORE. *Paris et Versailles, Jalabert*, 1814, in-8.

La deuxième édition, *Versailles, Jalabert*, 1816, in-8, porte le nom de l'auteur.

Nouvelle Histoire de Notre-Dame de Liesse, entièrement semblable à l'histoire...

Laon, imp. de E. Fleury (1858), in-16, 19 p.

Signée : Deux enfants de Notre-Dame de Liesse, E. D. et A. D. (les abbés E. et A. DUPLOYÉ).

Nouvelle Histoire de Pierre de Provence et de la belle Magdelonne. (Par J. CASTILLON.) *Paris, Costard*, 1770, in-8.

Fait partie de la « Bibliothèque bleue ».

Nouvelle Histoire des naufrages anciens et modernes, par Ant. C***T (Antoine CAILLOT). *Paris, Corbet*, 1825, in-12.

Nouvelle Histoire du chevalier Bayard, etc., par le prieur DE LONVAL (Laz.-And. Bocquillot, chanoine d'Avalon). *Paris, Robustel*, 1701, in-12.

Cette histoire n'est autre chose que celle du *loyal serviteur* (un secrétaire de Bayard), publiée en 1616, in-4, par Théodore Godefroy, mais mise en langage moderne.

Nouvelle Histoire du temps, ou la relation véritable du royaume de la coquetterie, avec la blanque des illustres filoux du même royaume et les mariages bien assortis. (Par l'abbé F. HÉDELIN D'AUBIGNAC.) *Paris, Marin Leché*, 1655, in-12.

Voy. « Histoire du temps », V, 795, a.

Nouvelle Histoire poétique et deux Traités abrégés, l'un de la poésie, l'autre de l'éloquence, composés pour l'usage de Mesdames. (Par J. HARDION.) *Paris, J. Guérin*, 1751, 3 vol. in-12.

L'auteur a signé la dédicace.

Nouvelle Histoire poétique pour l'intelligence des poëtes et auteurs anciens, par le P. GAUTRUCHE, de la Compagnie de Jésus, dix-huitième édition, revue et augmentée par M. l'abbé B*** (J.-B. MORVAN DE BELLEGARDE). *Paris, Legras*, 1725, in-12.

« Journal des savans », août 1725, in-4, p. 520.

Nouvelle Hydrologie, ou nouvelle exposition de la nature et de la qualité des eaux. (Par A.-G. MONNET.) *Paris, Didot*, 1772, in-12.

Nouvelle Institution nationale, par l'auteur des « Vues d'un solitaire patriote » (FÉROU, bénédictin). *Paris, Clousier*, 1788, in-12, avec une gravure.

Nouvelle Instruction en forme de conférence et de catéchisme sur l'état actuel du clergé en France.... par un prédicateur de l'Eglise catholique (l'abbé TINTHOIN). *Paris, Pichard*, 1791, in-8, 109 p.

Nouvelle Instruction facile pour la culture des figuiers. Où l'on apprend la manière de les élever, multiplier et conserver, tant en caisses qu'autrement. Avec un Traité de la culture des fleurs. (Par BALLON et GARNIER.) *Paris, C. de Sercy*, 1692, in-18.

Nouvelle Instruction pour connaître les bons fruits, selon les mois de l'année...... *Paris, de Sercy*, 1670-1687, in-12.

L'auteur, Jean MERLET, écuyer, a mis son nom à la quatrième édition. *Paris, Saugrain*, 1740, in-12.

Nouvelle Instruction pour les confitures, les liqueurs et les fruits... (Par Fr. MASSIALLOT.) *Paris, Prudhomme*, 1698, in-12.

Souvent réimprimée.

Nouvelle Interprétation des Pseaumes de David, avec le texte latin et des réflexions courtes et touchantes ; par P. L. D. G., prêtre séculier (le P. J.-P. LALLEMANT, jésuite). *Paris, Giffart*, 1717, 2 vol. in-12.

« Mémoires » de Trévoux, année 1718.

Nouvelle (la) Italie, comédie héroï-comique italienne et françoise, en trois actes et en prose. (Par J.-G. DE BIBIÉNA.) *Paris, Duchesne*, 1762, in-8.

Une sentence rendue en la chambre criminelle du Châtelet de Paris, le 25 octobre 1763, condamna le sieur de Bibiéna à être pendu en place de Grève, pour viol commis envers une fille de deux ans et neuf mois ; le coupable sut se soustraire par la fuite à l'exécution de cette sentence.

Nouvelle (de la) Jérusalem et de sa Doctrine céleste, précédé d'une dissertation touchant le nouveau ciel et la nouvelle terre, traduit du latin d'Emmanuel DE SWEDENBORG (par Bénédict CHASTANIER). *Londres, Hawes*, 1784, in-8.

Nouvelle (la) Jurisprudence sur le fait de la chasse. (Par NOVION.) *Paris, Quinet*, 1685, 2 vol. in-12.

Catalogue Huzard, tome II, n° 4736.

Nouvelle (la) Justine, ou les malheurs de la vertu, suivie de l'histoire de Juliette sa sœur ; ouvrage orné d'un frontispice et de cent sujets gravés avec soin. (Par le marquis D.-A.-F. DE SADE.) *Hollande*, 1797, 6 vol. in-8.

Nouvelle (la) Lanterne magique, pièce curieuse dédiée aux gens de province, par un sous-lieutenant de Riquetti-Cravate. (Par J.-R. HÉBERT.) *Paris, imp. des Savoyards*, 1790, in-8, 1 f. de tit. et 36 p.

Nouvelle Légende dorée, ou dictionnaire des saints, mis au jour par S. M. (Pierre

Sylvain MARÉCHAL), rédacteur de l' « Almanach des honnêtes gens ». *Rome, rue des Pêcheurs, s. d.* (1790), 2 parties in-12.

Nouvelle Législation de l'impôt et du crédit public, par M. G.. . D.... (GOUJET-DESLANDRES), ancien magistrat. *Paris, Delaunay*, 1816, in-8.

Nouvelle Lettre à M. Lamourette, évêque du département de Rhône-et-Loire. (Par l'abbé Aimé GUILLON.) *Paris, Gatley (Lyon, Maire)*, 1791, in-8, 27 p.

Nouvelle Lettre à M. Rousseau de Genève, sur celle qui parut de lui, il y a quelques mois, contre la musique françoise. Par le M.... de C.... (marquis F.-J. DE CHASTELLUX). (*Paris, Vincent*), 1754, in-8.

Catalogue Soleinne, V, n° 566.

Nouvelle Lettre au comte de Bute, concernant la rupture de l'Angleterre avec l'Espagne. (Traduite de l'anglois par E.-J. GENET.) *Londres*, 1762, in-8.

Nouvelle Lettre aux éditeurs de Paris sur la création d'une institution de crédit pour la librairie. Par un libraire-éditeur (J.-B. TARDIEU). *Paris, novembre* 1848, in-8, 15 p.

Voy. « Supercheries », II, 781, f.

Nouvelle Lettre aux Français sur les événements arrivés en France depuis la dernière révolution du mois de juillet 1794. (Par Joseph GORANI.)

Voy. « Lettres aux Français », V. 1227, a.

Nouvelle Lettre d'un curé à ses confrères, députés aux Etats-Généraux. (Par H. GRÉGOIRE.) *S. l. n. d.*, in-8, 40 p.

Nouvelle Lettre d'un industriel des montagnes des Vosges (Daniel LE GRAND) à M. François Delessert... *Strasbourg, impr. de Levrault*, 1839, in-8, 7 p.

Nouvelle Lettre d'un patriote (P.-L.-C. GIN) à un magistrat, sur les questions agitées à l'occasion de la prochaine tenue des Etats-Généraux... *S. l.*, 1788, in-8, 31 p.

Nouvelle Lettre de l'auteur du plan de l'institut des séminaires à E. Flon... (Par l'abbé N. DUFOUR.) *S. l.* (1787), in-8.

Nouvelle littéraire adressée aux savants de France. (Par dom Jean LIRON.) *Paris, C. Huguier*, 1707, in-12, 24 p.

Sur Hildebert, évêque du Mans, puis de Tours.

Nouvelle (la) Lune, ou histoire de Pœquilon, par M. LE B*** (A.-J. LE BRET).

Amsterdam et Lille, Henri, 1768, 2 vol. in-12. — *Paris, André*, an VII-1799, 2 vol. in-12.

Nouvelle (la) Maison rustique, ou économie générale de tous les biens de la campagne... par le sieur LIGER; troisième édition, revue, corrigée et augmentée, mise en meilleur ordre par M*** (H. BESNIER). *Paris, Prudhomme*, 1721, 2 vol. in-4.

La première édition de l'ouvrage de Liger est de 1700, et la deuxième de 1701; toutes deux sont intitulées : « Economie générale de la campagne, ou nouvelle maison rustique... » La dernière édition de H. Besnier est la dixième, 1775, 2 vol. in-4.
La onzième édition, *Paris*, 1790, 2 vol. in-4, et la douzième, *Paris, Deterville*, 1798, 3 vol. in-4, ont été publiées par DE LA BRETONNERIE.

Nouvelle Manière d'écrire comme on parle en France. (Par le P. Gille VAUDELIN, religieux augustin.) *Paris, veuve Jean Cot*, 1713, in-8, 2 ff. lim., 1 tab., 33 p.

Nouvelle Manière d'entendre la sainte messe et faire dévotement le chemin de la croix; par un prêtre du diocèse (François-Charles-Jacques VANNIER). *Fougères, de l'imp. de Josse*, 1838, in-18, 108 p.

Nouvelle Manière d'éteindre les incendies. (Par MOITEL.) *Paris, Thiboust*, 1725, in-12.

Nouvelle Manière d'éteindre les incendies. (Par Fr. COINTEREAU.) *Paris*, 1791, in-8.

Nouvelle Manière de fortifier les places, tirée des méthodes du chevalier DE VILLE, du comte DE PAGAN et de M. DE VAUBAN, avec des remarques sur l'ordre renforcé, sur les dessins du capitaine Marchi et sur ceux de M. Blondel, suivie de deux nouveaux dessins. (Par BERNARD, ingénieur.) *Paris, E. Michallet*, 1689, in-8. — *Amsterdam, H. Desbordes*, 1689, in-12.

Voy. p. 58 de l' « Essai de bibliologie militaire », par le chef de bataillon Doisy, capitaine au régiment d'artillerie à pied de la garde royale. *Paris*, 1824, in-8. Ce petit ouvrage est rempli de recherches aussi exactes que curieuses.

Nouvelle Marche irrégulière sur le jeu de la roulette, précédée d'une réfutation des diverses manières les plus usitées de jouer ce jeu... par A. H. G. (A. HUVÉ), de Strasbourg. *Liège, veuve Thonnard*, 1854, in-32, 50 p. et une planche.   J. D.

Nouvelle (la) Marianne, ou les mémoires de la baronne de ***, écrits par elle-même. (Par l'abbé Cl.-Franç. LAMBERT.) *La Haye, Pierre de Hondt*, 1765, 3 vol. in-12.

Nouvelle Mécanique ou statique, par VARIGNON. (Publiée par DE BEAUFORT et l'abbé C.-E.-L. CAMUS.) *Paris, Jombert*, 1725, 2 vol. in-4.

Nouvelle (la) Mer des histoires. (Par Charles GUILLAUME, libraire.) *Paris, Guillaume*, 1733-1735, 6 parties in-12.

Nouvelle (la) Messaline, tragédie (burlesque) en un acte (et en vers). *S. l. n. d.*, in-12. — *Ancône, Clitoris*, 1752, in-4; ou 1773, in-8.

Les deux dernières éditions de cette pièce, qui est de Ch.-Fr. RAGOT DE GRANDVAL, ont été publiées sous le pseudonyme de PYRON, dit PRÉPUCIUS.
Voy. « Supercheries », III, 276, *f*.

Nouvelle Méthode analytique pour étudier la langue française suivant les principes de du Marsais, etc.; par le Cⁿ G*** (GRANDET), instituteur-répétiteur de latin, de géographie et de belles-lettres près l'école centrale des Quatre-Nations. *Paris, Delance*, an IX-1800, in-8.

Nouvelle Méthode d'extraire la pierre de la vessie urinaire par-dessus le pubis... (Par Jean BASEILHAC, en religion le frère COSME.) *Paris, d'Houry*, 1779, in-12.

Nouvelle Méthode de géographie historique. (Par l'abbé L. DE DANGEAU.) *Paris, Lambin*, 1697, in-8.

Nouvelle Méthode de traiter les fractures et les luxations, ouvrage traduit de l'anglois (de Percival POTT), par M. LASSUS... *Paris, Didot jeune*, 1771, in-12.

Réimprimée en 1788 avec le nom de l'auteur sur le titre.

Nouvelle Méthode latine et chrétienne, où, en apprenant le latin, on s'instruit en même temps de toutes les maximes et vérités de la religion, par un religieux de la congrégation de Saint-Vanne (dom Rémi DESMONTS). *Metz, Joseph Antoine*, 1760, in-12.

Nouvelle (la) Méthode, ou l'art d'enseigner en peu de leçons; vaudeville en un acte, mêlé de couplets, par M. François G***** (GIRARD). *Aix, Pontier*, 1832, in-8, 32 p.

Nouvelle Méthode pour apprendre à dessiner sans maître. (Par Charles-Antoine JOMBERT.) *Paris, Jombert*, 1740, 1755, in-4.

Nouvelle Méthode pour apprendre aisément la langue latine, dédiée au corps roïal et militaire de messieurs les cadets de Pologne. (Par Pr. FOOKOWITZ; en fran-

çais et en polonais.) *Warsovie*, 1768, in-8.
A. L.

Nouvelle Méthode pour apprendre facilement et en peu de temps la langue espagnole.

Voy. « Grammaire générale et raisonnée... », V, 554, *e*.

Nouvelle Méthode pour apprendre facilement et en peu de temps la langue italienne.

Voy. « Grammaire générale et raisonnée... », V, 554, *e*.

Nouvelle Méthode pour apprendre facilement l'histoire romaine, par D*** (S. Gueullette). *Paris, Jouvenel*, 1694, in-12.

Nouvelle Méthode pour apprendre facilement la langue grecque. (Par Cl. Lancelot, Ant. Arnauld et Pierre Nicole.) *Paris, Le Petit*, 1655. — Nouvelle édit. de beaucoup augmentée. *Paris*, 1682, 1696, 1709, 1754, in-8.

Nouvelle Méthode pour apprendre facilement la langue latine. (Par Cl. Lancelot, Ant. Arnauld et Pierre Nicole.) *Paris, Vitré*, 1644, 1653; *Thierry*, 1664, in-8. — Septième édition, augmentée d'une brève instruction sur les règles de la poésie françoise. *Paris, Le Petit*, 1667, in-8. — Douzième édition (augmentée d'un *Index* général des mots). *Paris, Guillyn*, 1791, in-8. — Nouvelle édit. avec notes (de J.-V. Le Clerc). *Paris, Delalain*, 1819, in-8.

Le fameux Loménie de Brienne, aidé de l'abbé Cassagne, enfermé comme lui à Saint-Lazare, composa une critique de la « Brève Instruction ». Elle était restée manuscrite ; mais DE CHALONS l'inséra presque en entier, sans en prévenir ses lecteurs, dans les « Règles de la poésie françoise ». *Paris, Jombert*, 1716, in-8. (« Bibliothèque françoise » de Goujet, t. III, p. 402.)

Nouvelle Méthode pour apprendre facilement les langues hébraïque et chaldaïque, avec le dictionnaire des racines hébraïques et chaldaïques..... (Par J. Renou, publiée par le P. Jacq. Le Long.) *Paris, Collombat*, 1708, in-8.

Nouvelle Méthode pour apprendre parfaitement le plein-chant en fort peu de temps. (Par Cl. Lancelot.) *Paris*, 1660, in-8.

Nouvelle Méthode pour cultiver toutes sortes d'arbres fruitiers. (Par Dumoulin.) *Paris, Saugrain le jeune*, 1763, in-12.

La première édition avait pour titre : « Méthode pour bien cultiver les arbres à fruit et pour élever les treilles », par les sieurs DE LA RIVIÈRE et DUMOULIN.

Paris, Didot, 1738, in-12. Le frontispice de cet ouvrage a été renouvelé, avec les deux noms, en 1767 et en 1771.

Nouvelle Méthode pour instruire les nouveaux convertis.... (Par le P. J.-L. de Fenis, jésuite.) Seconde édit. *Paris*, 1686, in-12. — Autre édit. *Bordeaux*, 1685, in-12, avec le nom de l'auteur.

Nouvelle Méthode pour les études du droit civil et canonique. (Par J. Aymon.) 1719, in-12.

Nouvelle Méthode pour opérer les changes de France avec toutes les places de sa correspondance. (Par J.-R. Ruelle.) *Paris*, 1777, in-8.

Nouvelle (la) Méthode raisonnée du blason, ou l'art héraldique du P. Menestrier, mise dans un meilleur ordre, et augmentée de toutes les connaissances relatives à cette science, par M. L*** (Pierre-Camille Lemoine). *Lyon, Bruyset-Ponthus*, 1770, in-8. — *Ibid.*, 1780, in-12.

Nouvelle (la) Milice françoise, par où sont déduit les moyens d'ordonner l'infanterie catholique, de sorte qu'elle puisse prévaloir à toute manière de cavalerie ennemie en quelque assiette que ce soit. *Paris, Rollin-Thierry*, 1590, pet. in-8, 84 p.

La dédicace au prince Charles de Lorraine, duc de Mayenne, est signée : DE PICAINE. Le portrait de l'auteur Æt., 47, gravé sur bois, est au verso du titre.

Nouvelle Morale en exemples.... (Par Clément Muller, avocat.) *Liége, Dessain*, 1853, in-12, VI-346 p.   J. D.

Nouvelle (la) Naissance du phénix. Dessein de la solemnité de saint François de Sales dans la ville d'Embrun, par les dames religieuses de la Visitation Sainte-Marie. (Par le P. Claude-François Menestrier.) *Grenoble, R. Philippes*, 1667, in-4.

Nouvelle neustrienne. Le retour de Napoléon par la Normandie. (Par M. Marie Dumesnil.) *Valenciennes, Prignet*, 1841, in-4.

Nouvelle Notation des parties et coups d'échecs compris dans les traités faits sur ce jeu; par une société d'amateurs et par Philidor... (Par Guyot.) *Paris, impr. d'Everat*, 1823, in-8.

Nouvelle Notation pour les parties, ou les coups d'échecs, quelle que soit la couleur des pièces échues à chacun des deux joueurs. Par P. P. E. F. (Emile-François Poirson-Prugneaux). *Commercy, impr. de Denis*, 1836, in-12, 34 p.

Nouvelle Notice sur les missions étrangères. (Par M. l'abbé LOUIS.) *Liége, Kersten* (1835), in-12, 41 p.   Ul. C.

Nouvelle (la) Omphale, comédie en trois actes, mêlée d'ariettes. Représentée à Versailles, devant Leurs Majestés, le 22 novembre 1782, par les comédiens italiens ordinaires du roi. (Par A.-L.-B. ROBINEAU, dit BEAUNOIR.) *Paris, imp. de Cailleau*, 1782, in-8.

Nouvelle Ostéologie, où l'on explique mécaniquement la formation et la nourriture des os ; avec le squelette du fœtus et une dissertation sur le marcher de l'homme et des animaux, sur le vol des oiseaux et sur le nager des poissons. (Par J.-B. VERDUC.) *Paris, L. d'Houry*, 1689, in-12. — 2e édit. *Ibid., id.*, 1693, in-12, avec le nom de l'auteur.

Nouvelle (la) Ourika, ou les avantages de l'éducation. (Par Mme A.-A. DUDON.) *Paris, Ponthieu*, 1824, 2 vol. in-12.

La deuxième édition, *Paris, Locard et Davi*, 1825, 2 vol. in-12, porte le nom de l'auteur.

Nouvelle (la) Pandore, ou les femmes illustres du siècle de Louis le Grand, recueil de pièces académiques en prose et en vers sur la préférence des sexes, par M. (Ch. GUYONNET, sieur) DE VIRTRON. *Paris, C. Mazuel*, 1698, 2 vol. in-12.

Nouvelle Paraphrase sur les Psaumes de David. (Par G.-L. DUGARD, théologal de l'Eglise de Paris.) *Paris*, 1754, 2 vol. in-12.

Nouvelle Petite Guerre, ou lettres sur une traduction en vers de l' « Art poétique » d'Horace. (Par M. Cl. BREGHOT DU LUT.) *Lyon, imp. de Barret*, 1829, in-8.

Nouvelle Philosophie des dames. *La Haye, P. Gosse (Paris)*, 1727, in-12.

Même ouvrage que « Essai d'une philosophie... » Voy. V, 207, *a*.

Nouvelle (la) Philosophie dévoilée et pleinement convaincue de lèze-majesté divine et humaine au premier chef. (Par Pierre-Olivier PINAULT ou PINEAULT.) *Paris*, 1770, in-12.

Nouvelle Pratique abrégée du pilotage. (Par J. DIGARD DE KERGUETTE.) *Rochefort*, 1764, in-4.

Nouvelle Pratique bénéficiale et ecclésiastique, introduite par les édits du roi de 1691, 1692, etc., par l'auteur du « Parfait Notaire apostolique » (J.-L. BRUNET). *Paris, Pralard*, 1703, in-4.

Nouvelle Prosodie, ou méthode courte et facile pour apprendre les premiers élémens de la quantité et de la poésie latine. (Par l'abbé LE CHEVALIER.) *Paris, Brocas et Ganeau*, 1760, in-12.

Souvent réimprimée. Voy. « Prosodie latine... »

Nouvelle Réfutation du livre « de l'Esprit ». (Par M. le chevalier DE MARTILLAT.) *Clermont-Ferrand, P. Landriot*, 1817, in-8.

Nouvelle Relation contenant la royale entrée de Leurs Majestés dans leur bonne ville de Paris, le 26 août 1660... (Par François COLLETET.) *Paris, J.-B. Loyson*, 1660, in-4, 24 p.

Le nom de l'auteur se trouve dans le privilége.

Nouvelle Relation de l'itinéraire de Napoléon, de Fontainebleau à l'île d'Elbe, rédigée par le comte DE WALDBOURG-TRUCHSESS... ouvrage traduit de l'allemand sous les yeux de l'auteur (par Mme C.-L.-F. PANCKOUCKE), et augmenté de plusieurs faits qui ne sont pas dans l'original. *Paris, Panckoucke*, 1815, in-8, 2 ff. de tit. et 72 p.

Nouvelle Relation de la Chine, contenant la description des particularités les plus remarquables de ce grand empire, composée en l'année 1668, par le R. P. Gabr. DE MAGAILLANS (lisez MAGALHAENS), et traduite du portugais en françois, par le sieur B. (BERNOUT). *Paris, Cl. Barbin*, 1688, et *Paris, Est. Castin*, 1690, in-4.

Avec un plan de Pékin composé d'après les renseignements fournis par Magalhaens.

Voy. un article intéressant sur cet ouvrage dans le P. de Backer, 2e édit., in-fol., t. II, col. 956.

Nouvelle Relation de la ville et république de Venise. (Par Cas. FRESCHOT.) *Utrecht, G. van Poolsum*, 1709, in-12.

Nouvelle Relation, en forme de journal, d'un voyage fait en Egypte. (Par le P. VANSLEB.) *Paris*, 1677, 1698, in-12.

Nouvelle Requête au roi en son conseil. Par les habitants de Long-Chaumois, Morez, Morbier, Bellefontaine, les Rousses, et Bois-d'Amont, etc., en Franche-Comté. (Par VOLTAIRE.) *S. l. n. d.*, in-8, 6 p.

Nouvelle (de la) Révolution ministérielle en Angleterre. (Par Prosper DUVERGIER DE HAURANNE.) *Paris, Guiraudet*, 1827, in-8, 27 p.   D. M.

Nouvelle Revue encyclopédique, publiée par MM. F. Didot frères. Avec le concours de plusieurs savants et littérateurs français et étrangers... *Paris, F. Didot frères,* mai 1846-déc. 1847, 5 vol. in-8.

Les directeurs ont été MM. Noël DES VERGERS et Jean YANOSKI. On trouve, t. V, p. 159-160, la liste complète des rédacteurs ordinaires.

Nouvelle Rhétorique française à l'usage des jeunes demoiselles, par l'auteur de l' « Histoire publique et secrète de Henri IV » (A. JEUDY DUGOUR). *Angers, Pavie, et Paris, Bossange,* 1792, in-12.

Nouvelle (de la) Salle de l'Opéra. *Paris, Vente,* 1821, in-8, 16 p.

Signée : T. DE J..... (F.-T. DE JOLIMONT).

Nouvelle Source de richesses pour la France, ou les deux Indes reconquises, par un propriétaire qui a habité douze ans les Antilles (Antoine-Joseph REY DE MORANDE). *Paris, Ambroise Dupont,* 1831, in-8, 31 p.   D. M.

Nouvelle Suite des Mille et une Nuits, contes arabes traduits par Galland, trouvés dans les papiers de ce célèbre écrivain. (Composée par P.-L. GOULLIARD, professeur de droit.) *Paris,* 1799, 2 vol. in-12.

Nouvelle Théorie du mouvement où l'on donne la raison des principes généraux de la physique. (Par le chevalier Fr. DE VIVENS.) *Londres,* 1749, in-8.

Nouvelle (la) Tour d'Ugolin et les Catacombes, ou les Francs-maçons vengés, roman dialogué... par Jean qui pleure et qui rit, domicilié à la tour d'Ugolin, rue de l'Echaudé, n° 2, faubourg Saint-Germain. (Par DARMAING.) *Paris, Dentu,* 1821, in-12.

Nouvelle Traduction de deux ouvrages de Corneille TACITE (savoir : « les Mœurs des Germains » et la « Vie d'Agricola », par PHILIPPE V, roi d'Espagne). *Lyon, Anisson et Posuel,* 1706, in-8.

En marge d'un exemplaire s'est trouvée la note suivante :

« Cette traduction a été faite par PHILIPPE V, roi d'Espagne ; il me l'a donnée lui-même à Madrid, lorsque j'eus l'honneur d'y accompagner monseigneur le duc d'Orléans, étant son premier valet de chambre. »

L'imprimeur dit, en effet, dans un court avertissement, qu'on lui a assuré que ces deux traductions étaient le fruit des premières études d'un grand prince. Chardon de La Rochette possédait un exemplaire relié aux armes du roi d'Espagne.

Nouvelle Traduction de divers morceaux choisis des Œuvres morales de PLUTARQUE (par l'abbé Cl.-Fr. LAMBERT). *Paris, Panckoucke,* 1764, in-12.

Les exemplaires datés de 1763 portent le nom du traducteur.

Nouvelle Traduction de l'Aminte du TASSE (par Ant. PECQUET), avec le texte à côté. *Paris, Nyon,* 1734, 1759, in-12.

Nouvelle Traduction de l'Iliade d'Homère (en prose). *Paris, Théoph. Barrois,* 1782, 2 vol. in-12.

La dédicace à Monsieur, frère du roi, est signée : N., et le privilége est en faveur du sieur N.

Cette traduction est l'œuvre de L.-G.-R. CORDIER DE LAUNAY DE VALERI, d'abord maître des requêtes, puis intendant de justice, police et finances en Normandie, ensuite conseiller d'Etat en Russie, mort à Saint-Pétersbourg le 26 janvier 1826. C'est par erreur que cette traduction a été attribuée à DE MARCADÉ, interprète pour les langues étrangères, qui fut l'intermédiaire entre l'auteur et l'éditeur.

Beuchot a donné de curieux détails sur les vicissitudes de cette traduction. (« Bibliographie de la France », 1827, p. 727.) Ils ont été reproduits par Quérard, « France littéraire », IV, 125.

Nouvelle Traduction de l'Imitation de J.-C., divisée en quatre livres, composés par THOMAS A KEMPIS. *Paris, Jacques Langlois ou Florentin Lambert,* 1664 ; — P. Variquet, 1677, 1681, in-8.

Tout me porte à croire que cette traduction est celle de René DE VOYER DE PAULMY, mort à Venise en 1651, dont parle l'abbé de Marolles dans le dénombrement des auteurs qui lui ont donné des livres.

« Mémoires » de l'abbé de Marolles, in-12, t. III, p. 228.

Nouvelle Traduction de l'Office entier de la sainte Vierge, avec des explications sur chaque verset... Par un père de famille, ancien avocat (B. LORDELOT). *Paris,* 1712, in-12.

Nouvelle Traduction de MURSIUS (*sic*) ou de l'Académie des dames. *Cythère,* 1775, 2 vol. in-18.

C'est la traduction de 1749. Voy. « Académie des dames... », IV, 49, e.

Nouvelle Traduction de Roland l'amoureux, de Matheo-Maria BOYARDO (par A.-R. LE SAGE). *Paris,* 1717, 2 vol. in-12.

Réimprimée en 3 vol., avec le nom du traducteur.

Nouvelle Traduction de SALLUSTE (par l'abbé CASSAGNE). *Paris, Foucault,* 1713, in-12.

Voy. « Histoire de la guerre des Romains... », V, 699, e.

Nouvelle Traduction de SALLUSTE, avec des notes critiques sur le texte ; par M*** (J.-H. DOTTEVILLE), de l'Oratoire. *Paris, Lottin et Buttard,* 1749, in-12.

Réimprimée plusieurs fois avec le nom du traducteur.

Nouvelle Traduction de « Woman of pleasur » (*sic*).

Voy. « Fille de joie », V, 460, b.

Nouvelle Traduction des Bucoliques de VIRGILE (par Th. GUYOT, connu sous le nom de LE BACHELIER), avec des notes et le texte à côté. *Paris, Cl. Thiboust*, 1666, in-12.

Nouvelle Traduction des Captifs de PLAUTE, avec des notes (par Thomas GUYOT). *Paris, Claude Thiboust*, 1666, in-12.

L'abbé Goujet n'a pas su d'une manière positive le nom du traducteur de cette comédie. Le Catalogue manuscrit de la Bibliothèque du roi lui avait appris qu'il se nommait Guyot ; mais il avait trouvé sur son exemplaire le nom de Le Bachelier, et il ignorait que Guyot était plus connu sous ce dernier nom. Voy. « Bibliothèque françoise, t. IV, p. 342.

D'un autre côté, il savait que P. Coustel avait fait une traduction de la même comédie ; mais il n'osait assurer qu'on l'eût imprimée en 1666. Voy. Moréri.

Tous les doutes de l'abbé Goujet cussent été levés, s'il eût vu la première édition des « Billets de Cicéron », traduits par le même Th. Guyot. C'est un volume extrêmement rare, que j'ai enfin trouvé après quinze ans de recherches. Dans la dernière page de son *Avis au lecteur*, ou *Méthode en forme de préface, pour conduire un écolier dans les lettres humaines*, Th. Guyot dit formellement qu'il a déjà donné au public les traductions des « Lettres à Attique », des « Bucoliques » de Virgile, des « Captifs » de Plaute, et du « Recueil des plus belles lettres de Cicéron ».

Voy. « Supercheries », II, 716, d.

Nouvelle Traduction des Dialogues de CICÉRON sur l'Orateur, par M. P*** (J.-A. PANNELIER), ancien professeur. *Paris*, 1818, 2 vol. in-12.

Nouvelle Traduction des Epîtres (et des élégies amoureuses) d'OVIDE, en vers françois (par l'abbé J. BARRIN). *Bruxelles, G. de Backer*, 1736, in-12.

L'abbé Barrin n'a traduit que six épîtres.
Voy. « Epîtres », V, 162, b.

Nouvelle Traduction des Géorgiques de VIRGILE, avec des notes (par Th. GUYOT). *Paris, veuve de Cl. Thiboust*, 1678, in-12.

Nouvelle Traduction des Œuvres de SALVIEN et du Traité de VINCENT de Lérins contre les hérésies, par le P. B... (BONNET), prêtre de l'Oratoire. *Paris, Valleyre*, 1700, 2 vol. in-12.

Nouvelle Traduction du livre de l'Imitation de Jésus-Christ (par le président L.-P.-J. JOLY DE BÉVY). *Dijon, Coquet*, 1816, in-12. — Seconde édit., augmentée de la citation des textes de l'Écriture sainte. *Dijon, Coquet*, 1821, in-8.

Nouvelle Traduction du livre des Psaumes selon la Vulgate et les différens textes, avec des notes littérales et grammaticales (par Nicolas DE MÉLICQUE). *Paris, L. Guérin*, 1705, in-8.

Nouvelle Traduction françoise du « Pastor fido » de Jean-Baptiste GUARINI, avec le texte à côté (par Ant. PECQUET). *Paris, Nyon fils*, 1732, 1734, 2 vol. in-12.

Nouvelle Traite des blancs, ou traité sur un gouvernement ilotocratique, par A. O*** (Annibal OLLIVIER, de Séez), avocat. *Paris, chez les marchands de nouveautés*, 1826, in-32.
D. M.

Nouvelle Version de l'Iliade, avec des remarques. — Essai sur l'Iliade, ou discours pour servir d'introduction à la nouvelle version de ce poëme. (Par P.-L. DE BESOMBES DE SAINT-GENIÈS.) (*Vers 1770*), in-12.

L'auteur a fait imprimer un autre discours pour servir d'introduction à la « Nouvelle Version de l'Odyssée », in-12.

Ces traductions sont restées manuscrites. Quant aux discours, ils n'ont point été mis en vente. L'auteur s'est contenté d'en donner quelques exemplaires à des amis.

Voy. la « Vie de M. Besombes », doyen de la Cour des aides de Montauban, par un anonyme. *Paris, Berton* (ou plutôt *Cahors*, vers 1787), in-12, p. 215 et suiv.

Nouvelle Version des Psaumes, faite sur le texte hébreu par les auteurs des « Principes discutés » (les RR. PP. LOUIS de POIX, JÉRÔME d'Arras et SÉRAPHIN de Paris, capucins). *Paris, Hérissant*, 1762, in-12.

Voy. « Principes discutés », etc.

Nouvelle Vision de Babouc, ou la Perse comme elle va. Première partie. *Sur le rivage de l'Oxus, et se trouve à Paris*, 1796, in-8, 112 p.

Par BUNEL ou BURIEL, d'après une signature à la main au bas de l'avertissement de l'exemplaire de la Bibliothèque nationale.

Nouvelle Voie de fait des dominateurs de la caisse de vétérance. (Par C.-F. QUEQUET.) *Paris*, 1833, in-8.

Nouvelle (la) Zélis au bain, poëme en six chants. (Par le marquis MASSON DE PEZAY.) *Genève et Paris, Merlin*, 1768, in-8.

Nouvelle édition de « Zélis au bain... » Voy. ces mots.

Nouvelles. (Par Alphonse TAILLANDIER.) *Paris, Masson fils*, 1823, in-12.

Nouvelles à la main. (Par Nestor ROQUEPLAN.) *Paris, impr. de Lacombe*, 5 janvier 1842-15 mai 1844, 20 numéros in-18.

Nouvelles à la main de Montauban...

Voy. « Recueil des facéties parisiennes ».

Nouvelles Affiches de Maine-et-Loire. *Angers, Jahyer,* 1793, in-8.

Journal suivant la politique de la Montagne, publié en opposition à celui de Mame, intitulé : « Journal du département de Maine-et-Loire, par les amis de la constitution d'Angers ». Il dura peu, mais nous ne connaissons ni la date de son début, ni le jour de sa fin.

Il était rédigé par Guy-Joseph-Michel DU BOUIX, ex-chanoine de la congrégation de France, ancien curé de Roussay, alors premier vicaire général du département de Maine-et-Loire.

Nouvelles Aménités littéraires, à l'usage des personnes de l'un et de l'autre sexe. (Par ROMER.) *Francfort-sur-le-Mein,* 1807, 2 part. pet. in-8.

Nouvelles amoureuses et galantes. *Paris, G. Quinet,* 1679, pet. in-12, 4 feuillets et 304 p.

Le privilége est donné au sieur D. C.
M. P. L. (Paul Lacroix) pense qu'il s'agit de François DE CALLIÈRES, auteur de la « Logique des amants » et de divers autres ouvrages. Voy. le « Bulletin du bibliophile », 14ᵉ série, p. 841.

Nouvelles Amours d'Herman et Dorothée. Propos d'un franc-tireur, par l'auteur du « Péché de Madeleine ». *Paris, Michel Lévy,* 1873, in-8, 2 ff. de tit., 246 p. et 1 f. de table.

Tous les romans de cet auteur ont été publiés d'abord dans la « Revue des Deux-Mondes ». Le « Péché de Madeleine » était précédé d'un avertissement qui le désignait sous le pseudonyme de P. ALBANE.

Ces ouvrages ont été attribués d'abord à Mᵐᵉ DE BERNIS et ensuite à Mᵐᵉ PISCATORY, fille du général Foy. On les donne généralement aujourd'hui à Mᵐᵉ CARO.

Nouvelles Anecdotes suisses, par l'auteur des premières (Mᵐᵉ WULLYAMOZ DU PONT). *Brunswick,* 1802, 2 vol. in-8.

Voy. « Anecdotes tirées... », IV, 188, *e.*

Nouvelles anglaises, traduites par M*** (DUBERGIER). *Paris, Guérin,* 1826, 4 vol. in-12.

Nouvelles Archives statistiques, historiques et littéraires du département du Rhône. *Lyon, Barret,* 1832, 2 vol. in-8.

Voy. « Archives historiques et statistiques du département du Rhône », IV, 268, *f.*

Nouvelles Avantures de l'admirable don Quichotte de la Manche, traduites de l'espagnol d'Alonzo Fernandez DE AVELLANEDA (par A.-R. LE SAGE). *Paris, veuve Barbin,* 1704, 1716 ; — *Amsterdam,* 1705, 2 vol. in-12.

Le nom d'AVELLANEDA est supposé.
Voy. « Supercheries », I, 414, *b.*
Cette continuation de « Don Quichotte » parut à Tarragone, en 1614 ; elle a été réimprimée plusieurs fois.

Une édition de *Bruxelles, Guillaume Fricx,* 1707 in-12, forme le troisième volume de l' « Histoire de l'admirable don Quichotte », publiée en 1706 par cet éditeur, en 2 vol. in-12, avec 51 gravures d'Harrewyn. Voy. V, 677, *d.*

Nouvelles Bases d'élections. (Par P.-L. ROEDERER.) *Paris, imp. d'A.-F. Didot,* octobre 1830, in-8, 8 p.

Nouvelles Centuries et Etranges Prédictions du curé de Milmons (Jean BELOT), sur la venue des reîtres et nouveaux remuements de France... *Paris, P. du Fresne,* 1622, in-8, 15 p. — *Paris, pour l'auteur,* 1622, in-8, 8 p.

Nouvelles (les) choisies, où se trouvent divers incidents d'amour et de fortune. (Par Charles SOREL.) *Paris, Duval,* 1645, 2 vol. in-8.

La première édition, sous le titre de : « Nouvelles françoises », *Paris,* 1623, in-8, est moins complète. Voy. ci-après, col. 573, *d.*

Nouvelles chrétiennes, suivies de la légende de saint Véran, évêque de Cavaillon. (Par Louis-Joseph D'ORTIGUES.) *Paris, imp. de Bailly,* 1837, in-12.   D. M.

D'Ortigues est mort subitement, le 20 novembre 1865.

Nouvelles Classes de maladies, qui comprennent les genres et les espèces de toutes les maladies, avec leurs signes et leurs indications, par S** DE L. (François BOISSIER SAUVAGES DE LA CROIX). *Avignon,* 1734, in-12.

Nouvelles Conjectures sur le globe de la terre. (Par H. GAUTIER.) *Paris,* 1721, in-8.

Nouvelles Considérations philosophiques et critiques sur la Société des Jésuites, sur les causes et les suites de sa destruction. (Par J. THARIN, évêque de Strasbourg.) *Versailles, Lebel,* 1817, in-8.

Nouvelles Considérations sur l'usure et le prêt à intérêt. (Par Pierre PACAREAU, depuis évêque constitutionnel de Bordeaux.) *Bordeaux,* 1784, in-12.

Nouvelles Considérations sur les années climactériques, la longueur de la vie de l'homme, etc.; par M. DE B.... (L. DE BEAUSOBRE), de l'Académie royale de Prusse. *Paris,* 1757, in-12, 35 p.

Nouvelles Considérations sur Saint-Domingue, en réponse à celles de M. H. D. (Hilliard d'Auberteuil) ; **par M. D. B***** (P.-U. DUBUISSON). *Paris, Cellot et Jombert fils jeune,* 1780, in-8.

Nouvelles Constitutions militaires, avec

une tactique adaptée à leurs principes. (Par le comte St-L. de La Noue du Vair.) *Francfort (Paris),* 1760, in-8.

Nouvelles (les) contemporaines, ou histoire de quelques femmes du jour. (Par Rétif de La Bretonne.) *Paris, Société typographique,* 1802, 2 vol. in-12, avec un petit portrait de l'auteur.

Nouvelles. Contes, Apologues et Mélanges; par J. C. F. L. (le baron J.-C.-F. de La Doucette), membre de plusieurs Sociétés savantes et littéraires. *Paris, Fantin,* 1822, 3 vol. in-12.

Nouvelles, Contes, Historiettes, Anecdotes... (Par J.-G.-A. Cuvelier de Trie.) *Paris,* 1808, 2 vol. in-8.

Nouvelles Conversations de morale, dédiées au roy. (Par Mlle de Scudéry.) *Paris, veuve Séb. Mobre-Cramoisy,* 1688, 2 vol. in-12, front. par Séb. Le Clerc.

Voy. « Conversations morales », IV, 757, *d,* et aussi « Conversations nouvelles », IV, 757, *e.*

Nouvelles Cures opérées par le magnétisme animal. (Par le marquis Tissart du Rouvre.) *Paris,* 1784, in-8, 64 p.

Réimprimées dans le « Recueil des pièces les plus intéressantes sur le magnétisme animal », 1784.

Nouvelles (les) d'Antoine-François Grazzini, dit Le Lasca, traduites en françois (par J.-B. Lefebvre de Villebrune). *Berlin,* 1776, 2 vol. in-8.

Nouvelles d'Elisabeth, reyne d'Angleterre. (Par Mme d'Aulnoy.) *Paris, Cl. Barbin,* 1674, 2 vol. pet. in-12.

Nouvelles de dona Maria de Zayas; traduites de l'espagnol. *Paris, G. Quinet,* 1680, 5 vol. in-12.

Cette traduction est de Vanel, ainsi qu'il nous l'apprend dans la dédicace de sa traduction des « Alivios de Casandra ».

C'est par erreur que Barbier l'a attribuée à Ant. Le Methel ou Le Metel d'Ouville, qui a mis son nom à une traduction de cinq des vingt nouvelles dont se compose le recueil de dona Maria de Zayas.

Voy. Brunet, « Manuel du libraire », 5e édit., V, col. 1529.

Nouvelles de l'ordre de la Boisson. (Par Franç. Morenas.) *S. l.,* 1734, in-4.

Nouvelles de la Pologne, accompagnées de documents officiels, écrites en polonais. (Par C.-A. Hoffmann.) *Paris, marchands de nouveautés,* juillet 1832, in-8.

Nouvelles de la république des lettres.

Amsterdam, Mortier, 1684-1718, 56 vol. in-12.

Commencées par P. Bayle et Jean Barrin, continuées par Jacques Bernard, depuis janvier 1699 jusqu'en mars 1703, terminées en juin 1718 par Jean Le Clerc.

Nouvelles de la république des lettres, à dater de juillet 1775. (Par le marquis J.-P.-L. de Luchet.) *Lausanne, Société typographique,* 1775, 8 vol. in-12.

Nouvelles de Marguerite (de Valois), reine de Navarre (nouvelle édition, avec une préface par Jean Rodolphe Sinner). *Berne,* 1781, 3 vol. in-8.

On trouve des exemplaires avec des titres gravés, portant la date de 1792.

Voy. « Heptaméron françois », V, 613, *d.*

Nouvelles de Michel Cervantes, précédées de mémoires sur la vie de cet auteur, traduction nouvelle (par C.-B. Petitot). *Paris,* 1809, 4 vol. in-18.

Nouvelles de Michel de Cervantes Saavedra; nouvelle édition, augmentée de trois nouvelles qui n'avoient point été traduites et de la vie de l'auteur. *Amsterdam et Leipzig, Arkstée et Merkus,* 1768, 2 vol. in-12.

Cette traduction est une réimpression de celle qui porte le nom de l'abbé de Saint-Martin de Chassonville, publiée pour la première fois à *La Haye* en 1744, et une seconde fois à *Lausanne* en 1759.

Du reste, cette traduction n'est autre que celle qui parut en 1700, à *Amsterdam,* ou plutôt à *Paris.*

L'abbé Lenglet, dans sa « Bibliothèque des romans », page 131, paraît s'être trompé en l'attribuant à P. Hessein. On doit seulement à ce secrétaire du roi la traduction de quelques Nouvelles de Cervantes. *Paris,* 1707, in-12.

Beaucoup de bibliographes ont répété la méprise de l'abbé Lenglet.

Nouvelles de Michel de Cervantes, traduites de l'espagnol (par Ch. Cotolendi, avocat). *Paris, Barbin,* 1678, 2 vol. in-12.

Nouvelles de Versailles. *S. l.,* 1789, in-8.

Journal quotidien signé, à partir d'août, par Claude-François de Beaulieu.

La plupart des numéros portent : « Assemblée nationale, séance et suite des Nouvelles de Versailles ». D'autres portent seulement : « Suite des Nouvelles ».

Continué sous le titre de : « Nouvelles de Paris, faisant suite à celles de Versailles », *Paris,* 1789 à 30 septembre 1790, in-8.

Voy. Hatin, « Bibliographie », p. 141.

Nouvelles Découvertes de Galilée, traduites de l'italien (par le P. Marin Mersenne). *Paris,* 1639, in-8.

Nouvelles Découvertes des Russes entre

l'Asie et l'Amérique, avec l'histoire de la conquête de la Sibérie et du commerce des Russes et des Chinois. Ouvrage traduit de l'anglais de Mr. W. Coxe (par J.-N. Demeunier). *Paris*, 1781, in-4, xxii-314 p., avec cartes. — *Neuchâtel, Société typographique*, 1781, in-8, xxiv-320 p., sans cartes.

Nouvelles Découvertes pour l'avantage et l'utilité du public. *Nancy, Hoener (s. d.)*, in-4, 58 p. et 13 pl.

Par Antoine Lavocat, de Champigneulles (?). Voir Noël, note du n° 4706 de son Catalogue, où, sous le n° 4707, figure un « Recueil de plusieurs pièces mécaniques, inventées et exécutées par A. Lavocat, receveur au bureau de Champigneulles, près de Nancy, mécanicien de la cour de Bruxelles, par brevet du 8 juillet 1774... » *Nancy, Hoener*, 1778, 38 p.

Ce n'est qu'une nomenclature plus nombreuse que celle de l'ouvrage précédent et dépourvue de dessins qui puissent faire apprécier le mérite des pièces.

Nouvelles Découvertes sur l'état de l'ancienne Gaule du temps de César. (Par Louis des Ours de Mandajors.) *Paris, de Luyne*, 1596 (1696), in-12, 2 ff. lim. et 229 p.

Le privilége est au nom de Mandajors.
Œttinger lui donne les prénoms de Jean-Pierre.

Nouvelles Découvertes sur les parties de l'homme et de la femme qui servent à la génération, avec la deffense des parties génitales contre les sentiments de quelques anatomistes, un traité du pucelage, du pancréas, de l'usage du siphon et des clystères, ouvrage enrichi de 41 pl., etc. (Composé en latin par Graaf et traduit par N. P. D. M.) *Warsovie, F. Clouski*, 1701, in-8.

Une première édition, avec le nom de l'auteur, porte le titre de : « Histoire anatomique des parties génitales de l'homme et de la femme... » *Bâle, E.-G. König, M. DC. LXCIX. (sic, 1679)*, in-8.

Nouvelles (les) Découvertes sur toutes les parties de la médecine, recueillies en l'année 1679. Par N. D. B. (Nicolas de Blégny)... *Paris, L. d'Houry*, 1679, in-12.

Le tome II, qui porte le nom de l'auteur, est intitulé : « le Temple d'Esculape, ou le dépositaire des nouvelles découvertes... » (année 1680). Par Nicolas de Blégny...

Le tome III : « Journal des nouvelles découvertes... » (année 1681). Par Nic. de Blégny...

Nouvelles des cours d'Europe...

Voy. « Esprit (l') des cours de l'Europe », V, 182, a.

Nouvelles Difficultés proposées par un péripatéticien à l'auteur du « Voyage du monde » de Descartes, touchant la connoissance des bêtes, avec la réfutation de deux Défenses du système général du monde de Descartes. (Par le P. Gabriel Daniel.) *Paris, Benard*, 1693, in-12.

Cet ouvrage fut réimprimé sous le titre de : « Suite du Voyage du monde de Descartes... »

Nouvelles diverses du temps. La Princesse des Pretintailles, par Mme la comtesse D. L. (d'Auneuil). *Paris, P. Ribou*, 1702, in-12.

Voy. ci-dessus, « Mélanges sérieux », col. 119, b.

Nouvelles du jour. Que font-ils en prison pour se désennuyer? Ils se battent. (Par N.-F.-X. Gentillâtre.) *Nancy*, an III, in-8, 23 p.

Catalogue Noël, n° 1491.

Nouvelles Eaux minérales de Chateldon en Bourbonnois, avec des observations sur leurs effets. *Londres*, 1783, in-12, 152 p.

La dédicace est signée : D. D. M. M. (Desbret, D. M., Montpellier).

Nouvelles ecclésiastiques, ou mémoires pour servir à l'histoire ecclésiastique... *S. l. n. d.* (1728 à 1803), in-4.

A partir de 1732, le sous-titre porte : Pour servir à l'histoire de la constitution *Unigenitus*.

Cet ouvrage est assez généralement connu sous le titre de : « Gazette ecclésiastique ». Il fut fondé par l'abbé Ph. Boucher et continué jusqu'en 1793 par les abbés Berger, Jacq. Fontaine de La Roche, Louis Troya d'Assigny, Louis Guidi, L.-E. Rondet, Noël de Larrière et Marie-Claude Guénin, dit l'abbé de Saint-Marc. — On cessa de l'imprimer à Paris à la fin de 1793 ; mais l'abbé J.-B.-S. Mouton le continua à Utrecht, où il parut dans le même format jusqu'à la mort de cet ecclésiastique, arrivée vers le milieu de l'année 1803.

Ce journal fut mis à l'*Index* le 28 juillet 1742 et le 10 mai 1757.

La collection de la Bibliothèque nationale, la plus complète que l'on connaisse, se compose de 71 volumes reliés en 26, allant de 1728 à 1798.

Elle est augmentée des deux tables suivantes :

Table des noms et matières contenus dans les « Nouvelles ecclésiastiques », ou mémoires pour servir à l'histoire de la constitution *Unigenitus* (années 1728-1731). *S. l.*, 1734, 2 vol. in-4.

Table raisonnée et alphabétique des « Nouvelles ecclésiastiques », depuis 1728 jusqu'en 1760 inclusivement. (Par l'abbé Bonnemare.) *S. l.*, 1767, 2 vol. in-4.

Le P. Patouillet, jésuite, a publié pendant quelque temps le « Supplément de la Gazette ecclésiastique », où il relevait les prétendues erreurs et les omissions des auteurs de ce journal.

Tandis que l'abbé de Saint-Marc approuvait et développait les principes de l'Eglise constitutionnelle, l'abbé H. Jabineau, Blonde et G.-N. Maultrot les attaquaient avec force dans des feuilles de même format, intitulées : « Mémoires pour servir à l'histoire de la constitution civile du clergé ». L'abbé Jabineau étant mort au commencement d'août 1792, ce nouveau journal fut interrompu à cette époque. Il avait commencé à paraître le 6 janvier précédent. Voy. ci-dessus, col. 239, a

Voy. pour plus de détails sur cette collection, Hatin, « Histoire de la presse », tome III, p. 433-446, et « Bibliographie de la presse », p. 57.

Nouvelles écossaises, traduites de l'anglais par le traducteur des « Juifs d'Europe et de Palestine »... (Mlle DE CHABAUD-LATOUR). *Paris, Delay*, 1847, in-18.

Nouvelles en vers, tirée (*sic*) de BOCCACE et de L'ARIOSTE, par M. DE L. F. (LA FONTAINE). *Paris, Cl. Barbin*, 1665, pet. in-12.

Premier essai de publication des « Contes de La Fontaine ». Le volume contient seulement deux contes : « le Cocu battu et content » de Boccace, et « Joconde » de L'Arioste. A la suite de « Joconde » se trouve « la Matrone d'Ephèse » de PÉTRONE, traduite en prose par SAINT-ÉVREMOND. Voici la description du volume : titre, avertissement, « le Cocu battu et content », ensemble 12 pages, y compris le privilége à la date du 10 décembre 1664 ; « Joconde » et la « Matrone d'Ephèse », 60 pages.

Nouvelles enfantines en français et en russe, suivies de compliments pour les fêtes, publiées par F. D. (François DABO) ; deuxième édit. *Moscou*, 1850, gr. in-12.

Nouvelles Ephémérides économiques, ou bibliothèque raisonnée de l'histoire, de la morale et de la politique. (Par l'abbé Nic. BAUDEAU.) *Paris, Didot*, 1774-76, 18 numéros ou cahiers in-12.

Il y a de plus un volume-programme de 120 pages, imprimé en 1774, ce qui porte à 19 le nombre des volumes. Voy. E. Daire, « Collection des économistes ». *Paris, Guillaumin*, 1846, tome I, grand in-8, note de la page 647, rectificative de celle de la page 303. Hatin, « Bibliographie », page 71, cite trois numéros publiés en 1788, sans nom d'auteur.

Nouvelles espagnoles, par Mme D*** (la comtesse M.-C. D'AULNOY). *Paris, Cl. Barbin*, 1692, 2 vol. in-12. — *La Haye*, 1693, in-12.

Nouvelles (les) et Anciennes Reliques de M. Jean du Verger de Hauranne, abbé de Saint-Cyran, extraites de ses ouvrages. (Par le P. PINTHEREAU, jésuite.) *A Melphe, Maurice Mermillion*, 1680, in-4.

Nouvelles (les) et Antiques Merveilles, plus un Traicté des douze Césars, premiers empereurs de Rome, traduit d'italien en françois ; enfin il y a une ode pour Dieu garde à la ville de Paris, faite en juin 1554. (Par Ch. FONTAINE.) *Paris, Guill. Le Noir*, 1554, in-16.

« Bibliothèque françoise » de du Verdier.

Nouvelles et Esquisses de mœurs. (Par Henri CORNE.) *Douai, Derégnaucourt*, 1838, in-8.   D. M.

Nouvelles et Plaisantes Imaginations de

Bruscambille (DES LAURIERS), dédiées à monseigneur le Prince, par le S. D. L. Champ. (le sieur DES LAURIERS, Champenois). *Paris, F. Huby*, 1613 et 1615, in-12. — *Rouen*, 1613, pet. in-12. — *Bergerac, Martin La Babille*, 1615. — *Sur la copie imprimée à Paris (Caen)*, 1617, pet. in-12.

Réimprimées à *Bruxelles, Mertens et fils*, 1864, in-18, 218 p., d'après l'édition de *Bergerac*, à 100 exemplaires et 2 sur vélin.

Nouvelles Etrennes utiles et agréables, contenant un recueil de fables choisies dans le goût de La Fontaine, sur de petits airs et vaudevilles connus. (Par le P. J.-P. VALETTE, doctrinaire.) *Paris, Lottin*, 1734, in-32. — Les mêmes, avec des augmentations. *Paris, Lottin*, 1739, 1746, in-24. — Les mêmes, contenant un recueil de chansons morales et d'emblèmes, de même sur de petits airs et vaudevilles connus (par Mme MASSUAU, religieuse de l'abbaye de Voysin, diocèse d'Orléans, morte en décembre 1748). *Paris, Lottin et Butard*, 1749, 2 vol. in-16.

Nouvelles extraordinaires de divers endroits. *Leide*, 1712-1809, 91 vol. in-4.

M. W.-P. Sautijn Kluit a donné (dans les « Handelingen v. de Maatsch d. Ned. Letterk. te Leide », 1869-70) une monographie de cette importante publication, connue sous le titre de : « Gazette de Leyde ». Voici, d'après le Catalogue de la vente L.-C. Luzac, *Leyde*, 1872, n° 1802, quelle a été la part des divers rédacteurs ou directeurs :

1720-1737, J.-A. DE LA FONT, 18 vol.
1738, DE LA FONT et Etienne LUZAC.
1739-1797, Etienne LUZAC, 59 vol.
1798, n° 1-36, par Etienne LUZAC. — Nouvelles politiques, par Abr. BLUSSÉ le jeune, depuis le 11 mai, 1 vol.
1799-1803, Abr. BLUSSÉ le jeune, 5 vol.
1804, n° 1-80, Abr. BLUSSÉ le jeune. — Journal politique, J.-C. TEXIER-WESTMULLER, depuis le 23 octobre, 1 vol.
1805-1809, 29 septembre, n° 78, J.-C. TEXIER-WESTMULLER, 5 vol.
Voy. aussi Hatin, « les Gazettes de Hollande » (1866), p. 146 et suiv.

Nouvelles Facéties et Joyeusetés de monseigneur Van Bommel, à propos d'une vierge qui n'entend pas changer de couleur. Par E. DE B. (Emile DE BRONCKART, ancien représentant). *Liége, Collardin*, 1841, in-8, 14 p.

Nouvelles Farces de Pinson, comédie en un acte mêlée de vaudevilles ; dédiée à Mlle Lisette de La Chaponière, par un admirateur de sa grâce et de ses vertus (M. H. DENIZAIN). 1819, in-8.

Nouvelles (les) Femmes, ou suite du Siè-

cle corrigé. Par M. Gaud* (Charles Gau-
det). Genève, 1761, in-12, 93 p.

Signées : T. E. D. U. A. G.

Nouvelles (les) Fleurs des vies des saints
et fêtes de l'année, mises en plus beau
langage que les précédentes et augmentées
de réflexions... par un solitaire (André
Duval). Lyon, 1713, in-fol.

Nouvelles (les) Fleurs du Parnasse. Lyon,
Daniel Gayet, 1667, in-12, 154 p.

« Viollet Le Duc possédait un exemplaire de ce recueil,
avec une dédicace à M. Lanchenu et signée : A. Noel.
Dans l'exemplaire que nous avons sous les yeux, la dédicace à Iris, intitulée : « Prélude de l'auteur », ne
porte aucune signature. On sait que cet auteur se nommait Etienne Moreau, et l'on n'en sait pas davantage. »
(P. L. [M. Paul Lacroix], page 754 du « Bulletin
du bibliophile », XVI, 1864.)
M. Monfalcon ne dit rien de tout cela dans son
« Manuel du bibliophile lyonnais », 1857.

Nouvelles Fontaines domestiques, ap-
prouvées par l'Académie des sciences.
(Par Amy.) Paris, Coignard, 1750, in-12.

Nouvelles (les) françoises, ou les divertissements de la princesse Aurélie. (Par
Segrais.) Paris, A. de Sommaville, 1657,
2 vol. in-8.

Suivant Segrais, il n'aurait été que le rédacteur de
ces « Nouvelles », racontées à la cour de Mlle de Montpensier, qui est désignée, dans cet ouvrage, sous le
nom de princesse Aurélie.
(Catalogue Walckenaer, no 1865.)

Nouvelles (les) françoises, où se trouvent les divers effects de l'amour et de la
fortune. (Par Charles Sorel.) Paris, Billaine, 1623, in-8.

Une nouvelle édition augmentée a été publiée sous le
titre de : « Nouvelles choisies... » Voy. ci-dessus,
col. 566, b.

Nouvelles galantes, comiques et tragiques. (Par Jean Donneau de Visé.) Paris,
G. Quinet, 1669, 3 vol. in-12.

M. P. Lacroix a donné, dans le « Bulletin du bouquiniste » du 15 mars 1869, pag. 148-152, la clef
de cet ouvrage, telle qu'il l'a trouvée dans les papiers
des bibliothécaires et collaborateurs du marquis de
Paulmy.
Cet ouvrage est différent de celui du même auteur
intitulé : « Nouvelles nouvelles... » Voy. ce titre.

Nouvelles galantes et critiques, par B...
(Domenico Batacchi, de Livourne), traduites de l'italien par un académicien des
Arcades de Rome (Louis Louet, de Chaumont, avocat). Paris, Bertrandet, an XII-
1803, 4 vol. in-16.

Voy. « Supercheries », I, 174, d.

Nouvelles helvétiques, accompagnées de

notes, par Mme S. D*** (Sophie Moser, baronne du Wicquet d'Ordre). Boulogne,
chez Leroy-Berger, 1814, 3 vol. in-12.

Nouvelles Heures à l'usage des enfants
depuis l'âge de cinq ans jusqu'à douze.
(Par Mme de Genlis.) Paris, Maradan,
1816, in-18.

Nouvelles Histoires et Paraboles, par
l'auteur du « Cathéchisme pratique »
(l'abbé Ch.-F. Champion de Nilon). Paris, Mérigot le jeune, 1786, in-12.

Réimprimées avec le nom de l'auteur.

Nouvelles historiques. (Par Ch. Rivière
Dufresny.) Leyde (Paris), 1692, 2 vol.
in-12.

Nouvelles Idées concernant les journaux.
(Par le comte P.-L. Roederer.) Paris, imp.
de Lachevardière, mars 1832, in-4, 44 p.

Tirées à 50 exemplaires.

Nouvelles Idées sur la formation des
fossiles. (Par le président C.-F. Gautron
de Robien.) Paris, 1751, in-8.

Nouvelles Idylles de M. Gessner (trad.
en français par J.-H. Meister). Zurich et
Paris, Costard, 1776, in-12.

Nouvelles imitées de Cervantes et autres auteurs espagnols, par le citoyen C***
(C. Coste d'Arnobat). Paris, Gérard, 1802,
2 vol. in-12.

Nouvelles Instructions pour l'éducation
des enfans. (Traduites de l'anglois de Jean
Locke, par Coste.) Amsterdam, 1699,
in-12.

Nouvelles Instructions sur les eaux mi-
nérales de Châteldon en Bourbonnois. (Par
Desbret.) Clermont-Ferrand, impr. d'Ant.
Delcros, in-12, 24 p.

Nouvelles instructives, bibliographiques, historiques et critiques de médecine
et de chirurgie, ou recueil raisonné de tout
ce qu'il importe d'apprendre chaque année pour être au courant des connaissances relatives à l'art de guérir. (Par Retz,
de Rochefort.) Paris, Méquignon l'aîné,
1785-1791, 7 vol. in-16.

Le nom de l'auteur se trouve sur le titre à partir du
tome III.

Nouvelles intéressantes au sujet de l'attentat commis le 2 septembre 1758 sur la
personne sacrée de Sa Majesté Très-Fidèle
le roi de Portugal. (Par le P. Jean-Pierre
Viou, dominicain.) S. l., 1759, 2 vol. in-12.

Nouvelles Leçons de grammaire française et d'orthographe, par demandes et par réponses, etc., classées suivant la méthode adoptée par MM. Restaud et Lhomond. (Par D'AUPHIGNY-BEAUVAIS.) *Paris*, 1809, in-18.   D. M.

Nouvelles Lettres à un ami, sur les prêts usuraires de commerce. (Par l'abbé J.-B. DE LA PORTE.) *Amsterdam et Paris, Delévaque*, 1769, in-12.

Nouvelles Lettres angloises, ou Histoire du chevalier Grandisson, par RICHARDSON, traduites de l'anglois (par l'abbé A.-F. PRÉVOST D'EXILES). *Amsterdam (Paris)*, 1755, 1776, 8 vol. in-12.

Nouvelles Lettres apologétiques pour M. Arnauld. (Attribuées au P. LE TELLIER, jésuite.) In-12.

Les Jésuites ont inséré dans ce volume la fameuse dissertation du docteur Arnauld, intitulée : « Dissertation selon la méthode des géomètres, pour la justification de ceux qui employent en écrivant des termes que le monde estime durs. » Voy. « Lettres » d'Ant. Arnauld, t. III, p. 247.

Nouvelles Lettres curieuses et galantes, par M***, de l'Académie françoise. *Amsterdam, P. Brunel*, 1727, 2 vol. in-12.

Ce sont les « Lettres » de Fr. DUVAL. Voy. « Lettres curieuses », V, 1233, c.

Nouvelles Lettres d'un prieur à un de ses amis, pour la défense du livre des « Règles pour l'intelligence des saintes Ecritures ». (Par l'abbé J.-B.-R. PAVIE DE FOURQUEVAUX.) *Paris, J. Estienne*, 1729, in-12.

Nouvelles Lettres d'un voyageur anglois. (Par Martin SHERLOCK, rédigées par le marquis C.-F.-A. DE LEZAY-MARNÉSIA.) *Paris*, 1779, in-8.

Nouvelles Lettres de feu M. Guy PATIN, tirées du cabinet de M. Charles Spon. (Publiées par Nic. MAHUDEL.) *Amsterdam*, 1718, 2 vol. in-12.

Nouvelles Lettres de l'auteur de la Critique générale de l' « Histoire du calvinisme » de M. Maimbourg. (Par P. BAYLE.) *Ville-Franche, P. Le Blanc*, 1685, 2 vol. in-16.

Nouvelles Lettres de M. P. BAYLE (précédées d'une Apologie de M. Bayle, ou lettre d'un sceptique, c'est-à-dire de M. DE MONIER, ancien procureur général de la Chambre des comptes de Provence, contre l' « Examen du pyrrhonisme » de Crousaz). *La Haye, Jean Van Duren*, 1739, 2 vol. in-12.

Ces Lettres ont été imprimées avec beaucoup de négligence. L'éditeur inconnu mérite aussi de graves re-proches pour les inexactitudes que renferme la préface. Voy. le Dictionnaire de Chaufepié, article *Bayle*.

L'exemplaire que je possède de ces Lettres vient d'un amateur, qui a corrigé à la main la plus grande partie des fautes d'impression ; il a aussi ajouté aux Lettres un grand nombre de notes qui décèlent des connaissances étendues en histoire littéraire.

Nouvelles Lettres et Œuvres galantes dédiées à Son Altesse sérénissime monseigneur le duc d'Orléans... Par M. S... D... (SOYER DESTAUVELLES). *Paris, L.-A. Thomelin*, 1724, in-12.

L'auteur a signé l'épître.

Nouvelles Lettres françaises sur toutes sortes de sujets, tirées de nos meilleurs auteurs modernes. (Par J.-H. MEYNIER.) *Hof*, 1794, in-8.

Nouvelles Lettres instructives et amusantes sur l'Académie des belles-lettres de Marseille. (Par l'abbé MARTIN.) *Bruxelles, Matthieu Waurans*, 1744, in-12.

Nouvelles Lettres persanes, traduites de l'anglois (de G. LITTLETON). *Londres*, 1735, 2 vol. in-16.

Voy. « Lettres d'un Persan... », V, 1242, b.

Nouvelles Lettres provinciales (dirigées contre la morale des jésuites, en particulier contre le père Maire, le conseil de l'évêque de Marseille, Belzunce ; par le père LOMBARD, dominicain). (Vers 1750), in-12.

Nouvelles Lettres provinciales, ou lettres écrites par un provincial à un de ses amis, sur les affaires du temps, par l'auteur de la « Revue politique de l'Europe en 1825 » (P.-F.-X. BOURGUIGNON D'HERBIGNY). *Paris, chez les marchands de nouveautés*, nov. 1825, in-8, 224 p. — *Bruxelles, de Mat*, 1825, in-8, 122 p.

Condamné à trois mois de prison pour cet ouvrage, l'auteur se retira dans les Pays-Bas.

Nouvelles Lettres sur l'éducation. (Par WEILER, de Strasbourg.) *Londres*, 1787, in-8.

Nouvelles Lettres sur les montagnes, ou livre classique sur la formation des montagnes, par M. VOIGT ; traduit de l'allemand (par J.-F. DE FONTALLARD). *Strasbourg et Paris*, 1787, in-8.

Nouvelles Libertés de penser, contenant: 1° Réflexions sur l'argument de Pascal et de Locke concernant la possibilité d'une vie à venir (par FONTENELLE) ; 2° Sentimens des philosophes sur la nature de l'âme (par J.-B. DE MIRABEAU) ; 3° Traité de la liberté (par FONTENELLE) ; 4° Réflexions sur l'âme et sur l'existence de Dieu ; 5° le Philosophe (par DU MARSAIS). *Amsterdam (Paris, Piget)*, 1743, in-12.

Les *Réflexions* de Fontenelle sur l'argument de Pascal et de Locke, le Traité de la liberté du même auteur, et le Philosophe de du Marsais, ont été plus correctement réimprimés, par les soins de Naigeon, dans le « Dictionnaire de la philosophie ancienne et moderne », faisant partie de l' « Encyclopédie méthodique ». Voy. les articles PASCAL, FONTENELLE et DU MARSAIS.

Nouvelles littéraires (du 1er décembre 1723, du 1er janvier, du 1er février et du 1er mars 1724.) (Par le P. DESMOLETS et l'abbé Cl.-P. GOUJET.) *Paris, veuve Le Febvre et Mesnier*, 1723 et 1724, in-8.

Ce recueil a été publié sous le privilége obtenu par Adrien Martel, avocat, pour des « Mélanges de littérature » de la Société des curieux ; et, s'il n'en a paru que sept cahiers, c'est que le P. Desmolets s'aperçut que ce travail ne plaisait pas à ses supérieurs. Le nom des deux auteurs a été oublié par l'abbé de Claustre, dans son « Mémoire sur les journaux » (tome X de la « Table du Journal des savans »). Les abbés BONARDY et François GRANET ont coopéré à ce journal.

Nouvelles littéraires, contenant ce qui se passe de plus considérable dans la république des lettres. (Par DU SAUZET, J.-Fréd. BERNARD et autres.) *La Haye, Henri du Sauzet*, 1715-1720, 11 vol. in-8.

Nouvelles littéraires, curieuses et intéressantes. (Par Adrien MARTEL, avocat au Parlement de Toulouse.) *Paris*, 1723, in-12. — *Lyon, Claude Guerrier*, 1724, in-12.

Nouvelles littéraires de divers pays, avec des Supplémens pour la Liste et le Nécrologe des astronomes, par l'auteur du « Recueil pour les astronomes » (Jean BERNOULLY). *Berlin*, 1776, 6 parties in-8.

Nouvelles littéraires et critiques de médecine, chirurgie et pharmacie, servant de réplique à P. Sue ; par un étudiant en médecine, etc. (le docteur RETZ). *Amsterdam, et se donne à Paris*, 1786, in-18.

Nouvelles littéraires, recueil composé de mémoires et de pièces fournis par des académiciens. *Caen, imp. de Godes-Rudeval*, 1740-44, 5 vol. in-8.

MORVAL dirigea cette feuille ; en 1741, l'abbé Gabr. PORÉE commença à s'en occuper ; en 1744, il en devint le directeur principal.

(*Frère*, « Manuel du bibliographe normand ».)

Nouvelles Lois françaises, ou Recueil complet des décrets sanctionnés, divisés par ordre de matières ; avec des notes et explications. Par une société de juriscon-

sultes. (Par Aug.-Ch. GUICHARD.) *Paris, Didot jeune*, 1790-92, 4 vol. in-4.

Nouvelles (les) Lumières politiques pour le gouvernement de l'Eglise, ou l'Evangile nouveau du cardinal Palavicin, révélé par lui dans son « Histoire du concile de Trente ». (Par Jean LE NOIR, théologal de Seez.) *S. l. n. d.*, in-4. — *Suivant la copie imprimée à Paris, chez Jean Martel*, 1676, in-12 ; 6 ff. lim. et 264 p. — *Amsterdam*, 1677, in-12. — *Cologne, P. Marteau*, 1687, in-12.

L'édition de Cologne est la même que celle de 1676 ; il n'y a que les douze premiers feuillets de réimprimés. Il en existe aussi des exemplaires sous le titre de : « Evangile nouveau... » Voy. V, 332, c.

Nouvelles morales des faubourgs. Par M. N. A*** (l'abbé N. ARNAULT, curé de la paroisse Saint-Joseph, à Paris). *Paris, C. Douniol*, 1855, in-32.

Contient deux Nouvelles.

La troisième Nouvelle, *Paris, C. Douniol*, 1856, in-18, a paru sous les mêmes initiales.

Réimprimées avec le nom de l'auteur.

Nouvelles (les) Muses royales, où, par l'ordre des années, sont contenues les immortelles actions de Louis XIII. (Par DU PERRON LE HAYER.) *Paris, Toussainct Quinet*, 1637, in-4.

La « Bibliothèque historique de la France » cite l'ouvrage sans nom d'auteur, sous le n° 21865, à peu près comme on le voit ici. Le titre a été levé sur l'exemplaire de la Bibliothèque du conseil d'Etat (1823). Il paraît que les exemplaires datés de 1635 portent le nom de l'auteur.

On lit au titre courant tantôt « les Muses royales », tantôt « les Palmes du juste ». C'est sous ce dernier titre que l'ouvrage est indiqué dans la « Biographie universelle », avec la date de 1635.

Nouvelles Notices sur la Vendée, faites dans un voyage en 1820. (Par le chevalier SAPINAUD DE BOIS-HUGUET.) *Paris, imp. de F. Didot*, 1822, in-8, 57 p.

Nouvelles nouvelles divisées en trois parties. Par M. DE...... (Jean DONNEAU DE VISÉ). *Paris, Pierre Bienfaict*, 1663, 3 vol. in-12.

Ces volumes, dans lesquels se rencontrent des pages où Molière est l'objet des plus vives attaques, ne sont pas l'œuvre d'un seul écrivain. Les critiques qui se sont le plus occupés du XVIIe siècle et de Molière, M. Moland entre autres, sont d'accord de laisser la paternité de la partie principale de ce recueil à DONNEAU DE VISÉ, en lui associant pour le reste le comédien VILLIERS et sans doute aussi quelques autres.   G. M.

Nouvelles Observations en faveur du remboursement de rentes constituées provenantes des hospices. (Par N. BORROMÉE.) *Dijon*, an X-1802, in-4, 22 p.

Nouvelles Observations et Attestations sur la transcendance du bois de mélèze dans les constructions tant de mer que de terre (en français, par D.-B. QUATREMÈRE-DISJONVAL ; en hollandais, par P.-H. MARRON). *Dordrecht*, 1803, in-8.

V. T.

Nouvelles Observations microscopiques... par NEEDHAM... (traduites en partie de l'anglois, par Louis-Anne LAVIROTTE). *Paris, Ganeau*, 1750, in-12.

L'ouvrage original anglais a été publié à *Londres* en 1745.

Nouvelles Observations, ou guerre civile des François sur la langue. (Par Louis-Augustin ALEMAND.) *Paris, Langlois*, 1688, in-12.

Nouvelles Observations physiques et pratiques sur le jardinage, traduites de l'anglois de BRADLEY (par P.-F. DE PUISIEUX). *Paris*, 1856, 3 vol. in-12.

Nouvelles Observations sur l'Angleterre, par un voyageur. (Par l'abbé G.-F. COYER.) *Paris, veuve Duchesne*, 1779, in-12.

Nouvelles Observations sur l'édit portant création des conservateurs des hypothèques, etc., du mois de juin. (Par DUMONT.) *Paris*, 1786, in-12.

Dumont est auteur des notes sur les « Décisions de la Coutume de Berri », par LA THAUMASSIÈRE. *Bourges*, 1743, in-4.

Nouvelles Observations sur l'état actuel des montagnes des Hautes-Pyrénées et des sources thermales qui en découlent, en particulier de celles de Saint-Sauveur... (Par FABAS.) *Tarbes, Lavigne*, 1808, in-8.

Nouvelles Observations sur l'ouvrage de M. l'abbé de La Mennais intitulé : « de la Religion considérée dans ses rapports avec l'ordre politique et civil », et sur diverses apologies de cet auteur... par un ancien grand-vicaire (l'abbé CLAUSEL DE COUSSERGUES). *Paris, Adr. Leclère*, 1826, in-8, 68 p.

Nouvelles Observations sur la promesse d'enseigner les quatre articles de la déclaration de 1682, exigée des professeurs de théologie par le ministre de l'intérieur; par un rédacteur du « Mémorial catholique » (F. ROBERT DE LA MENNAIS). *Paris, au bureau du « Mémorial catholique »*, 1824, in-8, 16 p.

Nouvelles Observations sur la seconde lettre de M. L. (Larrière, par l'abbé Claude MEY). *En France*, 1780, in-12.

Voy. « Lettre à l'auteur de la Dissertation... », V, 1086, a.

Nouvelles Observations sur la Valachie, sur ses productions, son commerce... suivies d'un Précis historique des événemens qui se sont passés dans cette province en 1821, par un témoin oculaire. On y a joint le plan de la bataille de Dragachan. Par F.-G. L. (F.-G. LAURENÇON). *Paris, Egron*, 1822, in-8.

Nouvelles Observations sur le pouls intermittent, qui indique l'usage des purgatifs... par M. Daniel Cox, médecin du collège de Londres. Ouvrage traduit et augmenté de quelques remarques par M. D*** (Bertr. DUPUY), médecin de la Faculté de Toulouse... *Amsterdam et Paris, Vincent*, 1760, in-12. — *Id.*, 1761, in-12.

Nouvelles Observations sur le texte et les versions du Nouveau Testament, par R. S. P. (Richard SIMON, prêtre). *Paris, J. Boudot*, 1695, in-4.

Nouvelles Observations sur les deux systèmes de la noblesse commerçante ou militaire. (Par P.-A. D'ALÈS DE CORBET.) *Amsterdam (Paris)*, 1758, in-12.

Nouvelles Observations sur les différentes méthodes de prêcher, avec un Recueil de tous les prédicateurs qui ont prêché l'Avent et le Carême devant Leurs Majestés Louis XIV et Louis XV, qui ne se trouve nulle part. (Par l'abbé Antoine ALBERT.) *Lyon, Pierre Bruyset-Ponthus*, 1757, in-12.

Le nom de l'auteur se trouve dans le privilége.

Nouvelles Observations sur les fables de La Fontaine, et Etrennes à la jeunesse studieuse de l'un et de l'autre sexe. (Par DE PONS.) *Clermont, imp. de Landriot*, 1808, in-18.

Nouvelles Œuvres (posthumes) de M. l'abbé DE MAUCROIX, contenant la première Tusculane de CICÉRON... les Satyres, les Epîtres et l'Art poétique d'HORACE (publiées par la comtesse DE MONTMARTIN). *Paris, Cailleau*, 1726, in-12.

« Bibliothèque françoise » de Goujet, t. III, p. 80 et 81.

Nouvelles Œuvres de SARRASIN. (Mises au jour par FLEURY, secrétaire de Ménage.) *Paris, Barbin*, 1675, 2 vol. in-12. | *a*

Cette édition est le fruit d'une infidélité de ce secrétaire de Ménage, qui fit une copie des pièces de Sarrasin que son maître avait supprimées dans les éditions
qu'il avait données des Œuvres de son ami (voy. « Œuvres de M. Sarrasin ») et qui en traita avec le libraire
Barbin.

Nouvelles Œuvres en prose et en vers,
par M. H*** (HUET DE LA MARTINIÈRE, et
non MARINIÈRE). *Aux Dardanelles*, 1760,
in-12.

Voy. « Supercheries », II, 231, *b*.

Nouvelles Œuvres mêlées de M. DE
SAINT-EVREMOND (publiées par l'abbé
Franç. RAGUENET). *Paris*, 1700, in-12.

Nouvelles (des) Officialités, ou réfutation d'un écrit de M. le comte Lanjuinais...
contre une ordonnance de monseigneur
l'évêque de Metz... Par l'auteur des « Mémoires historiques sur les affaires ecclésiastiques de France » (le comte Jos. JAUF-
FRET). *Paris, Méquignon fils aîné*, 1821,
in-8, 44 p.

Nouvelles ou mémoires historiques, contenant ce qui s'est passé de plus remarquable dans l'Europe, par Mᵐᵉ D*** (D'AUL-
NOY). *Paris, Barbin*, 1693, 2 vol. in-12.

Nouvelles (les) Pensées de GALILÉE, etc.,
traduites de l'italien en françois (par le
P. Marin MERSENNE). *Paris, Henri Gamon*,
1639, in-8.

Barbier, dans une note ajoutée à la suite de ce titre
(« Dictionnaire des anonymes », 2ᵉ éd., n° 12839), dit :
« Cet ouvrage est probablement le même que les « Mécha-
« niques » de Galilée. » Le savant bibliographe n'a-t-il pas
été induit en erreur? L'ouvrage de Galilée, dont ces
pensées sont une traduction, a pour titre : « Discorsi e
dimostrazioni matematiche », etc. *Leyde, appresso gli
Elsevirii*, 1638, in-4.
On trouve des détails très-curieux sur le père Mersenne dans la « Vie de Descartes », par Baillet. *Paris*,
1690, in-4. Le père Hilarion de Coste a aussi publié
une vie de Mersenne, mais elle offre peu d'intérêt.
                         D. M.

Nouvelles Pièces détachées, par M***
(DOIGNY DU PONCEAU). *Londres (Paris)*,
1775, in-8.

Nouvelles Pièces intéressantes, servant
de supplément à tout ce qu'on a publié
sur les états généraux, et sur l'éducation
des princes destinés à régner. (Publiées
par L.-P. BÉRENGER.) *S. l.*, 1789, 2 vol.
in-8.

On trouve à la fin du second volume une pièce ainsi
intitulée : « les Quatre Etats de la France, poëme patriotique, traduit librement du chancelier de L'Hôpital ». Ce
titre est supposé. L'ouvrage est de BÉRENGER, qui avait
prié un ancien professeur de Bourges, nommé Mouzon,

de le mettre en vers latins. Le professeur en fit la promesse ; mais il est mort vers l'année 1797, sans l'avoir
remplie. On a de Mouzon quelques bons morceaux de
poésie latine.

Nouvelles piémontaises. Egilsa, par
Silvio PELLICO. — Imilda, par M. le comte
DE B*** (BALBE). — Sœur Marguerite,
par M. DE B*** (A.-G.-P. BRUGIÈRE DE
BARANTE). *Paris, Ladvocat*, 1835, in-8.
                         D. M.

Nouvelles Poésies héroïques, gaillardes
et amoureuses. Ensemble un nouveau recueil des plus beaux airs de cour, à chanter, à danser et à boire, mis en chant par
les meilleurs musiciens de ce temps. *Paris,
Est. Loyson*, 1662, 2 part. pet. in-12, front.
grav.

On trouve dans ce recueil, fait par Pierre PERRIN,
le premier opéra représenté en France.

Nouvelles Poésies lyriques et autres,
contenant des odes sacrées, des odes diverses, etc., par L. L. (Louis LUZARCHE).
Paris, an VI-1798, in-8.

Nouvelles Poésies spirituelles et morales sur les plus beaux airs de la musique
françoise et italienne, et de petites fables
sur les airs des plus beaux vaudevilles.
Paris, Lottin et autres, 1730-1737, sept
recueils in-4 obl.

Frédéric DESESSART, laïc, a dirigé ces recueils. Les
poésies sont de divers auteurs ; les fables sont du père
J.-P. VALETTE, doctrinaire. Voy. ci-dessus, « Nouvelles Etrennes utiles... », col. 572, *b*.

Nouvelles pour le jeune âge, par Mᵐᵉ DE
S*** (SÉNILHES, née SAINT-BRICE, auteur
de plusieurs romans). *Paris, Ch. Gosselin
et H. Bossange*, 1833, in-12.

Nouvelles Prédictions de la destinée des
Etats et des empires du monde ; les desseins du roi d'Angleterre, les intrigues de
la cour de France, la naissance et l'éducation du prince de Galles. (Par le duc DE
SCHOMBERG.) *Londres (Hollande)*, 1688,
pet. in-12.

Nouvelles Preuves de l'incompétence de
la puissance temporelle, etc. (Par G.-N.
MAULTROT.) 1791, in-8, 12 p.

Voy. les mots : « Preuve de l'incompétence », etc.

Nouvelles Preuves du rapt de Mᵐᵉ Revel,
ou réponse de M. Revel, capitaine pen-
sionné, à M. M*** (Masson), se disant officier d'artillerie. (Par M. ROUCHER.) *Paris,
Mme veuve Lepetit*, 1816, in-12.

Nouvelles Recherches pour servir à
l'histoire de la ville de Beaucaire, par M***

(le chevalier DE FORTON)... *Avignon, Séguin*, 1836, in-8.

L'auteur a signé l'avertissement.

Nouvelles Recherches sur l'origine et la destination des pyramides d'Egypte, ouvrage suivi d'une dissertation sur la fin du globe terrestre, par A. P. J. D. V... (Anne-Pierre-Jacques DEVISMES). *Paris, Treuttel et Würtz*, 1812, in-8, IV-151 p.

Nouvelles Recherches sur la chirurgie, par M. M*** (MUIS). *Trévoux*, 1700, in-12.

Nouvelles Recherches sur la France, cu recueil de Mémoires historiques sur quelques provinces, villes et bourgs du royaume... (Publié par L.-T. HÉRISSANT.) *Paris, Hérissant*, 1766, 2 vol. in-12.

Nouvelles Recherches sur la génération des êtres organisés... par Pierre-Eutrope S*** (SERAIN). *Paris, veuve Humaire*, 1783, in-12.

Nouvelles Recherches sur la langue, l'origine et l'antiquité des Bretons, pour servir à l'histoire de ce peuple; par M. L. T. D. C. (T.-M. LA TOUR D'AUVERGNE-CORET), capitaine au 80ᵉ régiment d'infanterie, de l'Académie espagnole de l'histoire, et du Musée de Paris. *Bayonne, P. Fauvet*, 1792, in-8.

Voy. « Supercheries », II, 985, *f*.

Nouvelles Recherches sur les découvertes microscopiques et la génération des corps organisés, traduites de l'italien de SPALANZANI (par l'abbé RÉGLEY); avec des notes, des recherches physiques et métaphysiques sur la nature et la religion, et une nouvelle théorie de la terre, par NÉEDHAM. *Paris, Lacombe*, 1769, 2 parties in-8.

Nouvelles Recherches sur les impressions liégeoises du XVIᵉ siècle, par U. C. (Ulysse CAPITAINE). *Bruxelles*, 1854, in-8, 7 p.

Tirées à 25 exemplaires.
Extraites du « Bulletin du bibliophile belge », t. II, 2ᵉ série.

Nouvelles Réclamations de l'auteur-fondateur, propriétaire de l'institution de Sainte-Périne, à Chaillot... (Par Du-CHAYLA.) *Paris, impr. de Patris*, 1817, in-8.

Nouvelles (les) Récréations et Joyeux Devis de feu Bonaventure DES PERIERS, valet de chambre de Marguerite, reine de

Navarre. (Attribués à Jacques PELLETIER. Nic. DENISOT et autres.) *Lyon, Granjan*, 1558, in-8. — *Lyon, Roville*, 1561, in-4. — *Lyon, Rigaud*, 1571, in-16. — *Paris, Bonfons*, 1572 ; *Bonneval*, 1582, in-16.

On trouve une note curieuse sur les différents auteurs de ces contes, dans les « Jugemens des savans » de Baillet, édition de La Monnoye, in-4, t. VI, p. 387. Le savant La Monnoye y prouve très-bien qu'ils ne peuvent pas être *tous* de des Periers ; mais il ne nie pas que des Periers en ait composé la plus grande partie. C'est donc à tort que Lenglet du Fresnoy, Moréri, de Bure le jeune et autres ont dit que ces contes sont, non de Bonaventure des Periers, mais de Jacques Pelletier et de Nicolas Denisot.

En 1735, le libraire d'Amsterdam, Chastelain (Piget, de Paris), réimprima ces contes avec des remarques que La Monnoye avait laissées manuscrites. Voy. « Contes et Nouvelles... », IV, 745, *b*.

Nouvelles Réflexions d'un jeune homme, ou suite à l'Essai sur la dégradation de l'homme en société, par M. le chevalier de F. (Par D'ARTAIZE.) *Paris, Royez*, 1787, in-12.

D'Artaize prit alors pour masque ce nom : *Le chevalier de Feucher*.

Nouvelles Réflexions d'un royaliste sur l'ordonnance de réformation. (Par A.-L.-L.-H. DUCHESNE.) *Paris*, 1822, in-8, 96 p.

Nouvelles Réflexions, ou sentences et maximes morales et politiques. (Par l'abbé Et.-Fr. DE VERNAGE.) *Paris et Lyon*, 1690, in-12.

La troisième édition, *Paris*, 1694, in-12, porte le nom de l'auteur sur le titre.

Nouvelles Réflexions sur l' « Art poétique ». (Par Bernard LAMY.) *Paris, Pralard*, 1668 (1678), in-12.

Nouvelles Réflexions sur la déclaration du 23 avril 1743, concernant la communauté des maîtres chirurgiens-jurés de Paris. (Par L. DE SANTEUL, médecin.) *S. l. n. d.*, in-8, 16 p.

Nouvelles Réflexions sur les usages, la discipline et l'indépendance des avocats. (Par LÉCUREL DE VILLEMONT, avocat au Parlement de Besançon.) (*Besançon*), 1786, in-8.

Nouvelles Relations du Levant, par M. P. A. (P.-A. POULLET). *Paris, L. Billaine*, 1667, in-12.

Catalogue Langlès, nº 2242.

Nouvelles religieuses, par Mᵐᵉ *** (TARBÉ DES SABLONS). *Paris, Gaume frères*, 1840, 2 vol. in-18.   D. M.

Nouvelles Remarques. (Par l'abbé L.

BORDELON.) *Lyon, J. Lyons*, 1695, in-12.
D. M.

C'est une suite aux « Réflexions critiques » du même auteur. *Lyon, J. Lyons*, 1693, in-12.

Nouvelles Remarques sur la langue françoise. (Par Jos. LEVEN DE TEMPLERY, de la Chambre des comptes d'Aix.) *Paris, Martin et George Jouvenel*, 1698, in-12.

Réimprimées sous le titre de : « Génie, Politesse, etc., de la langue françoise ». *Paris, Cot*, 1705, in-12. Voy. V, 536, *f*.

Nouvelles Remarques sur la langue françoise, par M. N. B*** (Nicolas BERAIN, avocat). *Rouen, Viret*, 1675, in-12.

Voy. « Supercheries », II, 1234, *c*.

Nouvelles Remarques sur tous les ouvrages du sieur D***. *La Haye, Jean Strik (Lyon)*, 1685, pet. in-8, 114 p. — Autre édit. *Ibid., id.*, 115 p.

L'épître à M. de ***, qui vient après celle à monseigneur le duc de ***, est signée : P***** (Nic. PRADON).

Nouvelles Remontrances du Parlement de Bourgogne au roi (touchant l'affaire de M. de Varennes, rédigées par le président Ch. DE BROSSES et Jean-Louis MALETESTE DE VILLEY, conseiller). *Dijon*, 1762, in-12.

Nouvelles romanesques et galantes. 2 vol. in-12.

Une note manuscrite de A.-A. Barbier attribue cet ouvrage à Louis BELIN DE LA FAYE, avocat au siége présidial du Mans.
Dans son « Histoire littéraire du Maine », 2ᵉ édit., 1871, t. II, p. 62, M. Hauréau donne la même attribution ; mais il déclare n'avoir pu avoir d'autres renseignements sur cet ouvrage.

Nouvelles toutes nouvelles, par M. D. L. C. (le chevalier DE MAILLY). *Paris, Aug. Hébert*, 1708, in-12, 370 p. — *Paris*, 1709, pet. in-12. — *Amsterdam, aux dépens de Roger, qui vendra toujours sa marchandise à meilleur marché que qui que ce soit, quand même il la devrait donner pour rien*, 1710, pet. in-12, fig.

Nouvelles traduites de l'espagnol de CERVANTES (par Pierre HESSEIN). *Paris*, 1707, in-12.

Voy. ci-dessus, « Nouvelles de Michel de Cervantes... », col. 568, *c*.

Nouvelles Visites au Saint-Sacrement, ou effusion de cœur à Jésus-Christ et à la sainte Vierge. (Par le P. DE BUSSY, jésuite.) *Amiens, Caron-Vitet*, 1826, in-18.

Nouvelles Vues sur l'administration des finances et sur l'allégement de l'impôt. (Par

HOCQUART DE COUBRON.) *Londres*, 1787, in-8.

Nouvelles Vues sur le système de l'univers. (Par l'abbé G.-M. DU BREIL DE PONTBRIANT.) *Paris, Chaubert*, 1751, in-8.

Nouvelliste (le) du Parnasse, ou réflexions sur les ouvrages nouveaux. (Par les abbés P.-F. GUYOT DESFONTAINES et Franç. GRANET.) *Paris, Chaubert*, 1731-1732, 4 vol. in-8.

Nouvelliste (le) sans fard, ou la gazette sans privilége. *Cologne et Clèves*, oct. 1723-27 avril 1725, 27 numéros in-8.

Voy. Hatin, « Gazettes de Hollande », page 168. Suivant une note manuscrite, cette publication aurait eu pour auteur PRÉVOST DE MAISONS.

Nouvelliste vaudois et étranger. (Par A. FISCHER, Luc. VINCENT et J.-S.-H. GILLIERON.) 17 février 1798-23 mars 1804. — Gazette suisse. (Par les mêmes.) Du 30 mars 1804. 10 vol. in-4 et in-8.

Novales (les) de Venesmes. (Par Nicolas CATHERINOT.) *S. l. n. d.*, in-4.

Novice (la) de Saint-Dominique, par lady MORGAN ; traduite en français (par Mᵐᵉ la vicomtesse DE RUOLZ). *Paris*, 1805, 4 vol. in-12.

Novy (Lou) para, coumedie prouvençalou, en tres actes, per J. B. C*** (J.-B. COYE). *Cracouviou*, 1743, in-8.

Voy. « Supercheries », II, 369, *a*.

Noyer (le) sur le grand chemin, élégie d'OVIDE, expliquée en françois, à l'usage des écoliers. (Par le P. Henri BOILLOT, jésuite.) *Lyon, Claude Juttet*, 1712, in-12.

A la suite de l'explication se trouve une traduction en vers de la même pièce.

Nudités (les) ou les crimes du peuple. (Par J.-Mar. CHASSAIGNON.) *Paris*, 1792, in-8.

Avec cette épigraphe :

Les rois sont avilis ; ils ne sont plus à craindre ; C'est le Peuple qui règne, et c'est lui qu'il faut peindre Satellite et bourreau, etc.

Ouvrage singulier, qui, dans la pensée de l'auteur, devait servir d'antidote à celui de La Vicomterie sur les crimes des rois.
Il est adressé : « A nos seigneurs les gueux magnifiés, les canaillocrates, adamites, caïnistes, sicaires, sanguivores, flagellistes, stercoristes. »
Voy. sur Chassaignon « les Mémoires biographiques et littéraires », par M. Breghot du Lut, *Lyon*, 1828, in-8.

Nuée (la) sur le sanctuaire, ou quelque chose dont la philosophie orgueilleuse de

notre siècle ne se doute pas ; traduit de
l'allemand d'ECKARTSHAUSEN (par F.-G.
COESSIN, auteur des « Neuf Livres »). *Paris,*
1819, in-16.

Nuit (la) d'un joueur, ou le petit Beverley, vaudeville, par MM*** (Armand DAR-
TOIS et Jul.-Jos. GABRIEL). *Paris*, 1827,
in-8.

C'est le « Beverley d'Angoulême », comédie de Aude
mise en vaudevilles.

Nuit (la) et le Moment, ou les Matines
de Cythère, dialogue. (Par CRÉBILLON fils.)
Londres, 1755, in-12.

Nombreuses réimpressions.

Nuits (les) angloises, ou recueil des traits
singuliers, etc., propres à faire connoître
le génie et le caractère anglois. (Par A.-G.
CONTANT D'ORVILLE.) *Paris, Costard,* 1770,
4 vol. in-8.

Nuits (les) attiques d'AULU-GELLE, traduites pour la première fois, accompagnées
d'un commentaire, et distribuées dans un
nouvel ordre, par M. l'abbé DE V... (l'abbé
Joseph DONZÉ DE VERTEUIL). *Paris, Dorez,*
1776-1777, 3 vol. in-12.

Nuits (les) clémentines, poëme en quatre
chants sur la mort de Clément XIV (Ganganelli), par D. Giorgi BERTOLA, traduction libre de l'original italien (par L.-Ant.
CARACCIOLI), suivie du poëme original. *Paris, Lottin jeune,* 1773, in-12.

Nuits (les) d'hiver, variétés philosophiques et sentimentales. (Par Cl.-Fr.-Xav.
MERCIER.) *Paris,* an III, in-18, 180 p.

Nuits (les) de Berlin, suivies d'un tableau de l'état général du protestantisme
en Europe et dans les missions protestantes (ainsi que d'un coup d'œil sur l'état
des missions catholiques dans les pays
étrangers). Par l'éditeur des « Souvenirs
de la marquise de Créquy ». *Paris, Werdet,* 1838, 2 vol. in-8.

On lit sur sa couverture seulement que cet ouvrage
est imité de l'allemand de SCHNEIDER. L'ouvrage de
L. Schneider est intitulé : « Berliner Nächte ».

On sait que les « Souvenirs de la marquise de Créquy » sont l'œuvre du comte DE COURCHAMPS.

Voy. « Supercheries », I, 806, b.

Suivant une note manuscrite, l'éditeur en aurait été
J.-N. LAFFITTE.

Nuits de l'abdication de l'empereur Napoléon. (Par DIDIER.) *Paris, Plancher,*
1815, in-8.

Nuits (les) de la Conciergerie, rêveries
mélancoliques et poésies d'un proscrit.
Fragments échappés au vandalisme. (Par

Cl.-Fr.-Xav. MERCIER, de Compiègne.)
Paris, veuve Girouard, an III-1795, in-18,
fig.

Nuits (les) de Paris, ou le spectateur
nocturne. (Par RÉTIF DE LA BRETONNE.)
Londres et Paris, 1788-1794, 16 part. en
8 vol. in-12, avec 18 grav.

La pagination est suivie jusqu'à la fin de la quatorzième partie, qui s'arrête à la page 3359, et qui,
dans l'esprit de l'auteur, devait être la dernière ; car,
après la table, on lit : Fin de la quatorzième et dernière
partie.

La quinzième partie a ce titre spécial : « la Semaine
nocturne : sept nuits de Paris qui peuvent servir de
suite aux IIICLXXX déjà publiées... » *Paris, Guillot,*
1790, in-12, 264 p.

La seizième partie est extraordinairement rare ; elle
a peu circulé, à cause des frayeurs du libraire, qui finit
même par la retirer de la vente. En voici le titre :
« les Nuits de Paris, ou le spectateur nocturne. Tome
huitième, seizième partie ». *Paris,* 1794, 1 vol. in-12.

La pagination continue « la Semaine nocturne »,
269 à 564, après une introduction de quatre pages.
(Monselet, p. 151-157, n° 34.)

Nuits (les) élyséennes, par J.-A. G.
(Jean-Antoine GLEIZES). *Paris, Didot l'aîné,*
an IX, in-8, XII-285 p.

Nuits (les) parisiennes, à l'imitation
des Nuits attiques d'Aulu-Gelle, ou recueil de traits singuliers, anecdotes, usages remarquables, faits extraordinaires...
(Par CHOMEL, frère du médecin.) *Londres et Paris, Lacombe,* 1769, 2 vol. in-8.
— Nouv. édit. *Deux-Ponts,* 1772, 2 vol.
in-8.

Ce recueil a été attribué au marquis MASSON DE PE-
ZAY, et cette assertion se trouve consignée dans un
discours sur sa vie et ses ouvrages, placé en tête du
recueil de ses « Œuvres », et dans la notice qui précède un choix de ses poésies jointes à celles de Saint-
Peravy et de La Condamine, publié en 1810.

(Notes extraites du Catalogue de M. D****** (Duputel),
Rouen, 1839, p. 169.)

Nuits (les), poëme. *Paris, imp. de Bourgogne et Martinet,* 1835, in-8, 2 ff. de
titre et 191 p. — *Paris, Renduel,* 1836,
2 ff. de titre et 269 p.

La première édition d'un autre poëme anonyme, intitulé : « Eleuthérie », porte sur le titre : « Par l'auteur des Nuits ». Il a été publié, en 1844, une édition
d' « Eleuthérie », dont la couverture imprimée portait :
« Par le docteur FRANÇOIS ».

Nuits (les) poétiques, par F.-C. P***
(PÉRIN). *Besançon, Ch. Deis,* 1835, in-8.

D. M.

Nuits (les) romaines au tombeau des
Scipions, traduites de l'italien (du comte
Alexandre VERRI, Milanais), par M. F. G.
(F. GRASSET). *Lausanne,* 1796, 2 vol. in-12.

On doit à L.-F. DE LESTRADE une nouvelle traduc-

tion de cet ouvrage, seconde édition augmentée. *Paris,*
1817, 2 vol. in-12.

Nuits (les) terribles, par Henry DE
SAINT-G.... (DE SAINT-GEORGE). *Paris,
Amyot,* 1822, petit in-12.

Nullité et Abus du troisième Mandement pour la signature du formulaire,
publié à Paris le 2 de juillet 1662 pour
réformer les deux autres. (Par Ant. AR-
NAULD et P. NICOLE.) *S. l.* (8 juillet 1662),
in-4, 24 p.

Nullité et Despotisme de l'Assemblée
prétendue nationale. (Par A.-F.-C. FER-
RAND.) *S. l. n. d.,* in-8, 36 p. — *Paris,*
1790, in-8, 36 p. — 3e édit. *Paris,* 1790,
in-8, 36 p.

Nullités des remontrances adressées au
roi et à nosseigneurs de son Conseil, sous
le nom de la noblesse et tiers état de la
province d'Auvergne. *S. l. n. d.,* in-4.

Par BLONDEL, d'après une note manuscrite de Gui-
chenon.

Nullités et Injustices de l'interdiction
portée par le troisième Mandement, publié à Paris, le 2 de juillet 1662, touchant
la signature du formulaire, et de toutes
les censures qui pourraient être faites sur
ce sujet. (Par Ant. ARNAULD et P. NICOLE,
15 juillet 1662.) *S. l.,* in-4, 38 p.

Numéros (les). (Par DE PEYSSONNEL.)
Amsterdam et Paris, 1782, 2 vol. in-8. —
2e éd. *Amsterdam,* 1783, 3 vol. in-8. —
3e éd. *Amsterdam,* 1784, 4 vol. in-8.

Numéros (les) à la loterie, ou Epître à
l'empereur Napoléon ; suivis d'une Epître
au lecteur et d'une Ode à Sa Majesté à
l'occasion de son couronnement. (Par
R.-E.-Henri BOISBERTRAND.) *Paris,* 1805,
in-8, 24 p.

Numismatica, par M. E. L. (LEFÈVRE).
Première livraison. *Bruges, Vande Casteele Werbrouck,* 1846, in-8, 15 p.

Tirage à part des « Annales de la Société d'émulation de Liége ».   J. D.

Nymphe (la) des eaux de la Savoie et
des environs, journal scientifique et littéraire, paraissant tous les dimanches
pendant la saison des eaux. (Par Joseph
DESAIX.) *Genève, Pfeffer et Guky,* 1859-60,
in-fol.

Nymphe (la) du Danube, ode adressée
à Sa Majesté François II sur les massacres
des Grecs et des chrétiens par les Turcs,
par l'ermite de la Berlière (François-Joseph-Narcisse ROBERT, baron DE SAINT-
SYMPHORIEN). *Mons, Hoyois,* 1821, in-8.
                                               J. D.

Nymphe (la) Echo. *Paris, Delaunay et
Pélissier,* 1820, in-12, 32 p.   D. M.

Cet opuscule est d'Alphonse-Alexandre NIQUEVERT,
peintre d'histoire, né à Paris le 22 septembre 1776.

Nymphes (les) de Chateldon et de Vi-
chy, dialogues. (Par DESBREST, intendant
des eaux.) *Sur mes bords,* 1785, in-8,
62 p.

Sur mes bords, veut dire sur les bords de l'Allier.

Nymphes (les) de Diane, opéra-comique en un acte, représenté pour la première fois en vaudevilles sur le théâtre de
l'Opéra-Comique de la foire Saint-Laurent le 22 septembre 1755. (Par Ch.-Si-
mon FAVART.) *S. l. n. d.,* in-8.

Oaristys, ou dialogue amoureux entre un berger et une bergère. *Lyon, L. Perrin,* 1846, gr. in-8.

Publié par BERTELON DE POILET. Volume tiré à très-petit nombre et non livré au commerce.

Obélisque égyptien de Paris, d'après les dessins faits à Louqsor, en 1829, par Champollion le jeune. (*Paris*), *impr. de F. Didot frères* (1836), in-fol. plano.

On lit, imprimé au bas : Publié par M. C. F. (J.-J. CHAMPOLLION-FIGEAC).

Oberon, ou les aventures de Huon de Bordeaux, par M. WIELAND, traduct. nouvelle (par D'HOLBACH fils). *Paris, Petit,* an VIII-1800, in-8.

Oberon, poëme en quatorze chants, de M. WIELAND, traduction libre en vers (par le capitaine P.-F. DE BOATON). *Berlin, Spener,* 1784, in-8.

Objections et Réponses sur le commerce des grains et des farines. (Par P.-S. DU PONT, de Nemours.) *Amsterdam et Paris, Delalain,* 1769, in-12.

Objet d'une importance capitale et décisive soumis à la considération de l'Assemblée nationale. (Par LAMBERT.) *S. l.* (1789), in-8, 31 p.

Objet de l'univers. (Par J.-B.-J. DOILLOT.) *Paris, A. Bertrand,* 1818, in-12, 112 p.

Objets proposés à l'assemblée des notables par de zélés citoyens ; premier objet, administrations provinciales. *Paris, de l'imprimerie polytype,* 1787, in-8, 70 p.

On trouve dans cette brochure :

1° Le Mémoire concernant l'utilité des Etats provinciaux (par le marquis Victor DE MIRABEAU);

2° L'extrait du Mémoire de NECKER, présenté au r o en 1778 ;

3° Un Projet d'administration municipale des généralités, districts et arrondissemens (par LE TELLIER)

4° Examen des administrations provinciales (par F.-E. GUIGNARD DE SAINT-PRIEST).

Obligation (de l') d'assister à la messe de paroisse. (Par G. FROMAGEAU, L. HABERT, PREVOST et DE BEYNE, docteurs de Sorbonne.) *Paris, Musier,* 1704, in-12.

Obligation (de l') des religieux à la résidence dans leur monastère, et du Droit des curés sur les prêtres de leurs paroisses. (Par Pierre OUDIN.) *S. l. n. d.,* in-4.

Obligation (de l') que les pères et mères ont d'instruire eux-mêmes leurs enfans. (Par DE VASSETZ.) *Paris, J.-B. Coignard,* 1695, in-12.

Obras patouezas de M. FAVRE, prioucural de Cèlanova. Edicioan nouvela, la soula coumplèta, révista é courijada émbe souèn, pèr un troubadour d'aqueste tén. (Publié par Franç.-Raym. MARTIN, de Montpellier.) *Montpellier, Virenque,* 1839, 2 vol. in-12.

Obsèques du général Barras, 1er février 1829. *Paris, impr. Tastu,* 1829, in-8, 12 p.

Contient les discours prononcés par MM. P. GRAND et Hortensius DE SAINT-ALBIN fils, tous deux alors avocats. Publié par ce dernier.

Observateur (l'). *Paris, Volland,* 1789-1790, 2 vol. in-8.

Paraissait trois fois par semaine. — Commencé le 1er août 1789. — Rédigé par Gabriel FEYDEL. — Interrompu après le n° 88, 23 février 1790. Repris pendant quelques jours seulement à la fin de mars, n° 89 à 94 ; et, enfin, d'une manière suivie, le 11 juillet, n°s 1 à 40, formant le tome II. — Cette double interruption a donné lieu à plusieurs continuations apocryphes, notamment à celle de PERRIER DE LA REYNIE, n°s 89 à 182, *Paris, imp. de Guillaume junior,* 1790, 2 vol. in-8.

Observateur (l') anglais, ou correspondance secrète entre mylord All'Eye et mylord All'Ear. (Par PIDANSAT DE MAIROBERT.)

Londres, J. *Adamson*, 1777-1778 , 4 vol. in-12.

Réimprimé sous le titre d' « Espion anglais ». Voy. V, 175, f.

Observateur (l') au congrès, ou relation historique et anecdotique du congrès d'Aix-la-Chapelle en 1818... (Par C.-M. DE VILLEMAREST.) *Paris, A. Eymery*, 27 septembre 1818, in-8, 168 p.

Observateur (l') au Marais sur diverses combinaisons du trente et quarante. Par L**** (LEBEL). *Paris, Mme Perronneau*, 1818, in-8, 32 p.

Observateur (l') des maisons de jeux à M. Boursault, ou réponse à ses dernières observations. (Par Henri-Alexis CAHAISSE.) *Paris, impr. de P. Gueffier*, 1819, in-8, 16 p.

Observateur (l') des maisons de jeux. Réponse à M. Boursault, fermier des jeux. (Par Henri-Alexis CAHAISSE.) *Paris, impr. de Renaudière*, 1821, in-8, 44 p.

Observateur (l') des spectacles. (Par Sam.-Franç. L'HONORÉ , avocat.) *La Haye*, 1780, in-8.

Observateur (l') françois à Amsterdam, ou lettres sur la Hollande, écrites en 1778 et 1779. (Par C.-A. PILATI DE TASSULO.) *La Haye*, 1779-1780, 2 vol. in-12.

Même ouvrage que « Lettres sur la Hollande ». Voy. V, 1205, b.

Observateur (l') français à Amsterdam, ou lettres, etc., avec des notes et des remarques historiques. (Par A.-P. DAMIENS DE GOMICOURT.) Tome premier et unique. *Amsterdam*, 1779, in-12.

L'auteur se désigne assez clairement par cette phrase, qui se lit dans sa première lettre, page 12 :
« Je vous assure d'avance de la plus grande impartialité ; et j'espère que les Hollandais, auxquels vous communiquerez mes lettres, en porteront le même jugement que les Anglais ont porté de celles que je vous écrivis de Londres en 1769. » Voyez l'article suivant.

Observateur (l') français à Londres, ou lettres sur l'état présent de l'Angleterre, relativement à ses forces, à son commerce et à ses mœurs, avec des notes et des remarques historiques, critiques et politiques. (Par A.-P. DAMIENS DE GOMICOURT.) *Paris, Merlin*, 1769-1772, 32 vol. in-12.

Observateur (l') hellénique , organe des intérêts des populations chrétiennes en Orient. (Rédigé par M. L.-P. RICHE-GARDON.) *Athènes*, 1840-44.

Publié en français et en grec, sous les auspices du gouvernement français. M. Rizo RHANGAVIS (en français RANGADÉ), depuis ministre de Grèce près le gouvernement français, y a inséré des articles de littérature et d'archéologie.

Observateur (l') hollandois, ou première (— quarante-sixième) lettre de M. Van** à M. H** de La Haye, sur l'état présent des affaires de l'Europe. (Par Jacq.-Nic. MOREAU.) *La Haye (Paris)*, 1755-1759, 5 vol. in-8.

Observateur (l') hollandois, par une société de gens de lettres (Jos. DU FRESNE DE FRANCHEVILLE et autres). *Leuwarde, Ferweda*, 1745, 100 numéros in-8.

Observateur (l') littéraire (par J.-F. MARMONTEL et J.-G. BAUVIN); tome premier et unique. (*Paris*), 1746, in-12.

Voy. les « Mémoires » de Marmontel, t. I, p. 192, et la « France littéraire » de 1769. Ce volume est si rare, que M. Auguis n'a pu en trouver un exemplaire complet pour l'insérer dans la collection des « Œuvres » de Marmontel.

Observateur (l'), ouvrage polygraphique et périodique. (Par J.-B. DE VARENNE ou LA VARENNE.) *Amsterdam*, 1736, 12 vol. in-8.

Observateur (l') politique, administratif, historique et littéraire de la Belgique. (Par P. VAN MEENEN , DE DONCKER , DELHOUGUE , CORNELISSEN, etc.) *Bruxelles*, 1815-28, 18 vol. in-8.

Observateur (l') royaliste, ou annales destinées à servir à l'histoire secrète de la Révolution... par une société de gens de lettres et de publicistes. (Par F.-Th. DELBARE.) *Paris, Gide fils*, 1819, in-8.

Observateur (l') sentimental, ou correspondance anecdotique, politique, pittoresque et satirique entre Mahommed Saady et quelques-uns de ses amis, ayant surtout pour objet les événements et les mœurs de notre temps. Recueillie et publiée par S......U (J.-J. SANCHAMAU). *Paris, Patris, Desenne*, an VIII-1800, in-12.

Observateurs (les) de l'éclipse, en vers. (Par Fr. NAU.) *Paris*, 1748, in-8.

V. T.

Observation analytique sur les coutumes de la prévôté et vicomté de Paris. *Paris, Claude Morel*, 1601, in-16.

Ouvrage attribué à François PITHOU. Voy. Dreux du Radier, « Récréations historiques », II, 40.

A. L.

Observation de l'éclipse de soleil du 24 juin 1778... par don Antonio D'ULLOA, chef d'escadre ; traduite de l'espagnol (par

Aug. Darquier de Pellepoix). *Toulouse,* 1780, in-8, 66 p.

Insérée presque en entier dans le « Journal de physique » du mois d'avril 1780.

Observation (de l') du dimanche. (Par Marc Briquet.) *Genève, Bonnant,* 1863, in-12.

Observation médicale sur les suites très-extraordinaires d'une maladie vénérienne traitée par le mercure, publiée par le citoyen T...... (Antoine Tainturier, chirurgien). *Paris,* an XI-1803, in-8, 38 p.

Observation, ou réponse à la nouvelle description des pompes à incendie de M. Darles de Linières. (Par Morlat, commandant de la compagnie des gardes-pompes.) *Paris,* 1769, in-12.

Observation sur la guérison d'une maladie ancienne, traitée inutilement pendant sept ans, suivie de quelques réflexions sur les erreurs en médecine. (Par Gamichon, médecin.) (*Bar-sur-Seine,* 1813), in-8, 40 p.

Observations à l'Assemblée nationale sur le culte exclusif de la religion catholique. (Par l'abbé Ph. Samary, curé de Carcassonne.) 1790, in-8.

Observations à MM. de Celles et Vilain XIIII. (Par Brandes.) *Aix-la-Chapelle,* 1831, in-8.

Observations à MM. les électeurs de Paris, au sujet de la motion qui fut faite dans leur assemblée du 27 juin, sur l'illégalité de leur assemblée. *S. l.* (1789), in-8, 8 p.

Par Darrimajou, suivant une note manuscrite.

Observations adressées à l'assemblée des notables, sur la composition des Etats généraux et sur la forme la plus régulière de les convoquer. (Par Antoine-François Bertrand de Molleville, alors intendant de Bretagne.) *S. l.* (1788), in-8, 66 p. et 1 tableau.

Observations adressées à l'auteur des « Remarques » sur les livres de Cicéron, de la Nature des dieux, Tusculanes et autres, où l'on examine particulièrement la religion de Cicéron; avec quelques points de la doctrine académique. (Par J.-B. Fromageot, professeur en droit à l'Université de Dijon.) *Dijon,* 1738, in-12.

Le président Bouhier répondit à ces Observations par une brochure in-4 de 8 pages, sans nom de lieu ni date, mais imprimée à Dijon en décembre 1738, sous ce titre :

a — Lettre de maître ***, bedeau en l'université de ***, à M***, docteur-régent en la même université.

Observations adressées à MM. les commissaires chargés par le roi de l'examen du magnétisme animal sur la manière dont ils y ont procédé et sur leur rapport, par un médecin de province. (Par le docteur Girardin.) *Londres et Paris, Royez,* 1784, in-8, 36 p.

b — Observations adressées à MM. les commissaires de la Société royale de médecine... par un médecin de P** (le docteur Girardin). Pour servir de suite à celles qui ont été adressées sur le même objet à MM. les commissaires tirés de la Faculté de médecine de Paris et de l'Académie des sciences. *Londres et Paris, Royez,* 1784, in-8, 17 p.

c — Observations adressées à M. Wauthier d'Halluvin sur la méthode d'histoire qu'il a exposée dans sa séance du lundi 24 juillet (1843), au Capitole. (Par J.-L.-H. Roche.) *Toulouse, s. d.,* in-4.

Catalogue de Nantes, n° 33689.

Observations adressées au conseil de la Société royale asiatique (par Marie-Félicité Brosset, membre résidant de l'Académie impériale des sciences de Saint-Pétersbourg, conseiller de cour, etc.), sur un Vocabulaire géorgien et sur une Grammaire géorgienne (publiés par Jules Klaproth). *Paris, novembre* 1829, br. in-8.
D. M.

Observations adressées aux Chambres législatives par les fabricants de tabac de Liége, sur le projet de loi soumis le 16 janvier à la Chambre des représentants... (Par *e* — Laurent Renard.) *Liége, Collardin,* 1844, in-4.
J. D.

Observations adressées aux Chambres par les industriels de la rive droite de la Meuse, sur des travaux d'utilité à exécuter sur la rive droite de ce fleuve en aval de Liége. (Par Joseph Dejardin, Eugène Collinet et Victor Henaux.) *Liége, Redouté,* 1852, in-8, 27 p.   J. D.

f — Observations adressées aux communes de Provence, sur la constitution de leurs états. (Par A.-J.-M. Servan.) 1789, in-8, 33 p.

Observations adressées aux représentants de la nation sur le rapport du comité de constitution concernant l'organisation du pouvoir judiciaire. (Par A.-J.-M. Servan.) 1790, in-8.

Observations ajoutées au Mémoire...

Voy. « Mémoire sur une fièvre putride... », ci-dessus, col. 178, *b*.

Observations anatomiques et chirurgicales, au nombre de cent, par Fréd. RUYSCH. trad. du latin, par *** (B. BOUDON), D. M. *Paris, G. Cavelier,* 1734, in-8, fig.

Observations apologétiques de l'auteur des « Examens critique, physique et théologique des convulsions » (L. DEBONNAIRE). *S. l.* (1733), in-4, 32 p.

Observations chirurgiques de G. FABRI DE HYLDEN, trad. du latin (par T. BONET). *Genève, Chouet,* 1669, in-4.

Voy. « Corps de médecine... », IV, 767, *e*.

Observations concernant le projet de loi du 2 décembre 1848, sur la compétence et la contrainte par corps en matière commerciale, adressées à MM. les membres de la Chambre des représentants, par la Chambre de commerce de Liége. (Par Félix CAPITAINE.) *Liége, Desoer,* 1848, in-8, 16 p.   J. D.

Observations contre un Mémoire de la Chambre de commerce de Lille sur l'impôt du tabac. (Par L. HUBERT.) *(Paris), imp. de J. Smith* (1819), in-8, 16 p.

Observations critiques à l'occasion des remarques de grammaire sur Racine, de l'abbé d'Olivet, de l'Académie française, par M. S. DE S. (J. SOUBEIRAN DE SCOPON). *Paris, Prault,* 1738, in-12.

Observations critiques d'un Romain (le P. Gabr. FABRICE, dominicain) sur les Réflexions d'un Portugais, ou nouveau supplément auxdites Réflexions... (Trad. de l'italien en français par l'abbé C.-P. GOUJET, avec une préface du même.) *En Europe, Paris,* 1760, in-12.

Observations critiques et philosophiques sur le Japon et sur les Japonais. (Par l'abbé P.-C. LE JEUNE.) *Paris, Knapen,* 1780, in-12, xx-266 p. et 1 f. de table.

Catalogue Langlès, n° 3580.

Observations critiques sur l'histoire de France écrite par Mézeray. (Par Pierre DE LESCONVEL.) *Paris, Musier,* 1700, petit in-12.

Cette critique reçut un fort mauvais accueil au moment où elle parut. Bayle la jugea mal fondée. Le « Journal des savans » et l'auteur de l' « Histoire des ouvrages des savans » en dirent du mal, sans en nommer l'auteur. Prosper Marchand, dans ses notes sur les « Lettres » de Bayle en 1704, nomma LESCONVEL et présenta cette critique plutôt comme le fruit de

l'oisiveté de son auteur que comme le résultat de recherches approfondies. L'abbé Lenglet, dans sa « Méthode pour étudier l'histoire », dit que Lesconvel n'était pas capable de corriger les fautes de Mézeray. On a donc vu avec une agréable surprise Chaudon, dans son « Dictionnaire historique », présenter, d'après Grosley, le jésuite Daniel comme l'auteur de ces « Observations critiques » ; et il a mis tant d'art à prouver que l'historien jésuite avait pu chercher à rendre suspect, odieux et méprisable un historien connu pour véridique, que j'ai regardé pendant longtemps l'allégation comme très-vraisemblable. Cependant la lecture des « Observations » m'a forcé de revenir à l'ancienne opinion et de rendre cette mauvaise critique à son véritable auteur. En effet, le style des « Observations critiques » n'a aucune ressemblance avec celui du P. Daniel.

Le P. Lelong attribue aussi cet ouvrage à Lesconvel. Voltaire le donne au P. DANIEL, et il est vraisemblable que s'il avait pensé autrement, il ne se serait pas donné la peine d'annoter sur les marges un exemplaire des « Observations critiques ». Ces notes ont été publiées de nos jours par MM. Evariste Bavoux et A. François, dans « Voltaire à Ferney... » *Paris*, 1861, in-8 ; elles sont reproduites dans le « Voltaire », édition du « Siècle », t. VIII, p. 1111-1118.

Observations critiques sur l'ouvrage de M. de Maistre, « de l'Eglise gallicane », etc. Par M. G. A. E. D. B. (Henri GRÉGOIRE, ancien évêque de Blois). *Paris, imp. de Baudouin,* 1821, in-8, 22 p.

Extraites de la « Chronique religieuse », tome VI.

Observations critiques sur la partie du traitement des conseillers référendaires qui leur est distribuée chaque année par parties inégales et variables, par M. M... (MAFFIOLI), conseiller référendaire de première classe à la Cour des comptes. *Paris, imp. de Félix Malteste,* juillet 1841, in-8, 44 p.

Observations critiques sur la physique newtonienne. (Par le père GEORGERET, religieux picpus, né à Beaujeu en 1726, mort en 1799.) *Amsterdam (Lyon),* 1784, in-8.

« Bibliographie astronomique », par de La Lande.

Observations critiques sur la procédure criminelle, d'après le Code qui régit la France, par M. J. M. B. (J.-M. BRETON), avocat. *Paris, Eymery,* 1818, in-8, VIII-271 p.

Observations critiques sur la tragédie d' « Hérode et Mariamne », de M. de V... (Par l'abbé Augustin NADAL.) *Paris, veuve de P. Ribou,* 1725, in-8, 36 p.

Observations critiques sur le prospectus d'un ouvrage (du chevalier de Sausseuil) ayant pour titre : « Anatomie de la langue française ». (Par MOUSTALON.) *Londres et Paris, Servières,* 1783, in-12.

Observations critiques sur le « Temple du

goust ». (Par Jean DU CASTRE D'AUVIGNY.) S. *l.*, 1733, in-8, 16 p.

Cette pièce avait d'abord été attribuée à Pierre-Charles Roy.

Observations critiques sur les Conférences du R. P. Lacordaire, par l'auteur des « Vrais Principes sur la prédication » (l'abbé VÉTU, chanoine et vicaire de Notre-Dame de Paris). *Paris, Th. Leclerc jeune*, 1844, in-8.

Observations critiques sur un article de la « Revue des Deux-Mondes » du 1er avril 1851, intitulé : « des Principes de la Révolution française », par M. V. Cousin, par M. DE B*** (BALACHOFF). *Genève*, 1851, in-8, 20 p.

Observations critiques (par DE LA MARRE) sur un livre du sieur Agnan, intitulé : « l'Ancienne Médecine à la mode ». *Paris, Le Gras*, 1702, in-12.

Observations critiques sur un ouvrage intitulé : « Examen de la houille », etc., par M. Raulin ; Instruction sur l'usage des houilles d'engrais... Par L. S. D. L. B. (L.-S.-D. LE BRUN, médecin). Première partie. *Amsterdam et Meaux, Charle*, 1777. — Seconde, troisième et quatrième parties. *La Haye et Paris, Clousier et Jombert*, 1780 et 1781, in-8.

Observations curieuses sur ce que la religion a à craindre ou à espérer des académies littéraires, et Observations sur la critique qui s'exerce dans les académies pour la perfection du style. (Par l'abbé Yves VALOIS.) *Amsterdam*, 1755, in-12.

Réimprimées dans le volume intitulé : « Recueil de dissertations littéraires ». Voy. ces mots.
Le titre de la première édition, *Montauban*, 1753, 1754, ne porte pas le mot *curieuses*.

Observations curieuses sur des phénomènes extraordinaires qui regardent particulièrement la médecine et la chirurgie. Par J. N. (Joseph NOLET), maître chirurgien... *Brest, veuve Malassis*, 1711, in-12.

Le nom de l'auteur se trouve dans le privilège.

Observations curieuses sur toutes les parties de la physique.

Voy. « Recueil d'observations physiques... »

Observations d'un académicien de Lyon (J.-J. RICHARD DE LAPRADE) sur la seconde partie du Mémoire publié par la commission exécutive de La Martinière. *Lyon*, 1840, in-8.

Observations d'un Alsacien (Fr. HELL, ancien grand-bailli de Landser et ex-cons-

tituant) sur l'affaire présente des Juifs d'Alsace. *Francfort*, 1779, in-8. — *Neuchâtel*, 1790, in-8.

Voy. « Supercheries », I, 279, *d*.

Observations d'un amateur non dilettante, au sujet du *Stabat* de M. Rossini, avec des exemples notés, d'après les procédés de M. Duverger, par J.-A. D. (Jacques-Auguste DELAIRE). *Paris, Duverger*, 1842, in-8, 40 p.   D. M.

Observations d'un Américain des Isles neutres au sujet de la négociation de la France et de l'Angleterre. (Par Antoine MAILLET-DUCLAIRON.) *Genève*, 1761, in-12.

Observations d'un ancien canoniste sur la convention conclue à Rome le 11 juin 1817. (Par M.-M. TABARAUD.) *Paris, Brajeux*, 1817, in-8, 79 p.

Observations d'un avocat sur l'arrêté du Parlement de Paris du 13 août 1787. *S. l. n. d.*, in-4. — *Id.*, in-8.

Suivant une note manuscrite sur l'exemplaire de la Bibliothèque nationale, cet écrit serait de l'abbé J.-S. MAURY ; sa publication donna lieu à une « Dénonciation de l'édit (*sic*) intitulé : « Observations d'un « avocat... », in-8, 31 p. — Autre édition, in-12, 36 p., avec titre sans la faute. On y dit que les « Observations » ont été imprimées clandestinement, en contravention aux règlemens de la librairie.
On a encore publié : « Réponse d'un François aux Observations d'un avocat... » *Berlin et Paris, marchands de nouveautés*, 1787, in-8, 15 p.

Observations d'un canoniste (M. l'abbé P.-Denis BOYER, sulpicien), sur l'appel comme d'abus porté au conseil d'Etat, par M. Chasles, contre monseigneur de Latil, évêque de Chartres. *Paris*, 1824, in-8, 15 p.

Observations d'un citoyen du canton de Vaud sur la loi du 20 mai 1824, concernant une nouvelle secte religieuse. (Par A. VINET.) *Lausanne*, 1829, in-8.

Observations d'un citoyen habitant de Paris, et membre de l'assemblée du tiers du district des Filles de Saint-Thomas, communiquées à ladite assemblée, tenue le mardi 21 avril 1789 et prorogée au lendemain. (Par ANSAULT DU VIVIER.) *S. l.* (1789), in-8.

Observations d'un citoyen patriote sur le rapport fait par M. Le Couteulx de Canteleux, député de Rouen à l'Assemblée nationale, sur les différentes propositions pour l'acquisition ou la fonte des cloches des couvents et communautés supprimés. Imprimé par ordre de l'Assemblée nationale. (Par Pasquier.) *Paris, imp. de De-monville*, 1790, in-8, 16 p.

Observations d'un citoyen sur la garde bourgeoise. *S. l.* (1789), in-4, 5 p.

Signées à la main : Duverneuil.

Observations d'un citoyen sur le nou-veau plan d'impositions. (Par le comte Claude-Cam -Fr. d'Albon, prince d'Yve-tot.) *Amsterdam*, 1774, in-12.

Observations d'un citoyen sur les divers avantages que l'on peut tirer de l'usage des pommes de terre à titre de nourriture. (Par N.-F. Rougnon, médecin.) *Besançon*, an III, in-8.

Observations d'un cultivateur. (Par A.-C. Duquesnoy.) In-8, 45 p.

Observations d'un Danois sur une bro-chure intitulée : « Considérations sur la neutralité ». (Par Hegewisch.) *Kiel*, 1794, in-8.

Observations d'un dialecticien (Gabriel Feydel) sur les 91 questions de mathé-matiques, de physique, de morale, de po-litique, de littérature et de beaux-arts, adressées par l'Institut national de France à l'Institut d'Égypte. *Paris, Garnery*, an VII-1799. in-4, 60 p.

Observations d'un Français sur l'enlè-vement des chefs-d'œuvre du Muséum de Paris, en réponse à la lettre du duc de Wellington au lord Castlereagh... (Par Hippolyte Mazier du Haume.) *Paris, Péli-cier*, 1814, in-8, 39 p.

Observations d'un gentilhomme poite-vin sur le cahier de la noblesse de Poitou. (Par le comte C.-L.-M. d'Orfeuille.) *S. l.*, 1789, in-4, 56 p.

Observations d'un gentilhomme sur la soumission proposée au clergé de France par la République. (Par le colonel Beau-poil de Saint-Aulaire.) *Londres, Dulau*, 1800, in-8.

Observations d'un habitant de Vincennes sur une demande adressée à M. le cardinal-archevêque de Paris, tendant à ce que la cure du canton de Vincennes soit fixée à Montreuil. (Par C.-J. La Folie.) *Paris*, 1803, in-8.

Observations d'un Hollandois sur le texte de M. Bossuet, rapporté dans la réclama-tion de l'assemblée du clergé de 1760. (Par François Brodel, prêtre du diocèse de Turin.) In-12.

Observations d'un laïc sur les réflexions manuscrites de M. de La Sépouse, vicaire général d'Arras, relative au serment ; par l'auteur de la « Question du serment » (de Gand). *Liege, Bourguignon*, an VII-1799, in-8, 48 p.

Observations d'un louvaniste (le cha-noine de Ram) sur une brochure ayant pour titre : « Quelques Mots sur la de-mande de subside adressée au conseil pro-vincial de Brabant par l'Université de Bruxelles et par la ville de Louvain » ; par un ami de l'Université de Bruxelles. *Louvain, van Linthout*, 1840, in-8, 12 p.

Ul. C.

Observations d'un mineur sur le dis-cours de M. Dugas des Varennes, relatif aux mines. (Par R.-Al. de Bonnard, ins-pecteur divisionnaire des mines.) *Paris, impr. de Mme veuve Agasse*, 1816, in-8. 52 p.

Observations d'un propriétaire de Ver-sailles sur le projet d'établissement d'un cimetière unique, formé par le conseil mu-nicipal de cette ville, et soumis dans ce moment à l'enquête *de commodo et incom-modo. Versailles, impr. de Klefer* (1833), in-8, 9 p.

Signées : D. R. B. (de Reboul-Berville).
L'auteur a publié, l'année suivante, avec son nom, de « Nouvelles Observations... » et une « Troisième Lettre... »

Observations d'un publiciste sur le pro-jet de loi relatif à l'indemnité des émigrés. (Par Albert Fritot.) *Paris, B. Warée fils*, 1825, in-8, 1 f. de tit. et 28 p.

Observations d'un Russe. (Par A.-J. Ef-fimovitsch.) *Saint-Pétersbourg*, 1813, in-8.

Observations d'un sourd et muet sur un Cours élémentaire d'éducation des sourds et muets, par l'abbé Deschamps. (Par Pierre Desloges.) *Amsterdam et Paris, Morin*, 1779, in-12.

Observations d'un Suisse sur les ré-flexions dirigées en 1820 et 1821 contre l'indépendance de la Suisse. (Par Fréd.-César de La Harpe.) *Lausanne*, 1821, in-8.

Observations d'un théologien sur l'éloge de Fénelon (par La Harpe), couronné à l'Académie françoise, le 25 août 1771. (Par dom Fr.-Ph. Gourdin.) *Amsterdam et Paris, Valade*, 1771, in-8.

Voy. « Supercheries », III, 791, *b*.

Observations d'un voyageur, ou essais philosophiques sur les mœurs de divers animaux étrangers, avec des observations relatives aux principes et usages de plusieurs peuples, ou extrait des voyages de M. D... en Asie. (Par Foucher d'Obsonville.) *Paris, Couturier*, 1783, in-8, 430 p., avec fig.

Voy. « Supercheries », III, 978, e.

Observations d'un voyageur sur la Russie, la Finlande, la Livonie, la Curlande et la Prusse. (Par A. Burja.) *Berlin*, 1785, in-8. — *Maestricht*, 1787, in-8.

Observations de chirurgie, où l'on en trouve de remarquables sur les effets de l'agaric de chêne dans les amputations, et la composition des bougies souveraines dans les maladies de l'urètre, traduites de l'anglois de M. Warner... (par Daniel Magenis). *Paris, Ganeau*, 1757, in-12, xxiv-330 p. et 3 ff. de priv.

Observations de droit et de coutume, selon l'usage du Parlement de Dijon. (Par Nicolas Perrier.) *Dijon, J. Grangier*, 1688, seconde édit., in-4.

L'auteur n'indique son nom sur le titre que par ces quatre mots : *cor, lux, jus aperiens*, qui sont l'anagramme de son nom latinisé.

Observations de l'auteur du « Traité des prêts de commerce » (l'abbé Et. Mignot) sur les « Principes théologiques, canoniques et civils, sur l'usure » (par l'abbé de La Porte). *Paris, Simon*, 1769, in-12.

Observations de l'école centrale du département de la Meurthe, sur le rapport et le projet de loi sur l'instruction publique, présentés au conseil d'Etat par le citoyen Chaptal. (Par J.-F. Coster, professeur d'histoire.) *Nancy*, an IX-1801, in-8, 32 p.

Observations de la Société royale d'agriculture, sur l'uniformité des poids et mesures. (Par L.-P. Abeille.) *Paris*, 1790, in-8.

Observations de la Société royale d'agriculture, sur la question suivante, qui lui a été proposée par le comité d'agriculture et de commerce de l'Assemblée nationale : l'usage des domaines congéables est-il utile ou non aux progrès de l'agriculture? etc. (Rédigées par L.-P. Abeille et les abbés Lefèvre et H.-A. Tessier.) *Paris*, 1791, in-8, 64 p.

Observations de la ville de Saint-Mihiel... sur l'échange du comté de Sancerre ; en réponse à la requête de M. de Calonne. (Par Jean-Jos. Marquis, alors avocat, de-

puis préfet de la Meurthe, etc.) *Saint-Mihiel*, 1787, in-8.

Observations de médecine, contenant la guérison de plusieurs maladies considérables, avec la manière de bien préparer et administrer les remèdes dont l'auteur s'est servi en ces occasions. (Par Pierre Betbeder.) *Paris, Foucault*, 1689, in-12.

Observations de médecine pratique. (Par Julien-Offroy de La Mettrie.) *Paris, Huart*, 1743, in-12.

Observations de quelques patriotes sur la nécessité de conserver les monuments de la littérature et des arts. *Paris, l'an II*^e *de la République* (1793), in-8, 23 p.

Signées : Ant.-Aug. Renouard, Chardin, Charlemagne fils.

Observations de quelques théologiens sur un écrit intitulé : « Adresse des amis de la Constitution à Rouen, à tous les citoyens du département de la Seine-Inférieure, sur le serment que doivent prêter les ecclésiastiques fonctionnaires publics ». (Par l'abbé Guillaume-André-René Baston.) *Rouen*, 1791, in-8.   D. M.

Observations des commerçans lorrains au sujet du projet de reculement des barrières. (Par Prugnon, avocat, depuis membre de l'Assemblée constituante.) (*Nancy*), 1787, in-8, 94 p.

Observations des fidèles à MM. les évêques de France, à l'occasion d'une indulgence plénière, en forme de jubilé, adressée à tous les Français par le cardinal Caprara, en sa qualité de *légat à latere*. (Par Pierre Brugière, curé de Saint-Paul.) *S. l. n. d.*, in-8, 76 p.

Observations diverses sur la composition et sur la lecture des livres. *Paris, Louis Billaine*, 1668, in-12, 10 ff. et 148 p.

Le privilége est donné à de La Motte Le Vayer.

Observations du droit de la nature et des gens touchant la capture et la détention des vaisseaux. (Par F.-E. de Behmer.) *Hambourg*, 1771, in-8.

Observations du maire de la commune de Royat (Gaillard), sur les rectifications à faire aux routes royales de Clermont à Bordeaux et de Clermont à Limoges. *Clermont*, 1839, in-8, 16 p.

Observations du passage de Vénus sur le disque du soleil. (Par P.-C. Le Monnier.) *Paris, impr. royale*, 1761, in-4.

Observations en réponse à un écrit intitulé : « Essai sur les pensions ». Par un employé du Trésor (le comte Florimond d'AUDIFFRET, conseiller · d'Etat). *Paris, Decourchant*, 1833, in-8, 92 p.

Observations en réponse aux Considérations générales sur l'évaluation des monnaies grecques et romaines... (Par G. GARNIER.) *Paris, imprimerie de Mme Agasse*, 1818, in-4.

Observations et Aveux sur les opinions et démarches de l'auteur des « Cartons » (Pelvert) touchant le sacrifice. (Par le P. Bern. LAMBERT.) *En France*, 1779, in-12.

Outre les « Cartons » pour le « Traité du sacrifice de Jésus-Christ » par Plowden, Pelvert avait présenté, dans une « Dissertation sur le sacrifice de la messe » et dans la « Défense » de cette Dissertation, des idées nouvelles sur le sacrifice. Le P. Lambert, dans plusieurs écrits, a retracé la doctrine ancienne et universelle de l'Eglise sur cet objet avec toute la clarté qu'on peut mettre dans ces matières et avec toute l'impétuosité de son caractère. Les ouvrages et opuscules qui ont paru à la même époque pour ou contre Pelvert forment 10 vol. in-12 : presque tous sont cités dans ce Dictionnaire. Voyez surtout « Défense de la dissertation... », IV, 855, e; « Lettre d'un théologien... », V, 1167, c, et « Lettres sur la nature... », V, 1296, b.

Observations et Conjectures politiques. (Par Mme DE CHARRIÈRES.) *S. l., J. Witel*, 1788, in-8, 80 p.

Voy. « Revue des Deux-Mondes », 15 avril 1844, p. 211.

Observations et Détails sur la collection des grands et petits voyages. (Par l'abbé Charles d'Orléans DE ROTHELIN.) *S. l.*, 1742, in-8, 44 p.

Réimprimés avec des additions dans la « Méthode pour étudier la géographie », par l'abbé Lenglet, 1768, t. I, p. 324-361.
On trouve des détails complets sur cette collection dans le « Manuel du libraire », 5e édit., tome I, art. « Bry ».

Observations et Eclaircissemens sur le paragraphe concernant les finances, dans l'Exposé sur la situation du royaume, présenté à la Chambre des pairs et à celle des députés (par M.-M.-C. GAUDIN, duc DE GAETE, ancien ministre des finances). *Paris, imp. de Fain*, 1814, in-4, 40 p.

Observations et Expériences sur la théorie et la pratique de l'artillerie, auxquelles on a joint les Réponses qu'a faites M. de Saint-Auban. (Par le chevalier Patrice D'ARCY.) *Alethopolis (Paris)*, 1751, in-8.

Les Réponses de Saint-Auban avaient paru d'abord dans le « Mercure de France », décembre 1751, avril, juin et octobre 1752.

Observations et Pièces relatives à la con-

vention d'El-Arisch. *Paris, Agasse*, an IX, in-8, 2 ff. de titre et 156 p.

Par Alex.-Maurice BLANC D'HAUTERIVE, d'après une note manuscrite sur l'exemplaire de la collection Labédoyère. — Par DEVISE, d'après M. de Manne.
Cette dernière attribution a été donnée d'après une signature sur le titre de l'exemplaire de la Bibliothèque nationale. Cette signature paraît plutôt celle d'un possesseur que celle de l'auteur du livre.

Observations et Projet de décret sur l'imprimerie et la librairie. (Par J. FIÉVÉE, conseiller d'Etat.) *Paris, impr. impériale*, 25 décembre 1809, in-4, 20 p.

Observations et Remarques sur la nouvelle collection des procès-verbaux du clergé de France. (Par l'abbé M.-A. DE VILLIERS.) *S. l. n. d.*, in-4.

Titre imprimé pour la réunion des deux pièces suivantes :
Observations sur la nouvelle collection des procès-verbaux du clergé, in-folio, dont le premier volume a paru en octobre 1768. (Paris), *imp. de d'Houry*, 1769, in-4.
Remarques sur la lettre adressée à l'auteur du « Journal des beaux-arts et des sciences », au sujet des « Observations sur la nouvelle collection des procès-verbaux du clergé ». *S. l. n. d.*, in-4.

Observations faites dans les Pyrénées, pour servir de suite à des observations sur les Alpes, insérées dans une traduction des Lettres de W. COXE sur la Suisse. (Par L.-F.-E. RAMOND DE CARBONNIÈRES.) *Paris, Belin*, 1789, in-8, fig. et cartes. — *Liége, Dumoulin*, 1792, in-8.

Observations faites par des capitaines d'artillerie, sur un ouvrage intitulé : « Essai sur quelques principes de l'artillerie et des fortifications », par le général comte C*** (Chasseloup, par H.-J. PAIXHANS). *Paris, impr. de Gratiot*, in-4.

Observations faites pendant un voyage en Italie, par le baron DE R*** (I.-W. DE RIESCH). *Dresde, Walther*, 1781, 2 vol. in-8.

Observations faites sur la peste qui règne à présent à Marseille et dans la Provence. (Par J.-B. BERTRAND et MICHEL.) Avec un avertissement. *Lyon, A. Laurens*, 1721, in-12, 62, 32, 24 p. et 1 f. d'errata.

Une note manuscrite sur l'exemplaire de la Bibliothèque nationale attribue l'avertissement à J.-B. GOIFFON, médecin de Lyon.
Le nom des auteurs se trouve dans l'approbation.

Observations générales sur l'administration des hôpitaux ambulants et sédentaires des armées de la République française. (Par Clément-Joseph TISSOT et Pierre COZE.) *(Lyon)*, 1793, in-8, 17 p.

Observations générales sur la Guyanne (*sic*) française, et Projet d'amélioration de cette importante colonie, par M. B. R. (RIVIÈRE). *Bordeaux*, 1827, in-8, 88 p.

D. M.

Observations générales sur les *intérêts présents des puissances*. (Par F.-A. CHE-VRIER.) *Leipsic*, 1758, in-12, 227 p.

A la page 145 commence l' « Antimachiavélisme ». Il forme les chapitres X à XIII. Ersch a le premier indiqué cette partie des « Observations » comme ayant été imprimée séparément; mais M. Gilet n'en a pas vu d'exemplaire. Voy. sa « Notice sur Chevrier ». *Nancy*, 1864, page 128.

Observations historiques et critiques sur la prétendue époque de l'admission des ecclésiastiques aux Etats de Brabant. Par M*** (S.-P. ERNST). *Maëstricht, P.-L. Lekens*, 1786, in-4, 72 p.

Voy. de Theux, « Bibliographie liégeoise », p. 590.

Observations historiques et critiques sur les erreurs des peintres, sculpteurs et dessinateurs, dans la représentation des sujets tirés de l'histoire sainte... (Par G.-F.-R. MOLÉ, avocat.) *Paris, de Bure*, 1771, 2 vol. in-12.

Observations historiques et critiques sur une brochure ayant pour titre : « Examen de la question : Si les décimateurs... » (Par l'abbé J. DE GHESQUIÈRE DE RAEM-DONK.) *Bruxelles*, 1780, in-12, 63 p.

Voy. V, 347, *a*.

Observations historiques sur la littérature allemande, par un François (L.-T. HÉRISSANT); nouvelle édit. (*Strasbourg*), 1781, in-12. — *Ratisbonne* (*Paris*), 1782, in-12.

Imprimées d'abord avec les « Œuvres choisies de M. Gessner... » Voy. ci-après, ce titre.

Cet ouvrage a été attribué par les « Supercheries » à J.-F. DE CRONECK. Voy. II, 76, *b*.

Observations historiques sur les avoués et voués, leur origine, leurs fonctions et leurs droits. (Par F.-D. DE MORY D'EL-VANGE.) *S. l.* (1790 ?), in-8.

Catalogue Noël, n° 794.

Observations impartiales d'un vrai Hollandois, pour servir de réponse au Discours d'un soi-disant bon Hollandois à ses compatriotes. (Par A.-M. CERISIER.) *Amsterdam, Guérin*, 1778, in-8.

L'auteur a publié chez le même libraire une « Suite » de ces Observations, in-8, 4 p.

Observations impartiales sur le bref de sécularisation de la congrégation de Saint-

a Ruf. (Par l'abbé Claude MEY.) *S. l.* (1771), in-4, 12 p.

Un anonyme a publié :

Doutes d'un jeune théologien touchant les Observations impartiales sur le bref de sécularisation de la congrégation de Saint-Ruf. (1771), in-4, 27 p.

Observations importantes au sujet de la thèse de M. de Prades soutenue en Sorbonne le 18 novembre 1751, censurée par la Faculté de théologie le 27 janvier 1752, *b* et condamnée par M. l'archevêque de Paris le 29 du même mois. (Par l'abbé P.-Séb. GOURLIN.) *S. l.*, 1752, in-8, 342 p.

Voyez « Apologie de M. l'abbé de Prades », IV, 242, *d*.

Observations importantes sur la requête présentée au Conseil du roi par les Jésuites, le 11 de mars 1643, tendante à l'usurpation des priviléges de l'Université *c* de Paris. (Par Godefroy HERMANT.) *Paris*, 1643, in-8, 147 p.

Observations importantes sur la thèse de M. l'abbé de Prades. (Par l'abbé P.-Séb. GOURLIN.) *S. l. n. d.*, in-4.

Voy. ci-dessus, « Observations importantes au sujet... »

Observations modestes d'un citoyen sur les opérations de finances de M. Necker et *d* sur son compte rendu... (Par Robert DE SAINT-VINCENT.) *S. l.* (1781), in-8, 86 p. — *Genève, A. Philibert*, 1781, in-4.

D. M.

Observations modestes sur les « Pensées » de M. d'Alembert et sur quelques écrits relatifs à l'ouvrage qui a pour titre : « la Nature en contraste avec la religion et la raison », etc. (Par le P. Ch.-L. RICHARD, auteur de ce dernier écrit.) *Paris, e Crapart*, 1774, in-8, IV-76 p.

Observations morales, critiques et politiques, par A. D*** (Adrien DESTAILLEUR). *Paris, Egron*, 1824, in-8, 161 p.

La deuxième édition, *Paris, Pillet aîné*, 1830, in-8, porte le nom de l'auteur.

Observations morales et politiques sur les journaux détracteurs du XVIIIe siècle, de la philosophie et de la Révolution. (Par *f* P.-L. ROEDERER.) Extrait du « Journal de Paris ». *S. l. n. d.*, in-8, IV et 84 p.

Sans autre titre que celui de départ.

Insérées dans les « Œuvres » de l'auteur, t. V, p. 500-522.

Observations nouvelles sur l'usage de la ciguë... ou seconde partie et supplément nécessaire, ouvrages traduits du latin d'Antoine STÖRCK... (par A.-G. LE BÈGUE

DE PRESLE). *Vienne et Paris*, *Didot jeune*, 1762, in-12.

Observations nouvelles sur les propriétés de l'alkali fluor ammoniacal, d'après quelques expériences faites par M. B*** (Pascal BASEILHAC, neveu du frère Cosme), du collége royal et académie de chirurgie de Paris. *Paris*, *imp. de Monsieur*, 1778, in-8, 1 f. de tit. et 49 p.

Observations pacifiques d'un curé, adressées à monseigneur l'évêque de Pistoie et de Prato, sur sa lettre pastorale du 5 octobre 1787, au clergé et au peuple de la ville et du diocèse de Prato. Traduites de l'italien sur la quatrième édition, du 5 mars 1788, revue et augmentée par l'auteur. Avec l'examen d'un ouvrage antihiérarchique de Tamburini. *Paris*, 1789, 2 vol. in-8.

Jean MARCHETTI est l'auteur de ces Observations. — Le P. François-Xavier DE FELLER prit soin de l'édition française et y joignit des notes.

Observations philosophiques sur les systèmes de Newton, de Copernic, de la pluralité des mondes, etc., etc., précédées d'une Dissertation théologique sur les tremblemens de terre, les orages, etc. Ouvrage utile à ceux qui veulent se précautionner contre le ton de la philosophie moderne. (Par François-Xavier DE FELLER.) *Liége*, *J.-F. Bassompierre*, 1771, in-12.

La deuxième édition, *Paris*, *Berton*, 1778, in-12, a été publiée sous le pseudonyme de FLÉXIER DE RÉVAL. La troisième, *Liége*, 1788, in-12, porte le nom de l'auteur.

Observations philosophiques, théologiques, politiques et historiques, sur la souveraineté du gouvernement en général et sur celle du gouvernement français en particulier, par M. l'abbé LE T...... (LE TELLIER), curé de B.... (Bonœil)... *Paris*, *Senneville*, 1791, in-8.

Réimprimées la même année avec le nom de l'auteur.

Observations physiques et chimiques, dans lesquelles on trouve beaucoup d'expériences curieuses, etc., traduites du latin de Frédéric HOFFMANN (par P.-F. DE PUISIEUX). *Paris*, *Briasson*, 1754, 2 vol. in-12.

Observations physiques et morales sur l'instinct des animaux, leur industrie et leurs mœurs, par Hermann-Samuel REIMAR, professeur de philosophie à Hambourg; traduites de l'allemand par M. R*** DE L*** (Jacq. RÉNEAUME DE LATACHE).

Amsterdam et Paris, *Jombert*, 1770, 2 vol. in-12.

Des exemplaires portent les noms du traducteur.

Observations physiques sur l'agriculture, les plantes, les minéraux et végétaux. (Par Ch.-Fr. TIPHAIGNE DE LA ROCHE.) *La Haye et Paris*, *Delalain*, 1765, in-12.

Cet ouvrage avait d'abord paru sous le titre de : « Questions relatives à l'agriculture... » Voy. ces mots.

Observations pittoresques sur différentes parties de l'Angleterre, par William GILPIN, traduites de l'anglais, sur la troisième édition, par le baron DE B*** (DE BLUMENSTEIN). *Breslau*, 1801, 2 vol. in-8.

Observations pittoresques sur le cours de la Wye et sur différentes parties du pays de Galles, par William GILPIN; traduit de l'anglais par le baron de B*** (DE BLUMENSTEIN). *Breslau*, 1800, in-8.

Observations politiques et morales de finances et de commerce, ou examen approfondi d'un ouvrage de M. R. (Rillet) de Genève, sur l'emprunt et l'impôt. (Par le marquis DE POTERAT.) *Lausanne*, 1780, in-8, 235 p.

Observations politiques, morales et surtout financières, sur l'origine de la perruque des dames de Paris. (Par Gabr. FEYDEL.) *Paris*, *G. Debray*, an VIII, in-8, 36 p.

La dédicace est signée : .L.L.V.O.D.C.

Observations pour le sieur Jean Calas, la dame de Cabibel, son épouse, et le sieur Pierre Calas leur fils. 1762, in-8, 72 p.

Commençant par : « On a très-bien établi... » Par M. DE LA SALLE, conseiller au Parlement de Toulouse. Voy. Court de Gebelin, « Toulousaines », p. 141.

Observations pour servir à l'histoire des gens de lettres qui ont vécu dans ce siècle-ci. (Par F.-A. PARADIS DE MONCRIF.) *S. l.*, 1751, in-12, 16 p.

Observations pour servir de conclusion à l' « Histoire du diocèse de Paris » (de l'abbé Le Beuf, par l'abbé Cl. CARLIER). 1758, in-12.

Imprimées aussi à la fin du tome XV de ladite Histoire.

Observations pour servir de réponse aux objections de M. Brissot contre la convocation actuelle des assemblées primaires, dans son opinion du 26 juillet... (Par ARTHAUD.) *S. l. n. d.* (*Paris*), in-8, 16 p.

Observations pratiques sur une décision

de la sacrée Pénitencerie relative au gallicanisme. (Par l'abbé L.-H. Caron.) *Paris, imp. de Béthune,* juillet 1830, in-8, 14 p.

Observations préliminaires au « Mémoire couronné » par l'Athénée des arts, le 17 juillet 1838. *Paris, Malteste,* 1839, in-8, 45 p.

Voy. ci-dessus, « Mémoire couronné », col. 130, b.

Observations présentées à l'Assemblée nationale par un membre du club de la Fraternité, de Lyon, sur le bref de Pie IX du 18 mars 1848. (Par Gabriel Charavay.) *Lyon, imp. de Boursy* (1848), in-8, 4 p.

Observations présentées au jury et aux magistrats sur la responsabilité de l'imprimeur en matière de presse. (Par Dubuisson, imprimeur.) *Paris, imp. de Dubuisson* (1872), in-4, 19 p.

Réimprimées avec la signature de l'auteur.

Observations présentées au roi sur la Faculté de médecine. (Par Elysée.) *Paris, Demonville,* 1815, in-4, 8 p.

Observations présentées le 17 août 1865, par le mendiant en habit noir, à l'honorable M. Haton de La Goupillière, président de la Cour impériale de Paris... (Par Fortuné Roustan.) *Paris, imp. de C. Noblet* (1866), in-8, 6 p.

Observations qui servent de suite à l'Opuscule encore plus moral qu'héraldique, et au Tableau généalogique et chapitral, composé par mes enfants. *Francfort,* 1783, in-8.

Signées : T. R. (C.-G. Toustain-Richebourg).

Observations rapides d'un bourgeois de Paris (N. Ponce) sur le règlement pour l'assemblée du tiers-état de cette ville, du 13 août 1789. (*Paris,* 1789), in-8, 7 p.

Observations rapides sur la Lettre de M. de Calonne au roi. (Par J.-A.-J. Cérutti.) *Paris,* 1789, in-8.

Observations rapides sur la situation des finances, et Examen d'un plan par lequel il serait possible de rétablir le crédit, en assurant le remboursement successif des assignats en numéraire. *Paris, imp. de l'Union, s. d.,* in-4, 31 p.

Signées : M*** A. O. D. L. M. (Ch.-E. Micoud d'Umons, ancien ordonnateur de la marine).

Observations religieuses sur plusieurs articles de l'Ancien et Nouveau Testament et sur quelques événements ecclésiastiques, par L. F. B. le Scrupuleux (L.-F.

Beuzelin du Hameau). *Paris,* 1809, in-8, 53 p.

Observations sommaires de l'arrêt rendu à la Grande Chambre, le 6 août 1743. (Par L.-F. Sozzi.) *S. l.,* in-fol.

Observations sommaires du chevalier de P..... sur le Mémoire concernant la proposition d'une nouvelle décoration, sous le titre d'Ordre du Mérite patriotique, présenté au roi le 20 août 1789. *S. l. n. d.,* in-8, 7 p.

Réponse à l'ouvrage intitulé : « Mémoire sur un moyen facile... » Voy. ci-dessus, col. 177, e.
Le Catalogue imprimé de la Bibliothèque nationale, Histoire de France, t. X, p. 556, n° 7142, attribue cet écrit à François de Pange; mais M. L. Becq de Fouquières, éditeur des Œuvres de cet auteur. *Paris, Charpentier,* 1872, in-12, LXVII-278 p., regarde cette attribution comme tout à fait erronée.

Observations sommaires sur le budget présenté à la Chambre des députés des départements dans la séance du 23 juillet 1814, par le ministre des finances (M.-M.-C. Gaudin, duc de Gaete). *Paris, veuve Jeunehomme,* in-8, 39 p.

Observations sommaires sur les biens ecclésiastiques, du 10 août 1789. (Par E.-J. Sieyès.) *Versailles, Baudouin* (1789), in-8, 34 p.

Observations soumises à la Chambre des députés, par un électeur de Loches (Indre-et-Loire), sur la validité de l'élection de M. de La Pinsonnière. (Par M. Jules Taschereau.) *Paris, Duverger* (1837), in-4, 4 p.

Observations soumises à MM. les membres des deux Chambres sur les contributions indirectes, par un directeur en retraite (Mallet de Trumilly, directeur des contributions indirectes à Charolles). *Besançon,* 1843, in-8, XIV-74 p.

Observations soumises au représentant du peuple en mission dans le département de la Seine-Inférieure, sur la déportation et la détention de l'instituteur des sourds-muets de ce département. (Par M.-J.-A. Boieldieu.) *Rouen, imp. du Journal de Rouen,* 1793, in-8.

Observations stratégiques sur quelques-uns des principes présentés dans le « Traité des grandes opérations militaires » du général Jomini, par un officier russe (Mich.-Alexandrowitch Yermoloff). *Krzemienic,* 1822, in-8.

Observations succinctes sur le cens politique établi par la nouvelle Constitution française, par un disciple des anciens législateurs (A.-J.-M. SERVAN). *S. l.*, 1790, in-8, 38 p.

Observations sur ces deux questions : La société, pour sa sûreté et punir un coupable, a-t-elle le droit de le priver de la vie?... Par un ancien magistrat (Jean-Bapt.-Franç. DE MERVILLE). *Paris*, 1830, in-8, 60 p.

Observations sur des matières de jurisprudence criminelle, traduites du latin de Paul RISI, par M. S. D. C. (Fr. SEIGNEUX DE CORREVON). *Lausanne*, *Fr. Grasset*, 1768, in-8.

Observations sur des monuments d'antiquité trouvés dans l'église cathédrale de Paris, par M. M. D. M. (P.-B. MOREAU DE MAUTOUR). *Paris*, *P. Clot*, 1711, in-4, 2 ff. lim., 24 p. et 1 f. de privil.

Le nom de l'auteur se trouve dans l'approbation.

Observations sur des vases antiques d'argent trouvés à Caubiac au mois de mai 1785. *S. l. n. d.*, in-4, 18 p. et 4 pl. — Antiquités découvertes à Toulouse pendant le cours des années 1783, 1784 et 1785. (Par J.-F. DE MONTÉGUT.) *S. l. n. d.*, in-4, 32 p. et 4 pl.

Observations sur différens moyens propres à combattre les fièvres putrides et malignes, et à préserver de leur contagion, par M. J. B. (J.-B. BANAU), D. M. *Amsterdam et Paris*, *Valleyre ainé*, 1778, in-8. — *Paris*, *Méquignon ainé*, 1778, in-8. — Seconde édition. *Paris*, *Méquignon ainé*, 1779, in-8.

Observations sur divers moyens de soutenir et d'encourager l'agriculture, principalement dans la Guyenne. (Par le chevalier Fr. DE VIVENS.) 1756, 1763, 4 part. in-12.

Observations sur divers objets importans. (Par le comte D'ESSUILE). *Berlin*, *Société typographique*, 1787, in-8.

Observations sur divers points de la situation politique et de la législation de la France ; par M. L.-H. G. (L.-H. GREMÉOLS). *Paris*, *Le Normant*, 1815, in-8, 64 p.

Observations sur Joël. (Par Fr. JOUBERT.) *Avignon*, 1733, in-12.

Observations sur l'Acte additionnel aux Constitutions de l'Empire et sur notre situation politique. Par M. B.... (Michel BERR). *Paris*, *Delaunay*, 1815, in-8, 44 p.

Observations sur l'Acte additionnel, en

a juin 1815. (Par Alex.-Jos. DE BRAY DE VALFRESNE.) *Paris*, *Bailleul*, 1815, in-8.

Observations sur l'aménagement des bois. (Par J. HENRIQUEZ.) *Paris*; *Delalain*, 1781, in-12.

Observations sur l'ancienne Constitution française et sur les lois et les codes du gouvernement révolutionnaire, par un ancien jurisconsulte (J.-E.-D. BERNARDI). *b* *Paris*, *Michaud frères*, 1814, in-8, 56 p. — *Id.*, 1814, in-8, 59 p.

Observations sur l'approvisionnement de Paris, ou moyens d'empêcher le haut prix du pain ; par l'auteur des « Doléances des marchands des halles, imprimées en mai 1789 » (Ch. GORET). *Paris*, *impr. de Grand*, 1791, in-8, 14 p.

Observations sur l'armée française. (Par Théod. FABER.) *Saint-Pétersbourg*, 1818, *c* in-8.

Observations sur l'arrêté du 6 brumaire an XII, qui impose un nouveau droit sur les toiles de coton. (Par Fr. LOUSBERGS-VILLIOT.) *Gand*, *de Goesin*, 1804, in-8, 12 p. et un tableau.   J. D.

Observations sur l'art de faire la guerre, suivant les maximes des grands généraux. *d* *Paris*, *L. Coignard*, 1714, in-12. — Autre édition. *Amsterdam*, *Fr. L'Honoré et fils*, 1744, pet. in-8.

La dédicace est signée : VAULTIER.

Observations sur l'art du charbonnier. (Par Et.-J. BOUCHU.) *Paris*, 1767, in-8.

Observations sur l'art du comédien, par le S. D**** (D'HANNETAIRE). *Paris*, *veuve* *e* *Duchesne*, 1774, in-8.

Quatrième édition en 1778, avec le nom de l'auteur.

Observations sur l'avertissement de M. l'évêque de Soissons. (Par LÉGER, docteur de Sorbonne.) *S. l. n. d.*, in-8, 141 p.

Observations sur l'écorce des feuilles et des pétales. (Par H.-B. DE SAUSSURE.) *Genève*, 1762, in-8.

Observations sur l'écrit intitulé : « de *f* l'Importance d'une religion de l'Etat ». *S. l. n. d.* (1814), in-8, 15 p.

Cet écrit est du pasteur G.-D.-F. BOISSARD ; celui qu'il critique est de Tabaraud, ancien oratorien.

Observations sur l'écrit (de Moreau) intitulé : « Essai sur les bornes des connoissances ». (Par le P. Bern. LAMBERT.) 25 septembre 1786, in-12, 84 p.

Voy. « Essai sur les bornes... », V, 254, d*

Observations sur l'écrit publié par sept membres du conseil municipal de la ville d'Aurillac. (Par VIOLLE, avocat.) *Aurillac, imp. de Viallanes* (1832), in-8, 15 p.

Observations sur l'éducation des jeunes gens, surtout de ceux qui sont appelés à l'état ecclésiastique. (Par un ancien docteur en théologie, chanoine honoraire de Bordeaux (l'abbé André PERRET DE FONTENAILLES). *Paris, Demonville,* 1828, in-8, 126 p.

Observations sur l'égalité de représentation, prononcée par le roi en faveur du tiers état, et sur la question des suffrages à prendre par tête ou par ordre, laissée, par Sa Majesté, à la décision des Etats généraux. (Par MIGNONNEAU.) *S. l.,* 1789, in-8, 1 f. de tit. et 38 p.

Observations sur l'emploi des modes d'adjudication et de régie, considérés sous les rapports d'économie, de bonne et prompte exécution des travaux publics. (Par FAVIER.) *Mâcon,* 1823, in-8, 16 p.

Observations sur l' « Esprit des lois », ou extrait de ce livre, chapitre par chapitre (par Fr. VÉRON DE FORBONAIS), avec des remarques sur quelques chapitres particuliers du même ouvrage et une idée de toutes les critiques qui en ont été faites; nouvelle édit. augmentée. *Paris, Duchesne,* 1762, in-12.

Ce volume est le troisième des opuscules de Fréron, avec un titre particulier.

Observations sur l' « Esprit des lois », ou l'art de lire ce livre, de l'entendre ou d'en juger, par M. l'abbé D. L. P. (Jos. DE LA PORTE), nouvelle édit. *Londres et Paris,* 1752, in-12.

Observations sur l' « Essai sur les effets de la poudre dans les armes à feu », et sur son supplément, par M. de C. *Paris, Mme Courcier,* 1818, in-8, 16 p.

Les « Observations » sont de P.-L. VILLANTROYS. Quant à l'ouvrage réfuté, il est de L.-F.-G. de Cazaux, chef de bataillon, et nullement anonyme, comme pourrait le faire croire le titre ci-dessus.

Observations sur l'établissement des milices bourgeoises, de la milice nationale ou de l'armée... (Par Alex.-Laur. FORFAIT, depuis ministre de la marine.) *S. l.,* 1789, in-8, 60 p.

Observations sur l'état actuel de la France et de l'Europe, relativement aux Bourbons et à Buonaparte; par M. J. H. J. S. H. (J.-H. JAUME SAINT-HILAIRE), officier de la garde nationale de Paris. *Londres, imp. de Schulze et Dean,* 1816, in-8, 55 p.

Observations sur l'état ancien et actuel des tribunaux de justice de la province de Forez et sur les grands homme de ce pays. (Par SONYER DU LAC.) *Paris,* 1781, in-8.

Observations sur l'état de la nation britannique au commencement de l'année 1713, par un pair du royaume (lord NOTTINGHAM), traduites de l'anglois avec des remarques. *Londres, J. Morphew,* 1713, pet. in-8, 72 p.

Observations sur l' « Histoire de la Bastille », publiée par M. Linguet; avec des remarques sur le caractère de l'auteur, suivies de quelques notes sur sa manière d'écrire l'histoire politique, civile et littéraire. (Par J. DUSSAULX.) *Londres,* 1783, in-8.

Observations sur l' « Histoire de Lille » (de l'abbé de Montlinot, par le P. WARTEL). *Avignon, Emeritoni,* 1765, in-12.

Les personnalités contenues dans cette critique forcèrent l'abbé de Montlinot de s'éloigner de la ville de Lille.

Observations sur l' « Histoire de Napoléon d'après lui-même », publiée par L. Gallois. (Par Cl.-N. AMANTON.) *Paris, Trouvé,* 1827, in-8, 24 p.

Extraites des « Annales de la littérature et des arts ».

Observations sur « l'Histoire ecclésiastique » de M. l'abbé Fleury. (Par le P. HONORÉ DE SAINTE-MARIE, carme.) 1726, in-4. — *Malines,* 1729, in-12.

Réimprimées sous le titre de : « Dénonciation de l'histoire », etc. Voy. IV, 878, e.

Observations sur l'histoire et les preuves de la résurrection de Jésus-Christ; trad. de l'anglois de Gilbert WEST (par l'abbé Ant. GUÉNÉE). *Paris, Tilliard,* 1757, in-12.

Observations sur l' « Histoire naturelle » de Buffon, par LAMOIGNON DE MALESHERBES (publiées avec une préface et des notes, par L.-P. ABEILLE). *Paris, Pougens,* 1796, 2 vol. in-8.

Observations sur l'histoire naturelle des environs du Havre. (Par M.-J. DUBOCAGE DE BLÉVILLE.) *Au Havre,* 1753, in-12.

Observations sur l'histoire naturelle, sur la physique et sur la peinture, avec des planches imprimées en couleurs. (Par Jacq. GAUTIER D'AGOTY.) *Paris, Delaguette,* 1752-1755, 18 parties qui se relient en 3 vol. in-4.

Cet ouvrage a été continué, à dater de juillet 1756, par F.-V. TOUSSAINT. Il a donné à l'abbé Rozier l'idée de son « Journal de physique ».

Observations (de S.-N.-H. LINGUET) sur l'imprimé intitulé : « Réponse des États de Bretagne au Mémoire du duc d'Aiguillon ». 1772, in-12.

Observations sur l'incrédulité des philosophes modernes. (Par l'abbé MALEBRANCHE.) *Sedan et Paris*, *Desprez*, 1771, in-8.

Observations sur l'institut de la Société des Jésuites. *Avignon*, *Giroud*, 1761, 1762: *Paris*, 1761; — *Lyon*, 1762; — *Avignon*, 1771, in-12.

Attribuées au P. Pierre-Claude DE NEUVILLE, jésuite, et aussi à son frère Charles FREY DE NEUVILLE. Voy. de Backer, 2ᵉ édit., in-fol., t. II, col. 1519.

Observations sur l'instruction en forme de catéchisme, publiée par le professeur Eulogius Schneider, à Bona, par un ami de la vérité (Simon-Pierre ERNST). *Cologne*, 1791, in-8, 98 p.

Observations sur l'instruction relative à la mort du duc de Bourbon, prince de Condé. (Par Ant.-Louis-Marie HENNEQUIN.) *Paris*, *G. Warée*, 1831, in-8, 272 p.

La deuxième édition, *Paris*, *Warée*, 1832, in-8, porte le nom de l'auteur.

Observations sur l'Italie et sur les Italiens, données en 1764, sous le nom de deux gentilshommes suédois. (Par P.-J. GROSLEY.) Nouvelle édition. *Londres*, 1770, 4 vol. in-12.

Avaient paru d'abord sous le titre de : « Nouveaux Mémoires... » Voy. ci-dessus, col. 533, b.

Observations sur l'opinion de M. Fiévée, relative au crédit public. Par le marquis DE F*** (DE FONTENILLES, maréchal de camp). *Paris*, 1816, in-8, 24 p.

Réimprimées avec le nom de l'auteur, *Paris*, *Delaunay*, 1817, in-8.

Observations sur l'opinion du citoyen Clavière, ministre des contributions publiques, touchant les loteries. (Par PIERS, directeur de la loterie nationale de France.) *S. l.* (1793), in-4, 6 p.

Observations sur l'ordre de Saint-Jean de Jérusalem et de Malte... (Par D'ESPINAY DE SAINT-DENIS.) *Paris*, 1825, in-4.

Observations sur l'organisation des conseils de préfecture. (Par M. BRUN.) *Bordeaux*, *lithographie de H. Faye*, *s. d.*, in-fol.

Observations sur l'ouvrage de M. de Chateaubriand qui a pour titre : « de Buonaparte et des Bourbons ». *Saint-Pétersbourg*, impr. de *Pluchart et Cⁱᵉ*, 1814, in-8, 11-44 p.

Les censures de l'écrivain portent sur les termes, au moins injustes, dont se sert M. de Chateaubriand en parlant des Italiens et des Corses ; tout indique un écrivain de cette dernière nationalité et me porte à croire que cet écrit sort de la plume du comte POZZO DI BORGO ?   A. L.

Observations sur l'ouvrage de M. le lieutenant général Max. Lamarque, intitulé : « de l'Esprit militaire en France, des causes qui contribuent à l'éteindre, de la nécessité et des moyens de le ranimer ». (Par H. DE CARRION-NISAS.) *Paris*, *Anselin et Pochard*, 1827, in-8, 64 p.

Observations sur l'ouvrage intitulé : « la France », par lady Morgan, par l'auteur de « Quinze Jours » et de « Six Mois à Londres » (A.-J.-B. DEFAUCONPRET). *Paris*, *H. Nicolle*, 1817, in-8.

Observations sur l'ouvrage publié par M. Patte sous le titre d' « Essai sur l'architecture théâtrale ». (Par Ch.-Nic. COCHIN.) In-12, 24 p.

Observations sur l'usage interne du colchique d'automne, etc.; par STORCK, LOCHER et DE HAEN (traduites en français par A.-G. LE BÈGUE DE PRESLE). *Paris*, *Didot*, 1764, in-12.

Observations sur la boulangerie. (Par E. BÉGUILLET.) *Paris*, *Onfroy*, 1783, in-8.

Observations sur la campagne de Jules-César en Espagne, contre les lieutenants de Pompée, et sur l'histoire détaillée que M. Guischardt en a faite. (Par DE PÉCIS.) *Paris*, *Moutard* (*Milan*), 1782, in-8.

Observations sur la comédie de « l'Imposteur ». *S. l.*, 1670, pet. in-12.

Même ouvrage que la « Lettre sur la comédie de l'Imposteur », dont nous avons parlé avec détail. Voy. V, 1206, b.

Observations sur la Compagnie des Indes. (Par Jacques CAMBRY.) *S. l.*, 1787, in-8, 51 p.

Observations sur la constitution militaire et politique des armées de S. M. prussienne, avec quelques anecdotes de la vie privée de ce monarque. (Par J.-A.-H. DE GUIBERT.) *Berlin*, 1777, in-8, 2 f. de titre et 196 p. — *Amsterdam* (*Paris*), 1778, in-12, 2 f. de titre et 196 p.

Observations sur la constitution présentée à l'assemblée primaire de Corbeil, par un de ses membres (J.-F. VAUVILLIERS). *Corbeil*, 1793, in-8.   V. T.

Observations sur la constitution primitive des trois Etats de Brabant. (Par Poringo et Mottoulle.) (*Bruxelles*), 1791, in-8.

Observations sur la consultation de M. Hardouin pour les actionnaires de la Compagnie des Indes. (Par l'abbé Blavet.) *S. l. n. d.*, in-8.

Observations sur la controverse élevée à l'occasion de la liberté d'enseignement, par M. l'archevêque de Paris (Denis-Auguste Affre). *Paris, A. Le Clère*, 1843, in-8, 86 p.

Observations sur la critique des « Ephémérides troyennes », par M. N. *Troyes*, 28 avril 1762, in-12, 7 p.

C'est une apologie de la « Lettre critique de M, Hugot ». On attribue ces deux pièces à un seul et même auteur, de Montroger, ingénieur à Troyes.
Voy. « Supercheries », II, 317, *c*, et 1171, *f*.

Observations sur la culture des arbres fruitiers. (Par Robert, procureur au Chastelet.) *Paris, Collombat*, 1718, in-12.

Note manuscrite.

Observations sur la culture du coton, etc., par J.-P.-B. de Rohr, avec une préface de Ph.-Gabr. Hensler; traduit de l'allemand (par Jacob). *Paris, Mme Huzard*, 1807, in-8.

Observations sur la déclaration de S. Em. le cardinal-archevêque de Malines, touchant l'enseignement du séminaire général de Louvain. (Par J. Le Plat.) 1789, in-8.

Observations sur la déclaration du 30 octobre 1785, sur les monnoies et l'augmentation progressive du prix des matières d'or et d'argent, depuis le 1er janvier 1726. Par M. D. P. C. D. M. (N.-F.-M. Angot des Rotours, premier commis des monnaies). *S. l.*, 1787, in-8, 81 p. — *S. l.*, 1787, in-8, 62 p.

Se trouve aussi dans l' « Encyclopédie méthodique. Dictionnaire des arts et métiers », tome V.

Observations sur la dégénération des variétés des végétaux et sur leur renouvellement par les semis et les croisements. (Par M.-A. Puvis.) *Bourg*, 1815, in-8, 12 p.

Observations sur la dernière campagne de Turquie. (Par Jacques Tolstoy.) *Paris, imp. de Goetschy*, 1829, in-8, 42 p.

Observations sur la dernière campagne de Turquie. Par un officier de l'état-major russe (le général Henri de Jomini). *Saint-Pétersbourg*, décembre 1828, in-8, 29 p.

a

Observations sur la distinction des rangs dans la société, par J. Millar, professeur en droit à l'université de Glasgow; traduit de l'anglois d'après la seconde édition (par J.-B.-A. Suard). *Amsterdam (Paris)*, 1773, in-12.

Même ouvrage que « Observations sur les commencemens de la société... » Voy. ci-après, col. 632, *e*.

b

Observations sur la fausse et la réelle hydrophobie et d'autres maladies des chiens et la nécessité de l'intervention de la loi pour protéger les bêtes. (Par le docteur Forster.) *Bruxelles, Briard*, 1836, in-8, 16 p.   J. D.

Observations sur la ferme du tabac et sur la nécessité d'en supprimer le régime actuel... (Par Brulard.) *S. l.* (1789), in-8, 16 p.

c

Observations sur la juridiction attribuée aux prêtres hérétiques... par F. X. D. F. (l'abbé Franç.-Xavier de Feller). *Dusseldorf*, 1794, in-12.

Observations sur la langue latine. *Paris, Aumont*, 1765, in-8, 15 p.

J'ai vu cet opuscule relié à la suite de plusieurs ouvrages du professeur Nic. Furgault, et je crois qu'il en est aussi l'auteur.

d

Observations sur la Lettre (de Dupont de Nemours) à la Chambre du commerce de Normandie, en ce qui concerne les résultats formés dans le bureau de la Balance du commerce. (Par Pottier, directeur de la Balance du commerce.) 1788, in-8.

Observations sur la Lettre de J.-J. Rousseau au sujet de la musique françoise. *Paris*, 1754, in-12.

Attribuées à Jacq. Cazotte, mais non réimprimées dans ses Œuvres.

Observations (de l'abbé Jos. Gautier) sur la Lettre de M. Rousseau, de Genève, à M. Grimm (relative à la réfutation de son discours, par le même abbé Gautier). 1752, in-12.

Observations sur la Lettre de 44 p. (Par l'abbé Claude Mey.) In-12, 32 p.

La Lettre de 44 p. était de Larrière. Voy. V, 1086, *a*.

f

Observations sur la liberté du commerce des grains. (Par C.-J. Herbert.) *Paris, Lambert*, 1759, in-12, 60 p.

D'après la « France littéraire » de 1769, j'avais attribué cet ouvrage à Chamousset; mais on ne trouve pas ces Observations dans la collection de ses « Œuvres », publiées en 1783, par les soins de l'abbé Cotton-Deshoussayes. Cet éditeur nous apprend à la vérité que Chamousset s'occupa en 1759 d'un Mémoire sur les blés ; mais ce Mémoire a paru pour la première fois dans le tome II des « Œuvres » de l'auteur.

Une note manuscrite très-détaillée donne ces Observations à HERBERT, auteur de l' « Essai sur la police générale des grains ». A la vérité, la mort de cet auteur remonte au 10 février 1758 ; mais il a pu laisser ces Observations en manuscrit.

Voyez son Eloge dans l' « Observateur littéraire », 1758.

Observations sur la littérature. A M*** (Antoine Sabatier). *Amsterdam et Paris, J.-F. Bastien*, 1774, in-8, XII-331 p.

Par l'abbé Jacq. LENOIR-DUPARC, ci-devant jésuite, d'après Barbier.

Par G.-M. BUTEL-DUMONT, d'après M. de Manne ; cette dernière attribution n'est pas reproduite par le P. de Backer.

Réimprimé sous le titre de « Observations sur les trois siècles... » Voy. ci-après, col. 637, d.

Observations sur la littérature moderne. (Par l'abbé Jos. DE LA PORTE.) *La Haye (Paris)*, 1749-1752, 10 vol. in-12.

Observations sur la liturgie du diocèse de Rouen. (Par M. Pierre LABBÉ, chanoine honoraire.) *S. l.* (1856), in-fol.

Autographiées.

Observations sur la loi du 26 ventôse an IV (16 mars 1796), qui ordonne l'échenillage des arbres. Par M. L. (A.-C.-N. DE LA TEYSSONNIÈRE). *Bourg, Bottier*, 1840, in-8, 14 p.

Observations sur la marche suivie dans l'affaire du Concordat (de 1817, attribuées à M. le duc Mathieu DE MONTMORENCY). *Paris, Blaise*, 1818, in-8, 50 p.

Observations sur la musique, et principalement sur la métaphysique de l'art. (Par M.-P.-G. DE CHABANON l'aîné.) *Paris, Pissot*, 1779, in-8, 2 ff. de tit., XX-216 p.

Refondues et imprimées avec le nom de l'auteur, sous ce titre : « de la Musique considérée en elle-même », 1785, 2 vol. in-8.

Observations sur la musique, la flûte et la lyre des anciens. *Paris, Flahault*, 1726, in-12, 34 p.

Cet ouvrage, attribué par erreur par Barbier à l'abbé DE CHATEAUNEUF, est une critique du « Dialogue sur la musique des anciens ». Voy. IV, 947, b.

Observations sur la musique, les musiciens et les instrumens. (Par ANCELET, major des mousquetaires noirs.) *Amsterdam (Paris)*, 1757, in-12, 40 p.

M. de Maisonnelle ayant publié : « Réponse aux Observations... », *Avignon (Paris)*, 1758, in-8, Ancelet fit paraître : « Réplique à la Réponse aux Observations... » *Amsterdam (Paris)*, 1758, in-8, 20 p.

Observations sur la musique, par un

ancien élève de l'Ecole polytechnique (M. BARDONNAUT, ingénieur des ponts et chaussées). *Paris, Carilian-Gœury*, 1841, in-8.

Observations sur la nature des biens ecclésiastiques. (Par A.-P. DAMIENS DE GOMICOURT.) *Londres*, 1751, in-12.

Réimprimées dans les « Mélanges historiques et critiques » du même auteur. Voy. ci-dessus, col. 116, e.

Observations sur la nature et l'utilité du drame à grande action et sur les autres genres dramatiques. Par Ch. D. (Ch. DUGAS, entrepreneur et administrateur de la salle des Jeux-Gymniques). *Paris, Martinet*, 1811, in-8.

Observations sur la nature, la vertu et l'usage des eaux minérales de Jouhe. *Dôle*, 1710, in-12.

Attribuées par le P. Laire au P. DE PIERRE, de Besançon, jésuite.

Observations sur la nature, les causes et les effets des épidémies varioliques... (Par J.-P. DAVID, médecin de Lyon.) *Genève*, 1764, in-12.

Quelques exemplaires contiennent une épître dédicatoire signée par l'auteur.

Observations sur la navigation de la Seine, par un ancien capitaine de navire, armateur à Villequier. *Rouen, P. Périaux*, 1824, in-4, 41 p.

Signées : C. V. (C. VACQUERIE).

Observations sur la nécessité d'un second Théâtre-François. (Par M.-A.-J. ROCHON DE CHABANNES.) 1780, in-12, 47 p.

Observations sur la noblesse et le tiers-état, par Mme *** (Mme BELOT, depuis présidente DUREY DE MEYNIÈRES). *Amsterdam, Arkstée et Merkus*, 1758, in-12.

Observations sur la Notice de la galerie des Antiques au Muséum Napoléon, par un amateur (Ch.-Emm.-Sim. GAULTIER DE CLAUBRY). *Paris, imp. de J.-R. Lottin*, an XI, in-12, 2 ff. de tit. et 68 p.

Observations sur la nouvelle collection des procès-verbaux du clergé...

Voy. ci-dessus, « Observations et Remarques... », col. 606, b.

Observations sur la nouvelle défense de la version françoise du Nouveau Testament imprimée à Mons. (Par le P. Michel LE TELLIER.) *Rouen*, 1684, in-8. — *Paris*, 1685, in-8.

Observations sur la nouvelle édition des

« Mémoires de M. le duc de Sully », dans lesquelles on rectifie plusieurs faits concernant l'histoire des jésuites sous le règne de Henri IV, roi de France, altérés dans cette nouvelle édition. (Par l'abbé J.-G. PETIT DE MONTEMPUIS.) *La Haye*, 1747, in-12.

Réimprimées sous le titre de : « Supplément aux Mémoires de Sully... » Voy. ces mots.

Observations sur la parole universelle, ou Jehova, ou je suis celui qui suis. (Par DE BRIE-SERRANT.) *Paris, veuve Nyon*, 1804, in-8, 22 p.

Observations sur la petite vérole naturelle et artificielle. (Par Michel-Louis VERNAGE.) *Paris, Didot le jeune*, 1763, in-12, 40 p.

Observations sur la Pologne et les Polonais (par César DE BELLECOUR, comte DE LAUGIER, trad. de l'italien, avec quelques additions, par J.-Léonard CHODZKO), pour servir d'introduction aux Mémoires de Michel Oginski. *Paris et Genève*, 1827, in-8.

Ce sont quatre chapitres tirés de l'ouvrage anonyme du comte LAUGIER, intitulé : « Gl'Italiani in Russia, memorie d'un Ufiziale italiano... » *Firenze*, 1826-27, 4 vol. in-12.   **A. L.**

Observations sur la prohibition des armes en Corse, par un magistrat (SORBIER). *Bastia, imp. Fabiani*, 1842, in-8, 38 p. et 1 tableau.

Observations sur la promesse d'enseigner les quatre articles de la déclaration de 1682, exigée des professeurs de théologie, par le ministre de l'intérieur. (Par M. l'abbé F. DE LAMENNAIS.) *Paris, Le Clere*, 1818, in-8, 28 p.

Réimprimées avec le nom de l'auteur, *Paris, Méquignon-Havard*, 1824, in-8.

Observations sur la question de propriété du bâtiment de l'université de Nancy. (Par l'abbé GIRONDE.) *Nancy, imp. de Lepage* (1838), in-8.

Observations sur la religion, les lois, le gouvernement, les mœurs des Turcs, traduites de l'anglois (de PORTER) par B*** (Claude-Fr. BERGIER, frère du théologien). *Paris, Merlin*, 1769, 2 vol. in-12.

Observations sur la ressemblance frappante que l'on découvre entre la langue des Russes et celle des Romains. (Par Joseph HAGER.) *Milan*, 1817, in-8.

           D. M.

Observations sur la rétribution univer-

sitaire consacrée par les lois de finances depuis 1816; par l'auteur du « Code universitaire » (A. RENDU). *Paris, Hachette*, 1831, in-8, 16 p.

Observations sur la saignée du pied et sur la purgation au commencement de la petite vérole, des fièvres malignes et des grandes maladies. (Par Ph. HECQUET.) *Paris, Cavelier*, 1724, in-12.

Observations sur la « Sémiramis » de M. de Voltaire, sur la première critique de cette tragédie, et sur deux nouvelles épitres en vers du même poëte, avec une réfutation du « Natilica, conte indien, ou critique de Catilina », et un extrait critique du « Voltariana ». (Par Louis MANNORY.) *A Léthopolis*, 1749, in-8, 77 p.

Il y a des exemplaires dont le titre porte seulement : « Observations sur la « Sémiramis » de M. de Voltaire et sur la première critique de cette tragédie. »

Observations sur la société et sur les moyens de ramener l'ordre et la sécurité dans son sein. Par l'auteur du « Traité de la civilisation » (J.-V. DELACROIX). *Paris, Royez*, 1787, 2 vol. in-12.

Observations sur la source incrustante de Saint-Alyre, dans un des faubourgs de Clermont-Ferrand. (Par H. LECOQ.) *Clermont, imp. de Thibaud-Landriot*, 1830, in-8, 16 p.

Plusieurs fois réimprimées.
Catalogue de la Bibliothèque de Clermont, n° 5773.

Observations sur la tactique concernant l'infanterie, par Guillaume-Frédéric, baron DE BESSEL, traduites de l'allemand (par L.-G.-F. KERROUX). *La Haye*, 1781, in-8.

Observations sur la théologie de Lyon, intitulée : *Institutiones theologicæ... Luguduni, fratres Périsse*, 1784. (Par l'abbé PEY.) *Liége*, 1785, 1787, in-12.

L'auteur de la théologie de Lyon est le P. Walla, de l'Oratoire.

Observations sur la traduction de « Roland furieux » de M. de Tressan. (Par G.-F. MAGNÉ DE MAROLLES.) 1780, in-12, 68 p.

Cet ouvrage a paru d'abord dans l' « Esprit des journaux » de la même année.

Observations sur la traduction en vers de « la Jérusalem délivrée », par M. Baour Lormian. *S. l.*, in-8, 8 p.

Signées : G. G. (J.-B.-A. GRANGERET DE LA GRANGE). Ces Observations avaient d'abord paru dans le n° 13 du « Mercure de France ».   **D. M.**

Observations sur la vérification des loix Bursales et Remontrances de la Chambre des comptes séante à Dôle, sur les déclarations du vingtième. (Par Jos. TERRIER DE CLÉRON.) 1757, in-8.

Observations sur la vidange de Paris et son transport à Bondy, présentées au préfet de la Seine... par un inspecteur praticien (Jules BURGY, inspecteur de la salubrité). *Paris, imp. Schneider*, 1843, in-8.

Observations sur la vie et la condamnation du mareschal de Marillac. Et sur un libelle intitulé : « Relation de ce qui s'est passé au jugement de son procès, prononciation et exécution de l'arrest. » (Par Paul HAY, sieur DU CHASTELET.) *Paris*, 1633, in-8, 136 p. — *Paris*, 1633, in-8, 119 p. — *S. l.*, 1634, in-fol., 1 f. de tit. et 76 p.

Observations sur la vie et la mort du maréchal d'Ornano. 1643, in-4.

M. Hauréau pense que cet écrit est l'œuvre posthume du père de Paul HAY DU CHATELET.
(« Histoire littéraire du Maine », 2ᵉ édit., t. VI, p. 92.)

Observations sur la Virginie, par M. J*** (Th. JEFFERSON), traduites de l'anglois (par l'abbé A. MORELLET). *Paris, Barrois l'aîné*, 1786, in-8.

On lit, p. 5 et 6 de l'avertissement du traducteur : « Dans la traduction des noms propres des lieux, des villes, des rivières, etc., dont la plupart sont de la langue des naturels du pays, on a suivi la manière dont les Anglais les écrivent, sans égard aux altérations que les géographes et les auteurs français leur font souvent subir. On a cru que les possesseurs de ces contrées avaient seuls le droit d'en faire la nomenclature.
« Quant aux noms propres anglais, on s'est bien gardé de les supprimer en les traduisant, parce qu'ils deviennent souvent méconnaissables dans la traduction ; on les a conservés, en mettant à côté et en parenthèse la traduction française. Ainsi, on a dit : la chaîne des montagnes appellées *Laurel-Ridge* (montagnes du Laurier), et non pas : la chaîne de montagnes appellées *montagnes du Laurier*. »

Observations sur la vraie philosophie... (Par l'abbé Jacq. PERNETTY.) *Lyon, de La Roche*, 1757, in-8, 47 p.

Réimprimées dans le recueil intitulé : « Choix de philosophie morale ». *Avignon*, 1771, in-12.

Observations sur le cacao et sur le chocolat, où l'on examine les avantages et inconvéniens qui peuvent résulter de l'usage de ces substances nourricières... (Par P.-T. NAVIER, médecin.) *Paris, Didot jeune*, 1772, in-12.

Observations sur le cahier du tiers-état, relativement à l'assemblée des Etats-Généraux, par M....... (Par P.-L. GOULLIART, professeur en droit.) *S. l.* (1789), in-8, 36 p.

Observations sur le canon par rapport à l'infanterie en général et à la colonne en particulier... (Par DE MESNIL-DURAND.) *Paris, Jombert*, 1772, in-4.

Observations sur le caractère et le talent de feu Geoffroy. *Lyon, impr. de J.-M. Barret*, 1827, in-8, 28 p.

Signées : Z. (J. PASSERON).

Observations sur le cas de conscience, concernant la réforme des religieux. (Par P. CHINIAC DE LA BASTIDE.) *S. l. n. d.*, in-12.

Observations sur le « Cid », ensemble l'Excuse à Ariste et le Rondeau. (Par DE SCUDÉRY.) *Paris, aux dépens de l'auteur*, 1637, in-8, IX-96 p.

Réimprimées la même année sous le titre de : « les Fautes remarquées... dans les Œuvres de P. Corneille, éditions de Joly ». (Voy. V, 438, f.)

Observations sur le commerce des Etats américains, par lord SHEFFIELD (traduites de l'anglais par DE RUMARE, magistrat à Rouen). *Rouen, Besongne*, 1789, in-4.

Voy. le « Catalogue » de M. Paris, architecte, rédigé par M. Weiss. *Besançon*, 1821, in-8, nᵒ 49, aux corrections, p. VIII.

Observations sur le commerce des grains, écrites en décembre 1769, par M.... (G.-J.-B. TARGET), avocat. *Amsterdam et Paris, Cellot*, 1779, in-8, 46 p.

Observations sur le Conservatoire de musique de Paris, dans lesquelles on démontre les vices de cet établissement, et où l'on propose les moyens d'en améliorer le service et d'en diminuer les dépenses. (Par Alex.-Et. CHORON.) *Paris, Mme veuve Courcier*, in-8.

Observations sur « le Contrat social » de J.-J. Rousseau, par le P. G.-F. BERTHIER (l'abbé Y.-M.-M. DE QUERBEUF et son éditeur, l'abbé J.-B. BOURDIER-DELPUITS, ex-jésuite). *Paris, Mérigot jeune*, 1789, in-12.

Observations sur le contrôle des actes, considéré comme impôt et comme formalité. *S. l. n. d.*, in-4, 1 f. de tit., 1 tab. et 31 p.

Par DELARUE, notaire, d'après une note manuscrite de Van Praet.

Observations sur le cumul des emplois littéraires. (Par Abel RÉMUSAT.) *Paris, A.-F. Didot*, 1830, in-8, 39 p.

Observations sur le décret de l'Assemblée nationale pour la constitution civile du clergé et la fixation de son traitement, accepté et sanctionné par le roi le 24 août 1790, adressées aux citoyens du département du Finistère. (Par Claude LECOZ.) *Sur l'imprimé à Quimper, Nantes, impr. de A.-J. Malassis*, 1790, in-8, 37 p.

Observations sur le décret de M. l'évêque de Limoges, et sur la lettre de M. l'abbé Tabaraud au sujet de ce décret, qui condamne son livre des « Principes sur la distinction du contrat et du sacrement de mariage » (voy. ce titre), avec la traduction française de ce décret de condamnation. (Par M. l'abbé BERTHELOT. grand vicaire et supérieur de Limoges.) *Toulouse, Douladoure*, 1818, in-8.

Observations sur le décret du 16 décembre 1811, concernant le classement, l'entretien et la police des routes, et le service des ingénieurs des ponts et chaussées. Par l'auteur de l'écrit sur la corvée (MOSSÉ, ingénieur en chef des ponts et chaussées de la Nièvre). *Paris, Gœury*, 1819, in-8.

Observations sur le dernier budget, adressées par un pair aux deux Chambres, à l'ouverture de la session. (Par le comte L.-M. MOLÉ.) *Paris, Ladvocat*, juin 1822, in-8, 40 p. — Deuxième édition. *Id.*, juin 1822, in-8, 40 p.

« Constitutionnel », 8 juin 1822.

Observations sur le desséchement et l'assainissement des terres. (Par Thomas-J. THACKERAY.) *Paris, A. Appert*, 1846, in-8, fig. dans le texte, 31 p.

Observations sur le discours prononcé dans la séance solennelle de rentrée de la cour royale, par M. le premier président baron Séguier, ancien capitaine de dragons. (Par Léon THIESSÉ.) *Paris, Lhuillier*, 1816, in-8, 72 p.

Observations sur le fumier de basse-cour, les engrais artificiels, la construction des granges et le labourage profond. (Par Th.-J. THACKERAY.) *Paris, Dusacq*, 1847, in-8.

Observations sur le gouvernement représentatif, suivies d'un aperçu succinct sur l'origine et les principes de la souveraineté. (Par Pierre MANCEL DE BACILLY, ancien directeur d'un journal belge.) *Paris, E. Dentu*, 1854, in-8, 97 p. — Deuxième édit. *Paris, H. Plon*, 1857, in-8, 157 p.
D. M.

Cet opuscule est le complément d'un ouvrage du même auteur, intitulé : « du Pouvoir et de la Liberté », publié, en 1852, avec son nom.

Observations sur le jeune homme qui a écrit la comédie intitulée « les Deux Gendres », ou lettre à M. Etienne. (Par LE MAITRE.) *Paris, Dentu*, 1812, in-8, 44 p.

Observations sur le lieu où a été livrée la bataille entre César et Vercingetorix avant le siége d'Alésia, par Théodore P. DE SAINT-F. (Théodore PISTOLET DE SAINT-FERJEUX). *Paris, Dumoulin*, 1863, in-8, 20 p.

Extraites du « Spectateur militaire », avril 1863. Tirées à 100 exemplaires.

Observations sur le Mandement du cardinal (de Franckenberg) archevêque de Malines, pour le Carême de 1783. *Lille, Brovellio*, 1783, in-12.

Ouvrage attribué, sans grande certitude, à l'abbé G. DU PAC DE BELLEGARDE.

Observations sur le Manifeste du roi d'Angleterre. (Par le comte A.-M. BLANC D'HAUTERIVE.) *Paris*, an XI-1803, in-8, 52 p.

Observations sur le Mémoire académique que M. Morand le fils a inséré dans l' « Histoire de l'Académie royale des sciences de l'année 1722 », page 15, touchant les cataractes des yeux. (Par WOOLHOUSE.) (*Paris*, 1726), in-12, 56 p.

Observations sur le Mémoire de M. Necker, lu à l'Assemblée nationale le 14 novembre 1789. (Par L.-H. DUCHESNE, de Voiron.) *S. l. n. d.*, in-8, 8 p.

L'auteur a publié une suite sous ce titre : « Observations d'un citoyen voué aux intérêts et à la gloire du roi et de la nation. Seconde partie... » *Paris, imp. de Devaux*, 1791, in-8.

Observations sur le Mémoire justificatif de la cour de Londres. (Par J.-M. GÉRARD DE RAYNEVAL.) *Paris, impr. royale*, 1783, in-4 et in-8.

Vie publique et privée du comte de Vergennes, par MAYER. *Paris*, 1789, in-8, p. 224.

Observations sur le nouveau Catéchisme que M. l'évêque de Beauvais vient de donner à son diocèse, et sur l'instruction pastorale qu'il a publiée à cette occasion. (Par l'abbé CLAUSEL DE COUSSERGUES.) *Paris, Pihan de La Forest*, 1828, in-8.

Observations sur le nouvel « Abrégé chronologique de l'histoire de Lyon » (de Poullin de Lumina; par P.-C. LEMOINE, archiviste des comtes de Lyon). (1767), in-4, 13 p.

L'auteur attaqué répondit la même année dans des « Lettres à l'auteur anonyme des Observations... » *Lyon*, 1767, in-4, 19 p.

Observations sur le passage de M. Millin à Dijon, avec des recherches historiques sur les antiquités de cette ville et de ses environs. (Par Baudot le jeune.) *Dijon, impr. de Carion*, 1808, in-8, 2 f. de titre, xx-159 p.

Observations sur le pastoral de M. de Juigné, archevêque de Paris. (Par Noël de Larrière.) 28 octobre 1786. In-12, 39 p.

Le même auteur a donné :

1º « Secondes Observations », 28 novembre 1786, in-12, 70 p.

2º « Troisièmes Observations », 14 janvier 1787, in-12, 72 p.

Observations sur le « Petrone » trouvé à Belgrade en 1688 et imprimé à Paris, en 1693. Avec une lettre sur l'ouvrage et la personne de Petrone. *Paris, veuve Daniel Hortemels*, 1694, in-12.

Le privilège, en date du 10 décembre 1693, est au nom du sieur Georges Pelissier, qui passe pour le pseudonyme de C.-I. Brugière de Barante.

Un note contemporaine, sur l'exemplaire de la Bibliothèque nationale, porte : Par le sieur Laisné.

Observations sur le plan d'éducation nationale, présenté par Sieyès. Lues à la Société populaire de Dijon, le 21 juillet. (Par Baillot.) *Dijon, impr. de P. Causse*, 1793, in-8, 32 p.

Le nom de l'auteur se trouve page 31, dans l'extrait des délibérations de la municipalité de Dijon, arrêtant l'impression de ces « Observations » à 1000 exemplaires.

Observations sur le prêt à intérêt dans le commerce, par l'abbé *** (l'abbé Prigent, chanoine de Léon). *Paris, Berton*, 1783, in-12.

Observations sur le projet d'amélioration de la Crau par suite de l'arrêté de M. le vicomte de Suleau, préfet des Bouches-du-Rhône. (Par Scipion Gras, qui a publié depuis « Notice sur la Crau et les moyens de la rendre plus productive », *Aix*, 1867, in-8.) *Aix*, 1850, in-4.
G. M.

Observations sur le projet de construction d'un nouveau palais de justice à Argentan. *Alençon, de Broise* (1869), in-8, 7 p.

Déjà publiées dans le « Journal d'Alençon », sous la signature F. T. (F. Turbout, juge d'instruction à Argentan).
L. D. L. S.

Observations sur le projet de former une Assemblée nationale sur le modèle des Etats-Généraux de 1614. (Par l'abbé André Morellet.) *S. l.* (1788), in-8, 27 p.

a

Observations sur le projet de loi concernant l'instruction primaire, présenté à la Chambre des pairs, le 20 janvier 1831, par le recteur de l'Académie de Nancy, ancien élève de l'Ecole normale (Soulacroix). *Nancy, imp. de C.-J. Hissette*, janvier 1831, in-8, 40 p.

Observations sur le projet de loi concernant les chemins vicinaux et communaux, par M. M. L. (Mathieu Laforce), membre du conseil général du département du Cantal. *Clermont, imp. de Thibaud-Landriot*, 1834, in-8.

b

Observations sur le projet de loi portant abolition des octrois, adressées à la Chambre des représentants par le conseil communal de Dison. (Par F. Bleyfuesz.) *Dison, Debois*, 1860, in-8, xvi p.   J. D.

Observations sur le projet de loi relatif à la liberté de la presse, par M. C..... (Antoine-Siméon-Gabriel Coffinières), avocat à la cour royale. *Paris, Mongie*, 1817, in-8, 2 ff. de tit. et 40 p.   D. M.

c

Observations sur le projet de loi relatif à la liste civile, présenté par le président du Conseil à la Chambre des députés, dans sa séance du 3 octobre 1831. (Par C.-F. Quequet, conseiller à la Cour de cassation.) (*Paris*), *Porthmann* (1832), in-4, 16 p.

d

Observations sur le projet de loi relatif à la marque des cuirs par les fabricans tanneurs de la ville de Brignolles. (Par Gavoty.) *Paris, imp. d'Egron*, 1816, in-4.

Observations sur le projet de loi relatif aux ventes judiciaires. Par un ancien magistrat (Louis-François Vasnier, greffier des bâtiments, à Paris). *Paris, s. d.*, in-8, 14 p.

e

Observations sur le projet de loi sur les sucres, présenté à la Chambre des représentants, le 5 mars 1842. (Par Laurent Renard.) *Bruxelles, Jorez-Hoeberechts*, 1842, in-8, 42 p.   J. D.

Observations sur le projet de règlement général relatif aux pensions de retraite. Par un ancien serviteur de l'Etat, renvoyé sans pension (Ragueneau de La Chesnaye). *Paris, Lelong*, 1818, in-8, 28 p.

f

Observations sur le projet de supprimer en France un grand nombre d'évêchés. (Par G.-N. Maultrot.) *Paris, Leclère*, 1790, in-8, 92 p.

Observations (de M.-M. Tabaraud) sur le prospectus et la préface de la nouvelle édition des Œuvres de Bossuet, projetée à Versailles (par l'abbé Hemey d'Auberive). *Paris, Méquignon junior*, 1813, in-8, 57 p.

Observations sur le Rapport attribué à M. le duc d'Otrante, par M. A. L. R..... (André-Louis RONDET). *Paris*, 1815, in-8, 50 p.

Observations sur le récit des troubles du diocèse de Gand, inséré dans l' « Ami de la religion et du roi ». *Paris, imp. de Doublet*, 1816, in-8, 80 p.

Signées : L'abbé DE S. P. (Maxime SÉGUIN DE PAZZIS).

L'auteur de l' « Ami de la religion et du roi » (M. Picot) a répondu dans deux articles à ces « Observations ».

Observations sur le refus que fait le Châtelet de reconnoître la Chambre royale. (Par l'abbé Bertr. CAPMARTIN DE CHAUPY.) *En France*, 1754, in-4 et in-12.

Cet ouvrage a été presque généralement attribué à dom L.-B. DE LA TASTE par les écrivains contemporains, et même par les historiens de l'ordre de Saint-Benoît, dom Tassin et dom J. François. Ces derniers néanmoins ont l'air de ne rapporter que le bruit public. Mais, à l'époque de la mort de l'abbé de Chaupy, arrivée vers le commencement de l'an VII (1798), M. Merlin, libraire, chargé de la vente des livres de cet abbé, annonça comme étant de Capmartin de Chaupy les « Observations » dont il est ici question, ainsi que les « Réflexions d'un avocat sur les remontrances du Parlement, du 27 novembre 1755, au sujet du Grand Conseil ». *Londres*, 1756, in-12.

Un an après, Chaillou, ancien avocat et amateur de livres très-éclairé, affirma la même chose dans une notice sur la vie et les écrits de l'abbé de Chaupy, qu'il plaça en tête du Catalogue des livres de M. de Milly. Des assertions aussi positives de la part de deux personnes qui ont connu particulièrement l'abbé de Chaupy doivent l'emporter sur l'opinion qui attribuait à dom La Taste les fameuses « Observations ».

Observations sur le renouvellement intégral et la septennalité, par l'auteur de l'ouvrage intitulé : « de la Constitution de l'Angleterre » (FRISEL). *Paris, Le Normant père*, 1823, in-8, 32 p.

Observations sur le rétablissement de la franchise du port et de la ville de Dunkerque. (Par Eug. DE BRAY.) *Paris, Bailleul*, 1815, in-8, 24 p.

Réimprimées la même année à Rouen, in-4, 8 p.

Observations sur le thermomètre. (Par le baron DE SERVIÈRES.) *Vesoul*, 1777, in-4.

Observations sur le titre III du projet de loi relatif à l'instruction publique et sur le rapport de la section centrale. (Par Adolphe ROUSSEL, avocat et professeur de l'Université à Bruxelles.) *Bruxelles, Berthot*, 1835, gr. in-8.   D. M.

Observations sur le traité de l' « Art des armes », pour servir de défense à la vérité des principes enseignés par les maîtres d'armes de Paris. (Par LA BOISSIÈRE, maître d'armes.) 1766, in-8.

Observations sur le traité de paix conclu à Paris, le 10 février 1763, entre la France, l'Espagne et l'Angleterre, relativement aux intérêts de ces puissances dans la guerre présente. (Par G.-E.-J. GUILHEM DE CLERMONT-LODÈVE, baron DE SAINTE-CROIX.) *Amsterdam (Yverdun)*, 1780, in-12.

Observations sur le traité du 5 novembre 1842 dans ses rapports avec la Société générale, et sur la convention du 4 novembre conclue avec cette Société. (Par VANDENBOSSCHE.) *Bruxelles*, 1842, in-8, 34 p.   J. D.

Observations sur le travail de la commission instituée par ordonnance royale du 4 janvier 1833, pour la révision de la législation sur les pensions. (Par Félix LECHANTRE.) *Paris, Bachelier*, 1834, in-8.

Observations sur les actes de l'assemblée du clergé de 1765. (Par L.-A. LE PAIGE.) *S. l. n. d.*, in-12.

La préface et la conclusion sont du père J.-P. VIOU, dominicain.

Voy. le « Préservatif contre le schisme », par Larrière, 1791, in-8, p. 79.

Observations sur les arts et sur quelques morceaux de peinture et sculpture exposés au Louvre, où il est parlé de l'utilité des embellissements dans les villes. (Par SAINT-YVES.) *Leyde*, 1748, in-12, 211 p.

Observations sur les bêtes à laine. (Par l'abbé Cl. CARLIER.) *Paris*, 1784, in-8, 69 p.

Observations sur les bois et particulièrement sur ceux de la forêt de Fontainebleau. (Par Lucien NOEL.) *Fontainebleau, imp. Lequatre*, fructidor an IX, in-4, 37 p.

La signature de l'auteur se trouve au verso du titre.

Observations sur les commencemens de la société, par J. MILLAR: traduit de l'anglais (par J.-B.-A. SUARD). *Amsterdam et Paris, Pissot*, 1773, in-12.

Même ouvrage et même édition que « Observations sur la distinction... » Voy. ci-dessus, col. 620, *a*.

Observations sur les critiques que deux journaux dits religieux ont faites de l'ouvrage intitulé : « Martyrs de la foi pendant la Révolution française ». Par l'éditeur de cet ouvrage (l'abbé Aimé GUILLON). *Paris, Germain-Mathiot*, 1821, in-8.

Observations sur les déclarations du maréchal prince de Cobourg aux Français, par un royaliste français (E.-F.-E. DE MOUSTIER, ancien chargé d'affaires en Prusse). *Londres*, 1793, in-8.

Observations sur les deux projets de douane présentés le 3 et le 31 décembre 1832... (Par Benj. GRADIS.) *Paris, Wibert*, 1833, in-8, 36 p.

Observations sur les développements présentés à la Chambre des députés par M. de Murard de Saint-Romain... dans la séance du 31 janvier 1816, sur l'instruction publique et l'éducation. Par un membre de l'Université royale de France (Ambroise RENDU). *Paris, Nicole*, février 1816, in-8, 36 p.

La deuxième édition augmentée..., *Paris, H. Nicolle*, mars 1816, in-8, 96 p., porte le nom de l'auteur.

Attribuées par erreur, dans la deuxième édition de ce Dictionnaire, à Philibert GUÉNEAU DE MUSSY.

Quérard, dans sa « France littéraire », les donne successivement sous ces deux noms.

Observations sur les différentes espèces de fièvres, et principalement sur les fièvres putrides, malignes et épidémiques, et sur les pleurésies qui ont régné en Franche-Comté depuis quelques années. (Par René CHARLES.) *Besançon, C. Rochet*, 1743, 2 parties en 1 vol. in-12.

Observations sur les différents qui subsistent entre le gouvernement général des Pays-Bas et l'Université de Louvain. (Par l'abbé Fr.-Xav. DE FELLER.) *Bruxelles*, 1788, in-8.

Observations sur les eaux minérales de la Rouillasse en Saintonge. Avec une dissertation sur l'eau commune. *La Rochelle, P. Savouret*, 1682, in-8, 6 ff. lim., 152-22 p.

La dédicace est signée : N. V. D. E. M. (Nicolas VENETTE, docteur en médecine).

Observations sur les écrits de quelques savans incrédules, par M. DE *** (J.-F. DE LUC). *Genève*, 1766, in-8.

Frontispice renouvelé. L'ouvrage parut en 1762, avec le nom de l'auteur.

Observations sur les écrits des nouveaux docteurs, et en particulier sur deux ouvrages de M. Gratien, prêtre. *Paris, Dufresne* (1791), in-8, 31 p.

Par H. JABINEAU, suivant la « Biographie universelle ».

Observations sur les écrits modernes. (Par l'abbé P.-F. GUYOT-DESFONTAINES, A.-M. DE MAIRAULT, Jacq. DESTRÉES,

Franç. GRANET, E.-C. FRÉRON et autres.) *Paris, Chaubert*, 1er mars 1735-31 août 1743, 34 vol. in-12.

Le tome XXXIV n'a pas été achevé; il finit à la page 72.

Observations sur les effets et l'application avantageuse du bélier hydraulique... Ouvrage traduit de l'allemand de M. J.-A. EYTELWEIN (par Charles DACLIN). *Paris, F. Didot*, 1822, in-4.

L'avertissement de l'éditeur est signé : P.-S. G. (Pierre-Simon GIRARD, membre de l'Académie des sciences).   D. M.

Observations sur les épreuves préparatoires exigées dans le nouveau projet de loi sur le jury d'examen. (Par BROEKAERT, jésuite.) *Bruxelles, Muquardt*, 1856, in-8, 14 p.   J. D.

Observations sur les explications de quelques médailles de Tétricus, etc. (Par Ant. GALLAND.) *Caen*, 1701, in-8.

Observations sur les finances de France, comparées à celles de l'Angleterre, par D. DE V. (L.-H. DUCHESNE, de Voiron). *S. l. n. d.*, in-8.

Observations sur les haras de France. (Par DE LORMOY.) *Neuchâtel*, 1774, in-8, 36 p.

Observations sur les incommensurables, où l'on prouve qu'il n'y a point de rapport numérique entre la circonférence et le diamètre du cercle. (Par MURAZ, maître de pension.) *Paris, Morin*, 1779, in-8, VIII-46 p.

Observations sur les intérêts des trois évêchés et de la Lorraine relativement au reculement des barrières des traites. (Par P.-L. ROEDERER.) *S. l. n. d.*, in-8, 24 p.

Observations sur les justices de paix, par un juge de paix de Lyon (Camille BILLION). *S. l. n. d.* (*Lyon*, 1810), in-8, 56 p.

Observations sur les libertés de l'Eglise belgique. (Par M. VAN GHEERT.) *Bruxelles*, 1827, in-8, 101 p.

Voy. Théod. Juste, « la Révolution belge de 1830 », 1872, t. I, p. 85.

Observations sur les lois militaires existantes et sur leur incompatibilité avec le régime constitutionnel, par le comte A. DE B... M... (Amédée DE BOURMONT), capitaine au corps royal d'état-major. *Montpellier, Tournel*, 1821, in-8.

Observations sur les maladies des armées dans les camps et dans les garnisons ; avec un traité sur les substances septiques et antiseptiques, lu à la Société royale, par M. Pringle... Ouvrage traduit de l'anglois sur la seconde édition (par P.-H. Larcher). *Paris, Ganeau*, 1755, 2 vol. in-12. — 2e édit. *Id.*, 1771, 2 vol. in-12. — 2e édit. *Paris, Barrois jeune*, 1793, in-8.

Observations sur les modes et les usages de Paris, pour servir d'explication aux caricatures politiques publiées sous le titre de « Bon Genre », depuis le commencement du XIXe siècle. (Par Pierre de Lamésangère.) *Paris, L.-G. Michaud*, 1817, in-fol., 29 p.

Contient l'explication de 104 gravures.

Observations sur les moutons. Par un membre des Sociétés d'agriculture de Seine et de Seine-et-Oise (H.-T.-P.-J. d'Albert, duc de Luynes). *Paris*, 1806, in-8, 43 p.

Observations sur les moyens qui peuvent assurer la bonne tenue, la rédaction exacte et la conservation des registres de l'état civil. (Par L.-L. Gadebled, chef de bureau au ministère de l'intérieur, en 1846.) *Evreux*, 1849, in-8, 82 p.

Observations sur les « Œuvres poétiques » de M. de Caux de Cappeval, natif de Normandie, ex-oratorien, ancien régent d'un collége de province, par M. le chevalier de *** (P.-L. d'Aquin de Chateau-Lyon). Avec une lettre du véritable auteur du « Siècle littéraire », à M. le chevalier de ***. *La Haye*, 1754, in-12, 24 et 12 p.

Observations sur les ordonnances de la marine. (Par Armand-Gui-Simon, comte de Kersaint.) *S. l.*, 1789, in-8, 116 p.

Observations sur les ouvrages à exécuter au port de Cette, d'après le plan de M. Defougères, ingénieur des ponts et chaussées, envoyées à S. Exc. le ministre, en 1812. (Par J. Romeu.) *Montpellier, imp. de J. Martel* (1822), in-4, 6 p. — Observations faisant suite à celles déjà écrites sur les travaux à exécuter au port de Cette. *Id.*, in-4, 4 p.

Observations sur les ouvrages de MM. de l'Académie de peinture et de sculpture exposés au sallondu Louvre en l'année 1753. (Par l'abbé Jean-Bernard Leblanc.) *S. l.*, 1753, in-12, xv p., 2 ff. d'avertissement, 173 p. et 1 f. d'errata.

Observations sur les ouvrages exposés au salon du Louvre, ou lettre à M. le comte de ***. *Paris, impr. de Didot* (1775), in-12, 59 p.

La suite des Mémoires de Bachaumont, VIII, 242, dit qu'on attribue ces « Observations » à un nommé Colson (Jean-François Gilles), fils de Jean-Baptiste Gilles, né à Dijon en 1733 et mort en 1803.

Observations sur les pensions des employés du ministère des finances et des administrations qui en dépendent, sur les causes qui ont amené le déficit que présente la caisse destinée à les servir, et sur les moyens de le couvrir; par un chef de bureau (Fromage, chef du bureau des contributions indirectes au ministère des finances). *Paris, impr. de Decourchant*, janvier 1833, in-8, 32 p.

Observations sur les plantes et leur analogie avec les insectes, l'accroissement du corps humain et les causes pour lesquelles les bêtes nagent naturellement. (Par G.-Aug. Bazin, médecin à Strasbourg.) *Strasbourg*, 1741, in-8.

Observations sur les poëmes d'Homère et de Virgile (par le P. René Rapin). *Paris, Th. Jolly*, 1669, in-12.

Première édition de la « Comparaison d'Homère et de Virgile », par le même auteur. L'abbé Goujet ne s'exprime pas avec exactitude à ce sujet, dans sa « Bibliothèque françoise », tome IV, p. 56 et suiv.

Observations sur les principes qui doivent diriger les élections de la nouvelle et prochaine législature du canton de Vaud de cette année 1808. (Par Roguin-Laharpe.) *Lausanne*, 1808, in-8.

Observations sur les priviléges de la province de Bretagne. (Par Jean Artur de La Gibonais.) *S. l. n. d.* (Nantes, impr. de veuve André Querro, 1722), in-fol., 9 p.

Ces Observations se retrouvent en tête du deuxième volume du « Recueil des édits, ordonnances et règlements concernant les fonctions de la Chambre des comptes de Bretagne » du même auteur.

Observations sur les rapports physiques de l'huile avec les flots de la mer, par F. X. D. F. (l'abbé F.-X. de Feller). *Liége, Bassompierre*, 1778, in-8.

Observations sur les réformes projetées dans la maison du roi et celle des princes, de 1781 et 1787. (Par L.-H. Duchesne, de Voiron.) *S. l.*, 1789, in-8.

Observations sur les remontes. *Paris, impr. de Didot frères* (1834), in-8.

Signées : Un ancien officier de cavalerie aimant les chevaux et l'économie (le lieutenant général Ant.-Ch.-Et. de Laroche-Aymon).

Edition tirée à 50 exemplaires.

Réimprimées avec le nom de l'auteur sous le titre de : « Observations historiques et critiques sur les remontes ». *Paris, Delaunay*, 1835, in-8.

Observations sur les routes qui conduisent du Danube à Constantinople, à travers le Balkan ou mont Hœmus... par le lieutenant général comte de T*** (TROMELIN). *Paris, Pélicier et Châtet*, 1828, in-8, 36 p.   **D. M.**

Observations sur les sépultures dans les églises...

Voy. « Lettres sur la sépulture... », V, 1298, b.

Observations sur les traductions et les critiques littéraires de M. Klaproth. Par le R. P. Hyacinthe (Hyacinthe BITCHOURINE). *Saint-Pétersbourg*, 1829, in-8.

Observations sur les tremblements de terre, contenant quelques détails relatifs à la capitale des Hautes-Alpes et aux contrées du département du Pô, dans lesquelles le phénomène du 2 avril dernier a fait éprouver des alarmes, dédiées à MM. les membres de la Société d'émulation établie à Gap, par M. R***, de la même ville. *Gap, Genoux*, 1808, in-12, 48 p.

Attribuées successivement par Quérard à REYNOARD, médecin, et à ROCHAS, juge au tribunal de Gap.

Observations sur les trois derniers ballets pantomimes qui ont paru aux Italiens et aux François, savoir : Télémaque, le Sultan généreux, la Mort d'Orphée. (Par Ange GOUDAR.) *S. l.*, 1759, in-12, 46 p.

Observations sur « les Trois Siècles de la littérature françoise », à M. S*** (l'abbé Sabatier). *Amsterdam et Paris, Bastien*, 1774, in-12, XII-324 p.

Même ouvrage que « Observations sur la littérature ». Voy. ci-dessus, col. 621, a.

Observations sur les troubadours. Par l'éditeur des « Fabliaux » (P.-J.-B. LEGRAND D'AUSSY). *Paris, Onfroy*, 1782, in-8, 68 p.

C'est un tirage à part de la seconde édition des « Fabliaux, ou contes des XIIe et XIIIe siècles ». Voy. V, 417, a.

Observations sur les Universités protestantes en Allemagne. (Par Christ. MEINERS.) *Gottingue, Vandenhoeck*, 1808, in-8.

Observations sur les usines ; par un membre du collège électoral du département du Rhône (DE FETAN). *Paris, Peronneau*, 1808, in-8, 21 p.

Observations sur les votes de quarante et un conseils généraux de départements,

concernant la déportation des forçats libérés, présentées à M. le Dauphin. Par un membre de la Société royale pour l'amélioration des prisons (le comte Fr. BARBÉMARBOIS). *Paris, impr. royale*, in-4, 76 p.

Observations sur Londre (*sic*) et ses environs, avec un Précis de la constitution d'Angleterre et de sa décadence. Seconde édition. *Londres, E. Lyde*, 1777, in-12, VIII-246 p. et 3 feuillets non chiff. pour la table.

Le titre de cette édition est évidemment un titre changé ; il porte le nom de l'auteur LACOMBE. Peut-être celui dont il tient la place était-il anonyme, comme semblerait l'être celui avec la date de 1780, porté sous le nº 13050 de la deuxième édition du « Dictionnaire des anonymes ».

Cet ouvrage a reparu sous ce titre : « Tableau de Londres... », par M. La Combe. *Londres, Société typographique, et Bruxelles, B. Le Francq*, 1784, in-8. Cette reproduction ne contient pas l'approbation du censeur royal, datée de Paris, 15 déc. 1776, signée : Nicaise Taconet, professeur émérite en théologie et docteur de Sorbonne, qui est suivie de ces mots : « Le privilège du roi se trouve à l'édition in-quarto. »

Observations sur Maximilien Robespierre. (Par Philippe BUONAROTTI.) *S. l. n. d.* (*Bruxelles, Demarée*, 1836), in-4 à 2 col., 4 p.

Observations sur plusieurs assertions extraites littéralement de l'« Histoire philosophique », etc. (de l'abbé Raynal), édition de 1770. (Par Emilien PETIT, chargé du dépôt des actes des colonies.) *Amsterdam et Paris, Knapen*, 1776, in-8.

Note manuscrite sur un exemplaire *donné par l'auteur.*

Dans la première édition, A.-A. Barbier attribuait cet ouvrage a Jacq. MAILLART DU MESLE, né à Auxonne en 1731, mort à Paris en 1782. C'était probablement d'après l'affirmation de Lalande dans le « Journal de physique », novembre 1776, p. 361 et suiv. En qualité d'Auxonnais, Amanton avait été consulté par A.-A. Barbier sur les dates de naissance et de mort de Maillard du Mesle.

On conçoit le désenchantement de l'Auxonnais Amanton en voyant dans la seconde édition du « Dictionnaire des anonymes » le nom de son compatriote remplacé par celui du Dijonnais Emilien PETIT ; aussi crut-il devoir protester dans les « Mémoires de l'Académie de Dijon », année 1832 ; mais, en lisant les titres des autres ouvrages attribués à Petit, l'on voit que l'attribution actuelle doit être la bonne.

Observations sur quelques articles d'un écrit patriotique intitulé : Projet pour l'organisation des Etats provinciaux de Lorraine et Barrois, dont l'auteur ne s'est pas nommé. Par M. M... (MARION), directeur des économats de Nancy. *S. l. n. d.*, in-8, 6 p.

Observations sur quelques articles de la

censure de la Faculté de théologie de Paris, contre le livre intitulé : « Emile, ou de l'éducation » , ou (six). lettres de M*** (Louis LE GRAND), D. D. L. F. D. T. D. P. (docteur de la Faculté de théologie de Paris), à M*** M. D. C., à l'occasion de la feuille du 16 mai dernier des N. N. E. E. (des « Nouvelles ecclésiastiques »). (1763), in-4 et in-12.

Les Lettres de l'abbé Le Grand sont suivies d'une septième Lettre dont l'auteur m'est inconnu. Elles avaient été précédées d'une Lettre sur le même objet, écrite par l'abbé GERVAISE, syndic de la Sorbonne.

Le même ouvrage a paru sous le titre de : « Lettres intéressantes aux amis de la vérité », 1763, in-12. Voy. V, 1278, d.

Observations sur quelques articles du nouveau projet de code rural. Par un juge de paix du département de l'Oise (le comte J.-D. CASSINI, 4e du nom). Paris, Mme Huzard, 1818, in-8, 35 p.

Observations sur quelques endroits du traité de M. Astruc, de Morbis venereis. Cartagène (Paris, Bullot), 1741, in-12.

Par Julien-Offroy DE LA METTRIE, d'après une note manuscrite sur l'exemplaire de la Bibliothèque nationale. Par Roger DIBON, d'après Barbier.

Un anonyme ayant publié : « Lettre de M***, médecin à Reims, à M. Darnouval, où l'on essaie de démontrer les écarts de M. Astruc » (voy. V, 1181, e), Dibon publia la même année (1742) : « Lettre de M. Dibon... à M..., docteur en médecine, dans laquelle il répond aux reproches d'un anonyme, défenseur de M. Astruc.

C'est donc par erreur que la « Lettre » ci-dessus indiquée a été, d'après la « Biographie médicale », attribuée à Roger Dibon.

Observations sur quelques objets d'utilité publique, précédées d'une introduction et d'un discours préliminaire. (Par le baron E.-C. DE MARIVETZ.) Paris, Visse, 1786, in-8.

Observations sur toutes les parties...

Voy. « Recueil d'observations physiques... »

Observations sur treize des principales langues de l'Europe. (Par J.-R. PÉREIRE.) Paris, Mérigot le jeune, 1779, in-8, 124 p.

Observations sur un article du journal de M. Brissot de Warville, concernant ma protestation contre les assignats monnaie. (Par Nic. BERGASSE.) S. l. (1790), in-8, 15 p.

Observations sur un coup de tonnerre, adressées aux habitants de Pagny-Château (canton de Seurre, département de la Côte-d'Or), par un propriétaire demeurant dans cette commune (Pierre-Louis BAUDOT aîné). Dijon, Frantin, 1807, in-8. D. M.

a Observations sur un écrit de M. Ch. Nisard contre L. Angliviel de La Beaumelle... (Par Maurice ANGLIVIEL, bibliothécaire du dépôt de la marine.) Paris, Cherbuliez, 1853, in-8, 63 p.

Observations sur un écrit intitulé : « Mémoire sur les villes d'Aix et de Marseille », par Bouche. (Par J.-B.-B. GROSSON.) Marseille, 1790, in-8. G. M.

b Observations sur un imprimé publié en 1819, ayant pour titre : « Projet de changement à opérer dans le système des places fortes, etc. » (Par J. DEMBARRÈRE.) Paris, 1819, in-8.

Observations sur un livre intitulé : « de l'Esprit des lois », divisées en trois parties. (Par Claude DUPIN, fermier général.) S. l. n. d. (Paris, Guérin, 1750-1751), 3 vol. in-8.

c Voyez sur cet ouvrage un intéressant article dans le « Bulletin du bibliophile », 14e série, 1859, p. 307 à 336.

Observations sur un livre intitulé : « Philippe le Prudent, fils de Charles-Quint, vérifié roy légitime de Portugal, des Algarves, des Indes et du Brésil », composé en latin par D. Juan Caramuel de Lobkowitz, religieux de l'ordre de Cîteaux, docteur de Louvain et abbé de Melrose (peut-être Malrose, à Anvers). (Par Daniel DE PRIEZAC.) Paris, Rocolet, 1640, in-8.

d Observations sur un manuscrit intitulé : « Traité du péculat ». (Par LE VAYER DE BOUTIGNY.) (Elzevier), 1666, in-12.

Ces « Observations » servent de preuve et d'illustration au « Traité de la peine du péculat, etc. », par le même auteur.

e Observations sur un Mémoire qui parait sous le nom de Paul Rabaut, intitulé : « la Calomnie confondue ». (Par l'abbé DE CONTEZAT.) 1762, in-8, 16 p.

Observations sur un ouvrage anonyme (de Feydel) intitulé : « Remarques morales, philosophiques et grammaticales sur le Dictionnaire de l'Académie française ». (Par l'abbé André MORELLET.) Paris, impr. d'A. Clo, 1807, in-8, 2 ff. de tit. et 79 p.

f Il existe des exemplaires avec le nom de l'auteur.

Observations sur un ouvrage attribué à feu M. de Valière, intitulé : « Traité de la défense des places par les contre-mines, avec des réflexions. » (Par Ch. TRONSON DU COUDRAY.) La Haye, 1770, in-8.

V. T.

Cet ouvrage a été publié par de Tune, dans la collection qu'il avait formée des ouvrages concernant les nouveaux systèmes d'artillerie. Voy. son Catalogue général, *La Haye*, 1785, in-8, p. 32.

Observations sur un ouvrage imprimé qui a pour titre : *Institutiones philosophicæ ad usum seminarii Tullensis*, etc. (Par le P. Bernard LAMBERT.) (*Paris*), 1777, in-12, 60 p.

Voy. les Anonymes latins.

Observations sur un ouvrage intitulé : « Examen de la houille... »

Voy. « Observations critiques... », ci-dessus, col. 599, *c*.

Observations sur un ouvrage intitulé : « le Système de la nature », par M. DE B. (L.-Fr. NOUEL DE BUZONNIÈRE, Orléanais). *Paris, de Bure*, 1776, in-8, 126 p. et 2 ff. d'approbation et d'errata.

Observations sur un ouvrage qui a pour titre : « l'Académie impériale des beaux-arts à Saint-Pétersbourg, depuis son origine jusqu'en 1807 ». (Par TCHEKALEFFSKY.) *Saint-Pétersbourg*, 1808, in-8, 52 p.

Observations sur un ouvrage traduit de l'italien (de Beccaria), qui a pour titre : « Traité des délits et des peines ». (Par Ch.-Aug. HAUTEFORT.) *Amsterdam, M.-M. Rey*, 1767, in-8.

Ce nom m'a été donné par le bibliographe Chaillou, qui avait connu l'auteur.

Beccaria a répondu à cet écrit. Voy. « Supercheries », I, 1205, *b*.

Observations sur un passage du troisième rapport fait par M. Bottin à la Société royale des antiquaires de France, par un habitant de Valenciennes (Gabriel-Antoine-Joseph HÉCART). *Valenciennes, Henri*, 1823, in-8. D. M.

Tirées à 25 exemplaires seulement.

Observations sur un projet de loi concernant les droits réunis et le maintien des exercices. *Paris, impr. de L.-G. Michaud* (1814), in-4, 48 p. — Supplément... (avec le nom de l'auteur, L.-Fr. LESTRADE). *Ibid.*, 1814, in-4, 20 p.

Observations sur une brochure de M. Weiss: « Coup d'œil sur les relations », par un officier suisse (A. BARTHEZ DE MARMORIÈRES). *En Suisse*, 1793, in-8. V. T.

Observations sur une censure publiée sous le nom de la Faculté de Paris, contre la traduction du « Missel » en 1661. (Par l'abbé DE VOISIN.) In-4.

Le Missel de l'abbé de Voisin ayant paru en 1660 avec les approbations de plusieurs évêques, grands-vicaires et docteurs en théologie, le cardinal Mazarin, qui voulait engager le pape Alexandre VII dans ses intérêts et le détourner de protéger le cardinal de Retz, fit insinuer à ce pape que les grands-vicaires du cardinal de Retz avaient dessein, par l'approbation donnée au Missel, de disposer les choses de manière qu'on en vînt à dire la messe en français. En conséquence, le nonce eut ordre de prier le cardinal Mazarin d'engager le clergé assemblé à Paris d'examiner ce livre ; ce qui fut exécuté dès le 7 décembre, à la réquisition de Ondédei, évêque de Fréjus. L'assemblée était composée de quinze évêques. L'abbé de Voisin, informé de ce qui se passait, présenta requête aux grands-vicaires de Paris, qui soutinrent leur approbation et la permission qu'ils avaient donnée d'imprimer et vendre ledit Missel. Leur ordonnance sur cela est du 19 janvier 1661 ; elle fut publiée, affichée et signifiée aux curés de Paris. La Faculté de théologie ayant adhéré à la délibération du clergé, M. de Voisin fit l'écrit dont on vient de rapporter le titre, et auquel on croit que M. ARNAULD eut part. La préface contient le récit de ce qui s'est passé dans cette censure, et l'acte signifié à la requête de M. de Voisin aux doyen et docteurs de la Faculté, le 30 avril 1661. Ensuite sont les Observations sur la censure, ouvrage très-solide, bien raisonné, et qui montre une grande connaissance de la bonne théologie.

(Catalogue manuscrit de l'abbé Goujet.)

Observations sur une comédie de Molière intitulée : « le Festin de Pierre », par B. A. Sʳ D. R. (DE ROCHEMONT), avocat en Parlement de Paris. *Paris, N. Pepingué*, 1665, in-12.

Réimprimées avec le nom de l'auteur.

Ces Observations ont été insérées par M. L. Moland dans son édition de Molière, *Paris, Garnier*, 1863, tome III, pag. 475-512.

Observations sur une dénonciation de la « Gazette littéraire » faite à M. l'archevêque de Paris. (Par l'abbé André MORELLET.) S. l. (1765), in-8, 63 p.

Observations sur une dénonciation que les papiers publics disent avoir été faite au conseil des Anciens, le 28 germinal an VII. (Par N.-L. FRANÇOIS, de Neufchâteau.) *Paris, impr. de la République*, floréal an VII, in-8, 3 p.

Observations sur une soi-disant « Lettre patriotique » (concernant la tenue des États-Généraux, par DE BEAUSSET, chanoine de Saint-Victor). *Marseille*, 1789, in-8. G. M.

Observations tendantes à faciliter l'usage des nouveaux poids. (Par N.-L. RENSON.) *Bruxelles, Rampelbergh*, 1827, in-fol.

Observations théologiques et morales sur le livre du P. Berruyer, jésuite, intitulé : « Histoire du peuple de Dieu... » deuxième partie. Ajoutées à l'Instruction pastorale que M. de Caylus, évêque d'Auxerre, avait promise et annoncée, et à laquelle il a travaillé jusqu'à as mort.

(Par l'abbé J.-B. CADRY, théologien de M. de Caylus.) 1755, 2 vol. in-12.

Observations théologiques, historiques, critiques, etc., sur l'Histoire ecclésiastique de feu M. l'abbé Fleury. (Par le P. LANTÉAUME, jésuite.) *Avignon, Marc Chave,* 1736 et 1737, 2 vol. in-4.

Réimprimées à *Bruxelles* en 1746, in-8.

Observations véridiques pour tout citoyen désirant le bien de sa patrie, pour servir d'addition à la brochure au peuple brabançois. (Par GAMBIER.) *S. l. n. d.,* in-8.

Obstacle (l') imprévu, ou l'obstacle sans obstacle, réduite de cinq actes en trois (par Louis BARIZAIN, dit MONROSE fils, sociétaire de la Comédie-Française, et Hippolyte-Louis-Jules HOSTEIN). *Paris, Barba,* 1839, in-8. **D. M.**

Obstacles à ma conversion constitutionnelle, exposés confidemment aux Parisiens, pour qu'ils daignent m'aider à les franchir. (Par l'abbé BUÉE, supérieur du séminaire Saint-Marcel, à Paris.) *Paris, Crapart* (1792), in-8, 1 f. de tit. et 30 p. — Deuxième édition. *Id.,* janvier 1792, in-8, 1 f. de tit. et 55 p.

Obstination (l') des Suysses. (Par P. GRINGORE.) *S. l. n. d.,* pet. in-8, 4 ff. goth.

Opuscule en vers réimprimé dans le tome VIII du « Recueil d'anciennes poésies françaises », publié par M. A. de Montaiglon dans la « Bibliothèque elzévirienne ».

Occasion (l') et le Moment, ou les petits riens, par un amateur sans prétention (S.-P. MÉRARD DE SAINT-JUST). *La Haye et Paris, Jombert, imp. de Didot l'aîné,* 1782, 4 parties in-18.

Occasion (l') fait le..... baron. (Par Ad. MATHIEU.) *Mons, imp. du Modérateur, s. d.,* 1 feuille. **J. D.**

Occident (l') français. Œuvre mensuelle publiée par une société d'hommes d'Etat et de militaires. *Paris, Bossange père,* 1834, in-8, 80 p.

Première livraison et unique, composée du morceau intitulé : « Idée napoléonienne » (voy. V, 881, *b*), et précédée d'une préface et de prolégomènes.

Occultes (les) Merveilles et Secrets de nature, traduits du latin de Levin LEMNE, par J. G. P. (J. GOHORRY, Parisien). *Paris, Galiot du Pré,* 1574, in-8.

Cette traduction fut d'abord imprimée à *Paris,* en 1567, et réimprimée à *Orléans, P. Trepperel,* 1568, in-16.

Occupations (les) du siècle, par M..... (C.-A. L'ESCALOPIER DE NOURAR). *Amsterdam,* 1739, in-12.

Octave de saint Joseph, contenant ses vertus et ses priviléges, divisée en huit discours, par M. l'abbé DE V*** (DE VERTAMONT). *Paris,* 1692, in-12.

Octave et le jeune Pompée, ou le triumvirat, avec des remarques sur les proscriptions. (Par VOLTAIRE.) *Amsterdam et Paris, Lacombe,* 1767, in-8, 1 f. de tit. et VIII-180 p.

Octavie, ou la maîtresse d'un prince. Par l'auteur du « Ministre des finances ». *Paris, A. Bonnet,* 1825, 2 vol. in-12.

Imitation très-libre d'une nouvelle traduite de l'allemand de KOTZEBUE, pour laquelle Eug. GARAY DE MONGLAVE a été aidé par un de ses collaborateurs ordinaires, Prosper CHALAS. Le titre original a été changé avec l'intention de faire allusion à Mme du Cayla.

Octavie, tragédie en cinq actes. (Par Louis BAUDE.) *Paris, J. Hetzel,* 1847, in-8, 2 ff. de tit. et VII-84 p.

Octroi (de l') municipal de Lyon et de quelques points d'économie politique. Par J. G. (Jean GUERRE). *Lyon, Maillet,* an XIII, in-8, 47 p.

Odalisque (l'), ouvrage traduit du turc. *Constantinople, Ibrahim Bectas, imprimeur du grand-visir,* 1779, in-12, 85 p.

Une note écrite à la main sur le frontispice d'un exemplaire que j'ai vu dans le cabinet de M. du Croisy contient ces mots : « Remis à Genève, en 1781, par un secrétaire de Voltaire, qui l'avait écrite sous sa dictée. »

M. du Croisy a écrit de sa main ces autres mots sur le même frontispice : « Par M. PIGEON DE SAINT-PATERNE, sous-bibliothécaire de l'abbaye de Saint-Victor. »

L'auteur de la « Bibliographie des ouvrages relatifs à l'amour » suppose que ce roman pourrait bien être dû à ANDRÉA DE NERCIAT.

M. Ch. Monselet l'attribue à F.-M. MAYEUR DE SAINT-PAUL.

Dans tous les cas, il n'est certainement pas de Voltaire.

Odazir, roman philosophique, par M*** (J.-L. CARRA). *La Haye (Bouillon),* 1772, in-8.

Ode à l'empereur Alexandre sur les malheurs actuels de la Grèce, par l'ermite de la Berlière (François-Joseph-Narcisse ROBERT, baron DE SAINT-SYMPHORIEN). *Mons, Hoyois,* 1821, in-8. **J. D.**

Ode à l'Etre infini, accompagnée d'un tableau et de notes où sont classées et développées les relations à ce principe. (Par J.-B.-M. GENCE.) *Paris, Migneret,* 1808, in-8, 79 p. — Nouvelle édition. *Ibid.*, 1825, avec le nom de l'auteur.

Ode à l'occasion du mariage de monseigneur le Dauphin. (Par Leprieur, ancien avocat au Parlement de Paris.) 1770, in-8.

Ode à la calomnie, en réponse à la « Queue de Robespierre ». *Paris, imp. de Langlois* (1794), in-8, 8 p.

On lit à la fin : Par le C. C*** (M.-J. Chénier).

Ode à la députation de la garde nationale de Metz, allant à Paris pour recevoir ses drapeaux des mains du roi. (Par J.-D.-V. Auburtin, de Sainte-Barbe.)

Ode à la France sur la mort de Marie, princesse de Pologne, reine de France; par A. M..... P. P. de P. (Ant. Migeot, prêtre, professeur de philosophie). *Reims*, 1768, in-8, 4 p.

Ode à la nation russe sur l'affranchissement et l'indépendance de la Grèce. (Par Payot de Beaumont.) *Nancy, F. Bachot*, 1826, in-8, 20 p.   D. M.

Ode à la paix, par le S. R*** (J.-B. Rousseau). *Paris, P. Simon*, 1737, in-8, 8 p.

Ode à la religion. (Par dom P.-P. Grappin.) In-8.

Ode à Léopold Ier, roi des Belges, sur son avénement au trône de Belgique, par M. M*** (J.-G. Modave, contrôleur du timbre à Liége). *Liége, Lemarié*, 1831, in-4, 8 p.   J. D.

Ode à monseigneur le duc de Chaulnes, sur son entrée en la ville d'Amiens, en qualité de gouverneur général de la Picardie. (Par le P. L.-F. Daire.) *Amiens, veuve Charles Caron*, 1753, in-4.

Ode à Napoléon le Grand. (Par E.-J.-B. Delrieu.) 1810, in-4.

Ode à S. Em. monseigneur le cardinal de La Rochefoucauld, archevêque de Rouen. (Par M.-J.-A. Boieldieu.) *Rouen, P. Seyer*, 1778, in-8, 10 p.

Ode au clergé de France, suivie d'un petit discours, ou de quelques réflexions analogues; par un auteur qui n'est point auteur, comme on le verra de reste. (Par le vicomte d'Aubusson.) *Paris, Laurens junior*, 1790, in-8.

Cette pièce fut imprimée pour la première fois à *La Rochelle* en 1773 ; on la trouve dans le Recueil des Opuscules de l'auteur, portant au dos, dans les exemplaires reliés, le mot : Albuconiana.

Ode au grand Conty, présentée par son auteur à Son Altesse Sérénissime. *S. l. n. d.*, in-8, 18 p.

Par d'Aquin fils, d'après une note manuscrite sur l'exemplaire de la Bibliothèque nationale.

Ode au prince Lebrun. (Par A.-B. Marie du Mesnil.) *Amsterdam, van Cleef*, 1812, in-8.

Ode au roy de Prusse, pendant l'hiver de 1745. Par M. G. P. D. R. A. C. D. P. (M. Guérin, professeur de rhétorique au collége du Plessis). *Berlin*, 1745, in-4, 8 p.

Ode au roi sur le nom de Bien-Aymé. (Par l'abbé Lion, professeur de rhétorique à Meaux.) *Meaux*, 1745, in-4, 8 p.

Ode au roy sur sa convalescence. (Par Joseph du Baudory.) *Metz, J. Antoine* (1744) in-4, 4 p.

Ode au sujet du rétablissement de l'Université de Perpignan. (Par Joseph Carrère, médecin.) *S. l.* (1760), in-4.

Ode aux Espagnols. (Par Chaillou, auditeur au Conseil d'Etat.) *Paris*, 1809, in-8.

Ode aux Etats-Généraux. (Par dom P.-P. Grappin.) In-8.

Ode aux Français sur la guerre de Russie. (Par A.-B. Marie du Mesnil.) *Amsterdam, van Cleef*, 1812, in-8.

Ode aux Français sur la guerre présente. Par un citoyen (P.-D. Lebrun). *Partout*, 1762, in-8.

Réimprimée dans les « Œuvres » de Lebrun, *Paris*, 1811, tome I, page 221.

Ode contre le duel. (Par dom P.-P. Grappin.) In-8.

Ode de M** L** D.* V*** (l'abbé de Villiers) sur la solitude. *Paris, imp. de J. Collombat*, 1704, in-12, 1 f. de tit., 16 p. et 1 f. de priv.

Le nom de l'auteur se trouve dans le privilége.

Ode x de M. R. (J.-B. Rousseau), à la postérité. *S. l. n. d.*, in-8, 8 p.

Ode du sieur D*** (Nic. Boileau-Despréaux) sur la prise de Namur. *Paris, D. Thierry*, 1693, in-4, 16 p.

Ode hébraïque, intitulée : « Visite à l'hospice de Saint-Michel ». (Par Paul Drach.) *Rome*, 1835, in-8, 30 p., en hébreu, français et italien.   G. M.

Ode imitée de celle d'Isaïe, sur la destruction du roi de Babylone, par J. B. E. (J.-B. ESPINASSE). *Paris, Laurent Beaupré,* 1814, in-8, 8 p.

Ode latine sur le mariage de S. A. R. le duc de Berri avec Caroline de Naples. (Par P.-A.-M. LA TOUR.) Traduction en vers français (par Joseph-Mathurin BOULLAULT). *Nantes, imp. Mellinet-Malassis,* juin 1816, in-8, 7 p.

Catalogue de Nantes, n° 25161.

Ode pindarique sur la destruction du monastère de Port-Royal-des-Champs. (Par Jean ROUSSEAU.) *S. l.,* 1714, in-8, 12 p.

Ode responsive à une autre de Charles de Bouillon et quelques sonnets, avec les odes de Bouillon. (Par Guillaume DES AUTELZ.) *Anvers, Chr. Plantin,* 1560, in-8.

Ode sacrée de l'Eglise française sur les misères de ces troubles huictièmes depuis vingt-cinq ans en çà. *Imprimée nouvellement, s. l. n. d.* — Nouvelle édition (réimprimée par les soins de G. DUPLESSIS). *Chartres, Garnier,* 1834, in-8, à 48 exemplaires.

Réimprimée par M. de Montaiglon dans le tome V de son « Recueil de poésies françaises ».

Ode sur l'adulation poétique, adressée à l'Institut national. (Par Chr.-Fr.-Ph. MASSON.) 1801, in-8.

Ode sur la convalescence du roi. Par M. l'abbé C*** (l'abbé CAHAGNE). *Paris, Prault fils,* 1744, in-4, 11 p.

Ode sur la descente en Angleterre. Par l'auteur des « Odes sur les tremblemens de terre de la Calabre et sur les inondations de l'an X » (R.-J.-F. VAYSSE DE VILLIERS). *Paris, Potey,* 1804, in-8, 14 p.

Ode sur la mort de Lesage-Senault, exconventionnel, décédé à Mons, le 24 avril 1823. (Par Ad. MATHIEU.) (*Louvain, Ceulens*), in-8, 4 p. ·   J. D.

Ode sur la mort de Louis le Grand. (Par F.-A. PARADIS DE MONCRIF.) *Paris, J. Quillau,* 1715, in-8, 6 p.

Ode sur la mort de Mme la Dauphine. *Paris, Berthier,* 1746, in-4, 8 p.

Signée : C. M. G. (Claude-Marie GIRAUD).

Ode sur la mort de Mlle Rosalie de Nogarède. (Par Nestor LAMARQUE.) *Toulouse, imp. de J. Caunes,* 18.., in-8, 8 p.

Ode sur la mort de M. Lomonosoff. (Par

le comte André SCHOUVALOFF.) *S. l.,* 1765, in-8.

Réimprimée à *Saint-Pétersbourg* en 1865, in-8, avec le nom de l'auteur.   A. L.

Ode sur la mort de Son Altesse Royale Mme la markgrave de Bareith. (Par VOLTAIRE.) *S. l.* (1759), in-8, 35 p. — *S. l. n. d.,* in-8, 16 p.

Ode sur la mort du général Lannes, maréchal de France, duc de Montebello, par M. Théodore DE L*** (LE BECQ). 1809, in-8.   D. M.

Ode sur la naissance du petit duc de Beaumont, fils de monseigneur de Vendosme, roy de Navarre, par I. D. B. A. (Joachim DU BELLAY, Angevin). Ensemble certains sonnets du même auteur à la royne de Navarre, auxquels la dicte dame fait elle-même response. *Paris, Fréd. Morel,* 1561, in-4, 14 ff.

Ode sur la paix. (Par Charles PERRAULT.) *Paris, C. de Cercy,* 1660, in-4, 14 p.

Ode sur la paix. (Par LEBRUN.) *S. l.* (1762), in-8.

Ode sur la paix et sur la guerre. (Par B.-J. SAURIN.) *Paris, Prault fils,* 1737, in-8, 16 p.

Ode sur la prise de Namur. (Par le P. Louis DE SANLECQUE.) *S. l.,* 1693, in-4, 16 p.

Ode sur la prise de Toulon, par l'auteur de l' « Ode sur le traité de l'égalité » (CAMPAGNE). *Paris, imp. de Laurens aîné,* an II, in-8, 7 p.

Ode sur la question. (Par dom P.-P. GRAPPIN.) In-8.

Ode sur la restauration des Bourbons et le retour de Napoléon, par L. P. D. (L. PETIT-DROUILLOT, percepteur à Irancy). *Auxerre, Le Coq,* 1815, in-8, 4 p.

Ode sur le baptême de S. M. le roi de Rome. Par M. DE LAMOTHE H. (Léon DE LAMOTHE HOUDANCOURT), auditeur au conseil d'Etat. *Toulouse, J.-M. Douladoure,* 1811, in-8, 7 p.

Ode sur le malheur. (Par Cl.-Jos. DORAT.) 1758, in-8.

Ode sur le mariage de l'Empereur, par J.-B. R. (ROGNIAT, frère du général). *Paris, impr. D. Colas,* 1810, in-4, 7 p.

Ode sur le mariage de Leurs Majestés impériales et royales. Par M. Léon DE LA-

MOTHE H. (Léon DE LAMOTHE HOUDAN-COURT), auditeur au conseil d'Etat. *Paris, Cussac*, 1810, in-8, 15 p.

Ode sur le mariage du roi. (Par Charles PERRAULT.) *Paris, C. de Sercy*, 1660, in-4, 14 p. et 1 f. de priv.

Ode sur le rétablissement de la statue de Henri IV. Par l'auteur des tragédies d' « Astianax », d' « Ajax furieux », etc. (RICHEROLLE, d'Avallon). *Avallon, impr. de Comynet*, 1819, in-8, 18 p.

Ode sur le rob anti-syphilitique du citoyen B. Laffecteur. (Par J.-C.-J. LUCE DE LANCIVAL.) *Paris, Laran*, an X-1802, in-8, 8 p.

Ode sur les arts. (Par F.-T.-M. DE BACULARD D'ARNAUD.) *Berlin*, 1754, in-12, 22 p.

Ode sur les conquestes du roy. (Par Mlle Anne DE LA VIGNE.) *Paris, S.-M. Cramoisy*, 1673, in-8, 21 p.

Odes. (Par Louis BONAPARTE, ancien roi de Hollande.) *Vienne, Bucher*, 1er janvier 1813, in-4, 50 p.

Odes, Chants lyriques et autres bagatelles fugitives... par l'auteur de la T. D. E. S. (de la « Théorie des êtres sensibles », PARA DU PHANJAS). *Paris, Jombert*, 1774, in-12, 54 p.

Odes (les) d'ANACRÉON et de SAPHO, en grec et en vers françois, par le poëte sans fard (Fr. GACON). *Rotterdam, Fritsch et Bohm*, 1712, in-12.

Odes d'ANACRÉON, traduction nouvelle, en vers (par P.-H. ANSON). *Paris, Dupont*, 1795, in-8.

Odes d'ANACRÉON, traduites en vers français par J D. (Joseph DAUTEVILLE). *Paris, Michaud*, 1811, in-18.   D. M.

Odes d'ANACRÉON, traduites en vers français, par S. D. (Simon DASTARAT). *Paris, Michaud*, 1811, in-18.   D. M.

Odes (les) d'HORACE en vers burlesques (par H. PICOU). *Leyde, J. Sambix*, 1653, in-12, 72 p.

Odes (les) d'HORACE, en vers burlesques (par le comédien Charles BEYS, suivant La Monnoye). *Paris, T. Quinet*, 1652, 1653, in-4.

« Mémoires historiques et critiques » de Camusat. 1722, tome II, page 91.

C'est donc à tort qu'on attribue ce volume, dans quelques ouvrages, au trop fameux d'ASSOUCY.

Odes (les) d'HORACE en vers français (par J.-L.-F. DE VISME). *Paris, Lenormant*, 1811, in-8.

Réimprimées avec le nom du traducteur, *Paris, J.-G. Dentu*, 1826, in-18.

Odes (les) d'HORACE, en vers français (par DE BALLAINVILLIERS). *Paris, Lenormant*, 1812, in-8.

Odes d'HORACE, mises en françois, pour servir de suite à la traduction de l'abbé Desfontaines (par P.-T. MASSON). *Berlin et Paris*, 1757, in-12.

Odes d'HORACE, mises en vers françois (par M. DE BRIE). *Paris*, 1693, in-12.

Odes d'HORACE, traduites en vers français, avec le texte en regard et des notes, par un ancien général de division de la grande armée (le baron L. DELORT). *Paris, Lecointe et Pougin ; et Arbois, Auguste Javel*, 1831, in-8.   D. M.

Odes d'HORACE, traduites en vers par B. L. C*** ancien élève à l'Ecole polytechnique (Bon LE CAMUS, receveur des finances, à Mont-de-Marsan). *Paris, Hachette*, 1836, gr. in-8.   D. M.

Odes (les) d'HORACE, traduites en vers, par un lieutenant général (texte en regard). *Paris, Ch. Gosselin*, 1836, in-8. D. M.

Le traducteur est le général Pierre DUPONT DE LÉTANG, ancien ministre de la guerre en 1814, et que la capitulation de Baylen a rendu tristement célèbre.

Odes de M. D*** (Ant. HOUDART DE LA MOTTE), avec un discours sur la poésie en général et sur l'ode en particulier. *Paris, Grégoire Dupuis*, 1707, in-12, LXXXVI p., 3 ff., 192 p., plus la table et le privilége.

Le privilége est donné au sieur DE LA MOTTE.

Odes du sieur J. C. D. N. (JOLI, curé de Nantou). *Châlons, Lamotte-Tort*, 1716, in-8.

Odes, Epodes et Poëme séculaire d'HORACE (trad. en vers français par M. GOUPY). *Paris, F. Didot*, 1823, in-8.

Réimprimées en 1834, *Paris, Fournier*, in-32, avec le nom du traducteur.

Odes funambulesques. (Par Théodore DE BANVILLE.) Avec un frontispice gravé à l'eau-forte par Bracquemond, d'après un dessin de Charles Voillemot. *Alençon, Poulet-Malassis et de Broise*, 1857, in-8, XX-244 p., planche de musique à la p. 8.

La seconde édition, *Paris, Michel Lévy*, 1859, in-18, porte le nom de l'auteur.

Odes nouvelles. (Par P.-H. Robbé de Beauveset.) 1749, in-12.

Odes nouvelles de Kalvos de Zante, suivies d'un choix de poésies de Chrestopoulo, traduites par l'auteur des « Helléniennes » P. de C. (G. Pauthier). *Paris, J. Renouard,* 1826, in-18.

Odes pénitentes du moins que rien. (Par Nicolle Bargedé, de Vezelay.) *Paris, Jehan Longis,* 1550, in-8.

Attribuées par erreur, dans l'ancien Catalogue de la ·Bibliothèque du roi, à Joachim du Bellay. Voy. Brunet, 5e édit., I, col. 655.

Odes philippiques avec des notes instructives. (Par Jos. de La Grange Chancel.) *S. l. n. d.*, petit in-12, 40 p. encadrées.

Odes, précédées de réflexions sur la poésie lyrique, par C.... (de Cormenin), auditeur au conseil d'Etat. *Paris,* 1811, in-8, 40 p.

Odes royales sur les mariages des princesses de Nemours. (Par l'abbé Ch. Cotin.) *S. l.* (1665), in-8, 37 p.

Odes sacrées tirées des psaumes de David. Ouvrage traduit par les plus grands poëtes de la France. (Publié par Garcin de Cottens.) *Yverdon,* 1781, in-12.
D. M.

. Les psaumes marqués d'un astérisque, dans la table générale, ont été traduits par l'éditeur.

Odes, suivies d'une Lettre sur l'esclavage des nègres dans nos colonies et d'une autre sur les Anglois. (Par Ch. de Cornillon.) *Paris, Samson,* 1806, in-8.

Odes sur les affaires du temps... par l'auteur des « Titans » (Bl.-H. de Corte, baron de Waleff). *Liége,* 1731, in-8, 232 p.

Odes sur Rome et sur le Vésuve, par l'auteur des « Chants sacrés » (René Vairelle). *Paris, imp. d'Ed. Proux,* 1838, in-8, 15 p.

Odes tirées des cantiques de l'Ancien et du Nouveau-Testament. Avec un argument court qui en donne l'idée. (Par S.-J. Pellegrin.) *Paris, C. Le Clerc,* 1726, in-8, 2 ff. lim. et 68 p.

Odette la petite reine, ou les apparitions de la dame blanche, roman historique, par l'auteur des « Annales du crime et de l'innocence » (Aristide Plancher de Valcour). *Paris, Lerouge,* 1816, 4 vol. in-12.

Odette, par l'auteur du « Baron de Chamilly » (Just-Jean-Etienne Roy). *Tours, Mame,* 1866, in-12, 143 p. — *Tours, Mame,* 1869, in-18, 144 p. et grav.

Odeurs (les) ultramontaines, par l'abbé ***, auteur du « Maudit » et de « la Religieuse ». *Paris, Librairie internationale,* 1867, in-8.

Voy. « le Maudit », ci-dessus, col. 87, *e*.

Odon de Saint-Amans, grand-maître des Templiers, mélodrame historique en trois actes et en prose; paroles de Michel B. D. R. (Michel Balisson de Rougemont)... Représenté, pour la première fois, sur le théâtre de la Cité, le 25 fructidor an XIII. *Paris, Barba,* 1806, in-8, 47 p.

Odyssée (l') d'Homère; nouvelle traduction en prose (par de La Valterie). *Paris, Barbin,* 1681, 2 vol. in-12. — *Suivant la copie imprimée à Paris (à la Sphère),* 1682, 2 parties en 1 vol. in-12, front. et fig. gr. à l'eau-forte par Schoonbeck. — *Paris, Brunet,* 1708, 2 vol. in-12.

Odyssée (l') d'Homère, ou les Aventures d'Ulysse, en vers burlesques (par H. de Picou). *Leyde, Sambix,* 1653, in-12, 68 p.

Edition elzévirienne. Ce petit volume ne contient que les premier et second livres du poëme grec. L'édition de *Paris, Toussaint Quinet,* 1650, in-4, est ornée de figures de Chauveau.

Odyssée (l') d'Homère, traduite du grec (par C.-F. Le Brun, duc de Plaisance). *Paris, Bossange,* 1819, 2 vol. in-12.

Réimprimée avec l' « Iliade » et avec le nom du traducteur. *Paris, Bossange,* 1826, 4 vol. in-12. — *Ibid., Lefebvre,* 1836, in-8.

Œconomie.

Voy. « Economie », V, col. 22 et suiv.

Œconomique.

Voy. « Economique », V, col. 27.

Œdipe (l') et l'Electre de Sophocle, tragédies grecques traduites en françois, avec des remarques (par And. Dacier). *Paris, Cl. Barbin,* 1692, in-12.

Œdipe et Polibe, tragédie (en 5 actes, par de La Tournelle). *Paris, Lebreton,* 1731, in-12.

Œdipe ou l'ombre de Laïus, tragédie (en 5 actes, par de La Tournelle). *Paris, F. Lebreton,* 1731, in-12.

Œdipe, ou les trois fils de Jocaste, tragédie (en 5 actes, par de La Tournelle). *Paris, F. Lebreton,* 1730, in-12.

ŒDipe roi, tragédie de SOPHOCLE, traduite en vers (par GUILLON, ancien recteur des Académies de Clermont et d'Amiens). *Nantes, Macé*, 1838, in-8.

D. M.

ŒDipe, tragédie, par le P. F. (le P. F.-M. FOLARD, jésuite). *Paris, Ribou*, 1722, in-12. — *Utrecht*, 1734, in-12.

ŒIl (de l') des rois et de la justice. Remonstrance faite en la ville de Bordeaux à l'ouverture de la cour de justice envoyée par le roy en ses païs et duché de Guienne. (Par Antoine LOISEL.) *Paris, Robert Le Mangnier*, 1584, in-8, 29 p.

Discours prononcé le 26 janvier 1582.

Réimprimé en 1596 dans le recueil intitulé : « Sept Remontrances publiques, VI sur le sujet des édits de pacification, la VII⁰ sur la réduction de la ville et restablissement du Parlement de Paris... par M. A. L'OISEL », *Paris, A. L'Angelier*, 1596, in-8; et, en 1605, dans « la Guyenne, de M. Ant. L'OISEL, qui sont huit remonstrances faictes en la chambre de justice de Guyenne sur le subject des edicts de pacification... » *Paris, L'Angelier*, 1605, in-8.

ŒNologie (l'), poëme didactique en quatre chants, par M. T..... (TRAMBLY), de Mâcon. *Châlon-sur-Saône*, 1820, in-12.

ŒTius, tragédie de MÉTASTASE, traduite en vers et adaptée à la scène française, avec le texte italien (par François PASTORET). *Montauban*, 1787, in-8.

ŒUfs (les) de Pâques. Avril 1865. (Par M. le marquis DE CHENNEVIÈRES-POINTEL.) *Alençon, de Broise*, 1865, in-8, 15 p.

Conte, avec une eau-forte de Legrip.

Ouvrage tiré à petit nombre et non destiné au commerce.

Voir sur l'auteur une curieuse notice insérée dans le « Bulletin du bibliophile », année 1872, page 438 et suivantes.

ŒUfs (les) de Pâques, contes pour les enfants, traduits de l'allemand de l'auteur du livre intitulé : « Comment le jeune Henri apprit à connaître Dieu » (l'abbé Christ. SCHMID). *Strasbourg et Paris, Levrault*, 1822, in-18.

Souvent réimprimés.

ŒUfs rouges. Première partie. Sorhouet mourant à M. de Maupeou, chancelier de France. *S. l.*, 1772, in-12, 64 p. — *S. l. n. d.*, in-8, 90 p.

A.-A. Barbier attribue cet écrit à M.-F. PIDANSAT DE MAIROBERT; mais J.-M. AUGEARD s'en reconnaît formellement l'auteur. Voy. p. 65 de ses « Mémoires secrets » publiés par M. Evar. Bavoust. *Paris*, 1866, in-8.

Pour la seconde partie, voy. « le Bouquet de Monseigneur », IV, 452, e.

ŒUvre contenant la raison de ce qui a été, est et sera, avec démonstrations certaines, selon la rencontre des effets de vertu. (Par François BÉROALDE DE VERVILLE.) *Chinon, de l'imprimerie de Rabelais, s. d.*, 2 vol. in-12.

Même ouvrage que « le Moyen de parvenir » (voy. ci-dessus, col. 371, e), « le Coupe-Cul de la mélancolie » (voy. IV, 792, f) et « le Salmigondis » (voy. ces mots).

ŒUvre de Jean GOUJON, gravé au trait d'après ses statues et ses bas-reliefs par M. REVEIL, accompagné d'un texte explicatif sur chacun des monumens qu'il a embellis de ses sculptures et précédé d'un essai sur sa vie et ses ouvrages (par GUYET et A. POTTIER). *Paris, Audot*, 1844, gr. in-8.

ŒUvre du baron François GÉRARD. 1789-1836. Gravures à l'eau-forte. *Paris, Vignières*, 1852-1857, 3 vol. in-fol. avec 83 portr.

L'avertissement est signé : H. G. (Henri GÉRARD).

ŒUvre du chevalier HEDLINGER, ou recueil des médailles de ce célèbre artiste, gravées en taille-douce, accompagnées d'une explication historique et critique (par J.-Ch. LAVEAUX), et précédées de la vie de l'auteur. Dédié à Gustave III, roi de Suède, par Chrétien DE MÉCHEL, graveur. *Basle*, 1776, in-fol.

ŒUvre (de l') sociale et de l'Outil représentatif. (Par le marquis DE LA GERVAISAIS.) *Paris, Pihan Delaforest*, 1834, in-8, 40 p.

ŒUvres anonymes, Théâtre. — ŒUvres anonymes, Mélanges. (Par Mᵐᵉ Charlotte-Jeanne BÉRAUD DE LA HAIE DE RIOU, marquise DE MONTESSON.) *Paris, Didot aîné*, 1782-1785, 8 vol. in-8.

Voy. J.-C. Brunet, « Manuel du libraire », 5ᵉ édit., IV, 164.

ŒUvres artistiques du gieaour (Pierre-César BONNET). *Nantes, imp. de Ch. Gailmard*, 1849, 4 vol. in-18.

Tomes V, VI, VII, XI, seuls publiés. — L'auteur annonçait 366 volumes. Voy. « Catalogue de Nantes », nᵒˢ 26037 et 26858.

ŒUvres badines et morales de M*** (Jacq. CAZOTTE). *Paris, Esprit*, 1776, 2 vol. in-8. — *Paris, veuve Esprit*, 1788, 3 vol. in-8.

ŒUvres (les) cavalières et pièces galantes et curieuses de B. D. R. (B. DE RÉZÉ). *Cologne, P. Marteau (Hollande)* 1671, petit, in-12.

L'auteur se nomme aux pages 33 et 34.

OEuvres complètes de C*** (F.-A. CHE-VRIER). *Londres, Nourse (Bruxelles)*, 1774, 3 vol. in-12.

OEuvres complètes de M. le C. DE B*** (le cardinal F.-J.-P. DE BERNIS), de l'Académie françoise; dernière édition. *Londres (Paris)*, 1767, 2 vol. petit in-8.

Plusieurs opuscules de cet illustre auteur ont paru sous le voile de l'anonyme, ainsi que plusieurs collections de ses OEuvres : parmi ces dernières, nous avons choisi celle qui est l'objet de cet article, à cause de la beauté de son impression. On est étonné de n'y pas trouver l'épithalame de monseigneur le Dauphin, par M. L. D. B., de l'Académie françoise, *Paris, J.-B. Coignard et J. Desaint*, 1745, in-8. pièce insérée sous le nom de l'auteur dans le volume des « Pièces d'éloquence et de poésie », imprimé en 1747 pour les années 1744 et 1745.

Le même morceau a été aussi oublié dans les éditions postérieures, 1776, 2 vol. in-8 ; 1778, 2 vol. in-18.

OEuvres d'un désœuvré français. Episodes de l'histoire de France de 1792 à 1838, en deux parties et en vers, par un ex-sergent-major de voltigeurs (J.-J. FOURDRIN). *Liége, Redouté*, 1842, in-8, 24 p.

OEuvres d'un paresseux bel esprit, pendant la guerre, par M. S*** (A.-F. STICOTTI), comédien de S. M. le roi de Prusse. *Berlin*, 1760, in-8.

OEuvres d'un travailleur dans ses moments de repos. (Par Jean-Charles DEFOSSE, compositeur typographe.) *Rouen*, 1860, grand in-8.   D. M.

OEuvres de l'Esope de Saint-Germain-en-Laye (DUFLOS), dédiées à l'humanité. *S. l.*, 1764, in-8.

OEuvres de M*** (contenant la Suivante généreuse, la Domestique généreuse et les Mécontens, comédies traduites de l'italien de Charles GOLDONI, par Charles SABLIER). *Londres (Paris)*, 1761, in-12.

Voy. « Supercheries », III, 1051, *f*.

OEuvres de M*** (SAINT-GLAS, abbé de Saint-Ossans), contenant plusieurs fables d'ESOPE mises en vers. *Paris, Cl. Barbin*, 1670, in-12. — *Paris, Ch. Osmont*, 1672, in-12.

Voy. « Supercheries », III, 1024, *d*.

OEuvres de M. D. L. G* (DE LA GERVAISAIS). *Paris, Egron et Pihan Delaforest*, 1833, 18 vol. in-8.

Voy. « Supercheries », I, 958, *a*.

OEuvres de M. de B*** (DE BEAUMA-NOIR). *Londres et Paris, Le Jay*, 1770, 2 vol. in-8.

OEuvres de M. DE LA H*** (J.-F. DE LA HARPE), revues et corrigées par l'auteur. *Yverdon*, 1777, 3 vol. in-8.

OEuvres de M. L*** (J.-B. LACOSTE), ancien bâtonnier de l'ordre des avocats; nouvelle édition, revue et augmentée par l'auteur. *Dijon, Frantin*, 1789, 2 vol. in-12.

OEuvres de théâtre de M*** (l'abbé C.-H. DE FUSÉE DE VOISENON). *Paris, Duchesne*, 1753, in-12.

OEuvres diverses contenant : la Consolation à Olimpe sur la mort d'Alcimedon; l'imitation de quelques chœurs de Senecque le Tragique; lettres en vers et en prose; le Bail d'un cœur; divers sonnets et autres pièces, par le Sr. D. H*** (DE HÉNAULT). *Paris, Barbin*, 1670, in-8.

OEuvres diverses d'un ancien magistrat (Jean-Louis marquis DE MALETESTE, conseiller au Parlement de Dijon). *Londres (Lausanne)*, 1784, in-8, XII-308 p., avec le portrait de l'auteur gravé par Saint-Aubin.

L'auteur paraît avoir fait imprimer à ses frais un petit nombre d'exemplaires de ce volume, pour les distribuer à ses amis. Il n'en a été parlé dans aucun journal contemporain. En ayant trouvé un exemplaire dans les dépôts littéraires nationaux, je le plaçai dans la bibliothèque du conseil d'Etat. Vers l'année 1800, les morceaux de littérature et de poésie dont il est en grande partie composé attirèrent mon attention. L'un d'eux me donna l'intelligence d'une note placée par de Bréquigny sur son exemplaire de la première édition des « Considérations sur les mœurs », par Duclos. Voy. IV, 723, *e*.

Un autre article des OEuvres de M. de Maleteste donne lieu de corriger une méprise échappée aux éditeurs de la « France littéraire » de 1769, et répétée : 1° par les nouveaux éditeurs de la « Bibliothèque historique » du P. Le Long; 2° par Camus, dans ses « Lettres sur la profession d'avocat ». Cette méprise est relative à la brochure intitulée : « l'Esprit de l'Esprit des lois ».

On lit encore avec intérêt dans ce volume :

1° L'Avis de M. de Maleteste dans l'affaire des Jésuites. C'est une espèce de compte rendu de leurs constitutions, qui fut imprimé dans le temps à Paris.

2° Une Lettre sur le « Traité des délits et des peines » du célèbre Beccaria.

Les autres morceaux sont diverses remontrances dressées par M. de Maleteste, au nom de sa compagnie, à différentes époques, et une requête adressée au roi par l'auteur, dans un procès qui lui a été suscité au sein même de la compagnie dont il était membre.

OEuvres diverses d'un auteur de sept ans (le duc DU MAINE; publiées par Mme DE

MAINTENON). (1677), in-4, 9 ff. lim., 35-89 p.

Bayle donne à Racine l'épître dédicatoire de ce volume. C'est un petit chef-d'œuvre attribué plus généralement à Mme de Maintenon. Voy. « République des lettres », février 1685, p. 207.

Voy. aussi « Supercheries », I, 409, c.

ŒUvres diverses de Jules R*** (Jules ROUSSEAU). A. Pipely, 1770, in-8.

ŒUvres diverses de l'A*** L*** (l'abbé H.-J. DU LAURENS), contenant : « le Balai » et « la Chandelle d'Arras ». Constantinople, imp. du Mouphti, 1775, 2 tomes in-12.

ŒUvres diverses de Mlle DE LA R*** G*** (DE LA ROCHE-GUILHEN), contenant quelques histoires galantes, etc. Amsterdam, 1711, in-12.

ŒUvres diverses de M. L* F**** (J.-J. LE FRANC DE POMPIGNAN). Nouvelle édition, revue, corrigée et considérablemen-augmentée. Paris, 1750, 2 vol. in-12. — Paris, Chaubert, 1753, 2 vol. in-12. — Troisième édition. Id., 1753, 3 vol. in-12.

ŒUvres diverses de M. L* F*** (C.-A. DE LA FARE). Nouvelle édition. Paris, 1750, 2 vol. in-12, fig.   G. M.

Voy. « Supercheries », II, 774, c.
N'y aurait-il pas confusion avec l'ouvrage ci-dessus et par conséquent erreur d'attribution ?

ŒUvres diverses de M. M. P. T. (MAUPERTUIS, propriétaire près de Bray). Provins, imp. de Lebeau, 1810, in-8, 295 p.

Recueil de morceaux en vers et en prose, traduits ou imités de poëtes italiens.
Tirées à 3 exemplaires.
Voy. « Manuel du libraire », 5e édit., IV, 165.

ŒUvres diverses de poésie du sieur Jean D. L. F. (DE LA FORÊT). Troyes, Adenet, 1693, in-12.

ŒUvres diverses de T. (baron DE TRAPPÉ, de Lozange), contenant des pièces de poésie et d'autres en prose sur des questions renouvelées dans les temps modernes. Seconde édition, revue, corrigée et augmentée. Paris (Liège), an XI-1803, in-8, 293 p.   Ul. C.

ŒUvres diverses du sieur D***. Paris (Amsterdam), 1713, in-12. — ŒUvres diverses du sieur D***, avec un Recueil de poésies choisies de M. DE B. (DE BLAINVILLE). Amsterdam, Frisch et Bohm, 1714 2 vol. in-12.

L'abbé Goujet, dans le tome VI de sa « Bibliothèque

françoise », avait attribué les traductions de l'« Art d'aimer » et du « Remède d'amour » d'Ovide, qui se trouvent dans ces ŒUvres diverses, à DE LOSME DE MONCHENAY, auteur du Bolœana; mais il a rétracté lui-même cette assertion dans l'avant-propos de son septième volume. Et, en effet, Monchenay avait publié dès 1702 trois satires, dont une était l'imitation de la troisième d'Horace, Omnibus hoc vitium est cantoribus, et commençait ainsi :

Simphonistes, chanteurs, etc.

Or, le recueil d'« ŒUvres diverses » ne contient pas cette satire. D'ailleurs, parmi les auteurs qui ont parlé des ouvrages de Monchenay, aucun ne lui attribue les « ŒUvres diverses ».
Les auteurs de la « Bibliothèque françoise », ou « Histoire littéraire de la France », assurent, d'après une lettre d'un de leurs correspondans, que ces « ŒUvres diverses » sont de M. de Blainville, ancien secrétaire de M. Van Litten, ambassadeur de la Hollande en Espagne. Cette assertion est confirmée par la note suivante, trouvée sur l'exemplaire de la première édition que possédait M. Mac-Carthy-Reagh : Richard Head, 1713. Il m'étoit donné par M. de Blainville à La Haye. Voy. le Catalogue des livres de feu M. Mac-Carthy-Reagh. Paris, de Bure frères, 1815, in-8, t. I, no 3737.
Voy. « Supercheries », I, 835, b, et « Discours satyriques et moraux », IV, 1031, c.

ŒUvres diverses du sieur D*** (Nic. BOILEAU-DESPRÉAUX), avec le Traité du sublime ou du merveilleux dans le discours, traduit du grec de LONGIN. Paris, Denys Thierry, 1674, in-4, front. gravé par Landry, fig. de Chauveau.

Nombreuses réimpressions.

ŒUvres diverses du sieur R** (J.-Bapt. ROUSSEAU). Soleure, Ursus Heuberger, 1712, in-12, XXVIII ff. prélim., 318 p. et 2 ff. pour la table. — Autre édition, XXIV et 331 p. avec quelques pièces de plus que la première.

Édition originale. Une autre portant le nom de l'auteur et augmentée de 125 pièces. Rotterdam, Fritsch et Böhm, 1712, 2 vol. in-12.

ŒUvres diverses en vers et en prose. (Par Ant.-Louis LE BRUN.) Amsterdam, 1736, in-12.

ŒUvres diverses, ou discours meslez, qui sont : le Nouveau Parnasse, ou les Muses galantes; la Lotterie céleste; la Mascarade d'amour, ou la Nouvelle des précieuses prudes; Polyphile, ou l'Amant de plusieurs dames, etc., par M. D. S. (par Charles SOREL, sieur DE SOUVIGNY). Paris, 1663, in-12, 491 p.

ŒUvres dramatiques de *** (DES ROIS). Paris, an VIII-1800, in-8, VIII-196 p.

Ce volume contient « l'Anti-Philosophe » et « le Dernier des Romains ». Voy. IV, 219, a, et 884, a.
Voy. « Supercheries », III, 1082, e.

OEuvres dramatiques de M. A. F******
(Ant. Ferrand). *Paris, de l'imprimerie royale*, 1817, in-8.

Ce recueil n'a été tiré qu'à 200 exemplaires.

Voy. « Supercheries », I, 212, *a*.

OEuvres (les) du Cosmopolite (Michel Sandivogius), ou nouvelle lumière chymique, traitant du mercure des philosophes et du vrai sel des philosophes, avec un dialogue du mercure de l'alchymiste et de la nature, et une lettre philosophique, traduite de l'allemand en françois, par Ant. Duval. *Paris, Jean d'Houry*, 1669 et 1671, in-12.

Voy. « Supercheries », I, 791, *f*.

OEuvres du philosophe bienfaisant (le roy de Pologne Stanislas, publiées par F.-L.-C. Marin). *Paris*, 1763, 4 vol. in-8; 1769, 4 vol. in-12.

Le chevalier P.-J. de Solignac et le P. Jos. de Menoux, jésuite, ont eu, dit-on, beaucoup de part à la composition des différents ouvrages réunis dans cette collection.

OEuvres du philosophe de Sans-Souci (Frédéric II, roi de Prusse). *Au donjon du château*, 1760, 2 vol. in-12. — *Berlin*, 1763, 3 vol. in-12.

Voyez pour les différentes éditions, Preuss, « Friedrich der Grosse. Eine Lebensgeschichte », *Berlin*, 1832, I. Bd., Anhang II, p. 469 et suiv.; II. Bd., 460; — « Mémoires pour servir à l'histoire de la maison de Brandebourg », *ibid.*, I. Bd., p. 474; II. Bd., p. 463; — « Histoire de mon temps », *ibid.*, p. 475.

OEuvres (les) galantes de Mme la comtesse de B*** (Brégy). *Paris*, 1667, petit in-12.

OEuvres galantes et philosophiques. (Par Charles Borde.) *Florence (Lyon), chez Paperini*, in-8.

On trouve en tête du volume une préface signée : M. D. C. (peut-être M. de Cazieu, selon Péricaud).

OEuvres (les) médicinales de l'herboriste d'Attigna (Ant. Golleti).... *Lyon, J. Thioly*, 1693, 3 vol. in-12.

OEuvres meslées, contenant des pensées philologiques et quelques poésies de M. E. D. L. C. (d'Espiard de La Cour). *Amsterdam (Dijon)*, 1749, in-8, 1 f. de titre et 243 p.

OEuvres mêlées, contenant : l'Innocente Tromperie, l'Avare puny... et autres ouvrages en vers et en prose de Mlle L'H*** (M.-J. L'Héritier de Villandon). *Paris, Jean Guignard*, 1696, in-12, 3 ff. lim. et 424 p.

OEuvres mêlées d'un auteur célèbre qui s'est retiré de France (Voltaire). *Berlin*, 1753, in-12, 38 p.

OEuvres mêlées de M*** (l'abbé J.-B.-L. de La Roche). *Paris, Barrois*, 1732, in-12.

OEuvres mêlées de M. de R. B. (François de Pas de Feuquières, comte de Rebenac), contenant diverses pièces en prose et en vers. *Amsterdam, H. du Sauzet*, 1722, in-8, 2 ff. et 234 p.

Voy. « Bulletin du bibliophile », XVe série, p. 1352.

OEuvres mêlées de M. le chevalier D*** (A.-J. du Coudray), nouvelle édition. *Paris, Durant*, 1775, 2 parties in-8.

C'est un nouveau frontispice mis en tête des « Fables allemandes et Contes françois en vers » du même auteur, imprimés en 1770. Voy. V, 408, *d*.

OEuvres mêlées de M. le chevalier de S. J. (L. Rustaing de Saint-Jory). *Amsterdam, Châtelain*, 1735, 2 vol. in-12.

OEuvres mêlées de M. S...D...V... (Sinfrey de Villiers). *Londres et Paris, Hardouin*, 1782, in-8, 291 p.

OEuvres mêlées du sieur *** (Louis Travenol); ouvrage en vers et en prose... *Amsterdam*, 1775, in-8.

OEuvres mêlées en prose et en vers de M. de R. B. (Jacq. Rosel de Beaumont). *Amsterdam, Henri du Sauzet*, 1722, in-8. — *Amsterdam, Arkstée et Merkus*, 1750, in-12.

OEuvres mêlées en vers et en prose, par M. M*** de M*** (Nic. Masson de Morvilliers). *Paris, Royez*, 1789, in-8.

OEuvres meslées, ou nouveau recueil de diverses pièces galantes en vers, par le sieur S. C. (Samuel Chapuzeau). *Genève, Widerhold*, 1671, in-12, 60 p.

Recueil factice de quatre comédies : les Eaux de Pirmont; — la Dame d'intrigues; — le Cercle des femmes; — le Partisan duppé; signées les unes et les autres, aux épîtres dédicatoires, de l'initiale C. Il s'en trouve des exemplaires avec les Parfaits Amis, tragi-comédie, en plus, sous le titre de : « Pièces de théâtre de monsieur S. C*** ». *Lion*, 1716.

OEuvres philosophiques. (Par Julien Offroy de La Mettrie.) *Londres, Nourse*, 1751, in-4.

Souvent réimprimées in-8 et in-12, avec le nom de l'auteur.

OEuvres philosophiques de M*** (Diderot). *Amsterdam, M.-M. Rey*, 1772, 6 vol. in-8.

On trouve dans cette édition :

1° Le « Code de la nature », qui est de Morelly. Voy. IV, 623, *c*.

2° Le « Mémoire pour Abraham Chaumeix », qui est de l'abbé Morellet. Voy. ci-dessus, col. 141, c.

Une autre collection *prétendue* des Œuvres philosophiques, littéraires et dramatiques de Diderot, contient, outre le « Code de la nature », trois autres ouvrages qui ne sont pas de cet auteur.

F. Génin a donné une notice intéressante sur Diderot en tête des « Œuvres choisies » de cet auteur. *Paris, Didot*, 1847, 2 vol. in-12.

Œuvres poétiques dédiées à monseigneur Georges d'Aubusson... par P. F. B. *Grenoble, Frémont*, 1654, in-8, 36, 18, 8, 70 et 1 p.

Un acrostiche donne le nom de l'auteur : le R. R. R. (révérend) père François BERTRAND, curé de Villevieille (en Queyras).

(« Petite Revue du bibliophile dauphinois », *Grenoble*, 1870-73, p. 108.)

Œuvres (les) poétiques du sieur DE P. (PRADE). *Paris, Nic. et Jean de La Coste ou P. Targa*, 1650, in-4, 83 p., plus un titre gravé par F. Bignon.

Œuvres (les) posthumes de défunt M. B*** (Gilles BOILEAU, frère de Boileau Despréaux). *Paris, Barbin*, 1670, in-12.

Œuvres posthumes de M. D. S. R. *Paris, Claude Barbin*, 1693-1695, 2 vol. in-12.

Un troisième volume est intitulé : « Nouvelles Œuvres posthumes de M. D. S. R. » *Paris, veuve Barbin*, 1699, in-12.

Par le marquis DE LA BASTIE.

Ces initiales avaient été choisies pour faire attribuer ce recueil à César VISCHARD DE SAINT-REAL.

Voy. « Supercheries », III, 554, d.

Œuvres posthumes de M. DE*** (Gabr. DE GLATIGNY, avocat général de la cour des monnoies de Lyon), contenant ses harangues au palais et ses discours académiques, etc. *Lyon, frères Duplain*, 1757, in-12, 3 ff. lim., 444 p. et 1 f. d'errata.

Œuvres posthumes de M. le président DE N., contenant la réforme du conseil des domaines et des finances des Pays-Bas. *Neufchâtel, Fauche*, 1784, in-8.

Sous le n° 13327 de la 2° édition de ce Dictionnaire, ces initiales avaient été interprétées par le président DE NÉNY ; mais, à la table (article Nény), il est dit que le véritable auteur de cet ouvrage est le nommé Jean-Alexandre DE BRAMBILLA, jadis commis dans les bureaux de M. Necker et depuis maître de langues à Bruxelles.

Ces écrits paraissent être authentiques. Le Catalogue J.-B.-Th. de Jonghe en contenait plusieurs copies. Voy. t. I, n° 5845 et suivants.

Brambilla en a peut-être été l'éditeur. Le même Catalogue cite le Brambilla, sous le n° 2374, des « Nouveaux Principes de la langue française », ouvrage curieux et rare, qui a été acquis par la Bibliothèque royale de Bruxelles.

Œuvres de feu M. Abauzit (précédées de son éloge, sous le titre d'avertissement, par DE VEGOBRE). *Genève, Cl. Philibert*, 1770, in-8, tome 1 et unique.

Œuvres diverses de M. Abauzit (précédées de l'éloge de l'auteur, par J.-P. BERENGER). *Londres (Hollande)*, 1770 et 1773, 2 vol. in-8.

Cette édition, dirigée par MOULTOU, est bien supérieure à la précédente, qui n'a pas été terminée. Voy. le « Journal des Savans », édition de Hollande, mai 1770, p. 142 et suiv.

Œuvres de M. le chancelier d'Aguesseau (publiées par les soins de l'abbé ANDRÉ, son bibliothécaire). *Paris, libraires associés*, 1759-1790, 13 vol. in-4.

Œuvres du comte Algarotti, traduites de l'italien (sous la direction de l'abbé MICHELESSI, par BELLETIER, Français établi à Venise). *Berlin, Decker*, 1772, 8 vol. in-8.

« Journal encyclopédique », septembre 1771, p. 313.

Cette traduction a été soigneusement revue par un académicien de Berlin (MÉRIAN), qui a bien voulu servir d'éditeur à la collection. Voy. le « Journal littéraire » de Berlin, 1772, t. I, p. 2, et les « Souvenirs de Thiébault », t. V.

L'abbé Michelessi est mort à Stockholm en 1772, à l'âge de trente-huit ans.

Le huitième volume de la collection est composé de la vie du comte Algarotti, composée en italien par l'abbé MICHELESSI, et traduite en français par le professeur G.-F.-M.-M. DE CASTILLON.

Œuvres du feu P. André (publiées avec un éloge de l'auteur, par l'abbé G.-G. GUYOT). *Paris, Ganeau*, 1766, 4 vol. in-12.

Œuvres posthumes de M. d'Ardenne, associé de l'Académie des belles-lettres de Marseille... (Publiées par le P. J.-P. ROME D'ARDENNE, prêtre de l'Oratoire.) *Marseille, J. Mossy*, 1767, 4 vol. in-12.

Œuvres (les) spirituelles du P. Fr. Arias, de la Compagnie de Jésus, traduites de l'espagnol (par le P. BELON, jésuite). *Lyon, veuve de La Roche*, 1740, 2 vol. in-12.

Œuvres de messire Antoine Arnauld, docteur de Sorbonne (publiées par les soins de l'abbé DE HAUTEFAGE, d'après les recherches de l'abbé G. DU PAC DE BELLEGARDE et autres). *Lausanne, d'Arnay*, 1775 et années suiv., 42 vol. in-4.

La Vie d'Arnauld, qui termine cette collection, a été rédigée par Noël DE LARRIÈRE.

Voy. « la Vérité sur les Arnauld », par P. Varin. 1847, 2 vol. in-8.

OEuvres de M. **Autreau** (précédées d'une préface sur la vie et les ouvrages de l'auteur, par C.-E. Pesselier). *Paris, Briasson*, 1749, 4 vol. in-12.

OEuvres d'**Avisse**, aveugle, membre de l'institution des Aveugles travailleurs. (Précédées de sa vie, par L. Delpierre du Tremblay.) *Paris, de l'impr. du Lycée des Aveugles*, s. d., in-12. — Deuxième édit. *Paris*. 1803, in-12.

OEuvres de M. de **Balzac** (précédées d'un discours préliminaire, par l'abbé de Cassagnes). *Paris, Billaine*, 1665, 2 vol. in-fol.

OEuvres diverses de J.-J. **Barthélemy** (publiées par G.-E.-J. Guilhem de Clermont-Lodève, baron de Sainte-Croix). *Paris, Jansen*, an VI-1798, 2 vol. in-8 ou 4 vol. in-18.

OEuvres de M. Henri **Basnage**, avocat, contenant ses Commentaires sur la Coutume de Normandie et son Traité des hypothèques; quatrième édition (publiée par Lallemant, premier échevin de Rouen, avec des notes, par de La Guesnerie, avocat). *Rouen*, 1778, 2 vol. in-fol.

OEuvres diverses de M. P. **Bayle** (recueillies par P. Desmaiseaux). *La Haye, Husson*, 1727-1731; — *La Haye (Trévoux)*, 1737, 4 vol. in-fol.

OEuvres complètes de Pierre-Augustin Caron de **Beaumarchais** (publiées par P.-P. Gudin de La Brenellerie). *Paris, L. Collin*, 1809, 7 vol. in-8.

Plusieurs exemplaires ne contiennent pas la réponse de Beaumarchais à M. Marron, insérée d'abord dans le « Journal de Paris ».

OEuvres choisies de **Beaumarchais**. Edition stéréotype. *Paris, P. Didot*, 1814, 3 vol. in-18.

La préface est signée : P. S. A. (L.-S. Auger).

OEuvres complètes de M. de **Belloy** (publiées avec des notes et des dissertations, par G.-H. Gaillard). *Paris, Cussac*, 1787, 6 vol. in-8.

OEuvres (les) de **Benserade**, contenant ses poésies et ses ballets, avec un discours sommaire de M. L... T... (l'abbé Paul Tallemant), touchant la vie de l'auteur. *Paris, de Sercy*, 1697, 2 vol. in-12.

OEuvres de **Bernard**, seule édition complète (publiée par F.-J.-M. Fayolle). *Paris, Buisson*, 1803, 2 vol. in-8.

OEuvres choisies de **Bernard** (publiées par F.-J.-M. Fayolle). *Paris, P. Didot*, 1811, in-18.

OEuvres de **Bertin**, avec les passages imités des poëtes latins (publiées par Goupy). *Paris, Brière*, 1823, in-32.

OEuvres complètes de **Bertin**, avec des notes et variantes, précédées d'une notice historique sur sa vie (par Jean-François Boissonade). *Paris, Roux-Dufort aîné*, 1824, in-8.

OEuvres de Nicolas **Boileau** Despréaux, nouvelle édition, revue et augmentée (commencée par Boileau, mort pendant l'impression, et terminée par J.-B.-H. du Trousset de Valincour). *Paris, Billiot*, 1713, in-4.

OEuvres (les) de M. **Boileau**, nouvelle édition, illustrée d'éclaircissemens historiques donnés par lui-même (recueillis et publiés par Cl. Brossette). *Genève, Fabri et Barillot*, 1716, 2 vol. in-4. — Nouvelle édition. *Amsterdam, Mortier*, 1718, 2 vol. in-fol. et in-4; — 1722, 4 vol. in-12; — 1729, 2 vol. in-fol.

OEuvres de M. **Boileau Despréaux** (nouvelle édition, revue et corrigée, avec un avertissement, par du Monteil). *Amsterdam*, 1729, 4 vol. in-12. — *Dresde*, 1758, 4 vol. in-8.

OEuvres de M. **Boileau Despréaux**, avec des éclaircissemens historiques, nouvelle édition, revue et corrigée (par l'abbé J.-B. Souchay ou par l'abbé G.-L. Pérau, avec un Abrégé de la vie de Boileau, par l'abbé C.-P. Goujet). *Paris*, 1735-1745, 2 vol. in-12.

L'abbé Goujet assure, dans son Catalogue manuscrit, que les abbés Souchay et Pérau se donnaient, à l'envi l'un de l'autre, pour éditeurs de cette édition, laquelle, ajoute-t-il, a été saisie pour différents prétextes, et particulièrement à cause d'une note de la page 150 du tome I. colonne 2, et de l'épitaphe de Racine.

OEuvres de M. **Boileau Despréaux**, avec des éclaircissemens historiques (publiées par l'abbé J.-B. Souchay). *Paris, veuve Alix*, 1740, 2 vol. in-4 et in-fol.

L'éditeur a augmenté cette édition d'une préface, de l'éloge de Despréaux, par C. Gros de Boze, et du *Bolœana*, par J. de Losme de Monchesnay.

OEuvres complètes de **Boileau Despréaux**, précédées d'un discours sur les caractères et l'influence des OEuvres de Boileau, et d'une vie abrégée de ce poëte (par P.-C.-F. Daunou, de l'Institut). *Paris, Mame frères*, 1809, 3 vol. in-8 et 3 vol. in-12.

Souvent réimprimées.
Cette édition a été déjà mise plusieurs fois sous

presse, et je suis étonné de retrouver dans les nouveaux tirages de la table alphabétique des auteurs les inexactitudes qui ont échappé à la sagacité de l'éditeur. Comme son travail est spécialement destiné aux jeunes gens, il est essentiel d'en faire disparaître les moindres fautes. Voici celles que je remarque dans le tirage de 1813 :

I. Carel de Sainte-Garde est présenté comme ayant publié, sous le nom anagrammatique de *Lérac*, son poëme de « Childebrand ». Il ne s'est servi de cette anagramme qu'en tête de sa « Défense des beaux-esprits », contre Boileau. Voy. IV, 860, *b*.

II. Le Vayer de Boutigny, auteur de « Tarsis et Zélie », était parent du célèbre La Mothe Le Vayer ; mais les mémoires du temps ne le désignent jamais sous le nom de La Mothe. Voyez son article par l'abbé Goujet, dans le Dictionnaire de Moréri, au mot VAYER.

III. Au lieu de Las Fargues, il faut lire Les Fargues : c'était un avocat au Parlement de Toulouse, dont on a : 1° la traduction des « Verrines » de Cicéron, *Paris*, 1640, in-4 ; 2° celle des « Controverses » de Sénèque le père, *Paris*, 1639, aussi in-4. Son poëme de « David » a été publié en 1660. Le « Moyse » est de Saint-Amant, ainsi qu'on le dit dans le premier volume de Boileau.

IV. Le marquis de Mimeure n'a point traduit en vers l' « Art d'aimer » d'Ovide ; il est seulement auteur du sixain cité tome IV, col. 281, *b*. Ce sont sans doute ces vers qui lui ont fait attribuer la traduction du fameux poëme d'Ovide. J'ai eu de fortes raisons pour avancer qu'elle est de Ferrier de La Martinière, auteur des « Préceptes galans », *Paris*, 1678, in-12, où l'on trouve beaucoup d'imitations d'Ovide.

V. Dans une édition digne de devenir classique, toutes les indications doivent avoir un objet fixe et déterminé. Or, n'est-ce pas s'éloigner de ce but que d'indiquer des ouvrages qui ne sont que manuscrits, sans le dire expressément? Cette omission porte à croire qu'il s'agit d'ouvrages livrés à l'impression. On trouve deux énonciations de ce genre dans la table dont il s'agit.

VI. A l'article Cassandre, on cite sa traduction d'une partie de l'Histoire universelle de M. de Thou, laquelle n'a jamais vu le jour.

VII. A l'article Le Clerc (Laurent-Josse), on mentionne son « Traité du plagiat », qui est resté manuscrit à Lyon et qui probablement est perdu aujourd'hui.

OEuvres posthumes de Boileau, ou satires de Perse et de Juvénal, expliquées, traduites et commentées par Boileau ; publiées, d'après le manuscrit autographe, par M. L. Parrelle. *Paris, Lefebvre*, 1827, 2 vol. in-18.

M. Daunou, « Journal des savans », avril 1828, pense que cette traduction est du P. Jérôme Tarteron.

OEuvres de M. Boindin, de l'Académie des inscriptions et belles-lettres (publiées par François Parfait l'aîné). *Paris, Prault fils*, 1753, 2 vol. in-12.

OEuvres du cardinal de Boisgelin... (publiées par P.-R. Auguis.) Précédées d'une notice historique sur la vie et les écrits de ce prélat (par le cardinal L.-F. de Beausset). *Paris, Guitel*, 1818, in-8.

Cette édition ne comprend pas la plupart des ouvrages anonymes de l'auteur.

OEuvres diverses de Boissy (avec une notice sur l'auteur, par L.-S. Auger). *Paris, P. Didot*, 1812, 2 vol. in-18.

OEuvres diverses de M. Borde (publiées par l'abbé de Castillon). *Lyon, Faucheux*, 1783, 4 vol. in-8.

OEuvres de M. de Borderies, évêque de Versailles ; précédées d'une notice sur sa vie (par M. l'abbé F.-A.-P. Dupanloup, alors premier vicaire de la Madeleine). *Paris, Potey*, 1833, 5 vol. in-8.

OEuvres de messire Jacques-Benigne Bossuet (publiées par l'abbé G.-L. Calabre Pérau et C.-F. Le Roy). *Paris, Barrois*, 1743-1753, 20 vol. in-4.

Le Roy est éditeur des « OEuvres posthumes », qui forment les trois derniers volumes de cette collection.

Cette édition a été réimprimée à *Avignon* sous la rubrique de *Liége*, 1766, 22 vol. in-8.

OEuvres de messire Jacques-Benigne Bossuet, nouvelle édition, enrichie d'un grand nombre d'ouvrages de l'auteur non encore imprimés (publiées par dom J.-P. Deforis, bénédictin des Blancs-Manteaux). *Paris, Boudet*, 1772 et suiv., 18 tom., 19 vol. in-4, à cause du tome VII *bis*.

L'estimable éditeur a péri sous la guillotine le 7 messidor an II (25 juin 1794), âgé de soixante-deux ans.

OEuvres de Bossuet, évêque de Meaux, revues sur les manuscrits originaux et les éditions les plus correctes (édition préparée par l'abbé Hemey d'Auberive et publiée par M. l'abbé Caron). *Versailles, Lebel*, 1815-1819, 43 vol. in-8.

Il faut joindre à cette collection une brochure de 64 pages, renfermant soixante-dix *lettres inédites* de Bossuet, qui n'ont été découvertes qu'après l'impression du quarante-troisième volume.

Dans une édition des « OEuvres » de Bossuet, dirigée par des jésuites, *Venise*, 1795-1801, 65 vol. in-8, on ne trouve point la célèbre « Défense de la déclaration de 1682 ». Les éditeurs de Versailles ont réimprimé l'ouvrage latin de Bossuet, au lieu d'adopter l'excellente traduction de Le Roy, aussi estimée que l'original latin et d'une lecture plus facile. Cette mesure n'équivaut-elle pas à une suppression? Les amis de nos libertés pourront se consoler jusqu'à un certain point, en joignant à l'édition de Versailles le très-bon « Abrégé » de l'ouvrage de Bossuet, par l'abbé Coulon, prédicateur du roi. *Londres et Paris, Méquignon junior*, 1813, in-8.

OEuvres complètes de M. de Boulogne (publiées avec une Notice historique, par Mich.-Jos.-P. Picot). *Paris, A. Leclère*, 1826, 8 vol. in-8.

Les « Mélanges de religion, de critique et de littérature » sont précédés d'un « Précis historique sur l'Eglise constitutionnelle », par l'éditeur, formant 146 pages.

ŒUvres du seigneur de **Brantôme**, avec des remarques historiques et critiques (par J. Le Duchat, Ant. Lancelot et Prosper Marchand). *La Haye*, 1740; — *Londres*, 1779, 15 vol. in-12.

ŒUvres (les) de théâtre de M. **de Brueys** (avec la vie de l'auteur, par l'abbé C.-M. de Launay). *Paris, Briasson*, 1735, 3 vol. in-12. — Les mêmes (publiées par les soins de d'Alençon, avec les ŒUvres de Palaprat). *Paris*, 1755, 5 vol. petit in-12.

ŒUvres choisies de **Brueys** et Palaprat (avec une notice sur la vie et les ouvrages des auteurs, par L.-S. Auger). *Paris, P. Didot*, 1812, 2 vol. in-18.

ŒUvres de miss **Burney**, traduites de l'anglais (contenant Évelina et Cécilia, traduites en français par Henri Rieu et Henri Renfner). *Genève, P. Barde*, 1784, 10 vol. in-18.

Voy. V, 333, c, et IV, 545, e.

ŒUvres de lord **Byron**, traduites de l'anglais (par Amédée Pichot et Eusèbe de Salle). *Paris, Ladvocat*, 1819-1824, 19 vol. in-8.

Les tomes 14 à 19 portent : Par M. A. P....t.
Plusieurs fois réimprimées, soit avec la mention : Par M. A. P*****, ou : Par MM. A. P. et E. D. S.

ŒUvres de M. de **Campistron**, de l'Académie françoise; nouvelle édition, corrigée et augmentée (par les soins de Gourdon de Bacq, parent de l'auteur, et R. de Bonneval). *Paris, Compagnie des libraires*, 1750, 3 vol. in-12.

ŒUvres badines complètes du comte de **Caylus** (édition dirigée par C.-G.-T. Garnier). *Paris, Visse*, 1787, 12 vol. in-8.

ŒUvres de **Chamfort**, recueillies et publiées par un de ses amis (P.-L. Ginguené, avec une notice sur la vie et les écrits de l'auteur. par le même Ginguené). *Paris, an III-1795*, 4 vol. in-8.

On ne trouve pas dans cette intéressante collection le morceau intitulé : « Discours qui a remporté le prix à l'Académie de Marseille, par M. de Chamfort, sur cette question : Combien le génie des grands hommes influe sur l'esprit de leur siècle ». *Paris, Duchesne*, 1768, in-8, 34 p.
Cette omission a été réparée par M. Colnet, dans les trois éditions qu'il a données des ŒUvres complètes de Chamfort. *Paris*, 1800, 1803 et 1808, 2 vol. in-8.

ŒUvres de **Chapelle** et de Bachaumont (publiées par C.-H. Le Fèvre de Saint-Marc). *La Haye et Paris, Quillau*, 1755, in-12.

ŒUvres romantiques de M. le vicomte de **Chateaubriand**, avec une notice sur sa vie politique et littéraire, et des nouvelles historiques servant d'annotations à ses ouvrages, par M. D*** de St-E*** (J. Delandine de Saint-Esprit). *Paris, imp. de F. Didot*, 1831, 5 vol. in-32.

ŒUvres diverses de M. l'abbé de **Chaulieu** (et du marquis de La Fare), nouvelle édition (publiée par l'abbé C.-M. de Launay). *Amsterdam (Paris), Prault*, 1733, 2 vol. in-8.

ŒUvres de **Chaulieu**, d'après les manuscrits de l'auteur (publiées par Fouquet). *Paris, Bleuet*, 1774, 2 vol. in-8 et in-12.

L'abbé de Chaulieu ne put parvenir à être de l'Académie française; il en fit cependant la demande : M. le prince de Condé et MM. de Vendôme se réunirent pour solliciter en sa faveur, et ils n'auraient point été refusés. Mais Louis XIV, qu'on avait informé de la vie voluptueuse et libertine de l'abbé de Chaulieu, fit venir M. de Tourreil, alors directeur de l'Académie, et lui ordonna de faire en sorte que l'élection projetée fût croisée. Le jour arrivé, M. de Tourreil dit à la compagnie que M. le premier président de Lamoignon désirait d'entrer dans la compagnie; on alla aux suffrages, et ils furent pour le magistrat. Cependant M. le Prince, qui attendait des nouvelles de l'élection, ayant su qu'elle n'était pas en faveur de l'abbé de Chaulieu, et que M. de Lamoignon avait été élu, alla trouver le magistrat pour se plaindre de ce qu'il l'avait traversé. M. de Lamoignon assura le prince qu'il ignorait ce qui s'était passé; qu'il n'avait fait ni démarches ni demandes pour la place vacante, et refusa en effet de l'accepter lorsqu'on vint lui apprendre son élection. M. de Tourreil, fort embarrassé, alla rendre compte au roi de ce qui venait de se passer. M. de Rohan, alors coadjuteur, depuis évêque de Strasbourg et cardinal, avait été le matin prendre congé du roi pour s'en aller à Strasbourg. Le roi lui envoya dire de ne pas partir et de faire sur-le-champ visite aux académiciens pour demander la place vacante, et il fut élu en effet. Ainsi l'abbé de Chaulieu fut-il exclu. C'est depuis le refus de M. de Lamoignon que, dans toutes les élections de l'Académie, on demande si quelqu'un de la compagnie peut répondre que l'élu acceptera. Les preuves de ces faits sont consignées dans une lettre du cardinal de Rohan, qui est entre les mains de M. l'abbé d'Olivet, de qui je tiens ce récit.

(Catalogue manuscrit de l'abbé Goujet.)

ŒUvres diverses et inédites de M. J. **Chénier**..: la Bataviade, Essai sur les principes des arts, Discours sur l'intérêt personnel, l'Art poétique d'Horace, la Poétique d'Aristote,.. *Bruxelles, Weissenbruch*, 1816, in-8, 263 p.

Les discours et les notes qui accompagnent chacun de ces ouvrages sont du général A.-F. Mellinet.

ŒUvres de **Cicéron**, traduction nouvelle (les quatre premiers volumes par J.-N. Demeunier, les trois suivants par

J.-M.-B. Clément, et le huitième par P.-C.-B. et P.-R.-A.-G. Gueroult frères). *Paris, Moutard*, 1783-1789, 8 vol. in-12.

OEuvres complètes de **Claudien**, traduites en français pour la première fois, avec des notes et le texte latin (par S. Delatour, ex-doctrinaire, depuis curé de Saint-Louis d'Antin). *Paris, Dugour*, an VI-1798, 2 vol. in-8.

OEuvres (les) de S. **Clément** d'Alexandrie, traduites du grec, avec les opuscules de plusieurs autres Pères grecs (S. Nilus, S. Proclus, S. Athanase, S. Jean Chrysostome, par Nicolas Fontaine). *Paris, Pralard*, 1696, in-8.

OEuvres de feu M. **Cochin** (avec une préface par Besnard). *Paris, de Nully*, 1751, 6 vol. in-4.

OEuvres de M. **Coffin**, ancien recteur de l'Université et principal du collége de Dormans-Beauvais (publiées avec un éloge historique, par Ant. Langlet, avocat). *Paris, Desaint*, 1755, 2 vol. in-12.

OEuvres de **Colardeau**, précédées de sa vie et de son éloge (par Jabineau de La Voute, avocat, son oncle). *Paris, Le Jay*, 1779, 2 vol. in-8.

OEuvres de Charles-Joachim **Colbert**, évêque de Montpellier (publiées avec une préface, par l'abbé J.-B. Gaultier). *Cologne (Utrecht)*, 1740, 3 vol. in-4.

OEuvres diverses de P. **Corneille** (avec une préface historique et bibliographique, par l'abbé F. Granet). *Paris, Gissey*, 1738, in-12. — *Amsterdam, Z. Chatelain*, 1740, in-12, portr.

OEuvres de Pierre et de Thomas **Corneille**, nouvelle édition (conforme aux éditions de A.-F. Jolly, censeur royal) *Paris*, 1758 et 1759, 19 vol. in-12.

Voy. ces mots : « Théâtre de P. Corneille et Poëmes dramatiques de T. Corneille ».
On a inséré dans cette collection les « OEuvres diverses » de P. Corneille, telles qu'elles ont été publiées en 1738 par l'abbé Granet.

OEuvres poétiques de Pierre de **Cornu**, Dauphinois, précédées de sa vie, par Guillaume Colletet, avec une préface et des notes, par un membre de la Société des bibliophiles gaulois (Prosper Blanchemain). *Turin, J. Gay et fils*, 1870, in-12, xxvii-232 p.

La préface est signée P. B., les notes Pr. Bn. Tirées à 103 exemplaires, dont quatre sur chine et trois sur vélin.

OEuvres complètes de Mme **Cottin**, publiées pour la première fois en un seul corps d'ouvrage, avec une notice sur la vie et les écrits de l'auteur (par A. Petitot, frère de l'éditeur des « Mémoires sur l'histoire de France »). *Paris, Foucault*, 1817, 5 vol. in-8.

OEuvres complètes de Mme **Cottin**, avec une notice sur la vie et les écrits de l'auteur, un tableau historique des croisades, une analyse des ouvrages de Joinville, de Ville-Hardouin, et des notes sur le roman d'Elisabeth (par P.-R. Auguis). *Paris, Dabo*, 1818, 12 vol. in-8.

OEuvres de **Crébillon**, nouvelle édition, corrigée, revue et augmentée de la vie de l'auteur (par l'abbé Jos. de La Porte). *Paris, libraires associés*, 1772, 3 vol. in-12. — *Paris*, 1785, 3 vol. in-8.

OEuvres de **Crébillon**, précédées d'un Essai sur la vie et le théâtre de Crébillon, par C.-M. J. (C.-M. Janvier). *Paris, Huet*, 1796, in-4 à 2 col. — Avec un nouv. titre. *Paris, Longchamps*, 1822, in-4.

OEuvres de **Crébillon**, précédées d'une Notice (par F.-J.-M. Fayolle). *Paris, imp. d'Herhan*, an XII-1802, 3 vol. in-18.

OEuvres de Mme et de Mlle **Deshoulières**, nouvelle édition, augmentée de leur éloge historique (par G. de Laboissière de Chambors, de l'Académie des inscriptions et belles-lettres). *Paris, David*, 1747, 2 vol. petit in-12.

OEuvres choisies de **Desmahis** (avec une notice, par F.-J.-M. Fayolle). *Paris, F. Didot*, 1813, in-18.

OEuvres dramatiques de N. **Destouches**, nouvelle édition, précédée d'une notice sur la vie et les ouvrages de l'auteur (par Alex. de Senonnes). *Paris, Lefèvre*, 1811, 1822, 6 vol. in-8.

OEuvres morales de M. **Diderot**, contenant son traité de l' « Amitié » et celui des « Passions ». *Francfort*, 1770, in-12.

Ces deux traités sont de Mme Thiroux d'Arconville.

OEuvres de théâtre de M. **Diderot** (suivies d'observations par l'abbé Jos. de La Porte). *Paris, veuve Duchesne*, 1771, 2 vol. in-12.

OEuvres complètes de **Diderot** (avec une notice sur l'auteur, par G.-B. Depping). *Paris, Belin*, 1818-1819, 7 vol. in-8.

OEuvres choisies de **Dorat** (publiées par

C.-S. Sautreau de Marsy, avec une notice sur la vie et les écrits de l'auteur). *Paris, Delalain aîné*, 1786, 3 vol. in-12.

OEuvres (les) de Guillaume de Saluste, sieur **Du Bartas**, revues, corrigées et augmentées de nouveaux commentaires (par Simon Goulart, Senlisien). *Paris, Rigaud*, 1611, in-fol.

OEuvres de **Du Cerceau** (le Père J.-Antoine), contenant son théâtre et ses poésies; nouvelle édition, avec des notes, précédée d'un essai sur la vie et les écrits de l'auteur (par Antoine Péricaud l'aîné). *Lyon, Pézieux*, 1828, 2 vol. in-8.

D. M.

OEuvres complètes de **Duclos**, recueillies pour la première fois, précédées d'une notice historique et littéraire (par L.-S. Auger), et dans lesquelles se trouvent plusieurs écrits inédits, notamment des « Mémoires sur sa vie », etc. *Paris, Colnet*, 1806, 10 vol. in-8.

OEuvres complètes de **Duclos** (précédées d'une notice sur l'auteur, par M.-G.-T. Villenave). *Paris, Belin*, 1820, 3 vol. in-8.

OEuvres de **Du Marsais** (recueillies par M.-E.-G. Duchosal et Ch. Millon). *Paris, Pougin*, 1797, 7 vol. in-8.

Les éditeurs ont inséré dans cette collection :
1° L' « Essai sur les préjugés », qui est du baron d'Holbach. Voy. V, 262, *f.*
2° L' « Analyse de la religion chrétienne », dont l'auteur n'est pas bien connu.
Ils ont oublié :
1° Une « Réponse » de du Marsais à la lettre qui lui a été écrite de Marseille, au sujet d'un flux et reflux qui est arrivé dans le port de cette ville. Voy. le « Mercure » d'août 1725, p. 1787.
2° « Discours physique et historique sur la pesanteur de l'air. » Voy. le « Mercure » de juillet 1723, p. 48.

OEuvres (les) de feu noble Scipion **Du Perrier**, doyen des avocats du Parlement de Provence (nouv. édition donnée par Fr. de Cormis, neveu de l'auteur et doyen des avocats). *Toulouse et Paris*, 1721, 2 vol. in-4.

OEuvres (les) de Scipion **Du Perrier**, nouvelle édition, avec des observations relatives aux décisions de l'auteur, par D. L. T. (Louis Ventre de La Touloubre). *Avignon*, 1759, 3 vol. in-4.

OEuvres (les) de messire Guillaume **Du Vair**... reveues par l'autheur avant sa mort et augmentées de plusieurs pièces

non encore imprimées. *Paris, C. Cramoisy*, 1625, in-fol.

Édition préparée par N.-F. de Peiresc, qui laissa le soin de la fin de la publication à André Duchesne.

OEuvres de Valentin-Jamerai **Duval**, précédées de Mémoires sur sa vie (par F.-A. de Koch). *Saint-Pétersbourg et Strasbourg, J.-G. Treuttel*, 1784, 2 vol. in-8.

OEuvres anatomiques de M. **du Verney** (édition commencée par Pierre Tarin, et publiée par Charles-Antoine Jombert, qui y a fait divers changements et additions). *Paris, Jombert*, 1761, 2 vol. in-4.

OEuvres de piété de S. **Ephrem**, diacre d'Edesse et docteur de l'Eglise, traduites en françois sur la nouvelle édition de Rome (par l'abbé Le Merre). *Paris, Didot*, 1744, 2 vol. in-12.

OEuvres choisies de **Favart**. Edition stéréotype... *Paris, imp. de Didot l'aîné*, 1813, 3 vol. in-18. — *Paris, Lecointe*, 1830, 3 vol. in-18.

Précédées d'une notice sur la vie et les ouvrages de l'auteur, signée : L. S. A. (L.-S. Auger).

OEuvres spirituelles de feu M. François de Salignac de La Mothe-**Fénelon**, nouvelle édition, revue et considérablement enrichie (avec un avis sous le nom de l'imprimeur, composé par le cardinal de Fleury, et un avertissement de 120 pages, par l'abbé J.-I. de La Ville, ex-jésuite). (*Paris, frères Guérin*), 1740, 4 vol. in-12.

OEuvres de messire François Salignac de La Mothe-**Fénelon** (publiées par l'abbé Y.-M.-M. de Querbeuf, avec une vie très-détaillée de l'auteur, par le même). *Paris, Didot l'aîné*, 1787-1792, 9 vol. in-4.

Cette édition, qui a été faite aux frais du clergé de France, n'est point terminée. On peut reprocher à l'éditeur de n'avoir fait aucunes recherches sur les différentes éditions des ouvrages du célèbre archevêque de Cambrai. Le Télémaque seul eût pu lui fournir un morceau d'histoire littéraire très-piquant.

L'abbé Gallard, docteur de Sorbonne, avait d'abord été choisi pour recueillir les matériaux nécessaires pour élever ce monument à la gloire de Fénelon. L'étonnante lenteur avec laquelle il s'acquittait de cette honorable commission fut probablement cause que le P. Querbeuf s'en trouva définitivement chargé.

Cet ex-jésuite est encore connu dans la république des lettres par la publication qu'il a faite des « Sermons » de son confrère le P. de Neuville, et par les soins qu'il a donnés à la nouvelle édition des « Lettres édifiantes ». Il avait conservé dans sa bibliothèque particulière, depuis l'expulsion de la Société dont il était membre, le manuscrit autographe des lettres latines du célèbre Huet, formant 2 vol. in-4, qui contiennent 610 pages d'écriture. Ces lettres faisaient partie du legs que le savant évêque d'Avranches avait fait aux jésuites de la Maison professe, à Paris, plusieurs années avant sa mort. Le P. Querbeuf quitta la France dans le cours de la Révolution. Ayant été chargé, en qualité de membre du conseil de conservation des objets de science et d'art, de dresser l'inventaire des bibliothèques des émigrés, j'ai trouvé en 1797 les lettres de Huet dans les appartements que cet ex-jésuite avait occupés. Ce précieux manuscrit est aujourd'hui (1823) à la Bibliothèque du Roi. Un rapport de mon savant collègue dom Poirier, imprimé dans le n° XI de la reprise du « Journal des savants » (par MM. Camus et Daunou), fait connaître ce qu'il contient.

OEuvres choisies de **Fénelon** (publiées par l'abbé G.-J.-A.-J. JAUFFRET). *Paris, Le Clere*, an VII-1799, 6 vol. in-12.

Le même éditeur a publié quatre autres volumes intitulés : « OEuvres spirituelles et choisies de Fénelon ».

OEuvres de **Fénelon**, archevêque de Cambrai, publiées d'après les manuscrits originaux et les éditions les plus correctes (par GOSSELIN et CARON), avec un grand nombre de pièces inédites. *Versailles, imp. de J.-A. Lebel*, 1821-1824, 22 vol. in-8.

OEuvres complètes de **Fénelon**, archevêque de Cambrai, précédées de son histoire littéraire, par M*** (GOSSELIN), directeur au séminaire Saint-Sulpice. *Paris, J. Leroux et Jouby*, 1851, 10 vol. gr. in-8.

OEuvres complètes de **Fielding** (traduites de l'anglais en français, par P.-A. DE LA PLACE, l'abbé P.-F. GUYOT-DESFONTAINES, Christophe PICQUET et autres). *Paris, Perlet*, 1797, 23 vol. in-18.

J'ignore le nom du traducteur d' « Amélie Booth ».

On trouve dans cette collection « Roderic Random », qui est de Tobias SMOLLETT, et « David Simple », qui est de Sara FIELDING.

OEuvres posthumes de monseigneur le duc de **Fitz-James**, évêque de Soissons, concernant les Jésuites, etc. (publiées ou plutôt composées par l'abbé GOURLIN). *Avignon*, 1769, 2 vol. in-12.

OEuvres complètes de messire Esprit **Fléchier**, avec des observations et des notes (par l'abbé G.-M. DUCREUX). *Nimes, P. Beaume*, 1782, 10 vol. in-8.

OEuvres complètes de **Fontenelle** (publiées avec une notice sur Fontenelle, par G.-B. DEPPING). Edition compacte. *Paris, Belin*, 1818, 3 vol. in-8.

OEuvres de **Fontenelle**, précédées d'une Notice historique sur la vie et les ouvrages de l'auteur (par J.-B.-J. CHAMPAGNAC). *Paris, Salmon*, 1825, 5 vol. in-8.

OEuvres de M. **Franklin**, traduites de l'anglois... (par J.-B. L'ECUY, abbé de Prémontré ; revues, corrigées) et publiées

par BARBEU DU BOURG. *Paris, Quillau*, 1773, 2 vol. in-4.

OEuvres complètes de **Frédéric II**, roi de Prusse (publiées par J.-Ch. LAVEAUX). *Berlin, Voss et Decker*, 1788, 15 vol. in-8.

OEuvres historiques de **Frédéric** le Grand. Nouv. édit., avec des notes et des renseignements (publiées par le capitaine Gustave SCHULZ, depuis adjudant général de Magdebourg). *Leipzig, Brockhaus*; *Paris, Rey et Gravier*, 1830, 4 vol. in-8.

OEuvres de **Frédéric** le Grand. *Berlin, Rod. Decker*, 1846-1857, 30 vol. in-8 ou in-4.

Cette édition est due aux soins de J.-D.-E. PREUSS, historiographe de Brandebourg.

On lit p. XVIII de la Préface du tome I : « La traduction des notes, des avertissements et de cette préface a été confiée, ainsi que la révision grammaticale, à un littérateur français, M. Paul ACKERMANN, connu par plusieurs publications antérieures », et p. XII de l'avertissement du t. IV : « Le 19 février, M. Paul Ackermann, attaché depuis le 1er mai 1841 à la rédaction de cette nouvelle édition des « OEuvres de Frédéric le Grand », est tombé gravement malade. A notre grand regret, cet homme laborieux et instruit a été obligé de demander sa démission et de retourner dans son pays natal, où il est mort au mois de juillet. M. Charles DE LA HARPE l'a remplacé et s'acquitte de sa tâche avec dévouement ».

Les 30 volumes de cette édition contiennent : tomes I-VII, OEuvres historiques ; VIII-IX, OEuvres philosophiques ; X-XV, OEuvres poétiques ; XVI-XXVII, Correspondance ; XXVIII-XXX, OEuvres militaires.

On joint à ces 30 vol. une Table chronologique générale des ouvrages de Frédéric le Grand et le Catalogue raisonné des écrits qui lui sont attribués. 1857, in-8 de 165 pages. Moins heureux que Voltaire, Frédéric attend encore une *Table alphabétique des hommes et des choses dont il a parlé dans ses écrits*.

OEuvres complètes de **Fréret** (édition commencée par LE CLERC DE SEPTCHÊNES, et continuée après sa mort par...). *Paris*, 1796, 20 vol. petit in-12.

Cette édition est incomplète et incorrecte. Voy. l'article Fréret dans le tome III des « Siècles littéraires » de Desessarts, et le tome IV de la seconde année du « Magasin encyclopédique » (1796), p. 432.

OEuvres diverses de M. l'abbé **Gedoyn** (publiées par l'abbé Jos. THOULIER D'OLIVET, avec un Mémoire sur la vie de l'auteur, par L. PETIT DE BACHAUMONT). *Paris, de Bure*, 1745, in-12.

L'abbé Goujet, dans le « Supplément » de Moréri publié en 1749, article GEDOYN, et dans son *Catalogue manuscrit*, présente l'abbé d'Olivet comme auteur du « Mémoire sur la vie de l'abbé Gedoyn », et éditeur de ses OEuvres diverses. Dans les « Lettres d'une société, ou remarques sur quelques ouvrages nouveaux », *Berlin*, 1751, in-12, Boulanger de Rivery affirma que le savant abbé d'Olivet n'avait eu aucune part ni à l'éloge de l'abbé Gedoyn ni à l'édition de ses Œuvres diverses. Une dénégation aussi positive fit assez d'impression sur l'éditeur de Moréri, en 1759, pour le déterminer à supprimer dans l'article Gedoyn la mention de l'abbé d'Olivet, faite par l'abbé Goujet dix ans anparavant. Boulanger de Rivery déclarait en même temps qu'il n'avait pas la permission de dire de quelles mains le public avait reçu les deux articles dont il s'agit. La « France littéraire » de 1769, tome I, p. 170, nous a révélé une partie de ce secret, en nous apprenant que Bachaumont, parent de l'abbé Gedoyn, était auteur du « Mémoire » sur la vie de cet abbé, inséré en tête du premier volume de la traduction de Quintilien, édition de 1752. C'est ce même Mémoire qui se lit en tête des « Œuvres diverses » ; il avait paru d'abord dans le « Mercure » de janvier 1745. Quant à l'édition des « Œuvres diverses », elle a été certainement dirigée par l'abbé d'Olivet, ainsi que le prouve sa correspondance manuscrite avec le président Bouhier. Le docte abbé ayant exposé à son illustre ami le besoin qu'il avait de quelques morceaux pour donner au volume une épaisseur convenable, celui-ci lui fit parvenir des recherches du P. Oudin sur les *étymologies celtiques*, que l'on trouve au commencement des « Œuvres diverses » de l'abbé Gedoyn.

Œuvres choisies de M. **Gessner** et poésies diverses, traduites de l'allemand en vers françois (par N.-J.-L. Gilbert et autres), précédées d'une notice raisonnée sur la vie et les ouvrages de l'auteur (signée : Th. H. [L.-Th. Hérissant]) ; avec des observations historiques sur la littérature allemande, par L.-T. H. (L.-Th. Hérissant). (Le tout publié par Ant.-Prosper Lottin.) *Paris, libr. associés*, 1774, in-12.

Une nouvelle édition des « Observations » a été publiée séparément. Voy. ci-dessus, col. 607, d.

Œuvres de Salomon **Gessner**, traduites en français (savoir : la Mort d'Abel, Daphnis et les Idylles, par Michel Huber et A.-R.-J. Turgot ; les Nouvelles Idylles, par J.-H. Meister ; les Pastorales, par l'abbé Bruté de Loirelle, avec deux contes de Diderot). *Paris, Barrois l'aîné*, 1786, 3 vol. in-4, avec figures de Le Barbier. — Nouvelle édition (augmentée d'une notice sur la vie et les écrits de Gessner, rédigée par L.-G. Petitain). *Paris, Renouard*, 1799, 4 vol. in-8, avec fig. d'après Moreau le jeune.

La « Lettre à M. Fuessli » sur le paysage, traduite originairement par Michel Huber, a été refondue par C.-H. Watelet, au point qu'elle ne peut être considérée que comme un bon extrait de l'ouvrage de Gessner. Voy. la préface du « Manuel des amateurs de l'art », par Huber et Rost.

Œuvres complètes de **Gilbert**, publiées pour la première fois, avec les corrections de l'auteur et les variantes, et accompagnées de notes littéraires et historiques (par M. Mastrella). *Paris, Dalibon*, 1823, in-8.

Œuvres dramatiques de J. **Gœthe**, traduites de l'allemand (par P.-A. Stapfer fils, Cavagnac et Margueré), précédées d'une notice biographique et littéraire sur Gœthe. *Paris, Sautelet*, 1825, 4 vol. in-8.

La notice est signée : Albert S.....r (Albert Stapfer).

Œuvres de Pierre **Goudelin**, avec un dictionnaire de la langue toulousaine (par J. Doujat). *Toulouse*, 1638, in-8.

Œuvres de M. l'abbé de **Grécourt** (publiées par A.-G. Meusnier de Querlon). *Paris*, 1761, 4 vol. petit in-12.

Œuvres choisies de **Grécourt**, précédées de considérations historiques et critiques sur le genre de poésie auquel elles appartiennent (par Louis-François L'Héritier, de l'Ain ; avec des gravures obscènes, par Champion). *Paris, Paulin (Renault)*, 1833, in-8.

L'éditeur nommé au bas de cette coupable publication non-seulement réclama dans tous les journaux contre cette espèce de diffamation, mais encore poursuivit devant les tribunaux les vrais éditeurs, qui n'avaient pas craint d'abuser de son nom. D. M.

Œuvres spirituelles de Louis de Grenade. *Paris*, 1668, in-fol.

Cette traduction, qui a toujours passé sous le nom de Guillaume Girard, est de J. Talon ; Girard n'a traduit que le « Guide des pécheurs ».

Œuvres de **Gresset**, précédées d'une notice sur ce poète (par F.-J.-M. Fayolle). *Paris, stéréotypie de Didot*, 1806, 2 vol. in-18.

Œuvres posthumes de M. de **Grimaldy**, premier médecin du roi de Sardaigne, avec une dissertation physique sur les sujets qui entrent dans la composition de ses remèdes ; par M*** (E. Jourdan de Pellerin), éditeur de ces Œuvres posthumes. *Paris, Durand*, 1745, in-12.

Œuvres complètes de T(oussaint) **Gros**, suivies de morceaux choisis de quelques poëtes provençaux (J. Germain, Dageville, l'abbé Vigne, Fortuné Chailan). *Marseille*, 1841, in-8.   G. M.

Œuvres politiques, littéraires et dramatiques de **Gustave** III, roi de Suède (publiées par de Chaux). *Stockholm et Paris, Levrault*, 1805, 5 vol. in-8.

Œuvres complètes d'**Hamilton**, nouvelle édition, revue, corrigée, précédée d'une notice historique et littéraire (par L.-S. Auger). *Paris, Colnet*, an XIII-1805, 3 vol. in-8.

ŒUvres politiques de Jacques **Harring ton**, avec sa vie, par Toland, traduites de l'anglais (par P.-Fr. Henry). *Paris, Leclère*, an III-1795, 3 vol. in-8.

Voy. sur l'auteur : Harrington, « Etude politique », par M. E. de Parieu. *Paris, Dubuisson,* 1872, in-8, 15 p. (Extrait de la « Revue de France » de décembre 1872.)

ŒUvres complètes d'**Helvétius**, nouvelle édition faite sur les manuscrits communiqués par sa famille (dirigée par l'abbé P.-L. Lefèvre de La Roche). *Paris, Didot aîné,* 1795, 14 vol. in-18.

ŒUvres inédites de M. le président **Hénault** (publiées par Ant. Sérieys). *Paris, Hubert,* 1806, in-8.

ŒUvres de M. **Henckel**, traduites de l'allemand (par le baron d'Holbach et A.-H. Charas), contenant la Pyritologie ou l'Histoire naturelle de la Pyrite, le *Flora saturnisans,* etc. (le tout revu et augmenté par Aug. Roux, qui a ajouté un tableau de l'analyse végétale, extrait des leçons de Rouelle). *Paris, Hérissant,* 1760, 2 parties in-4.

Les bibliographes ont coutume de présenter comme deux ouvrages distincts les « Œuvres de Henckel » et la « Pyritologie ». Leur erreur vient de ce qu'ils ont copié tantôt le faux titre et tantôt le véritable titre de cette traduction.

ŒUvres politiques du comte de **Hertzberg** (publiées par C.-J. de Mayer). *Paris, Maradan,* 1795, 3 vol. in-8.

ŒUvres (les) d'**Hippocrate**, traduites en françois (par André Dacier), avec des remarques. *Paris,* 1697, 2 vol. in-12.

ŒUvres philosophiques et politiques de Thomas **Hobbes**, contenant : les Éléments philosophiques du citoyen, traduits par un de ses amis (Sam. Sorbière) ; le Corps politique (traduit par un anonyme), et le Traité de la nature humaine (traduit par le baron d'Holbach). *Neufchâtel (Paris),* 1787, 2 vol. in-8.

ŒUvres de F. **Hoffman**, précédées d'une notice sur sa vie (par Louis Castel). *Paris, Lavigne et Ducollet,* 1834,·10 vol. in-8, portrait.   D. M.

ŒUvres (les) de Q. **Horace** Flacce, Venusin, etc.; mises en vers françois; partie traduictes, partie veues et corrigées de nouveau, par Luc de La Porte, Parisien, docteur ez droicts et advocat. *Paris , Claude Micard* (1583), 1584, in-12.

La Porte a traduit les « Odes », les « Épodes » et l' « Hymne séculaire ». Les « Satyres » en traduction

et en paraphrase sont de F. H. D. B. (Fr. Habert, d'Issoudun en Berri) ; le traducteur des deux livres d' « Épîtres » est resté anonyme; celui de l' « Art poétique » est I. P. D. M. (Jacques Pelletier, du Mans).

Voy. IV, 304, *c*, et ci-après, « les Satyres et l'Art poétique.... »

ŒUvres d'**Horace**, de la traduction du P. Sanadon. *Restitutis omissis.* Edition royale. 1747, in-8.

On attribue cette édition à Frédéric II, roi de Prusse, et on prétend qu'il n'en a été tiré que vingt-quatre exemplaires. Voyez le Catalogue du comte de Cobenzl, par Jos. Ermens. *Bruxelles,* 1771, in-8, n° 768.

ŒUvres spirituelles du P. Vincent **Huby**, revues et corrigées par l'abbé *** (Jacq. Le Noir du Parc). *Paris, Berton,* 1755 ou 1761, in-12.

ŒUvres philosophiques de M. D. **Hume**, contenant : 1° Essais philosophiques sur l'entendement humain, avec les quatre philosophes du même auteur, traduits de l'anglois (par J.-B. Mérian, de l'Académie de Berlin, avec une préface par J.-H.-S. Formey). 2° Histoire naturelle de la religion, traduite de l'anglois (par Mérian), avec un examen critique et philosophique. *Amsterdam, Schneider,* 1759, in-12. 3° Dissertations sur les passions, sur la tragédie, sur la règle du goût (traduit par Mérian). *Amsterdam, Schneider,* 1759, in-12. 4° Essais de morale ou recherches sur les principes de la morale (traduits par J.-B.-R. Robinet). *Amsterdam, Schneider,* 1760, in-12.

Dans un avertissement du traducteur, il est dit que l'Examen de l'Histoire naturelle de la religion est d'un ami de ce traducteur: cependant Meusel, dans l' « Allemagne savante », l'attribue à Mérian lui-même.

Mérian a encore traduit les Essais politiques et moraux, *Amsterdam,* 1750, in-12.

Ces différentes traductions ont été réimprimées en 1788 à Paris, sous le titre de Londres. On y a joint celle des Essais sur le commerce, le luxe, etc., qu'un anonyme publia à Lyon en 1767. Voy. V, 281, *c*.

ŒUvres de J.-A. **Ingres**, gravées au trait sur acier par A. Réveil (avec un texte explicatif, par Magimel, peintre). *Paris, F. Didot,* 1850-51, in-4, 128 p. et 102 planches..

ŒUvres et Meslanges poétiques de **Jodelle**, sieur du Limodin (publiés par Ch. de La Mothe). *Paris, N. Chesneau,* 1574, in-4.

Premier volume. C'est le seul volume qui ait été publié.

ŒUvres de Louise **Charly**, Lyonnoise, dite **Labé**, surnommée la Belle Cordière (publiées par Pierre ADAMOLI, avec des recherches sur sa vie, par A.- CLARET DE LA TOURETTE). *Lyon, les frères Duplain,* 1762, in-8, XXII-IV-212 p., avec front. et vignettes de Nonotte.

Les « Recherches » ont été attribuées par erreur à Ch.-Jos. DE RUOLZ. Voy. Brunet, « Manuel du libr. », 5e éd., t. III, col. 709.

Euvres (*sic*) de Louize **Labé**, Lionnoize. *Lyon, imp. de' Durand et Perrin,* 1824, in-8, lxx-328 p.

Publiées par une société de bibliophiles lyonnais, avec préface, notes et glossaire, sous la direction de MM. Ch. BRÉGHOT DU LUT, J.-B. DUMAS et N.-F. COCHARD. Voy. le « Manuel du libraire », t. III, col. 709.   G. M.

ŒEuvres de Louise **Labé**, Lionnoize. Edition publiée par L. BOITEL. (Avec notice, par F.-Z. COLLOMBET.) *Lyon et Paris, Techener,* 1844, in-12.

ŒEuvres posthumes du P. **La Berthonie** (publiées par dom M.-J.-J. BRIAL, ci-devant bénédictin). *Paris, Méquignon junior,* 1810, in-12.

ŒEuvres complètes de Mmes de **La Fayette** et DE TENCIN, nouvelle édition, revue, corrigée, précédées de notices historiques et littéraires (par L.-S. AUGER). *Paris, Colnet,* an XII-1804, 5 vol. in-8.

ŒEuvres de Mme de **La Fer...** (M.-A. PETITEAU, marquise de **La Ferandière**), fables, poésies fugitives, romances et chansons. *Paris, Colnet,* 1806, 2 parties in-18. — ŒEuvres de Mme la marquise DE LA FER....... Deuxième édit., augmentée de plusieurs fables, romances et pièces fugitives. *Paris, Janet et Cotelle,* 1816, 2 parties in-12.

ŒEuvres complètes de J. de **La Fontaine**, précédées d'une nouvelle notice sur la vie de l'auteur (par L.-S. AUGER). *Paris, Lefèvre,* 1814 ou 1818, 6 vol. in-8.

ŒEuvres complètes de J. **La Fontaine**, précédées d'une nouvelle notice sur sa vie, avec les notes les plus importantes des commentateurs et quelques observations nouvelles (par J.-B.-D. DESPRÈS). *Paris, Pillet,* 1817, 2 parties in-8.

ŒEuvres choisies et posthumes de M. de **La Harpe**, de l'Académie française (publiées avec des Mémoires sur la vie de l'auteur, par C.-B. PETITOT). *Paris, Migneret,* 1806, 4 vol. in-8.

On trouve dans le « Journal de la librairie » de 1817, p. 382 et 383, une note curieuse sur la prétendue prédiction que Cazotte fit en 1788 des forfaits

qui seraient commis pendant le règne de la Terreur : on y apprend que cette pièce, dont M. Boulard possède l'original autographe, est bien réellement écrite de la main de La Harpe, mais que M. Petitot, en la publiant pour la première fois dans les « ŒEuvres posthumes » de ce dernier, en a supprimé la fin, dans laquelle La Harpe disait textuellement que la prophétie n'est que supposée.   (Biographie universelle.)

ŒEuvres de **Laharpe**, accompagnées d'une notice sur sa vie et sur ses ouvrages (par DE SAINT-SURIN). *Paris, Verdière,* 1820-1821, 16 vol. in-8.

ŒEuvres de Mme la marquise de **Lambert**, avec un abrégé de sa vie. Nouvelle édition. *Paris, veuve Ganeau,* 1748, 2 vol. in-12.

Édition faite sur un exemplaire de celle de Lausanne, Bousquet, 1747, corrigé par FONTENELLE, qui est aussi l'auteur de l' « Abrégé de la vie de la marquise de Lambert » en tête du premier volume, extrait du « Mercure de France » d'août 1733.

ŒEuvres choisies de feu M. de **La Monnoye** (avec des Mémoires historiques sur la vie et les écrits de l'auteur, par J.-A. RIGOLEY DE JUVIGNY, publiées par F. DESVENTES). *La Haye, Ch. Levier ; Paris, Saugrain le jeune, et Dijon, F. Desventes,* 1770, 2 vol. in-4 ou 3 vol. in-8.

ŒEuvres morales ou maximes et réflexions de François, duc de **La Rochefoucauld**, précédées de sa vie, qui paraît pour la première fois, et terminées par une table alphabétique des matières, plus ample et plus commode que celle des éditions précédentes (par le marquis A.-J.-F.-X.-P.-E.-S.-P.-A. DE FORTIA D'URBAN). *Avignon, veuve Séguin,* an X-1802, 2 vol. pet. in-12, 268 et 296 p.

Une première édition avait déjà paru en 1796 (*Paris, Desenne,* in-12 de 278 p.), laquelle a été contrefaite à Bâle, par Decker. Voy. Quérard, « Fr. littér. », IV, 565.

ŒEuvres de **La Rochefoucauld**, marquis DE SURGÈRES, imprimées sur les originaux inédits, revues et publiées avec des notes (par Ant. SÉRIEYS). *Paris, Gérard,* 1804, in-8.

ŒEuvres complètes de **La Rochefoucauld**, avec notes et variantes, précédées d'une notice biographique et littéraire (par M. le comte Gaëtan DE LA ROCHEFOUCAULD-LIANCOURT). *Paris, Ponthieu,* 1825, in-8.

Ce volume ne contient pas la première partie des Mémoires publiés pour la première fois en 1817 par Renouard, et dont la famille de l'auteur ne reconnaît pas l'authenticité.

ŒEuvres de J. **Law**, contrôleur général

des finances de France sous le régent, contenant les principes sur le numéraire, le commerce, le crédit et les banques (traduit de l'anglais, avec des notes, par le général E. DE SÉNOVERT, et non par E. CLAVIÈRE, comme il avait été dit par erreur dans la 2e édit. de ce Dictionnaire). *Paris, Buisson,* 1790, in-8.

Reproduit avec une notice sur Law dans la Collection des Economistes financiers du XVIIIe siècle. *Paris, Guillaumin,* 1843, gr. in-8, p. 435-698.

OEuvres choisies de M. **Lebrun**, précédées d'une notice sur sa vie et ses ouvrages, par M. D*** (J.-B.-D. DESPRÉS). *Paris, Janet et Cotelle,* 1829, in-8.

OEuvres de **Le Grand**, comédien du roi (publiées par l'abbé Jos. DE LA PORTE). *Paris, libraires associés,* 1770, 4 vol. in-12.

OEuvres mêlées de Mme **Le Prince de Beaumont**, extraites des journaux et feuilles périodiques qui ont paru en Angleterre pendant le séjour qu'elle y a fait, rassemblées par *** (M.-A. EIDOUS). *Maëstricht, Dufour,* 1775, 6 vol. in-12.

OEuvres choisies de **Le Sage** et de l'abbé PRÉVOST (édition dirigée par C.-J. MAYER). *Paris, Cuchet,* 1783, 54 vol. in-8. — Nouvelle édition. *Paris, Leblanc,* 1811, 55 vol. in-8.

La vie de l'abbé Prévost, en tête de la nouvelle édition, est de Pierre BERNARD d'Héry, ancien législateur, conseiller de préfecture à Auxerre.

Il en existe un tirage à part.

OEuvres spirituelles du P. **Le Valois**, de la Compagnie de Jésus, nouvelle édition (publiée avec une préface historique sur la vie et les ouvrages de l'auteur, par le P. Fr. BRETONNEAU). *Paris, H.-L. Guérin,* 1739, 3 vol. in-12.

OEuvres choisies, littéraires, historiques et militaires du maréchal prince de **Ligne** (publiées par C. MALTE-BRUN). *Genève,* 1809, 2 vol. in-8.

OEuvres de **Louis XVI**, précédées d'une histoire de ce monarque... (par M. Ch. MOUSSY). *Paris,* 1864, 2 vol. in-8.

On a réimprimé en 1865 des titres avec le nom de l'éditeur.

OEuvres de **Lucien**, traduites du grec (par J.-N. BELIN DE BALLU), d'après une copie vérifiée et revue sur six manuscrits de la bibliothèque du roi ; avec des notes historiques et littéraires, et des remarques critiques sur le texte de cet auteur. *Paris, Bastien,* 1788-1789, 6 vol. in-8.

Le dernier volume contient des Remarques critiques

sur le texte de Lucien, qui étaient destinées à être mises à la fin de chaque volume ; mais, leur étendue ne le permettant pas, on en a fait un volume séparé.

OEuvres de **Machiavel**, nouvellement traduites d'italien en françois (par le sieur DE BRIENCOUR). *Rouen (Paris),* 1664, 1 vol. petit in-12.

Le travail du sieur de Briencour se réduit à avoir, comme il le dit lui-même dans le titre particulier de l' « Art de la guerre », purgé les traductions de Jac. GOHORY et de J. CHARRIER de toutes les phrases gauloises qui s'étaient glissées dans les éditions précédentes. Voy. IV, 290, c.

Bayle, qui est entré dans des détails assez étendus sur les différents traducteurs de Machiavel, n'a point parlé de cette nouvelle édition, revue et corrigée, de l'ancienne version de plusieurs de ses ouvrages.

Fr. TÉTARD, réfugié français et médecin à La Haye, a publié, depuis 1691 jusqu'en 1696, une meilleure traduction de la plupart des ouvrages de Machiavel ; elle est composée de 6 vol. in-12, qui ont été réimprimés à La Haye, l'an 1743, en 6 vol. également, avec l' « Anti-Machiavel » du roi de Prusse.

Cette traduction a été à peine effacée par celle que MM. GUIRAUDET (et HOCHET) ont publiée à *Paris, chez Potey,* en l'an VII-1799, 6 vol. in-8. Celle-ci contient d'ailleurs des ouvrages qui n'avaient pas encore été traduits : mais elle ne renferme pas tous les ouvrages de l'auteur italien ; on les trouve dans la traduction de J.-V. PÉRIÈS. *Paris, Michaud,* 1823-1826, 12 vol. in-8.

La traduction de Guiraudet a été reproduite dans l'édition publiée par J.-A.-C. BUCHON, dans le « Panthéon littéraire », 1837, 2 vol. gr. in-8 ; les pièces qui n'avaient pas été traduites par Guiraudet sont données d'après la traduction de Périès. M. AVENEL a traduit les deux comédies : « la Mandragore » et « la Clizia ».

OEuvres de M. le comte Xavier de **Maistre** (publiées avec trois avertissements par A.-C. PASQUIN VALERY). *Paris, Ponthieu,* 1825, 3 vol. in-18.

OEuvres de **Malfilâtre**, seconde édition complète, précédées d'une notice historique et littéraire (par L.-S. AUGER). *Paris, Collin,* an XIII-1805, in-12.

OEuvres de **Malfilâtre**. Nouvelle édition accompagnée de notes et précédée d'une notice par M. L*** (Paul LACROIX), éditeur des « OEuvres de Clément Marot ». *Paris, Jehenne,* 1825, in-8.

OEuvres de **Malfilâtre**. 2e édition. *Paris, Lemoine,* 1829, in-32.

Précédées d'une notice signée J. R. (Jules-Amédée-Désiré RAVENEL). La première édition est de 1826.

OEuvres (les) de François de **Malherbe** (avec un discours sur ses OEuvres par Ant. GODEAU). *Paris, Ch. Chappellain,* 1630, in-4, portr.

Première édition des OEuvres de Malherbe, publiée par son cousin, Fr. D'ARBAUD DE PORCHÈRES.

Il existe deux éditions de Malherbe sous la même date, avec le même privilége et portant le même achevé d'imprimer (22 déc. 1629) ; elles sortent de la même imprimerie et ont le même nombre de pages (24 ff. prél., y compris le portrait, et 228 pages). Les différences consistent en corrections ou modifications dans le « Discours sur les Œuvres de Malherbe ». Celle que l'on regarde comme la seconde est sur moins beau papier ; elle contient, au feuillet liiij du « Discours », un passage en dix-huit lignes qui ne se trouve pas dans la première et qui commence ainsi : « J'avoue que ses autres lettres n'ont pas les grâces et les richesses de celle-là, etc. »

OEuvres posthumes de **Marmontel** (publiées par A. DE CHAZET). *Paris, Verdière*, 1820, in-8.

OEuvres (les) de Clément **Marot**, reveus, augmentées et disposées en beaucoup meilleur ordre que ci-devant ; plus quelques œuvres de Michel Marot, fils dudit Marot (publiées par F. MIZIÈRE). *Niort*, 1596, in-16.

OEuvres de Clément **Marot**, augmentées tant de diverses poésies véritables que de celles qu'on lui a faussement attribuées : avec les ouvrages de Jean MAROT son père, ceux de Michel MAROT son fils, et les pièces du différent de Clément avec François Sagon, accompagnées d'une préface historique et d'observations critiques (par l'abbé Nic. LENGLET DU FRESNOY, qui a signé du nom de GORDON DE PERCEL la dédicace au comte de Hoym). *A La Haye, chez P. Gosse et J. Neaulme*, 1731, 6 vol. in-12, ou 4 vol. in-4.

OEuvres choisies de Clément **Marot** (précédées d'un discours préliminaire par F.-N.-V. CAMPENON). *Paris, Didot ainé*, an X-1801, in-18.

OEuvres complètes de Clément **Marot** ; nouvelle édition augmentée d'un Essai sur la vie et les ouvrages de Clément Marot, de notes historiques et d'un glossaire (par M. Paul LACROIX). *Paris, Rapilly*, 1824, 3 vol. in-8.

OEuvres posthumes de M. de **Maucroix** (contenant, entre autres articles, la traduction des quatre Philippiques de DÉMOSTHÈNES, par l'abbé Jos. THOULIER D'OLIVET). *Paris, Jacques Estienne*, 1710, in-12.

Les manuscrits de l'abbé de Maucroix ayant été confiés à l'abbé d'Olivet, celui-ci les trouva si imparfaits, qu'il ne conserva pas une de ses phrases, pas un seul de ses tours.

OEuvres de M. le chevalier Antoine-Raphaël **Mengs** (publiées en allemand par J.-C. FUESSLI, et traduites en français par Henri JANSEN). *Paris, Pissot*, 1781, in-8.

OEuvres de M. **Mengs**, premier peintre du roi d'Espagne et du roi de Pologne, etc. (traduites par J.-P. DORAY DE LONGRAIS, avec un éloge historique de Mengs, rédigé par L.-T. HÉRISSANT, sur des notes qui avoient été envoyées de Stuttgard au traducteur, par Nic. GUIBAL, élève de Mengs). *Ratisbonne, aux dépens du traducteur*, 1782, in-8.

Cette traduction a fait peu de bruit et méritait cependant d'en faire ; il s'y trouve deux lettres de Mengs au traducteur.

OEuvres posthumes de M. le chevalier de **Meré**. De la Vraie Honnêteté. De l'Eloquence et de l'Entretien. De la Délicatesse dans les choses et dans l'expression. Le Commerce du monde. *Paris, Jean et Michel Guignard*, 1700, in-12, 14 ff., 356 p., sans la table. — *La Haye, Meindert Nytwers*, 1701, in-12.

L'épître à l'abbé de Soubise est signée de l'abbé NADAL, qui a pris soin d'avertir à la fin de la préface que les deux dernières pièces du volume, non annoncées sur le titre, sont de lui. Elles sont portées sur le titre de l'édition hollandaise.

OEuvres choisies de **Milton** : Comus, l'Allegro, il Penseroso, Samson agoniste, Lycidas, Sonnets, poésie latine. Traduction nouvelle, avec le texte en regard. *Paris, Ch. Gosselin*, 1839, in-8.　　　D. M.

Cette traduction anonyme est de M. KERVYN DE LETTENHOVE, membre de l'Académie royale de Belgique, dont l'Académie française a couronné, en 1856, une Étude sur les Chroniques de Froissart.

OEuvres (les) de M. de **Molière**, revues, corrigées et augmentées (par VINOT et Ch. VARLET, sieur DE LA GRANGE), enrichies de figures en taille-douce (de P. Brissard et Sauvé). *Paris, Denis Thierry, Claude Barbin, et Pierre Trabouillet*, 1682, 8 vol. in-12.

Voy. sur cette première édition des Œuvres complètes de Molière les curieux détails donnés par M. P. Lacroix, « Bibliographie moliéresque » (1872), p. 60-61.

OEuvres de **Molière**, édition augmentée de la Vie de l'auteur. *Amsterdam, P. Brunel*, 1725, 4 vol. in-12, fig.

La « Vie de Molière » qui accompagne cette édition a été attribuée par M. P. Lacroix au comédien MARCEL ; mais, ainsi que l'a établi M. Ed. Fournier, d'après les « Mémoires de Bruys » (t. Ier, p. 153), elle est due à A.-A. BRUZEN DE LA MARTINIÈRE.　　　G. M.

OEuvres de **Molière**, nouvelle édition (précédée d'un avertissement par Antoine JOLLY, éditeur, et de Mémoires sur la vie et les ouvrages de Molière, par J.-L.-I. de

La Serre): *Paris, David*, 1734, 6 vol. in-4.
— Nouvelle édition (augmentée de quelques nouvelles pièces relatives à Molière ou à ses ouvrages). *Paris, Le Clerc*, 1739, ou *veuve Gandouin*, 1747, 8 vol. in-12.

La Vie de Molière, avec de petits sommaires de ses pièces, par Voltaire, était destinée à être imprimée en tête de l'édition in-4 dont il s'agit ici. Rouillé, chargé alors du département de la librairie, donna la préférence à l'ouvrage de La Serre. Les éditeurs hollandais de Molière en 1765, et ensuite Bret en 1773, en substituant le travail de l'Homère français à celui de son obscur rival, ont vengé Voltaire de l'injustice que Rouillé lui avait fait essuyer.

OEuvres de **Molière**, nouvelle édition, collationnée sur les textes originaux, avec leurs variantes (par M. Chaudé), précédées de l'histoire de sa vie et de ses ouvrages par M. J. Taschereau. *Paris, Furne*, 1863, 6 vol. in-8.

OEuvres de M. de **Montesquieu**, nouvelle édition très-augmentée, avec des remarques philosophiques et politiques d'un anonyme (Elie Luzac). *Amsterdam, Arkstée et Merkus*, 1757, 1759, 1761, 6 vol. in-12.

OEuvres de M. de **Montesquieu**, nouvelle édition, revue et corrigée sur les corrections avouées par l'auteur (publiée par les soins de Fr. Richer, avocat, avec un avertissement où il réfute les remarques d'un anonyme, Elie Luzac). *Londres (Paris, Barrois)*, 1758, 1767, 3 vol. in-4.

On ne trouve que dans un très-petit nombre d'exemplaires une lettre de Montesquieu à Mme de Pompadour, relative à l'admission de Piron dans l'Académie française. Voyez une lettre de Rigoley de Juvigny dans « l'Année littéraire », 1776, t. IV, p. 197.

OEuvres complètes de **Montesquieu**, avec des notes d'Helvétius sur l'Esprit des lois et des pensées diverses extraites des manuscrits de l'auteur (édition dirigée par l'abbé J.-B.-L. de La Roche). *Paris, Didot aîné*, 1795, 12 vol. in-18.

OEuvres posthumes de **Montesquieu**, pour servir de suppément aux différentes éditions in-12 qui ont paru jusqu'à présent (publiées avec des notes par J.-B. Bernard, libraire). *Paris, Plassan*, an VI-1798, in-12.

Dans une longue note insérée aux pages 240 et suivantes de ce volume, l'éditeur a commis une multitude d'erreurs, dont je crois devoir relever les principales :

1º Il prétend que les « Observations » de l'abbé de La Porte sur « l'Esprit des lois » sont en 2 vol. Elles ne forment qu'une brochure assez mince.

2º Il avance que Boulanger de Rivery, auteur d'une critique des « Observations » de l'abbé de La Porte, traita l'abbé de Bonnaire, auteur de « l'Esprit des lois quintessencié », comme il avait traité l'abbé de La

Porte. De Rivery déclare au contraire n'avoir eu garde d'entrer en lice avec un pareil adversaire, qui a mis dans sa critique de « l'Esprit des lois » autant d'aigreur et de boufonnerie que l'abbé de La Porte avait mis dans la sienne de modération et de gravité.

3º Il dit qu'il y eut en 1761 une édition des OEuvres de Montesquieu en 6 vol. in-12, avec des « Remarques philosophiques et politiques d'un anonyme ». Cette édition est de l'année 1759. Elle a pu être réimprimée en 1761.

4º A l'en croire, la critique de « l'Esprit des lois » par le fermier général Dupin est en 3 vol. in-12. Il est probable que Bernard n'a jamais vu ni les « Réflexions » de Dupin, en 2 vol. in-8, ni ses « Observations », en 3 vol. in-8. Il ignore également les motifs qui déterminèrent Dupin à supprimer ces ouvrages. Voyez « Observations sur un livre », ci-dessus, col. 640, b, et les mots « Réflexions sur quelques parties .. »

OEuvres de **Montesquieu** (publiées par M.-G.-T. Villenave et G.-B. Depping). *Paris, Belin*, 1817, 2 vol. in-8.

OEuvres de **Napoléon Bonaparte** (publiées avec des notes historiques par F.-L. Linder et A. Lebret). *Stuttgard et Tubingue, Cotta*, 1822 et années suivantes, 6 vol. in-8.

OEuvres de M. **Nivelle de La Chaussée** (publiées par Ch. Sablier). *Paris, Prault*, 1763, 5 vol. pet. in-12.

OEuvres de Marc-Antoine de **Noé**, ancien évêque de Lescart, mort évêque de Troyes; précédées d'une notice historique sur la vie et les écrits de ce prélat (par P.-R. Auguis). *Paris*, 1818, in-8.

OEuvres diverses de M. l'abbé **Oliva** (publiées avec l'éloge historique de l'auteur, par C.-A. L'Escalopier de Nourar). *Paris, Martin*, 1758, in-8.

OEuvres métallurgiques de Jean-Christian **Orschall**, traduites de l'allemand (par le baron d'Holbach). *Paris, Hardy*, 1760, in-12.

OEuvres (les) galantes et amoureuses d'**Ovide**, traduction nouvelle en vers français (par l'abbé Jean Barrin). *A Cythère, aux dépens du Loisir*, 1756, in-8. — *Amsterdam, du fonds des Elzévier*, 1770, 2 vol. in-12.

Voy. « Épîtres d'Ovide... », V, 162, b.

OEuvres de M. de **Palaprat**. Nouvelle édition (publiée par d'Alençon). *Paris, Briasson*, 1735, in-12, XLII-452 p. et 2 ff.

OEuvres choisies de **Parny**, avec une notice et des jugements (publiées par Ch. Berriat Saint-Prix). *Paris, Mansut*, 1826, 2 vol. in-32.

OEuvres choisies de **Parny**, augmentées de variantes de texte et de notes (publiées par J.-Fr. BOISSONADE). *Paris, Lefèvre*, 1827, gr. in-8, avec un portr.

Cette édition forme le 70ᵉ volume de la « Collection des classiques français » publiée par le même libraire.

OEuvres complètes de Blaise **Pascal** (publiées par l'abbé Ch. BOSSUT). *La Haye, Detune, et Paris, Nyon aîné*, 1779, 5 vol. in-8.

OEuvres d'Etienne **Pavillon**, nouvelle édition, considérablement augmentée (publiée par Ch.-H. LE FÈVRE DE SAINT-MARC). *Amsterdam, Châtelain (Paris)*, 1750, 2 vol. in-12.

OEuvres diverses de M. **Pellisson** (publiées par l'abbé J.-B. SOUCHAY). *Paris, Didot*, 1735, 3 vol. in-12.

OEuvres choisies de **Pétrarque**.

Voy. « Mémoires pour la vie de Pétrarque... », ci-dessus, col. 234, f.

OEuvres complètes de P. **Poivre**, précédées d'une notice sur sa vie (par P.-S. DUPONT de Nemours), et accompagnées de notes (par L.-M. LANGLÈS). *Paris*, 1797, in-8.

OEuvres de M. l'abbé de **Pons** (publiées avec son éloge historique, par J.-F. MELON). *Paris, Prault*, 1738, in-12.

OEuvres diverses de M. **Pope** (savoir : ses Epîtres morales, traduites en prose par Et. DE SILHOUETTE, avec la traduction en vers de la Boucle de cheveux enlevée, par J.-F. MARMONTEL). *Paris, Nyon*, 1753, in-12.

La plus grande partie de ce volume est extraite des « Mélanges de littérature ».
Voy. ci-dessus, col. 114, c.

OEuvres diverses de M. **Pope**, traduites de l'anglois (par différents auteurs. recueillies par ELIE DE JONCOURT). *Amsterdam, Arsktée et Merkus*, 1754, 7 vol. in-12. — Nouvelle édition augmentée. *Amsterdam*, 1767, 8 vol. in-12.

OEuvres complètes d'Alexandre **Pope** (traduites par différents auteurs), avec le texte anglois mis à côté des meilleures pièces (édition publiée par l'abbé Jos. DE LA PORTE). *Paris, veuve Duchesne*, 1779, 8 vol. in-8.

OEuvres choisies de **Pope**, avec un Essai sur sa vie (par C.-S. SAUTEREAU DE MARSY). *Paris, Crapelet*, 1800. 3 vol. in-12.

OEuvres de **Procope** de Césarée. *Paris, G. de Luyne*, 1669, in-12.

Traduction de M. DE SOURCHES, d'après le catalogue manuscrit de la Bibliothèque nationale.
Cette traduction a été aussi attribuée à LÉONOR DE MAUGER, auquel a été accordé le privilège.

OEuvres de S. **Prosper** d'Aquitaine (traduites par l'abbé Claude LE QUEUX). *Paris, Robinot*, 1762, in-12.

OEuvres choisies de **Quinault**, précédées d'une nouvelle notice sur sa vie et ses ouvrages (par A.-G. CRAPELET). *Paris, Crapelet*, 1824, 2 vol. in-8.   D. M.

OEuvres (les) de maître François **Rabelais**, avec des remarques historiques et critiques (par Jacq. LE DUCHAT et B. DE LA MONNOYE). *Amsterdam, Henri Bordesius*, 1711, 5 vol. petit in-8, fig. — Nouvelle édition augmentée de quelques remarques nouvelles (par T.-S. GUEULLETTE et P.-C. JAMET l'aîné). (*Paris, Pierre Prault*), 1732, 6 vol. in-8. — Nouvelle édition, ornée de fig. de B. Picart... augmentée de quantité de nouvelles remarques de LE DUCHAT, de celles de l'édition angloise des OEuvres de Rabelais (par P.-A. LE MOTEUX, traduites en françois par César DE MISSY), de ses lettres, et de plusieurs pièces intéressantes (avec un avertissement par J.-Fréd. BERNARD). *Amsterdam, J.-F. Bernard*, 1741, 3 vol. in-4.

Voy., pour plus de détails sur ces différentes éditions, Brunet, « Manuel du libraire », 5ᵉ édit., t. IV, col. 1059.
Voy. aussi la note à la suite des « Essais de Michel de Montagne », V, 269, c.

OEuvres choisies de maître François **Rabelais** (publiées par l'abbé G.-L. CALABRE PÉRAU). *Genève, Barillot*, 1752, 3 vol. in-12.

OEuvres de maître François **Rabelais**, suivies de remarques publiées en anglais par LE MOTTEUX, et trad. en français par C. D. M. (César DE MISSY). *Paris, Bastien*, an VI-1798, 3 vol. in-8, 70 fig.

OEuvres de **Rabelais**. (Publiées par F.-H.-S. DE L'AULNAYE.) *Paris, Desoer*, 1820, 3 vol. in-18.

OEuvres de F. **Rabelais**, accompagnées de notes explicatives du texte et précédées d'une notice par M. L*** (Paul LACROIX)... *Paris, Jehenne*, 1825, 5 vol. in-32.

OEuvres de Jean **Racine**, nouvelle édition. *Amsterdam, J.-F. Bernard*, 1722, 2 vol. in-12.

Édition donnée par A.-A. BRUZEN DE LA MARTINIÈRE, à ce qu'avance Nicéron.

Œuvres de (Jean) **Racine**, nouvelle édition (publiées avec un avertissement historique et la vie de l'auteur, par A.-F. JOLLY). *Paris, David*, 1736, 2 vol. in-12; — *Le Gras*, 1750, 3 vol. in-12.

Œuvres de Jean **Racine**, imprimées par ordre du roi, pour l'éducation du dauphin (précédées d'une notice sur la vie et les ouvrages de l'auteur, par J.-A. NAIGEON). *Paris, Didot aîné*, 1783, 3 vol. in-4; — 1784, 3 vol. in-8 et 5 vol. in-18.

Œuvres dramatiques de J. **Racine**, précédées d'un Essai sur la vie et le théâtre de l'auteur, par C. M. J. (C.-M. JANVIER). *Paris, Huet*, 1796, in-4.

Œuvres de J. **Racine**, avec les variantes et les imitations des auteurs grecs et latins, publiées par M. PETITOT (et DE LA CHAPELLE, officier d'artillerie, depuis commandant d'artillerie à Amiens), édition stéréot. *Paris, H. Nicolle*, 1807; — *Nicolle et Belin*, 1812-13; — *veuve Dabo*, 1823, 5 vol. in-8.

Œuvres complètes de Jean **Racine**, avec le commentaire de M. DE LAHARPE, et augmentées de plusieurs morceaux inédits ou peu connus. *Paris, Agasse*, 1807, 7 vol. in-8.

L'auteur des *notes* et *additions* dites *des éditeurs*, ainsi que de toutes les autres notes sans nom, avait voulu rester inconnu. On sait aujourd'hui que cet anonyme est le marquis Germain GARNIER, qui s'était chargé de la direction de cette édition; c'est ce que constate une lettre écrite par lui le 8 avril 1813 à M. Jacobé de Naurois. Voir l'édition de Racine donnée par M. Paul Mesnard. *Paris, Hachette*, tome VII, p. 402.

Œuvres posthumes de M. l'abbé **Racine** (publiées par dom Ch. CLÉMENCET). *Avignon*, 1759, in-12.

Œuvres de M. **Regnard**, nouvelle édition, revue exactement, corrigée et conforme à la représentation (dirigée par l'abbé Jos. DE LA PORTE). *Paris, libraires associés*, 1770, 4 vol. in-12.

Œuvres complètes de **Regnard**, avec des avertissements et des remarques sur chaque pièce, par M. G**** (C.-G.-T. GARNIER). *Paris, imprim. de Monsieur*, 1789, 6 vol. in-8.

Œuvres de Mathurin **Regnier**, accompagnées de remarques historiques (par C. BROSSETTE), nouvelle édition considérablement augmentée (par LENGLET DU FRESNOY). *Londres, Jacob Tonson*, 1733, gr. in-4.

Œuvres complètes de Josué **Reynolds**, traduites de l'anglais (par Henri JANSEN). *Paris*, 1806, 2 vol. in-8.   D. M.

Jansen avait précédemment traduit en 1788 la collection des discours du célèbre peintre anglais; il les reproduisit avec ses Œuvres traduites d'après l'édition publiée en 1797 (3 vol. in-8), qui contient une notice biographique par Malone.

Œuvres complètes de **Rivarol**, précédées d'une notice sur sa vie (publiées par F.-J.-M. FAYOLLE et Ch. DE CHÉNEDOLLÉ). *Paris*, 1808, 5 vol. in-8.

Œuvres de M. **Rivière du Fresny** (recueillies par D'ALENÇON). *Paris, Briasson*, 1731, 6 vol.; — *Briasson*, 1747, 4 vol.; — *Barrois l'aîné*, 1779, 4 vol. in-12.

D'Alençon, mort en 1744, était huissier au Parlement. On a de lui deux comédies; on lui doit encore l'édition en 5 vol. petit in-12 des Œuvres de Brueys et Palaprat.

Œuvres posthumes de Jacques **Rohault** (publiées par Claude CLERSELIER, son beau-père). *Paris*, 1682, in-4.

Œuvres de Jean **Rotrou** (avec des notices historiques et littéraires, par VIOLLET LE DUC). *Paris, Desoer*, 1820, 5 vol. in-8.

Œuvres choisies de M. (J.-B.) **Rousseau** (publiées par A.-C. LE FORT DE LA MORINIÈRE). *Paris*, 1741, in-12.

Souvent réimprimées.

Œuvres de Jean-Baptiste **Rousseau**, nouvelle édition (donnée par SEGUY, frère de l'abbé). *Bruxelles (Paris, Didot)*, 1743, 3 vol. in-4. — *Paris, Didot*, 1743, 4 vol. in-12.

L'éditeur avait composé une longue préface, contenant des détails sur la vie et les ouvrages de Rousseau : il paraît que l'autorité la fit supprimer dans la presque totalité des exemplaires.

Œuvres de J.-B. **Rousseau**, nouvelle édition, avec un commentaire historique et littéraire, précédée d'un nouvel essai sur la vie et les écrits de l'auteur (par J.-A. AMAR-DUVIVIER). *Paris, Lefèvre*, 1820, 5 vol. in-8, avec un portr.

Les éditions postérieures portent le nom de M. Amar.

Œuvres de M. **Rousseau** de Genève, nouvelle édition, revue, corrigée et augmentée de plusieurs morceaux qui n'avaient point encore paru. *Neufchâtel (Paris, Duchesne)*, 1764, 1765, 1767, 1768 et 1779, 10 vol. in-12.

Rousseau nous apprend lui-même, dans sa correspondance (voy. l'édition de Petitain), que cette édition de Paris a été dirigée par le fameux abbé Jos. DE LA PORTE, ex-jésuite, qui s'est bien gardé de la comprendre dans la liste de ses travaux. Voy. la « France littéraire » de 1769, dont il a été l'éditeur.

Il y a eu deux éditions du second volume de cette collection, et elles ne contiennent pas les mêmes pièces. On trouve dans l'une d'elles le « Petit Prophète » de Grimm et l'analyse de différentes brochures relatives à la lettre sur la musique française. Au lieu de ces morceaux, l'autre renferme : « Pigmalion », scène lyrique; une « lettre » écrite en 1750 à l'auteur du « Mercure »; « l'Allée de Silvie, » et quelques autres petites pièces.

La lettre de Rousseau à l'abbé de La Porte, en date du 4 avril 1763, explique les changements faits par cet abbé dans la composition de ce second volume. Rousseau l'avait exhorté à retrancher de ses Œuvres le « Petit Prophète » de Grimm, devenu son ennemi, s'il en était temps encore. C'est la même inimitié sans doute qui porta Rousseau à ne laisser imprimer dans le même volume que par extraits sa lettre à cet ancien ami, relative aux remarques ajoutées à sa « Lettre sur Omphale ». J'ai communiqué à M. Lefèvre cette « Lettre à Grimm », voy. V, 1106, c; on la trouve en entier dans son édition de 1822. Voy. les « Écrits sur la musique », t. XIII.

Œuvres complètes de J.-J. Rousseau (publiées par Dupeyrou). *Genève*, 1782 et ann. suiv., 17 vol. in-4.

Il s'est fait simultanément deux autres éditions conformes l'une et l'autre par leur contenu à celle in-4° : l'une en 30 vol. in-8, ou en 35, si elle comprend le dernier supplément publié à Neufchâtel en 1790; l'autre en 33 vol. in-12. Voy. le « Manuel du libraire », t. IV, col. 1422.

Œuvres complètes de J.-J. Rousseau, classées par ordre des matières, avec des notes (par L.-S. Mercier, l'abbé Gabr. Brizard et St. de L'Aulnaye. *Paris, Poinçot*, 1788 et ann. suiv., 39 vol. in-8.

Le cinquième volume de cette édition est intitulé : « Émile, ou Pièces relatives à l'Émile ». On y trouve l'analyse des principaux écrits qui ont été publiés contre l' « Émile » : la plupart avaient paru sous le voile de l'anonyme. L'abbé Brizard, auteur des analyses, a nommé avec justesse plusieurs auteurs, s'est trompé dans l'indication de quelques-uns, et en a laissé d'autres sous leur voile. Il lui eût été facile de découvrir les noms de ces derniers, s'il eût consulté des ouvrages relatifs à l'histoire littéraire, tels que la « France littéraire » de 1769, etc. J'ai suppléé à presque toutes ses omissions dans ce Dictionnaire, et en particulier dans ma « Notice des principaux écrits », etc. Voy. ci-dessus, col. 440, a. J'indique même plusieurs pièces qui ont échappé à ses recherches.

Œuvres de J.-J. Rousseau, citoyen de Genève (édition dirigée par J.-A. Naigeon, F.-J.-M. Fayolle et Fr. Bancarel). *Paris, de l'imprimerie de P. Didot l'aîné, an IX-1801*, 20 vol. in-8.

Œuvres de J.-J. Rousseau, citoyen de Genève (revues et augmentées par G.-B. Depping et M.-G.-T. Villenave). *Paris, Belin*, 1817, 8 vol. in-8.

Œuvres complètes de J.-J. Rousseau, avec des notes historiques (par G. Petitain). *Paris, Lefèvre*, 1819-20, 22 vol. in-8, avec fig.

Voy. le « Manuel du libraire », 5e édit., IV, 1423.

Œuvres complètes de J.-J. Rousseau, citoyen de Genève. Édition ornée de gravures (publiée par V.-D. Musset-Pathay). *Paris, veuve Perronneau*, 1819-1820, 20 vol. in-12.

Œuvres de Pierre Rousset, nouvelle édition, revue, corrigée et augmentée de pièces inédites, par J. B. L. (J.-B. Lascoux). Avec des notes et des éclaircissements. *Sarlat, imp. de Dauriac*, 1839, in-8.

Œuvres de Rulhière, l'un des quarante de l'Académie française (précédées d'une notice sur sa vie et ses ouvrages, par P.-R. Dallonville). *Paris, Colnet*, 1800, in-8.

On trouve dans ce volume quelques morceaux de la composition de l'éditeur. P.-R. Auguis a dirigé la nouvelle édition des Œuvres de Rulhière, *Paris, Ménard*, 1819, 6 vol. in-8. Il y a inséré quelques ouvrages qui ne sont pas bien reconnus pour être de cet auteur.

Œuvres de M. l'abbé de Saint-Réal, nouvelle édition (recueillie par Prosper Marchand). *La Haye, frères Vaillant*, 1722, 5 vol. in-12. — Autre édition (diminuée et augmentée par le même). *La Haye, Rogissart*, 1726, 4 vol. in-12.

« Journal littéraire de La Haye », tome XII, p. 304 et 318.

Œuvres de M. l'abbé de Saint-Réal, nouvelle édition (publiée par l'abbé G.-L. Calabre-Pérau). *Paris, Huart*, 1745, 3 vol. in-4 et 6 vol. in-12.

On a inséré parmi les ouvrages de Saint-Réal plusieurs morceaux du marquis de La Bastie et de l'abbé Desfontaines. Voy. le « Recueil de pièces d'histoire et de littérature » de l'abbé Granet. (Note manuscrite de A.-A. B.)

Œuvres choisies de l'abbé de Saint-Réal, précédées d'une notice sur sa vie (par Charles Malo). *Paris, Louis Janet*, 1819, in-8.

L'éditeur ne prévient pas ses lecteurs que l'on trouve encore dans ce vol. : 1° Epicharis ou Conjuration de Pison, par Eust. Le Noble; 2° la Conjuration des Gracques, par le marquis de La Bastie; 3° Affaires de Marius et de Sylla, par le même; 4° Navigation des Romains, par l'abbé Desfontaines.

Œuvres complètes de Louis de Saint-Simon, pour servir à l'histoire des cours de Louis XIV, de la régence et de Louis XV (publ. par J.-L. Giraud-Soulavie l'aîné).

Strasbourg, J.-G. Treuttel, 1791, 13 vol. in-8.

Voy. « Mémoires de M. le duc de Saint-Simon... », ci-dessus, col. 211, a.

OEuvres complètes de Mme la princesse Constance de **Salm** (mises en ordre par Mathieu-Guillaume-Thérèse VILLENAVE père). *Paris, Firmin Didot,* 1842, 4 vol. in-8, portrait. D. M.

OEuvres (les) de **Salvien**, prêtre de Marseille, contenant ses lettres et ses traités sur l'esprit d'intérêt et sur la Providence; traduites en françois par le P*** (MAREUIL), de la Compagnie de Jésus. *Paris, Delespine,* 1734, in-12.

OEuvres de M. **Sarrasin** (publiées par G. MÉNAGE, avec un discours préliminaire par P. PELISSON). *Paris, Courbé,* 1657, in-4; — 1658, in-12.

OEuvres de M. **Scarron**, nouvelle édition, corrigée et augmentée (par A.-A. BRUZEN DE LA MARTINIÈRE); on y a joint une épître dédicatoire à l'auteur, l'histoire de sa vie et de ses ouvrages, et un discours sur le style burlesque. *Amsterdam, J. Wetstein,* 1737, 10 vol.; — 1750, 7 vol. in-12.

On ne trouve pas dans cette édition une longue lettre écrite en 1645, par Scarron, à M. de La Roque, capitaine des gardes du duc d'Anguien; j'en possède une copie de la main de M. Adry, et je crois que cette lettre n'a jamais été imprimée.

OEuvres dramatiques de F. **Schiller**, trad. de l'allemand (par A.-G.-P. BRUGIÈRE DE BARANTE). *Paris, Ladvocat,* 1821, 6 vol. in-8.

OEuvres complètes de sir Walter **Scott**, traduites de l'anglais (par A.-J.-B. DEFAUCONPRET). *Paris, Ladvocat,* 1820-1823, 75 vol. in-12; — 1822 et 1823, 18 vol. in-8.

OEuvres complètes de Walter **Scott**, traduction nouvelle de M. A.-J.-B. DEFAUCONPRET. *Liége,* 1827-1829, 94 vol. in-12.

Cette importante collection, publiée d'après l'édition originale de Paris donnée par Gosselin, renferme de nombreuses notes, et notamment celles sur le roman de Quentin Durward, qui sont de MM. Charles DE CHÊNEDOLLÉ et Félix CAPITAINE. Les notes de la Vie de Napoléon ont été rédigées par A. LEMARIÉ, ainsi que le prospectus de cette collection. (Ul. C.)

OEuvres choisies de **Sedaine** (précédées d'une notice sur sa vie et ses ouvrages (par L.-S. AUGER). *Paris, P. Didot,* 1813, 3 vol. in-18.

OEuvres diverses du vicomte de **Ségur**, précédées d'une notice sur la vie de l'au-

teur (par F.-J.-M. FAYOLLE). *Paris, Dalibon,* 1819, in-8.

OEuvres diverses de **Senecé**, seconde édition, augmentée de la Critique des Mémoires du cardinal de Retz (avec une notice sur la vie et les ouvrages de l'auteur, par L.-S. AUGER). *Paris, Collin,* an XIII-1805, in-12.

Titon du Tillet s'est exprimé d'une manière fort inexacte dans son « Parnasse françois », p. 681, en appelant « Mémoires historiques sur la vie du cardinal de Retz » la Critique des Mémoires de ce cardinal, composée par Senecé. L'abbé Sabatier de Castres, qui probablement n'a connu cette critique que par l'article de Titon du Tillet, dit que Senecé a laissé des « Mémoires sur la vie du cardinal de Retz très-recherchés, malgré l'originalité de ceux que le cardinal a écrits lui-même ». Voyez les « Trois Siècles de la littérature française », édition de 1781, au mot SENECÉ.

Les « Remarques » de Senecé se trouvent dans le « Mercure de France », année 1718; dans le « Choix des Mercures », t. XLVI, p. 36; dans le quatrième volume des « Amusements du cœur et de l'esprit »; enfin dans le recueil (de Beaurieu) intitulé : « le Portefeuille françois », 1763, in-12.

OEuvres (les) de **Sénèque** le Philosophe, traduites en français par LA GRANGE, avec des notes de critique, d'histoire et de littérature (par J.-A. NAIGEON). — Essai sur la vie de SÉNÈQUE le Philosophe (par DIDEROT), avec des notes (par J.-A. NAIGEON). *Paris, de Bure,* 1778 et 1779, 7 vol. in-12.

Naigeon a terminé cette traduction, laissée imparfaite par La Grange, et a revu tout le travail de ce dernier.

J. DARCET et Nic. DESMAREST ont fourni à Naigeon plusieurs notes sur les « Questions naturelles ». Elles sont désignées par les lettres initiales de leurs noms. Le chapitre XVI du premier livre des « Questions naturelles » a été imprimé en latin, à cause de son obscénité. La traduction française de ce morceau (par DIDEROT) ne se trouve que dans un petit nombre d'exemplaires.

Les notes qui se lisent au premier livre des « Lettres » sont presque toutes du baron D'HOLBACH.

La traduction de l' « Apocolokintose » est celle que l'abbé ESQUIEU fit insérer dans le tome I de la « Continuation des Mémoires de littérature » de Sallengre, par le P. Desmolets.

Cette traduction a été réimprimée à *Paris* en 6 vol. in-8; à *Tours,* an III, 8 tomes en 7 vol. in-8, et avec le texte en regard (publiée par E.-P. ALLAIS), *Paris, Delalain,* 1819, 13 vol. in-12, y compris 1 vol. de table. On y joint un 14e vol., comprenant la « Vie de Sénèque », par Diderot, avec les notes de Naigeon.

OEuvres de mylord comte de **Shaftsbury**, contenant différents ouvrages de philosophie et de morale, traduites de l'anglois. *Genève,* 1769, 3 vol. in-8.

Avant la publication de ce Dictionnaire, je fis de vaines recherches pour connaître l'éditeur de cette importante collection. Au mois de décembre 1815, un ami de collège, qui se livre avec un grand zèle à l'étude des moralistes anglais, me fit le plaisir de m'apporter son exemplaire des Œuvres de Shaftsbury; il porte un frontispice conçu en ces termes : Les Characteristicks, Lettres et autres ouvrages de mylord comte DE SHAFTSBURY, traduits de l'anglois, sur la dernière édition, par M. PASCAL, et revus sur l'original par M. J.-B. ROBINET. *Amsterdam et Leipzic*, 1780, 3 vol. in-8.

L'auteur d'une préface de 26 pages, aussi bien pensée que bien écrite, qui me paraît être ROBINET, avoue qu'il reproduit les anciennes traductions des « Principes de philosophie morale », par Diderot, et de l' « Essai sur la raillerie », par Coste. Pascal, nommé dans le frontispice de 1780, est probablement l'auteur à qui l'on doit les « Lettres semi-philosophiques » publiées en 1757.

Œuvres complètes de Shakespeare,
trad. de l'anglais par LETOURNEUR; nouvelle édition, revue et corrigée par F. GUIZOT et A. P. (Amédée PICHOT), précédée d'une notice biographique et littéraire sur Shakespeare, par F. GUIZOT. *Paris, Ladvocat*, 1821, 13 vol. in-8.

La notice sur Shakespeare est signée F. G. (Fr. GUIZOT). Les notices sur les pièces sont signées P. B. (Prosper BARANTE), F. G. (F. GUIZOT), A. P. et A.... P.... (Amédée PICHOT).

Les initiales de M. A. PICHOT ont disparu sur les titres des dernières réimpressions. Voy. « Revue britannique », nov. 1873, p. 264.

Œuvres poétiques de Robert Southey.

Voy. « Roderick.... »

Œuvres diverses de M. le baron de Staël,
précédées d'une notice sur sa vie (par Albertine-Ida-Gustavine DE STAEL, duchesse DE BROGLIE, sa sœur), et suivies de quelques lettres inédites sur l'Angleterre. *Paris, Treuttel et Wurtz*, 1829, 4 vol. in-12.　　　　　　　　D. M.

Œuvres complètes de Laurent Sterne
(traduites par J.-P. FRENAIS, le marquis DE BONNAY et J.-B. SALAVILLE). *Paris, Bastien*, 1803, in-8.

Œuvres (les) de Tabarin, avec les Adventures du capitaine Rodomont, la Farce des bossus et autres pièces tabariniques.
Nouvelle édition, préface et notes par Georges D'HARMONVILLE. *Paris, Ad. Delahays*, 1868, in-8 et in-12.

Fait partie de la « Bibliothèque gauloise ».

Suivant les « Supercheries littéraires », I, 767, c, ce volume aurait pour éditeur M. Ch. LAURENT, dit COLOMBEY; mais, suivant encore les « Supercheries », II, 245, c, le nom de G. d'Harmonville cacherait celui de M. P. LACROIX. De son côté, ce dernier, dans le volume qu'il a publié sous le titre de : « Énigmes et Curiosités bibliographiques », par P. L. Jacob, *Paris, Lainé*, 1866, in-12, déclare être complétement étranger à cette édition; il prend même à témoin M. Gustave BRUNET qui nous apprend que c'est au bibliographe bordelais qu'est due la lettre à l'éditeur de la Bibliothèque gauloise signée **** et qui occupe les pages 471-485.

Œuvres (les) de C. Cornelius Tacitus,
chevalier romain, traduites en françois (les 2, 3, 4 et 5e livres des « Annales » par Étienne DE LA PLANCHE, le reste par Claude FAUCHET). *Paris, Abel L'Angelier*, 1582, in-fol.; — 1583, in-4; — 1584, in-8.

Œuvres (les) de C. Corn. Tacitus,
illustrées en cette dernière édition de chronologies, généalogies, sommaires et annotations (par Jean BAUDOIN); et l'Histoire romaine de C. Velleius PATERCULUS, nouvellement traduite en françois (par le même J. BAUDOIN). *Paris*, 1611, in-4.

Baudoin s'est contenté, à cette époque, de reproduire la traduction de LA PLANCHE et de FAUCHET.

Œuvres (les) de C. Cornélius Tacitus,
de nouveau traduites et illustrées d'annotations; avec des discours politiques, tirés de l'italien de Scipion AMIRATO (par Jean BAUDOIN). *Paris*, 1619, in-4.

Cette prétendue traduction nouvelle n'est encore que l'ancienne, revue et corrigée par Baudoin.

Œuvres de Mathieu Terrasson (publiées par Ant. TERRASSON, son fils). *Paris, Jean de Nully*, 1737, in-4.

Œuvres (les) de Théophile (VIAU), divisées en trois parties (publiées par l'abbé LE MÉTEL DE BOISROBERT). *Rouen, Jean de La Mare*, 1627, in-8.

Souvent réimprimées.

Les trois parties avaient été publiées d'abord séparément. *Paris, J. Quesnel*, 1621-1623, 3 vol. in-8.

Voir, sur les diverses éditions des « Œuvres » de Théophile Viau, le « Manuel du libraire », tome IV, col. 795. L'édition de *Rouen, J. de La Mare*, 1639, in-8, a été donnée par SCUDÉRY, qui en a signé la préface. Elle est classée dans un meilleur ordre que les précédentes, mais elle est moins complète.

Œuvres posthumes de Thomas (publiées par N.-L. DESESSARTS). *Paris, Desessarts*, 1802, 2 vol. in-8.

Les Anecdotes sur la vie du roi de Prusse sont de Jean TAULÈS, qui en avait confié le manuscrit à Thomas. Voy. « Le Publiciste » du 7 nivôse an XI. Elles ont encore été comprises dans le tome II des Œuvres complètes de Thomas. *Paris, A. Belin*, 1819, 2 vol. in-8.

Œuvres complètes de Thomas. *Paris, A. Belin*, 1819, 4 part. en 2 vol. in-8.

Édition compacte, qui fait partie de la Collection des prosateurs français. Voici ce que nous apprend une note de M. Beuchot sur cette édition :

« La notice sur la vie et les ouvrages de Thomas, signée AUGUIS, est composée de lambeaux de l' « Essai sur la vie de Thomas », par DELEYRE. Le libraire, à qui plusieurs souscripteurs vinrent se plaindre de ce plagiat, prit le parti de supprimer la notice fournie par M. Auguis et en fit faire une autre par M. VILLENAVE. Les exemplaires avec les deux notices sont à préférer. »

ŒEuvres de M. de **Tourreil**, contenant la traduction de plusieurs ouvrages de DÉMOSTHÈNE (précédées d'une préface composée par l'abbé Guill. MASSIEU). *Paris, Brunet*, 1721, 2 vol. in-4 ou 4 vol. in-12.

ŒEuvres complètes de M. le comte de **Tressan** (édition dirigée par C.-G.-T. GARNIER). *Paris, hôtel Serpente*, 1787, 12 vol. in-8.

ŒEuvres complètes de **Turgot**, précédées et accompagnées de mémoires et de notes sur sa vie, son administration et ses ouvrages (publiées par P.-S. DUPONT, de Nemours). *Paris, imp. de Belin*, 1808-11, 9 vol. in-8.

L'ordre chronologique étant le seul suivi dans cette édition, il en résulte un désordre involontaire qui empêchait d'apprécier l'ensemble des écrits de Turgot et auquel a remédié une seconde édition publiée par les soins de MM. Hipp. DUSSARD et Eug. DAIRE. *Paris, Guillaumin*, 1844, 2 vol. gr. in-8.

ŒEuvres (les) poétiques de Claude **Turrin**, Dijonnois, divisées en 6 livres ; les deux premiers sont d'élégies amoureuses et les autres de sonnets, chansons, éclogues et odes à sa maîtresse. *Paris, chez Jean de Bondeaux*, 1572, pet. in-8, port.

Publiées par les soins de Maurice PRIVEY et de François D'AMBOISE. G. M.

ŒEuvres complètes de **Vauvenargues** (publiées par A.-J.-F.-X.-P.-E.-S.-P.-A. DE FORTIA D'URBAN). *Paris*, 1797, 2 vol. in-8 et in-12.

ŒEuvres complètes de **Vauvenargues**, nouvelle édition, augmentée de plusieurs ouvrages inédits et de notes critiques et grammaticales (par J.-B.-A. SUARD, éditeur, l'abbé A. MORELLET et VOLTAIRE) ; précédée d'une notice sur la vie et les écrits de Vauvenargues, par SUARD. *Paris, Dentu*, 1806, 2 vol. in-8.

ŒEuvres (les) de François **Villon**, avec les notes de Clément MAROT et les remarques de M*** (Eusèbe DE LAURIÈRE). *Paris, Coustelier*, 1723, in-8. — Les mêmes avec les mêmes notes et celles de LE DUCHAT et FORMEY, etc. (publiées par Prosper MARCHAND). *La Haye*, 1742, in-8.

ŒEuvres (les) de **Virgile**, translatées de latin en (vers) françois (les Bucoliques et les Géorgiques par MICHEL, dit de Tours, et l'Enéide par Octavien DE SAINT-GELAIS). *Paris, Nic. Couteau, pour Galiot du Pré*, 1529, in-fol., 2-ccxiii ff. à 2 col., fig. sur bois. — Nouvelle édition, revue. *Paris, Jacques Messier*, 1532, in-fol.

Ce volume a encore été réimprimé en 1540. Voy.

la « Bibliothèque françoise » de l'abbé Goujet, t. V, p. 58 et suiv.

ŒEuvres (les) de **Virgile**, traduites en françois, avec le texte à côté et des notes critiques et historiques (par le P. J.-Cl. FABRE, de l'Oratoire). *Lyon, de Claustre*, 1721, 4 vol. in-12.

ŒEuvres de **Virgile**, en latin et en françois. Traduction nouvelle. *Paris, Desaint et Saillant*, 1746, 4 vol. in-12.

Cette traduction est, quant au fond, celle de l'abbé J.-B. DE LA LANDELLE DE SAINT-RÉMY ; elle a été revue par J.-N. LALLEMANT et réimprimée plusieurs fois. Elle est communément appelée celle des quatre professeurs.

ŒEuvres de **Virgile**, en latin et en françois (traduction du P. Fr. CATROU, revue par J.-J. DE BARRET). *Paris, Barbou*, 1787, 2 vol. in-12.

ŒEuvres complètes de **Virgile**, traduction nouvelle. *Paris, Panckoucke*, 1832-1835, 4 vol. in-8.

Bucoliques et Géorgiques, par J.-P. CHARPENTIER ; — Enéide, liv. I-VIII, par M.-G.-T. VILLENAVE ; liv. IX-XII, par J.-A. AMAR ; — petits poëmes et géographie, par Valentin PARISOT, — et la Flore, par A.-L.-A. FÉE.

ŒEuvres complètes de **Virgile**, avec la traduction en français (par Augustin NISARD). *Paris, Dubochet*, 1845, in-12.
D. M.

Cette traduction a été reproduite dans la collection des classiques de M. Désiré Nisard.

ŒEuvres complètes de M. l'abbé de **Voisenon**.... (publiées par les soins de Mme la comtesse DE TURPIN DE CRISSÉ). *Paris, Moutard*, 1781, 5 vol. in-8.

L'article Marmontel, dans le quatrième volume, a été cartonné.

ŒEuvres (les) de M. de **Voiture** (mises au jour avec une préface, par Etienne MARTIN DE PINCHESNE). *Paris, Courbé*, 1650, in-4.

ŒEuvres complètes de C. P. **Volney**... mises en ordre et précédées de la vie de l'auteur (par Ad. BOSSANGE). *Paris, Bossange père*, 1821, 8 vol. in-8.

ŒEuvres de M. de **Voltaire** (publiées avec une préface, par F.-T.-M. DE BACULARD D'ARNAUD). *Dresde*, 1749, 8 vol. in-8.

ŒEuvres complètes de **Voltaire** (avec des avertissements et des notes par CONDORCET, imprimées aux frais de BEAUMARCHAIS, par les soins de L.-P. DECROIX). (*Kehl*), de l'imprimerie de la Société litté--

raire typographique, 1785-1789, 70 vol. in-8 et 92 vol. in-12.

Les notes de Condorcet sont désignées par des chiffres arabes. Je les ai tirées de cette collection pour les ranger suivant l'ordre alphabétique. Elles forment, dans cet état, le septième volume des « Œuvres complètes de Condorcet ». *Paris, an XIII, 1804*, 21 vol. in-8. Les « Avertissements » composent la moitié environ du sixième volume.

P.-N. CHANTREAU, traducteur des « Tables chronologiques de John Blair », a publié en l'an IX-1801, et en 2 vol., *à Paris, chez Déterville*, la « Table alphabétique et raisonnée des matières contenues dans les 70 vol. in-8 » de l'édition dont il est ici question. Cette table est aussi utile que commode : quelques personnes la trouvent inexacte; mais c'est un premier essai. D'ailleurs, il y a peu de ressemblance entre les exemplaires du *Voltaire* de Beaumarchais : dans les uns, l'« Histoire de Charles XII », les « Annales de l'Empire », « la Politique et la Législation », enfin la « Physique de Newton », forment les tomes XXIII, XXV, XXIX, XXX et XXXI; dans d'autres, les tomes XXII, XXVIII, XXIX, XLV et XLVI sont composés des « Annales de l'Empire », de l'« Histoire de Charles XII », de la « Physique de Newton », enfin de la partie intitulée « Politique et Législation ». Chantreau lui-même ne paraît pas avoir remarqué cette diversité dans l'arrangement des volumes. L'exemplaire dont il s'est servi ressemble aux premiers dont je viens de parler.

Œuvres complètes de **Voltaire**, revues par M. AUGER et le libraire DESOER (avec une table des matières, rédigée par Alexandre GOUJON). *Paris, Desoer, 1817*, 13 vol. in-8.

Œuvres complètes de **Voltaire** (édition dirigée par P.-A.-M. MIGER, auteur de la table des matières qui la termine). *Paris, Lefèvre et Déterville, 1817*, 42 vol. in-8.

Œuvres complètes de **Voltaire**. *Paris, Mme Perronneau, 1820-1821*, 56 vol. in-12.

D'après le prospectus, cette édition ne devait se composer que de 50 vol. Le premier éditeur, A.-J.-Q. BEUCHOT, a publié seulement les tomes I à XXIII, XXV à XXXII. Les tomes XXIV, XXXVIII et XXXIX ont été publiés par un anonyme; les tomes XXXIII à XXXVII, XL et suivants, l'ont été par L. DU BOIS.

Ces deux derniers éditeurs ont signé leurs notes et leurs articles C.

Œuvres choisies du baron de **Walef**, gentilhomme liégeois, revues et précédées d'un discours préliminaire sur sa vie, etc. (par le baron DE VILLENFAGNE D'INGIHOUL). *Liège, Lemarié, 1779*, in-12. Ul. C.

Œuvres (les) de **Xénophon**, docte philosophe et valeureux capitaine athénien, nouvellement traduites en françois (par DE SEYSSEL et autres), recueillies toutes en un volume (revues et dédiées au Roy, par Pyramus DE CANDOLE). *Cologny, par Pierre Aubert, pour la Société caldorienne, 1613*, in-fol. — Les mêmes Œuvres de **Xénophon**, de la même traduction (dédiées à trois seigneurs de Berne, par le même Pyramus DE CANDOLE). *Yverdon, Société helvétiale caldoresque, 1619*, in-8.

Tous les bibliographes, trompés par le titre qu'on vient de lire, ont attribué cette traduction à Pyramus de Candole, qui n'en est que l'éditeur; c'est ce que prouvent les dédicaces qu'il a signées, soit au roi pour l'édition in-fol., soit à trois seigneurs de la ville et canton de Berne pour l'édition in-8.

En 1777, l'abbé Papon, oratorien, consulta le fameux abbé Rive sur l'auteur de cette traduction et lui dit que son nom et ses titres commençaient par ces trois lettres : S. G. S.

L'abbé Rive répondit à l'abbé Papon que le traducteur sur lequel il lui demandait des éclaircissements était Simon GOULART, Senlisien. Le sévère bibliographe profita de l'occasion pour reprocher à Moréri, Bayle, Niceron, Lenglet du Fresnoy, Drouet son éditeur, enfin à Rigoley de Juvigny, qui a été celui de La Croix du Maine et de du Verdier, le silence qu'ils ont gardé sur cette traduction dans leurs articles de Simon Goulart.

Il témoigna aussi son étonnement de ce que le savant Jean-Albert Fabricius avait attribué la même traduction à Pyramus de Candole; ensuite il releva la méprise de Baillet, qui avait cru le président Fauchet, mort en 1602, caché sous le nom de Pyrame de Candole, méprise copiée par Vincent Placcius dans son ouvrage sur les anonymes et pseudonymes.

Pyramus de Candole a exécuté sur Xénophon ce qu'il avait fait sur Tacite dès 1594. C'est dans le privilége pour l'impression de la traduction de Xénophon in-fol. que se trouvent les initiales S. G. S. Ce privilége ne se retrouve pas dans l'édition in-8.

Dans la suite de sa lettre, l'abbé Rive marque à l'abbé Papon qu'il ne trouvera dans aucun bibliographe aucunes particularités sur Pyrame de Candole, natif de Marseille et descendant de ces Candole qui se distinguèrent dans le fameux siège que le connétable de Bourbon fit de cette ville en 1524.

L'abbé Rive avait raison en 1777 : mais il devait savoir, en 1791, que Senebier a inséré un petit article sur Pyrame de Candole dans son « Histoire littéraire de Genève », 1786, 3 vol. in-8. Il le désigne comme un imprimeur-libraire qui avait des connaissances. Il ajoute que Casaubon en fait mention dans la lettre 165e du Recueil de ses épîtres, où il dit que Candole avait imprimé des « Harangues militaires pour la Ligue ». Casaubon voulait sans doute parler des « Harangues militaires » tirées des historiens grecs et latins, dont la seconde édition parut en 1595, à *Genève, héritiers d'Eustathe Vignon, 2 vol. in-8.*

Suivant Senebier, Pyrame de Candole, mécontent, quitta Genève en 1617; il établit à Yverdon son imprimerie, un collége et une forge.

Charles Sorel a consacré un chapitre de sa « Bibliothèque françoise » aux traductions des livres grecs, latins, italiens et espagnols en françois. J'y trouve ce passage relatif à Pyrame de Candole : « En ce qui est de Tacite, Claude Fauchet, qui étoit bon écrivain d'histoires pour son temps, en avoit fait la première traduction, où, ayant été plus soigneux de servir le public que d'acquérir de la gloire par ce travail, il n'y avoit point mis son nom; c'est le nom de Pyrame de Candole qu'on y voit, lequel étoit un imprimeur ou correcteur d'imprimerie, qui a mis au jour, de même sorte, le recueil des « Œuvres de Xénophon », qui n'est composé que des traductions de Seyssel et autres. »

On peut voir dans l'avis du *translateur*, en tête de l'édition in-fol., qu'il a profité, et même un peu librement, des traductions qui avaient précédé la sienne.

Je copie ce passage, parce qu'il me paraît très-curieux :

« Je me suis, ne sçai comment, laissé aller à vestir
« Xénophon à la françoise.

« Le sieur *de Vintimille* a autrefois publié la Cyropédie ; Louis *le Roy*, les Républiques de Sparte et
« d'Athènes, et Agésilaüs ; Jean *Doublet* de Dieppe,
« les Mémoires ; et le sieur *de La Boëtie*, la Ménagerie :
« tous sont dignes de louange, et je les ai suivis *dans*
« *leur version*, changeant ce que j'ai jugé convenable.
« Il y a plus de vingt ans qu'on nous faisoit fête d'une
« translation qui devoit égaler l'élégance de celle de
« Plutarque : or, n'ayant rien reçu de ce que je désirois finalement, je me suis avancé. »

Cette franche déclaration de Pyrame de Candole prouve combien est superficielle et fausse l'observation de Sorel.

La lettre de l'abbé Papon et celle de l'abbé Rive se trouvent dans la « Chronique littéraire des ouvrages imprimés et manuscrits » de ce dernier, p. 40 et suiv. (Aix, 1791, in-8).

Œuvres dramatiques d'Apostolo Zeno, traduites de l'italien en françois (par M.-A. Bouchaud). *Paris, Duchesne*, 1758, 2 vol. in-8.

Office de l'immaculée Conception de la Vierge, avec une explication, par M. N. F. V. D. M. (attribué au célèbre Sendivogius. dit le Cosmopolite). *Paris, Soubron*, 1663, in-12.

Office de la Sainte-Semaine, latin et français, à l'usage de Rome et de Paris. (Par Le Petit.) *Paris, A. Dezallier*, 1701, in-8, fig.

Office de la sainte Vierge, latin-françois, pour tous les jours de la semaine. (Par l'abbé Cl.-Odet Giry de Saint-Cyr, conseiller d'État, auparavant précepteur du Dauphin). *Paris, imprimerie royale*, 1749, in-12.

Office de Notre-Dame des Blanches, patronne de l'Académie de Pont-Levoy ; précédé d'une notice historique sur l'origine de cette dévotion... (par l'abbé Pascal). *Blois, Dezairs*, 1835, in-12.

Office (l') de saint-Pierre Exorciste pour l'église de Saint-Eustache ; traduction (par l'abbé P.-J. Sépher). *Paris*, 1747, in-12.

Office (l') des fidelles, ou le céleste flambeau qu'il faut suivre pour ne point s'égarer dans la voye du salut ; par le R. P. C. R. P. D. L. D. C. (Claude Raguin, prêtre de la Doctr. chrét.). *Paris, C. Hérissant*, 1664, in-12, 24 ff. lim. et 420 p.

Office divin abrégé (en français) pour

tous les temps de l'année, imprimé par ordre de Son Eminence M. le cardinal de Luynes, archevêque de Sens, premier aumônier de Mᵐᵉ la Dauphine. *Sens, P. Hardouin Tarbé*, 1743, in-8.

Cet office divin a été rédigé et disposé par Louis de France, 9ᵉ dauphin, père de Louis XVI. (Extrait d'une note écrite de la main de l'abbé Pascal, bibliothécaire du duc de Penthièvre, en tête d'un exemplaire porté sous le nᵒ 5 du Catalogue de la bibliothèque de M. J. D. L. M., 10 janvier 1866, L. Potier, libraire.) Le nᵒ 6 est une traduction latine du même *office*. Voy. *Officium divinum...*

Office du Sacré-Cœur de Jésus, pour servir d'aliment journalier à la piété des âmes qui font profession de lui être spécialement dévouées, par M. J.-B. D*** (Jean-Baptiste Deruesne), lic. théol., curé du diocèse de Tournay. *Mons, Lelong*, 1814, in-12, 120 p.   J. D.

Office du Sacré-Cœur de Jésus (en latin, avec le plain-chant) ; solennel. *Rouen, Jacq. Ferrand*, 1763, in-12.

Cet office du divin Cœur de Notre-Seigneur et du sacré Cœur de la sainte Vierge a été composé par dom Montenard de Tressan, chartreux à Rouen ; il a été approuvé par l'abbé Terisse, vicaire général de Rouen. Dans plusieurs paroisses du diocèse on célèbre la fête du divin Cœur, particulièrement à Saint-Maclou et à Saint-Nicaise. Le séminaire prêtait volontiers ses livres pour cet effet. Le R. P. de Montenard voulut mettre en vogue l'office qu'il venait de composer ; il engagea M. le curé de Saint-Maclou à le chanter : mais, après cela, M. le curé de Saint-Maclou et les prêtres de sa paroisse protestèrent qu'ils ne le chanteraient plus et qu'ils s'en tiendraient à l'ancien office.

(Copie d'une note manuscrite communiquée par M. Pluquet.)

Office du Saint-Sacrement pour le jour de la feste et toute l'octave, avec 312 nouvelles leçons tirées des SS. Pères et auteurs ecclésiastiques des douze premiers siècles, etc., le tout en lat. et en franç., et une table historique et chronologique des auteurs rapportés dans cet ouvrage. *Paris, Le Petit*, 1659, in-8 ; — 1661, 1664, 1681, 2 vol. in-8 ; — *Villette*, 1704, 2 vol. in-12.

L'édition de 1661 est augmentée de plus de trente pages, avec des changements considérables dans la table chronologique et une addition importante au nᵒ XLVIII. La préface, la distribution de l'office et la table chronologique sont de Ant. Arnauld. La *Tradition de l'Eglise*, qui en forme la seconde partie, est de P. Nicole : c'est le premier écrit sorti de Port-Royal sur cette controverse. Elle comprend 312 leçons extraites des saints Pères, depuis S. Ignace, martyr, jusqu'à S. Thomas d'Aquin. Ce fut Nicole qui engagea L.-Ch. Albert, duc de Luynes, alors retiré à Port-Royal, à traduire en français l'office et la tradition. Ce duc fut aidé par I.-L. Le Maistre de Sacy. Tout l'ouvrage ne parut qu'après avoir été revu et corrigé par la société des théologiens de Port-Royal.

Nicole avait composé une préface pour être mise à la tête de la première édition, où il établissait la perpétuité de la foi sur l'Eucharistie. Mais on jugea qu'il convenait de ne rien insérer qui sentit la controverse dans un livre uniquement destiné à nourrir la piété des fidèles. Il en courut cependant des copies manuscrites dans le public. Claude, s'en étant procuré une, y fit une réponse qui eut beaucoup de succès chez les protestans. C'est ce qui obligea Nicole de faire imprimer son écrit, accompagné de la réfutation de celui de Claude. Ce qui forma un volume in-12, qui fut publié en 1664, chez *Savreux*, sous ce titre : « la Perpétuité de la foi touchant l'Eucharistie. » C'est ce qu'on appelle communément *la petite Perpétuité*. L'ouvrage, quoique approuvé par deux docteurs de la faculté de théologie, essuya des difficultés pour l'impression. Le chancelier Séguier, tout dévoué aux Jésuites, ne voulut en faire expédier le privilège qu'après que le docteur Grandin eut certifié par écrit qu'il ne contenait rien de contraire à la foi. « Vie de Nicole, » ch. IX ; « Œuvres d'Arnauld, » t. XII, préf. histor.

Mathieu de Larroque, célèbre ministre protestant, a publié une réponse à cet ouvrage. *Paris*, 1665, in-8.

Office paroissial latin et françois, à l'usage de Rome et de Paris. (Par l'abbé POTIN.) *Paris, Hérissant*, 1729, 8 vol. in-12.

Office pour la fête de saint Prest, martyr, précédé d'une notice histor. sur ses reliques et celles de ses compagnons. (Par M. l'abbé Edouard PIE, depuis évêque de Poitiers.) *Chartres*, 1841, in-12, 54 p.

Offices (les) de CICÉRON, traduits en françois sur la nouvelle édition latine de Grævius, avec des notes et des sommaires des chapitres, par le traducteur des Lettres de S. Augustin (Phil. GOIBAUD-DUBOIS). *Paris, J.-B. Coignard*, 1691, 1692, in-8.

Réimprimés souvent avec le nom du traducteur.

Une note manuscrite de la main de l'abbé DE SAINT-PIERRE m'apprend que cet abbé a aidé Dubois dans cette traduction.

Offices (les) de CICÉRON, traduction nouvelle, revue sur les éditions modernes les plus correctes (par J.-J. DE BARRETT). *Paris, Barbou*, 1758, 1759, in-12.

Réimprimés plusieurs fois avec le nom du traducteur. Voy. « les Livres de Cicéron... », V, 1334, a.

Offices (les) de la piété chrétienne. Recueil de prières dédié à S. A. R. Mme la princesse Charlotte de Belgique, par Mme la baronne D'O. DE N. (OVERCHE DE NEERISCHE). *Bruxelles, Goemare*, 1857, in-8, 568 p.   J. D.

Offices tirés de l'Ecriture sainte pour tous les jours du mois, avec l'ordinaire de la messe. (Par Mlle DE CHAUSSERAYE.) *Paris, Th. Hérissant*, 1743, 4 vol. in-8.

Officialité (l') d'Orléans et M. le doyen de Beaugency (l'abbé Desbois) au tribunal de l'opinion publique (par l'abbé Alex. CHARVOZ). *Paris, Ledoyen*, 1850, in-8, 16 p.

Officialités (les) actuelles sont-elles les tribunaux contentieux supprimés par la loi du 7 septembre 1790? ou défense d'une ordonnance de monseigneur l'évêque de Metz, qui rétablit l'officialité dans son diocèse. (Par Joseph JAUFFRET, maître des requêtes au Conseil d'Etat, frère de l'évêque de Metz.) *Paris et Metz*, 1821, in-8, 64 p.   G. M.

Officier (l') à la demi-paie, trad. de l'anglais (de PRATT) par M. F. G. LUSSY. *Paris*, 1803, 2 vol. in-12.

Officier (l') de ce temps, de la maison royale, voyageant par la France pendant le temps présent, qui apprend les misères et désordres qui se sont commis et commettent... (Par ROLLAND.) *Paris*, 1652, in-4, 40 p.

Officier (l') françois à l'armée, opéra-comique en deux actes. (Par Jean-François-Henri COLLOT.) Mis en musique par le sieur Guilleminot. *Grenoble, Brette*, 1780, in-8.

Catalogue Soleinne, n° 2942.

Officier (l') partisan. (Par J.-M. RAY DE SAINT-GENIÈS.) *Paris*, 1763-1766, 2 vol. in-12.

Officier (l') russe à Paris, ou Aventures du comte de ** (par J.-A. DE REVERONI SAINT-CYR). *Paris, Barba*, 1814, 2 vol. in-12.

Officier (l') suédois, comédie en trois actes, imitée de l'allemand de KOTZEBUE (par le baron L.-F. DE BILDERBECK). *Paris, A.-A. Renouard*, 1807, in-8.

Officieux (l'), comédie en trois actes et en prose, représentée par les comédiens italiens ordinaires du roi, le 18 août 1780. (Par le marquis DE LA SALLE.) *Paris, veuve Duchesne*, 1780, in-8, 90 p.

Quérard, « France littéraire », donne aussi cette pièce sous ce nom et ensuite sous celui de B.-J. MARSOLLIER DES VIVETIÈRES.

Offrande à Chalier, ou idées vraies et philosophiques tracées à la hâte et offertes à son défenseur officieux, par un homme libre et un ami des hommes (J.-M. CHASSAIGNON, de Lyon). 1793, in-8, 30 p.

Offrande à la liberté et à la paix, ou

idées de conciliation adressées à M. J. A. de Luc, en réfutation du mémoire qu'il remit, le 21 août, à M. le comte de Vergennes. (Par Francis IVERNOIS.) *Genève*, 1781, in-8.

Offrande à la patrie, ou discours au tiers-état de France. (Par J.-P. MARAT.) *Au temple de la Liberté (Paris)*, 1789, in-8, 62 p.

La même année, l'auteur a publié un supplément de 62 p.

Offrande aux François de quelques actes de notoriété... (Par le vicomte C.-G. DE TOUSTAIN-RICHEBOURG.) *Paris, Belin*, 1791, in-8, 2 ff. de tit. et 404 p.

Offrandes à Bonaparte.

Voy. ci-devant, « Notices sur l'intérieur de la France », col. 487, *c*.

Og. (Par Victor VIGNON RÉTIF DE LA BRETONNE.) *Paris, Hubert, Locard et Davi*, 1824, in-12, 216 p.

Parodie des romans à la mode « Jean Sbogar », « Han d'Islande, » etc. Voy. « Rétif de La Bretonne », par Charles Monselet, *Paris*, 1854, in-18, à la p. 190.

Ogier le Dannoys. *Paris, Antoine Vérard* (vers 1498), in-fol., 158 ff.

Ce roman, dont le fond est historique, a d'abord été écrit en latin, ensuite mis deux fois en vers français, dans le courant du XIIe et du XIIIe siècle. RAIMBERT de Paris est l'auteur de la première de ces versions ou imitations ; la seconde, intitulée « les Enfances d'Ogier », a pour auteur le roi ADAMS ou ADENEZ. C'est d'après cette dernière qu'a été fait le roman en prose ; il en existe plusieurs éditions de la fin du XVe siècle, d'autres ont paru pendant le XVIe. Voy. Brunet, « Manuel du libraire », 5e éd., t. IV, col. 171.

Ogre (l') de Corse, histoire véritable, traduite du russe, par C.-J. R. DE D. (C.-J. ROUGEMAITRE, de Dieuze). *Paris, Louis*, 1814, in-18, 156 p.

Plusieurs fois réimprimé avec le nom de l'auteur.

Oïcoma, ou la jeune voyageuse ; par l'auteur d' « Armand et Angela » (Mlle Désirée DE CASTÉRA). *Paris, Léop. Collin*, 1808, 2 vol. in-12.

Oile (la), mélange ou assemblage de divers mets pour tous les goûts, par un vieux cuisinier gaulois (CONSTANTIN). *Constantinople (Liége)*, 1755, in-12.

Oiseau (l'). Novembre 1869. (Par le marquis DE CHENNEVIÈRES-POINTEL.) *Alençon, de Broise*, 1869, in-8, 19 p.

Tiré à petit nombre. N'a pas été mis dans le commerce.

Oiseleur (l'). (Par Gilles MÉNAGE.) (*Pa-*

ris, de l'imp. d'A. Vitré, 1657, in-8, 28 p.

Le titre de départ, page 3, porte en plus : « Idylle à Mme la comtesse de La Fayette ». On trouve à la suite, page 15, « la Bella Uccellatrice », et page 27, « Amyntas auceps elegidion ».

Oléar. (Par Ed. ROGER.) *Paris, Paulin*, 1840, in-8.

Poëme en douze chants, en prose et en vers.

Olimpie...

Voy. « Olympie ».

Olinde et Sophronie, tragédie en cinq actes, en vers, par l'auteur de « Virginie » (J.-F. DE LA HARPE). *Paris, Le Jay*, 1774, in-8, 74 p.

Olinde, par l'auteur des « Mémoires du vicomte de Barjac » (le marquis J.-P.-L. DE LUCHET). 1784, 2 vol. in-8 ou in-18.

Olive (l') et Marthon, ou la Prisonnière, comédie en trois actes et en vers, représentée sur le théâtre de Chartres, pour la première fois, le 15 janvier 1857. Par Auguste L. DE B*** (Auguste-Louis DE BEAULIEU). *Chartres, Noury-Coquard*, 1857, in-18.

Olivier. *Paris, U. Canel*, 1826, in-12, 226 p. — Deux. édit. 1826, in-12.

L'avant-propos est signé : C. DE B....Y.

On attribue généralement ce roman à H. THABAUD DE LA TOUCHE, qui voulait, dit-on, le faire passer pour l'œuvre de Mme DE DURAS.

Voy. « Supercheries », I, 672, *f*.

De La Touche l'a désavoué dans les termes les plus formels :

« Je ne suis point l'auteur du roman d' « Ollivier », « qui vient de paraître ; je le déclare sur l'honneur, « et je renvoie à ceux qui méconnaissent ce sentiment « ce qu'il pourrait y avoir d'injurieux dans leur doute « après cette protestation.

« Ce qui a peut-être donné quelque vraisemblance « à une supposition qui a été faite par plusieurs jour- « naux, c'est que le « Mercure », auquel je coopère, a « le premier publié des fragments de ce livre. J'en « connais l'auteur, et je profite de cette circonstance « pour ajouter que ce n'est point celui d' « Edouard » « et d' « Ourika. »

Malgré cette dénégation, les soupçons de paternité se sont maintenus. Sainte-Beuve, dans la notice qu'il a consacrée à de La Touche, lui attribue formellement « Olivier ».

Quérard, « France littéraire », tome XI, p. 153, indique comme auteur M. GERMEAU, ancien préfet.

Olivier Brusson. *Paris, U. Canel*, 1823, 2 vol. in-12.

Ce roman n'est rien autre que la nouvelle de « Mlle de Scudéry », par HOFFMANN, arrangée en français par H. DE LATOUCHE, d'après une traduction qui lui avait été communiquée manuscrite.

Olivier Clisson, connétable de France, par l'auteur de « le Maréchal de Villars »

(J.-J.-E. Roy). *Lille, Lefort*, 1859, in-12, 144 p. — 2ᵉ édit. *Id.*, 1860, in-12, 144 p.

Réimprimé avec le nom de l'auteur.

Olivier Ferrand. *Pont-Audemer, Dugas-Lecomte* (1850), in-8, 8 p.

Cette notice sur un poëte populaire normand, tirée à 20 exemplaires, est extraite du « Journal de Pont-Audemer »; elle est signée Z (Alfred CANEL).

Ollivier, poëme. (Par J. CAZOTTE.) *S. l.*, 1763, 2 tom. in-12.

Réimprimé dans les « Œuvres » de l'auteur.

Olonais (l'), fameux et célèbre capitaine, troisième chef des flibustiers, aventuriers et boucaniers ; ses aventures extraordinaires, par M. A*** (J.-Fr. ANDRÉ, des Vosges). *Paris, Tiger*, 1812, in-18.

Olympe (l') en bel (*sic*) humeur. (Par L. COQUELET.) *Se trouve chez les gens du bon ton*, 1750, in-12, 25 p.

Même ouvrage que les « Amusements de toilette, ou le quart d'heure perdu ».

Olympiade (l'), ou le triomphe de l'amitié, drame héroïque en trois actes et en vers, mêlé de musique, représenté pour la première fois par les comédiens italiens ordinaires du roi, le 2 octobre 1777, et à Fontainebleau, devant Leurs Majestés, le 24 du même mois. (Par Nic.-Et. FRAMERY.) *Paris, veuve Duchesne*, 1777, in-8, 3 ff. lim., 54 p. et 1 f. de priv.

L'auteur a signé la dédicace et est nommé dans le privilége.

Olympie, tragédie lyrique en trois actes (et en vers libres). (Par N.-Fr. GUILLARD.) *Paris, C. Houel*, an VII-1799, in-4.

Olimpie, tragédie-lyrique en trois actes, imitée de Voltaire (par J.-M.-A.-M. DIEULAFOI et Ch. BRIFAUT). Représentée pour la première fois sur le théâtre de l'Académie royale de musique, le 20 décembre 1819. *Paris, Roullet*, 1820, in-8. — *Id.*, 1826, in-8.

Olympiques (les) de PINDARE, traduites en françois, avec des remarques historiques (par L.-F. DE SOZZI). *Paris, Guérin et Delatour*, 1754, in-12.

Ombre (l') de Calas le suicidé, à sa famille et à son ami dans les fers, héroïde : précédée d'une lettre à M. de Voltaire. (Par P.-J.-B. NOUGARET.) *Amsterdam et Paris, Cailleau*, 1765, in-8, 16 p.

Ombre (l') de Charles Fox au Parlement d'Angleterre, avec des notes intéressantes touchant le système actuel du cabinet de

Saint-James. (Par BADINI.) *Paris, Dabin*, 1808, in-8, 68 p.

Ombre (l') de Colardeau aux Champs-Elysées, et autres choses venant de l'autre monde, mises au jour par l'auteur du « Théâtre de famille » (Alex.-Jacq. CHEVALIER, dit DU COUDRAY). *Paris, Lejay*, in-8, 18 p.

Ombre (l') de la Gironde à la Convention nationale, ou notes sur les auteurs de ses assassins, par un détenu à la Conciergerie (C.-P.-J. LE BORGNE DE BOIGNE, ancien commissaire dans les colonies). *Paris, an III-1794*, in-8, 32 p.

Ombre (l') de la marquise de Créquy aux lecteurs des « Souvenirs », publiés sous le nom de cette dame ; suivie d'une notice historique sur Mᵐᵉ de Créquy et sur sa famille, et ornée d'un *fac-simile* de son écriture. *Paris, A. Roret*, 1836, in-8, 2 ff. de titre et 48 p.

L'auteur de cet opuscule est Mᵐᵉ Louise BRAYER DE SAINT-LÉON, née dans le département de l'Indre, morte à Vauxbuin (Aisne).   D. M.

Ombre (l') de la Thorillière aux Champs-Elysées. (Par Paul BARRETT.) *S. l. n. d.*, in-4, 8 p.

Ombre (l') de Mᵐᵉ la princesse, apparue à la reine, au Parlement et à plusieurs autres. (Par François DAVENNE.) *S. l.*, 1651, in-4, 16 p.

Ombre (l') de Mirabeau, comédie en un acte et en vers. (Par J.-C.-B. DEJAURE.) *Paris, Cailleau*, 1791, in-8.

Ombre (l') de Molière, comédie. (Par Guillaume MARCOUREAU, dit BRÉCOURT, comédien.) *Paris, C. Barbin*, 1674, in-12, 4 ff. et 98 p.

Dans la « Bibliothèque des théâtres » (par Maupoint), on a confondu cette pièce avec celle de Champmeslé, « les Fragmens, ou l'ombre de Molière », 1682, in-12. Souvent réimprimée.

L'édition de *La Haye*, 1740, in-12, est suivie de : « le Retour de l'ombre de Molière », et « l'Ecole du monde » (par l'abbé C.-H. DE FUSÉE DE VOISENON).

Ombre (l') de Molière et son épitaphe. (Par D'ASSOUCY.) *Paris, Loyson*, 1673, in-4, 2 ff. et 7 p.

L'auteur a signé la dédicace.

Réimprimée sous le titre de : « Descente de l'âme de Molière ». Voy. IV, col. 889, *a*.

M. Moland, dans son édition de Molière, tome VII, page 484, attribue ces deux pièces à DORIMOND.

Ombre (l') de M. Thiers, ou réponse à la dissertation de M. de Lestocq... (Par P. DE L'ETOILE, abbé de Saint-Acheul d'Amiens.) *Liége, Fr. Bronckart*, 1712, in-12.

Ombre (l') de Napoléon au conseil des ministres; par M. B. (P. BARTHÉLEMY), auteur de l'« Apothéose », des « Derniers Adieux », etc. *Paris*, août 1821, in-8, 18 p.

La couverture imprimée sert de titre.

Ombre (l') de Nécrophore, vivant chartier de l'Hôtel-Dieu, au sieur Jouyse, médecin déserteur de la peste, sur la sagesse de sa cabale et autres grippes de son examen. (Par J. DE LAMPÉRIÈRE.) *Rouen, D. Ferrant*, 1622, in-8.

Le nom de l'auteur se trouve dans le privilége.

Ombre (l') de Palingène aux trois quarts de ses amis. (Par A.-H. TRAUNPAUR, chevalier D'OPHONIE.) *Vienne*, 1785, in-8.

Ombre (l') de Raphaël, ci-devant peintre de l'Académie de Saint-Luc, à son neveu Raphaël, etc., en réponse à sa lettre, etc. (Par DAUDÉ DE JOSSAN.) 1771, in-8.

Ombre (l') de Rubens au Sallon, ou l'école des peintres. Dialogue critique par M. L. N. (A. LENOIR). *Athènes*, 1787, in-8, 43 p.

Ombre (l') de Sandricourt, conseiller en Parlement, apparue au président Le Coigneux. (Attribué à MÉZERAY.) *S. l.*, 1631, in-8, 29 p.

Ombre (l') de son rival, comédie meslée de musique et de danses. (Par CROSNIER.) *La Haye, Gérard Rammazeyn*, 1681, in-12, 4 ff. et 23 p.

Réimprimée à *Leyde*, 1682, sous le titre de : « les Frayeurs de Crispin... » Voy. V, 507, *a*. L'ouvrage y est à tort attribué à Samuel CHAPPUZEAU.

Ombre (l') du comte de Gormas, et la Mort du Cid, tragi-comédie. (Par Timothée DE CHILLAC.) *Sur l'imprimé à Paris, chez Cardin Besongne*, 1645, in-8, 98 p.

Cette pièce a été imprimée cinq fois de 1645 à 1696. Catalogue Soleinne, n° 1181.

Ombre (l') du duc de Grafton au Seraskier bacha. (Par Eustache LE NOBLE.) *Jouxte la copie imprimée à Kilmalock*, 1690, petit in-12, 41 p.

Ombre (l') du grand Colbert, le Louvre et la ville de Paris, dialogue. (Par LA FONT DE SAINT-YENNE.) *La Haye*, 1749, in-12, 165 p. — *S. l.*, 1752, in-12, LXX-367 p.

Ombre (l') du maréchal de Schomberg au duc de Lorraine. (Par Eustache LE NOBLE.) *Jouxte la copie imprimée à Dublin*, 1690, petit in-12, 48 p.

Ombre (l') du prince d'Ysembourg à l'éditeur de ses prétendues lettres. (Par F.-A. CHEVRIER.) *S. l. (Francfort)*, 1759, petit in-8, 8 p.

Ombre (l') idéale de la sagesse universelle. (Par le R. P. Esprit SABBATHIER.) *Paris*, 1679, in-8.

Ombres (les) anciennes et modernes, ou les Champs-Elysées, comédie épisodique en un acte et en vers. Par M*** (Maurice DE POMPIGNY). *Paris, Cailleau*, 1783, in-8.

Ombres (les) d'Henri IV et de Sully. (Par DUBUQUOIS.) *Paris, J. Girouard* (vers 1790), in-8, 34 p.

Ombres (les). Epître à M. D. D. N. Par l'auteur de « Vert-Vert » (J.-B.-L. GRESSET). Du 12 décembre 1734. *S. l.*, 1735, in-12, 19 p. — Deuxième édit., revue et corrigée sur le manuscrit de l'auteur. *Aux Ombres*, 1736, in-12, 18 p.

Ombres (les) sanglantes, galerie funèbre de prodiges, événements merveilleux, apparitions nocturnes... recueil propre à causer les fortes émotions de la terreur. (Par J.-P.-R. CUISIN.) *Paris, veuve Lepetit*, 1820, 2 vol. in-12.

Omicron, ou quarante-une lettres sur des sujets religieux. Par J. NEWTON, traduit de l'anglais (par Mlle CHABAUD-LATOUR). *Paris, Servier*, 1829, in-18. — Deuxième édit. *Paris, Risler*, 1838, 2 vol. in-18.

Omnibus (les) de l'arithmétique et de l'algèbre, par J. F. X. W. (WURTH). *Liége, Dessain*, 1829, in-8, 34 p.

Il existe des exemplaires de ce traité avec le nom de l'auteur.   Ul. C.

Omnibus (les) du langage. A tous, car le langage est pour tous. (Par D. LÉVI ALVARÈS.) *Paris, Garnier*, 1828, in-32.

Souvent réimprimés.

Omnibus (les) liégeois, ou recueil des locutions vicieuses les plus répandues dans les provinces wallonnes, deuxième édition. (Par Néoclès HENNEQUIN.) *Liége, Collardin*, 1829, in-32, 162 p.   Ul. C.

Omnibus (les) wallons, ou recueil des locutions vicieuses les plus répandues dans les provinces wallonnes. (Par Neoclès HENNEQUIN.) Nouvelle édition. *Namur, Wesmael-Legros fils*, 1864, in-32.   J. D.

On dit (les) des nouvellistes, ouvrage utile à toutes les classes de citoyens, aux administrateurs... aux auteurs... et à tous les journalistes qui ont besoin de pensés neuves, suivis d'une lettre d'un Piémotais à son ami à Paris. (Par Auguste Hus.) *Paris, Mme Allut,* 1815, in-8.

On fait ce qu'on peut et non pas ce qu'on veut, proverbe à deux acteurs (en un acte et en prose, par DORVIGNY). *Amsterdam et Paris, veuve Ballard,* 1780, in-8, 39 p. — *Paris, Cailleau,* 1784, in-8.

On m'y a forcé. (Par A.-T. GAIGNE.) *Paris,* an IX-1801, in-8.   V. T.

Cette brochure concerne la loterie nationale.

On ne doit pas changer de religion, par l'auteur de « la Table d'hôte » (le pasteur Ph. BOUCHER). *Bruxelles,* 1838, in-32, 28 p.

On ne s'y attendoit pas, ou les époux réunis, comédie proverbe en un acte et en prose. Représentée à la barrière de Monceau. (Par Louis DE LAUS DE BOISSY.) *Paris, Grangé,* 1778, in-12, 3 ff. lim. et 63 p.

On récolte ce qu'on a semé, suivi de Vertu passe richesse, proverbes. (Par Marie EMERY.) *Lille, L. Lefort,* 1853, in-18, 104 p. — Deuxième édit. *Id.,* 1859, in-18, 104 p.

La troisième édition, publiée en 1863, porte le nom de l'auteur.

On rira et on ne rira pas (par Ant. CAILLOT); en réponse d' « A bas la cabale ». *Paris,* imp. de Setier, 1814, in-8, 8 p.

Onanisme (l'), ou Discours philosophique et moral...

Voy. ces derniers mots, IV, col. 1022, c.

Oncle (l') et la Nièce. (Par Mme CHASSERIAU, depuis Mme GUYET. née AMAURY DUVAL.) *Paris, Ponthieu,* 1827, in-12.

Oncle (l') et les Tantes, comédie en trois actes et en vers. Par M. le M...... DE LA S. (le marquis DE LA SALLE). *Paris, Valleyre,* 1786, in-8.

Oncle et Neveu, suivi d'Un Bon Nègre, traduits de l'allemand par F. C. G. (F.-C. GÉRARD). *Rouen,* imp. de Mégard, 1853, in-18.

Plusieurs fois réimprimé avec le nom de l'auteur.

Oncle, Nièce et Neveu. (Par A.-J.-B. BOUVET DE CRESSÉ.) *Paris, Pelletier,* 1802, 2 vol. in-12.

Oncle (l') rival, comédie en un acte et en prose par Mme ***, représentée pour la

première fois à Paris sur le théâtre de S. M. l'Impératrice, le 19 janvier 1811. *Paris, Pillet,* 1811, in-8, 48 p.

En 1811, l'auteur, A.-H.-J. DUVEYRIER, donnait, à ce que dit Quérard (« Supercheries », II, 767, c,, cette pièce comme étant l'œuvre de sa mère (Mme Adélaïde LESPARAT). Transformée en comédie-vaudeville et représentée sur le théâtre du Gymnase, le 14 décembre 1830, *Paris, R. Riga,* 1830, in-8, 36 p., elle a été imprimée sous le nom littéraire de l'auteur, MÉLESVILLE.

Voy. « Supercheries », III, 1092, b.

Cette pièce a été aussi donnée par Quérard, « France littéraire », I, p. 228, sous le nom de Mme la comtesse DE BAWR, née CHANGRAN.

Oneirologie, ou traité des songes. (Par l'abbé SAUNIER DE BEAUMONT.) *Hollande,* in-12.

Onésie, ou les soirées de l'abbaye. Par Mme *** (TARBÉ DES SABLONS). *Paris, Pigoreau,* 1833, 2 vol. in-12.

Onguant pour la brûlure, ou le secret pour empêcher les jésuites de brûler les livres. (Par J. BARBIER D'AUCOUR.) *S. l.,* 1664, in-12. — *Cologne, P. Marteau,* 1669, in-12.

Voy. pour le détail d'autres éditions, publiées avec des réponses du même auteur, le « Catalogue de l'histoire de France » de la Bibliothèque nationale, tome V, page 56, nos 369 et 370.

Onzième et douzième discours contre les impies du temps et les fondements de l'impiété moderne. (Par le P. J.-B. MOLINIER, de l'Oratoire.) *Paris,* 1734, in-12.

Onzième Lettre à l'occasion des miracles, écrite par le proposant à M. Covelle. (Par VOLTAIRE.) In-8, 8 p.

Voy. « Questions sur les miracles ».

Opéra (l') à Carthage, opéra. Par le citoyen L. (LACOMBE), musique de M. (Méréaux). *Paris,* an III, in-8.

Opéra (l') de province, parodie nouvelle d'Armide, en deux actes, en vers, mêlée de vaudevilles, représentée devant Leurs Majestés à Versailles, le vendredi 19 décembre 1777, par les comédiens italiens ordinaires du roi. (Par P.-Y. BARRÉ, Aug. DE PIIS, J.-B.-D. DESPRÉS et RESNIER.) *Paris, Vente,* 1777, in-8, 1 f. de tit. et 45 p.

Opéra (l') interrompu, comédie (trois actes et prologue, prose), mise au théâtre par M. B** (BARBIER). *Lyon,* Ant. Périsse, 1707, in-12.

Opéra (l'), le Trésor et la Bibliothèque du roi. (Par Jean DUCHESNE aîné.) *Paris, Delaunay,* 1819, in-8, 16 p.

Opération césarienne faite à Paris, le onzième jour de juin MDCCXL. (Par SouMAIN.) *S. l. n. d.*, in-12, 23 p.

Opération du projet de partage des communaux de la vallée de Beaufort. (Par M. CHANLOUINEAU, juge suppléant au tribunal de première instance d'Angers.) *Angers, de l'imp. de Chateau*, 1831, in-4.

Opérations (les) de chirurgie, par une méthode courte et facile, avec deux traitez, l'un des maladies de l'estomach et l'autre des maux vénériens. (Par J.-B. VERDUC.) *Paris, L. d'Houry*, 1691, in-12. — *Ibid.*, 1693, 2 vol. in-8, avec le nom de l'auteur.

Opérations de l'armée du roi (de France) dans les Pays-Bas, en 1748. *La Haye, J.-B. Scheurleer (Gand, P. de Goesin)*, 1749, in-8 de 148 pages, non compris la préface.
D. M.

L'auteur de cet écrit est le marquis J.-F. CHASTENET DE PUYSÉGUR, aide de camp du maréchal de Saxe.

Peu d'exemplaires sont restés dans la circulation, ce mémoire ayant été retiré et brûlé, sans que les motifs d'une mesure aussi rigoureuse aient été rendus publics.

Opérations des changes des principales places de l'Europe, par J. R. R*** (Joseph-René RUELLE). *Lyon, J.-M. Bessiat*, 1765, in-8.

Ophélie, roman traduit de l'anglois (par Mme BELOT, plus tard présidente DUREY DE MEYNIÈRES). *Amsterdam*, 1763, in-12.

Ophthalmophile (l'), ou l'ami de l'œil; essai sur l'influence physique de la lecture sur la vue de l'homme et sur les moyens d'en diminuer les funestes effets. (Par les frères DELEMER.) *Bruxelles, Delemer*, 1820, in-12, fig. J. D.

Opinion d'un ancien militaire sur la Constitution, la France et les Français. (Par L.-F. LESTRADE.) *Paris, Michaud*, 1814, in-8, 55 p.

Opinion d'un bibliophile sur l'estampe de 1418 conservée à la bibliothèque royale de Bruxelles, par M. J. A. L. (J.-A. LUTHEREAU)... *Bruxelles, de Wasme*, 1846, grand in-4, 20 p. et 3 pl.

Opinion d'un citoyen sur la dot et le mariage. (Par MIGNONNEAU.) *Paris, Barrois l'aîné*, 1781, in-8.

Opinion d'un curé (MAYET), membre de l'Assemblée nationale, sur l'emploi des biens ecclésiastiques. *Paris, Gueffier* (1790), in-8, 2 ff. de tit. et 42 p.

Réimprimée avec le nom de l'auteur.

Opinion d'un député (P.-L. ROEDERER) sur la loi du 19 janvier 1816. *Paris*, mars 1832, in-8.

Opinion d'un Français sur l'Acte additionnel aux constitutions de l'Empire et sur les décrets y relatifs. (Par N. DE SALVANDY, maître des requêtes.) *Paris, Delaunay*, 1er mai 1815, in-8, 56 p.

M. Bouchot a publié, sous la même date, une brochure de 12 pages sous le même titre, mais cette dernière est signée.

Opinion d'un habitant des Landes sur le Concordat. (Par J.-S. PASSERON, de Lyon.) *Paris*, 1818, in-8, 53 p. G. M.

Opinion d'un jurisconsulte (F.-J.-T.-M. SAINT-GEORGES) sur l'admission de toutes les femmes aux spectacles. *Bordeaux*, 1792, in-8.

Opinion d'un jurisconsulte (L.-S. MARTINEAU) sur les lois relatives aux ventes et paiements de domaines nationaux, sur l'avis du conseil d'Etat du 12 brumaire et sur la folle enchère. *Paris, Desenne*, 1801, in-8, 23 p.

Opinion d'un médecin de la Faculté de Paris (DUBOURG) sur l'inoculation de la petite vérole. *Paris, Quillau* (1768), in-12, 24 p. — *Paris, imp. de Didot, s. d.*, in-12, 24 p.

Opinion d'un patriote germain (le docteur D.-A. SEIFFERT) sur la motion du citoyen Buzot. *S. l. n. d.*, in-4, 4 p.

Opinion d'un patriote sur les moyens qu'il convient de proposer d'abord à l'Assemblée nationale pour l'amélioration du sort des travailleurs. (Par Jos.-Marie SOBRIER.) (*Paris), imp. de Lacrampe fils et Cie*, (1848), in-fol. plano.

Opinion d'un propriétaire sur le commerce des laines. (Par le comte Ch. DE POLIGNAC.) *Paris, Delaunay*, 1814, in-8, 23 p.

Opinion d'une femme sur les femmes, par F. R*** (Mlle F. RAOUL, revue par Mme la princesse Constance DE SALM). *Paris, Giguet*, 1801, in-12, 72 p.

Opinion de Jacques Bonhomme sur l'élection d'un député à Beaune. (Par Ange BLAISE.) *Dijon, imp. de Douillier*, 1834, in-8, 16 p.

Opinion de M. C... D. DE L. R. (L. CHARRIER DE LA ROCHE), député à l'Assemblée nationale, sur le culte public de la religion nationale catholique en France; et quelques autres considérations relatives à son exercice. *Paris, Leclère*, 1790, in-8, 44 p.

Opinion de M. H... (F.-J.-A. DE HELL), député de H...... (Haguenau), membre du Comité d'agriculture et de commerce, sur le reculement des barrières, prononcée et déposée sur le bureau de ce Comité, le 22 mars 1790. *Paris, imp. de P.-D. Pierres*, 1790, in-4, 8 p.

Opinion de M. H... (F.-J.-A. DE HELL), député de H... (Haguenau), sur le projet concernant les ponts et chaussées. proposé par le Comité des finances. (*Paris*), *imp. P.-D. Pierres* (1790), in-4, 8 p.

Opinion de M. L..... (J.-B.-R. LINDET), député du bailliage d'E..... (d'Evreux), sur le commerce des grains. *S. l. n. d.*, in-8, 8 p.

Opinion de M. LE B..., député du B... de D... (C.-F. LEBRUN, député du bailliage de Dourdan), sur la propriété des biens des églises. Séance du vendredi 30 octobre 1789. *Paris, Baudouin*, 1789, in-8, 20 p.

Opinion du député de la noblesse de Clermont en Beauvoisis (le duc F.-A.-F. DE LA ROCHEFOUCAULD-LIANCOURT), lue en la séance du 27, le matin, dans la Chambre de la noblesse. *S. l.* (1789), in-4, 8 p.

Opinion du diable sur le R. P. Lacordaire, la Faculté de philosophie et le Sénat académique de l'Université de Liége, et, par ricochet, sur le jubilé de 1846 : Satan en « Libéral liégeois ». Réprimande de Satan. Humble confession du « Libéral ». (Par J.-B. DUFAU.) *Liége, Lardinois*, 1847, in-8, 16 p.

Boutade fade et prétentieuse dirigée contre un article du « Libéral liégeois » qui reprochait à la Faculté de philosophie de l'Université d'avoir décerné le titre de docteur honoraire au P. Lacordaire.   J. D.

Opinion (l') du parterre, ou revue de tous les théâtres de Paris ; neuvième année. (Par Fabien PILLET.) *Paris, Martinet*, 1812, in-18.

Opinion du père André sur l'annexion à la France. (Par M. DREVET.) *Chambéry, imp. de Ménard* (1860), in-16, 8 p.

Tirée à 100 exemplaires.

Opinion (de l') et des Mœurs, ou de l'influence des lettres sur les mœurs. (Par l'abbé PETIOT, de l'Académie de La Rochelle.) *Paris, Mourcau*, 1777, in-12, XII-286 p.

La dédicace est signée : P. D. L. A. D. L. R.

Opinion (l') et l'Amour, nouvelle contemporaine, par Mme DE S. S*** (ROSE DE SAINT-SURIN, plus tard dame MONMERQUÉ). *Paris, Janet*, 1830, in-18.

Opinion et Observations sur le budget de 1814, sur le budget de juin 1815 et sur les différens systèmes de finances suivis en France depuis l'an VIII jusqu'au 8 juillet 1815. Par un créancier de l'Etat (N. BRICOGNE). *Paris, Pélicier*, octobre 1815, in-8, 320 p.

Opinion et Projet de loi sur la responsabilité des ministres et de leurs agens, adressés à MM. les députés, MM. les pairs et à l'Europe entière. Par un Français qui a toujours été libre (Louis-Marie PERENON). *Lyon, imp. de Barret*, 1830, in-8.

Opinion et Réflexions d'un vieux étudiant en législation criminelle, sur la procédure du maréchal Ney et autres adhérents du dernier attentat de Bonaparte. (Par Jean-Baptiste SELVES.) *Paris*, décembre 1815, in-8.

Opinion impartiale d'un capitaliste sur le projet de la réduction des rentes... (Par Régis-Jean-François VAYSSE DE VILLIERS, ancien inspecteur des postes-relais.) *Paris, Lenormant fils* (1825), in-8, 15 p.

Opinion (l') publique sur le procès du général Moreau, par un citoyen (Charles-Jean LA FOLIE). Dédiée à Napoléon Bonaporte. *Paris*, 1804, in-8, 4 p.

Opinion sur l'ordonnance des retraites. (Par le général DULAULOY.) *Paris, L.-E. Herhan* (1818), in-8, 2 ff.

Opinion sur la destination qu'il conviendrait de donner au Muséum pour favoriser l'encouragement des artistes et des beaux-arts en France. (Par J.-B. DEPERTHES.) *Paris, Lenormant*, 1815, in-8.

Opinion sur la royauté, sur Louis XVI et sa famille, sur l'établissement d'une république française. (Par DUMOUCHET.) (*Paris*), *imp. de veuve Hérissant*, 1792, in-8, 15 p.

Opinion sur le divorce, considéré sous le rapport de la religion et des mœurs. (Par Al. DE FERRIÈRE.) *Paris, imp. de Porthmann*, 1816, in-8, 16 p.

Opinion sur le duel. (Par Elie VINSON, dit l'abbé DE LUCE.) *Orléans, Jacob l'ainé*, 1791, in-8.

Opinion sur le nouveau mode d'appellation de nos consonnes, considéré dans son application à l'enseignement de la lecture, par M. D. DE V... (DUTERTRE DE VALNAY). *Paris, Delaunay,* 1816, in-8, 72 p.

D. M.

Les « Supercheries », I, 878, *f*, nomment l'auteur DUTERTRE DE VETEUIL.

Opinions de Napoléon sur divers sujets de politique et d'administration, recueillies par un membre de son conseil d'État (le comte Jean PELET, de la Lozère), et récit de quelques événements de l'époque. *Paris, Firmin Didot,* 1833, in-8, 331 p.

D. M.

Opinions des anciens sur les Juifs, par M. DE MIRABAUD. — Réflexions impartiales sur l'Évangile (par le même). (Le tout revu et publié par J.-A. NAIGEON.) *Londres,* 1769, in-8.

Opinions et Rapports faits aux différentes assemblées nationales sur l'administration générale de l'État. (Par J.-G. LACUÉE DE CESSAC.) 2 vol. in-8.

Opinions littéraires, philosophiques et industrielles. *Paris, Bossange père,* 1825, in-8, 392 p.

Voici, d'après la « Bibliographie saint-simonienne » de Fournel, page 32, la part contributive de chaque auteur. *Introduction,* 16 p., Léon HALEVY. — *Opinions philosophiques,* 64 p., C.-H. DE SAINT-SIMON. — *Fragments historiques,* 74 p., SAINT-SIMON. — *Industrie. Banquiers,* 38 p., Olinde RODRIGUES. — *Législation,* 27 p., J.-B. DUVERGIER. — *Physiologie,* 49 p., BAILLY. — *Mélanges,* 56 p., Léon HALEVY. — *Conclusion,* 61 p., Ol. RODRIGUES et L. HALEVY.

Opinions (des) politiques du citoyen Sieyès et de sa vie comme homme public. (Par Conrad-Engelbert OELSNER.) *Paris, Goujon fils,* an VIII-1800, in-8, VIII-280 p.

Opinions religieuses, royalistes et politiques de M. Ant. Quatremère de Quincy, imprimées dans deux rapports faits au département de Paris, publiées par M. le M...... DE P*** (le marquis J.-P.-G. LÉGENTIL DE PAROY). *Paris, Herhan,* 1816, in-8, 14 p. et 1 pl.

La deuxième édition, publiée la même année, porte le nom de l'auteur.

Opinions sur l'origine des béguignages belges, par Ed. T. (TERWECOREN). *Bruxelles, Goemaere,* 1852, in-12, 59 p.

D. R.

Opposition (l') de la doctrine du concile de Trente aux vérités de l'Évangile (attribuée à Denis TALON). 1688, in-12.

Note manuscrite.

Opposition (de l') du ministère. (Par F.-Th. DELBARE.) *S. l. n. d. (Paris),* in-8, 8 p.

Opposition (de l') et de ses Journaux. (Par H. DE LOURDOUEIX.) *Paris, Pillet,* 1827, in-8, 1 f. de tit. et 59 p.

Ex-dono de l'auteur à M. Franchet.

Opposition (de l') parlementaire, ce qu'elle est et ce qu'elle doit être en France. Par l'auteur de « la France telle que M. Kératry la rêve », etc., etc. (A.-J.-Ph.-L. COHEN). *Paris, imp. d'A. Egron,* 1821, in-8, 40 p.

Oppression et Révolte, ou la guerre des seigneurs et des paysans. Par le C. Henri DE L*** (Henri VERDIER DE LACOSTE), auteur d' « Alfred le Grand », etc. *Paris, Arthus Bertrand,* 1818, 3 vol. in-12.

Formant les tomes IV à VI des « Chroniques allemandes ». Voy. IV, 601, *b*.

Optimiste (l'), ou le barbier gascon.

Critique de la Révolution française, composée par J.-F. CHAPONNIÈRE, de Genève, en 1805, et dont il courut des copies. PALISSOT fit imprimer cet opuscule à Paris, en 1808. M. DE MONTIGNY le publia en 1810, à Dijon, avec des variantes de sa façon; enfin, M. DE SERAN le reproduisit une troisième fois à Lyon, en 1814, avec une foule de notes, et dédia cette édition à l'auteur. La seconde partie, écrite en 1815, et la troisième en 1835, sont encore inédites.

(Littérature française contemporaine, t. II, p. 582.)

Optique de NEWTON, traduction nouvelle faite par M*** (J.-P. MARAT), sur la dernière édition originale, ornée de 21 planches, et approuvée par l'Académie des sciences; dédiée au roi par M. BEAUZÉE, éditeur de cet ouvrage... *Paris, Leroy,* 1786, 2 vol. in-8.

Optique des mœurs, opposée à l'optique des couleurs. (Par DESLANDES.) 1742, in-12.

Optike (l') du cœur, mis à portée des personnes distinguées par la naissance, etc.; extrait des manuscrits d'un écrivain original, pouvant former la 3e Section du Dictionnaire de l'Akadémie réfait, etc.; selon l'opération dominante des cinq sens, des muscles, du cœur, du cerveau. (Par Alexandre OLIVIER, d'Alençon.) *Le Mans, Fleuriot,* 1817, in-8.

Optique (l') du jour, ou le foyer de Montansier, par Joseph R....y (ROSNY). *Paris, Marchand,* an VII-1799, in-18.

Optique (l'), ou le Chinois à Memphis. Essais traduits de l'égyptien. (Par J.-N.-M.

GUÉRINEAU DE SAINT-PÉRAVI.) *Londres (Paris)*, 1763, 2 parties in-12.

Cet ouvrage fut attribué à Voltaire, et J.-J. Rousseau a eu le malheur d'ajouter foi à ce bruit. Voici ce qu'il écrivit en tête d'un exemplaire de l'ouvrage, lequel appartient aujourd'hui (1823) à M. Panniffex, ancien négociant à Lahr, en Brisgau :

« Je ne connoissois pas ce fatras ; je n'en avois jamais entendu parler ; j'en ai reconnu l'auteur dès la seconde page. Ce n'est pas ici le seul ouvrage de M. de Voltaire qui soit pensé sans jugement ; mais c'est le seul qui soit écrit avec platitude et ineptie : et voilà comment la basse envie et le désir de nuire étouffent le génie et dégradent le talent. »

· Signé : J.-J. ROUSSEAU.

Opuscule d'un célèbre auteur égyptien. *Londres*, 1752, in-12.

Barbier attribue ce petit volume au chevalier DE MOUHY. J'ai vu sur un exemplaire une note manuscrite du temps qui l'accorde au marquis DE COLLANDE. Il faut remarquer d'autre part que la « France littéraire », pour l'année 1769, ne le mentionne point dans la longue liste des ouvrages du chevalier de Mouhy.   G. M.

Opuscule inédit composé à l'âge de treize ans par Pauline de Grignan, depuis marquise de Simiane, publié par un ex-doyen d'Académie, nommé membre honoraire (E. ROUARD, bibliothécaire à Aix, décédé en 1873). *Paris*, 1867, in-8.

Tiré à 100 exemplaires.   G. M.

Opuscule, ou essai tendant à rectifier des préjugés nuisibles et à former des vertueux éclairés, par un ami du genre humain (POOPDS). *Londres, David Fowler*, 1791, in-8, 286 p. et 1 f. de correct.

Opuscule, ou petit traité sceptique sur cette commune façon de parler : *N'avoir pas le sens commun.* (Par F. DE LA MOTHE LE VAYER.) *Paris, Ant. de Sommaville*, 1646, pet. in-12.

Opuscule politique, ou réflexions sur le meilleur des gouvernements. (Par DELAFONT fils, subdélégué de la ville de Gap.) *Philadelphie (Gap, imp. de J. Allier)*, 1800, in-8, 30 p.

Opuscule sans titre. (Par C.-G. TOUSTAIN DE RICHEBOURG.) 1782, in-8.

Opuscule sur des communications annonçant l'Œuvre de la Miséricorde. *Paris, imp. de Locquin*, 1841, in-8, 72 p.

Signé : A. M...... (Ant. MADROLLE).

Opuscule sur l'inoculation. Par L. M. D. (D'AUXIRON). *Besançon, J.-F. Charmet*, 1765, in-8.

Opuscules. (Par Pierre-Louis RŒDERER.)

A Paris, de l'imprimerie du Journal de Paris, an X-1802, in-8.

En l'an VIII, Rœderer avait fait imprimer un volume in-8 intitulé : « Opuscules mêlés de littérature et de philosophie ». Il y avait mis son nom. La plupart des morceaux avaient été insérés dans le « Journal de Paris » pendant l'an VII. Ces recueils ont été tirés à très-petit nombre.

Voici ce qu'on lit au verso du frontispice des Opuscules, an X :

« AVERTISSEMENT. Ce recueil est presque entièrement composé d'articles que j'ai insérés dans le « Journal de Paris », pendant les ans VIII et IX et les cinq premiers mois de l'an X. Les auteurs du petit nombre de morceaux qui ne sont pas de moi sont exactement nommés au commencement ou à la fin de ces morceaux : on n'a omis que le nom de l'auteur de la lettre concernant feu M. Beurrier, laquelle est imprimée à la page 221 ; elle est de M. DE BOUFFLERS. R. »

Rœderer a fait paraître en l'an XII un troisième volume d'opuscules ou d'articles insérés par lui et par M. de Boufflers dans le « Journal de Paris », pendant l'an XI et les six premiers mois de l'an XII.

Ces Opuscules ont été reproduits dans les « Œuvres » du comte P.-L. Rœderer. *Paris*, 1853-59, 8 vol. gr. in-8.

Opuscules bretons. (Publiés par Aimé-Marie-Rodolphe baron DU TAYA.) *Rennes, Vatar*, 1835-1841, 5 tomes en 3 vol. in-8.

Voici de quoi se composent ces cinq volumes : I-II. Monnaies celtiques-armoricaines trouvées près d'Amanlis, en 1835. A. B. D. T., éditeur, novembre 1835. — III. Broceliande, ses chevaliers et quelques légendes, recherches publiées par l'éditeur de plusieurs opuscules bretons. (1839.) — IV-V. Le Roi Audren. Monseigneur Saint-Yves. Légendes. (1841.)

Opuscules chymiques de MARGRAF (publiés par J.-F. DEMACHY). *Paris*, 1762, 2 vol. in-12.

Opuscules d'amour, par HEROET, LA BORDERIE et autres divins poëtes (Ch. FONTAINE, Paul ANGIER et PAPILLON). *Lyon, Jehan de Tournes*, 1547, in-8.

Opuscules d'un amateur, imprimés par lui-même. (Par J. CASTAING, receveur des tailles.) Tome Ier. *Alençon*, 1785, in-8.

D. M.

Le premier volume seul parut. Il fut réimprimé par l'auteur lui-même, en 1790, mais cette fois avec son nom sur le frontispice.

Opuscules d'un solitaire. (Par SAIGE, avocat.) *Bordeaux, Bergeret*, 1803, in-8, 4 ff. lim. et 325 p.

Voy. « Supercheries », III, 703, a.

Opuscules d'un vieillard champenois (N.-R. CAMUS-DARAS). *Paris, Rouanet*, 1833, in-8, 124 p.

Réimprimés avec le nom de l'auteur, sous le titre d' « Amusements sérieux et badins ; nouvelle édition, revue et augmentée ». *Paris, Rouanet*, 1838, in-8, 107 p.

Opuscules de A. D. (Adolphe DUTIL-LEUX). *Amiens, imp. de Caron*, 1855, in-12.

Opuscules de feu M. ROLLIN, avec son éloge par M. DE BOZE (publiés avec des notes par Rob. ESTIENNE, libraire). *Paris, frères Estienne*, 1771, 2 vol. in-12.

La traduction du discours pour l'établissement de l'instruction gratuite dans l'Université est de L.-T. HÉ-RISSANT.

Opuscules de M. BOSSUET, évêque de Meaux (revus sur les premières éditions, avec un avertissement, par L.-E. RONDET). *Paris*, 1751, 5 vol. in-12. — *Louvain*, 1768, 3 vol. in-8.

Opuscules de M. F*** (E.-C. FRÉRON), contenant des critiques de quelques ou-vrages de littérature. *Amsterdam (Paris)*, 1753, 3 vol. in-12.

Voy. « Supercheries », II, 3, *f*.

Opuscules de M. l'abbé FLEURY, précé-dés d'un discours sur la vie et les ouvrages de l'auteur (par L.-E. RONDET). *Nismes*, 1785, 5 vol. in-8.

Opuscules de S. Jean CHRYSOSTOME, tra-duits du grec en françois (par l'abbé J.-B. MORVAN DE BELLEGARDE). *Paris, Pralard*, 1691, in-8.

Opuscules divers en prose et en vers. Par D*** L***** (DARRODES-LILLEBONNE). *Paris, Pillot jeune*, 1805, in-8, 2 ff. de tit. et 171 p.

Opuscules du chevalier D'ANCENY, ou anecdotes en vers, recueillies et publiées par M. D'A*** (D'ARBLAY). *Metz et Paris, marchands de nouveautés*, 1787, in-24.

Opuscules du poëte du Berry (François HABERT). *Paris, imp. de Jeanne de Marnef*, 1546, in-16.

A la suite de « les Trois Nouvelles Déesses ». Voy. ces mots.

Opuscules du trauerseur des uoyes pe-rilleuses nouuellement par luy reueuz et amendez et corrigez. Lepistre de iustice a linstruction et honneur des ministres dit-celle. Le chappelet des princes contenant L Rondeaulx et V Ballades. Plusieurs Chans royaulx, Ballades et Rondeaulx. La Deplo-ration de Leglise militante sur les perse-cutions laquelle deteste guerre et incite les Roys et princes a paix. Nouuellement reueu, corrigé et augmenté par ledict ac-teur. (Par Jean BOUCHET.) *S. l. n. d.* (vers

1525), in-4, 76 ff. — *Paris, veuve Jehan Janot, s. d.*, in-4, 76 ff. — *Poitiers, Jaques Bouchet*, 1526, in-4.

Opuscules en prose et en vers. (Publiés par L.-M. PATRIS DE BREUIL.) *(Paris)*, 1810, in-8.

Ce recueil renferme un Éloge de J.-J. Rousseau. — Un Discours sur l'athéisme. — Une Notice sur Grosley, suivie de son testament. — Des Lettres inédites de VOLTAIRE et de MONTESQUIEU. — Des Poésies et des Chansons.

Opuscules en vers. Par G. P. B. D. L. H. S. (Gabriel PEIGNOT, bibliothécaire de la Haute-Saône). *Paris, Villier*, an IX-1801, in-8, 72 p.

Opuscules et mélanges historiques sur la ville d'Evreux et le département de l'Eure. *Evreux, Ancelle*, 1845, in-16.

Signés : T. B. (Théodose BONNIN).

Opuscules médico-chirurgiques et rela-tifs à la jurisprudence, dans lesquels on éta-blit les principes pour distinguer, à l'ins-pection d'un corps trouvé pendu, noyé, suffoqué, les signes du suicide d'avec l'assassinat. Ouvrage utile aux juriscon-sultes, juges de paix, commissaires de police, pères de famille, etc. Par un offi-cier de santé de la commune de Lille, an-cien professeur de matières médicales de l'Ecole de chirurgie de cette même com-mune. *Lille, J.-B. Roger*, etc., an IV, in-8, 71 p.

La dédicace est signée : R*** (J.-C. RAIGNEAUX).

Opuscules ou Bergeries (par Anne-Jeanne-Félicité D'ORMOY, dame MÉRARD DE SAINT-JUST). *Paris*, an VI-1798, in-18.

Cet ouvrage avait d'abord été publié en 1784, sous ce titre : « Bergeries et Opuscules, par Mlle D'ORMOY l'aînée ».

Opuscules ou pensées d'une âme de foi sur la religion chrétienne, pratiquée en esprit et en vérité. (Par Louise-Marie-Thé-rèse-Bathilde D'ORLÉANS, duchesse de BOUR-BON.) *Barcelone*, 1812, t. I, pet. in-4 de XII et 300 p. plus la table.

Bien que cet ouvrage soit indiqué en deux volumes, Beuchot déclare n'en connaître qu'un. (« Bibliographie de la France », 1822, p. 291.)

Suivant Mahul (*Ann.*, t. III, 1822), cet ouvrage a été condamné par la cour de Rome ; mais on n'en voit pas trace dans l'*Index*.

Opuscules, ou petits traictez (de F. LA-MOTHE LE VAYER). *Paris*, 1644, pet. in-8.

1. De la Vie et de la Mort. — 2. De la Prospérité. — 3. Des Adversitez. — 4. De la Noblesse. — 5. Des Offenses et Injures. — 6. De la Bonne Chère. — 7. De la Lecture des livres.

Opuscules philosophiques et littéraires, la plupart posthumes ou inédits. (Par Mᵐᵉ G.-E. Le Tonnelier de Breteuil, marquise du Chastelet, Diderot, J. Necker, l'abbé F. Galiani, etc. Publiés par J.-B.-A. Suard et S.-J. Bourlet de Vauxcelles.) *Paris, imp. de Chevet*, 1796, in-8.

Les anecdotes sur le roi de Prusse, données comme étant de A.-L. Thomas, sont de Jean de Taulès, qui en avait remis le manuscrit à cet académicien. (Voy. « le Publiciste », an XI, 7 nivôse.) Ces anecdotes n'en ont pas moins été reproduites sous le titre de : « Relation de la captivité du grand Frédéric », dans les « Œuvres posthumes » de Thomas.

Opuscules poétiques, dédiés au beau sexe. (Par de Beaumont.) *Paris, P.-G. Simon*, 1786, in-12.

Opuscules poétiques, ou le plus charmant des recueils, contenant plusieurs pièces fugitives de M. de Voltaire, qui n'ont pas encore vu le jour. (Publiés par S.-G. Longchamp, secrétaire de Voltaire.) *Amsterdam (Paris), Desnos, s. d.* (vers 1774), in-18.

Opuscules rédigés en un nouvel ordre de livres et de chapitres, suivis des Consolations de la vraie sagesse dans les derniers moments d'une jeune mère chrétienne. (Par Gaspard-Jean-André-Joseph Jauffret, depuis évêque de Metz.) *Paris*, 1804, in-12 ; — 1812, in-12. — Troisième édit. *Metz*, 1823, in-12, fig.   G. M.

Opuscules sacrés et lyriques... (Par D. Simon, de Toul.)

Voy. « Cantiques spirituels », IV, 494, a.

Opuscules sur divers sujets. (Par Dominique Bouhours.) *Paris, Sébastien Mabre-Cramoisy*, 1684, in-12, 7 ff. lim., 338 p. et 2 ff.

Le privilége est au nom de l'auteur.

Opuscules sur divers sujets (en vers, traduits du grec et du latin, ou composés par le P. Scorbiac, probablement jésuite). *Toulouse, Colomiez et Posuel*, 1686, in-12, 75 p.

Signature de l'auteur.

Opuscules sur la langue françoise, par divers académiciens (les abbés L. de Courcillon de Dangeau, F.-T. de Choisy et J. Thoulier d'Olivet, et par P.-D. Huet et Oliv. Patru; recueillis et publiés par d'Olivet). *Paris, Brunet*, 1754, in-12.

Opuscules théosophiques auxquels on a joint une Défense des Soirées de Saint-

Pétersbourg ; par un ami de la sagesse et de la vérité. (Par Bernard, capitaine au 23ᵉ régiment de ligne en 1824, mort à Paris en 1828 d'une fièvre cérébrale.) *Paris, Migneret*, 1828, in-8, 244 p.

Oracle (l'), comédie en un acte et en prose. (Par G.-F. Poullain de Saint-Foix.) *Paris, Prault fils*, 1740 ; 1741, avec le nom de l'auteur ; 1758 ; — *La Haye*, 1742 et 1759 ; — *Amsterdam*, 1759, in-8.

Réimprimé en 1756, in-12, avec deux couplets ajoutés à l'occasion de la prise de Mahon par le duc de Richelieu.

Oracle (l') de Cithère. (Par Chicaneau de Neuvillé.) 1752, in-8.

Oracle (l') de tous les temps, illustré par Demoraine, Fontaine, etc. (Par Mᵐᵉ Tarin.) *Paris, Tarin*, 1844, in-4 oblong.   D. M.

Oracle (l') des anciens fidèles, pour servir de suite et d'éclaircissement à la sainte Bible. *Berne*, 1760, in-12, VIII et 127 p.

Condamné par arrêt du Parlement du 3 décembre 1760, brûlé le 6 du même mois et mis à l'*Index* le 8 mai 1761, cet ouvrage est fort rare. C'est une réponse à l' « Oracle des nouveaux philosophes », de l'abbé Guyon (voy. ce titre plus loin), auquel il est dédié. La dédicace est signée : l'abbé B*****, ce qui ne peut vouloir dire que Bigex ou Bugex. De 1760 à 1763, Voltaire parle plusieurs fois de cet écrit à ses correspondants ; tantôt il l'attribue à l'abbé Morellet, tantôt il demande qui peut bien en être l'auteur ; puis il finit par écrire à Damilaville, le 12 juillet 1763 : « Admirez la Providence. L'auteur de « l' « Oracle des fidèles », livre excellent, trop peu « connu, était un valet de chambre d'un conseiller-« clerc de la seconde chambre des enquêtes nommé « Nigon de Berty, cloître Notre-Dame ; il est venu chez « moi, il y est ; c'est une espèce de sauvage comme le « curé Meslier. » Dans la suite de sa lettre, il le nomme Simon Bugex.

Il est impossible de ne pas reconnaître la touche de Voltaire dans l'Avis au lecteur qui suit l'Épître dédicatoire.

L' « Oracle des anciens fidèles » figure pour la première fois dans le Dictionnaire ; c'est donc bien à tort que la note qui accompagne la lettre de Voltaire au comte d'Argental, en date du 6 janvier 1761, dans l'édition de Voltaire publiée par « le Siècle », dit que l' « Oracle des fidèles » est attribué par Barbier à Marmontel.

Oracle (l') des dames et des demoiselles, ou le vrai horoscope, suivi de leçons au beau sexe... par J. L*** (Jean Lions). *Paris, Audin*, 1825, in-12.

Très-souvent réimprimé.

Oracle (l') des nouveaux philosophes. Pour servir de suite et d'éclaircissements aux « Œuvres de M. de Voltaire ». (Par 'abbé Cl.-M. Guyon.) *Berne,* 1759, petit in-8, xvi-349 p. — Autre édit. *Ibid., id.,* in-8, xvi-326 p. — Autre édit. *Ibid., id.,* 1760, in-8, xii-336 p. — Autre édit. *Ibid., id.,* in-8, xx-388 p. — Autre édit., avec même nombre de pages, mais avec 25 lignes au lieu de 26 dans la p. 388.

Ces différentes éditions contiennent neuf conversations : l'auteur en a donné neuf autres, numérotées de 10 à 18 ; elles ont pour but spécial de réfuter « Candide », le « Précis de l'Ecclésiaste et du Cantique des cantiques » ; elles portent ce titre : « Suite de l'Oracle des nouveaux philosophes », *Berne,* 1760, in-8, viii et 387 (*sic*) à 888 p. Antérieurement, l'auteur avait publié : « Additions pour les première et seconde éditions de l'Oracle des nouveaux philosophes ». *S. l. n. d.,* in-8, 56 p.

Une critique spirituelle a paru sous ce titre : « le Sentiment d'un inconnu sur l'Oracle des nouveaux philosophes », pour servir d'éclaircissement et d'errata à cet ouvrage. *A Villefranche, chez Philalète, à la Bonne-Foi,* 1760, petit in-8, vi-98 p.

Voy. aussi « Oracle des anciens fidèles ».

Oracle (l') du ballet de la sibille de Pansoust, dansé au Palais-Royal et à l'hostel de Luxembourg. *Paris, J. Bessin,* 1645, in-4, 12 p.

Réimprimé par M. V. Fournel dans le t. II de ses « Contemporains de Molière », et par M. P. Lacroix dans le t. VI de sa « Collection des ballets et mascarades de cour », *Turin, Gay,* 1870, où il l'attribue à Molière.

Oracle (l') ou le chant de Protée, contenant la prédiction des vaillances et victoires de Henry IIIIe, très chrestien et très victorieux roy de France et de Navarre. Avec les trophées du mesme seigneur dediez à Sa Majesté par I. G. P. *Paris, Jamet, Mettayer et P. L'Huillier,* 1595, in-8 de 37 feuillets.

Une première édition, *Lyon, Thib. Ancelin,* 1594, in-4, 134 p., porte le nom de l'auteur, Jean Godard, Parisien ; elle est accompagnée des Commentaires de Claude Le Brun, advocat beaujolois... Dans cette édition, il n'y a que 35 sonnets, plus un 36e sonnet signé Le Brun, et un dernier adressé à P. Forget. Dans l'édition in-8, il y a 49 sonnets.

Oracle (l') poétique, par F. F. (F. Filhol). *Tolose, Maffré,* 1619, in-8.

Oracles (les) de Flore, par C.-F.-P. Del*** (Charles-François-Paul Delanglard, employé au contentieux de la Direction des droits réunis). *Paris, Janet, s. d.* (1816), in-18.   D. M.

Oracles (les) de l'amour et de la fortune, en vers. (Par A.-C. Cailleau.) *Paris,* 1773 et années suiv., in-18.

Oracles (les) divertissans, où l'on trouve la décision des questions les plus curieuses pour réjouir les compagnies. Avec un

traité très-récréatif des couleurs aux armoiries... par M. W. D. L. C. (Wulson de La Colombière). *Goude,* 1649, in-8. — *Paris, Courbé,* 1652, in-8. — *Amsterdam, Sambix,* 1677, in-12.

Plusieurs fois réimprimés sous ce titre ou sous ceux de : « Palais de la fortune... », ou « Palais des curieux... » Voy. ces mots.

Oracles (les). Ode sur les campagnes de l'an XIV et les destins d'Albion. (Par Dropsy.) *Paris, Lenormant,* 1805, in-8, 14 p.

Oraison de Cicéron pour la loi de Manilius, traduction nouvelle, avec des remarques, par M. Gen.... (Geneste), *Paris, Le Mercier,* 1699, in-8.

Oraison (de l') des pécheurs, par un pécheur (le P. Fr. Clugny). *Lyon, Briasson,* 1689, 1701, in-12.

Oraison escripte suyvant l'intention du roy très chrestien aux serenissimes, reuerendissimes, très illustres, très excellens, magnifiques, très hauls seigneurs et à tous les estas du sainct empire assemblez en la ville de Spire. (Par Jean du Bellay.) *Paris, imp. de Rob. Estienne,* 1544, in-4.

Existe aussi en latin sous le titre de : *Oratio de sententia...* (Voy. ces mots.)

M. Hauréau, « Histoire littéraire du Maine », 2e édit., t. IV, 1872, p. 147.

Oraison et Harangue funèbre à l'imitation des anciens, pour deux excellens chevaliers françois : l'un, le seigneur du Bies, marechal de France, l'autre, le seigneur de Vervin, messire Jacques de Coucy, son gendre, gouverneur de Boulogne... (Par Jean Falluel.) *Paris, J. de Lastre,* 1578, in-4.

Oraison funèbre de l'infortuné Droit d'ainesse. (Par Raban.) *Paris,* 1826, in-32, 32 p.

Réimprimée avec le nom de l'auteur.

Oraison funèbre de ma petite chienne. (Par M. le marquis G.-H. de Romance de Mesmon.) 1785, in-8, 16 p.

Réimprimée dans le « Magasin encyclopédique », juillet 1803, et dans les « Quatre Saisons du Parnasse », hiver 1809.

Oraison funèbre de Marguerite-Charlotte-Aurore C...... (Carlier). Par Ch. M... (Jean-Charles Méria), son époux, prononcée sur sa tombe, à Sannois (Seine-et-Oise), le 30 septembre 1813 (*sic,* 1823), par M. le curé de Saint-Gratien (Augustin Chollet). *(Paris), imp. de Nouzou* (1823), in-4, 4 p.

Oraison funèbre de très hauts et très puissants seigneurs, en leur vivant, les gens tenant les conseils supérieurs de France, prononcée dans la grande salle de l'hôtel-de-ville de C... (Caen) le lundi 28 nov. 1774, à l'occasion de l'enregistrement de l'édit portant le rétablissement des Parlements, par M. D*** (DESMARES), avocat en la même ville. *En Normandie*, 1772, in-12, 30 p.

Facétie dont il existe deux autres éditions : l'une de 1776, petit in-8, 37 p. ; l'autre de même date, précédée d'une Épître à M. de Miromesnil.

Oraison funèbre des gardes nationaux tués à l'affaire de Nancy. (Par A.-M. LE MAITRE.) *S. l.*, 1790, in 8, 1 f. de tit. et 21 p.

Oraison funèbre de Jean d'**Angènes**, en 1624. (Par Jul. MANCEAU.) *Chartres*, 1625, in-8.

Oraison funèbre de la reyne-mère **Anne d'Autriche**. (Par le P. Irénée DU PARCQ.) *Paris, Thierry*, 1666, in-4, 24 p.

Oraison funèbre du président de **Bellièvre**, prononcée à l'Hôtel-Dieu de Paris, le 17 avril 1657 (par le P. Pierre LALLEMANT. génovéfain); troisième édition. *Paris, Mabre-Cramoisy*, 1671, in-12.

Oraison funèbre de S. A. R. monseigneur le duc de **Berri**. (Par GAILLOIS, chanoine de Blois.) *Blois*, 1820, in-8.

Oraison funèbre de S. A. R. monseigneur le duc de **Berri**, par M. l'abbé D******* (DRUILHET). *Paris*, J.-G. *Dentu* (1820), in-8, 1 f. de tit. et 30 p. — *Orléans, imp. de Guyot aîné*, 1820, in-8, 32 p.

Oraison funèbre de **Buonaparte**, par une société de gens de lettres, prononcée au Luxembourg, au palais Bourbon, au Palais-Royal et aux Tuileries. (Recueillie par A.-J.-Q. BEUCHOT.) Seconde édition. *Paris, Delaunay*, 1814, in-8, 28 p.

Cet opuscule a eu cinq éditions, contenant des additions ou des suppressions plus ou moins considérables, plus ou moins piquantes. La première, dit spirituellement l'éditeur, se trouve dans le « Moniteur ».

Voir la « Revue analytique des ouvrages écrits en centons, par un bibliophile belge » (O. Delepierre), *Londres*, 1868, in-4, p. 439.

Oraison funèbre de M. **Buonaparte**, où l'on trouve établi d'après le « Moniteur » ce que les vertus du ci-devant Empereur ont coûté d'hommes et d'argent à la France; suivi du Testament dudit N. Buonaparte. Le tout recueilli par un conscrit jambe de bois (A.-J. CASSÉ DE SAINT-PROSPER). *Paris, J.-N. Pichard*, 1821, in-8, 30 p.

Oraison funèbre du... seigneur... Louis **Boucherat**, prononcée en l'église cathédrale de Die, le 30 janv... 1700. (Par le P. CHAPPUYS.) *Lyon, Anisson et Posuel*, 1700, in-4, 32 p.

Oraison funèbre de Claude **Bouhier**, deuxième évêque de Dijon, par un bénédictin (dom Claude JOURDAIN). *Dijon*, 1755, in-4.   D. M.

Cette Oraison funèbre n'a point été prononcée.

Oraison funèbre de monseigneur le duc de **Bourgogne**, traduite du latin du P. WILLERMET (par le P. Y.-M.-M. DE QUERBEUF)... *Paris, Barbou*, 1761, in-8.

Paginée 48 à 103. Imprimée pour faire suite au texte latin intitulé : « Serenissimi Burgundionum ducis laudatio funebris... a Claudio-Francisco WILLERMET... »

Oraison funèbre de M. de **Caylus**, évêque d'Auxerre (par l'abbé F.-A. POTEL). *S. l.* (*Auxerre*), 1782, in-12, 68 p.

L'avertissement indique que cet ouvrage aurait dû être imprimé en 1754.

Oraison funèbre de **Charles-Emmanuel** III, roi de Sardaigne; par Mr ...., vicaire de Chambéry en Savoye (attribuée à l'avocat général A.-J.-M. SERVAN). *Chambéry*, 1773; — *Hambourg*, 1774, in-8.

Le cardinal Maury croit ce morceau digne d'être inséré dans un « Répertoire des plus beaux sermons composés par nos orateurs du second rang ». Voy. le détail de cet intéressant projet dans l' « Essai sur l'éloquence de la chaire », t. II, p. 44 et suiv.

L'abbé Denina m'a dit que le baron PATONO, ancien officier piémontais qui, après avoir vécu longtemps à Berlin, est passé au service de Russie, avait été considéré comme auteur de cette Oraison funèbre.

Oraison funèbre de Mme Claude de **Choiseul de Praslain**, abbesse et réformatrice de la royale abbaye de Nostre-Dame aux Nonnains de Troyes, prononcée à Troyes, le 13e septembre 1667, en l'église de ladite abbaye, par un prêtre de la congrégation de l'Oratoire... (COCQUÉRY). *S. l.*, 1667, in-4, 56 p.

Oraison funèbre de Mme Anne de **Choiseul de Praslain**, abbesse de l'abbaye royale de Notre-Dame aux Nonnains de Troyes, prononcée le 12e octobre 1688, en l'église de la même abbaye, par un prêtre de l'Oratoire (François GOUIN). *Troyes, J. Febvre*, 1688, in-4, 48 p.

Oraison funèbre de monseigneur le cardinal de **Coislin**, prononcée le 30 mars 1706, dans l'église de l'hôpital général d'Orléans. (Par M. DE FLACOURT, curé de Saint-Eloy.) *Orléans, J. Borde*, 1706, in-4.

Oraison funèbre de très haut et très puissant prince Louis de Bourbon, prince de **Condé**, premier prince du sang, prononcée dans l'église de Notre-Dame de Paris, le 10 mars 1687. (Par J.-B. Bossuet.) *Amsterdam, Mortier*, 1687, in-4, 67 p.

Oraison funèbre du très chrestien et très victorieux **Henry IV**, roy de France et de Navarre, prononcée le 17 juin par Mᵉ I. L. P. D. M. (le P. DE MARTIGNY), son aumônier et prédicateur ordinaire. *Rouen, R. Féron*, 1610, in-8, 5 ff. lim. et 31 p.

L'auteur a signé la dédicace.

Oraison funèbre sur le trespas de **Henry le Grand**... prononcée en l'église de Saint-Maclou de Ponthoise, le 28 iour de Iuin 1610. (Par C. Sovoye.) *Paris, M. Sonnius, s. d.*, in-8, 2 ff. lim., 32 p. et 1 f. de priv.

La dédicace est signée : C. S.
Le nom de l'auteur se trouve dans le privilége.

Oraison funèbre de **Henri IV**, roi de France et de Navarre, prononcée dans la chapelle du collège royal de La Flèche, le 22 juin 1790; par M. S*** (Sequelas), D. L. D. C. (de la Doctrine chrétienne). *Angers, Pavie*, 1790, in-8, 34 p.

Sequelas était professeur d'éloquence à La Flèche. Dans le cours de la Révolution, il s'attacha au parti des fédéralistes : ayant été obligé de fuir pour se soustraire à ses ennemis, un jour on le trouva mort dans un fossé.

Oraison funèbre de M. Pierre-René **Huard**, curé de Notre-Dame de la Couture et chanoine honoraire du chapitre royal de Saint-Denis, prononcée le 2 février 1835. (Par l'abbé Moreau, fondateur de la congrégation de l'abbé de Sainte-Croix.) *Au Mans, imp. de Belon*, 1835, in-8, 30 p. **D. M.**

Oraison funèbre de feu monseigneur Victor **Lebouteiller**, archevêque de Tours, prononcée dans sa cathédrale le jour de ses obsèques. (Par le P. Jean Martel.) *S. l.*, 1670, in-4.

Oraison funèbre de feue Mme Marie-Françoise **Lescuier**, abbesse du Lys. (Par J.-Fr. Senault.) *Paris, P. Le Petit*, 1669. in-4, 1 f. de tit. et 35 p.

Oraison funèbre de T. H. et P. seigneur messire Michel **Le Tellier**, chevalier, chancelier de France, prononcée en latin dans l'église de Sorbonne, au service de l'Université, le 8 février 1686, par M. Hersan, professeur royal d'éloquence, et traduite en françois par M. B. (Bonavit). *Paris, veuve Martin*, 1688, in-4, 42 p. et 1 f.

Oraison funèbre de messire Jean-Louis de **L'Etendart**, chevalier, marquis de Bully, gouverneur pour le roy de la ville de Neufchâtel en Normandie... (Par Moisan, prieur de Sommery.) *Rouen, J. Besongne*, 1694, in-4, 24 p.

Oraison funèbre de Mme Claudine **Le Vergeur de Saint-Souplet**, abbesse de Nostre-Dame du Paraclet d'Amiens, prononcée le 6 février par un religieux de l'ordre de Saint-Dominique (le P. Coupet). *Amiens, veuve de J.-B. Morgan*, 1721, in-4, 23 p.

Oraison funèbre de **Louis XIII**, dit le Juste, mort à Saint-Germain-en-Laye, à quarante-deux ans, le 14 mai 1643, le même jour que Henri IV, prononcée par Godeau, évêque de Grasse, dans son église cathédrale. Deuxième édition, publiée par A.-M.-H. B. (A.-M.-H. Boulard). *Paris, Debeausseaux*, octobre 1824, in-8, IV-36 p.

Oraison funèbre de **Louis le Grand**, roi de France et de Navarre, prononcée dans le collège royal de Louis le Grand par le R. P. Porée, de la Compagnie de Jésus, et traduite en françois par M. M*** (Louis Mannory). *Paris, Mongé*, 1716, in-8.

Latin-français.

Oraison funèbre de **Louis XV**, roi de France et de Navarre, prononcée dans l'église de Toulouse. (Par l'abbé Ant. Brès de Vammale, vicaire général.) *Toulouse, Dalles*, 1774, in-12, 51 p.

Oraison funèbre de **Louis XVI**, roi de France et de Navarre, prononcée à Saint-Hélier, île de Jersey, le 21 janvier 1794, etc., par un ecclésiastique réfugié alors dans cette île (l'abbé de Bertier, de Draguignan). *Paris, Le Clerc*, 1814, in-8, 43 p.

Oraison funèbre de messire Louis **Mandrin**, colonel général des faussauniers et contrebandiers de France. (Par Joseph Terrier de Cléron.) *S. l. n. d.* (1755), in-4, 6 p.

Réimprimée dans l' « Abbregé de la vie de Louis Mandrin », du même auteur. Voy. IV, 33, *f*.

Oraison funèbre de **Marie-Thérèse** d'Autriche, infante d'Espagne, reyne de France et de Navarre, par M. DE *** (Therville). *Paris, A. Dezallier*, 1683, in-4, 1 f. de tit., 28 p. et 1 f. de priv.

Oraison funèbre du célèbre **Mesmer**, auteur du magnétisme animal... par D..... (F.-A. Doppet). *S. l.* (1785), in-8, 39 p.

Oraison funèbre de M. M. **Mieg**, docteur en médecine (par N. CHAILLET); précédée d'une notice sur la vie de M. Mieg (par César D'IVERNOIS). *Neufchâtel, s. d.* (1813), in-8.

Oraison funèbre de... Louise Boyer, duchesse de **Noailles**... prononcée dans l'église des religieuses de la Visitation... d'Aurillac, le 15e jour de juillet 1697; par M. L*** (LA LANE). *Aurillac, L. Viallanes*, 1697, in-4, 37 p.

Oraison funèbre d'Adrien-Maurice duc de **Noailles**, pair et maréchal de France, prononcée dans l'église de Saint-Martin de la ville de Brives, le 30 mai 1767, par M. l'abbé D*** (DE LUBERSAC). *Brives et Paris, Saillant*, 1767, in-fol.

Note manuscrite de Beaucousin.

Oraison funèbre de Daniel **O'Connel**, prononcée à Rome par le R. P. VENTURA, théatin (traduite par l'abbé Anatole LERAY). *Paris, Lecoffre*, 1847, in-12, 4 ff. et 71 p.

Réimprimée plusieurs fois avec le nom du traducteur.

Oraison funèbre et obsèques de feu messire François **Olivier**... prononcée à Saint-Germain-l'Auxerrois, le 29e d'apvril 1560, (Par Claude D'ESPENCE.) *Paris, imp. de Vascosan*, 1561, in-8.

Oraison funèbre de S. Em. monseigneur le cardinal de **Périgord**, prononcée dans l'église métropolitaine de Reims, le 8 janvier 1822, et le lendemain dans l'église de Saint-Remi, par un prêtre de la mission de France (JAISSON), lors de la translation du cœur de ce prélat à Reims. *Paris, imp. de Cosson*, 1822, in-8, 19 p.

Oraison funèbre de **Pie VI**... (Par l'abbé P. D'HESMIVY D'AURIBEAU.) *S. l. n. d.*, in-12.

Oraison funèbre de S. A. éminent. monseigneur Fr.-Emmanuel de **Rohan**, grand maître de l'ordre de Malte, par un Français. (Par A.-E. TOUSARD.) *Malte*, 1797, in-8, 15 p.

Oraison funèbre de Mme **Tiquet**, composée par l'abbé G. (François GASTAUD, avocat au Parlement de Provence). *Cologne, Pierre L'Enclume*, 1699, in-8.

Le P. Fr. Chauchemer, jacobin, a fait la critique de cette Oraison funèbre. Voy. « Lettre d'un docteur en théologie... », V, 1149, c. Pour la réponse de Gastaud, voy. l'article suivant.

Oraison funèbre de Mme T*** (**Tiquet**). Critique de l'Oraison funèbre par le P. C. (François CHAUCHEMER)... Discours moral et chrétien sur le même sujet, par le même. Réponse à la Critique. Critique du Discours moral et critique de l'Oraison funèbre, par l'auteur (Fr. GASTAUD). *S. l. n. d.*, in-8.

Oraison funèbre de Mme Charlotte de **Varennes Nagu**, abbesse de l'abbaye de Nostre-Dame de l'Ancharre de Chalon-sur-Saône, prononcée dans laditte abbaye, le 12 février 1685, au service solennel célébré par monseigneur l'evesque et comte de Chalon. (Par le R. P. CAPPÉ, supérieur du séminaire de Chalon.) *Lyon, J. Certe*, 1685, in-4, 36 p.

Le nom de l'auteur se trouve dans l'approbation.

Oraison funèbre de François-Charles, des comtes de **Velbruck**, évêque, prince de Liége, par le Père L. S. A. (L. SIMON, augustin), préfet du collége des Augustins de Huy. (*Liége*), 1784, in-8, 20 p.

Ul. C.

Oraison funèbre de M. de **Verdun**, prononcée le 27 mars 1627, par un religieux de la maison des Jacobins (le P. Thomas LE PAIGE). *Paris, Alliot*, 1627, in-8.

Oraison funèbre sur le trespas de Mme M. Charlotte du Gué, en son vivant épouse de monseigneur M. Messire Nicolas de **Verdun**... (Par le P. BOUCHER.) *Paris, Denys Moreau*, 1622, in-4, 34 p. — *Id.*, 1622, in-8, 60 p.

L'auteur a signé la dédicace.

Oraison funèbre de don Mathias **Vinuesa**, chapelain honoraire du roi d'Espagne; prononcée par le docteur don Edouard-Joseph RODRIGUEZ DE CARESSA, chanoine de l'église de Berlanga, etc.; traduite de l'espagnol, par Ernest DE BL*** (BLOSSEVILLE). *Paris*, 1823, in-8.

Oraison (l') sans illusion, contre les erreurs de la fausse contemplation. (Par le P. René RAPIN, jésuite.) *Paris, Michallet*, 1686, in-12.

Oraisons choisies de CICÉRON, latines et françoises, traduction nouvelle. *Lyon, Jacques Guerrier*, 1723-1726, 2 vol. in-12.

On trouve dans ce recueil : 1° la traduction de six discours, par Etienne PHILIPPE; 2° la traduction des Catilinaires (par l'abbé Jos. THOULIER D'OLIVET), insérée dans les Œuvres posthumes de l'abbé de Maucroix; 3° la traduction des plus beaux endroits des accusations de Cicéron contre Verrès, par l'abbé Fr. DE MAUCROIX; 4° la seconde Philippique de Cicéron, traduite par Fr.-Pierre GILLET, avocat.

Oraisons choisies de CICÉRON, traduction (de F.-J. BOURGOING DE VILLEFORE), revue par DE WAILLY, avec le latin à côté, sur l'édition de Lallemant, et avec des notes. *Paris, Barbou*, 1786, 3 vol. in-12.

Oraisons choisies de CICÉRON, traduites en françois (par Etienne PHILIPPE). *Paris, Barbou*, 1723, in-12; — 1725, 2 vol. in-12.

Fréron a publié, dans le troisième volume de l'« Année littéraire », 1754, une notice sur Estienne Philippe, qu'il avait connu particulièrement.

« Il joignoit, dit le journaliste, une modestie extrême à une passion ardente pour l'étude. Il ne se soucioit que d'apprendre, et non de se produire. Ses amis lui faisoient souvent la guerre de ce qu'il ne donnoit rien au public. Je me souviens qu'un jour, comme on lui reprochoit le silence, même sur ce qu'on savoit qu'il avoit fait, il avoua qu'il avoit traduit un assez grand nombre de harangues de Cicéron, et que quelqu'un, à qui il les avoit abandonnées, les avoit fait imprimer vers l'année 1720, en trois ou quatre volumes in-12; mais que, n'en étant pas content, il étoit bien aise qu'on les oubliât.

« La sagesse et l'habileté de Philippe lui ouvrirent l'entrée du collège de Louis le Grand, et les Jésuites le jugèrent digne de présider à l'éducation de quelques-uns de leurs pensionnaires. Ils eurent en lui autant de confiance qu'ils en auroient eu pour un homme de leur robe. M. Philippe justifia cette bonne opinion; et ce qui prouve son attachement pour eux et combien ils étoient satisfaits de le posséder, c'est qu'il n'a jamais voulu changer d'emploi, et qu'il ne les a quittés qu'à sa mort. »

L'abbé Goujet cite, dans le tome II de sa « Bibliothèque françoise », p. 235 et 236, les deux volumes dont il est ici question.

« L'auteur, dit-il, donne au texte un sens assez littéral; mais, dans sa préface, il avertit qu'il n'a dessein de travailler que pour de jeunes écoliers. On voit effectivement que, s'il avoit voulu davantage élever son style, il étoit très-capable de le rendre plus vif et plus pur, et qu'il s'accommode à son objet. »

Il me semble que le rapprochement de ces différentes citations suffit pour m'autoriser à présenter Estienne PHILIPPE comme le traducteur des deux premiers volumes des Oraisons choisies de Cicéron.

L'abbé J.-A.-T. DINOUART a publié un troisième volume en 1757.

Oraisons choisies de DÉMOSTHÈNES (trad. de Jos. THOULIER D'OLIVET et Ath. AUGER), avec la Harangue d'ESCHINE sur la couronne (trad. par l'abbé Ath. AUGER), et précédées de la vie de Démosthènes par A. L. D. *Paris, Duprat-Duverger*, 1813, in-12.

Oraisons de DÉMOSTHÈNES et de CICÉRON. (Traduites par l'abbé Joseph THOULIER D'OLIVET.) *Paris, J. Estienne*, 1727, in-12.

Le nom du traducteur se trouve dans l'approbation.

Oraisons funèbres de BOSSUET, etc.

Voy. les mots : « Recueil des Oraisons », etc.

Oramaïka, nouvelle indienne. (Par Mlle Elise BRUN.) *Paris, Gaume frères*, 1841, 2 vol. in-18.

Orang-outang (l') d'Europe, ou le Polonois tel qu'il est; ouvrage méthodique qui a remporté un prix d'histoire naturelle en 1779. (Par K'MORVAND, officier au corps des cadets de Varsovie, d'où il avait été exclu pour le vol (sic).) In-8. A. L.

Orasie, où sont contenues les plus mémorables aventures et les plus curieuses intrigues qui se soient passées en France vers la fin du XVIe siècle, par une dame illustre (Mlle DE SENECTERRE). *Paris, de Sommaville*, 1646, 4 vol. in-8.

F.-E. DE MÉZERAY passe pour avoir composé la plus grande partie de cet ouvrage.

Orateur de la Belgique australe. (Par SANDELIN.) *De l'imprimerie patriotique*, 1789, in-8, 19 p.

Orateur (l') de M. T. CICÉRON, latin et français, traduction nouvelle (par P.-A.-N.-B. DARU et A. NOUGARÈDE DE FAYET). *Amsterdam*, 1787, in-12.

Orateur (l') des assemblées primaires. (*Paris*), impr. de J. Mignard, 5 pluviôse — 30 ventôse an V, 12 numéros in-8.

Les nos 1-11 sont signés : A. L......; et le no 12 : A. LEMAIRE.

Orateur (l') des Etats-Généraux pour 1789. (Par J.-L. CARRA.) *Paris*, 1789, in-8, 46 p.

L'auteur publia dans la même année une seconde partie, composée de 64 pages. Cet opuscule fit du bruit, puisque la même année il en parut une cinquième édition, revue, corrigée et augmentée.

Orateur (l') franc-maçon, ou choix de discours prononcés à l'occasion des solennités de la maçonnerie, relatifs aux dogmes, à l'histoire de l'ordre et à la morale enseignée dans ses ateliers, recueillis par l'auteur du « Manuel maçonnique » (le F.·. VUILLAUME). *Paris, Caillot*, 1828, in-8.

Orateur (l') françois, ou harangue de M. l'archevesque d'Ambrun, interprétée par les événements de nostre temps, et l'estat des affaires présentes. *Liége, Lambert Chocquier*, 1674, in-32, 95 p.

Les pages 11-28 reproduisent la « Harangue en forme de panegyrique présentée au roy par M. l'archevesque d'Ambrun (Georges D'AUBUSSON DE LA FEUILLADE), évesque de Metz, en son passage à Metz, le 30 juillet 1673. » Metz, imprimerie de Jean Antoine, 1673.

L'interprétation ou réfutation commence à la page 29.

M. C. Moreau pense qu'elle peut être attribuée au baron F.-P. DE LISOLA, auteur de nombreux pamphlets contre la politique de Louis XIV. (« Bulletin du biblio-phile belge », t. IV, p. 246.)

Orateur (l') Tertulle convaincu, ou res-ponse à la harangue séditieuse, qu'on sup-pose avoir été faite à la reine, par les sages de nostre religion, à son entrée dans les villes de son royaume. (Par David Eus-TACHE.) *S. l.*, 1661, in-8, 1 f. de titre, 48-55 p.

Orateurs (des) illustres, dialogue de Ci-CÉRON, intitulé : Brutus, traduit du latin en françois (par Louis GIRY). *Paris, Be-nard*, 1670, in-12.

Cette traduction parut pour la première fois en 1652, in-48, avec le nom du traducteur au bas de l'épître dédicatoire et dans le privilége. Le libraire S. Benard l'a rendue anonyme en supprimant ces deux pièces, ainsi qu'une *table des matières* assez étendue et fort utile.

Orchestre (de l') du théâtre royal et de l'Avenir des artistes qui le composent. (Par Charles HANSSENS, directeur de l'orchestre du théâtre de la Monnaie.) *Bruxelles, Parys*, 1845, in-8.   J. D.

Ordenansas (las) et coustumas del Libre blanc, obseruadas de tota ancianetat, com-pausadas per las sabias femnas de Tolosa. Imprimadas nouuellament à Tolosa, per Jac. Colomies, 1555. Réimprimées en 1846. *Paris, Techener (imp. Durand, à Bordeaux)*, in-8, 36 p.

Réimpression faite par les soins de M. G. BRUNET, qui y a ajouté un avant-propos et quelques notes, d'une partie d'un ouvrage en vers languedociens dont on ne connaît qu'un seul exemplaire. (Voir le « Manuel du libraire », 5e édit., au mot « Libre blanc ».) Ces *Or-denansas* sont des dictons populaires dans le genre des « Evangiles des Quenouilles ».

Ordene (l') de chevalerie (poëme de HUES DE TABARIE, chastelain d'Angoulême, dans le xie et le xiie siècle), avec une Dis-sertation sur l'origine de la langue fran-çoise, un Essai sur les étymologies, quel-ques Contes anciens (en vers), et un Glos-saire pour en faciliter l'intelligence (par Et. DE BARBAZAN). *Lauzanne et Paris*, 1759, in-8.

Ordonnance à se réjouyr. (Par Jean NICC-LAS.) *Dijon*, 1668.

Indiquée dans l' « Histoire de l'idiome bourguignon », par M. Mignard, p. 253.

Ordonnance de Louis XIV sur le fait des eaux et forêts (dressée par COLBERT, d'a-près les Mémoires de FROIDOUR). *Paris, Le Petit*, 1669, in-4.

Voyez le « Journal des savants », édition de Hol-lande, août 1759, p. 240.

Ordonnance du roi, concernant la régie et l'administration des ports et arsenaux de la marine, du 27 septembre 1776 (ré-digée par Ch.-P. CLARET DE FLEURIEU). *Paris, imp. royale*, 1776, in-4.

Réimprimée la même année, à *Metz, Collignon*, in-12, et à *Toulon*, sans date, aussi in-12. — Nou-velle édition. *Paris, Firmin Didot*, 1814, in-4.

Ordonnance du roi, du 31 mai 1838, portant règlement général sur la compta-bilité publique; suivie d'une Notice histo-rique sur l'ancienne comptabilité. (Par L.-G. D'AUDIFFRET.) *Paris, impr. royale*, 1838, in-8.

Ordonnance du roy Louis XIII, roi de France et de Navarre, sur les plaintes et doléances faites par les députés des Etats de son royaume, convoquez et assemblez en la ville de Paris en l'année 1614, et sur les avis donnez à Sa Majesté par les assem-blées des notables, tenues à Rouen en l'an-née 1617 et à Paris en l'année 1626; pu-bliée en Parlement, le 15 janvier 1629 (rédigée par Michel DE MARILLAC, garde des sceaux). *Paris, A. Estienne*, etc., 1629, in-8.

Cette ordonnance a été appelée le *Code Michau*, par dérision et par allusion au nom de baptême de son ha-bile rédacteur. Voyez la « Bibliothèque historique de la France », t. II, n° 26644.

Ordonnance et Instruction pastorale de monseigneur l'évêque d'Alais (J.-L. DE BUISSON DE BEAUTEVILLE), au sujet des « Assertions », etc. (rédigée par L.-A. LE PAIGE). *Aix, veuve David*, 1764, in-12.

Ordonnances (les) ecclésiastiques de l'Eglise de Genève. *Genève*, 1562, in-8.

Ces ordonnances, datées du 18 novembre 1561, sont en grande partie l'ouvrage de CALVIN.

Il existe d'autres éditions : *Lyon*, 1562; *Genève*, 1578.

Ordonnances, Edits, Déclarations, Ar-rêts et Lettres patentes concernant l'au-torité et la juridiction de la Chambre des comptes de Paris... (Par GOSSET.) *Paris, imp. de P.-J. Mariette*, 1728, 4 vol. in-4.

Ordonnances générales d'Amour, en-voyées au seigneur baron de Myrlingues, chancelier des isles Hyères, pour faire estroitement garder par les vasseaux du-dict seigneur, en sa jurisdiction de le Pierre-au-Lait. (Par Estienne PASQUIER.) *Imprimées à Vallezergues (au Mans), par l'autorité du prince d'Amour*, 1564, in-8, 12 ff. — *Anvers, P. Urbert*, 1574, in-8,

15 ff. — *En Anvers, 1574, in-16, 20 ff. — Paris, Jean Sara, 1618, in-8.*

Cette facétie a été reproduite dans la collection des « Joyeusetez » publiées par le libraire J. Techener, et dans le t. II, p. 169, des « Variétés historiques et littéraires » éditées par M. E. Fournier dans la « Bibliothèque elzevirienne ». Et. PASQUIER s'en reconnaît l'auteur dans une de ses lettres (la 5e du second livre).

Ordonnances synodales du diocèse de Dijon. (Par Cl. BOUHIER, deuxième évêque de Dijon.) *Dijon, Desaint, 1744, in-12.*

Ordre (l') de cheualerie... compose par ung cheualier, lequel en sa vieillesse fut hermite... *Nouvellement imprimé à Lyon sur le Rosne et acheué le 6 de iuillet 1510 pour Vincent de Portunariis, in-fol. car. goth.*

Imprimé pour faire suite à l'ouvrage de Symphorien CHAMPIER intitulé : « le Recueil ou Croniques des royaumes d'Austrasie ». Voyez le « Manuel du libraire », 5e édition, t. I, col. 1771.

Ordre (de l') de la noblesse et de son antiquité chez les Francs. (Par L.-P.-J. JOLY DE BÉVY.) *Dijon, Coquet, 1817, in-8.*

Ordre (de l') des administrations provinciales déterminé par les lois physiques, avec un examen du « Compte rendu au mois de mars 1781 ». (Par Jean-Nicolas-Marcellin GUÉRINEAU DE SAINT-PÉRAVI.) *S. l., 1782, in-8.*

Ordre (l') des bannerets de Bretagne et leur origine, translaté sur le latin et depuis mis en rimes françoises. (Nouvelle édition, publiée avec un avertissement et un glossaire, par P.-A. GRATET-DUPLESSIS.) *Caen, Poisson, 1827, in-4.*

Ce poëme, que L.-J.-M. Bizeul de Blain attribue à Guillaume L'AMANS, qui vivait en 1280, se retrouve dans les « Preuves », etc., de dom Morice, t. III, et dans la « Collection de dissertations », etc., de Leber, t. XII.

Catalogue de Nantes, no 25448.

Moisant de Brieux a aussi donné cet opuscule dans ses « Origines de quelques coutumes anciennes ».

Ordre (l') des chevaliers du Saint-Esprit nommez pour estre créez...

Même ouvrage que : « la Liste royale des chevaliers de l'ordre du Saint-Esprit... » Voyez V, 1318, f.

Ordre (l') des francs-maçons trahi et le Secret des Mopses révélé. *Amsterdam (les frères Van Duren), 1778, in-8.*

Même ouvrage que « les Secrets de l'ordre des francs-maçons dévoilés... » Voy. ces mots.

Attribué à l'abbé Gabr.-Louis-Calabre PÉRAU. M. Ladrague pense qu'il pourrait bien n'être que l'éditeur, et que l'auteur réel serait Giovani-Gualberto BOTTARELLI.

C'est par erreur que Barbier, dans sa deuxième édition, a désigné comme auteur l'abbé LARUDAN, qui a

donné une suite à ce livre sous le titre de : « les Francs-Maçons écrasés... » Voy. V, 506, d.

Ordre (l') et Cérémonies observées aux mariages de France et d'Espagne entre Louis XIII et Anne d'Autriche... et entre Philippe IV et Elizabeth de France... l'an 1615. (Par Théodore GODEFROY.) *Paris, imp. d'E. Martin, 1627, in-4.*

Ordre et Désordre, ou les deux amis; par Henri V.....N (Henri VILMAIN). *Paris, Gabriel Dufour, 1811, 2 vol. in-12.*

Ordre (c'est l') et forme qui a esté tenu au sacre et couronnement de tres haute... princesse Madame Elizabeth d'Autriche, roine de France : fait en l'église de l'abbaye Sainct-Denis en France, avec son entrée faite à Paris, le 25 iour de mars 1571. *Paris, Gille Robinot, 1610, pet. in-8, 86 p.*

Le dernier feuillet, portant la signature Liij, a été réimprimé pour un certain nombre d'exemplaires, de sorte que, dans les uns, le paragraphe du bas de la page 85 n'a que trois lignes, tandis qu'il y en a quatre dans les autres.

L'édition originale de ces deux pièces est in-4, avec gravures sur bois. *Paris, imp. de Denis Dupré, pour Olivier Codoré,* 1571. Ce qui est relatif au couronnement occupe dix feuillets, et l'entrée vingt-neuf autres, dont le dernier est blanc. Le vingt-septième, non chiffré, contient, imprimée en forme de placard, une déclaration en latin où Simon BOUQUET se reconnaît le metteur en œuvre de cette publication et déclare que les vers grecs et latins qui ne sont pas tirés des auteurs classiques sont de Jean D'AURAT, ceux en français, signés R., de RONSARD, et ceux signés B., de lui, BOUQUET.

Cette page ne se trouve pas dans la reproduction in-8 de 1610, pas plus qu'une pièce de vers intitulée : « Au Roi, congratulation de la paix », signée : Est. PASQUIER, Parisien.

Ordre (l') et la Pompe funèbre observée au convoy et funérailles du très-chrestien... Henry le Grand... faict à Paris et à Saint-Denys, les 29 et 30 iours du mois de Iuin et le 1 de Iuillet 1610. Recueilli par C. M. I. D. M. L. D. D. M. (Claude MORILLON, imprimeur de Mme la duchesse de Montpensier). *Lyon, par C. Morillon, 1610, in-8.*

Et aussi sous le titre de : « Pompe funèbre... » *Ibid., id.,* et *Rouen, R. du Petit-Val,* 1610, in-8.

Ordre et Règlement qui s'observent dans la maison de monseigneur le duc d'Orléans, pour la conduite de la bouche. Donnés par M. de M*** (Didier D'ARCLAIS DE MONTAMY), premier maître d'hôtel, et approuvés par S. A. S. *Paris, imp. de P.-G. Le Mercier, 1764, in-4,* avec tableau in-folio.

Ordre et Règlement sur les provisions des bénéfices en l'Eglise gallicane, pendant les empeschemens d'aller à Rome,

(Par Jacques DE LA GUESLE, procureur général du Parlement de Paris.) *Paris, Duval*, 1596, in-8, 32 p.

Cet écrit, dont il serait difficile de se procurer un exemplaire, a été réimprimé dans le livre de BOUCHEL, intitulé : *Decreta Eccles. gallic.*, page 1096. Ce n'est point un traité, c'est un recueil de pièces précédées d'un avertissement qui en fait connaître l'objet. On opposa à M. de La Guesle une « Réponse » anonyme, adressée à MM. les prélats et autres ecclésiastiques, 1596, in-8.

Ordre (l') establi au collége de Genève, par nos magnifiques et très honorés seigneurs sindiq. et conseils. *Genève, Fick*, 1859, in-4.

Reproduction en *fac-simile*, par le professeur Charles LEFORT, d'un opuscule signalé par A.-A. Renouard, dans ses « Annales des Estienne », comme le dernier écrit sorti des presses de Robert I.

Ordre (l') moral, ou développement des principales lois de la nature... (Par J. ACCARIAS DE SÉRIONNE.) *Augsbourg, Stage*, 1780, in-8.

Voy. les mots : « Situation politique actuelle... »

Ordre (l') national, ou le comte d'Artois inspiré par Mentor; dédié aux Etats-Généraux. (Par Mme Olympe DE GOUGE.) *S. l.*, 1789, in-8, 24 p.

Ordre naturel des oursins de mer et fossiles, traduit du latin de Théodore KLEIN (par F.-A. AUBERT DE LA CHENAYE DES BOIS), avec le texte. *Paris, Bauche*, 1754, in-8.

Ordre naturel et essentiel des sociétés politiques. (Par P.-F.-J.-H. LE MERCIER DE LA RIVIÈRE.) *Paris, Desaint*, 1767, in-4 ou 2 vol. in-12.

C'est en partie contre cet ouvrage que Voltaire a publié « l'Homme aux quarante écus ».

Ordre (l') profond et l'Ordre mince, considérés par rapport aux effets de l'artillerie. (Par Ch. TRONSON DU COUDRAY.) *Paris, Ruault*, 1776, in-8.

Ordres équestres. Documents sur les ordres du Temple et de Saint-Jean de Jérusalem en Rouergue... *Rodez, N. Ratery*, 1861, in-8.

Ce volume forme aussi le tome V des « Documents historiques et généalogiques sur les familles et les hommes remarquables du Rouergue ». (Par M. Hipp. DE BARRAU.) *Rodez*, 1853-1860, 4 vol. in-8. Voy. IV, 1107, d.

Ordres monastiques, histoire extraite de tous les auteurs qui ont conservé à la postérité ce qu'il y a de plus curieux dans chaque ordre. (Par l'abbé MUSSON.) *Berlin*,

1751, 7 vol. in-12 qui se relient souvent en quatre.

Ouvrage mis à l'Index le 14 avril 1755.

Oreille (l'), conte. (Par Mlle FONTETTE DE SOMMERY.) *Paris, Barrois l'aîné*, 1789, 3 vol. in-12.

Oreilles (les) de l'asne d'or, par M. l'A. B*** (l'abbé L. BORDELON). *Paris, C. Le Clerc*, 1707, in-12, 22 p. et 1 f. d'approbation.

Oreilles (les) du comte de Chesterfield et le chapelain Goodman. (Par VOLTAIRE.) 1775, in-8.

Oreste, ou les Coëphores, tragédie d'ESCHYLE. Traduction nouvelle, avec des notes. *Paris, Desaint*, 1770, in-8, 3 ff. lim., xv-118 p.

La dédicace est signée : DU THEIL.

Oreste, tragédie, et Samson, tragédie lyrique, et quelques autres pièces fugitives. (Par VOLTAIRE.) *Paris, Lemercier*, 1750, in-12.

Orfeuil et Juliette, ou le réveil des illusions. Par Mlle *** (Mme Louise BRAYER DE SAINT-LÉON). *Paris, Carteret*, an IX-1801, 3 vol. in-12. — 2e édition. *Paris, Mme Lafeuille*, 1810, 3 vol. in-12.

Orfilaïde (l'), ou le Siége de l'Ecole de médecine, poëme en trois chants, avec une préface et un épilogue en vers, par le Phocéen, auteur de la « Némésis médicale » (A.-F.-H. FABRE). *Paris, imp. de Béthune et Plon*, 1836, in-8, xi-63 p.

Organisateur (l'). (Par H. SAINT-SIMON.) Deux livraisons. Troisième édition. *Paris*, 1819, in-8.

L'auteur fut traduit devant les tribunaux pour cet ouvrage et renvoyé absous; mais il fut soumis à d'autres poursuites pour des « Lettres aux jurés », composées en justification de l' « Organisateur ».

Organisateur (l'), journal des progrès de la science générale, avec un appendice sur les méthodes et les découvertes relatives à l'enseignement. *Paris*, 15 août 1829 — 13 août 1831, in-4.

« Quoiqu'il ne portât pas mon nom, ce recueil m'était réellement propre. » (Aug. COMTE, note 1 de la page 6 de l'avertissement, daté du 23 décembre 1838, placé en tête du tome III du « Cours de philosophie positive ».)

Suivant M. Henri Fournel, « Bibliographie saint-simonienne », page 111, ce journal fut fondé par P.-M. LAURENT, l'un des principaux collaborateurs du « Producteur ».

Journal paraissant une fois par semaine.

Du n° 5 au n° 35 de la 1re année, le sous-titre disparaît; du n° 36 à la fin de l'année : « l'Organisateur, journal de la doctrine de Saint-Simon » ; du n° 1 au n° 31 de la 2e année : « l'Organisateur, journal de la doctrine saint-simonienne », et, à partir du n° 32 : « l'Organisateur, gazette des saint-simoniens ».

Organisation coloniale. (Paris), imp. de P. Cordier (1849), in-8, 6 p.

Signée : Ad. G. (Ad. GATINE).

Organisation (de l') d'un Etat monarchique, ou considérations sur les vices de la monarchie française et sur la nécessité de lui donner une constitution. (Par J.-B. SALAVILLE.) (Paris, Desray), 1789, in-8.

Cet ouvrage a eu trois éditions au moins. On assure que la troisième est due aux soins de l'abbé J.-J. RIVE.

Organisation (de l') de l'artillerie en France, par M. M., capitaine d'artillerie, ancien élève de l'Ecole polytechnique. Paris, J. Corréard, 1845-1847, 2 vol. in-8.

· Attribué successivement par M. Lorenz à J.-B. MARTIN DE BRETTES et à J. MASSÉ.
Donné dans le Catalogue de la librairie Tanéra, sous le nom de Joachim MADELAINE.

Organisation de la maison de l'Empereur et de l'Impératrice... Paris, impr. impériale, 1810, in-18, 274 p.

Voy. « Etiquette du palais impérial », V, 305, a.

Organisation (de l') de la puissance civile dans l'intérêt monarchique, ou de la nécessité d'instituer les administrations départementales et municipales en agences collectives. (Par J.-B.-C.-R. HUET DE COETLIZAN.) Paris, Eymery, 1820, in-8. — 2e édit. Paris, Ladvocat, 1822, in-8.

Organisation (de l') des spectales de Paris. (Par N.-E. FRAMERY.) Paris, Buisson, 1790, in-8, 202 p.

Organisation (de l') du personnel de l'administration militaire de l'armée de terre. (Par M. DAGNAN, intendant militaire.) Perpignan, imp. d'Alzine, 1834, in-8, 118 p.

Organisation (de l') du travail. (Par Charles NYS, d'Anvers.) Anvers, Decort, 1848, in-8, 20 p.   J. D.

Organisation du travail, par V. V. Lyon, imp. de Chanoine, 1848, in-8.

Signé : Victor VIOSSAT.
La couverture imprimée sert de titre. .

Organisation (de l') municipale sous le régime constitutionnel en France, et vues sur ce sujet important; par le sous-préfet de Vervins (MILON DE VILLIERS). Paris, Ladvocat et Delaunay, 1828, in-8, 1 f. de tit. et 46 p.

Organisation politique de l'Europe, proposée à LL. MM. les Empereurs et Rois d'Autriche, de Russie, de France... (Par le comte Charles PASERO DE CORNELIANO.) Paris, Bailleul, 1819, in-8, 4 p.

Organisation sociale des campagnes. Pétition et simple exposé à MM. les membres de la Chambre des députés. (Paris), imp. de Chassaignon (1839), in-8, 8 p.

L'exemplaire de la Bibliothèque nationale est signé à la main : A. LALANDE.

Organisation (de l') unitaire des assurances par l'Etat, réfutation complète des données et des considérations produites sur cette question par M. Frère-Orban, ministre des finances. (Par Georges CLERMONT, de Verviers.) Liége, Redouté, 1850, in-8, 84 p.   J. D.

Organt, poëme en vingt chants. (Par A.-L.-L. DE SAINT-JUST, depuis député de l'Aisne à la Convention nationale.) Au Vatican, 1789, 2 vol. in-18, 160 et 170 p.

La même édition a été mise en vente, trois ans plus tard, sous ce titre : « Mes Passe-Temps, ou le nouvel Organt de 1792, poëme lubrique en vingt chants, par un député à la Convention nationale. Londres, et se trouve à Paris, chez tous les libraires. » Une clef gravée, de 4 pages, est ajoutée aux exemplaires à cette date.
« Organt » a été réimprimé à 260 exemplaires, en 1867, 2 vol. in-32 et in-8. Au Vatican (Bruxelles, imp. Briard), avec une Notice bibliographique anonyme de M. POULET-MALASSIS.

Voy. « Supercheries », I, 900, e.

Orgueil (l') de Nabucadnetzar abbatu de la main de Dieu, avec quelques applications particulières aux affaires, ou sermon sur Daniel. (Par J.-A. DUBOURDIEU.) Amsterdam, La Feuille, 1707, pet. in-8. — Londres, Ribotteau, 1707, très-pet. in-4, 36 ff.

Orgueil et Persévérance, par l'auteur de « Raison et Sensibilité » (J. AUSTEN), traduit de l'anglais, par Mlle E*** (Eloïse PERKS). Paris, Maradan, 1821, 3 vol. in-12.

· Orgueil et Vanité, comédie en cinq actes et en prose, par M. Joseph S. (Joseph-François SOUQUE); représentée pour la première fois, sur le Théâtre-Français, par les comédiens ordinaires du roi, le 1er avril 1819. Paris, Vente, 1819, in-8.

· Orgueil, poëme, par M. Bernard M... (MANGIN). Paris, Sanson, 1819, in-8.   D. M.

Oriflamme (l'), journal de littérature, des sciences et arts, d'histoire et de doc-

trines religieuses et monarchiques. *Paris.
Dentu*, 17 juillet 1824 — 16 juillet 1825, 52 livraisons en 4 vol. in-8.

Rédigé, à partir du troisième volume, par Jean-Bapt. SALGUES. Voy. Hatin, « Bibliographie de la presse », page 352.

Original (l'), comédie en prose, en cinq actes. (Par ROUSSEAU, avocat à Semur.) *Dijon, N. Odobé*, 1829, in-8, 2 ff. de tit. et 137 p.

Original (l') multiplié, ou portraits de Jean Bruslé, Namurois (Bruslé de Montpleinchant). (Par L.-J. DOUXFILS.) *Liége*. 1712, in-8, fig.   D. M.

Original (l') sans copie : ouvrage comique, par M. B. C. R. *Paris, de l'imprimerie de l'hôtel de Bourgogne, aux dépens de la troupe*, 00100700400100 (1741), avec approbation d'Arlequin, in-12.

C'est une réimpression des « Pensées facétieuses et Bons Mots de BRUSCAMBILLE » (c'est-à-dire DESLAURIERS), comédien original. *Cologne, Charles Savoret, rue Brin-d'Amour*, 1741, in-12.

Originaux (les), ou les fourbes punis, parodie, scène par scène, des Prétendus Philosophes, comédie nouvelle en trois actes et en vers, par M***, d'aucune Académie ni de Société. (Par A.-C. CAILLEAU.) *Nancy*, 1760, in-12, 62 p.

Origine (l') de l'Eglise de Lyon, et les bienfaits qu'elle a répandus dans le pays. Discours opposé au « Résumé sur l'histoire du Lyonnais ». (Par l'abbé Simon-Pierre JACQUES.) *Lyon, imp. de M.-P. Rusand*, 1826, in-8.   D. M.

L'abbé Jacques, né à Lyon en 1789, est mort à Saint-Etienne.

Origine de l'Eglise de Mende, par l'abbé*** (P.-J. CHARBONNEL.) *Mende, imp. de C. Privat*, 1858, in-8.

Origine de l'église et du pèlerinage de Saint-Antoine en Barbefosse... Augmenté d'une introduction historique et publié par A. D. R. (Auguste DE REUME). *Bruxelles*, 1854, in-16, 18 p.   J. D.

Origine de l'église miraculeuse de Lacq... Trophée de la religion catholique après la défaite des infidèles, etc. (Par le P. HENNIN.) *Bruxelles*, 1694, in-8, fig.

Origine de l'univers, expliquée par un principe de la matière. (Par P. ESTÈVE.) *Berlin*, 1748, in-12.

Origine (de l') de la chanson de Cadet Rousselle et de son auteur. (Par Jules TASCHEREAU.) *Paris, Plon frères*, 1850, in-8, 8 p.

Tiré à 30 exemplaires.
Voy. le « Manuel du libraire », 5e édit., I, 758.

Origine (l') de la chouannerie, ou mémoires de Stéphanie de Tress***, pour servir à l'histoire de nos guerres civiles. (Par Mme ROCHELLE DE BRÉCY.) *Paris, Ouvrier*, 1803, 2 vol. in-12.

Origine (de l') de la crémation, ou de l'usage de brûler les corps; dissertation traduite de l'anglais de M. JAMIESON, par A. M. H. B*** (A.-M.-H. BOULARD). *Paris, Pelicier*, 1821, in-8, 69 p.

Origine de la famille Bonaparte, par G. H. (Gustave HAGEMANS). *Liége, Carmanne*, 1858, in-8, 4 p.

Tiré à part du journal « la Meuse ».   J. D.

Origine (de l') de la franc-maçonnerie, ouvrage posthume de Thomas PAINE (traduit de l'anglais par Nicolas de BONNEVILLE). *Paris, Caillot, s. d.* (1812), in-8, 60 p.

Origines de la maçonnerie adonhiramite, ou nouvelles observations critiques et raisonnées sur la philosophie, les hiéroglyphes, les mystères, la superstition et les vices des mages... (Par L. GUILLEMAIN DE SAINT-VICTOR.) *Helyopolis (Paris)*, 1787, in-18, IV-164 p.

Il y a des exemplaires avec dédicace signée.
Le même ouvrage a aussi paru sous ce titre : « Histoire critique des mystères de l'antiquité ».
Voy. « Supercheries », II, 131, f, et 132, c, et V, 648, c.

Origine de la noblesse françoise, depuis l'établissement de la monarchie, contre le système des lettres imprimées à Lyon en 1763... Par M. le vicomte D*** (vicomte P.-A. D'ALÈS DE CORBET). *Paris, G. Desprez*, 1766, in-12.

Origine (de l') de la peinture et des plus excellents peintres de l'antiquité. Dialogue par A. F. (André FÉLIBIEN). *Paris, P. Le Petit*, 1660, in-4.

Origine de la soie et des étoffes fabriquées avec cette matière. *Lyon, imp. de L. Boitel* (1837), in-8, 23 p.

On lit à la fin : Extrait de l'histoire manuscrite du commerce et de l'industrie de Lyon, par le D. J. A. S. O....M (le Dr Jean-Antoine-Franç. OZANAM). « Revue du Lyonnais », 20e livraison.

Origine (l') de la très-illustre maison de Lorraine... (Par le P. BENOIT.) *Toul et Metz*, 1704, in-8. — Supplément. *Toul*, 1712, in-12.

Origine (l') de la ville et abbaye de Tournus... (Par Jean MACHOUD.) *Châlon, P. Tan*, 1657, in-12.

Origine (de l') des appariteurs de l'université et de leurs masses. (Par P.-A. PAJON DE MONCETS.) *Paris, Quillau*, 1782, in-12.

Origine (l') des bijoux indiscrets, ou Nocrion. (Par le comte DE CAYLUS.) *Paris*, 1750, in-12.

Voy. « Nocrion », ci-dessus, col. 419, *a*.

Origine (l') des cardinaux du Saint-Siége et particulièrement des François, avec deux Traittez curieux des légats *a latere*. Nouvelle édition, revue, corrigée et augmentée de la Relation du succès de l'insulte des Corses contre le duc de Créqui. *Cologne, P. Le Pain*, 1670, in-12, 437 p.

Cet ouvrage est de Guillaume DU PEYRAT, aumônier du roi. On a cru pendant longtemps qu'il était de Denis DE SALLO. La première édition, qui est moins complète, a paru sous le titre de : « Traité de l'origine des cardinaux... » Voy. ces mots.

Origine des cartes à jouer. Recherches nouvelles sur les naïbis, les tarots et sur les autres espèces de cartes. (Par R. MERLIN.) *Paris, l'auteur*, 1869, in-4, VIII-144 p. et 70 pl.

Origine des coutumes locales de la Belgique. *Bruxelles, Briard*, 1853, in-12, 67 p.

Tirage à part de la « Belgique judiciaire ». C'est la traduction, faite par M. Jules BARTELS, de la thèse latine soutenue en 1828 par M. VANDIEVOET, décédé en 1865, greffier du tribunal de commerce de Bruxelles.
                              J. D.

Origine (de l') des croisades, considérée au point de vue philosophique, par Ed. T. (Edouard TERWECOREN.) *Bruxelles, H. Goemaere*, 1852, in-12, 71 p.   D. R.

Origine des dignitez, magistrats, offices et estats du royaume de France... (Par Vincent DE LA LOUPE.) *Paris, Nicolas Bonfons*, 1573, in-24.   D. M.

Origine (l') des Eglises de France prouvée par la succession de ses évêques, avec la Vie de saint Austremoine, premier apôtre et primat des Aquitaines. *Paris, Michallet*, 1688, in-8.

La dédicace est signée : J. D. F. C. D. C. (Jean DUFRAISSE, chanoine de Clermont).

Origine des Etats modernes et des nations, servant d'introduction à l'Abrégé raisonné de l'histoire moderne, générale et politique, à l'usage des pensionnaires du

collége des nobles de Varsovie, de la Compagnie de Jésus. (Par Charles WYRWICZ.) *Varsovie*, 1769, in-8.   A. L.

Origine (de l') des étrennes, par J. S. D. M. (J. SPON, docteur-médecin). *Lyon*, 1673, in-12, nouv. édit. (publ. par l'abbé J.-J. RIVE). *Paris, de l'impr. de Didot l'aîné*, 1781, in-18.

L'auteur avait réimprimé son ouvrage élagué et sous une autre forme, avec des notes nouvelles, dans ses « Recherches curieuses », édition de 1683. Ces additions font partie de la réimpression de l' « Origine des étrennes » que M. Leber a placée dans un des volumes de sa « Collection de dissertations », volume dont il a été tiré à part deux exemplaires sur papier vélin, sous ce titre : « Recueil de quelques pièces curieuses sur l'origine des étrennes et diverses particularités de cette coutume chez les Français » (par Spon, le P. Tournemine, etc.). *Paris, de l'impr. de Dentu, s. d.*, in-8. (« Manuel du libraire », 5ᵉ édit., V, 499.)

Il a été encore réimprimé sous le titre de : « Dissertation sur l'origine des étrennes... » *Lyon, Barret*, 1828, in-8. Voy. IV, 1068, *c*.

Origine des fontaines. (Par P. PERRAULT.) *Paris*, 1674, in-12.

Réimprimé en Hollande la même année, et à Paris par d'Houry, en 1678, in-12.

C'est à tort que dans le Catalogue de la bibliothèque de d'Aguesseau, n° 3297, cet ouvrage est donné à André FÉLIBIEN.

Un exemplaire mis en vente publique à Paris, en 1872, portait le nom de l'auteur de la main de Félibien, ainsi que ces mots : « Du don de l'autheur, ce 23 octobre 1674, N. A. F. », écrits également par Félibien.

Origine des Gaulois, leurs antiquités, leurs prééminences qu'ils ont sur toutes les nations du monde, par L. P. D. C. (Louis PASCAL, de Carcassonne). *Paris, de La Ruelle*, 1624, in-8.

Origine (l') des Grâces, poëme en cinq chants, par Mˡˡᵉ D*** (Mˡˡᵉ DIONIS). *Paris* (1777), in-8.

Origine (de l') des Guèbres, ou la Religion naturelle mise en action (par G.-A. MÉHÉGAN). 1751, in-12.

Publié aussi sous ce titre : « Zoroastre, histoire traduite du chaldéen ». (Voy. ces mots.)

Réimprimé en entier dans l' « Abeille du Parnasse », tomes V et VI, en 1752, et de nouveau dans le volume de Méhégan intitulé : « Pièces fugitives extraites des Œuvres mêlées de M*** » (*La Haye*, 1755, in-12), ou encore : « Pièces fugitives des Œuvres mêlées de M*** de V. » *La Haye*, 1779, in-12. Au titre primitif a été substitué celui-ci : « Origine des Guèbres, traduite du chaldéen ». (Quérard, « France littéraire ».)

Origine (de l') des lois, des arts et des sciences, et de leurs progrès chez les anciens peuples. (Par A.-Y. GOGUET et A.-C. FUGÈRE.) *Paris*, 1758, 3 vol. in-4 ou 6 vol. in-12.

Réimprimé depuis plusieurs fois, in-12 et in-8.

Origine des malheurs de la France, et note politique pour servir au rétablissement de sa prospérité, manuscrit trouvé dans les papiers d'un jurisconsulte célèbre. (Par P.-L.-C. GIN.) *Hambourg et Paris*, 1797, in-8, 174 p.

Origine des maux de l'Eglise : remèdes qui doivent les guérir. (Par P.-O. PINAULT, avocat.) *Paris, Compagnie des libraires*, 1787, in-12.

Origine des premières sociétés des peuples, des sciences, des arts et des idiomes anciens et modernes. (Par Louis POINSINET DE SIVRY.) *Paris, Lacombe*, 1769, in-8.

Origine (de l') des principes religieux. (Par J.-H. MEISTER.) 1768, in-8, 62 p.

Réimprimé dans le « Recueil philosophique », publié par Naigeon en 1770. Voy. ce titre.

Origine des puces, poëme. *Londres (Paris)*, 1749, in-12. — *Londres*, 1749, in-16, 36 p. (Entièrement gravé.) — *Londres*, 1761, in-16. — *Au Plessis-Bernard*, 1782, in-16. — Origine des puces et le Pucelage conquis, poëmes libres, et autres pièces du même genre traduites du Priapeïa et autres poëtes grecs et latins, par l'auteur des « Veillées du couvent » (C.-F.-X. MERCIER, de Compiègne). *Paris*, 1793, in-18, 142 p. — 2e éd. *Lausanne*, an II-1794, in-18.

Cet opuscule a été attribué par les uns à Alexis PIRON; par les autres à F.-A. PARADIS DE MONCRIF.

Origine des sciences, suivie d'une Controverse sur le même sujet. (Par J.-P. RAMEAU.) (*Paris, Jorry*), 1761, in-4, 48 p.

Origine (de l'), des Usages, des Abus, des Quantités et des Mélanges de la raison et de la foi... (Par Marc-Philippe DUTOIT-MAMBRINI, pasteur protestant.) *Paris; et Lausanne, H. Vincent*, 1790, 2 vol. in-8.

Nous ne savons sur quelles autorités se base Klosz, nos 718 et 3268, pour donner cet ouvrage à Henri-David DURAND, ministre protestant à Lausanne. Il n'a pas connu la nouvelle édition publiée sous le nom de KELEPH BEN NATHAN et intitulée: « la Philosophie divine appliquée aux lumières naturelle, magique, astrale naturelle, céleste et divine, ou aux immuables vérités que Dieu a révélées... » *S. l.*, 1793, 3 vol. in-8. La note de Quérard, « Supercheries », II, 449, d, est peu exacte et peu intelligible. (A. Ladrague. Note du n° 136 du Catalogue spécimen de la bibliothèque Ouvaroff.)

Origine (l') du droit d'amortissement, par Eusèbe DE L. (DE LAURIÈRE). *Paris, Bobin*, 1692, in-12.

Origine (de l') du droit des magistrats

et des jurisconsultes; les lois des Douze Tables; de la signification des mos (*sic*), et les titres des cinquante livres du Digeste; nouvelle traduction, avec les notes du sieur B. D. F. A. E. P. (Bonaventure DE FOURCROY, avocat en Parlement). *Paris, Piget*, 1674, in-12.

Origine (de l') du monde, et de la terre en particulier; ouvrage dans lequel l'auteur développe ses principes de chimie et de minéralogie, et donne en quelque manière un abrégé de tous ses ouvrages, par M. WALLERIIUS... Traduit par M. J. B. D*** (Jean-Baptiste DUBOIS), conseiller de la cour du roi de Pologne... *Paris, J.-Fr. Bastien*, 1780, in-12, c. 360 p.

Origine du prieuré des deux amants, en Normandie, noüvelle du XIIIe siècle, par un troubadour du XVIIIe siècle. (Par DUVAL-SANADON.) *Londres, imp. Baylis*, 1796, in-8, 16 p.

Origine (de l') et Autorité des roys. (Par H. DU BOYS.) *Paris, R. Fouet*, 1604, in-12, 104 p.

L'auteur a signé la dédicace.

Origine (de l') et de l'Etablissement de la maç.·. en France. (Par BOUBÉE.) *Paris* (1808), in-4, 16 p.

Origine (de l') et des Progrès d'une science nouvelle. *Londres et Paris, Desaint*, 1768, in-12.

Attribué alternativement par les bibliographes à P.-S. DUPONT, de Nemours (« France littéraire » de 1769, t. II), et à l'abbé Nic. BAUDEAU, cet écrit a été réimprimé par M. Eug. Daire, comme l'œuvre de Dupont de Nemours, dans le t. I de la « Collection des économistes ». *Paris, Guillaumin*, 1846, gr. in-8.

Origine (l') et Développement de cette mappe-monde nouvelle papistique et comant elle a été trouvée. *S. l.* (vers 1566), in-fol., 12 ff. de texte et 16 ff. grav. sur bois.

Voir sur cet ouvrage, attribué à Théod. DE BÈZE, une notice de M. G. Brunet, dans le « Bulletin du bibliophile », mars 1855, page 94.

Origine (de l') et du Progrès des charges de secrétaires d'Etat. (Par BRIQUET.) *La Haye, N. Paupie*, 1747, in-8.

Origine et Etendue de la puissance royale, suivant les Livres saints et la tradition. (Par G.-N. MAULTROT.) *Paris, Le Clère*, 1789-1790, 3 vol. in-12.

Origine (l') et la Chute de Rome papale, par Robert FLEMING, traduit de l'anglais par Mme GIROD (née E.-C. POTILLION), avec une préface et des notes de M. (F.-F.-D. GIROD, pasteur de l'église chrétienne de Liége). *Liége, Desoer,* 1849, in-12, 150 p.

J. D.

Origine et Progrès de l'esprit révolutionnaire. (Par CAPELLE.) *La Haye,* 1833, in-8.

N° 1006 du Catalogue L.-C. Luzac. *Leide,* 1872, in-8.

Origine et Progrès de la ville de Verviers. (Par DETROOZ.) *Liége, Colette,* 1765, in-12.   D. M.

Origine (de l') et Progrès du café, traduit sur un manuscrit arabe de la bibliothèque du roy. (Par Ant. GALLAND.) *Caen, Cavelier,* 1699, in-12.

Origine et Progression de la musique. (Par DARD.) *Paris, Quillau,* 1767, in-4.

Origine (l') et Vraye Pratique de l'art du blason, avec le Dictionnaire armorial, par L. R. P. P. M. de L. C. D. J. (le rév. Père Philibert MONET, de la Compagnie de Jésus). *Lyon, de Venet,* 1659, in-4. — Nouvelle édition, revue par le S. (Claude-Oronce FINÉ) DE BRIANVILLE. *Lyon, Cl. Landy,* 1659, in-4.

Origine flamande du Roman du renard. (Par Hippolyte VANDEVELDE.) *Bruges, Vande-Casteele-Wertbrouck,* 1843, in-8, 48 p.

Tirage à part des « Annales de la Société d'émulation de Bruges ».   J. D.

Origine, Généalogie et Démonstration de ceste excellente maison de Lorraine... (Par Jacques BARON.) *Paris, I. Perinet,* 1589, in-8, 30 p. — *Lyon, J. Patrasson,* 1589, in-8.

Origine, Progrès et Décadence de l'idolâtrie. (Par G.-A. DE MÉHÉGAN.) *Paris, Brocas,* 1757, in-12.

Origine, Progrès et Limites de la puissance des papes, ou éclaircissemens sur les quatre articles du clergé de France et sur les libertés de l'Eglise gallicane. (Par Nicolas BEAUSSIER.) *Paris, Baudouin,* 1821, in-8, 2 ff. de tit. et 288 p.

Voy. « Esprit de la Compagnie de Jésus... », V, 181, *c.*

Origine (de l'), Vérité et Usance de la loy salique, fondamentale et conservatrice de la monarchie françoise. Au roy par I. G. (Jean GUYART). *Tours, Claude de Montr'œil et Jean Richer,* 1590, pet. in-4, 4 et 20 ff.

L'auteur a signé l'épître.

Origines chrétiennes de la Gaule. Lettres au R. P. dom Paul Piolin... en réponse aux objections contre l'introduction du christianisme dans les Gaules aux II° et III° siècles... (Par William D'OZOUVILLE.) *Paris, Julien Lanier,* 1855-1856, in-8.

Origines (les) de la ville de Caen et des lieux circonvoisins. (Par P.-D. HUET.) *Rouen, Maurry,* 1702, in-8. — Sec. édit., rev., corr. et augm. *Ibid.,* 1706, in-8.

Origines (les), ou l'ancien gouvernement de la France, de l'Allemagne et de l'Italie : ouvrage historique où l'on voit dans leur origine la royauté et ses attributs... (Par le comte L.-G. DE BUAT ou DUBUAT-NANÇAY.) *La Haye (Paris, Didot),* 1757, 4 vol. in-12. — *La Haye ; Paris, Letellier,* 1789, 4 vol. in-12.

Orléans, album-guide. Trente dessins... y compris le nouveau plan de la ville, par Ch. Pensée,... avec texte. (Par Paulin LEMOLT-PHALARY.) *Orléans, J. Garnier,* 1843, in-4.

Orléans, Vierzon, Bourges. Résumé et impressions de voyage sur le chemin de fer du Centre, par M. A. H. D. B. (Alfred HIVER DE BEAUVOIR). *Orléans, A. Gatineau,* 1848, in-18, 78 p. et 1 carte.

Ormond, roman, par miss EDGEWORTH, auteur des « Scènes du grand monde » ; traduit de l'anglais par l'auteur de « Quinze Jours » et de « Six Mois à Londres » (A.-J.-B. DEFAUCONPRET). *Paris, Gide,* 1817, 3 vol. in-12.

Ornemens (les) de la mémoire, ou les traits brillans des poëtes françois les plus célèbres. (Recueillis par P.-A. ALLETZ.) *Paris, Didot,* 1749, in-12.

Souvent réimprimés.

Ornemens poétiques de la mémoire, contenant un choix des meilleurs morceaux de poésie française... Par M. D*** (Louis DUBROCA). *Paris, Mᵐᵉ Lecomte-Dubroca, etc.,* 1823, in-12, VIII-257 p.

Ornithotrophie artificielle, ou Art de faire éclore et d'élever la volaille par le moyen d'une chaleur artificielle. (Par l'abbé COPINEAU.) *Paris, Marin,* 1780, in-12.

Réimprimée sous les titres suivants : « Art de faire éclore... », voy. IV, 288, *d* ; « l'Homme rival de la nature... », voy. V, 859, *a.*

Oronoko, traduit de l'anglois de Mᵐᵉ BEHN (par P.-Ant. DE LA PLACE). *Amsterdam,* 1745, in-12.

Oroondate , ou les amants discrets (tragi-comédie en cinq actes et en vers, par Guyon Guérin de Bouscal). *Paris, A. de Sommaville*, 1643, in-4, 2 ff. lim. et 119 p.

Orphana, ou l'enfant du hameau. Par l'auteur de « Illyrine ». *Paris*, an X-1802, 2 vol. in-12, fig.

Voy. « Euphémie », V, 324, b.

Orphelin (l') anglois, drame en trois actes, en prose. Représenté pour la première fois par les comédiens ordinaires du roi, le mercredi 26 février 1769. (Par le marquis de Longueil.) *Paris, Lejay*, 1769, in-8, 83 p.

Ce drame avait été par erreur attribué par Barbier, dans sa deuxième édition, à de Bongal.

Orphelin (l') de la Westphalie, par Auguste Lafontaine, traduit de l'allemand, par le traducteur du « Bal masqué, etc. » (Jean-Pierre Méniathon-Duperche). *Paris, Lerouge*, 1820, 2 vol. in-12.
D. M.

Orphelin (l') infortuné, ou le portrait du bon père, histoire comique et véritable, par le sieur D. P. F. (César-François-Oudin de Préfontaine). *Paris, Cardin Besongne*, 1660-61, in-8, 8 ff. et 335 p.

Voy. « Supercheries », I, 983, e.

Orphelin (l') normand, ou les petites causes et les grands événemens. (Par Louis Charpentier.) *Paris, des Ventes de La Doué*, 1768, 4 vol. in-12.

Orphelin (l') voyageur, ou le rendez-vous du château de Géras, vaudeville en deux actes, tiré d'un roman de MM. Picard et Droz, représenté pour la première fois, sur le théâtre des Célestins, à Lyon, le 4 octobre 1825. Par l'auteur de « Cornélie ou la pupille de Voltaire » (Th. Princeteau). *Lyon, imp. de C. Coque*, 1825, in-8, 74 p. et 1 f. d'errata.

Orpheline (l') angloise, ou histoire de Charlotte Summers, imitée de l'anglois de M. N*** (miss Sarah Fielding) par de La Place. *Londres*, 1781, 4 vol. in-18.

Orpheline (l') du presbytère; fiction et vérité, roman traduit de l'anglais d'Elisabeth Bennet (par A.-J.-B. Defauconpret). *Paris, H. Nicolle (Charles Gosselin)*, 1816, 5 vol. in-12.   D. M.

Orphelines (les) de Flower-Garden. (Par Mme Cazenove d'Arlens, née Constant d'Hermenches.) *Paris, Lepetit*, an VII-1799, 4 vol. in-18, fig.

Orphelins (les). conte moral, mis en action en forme de pièce dramatique, en cinq actes et en prose. Par M. D. C*** (J.-P. Costard). *Paris, Lacombe*, 1787, in-8.

Orphelins (les) de Montfleury, par l'auteur de « l'Etrangère dans sa famille » (Mlle Stéph. Bigot). *Lille, Lefort*, 1861, in-12, 140 p.

Orphelins (les), drame en trois actes et en vers. Par M. A. (Auguste-Aimé Boullée). *Paris, Chaigneau jeune*, février 1817, in-8, 2 ff. de tit. et 75 p.

Orphelins (les) juifs. (Par M. d'Organ.) *Lille, L. Lefort*, 1848, in-18, 105 p.

Plusieurs fois réimprimés.
Le nom de l'auteur est sur le titre à partir de la cinquième édition.

Orthographe (l') des dames, ou l'orthographe fondée sur la bonne prononciation, démontrée la seule raisonnable, par une société de dames. (Par Mme Mérigot.) *Paris, Mérigot le jeune*, 1782, in-12, 360 p.

Orthographe (l') françoise sans équivoque et dans ses principes naturels, par M. l'abbé G*** (Gab. Girard). *Paris*, 1716, in-12.

Voy. la Table du « Journal des savans », par l'abbé de Claustre.

Orthologie synoptique, mnémonique, didactique... Par F. J. P. (F.-J. Poulet-Delsalle). *Paris*, 1858, gr. in fol. plano.

Orthopédie (l'), ou l'art de prévenir et de corriger dans les enfans les difformités du corps. (Par Nic. Andry, dit de Boisregard.) *Paris, veuve Allix*, 1741, 2 vol. in-12.

Orus Apollo de Ægypte, de la signification des notes hieroglyphiques des Ægyptiens... traduit de grec en françois (par Jean Martin)... *Paris, J. Keroer*, 1543, pet. in-8, 104 ff.

Oslinda, ou la boîte mystérieuse. (Par Mlle Désirée Castéra.) *Paris, L. Collin*, 1808, 3 vol. in-12.

Osmond. Par l'auteur d' « Elisa Rivers » (miss Mary Brunton), traduit de l'anglais, sur la deuxième édition, par Mme S*** (Sophie Panier). *Paris, Trouvé*, 1824, 4 vol. in-12.

Cette traduction a été attribuée par M. de Manne à Mme la comtesse Molé de Champlatreux, née de La Briche.

Ossian, ou les bardes, opéra en cinq actes, représenté, pour la première fois, sur le théâtre de l'Académie impériale de musique, le 21 messidor an XII. (Par J.-M. DESCHAMPS et DERCY.) *Paris, Ballard*, an XIII-1804, in-8, 4 ff. lim. et 64 p.

Ossuaire (l'), chronique de l'époque, par le Pâtre de Mont-Suire. (Par J. DELANDINE DE SAINT-ESPRIT.) *Paris, G. Barba*, 1834, 2 vol. in-8. — 2e édit. *Paris, Desrez*, 1838, 2 vol. in-8.

Ostende. (Par MILLOTET.) *S. l. n. d.*, in-4.

Ostéologie exacte et complète (formant le tome II de la « Chirurgie complète »; par Gabriel LE CLERC, médecin ordinaire du roi). *Paris*, 1706, in-12.

Suivant Fontenelle, POUPART est auteur de ce second volume, qui n'est en effet qu'une compilation commode de plusieurs autres traités. Voy. l' « Eloge de Poupart », par Fontenelle.

Otages (les) de Louis XVI et de sa famille. (Par Th.-Pasc. BOULAGE.) *Paris, Pillet*, 1814, in-8, 2 ff. de tit., XVI-160 p. et 2 ff. de table et d'errata.

Othello et Sganarelle, ou des avantages qui résultent pour les femmes d'être battues. (Par E.-J. DELÉCLUZE.) *Paris, s. d.*, in-8, 19 p.

Tiré à très-petit nombre.

Où allons-nous et que voulons-nous? ou la vérité à tous les partis, par un ancien membre de la Chambre des députés (le baron Antoine-Isaac SILVESTRE DE SACY). *Paris, Petit*, 1827, in-8, 88 p.

D. M.

Où en sommes-nous? Lettre à M. Véron. (Par le comte Henry D'AVIGDOR.) *Paris*, 1857, in-8. D. M.

Ou la république ou la guerre civile. (Par Alphonse TESTE.) *Paris, Garnier frères*, 1848, in-18, 30 p.

Réimprimé la même année avec le nom de l'auteur. Cet écrit a été attribué par erreur à M. Aug. CALLET dans le « Siècle » du 21 décembre 1873, page 2, col. 3.

Oudon. (Par Emile MAILLARD.) *Ancenis, imp. Ch. Loncin, s. d.*, in-8, 40 p.

Extrait du « Journal d'Ancenis ».
Catalogue de Nantes, n° 51433.

Ouest (l'), almanach agricole pour 1853. (Par M. GRAVELLE-DÉSULIS, archiviste du département de l'Orne.) *Alençon, imp. de Poulet-Malassis*, 1853, in-16. D. M.

Oui (le) et le Non, ou lettres sur la procédure faite contre les jésuites au château Saint-Ange. *Paris*, 1777, in-12.

Attribué au P. SAUVAGE.

Ouliana, où l'enfant des bois, et autres nouvelles nouvelles; par Henri C *** (le baron Henri-Louis COIFFIER DE VERSEUX). *Paris, Legras et Cordier*, 1801, 2 vol. in-12.

Quelques exemplaires seulement sont anonymes.

Ourika. (Par Mme la duchesse DE DURAS, née DE KERSAINT.) *Paris, Impr. roy.*, 1824, in-12, 84 p.

Cette édition n'a été tirée qu'à 40 exemplaires.
Réimprimé la même année, également anonyme, et depuis avec le nom de l'auteur.

Ourika, stances élégiaques; par Mme P.-V. de L. B... (P.-A. VIEILLARD). *Paris, Pillet aîné*, 1824, in-8, 8 p.

Ours (l'), journal rédigé par une société de bêtes ayant becs et ongles. (Par Maurice ALHOY, FEREY et PAWLOWSKI.) *Paris*, 29 avril 1834, 1 n° in-fol.

Ouslad, ou le bois de Marie, nouvelle russe, imitée de B. JOUKOWSKY, par Charles H *** (HÉGUIN-DEGUERLE). *Paris, Dalibon*, 1824, in-12. D. M.

Oustillement (de l') au vilain, XIIIe siècle (en vers, publié par MONMERQUÉ). *Paris, Silvestre*, 1833, in-8.

Tiré à 100 exemplaires.

Outrage de la censure à la mémoire de Manuel. (Par F.-A.-A. MIGNET.) *Paris, imp. de Gaultier-Laguionie*, 1827, in-8, 4 p.

Ouverture (l') de l'Épître de S. Paul aux Romains, avec l'explication du verset 27 du chap. III (par P. JURIEU), et une lettre en forme de traité touchant la justification et la lecture des Pères (par J. CLAUDE, publiée par Jean LE CLERC). *Amsterdam*, 1685, in-12.

Niceron dit à tort que cet ouvrage est communément attribué à P. ALLIX, et il dénature à ce sujet un passage des Lettres de Bayle. Voy. l'article *Allix* dans le Dictionnaire de Chaufepié.

Ouverture (l') interne du royaume de l'Agneau occis dans nos cœurs, avec le total assujétissement de l'âme à son divin empire, etc.; par un pauvre villageois, sans autre science ni étude que celle de Jésus crucifié. *Paris, Bechet et Billaine*, 1660, in-4.

Le privilége, de cette même année, est donné à Maurice LE GALL, prêtre de Morlaix, sans doute éditeur de l'ouvrage. Dans l'approbation, l'auteur est appelé J.-A. LAÏC.

L'auteur de cet ouvrage est un paysan de Montmorency, homme très-pieux, mais très-mauvais écrivain; il se nommait Jean AUMONT. Voy. l' « Histoire du diocèse de Paris », par l'abbé Le Beuf, article *Montmorency*.

Ouvertures de paix universelle, ou justifications raisonnées des vérités et des voies catholiques, divisées par cahiers, et les cahiers par justifications; à Dieu seul, sous les auspices de la sacrée Vierge, Mère de Dieu, conçue sans péché (recueil d'opuscules de Fr.-Guillaume QUÉRIAU, ancien avocat). *Riom, impr. de Landriot,* 1795-1801, in-8.

Ce recueil avait paru d'abord à *Clermont-Ferrand,* 1757-1758, 4 cahiers in-8. On trouve dans la première partie le « Défi général à l'incrédulité », imprimé séparément en 1757. Le Coz, archevêque de Besançon, a fait réimprimer cet opuscule en tête du tome XIV des « Annales de la religion ».

Ouvrage dans le goût des Caractères de Théophraste et des Pensées de Pascal.

Voy. « Ouvrage nouveau dans le goût... »

Ouvrage du cœur, par un Français, représenté au mois de juin 1763. (Par M.-J. SÉDAINE.) *Paris, C. Herissant,* 1763, in-8.

Ouvrage nouveau dans le goût des Caractères de Théophraste et des Pensées de Pascal. *Paris, G. de Luyne,* 1697, in-12, 326 p. et 1 f. de table.

Réimprimé sous le titre de : « Ouvrage dans le goût des Caractères de Théophraste et des Pensées de Pascal ». Nouvelle édition. *Paris, A. Denain,* 1698, in-12, 326 p. et 1 f. de table.

Attribué par Barbier à Pierre-Jacques BRILLON. Quérard reproduit cette attribution et plus loin donne cet ouvrage à Guillaume-Amable VALLEYRE.

Ouvrages (des) de l'esprit dans une démocratie. (Par Ernest CRAMPON.) *Lyon, impr. de L. Perrin,* 1855, in-8.

Tirés à 100 exemplaires.

Ouvrages de piété, de prose et de vers. *S. l. n. d.,* 1678. — Le Chemin de la paix (en prose). 1680. — 2 part. en 1 vol. in-12.

La première contient, outre le titre, 36 et 37 p., 4 autres pages et 1 f. en forme de carton. Cette partie (en vers) est de DESMARETS, seigneur de Saint-Sorlin. La seconde (en prose), composée de 8 ff. et 55 p., contiendrait, suivant le « Dictionnaire des anonymes », 2e édit., n° 13494, une traduction par DESMARETS de deux traités de sainte THÉRÈSE, le « Chemin de la paix » et le « Château de l'âme ».

Ce recueil a eu de nombreuses éditions, qui ne sont pas toutes composées des mêmes pièces. Voy. Brunet, « Manuel du libraire », II, col. 634.

Ouvrages des saints Pères qui ont vécu du temps des apôtres. (Par le P. Ant. LE GRAS, de l'Oratoire.) *Paris, Desprez,* 1717, in-12.

Voy. « Livres apocryphes », V, 1333, d.

Ouvrages des savans publiés à Leipsick en 1682, trad. du latin (par Noël-Aubert DE VERSÉ). *La Haye,* 1685, 2 vol. in-12.

Ouvrages philosophiques pour servir de preuves à la religion de l'auteur.

Suivant l'*Index librorum prohibitor., Romæ,* 1819, in-8, page 229, ce recueil, condamné le 8 juillet 1765, serait le même que l' « Evangile de la raison », ouvrage posthume de M. D....y, et contiendrait :

1° Paul et David, d'après l'anglais intitulé : « The man aster God' own heart » (lisez : « The man after the heart of God »), pièce qui est de VOLTAIRE. (Voy. Quérard, « Bibliographie voltairienne », n° 140, ou « Supercheries », II, 315, f.)

2° Testament de Jean Meslier.

3° Catéchisme de l'honnête homme, ou dialogue entre un caloyer et un homme de bien. Traduit du grec vulgaire. Par D. J. J. R. C. D. C. D. G. (Par VOLTAIRE. Voy. « Supercheries », I, 951, e.)

4° Sermon des Cinquante. 1749. On l'attribue à M. DU MARTAYNE ou DU MARTAY, d'autres à LA METTRIE ; mais il est d'un grand prince très-instruit.

5° Examen de la religion, dont on cherche l'éclaircissement de bonne foi. Attribué à M. DE SAINT-EVREMONT. (Par VOLTAIRE. Voy. « Supercheries », I, 595, c.)

Voy. « Evangile de la raison », V, 328, b.

Ouvrez donc les yeux. (Par M. C.-C.-L.-J. D'AGOULT.) *S. l.,* 1789, in-8, 78 p.

Ce pamphlet, attribué à D'AGOULT, depuis évêque de Pamiers, a été, à l'époque de sa publication, attribué au duc A.-L. GONTAUT DE LAUZUN, depuis duc DE BIRON. M. A. de Valon pense qu'il pourrait bien être de T. MAHY DE FAVRAS, qui s'en servait pour ses tentatives d'embauchage en faveur de la cause royaliste. Voir la « Revue des Deux-Mondes », 15 juin 1851, p. 1106-1107.   (Note de Quérard.)

Ouvrière (l'), par M. Jules Simon. *S. l. n. d. (Bruxelles, Wanderauwera),* in-8, 7 p.

Compte rendu par M. RASTOUL DE MONGEOT, tiré à part du journal « le Levant ».   J. D.

Ouvriers (les) des deux mondes, études publiées sous forme de monographies par la Société internationale des études pratiques d'économie sociale. (Par Fréd. LEPLAY.) *Paris,* 1857-1860, 3 vol. in-8.

Ovation au poëte montois Antoine Clesse, par une réunion de littérateurs et d'artistes cambrésiens. *Cambrai, imp. de H. Carion* (1850), in-16, 16 p.

Signée : H. C. (Henri CARION).

Ovide amoureux, ou l'école des amans. *La Haye (Rouen),* 1698, in-12.

Voy. l' « Art d'aimer » d'OVIDE..., IV, 281, b.

Ovide (l') bouffon, ou les Métamorphoses travesties en vers burlesques (par L. RICHER). *Paris, Loyson,* 1662, in-12.

« Bibliothèque françoise » de l'abbé Goujet, t. VI, p. 175.

C'est probablement le même auteur qui a publié la même année, chez le même libraire : l' « Art d'aimer » d'Ovide, avec les Remèdes d'amour, nouvellement traduits en vers burlesques » ..

Voy. Catalogue de la bibliothèque de La Vallière, par Nyon, t. IV, nᵒˢ 14806 et 14807.

OVIDE, de l'Art d'aymer, translaté de latin en françoys, avec plusieurs autres petites Œuvres dont le contenu est en la page suyvante ; le tout mieux que par cy-devant reueu et corrigé. *Anvers, Gerard Spelman,* 1556, in-16, 116 ff.

Ce volume, devenu rare, est la réimpression d'un semblable recueil imprimé à *Paris, chez Estienne Groulleau,* en 1548, petit in-8, selon du Verdier, qui en attribue mal à propos toutes les pièces à Albin des Avenelles.

Il faut distinguer dans ce recueil deux parties différentes. La première, contenant l' « Art d'aimer », la « Clef d'amour » et les « Sept Arts libéraux d'amour », en vers de huit syllabes, avait d'abord été imprimée à *Genève, s. d.,* in-4, 42 ff. Ces trois pièces anonymes, mais qui appartiennent bien à un même auteur, sont, au jugement de La Monnoye, une mauvaise imitation des trois livres d'Ovide, *de Arte amandi.*

Dans la seconde de ces pièces, intitulée : « le Chief d'amour », se trouve, vers la fin, la date du 25 octobre 1509, exprimée en quatre vers.

C'est donc à tort que le président Bouhier, dans une note manuscrite, attribue cette traduction à RAOUL de Beauvais, poëte du XIIᵉ siècle, qui, selon Galland, « Mémoires de l'Académie des inscriptions », tome II, p. 730, aurait aussi mis en roman l' « Art d'aimer » d'Ovide.

La seconde partie est en entier d'ALBIN DES AVENELLES, chanoine de Soissons, nommé au commencement du « Remède d'amour ». Cette seconde partie contient le « Remède d'amour, traduit du latin d'ÆNEAS SILVIUS, avec les additions de Baptiste MANTUAN » ; la « Complainte dudit ENÉE sur la description des deux amans Eurialus et Lucresse » ; enfin, la « Declamation morale de l'amant renonçant à la folle amour ».

Toutes les pièces de ce recueil et un « Discours fait à l'honneur de l'amour chaste pudique, au mépris de l'impudique », font partie de l'édition de *Paris, N. Bonfons,* vers 1580, in-16.

Voy. Brunet, « Manuel du libraire », 5ᵉ édit., IV, col. 292.

Oxtiern, ou les malheurs du libertinage, drame en trois actes et en prose, par D.-A.-F. S. (Donatien-Alphonse-François DE SADE). Représenté au théâtre de Molière, à Paris, en 1791, et à Versailles, sur celui de la Société dramatique, le 22 frimaire, l'an VIII de la République. *Versailles, Blaizot,* an VIII, in-8, 2 ff. liminaires et 48 p.

Ozakoi le Conspirateur, vaudeville en deux actes par M. Salvador T*** (Salvador TUFFET) et feu DESSARSIN. (Théâtre des Folies-Dramatiques, 3 avril 1841.) *Paris, Gallet,* 1841, in-8.

P

P.... (la) d'O...., poëme divisé en quinze livres. *S. l. n. d.,* in-12, 1 f. de tit. et 161 p.

Edition originale de la « Pucelle d'Orléans ». Voy. ces mots.

P.-J. de Borchgrave, sa vie et ses œuvres, par un Flamingant (Emile DE BORCHGRAVE). *Bruxelles, bureau de la « Revue belge et étrangère »,* 1861, in-8, 53 p.   J. D.

Pacha (le), ou les Coups du hasard et de la fortune. Par les auteurs du « Tombeau ». *Paris, Pigoreau,* 1799, in-12.

Les auteurs du « Tombeau » sont Hector CHAUSSIER et BIZET. Il y a eu un troisième collaborateur, J.-F. SIMONOT.

Pacification (la) de l'Europe, fondée sur le principe des indemnités, etc. (Par Gaëtan RAXIS DE FLASSAN.) 1800, in-8.

Pacifique (le), ou l'Anti-Soldat françois. (Par DU SOUHAIT.) *S. l.,* 1604, in-12.

Pacotille de santé pour les voyageurs.

(Par Claude CHEVALIER.) *S. l. n. d.*, in-12, 6 ff. lim. et 34 p.

Pacte d'union entre les royalistes de l'Ouest et du Midi. (Par le comte Am.-Ch. DE BOUBERS-ABBEVILLE.) *S. l.*, 1821, in-12, 2 p.

Pacte de l'institution des asiles. (Par MOLIN.) *Paris*, 1801, in-8.

Pacte maritime, adressé aux nations neutres, par un neutre. *Paris, imp.-lib. du Cercle social*, 1800, in-8, 42 p.

Signé : T. P. (Th. PAYNE).

Paganini, variations poétiques. (Par Fr. DE MONTHEROT.) *Lyon, imp. de Rossary*, 1831, in-8, 12 p.   G. M.

Paganisme (du) dans l'éducation, ou la défense des écoles catholiques des quatre derniers siècles contre les attaques de nos jours, par l'auteur du livre « le Monopole universitaire, destructeur de la religion et des lois » (le chanoine Nicolas DESGA-RETS). *Lyon, Périsse frères*, 1852, in-8, XXVIII-512 p.

Page (le), comédie en un acte, pour les enfants, traduite de l'allemand (de J.-J. ENGEL), par J.-H. E. (EBERTS). *Paris*, L. Cellot, 1781, in-8.

Page (le) disgracié, où l'on voit de vifs caractères d'hommes de tous tempéramens et de toutes professions. (Par François TRISTAN L'HERMITE.) *Paris, Quinet*, 1643, 2 vol. in-8; — *Boutonné*, 1665, 1667, 2 vol. in-12.

Paiement de la contribution foncière par les améliorations de l'agriculture. (Par J.-F. DESORGUES.) *Paris, Moreau*, février 1821, in-4, 31 p.

Pain (le) mollet, poëme. (Par Ch.-Mar. DE LA CONDAMINE.) 1768, in-12.

Pair ou non ? (Par RUELLE.) *S. l. n. d.*, in-8, 8 p.

Pairie (la) dans ses rapports avec la situation politique; ses principes, ses ressources, son avenir. (Par Charles DU-VEYRIER.) *Paris, imp. de A. Guyot*, 1842, in-8, 40 p.

Pairie (de la), de la Noblesse, des Rangs, des Honneurs et de l'Hérédité, considérés sous le rapport de l'économie politique, des institutions, des mœurs, des habitudes et des besoins de la France de 1831... par un ancien jurisconsulte (P.-N. BERRYER père). *Paris, Levavasseur*, 1831, in-8, 24 p.

Pairie (la). Des pairs viagers. (Par le marquis DE LA GERVAISAIS.) *Paris, imp. de Pihan-Delaforest*, 1827, in-8, 48 p.

Pairie (de la) et de ses Rapports avec la constitution de l'Etat. (Par Benj. GRADIS.) *Paris, Delaunay*, 1831, in-8, 34 p.

Pairie (la) jugée par les pairs. (Par le marquis DE LA GERVAISAIS.) *Paris, Pihan-Delaforest*, 1831, in-8, 52 p.

Pairs (des) de France, et de l'ancienne Constitution française, par M. le président H. DE P. (le président P.-P.-N. HENRION DE PANSEY). *Paris, T. Barrois père*, 1816, in-8, 178 p.   •

Paix (la) amenant le bonheur, comédie en un acte et en prose, mêlée de vaude-villes, composée à l'occasion de la paix de Tilsitt, par C. C***** (Jean-Paul-Cyprien COLOMB). *Gap, Genoux*, 1807, in-8, 39 p.

Paix (la) avec les Prussiens. *Paris, imp. G. Masquin* (1870), in-fol. plano.

Réimprimé au commencement de l'année suivante avec la signature de l'auteur J.-P. BERTRAND, ancien élève de l'Ecole normale.

Paix (la) de Clément IX, ou démonstration des deux faussetés capitales avancées dans l'Histoire des V propositions contre la foi des disciples de saint Augustin et la sincérité des quatre évêques avec l'histoire de leur accommodement, et plusieurs pièces justificatives et historiques. (Par le P. Pasquier QUESNEL.) *Chamberri, J.-B. Giraux*, 1700, 2 part. in-8, front.

Paix (la) de Jésus. Sermon sur Jean, XIV, 27, par un ministre de Jésus-Christ (A.-L.-P. ROCHAT). *Genève, S. Guers*, 1826, in-8.

Paix (la) de l'Europe ne peut s'établir qu'à la suite d'une longue guerre... par le chevalier G*** (Ange GOUDAR). *Amsterdam, Vander-Kroe*, 1761, in-12.

Paix (la) de l'Europe, ou projet de pacification générale, combiné par une suspension d'armes de vingt ans entre toutes les puissances politiques, par M. le chevalier G*** (Ange GOUDAR). *Amsterdam, Chastelain*, 1757, in-12.

Paix (la) de Paris est-elle une paix solide ? par un ancien diplomate (Pierre-Alexandrovitch TCHIHATCHEFF, né en 1812). *Bruxelles*, 1856, in-8, 84 p.

Paix (la) de Tilsitt, ode. (Par Aug. CREUZÉ DE LESSER.) *S. l. n. d.*, in-8, 8 p.

Paix (la) de Tilsitt, ou le radeau. (*Paris*), *imp. de Pelletier* (1807), in-8.

Signé : P. F. P****** (P.-F. PALLOY).

Paix (la), 10 juin 1859. (Par Jean-Bapt. BARBIER.) *S. l.*, in-8, 13 p.   J. D.

Paix (la) du continent comme acheminement à la paix générale. (Par M. le comte Ch.-Léop. DE BELDERBUCH.) *En Suisse*, 1797, in-8.

Paix (la) et la Guerre. (Par Alphonse PÉPIN.)

Voy. « Coalition (la), c'est la guerre... », IV, 619, c.

Paix (la) ! la paix ! la paix ! par un ami de son pays et de la paix (le bar. J.-F. BOURGOING). 1796, in-8.

L'auteur publia la même année un second cri sur la paix.

Paix ou Guerre. (Par Ch.-J. DUPON-CHEL.) *Aix-les-Bains, imp. Bachet*, 1870, in-8, 20 p.

Paix (la), par l'auteur de l' «Histoire de la Prusse » (Roger DE LA LANDE). *Genève, Montrésor*, 1871, in-8, 22 p.

Paix (la) par la guerre (par Edouard GILLON). *Strasbourg, imp. de Silbermann*, 1869, in-8, 160 p.

Paix (la) par la justice. Un mot sur les principes politiques de l'Angleterre, de la France et de la Russie. (Par le chanoine Désiré-Pierre-Antoine DE HAERNE.) *Bruxelles, Fontegn*, 1855, in-8, 25 p.   J. D.

Paix (la), système cosmopolite, ou Projet d'une confédération universelle et perpétuelle entre tous les hommes, dédiée aux mânes de Pyrrhus, roi d'Epire. (Par A.-P.-Agricola BATAIN, ex-secrétaire de l'administration de l'Opéra.) *Cosmopolis* (*Paris*), l'an de la guerre 5804, an XII-1802, in-8, 80 p.

Paladin (le) de la Meuse. Observations impartiales d'un philosophe chrétien, ou accord des lumières de la raison et des vérités de la foi, par A. J. R*** (A.-J. ROUYER). *Bar-le-Duc, imp. de Choppin*, 1818, in-8, 86 p.

Palais (le) de cristal, ou le géant de Hyde-Park, par M. J. M. (BOOKS), professeur dans l'un des principaux établissements de la Belgique. *Bruxelles, Greuse*, 1851, in-8, 100 p., avec 2 planches.   J. D.

Palais (le) de l'honneur, contenant les généalogies historiques des illustres mai-

sons de Lorraine et de Savoye et de plusieurs nobles familles de France... *Paris, Est. Loyson*, 1663, in-4.

L'épître dédicatoire et le privilège contiennent le nom de l'auteur, le P. ANSELME, de l'ordre de Saint-Augustin, qui, dans le monde, se nommait Pierre DE GUIBOURS.

Palais (le) de la Fortune, où les curieux trouveront la réponse agréable des demandes les plus divertissantes pour se réjouir dans les compagnies; ensemble l'explication des songes et visions nocturnes, avec un Traité de physionomie recueilli des plus graves auteurs (par WULSON DE LA COLOMBIÈRE). *Paris, Loyson*, 1671; — *Lyon, La Roche*, 1672, in-12.

Voy. ci-dessus, « les Oracles divertissans... », col. 725, *f*, et ci-après, « le Palais des curieux... »

Palais (le) de Scaurus, ou description d'une maison romaine; fragmens d'un voyage fait à Rome vers la fin de la république, par Mérovic, prince des Suèves (composé par François MAZOIS, architecte). *Paris, F. Didot*, 1819, in-8. — Seconde édition, précédée de la vie de Mazois, par VARCOLIER. *Paris, imp. Didot*, 1822, in-4 et in-8.

L'auteur a signé la dédicace de la deuxième édition. Une troisième édition, *Paris, Didot*, 1859, in-8, porte le nom de l'auteur sur le titre.

Palais des Beaux-Arts. Quelques idées sur sa construction, sa destination, son emplacement, dimension de l'édifice, disposition du bâtiment. (Par GISLER.) *Bruxelles, Vanderauwera*, 1856, in-18, 30 p.   J. D.

Palais (le) des curieux, auquel sont assemblées plusieurs diversitez pour le plaisir des doctes et le bien de ceux qui désirent savoir. *Paris, Guillemot et S. Thibout*, 1612, pet. in-12, 8 ff. lim. et 584 p.

Le moins connu ou le plus méprisé des ouvrages de l'auteur, car personne n'en parle. Il y a pourtant quelques pages curieuses dans ce bouquin délaissé. C'est là que BÉROALDE se déclare le père du « Moyen de parvenir.... » (Catal. Leber, t. I, n° 2573.)

Palais (le) des curieux de la Fortune et de l'Amour, où les curieux trouveront la réponse agréable des demandes les plus divertissantes pour se réjouir dans les compagnies; avec l'explication des songes et visions nocturnes et un Traité de physionomie; le tout traduit par W. D. L. C. (WULSON DE LA COLOMBIÈRE). *Paris, Quinet*, 1688, in-12.

Voy. ci-dessus, « les Oracles divertissans... », col. 725, *f*, et « le Palais de la Fortune ».

Palais (le) des curieux, où l'algèbre et le sort donnent la décision des questions les plus douteuses, et où les songes et les visions nocturnes sont expliquées selon la doctrine des anciens; par le sieur W. D. L. C. (WULSON DE LA COLOMBIÈRE). *Paris*, 1646, 1662; — *Troyes, Nicolas Oudot* (*s. d.*), in-8.

Même ouvrage que le précédent. L'auteur ne s'étant pas fait connaître, chaque libraire a cru pouvoir en changer le titre à son gré.

Palais (le) des heures, ou les quatre points du jour, poëme. (Par le cardinal F.-J.-P. DE BERNIS.) *Rome (Amsterdam)*, 1761, in-12.   V. T.

Palais (le) des Thermes et l'hôtel de Cluny. Notice. (Par Jules-L. BELIN, avocat à la Cour royale de Paris.) *Paris, Belin-Leprieur*, 1836, in-12, 100 p.

Palais (le) du prince Auersperg à Vienne, et le temple de Flore qu'on y voit. (Par A.-H. FRAUNPAUR, chevalier D'OPHANIE.) *Vienne*, 1784, in-8.

Palais, Maisons et autres Edifices modernes dessinés à Rome. (Par C. PERCIER, P.-F.-L. FONTAINE et BERNIER.) *Paris, Ducamp*, an VI-1798, in-fol.

Palais-Royal (le). Première partie. Les Filles de l'Allée-des-Soupirs. — Seconde partie. Les Sunamites. — Troisième partie. Les Converseuses. (Par N.-E. RÉTIF DE LA BRETONNE.) *Paris, au Palais-Royal dabord* (sic), *puis partout, même chés* (sic) *Guillot, libraire, rue des Bernardins*, 1790, 3 vol. in-8, 280, 248 et 288 p., une figure pliée à chaque volume.

Palais-Royal (le), boutade, suivie de notes historiques. Par l'aveugle improvisateur (J.-B.-D. MAZADE D'AVÈZE). *Paris, imp. de Plassan*, 1818, in-8, 16 p.

Palais-Royal (le) en miniature, par un amateur de ce séjour délicieux. (Par Léon THIESSÉ.) *Paris, Plancher*, 1816, in-18.

Palais-Royal (le), 1829. (Par P.-F.-L. FONTAINE, architecte.) *Paris, impr. de Gaultier-Laguionie*, 1829, in-8.

Reproduit en grande partie dans l' « Histoire du Palais-Royal ». (Voy. V, 785, *b*.)

Palais-Royal (le), ou les filles en bonne fortune, coup d'œil rapide sur les maisons de jeu, les filles publiques, les marchandes de modes, les bons mots de ces demoiselles... *Paris, L'Ecrivain*, 1815, in-18.

Plusieurs fois réimprimé. — Par DETERVILLE, d'a-

près la « Bibliographie des ouvrages relatifs à l'amour.... » .

Palais-Royal (le), ou Mémoires secrets de la duchesse d'Orléans, mère de Philippe, par M. D. F*** (par Mme GUÉNARD, baronne DE MÉRÉ). *Hambourg et Paris, Lerouge*, an XIV-1806, 2 vol. in-12.

Palanquin (le) du diable, ou le tour du monde, poëme. Par un marin en bonne humeur (Emile GUY). *Paris*, 1862, in-12.

Paliau. (Notice biographique par le docteur Constant MERLAND.) *Napoléon, imp. de veuve Ivonnet*, 1865, in-8, 35 p.

Catalogue de Nantes, no 57187.

Palinice, Circeine et Florice, tragi-comédie tirée de l'Astrée d'Honoré d'Urfé, par N. DE R. (N. DE RAYSSIGUIER). *Paris, Ant. de Sommaville*, 1636, in-4.

Palma, ou le voyage en Grèce, opéra en deux actes par P.-E. L*** (Pierre-Edouard LÉMONTEY). *Paris, Migneret*, an VIII-1799, in-8.

Palménor, ou la magie naturelle, histoire orientale, contenant des détails nouveaux sur les mœurs, les usages et le gouvernement actuel de la Perse, par F. A. P. M. (A.-P.-F. MÉNÉGAULT), ancien officier d'artillerie. *Paris, Béchet*, 1814, 2 vol. in-12.

Palmerin d'Angleterre, chronique portugaise, par François MORAES (trad. par Fr.-Eug. GARAY DE MONGLAVE). *Paris, Renduel*, 1829, 4 vol. in-12.

Palmira, par Mme Armande R*** (ROLAND). *Paris, Maradan*, 1801, 4 vol. in-12.

Paméla, comédie en prose, par Charles GOLDONI, avocat vénitien, représentée à Mantoue en 1750, traduite en françois par D. B. D. V. (DE BONNEL DU VALGUIER). *Paris, A.-U. Coutelier*, 1759, in-8, 234 p. et 1 f. de priv.

Voyez une élégante imitation en vers de cette pièce, sous ce titre : « Paméla, ou la vertu récompensée, comédie en cinq actes, par M. le comte François de Neufchâteau ». *Senlis, imprimerie de Tremblay*, 1823, in-12.

Paméla, ou la fille du portier, vaudeville en un acte, par M. GABRIEL (et M.-N. BALISSON DE ROUGEMONT); représenté sur le théâtre du Vaudeville, le 4 février 1826. *Paris, Duvernois*, 1826, in-8.

Paméla, ou la vertu récompensée, traduite de l'anglois de RICHARDSON (par l'abbé A.-F. Prévost). *Londres (Paris)*, *Osborne*, 1742, 4 vol. in-12. — *Amsterdam*, 1744, 4 vol. in-12.

Cette traduction a été attribuée par M. Hauréau, « Histoire littéraire du Maine », nouvelle édition, t. I, 1870, p. 114, à F.-A. Aubert de La Chenaye-Desbois.

Pamphlet (le). (Par J.-G. Capo de Feuillide.) *Paris, imp. de Bajat*, 1841-1842, 6 numéros in-18.

Ces numéros sont datés du 10 décembre 1841, 15 janvier, 1er et 15 février, 1er et 15 mars 1842. — Les numéros des 1er février et 1er mars sont intitulés : « le Petit Livre rouge, pamphlet mensuel ».

Pamphlets (des), de leur nature et de leur danger, par un observateur impartial (Roger). (*Paris*), *imp. de Didot le jeune* (1814), in-8, 16 p.

Pamphlets poétiques. No 1er : La Tête et les Membres. Par F. de M. (F. de Montherot). *Paris, imp. de Pihan-Delaforest-Morinval*, 1831, in-8. — 2º édit. *Lyon*, *Chambet fils*, 1831, in-8.

Panache (le) blanc, ou la fête de la reconnaissance, vaudeville en un acte, composé à l'occasion des victoires remportées en Espagne par l'armée française, et représenté, pour la première fois, sur le théâtre de Valenciennes, le 18 février 1824, pour l'entrée en cette ville du régiment des hussards du Jura, revenant d'Espagne. (Par Mme Dinaux, de Valenciennes.) *Valenciennes, Lemaitre*, 1824, in-8, 27 p.

Tiré à petit nombre et non destiné au commerce.

Panaches (les), ou les coeffures à la mode, comédie en un acte, représentée sur le Grand-Théâtre du monde; et surtout à Paris ; précédée de recherches sur la coeffure des femmes de l'antiquité et suivie d'un projet d'établissement d'une Académie de modes. (Par Jean-Henri Marchand.) *Paris, Desnos*, 1778, in-8.

Pancharis (la), ou les baisers de Jean Bonnefons d'Auvergne, traduction en vers par M. F. T. (F. Tissot). *Paris, imp. de Didot*, 1818, in-18, 64 p.

Pandectes (les) françaises, ou recueil complet de toutes les lois en vigueur, par J. B. D. et P. N. R. C. (J.-B. de La Porte et P.-N. Riffé Caubray). *Paris, Perlet*, 1803-1806, 15 vol. in-8.

Les noms se trouvent aux derniers volumes.

Pandemonium (le) français, almanach charivarique de l'Antechrist, pour l'an de Satan 46 ; calendrier omnibus à l'usage de tout le monde et de plusieurs autres ; par un gaulois. (Par le comte Eugène Blanc de Royal-Saharasin.) *Paris, Dentu*, 1846, in-12, 2 ff. de tit. et 212 p.

Panégyrique à Mgr le duc de Sully... (Par Ch. Duret.) *Paris, imp. de R. Estienne*, 1609, in-4, 14 ff.

Panegyriq (le) d'Henry de Bourbon IV..
Voy. « Inscription faicte... », V, 923, e.

Panégyrique de Henri le Grand, ou éloge historique de Henri IV... avec des notes et des observations critiques. (Par J.-B.-P. Bacon, ancien professeur.) *Londres et Paris, d'Houry*, 1769, in-12.

Panégyrique de Jeanne d'Arc, dite la Pucelle d'Orléans, par un admirateur de ses vertus (l'abbé Ménard, aumônier du collège d'Orléans. *Orléans, veuve Huet-Perdoux*, 1818, in-8, 44 p.

Ce Panégyrique n'a pas été prononcé.

Panégyrique de l'Ecole des femmes, ou la conversation comique sur les OEuvres de M. de Molière, com. en pr. en un acte. (Par Charles Robinet.) *Paris, Pepingué*, 1663, in-12. — *Paris, de Sercy*, 1664, in-12.

Non représentée.

« L'indication du nom de l'auteur de cette pièce, dit M. Taschereau, est fournie par le registre de l'ancienne chambre syndicale des imprimeurs et libraires, contenant les privilèges, compulsé par M. Beffara, qui nous a laissé cette note. »

Cette comédie avait toujours été attribuée à un sieur de Nonantes, qui n'est pas connu et qui paraît être un pseudonyme du gazetier en prose et en vers, Robinet.

Panégyrique de l'Hénoticon, ou l'édit de Henri III, roi de France et de Pologne, sur la réunion de ses sujets à l'Eglise catholique et romaine, avec une sommaire exposition d'icelui, etc. (Par Honoré du Laurens.) 1588, in-8.

Panégyrique de l'ignorance. (Par J. du Hamel.) In-12.

Voy. les « Anonymes latins », aux mots : *Agnoiæ amplissimæ*, etc.

Panégyrique (le) de l'impôt du sel, publié en forme de note, par l'administration des douanes (bureau des sels). (Par le marquis de La Gervaisais.) *Paris, A. Pihan-Delaforest*, 1831, in-8, 23 p.

Panégyrique (le) de la Mère de Dieu, par messire J.-P. C... (Jean-Pierre Camus), nommé par Sa Majesté à l'évêché de B... (Belley). *Paris, Claude Chappelet*, 1608, in-12.   D. M.

Première production imprimée de l'auteur, qui l'a insérée depuis au Xe tome de ses « Diversitez », page 390.

Panégyrique de Louis XV. (Par VOL-
TAIRE.) *S. l.*, 1748, in-8, 2 ff. de tit. et
39 p. — *Id.*, 2 ff. de tit. et 49 p. — *Id.*,
2 ff. de tit. et 44 p. — 5ᵉ éd. *S. l.*, 1748,
in-8, VIII-39 p. — 6ᵉ éd. *S. l.*, 1749,
in-8, 1 f. de tit. et 50 p.

Panégyrique de M. Cochin, avocat au
Parlement de Paris, dédié à la postérité.
(Par DUCHATEAU, avocat.) *Paris, veuve
Pissot*, 1749, in-8.

Panégyrique de saint Augustin mis en
contraste avec les philosophes du siècle,
et Oraison funèbre de Henri IV... par F.
M. H. P. (François-Marie HERVÉ, prêtre)...
Bruxelles, de Boubers, 1770, in-12.

Panégyrique de S. Charles Borromée,
cardinal et archevêque de Milan, prononcé
en l'église de Saint-Jacques de la Boucherie. (Par l'abbé DE LA CHAMBRE.) *Paris,
veuve Edme Martin*, 1670, in-4, 48 p.

Panégyrique de saint Louis, roi de
France, prononcé en l'église de Saint-
Louis des RR. PP. Jésuites. (Par l'abbé DE
LA CHAMBRE.) *Paris, impr. de G. Martin*,
1681, in-4, 62 p. et 1 f. de priv.

Le nom de l'auteur se trouve dans le privilége.

Panégyrique de sainte Ursule, prononcé le jour de sa fête (21 octobre), dans
l'église de Sorbonne, par l'un des docteurs
de cette Société (COULAU). *Paris, Moette*,
1705, in-8.

Panégyrique de très-haut et puissant
prince Mgr Henry de La Tour d'Auvergne,
vicomte de Turenne... (Par le Sʳ DE FAVE-
ROLES, dit l'abbé DU PLESSIS.) *Paris, C.
Barbin*, 1675, in-12, 270 p. — *Id.*, 1676,
in-12, 347 p.

Panégyric des demoyselles de Paris sur
les neuf Muses (en vers, par Ant. DU
MOULIN). *Lyon, J. de Tournes*, 1545, in-8,
47 p.

Le nom de l'auteur se lit au verso du frontispice.

Panégyrique du roi (Frédéric II), prononcé dans le collège de Joachim, le 22 janvier 1781, par J.-J. ENGEL (traduit de l'allemand par J.-H.-S. FORMEY). *Berlin*, 1781,
in-8.

Panégyrique du Saint-Sacrement (en
prose), tiré des vers italiens de GUARINI,
avec une paraphrase du *Pange Lingua* et
une autre de l'*Exaudiat* (par GARNIER). *Paris*, 1629, in-12.

Panégyrique (le) du Trois. (Par le marquis DE LA GERVAISAIS.) *Paris, Hivert*,
1826, in-8, 16 p.

Panegyric, ou Discours sur les faictz
heroyques de feu monseigneur le duc de
Guise. (Par Michel QUILLAN.) *Paris, J. de
Varangles*, 1589, in-8.

Panégyrique, ou oraison de louange au
roi Charles VIIII... (Par LOYS LE CARON.)
Paris, Robert Estienne, 1566, in-8.

L'auteur a signé la dédicace.

Panégyrique pour monseigneur le duc
de Beaufort, pair de France, adressé à
M. de Palleteau, par L. S. D. B. (le sieur
DE BONAIR, Henri STUART). *Paris, P. du
Pont*, 1649, in-4, 7 p.

Panégyrique royal, ou le triomphe de
la paix, sur le retour de MM. les députés
du Parlement... *Paris, P. Variquet*, 1649,
in-4, 7 p.

Signé : N. R., Ch. (ROZARD, Champenois).

Panégyrique (le) royal présenté à Leurs
Majestés à Compiègne, le 14 juillet 1649,
par S. D. N. (Suzanne DE NERVÈZE). *Paris,
G. Sassier*, 1649, in-4, 8 p.

Panégyrique sur la feste et solemnité du
jour de la naissance du très-chrétien roi
Louis XIII. (Par GARNIER.) *Paris, A. Saugrain*, 1618, in-8, 11 p.

Panégyriques des saints, et Oraisons funèbres, par le P. DE LA RUE, jésuite (publiés par le P. Fr. BRETONNEAU). *Paris,
Gissey*, 1740, 3 vol. in-12.

Panégyriques des saints, par l'auteur
de l' « Ame élevée à Dieu » (l'abbé Barth.
BAUDRAND). *Lyon, Périsse*, 1786, in-12.

Panégyriques des saints, prononcés par
le P. DE LA ROCHE, prêtre de l'Oratoire
(publiés par les soins du P. DESMOLETS).
Paris, Moreau, 1723, 2 vol. in-12.

Panégyriques et Harangues à la louange
du roi, prononcés dans l'Académie en diverses occasions. (Par P. TALLEMANT.)
Paris, P. Le Petit, 1680, in-8, 7 ff. lim. et
168 p.

Pange lingua, suite du *Domine, salvum
fac reyem*. (Par J.-G. PELTIER.) *Paris, rue
du Sépulcre*, nº 15, 1789, in-8, 22 p.

Panier (le) de fruits, ou descriptions
botaniques et notions historiques des
principaux fruits cultivés en France: *Genève*, 1819, in-8, 24 planches.

Ce volume n'est autre chose, sauf quelques additions
et la modification du titre, que « la Corbeille de fleurs
et le Panier de fruits », ouvrage de L.-François JAUF-
FRET. (Voy. un article de M. Rob. Reboul dans le
« Bulletin du bibliophile », 1872, pages 308 à 331.

C'est à tort qu'on a, ci-dessus, t. IV, col. 763, *f*, attribué à P.-A.-M. MIGER ce dernier ouvrage ; la part qu'y prit Miger fut tout à fait secondaire, et Jauffret a lui-même fourni de curieux détails à cet égard dans une lettre publiée par M. Reboul.

Panlatinisme (le), confédération gallo-latine et celto-gauloise, contre-testament de Pierre le Grand et contre-panslavisme. (Par Cyprien ROBERT.) *Paris, Passard,* 1860, in-8.

Panorama d'Angleterre, journal politique, littéraire et critique. 25 numéros servant d'introduction aux Ephémérides. (Par Ch. MALO.) *Paris, imp. de Richomme,* 1817, in-8.

L'ouvrage intitulé : « le Panorama d'Angleterre, éphémérides anglaises... », 2 vol. in-8, porte le nom de l'auteur.

Panorama (le) **d'Athènes,** tableau en couplets. Par M*** (Edouard-Joseph-Ennemond MAZÈRES). Représenté pour la première fois à Paris, sur le théâtre du Vaudeville, le 19 novembre 1821. *Paris, Mme Huet,* 1822, in-8, 32 p.

Panorama de la Loire. Voyage de Nantes à Angers et d'Angers à Nantes, sur les bateaux à vapeur. (Par Ludovic CHAPPLAIN.) *Nantes, imp. Mellinet-Malassis,* 1829, in-18. — Deuxième édition. *Id.,* 1830, in-18.

Panorama de la ville de Lyon, de ses faubourgs et d'une partie de ses environs... Par C.-J. CH...T (C.-J. CHAMBET)... Cinquième édition... *Lyon, Chambet fils aîné,* 1829, in-12.

Même ouvrage que « le Conducteur de l'étranger à Lyon... », voy. IV, 670, *e*, et que « Guide de l'étranger à Lyon... », voy. V, 585, *e*.

Panorama de Paris et de ses environs, ou Paris vu dans son ensemble et dans ses détails... (Par J. BRAYER.) *Paris, C.-A. Bailleul,* an XIII-1805, 2 vol. in-12.

Pantagruéliques (les) Contes du pays rémois. Nouvelle édition, revue et corrigée. *Turin, J. Gay et fils,* 1867, in-16, x-211 p.

Edition tirée à 100 exemplaires.

Le titre est orné d'un fleuron avec la devise : « Rire pour vivre, » et surmonté des lettres J. L., qui se retrouvent dans un autre fleuron en tête de la table des matières. Ces initiales sont celles de M. J.-V.-F. LIBER. Une première édition a été publiée en 1854 sous le pseudonyme de J.-V. IRBEL. Voy. « Supercheries », II, 343, *e*.

La troisième édition, *Turin, Gay et fils,* 1872, in-16, a le nom de l'auteur et son portrait gravé sur acier.

Pantalon (li) trawé. (Par l'abbé DUVI-

VIER.) *Liége, Riga,* 1839, in-8, 2 ff. — Nouvelle édit. *Liége, Ghilain* (1846), in-8, 4 ff. — Cinquième édition. *Liége, Denoel,* 1841, in-8, 4 ff.

Panthéon (le) littéraire, sous l'invocation des neuf Muses... (Par F.-G. DUCRAY-DUMÉNIL.) *Paris, Maradan,* 1789-1790, 2 vol. in-12.

Panthéon, ou temple des oracles divertissans, dans lequel chacun peut apprendre ce qui lui doit arriver de bonheur ou de malheur, en vers; par C. D*** (le chevalier Jean-François COCQ D'HERVÉ), commandeur de Valcanville. *Paris, Besongne,* 1654, in-8.

La première édition est intitulée : « le Panthéon et Temple des oracles où préside Fortune », par C. D., commandeur de Valcanville. *Paris, D. Thierry,* 1630, petit in-8, avec portrait de Louis XIII.

Réimprimé dans la « Bibliothèque elzévirienne », en 1858, par les soins de M. J. Ch., sur le manuscrit de dédicace conservé à la Bibliothèque nationale.

Pantin et Pantine. (Par Th. L'AFFICHARD.) *A Paris, chez tout le monde, à la Folie, l'an du Bilboquet,* 35 (1747), in-8.

Réimprimé sous ce titre : « les Amusemens spirituels des frivoles... » Voy. IV, 161, *b*.

Panurge, ballet comique en trois actes, par Fr. PARFAIT ; et M*** (Etienne Morel), dénoncé au public comme le plus grand plagiaire, avec des notes et des preuves matérielles de ses plagiats (par J.-J. MOUTONNET-CLAIRFONS). *Paris, Dabin,* an XI-1803, in-8.

Panurge dans l'île des Lanternes, comédie en trois actes, paroles de M... (Etienne MOREL, de Chédeville), musique de Grétry. *Paris, de Lermel,* 1785, in-8. — *Paris,* 1802, in-8.

Papa Brick, ou qu'est-ce que la mort ? roman anglo-franco-italien. Par l'auteur de « Brick-Bolding » (C.-A.-R. SEWRIN). *Paris, Barba,* an IX-1801, 2 vol. in-12.

Papauté (la) en présence de l'Evangile et de l'histoire. (Par Serge SOUSCHKOFF.) *Paris, E. Dentu,* 1860, in-8, 56 p.

Pape contrôlé, où se preuve que de toute ancienneté la juridiction ecclésiastique a appartenu aux roys et magistrats. Avec une préface du duc de Bouillon. (Par Denis GODEFROY.) *Leyde, par Hendrik Bodouerden,* 1603, pet. in-8, 12 ff., dont le dernier est blanc, et 357 p.

Cet ouvrage existe aussi sous le titre de : « Défense des empereurs... », voy. IV, 861, *f*, et sous celui de : « Maintenue et Défense des princes... », qui est le premier titre, voy. ci-dessus, col. 15, *b*.

Pape (du) et des Jésuites. (Par M.-M. TABARAUD.) *Paris, Delaunay,* novembre 1814, in-8. — Le même ouvrage, ou exposé de quelques événemens du pontificat de Pie VII, de la conduite des Jésuites depuis leur introduction en France jusqu'à leur expulsion, des causes de leur suppression et de celles qui s'opposent à leur rétablissement. Seconde édition, revue, corrigée et considérablement augmentée. *Paris, Egron,* février 1815, in-8.

Pape (le) et la Démocratie, par un ancien membre du Congrès national belge (Lucien JOTTRAND). *Bruxelles, Lelong,* 1838, in-12, 15 p.   J. D.

Pape (le) et la Papesse, anecdote. Les deux barques sur le lac du Bourget. (Par F. DE MONTHEROT.) *Lyon, impr. de Barret* (1831), in-8.   G. M.

Pape (le) et le Congrès. *Paris, Dentu,* 1860, in-8, 47 p.

Cette brochure, publiée par ordre du gouvernement impérial, a été généralement attribuée à M. le vicomte Louis-Etienne-Arthur DE LA GUÉRONNIÈRE. On l'a aussi attribuée à M. Ambroise RENDU ou à M. F. PERRON, ancien professeur à la Faculté des lettres de Besançon et alors rédacteur politique au ministère d'Etat.

Pape (le) et les Catholiques belges. Lettre à un chanoine (Debleser, supérieur au petit séminaire). (Par Félix TINDEMANS.) *Bruxelles, Torfs,* 1865, in-8, 16 p.   J. D.

Pape (du), par l'auteur des « Considérations sur la France » (le comte Jos. DE MAISTRE). *Lyon, Rusand,* 1819, 2 vol. in-8. — Nouv. éd., augmentée. *Id.,* 1821, 2 vol. in-8.

La première édition a été revue par Guy-Marie DESPLACES ; la préface est de lui.

« Par un oubli singulier, la deuxième édition, qui était l'édition définitive, n'a pas été suivie pour les réimpressions subséquentes, en 1830 et 1836 ; M. l'abbé Migne, dans son premier volume des « Œuvres de J. de Maistre », s'est conformé à l'édition originale, et les directeurs de la collection Charpentier ont agi de même. Le livre du comte de Maistre n'est donc qu'un livre tronqué dans ces diverses éditions ; il y manque près de quarante pages réparties çà et là dans l'édition de 1821 ; nous ne parlons pas des erreurs relevées, ni des fautes typographiques » (p. 3 de la Notice sur les différentes éditions du « Pape » placées en tête de la neuvième). *Lyon, Pélagaud,* 1852, 2 vol. in-8.

Pape (le) roi au Vatican, Victor-Emmanuel roi au Quirinal, par un Romain (M. FALCONI), auteur de « Rome et le Congrès ». *Paris, Dentu,* 1861, in-8, 15 p.

Papes (les) princes italiens. (Par V. DURUY.) *Paris, Dentu,* 1860, in-8, 185 p.

Papesse (la) Jeanne, poëme en dix chants. (Par Ch. BORDE.) 1777, in-8. — *La Haye,* 1778, in-8.

Cette attribution a été révoquée en doute par Péricaud dans sa notice sur Borde. Voy. « Supercheries », I, 426, b.

Papesse (la) Jeanne, vaudeville anecdote en un acte, par MM. SIMONNIN et Théodore N. (Théodore NEZEL). Représenté pour la première fois à Paris, sur le théâtre de l'Opéra-Comique, le samedi 15 janvier 1831. *Paris, Malaisie,* 1831, in-8, 32 p.

Papillon (le), ou lettres parisiennes. (Par Ch. DE FIEUX, chevalier DE MOUHY.) *La Haye, Vandole,* 1746, 4 vol. in-12.

Papillons d'Europe, peints d'après nature, par ERNST, gravés et coloriés sous sa direction (et sous celle de GIGOT D'ORCY), décrits par ENGRAMELLE. *Paris, Ernst,* 1779-1792, 8 vol. in-4.   D. M.

Le texte de cette importante publication fut soigné de la manière la plus désintéressée, par Jean-Chrétien GERNING, banquier et naturaliste allemand, né en 1746, mort en 1802.

Papillons (les), leur histoire, la manière de leur faire la chasse et de les conserver ; ouvrage amusant et instructif, orné de figures représentant un choix des plus beaux papillons d'Europe. (Par Amédée-Eugène BALLAND, libraire.) *Paris, P. Blanchard et Lecerf,* 1823, in-4.   D. M.

Papisme (le) démasqué, etc. (Par DE SOULIGNÉ.) *Londres,* 1698, in-12.

Ce titre abrégé est pris du Catalogue de Mac-Carthy, t. I, n° 966. Il vient à la suite d'un autre ouvrage attribué au même auteur, voy. ci-dessus, « Nouveau Traité de l'Antechrist... », col. 521, a. Le Catalogue annonce que ces deux ouvrages sont tirés sur papier jaune.

Pâque de l'an 1825. (Par le baron François DE ZACH.) *S. l. n. d.,* in-8, 7 p.

Paquebot anglais.

Voy. les « Sauvages de l'Europe ».

Paquebot (le), ou rencontre des courriers de Londres et de Paris. (Par Et. JOUY.) *Paris,* janvier-septembre 1781, 269 nᶜˢ in-4.

Voy. Hatin, « Bibliographie de la presse », p. 214.

Pâquerettes, poésies. (Par M. COSTE, de Grenoble.) *Paris, Albessart* (1861), in-8, 81 p.

Paquet (le) de mouchoirs, monologue en vaudevilles et en prose, dédié au beau sexe, et enrichi de 103 notes très-curieuses, dont on a jugé à propos de laisser 99 en blanc pour la commodité du lecteur et la propreté des marges. *A Calceopolis, chez Pancrace Bisaigue; rue la Savaterie, aux Trois Escarpins dessolles*, 1750, in-12.

L'épître est signée : Thomas DE LA SABRENAUDIÈRE, maître saltier à Paris. — Par J.-J. VADÉ, d'après une note manuscrite de Jamet. Par LE COMTE, commis chez M. Dormesson, à en croire une note de police de l'inspecteur de la librairie d'Hémery.

Par-ci par-là, par trois jeunes gens du Havre (MM. Alf. TOUROUDE, E. THUILLIER et E. RAFANO). *Le Havre, chez tous les libraires*, 1861, in-18, 72 p. avec la table.

Volume de vers dont chaque pièce est signée de son auteur.

Par (de) la Mère Duchesne, Anathèmes très-énergiques contre les jureurs, ou Dialogue sur le serment et la nouvelle Constitution du clergé. (Par l'abbé BUÉE.) *Paris, Crapart*, 1792, in-8, 31 p.

Par ma faute, par l'auteur de « la Famille d'un condamné ». *Paris, Vimont*, 1833, 2 vol. in-8.

L'auteur est Hippolyte VALLÉE, ancien libraire et beau-frère du libraire Vimont.

Parabole de l'Efon proudigue, en patois de nahrte ouvergna. Par M. J. L. (l'abbé Jean DE LA BOUDERIE). *Raris, Firmin Didot*, 1823, in-8, 8 p.   D. M.

Le texte hébreu se trouve en regard de la traduction en patois auvergnat.

Parabole de l'Enfant prodigue, en dialecte saintongeais (du canton de Jarnac). (Par H. BURGAUD DES MARETS.) *Paris, Firmin Didot*, 1853, in-18, 11 p.

Tiré à 20 exemplaires.

Parabole (la) du temps présent. (Par LA COLOMBIÈRE.) *Paris*, 1649, in-4, 8 p. — *Paris, imp. d'A. Cotinet*, 1649, in-4, 8 p.

Parabole républicaine à l'ordre du jour, et bonne aussi à lire en l'an deux mille. *Angers, imp. Jahyer et Geslin, s. d.*, in-8, 4 p.

Signée : P. C. (Pierre CHAUX).

Paraboles, ou fables et autres narrations d'un citoyen de la république chrétienne du dix-huitième siècle (Bonaventure GIRAUDEAU, jésuite). Mises en vers par César DE MISSY. *Londres*, 1769, 1770, 1776, in-8.

Paraboles. Par le docteur F. A. KRUMMACHER. Traduction littérale de l'allemand

(par Albert-André PATIN DE LA FIZELIÈRE). *Metz, Collignon*, 1834, in-12.   D. M.

Parachute (le), ou Mémoires de l'Académie des ignorants. (Par B.-F.-A. DE FONVIELLE.)

Voy. « Mémoires de l'Académie des ignorants... », ci-dessus, col. 197, b.

Paradis (le) de l'âme chrétienne, contenant divers exercices de piété, traduit du latin de HORSTIUS (par Nicolas FONTAINE). Nouvelle édition (revue et publiée par l'abbé G.-J.-A.-J. JAUFFRET). *Paris, Leclère*, 1802, 2 vol. petit in-12.

Fontaine avait fait paraître sa traduction sous le voile de l'anonyme, en 1685, et avec le titre de « Heures chrétiennes ». Elle avait été déjà réimprimée en 1715 et en 1776.

Paradis (le) des hommes illustres. (Par HU.) *Paris, Hocquet*, 1814, in-8.

Cet ouvrage devait avoir 32 vol. Il n'en a paru que 4, savoir : les t. I, II, V et VII.

Paradis (le) des roses et le Royaume des fleurs, bouquet fantastique en quatre branches, émaillé de couplets... de M. Hippolyte (Hippolyte MESSANT) et Hyacinthe B. (Hyacinthe PERNET). *Paris, Gallet*, 1841, in-8.

Paradis (les) des sages, rêveries philosophiques sur le monde intellectuel. (Par M. P. J. (POTERLET jeune). *Paris, Delaunay*, 1826, in-8.

Paradis (le) perdu de MILTON, poëme héroïque; traduit de l'anglois (par N.-F. DUPRÉ DE SAINT-MAUR), avec les remarques de M. ADDISSON (suivi du Paradis reconquis, du même auteur, traduit par le P. MAREUIL, jésuite, et des Lettres critiques sur le Paradis perdu, par le P. Bernard ROUTH, jésuite). *Paris, Desaint et Saillant*, 1755, 3 vol. in-12. — *Paris, Knapen*, 1765, 4 vol. petit in-12.

La traduction de Dupré de Saint-Maur parut pour la première fois en 1729, *Paris, Cailleau*, 4 vol. in-12. Il passe généralement pour l'avoir achetée à l'abbé C.-J. CHÉRON DE BOISMORAND, afin d'avoir des droits à l'Académie française. Cet abbé ne savait pas l'anglais : mais Dupré de Saint-Maur, assisté de son maître d'anglais, lui rendait les phrases, et l'abbé mettait leur français en français véritable et y donnait cette âme, cette vie, et cette chaleur que Dupré était incapable d'y mettre.

« Journal historique » de Collé, t. I, p. 386.

Paradis (le) perdu de MILTON, traduction nouvelle, avec des notes (par Jean MOSNERON). *Paris, Royez*, 1786, 3 vol. in-16. — 2e édition, *Paris, Desenne*, 1788; — 3e édition, *Paris, Laveaux*, 1799, 2 vol. in-8.

Paradis (le) perdu, poëme par MILTON, en anglais et en français (de la traduction de Louis RACINE fils), avec douze estampes. *Paris, Defer de Maisonneuve*, 1792, 2 vol. in-4.

Paradis (le), poëme du DANTE, traduit de l'italien; précédé d'une introduction et de la vie du poëte; suivi de notes explicatives pour chaque chant et d'un catalogue de quatre-vingts éditions de la *Divine Comédie* de l'auteur; par un membre de la Société colombaire de Florence (Alex.-Franç. ARTAUD). *Paris, Treuttel et Wurtz*, 1811, in-8.

Paradis (le) reconquis, traduit de l'anglois de MILTON (par le P. DE MAREUIL, jésuite). *Paris, Cailleau*, 1730, in-12.

Voy. ci-dessus, « le Paradis perdu », col. 774, *d*.

Paradis (le) sur la terre, ou le bonheur des factieux; histoire véritable, dédiée à titre d'encouragement à tous les brouillons... par un petit bonhomme factieux âgé de vingt-cinq ans, caporal sous Napoléon, général présentement... (Par le baron A.-B. MALLET DE TRUMILLY.) *Paris, Pélicier*, 1822, in-8, 20 p.

Paradis (le) terrestre, poëme imité de MILTON, par Mᵐᵉ D. B*** (Anne-Mar. DU BOCAGE, née LEPAGE). *Londres*, 1748, in-8.

Paradoxe ancien et véritable, touchant la manducation et breuvage du corps et du sang de N.-S. J.-C. (par Jean BOUDROT DE LA BUISSONNIÈRE), pour réponse à un livret intitulé : « Nouveaux Paradoxes enseignés par les ministres d'Alençon », etc. *Saumur, Cl. Girard*, 1626, in-8.

Paradoxe sur les femmes, où l'on tâche de prouver qu'elles ne sont pas de l'espèce humaine. *Cracovie (France)*, 1766; — *Paris*, 1767, in-12.

Traduction libre, par Charles CLAPIÈS, médecin, de l'opuscule dont Valens ACIDALIUS n'a été que l'éditeur. Voy. *Disputatio perjucunda*.

Paradoxe suivi de quelques observations sur l'église de Saint-Nicolas, près de Bourg-en-Bresse. (Par Cl.-Fr. BLONDEAU DE CHARNAGE.) 1749, in-12.   V. T.

Paradoxe sur l'incertitude, vanité et abus des sciences, traduit en françois, du latin de Henri-Corneille AGR. (AGRIPPA) (par L. DE MAYERNE-TURQUET). *S. l.*, 1608, pet. in-12.

On lit le nom du traducteur sur l'édition de 1630.

Paradoxes : ce sont propos contre la commune opinion, débattus en forme de déclamations forenses. *Paris, Charles Estienne*, 1553, in-8. — Les mêmes, etc., revues et corrigées pour la seconde fois. *Paris, Charles Estienne*, 1553, in-8.

Ce livre est une imitation des *Paradossi* d'Hortensio LANDI.

Méon cite dans son *Catalogue*, n° 2880, une édition encore anonyme de cet ouvrage, sous la date de 1554. Il est assez généralement attribué à l'imprimeur Charles ESTIENNE : mais on lit le nom de Jean DUVAL sur le frontispice de plusieurs exemplaires de l'édition de 1554.

Paradoxes (les) d'État servant d'entretien aux bons esprits, et faisant voir : 1° qu'il fallait absolument que Monseigneur le Prince fût emprisonné, parce qu'il était innocent; 2° qu'il est nécessaire que Mazarin revienne...(Par DUBOSC MONTANDRÉ.) *S. l.*, 1651, in-4, 44 p.

Même ouvrage que le « Tombeau du sens commun ». Voy. ces mots.

Paradoxes de Condillac, ou réflexions sur la langue des calculs. (Par Pierre LAROMIGUIÈRE, ex-doctrinaire, bibliothécaire du collège de Louis-le-Grand.) *Paris, Librairie économique*, an XIII-1805, in-8 et in-12.

Réimprimés avec le nom de l'auteur.

Paradoxes (les) et les Palinodies de M. Thiers, précédés d'un abrégé de sa vie politique. (Par RICHARD, l'un des rédacteurs du journal « la Nation ».) *Paris, Levavasseur*, 1844, in-8, 74 p.

Paradoxes intéressants sur les causes et les effets de la révocation de l'édit de Nantes, la dépopulation et la repopulation du royaume, l'intolérance civile et rigoureuse d'un gouvernement; pour servir de réponse à la « Lettre d'un patriote (Antoine Court) sur la tolérance civile des protestants de France »; avec une dissertation sur la journée de la Saint-Barthélemi.(Par l'abbé J. NOVI DE CAVEIRAC.) *S. l.*, 1758, in-8, VI p., 2 ff. de table et 355 p.

Même ouvrage que « Apologie de Louis XIV et de son Conseil... » Voy. IX, 240, *f*.

Paradoxes littéraires au sujet de la tragédie d'Inès de Castro. (Par l'abbé P.-F. GUYOT DESFONTAINES.) *Paris, Noël Pissot*, 1723, in-8.

Réimprimés dans le tome VIII des « Amusemens du cœur et de l'esprit ».

Paradoxes métaphysiques sur le principe des actions humaines, ou dissertation philosophique sur la liberté de l'homme; ouvrage traduit de l'anglois (de Ant. COL-

LINS, par Pierre LEFÈVRE DE BEAUVRAY). *Eleutheropolis*, 1754, in-12, 233 p.

Une première traduction par de Bois avait paru, dès 1720, dans le « Recueil de diverses pièces sur la philosophie, la religion... » publié par Desmaiseaux; voy. ce titre.

Réimprimé dans l' « Encyclopédie méthodique ».

Paradoxes moraux et littéraires. (Par Jacq. MAUVILLON.) *Amsterdam et Paris, Saillant*, 1768, in-12. — *Amsterdam, J. Schreuder*, 1769, in-8.

Le « Catalogue hebdomadaire de la librairie » annonça cet ouvrage en 1769 (n° 1, art. 15), sous le nom de ROBINET : mais il paraît certain qu'il n'en est pas l'auteur.

Paradoxes, ou les opinions renversées de la plupart des hommes, livre non moins profitable que facétieux, par le docteur incognu. *Rouen, Jacques Cailloué*, 1638, in-12 de 424 p. non compris le titre et trois feuillets liminaires.

Édition des Paradoxes de Ortensio LANDI traduits en français par Ch. ESTIENNE et dont le style a été rajeuni. Voy. le « Manuel du libraire », 5e édition, IV, 362. Voy. aussi ci-dessus, « Paradoxes, ce sont propos.... », col. 775, *f*.

Paradoxes, par un citoyen (J.-B.-C. DE-LISLE DE SALES), avec un Essai sur la liberté de la presse, par le même auteur. *Amsterdam*, 1775, in-8.

Parallèle abrégé de l'histoire du peuple d'Israël et de l'histoire de l'Eglise. (Par l'abbé Fr. JOUBERT, de Montpellier.) (*Liége*), 1723, in-12.

Catal. mss. de l'abbé Goujet.

Les « Nouvelles ecclésiastiques » de l'année 1771, p. 26, donnent à l'abbé J.-B. D'ETTEMARE ce petit écrit.

Parallèle de Bonaparte et de Charlemagne. (Par J. CHAS.) *S. l.* (1802), in-8, 15 p.

Réimprimé avec le nom de l'auteur.

Parallèle de « Catilina » et de « Rome Sauvée ». (Par J.-B. DUPUY-DEMPORTES.) 1752, in-12, 32 p.

Parallèle de deux révolutions. Par P. P. (Pierre PRÉVOST, de Genève). *Paris*, 1790, in-8.

Parallèle (le) de France et d'Espagne, avec plusieurs cartes diversement divisées; par P. D. V. G. D. R. (Pierre DU VAL, géographe du roi). *Paris, F. Muquet,* 1660, in-4.   V. T.

Parallèle de l'architecture antique et de la moderne, des édifices de Rome, etc. (Par Charles ERRARD et Roland FRÉARD DE CHAMBRAY.) *Paris, Jollain,* 1689, in-fol., avec fig. et 48 pl.

La première édition paraît être de 1650. La seconde, *sans date* (1684 ou 1685), *Paris, chez Claude Jombert et chez Jean et Joseph Barbou, rue Saint-Jacques,* etc., mérite une mention particulière. Le texte est gravé comme les planches, à l'exception d'une préface de trois feuillets imprimés, qui, par la disposition du livre, se trouvent intercalés entre la première page du texte et la première planche. La préface est évidemment d'un éditeur autre que Chambray, puisqu'il fait l'éloge de celui-ci ; il annonce que, depuis trente ans, on attend une seconde édition. (Note manuscrite d'Eus. Salverte.)

Autre édition. *Paris, Eymery,* 1702, in-fol., 117 p. — Nouvelle édition, augmentée (par Ch.-Ant. JOMBERT). *Paris,* 1766, in-8.

Parallèle de la conduite des Carthaginois à l'égard des Romains dans la seconde guerre punique avec la conduite de l'Angleterre à l'égard de la France dans la guerre déclarée par ces deux puissances en 1756... (Par l'abbé SERAN DE LA TOUR.) *S. l.,* 1757, in-12.

Parallèle de la doctrine condamnée par la bulle *Unigenitus* avec celle des écrivains sacrés, des Pères et des docteurs de l'Eglise, sur la faiblesse de l'homme et sur la force de la grâce. (Par PÉAN, laïc.) *Utrecht,* 1737, in-8, 108 p.

On doit au même auteur le « Combat de l'erreur contre la vérité, suite du Parallèle, etc. » *Utrecht,* 1749, in-8.

Parallèle de la doctrine des payens avec celle des jésuites et de la constitution du pape Clément XI qui commence par ces mots : *Unigenitus Dei filius...* *S. l.,* 1726, in-8. — *Amsterdam, J. Roman,* 1726, pet. in-8.

Un arrêt du Parlement du 29 août 1726 condamna l'ouvrage à être brûlé; il fut mis à l'*Index* le 21 janv. 1732. L'auteur, le P. Fr. BOYER, oratorien, fut entraîné à publier :

1° Réponse de l'auteur du « Parallèle » à quelques reproches qu'on lui a faits, et sa justification par les jésuites. *S. l. n. d.,* in-8, 19 pages.

A la page 19, l'auteur désavoue une édition in-4 du « Parallèle » auquel on a joint une Instruction familière. Il n'a eu part ni à cette édition, ni à cette Instruction.

2° Principes des Jésuites sur les probabilités réfutez par les payens, et Conformité des Jésuites modernes avec leurs premiers Pères. Pour servir de preuves au « Parallèle ». (*S. L.*), in-8.

L'auteur a remplacé, à la main, sur les exemplaires que j'ai vus, le mot *preuves* par celui de suite.

Formey cite encore du même auteur : « Parallèle de la doctrine des payens avec celle des Jésuites et de la bulle *Unigenitus*, sur l'état de pure nature et sur les forces naturelles du libre arbitre de l'homme » : *Quidam Pharisæorum... dixerunt ad illum...* Luc, XIX, 39, 40. *Amsterdam,* 1731, in-8, qui n'est pas le même ouvrage que celui daté de 1726.

Parallèle de la France et de l'Angleterre à l'égard de la marine. (Par P.-J.-D.-G. FAVRE.) 1779, in-8.　　　　V. T.

Parallèle de « la Henriade » et du « Lutrin », avec des réflexions sur le remerciement de M. de Voltaire à l'Académie françoise, et une dénonciation à la mesme Académie de l' « Histoire de Louis XI » par Duclos. (Par l'abbé Ch. BATTEUX.) S. l., 1746, in-12, 96 p.

Cet opuscule a été réimprimé : 1° dans le « Voltariana », 1748, in-8; 2° dans le tome second des « Opuscules » de Fréron, 1753; 3° dans la « Henriade, avec le Commentaire de La Beaumelle », Paris, 1775, in-4 et in-8.

Parallèle de la morale chrétienne avec celle des anciens philosophes. (Par André DACIER.) 1702, in-12.

Parallèle de la « Sémiramis » de M. de Voltaire et de celle de M. de Crébillon. Par M. D..... (J.-B. DUPUY-DEMPORTES). Paris, J. Clousier, 1748, in-8, 46 p.

Parallèle de Louis XV et de Louis XIV. (Par l'abbé Michel DESJARDINS.) 1749, in-8, 8 p.

Parallèle de Madame Elisabeth de France avec sainte Elisabeth de Hongrie, extrait du panégyrique de cette sainte, prononcé, le 20 novembre 1814, dans l'église paroissiale de Sainte-Elisabeth... par M. l'abbé M** (M.-C.-F. MONROCQ)... Paris, A. Le Clère, 1815, in-8, 8 p.

Réimprimé la même année avec le nom de l'auteur.

Parallèle (le) de Philippe II et de Louis XIV. Par M. I. I. Q. (J.-J. QUESNOT DE LA CHESNÉE). Cologne (Hollande), chez Jacques le Sincère, 1709, in-12, 1 f. de tit. et 244 p.

Parallèle de quelques propositions dont les unes ont été déférées au saint-siége et à la Sorbonne et les autres ne l'ont pas été, quoiqu'elles méritassent beaucoup plus de l'être. (Par le P. Ch. LE GOBIEN, jésuite.) (Vers 1701), in-12.

Voy. de Backer, 2e édit., I, 2160, n° 8.

Parallèle de Talma et de Joanny. (Par M. Edmond DE MANNE.) Paris, impr. de Guiraudet, 1822, in-8, 4 p.

Parallèle des assemblées provinciales établies en Normandie avec l'assemblée des états de ce duché. (Par DELAFOY, avocat au Parlement de Rouen.) S. l., 1788, in-8, 34 p.

Parallèle des différentes méthodes de traiter la maladie vénérienne. (Par Ant.

LOUIS.) Amsterdam, Changuion (Paris), 1764, in-8.

Parallèle des Italiens et des François en ce qui regarde la musique et l'opéra, par M.... (François RAGUENET). Paris, 1702, in-12.

Voy. « Défense du Parallèle... », IV, 865, f.

Parallèle des Juifs qui ont crucifié Jésus-Christ, leur Messie, et des Français qui ont guillotiné Louis XVI, leur roi. Mons, Monjot, 1794, in-8, 89 p.

Le P. Ch.-L. RICHARD, dominicain, né à Blanville (Lorraine), en 1711, fut guillotiné pour avoir composé cet opuscule, dans lequel, au dire du tribunal révolutionnaire, l'auteur s'est servi d'expressions injurieuses au « Peuple français », à la « Raison », et même à l' « Être suprême ». On a publié de nos jours à cette occasion : « Une Exécution révolutionnaire à Mons en 1794 », par A. Pichauld. Gand, 1842, in-8.

Parallèle des portraits du siècle et des tableaux de l'Écriture sainte. (Par GÉNARD.) Amsterdam, 1752, 3 vol. in-12.

Même ouvrage que « École de l'homme ». Voy. V, 13, f.

Parallèle des principes de la physique d'Aristote et de celle de R. Descartes. (Par René LE BOSSU.) Paris, 1679, in-12. V. T.

Parallèle des quatre Électres de Sophocle, d'Euripide, de M. de Crébillon et de M. de Voltaire. (Par G.-H. GAILLARD.) La Haye, J. Néaulme, 1750, in-12, 2 ff. lim., 212 p. et 1 f. de privilége.

Parallèle des religions. (Par l'abbé Fr.-Flor. BRUNET, lazariste.) Paris, Knapen, 1792, 5 vol. in-4.

Les deux premiers volumes de cet ouvrage ont été imprimés à Châlons en 1785.

Parallèle des Romains et des François par rapport au gouvernement. (Par l'abbé Gabriel BONNOT DE MABLY.) Paris, Didot, 1740, 2 vol. in-12.

Parallèle des tragiques grecs et françois. (Par l'abbé Louis JACQUET, ex-jésuite.) Lille et Lyon, Duplain, 1760, in-12.

Il ne faut pas confondre cet ouvrage, rempli d'une excellente littérature, avec la compilation intitulée : « Parallèle des trois principaux tragiques françois, Corneille, Racine et Crébillon ». Paris, Saillant, 1765, in-12.

Parallèle des trois principaux tragiques françois : Corneille, Racine et Crébillon. (Par FONTENELLE, VAUVENARGUES et G.-H. GAILLARD.) Paris, Saillant, 1765, in-12.

Frère, « Manuel du biblioph. norm. », I, 281, col. 2.

Parallèle du cœur, de l'esprit et du bon sens. (Par Ant. PECQUET.) *Paris, Nyon fils*, 1740, in-12.

Parallèle du gouvernement civil et du gouvernement ecclésiastique, par le curé de Sainte-Pallaye (CARRÉ). *Auxerre*, 1789, in-8, 30 p.

Parallèle du ministère du cardinal de Richelieu et du cardinal de Fleury. (Par Fr. MORÉNAS.) *Avignon*, 1743, in-12.

Parallèle (le) du Soleil, en faveur de Mgr le Prince, à sa bienvenue dans la ville de Bourges. (Par Nicolas FARET.) *Bourges, Maurice Lovez*, 1620, in-8.   D. M.

C'est de ce poëte que Boileau a dit :
« Ainsi, tel autrefois qu'on vit, avec Faret,
« Charbonner de ses vers les murs d'un cabaret. »

Parallèle entre César, Cromwell, Monk et Bonaparte. Fragment traduit de l'anglais. *S. l. n. d.* (décembre 1800), in-8, 16 p.

Le « Dictionnaire des anonymes », sous le nº 23173, attribuait cet écrit à Charles-Joseph LACRETELLE le jeune. M. Thiers le donne à L. DE FONTANES. Bourienne l'a inséré dans ses « Mémoires », t. VI, p. 84 à 96 ; il l'attribue à NAPOLÉON, aidé de son frère LUCIEN. Voy. « le Quérard », t. II, p. 637.

Parallèle entre Descartes et Newton. Par M. DE L'... (le P. Claude ISOARD DELISLE, de l'Oratoire, plus connu sous le nom de DELISLE DE SALES). *La Haye (Paris)*, 1766, in-8, 23 p.

Parallèle entre la doctrine de M. Servant, la doctrine des novateurs des derniers siècles, et celle de l'Écriture, des Conciles, des Pères et des écrivains ecclésiastiques. Par M. M... (le P. J.-N. LORIQUET). *Leipzig, Voss*, 1797, in-8, 35 p.

Parallèle entre le capucin et l'avocat, quant à l'utilité publique. (Par DE PUISIEUX.) *Rome (Liège)*, 1783, in-12, 60 p.
                    D. M.

Parallèle entre le Long Parlement d'Angleterre et l'Assemblée nationale de France. (Par F.-L. SULEAU.) 1790, in-8.

Parallèle entre le magnétisme animal, l'électricité et les bains médicinaux. Par M. L*** (E.-M. LAUGIER). *Paris*, 1785, in-8, 91 p.

Parallèle entre M. Crevier et M. de Voltaire, considérés comme historiens. Par un homme impartial et qui n'est point de l'Université (DE PASSE, avocat). *S. l. n. d.*, in-8, 3 p.

Fait à l'occasion de la pièce de Voltaire, « les Chevaux et les Anes ».

Parallèle (le) vivant des deux sexes, par un soldat au régiment des gardes françoises. *Amsterdam et Paris, Dufour*, 1769, in-12, 64 p.

Signé : T.....
Par THOMAS, soldat au régiment du prince Charles, d'après van Thol.
Par COLLET, prêtre sulpicien, d'après une note manuscrite de Jamet.

Paraphrase courte, ou traduction suivie des Pseaumes de DAVID, avec des arguments et des réflexions, seconde édition, revue par l'auteur (le Père Jean POLINIER, génovéfain). *Paris*, 1698, 3 vol. in-12.

La première édition est intitulée : « Psaumes de David, en latin et en françois... » Voy. ces mots.

Paraphrase de l'astrolabe, contenant les principes de géométrie, la sphère... ou déclaration des choses célestes; le miroir du monde ou explication des parties de la terre. *Lyon, Jean de Tournes*, 1546, 1555, in-8.

L'auteur Jacques FOCARD se nomme en tête de son épître dédicatoire. Voy. le « Bulletin du bibliophile », nº 486, 1860, p. 920.

Paraphrase de la prose *Dies iræ*, ou sentimens d'un pécheur qui désire travailler sincèrement à sa conversion. (Par J.-D. COCHIN.) *Paris, Desprez*, 1782, in-18.

Paraphrase des lamentations de Jérémie, en vers françois, pour la semaine sainte ; avec les annotations et le sens mystique, par M. L. C. D. S. C. D. E. T. (L. CHARPY DE SAINTE-CROIX, docteur en théologie). *Paris, Cramoisy*, 1668, in-8.

Paraphrase du *Miserere*, en forme de méditations sur chacun des versets du pseaume.... par le P. SEGNERI, trad. de l'italien (par le P. M.-A. LAUGIER, jésuite). *Paris, H.-L. Guérin*, 1754, in-12.

Plusieurs éditions.

Paraphrase et Explication des Psaumes (avec le texte latin de la Vulgate et les variantes hébraïques, par l'abbé JOLY DE FLEURY). *Paris, Vincent*, 1755, in-12.

Paraphrase et Explication des Proverbes de Salomon. de l'Ecclésiaste, de la Sagesse et de l'Ecclésiastique. (Par l'abbé Etienne MIGNOT, ou par l'abbé JOLY DE FLEURY.) *Paris, Vincent*, 1754, 2 vol. in-12.

Paraphrase et Explication des quatre Évangiles réunis en un seul. (Par l'abbé JOLY DE FLEURY.) *Paris, Vincent*, 1754, 2 tom. en 4 vol. in-12.

On a suivi pour le texe sacré la Concorde des quatre Évangiles, publiée chez *Desprès* en 1730 ; et pour les Actes des Apôtres, etc., la traduction imprimée chez *Desaint et Saillant* en 1752.

« La France littéraire » de 1769 donne à l'abbé Mignot les deux articles précédents ; mais Vincent, qui les vendait, les attribue dans ses catalogues à l'abbé Joly de Fleury.

Paraphrase sur l'Épître de S. Paul aux Romains, etc. (Par le P. Michel Le Vassor.) *Paris, Barbin*, 1689, in-12.

Paraphrase sur l'Évangile de S. Jean. (Par le P. Michel Le Vassor.) *Paris, Hortemels*, 1689, in-12.

Paraphrase sur l'Évangile de S. Mathieu. (Par le P. Michel Le Vassor). *Paris, Barbin*, 1688, in-12.

Paraphrase sur les Épîtres de S. Paul, avec le texte latin, des analyses et des notes tirées des Pères et des meilleurs commentateurs: par un religieux bénédictin de la congrégation de Saint-Vannes et de S. Hydulphe (Louis Riclot). *Paris, Le Mercier*, 1718, 3 vol. in-12.

Le nom de l'auteur se trouve dans les approbations.

Paraphrases sur le *Pater* : 1° pour servir de préparation à la communion ; 2° pour méditer au pied du crucifix. (Par l'abbé Caussel.) *Paris, Hérissant*, 1733, 1748, in-12.

Paraphrase tirée de l'Écriture sainte sur l'Oraison dominicale... (Par P. Lucion, chanoine de Saint-Jean.) *Liège*, 1711, in-8.

Parapilla, poëme en 5 chants, traduit de l'italien. (Par Ch. Borde.) *Florence (Lyon), chez Cupidon*, 1776, in-12, 49 p. — Parapilla, poëme, et autres œuvres libres et galantes de M. B. (Borde). Édition considérablement augmentée et faite sur les manuscrits de l'auteur. *Florence (Lyon)*, 1784, in-24.

Parapilla est une imitation libre de la « Novella dell' angelo Gabriello », imprimée (par les soins de Conti), avec le « Libro del perche », et autres ouvrages licencieux, écrits en italien, dont la première édition porte au frontispice : in Pelusio, M. M. M. D. XIV (Paris, 1757), en ne prenant que la moitié de la valeur des chiffres.

(Note de l'abbé Mercier de Saint-Léger.)

Voy., pour la description des différentes éditions de cet ouvrage, la « Bibliographie des ouvrages relatifs à l'amour... », et, pour l'indication des auteurs auxquels il a été attribué, les « Supercheries », I, col. 560 et suivantes.

Parapluie (le) patrimonial. (Par Léonard Gallois.) *Paris, imp. de F.-P. Hardy*, 1822, in-8, 16 p.

L'auteur de cet écrit, ayant été reconnu coupable du délit d'offense envers l'un des membres de la famille royale, a été condamné, par arrêt de la cour du 11 no-

vembre 1822, à trois mois d'emprisonnemen et à 500 francs d'amende.

Parasite (le) mormon, histoire comique. (Par l'abbé de La Mothe Le Vayer.) 1650, in-8.

Réimprimé dans le 2e vol. de l' « Histoire de Pierre Montmaur », par de Sallengre, depuis la page 173.

Voy. les « Mémoires » de l'abbé de Marolles, et la préface de Sallengre, dans l'ouvrage cité, p. xliv.

Paratitles sur les livres du Code civil des Français, par *** (H.-B. Gibault). *Poitiers, Catineau*, 1805, in-12.

Paravent (le) de la France contre le vent du nord. (Par P. Moret de La Fayole.) *Poitiers*, 1692, in-12.

Parc (le) aux cerfs, ou l'origine de l'affreux déficit. (Par L.-G. Bourdon). *Paris, sur les débris de la Bastille*, 1790, in-8. — 2e édit. *S. l.*, 1790, in-8.

Voy. les « Annales historiques littéraires universelles », 1790, in-8.

Parc (le) de Mansfield, ou les Trois Cousines, par l'auteur de « Raison et Sensibilité... » (miss J. Austen). Traduit de l'anglais par M. Henri V*******N (Villemain). *Paris, J.-G. Dentu*, 1806, 4 vol. in-12.

Parc (le) de noblesse; description du très-puissant et magnanime prince des Gaules, et de ses faicts et gestes. La forme de vivre de ceux du bon temps, qu'on nommoit l'aage dore. (Par Jehan Bouchet.) *Poitiers, J. de Marnef*, 1565, in-fol., 4-cxliiii ff.

L'auteur est désigné en tête de la table par son pseudonyme : «le Traverseur ».

Parchemins (les) et la Livrée, par l'auteur de «Mon parrain Nicolas » (F.-E. Garay de Monglave). *Paris, Tenon*, 1825, 2 vol. in-12.

Ce roman, composé en société avec Marie Aycard, fut saisi, et M. de Monglave, traduit devant les tribunaux, fut condamné à un emprisonnement de quinze jours.

Pardon (le) du Jubilé, ou les Armes du christianisme, ouvrage adressé aux gens du monde, par C.-F. N*** (l'abbé C.-F. Nicod, curé de Saint-Cyr-au-Mont-d'Or, près de Lyon). *Paris et Lyon, Périsse frères*, 1826, in-8, x-420 p.   D. M.

L'auteur est mort vers 1854. C'était le confesseur du faux Louis XVII (baron de Richemont) et l'éditeur de ses Mémoires.

Parement (le) et Triumphe des dames. (Par Olivier de La Marche.) *Paris, Jehan Petit* (1510), in-8, 77 ff. — *Paris, Mich. Le Noir*, 1520, in-8. — *Paris, Vᵉ Jehan*

Trepperel et Jehan Iehanot, s. d., in-8.
70 ff. — *Lyon, Olivier Arnoullet, s. d.,*
in-16, 80 ff.

Ouvrage en vers et en prose, revu et publié par
Pierre DESREY.

Parfait (le) Alphabet, ou alphabet analytique et raisonné des sons articulés. (Par
Ch.-Alex. DE MOY, ex-curé de Saint-Laurent.) *Paris, Crapart,* 1787, in-8.

Parfait (le) Ambassadeur, traduit de
l'espagnol de Jean-Antoine DE VERA et
ZUNIGA. (Par Cl. LANCELOT.) *Imprimé (en
Hollande) sur la copie de Paris,* 1642,
in-12. — *Leyde,* 1709, in-8.

L'édition de Paris, 1642, porte le nom du traducteur.

Parfait (le) Capitaine ; autrement,
l'Abrégé des guerres de la Gaule des
Commentaires de CÉSAR (par HENRY, duc
DE ROHAN). *Paris,* 1636, in-4. — *Jouxte
la copie imprimée à Paris (Hollande, Elzevier),* 1638, in-12. — 3e édition, suivie
d'un Traité particulier de la guerre (avec
une préface par J. DE SILHON). *Paris,*
1640, in-4. — Autre édition, augmentée
d'un Traité de l'intérêt des princes et
Estats de la chrestienté, par le même.
*Jouxte la copie imprimée à Paris (Hollande,
Elzevier),* 1641, in-12. — *Id.,* 1648,
in-12. — *Paris, J. Legras,* 1658, in-12:
— *Rouen et Paris,* 1667, in-12. — *S.-l.
(Dresde),* 1723, in-8. — Autre édition
(sans la préface). *Paris,* 1744, in-12. —
La Haye, F.-H. Scheurleer, 1745, in-12. —
Autre édition avec la préface (revue et
augmentée de notes, par D'HAUTHVILLE).
Paris, 1757, in-12.

Parfait (le) Cavalier, ou la vraye connoissance du cheval, ses maladies et remèdes, avec l'anatomie du RUYNI, contenant 64 tables en taille-douce... Le tout
tiré des anciens auteurs grecs, latins... par
I. I. D. E. M. (Jean JOURDIN, docteur en
médecine). *Paris, Louis Chamhoudry,*
1655, in-fol., 3 ff. lim., 126 p., 15 ff. pour
l'explication des pl., et 64 planches.

Le nom de l'auteur, donné comme ci-dessus dans le
privilége du roi, est écrit JOURDAIN dans le Catalogue
Huzard.

Parfait (le) Cocher, ou l'art d'entretenir
et de conduire un équipage à Paris et en
campagne... *Paris, Mérigot,* 1744, in-8.

L'auteur, F.-A. AUBERT DE LA CHENAYE DES BOIS,
dit : « J'ai consulté un des meilleurs cochers qu'il y ait
à la cour et à Paris,... c'est l'habile Peretti, cocher
de M. le duc de Nevers... M. de La Rivière, sellier
d'une grande réputation, n'a point aussi balancé de
m'apprendre la manière qu'un carrosse, berline doivent
être montés pour avoir de la grâce. »

Parfait (le) Courtisan et la Dame de
cour. Traduction nouvelle de l'italien du
comte Balthasar CASTIGLIONE (par l'abbé
DUHAMEL). *Paris,* 1690, in-12.

L'abbé DUHAMEL, frère du professeur J.-B. Duhamel, publia en 1666 la traduction du « Galateo », de
Jean de La Case, et, dans sa préface, il promit de
donner celle du « Courtisan », du comte Castiglione. Il
paraît avoir réalisé sa promesse en publiant le volume
qui est l'objet de cette note.

Parfait (le) État de la France comme
elle est gouvernée à présent .. (Par Nicolas BESONGNE). *Paris, C. Besongne,*
1656, in-12.

Voy. « État de la France... », V, 292, *f.*

Parfait (le) Ingénieur françois, ou la fortification offensive et défensive, contenant
la construction, etc. (Par DEIDIER.) *La
Haye, Gosse,* 1734, in-4. — *Paris, Jombert,*
1736, in-4.

Réimprimé depuis à Paris avec le nom de l'auteur.

Parfait (le) Jeune Homme, ou le modèle
des bons fils. Par P. C. (J.-P.-R. CUISIN).
Histoire instructive, morale et amusante...
Paris, Dabo jeune, 1826, 2 vol. in-12.

Parfait (le) Maréchal expert, ou l'art de
connaître les chevaux, manuel classique...
nouv. édit. (Par J.-P.-R. CUISIN.) *Paris,
Corbet aîné,* 1824, in-12.

Parfait (le) Miroir des nobles, ou l'ori-
gine de l'ancienne et nouvelle noblesse...
(Par le comte L.-Ch. DE WAROQUIER.)
Paris, Guillaume, 1791, in-8.

Parfait (le) Missionnaire, vie du Révérend Père Julien Maunoir, de la Compagnie
de Jésus, missionnaire en Bretagne, par le
Révérend Père BESCHOT, de la même Compagnie. Seconde édition, revue et corrigée
(par l'abbé F.-M. TRESVAUX). *Lyon, Périsse
frères,* 1834, in-12.   D. M.

Parfait (le) Modèle, ou la vie de Jean
Berckmans, de la Compagnie de Jésus.
(Par le P. Nicolas FRIZON.) *Amiens, J.-B.
Caron l'aîné,* 1804, in-18.

Les premières éditions portent le titre de « la Vie
de Jean Berckmans.... » Souvent réimprimé avec le
nom de l'auteur. Voy. de Backer, 2e édit., t. I, col.
1967.

Parfait (le) Notaire apostolique, par
BRUNET, nouvelle édition (donnée par
P.-T. DURAND DE MAILLANE). *Lyon,* 1775,
2 vol. in-4.

Parfait (le) Secrétaire, ou la manière
d'escrire et de respondre à toute sorte de
lettres, par préceptes et par des exemples.

(Par le sieur Jacob, avocat.) *Paris, A. d Sommaville*, 1646, in-8.

Le nom de l'auteur se trouve dans le privilége.

Parfait (le) Vigneron, ou l'art de faire, d'améliorer et de conserver les vins. Nouvelle édition, revue, corrigée et considérablement augmentée par M. P*** (PLAIGNE), agronome. *Paris, Servierre*, 1803, in-12.

Même ouvrage que l' « Art de faire, d'améliorer et de conserver les vins ». Voy. IV, 288, a.

Parfaite Intelligence du commerce, où se trouvent les connaissances et renseignements les plus utiles à diverses classes de citoyens... Par M. Mt. D'H*** (J.-B.-Ant. Malisset d'Hertereau). *Paris, Lami*, 1785, 2 vol. in-8.

Ce titre est celui du t. II. Le t. I porte : par M. MALISSET.

Parfaits (les) Amans, ou les métamorphoses, comédie en quatre actes, en prose. (Par G.-F. Poullain de Saint-Foix.) *Paris, Cailleau*, 1751, in-12.

Cette pièce avait déjà paru sous le titre : « les Métamorphoses.... » Voy. ci-dessus, col. 287, f.

Parfaits (les) Amis, ou le triomphe de l'amitié, tragi-comédie. (Par Samuel Chappuzeau de Baugé.) *Lyon, G. Girin et B. Rivière*, 1672, in-12.   D. M.

Voy. les « Notes et Documents sur Lyon », par Antoine Péricaud. Publications de 1672.

Cette pièce n'est autre que « Damon et Pythéas » du même auteur, avec un nouveau titre. Voy. Catal. Soleinne, nº 1288.

Parfum (le) d'une violette, ou vie de Mme Henriette Corbie, décédée religieuse du Sacré-Cœur... *Amiens, imp. de Caron et Lambert*, 1853-1856, 2 vol. in-18.

Le titre du deuxième volume porte en plus : par Mlle A. HERBERT.

Parfumeuse (la) de la cour, comédie en un acte, mêlée de couplets, par MM. Dupin et*** (J.-B.-B. Viollet d'Epagny). Représentée, pour la première fois, à Paris, sur le théâtre des Variétés, le 5 janvier 1833. *Paris, Bezou*, 1833, in-8, 38 p.

Paria (le) français, ou le manuscrit révélateur; par le petit-fils de Rétif de La Bretonne (F.-S. de Vendôme, dit V. Vignon). *Paris, G.-C. Hubert*, 1822, 3 vol. in-12.

Paris à Pékin, ou la Clochette de l'Opéra-Comique, parodie-féerie-folie en un acte et en vaudevilles, par MM. Desaugiers, d'Artois et *** (M.-E.-G.-M. Théaulon

de Lambert). Représentée, pour la première fois, sur le théâtre du Vaudeville, le 27 novembre 1817. *Paris, Barba*, 1817, in-8, 50 p.

Parodie de l'opéra-féerie de M. Théaulon, intitulé : « la Clochette ou le diable page ».

Paris ancien, Paris moderne : religions, mœurs, caractères, usages des habitants de cette ville, anecdotes curieuses et faits intéressants. (Par de Mauperché.) *Paris, Barrois l'aîné*, 1814, in-4, 176 p.

Paris au XIIIe siècle, par A. Springer ; traduit de l'allemand avec introduction et notes par un membre de l'édilité parisienne (Victor Foucher, conseiller à la Cour de cassation). *Paris, A. Aubry*, 1860, in-8, 2 ff. de tit., xx-175 p.

L'introduction est signée : V. F.

Paris-Berlin, 1870. *Bruxelles, J. Rozez*, 1870, in-8, 39 p.

Attribué à M. Victor Hugo.

Paris Chit-Chat, or a view of the society, manners, customs, literature and amusements of the Parisians ; being a translation of « Guillaume le Franc-Parleur », and a sequel to « The Paris spectator ». (Par Étienne de Jouy.) *London, T. Hookham*, 1816, 3 vol. in-12.

Paris dans le XIXe siècle, pour faire suite au « Tableau de Paris » de M. Mercier... par J*** D. (Pierre Jouhaud, avocat). *Paris, Dentu*, 1810, in-8.

Paris en l'an 1848. Satire politique du temps, par F. D. (Fuminon Dardenne). *Bruxelles, Vanderauwera*, 1848, in-8, 22 p.   J. D.

Paris en miniature, d'après les dessins d'un nouvel Argus. (Par le marquis J.-P.-L. de Luchet.) *Londres et Paris, Pichard*, 1784, in-12.

Paris et la Province. (Par A. Thomas.) *Bruxelles, A. Lebègue*, 1852, 2 vol. in-18.   J. D.

Paris et les Parisiens en 1835. Publié par Mme Trollope. (Traduit par M.-J. Cohen.) *Paris, H. Fournier*, 1836, 3 vol. in-8.

Paris et sa Banlieue, ou dictionnaire topographique et commercial... de la Seine. Deuxième édition. (Par F.-V. Goblet.) *Paris, Colnet*, 1815, in-12.

Réimprimé en 1823 et en 1825 avec le nom de l'auteur.

Paris et ses Environs ; promenades pittoresques. (Par Ch. Malo.) *Paris, L. Janet*, 1827, in-18.

Paris fortifiê. *Nancy, impr. de Raybois* (1841), in-8, 16 p.

Signé : P. G. D. (P. Guerrier de Dumast). Extrait de « l'Espérance, courrier de Nancy ».

Paris-France. Par un ancien élève de l'Ecole polytechnique (comte de Beaumont-Rochemure). *Paris, Bohaire*, 1841, in-8, 45 p. et 1 pl.

Paris, le modèle des nations étrangères, ou l'Europe française... Par l'auteur des « Lettres du pape Ganganelli » (L.-Ant. de Caraccioli). *Venise et Paris, veuve Duchesne*, 1777, in-12.

Cet ouvrage avait paru l'année précédente sous le titre de « l'Europe françoise.... » Voy. V, 325, c.

Paris littéraire. (Par le marquis J.-M.-J. Fleuriot de Langle.) Première partie. *Paris, Mellan*, an VIII-1800, in-12.

Les trois autres parties, ou n'ont jamais été écrites, ou sont demeurées dans le portefeuille de l'auteur. Ce pamphlet, qui parut en l'an VII, est plein d'injures contre tous les auteurs dont les noms se sont présentés à la mémoire de M. de Langle. Il le reproduisit en l'an IX sous le titre de « l'Alchimiste littéraire, ou décomposition des grands hommes du jour. » Les pages 1 et 2, 119 et 120 furent recomposées. Il mit à la fin de « l'Alchimiste », etc., ce qui était au commencement de « Paris littéraire ». Ces deux ouvrages sont absolument semblables.

Il a été de nouveau publié en 1807 sous le titre de « Nécrologe des auteurs vivants.... » Voy. ci-dessus, col. 405, c.

Cet ouvrage fut attribué à S. Mercier, qui le désavoua dans une lettre adressée à Félix Nougaret, datée du 22 messidor an VII et publiée depuis dans la « Revue anecdotique », t. IX, p. 276.

Paris littéraire. Revue rétrospective de Paris. Magasin mensuel des meilleurs feuilletons de la presse contemporaine. Première année. *Paris*, 1843-1844, in-8.

Ce recueil, qui méritait une plus longue existence, par le bon goût qui présidait au choix des matériaux, était rédigé par Charles Romey. C'est cet homme de lettres qui a colligé les glanes qui terminent ce volume.
                                          D. M.

ᴦ Paris, ou le frère despote. *Besançon, impr. de J. Jacquin* (1849), in-8, 4 p.

Signé : C. (Chiflet).

Paris, ou le Mentor à la mode, par le chevalier de M*** (Ch. de Fieux, chevalier de Mouhy). *Paris, Poilly*, 1735, 3 parties in-12.

Paris, ou le paradis des femmes, par Mᵐᵉ Emilie de P*** (la comtesse de Choiseul-Meuse). *Paris, Lecointe et Durey*. 1822, 3 vol. in-12.

Paris port de mer et gare de Saint-Ouen. Documents authentiques pour servir à l'intelligence de cette spéculation. (Par Pierre-Franç.-Xav. Bourguignon d'Herbigny.) *Paris, impr. de Gaultier Laguionie*, 1828, in-8, 69 p.

La couverture imprimée sert de titre.

Paris port de mer, par l'auteur de la « Revue politique de l'Europe en 1825 » (Pierre-François-Xavier Bourguignon d'Herbigny). *Paris, Delaunay*, 1826, in-8, 84 p.

Deux fois réimprimé dans la même année.

Paris, rends tes comptes! (Par l'abbé P. d'Hesmivy d'Auribeau.) *Venise*, 1799, in-8.

Paris, Versailles et les Provinces au XVIIIᵉ siècle. Anecdotes sur la vie privée de plusieurs ministres, évêques, magistrats célèbres... et autres personnages connus sous les règnes de Louis XV et de Louis XVI, par un ancien officier aux gardes françaises (le marquis J.-L.-M. Dugast de Bois-Saint-Just). *Paris, Lenormant, et Lyon, Yvernault*, 1809, 2 vol. in-8. — Deuxième édition (avec des retranchements et des augmentations, par J.-M. Mély-Janin). *Paris, Nicolle*, 1809, 2 vol. in-8. — Troisième édition (dirigée par le même). *Paris, Nicolle*, 1811, 2 vol. in-8.

Un troisième volume a été publié à *Lyon, Guyot*, 1817, in-8. — 5ᵉ édit., *Paris, C. Gosselin*, 1823, 3 vol. in-8.

Sur la demande de M. Nicolle, éditeur de *Corinne*, et qui avait alors sous presse l'ouvrage de Mme de Staël sur « l'Allemagne », M. Mély-Janin supprima des anecdotes curieuses et scandaleuses sur Necker.

Pâriséide (la), ou Pâris dans les Gaules. (Par Godard d'Aucourt.) *Paris, Pissot*, 1773, 2 vol. in-8.

Parisien (le), comédie. (Par Charles Chevillet, sieur de Champmeslé.) *Paris, J. Ribou*, 1683, in-12, 4 ff. lim. et 108 p.

Le nom de l'auteur se trouve dans le privilége.

Parisien (le) parvenu, ou petit tableau de mœurs, par M*** (Alexis Eymery). *Paris, Eymery*, 1822, 4 vol. in-12.

Réimpression de « l'Heureux Parisien.... » Voy. V, 625, d.

Parisienne (la) à Madrid, comédie en un acte, mêlée de vaudevilles, par M. Maurice S... (Maurice Séguier), auteur du « Maréchal ferrant de la ville d'Anvers », des « Hasards de la guerre », etc. *Paris, L. Collin*, 1805, in-8, 43 p.

Parisienne (la) en province, ouvrage national. (Par Fr. BARBÉ DE MARBOIS.) *Amsterdam (Paris, Duchesne)*, 1769, in-8.

J'ai vu, sur le frontispice d'un exemplaire daté de 1767, ces lettres initiales imprimées :

Par M. BAR... de MAR...

Parisiennes (les), ou quarante caractères généraux pris dans les mœurs actuelles. (Par N.-E. RESTIF DE LA BRETONNE.) *Neuchâtel*, 1787, 4 vol. in-12.

Parlement (le) burlesque de Ponthoise, contenant les noms de tous les présidents et conseillers renégats qui composent ledit Parlement ; ensemble les harangues burlesques faites par le prétendu premier président. (Par Jean DUVAL, prêtre.) *S. l.*, 1652, in-4, 8 p.

Avec quatre suites.

Parlement (le) d'Yvetot, facétie trouvée dans le panier d'un fou. (Par Etienne, ancien notaire.) *Paris*, 1841, in-8.

Parlement (le) justifié par l'impératrice de Russie, ou lettre à M***, dans laquelle on répond aux différents écrits que M. le chancelier fait distribuer dans Paris. (Par BLONDE, avocat.) *S. l. n. d.*, in-12, 71 p.

Voy. « Mémoires secrets de J.-M. Augeard », *Paris*, 1866, in-8, p. 44, qui ne parle pas d'une suite intitulée : « le Parlement justifié par l'impératrice, reine de Hongrie, et par le roi de Prusse ; ou seconde lettre dans laquelle on continue à répondre aux écrits de M. le chancelier. » 1772, in-12, 88 p.

Parlement nouveau, ou centurie interlinéaire de devis facétieusement sérieux et sérieusement facétieux, en françois et allemand. (Par Daniel MARTIN.) *Strasbourg*, 1637, in-8.

Ouvrage curieux, où il est question de la mort tragique du célèbre farceur Tabarin.

Parlement (le) outragé. *S. l.* (1762), in-4, 29 p.

Tel est le titre d'une brochure publiée à Dijon, en 1762, contre les élus généraux du duché de Bourgogne, et en particulier contre le sieur de Varenne. Aussitôt la publication de cet écrit, et à la demande des élus, le chancelier donna l'ordre au Parlement de Dijon de diriger des poursuites contre l'auteur. Ce ne fut point sans quelque étonnement que les membres du Parlement apprirent, quelques jours après, par M. L.-Ph.-Jos. JOLY DE BÉVY, l'un des conseillers en la cour, qu'il en était l'auteur.

Voici le discours qu'il prononça à ce sujet, le 3 mars 1762, devant le Parlement assemblé :

« Accablé sous le poids d'une faute dont je sens toute l'étendue, je viens vous en faire, messieurs, un aveu tardif, peu méritoire peut-être, mais que je crois devoir à la vérité. C'est moi qui seul ai composé le mémoire répandu contre le sieur Varenne : je ne chercherai point d'excuse dans ma jeunesse, je ne me justifierai pas par mes bonnes intentions, par mon dévouement au bien public, par ma sensibilité sur l'offense faite à votre honneur. Non, messieurs, en faisant distribuer un ouvrage anonyme, je reconnois que je me suis manqué à moi-même, que j'ai manqué à ma compagnie, dont j'ai blessé les intérêts par mon zèle imprudent. Mon âme, au-dessus de la crainte, n'est sensible qu'à ces remords, n'est pénétrée que de ce sentiment profond et douloureux. Trop fier pour solliciter aucune grâce, trop vrai pour ne m'en pas croire indigne, permettez, messieurs, que je prononce sur mon sort, et que, par la démission volontaire de mon office, j'épargne à votre juste sévérité un jugement qui coûteroit peut-être à la bonté de votre cœur. »

Parlements (les) à tous les diables. (Par F.-J.-Th.-M. SAINT-GEORGES.) 179., in-4.

Parloir (le) de l'abbaye de ***, ou entretiens sur le divorce, par M. de V*** (par DE CERFVOL), suivi de son utilité civile et politique (par le même). *Genève*, 1770, in-8.

Voy. « Supercheries », III, 972, *f*.

Parmentières (les), stances dédiées à la mémoire de leur immortel parrain, par M. J. A. L*** (J.-A. LAMBERT), ancien officier dans les armées françaises. *Lyon*, 1823, in-18, 18 p.

Parnasse (le) alarmé. (Par G. MENAGE.) *Paris*, 1649, in-4, 16 p. — 1649, in-12.

Même ouvrage que la « Requeste des dictionnaires ».

« Bibliothèque françoise », par Goujet, t. XVIII, p. 314-330.

Parnasse chrétien, ouvrage divisé en deux parties. (Par le P. Jos. CHABAUD, de l'Oratoire.) Dédié à MM. de l'Académie de Villefranche en Beaujolois. *Paris, Butard*, 1748, 2 vol. pet. in-12. — Nouvelle édition. *Paris*, 1760, 1 vol. petit in-12.

Le nom de l'auteur se trouve au bas de l'épître dédicatoire de la première édition.

Parnasse des dames, ou choix de pièces de quelques femmes célèbres en littérature. (Par Edme DE SAUVIGNY.) *Paris, Ruault*, 1773 et années suivantes, 10 vol. in-8.

Parnasse (le) des poëtes françois modernes, contenant les plus riches et graves sentences, discours, descriptions et doctes enseignements (recueilli par Gilles CORROZET, et imprimé après sa mort). *Paris*, 1571, in-8. — *Nancy*, 1572, in-12. — *Lyon*, 1578, in-12. — *Paris, de Sercy*, 1664, in-12. — *Paris, de Beaujeu*, 1669, in-12.

Parnasse (le) des poëtes satyriques, ou recueil de vers gaillards et satyriques de notre temps. *S. l.*, 1622, pet. in-8, 208 p.; 1623 ou 1625, pet. in-8.

Recueil attribué à Théophile VIAUD et réimprimé avec son nom. Voir le « Manuel du libraire », 5e édit., t. IV, 383.

Dans l'excellente édition qu'il a publiée des « Œuvres complètes de Théophile Viaud ». *Paris, P. Jannet*, 1855-56, 2 vol. in-16, M. Alleaume a reproduit les pièces du « Parnasse satyrique » attribuées à Théophile lors de son procès.

L'édition de *Gand*, 1861, 3 vol. pet. in-8, laisse beaucoup à désirer pour la correction du texte.

Parnasse (le) français. *S. l. n. d.* (1723), in-12, 8 p.

Description du Parnasse français d'Évrard TITON DU TILLET, insérée au « Mercure de France » de sept. 1723.

Parnasse (le) françois, ou l'école des Muses, dans laquelle sont enseignées toutes les règles qui concernent la poésie françoise. (Par Fr. COLLETET.) *Paris*, 1664, in-12.

Troisième édition de « l'École des Muses.... » Voy. V, 19, *a*.

Parnasse moral et chrétien... (Par BRILLON DUPÉRON.) *Paris, Moutard*, 1775, in-12.

Parnasse (le) occitanien, ou choix de poésies originales des troubadours, tirées des manuscrits nationaux. (Par DE ROCHEGUDE.) *Toulouse, impr. de Bénichet*, 1819, in-8.

Catal. Langlès, n° 1218.

Parnasse (le), ou essais sur les campagnes du roi, poëme. (Par N. DE CAUX DE CAPPEVAL.) 1752, in-12.

Parnasse (le) réformé. (Par G. GUÉRET.) *Paris, Th. Jolly*, 1668, in-12. — 2e édit. *Id.*, 1669, in-12. — *Id.*, 1671, in-12. — *Amsterdam, Pierre Le Grand*, 1671, in-12. — *Paris, C. Osmont*, 1674, in-12.

Réimprimé avec le nom de l'auteur. *La Haye, Néaulme*, 1716, in-8.

Cet ouvrage a été aussi publié sous le titre de « les Auteurs en belle humeur... » Voy. IV, 320, *f*.

Parnassiculet (le) contemporain, recueil de vers nouveaux, précédé de « l'Hôtel du Dragon bleu », et orné d'une très-étrange eau-forte. (Par MM. Paul ARÈNE, Alfred DELVAU, Jean DU BOYS, Alphonse DAUDET et RENARD.) *Paris, J. Lemer*, 1867, in-18, 36 p.

L'eau-forte est de M. Delor, élève de M. Gérome. Le « Catalogue d'un homme de lettres bien connu (M. Ch. Monselet) », *Paris, Pincebourde*, 1871, p. 47, donne une longue note sur cet opuscule satirique.

Parodie (la) au Parnasse, opéra-comique en un acte. Représenté pour la première

fois sur le théâtre de l'Opéra-Comique de la foire Saint-Germain, le 20 mars 1759. (Par Ch.-Sim. FAVART.) *Paris, Duchesne*, 1759, in-8.

On lit dans le « Journal de Collé » (t. III, p. 271) que cette pièce fut attribuée, par les uns, au marquis DE XIMENÈS ; par les autres, à l'abbé DE VOISENON, qu'on surnommait alors l'archevêque de la Comédie-Italienne.

Parodie (la) d'Amphitryon, pièce en musique. (Par J.-B. RAGUENET.) Représentée pour la première fois sur le théâtre de Lille, le 11 janvier 1713, par le sieur Dolet et consors. *S. l.*, 1713, in-12, 23 p.

Parodie de la troisième lettre du proposant, adressée à un philosophe. (Par Jean TUBERVILLE DE NEEDHAM.) *S. l. n. d.*, in-12, 25 p.

Paroissien à l'usage du diocèse de Lyon, approuvé par Son Em. le cardinal de Bonald, archevêque de Lyon ; contenant les offices du matin et du soir notés en plainchant (et revus par l'abbé FICHET, chapelain de la primatiale). *Lyon, J.-B. Pélagaud*, 1826, in-8.   D. M.

Paroissien (le) obéissant... du latin du R. P. B. B. C. P. (le P. Bonaventure DE LA BASSÉE, capucin), translaté par François DE LA TOMBE, et par lui augmenté d'aucunes annotations. *Tournay*, 1634, in-12.

Paroles d'un chrétien (PERERA). Traduit de l'espagnol par M. ŒUF LA LOUBIÈRE. *Clermont-Ferrand, Thibaud Landriot*, 1839, in-18.

Paroles d'un croyant. (Par l'abbé F. DE LA MENNAIS.) *Paris, Renduel*, 1834, in-8. — 2e édit., avec le nom de l'auteur.

Pour les différentes éditions et les critiques de cet ouvrage, voy. « les Supercheries », II, 527, *e*, et 578, *c*.

Paroles (les) d'un croyant, revues, corrigées et augmentées par un catholique (l'abbé WRINDTS). *Paris, Jeanthon*, 1834, in-8.

Paroles d'un mécréant. Antithèse sur l'ordre et le plan de l'œuvre de M. de La Mennais, avec conclusion. (Par le comte A.-A.-J. MILON DE VILLIERS, ancien sous-préfet.) *Paris*, 1834, in-8, 236 p. — 2e édit. *Id.*, 1834, in-8, 236 p.

Paroles d'un mort (Henri DE SAINT-SIMON) ; publiées par Olinde RODRIGUES. *Paris, Nap. Chaix*, 1848, in-8, 11 p.

Réimpression d'un passage de la première livraison de « l'Organisateur », 1819, in-8, pour lequel l'auteur fut traduit devant la Cour d'assises et auquel H. Fournel, dans sa « Bibliographie saint-simonienne » (1833), p. 22 ter, donne le titre de « Parabole politique de Saint-Simon ».

En 1832, Ol. Rodrigues réimprima ce morceau dans la première livraison des « Œuvres de Saint-Simon », qui devaient se composer de 10 à 12 volumes. En cette même année 1832, Rodrigues fit placarder sur les murs de Paris ces pages célèbres.

Paroles d'un papiste. (Par l'abbé MEYN-DERS.) Bruxelles, Goemaere, 1860, in-12, 83 p.   J. D.

Paroles d'un voyageur (monstruosité littéraire). Par Charles O*** (le comte Charles-Denis-William O'KELLY). Paris, Dentu, 1835, in-12.   D. M.

Paroles de justice et de raison. (Par le marquis DE LA GERVAISAIS.) Paris, 22 mai 1824, in-8, 1 f. de tit. et 69 p.

Paroles (les) de la parole incarnée, J. C. N. S. (Jésus-Christ Notre-Seigneur), tirées du Nouveau Testament (par M. L. H. D. L., prêtre de la congrégation de l'Oratoire de Jésus), traduites en françois (par le P. Pasquier QUESNEL). Paris, Ch. Savreux, 1668, in-24.

Les initiales M. L. H. D. L. désignent M. Louis-Henri DE LOMÉNIE, non comme auteur de l'ouvrage, mais comme propriétaire du privilège.

Paroles du cœur. (Par M. Jacques DU-BREUILH.) Paris, Charpentier, 1836, in-12, 157 p.

Paroles que le roi a prononcées aux Français le 14 juin 1814, l'ordonnance royale et la charte constitutionnelle, avec la version latine en regard. (Par GLAY.) Paris, A. Delalain, 1818, in-8.

Paroles (les) remarquables, les bons mots et les maximes des Orientaux, traduction de leurs ouvrages en arabe, en persan et en turc, avec des remarques. (Par Ant. GALLAND.) Paris, S. Benard, 1694, in-12.

Paroles tirées de l'Écriture sainte, pour servir de consolation aux personnes qui souffrent. Ouvrage posthume. (Par le P. Dom. BOUHOURS.) Paris, 1704, in-24.

Souvent réimprimé avec le nom de l'auteur.

Paroli (le) à la Samaritaine, ou le censeur savetier. (Par Eustache LE NOBLE.) Jouxte la copie imprimée à La Grange-Baudet, chez Nicaise Protocole, 1692, petit in-12.

Partage (du) de la peau de l'ours, ou lettres à l'auteur du « Rêve politique sur le partage de l'empire ottoman » et à l'auteur des « Considérations sur la guerre actuelle des Turcs », Par M. B. D. L. T. (Louis BRION DE LA TOUR). Belgrade et Paris, Cussac, 1788, in-8.

Partage (le) de la Pologne, en sept dialogues en forme de drame, ou conversation entre des personnages distingués, dans laquelle on fait parler les interlocuteurs, conformément à leurs principes et à leur conduite, par Gotlieb PANSMOUSER (LINDSEY); traduit de l'anglois par milady ***, duchesse de *** (par J.-M. GÉRARD DE RAYNEVAL). Londres, Elmsly, 1775, in-8.

Partage (le) des biens, par un solidaire (Xavier BOUGARD). Liége, Gothier, 1866, in-16, 16 p.   Ul. C.

Partage (le) inégal. (Par Nicolas CATHE-RINOT.) S. l. n. d., in-4.

Partages (des) par souche et par représentation, suivant les articles 18 et 19 du titre XVII de la coutume du duché de Bourgogne. (Par NORMAND.) Dijon, J. Sirot, 1730, in-8.

Par-Terre de l'âme, émaillé d'une grande variété de plusieurs belles oraisons, ramassées en un seul corps par Mlle J. DE GRÉ, jadis épouse à L. WOET DE TRIXHE, bourgeois de Liége, traduit du flamand en françois, par un religieux ermite de Saint-Augustin (Charles VÉRON). Anvers, Verdussen, 1618, in-12, 302 p.

Parterre (le) géographique et historique, ou nouvelle manière d'étudier la géographie et l'histoire... (Par le baron DE BOUIS.) Paris, Nyon le fils, 1737, in-8, 8 ff. lim. et 87 p.

Réimprimé avec le nom de l'auteur. Paris, Nyon, 1753, in-8.

Parthénéide, poëme de M. BAGGESEN, trad. de l'allemand (par M. FAURIEL). Paris, Treuttel et Wurtz, 1810, in-12.

Parthenice (la) Mariane de Baptiste Mantuan, poete theologue de lordre de Nostre-Dame des Carmes, translatee de latin en françoys (par Jacques DE MOR-TIÈRES, chapelain de Chalon-sur-Saone). Lyon, Claude Nourry et Jehan Besson, 1523, pet. in-fol.

Parthenie (la) orléanoise, ou histoire du siége d'Orléans, délivré par une vierge. (Par Symph. GUYON.) Orléans, 1655, in-12.

Catalogue de la bibliothèque publique d'Orléans, 1777, in-4, p. 179.

Parti (le) le plus gai... le parti le plus sage, proverbes en vers. (Par Alexandre-Joseph DE SÉGUR.) *Paris, Desenne,* 1788, in-8.

Parti (le) le plus sûr, ou la vérité reconnue, en deux propositions, au sujet du « Discours de la liberté de penser », par le chevalier à qui l'auteur de ce discours l'avoit adressé. (Par Henri SHEURLÉER, traducteur de ce discours.) *Bruxelles, les frères Sterstevens,* 1715, in-8.

Parti (le) national ou industriel comparé au parti antinational. (Par C.-H. SAINT-SIMON.) *Paris, impr. de Cosson,* 1819, in-8, 15 p.

Extrait du « Politique ».

Parti (le) sage, proverbe dramatique. Par M. le chevalier D. G. N. (B.-J. MARSOLLIER DES VIVETIÈRES). *La Haye, H. Constapel,* 1771, in-8.

Particularités édifiantes sur la vie et la mort de quelques jeunes étudiants. (Par le P. J.-N. LORIQUET.) *Amiens, Ledien Canda,* 1827, in-18.

La seconde édition a été publiée sous le titre de « Souvenirs de saint Acheul » (voy. ces mots), et les éditions postérieures portent le titre de « Souvenirs des petits séminaires.... » Voy. ces mots.

Particularités et Observations sur les ministres des finances de France les plus célèbres, depuis 1660 jusqu'en 1791. (Par A.-J.-B. AUGET, baron DE MONTYON.) Précédées d'une épître dédicatoire aux mânes de William Pitt. *Londres, Dulau,* 1812, in-8. — *Paris, Le Normant,* 1812, in-8, sans l'épître dédicatoire.

L'édition de Paris a été tronquée par la censure impériale.

Particularités sur l'assemblée du bailliage provincial de Senlis, par le comte de B*** (DE BARBANTANE). *S. l.,* 1789, in-8.

Particule (la) nobiliaire, réplique à quelques magistrats. *Paris, Ledoyen,* 1861, in-8, 32 p.

Il y a des exemplaires terminés par la signature de l'auteur, Jules DE TARDY.

Partie (la) d'échecs, poëme, par M. C*** (l'abbé Joseph-Antoine-Joachim CÉRUTTI). Réimprimé par les soins d'un amateur d'échecs, en réponse à la « Revanche de Waterloo ». *Nantua, impr. d'Arène,* 1836, in-8, 16 p.   D. M.

Partie (la) de campagne, ou le voyage, conte en vaudevilles, 2e édit., augmentée

d'une épître à M. Favart sur les prérogatives et l'éminence des talents. *Bruxelles,* 1744, in-12, 10-20 p., plus une pl. de musique.

Cet opuscule a un faux titre, « Étrennes des auteurs », sous lequel il est plus connu.

L'auteur est CARSILLIER (J.-B.), avocat au Parlement, né à Paris le 27 mars 1705, décédé à Paris le 6 juillet 1760.

C'est un voyage de Paris à Mantes, patrie originaire de l'auteur. On ignore la date de la première édition de cet opuscule, qui est excessivement rare, même dans sa seconde édition.

Partie (la) de chasse des écoliers, comédie en un acte. (Par Alexis-Toussaint GAIGNE.) *Paris, Desray,* 1800, in-8.

Partie (la) de chasse, pantomime. (Par N.-M. AUDINOT.) *Paris,* 1769, in-8.

Partie et Revanche, comédie en un acte et en vers. Par M. DE R... Représentée pour la première fois sur le Théâtre-Français, le 18 septembre 1818, par les comédiens ordinaires du roi. *Paris, J.-N. Barba,* 1818, in-8, 60 p.

Par DE RANCÉ, d'après la « France littéraire » de Quérard. Les « Supercheries » (III, 295, a) donnent cette attribution et dans le même vol., 286, c, celle de F.-L. RIBOUTTÉ.

Partie inédite des Chroniques de Saint-Denis, suivie d'un récit également inédit de la campagne de Flandre en 1382, et d'un poëme sur les joutes de Saint-Inglebert (1390). (Par le baron Jérôme PICHON.) *Paris, imp. Lahure,* 1864, gr. in-8, XII-78 p.

Partis (les) en Belgique, à propos des prochaines élections. Lettres adressées au « Journal de Bruxelles », par un unioniste de 1830 (Lucien JOTTRAND). *Bruxelles, Decq,* 1859, in-8.   J. D.

Partis (les) en France. (Par J. ROUCHET.) *Bruxelles, Janssens-Defossé,* 1851, in-8, 4 p.

Partis (des) en France et dans la Chambre des députés pendant la session de 1822. (Par A.-J. MAHUL.) *Paris, Pélicier,* 1822, in-8, 40 p.

Partis (des) et de leur situation actuelle en Belgique, par G. R. J. (G. ROLIN-JACQUEMYNS, avocat à Gand). *Bruxelles, chez tous les libraires* (1864), in-8, 80 p.   J. D.

Partis (les) et le Pays, par un Belge qui tient à sa nationalité (Eugène VERHAEGEN). *Bruxelles, Chassen,* 1860, in-12, 46 p.
                   J. D.

Partis (les), ou le commérage universel, comédie en trois actes et en vers, par

L. B. D. R. S. C. (le baron J.-A. DE REVE-
RONI SAINT-CYR). *Paris*, *Hocquet*, 1817,
in-8.

Partis (des) parlementaires en Belgique,
apologie et rapprochement, par M***
(Adolphe DECHAMPS), membre de la Chambre des représentants. *Bruxelles, Demortier*, 1848, in-8, 44 p.   J. D.

. Partisan (le) duppé, comédie. *Lion, Jean
Girin et Barthelemy Rivière, s. d.*, in-12,
6 ff., 84 p.

L'épître à la princesse d'Anhalt est signée C. (Sam.
CHAPUZEAU).

Cette pièce n'est autre que « le Riche mécontent ou
le Noble imaginaire », du même auteur, avec un nouveau
titre. Voy. Catalogue Soleinne, nº 1288.

Partout l'honneur, essai apologétique (en
vers) sur les mœurs françaises de Paris
après la session de 1820, par Prudent
M. X. V. D. A. (Prudent-M.-X.-V. DRA-
PARNAUD). Dédié aux imberbes. *Paris,
Boucher*, 1820, in-8.

Pas (le) d'armes de la bergère, main-
tenu au tournoi de Tarascon (par le roi
RENÉ, d'Anjou), publié d'après le manuscrit de la Bibliothèque du roi, avec un
précis de la chevalerie et des tournois,
et la relation du carrousel exécuté à Saumur, en présence de S. A. R. Madame,
duchesse de Berry, le 20 juin 1828. (Par
G.-A. CRAPELET, imprimeur.) *Paris, Crapelet*, 1828, gr. in-8, fig. et *fac-simile*. —
2e édit. *Id.*, 1835, gr. in-8.

Pas (le) d'armes de Villers-sur-Lesse.
(Par Edmond-Charles-Guillaume-Ghislain
DE LA COSTE.) *Bruxelles, Wahlen*, 1840,
in-4, 284 p.   J. D.

Pas de lendemain. *A Paris, chez l'auteur, imp. Claye*, 1869, in-8, 34 p., avec
une eau-forte (de Morin).

Ce conte, « tiré à très-petit nombre pour les amis de
l'auteur », est signé Ph. BURTY.

Pas grand'chose, ou loisirs d'un Picard,
par M. DE V*** (J.-M.-L. DE VILLE), tr. de
Fr. (trésorier de France, à Amiens). *Paris,
Cailleau*, 1789, in-12.

On trouve dans ce volume « Pierre Bagnolet ».

Pas plus de six plats, tableau de famille
en cinq actes. Par M. G. GROSSMANN, de
Bonne, traduit par J. H. E. (J.-H. EBERTS).
Paris, L. Cellot, 1781, in-8, 232 p.

Pascaline, par Mme L. d'E*** (L. D'ÉTOUR-
NELLES), auteur « d'Alphonse et Mathilde ».
Paris, Villet, 1821, 2 vol. in-12.

Pasigraphie, ou premiers éléments du

nouvel art-science d'écrire et d'imprimer
en une langue de manière à être lu et entendu dans toute autre langue sans traduction, inventés et rédigés par J. DE M...
(J. DE MAIMIEUX), ancien major d'infanterie allemande. *Paris*, 1797, in-4.

Pasquée critique et calotenne sol les affaires de l'medecine. *Visé (Liége)*, 1858,
in-8, 50 p.

Avec introduction et notes par U. C. (Ulysse CAPI-
TAINE).

Pasquin et Marforio, médecins des
mœurs, comédie en trois actes et en prose.
(Par Ch. RIVIÈRE DUFRESNY et C.-I. BRU-
GIÈRE DE BARANTE.) *S. l.*, 1697, in-12,
70 p.

Pasquinade et différentes pièces de prose
et de poésie latine et françoise, concernant l'éloquence du grand P... (Porée).
(Par le professeur Jean DU HAMEL.) *A
Strasbourg en Auvergne, près de Maubeuge
en Dauphiné, chez Tranche Poirée (Paris)*,
1716, in-12, 64 p.

On trouve dans ce recueil : 1º Une Lettre de la
Faculté asinienne, en faveur du sieur Somnas (Le Masson), le plus affectionné valet des jésuites, etc.,
est-il dit p. 39; 2º Décret de la même Faculté au
même sieur Somnas, et autres pièces semblables, contre
le P. Porée, en faveur de Bénigne Grenan, au sujet des
Oraisons funèbres de Louis XIV, prononcées par ces
deux professeurs.

Le P. Porée écrivit à Grenan une lettre fort impru-
dente : Grenan répondit. L'abbé Le Masson prit aussi
sa défense. Voyez « Lettre à M. Grenan... », V,
1106, b.

Passage (le) à Stranglomini, orné du
Séjour de dix années, publié par la trom-
pette du Seigneur. Simple ébauche, par
Mme Sophie T... (TAMISIER). *Nîmes, impr.
de Mme veuve Gaude*, 1846, br. in-8.
D. M.

En vers.

Passage (le) de la Bérésina, traduit du
russe du général DANILEVSKY, d'après les
documents authentiques, orné de douze
plans de batailles et de positions, et précédé d'un avant-propos. *Paris, Cosson*,
1842, in-8, 258 p.

L'avant-propos est signé : T..... Y (J.-N. TOLSTOY).

Passage du grand Saint-Bernard par
l'armée française au mois de mai de l'année 1800. Ode (par Antoine-Charles DE
PERRIN-BRICHAMBAULT). *S. l.* (1801), in-8.
D. M.

Passage (le) du Var, poëme historique.
(Par M.-F. DANDRÉ-BARDON.) *Marseille*,
1750, in-4.

Passages (les) de oultre mer du noble Godefroy de Bouillon. . (Par Sébast. MAMEROT.) *Rue Saint-Jacques, à l'enseigne Lelephant (Paris, Fr. Regnault), s. d.*, in-8 goth. — Autre édit. *Paris, Michel Lenoir*, 1518, in-fol.

Dans cette dernière édition, les faits postérieurs à 1474 ont été racontés par un autre que Mamerot.

Passages de princes et princesses à Châlons, Reims et Sainte-Menehould au XVIII° siècle. *Paris, A. Aubry*, 1862, in-12, 12 p.

Signé : E. DE B. (Édouard DE BARTHÉLEMY).
La couverture imprimée sert de titre.

Passé (le) et l'Avenir expliqués...

Voy. « Relation concernant les événements... »

Passé (le) et le Présent. Par M. R... (ROUSSIALE), avocat, etc. *Paris, L. Janet*, 1832, in-8.

Passé (le), le Présent et l'Avenir. (Par Mme B. DE MONBORNE.) *Paris, Casimir*, 1831, in-8.

Passé (le), le Présent et l'Avenir, contes. (Par N.-E. FRAMERY.) 1766, in-8.

Passe-partout (le) des curieux, par le sieur Ja. A. L. A. (Jean LAURENT, avocat). *Paris, Ant. Rafflé*, 1687, 2 vol. in-12.

L'auteur a signé l'épître.

Passe-partout (le) des Pères Jésuites, apporté d'Italie par le docteur de Palestine, gentilhomme romain, et nouvellement traduit de l'italien imprimé à Rome. (Par César DE PLAIX.) *S. l.*, 1606, in-8. — *S. l.*, 1607, in-12. — 2° édit. *S. l.*, 1607, in-8. — Ensemble l'A banni du françois. *S. l.*, 1607, in-8.

Réimprimé sous le titre : « l'A bany du françois, et le Passe-partout des Pères Jésuites.... » *S. l.*, 1607, in-8. Voy. « Supercheries », I, 968, c.

Passe-port (le), comédie-vaudeville en un acte, par MM. MÉNISSIER, Ernest R*** (RENAUD) et A*** (Alphonse DE CHAVANGES). Représentée pour la première fois, à Paris, sur le théâtre du Vaudeville, le 2 juillet 1824. *Paris, Mme Huet*, 1824, in-8, 43 p.

Passe-temps (le) agréable, ou nouveau choix de bons mots, de pensées ingénieuses, de rencontres plaisantes et de gasconnades. *Rotterdam, J. Hofhout*, 1715, in-12.

Cette compilation a été réimprimée en 1719, en 1724 et en 1732. Les pièces liminaires ne donnent aucun détail sur celui qui l'a rassemblée : en tête d'une édition d'*Amsterdam*, 1753, on assure que c'est

un sieur DE ROCHEFORT, petit-fils de l'auteur de « l'Histoire des îles Antilles », et ce qu'il y a de remarquable, c'est que cette indication ne se trouve plus dans les éditions postérieures à 1753, par exemple dans celle de *Paris*, 1763.

Formey, en rendant compte de l'édition de *La Haye*, 1742, 2 vol. in-8, dit : « Il paroit, par certains endroits de ce « Passetemps », qu'il est de l'auteur du « Je « ne scai quoi », c'est-à-dire CARTIER DE SAINT-PHILIP. » Voy. V, 983, f.

Passe-temps de ma vieillesse, par M. le m. de V*** (P.-Denis DE FERJÉOLS, marquis DE VILLERS, capitaine dans le régiment des gardes-françaises). *Paris*, 1792, in-8.

Passe-temps (le) de tout homme et de toute femme (en ryme), par le bon moyne de Lyre, qui d'amours faulses composa le Blason (Guillaume ALEXIS, traduit du latin de l'ouvrage du pape INNOCENT III, intitulé : *De Vilitate humanæ conditionis*). *Paris (Antoine Verard), pour Jehan Sainct-Denis, s. d.*, in-4.

Passe-temps (les) des Jésuites, ou les entretiens des PP. Bouhours et Ménestrier sur les défauts de leur Compagnie. *Pampelune, chez les frères Ignace*, 1721, 3 vol. in-8.

Réimpression des trois derniers volumes de « Jean danse mieux que Pierre.... » Voy. V, 984, e.

Passe-temps (le) des mousquetaires, ou les loisirs bien employés, choix de petits contes modernes de M. D. B. (DES BIES ou DESBIEFS, de Dôle). *Au Quartier général, de l'impr. du Tambour-major, en tout temps, s. d.*, in-8. — *Berg-op-Zoom*, 1755, in-12.

Passe-temps moral, à l'usage des jeunes demoiselles, traduit de l'anglais. Par M*** (DUBERGIER). *Paris, Tenon*, 1826, in-12.

Passe-Temps poétiques, historiques et critiques (contenant les Œuvres diverses de Ch. PERRAULT, l'Esprit de F. DE MALHERBE, et le Portefeuille posthume de A.-A. BRUZEN DE LA MARTINIÈRE. Publiés par A.-C. LE FORT DE LA MORINIÈRE). *Paris, Duchesne*, 1757, 2 vol. in-12.

Passe-temps (le) royal de Versailles.

Voy. « la Cassette ouverte », IV, 506, c.

Passevent parisien respondant a Pasquin Rommain, de la vie de ceux qui sont allez demourer a Geneve et se disent vivre selon la reformation de l'Evangile, au pays iadis de Savoye et maintenant soubz les princes de Berne et seigneurs de Geneve, faict en forme de dialogue. *S. l.*, 1556, in-16, 48 ff. — *Paris, G. Guillard*, 1556, in-16, 62 ff. — *Paris, imp. de N. Buffet*, 1556, in-16. —

Lyon, 1556, in-16. — *Tolose, Henry Maréchal*, 1556, in-8.

Ce dialogue satirique, rempli d'invectives contre Calvin et ses sectateurs, a été attribué par du Verdier, d'après l'édition de Lyon, à Ant. CATHALAN ou CATALAN, cordelier albigeois. Il serait, au contraire, d'Artus DÉSIRÉ, d'après un passage de la comédie du « Pape malade », dans lequel, après avoir nommé Désiré, l'auteur s'exprime ainsi :

> *Ce grand poëte et fort savant*
> *Qui a fait ce beau Passavant.*

Passion de Jésus-Christ selon les quatre évangélistes, en vers françois. (Par Félix-René DUQUESNAY ou GUIBERT DE BOIS DU QUESNAY.) *Paris, Langlois*, 1730, in-8.

Passion (la) de notre vénérable clergé, selon l'évangile du jour. (Par L.-A. CARACCIOLI.) *S. l.* (1789), in-8, 6 p.

Passion (de la) du jeu, de l'infidélité des joueurs et de leurs ruses, ouvrage anecdotique, par J.-A.......... (J.-A.-M. D'AUREVILLE). *Paris, N. Pichard*, 1824, in-8, 154 p. — Deuxième édit. *Id.*, 1824, in-8, 160 p.

Voy. Quérard, « Livres à clef », p. 125.

Passions (les) de l'âme. (Par René DESCARTES.) *Amsterdam, Louis Elzevier*, 1650, petit in-12, 286 p. et 24 ff.

Passions (les) des différens âges, ou le tableau des folies du siècle, par N*** (P.-J.-B. NOUGARET). *Utrecht (Paris)*, 1766, in-12.   V. T.

Passions du jeune Werther. (Trad. de l'allemand de J.-W. GOETHE.) *Londre (sic)*, 1792, petit in-12, front. gravé. — *Paris, Leprieur*, 1793, in-32, 251 p. et 1 grav.

Souvent réimprimées avec le nom de l'auteur.

Passions (des), par l'auteur du « Traité de l'amitié » (Mme G.-C. THIROUX D'ARCONVILLE). *Londres*, 1764, in-8.

Réimprimées dans le t. II des « Mélanges de littérature, de morale... », de l'auteur, voy. ci-dessus, col. 114, a, et dans le volume publié sous le titre d' « Œuvres morales » de Diderot, voy. ce nom aux « Supercheries », I, 937, e.

Pasteur (le) catholique aux chrétiens du XIXe siècle. *Paris, Honnert*, in-16.

Ce catéchisme, qui fut désapprouvé par les vicaires généraux de Paris, est de dom TOURNIER, bénédictin, professeur de mathématiques au collège de Sorèze, puis religieux de la Trappe. C'était un homme aimable, spirituel, savant, bon hébraïsant, et très-attaché à ses devoirs et à la doctrine de Port-Royal. Il est mort à Lyon, presque octogénaire, vers 1806.

Pasteur (le) instruit de ses obligations, ou l'institution des curés, etc. (Par dom

Et. POINSIGNON, bénédictin de la congrégation de Saint-Vannes.) *Paris, Saillant*, 1765, 3 vol. in-12.

C'est à tort que dom Nic. Le Long, p. 455 de son « Histoire du Lyonnais », nomme cet auteur PONSIGNON.

Pasteur (le) Oberlin, ou le Ban-de-la-Roche. Souvenir d'Alsace, de Mlle Félicie T***, publié par M. Am. T*** (Amédée TOURETTE). *Strasbourg, J.-B. Heitz*, 1824, in-12, 48 p., avec le portrait d'Oberlin.

Pastor (il) fido. Le Berger fidèle, traduit de l'ital. de GARINI, par M. D. M. (DE MARANDÉ). Nouv. édit., revue et corrigée. *Paris*, 1676, petit in-12, fig.

Le nom du traducteur, donné sur le titre dans des éditions antérieures, se trouve dans le privilége.

Pastoral (le) de saint GRÉGOIRE le Grand, intitulé : « du Soin et du Devoir des pasteurs. » (Trad. par Jean LE CLERC, curé de Soisy.) *Paris, Pralard*, 1670, in-12.

Nouveau frontispice mis au « Livre de S. GRÉGOIRE le Grand ». Voy. V, 1327, f.

Pastoral var guinivelez J.-C. (Recueil de noëls, composés presque tous par LE COAT, de Morlaix.) *Montroulez, s. d.*, in-12.   G. M.

Pastorale (la) héroïque, chantée à la fête donnée par les ambassadeurs d'Espagne, au nom de Sa Majesté Catholique, en l'hôtel de Bouillon, en réjouissance de la naissance de Mgr le Dauphin, et représentée, sur le théâtre de l'Opéra, le lundi et le mardi gras de l'année 1730. (Par Jean-Louis-Ignace DE LA SERRE.) *Paris, Ballard*, 1730, in-4.   D. M.

Pastorale héroïque faite à l'occasion du mariage de LL. AA. M. le prince de Rohan et Mme la princesse de Carignan. (Par Joseph DE LA PORTE.) *Strasbourg*, 1741, in-4.

Pastorale (à cinq personnages) sur l'alliance... représentée le 18 octobre 1584. *Genève, Jean Durand*, in-4, 30 p.

« On a, aux archives de Genève, la preuve que cet ouvrage est de Simon GOULART et non de Jos. DUCHESNE, auquel il a été attribué jusqu'ici. » (E.-H. Gaullieur, « Etrennes nationales », Genève, 1854, in-12, p. 33, note.)

Pastorales (les) de LONGUS. Daphnis et Chloé, traduction complète, d'après le texte grec des meilleurs manuscrits (par P.-L. COURIER). *Paris, Firmin Didot*, 1813, in-12.

La traduction d'Amyot a été en partie conservée.

Réimprimées à *Paris*, 1821, in-8 ; *Blois*, 1827, in-16.

Pastorales (les) de NEMESIEN et de CAL-PURNIUS, traduites en françois, avec des remarques et un discours sur l'églogue (par A.-M. DE MAIRAULT). *Bruxelles, Winfeld*, 1744, in-8.

Pastorales et Élégies de P. S. L. (P.-Simon LE MIRE, curé de Versigny, près de Nanteuil-le-Haudouin). *Paris, Laurens aîné*, 1814, in-8.

Voy. « Supercheries », III, 271, *b*.

Pastorales et Poëmes de GESNER, qui n'avaient pas encore été traduits; suivis de deux odes de M. HALLER, traduites de l'allemand, et d'une ode de DRYDEN, traduite de l'anglois en vers françois (par l'abbé BRUTÉ DE LOIRELLE). *Paris, Vincent*, 1766, in-12.

Patenostre (la) des verollez, auec leur complaincte contre les medecins. *Paris, impr. de Crapelet*, 1847, in-16, 4 ff.

Cette réimpression figurée, accompagnée d'une notice signée A. V. (Aug. VEINANT), n'a été tirée qu'à 57 exemplaires.

Pater (le), anecdote (en vers, par F. DE MONTHEROT). *S. l.* (vers 1829), in-8, 4 p.

G. M.

Pater (sensuyt le) et Ave
Des solliciteurs de procez
Surnommez bateurs de paue
De credit souvent repoussez.

(Par Eustorg DE BEAULIEU.) *S. l. n. d.*, in-8 goth., 4 ff.

Réimprimé avec le nom de l'auteur, dans « les Divers Rapportz, contenant plusieurs rondeaux, dixains et ballades... », *Lyon*, 1537, pet. in-8.

Patience (la) de Griselidis (trad. du latin de Fr. PÉTRARQUE). (A la fin :) *Imprimée par Robin Foucquet et Jehan Cres à Brehant Lodeac*, 1484, in-4, 14 ff.

Voy. « Grande et Merveilleuse Patience... », V, 567, *b*.

Pâtissier (le) à tout feu, ou nouveaux principes économiques de pâtisserie, par un pâtissier retiré (l'abbé G.-P. TARENNE DE LAVAL). *Paris, Audot*, 1838, in-12. — 2ᵉ édit., par G. P. L., ancien pâtissier retiré. *Ibid., id.*, in-12.

Voy. dans « le Quérard », II (1856), une notice curieuse sur l'auteur.

Pâtissier (le) universel et national. (Par BELON.) *Paris*, 1836, in-8.

La couverture imprimée portait le nom de l'auteur.

Patois (le) de Liége, à propos de l'élection du prince-évêque d'Oultremont en 1763. (Par F. BAILLEUX.) *Liége*, 1857, in-8, 6 p.

Pâtre (le) tyrolien, roman historique, suivi d'une satire sur les hommes, par J... Q. (Joseph QUANTIN). *Paris, Locard et Davi*, 1820, 2 vol. in-12.

Patriarches (les), histoire en tableau, tirée des saintes Écritures, trad. de l'anglais de miss O'KEEFFE, par Mᵐᵉ L** S** (Louise SWANTON BELLOC). *Paris, Chasseriau*, 1822, 2 vol. in-12.

Patrie (de la). (Par le général baron de ROUVROU.) *Paris, imp. de Pihan-Delaforest*, 1829, in-8, 136 p.

Patrie et Liberté. Étrennes au nouveau roi, par un ancien membre du congrès national (Félix TINDEMANS). *Bruxelles, Office de publicité*, 1865, in-8, 15 p.

J. D.

Patrie (la) vengée, ou la juste balance. (Par DARIGRAND.) In-8, 16 p.

Patriote (le) américain, ou mémoires sur l'établissement de l'isle de Saint-Domingue. (Par Emilien PETIT, conseiller à Léogane.) 1750, petit in-8.

Patriote (le) anglois, ou réflexions sur les hostilités que la France reproche à l'Angleterre, et sur la réponse de nos ministres au dernier mémoire de S. M. T. C. Ouvrage traduit de l'anglais de John TELL TRUTH, par un avocat au Parlement de Paris (l'abbé Jean-Bernard LE BLANC). *Genève (Paris)*, 1756, in-12.

Traduction supposée.

Patriote (le) artésien, ou projet d'un établissement d'une académie d'agriculture, de commerce et des arts en la province d'Artois, par M. DE ***, ancien officier de cavalerie (L.-J. BELLEPIERRE DE NEUVE-EGLISE). *Paris, Despilly*, 1761, in-8.

Patriote (le) français. (Rédigé par AZAÏS.) *Nancy*, 1815.

Patriote (le) françois et impartial, ou réponse à la lettre de M. l'évêque d'Agen (de Chabannes) à M. le contrôleur général contre la tolérance des huguenots, en date du 1ᵉʳ mai 1751. Nouvelle édition. *Villefranche, F. Chrétien*, 1753, 2 vol. in-12.

Cet ouvrage est de COURT et d'Ant. COURT DE GEBELIN, son fils. Il est terminé par un « Mémoire historique de ce qui s'est passé de plus remarquable au sujet de la religion réformée en plusieurs provinces de France, depuis 1744 jusqu'aux années 1751 et 1752 »

Patriote, ou préservatif contre l'anglomanie; dialogue en vers, suivi de quelques notes sur les brochures qui ont été publiées au sujet des États généraux. Par l'auteur du « Voyage d'Amérique », en vers (L.-G. BOURDON)... Londres, et Paris, Froullé, 1789, in-8, 55 p.

Patriotes (les) des provinces françoises-belgiques, aux auteurs des « Considérations sur les droits et les intérêts de l'Artois », du « Réveil de l'Artois » et de la « Lettre des commettans de la Flandre et du Cambrésis ». S. l. (1792), in-8, 26 p.

Par DETORCY, d'après une note manuscrite contemporaine sur l'exemplaire de la Bibliothèque nationale.

Patriotisme (le), ode signée D. D. (par DUVAL-SANADON). In-8.

Publiée à l'occasion de la guerre d'Amérique.

Patriotisme (le) persécuté; défense contre une accusation en crime de sédition. (Par SIONNEAU-DUCHESNE, avocat.) Paris, Momoro, 1789, in-8.

Patte (la) de velours, pour servir de suite à la seconde édition du « Coup de patte »; ouvrage concernant le Sallon de peinture. Année 1781. (Par N. CARMONTELLE.) Londres, et Paris, Cailleau, s. d., in-8, 48 p.

Patte (la) du chat, conte zinzinois. (Par Jacq. CAZOTTE.) A Tilloobalaa (Paris), 1741, in-12.

Paul et Virginie, comédie en cinq actes. (Par Edm.-Guill.-Fr. DE FAVIÈRE.) Paris, Brunet, 1791, in-8.

Réimprimée avec le nom de l'auteur.

Paul et Virginie, de Bernardin de Saint-Pierre, raconté aux enfants par M*** (A. DUGARD)... Pont-à-Mousson (1855), in-4.

Réimprimé avec le nom de l'auteur.

Paul Kisseleff et les principautés de Valachie et de Moldavie. par un habitant de la Valachie (N. PICCOLOS). Paris, imp. de F. Didot, 1841, in-8, 52 p.

Paul Morin, drame en trois actes, par M. Marie (AYCARD et Et. ARAGO). Représenté pour la première fois sur le théâtre de l'Ambigu-Comique, le 27 septembre 1829. Paris, 1829, in-8, 61 p.

Paulin, ou les aventures du comte de Walter. (Par Charles-François GRANDIN.) Paris, Desenne, 1792, 2 vol. in-12.

Ch.-Fr. Grandin, depuis comédien sous le nom de Granville. Il a fait partie de la Comédie-Française de 1821 à 1834.   D. M.

Paulin, ou les heureux effets de la vertu; par l'auteur des « Effets de la prévention, ou la marquise de Ben*** ». (Par J.-C.-V. BETTE D'ÉTIENVILLE.) Paris, Cretté, floréal an X-1802, in-12.

Paulina, ou l'enfant de la chapelle, mélodrame en quatre actes, en prose. (Par LAJARIETTE aîné.) Paris, an XII-1804, in-8.

Pauline, comédie en deux actes et en vers. (Par Mlle Agl. DESLAIS D'ARCAMBAL, d'abord comtesse CLARET DE FLEURIEU, plus tard Mme BACONNIÈRE DE SALVERTE.) Paris, 1791, in-8, 72 p.

Pauline et Fanchette, ou Mémoires d'un Champenois. (Par L.-B.-F. BILDERBECK.) Paris, 1829, 4 vol. in-12.

Pauline et Valmont, comédie en deux actes et en prose. (Par Nicolas-Marie-Félicité BODARD DE TEZAY.) Paris, Cailleau, 1787, in-8.

Pauline, ou la seconde mère. Par Marie-Ange de T*** (Just-Jean-Etienne ROY). Tours, Mame, 1865, in-12.

Nouvelle édition en 1870.

Pauline, ou le moyen de rendre les femmes heureuses. (Par L.-P.-P. LEGAY.) Paris, Barba, an X-1802, 2 vol. in-12.

Pauline, ou les hasards des voyages, par MM*** (MOYLIN-FLEURY). Paris, Maradan, 1820, 4 vol. in-12.

Pauliska, ou la chaumière du mont d'Or, par M. J. M. B. (BOLO). Paris, Garnier, 1845, 2 tomes en 1 vol. in-12.

Pauliska, ou la perversité moderne, mémoires récents d'une Polonaise. (Par J.-A. REVERONI SAINT-CYR.) Paris, Courcier, an VI-1798, in-12.

Paupérisme (du) et des Moyens de le soulager. (Par A. DUBOSCH?) Gand, août 1847, in-8, 23 p.   J. D.

Paupérisme (du), par A. P. (Armand PLETAIN, notaire à Mons). Mémoire couronné par la Société des sciences, des arts et des lettres du Hainaut. Mons, Hoyois, 1844, in-8, 197 p.   J. D.

Pausanias (le) français; état des arts du dessin en France, à l'ouverture du XIXe siècle : Salon de 1806... Publié par un observateur impartial (P.-J.-B.-P. CHAUSSARD). Paris, Buisson, 1806, in-8.

Pausanias, tragédie. Paris, Guillaume de Luyne, 1669, in-12, 4 ff. et 76 p.

L'épître au duc de Montausier est signée de QUINAULT, à qui le privilége est donné.

Pauvre (le) de l'Hôtel-Dieu, mélodrame en trois actes, à grand spectacle, par MM. Benjamin A*** (Benj. ANTIER-CHE-VRILLON) et Alexis (DECOMBEROUSSE)... représenté, pour la première fois, sur le théâtre de la Gaîté, le 16 août 1826. *Paris, Quoy*, 1826, in-8, 60 p.

Pauvre (le) Diable. (Par VOLTAIRE.) *Paris*, 1758, in-4, 20 p. — *Paris*, 1758, in-8, 32 p.

Le titre de départ porte en plus : Ouvrage en vers aisés, de feu M. VADÉ ; mis en lumière par Catherine VADÉ, sa cousine. Dédié à maître Abraham **** (Chaumeix).

Réimprimé sous ce titre.

Voy. « Supercheries », III, 889, *f*.

Voy. aussi « Recueil des facéties parisiennes ».

Pauvre (la) Famille, nouvelle publiée au profit d'un père de huit enfants, condamné pour délit de la presse à trois mois et demi de prison, en plus de 2,500 fr. d'amende, compris la solidarité et les frais. (Par A.-J. SANSON.) *Paris*, 1827, in-8.

Le bénéficiaire était l'auteur lui-même.

Pauvre France. (Par Auguste ROGEARD.) *S. l., imprimerie de la Liberté, au Désert, s. d.*, in-4, 2 p. à deux colonnes.

Neuf pièces de vers contre le second Empire. Cette publication clandestine est l'embryon du recueil publié en 1865, par M. Rogeard, sous le même titre, avec son nom, et qui le fit expulser de Belgique, où il s'était réfugié après la publication des « Propos de Labienus ».

Pauvre (le) Horloger de Genève. Récit où sont rassemblés divers faits et incidents historiques propres à donner une juste idée de ce qui se passe de nos jours en divers lieux. (Par le pasteur César MALAN.) *Paris, imp. de Smith*, 1825, in-12. — *Id.*, 1828, in-12.

Pauvre (la) Lise. (Nouvelle traduite du russe de Nicolas Michaïlovitch KARAMSIN, par Woldemar DE PANOFF.) *Casan, de l'imprim. de l'Université*, 1817, in-8, VI-44 p.

Pour une autre traduction, voy. « Romans du Nord ».

Pauvre (la) Michée, ou histoire de la Vérité sortie du fond du puits, écrite par elle-même. (Par F. BON.) *Paris, l'auteur*, 1822, in-8, 96 p.

Pauvre (la) Orpheline, ou la force du préjugé, par M*** (Jos. SENTIES). *Paris, Barba*, an IX-1801, 2 vol. in-12.

Pavillon (le) chinois, ou contes et opuscules de ma vieille tante, par Mme L*** (Mme L.-M.-J.-M. BRAYER DE SAINT-LEON), auteur « d'Eugenio et Virginia », etc. Suivi de Maximes et Pensées, par Ch.

POUGENS. *Paris, Corbet jeune*, 1825, in-18.

Pavillon (le) du calife, ou Almanzor et Zobéïde, opéra en deux actes. (Par J.-M. DESCHAMPS, Etienne MOREL DE CHEDEVILLE et J.-B.-D. DESPRÉS.) *Paris, Ballard*, an XII-1804, in-8.

Pays (le) d'Amour, nouvelle allégorique. (Par Louis MORÉRY, si connu depuis par son Dictionnaire.) *Lyon, B. Rivière*, 1665, in-12, 86 p.

Pays (le) de Waes considéré au point de vue de l'histoire, de l'archéologie et des beaux-arts. (Par Adolphe SIRET.) (*S. l. n. d.*), gr. in-8, 16 p.   J. D.

Pays (le) des marmousets en 1815, ou les langes et les culottes. Par l'auteur de l' « Ultra », comédie dont la représentation a été défendue par la censure théâtrale. (Par F.-J.-H. COMBEROUSSE.) *Paris, Ladvocat*, 1819, in-8, 16 p.

Pays (le) jougo-slave (Croatie-Serbie) ; son état physique et politique ; sa fonction dans l'économie générale de l'Europe. (Par E. MONTAUD.) *Paris, Germer-Baillière*, 1874, in-18, LIV-378 p.

Paysan (le) et le Gentilhomme, anecdote récente. (Par René-Théophile CHATELAIN, rédacteur en chef du « Courrier Français ».) *Paris, Lhuillier*, 1817, in-8.

Paysan (le) perverti, ou les dangers de la ville. *S. l.*, 1775, 4 vol. in-12.

Il existe quelques exemplaires sans nom d'auteur, mais la majeure partie de l'édition porte : Par N.-E. RESTIF DE LA BRETONNE.

Voir P. L. (Paul Lacroix) Jacob, bibliophile, « Bibliographie et Iconographie des ouvrages de Restif », p. 125.

Paysanne (la) parvenue. (Par Charles DE FIEUX, chevalier DE MOUHY.) *Paris*, 1735, 7 parties in-12.

Plusieurs fois réimprimée.

Voy. « Supercheries », II, 1001, *d*.

Paysanne (la) pervertie, ou les mœurs des grandes villes, mémoires de Jeannette R***, recueillis de ses lettres et de celles des personnes qui ont eu part aux principaux événements de sa vie, mis au jour par M. N*** (P.-J.-B. NOUGARET). *Paris, Bastien*, 1777, 4 vol. in-12.

Paysanne (la) pervertie, par l'auteur du « Paysan perverti » (N.-E. RESTIF DE LA BRETONNE). *Paris, veuve Duchesne*, 1776, 4 vol. in-12.

La censure ayant exigé la suppression du titre, il fut, dans la plupart des exemplaires, recouvert par un nouveau titre soigneusement collé par dessus, « les Dangers de la ville, ou histoire d'Ursule R*** ». Imprimé à La Haye, 1785. Voy. IV, 837, *f.*

Il existe deux autres éditions sous le titre de : « la Paysanne pervertie », l'une et l'autre sous la rubrique de *La Haye et Paris, veuve Duchesne*, 1785 et 1786, 4 vol. in-12; celle de 1785 est une contrefaçon faite en France.

Voy. la « Bibliographie et Iconographie des ouvrages de Restif de La Bretonne », par P. L. (Paul Lacroix) Jacob, bibliophile, p. 224-232.

Les deux ouvrages réunis sous le titre de : « le Paysan et la Paysanne pervertis », *La Haye*, 1784, 16 parties en 4 vol. in-12, portent le nom de l'auteur.

Paysanne (la) philosophe, ou les aventures de madame la comtesse de... (Par Marie-Anne DE ROUMIER, dame ROBERT.) *Amsterdam*, 1762, 4 parties in-12.

Paysans (les) et le Suffrage universel. Etudes sociales et politiques. Par D. R. (Dominique REBITTÉ). *Paris, imp. Gaittey*, 1869, in-12, 172 p.

Péché (le) de Madeleine. (Par Mme CARO.) *Paris, M. Lévy*, 1865, in-18.

Publié d'abord dans la « Revue des Deux-Mondes », cet ouvrage a été réimprimé avec le nom de l'auteur.

Pécheur (le) converti, ou l'Idée d'un véritable pénitent représenté en la vie et mort de M. Jac.-Fr. Jogues de Bouland... (Par G. JOUSSET, curé de St-Mesmin.) *Orléans, F. Boyer* (1696), in-12.

Pêcheurs (les), comédie en un acte, mêlée d'ariettes, représ. sur le théâtre des com. italiens ordin. du roi, le 7 juin 1766. (Par le marquis DE LASALLE.) La musique est de M. F.-J. Gossec. *Paris, Vente*, 1766, in-8, 48 p.

Pécheurs (les) pensant à l'éternité. (Par l'abbé J.-B. LA SAUSSE.) *Paris*, 1811, in-32.— *Avignon, L. Aubanel*, 1816, in-32.

Plusieurs fois réimprimés.

Pédagogue (le) des familles chrétiennes, contenant un recueil de plusieurs instructions sur diverses matières; par un prêtre du séminaire de Saint-Nicolas-du-Chardonnet (CERNÉ). *Paris*, 1662, in-8.

Cet ouvrage avait déjà paru en 41 cahiers différents, *Paris, veuve Targa*, en différentes années, sous le titre d' « Abrégés, contenant un recueil », etc., par un prêtre du séminaire, etc.

Pedennou par instructionou christen. (En bas breton, par Ch. LE BRIS, prêtre.) *Brest*, 1712, in-8, fig.   G. M.

Pédro, nouvelle espagnole, recueillie et publiée par C. F. (François-Charles FARCY). *Paris, Farcy*, 1826, in-12.

Pédro, par l'auteur de « Bruno » (Mme J.

DE GAULLE). *Lille, Lefort*, 1851, 2 vol. in-18.

Plusieurs fois réimprimé.

Peintre (le) converti aux précises et universelles règles de son art. (Par A. BOSSE.) *Paris*, 1647, in-8.

Réimprimé, avec le nom de l'auteur, en 1667.

Peintre (le) des coulisses, salons, mansardes, boudoirs; mœurs et mystères nocturnes de la capitale... par un Lynx magicien (J.-P.-R. CUISIN). *Paris, François*, 1822, in-18.

Peintre (le) politique, ou tarif des opérations actuelles. (Par BILLAUD-VARENNES.) *S. l.*, 1789, in-8.

Peintre (le), portraits détachés, dans le goût de La Bruyère et de Théophraste. (Par le chevalier DE SAINT-MARS.) *A Saffré* (petit village de Bretagne), *chez les associés Michel-Ange et P. Rubens, rue des Belles-Couleurs*, 1753, in-12, 40 p.

Peintres (les) de Liége et de la province, par H. K. (Hyacinthe KIRSCH, avocat). *Liége, Carmanne*, 1858, in-8, 16 p.

Tirés à part du journal « la Meuse ».   Ul. C.

Peinture à la cire pure et au feu, ou nouveaux procédés encaustiques que l'on croit semblables à ceux des anciens artistes grecs et romains. Par F*** (FRIRY, substitut à Remiremont). *Remiremont, imp. de Dubiez*, 1832, in-8, 10 et 12 p.

Peinture de Cupidon, par l'Innocent égaré (Gilles D'AURIGNY). *Poitiers, de Marnef*, 1545, in-16.

Cet ouvrage n'est connu que par le témoignage de La Croix du Maine, dans sa « Bibliothèque françoise ».

Peinture des idées. (Par DE MONBACH ou MAUBUQUE.) *Paris, Saugrain jeune*, 1781, in-8.

Réimprimée sous ce titre : « Peinture des idées, ou critique sur les grammaires, ouvrage élémentaire à l'usage des écoles, des instituteurs et de tous ceux qui étudient les langues ». *Paris, Morin*, 1795, in-8.

Peinture (la) parlante. (Par Henry PADER.) *Tolose*, 1657, in-4.

Peinture (la), poëme. (Par L.-G. BAILLET, baron DE ST-JULIEN.) 1753, in-12.

Même ouvrage que « Caractère des peintres françois ». Voy. IV, 500, *a*.

Peinture (la) rajeunie. (Par DE REVEL fils.) 1754, in-12.   D. M.

Pièce de poésie ayant remporté le prix aux Jeux floraux de cette année.

Peking et ses habitants; mœurs, coutumes, religions et arts chinois, d'après des documents authentiques recueillis pendant l'expédition de Chine; mis en ordre par Alexandre M... (Alexandre Michaux). *Paris, Ledoyen*, 1861, in-18, 142 p.

Pélage, ou Léon et les Asturies sauvés du joug des Mahométans, par F. P*** (C.-F.-N. Pratbesnon). *Vesoul, imp. de Bobillier*, 1826, in-8.

Pélage, tragédie en cinq actes, par A. L. A. F. (Antoine-Laurent-Apollinaire Fée). *Paris, Delaunay*, 1818, in-8, xii-80 p.

Pêle-Mêle philosophique et littéraire, publié à divers temps (par François-Joseph Grille), sous divers noms, chez différents libraires, et relié en trois volumes, au nombre seulement de 10 exemplaires. *Paris, France*, 1850, 3 vol. in-8.

Ce titre a été réimprimé en 1855 pour un nouveau recueil en deux volumes et a été tiré également à 10 exemplaires.

Pèlerin (le) de N.-D. de Bon-Secours... (Par Jean Cayon.) *Nancy, Cayon-Liébault*, 1844, in-18.

Pèlerin (le) de vie humaine. *Lyon, Mathis Husz*, 1485, gr. in-4. — *Id.*, 1499, gr. in-4. — *Paris, Michel Le Noir*, 1506, in-4.

Traduction en prose, faite par Jean Gallopez, du « Pelerinaigne de l'homme » de Guillaume de Guilleville.

Pèlerin (le), nouvelle par le sieur S. B. R. E. (Bremont). *Chez George l'Indulgent, à Saint-Jacques-de-Galice (Hollande*, vers 1670), petit in-12.

Pèlerin (le), poëme en six chants, par l'auteur des « Mélancoliques» (Jos. Bard). *Lyon, L. Perrin*, 1832, in-8.

Pèlerinage à Notre-Dame de l'Ile, patronne de la ville de Vienne et des mariniers. (Par Victor Teste.) *Vienne, imp. de Timon*, 1854, in-16, figure.

Pèlerinage à N.-D. de l'Osier (diocèse de Grenoble), par L. T. D. (L.-T. Dassy, prêtre de N.-D. de l'Osier). *Grenoble, Baratier frères*, 1837, in-12, iv-143 p., avec trois dessins lith.

Pèlerinage (le) d'Holy-Rood, ou le rêve, par M. B. D. P*** (A. Pourret des Gauds). *Paris, Dentu*, 1832, in-8.

La deuxième édition, augmentée du procès fait à l'auteur de cette publication, *Lyon, Pitrat*, 1832, in-8, porte le nom de l'auteur.

Pèlerinage (le) d'un nommé Chrétien, écrit sous l'allégorie d'un songe, traduit de l'anglois (de John Bunyan, par Robert Estienne, libraire). *Paris, Savoye*, 1772, 1793, in-18.

L'édition originale de la première partie du « Pilgrim's Progress » parut à Londres en 1678; une quinzième édition avait vu le jour en 1702. Une seconde partie, publiée en 1683, n'est pas de Bunyan. Les réimpressions sont innombrables. Une troisième partie, *Londres*, 1692, n'est qu'une misérable supercherie.

Ce roman mystique, qui va être bientôt deux fois centenaire, a été traduit dans presque toutes les langues. Il a paru en français sous deux titres au moins, savoir :

1° « Voyage du chrétien et de la chrétienne vers l'éternité bienheureuse ». *Neufchâtel*, 1716, in-8 ; *Bâle*, 1728, 2 vol. in-12 ; *Halle*, 1752, 2 part. en 1 vol. in-12; *Colmar, Decker*, 1821, in-12 ; *Valence, Marc Aurel*, 1825, in-12 ; *Toulouse*, 1841, 1852, in-12 ; *Paris, Meyrueis*, 1863, in-12.

2° « Pèlerinage d'un nommé Chrétien, écrit sous l'allégorie d'un songe ». *Paris, Savoye*, 1772, 1793 ; nouvelle édition, *Lyon et Paris, Périsse frères*, 1820, 1824 ; *Paris, Méquignon junior*, 1825, in-18.

Toutes ces dates sont relevées d'après les bibliographies générales. Cet ouvrage a encore été donné sous ce titre : « Pèlerinage du chrétien à la cité céleste » (traduit par M. Ch. Scholl, l'un des pasteurs de l'Église française de Londres). 1831, in-12. Voy. ci-après, col. 815, *f*.

On lit dans une « Étude sur Bunyan et son Œuvre », 1re partie, publiée par M. Math. Lecièvre dans le numéro du 5 mai 1874 de la « Revue chrétienne » :

« Je possède une traduction française du « Pèlerinage », « publiée en 1783, avec approbation de la Sorbonne, « et où l'on fait endosser au vieux Bunyan la livrée « d'un écrivain de sacristie. »

Qu'a de commun cette traduction avec celle de *Paris, Savoye*, 1772, attribuée à Robert Etienne, libraire?

Il paraît évident, d'après les noms des libraires-éditeurs ou le lieu d'impression, que les traductions portant le titre de « Pèlerinage » sont catholiques, tandis que celles intitulées « Voyage » sont protestantes.

Pèlerinage de Childe-Harold, poëme romantique de lord Byron, traduit en vers français, par l'auteur des « Helléniennes » et des « Mélodies poétiques » (George Pauthier). *Paris, A. Dupont*, 1828, in-18.

Pèlerinage de Colombelle et Volontairette vers leur bien-aimé dans Jérusalem, par B. A. B. (Boetius a Bolswert), et traduit en françois par M. M. (Morin). *Anvers, Henri Ærtssens*, 1636, in-8. — *Bruxelles, Foppens*, 1684, in-8.

C'est par conjecture que j'ai placé ici le nom de Morin, et cette conjecture est fondée sur ce que le P. Morin, jésuite, a publié, chez le même libraire, la traduction de l'ouvrage intitulé : *Via vitæ æternæ*, par le P. Sucquet, son confrère. Peut-être est-ce par respect pour la gravité de son état qu'il a fait mettre sur le frontispice les initiales M. M.

Pèlerinage (le) de l'âme. (Par Guillaume

DE GUILLEVILLE.) *Paris*, *Verard*, 1499, in-fol.

C'est le second songe du « Roman des trois pèlerinages », par le même auteur.

Pèlerinage de neuf jours à N.-D. de la Treille... faisant suite à son histoire imprimée en 1843. *Lille*, *L. Lefort*, 1847, in-18.

Signé : M. F*** (Mathilde FROMENT).

Pèlerinage de Notre-Dame de Bon-Secours. Notice historique et neuvaine. *Nancy*, *Vagner*, 1846, in-8.

Plusieurs fois réimprimé.
Attribué par le Catalogue de la Bibliothèque nationale à l'abbé MOREL.
M. Noël le donne sous le nom de l'abbé GODEFROY, curé de Notre-Dame de Bon-Secours.

Pèlerinage (le) de Saint-Charles-Borromée à Rosny. (Par Amable GRÉGOIRE, ancien sous-chef de bureau à la préfecture de la Seine.) *Paris*, *chez l'auteur*, 1832, in-8, 16 p.   D. M.

Pèlerinage de Saint-Hubert-en-Ardennes, ou particularités sur la vie de saint Hubert, l'abbaye d'Andaye, l'église de Saint-Hubert et l'usage de la sainte étole contre l'hydrophobie. (Par l'abbé BERTRAND, curé à Sinsin.) *Namur*, *Doux fils*, 1854, in-12, 244 p.   J. D.

Pèlerinage de Saint-Jean-Saintines. Feu de Saint-Jean et messe de minuit. Par M. le curé de Saintines (l'abbé LECOEUR). *Compiègne*, *Breton*, 1861, in-18, 65 p. et 2 ff. de table.

Pèlerinage (le) de Sainte-Anne-d'Auray, ou notice sur la découverte de la statue miraculeuse, la fondation de la chapelle, les progrès de la dévotion et les miracles qui l'ont confirmée, par M. A. M..., d'Auray (le R. P. Arthur MARTIN, S. J.). Nouvelle édition. *Vannes*, *Galles*, 1838, in-18.

La première édition est de 1835. Les éditions suivantes portent le nom de l'auteur.

Pèlerinage (le) de Sainte-Julienne, à Colombes, par Neuilly, près de Paris. (Par Amable GRÉGOIRE.) *Paris*, *Adrien Leclère*, 1830, in-18, 12, 7 et 8 p.   D. M.

Pèlerinage du bonhomme pensif. Par J. G. (J. GIRAUD, pasteur). *Paris*, *Grassart*, 1860, in-12, 368 p.

Pèlerinage du chrétien à la cité céleste, décrit sous la similitude d'un songe. (Traduit de l'anglais de A. BUNYAN, par Charles SCHOLL, l'un des pasteurs de l'Église française de Londres.) *Paris*, *Risler*, 1831, in-12.

Voy. ci-dessus, col. 814, *a*.

Pèlerinage (le) en Italie. Par L*** (LAPORTE). *Paris*, *Boulland*, 1824, 2 vol. in-12.

Pèlerins (les) au tombeau de Notre-Seigneur, poëme sacré, traduit ou imité de l'Oratorio de Pallavicini, par M*** (C.-A. DE SAINT-JORRE, prieur de Sarton). *Paris*, *G. Desprez*, 1761, gr. in-8.

Pèlerins (les), ou voyage allégorique à Jérusalem. (Par l'abbé J.-B. LASAUSSE.) *Falaise*, *Brée*, 1807, in-12, 233 p.

Pelham, ou les aventures d'un gentilhomme anglais, traduit librement de l'anglais (d'Edouard Lytton BULWER) par Jean COHEN. *Paris*, *Mame et Delaunay-Vallée*, 1828, 4 vol. in-12.

Pélops, opéra transcendant, tiré de la première Olympique de Pindare, représenté le 2 juillet 1818, au Pandiorama de Pékin. Par B. (Emile BLANDET), auteur de la « Romantiade ». *Paris*, *imp. de F. Didot*, 1826, in-8, 16 p.

Pen Owen, roman, par M. Théodore HOOK, trad. de l'anglais par le traducteur des romans de Walter Scott (A.-J.-B. DEFAUCONPRET). *Paris*, *Lecointe et Durey*, 1823, 4 vol. in-12.

Penchants (des) de la nature, discours qui a concouru pour le prix proposé en 1768 par l'Académie royale des sciences et belles-lettres de Prusse, et qui a obtenu l'accessit. (Par L.-F. GUINEMENT KERALIO.) *Paris*, *Gauguery*, 1769, in-12.

Pénitent (le) conduit au tribunal de la pénitence... par l'auteur de la traduction de « la Vie et le Tableau des vertus de Benoît-Jos. Labre » (l'abbé Jos.-Marie ROUBAUD). *Paris*, *Berton*, 1786, in-12.

Pensées. (Par Mme YÉMÉNIZ, née RUBICHON.) *Lyon*, *Boitel*, 1848, in-12.

Femme du célèbre bibliophile lyonnais, cette dame, de beaucoup de mérite elle-même, correspondait avec un grand nombre de savants. Elle est morte au commencement d'avril 1860.   D. M.

Pensées amoureuses de CATULLE, LUCRÈCE, PÉTRONE et autres. (Par Claude NICOLE, président de l'élection de Chartres.) *Paris*, *de Sercy*, 1666, in-12.

Pensées anti-philosophiques. (Par ALLAMAND, de Lausanne.) *La Haye*, 1751, in-12.

Pensées anti-philosophiques. (Par l'abbé

Camuset.) *Paris, Pillot*, 1770, in-18, 88 p. et 1 f. de privilége.

Pensées choisies de l'abbé Boileau sur différents sujets de morale. (Par l'abbé Ch.-Louis Richard.) Nouv. édit. *Paris*, 1734, in-12, avec une suite dont le privilége est daté de 1718.

Pensées chrétiennes et morales sur divers textes de l'Evangile. (Par l'abbé J.-B. Drouet de Maupertuy.) *Paris, Josse*, 1803, in-12.

Pensées chrétiennes (par Georg.-P.-G. de Polier de Bottens) mises en parallèle et en opposition avec les « Pensées philosophiques » (de Diderot). On y a joint quelques réflexions d'un autre auteur sur ces dernières. *Rouen*, 1747, in-12.

La première édition est de *La Haye*, 1746, in-12.

Pensées chrétiennes pour tous les jours du mois. (Par le P. Dom. Bouhours, jésuite.) *Paris*, in-12. — 3e édit. *Paris, Séb. Mabre-Cramoisy*, 1670, in-12.

Souvent réimprimées. Voy. de Backer, 2e édit., I, col. 809-810. On en a publié aussi des éditions sous le titre de : « Considérations chrétiennes... » Voy. IV, 703, *d.*

Pensées chrétiennes sur divers sujets de piété. (Par l'abbé F.-T. de Choisy.) *Paris, C. Barbin*, 1688, in-8, 3 ff. lim. et 227 p.

Pensées chrétiennes sur la pauvreté. (Par J. du Vergier de Hauranne, abbé de Saint-Cyran.) *Paris, J.-B. Coignard*, 1670, in-12.

Pensées chrétiennes sur tous les mystères et fêtes de l'année, avec la manière de deviner les pensées qu'une personne aura retenues (en vers)... (Par l'abbé Forest, chanoine régulier de l'abbaye de Saint-Martin-ès-Aires.) *Troyes, J.-J. Le Febvre*, 1770, 2 part. in-8.

Pensées chrétiennes tirées de l'Ecriture sainte et des saints Pères. (Par Ambr. Paccori.) *Paris*, 1733, in-18.

Pensées chrétiennes tirées de l'Écriture sainte et des saints Pères, pour tous les jours du mois. (Par l'abbé Et.-Fr. Vernage.) *Paris, Desprez*, 1713, 1717, in-18. — *Paris, Belin-Mandar*, 1823, in-32.

Pensées critiques sur les mathématiques, où l'on propose divers préjugés contre ces sciences, à dessein d'en ébranler la certitude et de prouver qu'elles ont peu contribué à la perfection des beaux-arts.

(Par l'abbé Nic. Cartaud de La Villote.) *Paris, Osmont*, 1733, in-12.

Pensées d'août, poésies. (Par Sainte-Beuve.) *Paris, E. Renduel*, 1837, in-16.

Le nom de l'auteur n'est pas sur le titre, mais il se lit au dos de la couverture sur les exemplaires brochés. Réimprimées avec le nom de l'auteur sur le titre.

Pensées d'Atticus. (Par lord Fitz-William.)

Les « Pensées » parurent peu après les « Lettres » : elles se trouvent réunies ensemble dans l'édition de l'abbé Vinçon. Voy. V, 1233, *f.*

Pensées d'un amateur de la vérité sur les affaires présentes. (Par J.-B. Secondat de Montesquieu.) *S. l.*, 1789, in-8.

Pensées d'un bon roi, recueil de notes historiques... (Par Gorjon.) *Paris, Pillet ainé*, 1825, in-8.

Pensées d'un Breton sur la sainteté des serments. (Par Joseph-Alexis Walsh.) *S. l. n. d. (Nantes*, 1815), in-8, 15 p.

Attribuées à M. de Saint-Pern, dans le Catalogue de Nantes, n° 49899.

Pensées d'un esprit droit et Sentiments d'un cœur vertueux, par J.-J. Rousseau, ouvrage inédit, imprimé sur le manuscrit autographe de l'auteur, suivi d'un autre opuscule de Rousseau, intitulé « Mœurs, Caractères ». (Publié par M.-G.-T. Villenave.) *Paris, Fournier-Favreux*, 1826, in-8, 96 p.

Pensées d'un Français en 1814. (Par le marquis Frédéric-Gaëtan de Larochefoucauld-Liancourt.) *Paris, Delaunay*, 1814, in-8.   D. M.

Pensées d'un gentilhomme qui a passé la plus grande partie de sa vie dans la cour et dans la guerre. (Par de Bourdonné, Parisien, gouverneur de La Bassée et ensuite de Moyenvic.) *Paris, A. Vitré*, 1659, in-12. — *Jouxte la copie, à Paris, chez Antoine Vitré, imprimeur du roy (Bruxelles, Foppens)*, 1665, in-12.

Cet ouvrage avait paru l'année précédente sous le titre de : « Courtisan désabusé ». Voy. IV, 808, *f.*

Pensées d'un magistrat sur la déclaration qui doit être portée au Parlement. (Par l'abbé du Guet.) *S. l.* (1720), in-4, 12 p.

Pensées d'un militaire français (Colinet de La Salle). 1815, in-8.

Noël, « Collections lorraines », n° 4137.

Pensées d'un soldat sur la mort de l'empereur Napoléon, dédiées au président de la République française. (Par J.-M.-C.-Alex. Goujon.) *Paris, imp. de Prève* (1849), in-8, 4 p.

Réimpression d'une brochure publiée en 1821, avec la signature de l'auteur, et dont il avait paru cinq éditions la même année.

Pensées d'un théologien sur le parti proposé par quelques magistrats de recevoir la déclaration du roi avec des modifications. (Par Lefèvre, docteur en Sorbonne.) *S. l.* (1720), in-4, 8 p.

Pensées de Blaise Pascal, rétablies suivant le plan de l'auteur, publiées par l'auteur des « Annales du moyen âge » (J.-M.-F. Frantin). *Dijon, Lagier*, 1835, in-8.

Pensées de Cicéron, traduction nouvelle (par Louis Le Roy, ancien bailli du Palais). *Paris, Lamy*, an X-1802, 3 vol. in-18.

Pensées de Descartes sur la religion et la morale (recueillies par l'abbé Jacq.-And. Emery). *Paris, Le Clère*, 1811, in-8.

Pensées de Galilée sur les méchaniques, traduites de l'italien (par le P. Marin Mersenne). *Paris*, 1639, in-8.

Pensées de J.-J. Rousseau, extraites de ses ouvrages (par l'abbé Jos. de Laporte). *Amsterdam et Paris, Panckoucke*, 1763, 1764, in-12. — *Id.*, 1766, 2 vol. in-12. — *Paris, Panckoucke*, 1773, in-8. — *Avranches, Lecourt*, 1792, in-12.

Pensées de Jean-Paul (Richter), extraites de tous ses ouvrages, par le traducteur des « Suédois à Prague » (le marquis Augustin Lagrange). *Paris, F. Didot*, 1829, in-18. — 2e édit. *Paris, Levrault*, 1830, in-8, avec le nom du traducteur.

Pensées de Leibnitz sur la religion et la morale, précédées d'un discours sur les ouvrages et la vie de cet homme célèbre (par l'abbé Jacq.-And. Emery); seconde édition, considérablement augmentée, de l'ouvrage intitulé « Esprit de Leibnitz ». *Paris, veuve Nyon*, an XII-1804, 2 vol. in-8.

On lit dans la préface de l' « Esprit de Leibnitz » un éloge très-judicieux des libertés de l'Eglise gallicane. Il ne se trouve point dans la nouvelle édition. Voy. V, 189, *b*.

Pensées de Louis XIV, extraites de ses ouvrages et de ses lettres manuscrites (par la duchesse de Duras). *Paris, F. Didot*, 1827, in-18, 48 p.

Pensées de milord Bolingbroke sur différents sujets d'histoire, de philosophie, de morale, etc. (recueillies par L.-Laurent Prault). *Amsterdam et Paris, Prault fils*, 1771, in-12.

Le général Grimoard observe. dans l'avertissement qui précède les « Lettres » de Bolingbroke, que l'éditeur des « Pensées » de ce philosophe a, par un zèle mal entendu, commis la fraude pieuse de prêter à Bolingbroke un assez grand nombre de Pensées qu'on n'a pu retrouver dans ses ouvrages, ou d'altérer des Maximes de cet écrivain, quand elles contrariaient les principes de la religion catholique.

Pensées de M. l'abbé Prévôt, précédées de l'abrégé de sa vie. (Publiées par dom Alexandre-Nicolas Dupuis.) *Amsterdam et Paris, Desaint*, 1764, in-12, XLVIII-218 p.

Pensées de M. le comte d'Oxenstiern sur divers sujets, avec les réflexions morales du même auteur. Nouvelle édition, revue et corrigée... par M. D. L. M. (A.-A. Bruzen de La Martinière). *La Haye, J. Van Duren*, 1742, 2 vol. in-12. — *Id.*, 1744, 2 vol. in-12. — *Id.*, 1759, 2 vol. in-12.

Pensées de M. Pascal sur la religion et sur quelques autres sujets, qui ont été trouvées après sa mort parmi ses papiers. *Paris, Guill. Desprez*, 1670, in-12.

Pour les différentes éditions, voir le « Manuel du libraire », 5e édit.

Le premier éditeur a été l'ami de Pascal, Artus Gouffier, duc de Rouannez, Rouannais et plus souvent Roanez.

Pensées de M. Pascal sur la religion et sur quelques autres sujets. Nouvelle édition, augmentée de plusieurs pensées, de sa vie et de quelques discours. *Paris, Guill. Desprez et J. Desessarts*, 1714, in-12.

Le Discours sur les « Pensées » de Pascal a paru pour la première fois en 1672. Dans l'approbation, il est attribué à Dubois de La Cour, qui n'est autre que Filleau de La Chaise (et non Filleau de La Chaume, comme il a été dit par erreur ci-devant, V, 1048, *b*). Cet auteur a écrit plusieurs fois sous le nom de Dubois de La Cour, ce qui fait que quelques personnes ont attribué le Discours à Goibaud-Dubois, traducteur de Cicéron; mais Goujet et Niceron (t. XX, p. 97) sont d'accord pour le donner à Filleau de La Chaise.

L'épitaphe de Pascal, signée A. P. D. C., est de M. Aimon Proust, de Cherbourg, père d'un professeur en droit à Orléans.

Pensées de M. Pascal sur la religion et sur quelques autres sujets. Nouvelle édition, augmentée d'un grand nombre de pensées qui sont tirées du recueil de ses œuvres; avec une nouvelle table des matières beaucoup plus ample (par André, bibliothécaire de M. d'Aguesseau). *Paris, Nyon l'aîné*, 1783, in-12.

Pensées de Montaigne, propres à former

l'esprit et les mœurs (publiées par Artaud). *Paris, Anisson*, 1700, in-12. —
Nouvelle édition. *Paris, imprimerie bibliographique*, an XIII-1805, in-12.

Pensées de Pascal (précédées de son
éloge et accompagnées de notes, par Condorcet). *Londres (Paris)*, 1776, in-8. —
Autre édition, avec des notes (par Voltaire). *Londres et Paris (Genève)*, 1778,
in-8. — Autre édit. *Paris, Cazin*, 1782,
2 vol. in-18.

> Voy. « Eloge et Pensées de Pascal... », V, 84, *b*.

Pensées (les) de Pope, avec un abrégé
de sa vie, extraites de l'édition angloise de
Warburton par M*** (H. Lacombe de Prezel). *Genève (Paris, Grangé)*, 1766, in-12.

Pensées de Shakespeare, extraites de
ses ouvrages (par Charles Nodier). *Besançon, Métoyer*, 1801, in-8.

> Il a été tiré douze exemplaires sur papier vélin ; ils
> portent le nom du traducteur.

Pensées diverses contre le système des
matérialistes, à l'occasion du « Système
de la nature ». (Par Guill. Dubois de Rochefort.) *Paris, Lambert*, 1771, in-12.

Pensées diverses d'un bon et franc catholique, à l'occasion du bref de notre
saint-père le pape à l'archevêque de Malines, sur le serment de haine à la royauté.
Maëstricht, Nypels, an VII-1799, in-8, 78 p.

> Cet ouvrage est de Simon-Pierre Ernst, chanoine
> régulier de l'abbaye de Rolduc, sur lequel l' « Examen
> critique » de A.-A. Barbier donne, page 310-312, un
> article rédigé d'après une lettre autographe de l'auteur,
> communiquée par M. G*** (l'abbé Grégoire).
> Quérard reproduit cette attribution dans sa « France
> littéraire », tome III, page 29, et tome XI, page 143,
> tandis que dans ses « Supercheries », I, 548, *f*, il
> donne cet opuscule à Dominique Bauduin, prêtre de
> l'Oratoire.
> La notice ci-dessus visée indique, sous le no 14,
> un autre écrit d'Ernst, intitulé : « Réflexions sur le
> décret de Rome et la décision de quelques évêques, re-
> lativement au serment de haine, etc., par un ami de
> la vérité et de la paix ». *Maestricht, chez Th. Nypels*,
> an VII, in-8, 124 p.

Pensées diverses écrites à un docteur
de Sorbonne, à l'occasion de la comète qui
parut au mois de décembre 1680. (Par
P. Bayle.) Seconde édition. *Rotterdam,
Leers*, 1683, in-12. — Addition aux mêmes.
Rotterdam, Leers, 1694, in-12. — Continuation des mêmes. *Rotterdam, Leers*, 1705,
2 vol. in-12. — Pensées diverses, etc.,
avec l'Addition et la Continuation. 5e édition. *Rotterdam, Leers (Trévoux)*, 1721,
4 vol. in-12.

> Voy. « Lettre à M. L. A. D. C... », V, 1107, *e*.

Pensées diverses éparses ; par l'auteur
de l' « Existence », *Paris*, 1841, de l' « Esprit des sociétés nationales » et d'un
« Projet de constitution présenté à la Convention nationale en l'an III » (Urbain-
Firmin Piault, chef d'escadron en retraite). *Paris, Treuttel et Wurtz*, 1844, in-8.

Pensées diverses et Réflexions philosophiques propres à former l'esprit et le
cœur. Par M. B*** (Simon Bignicourt,
conseiller au siége présidial de Reims)...
Londres et Paris, Saugrain, 1755, in-8.

Pensées diverses, ou réflexions sur divers sujets. (Par Ange Goudar.) *Paris*,
1748, in-12.

Pensées diverses, ou réflexions sur l'esprit et le cœur. (Par Barbier, de Vitry-
le-Français, père de Barbier-Neuville.)
Paris, Le Breton, 1748, in-12.

Pensées diverses sur l'homme. (Par Ant.
Pecquet.) *La Haye, Van Dole*, 1738, in-12.

Pensées diverses sur la religion chrétienne, tirées des plus célèbres auteurs de
notre temps. (Par J.-B. Thomas, chanoine,
et ensuite aumônier de l'Ecole des arts et
métiers de Châlons-sur-Marne.) *Nancy,
Leseure, s. d.*, in-16, 170 p.

Pensées diverses sur les princes. (Par
Frédéric Ier, landgrave de Hesse-Cassel,
probablement aidé par le marquis J.-P.-L.
de La Roche du Maine de Luchet, son
bibliothécaire.) *Lausanne*, 1776, in-8, 19 p.

> Note manuscrite.

Pensées du cardinal de Retz. (Publiées
par Adrien de Lezay-Marnésia.) *Paris*,
an V-1797, in-18, 121 p.

Pensées du général Foy, membre de la
Chambre des députés, tirées de ses discours prononcés à la tribune législative
pendant les sessions de 1819 et 1820, précédées d'une notice sur la vie de ce général (par René Périn). *Paris, C. Painparré*, 1821, in-18.

Pensées du marquis de *** sur la religion et l'Eglise. (Par le P. P.-Ignace Garnier, jésuite.) *Paris, Le Mercier*, 1759,
in-12.

Pensées du P. Bourdaloue sur divers
sujets de religion et de morale (rédigées
et publiées par le P. Fr. Bretonneau, jésuite). *Paris, Cailleau*, 1734, 2 vol. in-8 ;
— 1735, 3 vol. in-12.

Pensées (les) du solitaire. (Par le comte

DE CRAMAIL.) *Paris, Courbé,* 1632, 2 vol.
in-8.

Catalogue de La Vallière, par Nyon, n° 11652.

Pensées édifiantes sur la mort, tirées des propres paroles de l'Ecriture sainte et des saints Pères. (Par Marc-Ant. HERSAN.) *Paris, Jouenne,* 1722, in-12. — *Paris, Durand,* 1740, in-12.

Pensées errantes, avec quelques lettres d'un Indien, par Mme DE *** (Mme DE BENOUVILLE, mère de Mme de Livry). *Paris, Hardy,* 1758, in-12, 2 ff. de titre, 334 p. et un feuillet d'avis.

Pensées, Essais et Maximes de J. JOUBERT, suivis de lettres à ses amis, et précédés d'une notice sur sa vie, son caractère et ses travaux (par Paul DE RAYNAL). *Paris, Ch. Gosselin,* 1842, 2 vol. in-8.

La 4° édition (1864), qui porte le nom de M. Paul de Raynal, est accompagnée de jugements littéraires de MM. Sainte-Beuve, Silvestre de Sacy, Saint-Marc Girardin, Geruzez et Poitou.

Pensées et Considérations diverses. (Par Aug. PRUNELLE DE LIÈRE.) *Paris, Migneret,* 1824, in-8, 112 p.

Une seconde édition, augmentée, est intitulée : « Pensées et Considérations morales et religieuses ». *Paris, Migneret,* 1826, in-8.

Pensées et Maximes de Guillaume-Chrétien LAMOIGNON-MALESHERBES, suivies de réflexions sur les lettres de cachet, pour faire suite à sa vie, recueillies par E. L****. *Paris, Brasseur aîné.* an X-1802, in-12.

Publiées par Antoine SERIEYS, d'après le « Catalogue de la Bibliothèque de Nantes », n° 33490.

Pensées et Maximes de J.-J. Rousseau (recueillies par René PERIN). *Paris, Roret,* 1820, 2 vol. in-18.

Pensées et Observations modestes de M. le comte DE B... (Ant.-Jos. DE BARRUEL-BEAUVERT). *Paris, Cussac,* 1785, in-8.

Pensées et Prières tirées de l'Ecriture, des Pères, de l'Imitation de Jésus-Christ et des offices de l'Eglise, pour servir d'aliment à la foi et à la piété, par l'auteur des « Lectures chrétiennes » (CARDON DE MONTREUIL). *Paris, Le Clère,* 1820, in-12.

Pensées et Questions politiques. (Publiées par Martial SAUQUAIRE DE SOULIGNÉ.) *Angers,* 1814, in-8.

Cet ouvrage, contraire à Bonaparte et favorable à la maison de Bourbon, devait paraître périodiquement ; mais il a été supprimé. L'exemplaire que j'ai sous les yeux n'a pas de frontispice.

Pensées et Réflexions extraites de Pascal sur la religion et la morale. (Par l'abbé Gabriel-Marin DUCREUX.) *Paris, .*1785, 2 vol. in-16.

Pensées et Réflexions morales et politiques. (Par le marquis Louis-Joseph-Amour DE BOUILLÉ, mort en 1850.) *Paris, Baudouin frères,* 1826, in-8. — 2° édit., revue et augmentée. *Paris, Amyot,* 1831, in-12, avec le nom de l'auteur.

Pensées et Réflexions morales, par un militaire (DE SAINT-JEAN). *Paris, Merlin,* 1768, in-12, IV-163 p.

Permission tacite, 9 juin 1768.   V. T.
Le Catalogue manuscrit de la Bibliothèque du roi attribue cet ouvrage à DE MONTAUT.

Pensées et Réflexions morales sur divers sujets. (Par Mme G.-C. THIROUX D'ARCONVILLE.) *Avignon (Paris),* 1760, in-12. — 2° édition, augmentée. *La Haye et Paris,* 1766, in-12.

Elles sont reproduites dans le tome I des « Mélanges de littérature, de morale et de physique » de l'auteur. Voy. ci-dessus, col. 114, a.

Pensées et Réflexions sur les égarements des hommes dans la voye du salut. (Par Pierre DE VILLIERS.) *Paris, Barbin,* 1693, 3 vol. in-12.

Réimprimées en 1732.

Pensées et Sentiments, par M. P*** H*** (PINKENEY HORRY), de la Caroline. *Paris, P. Didot l'aîné,* 1803, in-18.

Tiré à 30 exemplaires.

Pensées extraites des Satires de JUVÉNAL, traduites par P. N. G*** (Pierre-Nicolas GUÉRIN). *Paris, Duponcet,* an X-1802, in-12, 51 p. — Nouvelle édition, augmentée des Pensées de PERSE. *Paris, Duponcet,* 1803, in-12.

Pensées extraites du Journal de HALLER, avec une notice sur sa vie (par Mlle Herminie DE CHAVANNES). *Lausanne,* 1811, in-12.

Refondu dans l'ouvrage intitulé : « Albert de Haller ».

Pensées ingénieuses des anciens et des modernes. (Publiées par le P. Dom. BOUHOURS.) *Paris, S. Mabre-Cramoisy,* 1689, 1691, in-12.

Souvent réimprimées avec le nom de l'auteur.

Pensées ingénieuses des Pères de l'Eglise, par le P. B*** (Dom. BOUHOURS). *Paris, Louis Josse,* 1700, in-12.

Pensées (les) ingénieuses, ou les épigrammes d'OWEN, traduites en vers françois, par M. Le B... (Ant.-Louis Le Brun), avec le latin à côté. *Bruxelles, Léonard,* 1710, in-12.

Pensées libres sur la liberté de la presse, à l'occasion d'un rapport du représentant Chénier à la Convention nationale, du 12 floréal. *Paris, Maret* (an III), in-8, 16 p.

Signé : A. M. (André Morellet).

Pensées libres sur la religion, l'Eglise et sur le bonheur de la nation. Traduites de l'anglois du docteur B. M. (Bernard Mandeville, par Juste Van Effen). *La Haye, Vaillant,* 1722, 2 vol. in-12.

L'édition d'*Amsterdam*, 1738, 2 vol. in-12, porte le nom du traducteur.

Pensées libres sur les prêtres de tous les siècles et de tous les pays. (Par Sylvain Maréchal.) *Paris, Debray,* 1798, in-12.

Pensées, Maximes et Portraits, par A. de T. (Antoine de Tourtoulon). *Montpellier, Cristin,* 1834, in-8.

Pensées, Maximes et Réflexions morales de M. le duc *** (François de La Rochefoucauld). Onzième édition, augmentée de remarques critiques... par M. l'abbé de La Roche. *Paris, E. Ganeau,* 1737, in-12.

Cette édition a été plusieurs fois réimprimée.

Pensées morales. (Par Mme de Damas.) *Paris, Desenne,* an VIII-1800, in-12.

Pensées morales de divers auteurs chinois, recueillies et traduites du latin et du russe (d'Alex. Léontieff), par Levesque. *Paris, impr. de Didot aîné,* 1782, in-18.
A. L.

Pensées morales de Marc-Antoine, empereur, de soy et à soy-même. *Paris, veuve Camusat,* 1651, in-12. — *Amsterdam,* 1655, 1659, in-12.

La dédicace à la reine Christine est datée de Paris, le 15 octobre 1650, et signée B. I. K. (Balbisky). Voy. « Supercheries », I, 532, a.

Une note manuscrite de A.-A. Barbier porte :

« J'ai vu un exemplaire de l'édition de 1658 portant le nom de Benoît-Joseph Krus comme traducteur de ce livre. »

Pensées morales, par M. le baron de Holberg, traduites du danois (par J.-B. Desroches de Parthenay). *Copenhague,* 1749, 1754, 2 vol. in-12.

Cet ouvrage a paru aussi sous le titre suivant, si j'en juge par le Catalogue de Jean Néaulme, *La Haye,* 1765, in-8, tome II, p. 88 et 102 :

« Pensées ou réflexions du baron de Holberg, particulièrement sur les idées fausses du peuple touchant

les vices et les vertus, traduites du danois » (par Desroches de Parthenay). *Londres,* 1753, in-8.

Le « Journal des Savants » ; édition de Hollande, octobre 1751, p. 264, cite, sous la rubrique de *Copenhague,* « Lettres sur divers sujets de morale », en danois, par M. le baron de Holberg, et traduites en françois par M. Desroches de Parthenay. *Copenhague,* 1751, 2 vol. in-12.

Pensées ou réflexions du baron de Holberg...

Voy. « Pensées morales... »

Pensées, par J. P. J. A. D. L. (J.-P.-J.-Auguste de La Bouisse). *Paris, Ch. Pougens,* an IX-1801, in-18.

Pensées philosophiques. (Par Diderot.) *La Haye, aux dépens de la Compagnie,* 1746, in-18, 136 p. — *Aux Indes, chez Bedihuldgemale,* 1748, in-8, 65 p. et 3 ff. de table. — Autre édition, où l'on a joint le Vrai Philosophe. *Londres,* 1773, in-18. 136 p. pour les Pensées et 77 p. pour le Vrai Philosophe, et 5 ff. de table pour les Pensées.

A cette époque, Diderot se trouvait dans l'impossibilité de prêter 600 francs à une femme qui en avait besoin et qu'il désirait obliger ; il s'enferma dans sa chambre, travailla de toutes ses forces, composa en quatre jours les « Pensées philosophiques », et, les ayant présentées à son libraire, il en reçut la somme qu'il désirait de prêter.

Voy. les « Mémoires pour servir à l'histoire de la vie et des ouvrages de Diderot », par Mme de Vandeuil, sa fille, placés en tête de la « Correspondance de Diderot avec Mlle Voland ». *Paris, Paulin,* 1830, 4 vol. in-8.

Les « Pensées philosophiques » ont été condamnées au feu par arrêt du Parlement de Paris, en date du 7 juillet 1746.

Il y a 62 Pensées.

Naigeon a donné un supplément dans son « Recueil philosophique » (voy. ce titre) ; et M. Assézat a ajouté deux pensées inédites dans le tome I de l'édition de Diderot qu'il publia chez Garnier frères.

Cet ouvrage a aussi paru sous les titres de « l'Apocalypse de la raison », voy. IV, 233, f, et « Etrennes aux esprits forts », voy. V, 308, d.

Pour une réfutation des « Pensées de Diderot », voyez ci-devant, « Pensées chrétiennes », col. 817, b.

Pensées philosophiques. (Par le général-major O. de Howen.) *Nimègue,* 1835, in-8.

Pensées philosophiques d'un citoyen de Montmartre. (Par le P. Pierre Sennemaud, jésuite.) *La Haye et Paris,* 1756, in-12.

Pensées philosophiques de M. de Voltaire, ou tableau encyclopédique des connaissances humaines. (Publié par A.-G. Contant d'Orville.) *Paris, Hérissant,* 1765, 2 vol. in-12.

Pensées philosophiques de Voltaire. Ouvrage posthume. (Publié par Piccini fils.) *Paris, impr. de Didot aîné*, an X-1802, in-8 et in-12, avec une gravure.

Cet ouvrage fut reproduit la même année sous ce titre : « Pensées, Remarques et Observations de Voltaire ». Ouvrage posthume. *Paris, impr. d'Egron*, xx et 196 p.

A.-A. Renouard a le premier, en 1821, admis dans le tome XLIII de son édition des Œuvres de Voltaire un choix fait par lui de ces Pensées, choix qui a été reproduit par les éditeurs qui sont venus après lui.

Pensées philosophiques en françois (par Diderot) et en italien (de la traduction d'un anonyme), auxquelles on a ajouté un Entretien d'un philosophe avec Mme la duchesse de ***, ouvrage posthume de Thomas Crudeli en italien et en françois par le même auteur (composé en français par Diderot). *Londres (Amsterdam)*, 1777, in-12.

Pensées philosophiques (par Diderot) et Pensées chrétiennes (par George de Polier de Bottens), mises en parallèle. *La Haye*, 1746, in-12.

Pensées philosophiques, mêlées de maximes morales, avec quelques réflexions à un ami sur l'éducation de son fils...(Par Bauny.) *Paris, Nyon*, anVIII, in-8.

Pensées philosophiques, morales, critiques, littéraires et politiques de Hume; traduites de l'anglois (par J.-Aug. Jullien, connu sous le nom de Desboulmiers). *Londres (Paris), veuve Duchesne*, 1767, in-12.

Pensées philosophiques, morales et politiques, ouvrage de main de maître (tiré des ouvrages de Stanislas, roi de Pologne, et de Frédéric II, roi de Prusse, par A.-G. Contant d'Orville). *Paris, Grangé*, 1768, in-12.

Pensées philosophiques sur la nature, l'homme et la religion. (Par P.-J. Boudier de Villermet.) *Paris, Royez*, 1784-1786, 4 vol. in-18.

Pensées philosophiques sur la science de la guerre. Analogies, combinaisons, portraits, tableaux. (Par le baron de Prades.) *Berlin*, 1756, 2 vol. pet. in-8. — *Tonquin (Paris)*, 1766, 2 part. in-12.

Pensées pieuses en forme d'élévations. Ouvrage posthume d'une dame de charité de la paroisse de Saint-Thomas-d'Aquin. (Par Louis Silvy.) *Paris, Adrien Le Clère*, 1809, in-18, 252 p.   D. M.

Pensées pour et contre les écrivains mécréants. A l'occasion de deux écrits nouveaux intitulés, l'un « l'Homme ma-

chine, », l'autre « Discours sur le bonheur ». *Neufchâtel*, 1752, in-12.

Formey, Catalogue de Bourdeaux, n° 1784, dit que cet ouvrage est de Pury.

Pensées psychologiques. (Par M. l'abbé comte de Malet.) *Paris, Gaume frères*, 1841, in-18.

Pensées. Quelques pensées. (Par le prince Michel Galitzine, né en 1804, mort en 1861, à Montpellier.) *Paris, Amyot*, 1846, pet. in-12, 46 p.

Pensées raisonnables, opposées aux « Pensées philosophiques », avec un essai de critique sur le livre des « Mœurs ». (Par J.-H.-S. Formey.) *Berlin (Amsterdam)*, 1749, in-8.

Voy. Formey, « Souvenirs d'un citoyen », tome I, 231 et suiv.

Pensées religieuses, par un saint-simonien (M. Fournier, juge de paix à Angers). *Angers, E. Lesourd*, 1833, in-8.

Pensées, Remarques et Observations...

Voy. « Pensées philos. de Voltaire », col. 826, f.

Pensées secrètes et Observations critiques. (Par Hyacinthe Themiseul de Saint-Hyacinthe.) *Londres*, 1735, in-12.

Réimprimé avec le nom de l'auteur. *Londres*, 1769, in-12.

Pensées sur Dieu, sur l'immortalité de l'âme et sur la religion. (Par l'abbé Edm. Cordier de Saint-Firmin.) *Paris, Belin*, l'an X-1802, in-8.   V. T.

Pensées sur différents sujets de morale et de piété, tirées des ouvrages de Massillon (par l'abbé Jos. de La Porte). *Paris, Hérissant*, 1748, in-12.

La préface est du P. Jos. Massillon, oratorien, neveu de l'évêque.

Pensées sur différents sujets de morale, par le P. Avrillon, religieux minime; avec un avertissement contenant un abrégé de la vie de l'auteur (par l'abbé C.-P. Goujet). *Paris, D.-A. Pierres*, 1741, in-12.

Pensées sur différents sujets, par un ancien militaire. (Par de Laulanhier, évêque d'Eggée.) *Langres et Paris, Humblot*, 1773, in-12.

Pensées sur l'aumône. (Par Luc Courchetet d'Esnans.) *Paris, Valeyre le père*, 1769, in-16.

Pensées sur l'interprétation de la nature. (Par D. Diderot.) *Londres (Paris)*, 1754, petit in-12, iv-206-xii p.

Il y a des exemplaires ne portant aucune indication de lieu.

L'ouvrage a été remanié après l'impression; les pages 73 à 100 deviennent des folios; il y a deux folios 101; la pagination reprend à 101 pour aller jusqu'à 168; 169 a deux folios, 170 un folio.   A. L.

Diderot termina cet ouvrage par une espèce de *prière*, dont il ne fit tirer que trois exemplaires; Naigeon ne put s'en procurer un; mais M. Brière, dernier et exact éditeur de Diderot, a remarqué que cette prière se trouvait à la fin des « Pensées » dans l'édition intitulée : « Collection complète des œuvres de Diderot », *Londres*, 1773, 5 vol. in-8, et il l'a reproduite dans le tome II de son édition de Diderot.

Pensées sur la prière, trad. du russe (par A. KOWALKOFF). (*Moscou*), impr. de *N.-S. Vsevolojsky*, 1811, in-32, 16 p.   A. L.

Pensées sur la réunion des Eglises protestantes. (Par BRUCKER.) *Heidelberg*, 1723, in-4.   V. T.

Pensées sur la révolution de l'Amérique-Unie, extraites de l'ouvrage anglois intitulé : « Mémoire adressé aux souverains de l'Europe sur l'état actuel des affaires de l'ancien et du nouveau monde ». (Par Thomas POWNAL.) *Amsterdam, Harreveld* (1781), in-8, xxii-50 p.

Pensées sur le bonheur, traduites de l'italien (du comte P. VERRI, par J.-P.-D. MINGARD). *Yverdun*, 1766, in-8, 64 p.

Le texte italien a été publié pour la première fois à Livourne en 1763.

Pensées sur le chapitre XI de l'Epître aux Romains et sur la responsabilité de l'Eglise, par J. N. D. (John-N. DARBY). *Lausanne, M. Ducloux*, 1844, in-12.

Pensées sur le mystère de la grâce. (Par J. FAUVEAU, avocat.) 1734, in-4.

Catalogue manuscrit de l'abbé Goujet.

Pensées sur le paradis et sur l'âme raisonnable. (Par le P. SALIER, minime.) (*Dijon, Ressayre*), in-8.

Pensées sur le théisme, ou défense (ironique) d'Ali-Gier-Ber (Anacharsis Cloots). par l'auteur des « Principes contre l'incrédulité » (l'abbé CAMUSET). *Paris, Simon*, 1785, in-12.

Pensées sur les dangers de l'esprit. *S. l. n. d.*, in-8, 22 p.

Sous le n° 1805 du « Catalogue raisonné de la librairie d'Et. de Bourdeaux », Formey dit de ces « Pensées » : « C'est un morceau exquis et dicté par l'esprit même, mais par un esprit transcendant, qui s'appuie sur la raison la plus solide et qui, de concert avec elle, rend de véritables oracles. » A la suite du no 1800, « le Réveil d'Epiménide » (voy. ce titre), édition de 1755, donné par Formey lui-même, il dit encore de ces « Pensées » : « dignes d'un sage couronné. » Il ne pouvait désigner plus clairement le roi de Prusse FRÉDÉRIC II.

Pensées sur les fins dernières de l'homme; traduit de l'italien du bienheureux A. DE LIGUORI, par l'abbé M*** (J. MARGUET, vicaire général de Nancy). *Lille, Lefort*, 1834, 2 vol. in-18.

Cet ouvrage fait partie de la « Nouvelle Bibliothèque catholique ».

Pensées sur les plus importantes vérités de la religion et sur les principaux devoirs du christianisme, par un docteur en théologie (l'abbé P.-H. HUMBERT). 2e édit. *Besançon, Royillot*, 1748, in-12.

Réimprimées souvent avec le nom de l'auteur, soit sous ce titre, soit sous celui de « Instructions sur les principales vérités... » Voy. V, 951, *e*.

Pensées théologiques relatives aux erreurs du temps. (Par dom Nicolas JAMIN, bénédictin.) *Paris, Humblot*, 1769, in-12.

Ce livre fut supprimé par un arrêt du conseil en date du 4 février 1769.

L'auteur fit quelques changements à son livre, et bientôt on en donna plusieurs éditions avec son nom. Celle de *Bruxelles*, 1772, in-12, renferme des augmentations, et les Pensées y sont dans un meilleur ordre que dans celle de 1769. L'édition de *Dijon, Lagier*, 1825, in-12, est précédée d'une notice signée G. P. (Etienne-Gabriel PEIGNOT).

Pensées utiles aux chrétiens de tous états sur divers sujets importans de la religion et de la piété. (Par P. DE JONCOURT.) *La Haye*, 1710, in-8.

Pensez-y bien; courtes réflexions sur les quatre fins et le purgatoire, par un prêtre du diocèse de Paris (l'abbé COLINOT). *Paris, Huart*, 1721, in-32. — 2e édit. *Id.*, 1724, in-18.

Il existe un « Pensez-y bien », imprimé à Paris en 1696, in-24, chez Urbain Coustelier, et composé par le R. P. P. D. L. C. J. Jean-Baptiste Cusson en a publié une édition revue et corrigée, à *Nancy*, en 1711, et il déclare dans sa préface que le nom de l'auteur est demeuré inconnu.

Pensez-y bien, ou considérations sur les vérités éternelles, avec des histoires et des exemples... (Par l'abbé Barth. BAUDRAND.) *Alais, Martin*, 1824, in-32.

Plusieurs fois réimprimé sous ce titre, et plus souvent sous celui de « l'Ame pénitente », avec le nom de l'auteur.

Pensez-y bien, ou réflexions sur les quatre fins dernières. (Par le R. P. Paul DE BARRY.) *Paris, M. Bordelet*, 1737, in-24.

Souvent réimprimé.

Pensez-y mieux. (Par l'abbé COLINOT.) *Paris, Louis Sevestre*, 1725, in-12.

Pensions (des) militaires, par A. M. (Alphonse MINET, lieutenant d'infanterie). *Bruxelles, Lelong*, 1863, in-8, 10 p.   J. D.

Pensions (des) sur la caisse de vétérance. — Des Pensions de retraite sur la caisse de vétérance. — Des Pensions sur la caisse des retraites dite de vétérance. (Par le marquis DE LA GERVAISAIS.) *Paris, A. Pihan-Delaforest*, 1832, in-8, 8, 28 et 8 p.

Pentagone (le) historique, monstrant en cinq façades autant d'accidents signalez, par I. P. C. (J.-P. CAMUS), évesque de Belley. *Paris, A. de Sommaville*, 1631, in-8.

Penthaire (la) de l'esclave fortuné (MICHEL d'Amboise), où sont contenues plusieurs lettres et fantaisies. *Paris, Alain Lotrian*, 1530, in-8 goth., 4 et 72 ff.

Percy Mallory, ou orgueil, honneur, infamie. Par l'auteur de « Pen Owen » (Théod. HOOK), trad. de l'anglais, par M. J. DUSAULCHOY. *Paris, B. de La Souche*, 1824, 4 vol. in-12.

Perdrix (la) à l'orange, question proposée au carnaval de 1645. *Dijon, P. Palliot*, 1645, in-8.

Recueil de poésies burlesques que Papillon « (Bibliothèque des auteurs de Bourgogne) » attribue à Jean NICOLAS ; il s'y trouve aussi quelques vers de Bénigne PÉRARD.

Perdrix (les) (par Amable FAUCON), l'Homme content (par Joseph PASTUREL), contes en vers auvergnats. *Clermont-Ferrand, A. Veysset*, 1845, in-12.

Réimpression de pièces qui sont imprimées dans les « Poésies auvergnates des deux Pasturel » (1733) et dans la « Henriade en vers burlesques » de Faucon (1798).

Père (le) André. Samedi 17 mars 1860. Lettre du père André à son ami Jean. — Le Père André. Samedi 24 mars 1860. Deuxième lettre du père André à son ami Jean. (Par DREVET.) *Chambéry, imp. de Ménard* (1860), in-8, 4 et 4 p.

Père (le) avare, ou la lettre perdue, vaudeville en un acte et en prose, par P.-J. CHARRIN fils et *** (C. JALABERT), représenté pour la première fois à Paris, sur le théâtre des Nouveaux-Troubadours, le 21 avril 1806. *Paris, Maldan*, 1806, in 8, 28 p. et un feuillet d'errata.

Père (le) Berruyer, jésuite, convaincu d'arianisme, de pélagianisme et de nestorianisme. (Par le P. Jos.-Aug. MAILLE, de l'Oratoire.) *La Haye, Néaulme et Cie*, 1755, in-12. — Seconde partie, dans laquelle on examine les réponses apologétiques de ce Père et de ses défenseurs. *Ibid., id.*, 1756, in-12.

Le P. Maille a encore publié :
« Le P. Berruyer convaincu d'obstination dans l'aria-

nisme, le pélagianisme, etc., ou confrontation de la doctrine de la troisième partie de l' « Histoire du peuple de Dieu », composée par ce jésuite, avec celle des dissertations latines qu'il avait données pour servir de clef à l'intelligence de la seconde partie de cette Histoire ». Par l'auteur de l'ouvrage intitulé : « le P. Berruyer, jésuite convaincu d'arianisme, etc. » 1758, in-12, 352 p.

Père (le) Berruyer justifié (contre le P. Maille ; par l'abbé Henri MONTIGNOT, chanoine de Toul et membre de l'Académie de Nancy). *Nancy*, 1759, 2 parties in-12.

Père (le) Bouhours convaincu de nouveau de ses anciennes impostures, etc. (Par le P. Pasquier QUESNEL.) *Cologne, Schouten*, 1691, in-12.

Voy. « Bouhours (le P.) convaincu... » IV, 451, *f.*

Père (le) Clément, ou le jésuite confesseur, nouvelle écossaise ; traduit de l'anglais (de miss Grace KENNEDY) sur la quatrième édition (par Mlle SALADIN). *Paris, Servier*, 1825, in-12. — *Id.*, 1829, in-12.

Père (le) de famille, comédie en trois actes et en prose, par M. le docteur GOLDONI, ancien avocat au Parlement de Venise, traduite de l'italien en françois, par M*** (Alexandre DELEYRE). *Avignon*, 1758, in-8, 4 et 216 p. et 6 p. d'errata.

Voy. « Supercheries », III, 1129, *a.*

Père (le) de province, comédie en trois actes, en vers libres. (Par LE PRÊTRE.) *Paris, Brunet*, 1783, in-8.

Père (le) de Ravignan, hommage à sa vie et à sa mort, par l'auteur du poëme de « Jeanne d'Arc » (Alexandre GUILLEMIN). *Paris*, 1858, in-8.

Père (le) Désirant, ou histoire de la fourberie de Louvain. (Par N. PETITPIED.) 1710, in-12.   V. T.

Banni des Pays-Bas pour les faits dévoilés dans cet ouvrage, le P. Désirant, augustin, fut accueilli à Rome par le pape Clément XI, qui lui conféra une chaire de théologie à la Sapience. « Nouv. ecclés. » du 7 octobre 1796, p. 78.

Père (le) Duchesne, complainte. (Par J.-J. DUSSAULT.) *S. l. n. d.*, in-8, 2 p.

Extrait de la « Correspondance politique ». Réimprimé avec la signature de l'auteur.

Père (le) Duchesne, ou la mauvaise habitude, comédie en 2 actes et en prose. (Par DORVIGNY.) *Paris, Cailleau*, 1789, in-8.

Père (le) Emmanuel, ou l'ascendant de la vertu ; par Mme S. H. D. (Mme S.-H. QUA-

TREMÈRE DISJONVAL), auteur des « Epreuves de l'amour et de la vertû ». *Paris, Hénée*, 1805, 2 vol. in-18.

Père (le) et la Fille. (Par Félix BODIN et Philarète CHASLES.) *Paris, Lecointe et Durey*, 1824, in-12.

Père (le) et la Fille, conte moral, traduit de l'anglais de mistriss OPIE, sur la deuxième édition, par Mme S.... T. V..... (Mme DE SAULX-TAVANNE). *Paris, Renard*, 1802, in-12.

Père (le) et la Fille ; traduit de l'anglais de Mme OPIE, sur la seconde édition, par Mlle *** (Mlle L.-M.-J.-M. BRAYER-SAINT-LÉON). *Paris, Renouard*, an X-1802, in-12.

Père (le) Keing, imité de l'allemand de F. O. par M. L. H. (l'abbé T.-F.-X. HUNCKLER). *Paris, Gaume frères*, 1837, 2 vol. in-12.

P. (le) Quesnel hérétique dans les réflexions sur le Nouveau Testament. *Bruxelles, Michiels*, 1705, in-12. — *S. l.*, 1707, in-12.

Le Catalogue de la Bibliothèque publique d'Orléans, 1777, in-4, page 304, attribue cet ouvrage à Michel LE TELLIER, jésuite.
A.-A. Barbier avait d'abord adopté cette attribution. François Martin, professeur de théologie à Louvain, dit, dans l'approbation donnée à cet ouvrage, qu'il est du même auteur que « le P. Quesnel séditieux ». — Le P. Quesnel lui-même le donne au P. LALLEMANT, dans ses « Vains Efforts », page 155, édition de 1717. Barbier, dans sa table des auteurs, revient sur sa première attribution et met cet ouvrage sous le nom de J.-Ph. LALLEMANT.

P. (le) Quesnel séditieux dans ses réflexions sur le Nouveau Testament. (Par le P. J.-Ph. LALLEMENT, jésuite.) (*Bruxelles*), avec approbation, 1704, in-12.

Ces deux ouvrages ont été réimprimés en un seul volume sous ce titre : « le P. Quesnel séditieux et hérétique sur le Nouveau Testament. » 1707, in-12.

Père (le) Thomas, ami du « Diseur de vérités », almanach percheron et des départements de l'ancienne Normandie, du pays Chartrain... Par A. F. D... (A. FOUCAULT-DUPARC). *Rouen, Mégard*, in-32.

Première et deuxième années. 1847 et 1848. Le titre de la deuxième année porte : Par A. F... DUPARC. Pour le « Diseur de vérités », voy. IV, 1053, c.

Père (le) Thomas, ou manuel du citoyen vaudois, à l'usage des campagnes et des écoles. (Par Ant. MIÉVILLE.) *Lausanne*, 1825, in-12.

Pérégrinus-Protée, ou les dangers de l'enthousiasme, traduit de l'allemand de

Wieland (par GRIFFET DE LABAUME). *Paris*, 1795, 2 vol. in-18.

Pères (les) créanciers, comédie en un acte et en vers. Par M. E. P. (F.-A.-E. DE PLANARD). *Paris, Mme Masson*, 1811, in-8.

Perfectibilité (de la) humaine. (Par l'abbé A. MARTINET.) *Lyon, Périsse*, 1835, in-8.

Perfection (la) des femmes, avec l'imperfection de ceux qui les mesprisent, par H. D. M. (Honorat DE MEYNIER), Provençal. *Paris, J. Jacquin*, 1625, in-8, 70 p.

Perfection (la) du christianisme, tirée de la morale de Jésus-Christ. (Par le P. René RAPIN.) *Paris*, 1677, in-12.

Perfidie du système des amis des noirs. (Par ROUSSEAU DES MÉLOTRIES.) *S. l. n. d.* (*Nantes*), in-8, 15 p.

Perfidies (les) à la mode, ou l'Ecole du monde, par M. T*** (P.-J.-B. NOUGARET). *Paris, Chaumerot*, 1808, 5 vol. in-12.

Voy. « Supercheries », III, 752, d.

Perfidies (les) assassines, crimes et escroqueries d'un bambocheur du grand ton, ou l'amour et l'hymen qui la gobent, par un écouteur aux portes (J.-P.-R. CUISIN), parfois farceur, parfois grave et sermonneur. *Paris, les libraires du Palais-Royal*, 1820, in-18.

Péricla. (Par Mlle Sophie GALLOT.) *Paris, Meyrueis*, 1858, in-8.   D. M.

Péril (du) de la balance politique de l'Europe, ou exposé des motifs qui l'ont altérée dans le Nord, depuis l'avénement de Catherine II au trône de Russie. (Par J. MALLET DU PAN.) *Londres* (*Paris*), 1789, in-8. — *Londres* (*Varsovie*), 1789, in-8, avec des remarques tirées de la traduction polonaise de cet ouvrage.

Il en existe une traduction anglaise publiée en 1791, à Londres, par lord MOUNTMORRES : le traducteur présente cet ouvrage comme traduit du français de GUSTAVE III, roi de Suède.

Périls (les) de la loi, ou dernier terme de la discussion sur l'exploitation de la mine de Vic. (Par le marquis DE LA GERVAISAIS.) *Paris, Egron*, 1825, in-8, 24 p.

Périls (les) du temps. (Par le marquis DE LA GERVAISAIS.) *Paris, Pihan-Delaforest*, 1830, in-8, 39 p.

Périls et Lenteurs de la navigation à Liége. Dangers qui menacent le quartier de la ville de 18,000 âmes, dit Outre-Meuse ; nécessité d'une dérivation de la

Meuse pour les éviter. (Par Jacques Renoz.) *Liége, Grammont-Donders,* 1841, in-8, 12 p.
                J. D.

Périne. Par Marie-Ange de T*** (Just-Jean-Et. Roy). *Tours, Mame,* 1863, in-12.

Nouvelle édition en 1869.

Période (le), c'est-à-dire la fin du monde. (Par Pierre Turret.) *Lyon,* 1531, in-4.

Péristère, ou la colère de l'Amour, poëme en cinq actes. (Par J.-H. de Castera.) *Gnide (Paris, Royez),* 1787, in-16.

Perle (la) des maris, comédie-vaudeville en un acte, par MM. Bayard, Philippe D. (Dumanoir) et Julien de M. (Mallian) ; représentée pour la première fois à Paris, sur le théâtre du Gymnase-Dramatique, le 30 juin 1831. *Paris, Barba,* 1831, in-8, 2 ff. de titre et 52 p.

Pérolla, tragédie en trois actes (et en vers), par M*** (Camille Boniver, avocat à Lyon). *Lyon, Barret,* 1827, in-8, 48 p.   D. M.

Camille Boniver cultivait la poésie par délassement ; il s'était exercé sur les hymnes de Santeuil. L'abbé Paul Boniver, son frère, qui lui a survécu peu de temps, avait eu le dessein de faire imprimer une partie de ses imitations. Elles n'ont pas vu le jour.

Péroraison du discours sur la naissance de Jésus-Christ, prêché par M. le curé de Ris, le 24 décembre... (Par l'abbé Larche.) *(Paris), imp. de Denugon* (1821), in-8, 4 p.

Perpétuité de la foy de l'Eglise catholique, touchant l'eucharistie, défendue contre le ministre Claude, par Antoine Arnauld, avec la continuation. *Paris, Savreux, Clousier et Coignard,* 1669, 1711 et 1715, 5 vol. in-4.

« M. Nicole a fait les trois volumes de la « Perpétuité », hormis un chapitre de la première partie, qu'y fourra M. Arnauld, et qui donna le plus de peine à défendre. M. Arnauld ne lut pas même le deuxième volume : il était occupé alors à faire des mémoires pour les évêques. »
(J. Racine, Fragments sur Port-Royal dans l'édition de ses œuvres publiées par Aimé-Martin. *Paris,* 1822, 6 vol. in-8. Tome V, page 293.)
Les deux derniers volumes sont de l'abbé Eusèbe Renaudot.

Perrette décoiffée, ou la guerre de Ville-Thierry, poëme héroï-comique en six chants, dédié aux écoliers par M. S. R. (S. Ratier). *Paris, Thieriot et Bélin,* 1822, in-18.

Perroquet (le) de Déjazet. Recueil authentique de bons mots, réparties, saillies, etc., suivi de la Notice biographique sur cette actrice. (Par Raucourt, acteur.)

Paris, imp. de Pillet aîné, 1836, 2 livr. ens. de 144 p.

Perruque (la), comédie-parade mise en vaudevilles, par M*** (J.-J.-Denis Valade). *Paris,* 1793, in-8.

Perruque et Noblesse, fatalité en trois parties. (Par A. Bonnardot.) *Paris, Guiraudet et Jouaust,* 1837, in-8.

Persan (le) en Empire, ou correspondance entre plusieurs voïageurs étrangers dans les principales cours de l'Europe et de l'Asie. (Par le P. Dominique, de Béthune, capucin.) *La Haye,* 1742, in-8.

Persécution (de la) dans l'Eglise sous Buonaparte. (Par G.-M. Deplace.) *Lyon, Ballanche,* 1814, in-8, 132 p.   D. M.

Persécution et Souffrances de l'Eglise catholique en Russie. Ouvrage appuyé de documents inédits, par un ancien conseiller d'Etat de Russie (le comte d'Horrer). *Paris, Gaume,* 1842, in-8.   A. L.

Persévérance chrétienne, ou moyens d'assurer les fruits de la première communion, par le directeur du catéchisme de la paroisse Saint-Sulpice à Paris (l'abbé H.-J. Icard). *Paris, Périsse,* 1840, in-12.

Plusieurs fois réimprimée.

Persiflis, tragédie (pour rire), en cinq actes (et en vers). *La Haye (Paris),* 1748, in-8.

C'est par erreur que dans les « Supercheries », III, 84, *b,* l'on donne à cette pièce la date de 1726.
Le Catalogue du duc de La Vallière, n° 18267, attribue cette tragédie à F.-A. Paradis de Moncrif. Le Catalogue Soleinne, n° 1580, indique une copie manuscrite sous les noms de Moncrif et Nic. Ragot de Grandval ; enfin le Catalogue Pont de Veyle contient une pièce manuscrite sous le titre de : « Persiflès, tragédie en 60 vers, en quatre actes, par Personne », 1740, et il la donne au duc Ch.-A.-R. de La Tremouille. Ces différentes attributions portent-elles sur la même pièce ?

Persile et Sigismonde, histoire septentrionale, tirée de l'espagnol de Michel de Cervantes ; par Mme L. G. D. R. (Le Givre de Richebourg). *Paris, Gandouin,* 1738, 4 vol. in-12. — Nouvelle édition, augmentée de la vie de l'auteur, par don Gregorio Mayans y Siscar, traduite de l'espagnol, avec quelques remarques du traducteur, par le sieur D. S. L. (Pierre Daudé). *Amsterdam,* 1740, 6 vol. in-12.

Voy. « Supercheries », II, 777, *c.*

Personne, par I. de F. (Jacques de Fonteny). *Paris, P. Hury,* 1587, in-12.

Perspective de la France dans le cas d'une guerre avec l'Angleterre. Pour faire suite à l'écrit publié en l'année 1840 sous le titre : « M. Thiers et l'Alliance anglaise, ou suites inévitables de la guerre avec l'Angleterre ». (Par J.-P.-G. LAIGNEL.) *Paris, imp. de Bénard*, 1846, in-8, 8 p.

Perpective (la) pratique, nécessaire à tous peintres, graveurs, sculpteurs, architectes, orfévres, brodeurs, etc., et autres se servant du dessin, par un Parisien, religieux de la Compagnie de Jésus (le P. Jean DUBREUIL). *Paris, Melchior Tavernier*, 1642-1647-1649, 3 vol. in-4.

Voy. « Supercheries », III, 29, *e*.

Pertharite, roi des Lombards, tragédie. (Par Pierre CORNEILLE.) *Rouen, Maurry*, et *Paris, Guill. de Luyne*, 1653, in-12, 6 ff. et 70 p.

Le nom de l'auteur se trouve dans le privilége.

Pessimiste (le), 5ᵉ satire. Mai 1850. (Par Bernard CAMPAN.) *Montpellier, typogr. de Boehm*, in-8, 16 p.

Peste (la) de Barcelone, ou le dévouement des médecins français et des sœurs de Sainte-Camille. (Par M. Edmond DE MANNE.) *Paris*, 1822, in-8, 14 p.

Peste (la) de Barcelone, poëme élégiaque... par le chevalier A. P. (Alphonse PÉRONNEAU), membre de la Légion d'honneur. *Paris, Hubert*, 1821, in-8, 32 p.
                                D. M.

Peste du genre humain, ou la vie de Julien l'Apostat mise en parallèle avec celle de Louis XIV. (Par Samuel JOHNSON.) *Cologne, Pierre Marteau (Hollande)*, 1696, petit in-12, titre rouge et noir.

C'est le même volume que « Julien l'Apostat », avec un changement de frontispice. Voy. V, 1053, *c*. Voy. aussi Nodier, « Mélanges extraits d'une petite bibliothèque ». 1829, p. 133-137.

Pet (le) éventé. *Rouen, Jean Oursel*, 1679, in-8, 16 p.

Ce n'est autre chose que la pièce attribuée à SAINT-EVREMONT par quelques personnes et qui a paru sous le titre de : « la Défense du pet pour le galant du carnaval, par le sieur de S. And. » *Paris*, 1652, in-4, 8 p. Le nommé BARDOU se l'est appropriée en changeant le titre et en variant quelques vers. Le Catalogue E. B*** (*Paris, Potier*, 1850) indique, sous le n° 727, « le Pet éventé ». (Par BOUCHART, avocat.) *Caen, veuve Gabriel Briard, à Froiderüe*, 1731, petit in-8. C'est une nouvelle édition de l'ouvrage de Bardou ou de Saint-Evremont. BOUCHART est l'auteur d'une épître à Bardou placée en tête de l'édition. Voy. *Bibliotheca scatologica, Paris*, 1850, in-8, nᵒˢ 74 et 117, et aux Addenda, page 136.

Pétarade (la), ou Polichinel auteur,

poëme qui n'a pas encore paru en foire et qui n'y paraîtra peut-être jamais. (Par GALLET.) *S. l.*, 1750, in-12, 20 p.

Cette pièce se trouve aussi sous le titre de : « la Pétarade, ou Polichinelle auteur, pièce quasi-nouvelle, qui peut être représentée en personnes de bois naturelles. » *S. l.*, 1750.

Pétarade (la), poëme en quatre chants, œuvre posthume de l'abbé R****** (ROUBAUD), avec des notes, par P. J. G. *Paris, Lesguilliez*, an VII, in-8, 96 p.

Pétards (les) et cætera ; par celui qui va écouter aux portes. (Par Léonard GALLOIS.) *Paris, imp. de Guiraudet* (1821), in-8, 1 f. de tit. et 6 p.

Cette petite brochure fut saisie le lendemain de sa publication. L'auteur ne fut point mis en jugement, parce qu'il consentit que la saisie de tous les exemplaires fût définitive.

Péters, ou épisode d'un voyage en Suisse. Par J. M*** (Jules MASSÉ). *Paris, Gaume frères*, 1837, in-18.

Pétersbourg, Moscou et les provinces, ou observations sur les mœurs et les usages russes au commencement du XIXᵉ siècle... (Par E. DUPRÉ DE SAINT-MAUR.) *Paris, Pillet aîné*, 1829, 3 vol. in-12, avec une gravure et un *fac-simile*.

Petit Abrégé d'ostéologie. (Par Jean-Bapt. SUE.) *S. l. n. d.*, in-12, 1 f. de tit. et 31 p.

Petit Abrégé de myologie. (Par Jean-Bapt. SUE.) *S. l. n. d.*, in-8, 48 p.

Petit (le) Almanach de la grande ville de Gand. (Par BAERZEELE, sous-chef de division à la préfecture.) *Gand*, 1805, in-12.   J. D.

Petit Almanach de la grande ville de Gand, utile à tous ceux qui n'ont rien à faire et pour l'an XIV (1805). (Par J. FERRARY, receveur à Everghem.) *Gand* (1804), in-18.   J. D.

Petit (le) Almanach de nos grandes femmes, accompagné de quelques prédictions pour l'année 1789. (Par Ant. RIVAROL.) *Londres*, in-12.

Petit Almanach de nos grands hommes. Année 1788. *S. l.*, in-12. — Nouv. (seconde) édition, revue, corrigée et augmentée. (*Paris*), 1788, petit in-12. — Suivi d'un grand nombre de pièces inédites, par M. DE RIVAROL, orné du portrait de l'auteur. *Paris, Collin*, 1808, in-8. C'est le tome V des « Œuvres de Rivarol », publié à part avec un nouveau titre.

CHAMPCENETZ a été le collaborateur de RIVAROL.

Ouvrages suscités par le « Petit Almanach » :

1° Supplément à la nouvelle édition du « Petit Almanach de nos grands hommes », considérablement augmenté de l'Arche de Noé et de plusieurs pièces fugitives adressées aux estimables rédacteurs du « Petit Almanach ». (Attribué à L.-P. MANUEL.) *Liége, Bottin*, 1788, in-12.

2° La Confession du comte de Grifolin. (Par Mich. CUBIÈRES DE PALMEZEAUX.) *S. d.*, in-12.

Voy. « Supercheries », II, 1054, *d*.

Ce pamphlet, qui a été réimprimé dans le tome V des « Œuvres de Rivarol », *Paris, Collin*, 1808, 6 vol. in-8, pourrait bien être de Beaumarchais. Voy. la lettre de ce dernier, en date du 7 février 1788, reproduite dans la chronique de la « Bibliographie de la France », 1865, page 190.

3° Dialogue au sujet du « Petit Almanach de nos grands hommes », par MM. BRIQUET et BRAQUET. In-12, 47 p.

4° Lettre d'une Muséenne à M. Manuel, auteur du « Supplément au Petit Almanach de nos grands hommes », adressée à MM. de Rivarol et de Champcenetz.

5° Recueil d'épigrammes, chansons et pièces fugitives contre l'auteur ou les auteurs du « Petit Almanach de nos grands hommes ».

6° Sur le « Petit Almanach de nos grands hommes », à mon cousin L.o.n.g.c.h.a.m.p, dit comte de R.i.v.a.r.o.l, et audit sieur marquis de C.h.a.m.p. c.e.n.e.t.z, son ami.

Petit Almanach des grands hommes de 1818. Par une société de satiriques (Par C.-J. ROUGEMAITRE.) *Paris, Dentu*, 1819, in-18.

Petit (le) Almanach des grands spectacles de Paris. *Paris, Maret*, 1792, in-24.

Attribué à Ant. RIVAROL, et fort curieux (Filippi, no 299).

Petit Almanach des princes... (Par A. DEVILLE.) *Paris, Marcilly*, 1814, in-24.

Petit Almanach du chasseur, rédigé par un vieux lapin. (Par P. DERMONT.) *Paris*, 1844, in-32.

La couverture porte : Précédé des « Muses à Paris », poëme badin, par P. DERMONT.

Petit Almanach législatif, ou la vérité en riant sur nos députés. (Par L.-A.-F. CAUCHOIS-LEMAIRE, F.-A. HAREL et DE SAINT-ANGE.) *Paris, P. Mongie*, 1820, in-12.

Petit Apparat impérial, ou nouveau dictionnaire des commençants, français-latin... Par J. F. A. B...... DES E...... (J.-Fr.-Ann. BUYNAND, des Echelles)... *Lyon, Mme J. Buynand*, 1811, in-8.

Petit (le) Apparat royal, ou nouveau dictionnaire françois et latin, nouvelle édition. (Par Nicolas et Richard LALLE-MANT.) *Rouen, R. Lallemant*, 1705, in-8.

Petit (le) Apparat royal, dictionnaire françois et latin ; nouvelle édition, très-augmentée et corrigée. (Par Nicolas et Richard LALLEMANT, avec un avertissement par l'abbé R.-X.-F. LALLEMANT DE MAUPAS, qui contient la critique de l'édition de Paris, donnée par l'abbé J.-A.-T. DINOUART.) *Rouen, Nic. et R. Lallemant*, 1760, in-8.

Petit (le) Apparat royal, ou nouveau dictionnaire françois et latin. (Par Nicolas et Richard LALLEMANT ; augmenté par l'abbé J.-A.-T. DINOUART.) *Paris, Barbou*, 1760. — *Lyon, Manteville*, 1767, in-8.

Petit (le) Arithméticien de famille ; ouvrage d'un genre absolument neuf, servant d'introduction à l'arithmétique, etc.; par E. M. M. M***** (E.-M.-M. MIROIR), *Grenoble, Baratier frères*, 1823, in-8.

Petit (le) Arithméticien décimal pour l'année 1806... (Par Louis DUBROCA.) *Paris, Dubroca*, 1806, in-32.

Petit Avis à un Jésuite. (Par VOLTAIRE.) *S. l. n. d.*, in-12, 4 p.

Petit Barême décimal, ou méthode simple et facile pour convertir les mesures et poids nouveaux en anciens, et les mesures et poids anciens en nouveaux... Par J. C. (Jean CHENU), arpenteur-géomètre. *Paris, Le Prieur*, 1810, in-16, 2 ff. de tit. et 101 p.

Petit Berquin en miniature ; théâtre d'éducation pour le premier âge, par Aug. I. (Jean-Baptiste-Auguste IMBERT) et J.-B. FLÉCHÉ. *Paris, Imbert*, 1825, in-18.   D. M.

Petit Bulletin du bibliothécaire. (Par M. Lorédan LARCHEY, de la Bibliothèque mazarine.) *Paris, Fréd. Henry*, 1866, in-8.

Il n'a paru que quatre numéros.

Petit (le) Caporal des zouaves. (Par Alfred DELVAU.) *Paris, Lécrivain et Toubon*, 1859, gr. in-8, 48 p.

Fait partie de la « Bibliothèque franco-italienne ».

Petit Carême de l'abbé Maury, ou sermons prêchés dans l'assemblée des enragés. (Rédigés par J.-R. HÉBERT, dit le Père DUCHESNE.) *Paris* (1790), 10 numéros in-8.

Petit Catéchisme, avec les prières du matin et du soir, que les missionnaires font et enseignent aux néophites et catéchumènes de l'île de Madagascar. Le tout en françois et en cette langue. (Par Etienne DE FLACOURT.) *Paris, Josse*, 1665, in-8.   D. M.

Petit Catéchisme liturgique, ou courte explication des principales cérémonies de l'Eglise romaine... par l'abbé H. A. M. D*** (H.-A.-M. DUTILLIET), curé au diocèse de Versailles. *Paris, V. Sarlit*, 1860, in-18, 178 p.

La couverture imprimée porte le nom de l'auteur.

Petit Catéchisme politique des Anglois, traduit de leur langue. (Composé par E.-J. GENET.) *S. l. n. d.* (*Compiègne*, 1756), in-8, 4 p.

Petit Chansonnier françois, ou choix des meilleures chansons sur des airs connus. (Par C.-S. SAUTREAU DE MARSY.) *Genève et Paris, veuve Duchesne*, 1778 et ann. suiv., 3 vol. in-18.

Petit (le) Chaperon rouge, conte en action, mêlé de couplets, par MM. Armand L. (LEGRAND), Junien C. (CHAMPEAUX) et Auguste G. (Paul-Auguste GOMBAULT). *Paris, Duvernois*, 1823, in-8, 1 f. de tit. et 28 p.

Petit (le) Citateur. Recueil de mots anciens et modernes sur les choses de l'amour, etc. Par J. CH..x (Jules CHOUX). *Paphos*, 1869, petit in-12, 360 p.

Tiré à 300 exemplaires, dont 50 petit in-8.

Petit (le) Clerc, comédie-vaudeville en un acte, par M. Auguste G*** (Paul-Auguste GOMBAULT et Charles-Maurice DESCOMBES); représentée pour la première fois, sur le théâtre de M. Comte, le 24 avril 1823. *Paris, Duvernois*, 1823, in-8, 23 p.

Petit Code de la raison humaine, ou exposition succincte de ce que la raison dicte à tous les hommes pour éclairer leur conduite et assurer leur bonheur. (Par Jacq. BARBEU DU BOURG.) *Londres*, 1774, in-8. — Nouvelle édition. (*Passy, imp. de Franklin*), 1782, in-24. — Autre édition. *Paris*, 1789, in-12.

Petit Code de politesse, à l'usage des séminaires. (Par Richard-Antoine-Corneille VAN BOMMEL, évêque de Liége.) *Liége, Kestern*, 1831, in-18, 32 p.

Opuscule qui n'a pas été mis dans le commerce et qui est devenu rare. Ul. C.

Petit Colloque élémentaire entre M. A. et M. B. sur les abus, le droit, la raison, les Etats généraux, les Parlements et tout ce qui s'ensuit; par un vieux jurisconsulte allobroge (A.-J.-M. SERVAN). *S. l.* (*Bourg*), 1788, in-8, 77 p. — *S. l.*, 1789, in-8, 61 p.

Petit (le) Congrès, ou le diner des élec-

teurs. (Par GUILLON.) *Paris, Plancher*, 1818, in-8, 2 ff. de tit. et 44 p.

Petit (le) Conteur d'anecdotes. (Par Mlle Sophie ULLIAC-TRÉMADEURE.) *Paris, Marcilly*, 1830, in-48, 96 p.

Petit (le) Conteur de poche, ou l'art d'échapper à l'ennui... (Par Mme GUÉNARD.) Troisième édition, revue, corrigée et considérablement augmentée. *Paris, Ledentu*, 1816, in-18, 250 p.

Nous n'avons pas trouvé de traces des deux premières éditions. La quatrième, *Paris, Ledentu*, 1824, in-18, VIII-242 p., porte sur le titre : Rédigé par Ch. DES R*** (DESROSIERS, pseudonyme de Mme GUÉNARD).

Petit Cours de notions usuelles à l'usage des écoles primaires. Première partie : hygiène et politesse, par un ancien inspecteur d'école primaire (Gustave DE PATOUL SCARSEZ). *Mons, imp. de l'Echo, s. d.*, in-16, 31 p. J. D.

Petit (le) Cousin, comédie en un acte. (Par le baron L.-Fr. BILDERBECK.) *Paris, A.-A. Renouard*, 1807, in-8.

Petit (le) Cuisinier français, contenant la cuisine, l'office, la pâtisserie... *Paris, Ferra*, 1823, in-18.

Réimprimé depuis 1841, sous le titre de : « Manuel complet de la cuisinière bourgeoise, contenant un guide pour les personnes au service, les soins du ménage... par Mlle CATHERINE ». *Paris, Delarue*, in-12, avec gravures.

C'est à tort que ce livre a été attribué à M. Delarue, son éditeur. L'auteur du « Petit Cuisinier » est F.-J. MAYEUX, ancien élève de l'École des langues orientales, auteur des « Bédouins, ou Arabes du désert ».

Les planches qui accompagnent le « Manuel » sont celles du « Manuel des amphytrions » de Grimod de La Reynière.

(Quérard, Spécimen de la deuxième édition des « Supercheries », 1859.)

Petit (le) Cuisinier habile, ou l'art d'apprêter les alimens avec délicatesse... Par Mme FR..... (Mme L.-B.-A. UTRECHT-FRIEDEL)... *Nîmes, imp. J.-B. Guibert*, 1814, in-8.

Petit (le) de La Quintinie. (Par René LE BERRIAYS.) *Avranches*, 1791, in-18.

Petit Dictionnaire classique d'histoire naturelle, ou morceaux choisis sur nos connaissances acquises dans les trois règnes de la nature, par Bernardin de Saint-Pierre, Buffon... mis en ordre par une société de naturalistes et de gens de lettres. (Par Jacq.-Aug.-Simon COLLIN DE PLANCY.) *Paris, Mongie aîné*, 1826, 2 vol. in-12, avec figures.

Petit Dictionnaire critique des enseignes

de Paris. Par un batteur de pavé. (Par H. Balzac.) *Paris, imp. de Balzac*, 1826, in-16.

Petit Dictionnaire de l'argot moderne, par un ancien détenu. (Par G. Mathieu-Dairnvaell.) *Paris*, 1842, in-18, 48 p.

Petit Dictionnaire de la cour et de la ville. (Par J.-M.-B. Clément, de Dijon.) *Londres et Paris*, 1788, 2 vol. in-12.

Petit Dictionnaire de nos grandes girouettes, d'après elles-mêmes; biographies politiques contemporaines. (Par Napoléon Gallois.) *Paris, Binet*, 1842, in-12.

Petit Dictionnaire des anecdotes de l'amour, par une société de jeunes dames. (Par Mme Alex. Aragon.) *Paris, imp. de Fournier*, 1825, in-18.

Petit Dictionnaire des grands hommes de la Révolution, par un citoyen actif, ci-devant rien. (Par Rivarol et Champcenetz.) *Paris, de l'imprimerie nationale*, 1790, in-12.

« Correspondance de Grimm », année 1790, septembre, t. XVI, p. 520.

Rivarol s'était fait connaître pendant quelque temps sous le nom de M. de Parcieux, et ensuite sous celui de Longchamp.

« Correspondance de Grimm », 3e part., t. IV, p. 440.

Petit Dictionnaire des locutions vicieuses, corrigées d'après l'Académie et les meilleurs grammairiens. (Par E.-G. Peignot.) *Paris, Renouard*, 1807, in-12.

Petit Dictionnaire des poëtes français vivans, avec l'indication de leurs ouvrages... (Par Jacq. Lablée.) *Paris, imp. de Maugeret*, 1814, in-18.

Petit Dictionnaire françois et latin, ou vocabulaire uniquement à l'usage des enfans. (Par P.-A. Alletz.) *Paris*, 1760, in-12.

Petit Dictionnaire historique et géographique de la chatelenie de Lille. (Par J.-A. Panckoucke.) *Lille*, 1733, in-12.

Petit Dictionnaire libéral. (Par M.-N. Balisson de Rougemont.) *Paris, Ponthieu*, 1823, in-12, 80 p.

Petit Dictionnaire ministériel. (Par Denis Magalon.) *Paris, imp. E. Duverger*, 1826, in-32, 64 p.

Petit Dictionnaire raisonné des mots françois qui ont entre eux une consonnance. (Par Corpéchot.) *Strasbourg*, an VII, in-8.

Ersch, « France littéraire », premier supplément.

Petit (le) Dictionnaire royal, pour ceux qui commencent à composer en latin, par le P. F. P. (Fr. Pomey). *Lyon*, 1667, in-8.
V. T.

Petit Dictionnaire topographique, historique, statistique, civil, judiciaire, commercial, littéraire, religieux et militaire de l'arrondissement de Caen. (Par Joseph-Jacques Odolant-Desnos.) *Caen, Auguste Ollivier*, 1829, in-32, 226 p.

Petit Dictionnaire ultra, précédé d'un Essai sur l'origine, la langue et les œuvres des ultra, par un royaliste constitutionnel (R.-E. de Saint-Maurice). *Paris, Mongie*, 1823, in-12.

Petit Discours sur la petite émeute de la place Vendôme. Mai 1831. (Par F. de Montherot.) *Lyon, imp. de J.-M. Barret*, 1831, in-8, 8 p.

Petit (le) don Quichotte, proverbe de Carmontel, arrangé en vaudeville par MM. M.... et L. L.... (Léon Laurier); représenté pour la première fois à Paris, sur le théâtre des Petits-Acteurs de M. Comte, le 9 octobre 1822. *Paris, Raze*, 1822, in-8, 32 p.

Petit (le) Duc, ou Richard sans Peur. (Par miss Yonghe.) Traduit de l'anglais. *Toulouse, imp. Rives et Faget*, 1866, in-8, 117 p.

La deuxième édition, *Paris, Sandoz*, 1872, in-18, 216 p., porte : « Traduit de l'anglais par Mme Eugène Bersier ».

Petit Écrit contre le grand arbitraire d'un petit pouvoir municipal, non loin de Paris. (Par Gagnage.) *Paris, imp. de Sétier*, 1828, in-8, 16 p.

Petit Écrit sur l'arrêt du Conseil du 13 septembre 1774, qui permet le libre commerce des blés dans le royaume. *S. l.*, in-8, 7 p.

Signé : F. d. V. S. de F. et T. G. o. d. R. (François de Voltaire, seigneur de Ferney et Tournay, gentilhomme ordinaire du roi), 2 janvier 1775.

Imprimé aussi dans le « Mercure », second volume de janvier 1775, p. 160-166, et dans le tome XII de l' « Evangile du jour ».

Petit Écrit sur une matière intéressante (la Tolérance, par l'abbé André Morellet). *Toulouse, chez Pierre l'Agneau, rue de l'Inquisition, à l'image Saint-Dominique*, 1756, in-8, 38 p.

Sanglante ironie contre l'abbé de Caveirac.

Petit (le) Élève de Lhomond, ou le petit frère du disciple de Lhomond, par J. B. B. (J.-B. Blanchin)... *Lyon, Maillet*, 1813, in-8.

Petit (le) Espiègle, ou il ne faut pas lui en vouloir, divertissement en un acte, en prose et en vaudevilles. (Par J.-J.-D. VALADE.) *Paris*, 1786, in-8.

Petit Essay sur la réunion des sentiments de Descartes et de Newton sur la lumière. (Attribué à DESCONTES, de Lyon, ex-oratorien.) 1748. *Cosmopolis*, 1758, in-12.

Petit (le) Eugène, ou la croix de saint Louis, pièce en un acte, mêlée de vaudevilles. Par M. D*** (J.-B. DUBOIS). Représentée sur le théâtre de la Gaîté, le 26 septembre 1816. *Paris, Barba*, 1816, in-8. — Deuxième édition. *Id.*, 1818, in-8.

Petit (le) Figaro.

Voy. « le Gaulois », V, 523, a.

Petit (le) Garçon américain, par l'auteur du « Vaste Monde » (Elisabeth WETHERELL). *Paris, Grassart*, 1862, in-18.

Petit (le) Georges, ou la croix d'honneur, comédie en un acte, mêlée de couplets, par MM. PONET (Louis PORTELETTE) et *** (Ferd. LALOUE)... représentée pour la première fois, sur le théâtre des Panoramas-Dramatiques, le 5 juin 1821. *Paris, Fage*, 1821, in-8, 27 p.

Petit Glossaire, ou manuel historique pour faciliter l'intelligence de quelques termes de la coutume de Bretagne, contenant leur définition exacte, leurs significations et étymologies, par M. L. B. (Jacq. LE BRIGANT, avocat à Treguier). *Brest, Malassis*, 1774, in-12, 96 p.

Petit Guide des guérillas, ou ruses de guerre, embuscades, piéges et procédés nouveaux en campagne. traduit de l'espagnol, à l'usage des corps francs, partisans et troupes légères de tous pays. (Composé par le général Paul THIÉBAULT.) *Paris, imp. de Hocquet*, mai 1815, in-8, 36 p.

Petit (le) Homme noir aux acteurs et actrices du Théâtre-Français. (Par J.-E. PACCARD.) *Paris, Béchet*, 1815, in-12.

Refondu dans « l'Hermite du Marais ». Voy. V, 618, e.

Petit (le) Homme rouge.

Voy. « Mémoires et Prophéties... », ci-dessus, col. 223, a.

Petit (le) Homme rouge, le Petit Homme vert, le Petit Homme blanc, ou la destinée de Bonaparte. Poëme en trois chants, par un paysan (C.-H. PHILIPPRON, ancien maire d'Havré). *Mons, Capront* (1815), in-12, 12 p.   J. D.

Petit (le) Interprète malais, à l'usage des marins qui font la navigation du détroit. (Par Léon GUÉRAUD DE VIEILLEVIGNE.) *Marseille, imp. de Feissat aîné*, 1839, in-16.

Petit (le) Jacques, ou l'enfant adoptif d'un vieux soldat... par W. DAY... traduit de l'anglais par A. B. (Aug. BRIAND). *Paris, D. Belin*, 1827, in-18.

Plusieurs fois réimprimé.

Petit Jardin pour les enfants, fort agréable et profitable pour apprendre le latin. (Par Jean FONTAINE.) *Paris, Le Féburin*, 1606, petit in-8.

Petit (le) Jehan de Saintré et la Dame des Belles-Cousines, romance. (Par S.-P. MÉRARD DE SAINT-JUST.) *Paris*, an VI, in-18.

Petit (le) Journal.

Voy. « le Gaulois », V, 523, a.

Petit Journal du Palais-Royal, ou affiches, annonces et avis divers. (Par J.-B.-M.-L. DE LA REYNIE DE LA BRUYÈRE.) *Au Palais-Royal, de l'imp. du Caveau*, 1789, 5 numéros in-8.

Petit (le) Juvénal.

Voy. « le Gaulois », V, 523, a.

Petit (le) Larron de Flandres, dédié aux siècles d'à présent et à venir, par un véritable serviteur du roy (Philippe-François DE MEULEMESTER). *S. l.* (vers 1693), in-4.

Petit (le) Lawater, ou tablettes mystérieuses... Par l'auteur de l' « Histoire de la baronne d'Alvigny » (Anne-Félicité D'ORMOY, dame MÉRARD DE SAINT-JUST). *Paris, Demoraine*, ans VIII-X, 3 vol. in-18.

Petit Livre de lecture à l'usage des écoles primaires, contenant des notions sur les choses les plus utiles aux enfants. (Par GHEUR, premier instituteur à l'école communale payante de Liège.) *Liège, Dessain*, 1862, in-18, 72 p.   J. D.

Petit (le) Livre de poste, ou départ de Paris de la poste aux lettres. (Par A.-F. LECOUSTURIER.) *Paris*, ans XI-XIII, 2 vol. in-8.

Petit (le) Livre rouge, pamphlet mensuel.

Voy. ci-dessus, « le Pamphlet », col. 765, a.

Petit (le) Magasin des dames (recueilli et publié par P.-L. SOLVET, libraire). *Paris, Solvet*, 1803 à 1810, 8 vol. in-12.

Petit Manuel d'administration, pour les

affaires du culte catholique... par M. Hippolyte Blanc (et Adolphe Tardif). *Paris, Plon*, 1852, in-18.   D. M.

Petit Manuel de l'amateur des timbres-poste créés chez les différents peuples de la terre. *Paris, chez l'auteur*, 1862, in-18, av. pl.

Signé : F. V*** (François Valete, libraire à Paris).

Petit (le) Manuel de l'artilleur, ou instruction, par demandes et par réponses, sur plusieurs objets de l'artillerie... Rédigé par M. le C*** (le chevalier T.-B.-S. d'Urtubie), chef de brigade au corps royal de l'artillerie. *Bastia, S.-F. Batini*, 1785, in-12.

Petit Manuel de l'électeur républicain. (Par G. Mancel, bibliothécaire de la ville de Caen.) *Caen, imp. de Ch. Woinez*, 1848, in-16, 13 p.

Petit Manuel de la conversation en flamand et en français, par J. B. V. (Van Biesbrouck, à Langhemarck). Deuxième édition. *Ypres, Lambin-Mortier*, 1839, in-8, 132 p.   J. D.

Petit Manuel de la politesse, ou l'art de se présenter et de se conduire dans le monde. (Par Abel Goujon, libraire à Saint-Germain.) *Paris, Eymery*, 1822, in-8, 88 p., avec une fig.

Petit Manuel de morale élémentaire à l'usage des enfants... (Par Louise Swanton, dame Belloc.) *Paris, L. Colas*, 1819, in-8.

Petit Manuel de politesse, ou les il faut, il ne faut pas. (Par l'abbé Cantpis, prêtre habitué à Vire.) Deuxième édition, revue, corrigée et augmentée. *Vire, de l'imp. de la veuve Barbot*, 1853, in-18, 74 p.

La première édition contenait une préface, retranchée dans la deuxième sur la demande des supérieurs ecclésiastiques ; elle attaquait le peu de *politesse* des jeunes ecclésiastiques :

« La plupart des jeunes ecclésiastiques d'aujourd'hui n'ont ni les formes, ni le bon ton de la bonne compagnie... »

Petit Manuel de santé, d'utilité et d'agrément... (Par L.-J.-R. Gaux.) *Paris, imp. de Marchand-Dubreuil*, 1824, in-12.

Petit Manuel géographique. (Par C.-C. Letellier.) *Paris, Gratiot*, 1817, in-12.

Petit Manuel scholastique, pour apprendre facilement à lire. (Par J.-A. Guiot.) *Corbeil, an VIII-1800*, in-8.   V. T.

Petit Mémorial de la charité de saint Vincent de Paul et de ses œuvres, par l'abbé T. B. (T. Boulangé). *Au Mans, Gallienne*, 1845, in-32, xxviii-340 p.

Petit (le) Mendiant, fait historique en un acte, mêlé de vaudevilles. Par M. M***. (Par Brazier.) Représenté pour la première fois sur le théâtre de la Gaîté, le 28 juin 1818. *Paris, Barba*, 1818, in-8, 31 p.

Petit (le) Mendiant, par Thomas Bellamy ; roman faisant pendant à la « Fille mendiante », traduit de l'anglais, par J. B. J. B. (J.-B.-J. Breton de La Martinière). *Paris, Gueffier*, an X-1802, 3 vol. in-12.

Petit (le) Mercure vallon des guerres de Savoie et de Bohême... P. L. S. D. C. (par le seigneur du Cornet). *Douai, imp. de B. Bellere*, 1622, in-8.

Petit (le) Messagier damours. *S. l. n. d.*, in-4 goth., 16 ff. non chiffrés.

Attribué à Pilvelin, d'après l'acrostiche des huit derniers vers, où l'on donne la date de 1489.

Petit (le) Missionnaire de la campagne chrétienne, par un serviteur de Dieu (Antoine Chesnois). *Rouen*, 1673, in-12.   V. T.

Petit (le) Mouton. Conte pour les enfants. Par l'auteur des « Œufs de Pâques » (l'abbé Christ. Schmid). *Strasbourg et Paris, Levrault*, 1830, in-18.

Souvent réimprimé avec le nom de l'auteur.

Petit-neveu (le) de Boccace, ou contes nouveaux en vers. (Par Pluchon, Peluchon ou Pelluchon-Destouches.) *Amsterdam, Arkstée et Merkus*, 1777, in-8. — *Avignon (Paris)*, 1781, in-8. — *Avignon*, 1781, in-18. — Nouvelle édit., corrigée et augmentée de deux volumes par M. Pl*** D. *Amsterdam (Montargis)*, 1787, 3 vol. in-8. — *Genève*, 1796, in-8.

Cet ouvrage avait par erreur, dans la précédente édition, été attribué à P.-A.-L.-P. Plancher de Valcour.

Voy. « Supercheries », III, 87, *e*.

Petit (le) Neveu de l'Arétin, ouvrage posthume..... (Par Laurenceau.) *Rome*, 1800, in-18.

Petit (le) Neveu de Vadé. (Par N.-J. Harvant.) *Aux Porcherons*, 1791, in-12.

L'auteur a signé la dédicace.

Petit (le) Office perpétuel du chrétien, pour sanctifier chaque semaine par le souvenir des mystères de la religion. (Par l'abbé Louis de Sambucy.) *Paris, Gaume frères*, 1833, in-16.

Petit (le) Oracle des dames... par J. L. F. (J.-L. FRIEDEL). *Marseille, veuve Friedel et fils*, 1807, in-12.

Petit (le) Père spirituel du chrétien, par un serviteur de Dieu (Antoine CHESNOIS). *Rouen*, 1675, in-12.   V. T.

Petit Pierre, ou aventures de Rodolphe de Westerbourg (traduit de l'allemand de C.-H. SPIESS). *Paris*, 1795, 4 vol. in-18. — *Paris, imp. de Baudouin*, 1820, 2 vol. in-12.

Dans l'avis préliminaire de l'édition de 1820, signé : DE L., l'auteur est nommé Jean-Chrétien SPIETZ.

Petit (le) Portefeuille d'un anonyme, ouvert à ses amis. (Par Pierre-Joseph FESSIN.) *Paris, Rignoux*, 1828, in-8, III-178 p.

Cet opuscule, mêlé de vers et de prose, a été tiré à petit nombre, sur papier vélin, et n'a pas été mis dans le commerce.

Son auteur, né à Paris le 15 septembre 1774, y est mort le 20 avril 1852. L'imprimerie lui doit l'invention des *filets mixtes*, qui lui valut une médaille de bronze à l'Exposition de 1839.   D. M.

Petit (le) Poucet, féerie en trois parties, sans intermèdes, mêlée de chants, de pantomime et de transformations, par Léon L... (Léon LAURIER et le baron I.-J.-S. TAYLOR). Représentée pour la première fois à Paris, le 5 décembre 1822, sur le nouveau théâtre des Petits-Acteurs de M. Comte... *Paris, au Théâtre*, 1822, in-8, 27 p.

Petit (le) Prophète de Boehmischbroda. (Par F.-M. GRIMM.) *S. l. n. d.*, in-8, 58 p. — *S. l.*, 1753, in-8, 48 p. — *La Haye*, 1774, in-12.

Réimprimé dans le « Supplément à la correspondance de Grimm », publié par A.-A. Barbier. *Paris, Potey*, 1814, in-8.

Petit Recueil de la vie et pratiques de M. Dauge... ancien chapelain de l'église Saint-Jean de Caen. (Par LEVEL, prêtre de Caen.) *Caen, Guillaume-Richard Poisson*, 1715, in-8.

Ce petit volume est dédié au célèbre Huet, évêque d'Avranches. L'abbé Dauge avait été son premier maître.

Petit Recueil de physique et de morale, par M. M*** (A.-G. MOUSLIER DE MOISSY). *Amsterdam et Paris, Musier fils*, 1771, in-8.

Petit Répertoire (le) maçonnique, contenant ce qui est indispensable de savoir sur les trois grades symboliques, tant au rite français qu'au rite écossais, par le fr.·. C.·. (COLIN). *Paris, imp. de Decourchant*, 1829, in-18, 113 p.   A. L.

Petit responz' dè maçon à mand'min d'levêque. (Par J. LAMAYE.) *Liége*, 1838.

Petit (le) Roman d'une grande histoire, ou vingt ans d'une plume. (Par Guillaume LALLEMENT.) *Paris, Alex. Eymery*, 1814, in-8, 48 p.

C'est par erreur que Quérard et, d'après lui, M. de Manne, donnent à ce pamphlet anti-napoléonien la date de 1818.

Petit (le) Sancho, roman narcotique par l'auteur du « Manuel des fous » (Pierre SOLLIER). *Paris, Ouvrier*, an IX-1801, 2 vol. in-18.

Petit Sermon, ou explication simple et familière du Symbole des apôtres, de l'Oraison dominicale, de la Salutation angélique, des commandements, des sacrements et des péchés capitaux, par un ecclésiastique du diocèse de Liége (G.-H. THOMAS, doyen de Saint-Jacques). *Liége, Lardinois*, 1847, in-8, VII-500 p.

Réimprimé avec le nom de l'auteur.   Ul. C.

Petit Sommaire de la vie, actes et faits de très-heureuse mémoire Henry IIII, roy de France et de Navarre. (Par Pierre MATTHIEU.) *Paris, Pierre Ramier*, 1610, in-8.

Voy. « Inscription faite », V, 923, e.

Petit Tableau de l'univers. (Par MENON.) *Paris*, 1773, in-18.

Petit (le) Tableau de Paris. (Par C.-C. DE RULHIÈRE.) *S. l.*, 1783, in-12.

Petit (le) Tableau de Paris (par Mme DE SARTORY, née DE WIMPFEN). *Paris, Le Normant*, 1822, 3 vol. in-12.

Petit (le) Tambour. Tableau en un acte de MM. Pierre TOURNEMINE et Hippolyte L... (Hippolyte LEVESQUE). Représenté pour la première fois sur le théâtre de l'Ambigu-Comique, le 20 mars 1829. *Paris, Malaisie*, 1829, in-8, 36 p.

Petit Théâtre de l'enfance, par l'auteur des « Œufs de Pâques » (le chanoine Christ. SCHMID, traduit par l'abbé MACKER). *Paris, Levrault*, 1833, in-18.

Petit (le) Toutou. (Par J. GALLI DE BIBIENA.) *Amsterdam*, 1746, 2 part. in-12.

C'est une traduction ou imitation de l'ouvrage anglais « The history of Pompey the little, or the Adventures of a lup-dog, by COVENTRY » (nom regardé comme un pseudonyme).

Petit Traicté contenant en soy la fleur de toutes ioyeusetez...

Voy. ci-devant, « Fleur de toute ioyeuseté », V, 468, e.

Petit Traité contenant la déploration de toutes les prinses de Rome, depuis sa fondation jusqu'à la prinse des Espagnols (en 1527), qui a été la plus cruelle que toutes autres. (Par Jacques GODARD.) *Paris, J. Longis*, 1528, in-8.

L'auteur est nommé à la fin de cet ouvrage, qui est en vers.

Petit Traité de Arnalte et Lucenda, autreffois traduit de langue espaignole (de Diego DE SAN-PEDRO) en la françoise... par le seigneur DES ESSARS, Nic. DE HERBERAY... *Paris, Est. Groulleau*, 1548, petit in-12. — *Paris*, 1551, in-16. — *Lyon*, 1555, in-16. — *Paris*, 1556, in-16. — *Gand*, 1556, petit in-12. — Avec une traduction italienne par B. MARAFFI. *Lyon, B. Rigaud*, 1583, in-16.

Roman dont l'analyse se trouve dans la « Bibliothèque des romans », tome VI.

L'édition originale du texte italien est de *Burgos*, 1494. Voir le « Manuel du libraire », t. V, col. 113.

Petit Traité de l'amour des femmes pour les sots. (Par DE CHAMPCENETZ.) *A Bagatelle*, 1788, in-8, 44 p.

Réimprimé dans le tome Ier des « Chefs-d'œuvre politiques et littéraires de la fin du XVIIIe siècle », et dans « les Révélations indiscrètes du XVIIIe siècle » (par AUGUIS), pag. 77 à 107.

Grimm, « Correspondance », 3e part., t. IV, p. 522, a donné la clef suivante de ce traité :

Mme de Valée	*de La Châtre.*
Mme Armande	*de Staël.*
Mme de Valfort	*de Matignon.*
Mme de Sainville	*de Brancas.*
Mme de Verseuil	*d'Andlau.*

Une contre-partie de cet ouvrage a été publiée sous ce titre : « de l'Amour des sots pour les femmes d'esprit ». Voy. « Supercheries », I, 423, a.

Il existait déjà : « Petit Commentaire sur le titre de la petite brochure : Petit Traité... » *Saint-Lazare* (1788), in-8.

Petit Traité des engrais et amendements mis à la portée de tout le monde, revu et augmenté par T. N. (P.-Arnold DE THIER-NEUVILLE). *Gand, Annoot*, 1853, in-8, 55 p.   J. D.

Petit (cy commence vn) traitie du commencement et premiere invention des monnoyes... *Bruges, Colard Mansion, s. d.*, pet. in-fol., 44 ff.

C'est une traduction anonyme de l'ouvrage de Nicolas ORESME : *De mutatione monetarum*, composé pour Charles V et qui fut imprimé pour la première fois à Paris, par Thomas Keet, *s. d.*, au commencement du XVIe siècle. (Voy. Van Praet, « Notice sur Colard Mansion », 1829, p. 63.)

Petit Traité du jeu de whist, à l'usage des dames du diocèse de Toul et de Nancy,

par M*** (DEMETZ-NOBLAT, conseiller à la cour royale)... *Nancy, imp. Lepage*, 1837, in-12.

Petit Trésor de la belle latinité. (Par P.-A. ALLETZ.) *Paris, Brocas*, 1755, in-12.

Petit (le) Villebœuf. (Par Nicolas CATHERINOT.) *S. l. n. d.*, in-4.

Petit (le) Vocabulaire de simple vérité. (Par E.-P. DE SENANCOUR.) *Paris*, 1833, in-18. — Deuxième édition. *Paris*, 1834, in-12.

Fait partie de la « Bibliothèque populaire ».

Petit (le) Voyageur, suivi du « Mentor universel ». (Par l'abbé Jean ROY.) *Paris, Th. Barrois*, 1785-86, quatre ou cinq numéros in-18.

Petite Anecdote arrivée le 21 avril 1822, mise en vers burlesques, et dialoguée entre la Discorde, la Fureur et la Haine. (Par P.-A. MINAR.) *Paris, Delaguette*, 1822, in-8.

Petite Bibliographie biographico-romancière, ou dictionnaire des romanciers, tant anciens que modernes, tant nationaux qu'étrangers ; avec un mot sur chacun d'eux, et la Notice des romans qu'ils ont donnés, soit comme auteurs, soit comme traducteurs ; précédé d'un Catalogue des meilleurs romans publiés depuis plusieurs années... (Par Alex.-Nic. PIGOREAU.) *Paris, Pigoreau*, oct. 1821, in-8, IV-353 p.

L'auteur a publié vingt-deux suppléments, dont on trouve le détail dans l' « Intermédiaire des chercheurs et curieux », 3e année, 1866, col. 563.

Petite Bibliothèque amusante, ou Recueil de pièces choisies. (Par Jean-François LOS RIOS.) *London, printed for S. Crowder, G. Waré and Payne (Lyon)*, 1781, 2 parties in-12, texte encadré.

Petite Bibliothèque des théâtres (publiée avec des notices sur la vie et les ouvrages des auteurs, par J. BAUDRAIS et N.-T. LE PRINCE l'aîné). *Paris, Belin*, 1783 et années suivantes, environ cent vol. in-12.

Petite Biographie conventionnelle, ou tableau moral et raisonné des 749 députés qui composaient l'assemblée dite de la Convention... (Par Antoine-Joseph RAUP DE BAPTESTEIN DE MOULIÈRES.) *Paris, A. Eymery*, 1815, in-12. — Deuxième édit. *Id.*, 1816, in-12.

Petite Biographie des acteurs et actrices des théâtres de Paris. *Paris, Lemoine*, 1826, in-32.

Plusieurs fois réimprimée. — Par BECKHAUS, d'après

une note autographe de Beuchot. — Par Eugène DE MONGLAVE, d'après le Catalogue Soleinne.

Petite Biographie des gens de lettres vivans. *Paris, Paul Ledoux,* 1826, in-32.

Hyp. BONNELIER est auteur des articles Fiévée et Virginie de Sénancourt, et Et.-Constant TAILLARD de l'article Armand Gouffé.

La destruction de cet ouvrage a été ordonnée par jugement du 22 août 1826.

Petite Biographie des hommes illustres de la Charente-Inférieure, suivie d'une Notice sur ce département. (Par FEUILLERET.) *La Rochelle, Femeau et Gout,* 1853, in-18.

Petite (la) Bonne, ou qu'elle est méchante! Comédie en un acte, mêlée de couplets par M. D*** (J.-B. DUBOIS), représentée pour la première fois à Paris, sur le théâtre de la Gaîté, le 13 mars 1816. *Paris, Barba,* 1816, in-8, 43 p. — 2ᵉ édit. *Id.,* 1818, in-8.

Petite (la) Cendrillon, ou histoire d'une jeune orpheline, par l'auteur du « Coin du feu de la bonne-maman » (Marie-Aglaé CAROUGE, dame BAUDOUIN, mère de l'imprimeur Fr.-J. Baudouin). *Paris, Billois,* 1813, 2 vol. in-18. — *Paris, Ledentu,* 1820, in-18.

Petite Chronique de Paris, faisant suite aux « Mémoires » de Bachaumont, recueil d'anecdotes comiques, galantes, satiriques... par MM*** (E.-T.-M. OURRY et J.-B.-B. SAUVAN). Années 1817 et 1818. *Paris, Mme Perronneau,* 1818-1819, 2 vol. in-8.

Petite Chronique du royaume de Tatoïaba, par WIELAND; traduit de l'allemand (par Jean-Nicolas-Etienne baron DE BOCK). *Metz, Behmer,* an VI-1798, 3 vol. in-18.   D. M.

Petite (la) Clique dévoilée, ou quelques explications sur les manœuvres dirigées contre la minorité patriote, qui prit part au vote sur les subsides dans la session de 1835 à 1836, et plus particulièrement contre C. C. Sabrevois de Bleury. (Par H. LEBLANC DE MARCONNAY.) *Etats-Unis; Rome (N. Y.),* 1836, in-8, 50 p.

Petite Couronne poétique offerte à l'auteur d' « Hernani », de « Cromwell », de « Hàn d'Islande », etc., par un classique (GUERNU). *Paris, Lefebvre,* 1830, in-8, 16 p.

Petite (la) Cuisinière habile, ou l'art d'apprêter les alimens avec délicatesse et économie; suivi d'un Traité sur les confitures et sur la conservation des fruits et légumes les plus estimés. Par Mme FR..... (Mme L.-B.-A. UTRECHT-FRIEDEL), auteur du « Confiseur royal »...Nouvelle édition... *Paris, Friedel et Gasc,* 1821, in-18.

Plusieurs fois réimprimée.

Petite Dissertation sur la liste des chanoines de la cathédrale de Saint-Lambert à Liége, en 1131, par M. E. L. A. A. L. U. D. L. (Edouard LAVALLEYE, agrégé à l'Université de Liége). *Liége, Redouté,* 1839, in-8, 22 p.

Tirée à 40 exemplaires.   J. D.

Petite Dissertation sur un monument typographique qui ferait remonter l'origine de la découverte de l'imprimerie à 1414... *Paris, imp. d'Ant. Bailleul,* 1817, in-fol., 4 p.

Signée : A. B. (Ant. BAILLEUL).

Petite (la) Encyclopédie, ou dictionnaire des philosophes, ouvrage posthume d'un de ces messieurs. (Par Abr.-Jos. DE CHAUMEIX.) *Anvers, J. Gasbeck* (1771), in-8. — *Id.,* 1771, in-12.

Petite Encyclopédie, ou les élémens des connaissances humaines. (Par P.-A. ALLETZ.) *Paris, Nyon,* 1765, 2 vol. in-12.

Petite Encyclopédie poétique, ou choix de poésies dans tous les genres (recueillies par C.-H. MILLEVOYE et L. PHILIPON LA MADELAINE). *Paris, Capelle,* 1804-1809, 15 vol. in-18.

MILLEVOYE a rédigé les discours préliminaires des huit premiers volumes. Les autres sont de PHILIPON.

Petite Épitre à Jacques Delille. (Par M.-J. CHÉNIER.) *Paris,* 1802, in-16, 5 p.

Petite Épitre numismatique à M. Louis de C...... (Par M. R.-H.-G. CHALON.) 1844, in-8.

En vers. — Facétie tirée à 15 exemplaires numérotés à la presse.

Petite Escarmouche contre la grande armée des journalistes abécédaires depuis A jusqu'à O, jusqu'à Z, ou la sagacité, la politesse et la bonne foi de ces messieurs. (Par A.-T.-J.-A.-M.-M. DE FORTIA DE PILES.) *Paris, Bailleul, imp.,* 1812, in-8.

Petite Excursion pittoresque dans le monde de l'enseignement. Les institutions de Paris, par un dix-huitième d'homme de lettres (H. ROBIN). *Paris, E. Dentu,* 1858, in-16, VIII-135 p.   D. M.

Petite Géographie de la France. (Par L. BOUBÉE DE LESPIN.) *Paris, Hachette,* 1841, in-18, 36 p.

Plusieurs fois réimprimée.

Petite Géographie des enfans, ou leçons familières pour les premiers élémens de la géographie, appropriés à la méthode d'enseignement simultané, au moyen de tableaux lithographiés. (Par Ch.-Jos. Lecocq.) *Tournai, Casterman*, 1823, in-8.

Petite Géographie méthodique de la France, en vers artificiels, comprenant les 86 départements, sur 86 rimes différentes, avec des notes explicatives... Par un professeur du petit séminaire de Chartres (l'abbé Flèche). *Lyon, Périsse*, 1838, in-12.

Seconde édition. *Paris, Lecoffre*, 1853, in-12, avec le nom de l'auteur.

Petite Géographie physique, politique et administrative de la France. (Par l'abbé J. Bunel.) *Paris, Poussielgue*, 1869, in-18.

La deuxième édition, *Paris*, 1870, in-18, porte le nom de l'auteur.

Petite (la) Harpiste, ou l'amour au mont Géant, roman d'Auguste Lafontaine, traduit par *** (M\llo Sophie Ulliac-Trémadeure), avec deux romances imitées du texte allemand, par Mme Victoire Babois. *Paris, Gide*, 1815, 2 vol. in-12.

Petite Histoire d'un auteur vaniteux. (Par F.-L. Darragon.) *Paris, de l'imp. de Scherff*, 1812, in-8.

Petite Histoire d'un grand acteur, par J.-B. A***-D*** (J.-A. Ambs-Dalès). *Paris, au théâtre des Funambules*, 1832, in-18, 17 p.

La couverture imprimée porte : « Histoire de Deburau ». Réimprimée avec le nom de l'auteur.

Petite Histoire de France, ou revue polémique d'un grand historien; ouvrage à l'ordre du jour; suivi d'un Recueil de lettres anecdotiques, en partie relatives à la Révolution, par l'auteur de « Salluste aux Français ». *Paris, Garnery*, 2e et 3e mois de la République. 2 vol. in-8 de 446 et 557 p.

C'est l'ouvrage dont le titre a échappé à Quérard (« Supercheries », II, 1147, c), article Milrand, nom qu'il faut écrire Milran, comme on le rencontre à la page 188 du tome I de la « Petite Histoire ». Il semblerait que cet auteur a voulu démontrer combien il est difficile de reproduire exactement ce que Quérard appelle les initialismes. Il signe, en effet, pages 58 et 148 du tome I, Pedarète M***; mais, au tome II, page 499, l'on trouve Pédarète M****N-Royez, et l'ouvrage est terminé, page 557, par cette autre signature avec encore une étoile de plus, Pédarète M*****-Royez. Ce nom de Royez est celui de la mère de l'auteur, dont il a publié l'histoire en 4 vol. in-8 sous ce titre : « Jeanne Royez.... » Voy. V, 989, e. Quant à lui, François Marlin, né à Dijon en 1742, il y est mort le 15 décembre 1827 dans une extrême médiocrité de fortune et dans une profonde solitude. Il avait été fort riche, et il

était connu à Paris, dans les affaires et dans la société, sous le nom de Milran, qui est l'anagramme de Marlin. Sa « Petite Histoire » est un livre très-curieux, mais mal fait. A vrai dire, ce n'est pas un ouvrage, car le titre de : « Petite Histoire de France, ou revue d'un grand historien », n'est qu'une partie accessoire et n'occupe que les pages 53 à 143. Le grand historien n'est autre que le président Hénault. Voy. « Nouvel Abrégé chronologique de l'histoire de France », ci-dessus, col. 537, b. C'est sur l'édition de Prault, 1748, 2 vol. in-4, que Marlin a fait son travail critique.

Petite Histoire sainte à l'usage des écoles gardiennes. (Par le chanoine Henri-François Bracq.) *Gand, veuve Poelman* (1851), in-18.
                                                J. D.

Petite Histoire sainte, depuis la création du monde jusques et inclus l'ascension de N.-S. J.-C., mise à la portée des enfants, en 40 tableaux lithographiés, avec le texte imprimé. (Par Charles-Joseph Lecocq.) *Tournai, Casterman, s. d.*, in-4 oblong.
                                                J. D.

Petite Hygiène des écoles, ou avis sur les moyens les plus propres à conserver la santé... (Par C. Saucerotte.) *Paris, Delalain*, 1835, in-18.

Petite (la) Iphigénie, parodie de la grande, en un acte et en vers. (Par Ch.-Sim. Favart et l'abbé C.-H. de Fusée de Voisenon.) *Paris, veuve Delormel*, 1758, in-12.

Petite (la) Lampe merveilleuse, féerie-vaudeville, en deux actes, par Merle Carmouche et M*** (Xav. Boniface-Saintine). *Paris*, 1821, in-8.

Petite (la) Lanterne magique, ou récit de grands événements. (Par Garonne.) *Paris, Mongie l'aîné*, 1814, in-8.

Petite (la) Lanterne magique de 1824, par l'auteur de celle de 1814, et compte courant entre le monopole des tabacs et la France, par l'auteur de la « Notice sur Anvers ». (Par Garonne.) *Paris, imp. de Plassan*, déc. 1824, in-8.

Petite Leçon d'un habitant de Vincennes à un grand docteur de Montreuil. (Par C.-J. La Folie.) *Paris*, 1803, in-8.

Petite Lettre à un grand homme sur une mémorable harangue. (Par L.-G.-J.-M. Benaben.) *Paris, Delaunay*, 1816, in-8, 27 p.

Petite Lettre adressée à un grand homme. (Par Henri-Alexis Cahaisse.) *Paris, Bataille et Bousquet*, 1820, in-8, 16 p.

Petite Lettre sur un grand sujet. (Par

Pierre Granié, avocat à la Cour de cassation.) *Paris, Martinet*, janv. 1812, in-8.

Pièce relative à la discussion sur « Conaxa ».

Petite (la) Lutèce devenue grande fille. Ouvrage où l'on voit ses aventures et ses révolutions depuis son origine jusqu'au 14 juillet 1790, l'époque de sa majorité et le jour du pacte fédératif. (Par L.-A. de Caraccioli.) *Paris, Cuchet*, 1790, 2 vol. in-12.

Petite-Nièce (la) d'Eschyle, histoire athénienne traduite d'un manuscrit grec..... (Composée par le chevalier J.-F.-J. de Neufville-Montador.) *S. l.*, 1761, in-8, 4 ff. lim. et 24 p.

Petite (la) Poste dévalisée, pour servir aux mémoires du temps. (Par J.-B. Artaud.) *Amsterdam et Paris, Delalain*, 1767, in-12. — *Paris, Cavanagh*, an XI, in-12.

Petite Répétition d'une grande comédie, ou une matinée de Napoléon. (Par L.-Fr. Lestrade.) *Paris, imp. de J.-G. Dentu*, 1814, in-8, 2 ff. de tit., vi-15 p.

Petite Revue de l'ouvrage de M. Delamalle, ayant pour titre : « Essai d'institutions oratoires », à l'usage de ceux qui fréquentent le barreau, dans laquelle on examine la critique de l'auteur sur les discours judiciaires de l'avocat général Servan, par un bachelier ès lois en vacances (J. Parent-Réal, avocat). *Paris, Barrois l'aîné*, 1819, in-8.

Réimprimée avec le nom de l'auteur, *Paris, imp. de Moreau*, juillet 1822, in-8.

Petite Revue des tableaux, par Mlle E...d (Erard). *Paris, Egron*, 1814, in-12.

Petite Revue dramatique du théâtre de Bordeaux. *Bordeaux, Brossier*, 1826, in-8.

Trois numéros seulement ont paru.

Attribuée à Jacques Arago, selon le Catalogue Soleinne, V, 749.

Petite Statistique de la France, précédée d'un aperçu sommaire de la fondation et des agrandissements successifs de cet Etat, par un recteur d'académie (L. Boubée de Lespin). *Paris, L. Hachette*, 1832, in-18.

Petite Typographie privée d'ambulance pour improviser des notes, exécuter plusieurs copies à la fois sans préparation, suppléer soi-même la gravure et l'impression avec des objets qu'on trouve partout sous la main... (Par Charles Barbier.) *Paris, l'auteur*, 1815, in-8, xvii p., plus vii pl., le tout gravé sur cuivre.

Ce travail est extrait de l' « Essai sur divers procédés d'expéditive française ». Voy. V, 225, a.

Petite (la) Valérie, drame en un acte, mêlé de chants, imité de l'allemand, de Kotzebue, par M. Léon L*** (Léon Laurier); représenté pour la première fois à Paris, le 5 août 1823, sur le théâtre des Petits-Acteurs de M. Comte... *Paris, Constant-Chantpie*, 1823, in-8, 31 p.

Petite (la) Varlope, en vers burlesques. Réimprimée sur l'édition la plus complète (*Châlons*, 1755) et augmentée d'une notice bibliographique, par M. P. L. (Paul Lacroix). *Genève, J. Gay et fils*, petit in-8, viii-48 p.

Tirée à 100 exemplaires, plus 2 sur vélin.

Petites (les) Aventures de Jérôme Sharp... par l'auteur de la « Magie blanche » (Decremps). *Paris, Defer de Maisonneuve*, 1789, in-8, 386 p.

Petites Biographies, grandes époques de l'histoire, personnages et événements les plus remarquables de chaque époque; chronologie des athénées, d'après l'ouvrage adopté par le conseil de perfectionnement... Par un ancien professeur d'histoire (J.-G. Peeters). *Anvers, Lamot-Jacobs*, 1854, in-8, 112 p.

Un résumé de 32 pages a paru en 1856 avec le nom de l'auteur. **J. D.**

Petites (les) Danaïdes, ou quatre-vingt-dix-neuf victimes, imitation burlesco-tragi-comi-diabolico-féerie de l'opéra des « Danaïdes », mêlée de vaudevilles, danses, etc. Par M. Gentil (et Marc-Ant. Désaugiers). Représentée pour la première fois à Paris, sur le théâtre de la Porte-Saint-Martin, le 14 décembre 1819. *Paris, Fages*, 1819, in-8, 33 p.

Plusieurs fois réimprimées.

Petites Lettres sur de grands philosophes. (Par Ch. Palissot.) *Paris*, 1757, in-8.

Petites (les) Misères du célibat, par un vieux garçon (Joseph Demoulin). *Liège, L. Severyns et A. Faust*, 1865, in-32. 54 p. **J. D.**

Petites Nouvelles parisiennes. (Par A.-U. Coustelier.) *Cologne (Paris)*, 1750, in-8 et in-18.

Petites (les) Nouvelles parisiennes. (Par L.-F. Delatour, imprimeur à Paris.) *Paris, Delatour*, 1750, in-18, format carré.

Livre rare, tiré à un très-petit nombre d'exemplaires pour des présents.

Petites Vérités au grand jour, sur les acteurs, actrices, les peintres, les journalistes, l'Institut, le Portique républicain, Bonaparte... Par une société d'envieux, d'intrigants et de cabaleurs. (Par Sylvain MARÉCHAL, Fabien PILLET, Pierre VILLIERS, Alphonse MARTAINVILLE. F.-J.-M. FAYOLLE, F.-G. DUCRAY-DUMÉNIL, LEDHUY.) *Paris, Mareschal*, an VII-1800, in-12, 140 p.

Pétition à l'Assemblée nationale, par Montaigne, Charron, Montesquieu et Voltaire ; suivie d'une consultation en Pologne et en Suisse. (Par Albert-Jos.-Ulpien HENNET.) *Paris, Desenne*, 1791, in-8, VI-67 p.

Pétition à la Chambre des députés sur deux points importants. (Par F. DE MONTHEROT.) *Lyon, imp. de J.-M. Barret*, 1829, in-8, 7 p.

Pétition à la Chambre des pairs de France en faveur de la liberté générale d'enseignement, et demande d'une enquête sur le mérite du régime des théories, par un brahmane. (Par Ph. AUBÉ.) *Metz, Verronnais*, 1840, in-8, 16 p.

Datée de Longwy et signée : Un prolétaire.

Pétition adressée à M. le maire et à MM. les membres du conseil municipal de Nancy. (Par VAGNER.) *Nancy, imp. de Vagner* (1858), in-fol., 1 p.

Au sujet de la construction projetée du palais des Facultés et d'un quartier de cavalerie.

Pétition adressée aux deux Chambres par la commune de Châteauneuf-Calarnier... précédée d'une notice historique et d'un titre qui constatent les droits qu'elle réclame. (Par le marquis A.-J.-F.-X.-P.-E.-S.-P.-A. DE FORTIA D'URBAN.) *Paris, imp. de Lebègue*, 1819, in-8, 58 p.

Sur le droit de « bûcherer, de ligneret, de paître et de faire des fours à chaux dans les Garrigues ».

Pétition au Conseil des Cinq-Cents sur les moyens d'étendre la circulation du numéraire et d'en employer infiniment moins dans le commerce et la plupart des transactions... 24 fructidor an VII. *(Paris)*, de l'imp. de Goujon fils, in-8. 16 p.

L'exemplaire de la Bibliothèque nationale porte à la fin la note manuscrite suivante : « Par F.-L. BAYARD, ex-inspecteur du garde-meuble national. »

Pétition d'un citoyen à l'Assemblée nationale pour la formation de la tutelle et de la curatelle publiques, par D...... (DESMAGNY), ci-devant avocat et agent des affaires contentieuses de l'hôpital général de Paris. *Paris, Séguy-Thiboust*, 1791, in-8.

Pétition de quarante citoyens des communes de Mauchamp, Saint-Sulpice-de-Favières, Breuillet, Saint-Yon, Chauffour et Breux, voisines d'Etampes, et qui ont eu le bonheur de ne tremper en rien dans la malheureuse affaire arrivée dans cette ville, communiquée le 27 avril à la Société des amis de la Constitution, séante aux Jacobins, et présentée le 1er mai à l'Assemblée nationale, par Pierre d'Olivier... Paul Léonard... François Houdin... J.-B. Feuilleret l'aîné... nommés à cet effet par leurs compétitionnaires. (Rédigée par Pierre D'OLIVIER, curé de Mauchamp.) *S. l.*, 1792, in-8, 20 p.

Pétition des citoyens domiciliés à Paris, du 8 décembre 1788. (Rédigée par J.-I. GUILLOTIN.) *Paris, Clousier*, 1788, in-4, 20 p.

Pétition des héritiers Doré à la Chambre des pairs et à celle des députés des départements. (Par MELLET.) *Paris, imp. de Dentu*, 1824, in-8.

Pétition des Juifs établis en France, adressée à l'Assemblée nationale, le 28 janvier 1790, sur l'ajournement du 24 décembre 1789. (Par GODARD, avocat.) *Paris, Prault*, 1790, in-8, 107 p.

Pétition des Liégeois, des Tournaisiens et des Montois à la Chambre des représentants. (Par Renier CHALON.) *(Bruxelles*, 1844), in-4, 2 p.

Cette facétie a été publiée à l'occasion des discussions soulevées à la Chambre des représentants sur l'orthographe flamande. J. D.

Pétition du général Crewe à la Chambre des communes, ou exposé des faits et procédures qui ont accompagné et suivi sa détention en France, en 1817, à la requête d'un ex-valet de pied du duc de Bourbon. (Par Félix VAN HULST, avocat.) *Liége, Collardin*, 1824, in-8, 94 p. Ul. C.

Pétition en faveur de Charles V... à MM. les pairs de France, à MM. les députés de la France. (Par DOLIVET DE GIVRY.) *Châlon-sur-Saône, imp. de J. Duchesne* (1842), in-fol.

Une édition in-8 porte la signature de l'auteur.

Pétition pour la liberté du commerce des grains, adressée au roi, le 12 avril 1847, par des habitants de la province de Liége. (Par Charles DIGNEFFE.) *Liége*, 1847, in-8, 14 p. Ul. C.

Pétition présentée aux Etats généraux par M. P. (PLISSART), ci-devant fermier et distillateur en la province de Hainaut. *Louvain, G. Cuelens,* 1823, in-8, 136 p.   J. D.

Pétition réclamant la liberté de l'enseignement supérieur. (Par Léopold GIRAUD.) *Nantes, imp. Vincent Forest* (1868), in-4, 4 p.

Pétition relative aux comédiens français, adressée au conseil de ville par un très-grand nombre de citoyens. (Par Aubin-Louis MILLIN.) *S. l. n. d.,* in-8, 3 p.

Petits (les) appartements des Tuileries, de Saint-Cloud et de la Malmaison... Publiés par l'auteur des « Mémoires d'un page » (Emile-Marc HILAIRE, dit MARCO SAINT-HILAIRE). *Paris, A. Boulland,* 1831, 2 vol. in-8.

Petits (les) Bordeaux. — Bordeaux-artiste. (Par M. Charles MONSELET.) *Bordeaux, Sauvat,* 1855, in-32, 64 p.

Premier petit livre d'une série qui ne fut pas continuée.

Petits (les) Brins de fil, ou fil embrouillé, fil d'argent et fil d'or, par l'auteur de la « Petite Suzanne » (Mmo PRENTISS). Traduit de l'anglais par Mme Cornelis DE WITT. *Paris, Grassart,* 1865, in-18, 258 p., avec 4 gravures.

Petits Contes moraux à l'usage des enfants, en partie traduits librement ou imités de l'anglais de miss Maria EDGEWORTH (par Louise SWANTON, dame BELLOC). *Paris, Eymery,* 1821, 2 vol. in-18, fig.

Petits Dialogues populaires sur l'amortissement de la dette, dédiés aux contribuables. (Par J. RATER.) Premier et second dialogue. *Montbrison, Bernard,* 1833, in-8, 28 et 38 p.

Petits Écrits concernant de grands écrivains du XIXe siècle. (Par P.-L. ROEDERER.) *S. l.* (*Paris,* 1803), in-8, 86 p.

Extrait du « Journal de Paris » de l'an XI (1803). Réimprimés dans le troisième volume des « Opuscules » de l'auteur. Voy. ci-dessus, col. 719, *f.*

Petits (les) Enfants en voyage. (Par J.-M.-M.-I. ARMAND-DELILLE et E.-L. MAYOT, dame ARMAND-DELILLE.) *Paris, Delay,* 1844, in-12.

Petits (les) Essais. Par M. H. (HUBO). *Marseille, Bertrand,* 1817, in-8.

Catalogue Soleinne, n° 3618.
Ne faut-il pas lire : Par L.-J. HUBAUD ?

Petitz Fatras d'un apprenti surnommé Lesperonnier de discipline. (Par Antoine

DU SAIX.) *Paris, Simon de Colines,* 1537, in-4, 40 ff. — *S. l.,* 1537, in-8, 36 ff. — *Paris, imp. de Jeanne de Marnef,* in-16, 40 ff. non chiffrés.

Petits (les) Hommes, ou recueil d'anecdotes sur les hommes de petite stature qui se sont fait un nom par leurs vertus, leurs talents, etc. ; suivi de l'éloge de la petitesse dans les divers objets de la création et dans les chefs-d'œuvre de l'art. (Par DAUX, curé de Vauxbuin.) *Paris, Pigoreau,* 1822, 2 vol. in-12.

Petits (les) Livres de la rue de Fleurus. Un préjugé par mois. (Par M. H. VIVÈS, bibliothécaire à la Bibliothèque Sainte-Geneviève.) *Paris, rue de Fleurus, 42,* 1861, in-18.

Petits Livres du père Lami. Par M. L. P. DE J.... (Laurent-Pierre DE JUSSIEU). *Paris, L. Colas,* 1819, in-18.

Souvent réimprimés.

Petits (les) Livres : histoire sainte ; premières connaissances ; arts et métiers ; agriculture ; arétomètre ou montre morale. (Par DE JUSSIEU.) *Namur et Liège,* 1826, 5 parties in-8.

Deux autres parties ont été publiées à Bruxelles en 1834.   J. D.

Petits (les) Livres rouges de la science politique démocratique et sociale, par un ami du peuple... (Par Albert MAURIN.) *Paris,* 1848-1849, 2 numéros in-16.

Petits-Maîtres (les), comédie en trois actes et en vers, par M*** (Et. AVISSE). Représentée sur le Théâtre-Italien. *Paris, Cailleau,* 1751, in-12.

Petits-Maîtres (les), comédie. Par I. V. E. (Juste VAN EFFEN). *La Haye,* 1709, in-8.

Petits (les) Maraudeurs, ou les tambours en goguette, tableau en un acte, mêlé de vaudevilles, par MM. Auguste G., Junien C. et *** (Auguste GOMBAULT, Junien CHAMPEAUX et H.-E. LAFFILLARD, dit DÉCOUR). Représenté pour la première fois à Paris, sur le théâtre des Petits-Acteurs de M. Comte... le 16 août 1823. *Paris, Duvernois,* 1823, in-8, 24 p.

Petits (les) Marchands de figures de plâtre. (Par César-Henri-Abraham MALAN.) *Paris, Smith,* 1825, in-12.

Plusieurs fois réimprimés.

Petits (les) Mystères de l'école lyrique. (Par Félix SAVARD.) *Paris, Sausset,* 1861, in-16, 125 p.

Petits (les) Paris, par les auteurs des « Mémoires de Bilboquet » (MM. Taxile Delord, Arnould Frémy et Edm. Texier). *Paris, A. Taride*, 1854, 24 vol. in-18.

Le « Catalogue de l'histoire de France » de la Bibliothèque nationale, t. VII, p. 659, donne le détail de ces 24 volumes, dont plusieurs ont été réimprimés.

Petits Poëmes latins cygénétiques de Gratius Faliscus. La Chasse de Némésien. Alcon de Fracastor. — Panégyrique de Pison. (Par Salcius Bassus.) — Travaux d'Hercule. — Etna de Cornelius Severus. Traduits en français par le traducteur de Claudien, de Vida, etc. (M. l'abbé S. Delatour), et par M. l'abbé Delutho. *Paris, Merlin*, 1842, in-12, 359 p.

Petits Proverbes dramatiques, par Mme A. S. (Alida Savignac). *Paris, Gide fils* (1827), in-32.

Petits (les) Saints, ou épître à Chénier pour servir de supplément aux « Nouveaux Saints », par une petite société littéraire. (Par Mich. Cubières-Palmezeaux.) *Paris, Parisot*, an IX, in-8, 27 p.

Petits (les) Secrets, ou la médecine des pauvres... Par *** (Cherfils). Nouvelle édition. *Tournon, imp. de Guillet*, 1831, in-8.

Petits (les) Soupers et les Nuits de l'hôtel de Bouill-n. Lettre de milord comte de ****** à milord ******** au sujet des récréations de M. de C-stri-s, ou de la danse de l'ours. Anecdote singulière d'un cocher qui s'est pendu à l'hôtel Bouill-n, le 31 décembre 1778, à l'occasion de la danse de l'ours. (Par A.-G. Lafitte, marquis de Pellepore.) *Bouillon*, 1783, in-8, 93 p.

« Police dévoilée », par P. Manuel, t. II, p. 236. Ce pamphlet fut saisi dès son apparition. Voir note du « Bulletin du bibliophile », 1861, p. 230 ; et Quérard, « Livres à clef », publiés par M. Gust. Brunet, page 128.

Petits (les) Spectacles de Paris, ou calendrier historique et chronologique de ce qu'ils offrent d'intéressant ; avec l'extrait des pièces, etc. (Par P.-J.-B. Nougaret, jusqu'en 1787, excepté l'année 1773, qui est de Paul Baret.) *Paris, Duchesne*, huit parties in-18.

Petits (les) Traités de M. Fessard, instituteur à Marcilly. (Par M. le marquis de Chenevières-Pointel.) *Nogent-le-Rotrou, Gouverneur*, 1869, in-32, 111 p.

Tirés à petit nombre et non mis dans le commerce. Extraits du journal « le Nogentais ».

L. D. L. S.

Pétrarque à Vaucluse, et histoire de cette fontaine par un ancien habitant de Vaucluse (F. Arnavon, chanoine de la cathédrale de Paris). *Paris*, an XI-1804, in-8.

En 1814, l'auteur fit mettre un nouveau frontispice à cet ouvrage, et il y joignit le Voyage à Vaucluse et le Retour de Vaucluse. Ce dernier article avait été publié en 1805.

Pétrarque (le) français. Poésies de société, par P.-C. A. (Pierre-Cyprien Aubry). *Tours, Plas-Mame*, 1797, in-18. — Deux édit. *Tours, Mame, s. d.*, in-18.

Pétrine, parodie en un acte de « Proserpine ». Représentée pour la première fois par les comédiens ordinaires du roi, le 13 janvier 1759. (Par Ch.-Sim. Favart.) *Paris, N.-B. Duchesne*, 1759, in-8, 64 p.

Pétrissée (la), ou le voyage de sire Pierre en Dunois, badinage en vers, où se trouve entr'autres la conclusion de « Julie » ou de la « Nouvelle Héloïse ». (Par Pierre de Bullioud.) *La Haye*, 1763, in-12, 1 f. de tit. et 322 p.

Pétrone (le) en vers. — Traduction nouvelle par M. L. D. B. (l'abbé de Marolles, abbé de Baugerais). *Paris, Cl. Barbin*, 1667, in-12.

Marolles avait été nommé abbé de Baugerais avant d'obtenir l'abbaye de Villeloin.

Pétrone, latin et français, traduction entière avec plusieurs remarques et additions (par Franç. Nodot), nouvelle édition, augmentée de la contre-critique de Pétrone. *(Hollande)*, 1709, 2 vol. pet. in-8, fig. — Nouv. édit., 1713, 2 vol. in-8. — *Amsterdam, Compagnie*, 1736, 1756, 2 vol. in-12. — *Paris, Gide*, an VII-1799, 2 vol. in-8.

On sait quelles controverses a suscitées le fameux « Satiricon », dont il s'est perdu plus des trois quarts, et que l'auteur est désigné dans les manuscrits, ainsi que par les grammairiens, sous le nom de *Petronius arbiter*. Est-il réellement l'œuvre d'un épicurien, homme d'esprit qui joua un certain rôle sous Néron et dont Tacite nous a raconté la mort ? C'est l'opinion généralement admise, mais elle a des contradicteurs ; Niebuhr croyait ce roman du temps d'Alexandre Sévère ; quelques critiques le reculent même jusqu'à l'époque de Constantin, tandis que d'autres veulent qu'il soit de celle d'Auguste. Voltaire y voyait l'œuvre d'un libertin obscur des siècles postérieurs à Néron, opinion que Charles Nodier a combattue dans une notice : « de Quelques Livres satiriques et de leur clef ». (« Bulletin du bibliophile », octobre 1834.) En définitive, le véritable auteur du « Satiricon » reste encore incertain. Consulter un article de M. Gaston Boissier : « un Roman de mœurs sous Néron », inséré dans la « Revue des Deux-Mondes », 15 novembre 1874, p. 320-348. On trouvera des détails fort étendus sur le « Pétrone » de Nodot dans l'ouvrage du docteur J.-E. Pétrequin : « Nouvelles Recherches historiques et critiques sur Pétrone », *Paris et Lyon*, 1869, in-8.

Dans les éditions de 1709 et de 1713, Nodot ne révélait encore son nom que par le rébus : *Nodi solvuntur a Nodo.*

Voir les articles « Satire de Pétrone », « Traduction entière » et « Satiricon ».

Peuple (le) de Ville-Affranchie à la Convention nationale. Extrait de la « Bibliographie historique de Lyon pendant la Révolution ». (Par Pierre-Marie GONON.) *Lyon, imp. de Marle*, 1846, in-8, 16 p.

Peuple (le) et le Non-Peuple. Assiette de l'impôt. (Par le marquis DE LA GERVAISAIS.) *Paris, Pihan-Delaforest*, 1832, in-8. 75 p.

Peuple (le) et les Savants du xixᵉ siècle en matière de religion. Deuxième édition, revue et considérablement augmentée du « Peuple ramené à la foi ». Par M. DE M... (J.-E. DE MIRVILLE). *Paris, imp. de Vrayet de Surcy*, 1845, in-12.

Peuple (le) instruit, ou les alliances dans lesquelles les ministres de la Grande-Bretagne ont engagé la nation... traduit de l'anglois (de SHABBEAR, par E.-J. GENET). *S. l.*, 1756, in-12.

Peuple (le) juge, traduit de l'anglois. (Par E.-J. GENET.) *S. l.*, 1756, in-12.

Peuple (le) liégeois, esquisse historique. (Par M. Jules DEL MARMOL.) *Liége*, 1866, in-8, xv-232 p.

Peuple (le) proteste contre la liberté de l'usure. (Par Pierre DULAC.) *Lyon, Méra*, 1862, in-8, 24 p.

Peuple (le) ramené à la foi par des raisons et des exemples, par le comte DE M. (J.-E. DE MIRVILLE), revu par M. L. F. *Paris, Vrayet de Surcy*, 1841, 2 vol. in-18.

Réimprimé sous le titre de : « le Peuple et les Savants... », voy. ci-dessus, même colonne.

Peuple (le) roi à jamais, ou le peuple nouveau et la terre nouvelle (théorie, théologie et histoire du socialisme). (Par A. MADROLLE.) Edition abrégée. *Paris, Garnier*, 1850, in-8, 92 p.

Peuples (les) aux Parlements. (Par VOLTAIRE.) *S. l. n. d.*, in-8, 16 p. — *S. l. n. d.*, in-8, 11 p. — Seconde édition. *S. l. n. d.*, in-8, 12 p.

Peuples (les) de la Russie, ou description des mœurs, usages et costumes des diverses nations de l'empire russe, par M. le comte Charles DE RECHBERG, cham-

bellan de S. M. le roi de Bavière (le texte a été revu par G.-B. DEPPING). *Paris, Colas*, 1812-1813, 2 vol. grand in-fol.

Peuples (des) et des Gouvernemens, recueil de pensées extraites (par BARROT-ROULLON) de l' « Histoire philosophique des deux Indes », par l'abbé G.-T. RAYNAL. *Paris, Pollantru*, 1822, in-18, xiv-163 p.

Peuples (les) et les Diplomates. — La paix ou la guerre. *Paris, imp. de Schneider*, 1840, in-18, 50 p.

Contient, p. 1-24, un article de M. Olinde RODRIGUES, publié dans « la Presse » le 28 septembre 1840, mais sans son nom. Les pages 25-50 contiennent la reproduction d'un feuilleton publié le même jour dans le même journal, intitulé : « Impressions de lecture et souvenirs littéraires d'un inconnu »; l'auteur est M. J. PELLETAN.

Peur (la). Souvenirs d'enfance. (Par Rodolphe TOPFFER.) *Genève*, 1833, in-8.

Phaëton (le) moderne, poëme. *Paris, Butard*, 1772, in-12.

Cet ouvrage est du P. Romain JOLY, de Saint-Claude, l'un des plus féconds auteurs qu'ait produits la Franche-Comté et dont presque toutes les productions sont anonymes.

Phalanstériens (les) de Louvain et l'Opinion publique. (Par SCHOLLAERT.) *Louvain*, 1849, in-8, 53 p.   J. D.

Phantasiologie, ou lettres philosophiques à Mᵐᵉ de ***, sur la faculté imaginative. (Par le marquis DE FEUQUIÈRE.) *Oxfort et Paris, Cuissart*, 1760, in-12, 275 p.

Phantôme du jansénisme. (Par Antoine ARNAULD.) *Cologne (Bruxelles)*, 1686, in-12. — Nouvelle édition (publiée par l'abbé N. PETIT-PIED), augmentée de l'ouvrage (d'ARNAULD) intitulé : « Procès de calomnie » (tome 8ᵉ de la « Morale pratique »), et du Mémoire touchant l'accusation de jansénisme (par le P. Pasquier QUESNEL). *S. l.*, 1714, in-12.

Réponse aux « Préjugés légitimes contre le jansénisme ». Voy. ce titre.

Phaon, drame lyrique en deux actes, en vers, mêlé d'ariettes, représenté devant Leurs Majestés, à Choisy, en septembre 1778. (Par C.-H. WATELET.) *(Paris), imp. de P.-R.-C. Ballard* (1778), in-8.

Pharamond, tragédie, par M. DE C** (L. DE CAHUSAC). *Paris, Prault fils*, 1736, in-8.

Phare (le) d'amour, dessins du feu d'artifice dressé aux nopces de Leurs Altesses royales. (Par le P. Claude-François Menestrier.) *S. l. n. d.*, in-4.

Pharmacien (le) moderne, ou nouvelle manière de préparer les drogues, traduite de l'anglois (de Lewis), par M. Eidous ; avec des expériences de médecine sur des animaux, par M. Langrish... et une Dissertation sur la transpiration, par M. Robinson... *Paris, Leloup*, 1750, in-12.

Pharmacopée à l'usage des hospices civils, des secours à domicile, des prisons et dépôts de mendicité. Publiée par ordre du ministre de l'intérieur. (Par A.-A. Parmentier.) *Paris, imp. de la République*, an XI-1803, in-8, xviii-184 p.

Pharmacopée (la) des pauvres, accompagnée d'observations sur chaque formule, par le docteur W**, membre du Collège royal des médecins de Londres, avec des notes... (par Guillaume Mazéas). *Paris, Hérissant*, 1757, in-12.

Pharmacopée du Collége royal des médecins de Londres, traduite de l'anglois sur la seconde édition donnée avec des remarques par le docteur H. Pemberton... augmentée de plusieurs notes et observations, et d'un nombre de procédés intéressants avec les vertus et les doses des médicaments (par F.-P.-L. Poulletier de La Salle, maître des requêtes). Tome Ier, *Paris, J.-Th. Hérissant*, 1761. Tome II, *Paris, Didot le jeune*, 1771, 2 vol. in-4.

On a annoncé un troisième et dernier volume, qui n'a pas paru.

Pharmacopée, ou recueil de remèdes divins et d'excellentes recettes trouvées dans les papiers d'un vieux curé de campagne après sa mort, mis en ordre par l'abbé M*** (Morin). *Châtelus, M. Morin, curé de Châtelus*, 1864, in-16, 350 p.

Avait paru d'abord en 1862, sous le titre de : « Recueil de remèdes divins... »

Pharmacopée royale, gallénique et chymique, par Moyse Charas... Nouvelle édition, revue, corrigée et très-considérablement augmentée par M. L. M. (L.-G. Le Monnier)... *Lyon, Bruyset*, 1753, 2 vol. in-4.

Pharsale de Lucain, *pars libri* II (trad par le marquis M.-H. de Saint-Simon). *Amstœlodami*, 1793, in-8.

Pharsale (le) séraphique, poëme héroïcomique en IV chants (en prose, par Pierre Loreau, avocat). *Londres (Dijon)*, 1772, in-8, 34 p.

Phasma (le), ou l'apparition ; histoire grecque contenant les aventures de Néoclès, fils de Thémistocle. (Par L. Poinsinet de Sivry.) *Paris, Lacombe*, 1772, in-8.

Phébus des déduits de la chasse des bêtes sauvages et des oyseaux de proye. (Par Gaston Phoebus, comte de Foix.) *Paris, Ant. Verard, s. d.*, in-fol. goth., 134 ff. — *Paris, J. Trepperel, s. d.*, in-fol., 128 ff.

Phèdre, tragédie lyrique, etc. (Par F.-B. Hoffman.) *Paris*, 1786, in-4. — *Paris, Roullet*, 1813, in-8, 4 ff. lim. et 52 p.

Phénix (les), comédie en trois actes. *Amsterdam, J. Desbordes*, 1737, in-8, 93 p.

Attribué à L.-A. Duperron de Castéra, selon Mercier de Saint-Léger.

Phénix (le) conjugal, nouvelle du temps. (Par Gabrielle-Suzanne Barbot, dame de Villeneuve.) *Paris*, 1734, in-12.

Phénix (le) renaissant de ses cendres ; poëme prophétique consacré à la naissance du duc de Bordeaux... par B... d'H... (Beauvoisin, d'Hamars). *Paris, imp. de Lebègue*, 1821, in-8, 16 p.

Phénomène littéraire, causé par la ressemblance des pensées de deux auteurs (l'abbé de Longuerue et Richard Simon), touchant les antiquités des Caldéens et des Égyptiens ; où l'on voit la fausseté du grand nombre d'années que quelques écrivains, soit anciens, soit modernes, donnent aux observations célestes prétendues faites par ces deux nations. (Publié par Nic. Toinard.) *Paris, André Cramoisy*, 1705, in-4, 14 p., et in-8, 16 p.

Voy. « Bibliothèque critique » de Sainjore (Richard Simon), t. II, p. 445 et suiv., et l' « Eclaircissement » de Denis Nolin, à la suite de sa « Dissertation sur les Bibles françoises ». *Paris*, 1710, in-12.

Phénomènes de spiritualisme à expliquer. (Par L. Goupy.) *Argenteuil, imp. de Worms*, 1857, in-8, 39 p.

Philandre et Joséphine, ou les amans malheureux, par Charles B. (Charles Beurtoailz). *Metz, Verronnais*, 1809, in-8. — Deuxième édition. *Metz, Verronnais*, 1825, 2 vol. in-12.

Philantrope (le). (Par Élie Bertrand.) *La Haye*, 1738, 2 vol. in-12.

Philax et Démoclès, ou le lion et le Grec magnanimes, essai de moralité politique. (Par N.-J. Gilbert.) *Bruxelles, Vanderborght*, 1828, in-18.   J. D.

Philédon retiré de l'hérésie et ramené à l'Eglise de Jésus-Christ. (Par le P. Jacques Coret, S. J.) *Lille*, 1669, in-12.

Réimprimé avec le nom de l'auteur.

Philidor et Prothumie, poëme érotique, suivi des fragments des « Amours de César », par l'auteur du « Tableau de Paris » (L.-S. Mercier). *Paris, Mercier*, 1793, in-18.

Philippe de Gheldres, duchesse de Lorraine, reine de Sicile et religieuse clarisse. Par l'auteur de la « Vie de Marguerite de Lorraine » (le comte de Lambel). *Lille, Lefort* (1865), in-12, 140 p. et 1 f. de table.

Philippe de Macédoine, tragédie, par M: Félix-Marie *** (Caradeuc de Kerannroi). *Berlin*, 1754, in-8, 164 p.

Philippe-Egalité. Extrait de « la Mode » du 5 novembre 1842. *Paris, imp. d'Ed. Proux*, 1842, in-8, 15 p.

Signé : N. (Alfred-François Nettement).

Philippe et Laure, ou histoire de Philippe Harris et de Laure de Richepanse. (Par P.-Cés. Briand.) *Paris, Lecointe et Durey*, 1823, 4 vol. in-12.

Philippe Nutius à la cour de Suède, par C. J. N. (Charles-Joseph Nuyts). *Bruxelles, Vandereydt*, 1856, in-8, 36 p.　J. D.

Philippique contre les octroyeurs et les brigueurs de places, par un Français de 1789 (Husson, ancien banquier à Nancy). *Nancy, imp. de Hinzelin*, 1849, in-8.

Réimpression de huit articles publiés dans le journal l' « Impartial » pendant les mois de décembre 1848 et janvier 1849.

Philippiques (les). (Par Jos. La Grange-Chancel.) In-12.

La Grange-Chancel n'avouait que les trois premières Odes. C'est ce que j'ai su d'un homme de lettres qui l'avait connu et qui soupçonnait pourtant que ce rimeur périgourdin avait eu quelque part aux dernières.

Personne n'est plus instruit que moi sur son arrestation et sa détention aux Iles Sainte-Marguerite. Le lieutenant de la maréchaussée qui l'y conduisit était de ma petite ville (Valensole, dans le diocèse de Riez). Il m'en a parlé souvent dans ma première jeunesse. Il s'appelait Giraud et avait de l'esprit et de l'activité.

La Grange, pendant le trajet, voulut sauter par la fenêtre de l'auberge à Orgon, à quatre lieues d'Avignon. Il fut surveillé de plus près.

Arrivé à l'île Sainte-Marguerite, il contrefit le dévot, pour toucher le cœur du commandant, M. de La Mothe, homme religieux, qui adoucit ses chaînes ; mais une satire contre ce militaire estimable obligea de les aggraver. C'était un penchant irrésistible, et La Grange s'y livrait trop souvent.

En même temps qu'il entretenait pieusement M. de La Mothe, il faisait des contes gaillards aux prisonniers et aux officiers. C'est ce que j'ai su de quelques-uns de ces messieurs, qui me parlaient de lui comme d'un homme amusant et d'une mémoire prodigieuse. Dès que la conversation tombait sur Racine ou Corneille, il débitait, sans s'arrêter et sans se tromper, douze ou quinze cents vers de ces poètes célèbres.

J'ai appris tous ces détails à l'île Sainte-Marguerite, voisine de l'abbaye de Lérins, où j'ai passé près de deux ans, en 1758 et 1759.

L'auteur de la « Vie de Louis XV » dit (page 145, tome I) que les « Philippiques » n'avaient pas été encore imprimées. C'est une méprise. Elles l'avaient été en Hollande, en 1723.

Ces Odes étaient anonymes, dans la mauvaise édition que j'en ai vue, ou du moins le nom n'était pas à la tête.

C'est le seul des ouvrages de La Grange où il y ait de la verve. La Beaumelle a eu tort de les qualifier d'*odes sans enthousiasme, vers sans poésie*, du moins les premières.

On a inséré dans le « Journal polymatique » de Bordeaux, année 1802, une lettre sur La Grange, pleine de faussetés: Je la réfutai (page 248 du même journal). L'auteur de la lettre prétend que ce fut un jésuite qui dirigea La Grange dans sa fuite, et que ce poète satirique lui en témoigna sa reconnaissance en lançant contre la Société la stance qui commence par ces mots : *O toi, cabale insociable*. Rien n'est plus faux. Cette stance est liée avec celle qui suit, et elle parut avec la première Philippique.

L'auteur dit encore que La Grange n'était méchant que par l'*exaltation de sa muse*. Voilà une singulière manière de justifier la méchanceté ! La Grange était méchant par caractère, par légèreté, par esprit de vengeance, par la sotte vanité de lâcher un bon mot, ou ce qu'il croyait tel. Il fit jusqu'à sa mort des vers contre plusieurs de ses parens, de ses voisins, de ses compatriotes, et ce n'était certainement pas *par exaltation*. Disons que le bon et le mauvais naissent avec nous, et que l'éducation corrige rarement le mauvais dans ceux qui sont nés avec un extrême amour-propre, et celui de La Grange n'était pas médiocre. J.-B. Rousseau l'a assez bien peint dans une chanson connue.

(Note de M. Chaudon.)

La première édition, ne contenant que les trois premières Odes, devenue introuvable, est connue sous le nom d'édition de l'*aveugle*, parce qu'un inconnu en remit 100 exemplaires à un aveugle qui se tenait devant l'église Saint-Roch, en lui disant qu'il lui faisait la charité d'un cantique à la louange du saint. Une édition portée au Catalogue La Vallière, *Nyon*, et indiquée par Peignot, est douteuse, *s. d. et sans nom d'imprimeur*, in-12, 40 p., encadrées de filets noirs avec une fleur de lis aux coins (elle est intitulée : « Odes philippiques avec des notes instructives », et elle contient quatre odes).

Les « Philippiques » ont été réimprimées à la suite de divers recueils satiriques et anecdotiques du XVIIIe siècle, notamment à la suite des « Aventures de Pomponius », par Labadie (*Rome, Morini*, 1728), et dans la « Vie privée de Louis XV » (par Mouffle d'Angerville), 1779, 4 vol. in-12. L'édition de *Paris, Didot*, 1775, in-12, porte le nom de l'auteur, ainsi que celle publiée par M. de Lescure (*Paris, Poulet-Malassis et de Broise*, 1858, in-12, 426 p.) ; cette dernière est accompagnée d'un ample et intéressant travail historique.

Philippiques à Napoléon. (Par Viollet-

LE-DUC.) *Paris, marchands de nouveautés,* *1815,* in-8, 29 p.

Philippiques contre les bulles et autres pratiques de la faction d'Espagne. *Tours, Jamet-Metayer,* 1592, in-8. — *Tours,* 1611, in-8.

L'Adresse au roy est signée : F. D. C. (François DE CLARY).

Voy. « Supercheries », II, 19, *d.*

Philis (la) de Scire, imitée de l'italien (de Guidubaldo DE BONARELLI), par S. DU CROS. *Paris, Aug. Courbé,* 1647, in-4, 5 ff. prélim. non chiff. et 152 p.

Le privilége, daté du 28 mars 1647, au nom de Courbé, est pour « une Ode de monseigneur le Prince, la Philis de Scire, corrigée et accomodée au théâtre, et autres pièces du même autheur. »

Il y a des exemplaires avec un titre portant : « les Diverses Poésies de S. D. C. La Philis de Scire, imitée de l'italien, par S. D. C. » *Paris, Aug. Courbé,* 1647.

Voy. « Filis (la) de Scire », V, 459, *e.*

Philis (la) de Scire, pastorale du comte BONARELLI, nouvellement traduite en vers françois (par l'abbé DE TORCHE), avec l'italien à côté. *Paris, Estienne Loyson,* 1669, in-12, 2 ff. de tit., XXIV-383 p. et 5 pl.

Philis (lo) de Sciro du comte BONARELLI, traduit en françois, avec la dissertation du même auteur sur le double amour de Célie. Par M*** (L.-Fr. DU BOIS DE SAINT-GELAIS). *Bruxelles, Antoine Claudinot,* 1707, 2 vol. in-12, avec 6 fig. d'Harrewyn.

Philoclès, imitation de l' « Agathon » de WIELAND, par M. le Préfet des « Hautes-Alpes (le baron J.-C.-F. DE LA DOUCETTE). *Paris, Fuchs,* an X-1802, 2 vol. in-8. — *Gap, Allier,* 1807, in-8. — *Paris, Fantin,* 1820, 2 vol. in-8.

Philoctète, tragédie en trois actes et en vers, imitée de SOPHOCLE, par M*** (A. FERRAND, pair de France). *Paris, Desauges,* 1786, in-8.

Philologie orientale appliquée. Note chronologique sur les travaux de l'école vulgarisatrice. (Par A.-F.-F. GUERRIER DE DUMAST.) *Nancy, imp. de Vagner,* 1862, in-8, 8 p.

Philomèle (la) séraphique .. (Par frère JEAN L'EVANGÉLISTE, d'Arras, capucin.) *Tournay, Adr. Quinqué,* 1632, 2 tomes en 1 vol. in-8, avec musique impr.— Seconde édition, revue, changée et augmentée de plusieurs airs et cantiques... *Ibid.,* 1640, pet. in-8

Le titre de la seconde édition porte le nom de l'auteur. Voy. « Manuel du-libraire », 5e édit., t. IV, col. 617.

Philopémènès, ou du régime des pauvres. (Par SÉGUIER DE SAINT-BRISSON.) 1764, in-12.

Philosophe (le) ami de tout le monde, ou conseils désintéressés aux littérateurs, par M. L...C... (L. COSTE), qui n'est point littérateur. *A Sophopolis, chez le Pacifique,* 1760, in-12, 36 p.

Philosophe (le) amoureux, ou les aventures du chevalier K***. (Par T. L'AFFICHARD.) *La Haye (Paris),* 1746, 2 vol. in-12.

C'est le même roman que « l'Amour chez les philosophes ». Voy. IV, 139, *e.*

Philosophe (le) anglois, ou histoire de M. Cleveland, fils naturel de Cromwell, écrite par lui-même, et traduite de l'anglois, par l'auteur des « Mémoires d'un homme de qualité » (l'abbé A.-F. PRÉVOST). *Utrecht, Et. Néaulme (Paris, F. Didot et J. Guérin),* 1732-1739, 8 vol. in-12.

Nombreuses réimpressions.

Philosophe (le) au Parnasse françois, ou le moraliste enjoué; lettres du chevalier de L** et de M. de M** (dédiées au comte Chevaloff). *Amsterdam, Buyn,* 1754, in-8.

L'épître dédicatoire est signée DE LUSSY. C'est le masque que prit le baron Théod.-Henri DE TSCHOUDI lors de son arrivée en Russie.

Voy. « Étrenne au pape... », V, 306, *a,* et « Supercheries », II, 463, *c.*

Philosophe (le) catéchiste, ou entretiens sur la religion entre le comte de... et le chev. de... (Par l'abbé PEY.) *Paris, Berton,* 1779, in-12.

Philosophe (le) chrétien. (Par le roi STANISLAS.) 1749, in-12.

Philosophe (le) chrétien, ou lettres à un jeune homme entrant dans le monde, sur la vérité et la nécessité de la religion. (Par l'abbé Pierre SIGORGNE.) *Avignon,* 1765, in-12. — Nouvelle édition, revue et augmentée. *Mâcon et Paris, J.-P. Goeri,* 1776, in-8, avec le nom de l'auteur.

Philosophe (le) cynique, pour servir de suite aux « Anecdotes scandaleuses de la cour de France ». (Par Ch. THÉVENEAU DE MORANDE.) *Londres,* 1777, 3 parties in-8, XX, 93 et XX p.

Voy. « le Gazetier cuirassé », V, 523, *d.*

Philosophe (le) d'État, sur la majorité des rois... (Par DUBOSC-MONTANDRÉ.) *S. l. n. d.,* in-4, 20 p.

Publié aussi sous le titre de : « l'Homme d'État faisant voir par l'histoire et la raison que la reine ne doit être plus dans le conseil... » *S. l.,* 1652, in-4, 19 p.

Philosophe (le) de Charenton, roman nouveau. par l'auteur de la « Gastronomie » (Jos. Berchoux). *Paris, Giguet*, an XI-1803, in-16, 216 p.

Philosophe (le) de Rotterdam (P. Bayle) accusé, atteint et convaincu. (Par P. Jurieu.) *Amsterdam*, 1706, in-12. — *Paris, S. Ganeau*, 1714, in-12.

Philosophe (le) dégradé, pour servir de troisième suite aux « Remarques générales » sur la cabale chimérique de M. Bayle. (Par Robeton.) *Amsterdam*, 1692, in-12.

C'est contre cet écrivain que Bayle a publié l' « Avis » et le « Nouvel Avis au petit auteur des petits livrets ».

Philosophe (le) dithyrambique. (Par le P. Fidele de Pau, capucin.) *Paris*, 1765, in-12.

Il y a des exemplaires qui portent le nom de l'auteur.

Philosophe (le) du Port au Bled, article du « Journal de Paris », pour le 23 octobre 1781, de la lune le 7. (Par L.-Sébastien Mercier.) *Au fond du puits où réside la Vérité*, 1782, in-8, 18 p. — *S. l. n. d.*, in-4, 15 p.

A propos de la naissance du premier fils de Louis XVI. Réimprimé dans « l'An 2440 ». Voy. IV, 161, d.

Philosophe (le) du Valais, ou correspondance philosophique, avec des observations de l'éditeur (ouvrage attribué à l'abbé Gabr. Gauchat). *Paris, Le Jay*, 1772, 2 vol. in-12.

Philosophe (le) dupe de l'amour, comédie en un acte. (Par G.-F. Poullain de Saint-Foix et Dessaudrais-Sebire.) *Paris, F. Le Breton*, 1727, in-8. — *Paris, Briasson*, 1732, in-12. — *La Haye, Ant. van Dale*, 1733, in-8.

Philosophe (le) extravagant dans le traité de l' « Action de Dieu sur les créatures », etc. (Par le P. du Tertre, jésuite.) *Paris*, 1716, in-12.

Philosophe (le) ignorant. (Par Voltaire.) *S. l.*, 1766, in-8, vii-168 p. — *S. l.*, 1766, in-8, 3 ff. et 120 p. — *S. l.*, 1767, in-16, 2 ff. et 108 p.

On lit au verso du titre de la seconde de ces éditions : « Par A..... de V......e, gentilhomme, jouissant de cent mille livres de rente, connaissant toutes choses, et ne faisant que radoter depuis quelques années, ah ! Public, recevez ces dernières paroles avec indulgence. »

Philosophe (le) indien.

Voy. « Economie de la vie humaine » (1760), V, 22, e.

Philosophe (le) nègre et les Secrets des Grecs. (Par Gabr. Mailhol.) 1764, 2 vol. in-12.

Philosophe (le) nouvelliste (ou le Babillard), traduit de l'anglois de Steele, par A. D. L. (Armand Boisbeleau de Lachapelle). *Zurich*, 1734, 1735; — *Amsterdam*, 1735, 2 vol. in-8.

Même ouvrage que « le Babillard ». Voy. IV, 375, b.

Philosophe (la) par amour, ou lettres de deux amans passionnés et vertueux. (Par Gatrey, avocat.) *Paris, Cailleau*, 1765, 2 vol. in-12.   V. T.

La « France littéraire » de 1769 attribue cet ouvrage à un nommé Lombard.

La « Bibliographie des ouvrages relatifs à l'amour » dit qu'il a été aussi attribué à N.-E. Restif de la Bretonne.

Philosophe (le) parfait, par le Banni de Liesse (Fr. Habert). *Paris, P. Roffet*, 1542, in-8, 24 ff.

La dédicace porte le nom de l'auteur.

Philosophe (le) parvenu, ou lettres et pièces originales contenant les aventures d'Eugène sans-pair, par l'auteur de l' « Aventurier français » (R.-M. Le Suire). *Paris, Quillau*, 1787, 6 vol. in-12. — *Id.*, 1788, 6 vol. in-12.

Philosophe (le) redressé (par le P. Isidore Mirasson), ou critique impartiale du livre intitulé : « Sur la Destruction des Jésuites en France » (de d'Alembert). *Au Bois-Valon, chez les Frères unis*, 1765, in-8, viii-179 p.

La dédicace à Mme du P** est signée : du P** le jeune.

Philosophe (le) redressé par un curé de campagne, ou réfutation de l'écrit intitulé : « Sur la Destruction des Jésuites ». (Par l'abbé M.-A. Reynaud.) 1765, in-12, 43 p.

Philosophe (le) sans prétention, ou l'homme rare. Ouvrage physique, chimique, politique et moral, par M. D. L. F. (C.-L. de La Folie, négociant). *Paris, Clousier*, 1775, in-8, fig.

Philosophe (le) soi-disant, comédie en trois actes et en prose, tirée des Contes de M. de Marmontel, par Mlle A.-C. de K... (Amélie-Caroline de Kinschof). *Maestricht, Jacques Lekens*, 1767, in-8.

Philosophe (le) soi-disant, comédie en vers et en trois actes. (Par Louis Lesbros de La Versane.) *Paris, Gueffier fils*, 1766, in-12.

Philosophes (les) à l'encan, dialogues, avec des notes. (Par l'abbé L. BORDELON.) *Paris, Musier*, 1690, in-12.

Philosophes (les) aventuriers, par M. T*** (F.-R. TURPIN). *Amsterdam et Paris, Belin*, 1780, 2 vol. in-12.

Catalogue de ce libraire.

Publiés quelques années auparavant sous le titre de : « Voyage à Ceilan... » Voy. « Supercheries », III, 25, c. Voy. aussi le « Journal encyclopédique », mai 1780, page 530.

Philosophes (les) manqués, comédie nouvelle en un acte et en prose. (Par A.-C. CAILLEAU.) *A Criticomanie, chez la Satire, rue des Bons-Avis, à la Vérité*, 1760, in-12, 25 p.

Philosophie (la), anti-drame. (Par l'abbé M.-L.-A. ROBINEAU.) *Paris, veuve Duchesne*, 1775, in-8.

Philosophie au cabaret, par un bourgeois de Bruxelles (le chanoine DONNET, curé de la paroisse de Saint-Jacques-sur-Caudenberg). *Bruxelles, Goemaere*, 1856, in-12, 119 p.   J. D.

Philosophie (la) chrétienne, exposée, éclaircie, démontrée et appuyée sur l'immuable *base* de la révélation; par l'auteur de la « Philosophie divine » (M.-Ph. DU TOIT-MAMBRINI). *Lausanne*, 1800 et 1819, 4 vol. in-8.

Ouvrage posthume dont le premier volume avait déjà paru en 1764, sous le titre de : « Sermons de Théophile ».

L'auteur est mort en 1794. Cette édition a été publiée par Daniel PETILLET, son domestique.

Philosophie chrétienne, ou extraits tirés de Mme de Genlis. (Par DUMONCEAU). *Paris*, 1802, in-12.   D. M.

Philosophie (de la) considérée comme puissance religieuse, à propos de l' « Essai théorique et historique sur la génération des connaissances humaines », de M. Tiberghien. (Par Alphonse LEROY.) *Bruxelles, Lesigne*, 1844, in-8.   J. D.

Philosophie (de la) corpusculaire, ou des connaissances et des procédés magnétiques chez les divers peuples, par M. DEL****** (F.-A. DELANDINE). *Paris, Cuchet*, 1785, in-8.

Philosophie (la) dans le boudoir, ouvrage posthume de l'auteur de « Justine » (Donatien-Alphonse-François, marquis DE SADE). *Londres, aux dépens de la Compagnie*, 1795, 2 vol. in-18.

Il a été fait, en 1830, une mauvaise réimpression de ce livre infâme avec des lithographies. En 1866, il a paru en Belgique une réimpression beaucoup plus soignée et tirée à petit nombre. L'auteur est nommé dans le titre : « la Philosophie dans le boudoir, ou les instituteurs libertins, dialogues destinés à l'éducation des jeunes demoiselles », par le marquis de Sade, *Londres, aux dépens de la Compagnie*, 1795, 2 vol. in-18, 208 et 262 p., avec cinq gravures qui sont des copies de celles de l'édition originale.

Philosophie de l'exil. (Par le baron LEMERCHER D'HAUSSEZ.) *Paris, imp. Pinard*, 1833, in-12, 84 p.   D. M.

Philosophie (la) de l'histoire. (Par VOLTAIRE.) *Amsterdam, Changuion*, 1765, in-8, VIII-205 p.

Une autre édition, publiée par le même libraire, la même année, in-8, VIII-336 p., porte le nom de l'abbé BAZIN (voy. « Supercheries », I, 473, d) ; les fautes indiquées à l'*errata*, feuillet non paginé venant après la table, n'existent pas dans l'édition anonyme.

Philosophie de l'univers. (Par P.-S. DUPONT, de Nemours.) *Paris, imp. de du Pont*, 1796, in-8, 236 p. — Troisième édition, augmentée. *Paris, Goujon fils*, an VII-1799, in-8.

Philosophie (la) de la guerre, extrait (par Guill. IMBERT) des Mémoires du général LLOYD, traduits par un officier français (G.-H. DE ROMANCE, marquis DE MESMON). *Bruxelles, Laurent*, 1786, in-18. — *Paris, Barrois aîné*, 1790, in-18.

Philosophie (de la) de la Henriade, ou supplément nécessaire aux divers jugemens qui en ont été portés, surtout à celui de M. de La Harpe. Par M. T*** (M.-M. TABARAUD), ancien supérieur de l'Oratoire. *Paris, Onfroi*, an XIII-1805, in-8, 118 p.

Réimprimée avec le nom de l'auteur.

Philosophie (la) de La Mothe Le Vayer... (Par P.-A. ALLETZ.) *Paris, veuve Duchesne*, 1783, in-12.

Philosophie (de la) de la nature. (Par J.-B.-C. DELISLE DE SALES.) *Amsterdam, Arsktée*, 1770, 3 vol. in-12. — Seconde édition. 1776, 6 vol. in-12. — Troisième édition. *Londres*, 1777, 6 vol. in-8. — Quatrième édition. *Paris*, 1793, 7 vol. in-8. — Septième édition. *Paris, Gide*, an XII-1804, 10 vol. in-8.

Quelques exemplaires de la première édition portent ce titre : « Essai sur la morale de l'homme ». *Amsterdam et Paris*, 1769, 3 vol. in-12. Voy. V, 242, a. Il y a des exemplaires de la seconde édition dont les trois derniers volumes sont intitulés : « Essai philosophique sur le corps humain ». Voy. V, 222, e.

Lors de la publication de la seconde édition de son livre, en 1770, l'auteur fut condamné au bannissement à perpétuité et à la confiscation de ses biens. Voy. Ch. Nisard, « Mém. et Correspond. hist. et littér. inéd. » *Paris*, 1858, p. 181-184.

Philosophie (la) de la politique, ou principes généraux sur les institutions sociales... (Par Fr.-L. D'ESCHERNY.) *Paris*, 1798, 2 vol. in-8.

Même ouvrage que « de l'Égalité, ou principes généraux, etc. » Voy. V, 38, *e*.

Philosophie de la révélation. La Trinité selon l'Écriture, vrai fondement de la science. (Par J.-M. GRANDET.) *Rodez, imp. Ratery*, 1864, in-8, XIV-503 p.

Philosophie de M. Nicolas, par l'auteur du « Cœur humain dévoilé ». (Par N.-E. RESTIF DE LA BRETONNE.) *Paris, de l'imp. du Cercle social*, 1796, 3 vol. in-12.

Une note imprimée au verso des trois volumes de cet ouvrage semble prouver que Restif n'est pas l'auteur de ce livre. M. Paul Lacroix (« Bibliographie des ouvrages de Restif », p. 407) pense que son ami Nicolas DE BONNE-VILLE est le véritable auteur ou rédacteur de ces trois volumes; Restif n'y aurait ajouté que quelques pages de sa façon. On peut aussi en attribuer une part au citoyen ARTAUD, qui s'occupait d'astronomie, et que Restif nous présente comme un excellent ami.

Philosophie (de la) des Chinois. (Par DI-DEROT.) *Amsterdam*, 1772, in-8.

Philosophie des lettres, qui aurait pu tout sauver. Misosophie voltairienne, qui n'a pu que tout perdre. (Par l'abbé Bertr. CAPMARTIN DE CHAUPY.) *Paris, en la double année des événements que nos glorieux pères n'auraient jamais pu prévoir, et que nos neveux, s'ils redeviennent de bons Français, ne pourront point croire, c'est-à-dire en 1789 et 1790*, 2 vol. in-8.

Ouvrage tiré à petit nombre et non mis dans le commerce.

Philosophie des sciences, par AJ. DE GR. et V. P. (J.-B.-F.-E. AJASSON DE GRAND-SAGNE et Valentin PARISOT). *Paris, imp. d'A. Everat*, 1836, in-18, 192 p.

Fait partie du « Complément de la Bibliothèque populaire... »

Philosophie (la) des vapeurs, ou lettres raisonnées d'une jolie femme, sur l'usage des symptômes vaporeux, par un académicien apathiste (l'abbé C.-J. DE B. DE PAUMERELLE). *Lausanne et Paris, Bastien*, 1774, in-12. — *Paphos et Paris*, 1784, in-12, 168 p.

Philosophie (de la) du bonheur, ouvrage recueilli et publié par l'auteur de la « Philosophie de la nature » (DELISLE DE SALES). *Paris*, 1796, 2 vol. in-8, XCVI-184 et 248 p.,

front. gravé et portrait de l'auteur. — *Londres*, 1803, 3 vol. in-8.

Dans la première partie du tome I, Delisle de Sales fait le récit de sa détention en 1793.

Des exemplaires portent un frontispice ainsi conçu : « Philosophie du bonheur, manuscrit de PLATON, publié par l'auteur, etc. » *Paris, Moutardier*, 1800.

Philosophie du catholicisme, par le prince DE L... (C.-J. DE LIGNE), avec la réponse par Mme la comtesse M....DE B***, et une préface par Ph. MARHEINECKE. *Berlin, Reimer*, 1816, in-8.

Philosophie (la) du XVIIIe siècle et ses fruits, d'après les « Girondins » de M. de Lamartine. Opuscule dédié aux habitants des campagnes, par un solitaire, ami de la vérité et des paysans (Auguste SÉGUIN). *Montpellier, Séguin*, 1849, in-8, 124 p.

Philosophie du peuple, ou élémens de philosophie politique et morale mise à la portée des habitans des campagnes. Ouvrage posthume de J. M. L. (Jos.-Marie LEQUINIO). *Paris, Pougin*, 1796, in-12.

Philosophie (la) du prince, ou la véritable idée de la nouvelle et de l'ancienne philosophie. (Par le P. GALIMARD.) *Paris*, 1689, in-8.

Philosophie (la) du Ruvarebohni (vrai bonheur), pays dont la découverte semble d'un grand intérêt pour l'homme, ou récit dialogué, par feu P. J. J. S*** (SPONVILLE) et Nicolas BUGNET. (Vers 1805), 2 vol. in-12.

Voici la clef de quelques noms employés dans cet ouvrage :

Ruvareheuxis........ .	*Vrais heureux.*
Ponélano...........	*Napoléon.*
Içanarfs............	*Français.*

M. Paul Lacroix, « Bibliographie et Iconographie des ouvrages de Restif de La Bretonne », p. 430, expose les motifs qui donnent lieu de croire que cette « Philosophie » n'est autre qu'un ouvrage ou plutôt l'extrait d'un ouvrage inédit de RESTIF, publié après sa mort par ses héritiers. Il ajoute qu'il lui a été impossible de rencontrer un exemplaire de ces deux volumes.

Philosophie (la) en défaut, vaudeville en un acte. (Par L.-H. DANCOURT.) *S. l. n. d.* (*Paris*, vers 1800), in-8.

Philosophie (la) morale des stoïques, avec le Manuel d'ÉPICTÈTE (par G. DU VAIR). *Paris, Langelier*, 1599, in-18.

Philosophie morale réduite à ses principes, ou essai de S*** (A.-A. COOPER, comte DE SHAFTESBURY) sur le mérite et la vertu (traduit librement de l'anglois par DIDEROT). *Venise (Paris)*, 1751, in-8.

La première édition de cette traduction parut en

1745, sous le titre de : « Principes de la philosophie morale ». Voy. ces mots.

Philosophie (la) naturelle, civile et morale ; traduction libre de l'anglais (de Francis HUTCHESON, par Marc-Antoine EIDOUS). Lyon, Regnault, 1770, 2 vol. in-12.

Même ouvrage que « Système de philosophie morale de Hutcheson, traduit de l'anglois par M. E*** ». Le titre seul a été changé.

Philosophie (la) naturelle rétablie en sa pureté, et le Traité de l'ouvrage secret de la philosophie d'Hermès (par le président Jean D'ESPAGNET), publiés en françois par Jean BACHOU. Paris, Pépingué, 1651, in-8.

Traduction de l'ouvrage intitulé : Enchiridion physicæ restitutæ.....

Philosophie (la) occulte de Henr.-Corn. AGRIPPA... traduite du latin (par A. LEVASSEUR). La Haye, R.-C. Alberts, 1727, 2 vol. in-12.

Philosophie physique. Mémoire présenté à MM. de l'Académie des sciences, dans leur séance d'octobre 1833, ayant pour objet une théorie physique basée sur l'existence des corps élémentaires et les effets du mouvement de la matière, par A..... (Ph. AUBÉ). Metz, Mme Theil, 1834, in-8, 47 p.

Philosophie (la) pratique et sociale. (Par Ch.-P. CHANDON DU RUSEAU.) Paris, Merlin, 1768, 4 vol. in-12.

Philosophie religieuse. Nantes, imp. de Mellinet-Malassis, in-8, 3 p.

Signée : T. (L.-F. DE TOLLENARE).

Philosophie religieuse. ou Dieu contemplé dans ses œuvres. (Par ROUSSEL.) Paris, 1776, in-12.

Philosophie (la) rendue à ses premiers principes, ou cours d'études sur la religion, la morale et les principes de l'ordre social, pour servir à l'instruction de la jeunesse. (Par MUTIN, J.-B. SALGUES et Et. JONNOT.) Paris. chez Mlle Chatain, de l'imprimerie de J.-Ant. Révol, 1801, 2 vol. in-8.

Philosophie rurale, ou économie générale et particulière de l'agriculture. (Par le marquis Victor DE MIRABEAU et Fr. QUESNAY.) Amsterdam (Paris), 1763, in-4; 1764, 3 vol. in-12.

Philosophie sociale dédiée au peuple français, par un citoyen de la section de la République française, ci-devant du

Roule (Lucius-Junius FREY, beau-frère de Chabot). Paris, Froullé, 1793, in-8, XIV-236 p. et 1 f. de table.

Le titre a été rafraîchi en 1797. Cette attribution est confirmée par la déclaration de l'auteur trouvée sur son exemplaire et publiée par M. Alkan aîné, dans les « Archives du bibliophile », n° 30, 1860, in-8.

Philosophie (la) soldade. (Par Vital D'AUDIGUIER.) Paris, T. Dubray, 1604, in-12.

Philosophie spirite. Lumière de la voie céleste. (Par Mme veuve THIÉBAULT, somnambule.) Paris, F. Henry, 1865, in-18, XI-204 p.

Philosophisme (le) mis dans tout son jour, suivi des Principes et des Conseils du christianisme. Epître aux philosophes. (Par l'abbé Thomas DESTRUISSART.) Paris, Fantin, 1812, in-8, 27 p.

Philosophomanie, poëme, ou la maladie des têtes à systèmes, ainsi que celle des professeurs de doctrines étranges et bizarres... (Par DIERES, avocat.) Rouen (1795), in-8.

On doit au même auteur : « Discours proposé par l'Académie des sciences, belles-lettres et arts de Rouen, sur cette question : Déterminer l'influence des lois sur les sciences, les lettres, les arts et le commerce, et celle des sciences, des lettres, des arts et du commerce sur les lois. » Rouen, 1788, in-8.

Philotanus moderne...

Voy. « Anecdotes jésuitiques... », IV, 185, c.

Philotanus, poëme françois et latin. S. d. (1720), in-12.

Le poëme français est généralement attribué à l'abbé J.-B.-J. VILLART DE GRÉCOURT ; mais on le croit de Nic. JOUIN. La traduction en vers latins est de LARCHANT, mort principal du collège de Bayeux.

Il y a une troisième édition française seulement, dont les lacunes sont remplies et augmentées de quelques notes. Paris, 1733, in-12.

Voy. « Supercheries », I, 154, d.

Philotas. (Par L.-A. LEGRAND DE LA LEU.) 1786, in-8.

Phœnix ille. Les 95 Thèses de Luther contre les indulgences, réimprimées d'après l'original latin et entièrement translatées en français pour la première fois. Souvenir du concile de Trente, offert aux Pères du concile œcuménique de Rome, 1869, par un bibliophile (Charles READ). Paris, Académie des bibliophiles, 1870, gr. in-8, 48 p.

Phrase (la) entière en réponse au 4e mot, ou Pautrizel à son collègue Audrein, représentant du peuple. (Par M.-A.-B. DE MANGOURIT.) S. l., 1795, in-8, 8 p.

Phrases et Sentences tirées des cinq livres de Phèdre, avec un abrégé de sa vie et de celle d'Ésope. (Par J.-P. Bridault.) *Paris, Guérin,* 1742, in-12.

Phrases et Sentences tirées des Comédies de Térence. (Par J.-P. Bridault.) *Paris, Guérin,* 1743, in-12.

Phrénologie. Systèmes de Gall, Spurzheim, Combe, etc. Ouvrage mis à la portée des gens du monde par ***, ancien professeur de sciences naturelles (L. Salme, peintre). *Paris, Salme-Grison,* 1843, in-18, 72 p.

Phrosine et Mélidor, poëme en quatre chants. (Par P.-J. Bernard.) *Messine (Paris, Lejay),* 1772, in-8.

Réimprimé dans les diverses éditions des « Œuvres » de l'auteur.

Physiocratie, ou constitution naturelle du gouvernement le plus avantageux au genre humain, recueil (de traités du docteur Fr. Quesnay) publié par du Pont (de Nemours). *Leyde et Paris, Merlin,* 1768, 2 parties in-8.

Réimprimée la même année, avec de nombreuses augmentations, à *Yverdun,* en 6 vol. in-8. On trouve parmi ces augmentations les principaux opuscules d'économie politique qui parurent à cette époque, entre autres ceux d'Abeille.
C'est la réimpression des principaux articles que Quesnay avait insérés dans l' « Encyclopédie », dans le « Journal de l'agriculture et du commerce », dans les « Ephémérides du citoyen » et dans d'autres recueils. Ils ont été reproduits dans le volume de la « Collection des principaux économistes » (*Paris, Guillaumin,* 1846, gr. in-8), intitulé : « Physiocrates », avec une notice et des notes d'Eugène Daire.

Physiognomonie (la), ou l'art de connaître les hommes par les traits du visage... Par l'auteur des « Lettres à Camille sur la physiologie » (Isid. Bourdon). *Paris, Werdet,* 1830, in-18.

Physiologie (la) de l'écriture mise à la portée de tout le monde... Par *** (de Saint-Cirq), docteur en médecine. (Par le docteur L.-V. Benech.) *Paris, Ponthieu,* 1826, in-8, 50 p., avec pl.

Physiologie de l'électeur, par quelqu'un qui a le malheur de l'être... électeur. (T. Labade). *Paris, France,* juin 1842, in-18, 96 p.

Physiologie de l'étudiant belge. (Par Edmond Van den Corput.) *Bruxelles,* 1843, in-12.   D. M.

Physiologie de la femme entretenue.....

par moi. (Par Jacq. Arago.) *Paris, Breteau et Pichery,* 1840, in-32.

Physiologie des casinos, du Théâtre-Lyrique et de leurs habituées. (Par Jules Procureur.) *Bruxelles, Procureur,* 1861, in-12, 81 p.   J. D.

Physiologie des Champs-Élysées, par une ombre. (Par M. Desessarts fils.) *Paris, Desloges,* 1842, in-32.

Physiologie des corps organisés, ou examen analytique des animaux et des végétaux comparés ensemble, à dessein de démontrer la chaîne de continuité qui unit les différens règnes de la nature. Edition française du livre publié en latin à Manheim, sous le titre de « Physiologie des mousses », par M. de Necker... (traduit par Coste). *Bouillon,* 1775, in-8, 1 f. de tit., 340 p. et 1 f.

Noël-Jos. Necker a publié lui-même une défense de sa « Physiologie », sous ce titre : « l'Auteur justifié, ou examen de la recension faite par... la « Bibliothèque universelle allemande », au sujet de la « Physiologie » de M. Necker, par M. B... » *Manheim,* 1778, in-8.

Physiologie des étudiants, des grisettes et des bals de Paris, par Satan. (Par J.-M. Mathieu-Dairnvaell.) *Paris, G. Dairnvaell,* 1848, in-32, 126 p.

Physiologie des noms propres. *Ibi et alibi.* (Par Martin, Savoisien, employé dans la diplomatie sarde.) *Chambéry,* 1849, in-8.

Physiologie des quartiers de Paris. (Par M. Léon Guillemin.) Illustrations de Henri Emy. *Paris, Desloges,* 1841, in-32.

Physiologie des rats d'église. (Par J. Ladimir.) Illustrations de Josquin et Maurisset. *Paris, C. Warée,* 1841, in-16.

Réimprimée avec le nom de l'auteur.

Physiologie du cocu, par un vieux célibataire. (Par Allec.) *Paris, Fiquet,* 1841, in-32.

Physiologie du conseil de révision. *Lille, imp. de Lefebvre-Ducrocq,* 1851, in-16, 40 p.

Signée : P. L. (Pierre Legrand).

Physiologie (la) du fumeur, par (Théodose Burette), illustrée par (Eugène Giraud), publiée par (Ernest Bourdin). *Paris, É. Bourdin* (1840), in-32, 128 p.

Chaque nom est remplacé sur le titre par un portrait-vignette de l'auteur, du dessinateur et de l'éditeur. Jean Macé, l'auteur de : « Histoire d'une bouchée de pain », élève de M. Burette au collège Stanislas, a été son collaborateur pour cet opuscule, et son portrait figure aussi parmi les vignettes du texte.

Physiologie (la) du goût, ou méditations de gastronomie transcendante, ouvrage théorique, historique et à l'ordre du jour, par un professeur, membre de plusieurs Sociétés littéraires et savantes (Jean-Anthelme BRILLAT-SAVARIN, conseiller à la Cour de cassation). *Paris, Sautelet*, 1825, 2 vol. in-8.

Souvent réimprimée avec le nom de l'auteur.

Physiologie du mariage, ou méditations de philosophie éclectique, sur le bonheur et le malheur conjugal, publiées par un jeune célibataire (Honoré DE BALZAC). *Paris, Levavasseur*, 1830, 2 vol. in-8.

Souvent réimprimée avec le nom de l'auteur.

Physiologie du parrain. (Par Emmanuel-Augustin LEPEINTRE jeune.) *Paris*, 1834, in-24. D. M.

Physiologie du protecteur. Par un aveugle clairvoyant de la Chaussée-d'Antin. (Par Jacq. ARAGO.) *Paris, Charpentier*, 1841, in-32.

Physiologie du recensement. (Par Léon GUILLEMIN.) *Paris, imp. de Pollet*, 1841, in-8, 40 p.

Première livraison, seule publiée.

Physiologie du ridicule, ou suite d'observations, par une société de gens ridicules. (Par Marie-Françoise-Sophie GAY, née NICHAULT DE LAVALETTE.) *Paris, Vimont*, 1833, 2 vol. in-8. D. M.

Physiologie du théâtre, par un journaliste (Louis COUAILHAC). Vignettes de MM. H. Emy et Birouste. *Paris, J. Laisné*, 1841, in-16.

Physiologie du vin de Champagne, par deux buveurs d'eau. (Par Louis LURINE et BOUVIER.) *Paris, Desloges*, 1841, in-16.

Physiologie historique, politique et descriptive du château des Tuileries; par l'auteur des « Mémoires d'une femme de qualité » (le baron DE LAMOTHE-LANGON). *Paris, C. Lachapelle*, 1842, in-32.

Physiologie historique, politique et descriptive du palais et du jardin du Luxembourg, par le rédacteur des « Mémoires de Louis XVIII » (le baron DE LAMOTHE-LANGON). *Paris, C. Lachapelle*, 1842, in-32.

Physiologie (la), ou les règles de la grammaire italienne, mises dans un nouvel ordre. (Par Gaetano CARCANI.) *Nantes*, an XI-1803, in-8. D. M.

a

Physionomie de la presse, ou catalogue complet des nouveaux journaux qui ont paru depuis le 24 février jusqu'au 20 août, avec le nom des principaux rédacteurs, par un chiffonnier. *Paris, imp. de Léautey*, 1848, in-18, 162 p.

La préface est signée : le Père JEAN, chiffonnier de son état, littérateur par occasion. — Par BESSON, employé au ministère de la guerre, d'après la « France littéraire », tome XI.

Par PETIT DE BARONCOURT, d'après M. Hatin.

b

L'attribution de la « France littéraire » n'aurait-elle pas son origine dans une publication faite sous ce même pseudonyme en 1828? Voy. « Supercheries », II, 379, c.

Physique (la) d'usage, ou petit cours de médecine composé selon les principes de M. Descartes. Seconde édit. *Paris, Fr. Clouzier et vefue Aubouyn*, 1666, pet. in-12. 3 ff. lim., 91 et 73 p.

c

Ce volume se compose de deux parties : 1° Discours sur la médecine et sur les parties du corps humain ; composés en latin par M. ARBERIUS, et traduit en françois par D. R. (DE ROUVIÈRE), 92 p. ; 2° Thèses de Louvain soutenues sous MM. d'Orlix et Plempius. — Abrégé de toutes les principales actions automatiques qui sont dans les hommes, avéque (sic) leurs maladies et leur guérison. Composé selon les principes de la méchanique et de la philosophie de M. Descartes, repeté publiquement à Louvain sous M. Dorlix (sic)... et traduit par D. R.

Une troisième édition fait partie du « Nouveau Cours de médecine... » Voy. ci-dessus, col. 496, b.

d

La première édition est de 1664.

Physique (la) de l'âme humaine. (Par G.-L. GODART.) *Berlin*, 1755, in-12.

Physique de l'histoire, ou considérations générales sur les principes élémentaires du tempérament et du caractère national des peuples. (Par l'abbé T.-J. PICHON.) *La Haye et Paris, Vente*, 1765, in-12. — *Londres, Nourse*, 1765, in-12.

e

Physique de la beauté, ou pouvoir naturel de ses charmes. (Par MORELLY.) *Amsterdam et Bruxelles*, 1748, in-8.

Physique (la) des anciens. *Paris, J.-B. Coignard*, 1701, in-12.

L'épître au roi est signée : D. R. (Dominique RÉVEREND).

f

Physique des corps animés, par le P. B*** (Jos. BERTHIER, de l'Oratoire). *Paris, Guérin*, 1755, in-12.

Cet ouvrage est aussi attribué au P. Laurent BÉRAUD.

Physique (la) expérimentale et raisonnée, qui contient en abrégé ce que cette science a de plus intéressant. Par l'auteur de « la Clef des sciences et des beaux-arts » (J. COCHET). *Paris, Cl. Hérissant*, 1756, in-8, 1 f. de tit., x-319 p. et 2 ff. de table.

Physique mécanique, par E.-G. FISCHER, traduite de l'allemand (par Mᵐᵉ BIOT) avec des notes (de J.-B. BIOT). *Paris, Bernard*, 1806, in-8.

Physique (la) occulte, ou traité de la baguette divinatoire et de son utilité pour la découverte des sources d'eau, des minières, des trésors cachez, des voleurs et des meurtriers fugitifs, avec des principes qui expliquent les phénomènes les plus obscurs de la nature, par M. L. L. (Pierre LE LORRAIN), abbé DE VALLEMONT. *Paris, Anisson*, 1693, in-12. — *Amsterdam, Broakman*, 1696, in-12. — *Amsterdam, Adr. Broakman*, 1698, petit in-12 de XXII-464-VIII p., avec front. et fig. grav. — *Paris, J. Boudot*, 1709, in-12. — *La Haye, Adr. Moetjens*, 1722, 2 vol. in-12. — *Amsterdam, 1762*, 2 vol. in-12 de XXII-275 et VI-246 p.; avec front. et fig. grav. ·

L'auteur, qui se nommait Pierre LE LORRAIN, a pris, on ne sait pourquoi, le nom d'abbé DE VALLEMONT.

Physique particulière. (Par J.-R. SIGAUD DE LA FOND.) 1792, in-12.

Fait partie de la « Bibliothèque des dames ».

Physique sacrée, ou histoire naturelle de la Bible, traduite du latin de Jean-Jacques SCHEUCHZER (par DE VARENNE, auteur des Mémoires du chevalier de Ravanne), enrichie de figures gravées par les soins de J.-André Pfeffel. *Amsterdam, Schenck*, 1732-1737, 8 vol. in-fol., 750 fig.

L'édition latine, *Augustæ Vindelicorum*, 1731-1735, est en 4 vol. in-fol.

Pichegru et Moreau. *Paris, chez les marchands de nouveautés*, an XII-1804, in-8, 99 p.

Cet ouvrage a été réimprimé, avec additions, sous ce titre : « Moreau et Pichegru au 18 fructidor an V; suivi de la conjuration de ce dernier pendant les années III, IV et V; et de la correspondance des nommés Drake et Spencer-Smith, ambassadeur anglais, pendant le mois de mars dernier, tendant à renouer les trames contre la France et la personne du premier Consul ». *Paris, Bertrand-Pottier*, germinal an XII, in-12. Voy. ci-dessus, col. 357, c.

La deuxième édition du « Dictionnaire des anonymes » attribuait cet ouvrage à P.-L. RŒDERER, qui, dans une note écrite de sa main, déclare ne pas connaître ce volume.

Pie (la) de Palaiseau et le chien de Montargis, ou le crime aux prises avec la vertu, parodie en un acte, mêlée de couplets, ornée d'un ballet de pies et de chiens. Par M. M*** (J.-B. DUBOIS et C.-F. J.-B. MOREAU). *Paris, Barba*, 1815, in-8.

Pie IX. (Attribué à P. VÉSINIER.) *Berlin*, 1861, in-8.

Pie IX dans la voie du Calvaire, ou les XIV stations du Chemin de la croix appliquées à N. T. S. P. le pape, par l'abbé H. S. M. A. (Henri SAUVÉ, missionnaire apostolique). *Liège, Lardinois*, 1860, in-12, 104 p.   Ul. C.

Pie IX et son Pontificat, par un diplomate (RASTOUL DE MONGEOT). *Bruxelles, chez tous les libraires*, 1860, in-8, 47 p.   J. D. ·

Pie IX, régénérateur du monde. (Par le comte A.-Ch.-Théodose DE FONTAINE DE RESBECQ.) *Paris, Garnot*, 1848, in-8, 16 p.

Pièce curieuse, par M. DE M. DE G. (DE MOULEAU DE GAIGNY). (*Lyon, 1699*), in-4.

Voy. « Supercheries », II, 1089, e.

Pièce (la) en perce, comédie en un acte, mêlée de vaudevilles, par MM. Edmont (Edm. CRONIER) et A. C. (Armand CROISETTE). Représentée pour la première fois à Paris, sur le théâtre de l'Ambigu-Comique, le 19 juin 1817. *Paris, Fages*, 1817, in-8, 26 p. — *Id.*, 1819, in-8, 28 p.

Pièce (la) et le Prologue, ou celui qui les sert tous et n'en contente aucun, pièce en un acte (en prose). S. l. n. d., in-8.

« Cette pièce a été longtemps excessivement rare et chère, attendu qu'elle n'a été imprimée qu'à quatre exemplaires ; elle a été reproduite dans le tome IV des Œuvres de DIDEROT, édition de Brière, d'après un exemplaire, avec corrections et changements de Diderot lui-même, qui en avait préparé une seconde édition. » (Quérard, « France littéraire », II, 455.)

Cette pièce, ainsi que le développement en quatre actes qu'en fit plus tard Diderot sous ce nouveau titre : « Est-il bon, est-il méchant ? », sera comprise dans l'édition des Œuvres de Diderot donnée par M. Assézat, et en cours de publication chez les frères *Garnier*.

Pièce (la) sans A, comédie en un acte et en prose, précédée d'un prologue, par J. R. R***** (Joseph-Raoul RONDIN), auteur de « Rose et Mérival »... Représentée à Paris, sur le théâtre des Variétés, le 18 décembre 1816. *Paris, Chaumerot*, 1816, in-8, 51 p.

Cette pièce tomba dès la première scène, parce qu'un des acteurs qui avait à dire : « Le voici ! » s'écria maladroitement : « Ah ! le voilà ! »   D. M.

Pièces d'éloquence et de poésie qui ont remporté le prix au jugement de l'Académie de Pau ; avec un remercîment à la même Académie, par M. C*** D. l'O. (le P. Jos. CHABAUD, de l'Oratoire). *Paris, Lottin*, 1746, in-12.

Pièces de théâtre en vers et en prose. (Par le président C.-J.-F. HÉNAULT.) *Paris*, 1770, in-8.

Titre imprimé pour la réunion des diverses pièces de l'auteur.

Pièces de théâtre, par J. F. R. (Rou-CHER). *Bordeaux, Brossier,* 1816, in-12.

Pièces de théâtre, par M. S. C*** (Samuel CHAPUZEAU).

Voy. ci-dessus, « Œuvres meslées..... par le sieur S. C. », col. 660, d.

Pièces dérobées à un ami (l'abbé G.-C. DE LATTAIGNANT). *Amsterdam,* 1750, 2 vol. in-12, 238-xv et 288-xiv p.

L'épître « à l'auteur » est signée : M. D. Q. (A.-G. MEUSNIER DE QUERLON).

Pièces désopilantes, recueillies pour l'esbatement de quelques pantagruélistes. *A Paris, près Chareuton, chez un libraire qui n'est pas triste (Bruxelles, Jules Gay),* printemps de 1866, viii-310 p.

L'avis préliminaire, adressé aux « chers pantagruélistes », est signé : Bibliomane et Hilare. Ce recueil, imprimé à 150 exemplaires, dont deux sur peau vélin, a été formé par l'éditeur J. GAY, aidé de plusieurs bibliophiles. M. G. BRUNET lui a fourni quelques notes.

On trouve dans ce volume quinze pièces diverses, devenues fort rares, et quatorze mazarinades choisies parmi les plus piquantes et les plus hardies (« la Custode de la reine qui dit tout », « la Bouteille cassée attachée avec une fronde au cul de Mazarin », etc.). Parmi les autres opuscules facétieux, on peut signaler le « Virelay » de Claude Le Petit, l' « Entrée magnifique et triomphante de Mardy gras », la « Pourmenade du Pré aux Clercs », etc.

Pièces détachées attribuées à divers hommes célèbres. *S. l.,* 1775, 3 vol. in 8.

Ces trois volumes, dont le texte est encadré, s'adjoignent à l'édition des Œuvres de VOLTAIRE imprimée sous ses yeux par les frères Cramer, de Genève. Le nom de Voltaire ne paraît sur le titre d'aucun des ouvrages qui forment les 37 volumes de cette édition, dont la tomaison se trouve sur le faux titre seulement.

Il a été fait, pour presque tous les volumes de cette édition, des cartons pour changer des mots, modifier des phrases et ajouter quelquefois des chapitres. Ces cartons, dont les éditeurs de Kehl ont tenu compte dans leur édition des Œuvres de Voltaire, ne portent pas la marque qui distingue ordinairement les cartons, c'est-à-dire une étoile ; il est fort difficile de savoir si les exemplaires de cette édition que l'on rencontre sont cartonnés ou non. Dans celui de la Bibliothèque nationale, ils sont reliés à la fin de chaque volume. Ces trois volumes des « Pièces détachées » ont reçu, par la reliure, la désignation de tomes XXXVIII, XXXIX et XL des Œuvres de Voltaire. Voici ce dont ils se composent :

Tome Ier, 478 p. : 1° Dieu et les Hommes ; 2° de la Paix perpétuelle, par le docteur Goodheart (voy. « Supercheries », II, 1279, c) ; 3° Fragments sur divers sujets (par ordre alphabétique allant de : Abbé à Vertu).

Tome II, 448 p. : 1° Histoire de Jenni, ou l'athée et le sage, par M. Sherloc, traduite par M. de La Caille (voy. « Supercheries », II, 483, b) ; 2° le Catéchumène, traduit du chinois (voy. ci-devant, IV, col. 535, e) ; 3° le Dîner du comte de Boulainvilliers (voy. « Supercheries », III, 535, d) ; 4° la Profession de foi des théistes, traduit de l'allemand (voy. « Supercheries », I,

852, f) ; 5° l'Empereur de la Chine et le frère Rigollet ; 6° Lettre philosophique sur l'âme ; 7° les Questions de Zapata, traduites par le sieur Tamponnet, docteur de Sorbonne (voy. « Supercheries », I, 285, a) ; 8° Il faut prendre un parti, ou le principe d'action, dialogue ; 9° Discours d'un athée, d'un manichéen, d'un payen, d'un juif, d'un turc, d'un théiste, d'un citoyen ; 10° les Oreilles du comte de Chesterfield et le chapelain Goodman (en sept chapitres) ; 11° Lettre d'un ecclésiastique sur le prétendu rétablissement des Jésuites dans Paris ; 12° les Colimaçons du R. P. L'Escarbotier (deux lettres) (voy. « Supercheries », I, 1250, d) ; Réponse du R. P. Elie ; Troisième lettre du R. P. L'Escarbotier ; Dissertation du physicien de Saint-Flour ; Réponse du carme au capucin ; Réflexion de l'éditeur ; 13° Questions sur les miracles (vingt lettres) (voy. « Supercheries », III, 262, a).

Tome III, 399 p. : 1° le Taureau blanc, traduit du syriac par M. Mamaki (voy. ce titre) (onze chapitres) ; 2° Lettre de M. de Voltaire à M. le comte de Tressan ; 3° Diatribe à l'auteur des « Ephémérides » ; 4° Collection d'anciens évangiles, ou monuments du premier siècle du christianisme extraits de Fabricius, Grabius et autres savants (voy. ci-devant, IV, 630, d) ; 5° l'Examen important de milord Bolingbroke (trente-huit chapitres, plus conclusion) (voy. « Supercheries », I, 545, f) ; 6° Lettre de milord Bolingbroke à Cornsburi et Réponse de ce dernier, le tout précédé d'un Avis des éditeurs ; 7° le Préservatif ; 8° de l'Ame, par Soranus, médecin de Trajan (voy. Quérard, « Bibliographie voltairienne », n° 42) ; 9° la Guerre civile de Genève, ou les amours de Robert Côvelle, poème héroïque, avec des notes instructives. 1775, 56 pages.

La signature de chacun de ces volumes ne porte pas d'autre indication que : Pièces détachées, I, II ou III.

Pièces détachées, relatives au clergé séculier et régulier. *Amsterdam, M.-M. Rey,* 1771, 3 vol. in-8.

Recueil curieux, imprimé par les soins du marquis J.-Fr.-Max. DE CHASTENET DE PUYSÉGUR : toutes les pièces dont il se compose ont trait à la suppression des ordres religieux, la religion naturelle, l'illégitimité des biens de l'Eglise, etc.

La « Discussion intéressante sur la prétention du clergé d'être le premier ordre d'un Etat », qui faillit faire mettre à la Bastille M. de Puységur, son auteur, y est également réimprimée.

On trouve dans la troisième partie la brochure intitulée : « du Droit du souverain sur les biens-fonds du clergé et des moines » (par DE CERFVOL), et les « Lettres d'un archevêque » (le P. C.-L. RICHARD) à l'auteur précédent.

Le dernier ouvrage de ce recueil a pour titre : « Suffisance de la religion naturelle ».

Pièces diverses, avec quelques lettres de morale et d'amusemens. (Par E. VATTEL.) *Paris, Briasson,* 1746, in-12.

Réimprimées dans les « Amusemens de littérature, de morale et de politique », par le même auteur. *La Haye,* 1765, in-8.

Pièces dramatiques, choisies et restituées par M*** (J.-B. ROUSSEAU). *Amsterdam, Changuion,* 1734, in-12.

Ce volume est le sixième d'une édition des Œuvres de J.-B. Rousseau, publiée en 1734. Les pièces restituées sont : « le Cid » de Corneille ; « D. Japhet d'Arménie » de Scarron ; « la Marianne » de Tristan, et « le Florentin » de La Fontaine, que Rousseau attribuait à Champmeslé.

Pièces du procès de Henri de Tallerand, comte de Chalais, décapité en 1626. *Londres (Paris, Lamy)*, 1781, in-12, 1 f. de tit., VI-256 p.

Première partie du « Recueil de pièces intéressantes pour servir à l'histoire des règnes de Louis XIII et de Louis XIV ». Voy. ces mots.

Pièces échappées aux seize premiers Almanachs des Muses (recueillies par C.-S. SAUTREAU DE MARSY). *Paris, veuve Duchesne* (1781), in-12.

Pièces échappées du feu, ou recueil de diverses pièces en prose et en vers, savoir : Polichinelle demandant une place dans l'Académie (par Nic. DE MALEZIEU, Voy. Moréri); Remarques sur l'Angleterre, faites en 1713 (par DUBOIS DE SAINT-GELAIS, douteux; Voy. Moréri); Histoire de Léonice et de Mendosa, par M. DE S***; des lettres, des contes et poésies diverses (le tout recueilli par A.-H. DE SALLENGRE). *Plaisance (Hollande)*, 1717, in-8.

Pièces et Anecdotes intéressantes, savoir : les Harangues des habitans de Sarcelles ; un Dialogue des bourgeois de Paris (au sujet de l'enterrement de Coffin, principal du collège de Beauvais); Philotanus, poëme (par l'abbé J.-B.-J. WILLART DE GRÉCOURT); le Portefeuille du diable, ou suite de Philotanus, poëme dédié à Mme de Galpin (femme d'un négociant de Paris) (avec un grand nombre d'Observations, par Nic. JOUIN). *Aix en Provence, aux dépens des Jésuites, l'an de leur règne 210 (Utrecht*, 1755), 2 vol. in-12.

Voy. « le Vrai Recueil des Sarcelles ».

Pièces et documents officiels pour servir à l'histoire de la Terreur à Nîmes et dans le département du Gard, l'an II de la République française, une et indivisible. (Publié par M. Hippolyte FAJON, conseiller à la Cour d'appel de Nîmes.) *Nîmes, imp. de Soustelle*, 1867, in-8, 227 p.

Pièces fugitives d'histoire et de littérature anciennes et modernes : avec les nouvelles historiques de France et des pays étrangers sur les ouvrages du temps..... *Paris, J. Cot*, 1704, 3 part. in-12. — Pièces fugitives, anciennes et modernes, des auteurs connus et inconnus. (Part. IV et V.) *Paris, P. Geffart*, 1705-1706, 2 part. in-12.

Par Jer. DU PERRIER et l'abbé Anthelme DE TRICAUD.

Le privilége était accordé au sieur FLACHAT DE SAINT-SAUVEUR et au sieur D'AIGLEMONT. Ces noms sont des pseudonymes.

Voy. « Supercheries », II, 47, e.

Pièces fugitives de M. DE VOLTAIRE, de M. DESMAHIS et de quelques autres auteurs, avec deux histoires de Sadi, célèbre poëte persan (le tout publié par C.-C.-F. DE THOREL DE CAMPIGNEULLES). *Genève et Lyon, Reguilliat*, 1761, in-12.

Pièces fugitives de M. S*** (M.-J. SEDAINE). *Paris*, 1752, petit in-12.

Pièces fugitives des œuvres mêlées de M*** DE V. (G.-A. DE MEHÉGAN). *La Haye*, 1779, in-12.

Frontispice nouveau mis à l'édition de 1755, intitulée : « Pièces fugitives extraites... » Voy. ci-après, même colonne.

Pièces fugitives en prose et en vers, par M. L*** (J.-B. LACOSTE, avocat). *La Haye, de Hardt*, 1752, in-12.

Voy. « Supercheries », II, 466, a.

Pièces fugitives en vers, avec des notes historiques. (Par Fr. NANCEY, cordelier.) *Chaumont, Bouchard*, 1767, in-8, 31 p.

Pièces fugitives en vers françois et patois, par C*** (M. François CHRESTIEN, médecin à Sommières). *S. l. n. d.*, in-8.

Pièces fugitives extraites des œuvres meslées de M*** (G.-A. DE MEHÉGAN). *La Haye, J. Néaulme*, 1755, in-12, 84 p.

Voy. ci-dessus, « Pièces fugitives des œuvres... »

Pièces fugitives pour servir à l'histoire de France, avec des notes historiques et géographiques. (Publiées par Ch. DE BASCHI, marquis D'AUBAIS, et L. MENARD.) *Paris, Chaubert et Hérissant*, 1759, 3 vol. in-4.

Pièces fugitives sur l'Eucharistie (publiées par Jacob VERNET). *Genève, Michel Bousquet et Cie*, 1730, in-8.

La première pièce est attribuée à Nic. MALEBRANCHE, la deuxième est de P. VARIGNON, l'auteur de la troisième est un ecclésiastique de France resté inconnu ; cette pièce est la plus étendue. J. Vernet est auteur de la quatrième, ainsi que de la préface. A. L.

Pièces galantes contenant Enguerrant de Marigny, nouvelle, etc. (Par MASCRÉ, avocat.) *Paris, J. Ribou*, 1676, in-12, 4 ff. et 264 p.

Pièces historiques sur la peste de Marseille et d'une partie de la Provence, en 1720, 1721 et 1722... publiées en 1820, à l'occasion de l'année séculaire de la peste...

(par Louis-François JAUFFRET). *Marseille*, 1820, 2 vol. in-8.   G. M.

Pièces inédites de VOLTAIRE, imprimées d'après les manuscrits originaux, pour faire suite aux différentes éditions publiées jusqu'à ce jour. (Publiées par JACOBSEN, d'après les manuscrits de Thiriot.) *Paris, imp. de P. Didot*, 1820, in-8.

Pièces inédites sur les règnes de Louis XIV, Louis XV et Louis XVI. Ouvrage dans lequel on trouve des mémoires, des notices historiques et des lettres de LOUIS XIV, de Mᵐᵉ DE MAINTENON, des maréchaux DE VILLARS, DE BERWICK et D'ASFELD, etc., et la chronique scandaleuse de la cour de Philippe d'Orléans, régent de France, écrite par le duc DE RICHELIEU, etc., etc. (Publiées par J.-L. SOULAVIE.) *Paris, L. Collin*, 1809, 2 vol. in-8.

Pièces intéressantes et peu connues pour servir à l'histoire. *Bruxelles et Paris, Prault.* 1781-1790, 8 vol. in-12. — *Id.* 1785-1790, 8 vol. in-12. — *Maestricht, J.-P. Roux*, 1790, 8 vol. in-12.

A partir du tome III, le titre porte : Par M. D. L. P. (P.-Ant.-Jos. DE LA PLACE).

La Harpe donne, dans son « Cours de littérature », de curieux détails sur la formation de ce recueil.

Pièces judiciaires et historiques, relatives au procès du duc d'Enghien, avec le journal de ce prince, depuis l'instant de son arrestation; précédées de la discussion des actes de la commission militaire, instituée en l'an XII par le gouvernement consulaire, pour juger le duc d'Enghien; par l'auteur de l'opuscule intitulé : « de la Libre Défense des accusés » (A.-M.-J.-J. DUPIN aîné). *Paris, Baudouin frères*, 1823, in-8.

Pièces morales et sentimentales de Mᵐᵉ J. W., C-T-SSE de R-S. G. (Justine WYNNE, comtesse DE ROSEMBERG), écrites à une campagne, sur les rivages de la Brenta, dans l'Etat vénitien. *Londres, J. Robson*, 1785, in-8, XVI-275 p.

Pièces nouvèles sur diférantes matières de grammaire, par l'auteur de la « Geografie historique » (l'abbé L. DE COURCILLON DE DANGEAU). *Paris, J. Desaint*, 1722, in-8.

Sous ce titre sont contenus six opuscules, savoir : 1° *Discours qui traite des voyèles; 2° *Discours qui traite des cönsones; 3° Sur mon ortografe diférante de l'ortografe ordinaire; 4° Lettre sur l'ortografe, écrite en 1694; 5° Sur l'ortografe fransoise; 6° *Suite des Essais de granmaire. (Voy. V, 268, a.) — Les pièces marquées d'un astérisque ont été réimprimées dans les

« Opuscules sur la langue françoise ». Voy. ci-dessus, col. 723, f.

Pièces officielles et inédites sur les affaires de Naples, précédées de réflexions. (Publiées par F.-A. HAREL.) *Paris, Mongie aîné*, 1820, in-8, 72 p.

Pièces originales et Procédures du procès fait à Robert-François Damiens, tant en la prévôté de l'hôtel qu'en la cour de parlement. (Recueillies et publiées par A.-F. LE BRETON.) *Paris, Simon*, 1757, in-4. — *Id.*, 1757, 4 vol. in-12. — *La Haye, B. Gibert*, 4 vol. in-12.

Il faut joindre à ce recueil une Table des matières, publiée l'année suivante.

Pièces philosophiques et littéraires, par M. B... (David-Renaud BOULLIER). *S. l.*, 1759, in-8, VIII-295 p. et 24 p. de correct. et addit.

Pièces politiques. (Par J.-L. BOUSQUET-DESCHAMPS.) *Paris, Corréard*, 16 mai 1820, in-8, 16 p.

Pièces posthumes de l'auteur des « Cinq Années littéraires » (P. CLÉMENT, de Genève). *Amsterdam (Paris), Vallat-la-Chapelle*, 1766, in-8.

Pièces pour servir de réponse.

Voy. « Précis pour servir de réponse ».

Pièces relatives à Bélisaire. (Par VOLTAIRE, TURGOT et MARMONTEL.) *Amsterdam et Genève*, 1767, 5 cahiers in-8, 2 ff. lim.-20 p., 2 ff. lim.-13 p., 2 ff. lim., 17-21 p., 1 f. de titre et 47 p., 15 p.

Voy. « Supercheries », II, 1077, b.

Pièces (de poésie et d'éloquence) relatives à l'Académie de l'Immaculée Conception de la sainte Vierge, fondée à Rouen. (Publiées par l'abbé J.-A. GUIOT.) *Rouen, Le Boullenger*, 1772, in-8, 61 p.

Pièces relatives au dernier traité des puissances alliées avec la France. (Par H.-C.-E. DE GAGERN.) *Frankfort*, 1816, gr. in-8.

Pièces relatives au droit public des nations. (Publiées par OELSNER). *Paris, Egron*, 1815, in-8, 85 p.

N° 1, le seul publié.

Pièces relatives au duel entre MM. J. Sambuc et Allier. (Par J. MANDROT.) *Lausanne*, août 1834, in-8.

Pièces relatives au mandement publié à Liége, le 19 avril 1633, contre les protestants. (Par Ulysse CAPITAINE.) *Liége, Car-manne,* 1854, in-8, 22 p.　　　J. D.

Extrait du « Bulletin de l'Institut liégeois », tiré à 25 exemplaires.

Pied (le) de Fanchette, ou l'orpheline françoise, histoire intéressante et morale. (Par N.-E. RESTIF DE LA BRETONNE.) *La Haye et Paris, Humblot,* 1769, 3 vol. in-12.

Plusieurs fois réimprimé.

L'édition de *Paris, Cordier et Legras,* 1801, 3 vol. in-18, porte le nom de l'auteur.

Voir, pour des détails sur ces diverses éditions, qui offrent souvent des différences considérables, la « Bibliographie et Iconographie des ouvrages de Restif », par P. L. Jacob, « Bibliophile » (Paul Lacroix). *Paris, Fontaine,* 1874, in-8, p. 85-92.

Pieds (les) qui r'muent ; bals, dames et danseuses. (Par Ernest BLUM.) *Paris, imp. Bonaventure et Ducessois,* 1864, in-32, 128 p.

Piémont (du) à la fin de 1821, ou effets de l'influence des sociétés secrètes. (Par DE FILIPPI.) *Paris, Pillet aîné,* 1822, in-8, 120 p.　　　D. M.

Piedmontoize (la), en vers bressans, par Bernardin UCHARD, sieur DE MONCEPEY... *Paris, Aubry,* 1855, petit in-8.

Réimpression à 71 exemplaires d'un livret publié à Dijon en 1619 et à Bourg-en-Bresse en 1666 ; l'avant-propos est signé : G. B. (Gustave BRUNET).

Pierre au château, ou les étrennes villageoises. (Par Rigomer BAZIN.) *Au Mans, imp. de Renaudin,* 1818, in-8.

Paginé 59 à 72.

Pierre Bagnolet et Claude Bagnolet, son fils, comédie en un acte et en prose, par M. DE V.... (J.-M.-L. DEVILLE). *Paris, Cailleau,* 1782, in-8, 32 p.

Pierre Bellot, poëte provençal. Epitaphes. (Par Augustin FABRE.) *Marseille, Boy,* 1861, in-8, 87 p.　　　G. M.

Pierre chez son curé. (Par Rigomer BAZIN.) *Au Mans, imp. de Renaudin,* 1817, in-8.

Pierre de Bogis et Blanche d'Herbault, nouvelle historique. (Par Mme Elis. DE BON.) *Paris, Pernier,* 1805, in-12.

Pierre de Provence. (Par Bernard DE TREVIES.) *S. l. n. d.,* in-fol. goth.

Voy., pour le détail des éditions de ce roman célèbre, Brunet, « Manuel du libraire », 5e édit., IV, col. 643 à 648.

Pierre (la) de touche. *Besançon, imp. de J. Jacquin* (1849), in-8, 4 p.

Signée : C. (CHIFLET).

Pierre (la) de touche de la lettre au marquis de ***, sur un livre intitulé : « les Soupirs de l'Europe ». (Par Jean DUMONT.) 1712, in-12.

Pierre (la) de touche des écrits et des affaires politiques, ou lettres d'un François (A.-M. CERISIER), sur deux brochures séditieuses. 1779, in-8, 25 p.

Pierre de touche des véritables intérêts des Provinces-Unies des Pays-Bas et des intentions des deux couronnes (de France et d'Espagne) sur le traité de paix. (Par Antoine BRUN, de Dôle.) 2e édit. *Conformément à la première impression de Dordrecht,* 1647, in-8.

L'auteur est nommé à la page 39.

Pierre (la) de touche, par l'auteur de « Valida » (Mme la marquise Sophie-Caroline-Hortense D'EPINAY). *Paris, Levavasseur,* 1836, 2 vol. in-8.

Pierre (la) de touche politique. (Par Eustache LE NOBLE.) (*Paris*), 1688-91, 3 vol. in-12.

Recueil de dialogues ayant chacun un titre particulier. Le titre général ci-dessus ne se trouve sur le frontispice qu'à partir de janvier 1690, époque à laquelle la publication devient mensuelle. (Note du Catalogue de la Bibliothèque nationale, histoire de France, tome IV, page 351, où l'on donne le détail de vingt-huit dialogues.)

Pierre de touche politique, tirée du mont Parnasse, où il est traité du gouvernement des principales monarchies du monde, traduite de l'italien de Trajano BOCCALINI (par Louis GIRY). *Paris, J. Villery,* 1626, in-8.

Pierre et Perrette, ou le galant jardinier, comédie en deux actes, mêlée d'ariettes. (Par MORIZOT.) *Marseille, A. Favet,* 1758, in-8.

Pierre-François Van Meenen, ou les quatre âges d'un homme politique. Esquisse biographique. (Par A. DELVIGNE.) *Louvain, Fonteyn,* 1858, in-12, 151 p.　　J. D.

Pierre le Grand, par Charles DENINA... traduit sur la deuxième édition par J.-F. ANDRÉ (du département des Vosges), avec des notes relatives aux calomnies répandues dans divers ouvrages français, concernant l'impératrice Catherine II... *Paris, Le Normant,* 1809, in-8, 4 ff. et 297 p.

Les trois premiers chants ont été traduits par Ant. SERIEYS. Sur le titre de l'édition originale, *Berlin, Unger,* 1796, in-8, XII-366 p., l'auteur donnait son poème comme traduit du grec, ce qui était une fiction.

Pierre le Grand, tragédie. (Par J.-G. Du-

BOIS-FONTANELLE.) *Londres et Paris, L'Esclapart*, 1766, in-8.

Minzloff, « Pierre le Grand dans la littérature étrangère », 1872 (page 470).

Pierre Miles et Stanislas, ou le ressuscité et le martyre, esquisse d'un drame thaumaturge et lyrique en six journées, emprunté au « Livre des miracles et spécialement des résurrections de morts, apparitions, etc. », récemment publié par M. DE M... (J.-E. DE MIRVILLE). *Paris, Wattelier*, 1868, in-8, 97 p.

Pierre Mouton, par l'auteur de « Jérôme Paturot » (L. REYBAUD). *Paris, Michel Lévy frères*, 1844, 2 vol. in-8.

« Imprimé d'abord en feuilletons dans « le National », en juin et juillet 1843, sous le pseudonyme de Paul CLISSON, ce roman été contrefait à Bruxelles par C. Muquardt, 1844, 2 vol. pet. in-18, sous le nom de Ch. Reybaud (*sic*), auteur de « Jérôme Paturot ». (Quérard, « France littéraire », tome XII.)

Pierre, ou le fils de l'aveugle, par Mme Emma F..... (Emma FERRAND). *Paris, Ladvocat*, 1828, in-12.

Pierre-Paul Rubens, par A.-F. W. (WOLFERS). *Bruxelles, Voglet*, 1840, in-8, 25 p.
                                            J. D.

Pierre (la) philosophale, comédie mêlée de spectacles. (Par Th. CORNEILLE et DE VISÉ.) *Paris, C. Blageart*, 1681, in-4.

Pierre Robert, par l'auteur du « Maire de village » (M. DE MONTAIGU). *Lille, Lefort*, 1860, in-12, 71 p.

Réimprimé avec le nom de l'auteur.

Pierre Schlémihl. *Paris, Ladvocat*, 1822, in-12, XII-184 p.

Traduction française par Adalb. DE CHAMISSO, de la nouvelle par lui publiée en allemand, en 1814. Elle a été revue par Am. PICHOT. Voy. « Revue britannique », 1847, page 214. Une dernière édition, revue par l'auteur, a été publiée avec son nom l'année même de sa mort, sous ce titre : « Merveilleuse Histoire de Pierre Schlémihl, enrichie d'une savante préface où les curieux pourront apprendre ce que c'est que l'ombre. » *Paris, Brockhaus et Avenarius*, 1838, in-12, 120 p., avec gravures.

Pierre-Théodore Verhaegen. (Par Nestor CONSIDÉRANT.) *Bruxelles et Leipzig, Lacroix*, 1862, in-8, 35 p.   J. D.

Pierres antiques gravées, tirées des principaux cabinets de la France. (Par Elisabeth-Sophie CHERON.) *S. l. n. d.*, 41 pl. in-fol.

Catalogue de Van Goens, n° 2676.

Pierrot, roi de Cocagne, pantomime. (Par Laurent DUBUT.) *Paris*, 1764, in-8.

Piété (de la) des chrestiens envers les morts. (Par Claude DE SAINTE-MARTHE.) *Paris, C. Savreux*, 1666, in-12. — *Id.*, 1675, in-12. — *Paris, Desprez*, 1679, in-12. — *Lyon, J.-B. Barbier*, 1683, in-12.

Piété (la) envers Jésus-Christ, par le R. P. Q. (Pasquier QUESNEL). *Rouen*, 1696; — *Paris*, 1757, in-12.

Piété (la) filiale, petite pièce pour la campagne; par M. J. J. ENGEL, traduite par J. H. E. (J.-Henri EBERTS). *S. l.*, 1781, in-8.

Piété (la) rend heureux. (Par le comte DE LAMBEL.) *Lille, L. Lefort*, 1857, in-12.

Réimprimée avec le nom de l'auteur.

Piétro d'Albi et Gianetta, ou les protégés de sainte Catherine de Sienne, traduit de l'allemand (par F.-Daniel PERNAY). *Paris, Desenne*, 1798, in-12.

Pieuse (la) Alouette avec son tirelire. Le petit cors et plumes de notre alouette, sont chansons spirituelles qui toutes luy font prendre le vol, et aspirer aux choses célestes et éternelles. Elles sont partie recueillies de divers autheurs, partie aussi composées de nouveau; la plus part sur les airs mondains, et plus communs, qui servent aussi de vois a notre Alouette, pour chanter les louanges du commun Créateur. (Par le P. Antoine DE LE CAUCHIE ou DE LA CHAUSSÉE, jésuite. Une partie des airs sont de Guedron et de Jean Bettigny, maître des primtiers de la cathédrale de Tournay.) *Valencienne, Jean Vervliet*, 1619-1621, 2 vol. in-12. — Autre édition. *Valenciennes*, 1638, petit in-8.

Voy. Brunet, « Manuel du libraire », 5ᵉ édit., IV, col. 650, et une notice de M. A. Dinaux, dans le « Bulletin du bibliophile belge », 1856, p. 345.

Pieuse (la) Paysanne, ou la vie de Louise Deschamps... (Par l'abbé DE BAUDRY.) Nouvelle édition, corrigée et augmentée..... *Toul, impr. de L. Carez; Paris, Méquignon junior* (1823), in-18.

Le tome IX du « Catalogue de la Bibliothèque nationale », publié en 1865, n'indique pas moins de trente-huit éditions de cet ouvrage sous ce titre. La plus ancienne est celle ci-dessus.

La plus ancienne des Approbations épiscopales est celle de l'évêque de Limoges, du Bourg; elle est du 16 juillet 1820; celle qui vient après, du 12 décembre 1820, est de l'archevêque de Bordeaux, Daviau-Dubois de Sanzay. C'est donc bien à tort que cet ouvrage lui a été attribué.

Enfin, de nouvelles éditions sont intitulées : « Vie de Louise Deschamps », ouvrage qui a paru sous le titre de : « la Vertueuse Portugaise », par *** . *Paris et Limoges, Martial Ardant*, 1855, in-18.

Pieuses (des) institutions Demidoff à Florence. Histoire et règlements. (Par C. TORRIGIANI.) Traduit de l'italien. (*Florence*), 1848, in-8.   A. L.

Pieux (le) Fidèle. (Par l'abbé J.-B. LA-SAUSSE.) *Lyon, Rusand*, in-32.

Pieux Sentiments d'une âme qui veut être tout à Jésus-Christ... Par le B. Alphonse-Marie DE LIGUORI. Ouvrage traduit en partie de l'italien, par M. l'abbé D. P*** (D. PINARD), et précédé d'une notice sur la vie du bienheureux. *Paris, Poussielgue*, 1833, in-8.   D. M.

Pigmalion.

Voy. Pygmalion.

Pile (la) de Volta, recueil d'anecdotes violentes, publié par un partisan de la littérature galvanique (Victor-Louis-Amédée POMMIER). *Paris, Abel Ledoux*, 1831, in-18, 250 p.   D. M.

Pile (la) du pont de Huy. (Par Charles DE ROSSIUS-ORBAN.) *Liége, Renard et frères*, 1851, in-8, 24 p.

En vers.   J. D.

Pilobouffi, tragédie en cinq actes. (Par D'AUTREPTE.) *Paris*, 1755, in-12; — 1756, in-8.

Catalogue Soleinne, n° 317 du deuxième supplément.

Pilori (le). Biographie des renégats politiques. *Paris, rue de la Lune*, in-4, avec portr.

Il n'a paru que dix numéros, du 17 novembre 1833 au 10 février 1834. Le fondateur, principal rédacteur et signataire, est M. VAILLANT. Il a eu pour collaborateurs M. Adolphe PHILIPPE, plus connu sous le nom de DENNERY ou d'ENNERY, et M. Selme DAVENAY. (Voy. Quérard, « France littéraire », t. XI, p. 425.)

Pilori (le). 1854. (Par Hippolyte MAGEN.) *Londres, Genève et New-York. Londres, imp. de J. Kled*, in-32, 228 p.

Pilote (le) américain, contenant la description des côtes orientales de l'Amérique du Nord... traduit de l'anglais (d'Edm. BLUNT) par P. MAGRE, enseigne de vaisseau, et publié par ordre de M. le comte Chabrol de Crouzol, ministre de la marine et des colonies. *Paris, Bachelier*, 1826, in-8, 360 p.

Pilote (le) céleste, poëme en l'honneur de M. Blanchard. (Par Arnaud SAINT-MAURICE.) 1782, in-8, 15 p.

Pilote (le) de l'onde vive, ou le secret du flux et reflux de la mer. (Par Math.

EYQUEM S. DE MARTINEAU, Bourdelois.) *Paris*, 1678, in-12.

M. Hubaud, de Marseille, possédait un exemplaire de cette édition, qui n'était pas anonyme. Il y a une seconde édition, augmentée de deux traités nouveaux sur la philosophie naturelle. *Paris*, 1689, in-12. Voy. J.-Ch. Brunet, « Manuel du libraire », 5e édit., IV, 655.

Pinolet, ou l'aveugle parvenu, histoire véritable, composée sur les faits fournis par Pinolet lui-même, actuellement existant dans Paris. (Par J.-A. GUER.) *Amsterdam, Rey (Paris)*, 1755, 4 vol. in-12.

Voy. « César aveugle... », IV, 556, a.

Pionniers (les), ou les sources du Susquehannah, par M. COOPER, Américain, traduit de l'anglais par le traducteur des romans historiques de Walter Scott (A.-J.-B. DEFAUCONPRET). *Paris, Gosselin*, 1823, 3 vol. in-12.

Pipe (la) cassée, poëme épi-tragi-poissardi-héroï-comique. (Par Jean-Joseph VADÉ.) *A la Liberté, chez P. Bonhumeur (Paris)*, in-12.

Réimprimée avec le nom de l'auteur, *Paris, imp. de Bellemain*, 1826, in-32.

Pipée (la), comédie en deux actes et en vers, mêlée d'ariettes. Traduction libre de l'intermède italien « il Paratajo ». Représentée pour la première fois par les comédiens italiens ordinaires du Roi, le lundi 19 janvier 1756. (Par CLÉMENT.) *Paris, Duchesne*, 1756, in-8.

Pipée (la), ou la Chasse des dames, poëme en IV chants, suivi de diverses poésies; dédié à M. Dup.... de Din...., par M. J. PER.... DE PR.... (PERRIN DE PRÉCY, mort en 1812). *Paris, Giguet et Michaud*, 1808, in-18.

Pipeurs (les), ou les femmes coquettes, comédie. (Par Raymond POISSON.) *Paris, Pierre Bien-faits*, 1672, in-8, 105 p.

Piquage d'once, ou le pèlerinage malheureux, par R. (RAYNARD). *Lyon, Dumoulin et Ronet*, 1850, in-8, 62 p.

Pirame et Thisbé, parodie (en un acte et en prose, mêlée de vaudevilles), par MM. R. R*** (P.-F. BIANCOLELLI, plus connu sous le nom de DOMINIQUE, A.-F. RICCOBONI et J.-A. ROMAGNESI). *Paris, L.-D. Delatour*, 1726, in-12.

Pirame et Thisbé, tragédie. (Par Nicolas PRADON.) *Paris, veuve L. Gontier*, 1691, in-12, 72 p.

L'édition originale, *Paris, H. Loyson*, 1674, in-12, a une épître signée qui ne se trouve pas dans cette réimpression.

Pirame et Thisbé, tragédie représentée au théâtre par l'Académie royale de musique, le 17 octobre 1726. (Par J.-L.-Ignace DE LA SERRE.) *Paris, veuve de P. Ribou,* 1726, in-4, 4 ff. lim. et 51 p.

Plusieurs fois réimprimée.
La musique est de Rebel fils et de Francœur cadet.

Pirate (le) de Naples. Traduction de l'anglais (de miss Mar. CHARLTON). *Paris, Le Normant,* an X-1801, 3 vol. in-12.

Pirate (le), nouvelle espagnole, par Mlle C. DE B**** (Mlle M.-C.-U.-C. DE BATZ DE TRANQUELLÉON). *Agen, P. Noubel,* 1826, in-12, 124 p.

Pirithous, tragédie, représentée pour la première fois par l'Académie royale de musique, le mardi 26 janvier 1723. (Par J.-L.-Ignace DE LA SERRE.) *Paris, veuve de P. Ribou,* 1723, in-4, xvi-62 p. et 1 f. de priv.

La musique est de Mouret.

Pironiana, ou recueil des aventures plaisantes, bons mots, etc., d'Alexis Piron, par C... d'Av. (C.-Y. COUSIN d'Avalon). *Paris, Votar,* 1800, in-18. — *Avignon, J.-A. Joly,* 1813, in-32. — *Paris, Vauquelin,* 1815, in-32.

Pisciceptologie, ou l'art de la pêche à la ligne, discours sur les poissons, la manière de les prendre et de les accommoder... Par J. C* (J. CUSSAC). *Paris, Cussac,* 1816, in-12. — *Paris, Corbet,* 1820, in-12. — *Id.,* 1823, in-12.

Pistole (la) parlante, ou la métamorphose du louis d'or. (Par Samuel ISARN.) *Paris, de Sercy,* 1660, in-12.

Réimprimée l'année suivante sous le titre de : « le Louis d'or », à Mlle de Scudéry. *Paris, Loyson,* 1661, in-12. Voy. V, 1347, *b.* Reproduite dans le « Recueil des poésies de Mme de La Suze », etc., puis dans le « Recueil de pièces choisies, tant en prose qu'en vers », publié par de La Monnaie (voy. ce titre), et, en dernier lieu, par M. Ed. Fournier, dans le tome X, page 235, de ses « Variétés historiques et littéraires ».

Pit (le) et le Contre-Pit. (Par J.-H. MAUBERT DE GOUVEST.) In-12.

Voy. l'histoire de sa vie (par Chevrier). *Londres,* 1763, in-12, page 64.

Pitarchie (la) françoise, ou réponse aux vaines plaintes des malcontens. (Par Jean SIRMOND.) *Paris, G. Le Veau,* 1615, in-8, 48 p.   G. M.

Piteuse (la) et lamentable histoire du vaillant et vertueux chevalier Guiscard et de la très-belle dame Gismonde, princesse

de Salerne... (traduite du latin de Léonard ARETIN). *Lyon, Jean Flozellet,* 1520, in-16.

Voy. Brunet, « Manuel du libraire », 5e édit., I, col. 400.

Pitié (la), ou souvenirs de Napoléon et de la République, par un prisonnier. *Paris, Chaumont,* 1850, in-8, 29 p.

Poëme en trois chants, suivi d'une autre pièce intitulée : A Affre, signée : DURAND DE SAINT-AIGNAN, ancien secrétaire du cabinet de Napoléon.

Pitoïade (la), poëme héroï-comique en quatre chants. (Par l'abbé BELOUET, professeur de rhétorique.) *Langres* (vers 1811), in-8.

Pizarre, mélodrame en trois actes. (Par FORTIÈRE.) *Paris, Barba,* an XI-1803, in-8.

Pizarre, ou la conquête du Pérou, tragédie lyrique en cinq actes, paroles de M*** (P. DUPLESSIS). *Paris, Delormel,* 1785, in-4.

Pizarro, tragédie (en cinq actes et en vers), traduite librement de l'anglais (de Rich.-Brindsley SHERIDAN). (*Paris,* vers 1796), in-8.

Placards (les). 1534.

Nom donné à une publication protestante, dont le titre paraît être : « Articles véritables, ou articles sur les abus de la messe ».
L'auteur est Antoine MARCOURD, pasteur à Neufchâtel, qui publia, en 1534, un petit traité « de la sainte Eucharistie », dont les « Articles véritables » sont presque textuellement extraits. L'auteur, dans la préface de son petit traité, qui a été réimprimé en 1544, expose les raisons qui l'ont engagé à écrire et à répandre ces « Articles ».
Voy. dans le « Bulletin historique et littéraire de la Société de l'histoire du protestantisme français », 15 février 1873, p. 87-91, « Quel fut l'auteur des « Placards ? »

Place à la farine, à la cendre et aux épinards. Simples observations à propos de l'exposition triennale de 1860, par un ex-rapin (DODD, archiviste de l'administration des hospices à Bruxelles). Extrait du « Carillon ». *Bruxelles, Greuze,* 1860, in-18, 12 p.   J. D.

Place patriotique, avec un palais pour la permanence de l'auguste Assemblée nationale, etc. (Par GIRAUD, avocat.) *Paris,* 1790, in-8.   V. T.

Place (la) royale, ou l'Amoureux extravagant, comédie. (Par Pierre CORNEILLE.) *Paris, Aug. Courbé,* 1637, in-4 de 4 ff. et 112 p.

L'auteur a signé l'épître.

Placide à Maclovie, sur les scrupules.

par l'auteur des « Pensées théologiques » (dom Nic. JAMIN). *Paris, Bastien*, 1774, in-12.

Placide, tragédie. (Par le P. Joseph-Romain JOLY.) *Londres et Paris, Guillot*, 1786, in-8, 1 f. de tit., 74 p. et 1 f. d'ap.

Plagiaire (le) géographique, scientifique, historique et utile. (Par TROMPETTE.) *Marseille, imp. de Nicolas*, 1837, in-12.

La première édition, *Lyon, Boursy*, 1837, in-12, portait le nom de l'auteur.

Plagiat (le) du comité soi-disant ecclésiastique de l'Assemblée nationale, ou décret de Julien l'Apostat, formant les bases de la constitution civile du clergé français, suivi des représentations de saint Grégoire de Nazianze. *Antioche et Autun, chez l'imprimeur de l'évêque* (Talleyrand), l'an de Jésus-Christ 1790, de la liberté II, de la meilleure religion I, in-8, 24 p.

Attribué à l'abbé Aug. BARRUEL par le bibliophile Jacob, sous le n° 1012 du Catalogue de M. M***. *Paris, Techener*, 1846.

Plagiats (les) de M. J.-J. R. (Rousseau), de Genève, sur l'éducation. D. J. C. B. (Par dom J.-Joseph CAJOT, bénédictin.) *La Haye et Paris, Durand*, 1766, in-12.

Réimprimés sous le titre de : « les Larcins littéraires de J.-J. Rousseau, citoyen de Genève, ou ses plagiats sur l'éducation ». *Paris, Laurens, s. d.*, in-8.

Plaideurs (les), comédie. (Par Jean RACINE.) *Paris, Claude Barbin*, 1669, in-12, 4 feuillets et 88 p.

Édition originale. L'auteur n'est nommé ni sur le titre, ni à la fin de la préface, ni dans le privilége.

Plaideurs (les), comédie en trois actes, d'après Racine ; arrangée pour un divertissement de jeunes gens (par ALTEYRAC, professeur de rhétorique au collège de Cambray). *Cambray, Hurez*, an XIII-1805, in-12.   D. M.

Plaideuse (la). (Par Nicolas CATHERINOT.) *S. l. n. d.*, in-4.

Plaidoyer d'un contrebandier. *S. l. n. d.*, in-4, 4 p.

Signé : M. P. (Michel PROCOPE), docteur-régent de la Faculté de médecine de Paris.

Pièce relative aux contestations entre les médecins et les chirurgiens.

Plaidoyer de l'auteur de la « Réconciliation des partis » (Fréd. DE ROUGEMONT). *Neufchâtel*, 1848, in-8, 71 p.

Plaidoyer (le) de la maison royale...

Voy. « le Rapporteur des procès... »

Plaidoyer de M. l'avocat général (Ch.-Antoine PILLEMENT), pour exempter les ecclésiastiques du droit de main-morte. *Nancy, Barbier*, 1703, in-4.

Plaidoyé des gens du roi, faict en Parlement en plaine audience, toutes les chambres assemblées, le 22 jour de décembre mil VC quatre vingtz douze. Sur la cassation d'un prétendu arrest donné au pretendu Parlement de Chalons, le 18 jour de novembre audict an. (Par Louis D'ORLEANS.) *Paris, J. Musar*, 1593, in-8. — *Arras, G. Bauduyn*, 1594, in-8.

Plaidoyer divisé en six parties. (Par le P. Jos. BAUDORY, jésuite.) 1749, in-12.

Plaidoyer en faveur des peuples, prononcé à la barre de la Sainte-Alliance. (Par C.-L.-H. TOROMBERT.) *Paris, Baudouin frères*, 1825, in-8, 29 p.

Plaidoyer pour et contre J.-J. Rousseau et le docteur D. Hume, l'historien anglois, avec des anecdotes intéressantes relatives au sujet ; ouvrage moral et critique, pour servir de suite aux Œuvres de ces deux grands hommes. (Par BERGERAT.) *Londres et Lyon, Cellier*, 1768, in-12.

Il y a des exemplaires avec le nom de l'auteur.

Ce volume a été réimprimé : 1° dans le tome XXVII du Rousseau de 1782 ; 2° dans le tome XXVII du Rousseau de Poinçot ; 3° dans le dix-huitième volume du Rousseau de Defer de Maisonneuve.

Plaidoyer pour Genest Ramponneau, cabaretier à la Courtille, prononcé par lui-même, contre Gaudon, entrepreneur d'un théâtre des bouleverts. Par M. V*** (VOLTAIRE). *Genève, les frères Cramer*, 1760, in-8, 14 p.

Plaidoyé pour Girard Van-Opstat, recteur de l'Académie de peinture et sculpture, sur la question : si les arts libéraux sont sujets à la prescription d'une année portée par la coutume. (Par Chrétien-François DE LAMOIGNON, depuis avocat général et président à mortier.) *Paris, Séb. Mabre-Cramoisy*, 1668, in-4.

Plaidoyer pour les Jésuites de France dans l'affaire du P. de La Valette. (Par LE PELLETIER DE SAINT-FARGEAU.) *Paris*, 1762, in-4.

Carayon, n° 3590.

Plaidoyer pour Sr R. Jos. Adamoli, négociant, héritier testamentaire de sieur Pierre Adamoli ; contre MM. de l'Académie des sciences, belles-lettres et arts de cette ville. (Par Pierre-Suzanne DESCHAMPS.) *Lyon, Faucheux, s. d.*, in-8, 62 p.

Plaidoyer religieux, ou le dogme de la confession attaqué par un vieil officier et défendu par un jeune avocat. *Lille, Lefort*, 1829, in-18.

Plusieurs fois réimprimé sous ce titre ou sous celui de : « Premier Plaidoyer religieux... »

La première édition, *Paris, Rusand* (1828), in-18, portait : « Un Plaidoyer religieux... »

Quérard, dans sa « France littéraire », attribue cet ouvrage à Th. PERRIN, et, dans le supplément, t. XII, il le donne à L.-E. D'AUBERT-RESIE.

Plaidoyer sur le caquet d'une femme apporté tout nouvellement de Grece en France. *Paris, F. Morel*, 1594, pet. in-8, 16 p.

Traduction d'un opuscule de LIBANIUS, que F. MOREL avait déjà publié en grec et en latin, sous ce titre : « Anonymi de mulieris loquacitate... », 1593, petit in-8. La version française est probablement du même auteur que la version latine. On cite une édition de 1593, et il y en a une autre sous le titre de : « Plaidoyer sur l'étrange et admirable caquet d'une femme. Apporté nouvellement de Grèce en France ». *Lyon, Benoit Rigaud*, 1595, petit in-8, 15 p.

« Manuel du libraire », 5e édit., t. IV, col. 682.

Plaidoyers. (Par Pierre-Louis LACRETELLE l'aîné, alors avocat au Parlement de Nancy.) *Bruxelles (Nancy)*, 1775, in-8.

Plaidoyers de M*** (Claude ERRARD), avocat au Parlement. *Paris, J. Lefebvre*, 1696, in-8.

Réimprimés avec le nom de l'auteur, *Paris*, 1734, in-8. Voy. « Supercheries », III, 1026, d.

Plaidoyers et Arrests d'amour (XLVIII), donnez en la cour et parquet de Cupidon, à cause d'anciens différens intervenus à ce sujet (par MARTIAL d'Auvergne). *Rouen, Jacques Besongne*, 1627, in-8.

Voy. pour le détail des éditions de cet ouvrage, Brunet, « Manuel du libraire », 5e édit., t. III, col. 1484-1486.

Plaidoyers et Mémoires originaux de de M. L... D... DE M... (A.-J. LOYSEAU DE MAULÉON). *S. l. n. d.*, 2 vol. in-4. — *Paris*, 1760, 2 vol. in-4. — *Genève*, 1781, 3 vol. in-8, avec le nom de l'auteur.

Plaidoyers historiques, ou discours et controverse. (Par TRISTAN.) *Paris, A. de Sommaville*, 1643, in-8. — Autre édition. *Lyon, de La Rivière*, 1650, pet. in-8.

La préface est signée : TRISTAN. L'auteur, François L'Hermite, est plus connu sous le nom de TRISTAN L'HERMITE. Il est reconnu, dit le « Manuel du libraire », que l'auteur a tiré une grande partie de ces plaidoyers du « Livre des procès tragiques » d'Alex. VAN DEN BUSSCHE, dit le Sylvain, publié dès l'an 1575, et que, comme il le dit lui-même dans sa préface, « il a mis en meilleur françois. »

Plaidoyers pour le sieur de Vissery de

Bois-Valé, appellant (*sic*) d'un jugement des échevins de Saint-Omer, qui avoit ordonné la destruction d'un par-à-tonnerre (*sic*) élevé sur sa maison. *Paris*, 1783, in-8.

Signé, à la page 99, Me DE ROBESPIERRE, avocat. On lit ensuite que « la cause dans laquelle les plaidoyers précédens ont été prononcés a été décidée par un jugement du conseil d'Artois, rendu le 31 mai 1783, et conçu en ces termes : La Cour met l'appellation et ce au néant, émendant, permet à la partie de Me de Robespierre de rétablir son par-à-tonnerre. »

Robespierre avait vingt-quatre ans alors, et il disait de Louis XVI, page 44 :

« On sait qu'une barre électrique est placée sur le cabinet de physique du château de la Muette, maison royale que le monarque qui nous gouverne honore souvent de sa présence auguste ; s'il restait encore quelques doutes sur les effets de ces machines, on n'en aurait point fait l'essai sur une tête si chère et si sacrée : cette preuve est sans réplique ; *j'en atteste les sentimens de toute la France pour un prince qui fait ses délices et sa gloire.* »

Plainte de l'apologiste des Bénédictins aux prélats de France, avec la lettre du cardinal CANTELMI à dom B. de Montfaucon, sur son apologie de la nouvelle édition de saint Augustin. (Par Fr. LAMY.) 1699, in-8..

Plainte de l'Assemblée générale du clergé de France contre les calomnies... des prétendus réformés (suivie de réflexions sur les actes de l'assemblée générale du clergé de France de 1683, contenues dans une lettre de M. D. S. B. (du ministre Fr. DE GAULTIER), et de la défense des libertés des Eglises réformées de France). *Suivant la copie imprimée à Paris chez Fréd. Léonard*, 1685, in-18.

Plainte de la typographie contre certains imprimeurs ignorans qui lui ont attiré le mépris où elle est tombée, poëme latin, par Henri ESTIENNE, deuxième du nom, imprimeur de Paris, du XVIe siècle, traduite en françois par un imprimeur de Paris du XVIIIe (A.-M. LOTTIN l'aîné). *Paris, Lottin*, 1785, in-4.

Plainte des pauvres de l'Hostel-Dieu de Pontoise, et de la plus grande partie des religieuses hospitalières du mesme lieu, qui est de la fondation de Saint-Louis. (Par TARDIF.) *S. l.* (1663), in-4, 12 p. — *S. l. n. d.*, in-4, 22 p.

Plainte du Chou et du Navet contre les « Jardins » de l'abbé de Lille. (Par le comte Ant. DE RIVAROL.) 1782, in-8.

Plainte élégiaque, traduite du latin en vers français. *Paris, imp. de Didot*, 1822, in-8, 6 p.

Traduction en 92 vers français, par l'abbé J.-B. L'ECUY,

de la pièce de 68 vers latins, publiée par lui sous ce titre : *Planctus Norbertinus. Parisiis,* 1820, in-8, 4 p. On lit à la fin : *Plangebat suisque dicabat fratribus J. B. L. Ab. Pr. octogenarius, tertia Julii, anno* 1820.

Plainte et Réclamation des âmes fidèles de la paroisse de Loroux-Bottereau détenues en purgatoire, contre leurs frères vivants. (Par l'abbé Julien-Pierre ROUXEAU.) *S. l. n. d. (Nantes,* 1774), in-4, 24 p.

Catalogue de Nantes, no 37977.

Plaintes de la Bibliothèque nationale au peuple français et à ses représentants. (Par A.-J.-B. PILLON, conservateur-adjoint.) *Paris, Techener,* juillet 1848, in-8, 32 p.

Plaintes (les) des Protestans, cruellement opprimés dans le royaume de France. (Par le ministre CLAUDE.) *Cologne, P. Marteau,* 1686, in-12. — *Londres, Delage,* 1707, in-12. — Par M. CLAUDE. Nouvelle édition, augmentée d'une préface (plus longue que le livre même), contenant des réflexions sur la durée de la persécution et sur l'état présent des réformés en France (par J. BASNAGE). *Cologne, P. Marteau,* 1713, in-8.

Plaintes (les) du palais, ou la chicane des plaideurs. comédie. (Par Jacques DENIS.) *Paris, Est. Loyson,* 1679, in-12, 4 ff. et 103 p.

Catalogue Pont-de-Vesle, nᵒˢ 523 et 987.

Plaintes et Complaisances de la sainte Vierge pour chaque jour de l'année. (Par l'abbé J.-B. LASAUSSE.) *Paris, Beaucé-Rusand,* 1820, in-18. — *Lyon, L. Lesne,* 1843, in-18.

Plaintes et Complaisances du Sauveur, où il y a pour chaque jour de l'année une méditation avec une sentence tirée du saint du jour. (Par l'abbé J.-B. LASAUSSE.) *Paris, Beaucé,* 1817, in-18.

Plusieurs fois réimprimées.

Plaintes et Doléances de la ville de Marseille (à l'occasion des Etats-Généraux, par LAVABRE). *Marseille,* 1789, in-8.
G. M.

Plaintes et Doléances de M. l'abbé T*** Ch. du C. de B. (TAILLARD, chanoine du chapitre de Beaujeu), concernant le célibat ecclésiastique, adressées à MM. les députés composant l'assemblée des Etats-Généraux. *S. l.,* 1789, in-8, 32 p.

Plaintes, Remontrances et Demandes de la jurisdiction des consuls de la ville d'Angers. (Par VOLNEY.) *Angers, imp. de Mame.* 1789, in-4, 1 f. de tit. et 12 p.

Plaisant (le) Jeu des eschecz renouvellé avec instruction pour facilement l'apprendre et le bien jouer, nagueres trad. de l'italien (DE DAMIANO) en françois par feu Claude GRUGET. *Paris, Guill. Lenoir, ou Vinc. Sertenas,* 1560, pet. in-8.

Plaisant (le) Jeu du dodechedron de fortune (dez), non moins récréatif qu'ingénieux et subtil, composé par JEHAN DE MEUN (revu par Fr. GRUGET). *Paris, Nicolas Bonfons,* 1577, in-8.

Voy. « Dodechedron », IV, 1109, d.

Plaisante (la) et ioyeuse histoyre du grant Gargantua. prochainement revue et de beaucoup augmentée par l'autheur mesme... (Par François RABELAIS.) *Lyon, Est. Dolet,* 1542, 2 vol. in-16. — *Valence, Claude La Ville,* 1547, 3 vol. in-16.

Voy., pour la description de ces éditions, Brunet, « Manuel du libraire », 5ᵉ édit., IV, col. 1048 et 1051.

Plaisantes Recherches d'un homme grave sur un farceur. Prologue tabarinique pour servir à l'histoire littéraire et bouffonne de Tabarin. Par M. C.-L. (J.-M.-C. LEBER). *Paris, imp. de Crapelet,* 1835, in-16, 2 ff. de titre, iv et 80 p.

Réimprimées en 1856 avec le nom de l'auteur.

Plaisans (les) Dialogues du sieur Nicolo FRANCO, contenans : 1º le Debat de Sannio et des dieux; 2º la Harangue d'un pédant en enfer; 3º les Alquimies et Chimères pour acquérir renom, etc., traduits d'italien en françois (par Gabr. CHAPPUYS). *Lyon, J. Beraud,* 1579, in-16.

Playsir de chasse et Gay Desduit. *Metz. imp. de Rousseau-Pallez,* 1861, in-8, xx p.

Récit, dans le style du XVᵉ siècle, d'une grande partie de chasse donnée au château de Bettange. Le texte est de M. Ernest DE BOUTEILLER. Les dessins, qui sont de M. Victor Jacob, ont été gravés par M. Ad. Bellevoye. Cette plaquette n'a pas été mise en vente.

Plaisir (le) et la Volupté, conte allégorique. (Par Madeleine D'ARSANT, dame DE PUISIEUX.) *Paphos (Paris),* 1752, in-12, 120 p. — *Id.,* 1755, in-18.

L'auteur est nommé dans le privilége.

Plaisir (du), ou du moyen de se rendre heureux. Par M. l'abbé H. C. A. H. (par l'abbé J.-B. HENNEBERT). *Lille, J.-B. Henry.* 1764, 2 part. in-12. — Nouvelle édition, corrigée et augmentée. Par M. l'abbé H. C. D. S. P. D'A. *Lille, Henry,* 1765, in-12.

Plaisir (du), par M. Alp. L***. (Par DE

SERRES DE LA TOUR.) *Paris, Dufour*, 1767, in-12.

Plaisir pour le peuple. (Par l'abbé Gabr.-Fr. COYER.) *Paris*, 1748, in-12.

Plaisir (le), rêve ; poëme en six chants. (Par le comte Ch.-Hector D'ESTAING.) *Otiopolis et Paris*, 1755, in-8. — *Otiopolis, chez Daniel Songe-Creux, à l'Apocalypse*, 1785, in-8.

Réimprimé avec le nom de l'auteur, *Paris, Mercier*, 1796, in-18.

Plaisir (le) sage et réglé, ballet en quatre actes. (Par ABDALA.) Pièce représentée au collège de Rouen.

Catalogue Soleinne, no 3650.

Plaisirs (les) d'un jour, ou la journée d'un provincial à Paris. (Par E.-G. Co-LOMBE, dit DE SAINTE-COLOMBE.) *Bruxelles (Paris)*, 1764, in-12.

Plaisirs (les) de l'Isle enchantée, courses de bague, collation ornée de machines... et autres festes galantes et magnifiques faites par le roy, à Versailles, le 7 mai 1664... *Paris, imprimerie royale*, 1673, in-fol., avec 9 figures gravées par Israël Silvestre.

On a attribué cette relation à MOLIÈRE, et elle a été insérée dans la plupart des anciennes éditions de ses « Œuvres ». M. Paul Lacroix (« Bibliographie moliéresque », p. 34) fait observer qu'elle est attribuée à M. DE BIZINCOURT, dans un fort beau manuscrit porté au Catalogue M*** (Chardin), 1811, no 580.

Plaisirs (les) de l'imagination, poëme en trois chants, par M. AKENSIDE, traduit de l'anglois (par le baron P.-Th. D'HOL-BACH). *Amsterdam (Paris), Pissot*, 1799, in-12. — *Paris*, 1806, in-18.

Plaisirs (les) de la poésie galante, gaillarde et amoureuse. *S. l. n. d.*, petit in-12, titre gravé.

Recueil de pièces en prose et en vers, par BENSE-RADE, CORNEILLE, FURETIÈRE, RICHELET, LA FON-TAINE, SAINT-GILLES, MONTREUIL, BOILEAU, SCARRON, CANTENAC, PÉLISSON, SCUDÉRY et autres beaux esprits du temps, publié par RICHELET, à Paris, vers 1663. Cette date est confirmée par la présence, au début du recueil, du sonnet de Boileau « à Iris », donné d'abord (voy. les « Œuvres », édition Berriat-Saint-Prix, t. I, p. CXXX) dans les « Délices de la poésie galante », 2 parties in-12 (1663-64), à la seconde partie desquelles se trouvaient joints les « Plaisirs de la poésie galante », dans un volume décrit sous le no 9482 de la « Description bibliographique de livres choisis » de Téchener (1858, t. II).

Ce petit volume, excessivement rare, est indiqué par Brunet (« Manuel », t. IV, col. 687) ; mais le savant bibliographe paraît ne l'avoir point vu et n'en mentionne aucune adjudication ; depuis longtemps, en effet,

il n'a point passé en vente publique ; Viollet-le-Duc ne le possédait point. Sa rareté est loin d'être son seul mérite ; il est des plus curieux et soulève une foule de questions qui fourniraient matière à un travail bien intéressant sur la littérature de cette partie du XVIIe siècle. Déjà, M. Paul Lacroix (« Dissertations bibliographiques », 1864, in-12) a raconté l'histoire de notre petit volume ; mais ce qu'il en dit n'est pas de tout point acceptable ; ainsi il attribue à Molière une chanson, charmante du reste, mais qui, outre qu'on la trouve, avec une strophe en plus, dans les « Œuvres » de Montreuil (1666, p. 591), figure dans la « Comédie des chansons », toute formée, comme on sait, de couplets populaires et qui date de 1640 ; ainsi encore il donne à P. Corneille la pièce intitulée : « l'Impuissance », qui n'est autre que la fameuse « Occasion perdue et recouverte », si indigne à tous égards de l'auteur de « Polyeucte », et repoussée comme telle par les plus habiles et les plus récents éditeurs de Corneille. Enfin, le bibliographe qui a décrit notre volume, à l'endroit cité par le « Manuel », a commis l'étrange méprise d'attribuer à Mellin de Saint-Gelais un petit conte signé : M. de S. G. (M. de Saint-Gilles). Il faut noter aussi que les « Plaisirs de la poésie galante » contiennent le texte, sans aucun doute original, de la jolie pièce « la Faiseuse de mouches », probablement due à Scarron, texte différent de celui reproduit en partie dans la « Bibliothèque des dames » et dans les « Variétés historiques et littéraires » (t. VII) de M. Ed. Fournier, qui a perdu là l'occasion chère à un si fin fureteur de glaner de bonnes variantes. J'en ai dit assez pour montrer l'intérêt qu'offre ce petit volume ; je compte en fournir une preuve plus complète en le publiant prochainement.   G. M.

Plaisirs (les) de la Tronche, comédie nouvelle, composée par M*** L. Ch. D. L. B. (le chevalier DE LA BARRE), représentée à Grenoble par la troupe italienne de M. Dominique, le 5e février 1711. *Grenoble, A. Faure, s. d.*, in-12, 60 p.

Catalogue Soleinne, no 3977.

Plaisirs (les) de la vie rustique, composés par le S. DE PYB. (le seigneur DE PYBRAC). *Paris, Frédéric Morel*, 1576, in-8, 9 p.

Plaisirs (les) de Marimont, pastorale représentée devant Son Altesse électorale de Bavière, à Mons ; mise en musique par le sieur Vaillant, etc. (Par FOUCQUIER.) *Mons, G.-F. Henry*, 1708, in-4.   D. M.

Plaisirs (les) de Mars et de l'Amour, recueil de chansons, par M. B... (N. BOGÉ). *Lille, Blocquel*, 1813, in-32.   D. M.

Plaisirs (les) du gentilhomme champestre. Augmenté de quelques nouveaux poëmes et épigrammes. Par N. R. P. (Nicolas RAPIN, Poitevin). *Paris, veuve Lucas Breyer*, 1583, in-12, 36 ff.

Les poëmes mentionnés dans le titre ont chacun un titre particulier et une pagination spéciale. En voici la description :

Les Quatrains du seigneur DE PYBRAC, conseiller

du roy... contenans preceptes et enseignemens utiles pour la vie de l'homme... *Paris, veuve Lucas Breyer,* 1583, in-12, 33 ff., plus 2 ff. de privilége au nom de Nicolas RAPIN, et 1 f. blanc.

Les Plaisirs de la vie rustique, qui sont divers poëmes sur ce sujet, extraits de plusieurs excellents autheurs de nostre temps. *Paris, veuve Lucas Breyer,* 1583, in-12, 10 ff.

Les Plaisirs de la vie rustique et solitaire. Par Cl. BINET. *Paris, veuve Lucas Breyer,* 1583, 31 ff.

Souvent réimprimés.

Voy. « Supercheries », II, 1275, *d.*

Plaisirs et Peines, ou les travers d'une jolie femme, trad. de l'anglais. (Par P.-A.-M. MIGER.) *Paris, Tavernier,* an IX-1801, 2 vol. in-12.

Cette traduction a été aussi attribuée par Quérard à Cl.-Franç. TRIPIER-LEFRANC.

Plaisirs (les) secrets d'Angélique, ou ses voyages au bout du monde. *Londres, P. Confolk, à la Poule plumée,* 1751, 2 part. in-12, 140 et 178 p. ; — 1755, 2 part. in-12.

Voici la note de M. de Paulmy (n° 6077) : « Ce morceau est le fruit de la jeunesse d'un ecclésiastique que je connois (l'abbé DELSUC). »

D'Hémery, dans ses notes de police, l'attribue à l'abbé DE LA SUZE.

Plaisirs, Varennes et Capitaineries (des chasses du roi, par BOCQUET DE CHANTE-RENNE). *Paris, Prault,* 1744, petit in-12.

Plan d'administration proposé à la province de Bresse, par un gentilhomme bressan (LA BAUME DE MONTREVEL). *S. l.,* in-8, 12 p.

Plan d'administration rurale. (Par M. PAPIO-VERRERI père, cultivateur à Angers.) *Angers,* an VI-1797, in-8.

Plan d'association générale entre les savans, gens de lettres et artistes, pour accélérer les progrès des bonnes mœurs et des lumières. *S. l. n. d.* (*Bruxelles,* 1815), petit in-8, 64 p.

Signé : G. (Henri GRÉGOIRE, ancien évêque de Blois). Extrait de l' « Esprit des journaux », avril 1817.

Plan d'Auxerre, carte d'une partie de l'ancienne Gaule, gravure de la cathédrale et recueil de *fac-simile* pour les « Recherches historiques et statistiques » sur cette ville, ses monuments et ses environs, par M. L...... (P.-Fréd. LEBLANC), ingénieur au corps royal des ponts et chaussées. *Auxerre, Gallot-Fournier,* 1830, in-4, 8 p. et 7 planches.

Plan d'éducation en réponse aux Académies de Marseille et de Châlons... (Par Ch.-Rob. GOSSELIN.) *Amsterdam,* 1785, in-8, VI-146 p. et 1 f. d'errata.

Plan d'éducation et les moyens de l'exécuter. (Par J.-B. DEVIENNE, bénédictin.) *Bordeaux,* 1769, in-12.

Plan d'éducation présenté à l'Assemblée nationale, au nom des instituteurs publics de l'Oratoire. (Par Claude-Pierre-François DAUNOU.) *Paris,* 1790, in-8.   D. M.

Plan d'éducation publique. (Par l'abbé G.-F. COYER.) *Paris, veuve Duchesne,* 1770, in-12.

Plan d'éducation publique, par le moyen duquel on réduit à cinq années le cours des études ordinaires... (Par l'abbé A.-H. WANDELAINCOURT, depuis évêque de Langres.) *Paris, Durand,* 1777, in-12, VIII-180 p. et 2 ff. de priv.

Le nom de l'auteur se trouve dans le privilège.

Plan d'éducation publique pour le nouveau séminaire établi à Berne. (Par S.-D. et Frédéric MASSÉ, frères.) *Berne,* 1773, in-8.   V. T.

Plan d'études et d'éducation, avec un Discours sur l'éducation. (Par G. SUTAINE, chanoine régulier de Saint-Antoine.) *Paris, A.-M. Lottin,* 1764, in-12.

C'est la « France littéraire » de 1769 qui attribue cet ouvrage au P. Sutaine ; mais il est plus probable que l'auteur est un professeur émérite de philosophie nommé ROBERT, à qui Voltaire écrivit, le 23 février 1764, une lettre de remerciement pour l'envoi de cet ouvrage.   A.-A. B.

Les « Mémoires de Trévoux », sept. 1764, p. 634, nomment plusieurs fois SUTAINE en rendant compte de cet ouvrage. D'ailleurs, dit le P. Sommervogel dans sa Table des Mémoires susdits, 2e partie, tome I, p. 240, n° 2562, « ce n'est pas de cet ouvrage que Voltaire « a parlé dans sa lettre du 23 février 1764, adressée « à Robert ; ce dernier fait entrer le droit public dans « l'éducation ; Sutaine n'en dit rien. Dans ce plan « d'études a été inséré celui de l'abbé Duguet, publié « dans le recueil de ses Lettres. »

Plan d'études pour un jeune curé de campagne. (Par l'abbé J. BELLUGOU.) *Montpellier, A. Virenque,* 1823, in-12.

Plan d'opération de l'armée saxo-prussienne en 1806. Bataille d'Auerstädt, le 14 octobre, et la retraite jusqu'à Lubeck ; avec des suppléments, une carte d'opération et un plan de la bataille d'Auerstädt ; par C. DE W. (L. DE MUFFLING). *Weimar, Comptoir d'industrie,* 1807, in-8.

Plan d'organisation de l'armée parisienne, par un membre du club des Cordeliers (M. DE VERRIÈRE). *Paris, imp. de Meymac et Cordier,* 1790, in-8, 1 f. de tit. et 30 p.

Plan d'un cours d'études sur les trois

périodes historiques désignées pour l'examen d'élève universitaire. (Par Auguste MOREL.) *Liége, Redouté*, 1853, in-8, 8 p. J. D.

Plan d'un cours de littérature présenté à monseigneur le Dauphin. (Par C.-M.-L.-E. CARBON DE FLINS DES OLIVIERS.) (Vers 1784), in-12.

Plan d'un éducatoire national. (Par FAULÉAU.) *Orléans*, 1789, in-4.

Plan d'un Mémoire, par un vicaire savoyard qui ne possède avec son curé que 900 livres de rente. (Par L.-P. BERINGER.) *Grenoble, chez l'imp. des communes, l'an de justice* 1789, in-8, 63 p.

Plan d'une démocratie. (Par BUTOT le jeune, commis à la poste aux lettres.) *Londres*, 1793, 2 vol. in-8.

, Cet ouvrage est une nouvelle édition de celui qui fut publié en 1789, sous ce titre : « Cours de morale fondé sur la nature de l'homme », par M. P......, pasteur à......, 2 vol. in-8. Voy. IV, 804, *b*.

Plan d'une université pour la Belgique, accompagné de réflexions sur la surveillance en matière d'instruction publique et sur l'usage de la langue maternelle. (Par Charles-Antoine TANDEL.) *Bruxelles, Demanet*, 1835, in-8, 64 p. J. D.

Plan de banque nationale immobiliaire, dédié à la nation. (Par P.-M. MENGIN.) *Paris, La Villette*, 1790, in-8.

Il y a douze tableaux ou modèles annexés à cet ouvrage.

Plan de constitution pour la colonie de Saint-Domingue, suivi d'une dissertation sur le commerce des colonies, relative à ce plan... Par M. Ch. DE CH****** (M.-P.-G. DE CHABANON)... *Pa·is, imp. de J.-B.-N. Crapart*, 1791, in-8.

Plan de constitution présenté à la Convention nationale, les 15 et 16 février 1793. (Rédigé par M.-J.-A.-N.-C. DE CONDORCET.) *Paris, imprimerie nationale*, 1793, in-8.

Plan de finances, et moyens d'activer l'agriculture, l'industrie, les arts et le commerce, respectueusement adressé à S. M. le roi de France. (Par A. REBOUL.)

Plan de finances, par le moyen duquel les rentiers seront immédiatement réintégrés dans la totale propriété de leurs anciens capitaux... par le citoyen P. D. L. G. (G. PONCET DE LA GRAVE.) *Paris, Moutardier*, an VIII, in-8, 1 f. de tit. et 27 p. — Deuxième édit. *Id.*, in-8, 29 p.

Plan de l'établissement d'un répertoire général des notaires de France, pour l'annonce des ventes, acquisitions, etc, par M. B.-A. H.-D. (Benoît-André HOUARD-DALLIER). *Paris* (1804), in-8, 8 p., avec plan, carte et tableau. D. M.

Plan de l'organisation sociale, divisée dans ses trois parties essentielles, par M. de S. P. (J.-N.-M. GUÉRINEAU DE SAINT-PERAVI). *Paris, Duplain*, 1790, 2 vol. in-8.

Plan de l'ouvrage qui a pour titre : « Jugemens des Sçavans sur les principaux ouvrages des auteurs ». (Par Adr. BAILLET.) *Paris*, 1694, in-12.

Ce plan est rare, Baillet n'en ayant fait tirer qu'un petit nombre d'exemplaires pour ses amis.

Plan de la justice de Dieu sur la terre dans ces derniers jours, et du relèvement de la chute de l'homme par son péché. (Par J. ALLUT, MARION, Nicolas FACIO et Charles PORTALÈS). 1714, in-8.

Nicolas FACIO ou FATIO était, dans la force de son âge, un mathématicien très-habile. Voy. la « Biographie universelle », article de M. Nicollet. Il donna, vers 1700, dans les rêveries des fanatiques des Cévennes. Voy. « Eclair de lumière... », V, 6, *a*.

Il paraît que Fatio a été le secrétaire de ses associés. On doit encore à cette société de fanatiques :

1° Le Discernement des ténèbres d'avec la lumière, afin d'inciter les hommes à chercher la lumière, l'esprit de l'Eternel, pour les instruire et les enseigner dans les droites voies. 1710, in-8.

2° *Clavis prophetica*, ou la clef des prophètes de Marion et des autres Camisards, avec quelques réflexions sur les caractères de ces nouveaux envoyés, et de M. F... (FATIO), leur principal secrétaire ; traduit de l'anglois. *Londres*, 1707, in-8.

Il existe une traduction latine de même date.

Voy. « Supercheries », III, 1225, *d*.

Plan de la religion expliquée et démontrée dans ses points fondamentaux par saint Augustin; suite du traité intitulé : « Saint Augustin contre l'incrédulité ». (Par Louis TROYA D'ASSIGNY.) *Paris, Lottin*, 1767, in-12.

Plan de la ville et du nouveau port de Cherbourg, avec les travaux des digues; par l'abbé G*** (GRIEL). *Paris* (vers 1787), in-fol.

Plan de lecture pour une jeune dame. (Par Cl.-Fr.-Ad. DE LEZAY-MARNÉSIA.) *Paris, Prault*, 1784, in-18. — Seconde édit., augmentée d'un supplément et de divers morceaux de littérature et de morale (avec le nom de l'auteur). *Lausanne, Fischer*, 1800, in-8.

Plan de lectures classiques, adressé en forme de lettre à un jeune élève par son

ancien précepteur. (Par le P. Louis DE-
BUSSI, S. J., mort en 1822, publié par le
P. Ach. GUIDÉE.) *Amiens, Ledien-Canda,*
1827, in-12.

Plan de législation criminelle. (Par Sou-
PÈRE et Ch. DUMONT.) *Paris,* 1784, in-8.

Plan de législation sur les matières criminelles, par M. LE F. (LE FEBURE). *Amsterdam,* 1779, in-8.

Plan de liquidation de la dette nationale,
par un négociant de Lyon (M. PARENT, de
Lyon). *S. l. n. d.,* in-4, 4 p.

Plan de Paris, avec le détail de ses nouveaux embellissemens projetés, et en partie exécutés depuis le règne de Napoléon Ier... Par M. B. A. H. (Benoît-André
HOUARD-DALLIER). *Paris, Demoraine, imp.-
lib.,* 1807, in-4, 2 ff. de tit., 36 p. et 1 plan.

Plan de réforme et d'amélioration des
droits domaniaux, lu au Comité de l'imposition, par M. L...... (LACOSTE), directeur
de la correspondance de ces droits, le
23 mars 1790. *Paris, Baudouin, s. d.,* in-4,
1 f. de tit. et 38 p.

Plan de réforme motivé, présenté aux
États-Généraux, par les fidèles citoyens
de la bonne ville de Paris. (Ouvrage non
achevé de dom J.-P. DEFORIS.) 3 vol. in-8
de 1796 p.

Écrit en 1788, 1789 et 1790.

Plan de réforme pour le Missel. (Par
M. l'abbé P.-H. HUMBERT, chanoine de
Verdun.) *Paris, Lottin,* 1758, in-12.

Plan de réforme proposé aux cinq cor-
recteurs de Venise actuellement en charge.
ou qui y ont été, avec un sermon évangélique pour élever la république dans la
crainte de Dieu. (Par Ange GOUDAR.) *Amsterdam (Venise), Molini,* 1776, in-8.

L'épître dédicatoire est signée : le chevalier d'AR-
GENTCOURT. Le Grand Conseil avait, dans l'intérêt des
mœurs, fait fermer le Ridotto ; c'est ce décret qui sert
de texte à Goudar pour cette facétie.   A. L.

Plan de régénération de la nation et de
la monarchie française. Proposé aux États-
Généraux assemblés en 1789, sous le règne
de Louis XVI. (Par GRILLON-DESCHAPELLES.)
S. l., 1789, in-8.

Plan des écoles de mathématique pratique et de dessin qui s'ouvriront à Reims
dans les salles de l'hôtel-de-ville, au mois
de septembre 1748. (Par le P. FERRY, minime.) *Reims,* 1748, in-12.

Cet ouvrage renferme un Mémoire de FERRAND DE

MONTHELON, probablement celui que cite la « France
littéraire », III, p. 111. (Le P. Sommervogel, no 8260
de sa table des « Mémoires de Trévoux ».)

Plan des inondations du Rhône et de la
Saône, dans Lyon et ses faubourgs. (Publié par Aug. BARON.) *Lyon,* 1841, grand
in-fol.

Plan des travaux littéraires, ordonnés
par Sa Majesté, pour la recherche, la collection et l'emploi des monumens de l'histoire et du droit public de la monarchie
française. (Par J.-N. MOREAU.) *Paris, imprimerie royale,* 1782, in-8.

Il faut joindre à cette brochure :
1° Progrès des travaux littéraires ordonnés par Sa
Majesté... par M. MOREAU, historiographe de France.
Paris, imprimerie royale, 1787, in-8, 60 p.
2° Supplément aux deux Mémoires... ou Lettres de
M. MOREAU... à M. G. P. C. D. F., à l'occasion des
dépenses assignées à ces travaux. *S. l.,* 1788, in-8,
26 p.
·3° Éclaircissement sur le travail dont l'Académie
des inscriptions et belles-lettres est chargée relativement aux manuscrits de la Bibliothèque du roi. (Par
B.-J. DACIER.) *Paris* (1790), in-8, 8 p.

Plan du Traité des origines typographiques, par M. MEERMAN, traduit du latin
en françois (par l'abbé C.-P. GOUJET). *Amsterdam (Paris), Lottin,* 1762, in-8, VIII-
123 p.

Plan et Description de la scie mécanique, ou machine pour récéper ou couper
les pieux au fond de l'eau, sans bâtardeau
ni épuisement. Nouveau procédé employé
avec succès aux travaux du pont de Saumur, sur la Loire, et ceux des Arts, la
Cité et Jardin des Plantes (à présent d'Aus-
terlitz), sur la Seine, à Paris, et autres
lieux dans l'intérieur de la France, d'après
MM. Voglier, Perronnet et Cessart, célèbres ingénieurs de France, lequel a produit une économie de plus d'un tiers de
dépense. Déposé à la Bibliothèque impériale par M. B. A. H***** (Benoît-André
HOUARD-DALLIER). *Paris, Demoraine,* 1806,
in-8.

Plan et Règlement général de l'établissement d'une double tontine sur une ou
sur deux têtes, formée d'après les combinaisons les plus avantageuses, les plus infaillibles et les plus claires. (Par GROUBER
DE GROUBENTHAL.) *Paris, de l'imp. de Nicolas (Vaucluse) et Boutonnet,* an XIII, in-8,
36 p.

Plan et Statuts d'une nouvelle Académie, avec des éclaircissemens. (Satire par
E.-C. FRÉRON.) In-4.

Catalogue manuscrit de l'abbé Goujet.

Plan général de régie, ferme des domaines et droits y joints, et instructions sur les droits de contrôle. des exploits, greffes et droits réservés. (Par Poujaud.) Avril 1751. *Paris, Lamesle*, in-8.

Plan pour la suppression des billets de la Caisse d'escompte, proposé en motion par un soldat-citoyen au district Sainte-Opportune. (Par Carré de Fontenelle, négociant.) (*Paris*), *imp. de Labarre* (179.), in-8, 8 p.

Plan sommaire d'un cours de logique. (Par Nicolas-Emile Tandel.) (*Liége, Desoer,* 1838), gr. in-4 oblong, 4 tableaux.

J. D.

Plan sur l'agriculture et le commerce, suivi de l'établissement d'une Banque rurale et d'une autre pour la formation des galères de terre. (Par Le Blanc, de l'Arbre au pré.) *Paris, Godefroy*, 1789, in-8, 90 p.

« Annonces de bibliographie moderne », t. I, p. 63.

Plan sur la manière et les moyens d'augmenter les forces militaires et les revenus de l'Etat. (Par le marquis du Hallay.) *S. l.* (1787), in-4, 16 p.

Planche à tracer, dédiée à la loge de l'Age d'or (à Paris), contenant un discours en réfutation de l'ouvrage du sieur de Bonneville, intitulé : « les Jésuites retrouvés dans les ténèbres »; par le frère B. (Benezet), orateur de la loge. *Philadelphie,* 5788, in-8, 25 p. A. L.

Planimètre, ou arpentage nouvellement mis en lumière, par E. M. (Erasme Mulkeman). *Liége, Hoyoux,* 1694, in-12.

Plans d'enseignement suivis par les professeurs de l'École centrale du département du Doubs (par Louis Coste, bibliothécaire), précédés d'un discours sur les améliorations faites à l'instruction dans cette école (par F.-X.-Joseph Droz). *Besançon,* an IX-1801, in-8.

Plans d'instructions sur les principaux sujets de morale chrétienne... Par un curé du diocèse de Liége (l'abbé J.-J. Beuwens, curé de Latinne). *Liége, Lardinois,* 1850, 2 vol. in-12. Ul. C.

Plans et Journaux des siéges de la dernière guerre de Flandres, rassemblés par deux capitaines étrangers au service de la France (d'Illens et Funck). *Strasbourg, Pauschniger,* 1750, in-4.

Plantes observées aux environs de la ville du Mans. (Par Maulny.) *Avignon,* 1786, in-8.

Plaque (la) retournée, comédie patriotique en un acte, mêlée de vaudevilles, représentée à Paris, sur le théâtre du Vaudeville, le 19 nivôse, l'an deuxième de la République... (Par L.-T. Lambert.) *Paris,* an II, in-8, 2 ff. de tit. et 36 p.

Plat (le) de carnaval, ou les beignets apprêtés par Guillaume Bonnepâte, pour remettre en appétit ceux qui l'ont perdu. (Par P.-Sim. Caron.) *A Bonne-Huile, chez Feu clair, rue de la Poêle, à la pomme de Reinette, l'an dix-huit cent d'œufs* (1802), in-8, x-142 p. et 7 ff.

Platine (la), l'or blanc, ou le huitième métal ; recueil d'expériences faites dans les Académies royales de Londres, de Suède. etc. (Par Claude Morin.) *Paris, Le Breton,* 1758, in-12.

Platon Polichinelle, ou la sagesse devenue folle, pour se mettre à la portée du siècle, par un solitaire auvergnat (l'abbé A. Martinet). *Lyon, Pélagaud,* 1841, 3 vol. in-12. D. M.

Souvent réimprimé.

Platonisme (le) dévoilé, ou essai touchant le verbe platonicien. en deux parties. (Par Souverain.) *Cologne,* 1700, in-8, 395 p.

L'auteur, ministre protestant, déposé comme arminien, se réfugia en Hollande, puis en Angleterre, où il mourut en 1700. Son livre fut imprimé après sa mort, et l'avant-propos parle d'une suite qui n'a point paru. Voy. du Roure, « Analecta biblion », t. II, p. 414.

Pléiade (la) françoise, ou l'esprit des sept plus grands poëtes. (Publié par P.-L. d'Aquin de Chateau-Lyon.) *Berlin (Paris), Duchesne,* 1754, 2 vol. in-12.

Pleureur (le) malgré lui, comédie, par E*** B*** (Edme Billard). *S. l.,* in-8, 64 p.

Pline le Jeune, esquisse littéraire du siècle de Trajan; traduit du hollandais (de Maurice Van Hall) par Vallez... *Paris, Renouard,* 1825, in-8.

Pline, ou l'héroïne des arts et de l'amitié, grand opéra en un acte. Par L. B. D. R. S. C. (le baron J.-A. de Reveroni Saint-Cyr). *Paris, Hocquet,* 1816, in-8, 21 p.

Plume (la) du cocq de Micille, ou aventure de Crités au Sallon, pour servir de suite aux Promenades de 1785. (Par A.-J. Gorsas.) *Londres et Paris, Hardouin et Gatley,* 1787, in-8.

Plus (les) belles Lettres françoises, tirées des meilleurs auteurs, avec des notes, par Pierre RICHELET. Cinquième édition, revue et augmentée, avec des observations sur l'art d'écrire; par M. B. L. M. (A.-A. BRUZEN LA MARTINIÈRE). *Amsterdam, frères Wetstein*, 1737, 2 vol. in-12.

Plus d'octroi. Très-humbles remontrances d'un bourgeois des bords de la Ghète à MM. les bourgmestres et échevins de la ville de Tirlemont, par un neutre, ni de l'une ni de l'autre coterie. (Par Constant-Philippe VANDENBROECK et Félix DELHASSE.) *Bruxelles, Vanderauwera*, 1851, in-8, 15 p.   J. D.

Plus de Charte octroyée! Plus de noblesse héréditaire! par l'aveugle du Marais, qui n'y voit que trop clair. (Par J.-A. LEBRUN-TOSSA.) *Paris, chez les marchands de nouveautés*, août 1830, in-8, 29 p.

Plus de mélodrames! Leurs dangers considérés sous le rapport de la religion, des mœurs, de l'instruction publique et de l'art dramatique. Numéro 1er. (Par Jean-Baptiste-Augustin HAPDÉ.) *Paris, Dentu*, 1814, in-8, 40 p.

Ce qu'il y a de singulier dans cette publication, qui n'a pas eu la suite qu'elle semblait promettre, c'est que son auteur était et n'a pas cessé d'être un des dramaturges les plus accrédités aux boulevards.

D. M.

Plus de paupérisme, ou solution sociale démontrée mathématiquement. (Par Charles-Adolphe FRACHEBOUD.) *Bruxelles, Office de publicité*, 1858, in-12, 1re partie, 16 p. J. D.

Plus (le) fort des pamphlets. L'ordre des paysans aux Etats généraux. *S. l.*, 1789, in-8, 80 p.

M. Paul Lacroix, « Bibliographie et Iconographie des ouvrages de Restif de La Bretonne », p. 342, dit que RESTIF est incontestablement l'auteur de ce factum politique, qui n'a jamais été cité que dans un Catalogue de la librairie Hénaux, en 1869. M. Lacroix ajoute que, n'ayant jamais rencontré cet écrit, il ignore si le nom de l'auteur se trouve sur le titre ou dans la préface.

Plus heureux que sages, proverbe en vers et en trois actes. (Par le marquis H.-L. D'HERBIGNY DE THIBOUVILLE.) *Paris, Vente*, 1772, in-8, 60 p. et 1 f. d'approbation.

Plus (la) importante et la plus pressante affaire, ou la nécessité et les moyens de restaurer l'agriculture et le commerce. (Par P.-F. BONCERF.) *S. l. n. d.* (*Paris*, 1791), in-8, 77 p.

Plus (le) original des cahiers, extrait de

celui d'un fou qui a de bons moments. (Par A.-F. LE MAÎTRE.) *Au Grelot, chez Momus, imprimeur des maniaques*, 1789, in-8.

Plus (les) secrets mystères des hauts grades de la maçonnerie dévoilés, ou le vrai Rose-Croix; traduit de l'anglois, suivi du Noachite, traduit de l'allemand. (Par M. BERAGE.) *Jérusalem* (Hollande), 1768, in-8. — Nouvelle édition, augmentée. *Jérusalem*, 1774, in-12.

Plutarque (le) de l'enfance. (Par J.-Fr.-Ann. BUYNAND.) *Lyon, Mme Buynand*, 1810, in-12, avec fig.

Souvent réimprimé.

Plutarque (le) des jeunes demoiselles, ou abrégé des vies des femmes illustres de tous les pays... (Par C.-J.-F. GIRARD DE PROPIAC.) *Paris, Gérard*, 1806, 2 vol. in-12.

Plusieurs fois réimprimé avec le nom de l'auteur.

Plutarque drôlatique; vie publique et grotesque des illustres de ce temps-ci. *Paris, Lavigne*, 1843, gr. in-8.

Les notices sur A. Dumas, Salvandy et Gannal sont de L.-F. L'HÉRITIER, de l'Ain; celle sur Ingres est de Laurent JAN.

Plutarque moraliste, ou choix des principaux sujets de morale du premier des écrivains de l'antiquité, par le chevalier DE PROPIAC, avec des développements appliqués aux défauts et aux ridicules de la société actuelle, par M. L. M. B*** (D. LEMAITRE-BONIFLEAU). *Paris, A. Eymery*, 1825, 2 vol. in-12.

PLUTARQUE, ou abrégé des vies des hommes illustres de ce célèbre écrivain, avec des leçons explicatives de leurs grandes actions (ouvrage élémentaire rédigé par J.-F. GIRARD-PROPIAC). *Paris, Gérard*, 1805, 2 vol. in-12.

Réimprimé avec le nom de l'auteur.

D'après Quérard, le premier volume serait de J.-B. DUBOIS.

Pneumathopathologie, ou traité des maladies venteuses, traduit du latin de COMBALUSIER, par M. J. (A.-F. JAULT). *Paris, Debure l'aîné*, 1754, 2 vol. in-12.

Pneumatologie. Des esprits et de leurs manifestations fluidiques. Mémoire adressé à MM. les membres de l'Académie des sciences morales et politiques, sur un grand nombre de phénomènes merveilleux, intéressant également la religion, la science et les hommes du monde, par le marquis Eudes de M..... (MIRVILLE). *Paris, Vrayet de Surcy*, 1833, in-8.

Réimprimé la même année avec le nom de l'auteur.

Podalire et Dirphé, ou la couronne tient à la jarretière ; par l'auteur de l' « Aristénète français » et de « Contes en vers », mis à l'index de la cour de Vienne (par Félix NOGARET). *Paris*, 1801, 2 vol. in-8 et in-12.

Poëme à l'occasion du sénatus-consulte qui proclame Napoléon Bonaparte empereur des Français, par B*** (BAUDOUIN, professeur d'histoire à l'école centrale de la Meuse-Inférieure). *Maestricht*, in-8, 15 p.

Poëme à la paix. (Par PONSIGNON, avocat.) *Paris, imp. de Quillau*, 1749, in-4, 8 p.

Poëme contenant la tradition de l'Eglise sur le Saint-Sacrement, par M. LE MAITRE DE SACY. *Paris, G. Desprez*, 1693, in-4 et in-12.

L'éditeur a joint à ce poëme une excellente préface. L'abbé Goujet n'a nommé cet éditeur ni dans sa « Bibliothèque françoise », ni dans son Catalogue manuscrit. Les rédacteurs du Catalogue de la Bibliothèque du roi ont indiqué à tort Antoine ARNAULD, qui était mort dès l'année précédente. Dom Clémencet, dans son « Histoire littéraire de Port-Royal », manuscrite, a donné, dans le corps de son ouvrage, P. THOMAS DU FOSSÉ comme auteur de la préface dont il est question ; mais, dans un errata, il se rétracte et désigne le célèbre NICOLE. Cette dernière opinion me paraît la plus probable.

Poëme d'Ulysse, ou poëme des racines grecques de Giraudeau, simplifié et mis en prose (par M. BESNIER, alors professeur de 4e au collége de Nantes). *Paris, Raynal*, 1826, in-12.

Poëme (le) de Fontenoy. *Paris, imp. royale*, 1745, in-4, 28 p.

La dédicace est signée : VOLTAIRE.

Poëme de l'histoire de France racontée dans les villages et à la Courtille par un pauvre barde. (Par M. Ch.-J.-B. AMYOT, avocat.) *Paris, imp. de Dupuy*, 1835, in-8, 32 p.

Poëme de la religion, de RACINE le fils, traduit en vers latins (par l'abbé REVERS, publié avec beaucoup de changemens par l'abbé P.-J.-H. CHARLIER). *Paris, Barbou*, 1802, in-12.

Poëme de PÉTRONE sur la guerre civile entre César et Pompée, avec deux épitres d'OVIDE ; le tout traduit en vers françois, avec des remarques et des conjectures sur le poëme intitulé : *Pervigilium Veneris* (par

le président J. BOUHIER). *Amsterdam, Fr. Changuion*, 1737, in-4.

Poëme (le) de Pope, intitulé « Essay sur l'homme », convaincu d'impiété. Lettres pour prévenir les fidèles contre l'irréligion. (Par l'abbé J.-B. GAULTIER.) *La Haye (Paris)*, 1746, in-12, 2 ff. lim. et 152 p.

Plusieurs fois réimprimé.

Poëme de saint PROSPER contre les ingrats, en vers latins, avec la traduction françoise en vers et en prose (par LE MAISTRE DE SACY). *Paris*, 1646, 1650, in-12.

Poëme historique et biographique du général Compans... par R. L. (Louis ROBY). *Toulouse, imp. de J.-M. Pinel* (1831), in-8.

Poëme lugubre et historique sur les ravages affreux que l'ange exterminateur vient d'exercer dans l'une des plus belles provinces de la monarchie françoise. (Par DE PONT-VERRE.) *S. l.*, 1722, in-8, 48 p.

Ce poëme, composé de 202 quatrains, et suivi d'une prière en 20 sixains pour le roi et la famille royale, est relatif à la peste qui ravagea le midi de la France.

Poëme par M. L***c, sur l'histoire des gens de lettres de Bourgogne. (Par l'abbé J.-B. LEBLANC, Dijonnois.) *Dijon, Augé*, 1726, in-8, 13 p.

Poëme philanthropi-maçonnique, dédié à la R∴ L∴ de l'amitié O∴ de Boulogne ; par J... B... (BURGAUD), de Calais. *Boulogne, P. Hesse*, 5823, in-8.   A. L.

Poëme (le) séculaire d'HORACE, traduit en vers françois (par le chevalier DE L'ESPINASSE DE LANGEAC). *Paris*, 1780, in-8.

Poëme sur l'assemblée des notables. (Par Marie-Joseph DE CHÉNIER.) *S. l.*, 1787, in-4. — Nouvelle édition. *Londres*, 1787, in-8, 8 p.

Poëme sur la grâce, par M. R. (Louis RACINE le fils). *Paris, Coignard*, 1720, 1722, 1724, in-8. — *Amsterdam, P. Marteau*, 1722, in-8.

Le chancelier d'Aguesseau fit supprimer ce poëme quand il parut en 1720. Coignard, en 1722, obtint la permission de le vendre, mais en retranchant le frontispice, le privilége et l'ode à la fin de laquelle est l'approbation de M. d'Armenonville, étant garde des sceaux.

Poëme sur la grâce, selon les sentimens de saint Augustin, expliqués par M. LE MOINE, composé par L. M. D. L. V. R. D. S. T. (la Mère DE LA VIERGE, religieuse de Saint-Thomas). *Paris, Martin*, 1654, in-4.

Poëme sur la naissance de Jésus-Christ

(traduit librement du poëme latin d'Alexandre Morus, par Pérachon, alors protestant). *Paris, Olivier de Varennes*, 1665,
in-4. — Deuxième édit. *Id.*, 1669, in-8.

Voy. l'article *Morus*, dans le Dictionnaire de Bayle,
qui n'a donné ni la date ni le format de cette traduction.

Poëme sur le désastre de Lisbonne. ou
examen de cet axiome : Tout est bien.
(Par Voltaire.) *S. l.*, 1756, in-12.

Cet écrit circulait à Paris dès le mois de janvier 1756,
et Voltaire voulait l'attribuer au P. Liébaut ou Lié-
baud. Voy. « Bibliographie voltairienne », no 10.

Poëme sur les écrits des jésuites contre
la nouvelle édition de saint Augustin. (Par
le P. Nageon, oratorien.) *S. l.* (1699), in-12.

Signé : L. D. P. B. D. B. P.
Réimprimé dans la deuxième partie de la « Bibliothèque volante ». *Amsterdam*, 1700, in-12, p. 161.

Poëme sur les vexations exercées par
trois évêques d'Orléans, contre les religieuses de Saint-Charles. (Par P.-H. Robbé
de Beauveset.) *Paris, Prault*, 1791, in-8.

Voy. « Pucelles d'Orléans ».

Poëmes d'Ossian et de quelques autres
bardes, pour servir de suite à l'Ossian de
Le Tourneur. (Par Hill, masque de A.-G.
Griffet de La Beaume et de J.-J.-A. David
de Saint-Georges.) *Paris*, 1795, 3 vol.
in-18.

Poëmes dramatiques de Thomas Corneille, nouvelle édition (publiée par Fr.-
Antoine Jolly, censeur royal). *Paris, Martin*, 1738, 5 vol. in-12.

Poëmes élégiaques de feu Joseph Tre-
neuil, nouvelle édition, augmentée d'une
notice sur l'auteur (par J.-A. Amar) et de
plusieurs pièces inédites. *Paris, F. Didot*,
1824, in-8.

Poëmes enfantins, par L. B. (Louis Bertrand), inspecteur d'enseignement. *Liége,
Dessain*, 1862, in-16, 64 p.   Ul. C.

Poëmes et autres poésies de **** (l'abbé
P. de Villiers). *Paris, Collombat*, 1712,
in-12.

Voy. ci-après, « Poésies de D* V*** », col. 925, *e*.

Poëmes. Héléna, la Somnambule, la Fille
de Jephté, la Femme adultère, le Bal, la
Prison, etc. (Par le comte Alfred de Vigny.)
Paris, Pélicier, imp. Guiraudet, 1822, in-8,
158 p.

Réimprimés avec le nom de l'auteur.

Poëmes sur des sujets pris de l'histoire

de notre temps, publiés par M. D*** (F.-A·
Chevrier). *Liége, Compagnie*, 1758 et 1759,
2 vol. in-8.

Voy. « Supercheries », I, 839, *e*.

Poëmes sur la religion naturelle et sur
la destruction de Lisbonne. Par M. V***
(Voltaire). *Genève*, 1756, in-12, 32 p.

Poëmes sur le désastre de Lisbonne et
sur la loi naturelle, avec des préfaces, des
notes, etc. (Par Voltaire.) *S. l.*, 1756,
in-8, 55 p. — *S. l.*, may 1756, in-8, 51 p.

Une édition d'*Amsterdam, Etienne Ledet*, 1756,
in-8, 60 p., est intitulée : « Poëmes sur la loi naturelle, en IV chants, et sur le désastre de Lisbonne,
par M. de Voltaire ».

Poëmes sur le phénix, traduits du latin
de Lactance, de Claudien, de Lermoeus
et d'Ovide (par S. Delatour). *Paris, Dugour*, an VI-1798, in-18.

Le morceau tiré de Lactance a été traduit par N.-A.
Viard, précepteur de Florian ; le morceau de Lermœus
est tiré de sa traduction en vers latins de « la Semaine »
de du Bartas.

Poésie chrétienne, recueillie de divers
auteurs, par Mᵐᵉ Car. O. (Caroline Olivier). *Lausanne, Ducloux*, 1843, in-12. —
Quatrième édit., 1846, in-12, xvi-217 p.

Poésie de l'alliance perpétuelle entre
deux nobles et chrestiennes villes franches, Berne et Genève, faite l'an 1558.
Item une comédie du monde malade et
mal pensé, recitée au renouvellement des-
dites alliances, à Genève, le deuxième jour
de may 1568. *S. l.*, 1568, in-8, 32 ff. sig.

La « Biographie universelle » attribue cette pièce à
Jacques Bienvenu. Suivant le Catalogue de Soleinne,
nᵒˢ 460 et 764, ce nom aurait servi tour à tour à Jean
Crespin, à Louis des Mazures et à Théod. de Bèze.

Poésie et Amour. (Par Charles Potvin.)
Bruxelles, Leroux, 1838, in-18, 178 p.
                                          J. D.

Poésie (la) et la Philosophie d'un Turc
à 81 queues, à 3 plumes de héron, à 2 ai-
grettes et à 1 collier d'émeraude (le prétendu prince Castriotto d'Albanie, onzième petit-fils du grand Scanderberg, né
le 18 février 1751); nouvelle édition, etc.
Amsterdam, 1779, in-8.

Cet imposteur se nommait Stéphano Zannowich.

Poésie (la), ode. (Par de Correvon.)
Lausanne, 1746, in-8.

Poésie sacrée pour la célébration de
l'office divin et des saints mystères, ou
heures nouvelles selon le rit parisien. Par
C. A. D*** (Ch.-Ant. Dujardin). *Dijon,
Douiller*, 1824, in-12, 400 p.

Poésie sacrée pour la célébration des saints mystères et des fêtes de la Vierge, Heures nouvelles selon le rit parisien. Par C. A. D*** (Ch.-Ant. Dujardin). *Dijon, Douiller*, 1824, in-12, 407 p.

Poésies. (Recueillies par feu l'abbé Jos. de La Porte, ou plutôt composées et rassemblées par S.-P. de Mérard Saint-Just). *Partout et pour tous les temps* (1789), in-18.

Poésies. (Par Aug.-Franç. Fauveau de Frenilly.) *Paris, H. Nicolle*, 1807, in-8, 230 p.

Poésies. (Par le comte J.-C.-A. d'Arbaud-Jouques.) *Avignon, impr. de Séguin frères*, 1810, in-8.

Tirées à 25 exemplaires.

Poésies. (Par Ulric Guttinguer.) *S. l. (Paris,* 1829), gr. in-8, 112 p.

Poésies. (Par J. Barrois et L.-T. Smet.) *Lille, Emile Durieux*, 1845, in-32.

Les mêmes auteurs ont publié, en 1846, un second recueil avec leurs noms.

Poésies. (Par J.-A. Barbey d'Aurevilly.) *Caen, Hardel*, 1854, in-18 carré, 54 p. sans titre.

Imprimées à 36 exemplaires par les soins de G.-S. Trébutien. Sur la troisième page, on voit les armes de l'auteur.

La dédicace est signée : Jules Barbey d'Aurevilly.

Poésies adressées aux R. P. Minjard et autres. Extrait du deuxième volume des « Chants chrétiens ». (Par Xavier Bougard.) *Liége, Bougard*, 1863, in-18, 36 p.

Ul. C.

Poésies anciennes et modernes pour servir de suite et de supplément aux autres recueils. (Recueillies par l'abbé G.-M. Ducreux.) *Paris, Durand neveu*, 1781, 2 vol. in-12.

Poésies aveyronnaises. (Par Adrien de Séguret.) *Rodez, Carrère aîné*, 1844, in-8, 24 p.

Poésies badines et galantes. (Par Pierre-Toussaint Masson.) *Londres et Paris, d'Houry*, 1757, in-12.

Poésies basques de Bernard Dechepare, recteur de Saint-Michel-le-Vieux. Publiées d'après l'édition de Bordeaux, 1545, et traduites pour la première fois en français. *Bordeaux, H. Fages*, 1847, in-8, 82 p.

Tirage à part d'un travail inséré par M. G. Brunet dans les « Actes de l'Académie de Bordeaux », 1847. La traduction française, mise en regard du texte, est

l'œuvre de M. A. Archu, instituteur établi dans le département de la Gironde et auteur de fort estimables travaux relatifs à la langue basque.

Poésies béarnaises. (Publiées par E. Vignancour.) *Pau, Vignancour*, 1827, in-8, XVIII-240 p. et IV p. de table.

Poésies choisies de Jean-Hubert Hubin. *Bruxelles, imp. Stapleaux*, 1852, in-18, 100 p., portrait gravé sur bois.

La notice préliminaire est signée : N. L*** (Loumyer).

Poésies choisies de Sauveur Le Gros. *Bruxelles, typ. J. Vanbuggenhoudt*, 1857, in-18, 126 p., portrait gravé à l'eau-forte.

La notice préliminaire est signée : N. L. (Loumyer).

Poésies choisies des meilleurs auteurs du XVIIᵉ siècle. (Par Ch. de Sercy.) *Paris*, 1660, 5 vol. in-12. (3 e.t. f.654)

Poésies chrétiennes, contenant la traduction des hymnes et des proses non traduites dans les « Heures de Port-Royal », et une satyre contre l'indécence des quêteuses, par le sieur D*** (Desnoyers). *Paris, Valleyre*, 1710, in-12.

Poésies chrétiennes et morales, par P. M. D. E. D. (Pierre Masson, docteur en droit), de Saint-Germain-en-Laye. *Paris, Gaume frères*, 1852, in-18, 118 p.

D. M.

Poésies (les) d'Anacréon et de Sapho, traduites de grec en françois, avec des remarques (par H.-B. de Longepierre). *Paris, P. Emery*, 1684, in-12.

Poésies (les) d'Anacréon, traduites du grec en vers par F. G*** (F. Gacon, nouvelle édition, suivie quelquefois du texte grec, publiée par Jean Caperonnier et A.-G. Meusnier de Querlon). *Paris, Grangé*, 1754, in-18.

Poésies d'André Chénier (publiées par H. de La Touche). *Paris, Baudouin*, 1820, gr. in-18.

Poésies (les) d'Horace (en latin, avec des notes en français par l'abbé Ch. Batteux). *Paris, Nyon l'aîné*, 1777, 2 parties in-12.

Cette édition fait partie du « Cours d'études » à l'usage des élèves de l'École royale militaire.

Poésies d'Horace, traduites en françois (par l'abbé Ch. Batteux). *Paris, Desaint et Saillant*, 1750, 2 vol. in-12.

Souvent réimprimées.

Poésies d'Horace, traduites en françois

par le P. Sanadon, avec des notes (de l'abbé B.-G. Fleuriau, ex-jésuite). *Paris, Compagnie des libraires*, 1756, 3 vol. in-12.

Le troisième volume est un Dictionnaire alphabétique de tous les noms propres qui se trouvent dans Horace.

On a sous la même date, et en deux volumes du même format, une traduction d'Horace par Sanadon, entière, mais sans les notes du P. Fleuriau.

Poésies d'un Russe (Paul Golenistcheff-Koutousoff). *Moscou, typ. de Selivanoffsky*, 1811, in-12, 4 et 47 p.

Voy. « Supercheries », III, 472, d.

Poésies d'un voyageur (X. Marmier). *Paris, Locquin*, 1844, in-8, 108 p.

Poésies d'une femme. *Paris, Gosselin*, 1830, in-8, xii-131 p.

Attribuées par Quérard à Mme Janvier et par M. de Manne à Mme Marie Delbenne.

Poésies d'une jeune aveugle. (Par Alphonse Le Flaguais, ancien bibliothécaire de la ville de Caen.) *Paris, Derache*, 1839, in-18.　　　　　　　　　　D. M.

Réimprimées dans ses « Œuvres complètes ».

Poésies (les) de Catulle et Tibulle, en latin et en françois, par M. D. M. (Mich. de Marolles). *Paris, de Luyne*, 1653, in-8.

Poésies de Charles d'Orléans, père de Louis XII et oncle de François Ier, rois de France. (Publiées par P.-V. Chalvet.) *Grenoble*, 1803, in-12.

Poésies de Chaulieu (suivies des Poésies choisies du marquis de La Fare, avec des notices sur ces deux auteurs, par C.-C. Fauriel). *Paris, stéréotype d'Herhan*, 1803, in-12.

Poésies de collége. (Par Ad. Mathieu.) *Mons, Piérard*, s. d., in-8.　　J. D.

Poésies de D* V*** (Pierre de Villiers), nouvelle édition, augmentée. *Paris, Collombat*, 1728, in-12.

Voy. ci-dessus, « Poëmes et autres poésies de **** », col. 921, e.

Poésies de Dorange. (Publiées par P.-A.-M. Miger.) *Paris, Rosa*, 1813, in-12.

Poésies de Gray, traduites en français (par A.-J. Lemierre d'Argy), le texte anglais vis-à-vis de la traduction, avec des notes. *Paris, Le Mierre*, 1798, in-8.

Poésies de Lainez. (Publiées par P.-L. d'Aquin de Château-Lyon.) *La Haye (Paris)*, 1753, in-8, x-112 p.

Poésies de Lalane et du marquis de Montplaisir. (Recueillies par C.-H. Le Fèvre de Saint-Marc.) *Amsterdam et Paris, Le Prieur*, 1759, in-12.

Poésies de Mme la vicomtesse d'Houdetot. *Paris, de l'imprimerie de Didot l'aîné*, 1782, in-18.

On trouve en tête de ce volume une notice sur la personne de l'auteur (par E.-C. Loménie de Brienne, archevêque de Sens). Mme d'Houdetot dont il est ici question, était la belle-fille de Mme d'Houdetot, amie de Saint-Lambert, morte en 1813.

Poésies de Malherbe, ornées de son portrait et d'un *fac-simile* de son écriture. Nouvelle édition, publiée et dédiée à la ville de Caen, patrie de l'auteur (par Jean-Jacques Blaise). *Paris, Blaise*, 1822, gr. in-8.　　　　　　　　　　D. M.

Poésies de Malherbe, rangées par ordre chronologique, avec la vie de l'auteur et de courtes notes, par A. G. M. Q. (A.-G. Meusnier de Querlon). *Paris, Barbou*, 1776, in-8.

Poésies de Malherbe, rangées par ordre chronologique, avec un discours préliminaire et des remarques historiques et critiques (par C.-H. Le Fèvre de Saint-Marc). *Paris, Barbou*, 1757, in-8.

Poésies de M. Bernard de La Monnoye, précédées de son éloge, publié par M. de S. (A.-H. de Sallengre.) *La Haye, Levier*, 1716, in-8.

Poésies de M. D. (Louis Dutens). 1771, in-12, 124 p.

Poésies de M. de La S*** (le P. Fétu de La S....., chanoine régulier de Mellinais). *Rouen*, 1787, in-12.

On trouve dans ce volume beaucoup de pièces adressées à M. Villar. — Des poésies latines ; la Souris blanche.

Poésies de M. G. (J.-B.-L. Gresset). *Blois, P.-J. Masson*, 1734, in-12.

Poésies de M. Haller, traduites de l'allemand (par V.-B. Tscharner). *Zurich, Heidegger*, 1752, in-12. — Nouvelle édition, retouchée et augmentée. *Berne, aux dépens de la Société*, 1760, in-12. — *Berne, Société typographique*, 1775, in-8.

L'édition de 1760 est augmentée d'une seconde partie, dont le titre porte : Traductions qui peuvent servir de suite aux Poésies de M. Haller. Seconde partie. — Une note au verso du titre dit que ces traductions ne sont pas du même auteur que celles de la première partie.

Poésies de M. l'abbé de Chaulieu et de

M. le marquis DE LA FARE, nouvelle édition, corrigée et considérablement augmentée (par D.-F. CAMUSAT). *La Haye, C. de Rogissart*, 1731, in-8.

Poésies de M. l'abbé DE LATTAIGNANT (recueillies par l'abbé Jos. DE LA PORTE, avec une préface de A.-G. MEUSNIER DE QUERLON et une autre par C.-M. GIRAUD). *Londres et Paris, Duchesne*, 1757, 4 vol. in-12.

Poésies de M. le comte Anatole DE M*** (MONTESQUIOU). *Paris, imp. de F. Didot*, 1820, in-12.

Les deuxième et troisième parties, imprimées en 1821, et la deuxième édition, imprimée en 1826, portent le nom de l'auteur.

Poésies de P.-C. RODOLPHE, jeune dessinatrice, recueillies et publiées par un homme de lettres (J.-F. GUICHARD). *Paris, Loyerot*, an VIII, in-12.

Poésies de Pernette DU GUILLET, Lyonnoise (publiées par Claude BREGHOT DU LUT). *Lyon, Louis Perrin*, 1830, in-8.　　D. M.

Tirées à 100 exemplaires numérotés, dont plusieurs sur papier de Hollande et d'autres sur papier de différentes couleurs.

Poésies de SAINT-PAVIN et de CHARLEVAL (publiées par C.-H. LE FÈVRE DE SAINT-MARC). *Amsterdam (Paris)*, 1759, in-12.

Poésies de SAPHO, suivies de différentes poésies dans le même genre (publiées par Edme BILLARDON DE SAUVIGNY). *Londres*, 1777, in-18. — *(Paris)*, 1792, in-12.

Poésies de SARASIN (publiées par G. TRÉBUTIEN). *Caen, Trébutien*, 1824, in-8.

Poésies de SCHILLER, traduites de l'allemand par C. J. (Camille JORDAN fils). *Paris, Brissot-Thivars*, 1822, in-8. — *Paris, Delongchamps*, 1822, in-12.

Poésies dédiées par une mère à ses enfants. (Par Mme Trinette DE DIEUDONNÉ.) *Louvain, Vanlinthout et Vandezande, s. d.*, gr. in-8, 91 p.　　J. D.

Poésies diverses. (Par FRÉDÉRIC II, roi de Prusse, publiées par les soins de J.-B. DE BOYER D'ARGENS et L. DE BEAUSOBRE.) *A Berlin, chez Chrét.-Fréd. Voss*, 1760, in-8, 346 p. — Autre édition. *Ibid., id.*, in-4, 444 p., avec grav. de Schmidt, une vignette pour le titre et six lettres capitales gravées par J.-W. Meil.

Poésies diverses. *Paris, imp. de A. Belin*, 1837, in-8, 329 p.

La dédicace est signée : R. A. F. D. M. P. (le docteur R.-A. FRÉBOURG).

Poésies diverses. (Par SAINTE-BEUVE.) *S. l. (Paris), imp. Crapelet*, in-18, 44 p.

Appendice à l'édition des « Poésies complètes de Sainte-Beuve », *Paris, Charpentier*, 1845, in-18, tiré à un petit nombre d'exemplaires. Les pièces qui le composent sont entrées depuis, sans exception, dans l'édition de la « Vie, Poésies et Pensées de Joseph Delorme », *Paris, Poulet-Malassis*, 1861, in-8.

Poésies diverses analogues au triomphe de la religion, à la paix, au commerce et à l'agriculture, composées et publiées par un Lyonnais (A. SONNERAT). *Lyon, Brunet*, 1814, in-8, 36 p.

Poésies diverses de deux amis, ou pièces fugitives de M. M. D. D. et de M. F. D. N. E. L. (J.-B. MAILLY, de Dijon, et N.-L. FRANÇOIS, de Neufchâteau, en Lorraine). *Amsterdam et Paris, Delalain*, 1768, in-8.

Poésies diverses de J. F. M. (Jacques-François MUTEL DE BOUCHEVILLE). *Paris, F.-V. Guilleminet*, 1807, 2 vol. in-8.

Poésies diverses de M. DE BONNARD, gouverneur des princes de la maison d'Orléans, avec son portrait, et une notice historique sur sa vie (par C.-S. SAUTREAU DE MARSY). *Paris, Desenne*, 1791, in-8.

Poésies diverses de M. de G*** (J.-B. VILLART DE GRÉCOURT). Nouvelle édition, augmentée d'un grand nombre de pièces et purgée de toutes celles qu'on a faussement attribuées à cet auteur... *Lausanne et Genesve, Marc-Michel Bousquet*, 1746, 2 part. in-12. — *Id*, 1748, 2 vol. in-12. — *Id.*, 1756, 2 vol. in-12.

Poésies diverses de M. J. CHÉNIER... (publiées par P.-C.-F. DAUNOU). *Paris, Maradan*, 1818, in-8.

Poésies diverses de M. L. D. B. (l'abbé F.-J.-P. DE BERNIS). *Paris, B. Coignard*, 1744, in-8. — *Amsterdam*, 1764, in-12.

Poésies diverses de société, par M. DE L*** (DE LAUNAY). *Londres, Compagnie*, 1767, in-12.

Poésies diverses de société, par M. L... (l'abbé DUVAL, curé de Saint-Michel). 1777, in-12.

Poésies (les) diverses du sieur d'****. *S. l.*, 1718, in-12.

On trouve à la fin douze pages de contes un peu libres, avec cette signature :

Par messieurs B*** L*** G*** D* G***

Un « Recueil de poésies diverses » (par E.-M. BOURET, lieutenant général de Gisors), 1733, in-8, contient les Contes qui terminent le volume de 1718. On trouve : 1º à la page 106 des « Poésies diverses », des vers et des détails historiques sur la porte dorée de Gisors ;

2º à la page 150, un Compliment en prose à la supérieure des Dames ursulines de Gisors : d'où je conclus
que les « Poésies diverses » sont de Bouret le père.

A.-A. B.

Le Catalogue de Lavallière-Nyon cite :

Sous le nº 13315, une édition de *Paris* (*Amsterdam*), 1713, in-8, qui comprendrait : Satyres, Epîtres ; — l'Art d'aimer, imité d'Ovide, en six chants ;
— le Remède d'amour, trad. d'Ovide ; — Fables et
Contes ;

Sous le nº 13316, les mêmes, avec un recueil de
poésies choisies de M. de B***, *Amsterdam, Frisch et
Bohn* (*Rouen*), 1714, 2 vol. in-12, édition contenant,
outre les poésies de l'édition précédente : Rome ridicule, caprice par de Saint-Amant ; — Paris ridicule,
par Petit ; — Madrid ridicule, par le sieur B*** ; —
Épigrammes ;

Et enfin, sous le nº 13317, les mêmes, 1718,
in-12.

M. Pierre Clément a publié, dans le « Bulletin du
bibliophile » de Techener, mai 1869, p. 185-189,
« Quel est l'auteur des Poésies du sieur D*** ». Sa conclusion est : « Pour le moment, il faut renoncer à savoir
quel en est l'auteur. Une seule chose est certaine et à
de l'intérêt, c'est que ce n'est pas le fermier général
Etienne-Michel Bouret, né en 1710. »

Poésies diverses du sieur P. L. L. R.
(Philippe Lefebvre ?). *Amsterdam, Jean
Joubert*, 1757, in-8, 226 p.

Catalogue Soleinne, nº 1985.

Poésies diverses écrites en 1833-1834,
par A. DE B...... (le comte Amédée DE
BEAUFFORT). *Bruxelles, Remy*, 1835, in-8,
56 p.   J. D.

Poésies diverses, extraites de mon portefeuille. (Par Charles-Louis D'ESTAMPES.)
Paris, 1811, in-8.

La seconde partie de ces poésies a paru en 1812,
avec le nom de l'auteur.

Poésies diverses : *Longi solatio morbi.*
(Par Séraphique-François BERTRAND, avo-
cat.) *Leyde, Iramenioiena* (*Nantes, Antoine
Marié*), 1749, in-12.

Voyez un Mémoire sur la vie de l'auteur, mort à
Nantes le 15 juillet 1752, dans le « Mercure » du
mois de mars 1753, p. 79.

Poésies diverses, ou plutôt mes Rapsodies. (Par F.-R.-J. DE POMMEREUL.) *Fougères*, 1783, in-8, 128 p.

Le général de Pommereul est l'éditeur des « Contes
théologiques ». Voy. IV, 749, *b*.

Poésies diverses, par A. H. (A. HOPE).
Paris, imp. de Appert (1839), in-8, 187 p.

Poésies diverses, par Mme de N** d'A**
(Mme la marquise A.-M.-H. DE GÉVAUDAN).
Paris, Tournachon-Molin, 1819, in-8, 36 p.

Poésies diverses, par M*** (Alex. TA-
NEVOT). *Paris, Collombat*, 1732, in-12. —
Paris, veuve Ballard, 1766, 3 vol. in-12.

Poésies diverses, par M. A. B. (Augustin
BLANCHET). *Paris, imp. de L.-E. Herhan*,
janvier 1814, in-8, 48 p.

Poésies diverses, patoises et françoises,
par M. P** A. P. D. P. (J.-C. PEYROT, ancien prieur de Pradinac, et chanoine de
Milhau). *En Rouergue*, 1774, in-12, XVI-
262 p.

Ce volume a été imprimé à Ville-Franche-de-Rouer-
gue, par *Vedeilhié*, à qui est adressée l'épître dédicatoire, également anonyme.

Poésies dramatiques d'un émigré (M. le
comte DE SAINT-ROMAN, pair de France).
Paris, Pillet, 1823, in-8.

Poésies dramatiques de Ch.-T. H***
(Charles-Théodore D'HURTUBY). *Paris,
Trouvé*, 1823, in-8.   D. M.

Poésies dramatiques et fugitives, par
M*** : le nom ne fait rien à l'affaire (par
M. SALLION, ancien secrétaire de la Chambre des comptes de Nantes). *Paris, Delaunay*, 1810, in-12.

Poésies (les) du roi de Navarre (THIBAUT),
avec des notes et un glossaire françois ;
précédées de l'histoire des révolutions de
la langue françoise depuis Charlemagne
jusqu'à saint Louis, d'un discours sur l'ancienneté des chansons françoises et de
quelques autres pièces. (Par P.-A. LÉVÊQUE
DE LA RAVALLIÈRE.) *Paris, Hipp.-L. Guérin*, 1742, 2 vol. pet. in-8.

Poésies en patois du Dauphiné. (Recueillies par E. PRUDHOMME, avec une préface
par P. COLOMB DE BATINES.) *Grenoble,
Prudhomme*, 1840, in-12, 47 p. — Deuxième
édit. *Grenoble, A. Merle* (1860), in-16.

Poésies et chants harmoniens ; par Jean
JOURNET. (Précédé d'une Notice par Jean
ROUSSEAU.) *Paris, Joubert*, juin 1857, in-18,
LXXIV-205 p.

Poésies et morceaux de prose en patois
de Grenoble. (*Grenoble, Allier*, 1808), in-8,
16 et 40 p.

Par MENIL-GRAND. Voy. la « Bibliographie des patois du Dauphiné », par Colomb de Batines, *Grenoble*,
1835, in-8, p. 6.

Poésies et pièces fugitives diverses de
M. le chevalier DE B*** (S.-J. BOUFFLERS).
Paris, Desenne, 1782, in-8.

Poésies françaises d'un prince étranger.
Epître aux Français, aux Anglais et aux
républicains de Saint-Marin. (Par le prince
Alex.-Mikailowitch BELOSELSKY-BELO-
SERSKY (1752-1809), publiées par MAR-

MONTEL.) *Paris*, *Didot aîné*, 1789, in-8, 110 p.

Petit volume tiré à 60 exemplaires, qui ont presque tous été envoyés en Russie et dont aucun ne s'est vendu. Voy. « Épîtres aux Français », V, 161, d.

Poésies fugitives. (Par J.-H. MEISTER.) *Londres (Zurich)*, 1798, in-8.

Poésies fugitives, érotiques et philosophiques. (Par Auguste GILLES, plus connu sous le nom de SAINT-GILLES.) *Genève (Paris)*, 1806, in-18.　　　D. M.

Poésies fugitives, suivies des Projets de bonheur, comédie en trois actes et en vers. Par Aug. C*** (Aug. CLAVAREAU). *Bois-le-Duc*, *H. Palier* (1813), in-8, 3 ff. lim. et 95 p.

Poésies galantes, amoureuses et coquettes. *Paris*, *Loison*, 1673, in-12.

Viollet-le-Duc exprime l'opinion que ce volume est entièrement dû à François COLLETET.

Poésies gasconnes, recueillies et publiées par F. T. (F. TAILHADE). Nouvelle édition, revue sur les manuscrits les plus authentiques et les plus anciennes impressions. *Paris*, *Tross*, 1867-1869, 2 vol. in-8.

Poésies helvétiennes, par M. B*** (J.-P.-L. BRIDEL). 1782, in-8.

Poésies héroïques, morales et satiriques, par M. DE *** (le P. Louis DE SANLECQUE, génovéfain), etc. *Harlem*, *Charles Van-den-Deck* (*France*), 1696, in-8.

Réimprimées avec des augmentations sous le nom de l'auteur, en 1726, in-8.

Poésies latines et françoises. (Par Simon BIGNICOURT.) *Londres* (*Paris*), 1756, in-12.

La première édition des Poésies latines de cet auteur est intitulée : *Simonis Bigenicurtii Juvenilia*. *Amsterdam*, 1754, in-8. Toutes les pièces de cette édition ne sont pas reproduites dans celle de 1756.

Poésies légères. (Par J.-J.-Denis VALADE.) (*Paris*), 1791, in-8, 42 p.

Ce sont, à peu de chose près, les poésies déjà insérées dans le recueil du même auteur, « Mes Délassements ». Voy. ci-dessus, col. 277, f.

Poésies légères, par R*** (L.-P. ROUILLÉ). *S. l.* (*Bruxelles*, *imp. de Lemaire*), 1787, in-18, 66 et 7 p.

Voy. « Supercheries », III, 293, d.

Poésies lyriques de M. RAMLER, traduites de l'allemand (par Fr. CACAULT). *Berlin*, *Voss*, 1777, in-12.

Poésies lyriques, par un étudiant suisse

(Charles-François RECORDON). *Lauzanne*, 1823, in-12.　　　　　　D. M.

Poésies lyriques sur la guerre et l'affranchissement de la Grèce, suivies du prospectus d'un poëme héroïque sur la gloire des armées ; par Charles M***** (Ch. MASSAS). *Paris*, *A. Dumont*, 1828, in-8, 59 p.

Poésies nouvelles de M. DE LA MONNOYE (publiées par l'abbé P.-L. JOLY). *Paris*, *Briasson*, 1745, in-8.

C'est l'édition imprimée à *Dijon* en 1743, à laquelle le libraire de Paris a mis son adresse et une nouvelle date.

Poésies nouvelles et autres Œuvres galantes du sieur DE C. (CANTENAC). *Paris*, *Théodore Girard*, 1662, in-12.

On trouve dans quelques exemplaires de ce recueil l' « Occasion perdue et recouvrée », pièce mise en vers, qu'on a mal à propos attribuée à P. Corneille.

Voy. « Supercheries », I, 597, e.

Poésies nouvelles, ou les premiers essais d'un jeune littérateur. (Par J.-B. BARJAUD.) *Paris*, *Laurens*, 1805, in-8, 54 p.

Poésies pastorales de M. D. F. (FONTENELLE). Avec un traité sur la nature de l'églogue. *Paris*, *Mich. Guérout*, 1688, in-12.

Poésies philosophiques. (Par F.-E. GOUGE DE CESSIÈRES.) *S. l.* (*Paris*), 1758, in-8.

Poésies philosophiques et descriptives des auteurs qui se sont distingués dans le XVIIIe siècle. (Recueillies par Michel CUBIÈRES DE PALMEZEAUX). *Paris*, *Cailleau*, 1792, 3 vol. in-18.

Poésies populaires de la France. Instructions du Comité de la langue, de l'histoire et des arts de la France. (Par Jean-Jacques AMPÈRE.) *Paris*, *imp. impériale*, août 1853, in-8, 56 p.

Poésies provençales des XVIe et XVIIe siècles, publiées d'après les éditions originales et les manuscrits. (Par M. Anselme MORTREUIL, avocat.) *Marseille*, *imp. des hoirs Feissat aîné et Demonchy*, 1843, 3 vol. in-8.

Poésies sacrées de M. l'abbé S*** (SALMON), avec les Distiques moraux de CATON, traduits en vers françois par le même. *Paris*, *veuve Cailleau*, 1751, in-12.

Voy. « Distiques de CATON », IV, 1095, b.

Poésies sacrées de M. L* F**** (J.-J. LE FRANC DE POMPIGNAN), divisées en quatre livres et ornées de figures en taille-douce. *Paris, Chaubert*, 1751, in-8.

L'auteur a signé l'épitre et est nommé dans le privilége.

Poésies satyriques du XVIIIe siècle. (Publiées par C.-S. SAUTREAU DE MARSY.) *Londres*, 1782, 2 vol. in-18.

Poésies spirituelles. Par F. M. (Fr. MALAVAL). *Paris*, *E. Michallet*, 1671, in-12. — Nouvelle édit. *Cologne, J. de La Pierre (Amsterdam)*, 1714, 1736, in-8.

Poésies sur l'Ecriture sainte et sur plusieurs autres sujets de piété. (Par l'abbé GEMINIANI, curé de Saint-Maurice-de-Beynost, en Bresse.) *Lyon*, *Léonard Plaignard*, 1715, in-8.　　　D. M.

Poésies wallonnes, par l'auteur du « Pantalon trawé » (Charles DUVIVIER DE STREEL). *Liége*, *Lardinois*, 1842, in-18, 2 parties de 35 p. chacune.　　J. D.

Poesios prouvençalos, per Louis I..... (ISNARDOUN). *Marsillo, Chardon*, 1832-36, in-12.

Poëte (le) anonyme, comédie en deux actes et en vers. (Par L.-C. CHÉRON.) *Paris, Bélin*, 1785, in-8.

Poëte (le) chrétien passant du Parnasse au Calvaire. (Attribué à DESFONTAINES.) *Caen*, 1648, in-8.

Frère, « Manuel du bibliographe normand », I, 475.

Poëte (le) des mœurs, ou les maximes de la sagesse, avec des remarques morales et historiques, utiles aux jeunes gens et aux autres personnes pour se conduire sagement dans le monde. (Par l'abbé J.-B. BLANCHARD.) *Namur, Stapleaux*, 1773, 2 vol. in-12.

Réimprimé sous le titre de : « Maximes de l'honnête homme, ou le poëte des mœurs ». *Liége*, 1779, 3 vol. in-12, avec le nom de l'auteur.

Cet ouvrage a été encore réimprimé plusieurs fois sous le titre d' « Ecole des mœurs », 3 vol. in-12. La dernière édition est de *Lyon*, 6 vol. in-12.

Poëte (le) désabusé, épître par H.....T, de Vanteuil. *Paris*, 1819, in-8, 19 p.

L'auteur, Amand-Jean-Charles HOCQUET, né à Vanteuil (Marne) le 16 mars 1789, est mort à Saint-Maur-les-Fossés, près de Paris, le 10 octobre 1854.

C'est par erreur qu'il avait été nommé HERQUET-DEVANTEUIL dans la précédente édition du « Dictionnaire ». Cette faute a été reproduite dans la « France littéraire », tome IV, et dans les « Supercheries », II, 314, d.

Poëte (le) en goguettes, ou choix de contes (en vers) dérobés à leur auteur.

(Par P.-J.-B. NOUGARET.) *A l'Isle d'Amour*, 1790, in-12.

Poëte (le) et le Savant, ou dialogues sur la nécessité pour les gens de lettres d'étudier la théorie des sciences. (Par Ch.-L. CADET DE GASSICOURT.) *Paris*, 1799, in-8.
　　　　　　　　　　　V. T.

Poëte (le) et les Voix angéliques. (Par Adrien LETELLIER.) (*Mons, Masquillier et Lamir*), avril 1856, in-8, 3 p.

Tiré à part des « Mémoires de la Société des sciences, des lettres et des arts du Hainaut ».　　J. D.

Poëte (le) extravagant, avec l'assemblée des filous et des filles de joye, et le Praticien amoureux, nouvelles plaisantes, par O. S. D. P. (César-François OUDIN, sieur DE PRÉFONTAINE). *Paris, Brunet*, 1670, in-12.

Souvent réimprimé avec le nom de l'auteur, et, en dernier lieu, à *San-Remo, J. Gay et fils*, 1875, in-18, VIII-58 p. avec une notice bibliographique.

Poëte (le) LUCRÈCE, latin et françois, de la traduction de M. D. M. (Michel DE MAROLLES). *Paris, Quinet*, 1650, in-8.

Voy. « Supercheries », II, 1092, c.

Poëte (le), ou Mémoires d'un homme de lettres, écrits par lui-même. (Par P.-J.-B. CHOUDARD-DESFORGES.) *Paris*, 1798, 4 vol. in-12. — *Hambourg*, 1799, 8 vol. in-18. — Nouvelle édition, augmentée d'une notice biographique (sur l'auteur) et de la clef des noms des principaux personnages. *Paris*, 1819, 5 vol. in-12.

Poëte (le) réformé, ou apologie pour la « Sémiramis » de M. V***. (Par FAVIER.) *Amsterdam*, 1748, in-8, 20 p.

Poëte (le) sans fard, ou discours satyriques en vers. (Par Fr. GACON.) *Cologne, Egmont*, 1697, in-12, 8-184 p.

Réimprimé avec quelques changements en 1701.

Poëte (le) satyrique, comédie en un acte, en vers, mêlée de vaudevilles ; représentée pour la première fois, sur le théâtre du Vaudeville, le mercredi 8 frimaire an XII (30 novembre 1803). (Par J.-B.-D. DESPRÉS.) *Paris, Mme Masson*, an XII-1803, in-8, 28 p.

Poëte (le) sincère, ou les vérités du siècle ; poëme héroï-comique, divisé en treize discours et dix chants. (Par DE BONNECORSE.) Première édition. *Anvers, Jacques le Censeur (Marseille)*, 1698, in-12, 200 p.

Les dix chants sont une nouvelle édition du « Lutrigot » (voy. V, 1354, d), augmentée de cinq chants et de huit cents vers, dit l'auteur. Il y a quelques changements et additions dans les remarques finales.

Poëtes (les). Dialogue par un prosateur (T. COURTAT). *Paris, Lainé,* 1866, in-8, 52 p.

Poëtes du XVIᵉ siècle en Belgique. Jean Polit. (Par Hyacinthe KUBORN.) *Bruxelles (Lelong),* 1859, in-8, 31 p.

Ce travail a paru dans la « Revue trimestrielle », avec le nom de l'auteur.   **J. D.**

Poëtes (les) en voyage, ou le bouquet impromptu, vaudeville en un acte (par Marc-Antoine-Madeleine DÉSAUGIERS et André-René-Balthasar ALISSAN DE CHAZET); représenté pour la première fois, sur le théâtre des Arts, à Rouen, le 13 septembre 1813, à l'occasion du passage de S. M. l'Impératrice, reine et régente, et en sa présence. *Rouen, F. Mari,* 1813, in-8, 40 p.

Poëtes français contemporains, par Mᵐᵉ *** (Caroline OLIVIER, née RUCHET). *Francfort-sur-Mein,* 1832, in-8.

Poëtes (les) lyriques, ode; par M. L. D. B. (l'abbé, depuis cardinal F.-J.-P. DE BERNIS). *Paris, J.-B. Coignard,* 1744, in-8, 16 p.

Poétique (la) d'ARISTOTE, traduite en françois, avec des remarques (par A. DACIER). *Paris, Barbin,* 1692, in-4.

Poétique de M. de Voltaire, ou observations recueillies de ses ouvrages concernant la versification françoise, etc. (Par Jacq. LACOMBE.) *Genève et Paris, Lacombe,* 1766, 2 parties in-8.

Poétique élémentaire, par M. L* S** (J.-A. DE LA SERRE), de plusieurs Académies. *Lyon, Périsse,* 1771, in-12.

L'auteur a signé la dédicace.

Poétique françoise à l'usage des dames. (Par G.-H. GAILLARD). *Paris, Le Clerc,* 1749, 2 vol. in-12.

Poétique nouvelle, rédigée d'après les principes de l'école contemporaine et contenant l'histoire des plus grands poëtes... à l'usage des humanités. (Par Sébastien COPIENNE.) *Namur, Doux fils,* 1836, in-12, 99 p.   **J. D.**

Poggiana, ou la vie, le caractère, les sentences et les bons mots de POGGE, Florentin. (Par J. LENFANT.) *Amsterdam, Humbert,* 1720, 2 vol. in-8.

Pogonologie, ou discours facétieux des barbes, auquel est traitée l'origine, substance, différence, propriété, louange et vitupère des barbes. (Par REGNAUD-DORLEANS.) *Rennes, Pierre Bretel,* 1589, in-8, 8 et 114 ff.

Le nom de l'auteur se trouve dans un quatrain, à la suite de l'épître dédicatoire. Miorcec de Kerdenet et les autres écrivains bretons ont à tort attribué ce livre à ROSNIVINEN DE PIRÉ.

Pogonologie, ou histoire philosophique de la barbe, par M. J. A. D*** (Jacq.-Ant. DULAURE). *Constantinople et Paris, Le Jay,* 1786, in-12, 210 p.

Pogonotomie (la), ou l'art d'apprendre à se raser soi-même, etc., par J.-J. PERRET, maître et marchand coutelier. *Paris, Dufour,* 1769, in-12.

Cet ouvrage a été réimprimé (ou plutôt contrefait à Berne) sous ce titre : « l'Art du barbier, et la manière de se raser soi-même et de connaître les instrumens ; suivi d'un Nouveau Traité sur la saignée ». *Berne, la nouvelle Société typographique,* 1791, in-8, 154 p., sans nom d'auteur.

Cette contrefaçon ne contient ni la préface, ni le privilége du roi, ni l'avertissement; tout le reste est copié mot pour mot.

Le nom de *Pogonotomie* est conservé dans l'approbation, datée du 20 février 1770, ce qui supposerait une première contrefaçon où l'on n'aurait pas déguisé le titre.

(Article communiqué par M. Pillet.)

Poïata, ou la Lithuanie au XIVᵉ siècle ; imité du polonais (de BERTANOWICZ). Par A.-G.-P.-François LETOURNEUR. *Paris, J.-P. Roret,* 1833, 2 vol. in-8.

La traduction de cet ouvrage est l'œuvre de deux Polonais ; elle a été revue par MM. J.-B.-F.-E. AJASSON DE GRANDSAGNE et LETOURNEUR.

Poids (du) relatif des impôts. (Par DE LA GERVAISAIS.) *Paris, A. Pihan de La Forest,* 1829, in-8, 18 p.

Poinsinet et Molière, dialogue dédié à M. Piron. (Par B. IMBERT.) *Londres,* 1770, in-8.   **V. T.**

Point (le) central, ou quatre n'en font qu'un, comédie en un acte et en prose, par l'auteur de l' « Encyclique » (Edouard SMITS). *S. l.,* septembre 1835, in-18, 24 p.   **J. D.**

Point (le) d'appui entre la France et l'Angleterre, précédé d'un discours général sur le point d'appui de l'Europe par rapport à cette guerre. (Par Fr.-Ant. CHEVRIER.) *Liège, J. Balbin,* 1759, in-8, 1 f. de tit., 32 et 32 p., avec une gravure et une carte.

Point (le) d'appui entre les principales puissances de l'Europe, ou tableau militaire, politique, critique, impartial, des troubles des temps présents, avec figures en taille-douce. (Par Franç.-Ant. Chevrier.) *Liége, J. Balbin,* 1759, in-8.

Point (le) d'appui entre Thérèse et Frédéric, ou pensées militaires, politiques, critiques, mais impartiales et libres, sur la guerre et l'état présent de l'Europe, dignes d'être lues par ceux qui ont la volonté de se guérir de l'ignorance et des préjugés. (Par F.-A. Chevrier.) *Francfort,* 1758, in-8, 72 p. — *Liége, J. Balbin,* 1759, in-8.

Voy. ci-dessus, « Mémoires pour servir à l'histoire de notre temps », col. 242, *d.*

Point (le) d'honneur, nouvelle angloise. (Par Félix.) *Paris, Pillot,* 1770, 3 vol. in-12.   V. T.

Point de banqueroute, ou lettre à un créancier de l'État sur l'impossibilité de la banqueroute nationale et sur les moyens de ramener le crédit et la paix. (Par J.-P. Brissot de Warville.) *Londres,* 1787, in-8, 58 p. — *Londres,* octobre 1787, in-8, 2 ff. lim. et 151 p.

Point de banqueroute, plus d'emprunts, et, si l'on veut, bientôt plus de dettes, en réduisant les impôts à un seul. (Par S.-N.-H. Linguet.) 1789, in-8.

Point de croix, point de couronne, ou traité sur la nature et la discipline de la Sainte-Croix de Christ, etc., par Guillaume Penn, historien anglois du XVIIe siècle. Traduit de l'anglois (par Cl. Gay). *Paris,* 1746, in-8.   D. M.

Point de démission ; encore un mot du serment. (Par l'abbé François, supérieur du séminaire de Saint-Firmin.) *Paris, imp. de J.-B.-N. Crapart,* 1791, in-8, 43 p. — *Paris, M*me *Dufresne,* 1791, in-8, 43 p.

Point de duel, ou point de constitution, adresse des habitans d'un ci-devant bailliage à leur député, sur son duel et sur le préjugé du point d'honneur. (Par Grouvelle.) Nouvelle édition. *Paris, Desenne,* 1790, in-8.

La première édition de cet ouvrage était intitulée : « Adresse des habitans... » Voy. IV, 72, *f.*

Point (le) de l'ovale..... (Par Dubosc-Montandré.) *S. l. n. d.* (1652), in-4, 15 p.

Point de lendemain, conte. (Par Vivant Denon.) *Paris, Didot aîné,* 1812, in-18, 52 p.

Cet ouvrage ne s'est pas vendu. Il en a été tiré un exemplaire sur vélin.

Ce conte parut pour la première fois, en 1777, dans les « Mélanges littéraires, ou journal des dames ». Il était signé des initiales M. D. G. O. D. R. (M. Denon, gentilhomme ordinaire du roi).

En 1780, Dorat, rédacteur en chef de cette feuille, fit réimprimer « Point de lendemain » dans ses « Œuvres complètes », *Paris,* 1764-1780, 20 vol. in-8. On le retrouve dans le « Coup d'œil sur la littérature... », par M. Dorat. *Amsterdam,* 1780, 2 vol. in-8. Dans ces deux dernières publications, les initiales avaient été supprimées.

H. Balzac, en intercalant ce conte dans sa « Physiologie du mariage », l'attribuait à Dorat.

Il a été réimprimé à *Strasbourg, veuve Berger-Levrault,* 1861, in-18, XXIV-48 p., et encore à *Lyon, imp. de L. Perrin,* 1866, in-8.

L'édition de *Strasbourg* est précédée d'une notice bibliographique qui a été tirée à part sous le titre de : « le Conte Point de lendemain ; notice bibliographique ». *Strasbourg,* 1861, in-18, XXIV p. Signé : ** (Mehl), chef de bureau à la préfecture de Strasbourg).

L'auteur adopte l'attribution à Dorat et croit que la part de Denon se borne à quelques corrections de style.

Voyez aussi sur cette question « l'Intermédiaire », tome I, col. 8, 283 ; III, 266, 318.

Point (le) de ralliement des citoyens français, sur les bases d'une constitution nationale et sur les pouvoirs des députés. (Par l'abbé J.-A. Brun.) *S. l.,* 1789, in-8, 142 p.

Point de subventions, ou ce qu'il faut faire en faveur de la Légion d'honneur ; par un légionnaire de 1811 (le baron de Beaumont). *Paris, Paulin,* 1834, in-8, 4 p.

Réimpression des pages 1 à 4 de l'ouvrage publié en 1833, avec le nom de l'auteur, sous le titre : « les Ariérés de la Légion d'honneur ».

Point de vue concernant la défense de l'état religieux. (Par C.-J.-B. Devienne.) *Avignon,* 1757, in-12.

Point de vue de l'Opéra et des courtisanes anciennes et modernes. (Par le cardinal F.-J.-P. de Bernis.) 1743, in-12.

Point de vue religieux, moral et politique, sur la question de la propriété des biens du clergé. (Par l'abbé Parent, docteur de Sorbonne.) *S. l.* (1790), in-8, 21 p.

Point de vue sur les suites que doit avoir la rupture, par les Anglois, de la négociation de la France et de l'Angleterre, depuis le 26 mars jusqu'au 20 septembre 1761, ou lettre à M***, banquier à Bordeaux. (Par G.-M. Butel-Dumont.) *Amsterdam,* 1761, in-12.

Point (le) du jour, ou résultat de ce qui s'est passé aux Etats-Généraux..... Par M. D***, député extraordinaire. (Par Bertr. Barrère de Vieuzac.) *Paris, Cussac,* 19 juin 1789-21 octobre 1791, 27 vol. in-8, dont 1 d'introduction.

Pointes d'esprit et Paroles remarquables sur divers sujets de guerres, de moralités et de galanteries de divers hommes illustres (par Prévost de Hautbourg), nouv. édition, revue et augmentée. *Paris, Loyson*, 1691, in-12.

La première édition, publiée en 1689, porte le nom de l'auteur.

Points spirituels de morale, mêlés d'affections salutaires sur la vie, les mystères et la doctrine de Jésus-Christ, sur l'ordre de l'histoire évangélique. (Par Van-Roost, chanoine et pléban de l'église métropolitaine de Malines.) *Anvers*, 1702, 2 vol, in-12.

L'auteur fut condamné à être étroitement renfermé dans une prison et à y jeûner trois jours par semaine au pain de douleur et à l'eau de tristesse.
« Dictionnaire des livres jansénistes », 1752, t. III, p. 260.   V. T.

Poires (les) faites à la cour d'assises de Paris, par le directeur de « la Caricature » (Charles Philipon), vendues pour payer les 6,000 fr. d'amende du journal « le Charivari ». *Paris, Auffray* (1831), gr. in-4, 2 p.

Poisons, Contre-poisons, avis à l'humanité par un médecin citoyen (Charles Bagard, président du Collége de médecine). *Nancy, Lamort*, 1769, in-12.

Voy. « Supercheries », II, 1095, c.

Poissardiana, ou les amours de Royal-Vilain et de Mlle Javotte, dédié à monseigneur le Mardi-Gras. (Par A.-C. Cailleau.) *La Grenouillère (Paris)*, 1756, in-12.

Poisson, comédien aux Champs-Élysées, nouvelle historique, allégorique et comique où l'on voit les plus célèbres orateurs représenter une comédie intitulée : « la Comédie sans femme », par M. D. C. (l'abbé Laurent Bordelon.) *Paris, Ch. Le Clerc*, 1710, in-12.

Catalogue Pont-de-Vesle, n° 569, et Catalogue Soleinne, n° 1554.

Poisson (le) d'avril, parade en un acte et en prose, mêlée de vaudevilles. (Par Toussaint-Gaspard Taconet.) *S. l.*, 1758, in-8.

Polders (des) de Flandre, de leurs inondations et de l'évaluation des dommages et des frais de réparation, par L. F. L. (Louis Leep). *Bruxelles, établissement encyclopédique*, 1832, in-8, 81 p.   J. D.

Police (la) contemporaine. (Par Auguste Vermorel.)

Voy. « Mystères (les) de la police », ci-dessus, col. 387, c.

Police (la) et M. Decazes. *Paris, Pillet ainé*, 1820, in-8, 31 p.

Signée : Bellemare.

Police (de la); moyen de la relever, et poésies civiques. (Par Xavier Bougard.) *Liége, Bougard*, 1860, in-16, 8 p.
Ul. C.

Police (la) pendant la Révolution et l'Empire. (Par Auguste Vermorel.)

Voy. « Mystères (les) de la police », ci-dessus, col. 387, c.

Police sur les mendians, les vagabons, les joueurs de profession, les intrigans, les filles prostituées, les domestiques hors de maison depuis longtemps, et les gens sans aveu. (Par Turmeau de La Morandière.) *Paris, Dessain junior*, 1764, in-12.

Polichinelle instituteur, sur le théâtre duquel on voit figurer Mlle Fanferluche Rustaud, M. Brise-Ménage, etc., etc., par l'auteur des « Fagots de M. Croquemitaine » (Sophie de Senneterre, dame de Renneville). *Paris, Genets jeune*, 1816, in-18. — Deuxième édit. *Id.*, 1820, in-18.

Polichinelle, journal des salons et des familles. (Par Paul Bochart, cordonnier littérateur.) *Bruxelles*, 5 numéros, du 15 novembre au 3 décembre 1856.
J. D.

Polidore Vergile, translate de latin en langaige vulgaire (par Michel, de Tours), lequel sommairement et en brief traicte et enseigne par entendement plus divin que humain qui ont este les premiers inventeurs de toutes choses admirables et dignes de memoire... *Paris, Pierre le Brodeur*, 1521, in-fol. goth., 65 ff. — *Paris, Jehan Longis et Vinc. Sertenas*, 1544, in-8, 3 ff. lim. et cxxxiii ff. — *Paris*, 1546, in-16.

Poliergie, ou mélange de littérature et de poésies, par M. de V*** (E. de Vattel). *Amsterdam, Arsktée et Merkus*, 1757, in-12, xi-323 p.

Par le chevalier d'Arcq, suivant une note manuscrite.

Polimétrie (la), ou le moien contre tout, quelque chose et rien, par F. M. D. L. C., Auvergn. (Par Jean Passerat.) *Paris, M. Guillemot*, 1588, in-8.

Voy. « Supercheries », II, 57, b.

Polissonniana, ou recueil de turlupinades, quolibets, rébus, jeux de mots, allusions, allégories, pointes, expressions extraordinaires, hyperboles, gasconades,

espèces de bons mots et autres plaisanteries... (Par l'abbé Claude Cherrier.) *Ams-*
terdam, H. Desbordes (Rouen), 1722, in-12,
140 p. — *Amsterdam ; H. Schelte*, 1725,
in-12.

Réimprimé en 1865 sous la date de 1722, avec une
notice par M. P. L. (Paul Lacroix). *Paris, J. Gay*,
in-18.

Tiré à 100 exemplaires.

Politesse (la) de la langue françoise,
pour parler purement et écrire nettement,
par N. Fr. (Jean Macé, connu en religion
sous le nom du P. Léon de Saint-Jean,
carme), prédicateur et aumônier du roi.
Paris, Ant. Padeloup, 1656, in-12. — Troisième édit. *Paris, C. Josse*, 1664. — Troisième édit. *Lyon*, 1668, in-12.

Le nom de l'auteur se trouve sur le frontispice de
l'édition de Lyon, qui sans doute a été inconnue à
l'abbé Goujet, puisqu'il a cru que les lettres initiales
N. Fr. signifiaient Noël François. Voy. sa « Bibliothèque françoise », t. II, p. 425.

Ce volume ne renferme que des parties de l'ouvrage
publié par le même auteur sous le nom de du Tertre, en 1650 et en 1652. Voy. « Supercheries », I,
1189, *f.*

Politico-Manie (la). Par le chevalier Agis
de Saint-D*** (Saint-Denis). *Paris, imp.*
de Guiraudet (1822), in-8.   D. M.

Politique (de la) actuelle de la Prusse.
(Composée par Frédéric II, alors prince
royal et avant qu'il eût recouvré sa
liberté.)

Voy. Édition de ses « Œuvres », 1846, t. I, p. xxv.

Politique (de la) anglo-française dans la
question d'Orient, par un diplomate retiré
du service (comte de Tegoborski). *Bruxel-*
les, Decq, 1854, in-8, 80 p. — *Saint-*
Pétersbourg, 1855, in-8.   J. D.

Politique charnelle de la cour de Rome,
tirée de l' « Histoire du concile de Trente »
du cardinal Pallavicin (par César Chesneau du Marsais). *Sur l'imprimé à Rome*,
1719, in-12.

Suivant Lancelot, ami de du Marsais, ce traité a été
composé par ordre du régent pour *rembarrer* la cour
de Rome.

(Note extraite par l'abbé de Saint-Léger du manuscrit de Jamet le jeune, intitulé : Stromates, t. II,
p. 1649.)

Même ouvrage que les « Nouvelles Lumières politiques »
(par l'abbé Jean Le Noir, voy. ci-dessus, col. 578, *a*), à
quelques différences près, savoir : que les « Nouvelles
Lumières » sont tout d'une suite, sans dialogue, et renferment beaucoup de passages tirés de l'original de
l' « Histoire du concile de Trente » composée par le
cardinal Pallavicin.

La forme de dialogue que l'on doit à du Marsais
donne lieu à plus d'éclaircissements au moyen des objections, et des réponses aux objections.

Politique (le) chrétien, ou la religion
chrétienne vengée des outrages de l'incrédulité. (Par Bourgin, curé de Sedan et
vicaire général de Metz.) *Paris, Le Clère*,
1815, 2 vol. in-8.

Politique (la) chrétienne, ouvrage périodique, par Aimé G..... (Aimé Guillon).
Paris, Lamy, 1797, in-8.

Politique (la) chrétienne pour l'an 1800,
par l'auteur de celle de 1797 (l'abbé A.
Guillon). *Paris*, 1800, in-8.

Cet ouvrage périodique fut supprimé par le ministre
Fouché. L'auteur le reprit en 1816, et il en publia
deux nouveaux volumes sous ce titre : « Politique chrétienne et Variétés morales et politiques. » *Paris*,
Beaucé, 2 vol. in-8.

Politique (la) civile et militaire des Vé-
nitiens. (Par de La Haye.) *Paris, C. de*
Sercy, 1668, in-12. — *Cologne, Pierre*
Michel, 1669, in-12.

L'auteur a signé la dédicace.

Politique (de la) conciliatrice et progressive, à l'occasion des nouvelles élections
de la Guadeloupe. *(Paris)*, imp. de *P. Cor-*
dier (1849), in-8, 4 p.

Signée : Ad. G. (Ad. Gatine).

Politique contemporaine. Histoire de la
diplomatie et des faits, des hommes et des
choses. (Par P.-Théod. Chéron de Villiers.) *Paris, E. Dentu*, 1857, in-12, xvii-
290 p.

Politique (le) danois, ou l'ambition des
Anglois démasquée par leurs pirateries...
(Par Martin Hubner.) *Copenhague, Frédé-*
ric Mons, 1756, in-12. — Nouvelle édit.,
augmentée, 1759, in-12.

Il a paru une nouvelle édition de cet ouvrage en
1805, à Paris, chez *Vinçard*, sous ce titre : « l'Esprit
du gouvernement anglais, ou son système politique et
celui des puissances de l'Europe pendant deux siècles. »

Le nouvel éditeur s'est contenté d'ajouter quelques
notes à l'ouvrage de Hubner. C'est à tort que les auteurs de la « France-littéraire » de 1769 attribuent cet
ouvrage à Balot de Sovot. Hubner a déclaré dans les
journaux du temps qu'il n'était pas l'auteur de cet ouvrage. Ce désaveu donne lieu à quelques réflexions.

Dans l'annonce de la seconde édition de cet ouvrage,
au mois de mai de l' « Année littéraire », 1759, Fréron
dit qu'il a été composé réellement par un Danois de sa
connaissance, homme de beaucoup de mérite, dont toutes
les études se rapportent à la grande science du droit
des gens et des intérêts des princes. Le journaliste se
fût-il exprimé d'une manière aussi positive, s'il y eût
eu des doutes sur le véritable auteur du « Politique
danois ». On assure même que l'impératrice de Russie
a fait passer des mémoires à M. Hubner. On peut donc
croire que la dénégation de ce publiciste insérée dans
le « Journal des savans », édition de Hollande, en
1760, a été dictée par la politique et non par la
vérité.

Politique (la) de la France dans ses rapports avec l'Angleterre et la Russie. (Par Paul ROGER, rédacteur en chef de l' « Europe monarchique ».) *Bruxelles, aux bureaux de l' « Europe »*, 1849, in-8, 42 p.
D. R.

Politique de Napoléon, ou tableau des projets formés par ce guerrier législateur pour faire triompher dans toute l'Europe les grands principes de la Révolution de 1789; par un ancien officier de la grande armée (SOUBIÈS, capitaine de cavalerie). *Toulouse, J.-B. Paya*, 1833, in-8.

Politique (la) de résistance à Rome et l'Armée pontificale en 1867. (Par le comte DE CHEVIGNÉ.) *Blois, imp. Lecesne*, janvier 1868, in-8, 30 p.

Tiré à petit nombre et non mis dans le commerce.

Politique de tous les cabinets de l'Europe pendant les règnes de Louis XV et de Louis XVI, contenant des pièces authentiques sur la correspondance secrète du comte DE BROGLIE; un ouvrage dirigé par lui et exécuté par M. FAVIER; plusieurs mémoires du comte DE VERGENNES... de M. TURGOT, etc., etc.; manuscrits trouvés dans le cabinet de Louis XVI. (Publié par P.-J.-A. ROUSSEL, avocat.) *Paris, Buisson*, 1793, 2 vol. in-8.

Réimprimé en 1801, avec des notes par le comte L.-P. DE SÉGUR, 3 vol. in-8.

Politique des amans, ou la connoissance du cœur; entretiens du sieur D. M. (DE MONTFORT). *Paris*, 1683. 2 vol. in-12. — *La Haye, Barent Beck*, 1684, in-12.

Politique (la) des deux partis, par rapport aux affaires du dehors, tirée de leurs propres écrits et vérifiée par le cours des événemens; par mylord B*** (BOLINGBROKE). — Recueil de pièces qui regardent le gouvernement du royaume d'Angleterre, traduites de l'anglois (d'Horace et de Robert WALPOLE) : on y a joint l'Histoire de l'abdication de Victor-Amédée, roi de Sardaigne (attribuée au marquis DE TRIVIÉ, dit WICARDEL DE FLEURY). *La Haye, Scheurleer*, 1734, in-12.

Voy. « Anecdotes de l'abdication... », IV, 179, *d*, et « Essai d'une traduction... », V, 207, *b*.

Politique des intérêts, ou essai sur le moyen d'améliorer le sort des travailleurs sans nuire aux propriétaires... par un travailleur devenu propriétaire (Jean-Baptiste-Firmin MARBEAU). *Paris, Mame*, 1834, in-8, 288 p.
D. M.

Politique (la) des Jésuites. (Par Louis DE MONTPERSAN.) *Londres*, 1688, in-12, titre gravé. — *Amsterdam*, 1688, in-12. — *Cologne*, 1689; 1692, in-12. — *Amsterdam, imprimé sur l'original fait à Londres en 1688 (Paris)*, 1762, in-12.

Les pages 409 et suivantes de l'édition de Londres contiennent, avec un titre particulier : « la Décadence de l'empire papal, par laquelle il est menacé d'une prochaine ruine, pour faire place à la Réformation. Eclogue tirée des papiers de J. B. M. R. A. H. » *Amsterdam, D. Dufresne*, 1689.

La « Décadence » ne se retrouve pas dans l'édition de 1762.

La « Politique » est ordinairement attribuée à P. JURIEU, mais il n'en est fait aucune mention dans l'article très-détaillé qui a été consacré par Chaufepié à ce fameux ministre.

Cet ouvrage a été mis à l'index le 22 décembre 1700.

Politique des paysans. Lettre de Jean-Pierre au « Journal de Gand ». (Par SEGERS.) *Bruxelles, Office de publicité, s. d.*, in-8, 131 p.
J. D.

Politique (la) des rois de Prusse. Conseils d'un grand roi.

Voy. « Matinées du roi de Prusse », ci-dessus, col. 83, *e*.

Politique (le) don Ferdinand le Catholique, traduit de l'espagnol de B. GRACIAN, avec des notes (par le P. J.-F. DE COURBEVILLE). *Paris, Rollin*, 1732, in-12.

Voy. « Mémoires de Trévoux », avril 1732, p. 621-657, et janvier 1733, p. 144-164.

Le dernier article, probablement du P. DE COURBEVILLE, est une réfutation des critiques de l'abbé Desfontaines. (De Backer.)

Politique du cabinet russe, son action, nécessité de l'arrêter, par un Slave indépendant (Alexandre WIELOPOLSKI). *Paris, J. Renouard*, 1847, in-8, 48 p.

Politique (la) du chevalier BACON, traduite en françois (ou essais de cet auteur sur divers sujets de politique et de morale). *Londres (Paris)*, 1740, 2 vol. in-12.

Voy. « Essais du chevalier BACON... », V, 272, *e*.

Politique (la) du clergé de France, ou entretiens curieux de deux catholiques romains, l'un Parisien et l'autre provincial, sur les moyens dont on se sert aujourd'huy pour détruire la religion protestante dans ce royaume. Deuxième édit., revue, corrigée et augmentée de plusieurs lettres sur le même sujet, et principalement de celle de M. Spon au P. La Chaise. *A La Haye*, 1681, in-12. — *Amsterdam, Dufresne*, 1682, in-12. — Suite de « la Politique du clergé de France », ou les derniers efforts de l'innocence affligée. Troisième édit., revue, corrigée et augmentée de la Muse lugubre, élégie à Mme la marquise de ***. *La Haye, Barent Beck*, 1682, in-24.

Par Pierre JURIEU. La première édition est de 1681, (*s. l.*), in-24.

Politique (de la) du moment en Belgique ; suivie de la question de la dette hollandaise. (Par Joseph MEEUS-VANDER-MAELEN.) *Bruxelles*, 1839, in-8.   J. D.

Politique (le) du temps, avec les remarques nécessaires à sa parfaite intelligence, et une Dissertation historique et politique sur l'état présent de la chrétienté... *S. l.*, 1674, in-8.

Le baron F.-P. DE LISOLA de Salins passe pour l'auteur du « Politique du temps », petit ouvrage dans la manière du Négociateur et relatif aux affaires de la succession d'Espagne. On en trouve ici une nouvelle édition avec la réfutation à mi-marge, sous le titre de « Remarques », etc. Nous n'avons pu découvrir l'auteur de ces « Remarques », ni celui de la « Dissertation historique », petite pièce formant une partie séparée de 64 p.

Réimprimé en 1704, in-8, avec des corrections de style et une préface dans laquelle on attribue l'ouvrage au célèbre DU PLESSY MORNAY.

Politique (le) du temps, ou le conseil fidelle sur les mouvemens de la France. Tiré des événemens passés pour servir d'instruction à la triple ligue. (Par le baron F.-P. DE LISOLA.) *Charleville, L. François*, 1671, in-12, 6 ff. et 212 p.

Politique (la) du temps, traitant de la puissance, authorité et du devoir des princes, des divers gouvernemens, jusques où l'on doit supporter la tyrannie, et si en une oppression extrême il est loisible aux subjets de prendre les armes pour defendre leur vie et liberté. Quand, comment, par qui et par quel moyen cela se doit et peut faire. *Imprimé à La Haye*, 1650, in-16, 250 p. — Autre édition. *S. l.*, 1650, in-12.

Faussement attribué à François DAVENNE, auteur d'un écrit publié cette même année sous ce titre : « de la Puissance qu'ont les rois sur les peuples, et du Pouvoir des peuples sur les rois. » *S. l.*, 1650, in-4, 20 p.

« La Politique du temps » est la réimpression d'un pamphlet de 1574, et on la trouve déjà réimprimée tout au long dans les « Mémoires sur l'estat de la France », *Meidelbourg*, 1578, t. III, p. 44, sans autre différence que les mots *du temps*, ajoutés au titre par l'éditeur de 1650.

Cet ouvrage a reparu sous ce titre, légèrement modifié : « le Politique du temps, ou discours nécessaire dans la conjecture présente... » *S. l. (Paris)*, 1704, pet. in-8.

Politique du vieux temps, ou principes de MM. BOSSUET et FÉNELON sur la souveraineté (extraits par l'abbé Y.-M.-M. DE

QUERBEUF, ex-jésuite, et publiés par l'abbé J.-A. EMERY). *Paris*, 1797, in-8.

Déjà publié en 1791 sous le titre de « Principes de BOSSUET... » Voy. ces mots.

Politique (de la) et des Progrès de la puissance russe, depuis son origine jusqu'au commencement du XIXe siècle. (Par C.-L. LESUR.) *Paris, Giguet et Michaud*, 1807, in-8, 118 p. — Seconde édition. *De l'imprimerie du gouvernement*, 1811, in-8. — *Paris, Fantin*, 1812, in-8.

C'est par erreur que cet ouvrage a été attribué à André D'ARBELLES.

Politique (la) et Intrigues de la cour de Rome, écrit par le cardinal PALLAVICIN (et mis en françois par l'abbé Jean LE NOIR). *Cologne*, 1696, in-12.

Même ouvrage que « les Nouvelles Lumières politiques... », voy. ci-dessus, col. 578, *a*, et « Politique charnelle... », voy. ci-dessus, col. 941, *e*.

Politique et Législation des plus anciens philosophes de la Grèce (Hippodame de Milet et Archytas de Tarente) ; traduction récente (d'après Stobée), pour mettre le public en état de les comparer avec la législation actuelle de la France, par C. S. L. B. (Cl.-Saintin LE BLAN). *Paris, Rousseau*, 1797, in-8, 30 p.

Politique et Moyens d'action de la Russie, impartialement appréciés, par P. DE B. (Paul DE BOURGOING). *Paris, imp. de Gerdès*, avril 1849, in-8.

Tiré à 12 exemplaires.

Politique (de la) générale à suivre par la France ; quatre lettres adressées en janvier 1847 à « l'Espérance, courrier de Nancy ». *Nancy, Vagner*, 1847, in-8, 28 p.

Signée D. (A.-P.-F. GUERRIER DE DUMAST).

Politique (le) hollandais. (Par A.-M. CÉRISIER et par CRAJENSCHOT.) *Amsterdam*, 1780-1785, 4 vol. in-8.

Les deux auteurs de ce recueil s'étant brouillés, ils continuèrent à publier chacun de son côté un journal du même titre. Celui de Cérisier portait sa signature.

Politique (le) indien, ou considérations sur les colonies des Indes orientales. (Par l'abbé P.-J.-A. ROUBAUD.) *Amsterdam*, et *Paris, Lacombe*, 1768, in-8.

Politique (de la) intérieure du cabinet. Discussion de l'adresse à la Chambre des représentants, décembre 1861. (Publiée par P. DUMORTIER.) *Bruxelles, Labroue et Mertens*, 1861, in-18, 52 p.   J. D.

Politique militaire, ou traité de la

guerre, par Paul HAY DU CHATELET... Nouvelle édition, revue, corrigée et augmentée... (par C.-L. D'AUTHVILLE DES AMOURETTES). *Paris, C.-A. Jombert*, 1757, in-12, VIII-328 p.

La première édition a paru sous le titre de « Traité de la guerre... » Voy. ces mots.

Politique (la) naturelle, ou discours sur les vrais principes du gouvernement, par un ancien magistrat. (Par le baron D'HOLBACH.) *Amsterdam, M.-M. Rey*, 1773 ; — *Londres*, 1774, 2 vol. in-8.

Cet ouvrage a été aussi attribué à G. LAMOIGNON DE MALESHERBES. Voy. « Supercheries », I, 332, d.

Politique (la) oriento-méridionale du cabinet de Saint-Pétersbourg, considérée dans son rapport avec la cause polonaise. (Par Jean-Népom. JANOWSKI.) Traduit du polonais. *Poitiers, Bources et Mme Dauvin*, 1836, in-8.   A. L.

Politique (la), par une société de gens de lettres. Mélanges. (Par C.-H. SAINT-SIMON, Augustin THIERRY et A.-L. LACHEVARDIÈRE.) *Paris*, janvier à avril 1819, 11 numéros in-8.

Politique (la) perturbatrice à l'usage de M. de Chateaubriand. (Par le marquis DE LA GERVAISAIS.) *Paris, Pihan Delaforest*, 1831, in-8, 24 p.

Politique (la) prussienne d'après Frédéric II.

Voy. « Matinées du roi de Prusse », ci-dessus, col. 83, e.

Politique réelle, par l'auteur de « la Restauration française » et de « l'Infaillibilité » (E. SAINT-BONNET). *Paris, imp. Bailly, Divry et Cie*, 1858, in-8, 96 p. — *Paris, E. Dentu*, 1861, in-8, XVI-170 p.

Politique (la) royaliste à l'égard de la Péninsule. (Par le marquis DE LA GERVAISAIS.) *Paris, imp. de Pihan Delaforest*, 1827, in-8, 56 p.

Politique (le) très-chrétien, ou discours politique sur les actions principales de la vie de feu monseigneur l'éminentissime cardinal-duc de Richelieu. *Paris, T. Quinet*, 1645, in-4. — *Paris*, 1647, in-12.

Traduction de « El politico christianissimo... por el capitan M.-F. DE VILLAREAL », par François DE CHATOUNIÈRES DE GRENAILLE.

Politiques (les) de Juste LIPSE, traduction nouvelle, par S. G. S. (Simon GOULART, Senlisien). 1594, 1613, in-12.

Réimprimés sous le titre de « les Maximes politiques du docte Juste LIPSE... » Voy. ci-dessus, col. 94, e.

Politiques (les) et vrays remedes aux vices volontaires qui se commettent ez cours et republiques, par le sieur Jean-Antoine ZALPAZO Cosentino. *Douay, B. Bellère*, 1622, in-8.

L'épître au prince Albert d'Autriche est signée A. D. V. Le volume est terminé par une approbation datée de Douay, le 7 février 1610, rédigée en latin, où l'auteur est nommé Joannes Antonius A PALATIO Consentinus, et le traducteur Adrianus DE VALLIERES.

Politiques (les), ou de la doctrine civile de Juste LIPSE (traduit du latin en françois par Charles LE B'ER, sieur DE MALASSIS DE MANTE). *La Rochelle, Villepoun*, 1590, in-8. — *Tours, pour C. Montreul*, 1594, 2 vol. in-12. — Troisième édition. *Paris*, 1597, in-12.

On trouve, à la suite de la troisième édition, la traduction du « Traité de la constance », qui paraît venir de la même main. On en avait déjà une traduction française par Clovis HESTEAU, sieur DE NUYSEMENT. *Anvers, Plantin*, 1582, in-12.

Polixène et Pirrhus, tragédie représentée pour la première fois par l'Académie royale de musique, le jeudy vingt-unième jour d'octobre 1706. (Par J.-L.-I. DE LA SERRE.) *Paris, C. Ballard*, 1706, in-4, XVI-54 p. et 1 f. de privilége.

Polixène, tragédie. *Paris, Th. Guillain*, 1696, in-12, 6 ff. lim. et 94 p.

La dédicace est signée : A. D. L. F. (Ant. DE LAFOSSE D'AUBIGNY).

Pollidore VERGILE.

Voy. « Polidore VERGILE ».

Pologne (la). (Par Nicolas-Louis-Marie MAGON DE LA GERVAISAIS.) *Paris, A. Pihan de La Forest*, 1833, in-8, 39 et 40 p.   D. M.

Pologne (la) captive et ses trois poëtes. Mickiewicz, Krasinski, Slowacki. (Par Charles-Edmond CHOIECKI.) *Leipzig, Brockhaus*, 1864, in-8.

Pologne (de la) et de l'Insurrection polonaise. (Par BOUVET, professeur à l'Athénée de Gand.) *Bruxelles, Wahlen*, 1846, in-8, 15 p.   J. D.

Pologne (la) et les Polonais défendus par un ancien officier de chevau-légers de la garde de l'empereur Napoléon Ier, contre les erreurs et les injustices des écrivains français, MM. Thiers, Ségur, Lamartine. (Par le général comte Jos. ZALUSKI.) *Paris, Dumineray*, 1856, in-8.

Trois éditions la même année.

Pologne (la) indépendante, comme seule

solution possible de la question d'Orient. (Par Christien Ostrowski.) *Londres*, 1854, in-8.

La deuxième édition, intitulée : « la Pologne rétablie dans son intégrité... », *Paris, Dumineray*, 1855, in-8, porte le nom de l'auteur.

Pologne (la), son passé, son avenir. (Par M. Tittascheff.) *Paris, E. Dentu*, 1862, in-8, 76 p. D. M.

Pologne (la) telle qu'elle a été, telle qu'elle est et telle qu'elle doit être. (Par L.-A. Caraccioli.) *Paris, Bastien*, 1775, in-12.

Polonais (les), par L. L. (L. Lang). *Paris, imp. de Wittersheim*, 1838, in-8. A. L.

Polonais (le), traduit de l'anglais (de miss Jane Porter), par M. et Mme **** (Terrasson de Cenevas ou de Sennevas). *Paris, Delance*, 1807, 3 vol. in-12.

Cette traduction a été aussi attribuée par Quérard à Mme de Ruolz, née Fontenay.

Une note manuscrite de J.-P.-A. Parison dit : « Je dois avouer que la moitié de la traduction m'a passé sous les yeux, et que j'y ai fait d'amples corrections qui ont dû dénaturer la composition de miss Porter, car je ne m'astreignais nullement à suivre l'original. »

Polonaise (la), ou l'instinct du cœur, roman traduit du polonais, de la princesse W*** (de Wurtemberg), née princesse Czartoryska, par Mme Nakawska). *Paris, Peytieux*, 1822, 2 vol. in-12.

Polyandre, histoire comique. (Par Charles Sorel.) *Paris, Courbé*, 1648, 2 vol. in-8.

Polydore, tragédie représentée pour la première fois par l'Académie royale de musique, le jeudy quinzième février 1720. (Par J.-L.-I. de La Serre.) *Paris, veuve P. Ribou*, 1720, in-4, xvi-56 p. — *Paris, Ballard*, 1739, in-4.

La musique est de Batistin.

Polyeucte, martyr, tragédie. (Par Pierre Corneille.) *Paris, A. de Sommaville et A. Courbé (imp. par Laurent Maurry, à Rouen)*, 1643, in-4, 7 ff. lim., 121 p. et 1 f. de priv. Avec 1 planche gravée.

L'auteur a signé la dédicace à la reine.

Polyglotte (le) catholique, ou exercices de linguistique en douze langues, savoir : en hébreu, arabe, arménien, chinois, sanscrit, grec, latin, français, italien, espagnol, anglais et allemand... *Paris, imp. de Migne*, 1849, in-8.

Publié par L.-G. Taillefer, ancien proviseur au collége Louis-le-Grand, avec le concours d'hommes spéciaux pour chaque langue : pour l'arabe A.-P. Caussin de Perceval, le sanscrit E. Burnouf, etc.

Polygonométrie. (Par F. Quesnay.) *S. l. n. d. (Versailles*, 1770), in-4.

L'auteur publia un second mémoire sur le même sujet en février 1771, à Genève. D. M.

Polymachie (la) des marmitons, ou la gendarmerie du pape ***, en laquelle est amplement descrite l'ordre que le pape veut tenir en l'armée qu'il veut mettre sus pour l'eslevement de sa marmite. Avec le nombre des capitaines et soldats qu'il veut armer pour mettre en campagne. *Strasbourg, Salomon*, 1831, in-8.

Cette jolie réimpression, tirée à 97 exemplaires, est due à M. Salomon; précédemment, il avait paru une autre réimpression aussi à fort petit nombre (25 exemplaires), publiée sans nom d'éditeur en 1806, et qui avait été faite par les soins du docteur Thomassin. M. A. de Montaiglon a reproduit cette pièce dans le t. VII de ses « Anciennes poésies françaises », p. 52. G. M.

Polymnie (la), ou diverses poésies d'A. M. S. de F. (André Mage, sieur de Fiefmelin), divisée ès ieux et ès meslanges suyvans. *Poictiers, Jean de Marnef, s. d. (1601)*, pet. in-12, 57 ff.

Polymnie. Poëme posthume de Marmontel. (Publié par F.-J.-M. Fayolle.) *Paris, Guillaume*, 1818, in-18.

Polythéisme (le) analysé et ramené à ses types, ou prolégomènes sabéiques, pour servir d'introduction à la mythologie des Grecs. (Par de Foissy, mort âgé d'environ vingt-huit ans.) *Paris, Crapart*, an IV-1796, in-8.

Tiré à 150 exemplaires.

Polythermes de la Gironde, par P*** A*** (Pierre Andriel). *Bordeaux*, 1851, in-12.

Voy. « Supercheries », III, 13, e.

Pombal, Choiseul et d'Aranda, ou l'intrigue des trois cabinets, contenant un précis historique de ce qui s'est passé en Portugal, en France et en Espagne, à l'occasion des Jésuites, lors de leur expulsion de ces trois royaumes, et des événements qui ont précédé et suivi la destruction de leur ordre par le pape Clément XIV. (Par le P. J.-N. Loriquet, jésuite.) *Paris, imp. de Poussielgue*, 1830, in-8, xxxi-150 p.

Forme aussi le n° 20 de la publication intitulée : « Documents historiques, critiques et apologétiques concernant la Compagnie de Jésus ». Voy. IV, 1107, c.

Pommiers (les) et le Moulin, comédie lyrique en un acte. (Par N.-J. Forgeot.)

Paris, Delormel, 1791, in-4. — *Amsterdam, G. Dufour,* 1791, in-8.

Pompe funèbre d'Arlequin (Évariste GHÉRARDI), mort le dernier jour d'août 1700. *Paris, Musier,* 1701, in-16, 51 p.

Pompe (la) funèbre de M. Scarron. (Par Ant. BAUDEAU DE SOMAIZE.) *Paris, J. Ribou,* 1660, pet. in-12, 55 p.

Les principaux auteurs dramatiques contemporains sont plus ou moins maltraités dans cet écrit, qui attira à son auteur de nombreuses épigrammes; une partie d'entre elles a été réunie dans un livret devenu très-rare et que M. J. Taschereau a signalé, le premier, dans l'appendice de la cinquième édition de son « Histoire de Molière ». *Paris, Furne,* 1863, in-8. Il a pour titre : « le Songe du resveur », et il a été réimprimé à 102 exemplaires, *Genève, J. Gay,* 1867, in-18, x-27 pages, avec une préface portant la signature du bibliophile Jacob.

On a souvent confondu cet ouvrage avec celui de même titre, *Paris, C. de Sercy,* 1660, in-4, signé : BOUCHER.

Pompe funèbre de Philippe le Beau, roi de Castille (mort le 25 septembre 1506), célébrée à Malines. (Par Charles RUELENS.) *S. l. n. d.,* in-8.

Tirée à part de la « Revue d'histoire et d'archéologie ». J. D.

Pompe (la) funèbre de Voiture, avec la clef. *S. l.,* 1649, in-4, 26 p. — *Paris, T. Quinet,* 1650, in-4, 1 f. de tit., 38 p. et 1 f. de privilége.

Cette pièce est de J.-Fr. SARASIN. Elle est adressée à Ménage et se trouve dans l'édition des Œuvres de Sarasin donnée par Ménage en 1656, in-4, p. 253-275. Le nom de l'auteur est donné dans le privilège de l'édition de 1650.

Pompe funèbre du très-chrétien prince Henry le Grand, roi de France... Faicte à Paris et à S. Denys, les 29. et 30. iours du mois de Iuin, et le 1. de Iuillet 1610. Recueillie par C. M. I. D. M. L. D. D. M. (Claude MORILLON, imprimeur de Mme la duchesse de Montpensier). *Lyon, par C. Morillon,* 1610, in-8. — *Rouen, R. du Petit-Val,* 1610, in-8.

L'auteur a signé la dédicace.

Pompéi. (Par le comte F. DE CLARAC.) *S. l. n. d.,* in-8.

Le titre de départ porte : « Fouille faite à Pompéi en présence de S. M. la reine des Deux-Siciles, le 18 mars 1813. »

Pompéia, traité pittoresque, historique et géométrique. Ouvrage dessiné sur les lieux, de 1824 à 1827. Gravé et publié par P. F. (Paul FUMAGALLI). *Florence,* gr. in-fol., 46 p.

Texte en français et en italien.

Pompeuse (la) et Magnifique Cérémonie du sacre du roi Louis XIV, fait à Rheims, le 7 juin 1654, représentée au naturel par ordre de Leurs Majestés. (Par le chevalier AVICE.) *Paris, imp. d'Edme Martin,* 1655, in-fol., fig.

L'auteur a signé l'épître.

Pompier (le) campagnard, ou de l'organisation des secours contre les incendies dans les villages du canton de Vaud. (Par Ch. DE LORIOL.) *Lausanne,* 1843, in-12.

Pomponin, ou le tuteur mystifié, opéra bouffon en deux actes, tiré de l'intermède italien « lo Sposo burlato ». Représenté devant Leurs Majestés à Fontainebleau, en 1777. (Par P.-L. GINGUENÉ.) *Paris, imp. de P.-R.-C. Ballard,* 1777, in-8.

Pont (le) d'Arcole et la police Gisquet, ou deux ans après la révolution de 1830. (Par Prosper BARTHÉLEMY.) *Paris, Guillemin fils,* 1833, in-8. D. M.

Pont-de-l'Arche. Tradition normande, par A. B. (Alfred BLANCHE). *Rouen, Frère,* 1833, br. in-8. D. M.

Notice insérée dans la « Revue normande ».

Pont (le) des Arches, à Liége. (Par Ed. LAVALLEYE.) *Liége, Demarteau,* 1859, in-18. J. D.

Pont-Neuf (le), poëme héroïque et badin en douze chants. (Par LEVAVASSEUR et Ad. TARBÉ.) *Paris, Egron,* 1823, in-8, 40 p.

Ponts en fer indestructibles et inamovibles, jetés en deux minutes; découverte du citoyen M. J. G. R. (Publié par P.-A. GARROS.) 1799, in-8.

Popel, ou le cuisinier du séminaire de Bordeaux, poëme héroï-comique en six chants. (Par l'abbé J.-B. GOURRÉGES, mort en 1780.) *Bordeaux, J. Chappuis,* 1767, in-8, 76 p.

Population (de la) dans ses rapports avec la nature des gouvernements. (Par le docteur A.-B. RICHERAND.) *Paris, Béchet jeune,* 1837, in-8, XVII-349 p.

Population (la) et le Clergé, à propos d'un refus de sépulture à un habitant de Visé qui avait été administré. (Par Laurent RENARD.) *Liége, Collardin,* 1838, in-8, 20 p.

Pornographe (le), ou idées d'un honnête homme sur un projet de règlement pour les prostituées, propre à prévenir les malheurs qu'occasionne le publicisme des femmes, avec des notes historiques et justificatives. (Par N.-E. Restif de La Bretonne.) *Londres, J. Nourse*, 1769, in-8.

Le faux titre porte : « Idées singulières ».
Plusieurs fois réimprimé.
Voy. « Supercheries », II, 306, c.

Port (le) de mer, comédie en un acte et en prose. (Par Nic. Boindin.) *Paris, Ribou*, 1704, in-12.

Cette pièce, que l'on retrouve dans les « Œuvres » de l'auteur, a reparu, en 1769, sous le nom de La Grange. Voy. « Supercheries », II, 498, c.

Port (le), scènes contemporaines, par l'auteur de « la Dame aux cheveux gris » (Mᵐᵉ Geisendorf). *Paris, Cherbuliez*, 1856, 2 vol. in-12.

Portefeuille (le) amusant, ou nouvelles variétés littéraires, par l'auteur de « l'Élève de la nature » (G. Guillard de Beaurieu). *Paris, Costard*, 1773, in-12.

Le privilége est du 31 août 1772.

Portefeuille d'un amateur. (Par Victor Lagoguée.) Contes, chansons, saynètes. *Paris*, 1855, in-12.　　　　D. M.

Portefeuille d'un ancien typographe (P.-F. Gosse), ou recueil de lettres de personnages et gens de lettres distingués. *La Haye*, 1824, in-8.

Portefeuille d'un chouan. (Par Pierre Villiers et François-M. Mayeur de Saint-Paul.) *Pentarchipolis, de l'imp. des honnêtes gens*, 1796, in-32, 96 p.

Portefeuille d'un flâneur, par l'auteur d' « Une Académie de fous » (J.-B. Coomans). *Bruxelles, tous les libraires*, 1863, in-12, 160 p.　　　　J. D.

Portefeuille (le) d'un homme de goût, ou l'esprit de nos meilleurs poëtes. (Par l'abbé Jos. de La Porte.) *Amsterdam et Paris, Vincent*, 1765, 2 vol. in-12. — *Amsterdam et Paris, Delalain*, 1770, 3 vol. in-12.

Réimprimé en 1780 avec le nom de l'éditeur.

Portefeuille d'un inconnu, qui a été trouvé par une jolie femme à la promenade Bonaparte; précédé d'un précis historique de la ville de Marseille. Rédigé par A. B***, chef de la Société universelle des Gobe-Mouches. (Par Joseph Chardon, libraire à Marseille.) *Marseille*, 1809, in-18.　　　　D. M.

Portefeuille d'un jeune homme de vingt-trois ans (le vicomte de Wall). *Paris,*

Didot aîné, 1788, in-8, 1 f. de tit. et 236 p.

Le nom de l'auteur est donné dans l'avertissement.

Portefeuille d'un penseur. (Par Mᵐᵉ de Manne.) *Lyon, Scheuring*, 1861, in-18.　　　　D. M.

Tiré à petit nombre. N'a pas été mis dans le commerce.

Portefeuille d'un philosophe, ou mélanges de pièces philosophiques, politiques, critiques, satyriques et galantes, etc. (recueillies par l'abbé du Laurens). *Cologne, P. Marteau*, 1770, 6 vol. in-8.

Tous les articles de cette compilation qui ne sont pas accompagnés du nom de leurs auteurs ont été tirés de l' « Analyse de Bayle », en 8 vol. Voy. IV, 164, d.

Portefeuille (le) d'un troubadour, ou essais poétiques de M. B*** (L.-P. Bérenger), suivis d'une lettre à M. Grosley sur les trouvères ou troubadours. *Marseille et Paris*, 1782, in-8.

Portefeuille (le) d'une cantatrice. (Par Paul-Smith-Edouard-Guillaume-Désiré Monnais.) *Paris, Maurice Schlesinger*, 1846, in-8, 170 p.　　　　D. M.

Recueil d'articles extraits de la « Revue et Gazette musicale ».

Portefeuille (le) de la jeunesse, ou la morale et l'histoire enseignées par des exemples. (Traduit de l'anglais de Percy, par MM. Nettement frères.) Précédé d'un discours préliminaire sur l'ensemble de l'ouvrage, par M. Bouilly. *Paris, Moutardier*, 1829-31, 20 vol. in-18.

Portefeuille de Mᵐᵉ ***, contenant diverses odes, idylles et sonnets, des imitations de Jean Second, l'histoire du cœur de Loulou, et autres opuscules tant en vers qu'en prose. *Paris, C. Ballard*, 1715, in-12, 4 ff. lim., 348 p. et 2 ff. de priv.

La moitié de ce volume est composée des opuscules de Pauline de Grignan, marquise de Simiane, réimprimés dans les tomes IX et X des « Amusemens du cœur et de l'esprit » et dans l'édition des Lettres de Mᵐᵉ de Sévigné dirigée par Grouvelle. *Paris, Bossange*, 1805, 8 vol. in-8 et 11 vol. in-12.

Portefeuille (le) de Mᵐᵉ de T***, donné au public par M. de V***. *Berlin*, 1731 (*Paris*, 1715), in-12.

Même ouvrage que le précédent.

Portefeuille (le) de Mᵐᵉ Gourdan, dite la Comtesse, pour servir à l'histoire des mœurs du siècle... Seule édition exacte. *Spa*, 15 juillet 1783, in-8.

Attribué à C. Theveneau de Morande. Réimprimé en 1784, *Londres, J. Nourse*, petit in-8, 208 p., avec des additions. Il a paru une nouvelle édition de cette « Correspondance », *Bruxelles*, 1866, in-12.

Portefeuille de Mary, par Mme T. P. (Turpin - Petrezzoli). *Paris, Grassart*, 1858, in-18, 180 p.

L'auteur a signé l'introduction.

Portefeuille (le) de M. L. D. F*** (L. de La Faille, auteur des « Annales de Toulouse »). *Carpentras, Labarre*, 1694, in-12.

Cet ouvrage a été réimprimé dans le deuxième volume des « Passetemps poétiques ». L'éditeur a ajouté sur le titre : « Ouvrage posthume de M. Bruzen de La Martinière. »

Portefeuille (le) des amants, ou le carquois épistolaire de l'amour... (Par P. Cuisin.) *Paris, Masson*, 1825, in-18, fig.

Portefeuille (le) du chevalier D. D. M***, ou la métrologie. *Amsterdam et Paris, Pillot*, 1771, in-12, 1 f. de tit. et 110 p.

C'est un traité de poésie, suivi de quelques pièces fugitives en vers. D. D. M*** signifie Duduit de Mézières. Voy. « Métrologie », ci-dessus, col. 297, *b*.

Portefeuille (le) du diable, ou suite de « Philotanus », poëme dédié à Mme Galpin. (Par Nic. Jouin.) *Paris, chez Alétophile*, 1733, in-12.

Portefeuille (le) du R. P. Gillet, ci-devant soi-disant jésuite, ou petit dictionnaire dans lequel on n'a mis que des choses essentielles, pour servir de supplément aux gros dictionnaires qui renferment tant d'inutilités. (Par Edme Mentelle.) *Madrid (Paris)*, 1767, in-12. — Deuxième édition. *Madrid*, 1769, in-12, 156 p.

Portefeuille du second âge, mélanges de pièces diverses lues en soirées de famille ; traduit de l'anglais. (Par Mme M.-C.-C. Ollivier.) *Paris, Debray*, 1804, 2 vol. in-12.

Portefeuille (le) françois, ou choix nouveau de différentes pièces de prose et de poésie. (Par Gaspard Guillard de Beaurieu.) *Paris, Durand*, 1765, in-12, 2 ff. de tit.; xxiv-384 p. et 1 f. d'errata.

Portefeuille français pour l'an VIII (à 1813), ou choix d'épigrammes, calembours, madrigaux, impromptus... (Par P. Capelle.) *Paris, Capelle*, an VIII-1813, 14 vol. in-18.

Portefeuille (le) littéraire. (Par M.-J. Boullault.) *Nantes, imp. Busseuil jeune*, 10 mars-30 août 1824, 18 numéros in-8, 288 p.

Portefeuille (le) lyonnais, ou bigarrures provinciales trouvées par un Q........ ni cuirassé, ni mitré, mais botté. (Par Sain de Manévieux.) *Minorque (Lyon), aux dépens du gouvernement*, 1779-1780, 2 numéros in-8.

Cet ouvrage a été aussi attribué à Claude Bruyset de Manévieux. C'est une erreur, ainsi que l'a démontré Breghot du Lut, dans la « Biographie lyonnaise », *Lyon*, 1839, in-8, page 177. Il serait très-possible qu'il fût de Claude Bruyset, trésorier de France à Lyon.

Portefeuille (le), ou historiette de la famille de ***, par A. P. de S. F. (A. Poullain de Saint-Foix neveu). *Paris, Debray*, 1805, 2 vol. in-12.   V. T.

Portefeuille (le) politique et littéraire. Par le citoyen L*** (Lamiral). *Paris, Lamiral, directeur*, ans III-IV, 191 numéros in-4.

Portefeuille (le) rendu. (Par Mlle F.-T. Aumerle de Saint-Phalier, dame Dalibard.) *Paris*, 1749, 2 part. in-12.

Portefeuille (le) trouvé, ou tablettes d'un curieux. (Publié par d'Aquin de Chateaulyon.) *Genève, libraires associés*, 1757, 2 vol. in-12

Le faux titre porte : « le Portefeuille trouvé de M. de V*** ».

Publié aussi sous le titre de : « Tablettes d'un curieux ». Voy. ce titre.

Portefeuille volé, contenant : 1º le Paradis perdu, poëme en quatre chants ; 2º les Déguisemens de Vénus, tableaux imités du grec ; 3º les Galanteries de la Bible, sermon en vers. (Par E.-D. Desforges, chevalier de Parny.) *Paris, Debray*, 1805, in-12, 246 p.

Portes (les) symboliques du temple. (Par M.-A.-B. Mangourit.) *Paris*, in-8, 91 p.

Portez... armes ! Réponse à la brochure du major Alvin, par un ancien fabricant de produits chimiques (Guillaume Gensse). *Bruxelles, Decq*, 1850, in-8, 15 p.   J. D.

Portier (le) des Chartreux, ou mémoires de Saturnin. (Par J.-Ch. Gervaise de Latouche.) *Londres*, 1788, 2 vol. in-18. — *Amsterdam (Bruxelles)*, 1867, 2 vol. in-12.

Voy. « Histoire de dom B***** », V, 665, *e*.

Portique ancien et moderne, ou temple de mémoire, dédié aux mânes des savants illustres et des artistes célèbres : ouvrage dans lequel on trouvera un extrait de leurs vies et portraits, etc. (Par J.-A. Joly,

J. Cambry et un autre.) *Paris, Cussac,* 1785, in-8.

Premier cahier, contenant *Nanteuil.* C'est tout ce qui a paru.

Portrait. (Par le marquis DE BEAUFORT.) (*Bruxelles, Delfosse*), *s. d.*, in-8, 14 p.

Brochure tirée seulement à 15 exemplaires.

               J. D.

Portrait (le), comédie représentée par les comédiens italiens ordinaires du roi, le jeudi 9 janvier 1727. (Par Pierre-François GODARD DE BEAUCHAMPS.) *Paris, G. Dupuis,* 1728, in-12, 52 p.

Portrait de feu Monseigneur le Dauphin. (Par J.-A.-J. CÉRUTTI et P.-F. DE QUÉLEN, marquis DE SAINT-MÉGRIN, depuis duc DE LA VAUGUYON.) *Paris,* 1766, in-8.

Réimprimé par les soins de Ch. DUROZOIR, *Paris, imp. de P. Didot,* 1816, in-8, 26 p.

Portrait de feu S. M. Catherine II. (Par le prince DE LIGNE.) *S. l.,* 1797, in-8.

               A. L.

Portrait de l'auteur des « Amitiés, Amours et Amourettes ». (Par René LE PAYS.) *Amsterdam, Jacob de Zetter,* 1665, in-12, 36 p.

Portrait de la coquette, ou la lettre d'Aristandre à Timagène. (Par Félix DE JUVENEL.) *Paris, de Sercy,* 1659, in-12, 5 ff. lim. et 264 p.

Le frontispice de ce petit ouvrage a été changé en 1685 et en 1701. Voy. ci-après, « Portrait, ou le véritable caractère... », col. 959, *c.*
Voy. aussi, au sujet de cet ouvrage et de son auteur, un article signé : P. L. (Paul LACROIX), dans le « Bulletin du bibliophile », quatorzième série (1860), page 1004.

Portrait de la dame coquette et artificieuse. (Par COQUELET.) *Paris, imp. de J.-B. Lamesle,* 1726, in-4.

Portrait de Louis, duc de Bourgogne, puis dauphin... *S. l. n. d.* (1714), in-12, 14 p.

Par l'abbé Cl. FLEURY, qui est nommé dans le permis d'imprimer.

Portrait de Mme Geoffrin. Par M. L. M. (l'abbé André MORELLET). *Paris, Pissot,* 1777, in-8, 43 p.

Portrait de Philippe II, roi d'Espagne. (Par Louis-Sébastien MERCIER.) *Amsterdam,* 1785, in-8, LXXX-242 p. — *Id.,* 1785, in-8, 256 p. — *Id.,* 1785, in-12, 256 p.

Portrait de S. M. Charles X, le bien-

aimé. (Par le baron GAUTHIER DE BRÉCY.) *Paris, C.-J. Trouvé,* 1826, in-8, 7 p.

Portrait des foiblesses humaines. (Par M.-C.-H. DESJARDINS, dame DE VILLEDIEU.) *Paris, C. Barbin,* 1685, in-12, 3 ff. lim., 338 p. et 1 f. de priv.

Le nom de l'auteur se trouve dans le privilége.

Portrait (le) des Filles illustres de Saint-Benoist. *Lyon,* 1669, in-4.

Dans le Catalogue de J. Sweert, *Amsterdam,* 1771, in-8, ce livre est anonyme. Les continuateurs du P. Lelong, n° 14724, citent pour auteur François BLANCHARD, prêtre et religieux de l'ordre de Saint-Benoît.

               V. T.

Portrait des Jésuites. (Par l'abbé Jacq. TAILHÉ.) 1762, 2 parties in-12.

Portrait du comte de Vergennes. 1788, in-8.

Voy. « Comte (le) de Vergennes... », IV, 661, *e.*

Portrait (le) du roi de la Grande-Bretagne.

Voy. « Εἰκὼν Βασιλική », V, 43, *d.*

Portrait (le) du roi par les inscriptions du piédestal de la statue équestre érigée dans la place de Louis le Grand, avec leurs explications en françois, 1699. (Par le P. Claude-François MENESTRIER.) (*Paris*), *imp. de veuve Vaugon,* in-4, 4 p.

Portrait (le) du sage, extrait de Confucius, Platon, Zénon, Cicéron, Sénèque, Epictète, Marc-Aurèle, Plutarque, Montaigne, etc... (Par Gabr. PEIGNOT.) *Paris,* 1809, in-8.

Tiré à 75 exemplaires seulement.

Portrait du solitaire des Ardennes, précédé d'un entretien avec ses fleurs. (Par Fr. TORCHON-DESMARAIS, prieur-curé de Regnauvé.) *Aux Ardennes (Charleville),* 1789, in-8, 44 p.

Portrait (le) du vray pasteur, ou histoire mémorable de saint Albert, evesque de Liége... Par G. D. R., sieur D'ESCOUVRES. *Paris, Fr. Huby,* in-8, 16 ff. et 448 p.

La dédicace est signée : G. DE REBREVIETTES.

Portrait en petit de M. de Lorme, premier médecin et ordinaire de trois de nos rois... (Par Michel DE SAINT-MARTIN.) *S. l. n. d.,* in-12, 48 p. et 4 ff.

Extrait des « Moyens faciles et éprouvés », par SAINT-MARTIN.

Portrait (le) et la Vie secrète de la reine Christine de Suède, avec un véritable récit du séjour de la reine à Rome, par

G*** L*** (Gregorio Leti). *Londres*, 1710, in-12.

Portrait (le) fidèle des abbés ou autres supérieurs réguliers, et de leurs religieux, dans la vie du... Père Jean Garat... Par un chanoine régulier de l'abbaye de Notre-Dame de Chancellade, etc. (Léonard Roche). *Paris, C. Cabry*, 1691, in-8.

Portrait géographique et historique de l'Europe..: avec un abrégé de l'histoire de France, de l'histoire romaine... (Par Jean Hinselin de Moraches.) *Paris, Th. Girard*, 1674, 3 vol. in-12.

Portrait (le). Nouvelle traduite de l'allemand, d'Auguste Lafontaine, par l'éditeur de « Ida » et du « Missionnaire » (Pierre-Louis Dubuc). *Paris, Nicolle*, 1812, in-12.

Portrait (le), ou la jeune orpheline, traduit de l'anglais (de mistriss Holford) par Mme Elisabeth de Bon. *Paris, veuve Lepetit*, 1819, 3 vol. in-12.

Portrait (le), ou la vallée des tombeaux. (Par Mlle Désirée Castéra.) *Paris, Béchet*, 1814, 3 vol. in-12.

Portrait, ou le véritable caractère de la coquette. (Par Félix de Juvenel.) *Paris*, 1685, in-12. — *Paris, C. Prudhomme*, 1701, in-12, 264 p.

Voy. ci-dessus, « Portrait de la Coquette », col. 957. *d*.
C'est le même Félix de Juvenel, grand-père de Félix de Juvenel de Carlencas, qui donna au public le roman historique intitulé : « Don Pélage, ou l'entrée des Maures en Espagne », 1645, 2 vol. in-8. (« Année littéraire », 1762, t. II, p. 196.)

Portraits d'hommes et femmes illustres du Recueil de Fulvius Ursinus, avec l'explication de J. Le Febvre, traduits par C. C. B. (C.-C. Baudelot de Dairval). *Paris, Cot*, 1710, in-4, fig.

Portraits (les) de famille, ou la Sainte-Christine, fête en un acte, célébrée le 27 juillet 1806, à l'occasion de la fête de Mme L**** (Locré, femme du secrétaire général du Conseil d'Etat). (Par M. Raynal.) *Paris, imprimerie bibliographique*, 1806, in-8.

Portraits (des) de Jeanne d'Arc et de la fausse Jeanne d'Arc. (Par C.-F. Vergnaud-Romagnesi.) *Orléans, imp. de Pagnerre* (1854), in-8, 8 p.

Pourtraicts (les) de la cour...

Voy. « Divers Portraits », IV, 1096, *f*.

Portraits de profil, ou satire à la sil-houette. Par L. D. V. (Legrand de Villiers). *Mortagne, Marreroguin*, 1812, in-8.

Portraits des hommes illustres de la littérature allemande, avec une notice de leurs ouvrages et de leur vie. (Par Léonhard Meister.) *Berne, Société typographique*, 1791, in-8, iv-292 p., avec 16 portr.

Remis en vente, *ibid.*, *id.*, 1796, avec le nom de l'auteur sur le titre, qui a été modifié. Voy. Quérard, « France littéraire ».   A. L.

Portraits (les) des hommes illustres de la province du Maine. (Par Claude Blondeau, avocat au présidial du Mans, mort en 1680.) *Au Mans, imp. de J. Ysambart*, 1666, in-4.

Portraits (les) égarés. (Par François Hedelin, abbé d'Aubignac.) *Paris*, 1660, in-12.

Portraits et Pièces intéressantes relatives à la famille royale. (Par le duc de Sérent.) *Paris, Herhan*, 1814, in-8, 40 p.

Cette brochure, tirée à un petit nombre d'exemplaires, n'a pas été mise en vente.

Portraits historiques des hommes illustres de Danemark, remarquables par leur mérite, leurs charges et leur noblesse, avec leurs tables généalogiques. (*Copenhague*), imprimé en 1746, 6 parties en 2 vol. in-4.

Les dédicaces sont signées : T. H. (Ticho Hofman, secrétaire de la chancellerie du roi de Danemark et membre de la Société royale de Londres).

Portraits (les), jeu de société; par M. C. G*** (Charles Guillet). *Paris, Capelle*, 1815, in-32.

Portraits serieux, galands et critiques, par le sieur B*** (Pierre-Jacques Brillon). *Paris, Mich. Brunet*, 1696, in-12, 5 ff. prélim., 363 p. et la table.

Ports (les) de France, peints par Joseph Vernet et Hue, dont les tableaux enrichissent la galerie du Sénat conservateur, au Luxembourg... On y a joint les portraits des auteurs, et l'ouvrage est précédé de la vie de J. Vernet. Par M. P. A. M*** (P.-Aug.-Mar. Miger). *Paris, chez l'éditeur*, 1812, in-4.

Ports et Côtes de France, de Dunkerque au Havre. (Par N. Lefebvre-Duruflé.) *Paris, Ostervald*, 1825, in-4.

Réimprimés en 1832 avec le nom de l'auteur.

Position (de la) des classes industrielles, commerçantes et ouvrières en Belgique; par un négociant de Liège (Eugène Beau-

JEAN). *Liége, Charron* (1856), in-8, 26 p. Ul. C.

Post-Scriptum (le). *Paris*, janv. 1818, 3 numéros in-8.

Attribué par Deschiens au général Aug. JUBÉ, baron DE LA PÉRELLE.

Poste (la) royale, ou la prévoyance en défaut, à-propos vaudeville, avec un prologue, par Al. L.....T (Al. LAMBERT-BOUQUIER). *Rouen, E. Periaux*, 1826, in-8.

Posthuma (poésie intime). (Par Alexandre COSNARD.) *Paris, Lemerre*, 1870, in-12, 130 p.

La dernière pièce est signée du nom de l'auteur.

Postillon (le) de Paris. (Par GALLAND et LEVACHER.) An VI, in-4.

Suite de « la Chauve-Souris ». Voy. IV, 577, *b*.

Postillon (le) et la Diligence, fable. *Paris, Tastu*, févr. 1827, in-8, 4 p.

Extrait du « Mercure de France », signé : E. H (Edme HÉREAU). L'auteur s'est pendu à Paris, le 8 juillet 1836.
Cette brochure n'a pas été mise en vente.

Postillon (le) françois. (Par Jos. DUFRESNE DE FRANCHEVILLE.) Premier ordinaire. *S. l.*, 1739, in-12, 48 p. — Second courrier. *Bruxelles*, 1739, in-12, 48 p.

Postillon (le), ouvrage historique, critique, politique, moral, philosophique, littéraire et galant. (Par Fr. BRUYS.) *Utrecht et Neuwied*, 1733-1736, 4 vol. in-12.

Postulant (le), ou introduction et essai de méthode pour commencer l'étude de la langue latine par la traduction, sans autre secours que celui du « Novitius, ou nouveau dictionnaire latin-françois... » *Paris, Ch. Huguier*, 1722, in-8, 14-248 p.

L'épître dédicatoire à M. Melot, marquis de Gournay, est signée de l'auteur Louis-François MAGNIEZ DE WORMONT, qui est le neveu de Magniez, l'auteur du « Novitius ». Voy. ce titre aux « Anonymes latins ».

Pot-Pourri (le). (Par J.-P.-L. DE LA ROCHE DU MAINE, marquis DE LUCHET.) *Francfort-sur-le-Mein, Vanbeck*, 1781-1782, 4 vol. in-8.

Continué sous le titre de : « Journal des gens du monde ». Voy. V, 1020, *c*.

Pot-Pourri d'enfantines, par une amie des enfants (Tuisca HARTUNG). *Dresde, Meinhold*, 1855, in-4, 16 p., avec 12 lith. color.

Pot-Pourri de Loth. (Par Pierre LALLE-

MAN, ancien notaire.) *Imprimé à Londres* (*Paris*), 1782, in-18.

Réimprimé dans le volume intitulé : « Contes théologiques, suivis des Litanies des catholiques du XVIIIᵉ siècle, etc. » *Paris*, 1783, in-8. Voy. IV, 749, *b*.

On trouve dans ce même recueil les Cantiques de saint Antoine (par SEDAINE); — de saint Roch (par Ant.-Alex.-Henri POINSINET); — de sainte Geneviève (par G. GARNIER, mort pair de France), etc., etc.

Pot-Pourri (le) de Ville-d'Avray (ou recueil de chansons et pièces fugitives de Jac.-Nic. MOREAU l'historiographe). *Paris, imprimerie de Monsieur*, 1781, in-12.

Pot-Pourri (le), épître à qui on voudra (par C.-J. DORAT), suivie d'une autre épître, par l'auteur de « Zélie au bain » (le marquis MASSON DE PEZAY). *Genève et Paris, S. Jorry*, 1764, 2 est. et 4 vign. et culs-de-lampe.

Pot (le) pourri, étrennes aux gens de lettres. (Par J.-P. BRISSOT DE WARVILLE et N.-F. GUILLARD.) *Londres*, 1777, in-12.

Pot-Pourri national, ou matériaux pour servir à l'histoire de la Révolution. Dédié à M. Servan, par un ami de la liberté (Félix FAULCON). *Paris*, septembre 1790, in-8, 84 p.   D. M.

Pot-Pourri, ou notice historique et biographique sur les scènes burlesques qui ont agité la bonne ville d'Amiens en l'an de grâce 1835, et sur les individus qui les ont commandées, organisées et exécutées. *S. l. n. d.*, in-4, 10 pages lithographiées.

Cette pièce de vers, curieuse et rare, composée à l'occasion des démêlés survenus entre le préfet Dunoyer et le maire Duroyer, a été composée par un jeune avocat, M. RADIGUET, qui a dû quitter le barreau d'Amiens à la suite des affaires qu'on voulut lui susciter à cause de ce violent pamphlet.

Pot-Pourri (le), ou préservatif de la mélancolie, contenant la Henriade travestie (par FOUGERET DE MONBRON), la Pipe cassée (par J.-J. VADÉ), et autres poésies. *Londres* (*Cazin*), 1783, in-18.

Pot-Pourry (le), ouvrage nouveau de ces dames et de ces messieurs. (Par le comte A.-C.-P. DE CAYLUS.) *Amsterdam*, 1748, in-12.

J'adopte ici l'opinion de l'abbé Duclos, dans le « Dictionnaire bibliographique », dit de Cailleau. Je dois cependant faire observer que ce morceau ne se trouve pas dans les « Œuvres complètes et badines » du comte de Caylus. Aussi plusieurs bibliographes l'attribuent-ils à André LE FÈVRE de Troyes.

Pot-Pourri parlementaire de 459 professions de foi, chantées sur 459 pont-neufs, par les 459 membres de la nouvelle

Chambre des députés. (Par Amédée Bou-
DIN.) *Paris*, 1842, in-32.

Pot-Pourri révolutionnaire, pour servir
à l'histoire de nos jours, ou la vérité toute
nue sur nos malheurs, sur les grands
coupables et sur les trois mille individus
entre les mains desquels Buonaparte a
déposé les sept cents millions que les
puissances étrangères nous demandent
aujourd'hui. Par J. V***** (J. VÉZIAN), du
Midi. *Paris, Panis* (1870), in-8, 2 ff. de
tit. et XIX-318 p.

Réimpression de « Macédoine révolutionnaire, pour
servir à l'histoire de nos jours... Par J. V***** ». *Paris,
C.-F. Patris*, 28 décembre 1815, in-8.

Poudrerie royale de Wetteren, près de
Gand. (Par C. VAN CROMPHOUT, directeur
de la poudrière.) *Gand, Debusscher*, 1847,
in-8, 20 p.   J. D.

Pouemous carpentrassiens. La Pate enlévade. Lou Pés enléva. La Tente enlévade.
La Tissotade. Leis Siéges de Carpentras.
(Par A. ANDRÈS, DENOVE, F.-R.-Ch. COT-
TIER. Publié par L. MOREL.) *Carpentras,
imp. L. Devillario*, 1857, in-12, 2 ff. de
tit., 189 p. et 1 f. de table.

Pouesios prouvençalos, per Louis I (IS-
NARDOUN). *Marsillo, Chardon*, 1832, in-12.

Catalogue Burgaud des Marets, n° 1366.

Pouillé du diocèse de Chartres, ou recueil des abbayes, chapelles... de l'évêché
de Chartres... Par N. D*** (N. DOUBLET),
libraire à Chartres. *Chartres, N. Doublet*,
1738, in-8.

Pouillé royal, contenant les bénéfices
appartenant à la nomination ou collation
du roy, à savoir les archevêchés, évêchés,
abbayes... Avec les Annates qui se payent
en cour de Rome et le revenu d'iceux.
Ensemble les maladreries, hôpitaux et
Maisons-Dieu, tant de fondation royale
que commune, et appartenantes au grand
aumonier, aux ordinaires des lieux, abbés
prieurs ou autres particuliers. (Par le P.
Philippe LABBE, jésuite.) *Paris, G. Aliot*,
1648, in-4.

Poulailler, mélodrame en neuf petits
actes, par Benjamin A. (ANTIER) et Théodore N. (NEZEL), représenté sur le théâtre
de la Gaîté, le 21 février 1827. *Paris,
Quoy*, 1827, in-8.

Poule (la) aux œufs d'or des aristos, ou
les petits républicains. Chanson nouvelle.
Paris, imp. de Lacour (1849), in-fol. plano.

Signée : L. C. (Léon GUILLEMIN, connu sous le
pseudonyme de Léon DE CHAUMONT).

Poules (les) de mer prises en Ré, le Bouc
escorné et les Rochellois en muë. (Par
François LA ROQUETTE, avocat.) *Iouxte la
copie imp. à La Rochelle*, 1627, in-8, 7 p.

Poupée (la) bien élevée, suivie de la
Lanterne magique des petits enfants. (Par
Mme Julie DELAFAYE-BREHIER.) *Paris, Le-
huby*, 1843, in-8, avec 12 dessins.

Pour et contre la Bible, par Sylvain
M*** (Pierre-Sylvain MARÉCHAL). *Jérusalem*, 1801, in-8.

Pour et contre la liberté de la presse,
par le comte DE B. (BOISBOISSEL). *S. l.*,
juin 1789, in-8.

Pour et contre quelques journalistes,
relativement à la vente de la gloire et de
l'honneur de figurer dans leurs feuilles.
(Par François-Félix NOGARET.) *Paris, imp.
de veuve Scherff*, 1829, in-8.

Pour (le) et le Contre...

Voy. « Recueil des facéties parisiennes ».

Pour (le) et le Contre au sujet des
grands bailliages. (Par M.-A.-B. MANGOU-
RIT.) *Nantes, Malassis*, 1787, in-8.

Pour (le) et le Contre de la possession
des filles de la paroisse de Landes, diocèse de Bayeux. (Par l'abbé C.-G. PORÉE
et DUDOUET, médecin.) *Antioche (Rouen)*,
1738, in-8.

Pour (le) et le Contre des spectacles,
par l'abbé M*** (Théodore-Auguste MANN).
Mons, C.-J. Beugnies, 1782, in-8. — *Anvers, Janssens et Van Merlen*, 1823, in-8,
159 p.

Pour (le) et le Contre du mariage, avec
la critique du sieur Boisleau. Satires. Par
le sieur P. H. (Pierre HENRY). *Lille, P. Fie-
vet*, 1694, in-4, 3 ff. et 34 p. — *Lille*, 1700,
in-8.

Pour (le) et le Contre, ou la vieille fille
et la femme mariée, par mistress ROSS,
traduit de l'anglais (par A.-J.-B. DEFAU-
CONPRET). *Paris, Nicolle*, 1818, 3 vol. in-12.

Pour (le) et le Contre, ouvrage périodique d'un goût nouveau, dans lequel on
s'explique librement sur tout ce qui peut
intéresser la curiosité du public... Par
l'auteur des « Mémoires d'un homme de
qualité ». (Par l'abbé A.-F. PRÉVOST, l'abbé
P.-Fr. GUYOT-DESFONTAINES et C.-H. LE-
FEBVRE DE SAINT-MARC.) *Paris, Didot*,
1733-1740, 20 vol. in-12.

Il a paru sous le même titre un recueil différent, *La
Haye*, 1733-1738, 10 vol. in-8. « L'éditeur, qui

d'abord avait pris ses articles dans le recueil en 20 volumes, en a ensuite ajouté beaucoup d'autres de sa composition. L'ouvrage en 10 volumes contient 398 articles, tandis qu'il n'y en a que 296 dans celui en 20 volumes. »

Catalogue Van Hulthem, n° 21403.

Pour (le) et le Contre sur un objet de grande discorde et d'importance majeure : Convient-il à l'administration de céder part, ou de ne rien céder aux étrangers dans le commerce de la métropole avec ses colonies? (Par Dubucq.) *Londres,* 1784, in-12.

Pour l'arcenal de Brest. — Pour la fontaine du même port. (Par J.-B. de Santeul.) *S. l.* (1679), in-4.

Pour la cause italienne. Aux évêques catholiques. Apologie, par un prêtre catholique (le P. J.-Ch. Passaglia). Traduit du texte latin. *Paris, Dentu,* 1861, in-8, 160 p.

Pour la majorité du roy très-chrestien, contre les escrits des rebelles. (Par Jean du Tillet.) *Paris, G. Morel,* 1560, in-4, 25 p. — *Tours, G. Bourgeat,* 1560, in-8.

Pour la paix des deux peuples de France. (Par Colnart.) *Nancy, imp. de Bachot, et Paris, Petit,* 1823, in-18, vi-121 p.

Pour (les), les Que...

Voy. « Recueil des facéties parisiennes ».

Pour sauver la patrie, il faut respecter les trois ordres, c'est le seul moyen de conciliation qui nous reste. (Par Olympe de Gouges.) *S. l. n. d.*, in-8, 8 p.

Pour tirer des brebis et des chèvres plus de profit qu'on n'en tire. Brebis et chèvres de race indienne et de Barbarie. Par C. Q. G. D. P. (Calloet-Querbrat). *Paris, veuve D. Langlois,* in-4, 4-32 p.

Voy. « Supercheries », I, 804, *e.*

Pour tous et contre tous, ou les révolutionnaires sans le savoir. (Par M. Jules de Tardy.) *Paris, Dentu,* 1861, in-8, 31 p.

Pour un liart d'antidote contre la frippelipique du Bauart l'estourdy. (Par P. de La Ramée ou Ramus.) *S. l.*, 1567, in-8, 14 p.

Pourquoy (le) d'amours, auquel sont contenuz plusieurs questions, demandes ou problesmes de ceste matiere, desquelles suyvent les solutions... 1537. *Lyon, Morice Roy et Louis Pesnot,* in-16, 2 ff. goth.

Dans la préface, l'auteur est nommé Nicolas Leonique, philosophe italien. Son vrai nom est Thome. Voy. « Questions problématiques ».

Pourquoi (les) d'un patriote aux constitutionnaires. (Par A.-A.-F. Pileau.) 1790, in-8.

Pourquoi des journalistes? ou la vérité à ceux qui lisent les journaux, par l'auteur de « la Prophétie » (Denis de Chateaugiron, ex-magistrat de la ville de Paris). *Paris, Ledoyen,* 1857, in-8, 80 p.

Pourquoi des propriétaires à Paris? Dédié aux locataires. (Par Charles Duveyrier.) *Paris, Ledoyen,* 1857, in-32, 60 p.

Plusieurs fois réimprimé.

Pourquoi je vends ma propriété d'Etretat. *Paris, imp. A. Chaix* (1871), in-8, 8 p.

Signé : D. (Dollingen).

Pourquoi l'éloquence est-elle moins florissante dans les républiques modernes qu'elle ne l'était dans les anciennes? Discours. (Par le P. J.-A.-J. Cerutti, jésuite.) *Lyon,* 1760, in-12.

Pourquoi les Anglais devraient-ils étudier la langue flamande? (Par le chanoine Ch. Carton.) *Bruges, Vande Casteele,* 1855, in-8, 15 p.   J. D.

Pourquoi les écus ont peur. *Besançon, imp. de J. Jacquin* (1849), in-8, 4 p.

Signé : C. (Chiflet).

Pourquoi nous sommes en révolution. *Besançon, imp. de J. Jacquin* (1849), in-8, 4 p.

Signé : C. (Chiflet).

Pourquoi (les), ou la réponse verte.

Voy. « Sur l'administration de M. Necker... »

Pourquoi (le), ou question sur une grande affaire pour ceux qui n'ont que trois minutes à y donner, par B. (Botherel). D. L. Au Plessis, près Rennes, ce 31 mars 1761. *S. l.*, 1762, in-12.

Carayon, « Bibliographie historique de la Compagnie de Jésus », n° 3566.

Pourquoi votre curé vous défend-il de lire la Bible? (Par Napoléon Roussel.) *Toulouse, imp. J.-P. Froment,* 1836, in-16, 16 p.

Souvent réimprimé.

Quelques éditions portent le nom de l'auteur.

Pourtrait.

Voy. « Portrait ».

Pouvoir (du) de fonder en matière de bienfaisance, par un ancien membre de la Chambre des représentants (Julien de

Bonne). *Bruxelles, Vanderauwera*, 1856, in-8, 32 p.   J. D.

Pouvoir (le) de la beauté. (Par Th. L'Affichard.) 1755, in-12.

Pouvoir (le) de la beauté, divertissement pastoral (en un acte), en prose et vaudevilles. (Par J.-J.-D. Valade.) *Paris*, 1787, in-8.

Pouvoir (du) de saint Pierre dans l'Eglise, ou dissertation sur ce passage : « Tu es « Pierre, et sur cette pierre j'édifierai « mon Église. » Par l'auteur de l'écrit intitulé : « Doctrine de l'Écriture sainte sur l'adoration de Marie » (A. Bost). *Genève, veuve Suzanne Guers*, 1833, in-8, 76 p.
                         D. M.

Pouvoir du pape sur les souverains au moyen âge, ou recherches historiques sur le droit public de cette époque, relativement à la déposition des princes. Par M*** (l'abbé Jean-Edme-Auguste Gosselin), directeur au séminaire de Saint-Sulpice. *Paris, Périsse*, 1839, in-8, 368 p. — *Id.*, 1845, in-8.

Pouvoir (le) et le Droit. (Par le marquis de La Gervaisais.) *Paris, imp. de Pihan-Delaforest*, 1832, in-8, 56 p.

Pouvoir (du) législatif et du Pouvoir exécutif convenables à la République française. (Attribué à P.-S. Dupont de Nemours.) *Paris*, 1795, in-8.

Pouvoir (du) municipal, de sa nature, de ses attributions et de ses rapports avec l'autorité judiciaire. (Par P.-P.-N. Henrion de Pansey.) *Paris, Th. Barrois père*, 1820, in-8.

Extrait de la cinquième édition du « Traité de la compétence des juges de paix », par le même auteur.

Pouvoir (du) prétendu des sujets nommés aux évêchés dans l'administration des diocèses. (Par monseigneur P.-Th.-Dav. d'Astros, archevêque de Toulouse et de Narbonne.) *Toulouse, Douladoure*, 1839, in-8, 160 p.

Pouvoirs des députés de la province de Dauphiné aux Etats-Généraux. (Par J.-J. Mounier.) *S. l.* (1789), in-8, 26 p.

Pouvoirs (les) légitimes du premier et du second ordre, dans l'administration des sacremens et le gouvernement de l'Eglise, où il est traité de la juridiction et approbation des évêques et des curés aux prêtres inférieurs, pour l'exercice de leur sacré ministère. (Par l'abbé Nic. Travers.) *En France*, 1744, in-4.

Pradon sifflé, battu et content, comédie anecdote en un acte et en vaudevilles: par J.-A. Jacquelin et Philidor R*** (J.-H. Flacon, dit Rochelle). Représentée pour la 41e fois, à Paris, sur le théâtre des Jeunes-Artistes, le 16 thermidor an VIII. *Paris, Fages*, an IX-1800, in-8, 24 p.

Plusieurs fois réimprimé.

Prairies artificielles, ou moyens de perfectionner l'agriculture dans toutes les provinces de France, etc. (Par S.-P. de La Salle de L'Étang.) *Paris, Desaint et Saillant*, 1756, 1758, 1762, in-8.

La troisième édition est augmentée.

Praticien (le) belge. Recueil de lois, actes administratifs et décisions des cours et tribunaux, sur l'organisation judiciaire, la compétence et la procédure. *Bruxelles, Vromant*, in-8.

Cet excellent recueil, publié par François Mathieu, avoué à Bruxelles, n'a paru que de 1860 à 1863 ; à partir de cette époque, il a été fondu dans le « Journal de procédure ».   J. D.

Praticien du Châtelet de Paris et de toutes les juridictions ordinaires du royaume. (Par E.-N. Pigeau.) *Paris*, 1773, in-4.

Réimprimé avec de nombreuses additions et le nom de l'auteur, sous le titre de : « Procédure civile du Châtelet de Paris, et de toutes les juridictions du royaume ». *Paris*, 1779-1787, 2 vol. in-4.

Pratique de l'art d'écrire, ou exercices gradués de compositions françaises. (Par J.-B. Chemin-Dupontès.) *Paris*, 1828, in-12.

Pratique de l'oraison mentale rendue facile à tous les vrais fidèles. (Par Pierre-Joseph Picot de Clorivière.) Troisième édition, augmentée par un ancien vicaire général (J.-P.-J. Lesurre). *Paris, Meyer*, 1833, in-32.

Les premières éditions portent le nom de l'auteur.

Pratique de la dévotion, ou traité de l'amour divin. (Par P. Jurieu.) *Rotterdam*, 1700, 2 vol. in-12.

Pratique de la géométrie sur le papier et sur le terrain. (Par Sébastien Le Clerc.) *Paris, Th. Jolly*, 1668, in-12, fig.

Pratique de la guerre, contenant l'usage de l'artillerie, etc. (Par le sieur François Malthus.) *Paris*, 1646, in-4.

Voy. les mots : « Traité des feux artificiels... »

Pratique de la perfection chrétienne et des vertus chrétiennes, par le P. Alphonse

RODRIGUEZ, traduite de l'espagnol en françois par le R. P. N. C. P. D. L. D. C. (Nic. CABART, prêtre de la Doctrine chrétienne). *Paris, Josse*, 1670, 3 vol. in-8.

Pratique de la véritable dévotion...

Voy. ci-dessus, « Maximes évangéliques... », col. 94, *b*.

Pratique (la) de la vraie théologie mystique, contenue dans quelques traités de Fr. Malaval, de M. de Bernières et de sainte Thérèse. (Par Pierre POIRET.) *Liége*, 1709, 2 parties in-12.

Pratique de piété, pour honorer le B. Régis, pour l'imiter et pour lui faire une neuvaine, par le P. *** (Dominique DE COLONIA, de la Compagnie de Jésus). *Lyon*, 1717, in-12.

Pratique de piété pour passer une heure devant le Saint-Sacrement, par l'auteur de « l'Ame élevée à Dieu » (l'abbé Barth. BAUDRAND). *Lyon, Rusand*, 1813, in-12, 84 p.

Souvent réimprimée.

Pratique (de la) des billets, où les sentiments de l'Écriture sont fidèlement exprimés. (Par L.-J. CARREL.) *Louvain*, 1690, in-12.

Pratique des bonnes œuvres. (Par Théophile BERNARDIN.) 1616, in-12.

Pratique des défrichements. (Par L.-F.-H. DE MENON, marquis DE TURBILLY.) *Paris, veuve d'Houry*, 1761, in-12.

Réimprimée avec le nom de l'auteur.

Pratique des vertus chrétiennes, ou le devoir de l'homme ; avec des dévotions particulières et des prières pour toutes sortes d'occasions, traduit de l'anglois (de CHAPPEL, évêque de Cork, par Mlle DUREL), et revu par J.-Armand DUBOURDIEU. *Londres, Tonson*, 1719, in-8.

La première édition de cette traduction remonte à l'année 1669, in-12. L'ouvrage a été aussi attribué au célèbre Abdias WALKER ; d'autres personnes assurent que son véritable auteur est un nommé BASKET, ecclésiastique du comté de Worcester. Voy. les « Annales typographiques », année 1760, t. II, p. 402.

Pratique (la) du jardinage, par feu l'abbé Roger SCHABOL, ouvrage rédigé après sa mort sur ses Mémoires, par M. D*** (A.-N. DEZALLIER D'ARGENVILLE). *Paris, Debure*, 1770, 2 vol. in-8.

Pratique du sacrement de pénitence, contenant plusieurs avis aux confesseurs qui désirent s'acquitter dignement de leur

ministère. (Par l'abbé BRUNET.) *Paris*, 1693, in-18.

Pratique (la) du théâtre. Œuvre très-nécessaire à tous ceux qui veulent s'appliquer à la composition des poëmes dramatiques, qui font profession de les réciter en public, ou qui prennent plaisir d'en voir les représentations. *Paris, A. de Sommaville*, 1657, in-4.

Le privilége est accordé au sieur HÉDELIN, abbé D'AUBIGNAC.

Réimprimée avec le nom de l'auteur sur le titre.

Pratique facile pour élever l'âme à la contemplation, en forme de dialogue. (Par François MALAVAL.) *Paris, F. Lambert*, 1664, in-12, 9 ff. et 118 p.

Réimprimée avec le nom de l'auteur.

Pratique (la) judiciaire de Lorraine selon l'ordonnance du duc Léopold, de l'année 1707..... (Par LEFEBVRE, président de la Chambre des comptes.) *Nancy*, 1755, pet. in-8.

Catalogue Noël, n° 3900.

Pratique médicinale de Jean-Bernard GLADBACH, traduite en françois par M. D. V. (Jean DE VAUX). *Paris*, 1705, in-12.

Pratiques de la vie intérieure, ou les devoirs de piété que tout chrétien doit rendre à Dieu chaque jour, par le R. P. de G. (DE GONNELIEU), de la C. de J. *Paris, U. Coustelier*, 1693, in-12.

Réimprimées avec le nom de l'auteur.

Pratiques de piété à l'honneur de saint François Xavier. (Par le P. J.-N. DUPONCET, jésuite.) *Paris, J. Mariette*, 1709, in-12.

Souvent réimprimées.

Pratiques de piété pour honorer le Saint-Sacrement, tirées de la doctrine des Conciles et des Pères. (Par l'abbé J. RICHARD, curé de Triel.) *Cologne, B. Egmond*, 1683, 1694, in-8.

Voy. Leclerc, « Bibliothèque universelle » (1686), I, 310-321.   A. L.

Praxile. (Par J. GIRARD.) (*Paris*), de l'imprimerie de Rataut le jeune, an VII-1799, in-12.

Prazimène (la). (Par LE MAIRE.) *Paris, A. de Sommaville et A. Courbé*, 1637-1643, 4 vol. in-8.

Les tomes II-IV sont intitulés : « la Suite de la Prazimène ». Le tome IV contient une dédicace signée par l'auteur.

Préambule de la discussion sur le projet

de loi relatif à la mine de sel gemme. (Par le marquis DE LA GERVAISAIS.) *Paris, Egron*, 1825, in-8, 24 p.

Précaution (la) inutile, comédie en musique, en deux actes. *S. l.*, 1756, in-8.

Suivant le Catalogue de Pont-de-Vesle, no 1403, cette pièce est de H.-C. DE SENETERRE, pour les paroles et pour la musique.

Précautions spirituelles pour n'être pas surpris par la mort. *Alençon, Thomas*, 1867, in-16, 128 p.

Compilation à laquelle ont pris part plusieurs religieuses du couvent de la Miséricorde d'Alençon, et plus particulièrement la sœur HENRY, dans le monde RADULPHE, née à Proussi (Calvados).   L. D. L. S.

Préceptes d'AGAPETUS à Justinian, mis en françois par le roi très-chrétien LOUIS XIII, en ses leçons ordinaires. *Paris, Pierre le Court*, 1612, in-8, 23 p.

« Cette traduction, faite sur une version latine, est moins de Louis XIII que de David RIVAULT. » (*Niceron*, t. XXXVII, p. 321.)

Préceptes de la vie civile, attribués à CATON, mis en distiques latins et traduits en vers françois, avec quelques poésies sacrées. (Par l'abbé SALMON.) *Paris, Nyon fils*, 1752, in-12.

Préceptes (les) de PHOCYLIDE, traduits du grec. Avec des remarques et des pensées et peintures critiques à l'imitation de cet auteur. (Par J.-F. DUCHÉ DE VANCY.) *Paris, Fl. et P. Delaulne*, 1698, in-8. — *Paris, Barrois l'aîné*, 1782, in-18.

La lettre d'introduction est signée : D...
Plusieurs remarques de DUCHÉ ont été retranchées de la nouvelle-édition.
Pour une autre traduction, voy. « les Soirées littéraires... »

Préceptes de rhétorique, par l'abbé J. L. (J. LAFFETAY), professeur au petit séminaire de Villiers-le-Sec (diocèse de Bayeux). *Bayeux, imp. de L. Nicolle*, 1842, in-8.

Préceptes de rhétorique tirés de Quintilien, à l'usage des écoliers. (Par J.-B. GARDIN DU MESNIL.) *Paris, Brocas*, 1762, in-12. — (*Paris*), *Barbou*, 1803, in-12, 2 ff. de tit. et 136 p.

Il existe beaucoup d'éditions de ce petit volume.

Préceptes de santé, ou introduction au dictionnaire de santé... (Par A.-L.-B. BAECHILLET JOURDAIN.) *Paris, Vincent*, 1772, in-8.

Préceptes (les), où la religion sous les rapports politiques, par M. le Ch. de K. (A.-X. DE KENTZINGER, maire de Stras-

bourg). *Strasbourg et Paris*, 1820, in-8, 55 p.

Préceptes pour la première enfance, par Mme C. M. (Mme YÉMÉNIZ, née RUBICHON). *Lyon, Périsse frères*, 1847, in-12.
                                        D. M.

C'est un recueil de quatrains moraux, en vers de différentes mesures.

Préceptes sur la santé des gens de guerre, ou hygiène militaire, par M. C. (J. COLOMBIER, médecin). *Paris, Lacombe*, 1775, in-8.

Le même ouvrage a paru sous le titre d' « Avis aux gens de guerre ». *Paris, Bastien*, 1779, in-8. Voy. IV, 361, *d*.

Précepteur (le) des enfants, ou livre du second âge, orné de 12 grav... faisant suite à l' « Abécédaire récréatif » (voy. IV, 14, *a*) (par Ad. POTTIER). *Versailles*, 1804, in-12. — Sixième édition. *Paris*, 1815, in-12. — Refondu par Mme DE RENNEVILLE. *Paris*, 1818. — Neuvième édition. *Ibid.*, 1829, in-12.

Précieuses Étrennes pour tout le monde. (Par l'abbé BURTON.) *Bruxelles, Greuze*, s. d., in-18, 32 p.   J. D.

Précieuses (les) ridicules, comédie (de MOLIÈRE), représentée au Petit-Bourbon ; nouvellement mises en vers (par Ant. BAUDEAU, sieur DE SOMAIZE). *Paris, J. Ribou*, 1660, in-12. — Deuxième édit. *Paris, E. Loyson*, 1661, in-12, 12 ff. lim. et 60 p.

Précis à l'appui des pétitions présentées aux deux Chambres par vingt-neuf communes du troisième arrondissement des Bouches-du-Rhône, pour demander la réintégration des autorités de l'arrondissement dans la ville de Tarascon. (Par BOUTARD.) *Paris, imp. de Boucher*, 1819, in-4, 36 p.

Précis abrégé des vérités qui distinguent le catholique de toutes les sectes chrétiennes, et avouées par l'Eglise de France, par M. D*** (Michel DESGRANGES), ancien professeur de théologie. *Lyon, Bettend*, 1817, in-8, 46 p.

Précis analytique du premier volume de l'Histoire de Bourgogne de M. Mille. (Par Ed. BÉGUILLET.) *Dijon*, 1771, in-8.

Précis analytique du système de M. le docteur Gall sur les facultés de l'homme et les fonctions du cerveau, vulgairement crânioscopie. (Par N.-J. OTTIN.) *Paris, Villeret* (1828), in-fol. plano. — Troisième édit. *Paris, Rouen frères* (1829), gr. in-fol.

— *Bruxelles*, *Jobard*, 1828, in-18, fig. —
Paris, 1829, in-18.

Précis d'anatomie à l'usage des élèves
de dessin de l'École centrale, suivi d'une
observation sur l'hydrophobie ou la rage.
(Par Ant. Monnot, professeur d'anatomie.)
Besançon, an VII-1799, in-8.

Précis d'arithmétique, par demandes et
par réponses, à l'usage des écoles primaires. (Par Simon Lhuillier.) *Genève*,
1797, in-12.

Précis d'un ouvrage sur le budget et
ses erreurs. (Par le chevalier de Guer.)
Paris, *Delaunay et Pelicier*, 1816, in-8,
37 p.

Précis d'un projet d'établissement du
cadastre dans le royaume, par M. D. T.
D. V. (du Tillet du Villars). *Paris*,
Clousier, 1781, in-4.

Précis d'une nouvelle méthode pour
réduire à de simples procédés analytiques
la démonstration des principaux théorèmes
de la géométrie, et la dégager des figures
et constructions qu'on y a employées jusqu'à présent; par J. G. C..... (L.-A.-O. de
Corancez). *Paris*, an VI-1798, in-4.

Précis de chirurgie pratique, contenant
l'histoire des maladies chirurgicales et la
manière la plus en usage de les traiter...
Par M. P**, M. (Ant. Portal). *Paris*, *Vincent*, 1768, 2 vol. in-8.

Précis de grammaire allemande en XI tableaux. (Par Theis et Hardt.) *Bruxelles*,
Mayer et Somerhausen, 1837, in-8.

Une seconde édition, publiée en 1840, porte les
noms des auteurs.   J. D.

Précis de l'abolition de l'esclavage dans
les colonies anglaises. (Par Fréd.-Vict.-
Charles Chassériau.) *Paris*, *imp. royale*,
1840-1841, 2 vol. in-8.

Précis de l'Ecclésiaste et du Cantique
des cantiques, en vers. (Par Voltaire.)
S. l., 1759, in-4 et in-8.

« Bibliographie voltairienne », p. 6, nᵒ 11.

Précis de l' « Electre » de Sophocle, à
l'occasion de l' « Oreste » de M. de Voltaire,
donné au Théâtre-François le 12 janvier 1750. (Par l'abbé P. Danet.) *Londres*,
1750, in-8, 28 p.

Précis de l'histoire d'Angleterre en vers
techniques (d'après David Hume, par Louis
Poinsinet de Sivry). *Paris*, *Prault*, an XI-
1803, in-8.

Précis de l'histoire d'Espagne, depuis
les temps les plus reculés jusqu'au commencement de la révolution actuelle; traduit de l'espagnol d'Ascargorta, par
M. L. G*** (L.-M. Guebhart). *Paris*, *Fan-
jat aîné*, juin 1823, 2 vol. in-8.

Précis de l'histoire de Belgique, à l'usage
des écoles primaires, tiré des meilleurs
auteurs. (Par H. Taon, instituteur à Hasselt.) *Bruxelles*, *Deprez-Parent*, 1838, in-16,
163 p.   J. D.

Précis de l'histoire de France, par un
officier d'infanterie. *Strasbourg*, *imp. de
Silbermann*, 1866-1869, 2 vol. in-8.

L'avant-propos du tome II est signé Edouard Gillon,
lieutenant au 84ᵉ d'infanterie. L'ouvrage avait été annoncé en cinq volumes.

Précis de l'histoire de l'abbaye et du
pèlerinage de Notre-Dame des Ermites,
depuis son origine jusqu'à présent, avec
la liste chronologique des abbés princes.
(Par le P. Laurent Hecht.) *Notre-Dame
des Ermites (Einsiedeln)*, 1841, in-12, 96 p.
                                G. M.

Précis de l'histoire de la Belgique, depuis 1830 jusqu'à nos jours, à l'usage des
maisons d'éducation. (Par Belin.) *Bruxelles*, 1856-1857, 2 parties in-12.   J. D.

Précis de l'histoire de la Belgique et des
Belges, depuis l'invasion des Romains jusqu'à la réunion des principautés sous Philippe le Bon. (Par Auguste Mauvy.)
Bruxelles, *Deprez-Parent*, 1837, in-8, portrait.   J. D.

Précis de l'histoire de la médecine et de
bibliographie médicale, contenant l'indication et la classification des ouvrages les
meilleurs, le plus utiles, la description des
éditions rares ou de luxe, et des considérations sur les soins que demande la conservation des bibliothèques. (Par J.-B. Monfalcon.) *Paris*, *Béchet jeune*, 1826, in-18,
2 ff. de titre et 435 p.

L'auteur a publié l'année suivante, avec son nom et
sous un nouveau titre portant : « Précis de bibliographie médicale... », des compléments comprenant viij p.
de titre et d'avertissement, les pages 419-552 et 2 ff.

Précis de l'histoire de la philosophie,
publié par les directeurs du collège de
Juilly (MM. Louis-Ant. de Salinis et
B.-D. de Scorbiac). *Paris*, *Hachette*, 1834,
in-8.

Réimprimé avec les noms des auteurs.

Précis de l'histoire de la réformation
de la ville et république de Berne; suivi
d'un appendice sur la réformation des

bailliages du Jura. (Par Renaud, diacre à Berne.) *Berne*, 1828, in-8.

Précis de l'histoire de Louis XIV, contenant les principaux événemens de son règne. Nouvelle édition, avec portrait. (Par A.-L. Delaroche.) *Paris*, *Rousselon*, 1824, in-12, x-357 p.

Précis de l'histoire de Lyon, depuis 1600 jusqu'en 1643. Publié d'après un manuscrit inédit (de D. Thomas, par A. Péricaud). *Lyon*, *Rossary*, 1835, in-8, 16 p.

Précis de l'histoire du Brabant. (Par Jean-Jacques Altemeyer.) *Bruxelles*, *Méline*, 1847, in-8, 338 p.   J. D.

Précis de l'histoire du christianisme au Japon, suivi d'une notice sur l'établissement de l'association de prières pour la conversion de cet empire. (Par l'abbé Léon Robin, curé de Digna (Jura). *Lons-le-Saulnier, Gauthier*, 1851, in-18, 152 p.

Précis de l'histoire du jansénisme et de Port-Royal, par M. de V...... *Versailles*, *imp. de Kléfer* (1846), in-18, 35 p.

Extrait du « Siècle de Louis XIV » de Voltaire.

Précis de l'histoire du moyen âge, par un professeur d'histoire (Adam-Charles-Jules Libert). *Paris*, 1852, in-12.
D. M.

L'auteur de cet ouvrage, né à Isigny (Yonne), le 18 novembre 1827, est mort vers 1858.

Précis de l'histoire ecclésiastique, par M*** (E.-J. Monchablon). *Paris*, *veuve Desaint*, 1784, 2 vol. in-12.

Précis de l'histoire générale des Jésuites, depuis la fondation de leur ordre, le 5 septembre 1540, jusqu'en 1826, par A. J. B. (Auguste-Jean-Baptiste Bouvet de Cressé), membre des ancienne et nouvelle Université de France. *Paris*, *A. Payen*, 1826, 2 vol. in-18.

Voy. « Supercheries », I, 221, e.

Précis de l'histoire nationale, traduction française faite sur l'édition italienne approuvée (par Joseph Desaix). Première livraison. *Genève*, *Pfeffer et Puky*, 1860, in-8, iv-131 p.

L'original est du chevalier Ercole Ricotti, « Compendio di storia nazionale ».

Précis de l'histoire sacrée par demandes et par réponses, par l'auteur de la « Connaissance de la mythologie » (P.-A. Alletz). *Paris*, *Savoye*, 1747, in-12. — *Paris*, *Nyon l'aîné*, 1781, in-12.

Précis de l'histoire universelle, par Anquetil, troisième édition, entièrement revue (c'est-à-dire châtrée, par Etienne Jondot). *Paris*, *Maradan*, 1807, 12 vol. in-12.

Précis de l'organisation, ou mémoire sur les États provinciaux. Quatrième partie de l' « Ami des hommes ». (Par Victor Riquetti, marquis de Mirabeau.) 1758, in-4.

Voy. « l'Ami des hommes », IV, 133, a.

Précis de la découverte du magnétisme animal, avec une lettre sur le flux et le reflux. *Paris*, *Treuttel et Würtz*, 1801, in-8.

Attribué à Mesmer dans le « Journal général de la littérature française », publié chez les éditeurs de cet ouvrage.   A. Dureau.

Précis de la dispute entre M. Astruc et M. Petit. (Par Michel Procope-Couteaux.) *S. l. n. d.*, in-12, 24 p.

Précis de la doctrine chrétienne exposée par le texte de l'Ecriture sainte. (Par les pasteurs G.-D. Boissard et J.-J. Goepp.) *Paris*, *Treuttel et Würtz*, 1814, in-12. — Troisième édit. *Paris*, *Servier*, 1827, in-12.

Précis de la fondation d'une église catholique à Lausanne. (Par Mᵐᵉ Olympe Cottu.) *Paris*, 1836, in-8.

Précis de la nouvelle doctrine médicale de James Morison... ou pensées extraites de son ouvrage intitulé « Nouvelles Vérités », par C. F., membre du Collège de santé de Londres, propagateur de l'hygéisme en France. *Saint-Just-en-Chaussée* (*Oise*), 1811, in-18, 36 p.

La deuxième édition, publiée la même année, porte : « par L. F. C. », et les troisième et quatrième éditions portent le nom de l'auteur, L.-F. Candelot.

Précis de la révolution de Liége et des vexations exercées par les commissaires impériaux et le comité des prêtres, à la tête duquel se trouvait l'évêque. (Par Mathias de Lassence, ancien bourgmestre de Liége.) *Liége* (1794), in-12.   D. M.

Précis de la situation politique de la France depuis le mois de mars 1814 jusqu'au mois de juin 1815. (Par le baron L.-Ed. Bignon, alors ministre des relations extérieures.) *Paris*, *Delaunay*, *impr. impériale*, juin 1815, in-8, 77 p.

Précis de la suppuration putride, pour servir de suite ou de seconde partie au « Traité de la suppuration », par feu

M. Quesnay. (Publié par Prudent HEVIN.) *Paris, veuve d'Houry*, 1776, in-12.

Note manuscrite de la main de l'éditeur.

Précis de la vie du général Roger-Valhubert, commandant de la Légion d'honneur, et armé d'un sabre d'honneur ; par son aide de camp D. D. (G. DESDORIDES). 1808, in-8, 42 p.

Réimprimé sous le titre de « Précis de la vie du général Valhubert », par son aide de camp. *Avranches, veuve Tribouillard*, 1832, in-8, 58 p. et 1 f. Signé : comte M*** D*********.

Précis de la vie du R. P. Thomas Vignoli. (Par l'abbé Eustasio DEGOLA.) 1804, in-8.

Précis de la vie publique du duc d'Otrante. *Londres, H. Colbrun*, 1816, in-8, 2 ff. de titre, XXVI-174 p.

Attribué à Joseph FOUCHÉ lui-même. — Cet ouvrage a paru la même année sous le titre de : « Notice sur le duc d'Otrante », extraite et traduite de l'ouvrage allemand sous le titre : « Zeitgenossen », c'est-à-dire « Nos Contemporains célèbres »... *Leipzig, Brockaus*, 1816, in-8, XXIV-128 p. et 2 ff. d'avis et d'errata.

Précis de thérapeutique des maladies chroniques... Par Ch.-F.-S. G. (Charles-François-Simon GIRAUDY), docteur-médecin. *Paris, Crochard*, 1805, in-12.

Précis des causes et des événements qui ont amené le démembrement de la Pologne.

Ce Précis, attribué à tort par Sirand, « Bibliographie de l'Ain », *Bourg*, 1851, in-8, n° 1285, à André D'ARBELLES, est de C.-L. LESUR. Il forme les cent premières pages des « Mémoires sur la révolution de Pologne, trouvés à Berlin » (par le quartier-maître général DE PISTOR), *Paris, Galland*, in-8, CIV-215 p., avec 2 cartes.

Précis des conférences des commissaires du clergé avec les commissaires du conseil... (Par Jean-de-Dieu-Raymond DE BOISGELIN DE CUCÉ, archevêque d'Aix.) *Paris, Desprez*, 1786, in-4 et in-8.

Précis des contestations relatives à la « Collection des mémoires sur l'histoire de France », publiés par MM. A. Petitot et Monmerqué, suivi du rapport de MM. les arbitres. (Par FOUCAULT.) *Paris, Foucault*, 1827, in-8.

Précis des épreuves comparatives faites en 1820 et 1821 à l'école royale d'artillerie de La Fère, sur des canons d'espèces et de nature différentes, poussées à bout concurremment; par M. le baron DE C... (CORDA). maréchal de camp... *Paris, Anselin et Pochard*, 1822, in-fol., 22 p.

Précis des événements de Paris. Février

1848. (Par Em. HOYOIS.) *Mons, Hoyois*, 1849, in-8, VIII-52 p.

Extraits des journaux.   J. D.

Précis des événements militaires des campagnes de 1808 et 1809 en Finlande, dans la dernière guerre entre la Russie et la Suède. Par le L. G. C. P. de S*** (le lieutenant général comte Paul DE SUCHTELEN). *Saint-Pétersbourg, imprimerie de N. Gretsch*, 1827, gr. in-8, VI-220 p., avec 6 tableaux et une carte générale de la Finlande.

Précis des événements militaires, ou essai historique sur la guerre présente; avec cartes et plans. (Par le général Mathieu DUMAS.) *Paris et Strasbourg, Treuttel et Würtz*, 1800-1801, 2 vol. in-8. — Précis des événements militaires, ou essais historiques sur les campagnes de 1799 à 1814... *Paris et Strasbourg, Treuttel et Würtz*, 1816-1826, 19 vol. in-8 et 2 vol. d'atlas in-fol.

Cet ouvrage n'a pas été terminé. Il s'arrête à la campagne de 1807.

Précis des expériences faites à Trianon sur la cause qui corrompt les bleds. (Par TILLET.) 1756, in-8. — Nouv. édit., 1785, in-4.

Précis des fondations et établissements faits par S. M. le roi de Pologne, duc de Lorraine et de Bar. (Par ALLIOT.) *Nancy, P. Antoine*, 1758, in-4.

Précis des leçons de géométrie appliquée à l'arpentage. (Par Pierre TEDENAT.) *Rodez, Carière*, an IX-1801, in-8.

Précis des lois du goût... ou rhétorique raisonnée. (Par MENARD, principal du collége de Mâcon.) *Paris, Laporte*, 1777, in-12, XII-308 p. et 1 f. d'errata.

Précis des notions historiques sur la formation du corps des lois russes, tiré des actes authentiques déposés dans les archives de la deuxième section de la chancellerie particulière de S. M. l'empereur; trad. du russe (de Michel, comte SPERANSKI), par le général BOYER. *Saint-Pétersbourg, imp. veuve Pluchard et fils*, 1833, in-8, 188-VIII p.

Cet ouvrage a aussi été traduit en allemand, en italien et en anglais.   A. L.

Précis des opérations des armées du Rhin et du Jura en 1815 ; suivi des siéges d'Huningue, et l'insurrection de Strasbourg, dirigée par le sergent Dalouzi, plus connu sous le nom du général Garnison.

(Par A. Bulos.) *Paris, Baudouin frères*, 1819, in-8 et in-12.

On trouve dans cet ouvrage une notice qui, quelque temps plus tard, a été publiée sous le titre d' « Oraison funèbre du général Rapp, etc. », avec ces mots : « Par nous baron Marcognet, lieutenant général ». M. le baron Marcognet n'y a ajouté que deux lignes de sa composition. (Note communiquée.)

Précis des opérations du siége de Gibraltar. (Par le général J.-C.-E. Lemichaud d'Arçon.) *S. l. n. d.*, in-8.

Précis des ordonnances, édits, etc. (avec des notes). (Par Disson.) *Dijon, Capel*, 1781, in-8.   D. M.

Précis des preuves de la religion, suprême loi du Tout-Puissant, ou le christianisme démontré par les faits... (Par Marchand.) *S. l.*, 1803, in-8, 77 p.

Précis des recherches sur Galicie ou Halicz et sur Lodomérie ou Wlodzimir. (Par Christian Engel.) *S. l.*, 1773, in-4.
A. L.

Précis du siècle de Louis XV (par Voltaire); pour servir de supplément à l' « Essai sur l'histoire générale » en huit vol. *Genève (Rouen)*, 1768, in-8. — *Genève*, 1770, in-12. — *Genève*, 1771, in-8.

Souvent réimprimé avec le nom de l'auteur.

Précis du succès de l'établissement en faveur des noyés, pour servir de supplément audit ouvrage. (Par P.-N. Piat.) *Paris*, 1789, in-12.

Précis généalogique sur la famille Cornely. (Par Jean-Jacques-Edouard-Joseph Corneli, major à l'état-major des places.) *Bruxelles, Lesigne*, 1857, in-8, 8 p.

Tiré à 30 exemplaires et non mis dans le commerce.
D. R.

Précis historique, chronologique et géographique de l'histoire sainte, par un chef d'institution, membre de l'Université de France (Regnault, ancien directeur de l'école de commerce de Bruxelles). *Bruxelles, Tircher*, 1841, in-12, 83 p.   J. D.

Précis historique de ce qui s'est passé à Montpellier, lors du passage de S. A. R. monseigneur le duc d'Angoulême; par M. P. M***** (P. Malbec) fils. *Montpellier, Fontanel fils aîné*, 1815, in-8, 54 p.

Précis historique de l'arrivée et du séjour de S. M. Louis XVIII à Cambrai, en 1815. Troisième édition, revue et augmentée. (Par A.-J.-G. Le Glay.) *Cambrai, S. Berthoud*, 1824, in-8, 26 p.

Précis historique de l'établissement de la Société royale de médecine, de sa conduite, et de ce qui s'est fait à ce sujet dans la Faculté de médecine de Paris. (Par E.-C. Bourru.) *S. l. (Paris)*, 1779, in-8, 46 p.

Précis historique de l'établissement et des progrès de la Compagnie anglaise aux Indes orientales; suivi d'un tableau de sa situation à l'époque actuelle, et des derniers actes rendus par le Parlement servant à compléter sa législation politique et commerciale. Traduit de l'anglais de M. Colquhoun, par M. R*** (par MM. Rodouan et Bertrand). *Paris, Nicolle*, 1815, in-8.

Ce n'est qu'un fragment d'un ouvrage plus considérable intitulé en anglais : « A treatise on the population, wealth, power, and ressources of the British empire... »

Précis historique de l'établissement formé à Hambourg pour soulager les pauvres, prévenir l'indigence et abolir la mendicité... (Par C. von Bianchi.) *Vienne*, 1802, in-8.   A. L.

Précis historique de l'infanterie légère, de ses fonctions et de son influence dans la tactique des différens siècles. (Par le général G.-P. Duhesme, avec une préface de l'éditeur L.-P. Berenger, de Lyon.) *Lyon*, 1806, in-8.

Réimprimé en 1814 à Paris, chez Michaud, sous le titre d' « Essai sur l'infanterie légère, etc. »
L'édition de 1806 contient un carton à la page 268. Voy. le « Journal de la librairie », par M. Beuchot, année 1823, p. 490.

Précis historique de l'ordre de la francmaçonnerie, depuis son introduction en France jusqu'en 1829; suivi d'une biographie des membres de l'ordre les plus célèbres... et d'un choix de discours et de poésies. Par J.-C. B*** (Jean-Claude Bésuchet, docteur-médecin). *Paris, Rapilly*, 1829, 2 vol. in-8.

Précis historique de l'origine et des progrès de la rebellion d'Espagne. Traduit de l'espagnol de M. Corpas... par M. de M*** (Nicolas-Gérard Garrez de Mésière, attaché au service de l'Espagne). *Paris, J.-G. Dentu*, 1823, in-8, 2 ff. de tit., IV-180 p.   D. M.

Précis historique de la bataille livrée le 10 avril 1814, sous les murs de Toulouse, entre l'armée française et les armées combinées anglaise, espagnole et portugaise, par C. D***** (Carme-Duplan). *Toulouse, Bénichet cadet, s. d.*, in-8, 208 p.

Précis historique de la campagne de 1814, contenant les principaux événements de cette campagne... (Par F.-H. ARNAUD et Ant. CAILLOT.) *Paris, F.-H. Arnaud*, 1814, in-12. — Deuxième édition. Par MM. A. et C. *Paris, Arnaud*, 1814, in-12.

Précis historique de la maison des Comnènes... *Amsterdam*, 1784, in-8, 184 p.

Démitrius COMNÈNE passe pour être l'auteur de cet ouvrage, et il fut, dit-on, aidé par le comte DE MIRABEAU.

Précis historique de la mission de Marseille, en janvier et février 1820... Par L. J. M. R. (Louis-Joseph-Marie ROBERT). *Marseille, Masvert* (1820), in-8. — Deuxième édition. *Id., s. d.*, in-8.

Précis historique de la réformation et des églises protestantes dans l'ancien comté de Montbéliard et ses dépendances. (Par Georges-Frédéric et Charles GOGUEL.) *Paris, Marc-Aurel*, 1841, in-12, 2 ff. de tit. et 176 p.

Précis historique de la révolution qui vient de s'opérer en Hollande, par un patriote hollandois réfugié à Paris (Fr. BERNARD). *Paris, Desenne*, 1788, in-8.

Précis historique de la session de la Chambre des députés de 1816. (Par le général P.-P. DE SÉGUR.) *Paris, Eymery*, 1817, in-8.

Précis historique de la vie de Jésus-Christ, de sa doctrine, de ses miracles et de l'établissement de son Église... (Par l'abbé P.-J. TRICALET.) *Paris, A.-M. Lottin*, 1760, in-12, XII-91 p. et 3 ff. de table.

Précis historique de la vie de M. Vernet. (Par J. FEUILLET.) *S. l.* (1789), in-8, 10 p.

Extrait du « Moniteur ».

Précis historique de la vie de S. A. R. le sérénissime duc Charles-Alexandre de Lorraine et de Bar, gouverneur général des Pays-Bas-autrichiens... Deuxième édition, continuée depuis l'érection de sa statue sur la place Royale, le 17 janvier 1775, jusqu'à ce jour, et enrichie de notes historiques par P.-J. BR. (Pierre-Joseph BRUNELLE). *Bruxelles, Slingeneyer*, 1835, in-12, 104 p.   J. D.

Précis historique de la vie du duc d'Albe. (Par Pierre-Joseph BRUNELLE.) *Bruxelles*, 1839, in-16.   J. D.

Précis historique de la vie du général

MINA, publié par lui-même (traduit de l'espagnol, par Amédée-Théodore DAVESIÈS DE PONTÈS). *Paris, Pinard*, 1825, in-8.   D. M.

Le texte est en regard de la traduction.

Précis historique de la vie et du procès du maréchal Ney... par F.-F. C*** (Franc.-Fréd. COTTEREL), membre de plusieurs Académies. *Paris, J.-G. Dentu*, 1816, in-8.
D. M.

Précis historique de toutes les délibérations contenues dans les procès-verbaux des assemblées générales du clergé de France, depuis 1560 jusqu'à nos jours... (Par l'abbé Ant. DURANTHON.) *S. l.* (1767), in-fol.

Prospectus de la « Collection des procès-verbaux des assemblées... » Voy. IV, 633, d.

Précis historique des départements français, à l'usage de la jeunesse... par M. P. J. B. N. D. L. R. (Pierre-Jean-Baptiste NOUGARET, de La Rochelle); avec des cartes de chaque département, par CHANLAIRE. *Paris, Pernier*, an XI-1803, in-12.

Précis historique des Etats-Généraux, extrait de la table générale des matières des 30 vol. in-12 et 15 vol. in-4 de l'Histoire de France de MM. Velly, Villaret et Garnier... (Par RONDONNEAU DE LA MOTTE.) *Paris, veuve Desaint*, 1788, in-12, 24 p.

Précis historique des événements de l'année 1832, par un ancien magistrat (Aug.-Julien-Marie LORIEUX). *Paris, H. Dumont*, 1833, in-8, 2 ff. de tit. et 98 p.   D. M.

Précis historique des faits relatifs au magnétisme animal jusques en avril 1781. Par M. MESMER... Ouvrage traduit de l'allemand (par L.-S. MERCIER). *Londres*, 1781, in-8, 229 p.

Précis historique des guerres des Sarrasins dans les Gaules, par M. B...N C...F (BENOISTON-CHATEAUNEUF). *Paris, Moreaux*, 1810, in-8, 54 p.

Précis historique des opérations militaires de l'armée d'Italie, en 1813 et 1814, par le chef de l'état-major de cette armée (le lieutenant général comte Mart. DE VIGNOLE). *Paris, Barrois aîné*, 1817, in-8, pl.

Précis historique des opinions et actes du clergé contre la puissance temporelle, avant et après sa célèbre déclaration du 19 mars 1682... (Par Jean-Fréd.-Guill. DAMARZIT D'ESPAGNAC, ancien colonel.) *Paris, Le Normant*, 1812, in-8, 106 p.

Précis historique des principales descentes qui ont été faites dans la Grande-Bretagne. (Par François PEYRARD.) *Paris*, 1798, in-8.

La seconde édition, *Paris, Louis*, an VI, in-8, porte le nom de l'auteur.

Précis historique des séances d'une des sections du Parlement de Buonaparte, se disant Chambre des représentants, enrichi de notes et anecdotes sur quelques-uns des membres les plus marquants qui la composaient. Par *** (I.-M.-B. GAUTIER, du Var). *Paris, Patris*, août 1815, in-8.

Précis historique, dogmatique et critique sur les indulgences, par les évêques réunis. (Rédigé par l'abbé Guill. MAUVIEL, depuis évêque de Saint-Domingue.) *Paris, imprimerie chrétienne*, 1800, in-8.

Précis historique du blocus de Landau, avec les détails de tous les événements dont cette commune a été le théâtre, par un témoin oculaire (le général E.-G. ROERGAS DE SERVIEZ). *Gertruydemberg*, 1802, in-8, 120 p.

D'après Quérard, « France littéraire », IX, p. 95, cette attribution est fort douteuse.

Précis historique du siége de Valenciennes (en 1793). Par un soldat du bataillon de la Charente (DESMAREST, sergent-major). *Paris*, an II, in-8, 76 p.

Précis historique et Anecdotes diverses sur la ville et l'ancienne abbaye de Vézelay et sur ses alentours, au département de l'Yonne, par feu M. Nicolas-Léonard MARTIN, ancien curé de Vézelay. (Publié par Mlle Ed. MARTIN, sa nièce.) *Auxerre, Gallot-Fournier*, 1832, in-8.   D. M.

Précis historique et chronologique des événements militaires de la campagne contre les Turcs jusqu'à la prise de Varna, en 1828. (Par A. SPADA.) *Moscou, imp. d'Aug. Semen*, 1828, in-8, 52 p.

A. L.

Précis historique et chronologique sur le droit romain, avec des notes et des éclaircissements, traduit de l'anglais de SCHOMBERG (par A.-M.-H. BOULARD). *Paris*, 1793, in-8.

Le traducteur a mis son nom sur le titre de la deuxième édition, corrigée et augmentée, publiée en 1808, in-12.

Précis historique et descriptif sur l'église des Cordeliers, la Chapelle-Ronde... (Par Jean CAYON.) *Nancy, Cayon-Liébault*, 1843, in-16, 48 p.

Précis historique et fabuleux sur les statues qui ornent le jardin des Tuileries. (Par BLONDAU.) *Paris, Chaudrillié*, an VI-1798, in-8, 19 p. — *Paris, l'auteur*, an VII, in-8, 32 p.

Précis historique et militaire de l'expédition française en Italie, par un officier d'état-major (LECAUCHOIS-FÉRAUD). *Marseille, imp. Carnaud*, 1849, in-8.

Cet ouvrage a été aussi attribué au général OUDINOT, duc DE REGGIO.

Précis historique et militaire de la campagne de 1815, pour servir de supplément et de rectification à la « Vie politique de Napoléon, racontée par lui-même », par le général J*** (Henri DE JOMINI). *Paris, Anselin et Laguionie*, 1839, in-8, 284 p.

Précis historique et Observations nouvelles et utiles sur la plante lémithochorton, improprement appelée coralline de Corse, reconnue depuis quelques années vermifuge spécifique. (Par Dimo STÉPHANOPOLI.) *S. l. n. d.*, in-8, 24 p.

Précis historique et politique des alliances et des capitulations militaires conclues entre la France et les cantons suisses... (Par C.-L. LESUR.) *Paris, imprimerie royale*, 1818, in-8, 100 p.

Précis historique et statistique sur la ville de Valenciennes (par DESFONTAINES DE PREUX); suivi d'un coup d'œil sur les usages anciens et modernes de la même ville (par Gabriel-Antoine-Joseph HÉCART). *Valenciennes, J.-B. Henry* (1825), in-8, 120 p.

Précis historique et topographique sur le canton de Gerardmer, par un membre de la Société d'émulation des Vosges (DEFRANOUX, employé des contributions indirectes). *Epinal, imp. de Gérard*, 1832, in-12, 23 p.

Précis historique, généalogique et littéraire de la maison d'Orléans, avec notes, tables et tableaux. Par un membre de l'Université (Etienne-Gabriel PEIGNOT). *Paris, Crapelet*, 1830, gr. in-8, 2 ff. de tit., XXII-172 p.

Précis historique, moral et politique sur la noblesse française... (Par le vicomte Ch.-Gasp. DE TOUSTAIN-RICHEBOURG.) *Amterdam, M. Rey*, 1777, in-12.

Précis historique sur Cromwel, suivi de l'extrait de l' « Eikon Basilikè », ou portrait du roi... Par M***, de l'Académie de Marseille. (Par M. le chevalier DE L'ESPINASSE DE LANGEAC.) *Paris, Monory*, 1789, in-8, 190 p. — *Genève et Paris, Monory,* 1789, in-8, 190 p.

Précis historique sur l'origine, les changements du droit romain, et sur son introduction en France, par un licencié en droit (Le Tertre Julien). *Caen, P.-G. Le Roux,* 1811, in-12.

Précis historique sur la vie de San-chès. (Par C.-L.-F. Andry.) *Paris, 1783,* in-8.

Précis historique sur le château de Pierrefonds (compilé, d'après l' « Histoire du Valois » de l'abbé Carlier, par Gas-pard Escuyer, imprimeur). *Compiègne, imp. J. Escuyer,* 1827, in-8, 2 ff. de tit. et 30 p.

Plusieurs fois réimprimé.

Précis historique sur le clocher de Saint-Michel et son caveau. (Par Adolphe Léger.) *Bordeaux, imp. de J. Dupuy,* 1855, in-8, 16 p.

Précis historique sur le comte de Vair, commandant les volontaires de l'armée ; par un major de cavalerie. *Rennes, imp. de Vatar,* 1782, in-8, 16 et XXXI p.

Signé : C.-G. T*** (Ch.-Gasp. Toustain de Ri-chebourg).

Suivant une note manuscrite du temps, la distribution de cet ouvrage fut arrêtée et 200 exemplaires saisis par ordre du ministre de la guerre Ségur.

Réimprimé dans le « Journal militaire », *Paris, Valleyre,* 1784, in-12, t. I, p. 361 et suiv.

Précis historique sur le testament de Marie-Antoinette, trouvé au château de Rambluzin, en 1815, chez l'ex-conven-tionnel Courtois. (Par A. Courtois.) *Liège, s. d.,* in-8.

Précis historique sur les révolutions des royaumes de Naples et du Piémont, en 1820 et 1821 ; suivi de documents au-thentiques sur ces événements, et orné d'une carte pour servir à l'intelligence des opérations militaires. Par le comte D*** (Henri Duval). *Paris, Roret et Roussel,* 1821, in-8, 232 p. et une carte.

Précis historique sur M. de Voltaire. (Par Jean-Franc. de Laharpe.) *S. l. n. d.,* in-8, 1 f. de tit. et 7 ff., pag. 17 à 29.

Extrait de la « Galerie universelle ».

Précis historique sur Napoléon Bona-parte ; jugement porté sur ce fameux personnage d'après ce qu'il a dit, ce qu'il a fait ; le tout extrait des Mémoires d'un homme qui ne l'a point quitté depuis quinze ans. (Par Ch. Doris, de Bourges.)

Paris, G. Mathiot, 1814, in-12, 2 ff. de tit. et 80 p.

Plusieurs fois réimprimé.

Précis méthodique de l'histoire géné-rale des peuples de l'antiquité, par un chef d'institution (Regnault, ancien direc-teur de l'école de commerce de Bruxelles). *Bruxelles, Tircher,* 1842, in-12, 136 p.
J. D.

Précis national, ou tableau de la société dans ses détails ; dédié à M. le duc d'Ai-guillon. (Par Puget de Saint-Pierre.) *Paris, Lesclapart,* 1771, in-fol.

Précis ou histoire abrégée des guerres de la Révolution française, depuis 1792 jusqu'à 1815 ; par une société de militaires, sous la direction de M. Tissot..... *Paris, Raymond,* 1820-1821, 2 vol. in-8.

Le premier volume a été rédigé par P.-Fr. Tissot et le second par L.-Fr. L'Héritier, de l'Ain.

Précis philosophique et politique de l'histoire d'Angleterre, dans une suite de lettres écrites par un lord (Georges Lytt-leton, ou plutôt Olivier Goldsmith, sous ce nom) à son fils ; traduit de l'anglois (par Jean-Baptiste Laboreau, receveur des domaines à Sens, et mort dans cette ville le 20 décembre 1814). *Londres et Paris,* 1776, 2 vol. in-12.

Laboreau est né à Saint-Claude (Jura).

Précis pour le sieur Boucher de Vil-lers, peintre, dessinateur des médailles pour le cabinet du roi, demandeur, con-tre le sieur C*** (Costel), apothicaire, dé-fendeur. (Par C.-G. Coqueley de Chaus-sepière.)

Dans le tome Ier des « Causes amusantes et connues ». Voy. IV, 541, a.

Précis pour les actionnaires de la nou-velle Compagnie des Indes. (Par l'abbé d'Espagnac.) *S. l. n. d.,* in-8, 15 p.

Précis pour M. Rousseau, en réponse à l'Exposé succinct de M. Hume, suivi d'une lettre de Mme D*** (Latour de Franque-ville) à l'auteur de la justification de M. Rousseau. *S. l. (Paris),* 1767, in-12, 88-31 p.

Réimprimé sous le titre d' « Observations », dans le vingt-septième volume du Rousseau de Poinçot.

Précis pour servir de réponse aux ac-cusations faites contre les Jésuites. Mes doutes sur l'affaire présente des Jésuites. 1722. (Par le P. J.-C.-A. Cérutti.) *Paris, Mlle Carié de La Charié,* 1827, in-8, 48 p.

Cette pièce forme le n° 3 du tome I des « Documents historiques, critiques, apologétiques, concernant la Compagnie de Jésus. »

Le « Précis » a été reproduit, avec quelques changements, sous les titres suivants :

« Réponses à quelques objections concernant l'institut des Jésuites ». S. l., in-12, 36 p.

« Dix principaux chefs d'accusation contre les Jésuites ». S. l., in-12, 47 p.

Précis pratique sur les eaux de Bourbonne-les-Bains. (Par MONHAL, D. M.) Langres, Defay, 1840, in-12, 36 p.

Précis sur l'art typographique. (Par Camille MELLINET.) Nantes, imp. de Mellinet-Malassis, 1819, in-4, 10 p.

Catalogue de Nantes, no 21100.

Précis sur l'éducation des vers à soie. (Par DUVERGÉ, docteur en médecine.) Tours, H. Lambert, 1763, in-8.

Publié par VERRIER, secrétaire du bureau d'agriculture de la généralité de Tours.

Précis sur l'usure attribuée aux prêts de commerce, par M. B..... (Guillaume-André-René BASTON). Suivi de l'opinion analogue de l'abbé Bergier comparée à celle que lui prête un éditeur de Toulouse. Paris, Aimé André, 1825, in-8.

D. M.

Précis sur la réforme du régime hypothécaire, délibéré par la chambre des notaires de l'arrondissement de Compiègne, en sa séance du 3 avril 1850. (Rédigé par M. VRAYE.) Compiègne, imp. de J. Escuyer, 1850, in-8, 96 p. et table.

Précis sur la ville d'Exmes. (Par l'abbé Jean-Jacques GAUTIER, curé de La Lande de Goult.) S. l., 1789, in-8, 55 p.

Précis sur le théâtre du Panorama dramatique. (Par ALAUX.) Paris, imp. de Fain, 1823, in-8, 16 p. — Paris, Ponthieu, 1823, in-8, 28 p.

Précis sur les dartres, leurs causes, leurs symptômes et leur guérison par un traitement simple et facile... (Par A. DEVILLE.) Paris, chez l'auteur, 1828, in-12, 23 p.

Précis sur les maladies épidémiques qui sont les sources de la mortalité parmi les gens de guerre, les gens de mer... (Par RETZ, de Rochefort.) S. l., 1788, in-8.

Précis sur M. de Gribeauval, premier inspecteur de l'artillerie de France, par M. le chevalier DE PAS... (P.-J. GAUCHER DE PASSAC). Paris, imp. d'Egron, 1816, in-8, 16 p.

Précis très-sommaire de l'histoire de

Lorraine, suivi de la liste des personnages marquants nés dans la Meurthe..... (Par M. Louis LALLEMENT.) Nancy, Grimblot et veuve Raybois, 1857, in-12, 83 p.

Précurseurs (les) de l'Ante-Christ, histoire prophétique des plus fameux impies qui ont paru depuis l'établissement de l'Eglise jusqu'en l'an 1816, ou la Révolution française prédite par saint Jean l'Evangéliste ; suivie d'une dissertation sur l'arrivée et le règne futur de l'Ante-Christ, cinquième édition, revue et considérablement augmentée. Dédié aux amis de la religion et de la vérité. (Par l'abbé Jean WENDEL-WURTZ.) Lyon, Rusand, 1816, in-8, 328 p.

D. M.

Les quatre premières éditions sont intitulées : « Apollyon de l'Apocalypse ». Voy. IV, 235, b.

Les sixième et septième portent le même titre que la cinquième.

L'auteur fut, pour cette publication, suspendu de ses pouvoirs ecclésiastiques.

Prédestination (de la) éternelle de Dieu, et aussi de la Providence. (Par Jean CALVIN.) Genève, 1552, in-8.

Prédicateur (le) de l'amour de Dieu, ouvrage posthume du P. SURIN, à la suite duquel on trouve ce que recommandent sainte Thérèse, saint Jean de la Croix et saint François de Sales. (Publié par l'abbé J.-B. LASAUSSE.) Paris, Demoraine, an VII-1799, in-12.

Réimprimé à Paris, en 1821 et en 1824, in-12.

Prédication (de la). (Par l'abbé G.-F. COYER.) S. l. n. d., in-12, 1 f. de titre et 176 p. — Londres et Paris, veuve Duchesne, 1766, in-12.

Des exemplaires ont pour titre : « De la Prédication, par l'auteur du Dictionnaire philosophique ». Aux Délices, 1766, in-12.

Ceci suppose faussement que VOLTAIRE est auteur de cet ouvrage.

Prédiction de la vision prodigieuse d'un aigle épouvantable apparu le 25 juillet 1622, entre la Normandie et la Bretagne, proche la ville de Pontorson. Nouvelle édition, publiée par les soins d'un bibliophile de l'Avranchin (dom VICTOR-JACQUES, bénédictin). Jouxte la copie imprimée à Paris en 1622. Avranches, Mme Tribouillard, 1869, in-18, VIII-18 p.

L'édition originale a été imprimée à Rennes, 1622, in-8.

Prédiction de Platon, en date de l'an de la création du monde 3621 ; revue, augmentée et démontrée accomplie en l'an de grâce 1821, par M. A. P*** (Anne-

Adrien-Firmin Pillon père). *Paris*, 1821, in-8, 32 p.

.Prédiction où se voit comme le roy Charles II, roy de la Grande-Bretagne, doit être remis aux royaumes d'Angleterre, d'Ecosse et d'Irlande après la mort de son père... (Par Denis Cailloué.) *Rouen, Jaques Cailloué*, 1650, in-24, 220 p.

Ce volume contient une partie de l'Εἰκὼν Βασιλιχή. Voy. aux « Supercheries », I, 647, *a*, Carolus I. Il se termine par la « Métamorphose des îles fortunées », du sieur D. C. (Denis Cailloué), frère du libraire, d'après le « Manuel du bibliophile normand » de M. Ed. Frère.

Prédiction tirée d'un vieux manuscrit. (Par Ch. Borde.) *S. l.* (vers 1762), in-12, 21 p.

C'est à tort que Mercier attribue à Voltaire cette pièce satirique. Servan la fit réimprimer en 1783, à la suite de ses « Réflexions sur les Confessions de J.-J. Rousseau ».

Prédictions (les) de 1790. Fragments d'écrits de cette époque. (Par le marquis de La Gervaisais.) *Paris, Pihan-Delaforest*, 1831, in-8, 19 p.

Prédictions extraordinaires du grand Abracadabra, découvert dans les Odes et Ballades de Victor Hugo. (Par Georges Mathieu - Dairnvaell.) *Paris, Rozier*, 1842, in-32.

Prédictions générales et particulières pour l'année 1741 et autres. (Par Claude Villaret.) *Paris, chez Tel, à la Sybille*, 1741, in-12, 43 p. et 1 f. contenant la clef. — *Id.*, in-18, 46 p.

Prédictions (des) modernes, et en particulier de la prophétie dite d'Orval, par M. R*** (l'abbé Hyacinthe-Marie Rémusat). et Lettre d'un chanoine (M. Rémusat) à un de ses amis sur la proximité de la fin du monde... *Avignon, Seguin aîné*, 1840, in-12.

Prédictions tirées des centuries de Nostradamus, qui vraysemblablement se peuvent appliquer au temps présent et à la guerre qui va commencer entre la France et l'Angleterre, contre les Provinces-Unies. *S. l.*, 1672, in-4, 18 p.

La dédicace est signée : le chevalier de Jant. Réimprimé, l'année suivante, in-12, avec une suite. Voy. Nodier, « Mélanges tirés d'une petite bibliothèque », p. 331-335.

Prééminence (la) du service de France sur celui des autres puissances de l'Europe, ou l'image des maux que souffre le François au service de l'étranger. *Paris, Saillant et Nyon*, 1769, in-8, 48 p.

Signée : T** (Thomas).

Prééminences, prérogatives et dignités des sérénissimes princes d'Orange. (Par Gaspar de La Pise.) *La Haye*, 1661, in-8.

Catalogue Van Hulthem, nᵒ 28490.

Préface de l' « Almanach des Muses », ou dialogue entre l' « Almanach royal » et l' « Almanach des Muses ». (Par Sylvain Maréchal.) 1781, in-12, 36 p.

Préface de la comédie des philosophes. (Par l'abbé André Morellet.) *Paris, chez l'auteur de la comédie*, 1760, in-12, 20 p.

Imprimé aussi dans le « Recueil des facéties parisiennes » et de nouveau à l'étranger, 29 pages in-8. Cette pièce fit mettre son auteur à la Bastille.

Préface et Table des divisions du Catalogue des livres de la bibliothèque du conseil d'Etat. (Par A.-A. Barbier.) *Paris*, an XI-1803, in-8, 54 p.

Préface, par un paysan. (Par Emile Feuillet.) *Lons-le-Saulnier, imp. de Journet-Meynier*, 1859, in-18, 34 p. et 1 feuillet.

Préface pour servir à l'histoire de la vie et des ouvrages du cavalier Bernin. (Par Martin-Pierre-François Cureau de La Chambre.) *S. l. n. d.*, in-4, 27 p.

Préface sur le livre de Job. (Par J.-J. Duguet.) *Amsterdam*, 1734, in-12.

Préjugé (le) vaincu, comédie en prose en un acte ; par M. de M..... (Marivaux). Représentée par les comédiens françois. *Paris, Clousier*, 1747, in-12, 46 p. et 2 ff.

Préjugés (les). (Par l'abbé A.-P. Jacquin.) *Paris, Didot l'aîné*, 1760, in-12.

Préjugés (des) constitutionnels de l'an VI, digression sur la liberté politique. (Par Pierre-David Satur.) *Paris, Logerot*, an VII-1799, in-8, 106 p.

Préjugés (les) démasqués, en vers patois sarcellois. *A Port-Mahon*, 1756, pet. in-8, 4 feuillets et 56 p.

Attribués à Nicolas Jouvin par M. P. L. (Paul Lacroix). Voir le « Bulletin du bibliophile », XIVe série, page 844.

Préjugés (des) du peuple en ce qui concerne les décès, et des moyens à employer en l'absence du médecin pour rappeler à la vie les personnes qui sont en état de mort apparente, par E. B. (Emile Bara), docteur en médecine. *Tournai, Janssens*, *s. d.*, in-8, 36 p.

Préjugés légitimes contre ceux du sieur Chaumeix. (Par l'abbé C.-A.-J. Le Clerc de Montlinot.) 1759, in-12.

L'année suivante, cet écrit fut intitulé : « Justification de plusieurs articles de l'Encyclopédie, ou préjugés légitimes, etc. » Les auteurs de la « France littéraire » de 1769, trompés par la diversité de ces titres, ont cru qu'il s'agissait de deux ouvrages.

Préjugés légitimes contre le jansénisme, avec une histoire abrégée de cette erreur... par un docteur de Sorbonne (François DE VILLE). *Cologne, Abraham Dubois*, 1686, 1688, in-12.

Le P. Lelong désigne cet auteur sous le nom de DE LA VILLE.

Préjugés légitimes contre le livre intitulé : « Extrait des assertions dangereuses et pernicieuses en tout genre soutenues et enseignées par les soi-disants Jésuites ». (Par le P. COURTOIS.) *Paris*, 1764, in-4 et 4 vol. in-12.

Carayon, « Bibliographie historique de la Compagnie de Jésus », n° 3580.

Préjugez légitimes contre le papisme, ouvrage où l'on considère l'Eglise romaine dans tous ses dehors, et où l'on fait voir, par l'histoire de sa conduite, qu'elle ne peut être la véritable Eglise à l'exclusion de toutes les autres communions du christianisme, comme elle le prétend. (Par Pierre JURIEU.) *Amsterdam, H. Desbordes*, 1685, 2 vol. in-4.

Voy. Bayle, « Nouvelles de la république des lettres », avril 1685.   A. L.

Préjugés légitimes contre les calvinistes. (Par P. NICOLE.) *Paris*, 1671, in-12. — — Nouvelle édition, augmentée. *Paris*, 1725, in-12.

Préjugés légitimes sur la constitution civile et le serment exigé des fonctionnaires publics. Extrait du « Journal ecclésiastique » du numéro de janvier 1791. (Par l'abbé Aug. BARRUEL.) *Paris, Crapart*, 1791, in-8, 16 p.

Préjugés militaires, par un officier autrichien (le prince DE LIGNE). *A Kralovilhota*, 1780, 2 vol. in-8.

Le tome II, intitulé : « Fantaisies militaires », avait déjà paru en 1777, sans tomaison, et a été réimprimé en 1783. Voy. V, 432, e.
La dédicace « A mon Maître » (le maréchal de Lacy) est gravée sur cuivre et ornée d'une vignette et d'un cul-de-lampe par Choffard ; quatorze compositions du même artiste, représentant les actions militaires auxquelles le prince de Ligne avait assisté, servent d'entêtes de chapitres au premier volume de l'ouvrage. Le second a vingt planches, la plupart pliées, relatives aux manœuvres des armées ; plus, à la fin, deux tableaux pliés.

Préjugés (les) trop bravés et trop suivis, ou les mémoires de Mᶫᶫᵉ d'Oran. (Par Mᶫᶫᵉ FAUQUE.) *Londres*, 1755, 2 part. in-12.

Prélat (le) accompli, représenté en la personne d'illustrissime seigneur Philippe Cospean, évêque de Lizieux... (Par le P. René LE MÉE, cordelier.) *Saumur, J. Lesnier*, 1647, in-4.

L'auteur a signé l'épître.
La première édition était intitulée : « le Prélat accompli ». *Saumur, J. Lesnier*, 1646, in-4.

Préludes (les) de l'harmonie universelle, ou questions curieuses, etc., composées par L. P. M. M. (le P. Marin MERSENNE, minime). *Paris, Henry Guenon,* 1634, in-8.

Préludes (les) de la paix. Ballet orné de machines et de changemens de théâtre (suivi d'œuvres mêlées, le tout en vers libres. par le P. DE COLONIA). *Lyon, J. Guerrier*, 1697, in-12.

Préludes poétiques, par un ermite de Saint-Just (C.-G. BOUSQUET). *Marseille, Achard*, 1843, in-8, 223 p.

La dédicace est signée : C. G. B.......

Prémisses (les) d'Annette. (Par le général E.-G. ROERGAS DE SERVIEZ.) *Paris*, 1791, 1792, in-8.

Réimprimés en 1796, in-18, avec le nom de l'auteur.

Prémisses (les) de ma jeunesse. Ouvrage élémentaire en français et en polonais. (Par A.-J. DE WYBICKI.) *Breslau*, 1804, in-8.

Premier acte de la Phillis de Scire de BONARELLI, traduit en vers. *Paris, Loyson*, 1667, in-12, 5 ff. et 95 p.

La dédicace est signée : A. B. D. S. (Antoine BAUDERON DE SENECÉ).

Premier acte du synode nocturne des Lemanes, unelmanes, propétides, à la raine des biens, vie et honneurs de Calianthe. *S. l.*, 1608, petit in-8, 85 p.

« Ouvrage d'un genre très-singulier, passablement écrit pour le temps, et où l'auteur a prodigué une érudition immense dont il aurait pu faire un meilleur emploi. L'épître au lecteur est signée Polupragme. » « Manuel du libraire ».
Lenglet Dufresnoy (« Bibliothèque des romans », t. II, p. 41) s'est borné à en copier le titre ; Prosper Marchand a vu dans cet écrit une attaque contre l'Église de Genève.
L'attribution à G. REBOUL se justifie par un examen attentif de cette satire ; même haine contre les ministres protestants, mêmes traces de la lecture attentive de Rabelais que dans les autres productions attribuées à ce personnage, telles que les « Salmonées » (*Lyon*, 1597), la « Cabale des réformés » (1599) et le « Nouveau Panurge » dont on connaît au moins trois éditions.
Reboul eut une fin tragique ; il fut décapité à Rome, le 25 octobre 1611.
En 1852, la « Bibliothèque bibliophilo-facétieuse »,

publiée par les frères Gédéodé (voir ce nom aux « Supercheries », II, 151, e), débuta par une réimpression faite en Angleterre de ce livret (12 et 116 p.); elle fut tirée à peu d'exemplaires; une autre réimpression, mise au jour à *Paris, J. Gay*, 1862, in-18, xi-120 p., avec un avant-propos et des notes par Gustave Brunet, a été tirée à 100 exemplaires, plus de ⅔ sur peau vélin.

Premier (le) Alcibiade de Platon, traduit par M. Le Fèvre, nouvelle édition, corrigée et augmentée de remarques (par Ruhnkenius), sur la traduction françoise des livres de la République (par le P. Grou). *Amsterdam*, 1766, in-8.

Premier Anniversaire des élections communales du 28 octobre 1845. (Par Ad. Mathieu.) *Mons, Piérart*, 1846, in-8, 6 p.
                            J. D.

Premier Appel aux sifflets, ou petit rapport au public sur le grand M. B. Constant, sur ses faits et gestes, et notamment sur ses exploits à Saumur, dans les journées des 7 et 8 octobre 1820; par un prétorien imberbe (par Godard). *Paris, Brasseur aîné*, 1821, in-8, 51 p.

Premier Article du cahier général du tiers-estat de France, assemblez à Paris, aux Augustins, en l'année 1614. (Par Cl. Le Prestre.) *S. l.*, 1615, in-8, 7 p.

Premier (le) Avril 1814, ou le retour des Bourbons, comédie-vaudeville en un acte (en prose et en vers). Par MM. L. B*** et P. S**, de Montpellier (Louis Brunier, avocat, et Pascal Sarran, négociant). *Montpellier, Tournel frères*, 1814, in-8, 49 p.

Premier Bulletin. A MM. les éditeurs, rédacteurs, etc., du « Dragon ». (Par Ad. Mathieu.) *Mons, Piérart*, 1825, in-8, 8 p.
                            J. D.

Premier Bulletin de l'isle d'Elbe, donnant des nouvelles de Napoléon Buonaparte, son souverain... (Par Ant. Serieys.) *Paris, imp. d'Herhan*, 1814, in-8.

Premier Cahier des mystères de la nature. Avis à mes enfants, par A*** Q*** (Alexandre-Marie Quesnay, ancien fonctionnaire public). *Paris, Gauthier et Bertin* (1809), in-16, 48 p.   D. M.

Premier Coup d'œil sur la session de 1817. (Par Rigomer Bazin.) *Au Mans, imp. de Renaudin*, 1817, in-8.

Paginé 31 à 58.

Premier Cours de lecture. — Second livre de lecture à l'usage des écoles primaires, par L. M. (L. Malchaire, direc-

teur des écoles gratuites communales de Liége). *Liége, Redouté*, 1858, 2 br. in-12, 36 et 108 p.

La première édition du « Premier Cours de lecture » parut en 1857.

Premier Éclaircissement amiable entre le peuple et moi, sur quelques points importans, et spécialement sur le mot Aristocrate. (Par A.-J.-M. Servan.) 1790, in-8, 15 p.

Premier (du) Emploi par l'imprimerie et dans la langue française de l'apostrophe, de l'accent et de la cédille. (Par Auguste Bernard.) *Montbrison, imp. Bernard, s. d.*, in-8, 4 p.

Catalogue de Nantes, nº 57986.

Premier et Dernier Mot, sur le premier et le deuxième cahier d'un pamphlet intitulé : « Examen des budgets, pour l'année 1818, des directions générales et administrations de finances. » Par un agent supérieur de l'administration des douanes, qui se nommera quand les auteurs de l'Examen des budgets, etc., se seront fait connaître. (Par Hains.) *Paris, imp. de A. Egron*, avril 1818, in-8, 53 p.

Premier et second Advertissements des catholiqués anglois aux François catholiques, et à la noblesse qui suit à present le roy de Nauare. (Par Louis d'Orléans.) *Paris, G. Bichon*, 1590, in-8. — *Lyon, J. Pillehotte, jouxte l'exemplaire imprimé à Paris*, 2 part. en 1 vol. in-8. — *Ibid., id.*, 1591, in-8.

Premier et second livre de la Description...

Voy. « Description philosophale... », IV, 908, c.

Premier et second (et tiers) Livre des dignitez, magistratz et offices du royaume de France... *Paris, Guill. Le Noir*, 1556, in-8. — *Id.*, 1560, in-8. — *Id.*, 1564, in-8.

Par Vincent de La Loupe, de Chartres. — L'auteur avait d'abord publié son ouvrage en latin sous le titre de : « Commentarii Vincentii Lupani de magistratibus et præfecturis Francorum... », *Parisiis, G. Niger*, 1555, in-8. — Cette traduction a été aussi publiée sous les titres de : « des Dignitez, Magistratz et Offices du royaume de France », voy. IV, 992, e, et « Origine des Dignitez, Magistratz... » Voy. ci-dessus, col. 745, e.

Premier et second Voyages de mylord de *** à Paris, contenant la Quinzaine angloise, par le ch. R. (J.-J. Rutlidge). *Yverdun*, 1777, 3 vol. in-12. — *Londres*, 1782, 3 vol. in-18.

Voy. « Quinzaine angloise ».

Premier Examen critique de l'édition de Rousseau, publiée par M. Auguis. (Par V.-D. DE MUSSET PATHAY.) *Paris, Gaultier-Laguyonie*, 1824, in-4, 2 p.

Premier Examen de conscience du «Journal de la province de Liége», pour servir un jour (si tant est qu'il vienne) à la confession générale de son éditeur et de ses rédacteurs. (Par F. CARPENTIER.) *Liége, Lardinois*, 1844, in-8, 16 p.   J. D.

Premier Examen sur le Code civil... par un avocat à la Cour royale de Paris (N.-E. CARRÉ). *Paris, Warée*, 1821, in-8. — Deuxième édition. *Id.*, 1823, in-8. — Troisième édition. *Id.*, 1824, in-12.

L'auteur a publié : « Deuxième Examen sur le Code civil... » Par un avocat. *Paris, B. Warée fils aîné*, 1824, in-8.

Premier Gémissement d'une âme vivement touchée...

Voy. précédemment, « Gémissement d'une âme... », V, 527, d.

Premier (le) Grenadier des armées. Notice sur Corret La Tour-d'Auvergne. Discours historique lu à la séance publique de la Société philotechnique, le 20 brumaire an IX, par le citoyen M... (M.-A.-B. MANGOURIT)... *Paris*, an IX-1801, in-8.

Premier (le) Homme du monde, ou la création du sommeil, folie-vaudeville. (Par P.-A. VIEILLARD.) *Paris, Chollet*, 1801, in-8, 44 p.

Avec quelques collaborateurs qui ont aussi gardé l'anonyme.

Premier (le) Lien à renouer. Appel aux hommes consciencieux et réfléchis, par E. P. (Edouard PANCHAUD). *Bruxelles, Périchon*, 1848, in-8, 24 p.   J. D.

Premier livre de la Description...

Voy. « Description philosophale... », IV, 908, c.

Premier livre de la navigation aux Indes orientales par les Hollandois (de C. HOUTMAN), et des choses à eux advenues : ensemble les conditions, les mœurs et les manières de vivre des nations par eux abordées, par G. M. A. W. L. (Guillaume LODEWIJKS). *Amsterdam*, 1609, in-fol.

Premier livre de synathrisie, *alias* recueil confuz ; avec le dialogue d'un philosophe et d'un pou, traduit de l'italien (de Louis PULCI), par I. D. I. (Jean DESPLANCHES, imprimeur). *Dijon, Desplanches*, 1567, in-8.

Etienne TABOUROT, surnommé le seigneur des Accords, est le principal auteur de ce recueil; il y a aussi

des pièces de BUCANAN et de GOVÉAN. Voy. du Verdier, « Bibliothèque françoise », t. III, p. 517-518, et Brunet, « Manuel du libraire », 5e édit., H, col. 645.

Premier (le) livre des classes latines (en latin). (Par Auguste BARON.) *Bruxelles, Berthot*, 1837, in-12.   J. D.

Premier (le) livre des mignardises...

Voy. ci-dessus, « Mignardises... », col. 299, b.

Premier (le) livre des narrations fabuleuses, avec les discours de la vérité et l'histoire d'icelle, traduit (de PALÆPHATUS), par Guill. GUEROULT, auquel nous avons adjousté aucunes œuvres poétiques du traducteur. *Lyon, Rob. Granjon*, 1558, pet. in-4 de 4 ff. prélim. et 110 feuillets, le dernier coté CIX. Caract. de civilité.

Premier (le) livre pour les enfants. (Par M. J.-F. ASTIÉ.) *Toulouse, Société des livres religieux*, 1863, in-12, 127 p.

Premier livret de lectures morales et religieuses, à l'usage des écoles primaires. Extraits de la Bible. (Par Jean-Charles-Aug. MICHELOT.) *Paris, Hachette*, 1834, in-18.

Premier (le) Marin, poëme en trois chants de M. GESSNER, traduit de l'allemand, par M*** (DE SENOLIÈRES ou DE SELONIÈRES, officier). *Sedan, frères Jacquemart*, 1764, in-12, 1 f. de tit. et 95 p.

Premier Mémoire sur le Louvre. (Par L. PETIT DE BACHAUMONT.) Nouvelle édition, revue et corrigée. 1749. — Second Mémoire sur le Louvre, préférable au premier. Nouvelle édition, revue et corrigée. *S. l.*, 1750, in-8, 23 p.

Réimpression de « Mémoire sur l'achèvement... », voy. ci-dessus, col. 153, f, et de « Mémoire sur le Louvre ». Voy. col. 167, a. Voy. aussi « Mémoires sur le Louvre », col. 258, c.

Premier Plaidoyer contre Collot...

Voy. « Cahiers périodiques... », IV, 474, c.

Premier Plaidoyer religieux...

Voy. ci-dessus, « Plaidoyer religieux... », col. 903, a.

Premier Plan qui a donné lieu à la nouvelle régénération de la France. Du 20 mai 1789. (Par le comte DE SAVOISY.) *S. l.*, 1790, in-8.

Réimprimé avec le nom de l'auteur.

Premier Recueil de cantiques à l'usage du diocèse d'Evreux... (Publié par l'évêque Nicolas-Théodore OLIVIER.) *Evreux, Cornemillot*, 1845, in-18.

Premier Recueil philosophique.

Voy. « Recueil philosophique et littéraire ».

Premier Supplément à la « Défense des titres et des droits de l'abbaye de Saint-Ouen », contre le Mémoire de M. Terrisse; avec la réfutation d'un écrit de Cicéron, qui fait foi qu'un titrier, nommé Marc-Antoine, fabriqua de faux priviléges vers le commencement du VIIIe siècle de Rome. (Par l'abbé Jean SAAS.) S. l., 1743, in-4, 55 p.

Premier Supplément au « Livre blanc ».

Voy. « Livre blanc », V, col. 1321, f.

Premier. (le) volume des Illustrations des Gaules...

Voy. « Illustrations de la Gaule... ». V, 890, a.

Premier volume du Recueil...

Voy. « Recueil contenant les choses mémorables... »

Premier (le) volume du « Triumphant Mystère... »

Voy. « Triumphant Mystère... »

Premier Voyage autour du monde, par le chevalier PIGAFETTA, sur l'escadre de Magellan, pendant les années 1519, 20, 21 et 22... (Traduit par H. JANSEN.) Paris, H.-J. Jansen, an IX, in-8.

Première (la) Année d'Hildegarde à la cour des Francs. Nouvelle. (Par Mlle LA FEUILLE.) Paris, 1811, in-18.

Première (la) aux grands. Paris, Garnery, an I de la liberté, in-8, 41 p. — La Seconde aux grands, 49 p. — La Troisième aux grands, pour servir à l'histoire de la Révolution, 141 p.

Ces trois opuscules sont de A.-J.-M. SERVAN, ancien avocat général. On croit que le général Joseph SERVAN, son frère, y a fait quelques additions, et que les notes surtout sont de sa façon.

Première Comédie de TÉRENCE, appellée l' « Andrie », nouvellement traduite et mise en ryme francoyse; plus un Traité des quatre vertus cardinales, selon SÉNÈQUE. Lyon, Thibauld Payan, 1555, in-8, 218 p.

Bonaventure DES PERIERS est le traducteur du Traité des quatre vertus, et son nom se trouve sur le titre particulier de cette partie du livre. On lui attribue aussi la traduction de l'Andrie.

Elle a été réimprimée dans le premier volume des Œuvres de Bonaventure des Periers, publiées par M. Louis Lacour, Paris, Jannet, 1856; elle occupe les pages 188 à 297.

L'édition de 1537, citée par les bibliographes, est introuvable; une autre de 1554, indiquée par Papillon dans sa « Bibliothèque des auteurs de Bourgogne », a également disparu.

M. Paul Lacroix, à la fin de son édition du « Cymbalum mundi », a réimprimé l'Andrie en modernisant l'orthographe.

Première Atteinte contre ceux qui accusent les comédies, par une demoiselle françoise. (Par Mlle DE BEAU-LIEU.) Paris, J. Richer, 1603, in-12.

Première aux Romains. (Par Georges GARNIER.) Paris, A. Vaton, 1860, in-8, 28 p.

Première Déclaration du roi. (Rédigée par l'abbé TALBERT.) Belleville, le 20 août 1795. — Nouvelle édition. Paris, 1814, in-8, 16 p.

Première (de la) Education d'un prince, depuis sa naissance jusqu'à l'âge de sept ans. (Par Frédéric RIVET.) Rotterdam, Arnout Leers, 1654, in-8.

L'exemplaire de la Bibliothèque du roi porte ces mots écrits à la main sur le dos : « de l'Education d'un prince, par RIVET », ce qui ne peut s'entendre ni d'André Rivet, ni de Guillaume Rivet, son frère, fameux ministres protestans, originaires du Poitou, puisqu'ils étaient morts tous deux trois ans avant la publication de ce volume; mais le véritable auteur de l'ouvrage peut être Frédéric Rivet, fils d'André, qui eut le titre de gentilhomme domestique du prince d'Orange. Au moins l'auteur dit dans sa préface qu'il n'a jamais étudié ni les langues, ni les sciences, vu l'imbécillité de sa mémoire; mais il ajoute que la conversation des honnêtes gens est le seul livre où il a étudié; et il déclare que ses remarques viennent plus de pratique que de théorie. Quoi qu'il en soit, cet ouvrage a reparu en 1679, à Amsterdam, chez Daniel Elzevier, sous ce titre : « de l'Education des enfans, et particulièrement de celle des princes, où il est montré de quelle importance sont les sept premières années de la vie » : le style en a été rajeuni, et l'on a ajouté plusieurs chapitres dans le corps de l'ouvrage.

L'abbé Le Blanc, dans la préface qu'il a mise en tête des Lettres de M. de Fontenay sur l'éducation des princes (p. xxv), dit qu'un des meilleurs ouvrages en ce genre est celui qui a pour titre : « de l'Éducation des enfans, etc. », et il en cite un chapitre afin d'en faire sentir le mérite.

Dreux du Radier ne parle point, dans sa « Bibliothèque du Poitou », de l'ouvrage dont il est ici question.

Première Épître d'un Suisse à ses concitoyens. (Par M. le baron H. DE JOMINI.) 1822. — Seconde Epître. Lausanne, Hignon, 1822, in-8.

Première (la) et la Seconde Année du consulat de Bonaparte. (Par P.-L. ROEDERER.) Paris, s. d., in-8, 36 p.

Extrait du « Journal de Paris » du 19 brumaire an IX et an X.

Réimprimé, avec le nom de l'auteur, sous ce titre : « les Deux Premières Années du consulat de Bonaparte... » Paris, Villet, 1821, in 8.

Première et Seconde Lettre à mes concitoyens. (Par Ant. DE FERRAND.)

Voy. « Lettre à mes concitoyens... », V, 1091, c.

Première et Seconde Savoisienne, où se voit comme les ducs de Savoie ont usurpé les Etats appartenant aux rois de France... *Grenoble, par P. Marnioles*, 1630, in-8. — *S. l.*, 1630, in-8.

Fevret de Fontette, d'après Matthieu de Morgues, attribue ce pamphlet à Paul HAY DU CHATELET, mais il paraît maintenant certain que c'est à tort. Pour ce qui regarde la « Première Savoisienne », c'est la réimpression d'un libelle publié, trente années auparavant, par l'avocat Antoine ARNAULD. Quant à la « Seconde Savoisienne », elle est de l'auteur des « Entretiens des Champs-Elysées », qui n'est pas, comme on l'a dit (voy. ci-devant, V, 130, b), Paul HAY DU CHATELET, mais Bernard ou Charles DE RECHIGNEVOISIN, seigneur DE GURON. (Voy. Hauréau, « Histoire littéraire du Maine », 2e édit., t. VI, p. 80-81.)

Première Harangue des habitants de la paroisse de Sarcelles à monseigneur l'archevêque de Sens, au sujet de son mandement du 6 avril 1739... (Par Nicolas JOUIN.) *Aix, J.-B. Girard*, 1740, in-8, VIII-72 p. — Deuxième Harangue... *Id.*, 1741, in-12, 60 p. — Troisième Harangue... *Id.*, 1732, in-12, 56 p. — Quatrième Harangue... In-8, VIII-76 p. — Cinquième Harangue... In-8, x-18 p.

Voy. « Deux Harangues... », IV, 923, c, et « Harangue des habitans... », V, 602, a.

Première Helvétienne. (Par J. HUBER-SALADIN.) *Genève*, 1825, in-8.

Première Introduction à la philosophie économique, ou analyse des Etats policés. Par un disciple de l'Ami des hommes. *Paris, Didot*, 1771, in-8.

Le privilége est accordé au sieur DE LONVAY, pseudonyme de l'abbé Nic. BAUDEAU.

Première Lanterne magique nationale, revue et corrigée par un zélé patriote. (Par le vicomte DE MIRABEAU.) *S. l.*, 1790, in-8, 29 p.

Première Leçon de Boniface Diastillen, chirurgien-juré de la communauté de ***, à Alexis Diastillen, son neveu, au sujet des fréquentes méprises du sieur Louis, chirurgien juré... (Par MICHEL.) *S. l.*, 1757, in-4, 8 p.

Première Lettre à l'auteur d'un écrit allemand qui a pour titre : « Réponse aux douze lettres du P. Seedorf... (Par le P. Fr. SEEDORF, jésuite.) *Mannheim*, 1750, in-12.

Première Lettre à l'auteur des « Mé-

moires pour servir à l'histoire ecclésiastique... » Par M. S*** (Louis SILVY), ancien magistrat. *Paris, Egron*, 1815, in-8, 40 p., avec une addition de 4 p.

Première Lettre à Louis XVIII, roi de France et de Navarre, sur le salut de la monarchie française. (Par ERRARD DE L'ISLE, émigré.) *Londres, T. Booker*, 1797, in-8.

Cette Lettre a été suivie de sept autres. Ces Lettres ont paru aussi en anglais. Elles ont été réimprimées avec des notes.

Première Lettre à Mlle H***, sur la religion catholique. (Par GOART, docteur de Sorbonne.) *Nancy*, 1748, in-12.

Il y a une seconde Lettre du même auteur sur le même sujet.

Première Lettre à M. le comte Decazes, en réponse à son Discours sur la liberté individuelle, par A. F. T. C. (Adolphe-Fr.-T. CHEVALIER). *Paris, J.-G. Dentu*, 1817, in-8, 2 ff. lim. et 76 p.

Brochure saisie lors de sa publication ; cet écrit suscita un procès qui fit beaucoup de bruit.

Première Lettre à M. Necker, sur l'importance des opinions religieuses. (Par Ant. DE RIVAROL.) *Berlin*, 1788, in-8, 27 p.

Rivarol a adressé, la même année, une seconde Lettre à M. Necker sur la morale ; celle-ci a 44 pages. Elles ont été réimprimées toutes deux dans le tome II des « Chefs-d'œuvre politiques et littéraires de la fin du XVIIIe siècle ». (Neuwied), 1788, 3 vol. in-8.

Première Lettre à M. Rabaut de Saint-Etienne, sur la charité chrétienne, par un aristocrate sans le savoir (A.-J.-M. SERVAN). *Mars* 1790, in-8, 48 p.

Cette Lettre a été suivie d'une seconde, de 41 p., sur la raison et la logique, et d'une troisième, sur l'humanité, de 25 p.

Première Lettre à un ami sur l'assemblée des notables. *De l'imprimerie de la Vérité*, 1787, in-8, 35 p. — Seconde Lettre à un ami sur l'assemblée des notables. *Id.*, 1787, in-8, 39 p.

La deuxième Lettre est signée : LE GALLOPHILE. — Par l'abbé Gabr. BRIZARD.

Première Lettre au docteur de Brysis sur la mission de Carpentras, par A. L. V. S. *Carpentras, Proyet père*, 1819, in-8, 48 p.

L'exemplaire de la Bibliothèque nationale est signé à la main : LEBLANC.

Première (à quatrième) Lettre au rédacteur du « Courrier de Londres » (M. de Montlosier)... (Par T.-G. DE LALLY-TOL-

LENDAL.) *Londres*, *J. de Boffe*, 1801, in-8, 24, 69, 60 et 196 p.

Première Lettre d'un ami (l'abbé Jér. BESOIGNE) à un curé du diocèse de Sens, au sujet d'un écrit intitulé : « Apostilles curieuses pour être ajoutées aux remarques importantes sur le Catéchisme de M. l'archevêque de Sens », datée du 15 décembre 1732. In-4, 7 p.

Cette Lettre a été suivie d'une seconde, datée du 31 décembre 1732, 8 p.

Première Lettre (et unique) d'un citoyen zélé qui n'est ni chirurgien ni médecin (DIDEROT), à M. D. M. (de Morand)... où l'on propose un moyen d'apaiser les troubles qui divisent depuis si longtemps la médecine et la chirurgie. *S. l.* (1748), in-12, 33 p.

Signée : U. D. E. D. L. E. F.
Réimprimée dans les « Œuvres de Diderot ».

Première Lettre d'un rabin converti (P.-L.-B. DRACH) aux Israélites ses frères, sur les motifs de sa conversion. *Paris, Méquignon-Havard*, 1830, in-8.

Première Lettre de M*** (l'abbé Ph. BOUCHER) à un de ses amis, pour lui faire part de ses réflexions sur les miracles opérés au tombeau de M. de Pâris. *S. l.* (1731), in-4, 28 p.

Cette Lettre a été suivie de trois autres, sous le nom de M. l'abbé DE LISLE.
Voy. « Supercheries », I, 894, d.

Première Lettre de M. l'abbé *** (le P. F.-N. VIGIER, de l'Oratoire) à un de ses amis, en réponse aux libelles qui ont paru contre le nouveau Bréviaire de Paris. 1er octobre 1736, in-4.

L'auteur a fait paraître une seconde et une troisième Lettre. Les trois réunies forment 75 pages. Voy. l' « Ami de la religion et du roi », du 17 janvier 1821, t. XXVI, p. 289.

Première Lettre écrite à M*** sur le nouveau système des finances...(Par l'abbé Jean TERRASSON.)

Voy. « Lettres sur le nouveau système des finances », V, 1300, c.

Première (— 3e) lettre sur Le Mans et sur ses environs, à M. Ursin... *Le Mans, imp. de Fleuriot, s. d.*, in-8, 8 p.

Datées du 1-28 octobre 1819.
Signées : B. D. L. M. (BLANCHARD DE LA MUSSE).

Première Lettre théologique aux écrivains défenseurs des convulsions du temps. (Par dom L.-B. DE LA TASTE, prieur des Blancs-Manteaux.)

Voy. « Lettres théologiques... », V, 1305, e.

Première Liste des chrétiens mis à mort et égorgés à Lyon par les catholiques romains, à l'époque de la Saint-Barthélemy. Août 1572. (Réimprimée par les soins de Pierre - Marie GONON.) *A Lyon sur le Rhosne, par J. Nigon*, 1847, in-8.

D. M.

Première Nuit d'YOUNG, traduite (par Honoré-Auguste SABATIER DE CABRE). In-8, 31 p.

Première (la) Nuit de mes noces, traduit du champenois par l'auteur de Brick-Bolding (C.-A. SEWRIN). *Paris, Mme Masson*, an X-1801, 2 vol. in-12.

Première partie des vérités françaises et politiques, contenant toutes les affaires les plus remarquables de ce temps... par le sieur R. Ch. (H.-R. ROZARD, Champenois). *Paris, P. Variquet*, 1649, in-4, 7 p.

Première (la) Philippique : A la France. *S. l.*, 1592, in-8, 78 p. — La Seconde Philippique : A la France. *S. l.*, 1592, in-8, 64 p.

Par Antoine ARNAULD, avocat. — La Première Philippique a été réimprimée à *Lyon, imp. de C. Morillon*, 1594, in-8.

Première Promenade d'un solitaire provincial, depuis le faubourg Saint-Honoré jusqu'au palais du Tribunat. (Par P. GALLET.) *Paris, Fuchs*, an X-1802, in-12.

V. T.

Première (la) Savoisienne. *S. l. n. d.*, in-8, 56 p.

Voy. ci-dessus, « Première et Seconde Savoisienne... », col. 999, a.

Première (et Seconde) Semaine, ou création du monde de Guillaume DE SALUSTE, seigneur DU BARTAS... En cette dernière édition ont esté adioustez l'argument general, amples sommaires... par S. G. S. (Simon GOULARD, Senlisien). *Paris, F. Arnoullet*, 1608, 2 vol. in-12. — *Rouen, imp. de R. du Petit-Val*, 1616, in-12.

Première Suite à la controverse pacifique, où l'on développe les réclamations canoniques des évêques de France, savoir : le fondement des réclamations ; — dans les évêques, le droit et le devoir de les faire ; — que ce droit et ce devoir ne peuvent rencontrer aucun obstacle ; — leur extension aux droits lésés du souverain légitime ; — les effets inséparables des réclamations. Par l'auteur de la « Controverse pacifique » (l'abbé P.-L. BLANCHARD). *Londres*, *Dulau*, 1805, in-8.

Voy. « Controverse pacifique », IV, 754, *d*.

Le second volume de cet ouvrage a été publié sous le titre suivant : « l'Etat politique et religieux de la France... » Voy. V, 300, *a*.

Premières (les) Amours, ou Zémire et Zilas, poëme en trois chants, par M. D. S. (DESCHAMPS DE SAUCOURT). *Gnide (Paris)*, *Brunet*, 1784, in-8, 34 p.

L'édition de *Maestricht*, 1775, porte le titre de « Zémire et Zilas ».

Premières Connaissances. (Par A. DESPREZ.) *Paris*, *Dupont*, 1835, in-8.

               D. M.

Réimprimées avec le nom de l'auteur.

Premières Études de philosophie. (Par J. WALLON.) *Paris*, *Ladrange*, 1833, in-12.

               D. M.

Premières Leçons pratiques de langue allemande, par G. F. (FABRY), professeur d'allemand. *Bruxelles*, *Muquardt*, 1840, in-8, 180 p.   J. D.

Premières Lectures françaises pour les écoles primaires... (Par J. WILLM.) *Strasbourg*, *veuve Levrault*, 1840, in-12.

Souvent réimprimées avec le nom de l'auteur.

Premières Notions d'arithmétique. (Par FOURTEAU.) *Meaux*, 1819, in-12.

Premières Observations critiques sur la grammaire latine de M. Pelletier, par un chef d'établissement de l'Université (l'abbé P.-F.-T. DELARIVIÈRE, ancien professeur à Caen). *Paris*, 1823, in-8, 54 p.

Premières Observations faites par ordre du roy, pour connoître la distance terrestre entre Paris et Amiens. (Par Pierre LE MONNIER.) *Paris*, *imprimerie royale*, 1757, in-8.

Premières Ombres de la barbarie. (Par le marquis DE LA GERVAISAIS.) *Paris*, *Pihan-Delaforest*, 1836, in-8, 32 p.

Premiers Chants du pèlerin du Midi. (Par Philippe ALLÈGRE.) *Marseille*, *Olive*, 1836, in-8.   G. M.

Premiers Documents liégeois écrits en français. 1233-1236. *Liége*, *Carmanne*, 1859, in-8, 7 p.

Signés : U. C. (Ulysse CAPITAINE).

Premiers (les) Efforts du schisme dans la Touraine repoussés par la voix de la vérité, ou réponse à la lettre circulaire du 22 mars, de M. Suzor, curé d'Ecueillé, diocèse de Tours, élu évêque d'Indre-et-Loire, à MM. les curés de Touraine... (Par NORMAND.) *Paris*, *Artaud*, 1791, in-8.

Voy. « l'Eglise constitutionnelle convaincue d'erreur... », V, 40, *d*.

Premiers (les) Élémens de la peinture pratique. (Par Michel CORNEILLE.) *Paris*, 1634, in-12.   V. T.

Premiers (les) Élémens des sciences, ou entrée aux connoissances solides en divers entretiens, proportionnés à la portée des commençans... (Par dom Franç. LAMY, bénédictin.) *Paris*, *F. Léonard*, 1706, in-12.

Premiers Essais poétiques. (Par Samuel-Henri BERTHOUD.) *Cambrai*, 1822, in-4, 34 p.

Premiers (les) Jours de prairial; par l'auteur des « Journées des 12 et 13 germinal » (Eusèbe SALVERTE). *Paris*, *veuve A.-J. Gorsas*, an III, in-8.

Premiers Principes d'une bonne administration et Causes de la décadence d'un royaume. *S. l. n. d.*, in-8, 23 p.

Signés : D. DE V. (L.-H. DUCHESNE DE VOIRON).

Premiers Principes de la langue française, choisis des meilleures grammaires et enrichis d'exemples sur tous les cas. (Par J.-B. ALBERT.) *Hambourg et Leipzig*, 1810, in-8.

Premiers (les) Principes du système social appliqués à la révolution présente. (Par J.-H. MEISTER.) *Nice et Paris*, *Guerbart*, 1790, in-8.

Premiers Traités élémentaires de mathématiques, dictés en l'Université de Paris, par feu M.... (Pierre LE MONNIER). *Paris*, *imprimerie royale*, 1758, in-8.

Preneurs (les) de république, conte extrêmement moral... dédié à Mᵐᵉ de Chastenay-Puiségur, par M. LA TO... (DE LA TOUR). *Versailles*, *Lebel*, 1808, in-8, 10 p.

Prenostication de maistre Albert songecreux bisscain. (Par Jehan DE L'ESPINE DE PONTALAIS.) *S. l. n. d.*, in-4 goth.

Voy. « Supercheries », III, 710, *d*.

Préparation à l'étude de la mythologie. (Par l'abbé Edm. CORDIER DE SAINT-FIRMIN.) *Paris*, *Courcier*, 1810, in-8.

Préparation à la composition française, suivie d'exercices sur la synonymie et de morceaux choisis pour orner la mémoire, par A. P. (Adolphe Parcault). *Moscou, imp. d'Aug. Semen*, 1837, in-12.

Préparation (de la) à la sainte communion. (Par l'abbé P.-S. Gourlin.) *S. l. n. d.*, in-12, 48 p.

Préparation au passage du temps à l'éternité pour les malades. Traduit du latin du P. Eusèbe Nieremberg, S. J. (Par le P. de Courbeville, S. J.) *Paris*, 1728, 1748, in-12. — Nouvelle édition. (Par le P. A.-A. Cadrès, S. J.) *Paris, Adr. Leclerc*, 1856, in-32.

Le nouvel éditeur a fait précéder cette édition d'une notice sur le P. Nieremberg et de la Lettre du P. Joachim de La Grandville sur la mort du P. Jos. de Courbeville.

Préparations et Actions de grâces, à l'usage des personnes pieuses, qui font leurs délices de la fréquente communion. Par l'auteur des « Moyens de perfection pour une vierge chrétienne » (G. Ogier). *Lyon, Rusand*, 1817, in-18. — *Id.*, 1825, in-18.

Prérogative (de la) royale, par l'auteur de « Deux Ans de règne ». *Paris, imp. de Guiraudet*, 1838, in-8, 64 p.

Le titre de « Deux Ans de règne » indique comme auteur Alphonse Pépin, avocat. Quérard lui donne comme collaborateur le roi Louis-Philippe. Aussi, après avoir fait de « Deux Ans de règne » le nº xix des ouvrages cités à l'article du roi-citoyen, donne-t-il sous les nºˢ xxiv et xxv de cette même notice le présent ouvrage et la brochure intitulée : « la Royauté de Juillet ». (Voy. ces mots.)

Prérogatives (les) de la robe, par M. de F***, conseiller au Parlement (François Bertaut, sieur de Freauville). *Paris, Jacques Lefebvre*, 1701, in-12.

Prérogatives (des) du Tiers-État, par la duchesse de ***, née plébéienne. (Par L.-A. Caraccioli.) *S. l.*, 1789, in-8, 35 p.

Présages de la décadence des empires, où sont mêlées plusieurs observations curieuses touchant la religion et les affaires du temps. (Par P. Jurieu.) *Mekelbourg, Makelchauw*, 1688, in-12.

Ce livre est rare; c'est une des meilleures productions de ce fameux ministre.

Présages (les) de la santé, des maladies et du sort des malades, ou histoire universelle des signes pronostics... Par *** (Malrieu). *Paris, Briasson*, 1770, in-12.

L'auteur a signé la dédicace.

Presbytère (le). (Par Rodolphe Töpf-

---

fer.) *Genève, Viguier*, 1832, in-8. — *Genève, s. d.*, in-4 obl. — *Genève*, 1839, 2 vol. in-8.

Réimprimé avec le nom de l'auteur.

Presbytère (le) au bord de la mer; traduit de l'allemand d'Auguste Lafontaine, par MM. G*** et S*** (J.-J. Guizot, frère de l'ancien ministre, et Jean-Baptiste-Balthasar Sauvan). *Paris, Arthus Bertrand*, 1816, 4 vol. in-12. — *Id.*, 1821, 4 vol. in-12.　　　　　　　　　　　　D. M.

Presbytéromachie (la), ou Lettre théologique à Mᵐᵉ la marquise D***, sur le combat de deux prêtres, Molinos et Malebranche, où l'on fait voir que les illusions de ce dernier sont aussi pernicieuses que celles du premier. (Par l'abbé P.-V. Faydit.) *S. l. n. d.* (1699), in-12, 44 p.

Prescriptions touchant la conception de Notre-Dame. (Par Jean de Launoy.) *Paris*, 1676, in-12. — Seconde édition, augmentée. 1677, in-12, 95 p.

L'abbé Trevet a publié contre cet ouvrage : « Réfutation d'un libelle imprimé... » Voy. ces mots.

Préséance (de la) des rois de France sur les rois d'Espagne. (Par Ch. Bulteau.) *Paris, Billaine*, 1674, in-4.

Le privilège de cette édition désigne l'auteur par les initiales C. B. N. C. S. M. C. D. F. E. D. F.

La Bibliothèque nationale possède les 112 premières pages d'une édition in-4 qui a été interrompue et sur laquelle un contemporain donne à Bulteau la qualité de conseiller-secrétaire du roi, maison, couronne de France et de ses finances.

Présence (la) corporelle de l'homme en plusieurs lieux, prouvée possible par les principes de la saine philosophie... par l'auteur des « Lettres à un Américain » (l'abbé J.-A. Lelarge de Lignac, ouvrage posthume, publié par M.-J. Brisson). *Paris, Rozet*, 1764, in-12.

Présence (la) de Dieu. (Par Jean-Vladimirovitch Lapoukhine.) *S. l. n. d.*, in-24, 144 p. — *Moscou, Rudiger et Claudi*, 1799, in-18, 166 p.

Présence (la) de Jésus-Christ dans les prisons et les hôpitaux, etc. (Par le R. P. Antoine de La Porte.) *Paris, Cottereau*, 1643, in-12.

Présent (le) d'étrennes. (Par Mᵐᵉ Tourte Cherbuliez.) *Genève, Abr. Cherbuliez*, 1833, in-12.

Présent (le) de noces, ou almanach historique et moral des époux. (Par l'abbé

J.-A. Guiot.) *Hymenopolis et Paris, Fuchs,* 1802, in-18.

Présent et Avenir des ouvriers, par un typographe (J. Burgy). *Paris, chez l'auteur,* 1847, in-18, 36 p.

Présent singulier offert aux savants interprètes de l'Europe, sans excepter même les Capucins hébraïzans de la rue Saint-Honoré. (Par Jacq. Le Brigant.) *Rennes, A. de Montenaz,* 1783, in-8. · V. T.

Présent utile à tous, ou Jésus s'immolant pendant la messe et dans sa passion... par M. L. S*** (l'abbé J.-B. La Sausse). *Rouen, Mégard,* 1815, in-18.

Présentation (la) de mes seigneurs les enfans de France, faicte par très haulte princesse madame Alienor, royne de France... *S. l. n. d.,* in-8 goth., 4 ff.

Suivant La Croix du Maine, l'auteur est Nicolas Hauville. M. de Montaiglon a réimprimé cette pièce dans le t. V de son « Recueil de poésies françaises » de la Bibliothèque elzevirienne.

Présentation des lettres d'érection du duché de Touars en pairrie, accordées par le roy à M. de La Trimoüille, 1599. (Par Ant. Arnauld.) *S. l. n. d.,* in-4, 18 p.

Présens des courtisanes, ou galanteries de Cythère; trophées de gloire, ou les lauriers remportés par les guerriers de Cypris dans la milice de Cythère... par M. L*** (Esaü-Michel Laugier). *Paris,* 1785, in-8.

Préservatif contre l'agromanie, ou l'agriculture réduite à de vrais principes. (Par L.-B. Desplaces.) *Paris, Hérissant,* 1762, in-12.

Préservatif contre l'anglomanie. (Par Fougeret de Montbron.) *Minorque,* 1757, in-8.

Préservatif (le) contre l'avis à mes compatriotes; avec des observations sur l'affaire présente, par un membre des Etats du Dauphiné (Jean-Denis Lanjuinais). *S. l.* (1788), in-8, 1 f. de tit. et 25 p.

Préservatif contre l'irréligion et le libertinage. (Par J. La Guille, jésuite.) *Nancy, Antoine,* 1739, in-8.

Préservatif contre la fumée, ou moyens de construire les nouvelles cheminées et de réparer les anciennes... par L. A. M. G. (Sébast.-Mich.-César Miroir). *Paris, Gœury, s. d.* (an IX-1801), in-8, 24 p.

D. M.

Préservatif contre la « Suite du Sophisme dévoilé », par un prêtre du diosèce de Tournay (l'abbé Duvivier). *Mons, Monjot,* an XI-1803, in-8, 69 p.

Réponse à une attaque dirigée par M. Stevens contre M. Hirn, évêque de Tournay, sous le titre : « le Sophisme dévoilé ».
J. D.

Préservatif contre le changement de religion, ou idée juste et véritable de la religion catholique romaine, opposée aux portraits flattés que l'on en fait, et particulièrement à celuy de M. de Condom. (Par P. Jurieu.) *La Haye, Abr. Arondeus, s. d.,* pet. in-12. — *La Haye,* 1682, in-12. — Nouvelle édition. *Amsterdam, J.-Fréd. Bernard,* 1717, in-12.

Préservatif contre le fanatisme... par Samuel Turretin (traduit du latin par J. T. L. C., c'est-à-dire par Jacques-Théodore Le Clerc). *Genève, Duvillard,* 1723, in-8.

Préservatif contre le papisme, divisé en deux parties ; par Guillaume Sherlock. Traduit de l'anglois (par Elie de Joncourt). *La Haye,* 1721, in-8.

Préservatif contre le schisme, ou questions relatives au décret du 27 novembre 1790. (Par Noël de Larrière.) *Paris, Le Clère,* 1791, in-8. — Deuxième édition. *Id.,* 1791, in-8.

Réimprimé avec le nom de l'auteur.

« Préservatif (le) contre le schisme » (de Larrière), convaincu de graves erreurs. (Par le P. Bernard Lambert.) *Paris, veuve Desaint,* 1791, in-8. — Deuxième édition. *Paris, Leclère,* 1791, in-8.

« Préservatif (le) contre le schisme », accusé et non convaincu de graves erreurs. (Par Noël de Larrière.) *Paris, Le Clère* (1791), in-8.

Préservatif contre les actes du clergé, ou lettre à un curé. (Par l'abbé H. Jabineau.) *S. l.* (1765), in-12, 73 p.

Préservatif contre les faux principes et les maximes dangereuses établies par M. de Montgeron, pour justifier les secours violens qu'on donne aux convulsionnaires. (Attribué à Hervieux de La Boissière, curé de Saint-Jacques à Corbeil, et à l'abbé de La Molère.) *S. l.,* 1750, in-12. — *Paris, Crapart,* 1787, in-12.

Préservatif contre les opinions erronées qui se répandent au sujet des peines de la vie à venir. (Par G.-L. Liomin.) *Heidelberg,* 1760, in-12.

Préservatif contre un écrit intitulé : « Adresse à l'Assemblée nationale, sur la liberté des opinions, etc. » (Par l'abbé André Morellet.) *Paris, imp. de Crapart, s. d.*, in-8, 38 p.

Préservatif nécessaire à toutes les personnes qui ont les lettres faussement attribuées au pape Clément XIV. (Par le P. C.-L. Richard.) *Deux-Ponts* 1776, in-12.

Préservatif (le), ou critique des « Observations sur les écrits modernes » (de l'abbé Desfontaines, par Voltaire). *La Haye, J. Néaulme (Paris)*, 1738, in-12, 45 p.

La première édition a paru sous le nom du chevalier de Mouhy, disent les éditeurs de Kehl. M. Beuchot n'a pu trouver d'édition portant ce nom. Voy. « Bibliographie voltairienne », n° 171.

Réimprimé dans le tome III des « Pièces détachées ». Voy. ci-dessus, col. 887, *d.*

Desfontaines répondit par la « Voltairomanie ». Voy. ce titre.

Préservatif pour les fidèles contre les sophismes et les impiétés des incrédules... avec une Réponse à la lettre de J.-J. Rousseau à M. de Beaumont. (Par dom J.-P. Deforis.) *Paris*, 1764, in-12.

Préservatifs contre le fanatisme, ou les nouveaux millénaires rappelés aux principes fondamentaux de la règle de foi catholique. (Par M. l'abbé J.-B. de Montmignon.) *Paris*, 1806, in-8.

Présidence (la) du conseil de M. Guizot, et la majorité de 1847, par un homme d'Etat (Baptiste-Honoré-Raymond Capefigue). *Paris, Amyot* (1847), in-8, 2 ff. de tit. et 384 p.   D. M.

Cette publication a eu trois tirages dans le mois même de son apparition.

Présidence (la), s'il vous plaît ! Par un républicain de la veille. (Par Alfred Delvau.) *Paris*, 1848, in-18, 33 p.

Président (le) de Thou justifié contre les accusations de M. de Bury, auteur d'une « Vie de Henri IV ». (Par Voltaire.) *S. l. n. d. (Genève)*, 1766, in-8, 38 p.

Réimprimé dans le tome II de l' « Evangile du jour », à la suite de l' « Examen de la Nouvelle Histoire de Henri IV de M. de Bury », par M. le marquis de B***... Voy. V, 345, *d.*

Présomptions (les) des femmes. (Par Guillaume Coquillart.) *Rouen, Abraham Cousturier (s. d.)*, in-8, 8 ff.

Réimprimées à *Paris, J. Pinard* (1830), in-8, 9 ff. Tirées à 42 exemplaires.

L'avis des éditeurs est signé : G. V. (Giraud et Aug. Veinant).

Pressante Réclamation pour les pères et mères des émigrés. (Par Ph. Le Gras.) *Paris, an III-1795*, in-8.

Presse (de la) périodique. (Par le baron de Polverel.) *Paris, J.-G. Dentu*, 1826, in-8, 27 p.

Presse (la) russe à Londres aux Serbes et Monténégrins. (Par Alexandre Herzen.) *Londres*, 1860, in-4.   A. L.

Pressentiment philosophique sur le bonheur universel. (Par J.-B.-J. Doillot.) *Paris, A. Bertrand*, 1830, in-8.

Pressentimens justifiés, anecdote historique... (Par Alex.-Jacq. Ducoudray.) 1769, in-12.   V. T.

Permission tacite.

Prestige détruit, ou la crédulité désabusée. (Par l'abbé Le Coigneux.) *Besançon*, 1789, in-8.

Prêté (le) rendu, comédie mêlée de couplets, par MM*** (M.-N. Balisson de Rougemont, M.-J. Gentil de Chavagnac, A.-H.-J. Duveyrier et Mme Adélaïde Lesparat) ; représentée pour la première fois sur le théâtre du Vaudeville, le 31 mai 1819. *Paris, Quoy*, 1819, in-8, 40 p.

Prétendants (les) devant le peuple. (Par Henri Imbert.) *Paris, imp. de Maulde et Renou*, novembre 1848, in-8, 24 p.

Prétendue (la) Constitution civile du clergé, convaincue d'erreur et de schisme. (Par Louis Menuret, supérieur de la communauté des prêtres de Saint-François de Sales, massacré aux Carmes, le 2 septembre 1792.) 1791, in-8.

Prétendue (la) Religion réformée démasquée ; ses difformités, ses faussetés et ses impiétés dévoilées, et les vérités catholiques prouvées et avérées (par Binard, augmentées par le Père Arnould de Linot, gardien du couvent des Récollets de Durbuy), avec quelques annotations sur chaque chapitre. Par un récollet de l'ordre de Saint-François (Barthélemy d'Astroy). *Liége, Hoyoux*, 1676, in-8.   Ul. C.

Voy. « Supercheries », III, 350, *b.*

Prétendue (de la) Universalité du déluge et des divers systèmes qui ont servi à l'établir. (Par Sam. d'Engel.) *Amsterdam*, 1767, in-12.

Prétendue (la) Veuve, ou l'époux magicien, comédie en cinq actes et en vers, traduite de l'anglois de feu M. ADDISON, et mise en vers par M. D. D. (DESCAZEAUX DESGRANGES). *Paris, Bauche,* 1737, in-8.

Prétendues (des) Évocations d'esprits, contenant un examen critique de l'ouvrage de M. G. Mabru, sur le magnétisme, par le Juif-Errant (ROISSELET DE SAUCLIÈRES). *Paris,* 1859, in-18.   D. M.

Prétendues (les) Lumières du commencement du XIXᵉ siècle, en opposition avec le bon sens et la vérité... Par l'auteur du « Catéchisme sur le célibat ecclésiastique » (l'abbé DE GAUZARGUES). *Besançon, Petit,* 1808, in-8, 1 f. de tit., VI-91 p.

Prétendus (les), comédie lyrique en deux actes et en vers. Représentée pour la première fois, par l'Académie de musique, le mardi 2 juin 1789, et remise au théâtre le 8 brumaire de l'an cinquième. Nouvelle édition. Paroles de *** (M.-A.-J. ROCHON DE CHABANNES). Musique du C. Le Moine. *Paris, Roullet,* an V, in-8, 32 p.

La première édition est de *Paris, P. Delormel,* 1789, in-8.

Prétendus (les) Réformés convaincus de schisme (par Pierre NICOLE), pour servir de réponse à un écrit (de Claude) intitulé : « Considérations sur les lettres circulaires de l'Assemblée du clergé de France de l'année 1682 ». *Paris, Guil. Desprez,* 1684, in-12. — Deuxième édition. *Bruxelles, E.-H. Frix,* 1684, in-12.

Prétendus (les) Républicains jésuites. Extraits de l' « Echo de Seine-et-Oise », nᵒˢ 11, 12 et 13. (Par DESCHIENS.) (*Versailles*), *imp. de Montalant-Bougleux* (1833), in-8, 8 p.

Prêteur (le) sur gages, ou l'intérieur des maisons de prêts. Ouvrage critique, historique et moral. Par Joseph R**** (Joseph ROSNY). *Paris,* an VIII, in-12.

Prétieuse (la), ou le mystère des ruelles, dédiée à celle qui n'y pense pas. (Par l'abbé Michel DE PURE.) *Imprimé à Rouen, par J. Maurry, et se vend à Paris, chez P. Lamy ou chez Guill. de Luynes,* 1656-58, 4 part. pet. in-8.

Dans le privilége, daté du 14 décembre 1655, l'auteur est désigné par les initiales D. P. ou A, D. P. La dédicace de la première partie est signée : GELASIRE, et l'épître de la quatrième : G.

Prêtraille (la) jugée et condamnée par l'histoire, ou réponse d'un franc-maçon (VANDERLOOY) à la bulle d'excommunica-

tion de Pie IX. *Bruxelles, chez tous les libraires,* 1865, in-8, 8 p.   J. D.

Prêtre (le). (Par E. LOYAU, d'Amboise, dit plus tard DE LACY.) *Paris, Ygonette,* 1830, in-12.

La deuxième édition, sous le titre de : « la Vie d'un bon prêtre... », *Paris, Angé,* 1837, in-12, porte le nom de l'auteur.

Prêtre (le) auprès des malades, ou conseils sur la manière d'assister les malades, de les aider à bien mourir et de les disposer à vivre chrétiennement s'ils reviennent à la santé. (Par l'abbé GOBION.) *Orléans, Niel,* 1851, in-12.

Prêtre (le) cité au tribunal de Dieu au moment de sa mort. Par un directeur de séminaire (l'abbé J.-B. LASAUSSE). *Lyon et Paris, Rusand,* 1823, in-12.

Prêtre (du), de M. Michelet et du simple bon sens, par un solitaire (l'abbé Hippolyte BARBIER). *Paris, A. Sirou,* 1845, in-12.

Prêtre (le) et la Danseuse, roman de mœurs. (Par Maximilien PERRIN.) *Paris, La Chapelle,* 1832, 4 vol. in-12.

Prêtre (le) et le Candidat, ou l'adoration de l'hostie. Réponse aux observations d'un catholique. (Par M. le pasteur Cés. MALAN.) *Genève,* 1843, in-8.

Prêtre (le) et le Soldat. Par un paysan qui a été soldat (G. BRACCINI, ancien officier de cavalerie). *Chartres, Garnier,* 1852, in-18.

Prêtre (le) juge et médecin au tribunal de la pénitence, ou méthode pour bien diriger les âmes... par un ancien professeur de théologie de la Société de Saint-Sulpice... (l'abbé VALENTIN). *Lyon, Guyot père et fils,* 1845, 2 vol. in-8.

Plusieurs fois réimprimé.

Prêtre (le), par Mᵐᵉ S. P*** (Mᵐᵉ PANIER, née Sophie TESSIER en 1793, mariée en 1813, à un négociant de ce nom, et plus tard à M. LELARGE DE LOURDOUEIX, directeur de la « Gazette de France »). *Paris, Ponthieu,* 1820, 4 vol. in-12.

Prêtre (le), par un docteur de Sorbonne. (Par J.-N. BELIN DE BALLU.) *Paris, Locard,* an X-1802, in-12.

Prêtres (les) démasqués, ou des iniquités du clergé chrétien (ouvrage traduit de l'anglois et refait en grande partie par le baron D'HOLBACH). *Londres (Amsterdam), M.-M. Rey,* 1768, in-8.

Prêtres (des) et des Cultes : toute prédication doit être réduite à la prononciation du précepte : Aimez Dieu plus que tout, et le prochain comme vous-même. (Par J.-Z. PARADIS DE RAYMONDIS.) *Paris, imp. de Marchant*, s. d. (1796 ou 1797), in-8, 16 p.

Prêtres (les) juges dans les Conciles avec les évêques, ou réfutation du « Traité des Conciles » de l'abbé Ladvocat. (Par G.-N. MAULTROT.) 1780, 3 vol. in-12.

Prêtres (les) juges de la foi, ou réfutation du Mémoire dogmatique et historique touchant les juges de la foi, par l'abbé Corgne. (Par G.-N. MAULTROT.) *En France*, 1780, in-8.

Prêtres (les) tels qu'ils devraient être, ou la grandeur de l'Eternel dans l'origine du christianisme ; édition revue par M. P. M... (M* M* S* S*), ancien magistrat de Paris (P. MOUSSARD). *Paris, Bechet*, 1819, in-8.

Cet ouvrage avait paru en 1818, avec le nom de l'auteur, sous le titre de : « la Grandeur et les Bienfaits de l'Eternel... »

Preuve courte, sensible, convaincante et touchante de la vérité de la religion catholique romaine. (Par le P. Nicolas STAVELOT, capucin.) *Liège*, 1787, in-12.

Preuve de l'intrusion des pasteurs constitutionnels. (Par G.-N. MAULTROT.) 1791, in-8, 30 p. *Douteux.*

Preuve (de la) par comparaison d'écritures. (Par R. LE VAYER DE BOUTIGNY.) 1666, in-4, 50 p.

Réimprimée dans le format in-12.

Preuve sommaire de la possibilité de la présence réelle du corps de Jésus-Christ dans l'eucharistie, contre les protestans. (Par Jean COCHET.) *Paris, Jombert*, 1764, in-12.

Preuves contre l'indifférence des religions ; nouvelle édition, revue avec beaucoup de soin. *S. d.*, in-12, 288 p.

Dans un avis au lecteur, le libraire dit qu'il reproduit un ouvrage excellent, publié en 1692 par un auteur anonyme. Il ajoute qu'il a fait de vains efforts pour découvrir le nom de cet auteur ; qu'il a retouché le style de son ouvrage et y a joint quelques notes. Ce libraire n'avait pas autant d'instruction que de zèle, car il lui était assez facile de s'assurer que l'ouvrage imprimé sous ce titre : « Traité contre l'indifférence des religions , etc., par Bénédict PICTET, pasteur et professeur en théologie, etc., nouvelle édition, corrigée et augmentée », *Genève, Cramer et Pérachon*, 1716, in-12, 440 p., était la réimpression de l'ouvrage anonyme de 1692. J.-A. Fabricius cite ces deux éditions

dans son traité intitulé : « Delectus argumentorum et syllabus scriptorum qui veritatem religionis christianæ adversus atheos, etc., asseruerunt ». *Hamburgi*, 1725, in-4, p. 490.

Preuves de l'authenticité de nos Evangiles, contre les assertions de certains critiques modernes. Lettre à Mme de ***. Par l'auteur des « Motifs de ma foi en Jésus-Christ » (P.-F. MUYART DE VOUGLANS). *Paris*, 1785, in-12.

Preuves de l'histoire de la maison de Menou. (Par M. A.-F.-J. BOREL D'HAUTERIVE, sous la direction du comte Jules DE MENOU.) *Paris, imp. F. Didot*, 1852, in-4, XII-216 p. et 1 f. d'errata.

Preuves de l'incompétence de la puissance temporelle dans l'établissement de la constitution civile du clergé. Tirées de quelques conciles des cinq premiers siècles. (Par G.-N. MAULTROT.) *(Paris)*, Leclere (1791), in-8, 64 p.

Voy. « Nouvelles Preuves de l'incompétence... », ci-dessus, col. 582, e.

Preuves de la pleine souveraineté du roi sur la province de Bretagne. *Paris*, 1765, in-8. — S. l., 1765, in-8.

Cet ouvrage est composé de trois lettres de M. le contrôleur général (C.-C.-F. DE LAVERDY) et de deux réponses de M. D'AMILLY, premier président du Parlement de Rennes.

Les trois lettres sont de M. P.-C. LORRY, inspecteur général du domaine. Les deux réponses sont de M. DUPARC-POULLAIN, avocat à Rennes, frère de M. A.-M. Poullain de Saint-Foix. (Note trouvée sur un exemplaire.)

Preuves de la religion de Jésus-Christ, contre les spinosistes et les déistes, par M. L. F. (Laurent FRANÇOIS). *Paris, Estienne*, 1751, 4 vol. in-12.

Preuves de la religion développées selon le plan de Pascal. (Par l'abbé Hubert WANDELAINCOURT.)

Preuves de la vérité de la religion catholique, en forme de dialogue et à la portée du peuple. (Par l'abbé M.-J. JACQUES.) *Paris*, 1795, in-12.

Réimprimées en 1804 et en 1812, avec le nom de l'auteur, sous ce titre : « Preuves convaincantes de la religion chrétienne ».

Preuves des existences, et nouveau système de l'univers, ou idée d'une nouvelle philosophie (par Pierre-Julien BRODEAU DE MONCHARVILLE). *Paris, Josse*, 1702, in-8, 2 ff. lim., 128 p. et 1 grav.

Preuves des libertés de l'Eglise gallicane, deuxième édit. (Par Pierre PITHOU.) *Paris*, 1651, 1731, 2 vol. in-fol.

Preuves légales des actes arbitraires et injustes qui ont été commis dans la fixation des pensions de la marine. (Par J.-P.-G. LAIGNEL.) *Paris, Corréard*, 1819, in-8.

Preuves que l'Imitation de Jésus-Christ a été composée à Bruges, par un doyen de Saint-Donat. (Par le chanoine CARTON.) *Bruges*, 1842, in-8, 26 p. **J. D.**

Preux (les) Chevaliers, ou la reine des remparts et sa cour, comédie-vaudeville en deux tableaux, pour servir de réponse au Comité des quarterons, de la part de leur chansonnier (Vincent NOLTE). Représentée pour la première fois à Canton, sur le théâtre des Bambocheurs, le 1er novembre 1828. *Canton, Boivin, Boileau et Rikiki ; Paris, imp. de J.-L. Bellemain*, 1828, in-8, 80 p. — Deuxième édit. *Id.*, 1830, in-8, 86 p.

Prévarications du Père de La C..... (Chaise), confesseur du roi, au préjudice des droits et des intérêts de Sa Majesté. (Par Jean CHASTAIN.) *S. l. n. d.*, in-12. — *Cologne, P. Wommer* (à la Sphère), 1685, pet. in-4.

Chastain était prêtre ; il se retira à Genève, fut livré par les autorités au résident de France et enfermé au château de Pierre Encise. (Voy. le « Bulletin du bibliophile belge », tome IV, page 215.)

Prévention (de la) de l'esprit et du cœur (par MOUFLETTE) ; nouvelle édition. *La Haye, P. Gosse*, 1742, in-8.

Voy. les « Amusemens du cœur et de l'esprit », tome XIV, page 541 et suivantes. D'après les notes de M. Van-Thol, la première édition est de *Paris, M. Jouvenel*, 1689, in-8.

Prévention (la) nationale, action adaptée à la scène... (Par N.-E. RESTIF DE LA BRETONNE.) *La Haie et Paris, Regnault*, 1784, 3 vol. in-12.

Voyez, pour des détails sur cet ouvrage, Lacroix, « Bibliographie et Iconographie des ouvrages de Restif de La Bretonne », p. 215 et suiv.

Préventions (les), comédie en un acte, tirée des « Proverbes » de Théodore Leclercq, et arrangée pour la scène, par MM*** (J.-B.-B. DE VIOLLET D'EPAGNY et H. DUPIN). Représentée pour la première fois à Paris, au Théâtre-Français, par les comédiens ordinaires du roi, le 12 novembre 1831. *Paris, J.-N. Barba*, 1832, in-8, 2 ff. de tit. et 40 p.

Prévôt (le) de Paris, ou Mémoires du sire de Caparel... par l'auteur de « Agnès Sorel » (Mme GUÉNARD). *Paris, Lerouge*, 1817, 4 vol. in-12.

Prévoyance (la), source des prospérités. (Par DAVID fils, négociant à Meaux.) *Meaux, imp. de Dubois-Berthaud* (1828), in-4, 8 p.

Priape, opéra en musique, orné de machines, décorations, feux d'artifice et de plusieurs entrées de ballet. *Imprimé en l'an 1694 (Hollande)*, pet. in-12, 60 p. en tout, vignettes. — Priape, opéra en musique. 1694. Pièce attribuée à Blessebois, réimprimée textuellement, avec fac-simile des vignettes et une notice. *Genève, Blanchard, imprimeur (pour J. Gay) ; impression spéciale faite par la Bibliomaniac society*, 1868, in-12, VIII-57 p.

L'attribution à CORNEILLE BLESSEBOIS est de fantaisie.

Priapée (la) (par Alexis PIRON), et l'Anti-Priapée, odes. In-8, 20 p.

La page 2 porte ce titre : l' « Anti-Priapée », parodie, par M. SUT. DE P. (SUTAINE DE PERTHES).

Cet auteur, nommé depuis SUTAINE-MAILLEFER, né à Reims le 15 août 1728, y est mort en 1797. Avant d'épouser Mme Maillefer, il ajoutait à son nom celui de sa mère.

Prière au Tout-Puissant, en faveur de S. A. R. la duchesse de Berri, pour qu'il daigne bénir son alliance par une heureuse fécondité. (Par F.-B. GILLES.) *Paris, imp. d'Eberhart*, 1816, in-12.

Prière d'une jeune Bretonne à sainte Anne, par Mme B*** (Mme Olivier BIOU, née Adélaïde PETIT-JEAN). *Nantes, veuve Mellinet, s. d.* (1870), in-8, 3 p.

Prière (la) de Céline. (Par Cés.-Aug. LAMBERT.) *Paris, Dabin,* 1807, in-12.

Attribuée par erreur par M. de Manne à Marie-Joseph CHÉNIER.

Prière de la garde nationale de Paris au bivouac de Saint-Denis dans la nuit du 6 au 7 juillet 1815. (Par P.-A. VIEILLARD.) *Paris, imp. de Le Normant*, 1815, in-8, 2 p.

Prière (la) du cœur. (Par Jacob-Elisée CELLERIER.) *Paris, Servier*, 1822, in-12, 12 p. — Deuxième édit. *Id.*, 1826, in-12, 12 p.

Prière (de la), du Jeûne et de l'Aumône (traduit de l'espagnol de B. CARRANZA, par Nic.-Jos. BINET). *Paris*, 1694, in-8.

Prière pour l'aurore des jours que nous attendons depuis longtemps, par un jeune citoyen d'Alençon (LECONTE-LAVERRERIE fils). (*Alençon*, 1790 ou 1791), in-8.

D. M.

Prière pour la France, dernier vœu de l'archevêque de Paris, suivi d'une notice biographique. *Paris, imp. d'A. René* (1848), gr. in-4, 4 p.

Signée : L. C***, auteur de : « A genoux devant le Christ » (Léon GUILLEMIN, connu sous le pseudonyme de Léon DE CHAUMONT).

Prière pour mon Augusta, ma fille chérie... (Par Mᵐᵉ DE BALLEROY.) *Paris, imp. de Lachevardière,* 1824, in-12.

Tirée à 10 exemplaires.

Prière sur le désir du ciel. (Attribuée à l'abbé J.-M.-B. VIANNAY, curé d'Ars.) *Lyon, Périsse,* 1857, in-32. D. M.

Prière universelle, traduite de l'anglois de M. Pope, par l'auteur de la tragédie de « Didon » et du « Discours sur l'intérêt public » (J.-J. LEFRANC DE POMPIGNAN). *Londres, P. Vaillant* (1740), in-4. — Edition conforme à celle qui a paru en 1740, sous le nom de Londres, chez Paul Vaillant, in-4 (avec des notes critiques par l'abbé André MORELLET). *S. l. (Lyon, J.-M. Bruyset),* 1760, in-8.

Réimprimée dans le « Recueil des facéties parisiennes ». Voy. ces mots.

Prières à Dieu et aux hommes pour préparer la paix du monde, afin de voir renaître le commerce. Extrait précursif de l'ouvrage. (Par Henri DELEMER.) *Bruxelles, Mertens,* 1863, in-8, 30 p. J. D.

Prières à Jésus-Christ (en vers), avec des réflexions. (Par l'abbé M.-A. DE VILLIERS.) *Paris, Collombat,* 1725, in-12.

Prières à l'usage du culte domestique, suivies des exercices de préparation à la sainte cène. (Par les pasteurs G.-D.-F. BOISSARD et J.-J. GOEPP.) *Paris, Treuttel et Würtz,* 1815, in-12.

La deuxième édition, *Paris,* 1820, in-12, porte les noms des auteurs.

Prières choisies en faveur des dames chrétiennes, par un solitaire de Cîteaux (dom Claude TAISAND). *Avignon,* 1741, in-12.

Prières chrétiennes à l'usage des familles. (Par Mᵐᵉ J. MALLET.) *Paris, J.-J. Risler,* 1835, in-8.

Plusieurs fois réimprimées.

Prières chrétiennes composées pour feu S. A. R. Mᵐᵉ la princesse de Condé. (Par le P. Henri GRIFFET, jésuite.) *Basle, J. Decker,* 1797, in-8, 72 p.

Voy. « Exercices de piété... », V, 369, d.

Prières chrétiennes en forme de méditations sur tous les mystères de Notre-Seigneur et de la sainte Vierge, etc. (Par le P. Pasquier QUESNEL.) *Paris,* 1697, 1700, 1723, 1731, 2 vol. in-12 ; — 1738, 1751, in-12.

Très-souvent réimprimées.

Prières chrétiennes tirées des Psaumes, avec une prière particulière pour le roi, et pour demander à Dieu la paix ; dédiées au roi par un père de famille (Bénigne LORDELOT, avocat au Parlement). *Paris,* 1708, in-16.

Prières consolantes pour les malades, ou préparation absolument nécessaire à l'inévitable voyage... (Par l'abbé GUIGNES.) *Paris, Couturier,* 1817, in-24.

Prières de l'Écriture sainte, avec l'office de l'Église, en latin et en françois. (Par l'abbé Fr. MACÉ, curé de Sainte-Opportune.) *Paris, Pralard,* 1688, in-12.

Prières du champ de Mai, ou le printems va finir ! que deviendra la violette ? Par N. V. R*** (N.-V. ROYER), prisonnier de guerre rentré. *Paris, imp. de Renaudière,* 1815, in-8.

Prières du matin et du soir, avec des réflexions saintes pour tous les jours du mois, de monseigneur l'archevêque-duc de Cambray. Troisième édition, augmentée de quelques instructions sur les sacrements. (Par FÉNELON.) *Cambray, N.-J. Douillig,* 1718, in-12. D. M.

Prières du pécheur pénitent et du pécheur réconcilié. (Par le P. ROUSSEAU, oratorien.) *Paris,* 1733, in-18. V. T.

Prières ecclésiastiques à l'usage du diocèse de Meaux, pour aider le chrétien à bien entendre le service de la paroisse aux dimanches et aux fêtes principales, avec des exercices pour la confession et pour la communion, et des pratiques de dévotion. (Par BOSSUET.) *Meaux,* 1689, in-12.

M. le cardinal de Bausset n'a pas cité cet ouvrage dans son « Histoire de M. Bossuet » ; on en retrouve une partie dans la « Conduite chrétienne », publiée à *Meaux* en 1730, et souvent réimprimée. Voy. IV, 671, *b.*

Prières en l'honneur des saintes et bienheureuses vierges, Mᵐᵉ Sainte-Ursule et ses compagnes martyres. Par H. B. (Henri BEX, jésuite). *Liége, Danthez,* 1680, in-8, 72 p. Ul. C.

Prières et Affections pour servir d'exer-

cice pendant la sainte messe (par GUYON-
NET DE VERTRON, revu, corrigé et augmenté par l'abbé C.-P. GOUJET), avec des
figures (par MARIETTE). *Paris, Mariette,*
1728, in-12.

Prières et Bons Propos pour les prêtres,
et particulièrement pour les pasteurs. (Par
l'abbé Guillaume MALEVILLE.) *Toulouse,*
1752, in-16. V. T.

Prières et Cérémonies pour la bénédiction des cloches, précédées d'une notice
historique concernant la sonnerie ancienne et moderne de l'église-cathédrale
de Chartres, imprimées par ordre de
monseigneur l'évêque de Chartres. (Par
M. l'abbé L.-F.-D.-Edouard PIE, depuis
évêque de Poitiers.) *Chartres,* 1840, in-12,
45 p.

Prières et Instructions à l'usage des
sourds et muets de naissance. (Par le chanoine GOSSE.) *Tournai (Casterman),* 1805,
in-12. J. D.

Prières et Instructions chrétiennes, avec
un abrégé de l'Histoire sainte. (Par Nicolas THIBAUT, conseiller-clerc au bailliage
de Sedan.) *Sedan, Renault,* 1726, 1737 ; —
Lunéville, Gœbel, 1749, in-8.

Prières et Instructions chrétiennes,
dans lesquelles se trouve renfermé tout ce
que la religion veut que nous croïons, etc.
(Par LE ROUX, prêtre de la Congrégation
de Saint-Lazare.) Nouvelle édition. *Paris,
Lottin,* 1730, in-12.

Prières et Réflexions en forme de litanies, pour toutes les fêtes de l'année. (Par
l'abbé Jér. BESOIGNE.) *Paris,* 1757, in-12.

Prières et Sentiments pieux adaptés à
l'intelligence et aux besoins des enfants
qui fréquentent les écoles primaires...
(Par BRAUN.) *Nivelles, Cuisenaire,* 1848,
in-16, 180 p. J. D.

Prières, ou élévations pour sanctifier
les vingt-quatre heures du jour et de la
nuit, par M. le curé de Saint-Sulpice
(J. TROTTI DE LA CHÉTARDIE). *Paris,* 1713,
in-12.

Prières particulières en forme d'office
ecclésiastique, pour demander à Dieu la
conversion des Juifs et le renouvellement
de l'Église. *En France,* 1778, in-12.

Cet ouvrage de dom FOULON, bénédictin, a été mis
au jour par les soins de dom POISSON, ancien procureur
de la maison de la Trinité, à Vendôme, et imprimé à
Orléans, chez Rouzeau-Montault. Dom Foulon avait
préparé pour cet office une préface liturgique. L'éditeur
y a substitué celle qui est en tête du volume.

Prières pour le mois de Marie. *Paris,
imp. chez Jouaust,* 1869, in-32, 111 p.

L'auteur, dont le monogramme se trouve sur le titre,
est M. Ed. DROUYN DE LHUYS.

Prières pour remplir dignement les devoirs de la religion chrétienne, à l'usage
de la paroisse de Saint-Sulpice. (Par l'abbé
H.-F. SIMON DE DONCOURT.) *Paris, Crapart,*
1774, 3 part. in-18.

On trouve dans la première le « Calendrier historique des fêtes de Saint-Sulpice », et l'on n'y voit
point les « Remarques historiques » qui seront annoncées plus bas.
Voyez une notice critique de ce livre à la fin de la
« Lettre aux Alacoquistes, dits Cordicoles ». 1782,
in-12. Voy. V, 1129, *f.*

Prières publiques et Dispositions pour
offrir les saints mystères et y participer
avec fruit. (Par l'abbé J.-J. DUGUET, publiées par BOYER, évêque de Mirepoix.)
Toulouse, 1708, in-12.

Notes manuscrites sur la « Bibliothèque des livres
jansénistes », par le P. Ives. V. T.

Prières servant de préparation à la mort.
(Par Luc COURCHETET D'ESNANS.) *Paris,
Valeyre le père,* 1767, in-16.

Prieuré (le) de Ruthinglenne, imité de
l'anglais (de Mistr. Isab. HEDGELAND),
par M. J. M. D. (J.-Mar. DESCHAMPS), traducteur de « Simple Histoire ». *Paris,
Maradan,* 1818, 3 vol. in-12.

Prieuré (le) de Saint-Bernard, ou l'usur-
pateur puni, roman traduit de l'anglais
par l'auteur des « Infortunes de Maria »
(F.-J. WILLEMAIN D'ABANCOURT). *Paris,*
1798, 2 vol. in-12.

Prima (la) donna et le Garçon boucher.
(Par Clément et Edmond BURAT-GURGY
frères.) *Paris, X. Souverain,* 1831, in-8.

Prima sed ultima. (Poésies par Jean
D'HEURS.) *Paris, imp. de Jouaust* (1868),
in-16, 3 ff. lim., 155 p. et 1 f. de table.
 G. M.

Primauté (de la) de la femme sur
l'homme. *Paris, Mme Vieillard,* 1802, in-8.

Nouvelle édition de l'ouvrage de E.-G. DE SAINTE-
COLOMBE. (Voy. « la Femme comme on n'en connaît
point », V, 443, *f,* qui n'est autre chose que le *Lucina
sine concubitu* de John HILL.)

Primauté (de la) du pape, en latin et en
françois (par le P. PINEL, de l'Oratoire).
Londres (La Haye), 1769, in-4. — *Londres,*
1770, in-8, XI-513 p.

La seconde édition est précédée d'un long avis de
l'éditeur, qui n'est autre que l'auteur même, pourré-
pondre à la critique qui avait été faite de son ouvrage

dans les « Nouvelles ecclésiastiques » du 24 mars 1770. La première édition, faite sans la participation de l'auteur et même contre son intention, est fort inexacte en divers endroits. Les défauts qui la défigurent ont été corrigés dans la seconde ; du reste, ce livre serait mieux intitulé « Contre la primauté du pape ».

(Note de M. Tabaraud.)

Il s'est fait, en 1782, une édition latine de cet ouvrage à *Vienne*, dédiée à l'empereur Joseph II, sans l'avis de l'éditeur ni la préface de la *précédente édition française*.

On a publié ce même traité en latin et en français, sous le titre suivant : « Traité de la primauté du pape, dans lequel on démontre que celle de l'évêque de Rome n'est qu'une primauté de rang et d'honneur, qu'elle n'est ni d'institution divine, ni de juridiction, et que les souverains peuvent faire dans leurs États toutes les réformes qu'ils croient convenables, pourvu qu'elles ne soient pas contraires aux dogmes de la foi et à l'essence de la religion. Ouvrage conforme aux nouvelles vues de S. M. I. » *Vienne*, 1782, in-8.

Primerose, par M..EL DE V..DÉ (C.-G. MOREL DE VINDÉ). *Paris, imp. de P. Didot*, 1797, 2 vol. in-18. — *Paris, Leclère*, 1863, in-18.

◦ Cette dernière édition n'a été tirée qu'à 100 exemplaires.

Prince (le) Albert, son caractère, ses discours. Traduit de l'anglais par Mme DE W.... (Conrad DE WITT, née Henriette GUIZOT), et précédé d'une préface par M. GUIZOT. *Paris, Lévy frères*, 1863, in-8, XIX-220 p. — Deuxième édition. *Id.*, 1863, in-8, XIX-220 p.

L'ouvrage anglais a été généralement attribué à la reine VICTORIA.

Prince (le) de Condé (Louis Ier, frère d'Antoine, roy de Navarre) ; nouvelle historique. (Par Edme BOURSAULT.) *Paris, Jean Guignard*, 1675, in-12.

Souvent réimprimé avec le nom de l'auteur. Didot l'aîné a publié en 1790, en 2 vol. in-12, une nouvelle édition de cet ouvrage, enrichie de pièces justificatives, recueillies par J.-B. DE LA BORDE.

Prince (le) de Corse, par Mlle D. G. (DE GOURNAY). 1624, in-12.

Prince (le) de FRA-PAOLO, ou conseils politiques adressés à la noblesse de Venise, par le P. Paul SARPI, traduits de l'italien, avec quelques éclaircissemens (par l'abbé F.-M. DE MARSY). *Berlin*, 1751, in-12.

Prince (le) de Ligne. (Par le comte S. OUVAROF.) Avec cette épigraphe : « A tout prendre, il n'y a plus que vous et moi de Français. » Le prince de Ligne à M. de Talleyrand, en 1805. *Saint-Pétersbourg*, 1842, in-12, 46 p.

Réimprimé dans les deux éditions des « Études de

philologie et de critique » de l'auteur, *Saint-Pétersbourg*, 1843, et *Paris*, 1845, et dans ses « Esquisses politiques et littéraires », *Paris*, 1848. Il paraît que M. Barrière l'a trouvé de bonne prise, car il l'a placé en tête de « Correspondance et Pensées du prince de Ligne », qui se trouve à la suite des « Mémoires... du comte de Ségur » (*Paris*, 1859).   A. L.

« **Prince** (le) de Ligne, ou un écrivain grand seigneur à la fin du XVIIIe siècle, par N. Peetermans ». Analyse critique. (Par Hyacinthe KUBORN.) *Liége*, in-8, 12 p.   J. D.

Prince (le) de Longueville et Anne de Bretagne. (Par Pierre DE LESCONVEL.) *Paris*, 1697, in-12.

Voy. « Anecdotes secrètes des règnes de Charles VIII et de Louis XII... », IV, 186, *f*.

Prince (le) de MACHIAVEL, traduction nouvelle (par Fr. TÉTARD). *Amsterdam, Desbordes*, 1690, in-12.

Voy. « Œuvres de MACHIAVEL... », ci-dessus, col. 682, *a*.

Prince (le) de Metternich, notice nécrologique, par l'auteur de « Vienne et Bruxelles » (RASTOUL DE MONGEOT). *Bruxelles, Méline*, 1859, gr. in-8, 60 p.   J. D.

Prince (le) de Nicolas MACCHIAVELLI, secrétaire et citoyen de Florence, traduit d'italien en françois (par GASPARD d'Auvergne). *Poictiers, Enguilbert de Marnef*, 1553, in-4.

Prince (le) des Aigues marines et le Prince invisible, contes. (Par Louise CAVELIER, dame LÉVÊQUE.) *Paris, Vatel*, 1722, in-12. — *Paris, Coustelier*, 1744, in-12.

Prince (le) en voyage, comédie en un acte, mêlée de chants, dédiée à S. A. R. monseigneur le duc d'Angoulême à son arrivée à Metz en 1820. *Metz, Collignon*, 1820, in-8, 70 p.

La dédicace est signée : Par l'auteur de la « Fête des Lys » et du « Bouquet du Roi » (Didier MORY).

Prince (du) et de la Chambre, au sujet de la réduction des rentes. (Par le marquis DE LA GERVAISAIS.) (*Paris*), *Pihan-Delaforest* (1836), in-8, 15 p.

Prince (le) et la Grisette, comédie en trois actes et en vers, représentée pour la première fois, sur le Théâtre-Français, le 11 janvier 1832. (Par Aug. CREUZÉ DE LESSER.) *Paris, Vente*, 1832, in-8, x-58 p.

Prince (le) Eugène et l'impératrice Joséphine. (Par Léon GUILLEMIN, connu sous le nom de Léon DE CHAUMONT.) *Paris, imp. de Soye et Bouchet*, 1853, in-8, 15 p.

Prince (le) Frédéric de Sicile, par Mlle B*** (Mlle DE BERNARD). *Paris*, 1690, 3 vol. in-12.

Titre rafraîchi. Voy. « Frédéric de Sicile », V, 507, *b*.

Prince (le) Glacé et la princesse Etincelante. (Par Mlle DE LUBERT.) *La Haye (Paris)*, 1743, in-12.

Prince (le) Hermiogène. (Par CHEVREAU.) *Paris, A. Courbé*, 1648, in-8.

Prince (le) infortuné, ou l'histoire du chevalier de Rohan. (Par Gatien SANDRAS DE COURTILZ.) *Amsterdam, Schelten (Rouen)*, 1713, in-12.

Prince (le) Kouchimen, histoire tartare, et Don Alvar-del-Sol, histoire napolitaine. (Attribué à l'abbé F.-T. DE CHOISY.) *Paris, J. Estienne*, 1710, in-12, 2 ff. lim., 150 p. et 1 f. de priv.

Réimprimé sous le titre de : « Histoire de l'origine... » Voy. V, 689, *d*.

« La première partie de ce livre concerne Menchikow. Kouchimen est l'anagramme de son nom.

« L'auteur, dans son avertissement, semble vouloir se faire passer pour une femme ; mais, au début de son roman, il déclare pourtant avoir servi plusieurs années en Russie comme principal ingénieur du tsar (Pierre le Grand), et, d'après le témoignage de l'historiographe Muller (voy. Bernouilli, « Sammlung kurzer Reisebeschreibungen », 1781, I, 295), il paraîtrait en effet que ce petit livre est l'œuvre d'un certain ingénieur français du nom de Joseph-Gaspard LAMBERT, qui, en 1706, déserta le service de la Russie. »

Voy. Minzlof, « Pierre le Grand » (*Saint-Pétersbourg*, 1872), p. 532-34.   A. L.

Prince (le) L. Raimond de Bourbon, ou des passions après les révolutions, suite de la princesse de Nevers et des Mémoires de la Touraille. (Par J.-A. REVERONY-SAINT-CYR.) *Paris, Barba*, 1823, 2 vol. in-12.

Prince (le) les délices du cœur, ou traité des qualités d'un grand roi, et Système d'un sage gouvernement. (Par MORELLY.) *Amsterdam, la Compagnie des libraires*, 1751, 2 vol. in-12.

Prince (le) philosophe, conte oriental. (Par l'auteur de la pièce intitulée : « l'Esclavage des nègres » (Mme O. DE GOUGES). *Paris, Briand*, 1792, 2 vol. in-12.

Prince (le), roman historique par RIDDERSTAD, traduit du suédois (par D. DANDELY et Mlle DANDELY). *Liége, Desoer*, 1856, 3 vol. in-12.

Publié d'abord en feuilleton dans le « Journal de Liége ».   Ul. C.

Prince (le), traduit de l'italien d'ALFIERI (par Jean LOQUE). *Paris, Pellicier*, 1816, in-8.

Prince (le) turc. (Par Adrien DE LA VIEUVILLE D'ORVILLE, comte DE VIGNACOURT.) *Paris, Robinot*, 1724, in-12.

Princes (les) célèbres qui ont régné dans le monde. (Par P.-A. ALLETZ). *Paris, Delalain*, 1769, 4 vol. in-12.

Princes (les) d'Ecosse, ou les ruines de la forêt, pantomime dialoguée en trois parties par M. M. DE R... (Maxime DE REDON)... Représentée pour la première fois sur le théâtre du Luxembourg, le 27 décembre 1828. *Paris, J.-N. Barba*, 1829, in-8, 1 f. de tit. et 46 p.

Princes (les) rivaux, ou mémoires de mistress Mary-Anne CLARKE, favorite du duc d'York, écrits par elle-même ; où l'auteur dévoile le secret des intrigues du duc de Kent contre le duc d'York son frère ; traduits de l'anglais sur la seconde édition (par J.-F. DAUXION-LAVAISSE). *Paris*, 1813, in-8.

Princesse (la) Borghèse. Episode de l'Empire, par J.-F. M... (Jean-François MAIRE). *Paris, Lachapelle*, 1833, 2 vol. in-8.   D. M.

Princesse (la) Camion, conte de fées. (Par Mlle DE LUBERT.) *La Haye (Paris)*, 1743, in-12.

Princesse (la) couleur de rose et le prince Céladon, conte. (Par Mlle DE LUBERT.) *La Haye (Paris)*, 1743, in-12.

Princesse (la) d'Achaïe, ou la bague et le puits, histoire du XIIIe siècle, traduite de l'anglais par Mlle Em. Ch** (Emilie CHOMPRÉ). *Paris, Kleffer*, 1823, 4 vol. in-12.

Princesse (la) d'Elide, comédie-ballet de Molière, arrangée en trois actes et continuée en vers. (Par Alexandre PIEYRE.) *Orléans, Jacob aîné, s. d.*, in-8, 76 p.

« La pièce est précédée d'un dialogue entre l'auteur et Mme de G. (Genlis). »

Réimprimée dans le « Théâtre » de l'auteur. (« Bibliographie moliéresque ».)

Princesse (la) d'Elide, comédie héroïque (par MOLIÈRE), meslée de musique et d'entrée de ballet. *Paris, Robert Ballard*, 1669, in-4.

Ce ne sont que les intermèdes de la comédie, qui ne parut que dix ans après la mort de Molière dans ses Œuvres posthumes. (« Bibliographie moliéresque », par P. Lacroix.)

Princesse (la) de Babilone. (Par VOL-
TAIRE.) *S. l.*, 1768, in-8, 2 ff. de titre et
182 p. — *Rome*, 1768, in-8, 1 f. de titre
et 104 p.

Princesse (la) de Babylone, opéra en
quatre actes, lu au Comité de l'Académie
royale de musique, les 16 août 1788,
24 février 1791, et non encore représenté
le vendredi 1ᵉʳ avril 1791. *Paris*, *Denné*,
1791, in-8, VIII-96 p.

On lit au verso du titre : « Poëme de M. MARTIN,
député du commerce près l'Assemblée nationale. »

Marie-Joseph-Désiré MARTIN est né à Sedan, le 13 février 1756 ; il s'est noyé à Paris, le 14 décembre 1797,
étant employé dans les bureaux du ministre des finances.

Princesse (la) de Clèves. (Par Mar.-Mad.
PIOCHE DE LAVERGNE, comtesse DE LA
FAYETTE, Jean REGNAULD, sieur DE SE-
GRAIS, et le duc François DE LAROCHEFOU-
CAULD.) *Paris*, *Barbin*, 1678, 4 part. in-12.
— Deuxième édit. *Id.*, 1689, 4 vol. in-12.
Paris, *les libraires associés*, 1704, 3 vol.
in-12. — *Amsterdam, David Mortier*, 1714,
in-12. — *Paris, les libraires associés*, 1719,
3 vol. in-12. — *Id.*, 1764, 2 vol. in-12. —
Nouvelle édit., suivie des Lettres à Mᵐᵉ la
marquise de *** sur ce roman (par
J.-B.-H. DU TROUSSET DE VALINCOUR),
et de la Comtesse de Tende (par Mᵐᵉ DE
LA FAYETTE), publiée avec une préface
(par J.-F. ADRY). *Paris, imp. des Sourds-
Muets*, 1807, 2 vol. in-12.

Réimprimée sous le titre de : « Amourettes du duc
de Nemours... » Voy. IV, 143, *f.*

Princesse (la) de Faridondon, ou la cour
du roi Peteau, tragédie en cinq actes et
en vers. Par M. DE VEZ (BIDON DE VILLE-
MONTEZ), chevalier de Saint-Louis. *Riom,
Salles fils*, 1837, in-8, 116 p. — *Id.*, 1840,
in-8, 116 p. et 1 f. d'errata.

Princesse (la) de Gonzague, roman historique. (Par Jos. DUREY DE SAUVOY, marquis DU TERRAIL.) *La Haye (Paris)*, 1756,
in-12.

Princesse (la) de Montferrat, nouvelle.
(Par S. BRÉMOND.) *Amsterdam, A. Wolfgang*, 1676, pet. in-12, 4 feuillets et
336 p.

Princesse (la) de Montpensier. (Par la
marquise DE LA FAYETTE et Jean REGNAULD
DE SEGRAIS.) *Paris, de Sercy*, 1660, in-12.

Souvent réimprimée.

Princesse (la) de Navarre, comédie-
ballet ; feste donnée par le roy en son château de Versailles, le mardi 23 février 1745.
(Par VOLTAIRE.) *Paris, imp. de Ballard*
(1745), in-8, XVI-106 p.

Princesse (la) de Nevers, ou mémoires
du sire de La Touraille... *Paris, Barba*,
1812, 2 vol. in-12.

La deuxième édition, *Paris, Barba*, 1813, 2 vol.
in-12, porte sur le titre : Par le baron R........ SAINT-
CYR (J.-A. REVERONY SAINT-CYR).

Princesse (la) de Wolfenbutel, traduit
de l'allemand (de H. ZSCHOKKE) par Mᵐᵉ DE
MONTOLIEU. *Paris, Demonville*, 1807, 2 vol.
in-12. — *Paris, Bertrand*, 1820, in-12.

Princesse (la) fugitive, ou vie de sainte
Rolende, vierge royale ; enrichie de belles
moralités, par F. Z... (François ZUTMAN).
Liège, Ancion (1667), in-12, 85 p.

Ul. C.

Princesse (la) Lyonnette et le prince
Coquerico. (Par Mˡˡᵉ DE LUBERT.) *La Haye
(Paris)*, 1743, in-12.

Princesse (la) Sensible et le prince Ty-
phon, conte. (Par Mˡˡᵉ DE LUBERT.) *La
Haye (Paris)*, 1743, in-12.

Princesses malabares (les), ou le célibat
philosophique, ouvrage intéressant et curieux, avec des notes historiques et critiques. (Par Louis-Pierre DE LONGUE). *An-
drinople, Thomas Franco*, 1734, in-12,
6 ff. lim.. 201 p. et 1 f. de table. — Autre
édit. *A Tranquebar*, 1735, in-12. — *Amsterdam*, 1735, in-12.

L'abbé Goujet dit, dans son Catalogue manuscrit,
que Louis-Pierre DE LONGUE était attaché à la maison
de Conti et qu'il demeurait encore à l'hôtel lorsqu'il
donna les « Princesses malabares ».

Cet ouvrage fut poursuivi et condamné à être brûlé
par arrêt du Parlement du 31 décembre 1734. Les
noms sont anagrammatisés. Voy. Peignot, « Dictionnaire des livres condamnés », t. II, p. 53, et Quérard,
« Livres à clef », t. II, p. 134. On l'a attribué également à l'abbé Nic. LENGLET DUFRESNOY ou à un certain QUESNEL, mort à la Bastille.

Princesses (les) russes prisonnières au
Caucase. Souvenirs d'une Française (Anna
DRANCEY), captive de Chamyl, recueillis
par Edouard MERLIEUX. *Paris, Sartorius*,
1857, in-12, 180 p.   A. L.

Principales erreurs de Condorcet dans
sa « Vie de Voltaire »... (Par E.-M.-J.
LEPAN.) *Paris, Tilliard*, 1824, in-8, 40 p.

Principauté (la) de Valachie sous le
hospodar Bibesko. Par B. (BILLECOCQ)
A***, ancien agent diplomatique dans le
Levant. *Bruxelles, Wouters frères*, 1847,
in-8.

Principaux (les) Défauts de l'état militaire relevés, et une réforme indiquée sur
les enrôlements, la paye et les occupa-

tions de cette classe du peuple, par M. M. (J.-C. Mehlburg). *Gottingue*, 1792, in-8.

Principaux (les) Evénemens du règne de Louis XIV, par A. L. D. (A.-L. Delaroche). *Paris, Audot*, 1821, in-12.

Principaux (les) Phénomènes de la nature. Par M. C. (Collin). *Paris, Bossange*, 1828, in-12.

Principaux Siéges de l'antiquité, d'après les meilleurs auteurs anciens et modernes, avec la description des différents systèmes d'attaque et de défense des villes... Par un officier du génie (Edmond Lévy, professeur à Rouen). *Bruxelles, Tircher*, 1855, in-12, 7 p., avec 6 planches.   J. D.

Principe (du) d'autorité depuis 1789, suivi de nouvelles considérations sur le même · sujet. *Paris, Plon frères*, 1853, in-12, 71 p.

Cet ouvrage a été généralement attribué au président R.-T. Troplong.

La première partie avait déjà été publiée trois fois la même année, *Paris, imp. d'E. Panckoucke*, in-8, 30 p., avec la signature : Prieur.

Principe de tout perfectionnement en quelque genre que ce soit, ou reconnaissance physiologique de la bonté, comme caractère fixe de l'homme, et comme le premier échelon à ses hautes destinées. (Par J.-B.-J. Doillot.) *Paris, A. Bertrand*, 1822, in-12.

N'a pas été mis en vente.

Principe (du) électif et de ses applications, par un ancien député (Evariste Colombel). *Paris, Garnier*, 1852, in-12.

Principe (le) et les Faits. (Par Louis-Achille Boblet.) *Paris, A. Leclaire*, 1832, in-8, 68 p.

Principe fondamental du droit des souverains. (Par Le Roy de Barincourt.) *Paris, Briand*, 1788, 2 vol. in-8.

Principe (du) religieux considéré comme base de l'éducation du peuple. Par J.-M.-M. Rédarès.) *Bruxelles, Houdin*, 1839-1840, in-8.   J. D.

Principes abrégés de la littérature, à l'usage des élèves de l'Ecole royale militaire. (Par l'abbé Ch. Batteux.) *Paris, Nyon*, 1777, 6 vol. in-12.

Réimprimés avec le nom de l'auteur.

Principes abrégés et raisonnés de musique ; ouvrage destiné à faciliter et à simplifier l'étude de cette science. Par Eus. P. D. L. (Eusèbe Prieur de Lacombe,

ancien conventionnel). *Melun, imp. de Michelin*, 1809, in-4, viii-30 p.

         D. M.

Principes catholiques, opposés à ceux des tolérants qui reçoivent dans leur communion les ennemis de la bulle *Unigenitus*, par un religieux de l'ordre de Saint-François (le P. André de Grazac, capucin). *Avignon, J. Chastel*, 1er septembre 1727, in-8.

Tome I. C'est tout ce qui a paru. Il y a des exemplaires où l'on trouve une lettre du cardinal Lercari, écrite à l'auteur de la part du pape' Benoît XIII, le 5 mai 1728, pour approuver son ouvrage. Cette lettre est suivie de l'approbation de huit autres cardinaux et de plusieurs prélats de la cour de Rome. Les exemplaires dans lesquels on ne trouve pas ces approbations sont véritablement anonymes.

Principes d'agriculture et d'économie appliqués mois par mois à toutes les opérations du cultivateur, etc., par un cultivateur pratique du département de l'Oise (Chrestien de Lihus fils, ancien conseiller à la Cour des aides de Paris). *Paris, Marchant*, an XII-1804, in-8.

Principes d'électricité, contenant plusieurs théorèmes appuyés par des expériences nouvelles, ouvrage traduit de milord Mahon, par l'abbé N*** (Jean Néedham Turbervill). *Bruxelles, Flon*, 1781, in-8.

Principes d'institution, ou de la manière d'élever les enfans des deux sexes, par rapport au corps, à l'esprit et au cœur. (Par l'abbé Le More.) *Paris, veuve Desaint*, 1774, in-12.

Principes de certitude, ou essai de logique. (Par l'abbé Lecren.) *Paris, Desaint*, 1763, in-12, viii-166 p. et 1 f. de priv.

L'épître est signée : L. C. D. K.

Principes de chirurgie, par M*** (George Delafaye). *Paris, imp. de G. Lamesle*, 1746, in-12.

Réimprimés plusieurs fois avec le nom de l'auteur.

Principes de dessin, d'après les meilleurs maîtres, à l'usage des élèves de l'école de dessin de Charleroy, par M. H. (Maurice Harpignies). *Charleroi, Lalieu-Deltombe*, 1830, in-8.   J. D.

Principes de jurisprudence sur les visites et rapports judiciaires des médecins, chirurgiens, apothicaires et sages-femmes, par feu M. Prévost, avocat (publié par Duchemin, avocat, avec un avertissement qui contient une idée de la vie de l'auteur) *Paris, Desprez*, 1753, in-12.

Principes (les) de l'agriculture et de la végétation ; ouvrage traduit de l'anglois de François Home, docteur en médecine (par Marais). *Paris, Prault*, 1761, in-12.

Principes de l'art de la guerre, développés d'après les meilleurs exemples... (Par Le Roy de Bosroger.) *Paris, Cellot*, 1779, in-8.

Principes de l'art militaire, extraits des meilleurs ouvrages des anciens ; par un officier général au service de Sa Majesté le roi de Prusse (le colonel C.-T. Guischardt). *Berlin (Lyon)*, 1763, 2 vol. in-8.

Cet ouvrage est le même que les « Mémoires militaires sur les Grecs et les Romains, etc. », dont la première édition a paru, avec le nom de l'auteur, à *La Haye*, en 1758, 2 vol. in-4.

Principes de l'art militaire, extraits des meilleurs ouvrages des auteurs modernes ; par main de maître. (Par Frédéric II, roi de Prusse.) *Berlin (Lyon)*, 1763, in-8.

Cet ouvrage est le même que l'« Esprit du chevalier Folard ». Voy. V, 184, *b*.

Principes de l'élégance, de la quantité et de la poésie latine. (Par dom J.-B. Pierron, bénédictin.) *Nancy*, 1785, in-12.

Réimprimés avec le nom de l'auteur.

Principes de l'éloquence sacrée. (Par J.-B.-Ant. Hedouin, prémontré.) *Soissons, Waroquier*, 1787, in-12.

Le libraire Desray a fait reparaître cet ouvrage en 1788, avec un nouveau titre ; il en a ôté ce qui a trait à l'ordre des Prémontrés. Il en a aussi supprimé la dédicace à l'archevêque de Narbonne et l'avertissement, qui sont de l'abbé J.-B. L'Écuy ; mais il s'est trahi lui-même en laissant subsister à la fin de l'ouvrage le privilège accordé à l'ordre de Prémontré.

Principes de l'Histoire sainte pour l'instruction de la jeunesse, pour servir de suite aux « Magasins des adolescentes ». (Par Mme Marie Le Prince de Beaumont.) *Londres*, 1761, 3 vol. in-12.

Principes (les) de l'instruction chrétienne, ou catéchisme contenant les vérités, les pratiques religieuses communément enseignées aux fidèles, etc. (Par J.-B.-M. Aubriot de La Palme, évêque d'Aoste.) *Ivrée*, 1820, in-12.

Principes de l'ortographe françoise, ou réflexions utiles à toutes les personnes qui aiment à écrire correctement. (Par L.-Pierre de Longue.) *Paris, Prault*, 1725, in-12.

Principes de l'unité du culte public, à l'Assemblée nationale. (Par l'abbé A.-J.-C. Clément.) *Paris, Le Clerc*, 1790, in-8, 1 f. de tit. et 26 p.   V. T.

Principes de la chimie, établis sur les expériences... Par Th. Thomson... Traduction de l'anglais, publiée avec l'assentiment de l'auteur (par Ch.-Mich. Billard). *Paris, Crevot*, 1825, 2 vol. in-8.

Principes (les) de la doctrine catholique justifiés par eux-mêmes, etc. (Par M. l'abbé J.-B.-M. Aubriot de La Palme, depuis évêque d'Aoste.) *Lyon, Mlle Girard*, 1801, in-12.

Principes (les) de la foi sur le gouvernement de l'Eglise, en opposition avec la constitution civile du clergé, ou réfutation du développement de l'opinion de M. Camus, par un docteur en théologie de la Faculté de Paris (l'abbé Den. Bérardier). *S. l.*, 1791, in-8, IV-184 p.

Réimprimés avec le nom de l'auteur.

Principes de la jurisprudence française, exposés suivant l'ordre des diverses espèces d'actions qui se poursuivent en justice. (Par Michel Prévost de La Jannès.) *Paris, Briasson*, 1750, 1759, 1771, 1780, 2 vol. in-12.

Les éditions de 1771 et 1780 portent le nom de l'auteur.

L'édition de 1771, donnée par Boucher d'Argis, contient de plus que la première trois dissertations de Prévost sur des sujets de jurisprudence et une table des matières.

Principes de la justice chrétienne, ou vie des justes. Seconde partie. (Par l'abbé Jér. Besoigne.) *Paris, Desaint et Saillant*, 1762, in-12.

Principes de la langue française, rappelés à leurs plus simples éléments ; suivis d'un traité d'orthographe. (Par Henri Engrand.) *Reims, Le Bâtard*, 1802, 2 vol. in-12.   D. M.

Ouvrage réimprimé plus tard avec le nom de l'auteur et quelques modifications dans le titre.

Principes (les) de la langue latine dans un ordre très-clair. (Par l'abbé J.-J. Lyonnois.) *Nancy, Le Clerc*, 1771, in-8.

Principes de la langue latine, mis dans un ordre plus clair, plus précis et plus exact (par le P. B.-G. Fleuriau, jésuite). *Paris, Bordelet*, 1750, in-8 ; 1754, in-12. — Sixième édition, retouchée avec soin par N.-F. de Wailly. *Paris, Barbou*, 1768, in-12. — Neuvième édition, entièrement refondue, par le même. *Paris, Barbou*, 1773, in-12.

Auguste-Savinien Le Blond ne s'est pas exprimé

avec assez d'exactitude en parlant de cet ouvrage dans sa « Notice historique sur la vie et les ouvrages de Noël-François de Wailly ». Suivant lui, l'habile grammairien publia des « Principes de la langue latine dans un ordre plus clair », qui eurent sept éditions.

Barbou n'acquit qu'en 1767 la propriété de cet ouvrage, qui est originairement du P. SAUGER, jésuite. L'édition de 1768 est donc la première qui ait été donnée par de Wailly, et elle a été suivie de trois ou quatre autres seulement.

Principes de la langue latine, mis dans un ordre plus clair. Nouvelle édition, revue et augmentée. (Par BONNEFONS.) Orléans, 1765, in-8.

Principes de la législation universelle. (Par G.-L. SCHMID, d'Avenstein.) Amsterdam, Rey, 1776, 2 vol. in-8.

Principes (des) de la monarchie constitutionnelle et de leur application en France et en Angleterre. (Par J.-J.-B.-F. DE CHARDEBŒUF, comte DE PRADEL.) Paris, Le Normant, 1820, in-8.

Principes (les) de la nature, suivant les opinions des anciens philosophes. (Par Fr.-Mar. POMPÉE COLONNE.) Paris, Cailleau, 1725, 2 vol. in-12.

Principes de la pénitence et de la conversion, ou vie des pénitens. Première partie. (Par l'abbé Jér. BESOIGNE.) Paris, Desaint et Saillant, 1762, in-12.

Principes de la perfection chrétienne et religieuse. (Par l'abbé Jér. BESOIGNE.) Paris, 1749, in-12.

Principes (les) de la philosophie contre les nouveaux philosophes : Descartes, Rohault, Regis, Gassendi, le P. Maignan, etc. (Par le P. Cl. DE LA GRANGE, victorin.) Paris, J. Couterot, 1682, 2 vol. in-12.

Principes de la philosophie de l'homme moral, ou lois de l'action de l'âme sur les idées, des idées sur l'âme et des idées entre elles. (Par DE MARTILLAT.) Clermont-Ferrand, de l'imp. de Pierre Landriot, 1815, in-8.

Principes (les) de la philosophie, écrits en latin par R. DESCARTES, et traduits en françois par un de ses amis (Claude PICOT). Paris, 1647, in-4. — Paris, 1668, in-4. — Quatrième édition, revue et corrigée par C. L. R. (Claude CLERSELIER). Paris, Théod. Girard, 1681, in-4. — Paris, Le Gras, 1724, in-12.

Principes de la philosophie morale, ou essai de M. S*** (A.-A. COOPER, comte DE SHAFTESBURY) sur le mérite et la vertu,

avec des réflexions. Amsterdam, Z. Chatelain, 1745, in-12.

L'épître est signée : D. D*****.
Traduit ou plutôt imité de l'anglais par DIDEROT.
Réimprimé sous le titre de : « Philosophie morale... » Voy. ci-dessus, col. 878, f.
Barbier, dans sa deuxième édition, et ensuite d'après lui Quérard, indiquent, sous le même titre et sous la date de 1744, une autre traduction qu'ils attribuent à M. PAILLET. Nous ne trouvons aucune traduction avec cette date de 1744. N'y a-t-il pas simplement confusion d'attribution ?

Principes de la philosophie naturelle... (Par J.-C. DE LA MÉTHERIE.) Genève, 1787, 2 vol. in-8.

L'auteur a reproduit cet ouvrage sous ce titre : « de la Nature des êtres existans, ou principes de la philosophie naturelle ». Paris, Courcier, 1805, in-8.

Principes de la religion chrétienne à l'usage des écoles élémentaires. Par MM. les pasteurs de l'Église évangélique de Paris (G.-D.-F. BOISSARD et J.-J. GOEPP). Paris, Treuttel et Würtz, 1826, in-18, 72 p.

Principes de la religion et de la morale, extraits des ouvrages de Jacques SAURIN, ministre du saint Évangile. (Par l'abbé T.-J. PICHON.) Amsterdam et Paris, Vente, 1768, 2 vol. in-12.

Voy. « Esprit de Saurin... », V, 195, b.

Principes de la religion naturelle et de la foi chrétienne. (Par l'abbé SAINT-MARTIN, professeur de Sorbonne.) Paris, Barrois l'aîné, 1784, 2 vol. in-12.

Principes (les) de la Révolution française, définis et discutés. (Par J.-B.-C. RIAMBOURG, président de Chambre à la Cour royale de Dijon.) Chalon-sur-Saône, imp. de Dejussieu, 1820, in-8.

Principes (les) de la sagesse...

Voy. « la Conversion d'un pécheur... », IV, 759, c.

Principes (les) de la saine philosophie, conciliés avec ceux de la religion, ou la philosophie de la religion, par l'auteur de la « Théorie des êtres sensibles » (PARA DU PHANJAS). Paris, Ch.-Antoine Jombert, 1774, 2 vol. in-12.

Reproduits par l'abbé Migne dans le tome IX des « Démonstrations évangéliques ».

Principes de la science et des mathématiques. (Par Pierre COSTE.) Dresde, Walther, 1750, in-8.

Principes de la vie chrétienne, traduits du latin du cardinal BONA (avec une préface, par l'abbé C.-P. GOUJET). Paris, Marielle, 1728, in-12.

Principes de législation commerciale et financière. (Traduits de l'anglais de John MAC-GREGOR, par M. G. BRUNET.) *Bordeaux, Durand*, 1846, in-8, 29 p.

Cet écrit, du secrétaire de la direction du commerce (*Board of trade*), n'a paru en anglais qu'à un petit nombre d'exemplaires, *privately printed*; c'est-à-dire destinés à des présents.

Principes de liquidation sur l'arriéré belge, ou éclaircissements de la question des engagères, avec le texte des articles du traité du 5 mars 1828, qui en prescrivent le paiement, par F. R. (RAPAERT, conseiller à la Cour des comptes). *Bruxelles*, 1834, in-8.   J. D.

Principes de littérature.

Voy. ci-dessus, « Principes abrégés de littérature », col. 1027, *f.*

Principes de MM. Bossuet et Fénelon, sur la souveraineté, tirés du cinquième avertissement sur les lettres de M. Jurieu et d'un essai sur le gouvernement civil. (Abrégés par l'abbé Y.-M.-M. DE QUERBEUF, ex-jésuite, et publiés par l'abbé J.-A. EMERY.) *Paris, Laillet*, 1791, in-8.

Réimprimés sous le titre de : « Politique du vieux temps... » Voy. ci-dessus, col. 945, *f.*

Principes (les) de M. Paul Devaux exposés dans une série d'articles... (Par A. NEUT, rédacteur en chef de la « Patrie » de Bruges.) *Bruges*, 1857, in-8, 28 p.   J. D.

Principes de philosophie morale. (Par Etienne BEAUMONT.) *Genève, Cramer*, 1754, in-8.

Réimprimés dans la prétendue « Collection complète des Œuvres philosophiques, littéraires et dramatiques, de Diderot ». *Londres* (*Amsterdam*), 1773, 5 vol. in-8.

Principes de politique, de finance, d'agriculture, de législation et autres branches d'administration, par M. G*** (Guillaume GRIVEL), de diverses Académies. *Paris, Briand*, 1790, 2 vol. in-8.

Principes (les) de 89 et la Doctrine catholique, par un professeur de grand séminaire (Léon GODARD). *Paris, J. Lecoffre*, 1861, in-8.

Réimprimés avec le nom de l'auteur.

Principes de religion, ou préservatif contre l'incrédulité. (Par Claude ROUSSEL.) *Paris, Prault le jeune*, 1751, in-12.

Principes de sagesse, ou les Epitres d'HORACE, traduites en vers, par M. DU V. (DU VERNET, premier valet de chambre de garde-robe, chez Monsieur). *Versailles*, 1788, in-12.

Tirés, dit-on, à 50 exemplaires seulement.

Principes de style gothique, exposés d'après des documents authentiques du moyen âge... trad. de l'allemand de Fr. HOFFSTADT. *Liége, Noblet*, 1854, in-8 et atlas in-fol.

Contrefaçon de la traduction de Th. AUFSCHLAGER, architecte de Strasbourg, publiée, en 1847, à Paris et à Francfort-sur-le-Mein par l'éditeur du texte.

Principes de style, ou observations sur l'art d'écrire, recueillies des meilleurs auteurs. (Par Louis-Théodore HÉRISSANT.) *Paris, frères Estienne*, 1779, in-12.

Principes de théologie morale, par le docteur Henri CLEE, traduit de l'allemand par un prêtre du diocèse de Liége (Matthieu BODSON). *Liége, Lardinois*, 1854, in-8, VIII-209 p.   Ul. C.

Principes de tout gouvernement... par M*** (C.-F.-J. D'AUXIRON). *Paris, Hérissant*, 1766, 2 vol. in-12.

Principes des Jésuites...

Voy. ci-dessus, « Parallèle de la doctrine... », col. 778, *d.*

Principes des lois romaines, comparés aux principes des lois françaises... *Paris, Letellier*, 1789, in-8, viij-153 p. et le privilége.

L'auteur LOEUILLET, avocat au Parlement de Flandres, est nommé dans le privilége. Une seconde partie a paru la même année en 150 pages, et le titre de la première a été réimprimé avec l'adresse de *Desray*.

Principes des manœuvres par abrégé, pour un régiment de cavalerie, d'après l'ordonnance projetée au Comité en 1783. Le tout par demandes et par réponses. (Par KÉRISOUET.) *Strasbourg, Levrault*, in-8, 59 p.

Principes discutés pour faciliter l'intelligence des livres prophétiques. *Paris*, 1755 et années suivantes, 15 vol. in-12.

Voici les noms des capucins qui ont travaillé à cet ouvrage : LOUIS de Poix, JÉRÔME d'Arras, JEAN-BAPTISTE de Bouillon, HUGUES de Paris, CLAUDE de Paris, SIXTE de Vesoul, JEAN-MARIE de Paris, SÉRAPHIN de Paris.
Le P. J.-B. de Bouillon se nommait Jean GÉRARD. Né à Bertry, près de Bouillon, le 17 septembre 1723, il est mort à Paris, vicaire de Saint-Roch, le 3 octobre 1800.
Le P. Séraphin de Paris s'appelait dans le monde Claude-Robert HURTAUT, lorsqu'il était lieutenant au bailliage d'Issoudun, où il est né le 15 avril 1717.
Le P. Jean-Marie de Paris se nommait Claude LANGLOIS. Né à Juvigny-sur-Marne, en 1739, il est mort

curé de Bennecourt-sur-Seine, le 2 janvier 1807, âgé de soixante-huit ans.   (Note de M. Boulliot.)

Principes (les) du blason, où l'on explique toutes les règles et tous les termes de cete siance. (Par l'abbé L. DE COURCILLON DE DANGEAU). *Paris, Simart*, 1715, in-4.

L'auteur a adopté dans ce livre une orthographe fort singulière, dont les mots *cete siance* du titre donnent un aperçu.

Principes du commerce entre les nations, traduits de l'anglais de B. VAUGHAN (par J.-M. GÉRARD DE RAYNEVAL). *Paris*, 1789, in-8.

Cet article et le suivant m'ont été communiqués par M. Gallois, maître des comptes.

Principes du commerce opposé au trafic, développés par un homme d'Etat (J.-N.-M. GUÉRINEAU DE SAINT-PERAVI). 1787, 2 vol. in-8.

Principes du droit français, à l'usage des juges de paix. (Par A.-C. GUICHARD.) *Paris*, 1791, in-8, 300 p.

Principes du droit naturel, à l'usage de l'Ecole militaire de Colmar. (Par Conrad-Théophile PFEFFEL.) *Colmar*, 1781, in-8.

Principes du droit politique. (Par J.-J. BURLAMAQUI.) *Amsterdam*, 1751, 2 parties in-8.

L'auteur mit son nom à ses « Principes du droit naturel ».

Principes du droit politique, mis en opposition avec ceux de J.-J. Rousseau, sur le « Contrat social », par M*** (LANDES). *Paris, Maradan*, an X-1802, in-8, 356 p.

Cet ouvrage parut pour la première fois à l'étranger vers 1794, in-12.

Principes du système des petits tourbillons mis à la portée de tout le monde. Ouvrage auquel on a ajouté une dissertation posthume de M. l'abbé DE MOLIÈRES sur l'existence de la force centrale dans le tourbillon sphérique. (Par l'abbé LE CORGNE DE LAUNAY.) *Paris*, 1743, in-8.

Principes économiques de Louis XII et du cardinal d'Amboise, de Henri IV et du duc de Sully, sur l'administration des finances, opposés aux systèmes des docteurs modernes. (Par l'abbé Nic. BAUDEAU.) S. l. (1785), in-8, 134 p.

Principes élémentaires d'arithmétique raisonnée, par un ancien chef d'institution (TANGHE père). *Bruges, Tanghe fils*, 1858, in-12, 167 p.   J. D.

Principes élémentaires de gouvernement, pour parvenir à l'établissement d'une constitution générale. Constitution religieuse ou morale, par M. G. D. G. (GROUBER DE GROUBENTAL). *Paris, Fauvelle*, 1802, in-8.

Principes élémentaires de tactique, ou nouvelles observations sur l'art militaire. Par M. B** (LEROY DE BOSROGER), chevalier de l'ordre royal et militaire de Saint-Louis. *Paris, L. Prault*, 1768, in-8, 2 ff. de tit., 256 p. et 12 pl.

Principes et Autorité contre l'édit de la Cour plénière. (Par DELAULNE.) S. l., 1788, in-8, 24 p.

Note manuscrite de l'auteur.

Principes (des) et des Causes de la Révolution en France. (Par Gabriel SENAC DE MEILHAN.) *Londres et Paris, veuve Duchesne*, 1790, in-8, 108 p. — *Saint-Pétersbourg, imp. impériale*, 1791, in-8, 130 p.

Attribués à tort, par le « Journal général de France » du 4 décembre 1790, à E.-L.-H. DELAUNAY D'ENTRAGUES.

Quérard, « France littéraire », le donne successivement à J.-B.-J.-R. DUREAU DE LA MALLE et à SENAC DE MEILHAN.

Principes et Essai de géographie, pour les commençans, en trois parties. (Par E.-A. PHILIPPE DE PRÉTOT.) *Paris, Thiboust*, 1744, in-8.

Principes (les) et la Doctrine de Rome, sur le sujet de l'excommunication et de la déposition des rois, traduit de l'anglois, de l'évêque de Lincoln (Thomas BARLOW, par J.-B. DE ROSEMOND). *Londres*, 1679, in-8.

Il existe une édition de cet ouvrage, sous le titre de : « Traité historique sur... » Voyez ces mots.

Principes et Maximes, théories et projets de l'Institut chrétien philosophique, avec l'organisation, les fonctions et les règles de la Société. (Par l'abbé Ant. DEL PRATO.) *Paris, imp. de Lottin*, 1816, in-8.

Principes et Méthode du chrétien qui rend ses actions, même les plus communes, dignes d'une éternelle récompense. (Par la Mère EUSTOCHIE, carmélite de la rue de Grenelle.) *Paris, Didot l'aîné*, 1761, in-12.

Note manuscrite de l'abbé de France, prêtre de Saint-Sulpice.

Principes et Notions élémentaires sur l'art de la danse pour la ville, suivis des manières de civilité qui sont des attributions de cet art; par J. H. G. (J.-H. GOURdoux-Daux), professeur de danse. Seconde édition, revue, augmentée et corrigée. *Paris, l'auteur*, 1811, in-8.

La première édition, imprimée en 1804, n'a point été rendue publique.

Principes et Observations œconomiques. (Par Fr. Véron de Forbonnois.) *Amsterdam, M.-M. Rey*, 1767, 2 vol. in-12.

Principes et Réflexions sur la Constitution française. (Par C.-C.-L.-J.-M. d'Agoult, évêque de Pamiers.) *S. l.* (1789), in-8, 26 p.

Principes et Règles de la vie chrétienne. (Par l'abbé Nic. Le Tourneux.) *Paris, Josset*, 1688, in-12.

Principes et Résumé de physiognomonie, par le docteur. B*** D*** (Baudet-Dulary). *Paris, Baillière*, 1839, in-8, 111 p.

Réimprimés en 1865 avec le nom de l'auteur.

Principes fondamentaux de droit naturel, politique et religieux sur l'origine des inégalités, des autorités, des propriétés, des cités, des partages... (Par l'abbé Thorel.) *Paris, Hivert*, 1826, in-8.

Premier cahier, 102 p.; deuxième cahier, 63 p.; troisième cahier, 99 p.

Ces trois cahiers forment le complément de l'ouvrage du même auteur, « de l'Origine des sociétés... »

Principes fondamentaux de la construction des places, avec un nouveau système de fortifications, traduit de l'italien d'Antoni (par le vicomte C.-F. de Flavigny). *Paris, Ruault*, 1775, in-8.

Principes généraux d'instruction...

Voy. « Principes généraux sur l'instruction... », col. 1038, a.

Principes généraux de grammaire générale et de grammaire latine, à l'usage du pensionnat de l'École centrale du Calvados. (Par M. l'abbé de La Rivière, professeur de grammaire générale.) *Caen*, an VIII-1800, in-8.

Principes généraux de jurisprudence sur les droits de chasse et de pêche, par M*** (Jean Henriquez). *Paris, Berton*, 1775, in-12.

Principes généraux des protestans de la confession d'Augsbourg, et leur incompatibilité avec la constitution civile du clergé. (Par le professeur C.-G. Koch.) *Strasbourg*, 1792, in-8.

Principes généraux pour l'intelligence des prophéties. (Par l'abbé Bausset.) *Paris, Savoye*, 1763, in-12.

Principes généraux pour servir à l'éducation des enfans, particulièrement de la noblesse françoise. (Par l'abbé P. Poncelet.) *Paris, P.-G. Le Mercier*, 1763, 3 vol. in-12.

Principes généraux sur l'instruction, rédigés par demandes et par réponses, pour servir à l'instruction des jeunes gens, par M. le marquis de B*** (C.-H. de Barbançois). *Paris, Mme Huzard*, 1816, in-8, 64 p. — Deuxième édit. *Paris, Grégoire*, 1820, in-8, 71 p.

La deuxième édition est intitulée : « Principes généraux d'instruction... »

Principes (les) infaillibles et les Règles assurées de la juste prononciation de notre langue; par le sieur L*** (Lartigault). *Paris, d'Houry*, 1670, in-12.

Principes les plus généraux de la langue françoise, mis en vers, par M*** (E.-M.-J. Le Pan). *Paris, Onfroy*, 1788, in-8, 24 p.

Principes mathématiques de la loi naturelle. (Par Taitbout.) *La Haye et Paris, Froullé*, 1779, in-8, 48 p.

Principes naturels de la morale et de la politique, avec un examen de l'influence du gouvernement sur les mœurs. *Londres (Rouen)*, 1773, 3 vol. in-12.

Réimpression du « Système social » du baron d'Holbach, publié la même année à *Amsterdam*, en 3 vol. in-8.

Principes (les) naturels du droit et de la politique, nouvelle édition (publiée par J.-F. Dreux du Radier, et augmentée d'un discours préliminaire très-étendu). *Paris, Robustel*, 1765, 2 vol. in-12.

La première édition de cet ouvrage parut à Paris, en 1715, in-12, avec le nom de Louis Desbans, son auteur, au bas de l'épître dédicatoire au chancelier Voisin. Voy. « Supercheries », I, 908, a.

Principes naturels et constitutifs des Assemblées nationales. (Par le vicomte Fr.-Emm. de Toulongeon.) *S. l.*, 1788, in-8.

Principes philosophiques de consolation, fondés sur la raison... Imitation de l'allemand de M. Weintencampf..... par M. A. C. C. (André-Charles Cailleau)... *Paris, Cailleau*, 1779, 2 vol. in-12.

Principes philosophiques des SS. solitaires d'Égypte, extraits des conférences de saint Cassien (par le marquis C.-M. de Créquy). *Madrid, de l'imprimerie royale*, 1799, in-18.

Principes (des) politiques qui doivent servir de base à la législation électorale. (Par Benj. GRADIS.) *Paris, Dandely,* 1831, in-8, 2 ff. de tit. et 49 p.

Principes politiques sur le rappel des protestans en France; par M*** (TURMEAU DE LA MORANDIÈRE). *Paris, Valleyre,* 1764, 2 vol. in-12.

Principes pour cultiver les grains dans les terres de la haute Champagne. Par M*** (A.-G.-N. DE FRANCE DE VAUGENCY). *Châlons, Seneuze,* 1769, in-8, 72 p.

Principes pour l'acceptation de la constitution civile du clergé, par M. P. C. L. J. (P.-C. LE JEUNE), curé de Clérey. *Troyes, Sainton,* 1791, in-8, 74 p.

Principes pour l'examen des faits de l'histoire ecclésiastique, par Ed. T. (Edouard TERWECOREN). *Bruxelles, Vandereydt,* 1853, in-12, 36 p. J. D.

Principes pour la lecture des orateurs. (Par l'abbé Edme MALLET.) *Paris,* 1753, 3 vol. in-8.

Principes pour la lecture des poëtes. (Par l'abbé Edme MALLET.) *Paris, Durand,* 1745, 2 vol. in-12.

Principes raisonnés du paysage, à l'usage des écoles des départements... (Publiés par Ant. BOUDEVILLE.) *Paris,* 1808, gr. in-fol. D. M.

Principes solides de la religion et de la vie chrétienne, appliqués à l'éducation des enfans, par P. P. (Pierre POIRET). *Amsterdam, Desbordes,* 1705, in-12.

Principes sur l'approbation des confesseurs. (Par Noël DE LARRIÈRE.) 1785, in-12, 63 p.

Principes sur l'usure, pour l'instruction des fidèles. (Par l'abbé BAISSIE.) *Montpellier,* in-8.

Principes sur la culture de la vigne en cordons, sur la conduite des treilles, et la manière de faire le vin, par un propriétaire (CLERC, avoué à Châtillon-sur-Seine). *Châtillon-sur-Seine, imp. de C. Cornillac,* 1822, in-8, 81 p., avec 1 pl.

Principes sur la distinction du contrat et du sacrement de mariage. (Par M.-M. TABARAUD.) *Limoges, Barbou* (vers 1804), in-8, 59 p.

Cette brochure n'est qu'une esquisse de l'ouvrage suivant.

Principes sur la distinction du contrat

et du sacrement de mariage... (Par M.-M. TABARAUD.) *Paris, Égron,* 1816, in-8.

Réimprimés avec le nom de l'auteur, *Paris, Fortic,* 1825, in-8.

Principes sur la liberté du commerce des grains. (Par L.-P. ABEILLE.) *Paris, Desaint,* 1768, in-8.

Réimprimés en 1769, à *Yverdun,* à la suite de la « Physiocratie ». Voy. ci-dessus, col. 881, *c.*

Principes sur la nature et l'essence du pouvoir de l'Église. (Par l'abbé L.-J. HOOK.) (Vers 1792), in-8, 24 p.

Principes sur la nullité du mariage pour cause d'impuissance, par *** (A.-G. BOUCHER D'ARGIS); avec le traité du président BOUHIER, sur les procédures qui sont en usage en France, pour la preuve de l'impuissance de l'homme, et quelques pièces curieuses sur le même sujet. *Londres (Paris),* 1756, in-8.

Principes sur le gouvernement monarchique. Dangers du despotisme... (Par l'abbé P. BARRAL.) *Londres, J. Nourse,* 1755, in-12, x-208 p.

Même ouvrage que « Manuel des souverains ». Voy. ci-dessus, col. 45, *e.*

Principes sur le mouvement et l'équilibre. (Par TRABAUD.) *Paris,* 1741, 2 vol. in-4.

Le nom de l'auteur se trouve en tête de l'édition abrégée de *Paris,* 1743, in-8.

Principes sur le pacage, le vain pâturage et le parcours. Encyclopédie, t. XI, p. 733. (Par Nic.-L. DURIVAL.) *(Nancy),* veuve et Claude Lesueur, imprimeurs, 1766, in-8, 7 p.

Principes sur les finances et moyens sûrs pour les rétablir; trad. de l'anglois de M. CRAWFURD (par M. LUNIER).... *Londres et Paris, de Bray,* 1789, in-8, 110 p.

Principes sur lesquels doivent reposer les établissements de prévoyance, tels que caisses d'épargne, tontines... (Par J.-Ch. BAILLEUL.) *Paris, Renard,* 1821, in-8.

Principes théologiques, canoniques et civils sur l'usure... (Par l'abbé J.-B. DE LA PORTE.) *Paris, Delévaque,* 1769, 1772, 4 vol. in-12.

Printanières, par A. V. N. H. D. (Alphonse LEROY, Victor HENAUX, N. TONTOR, H. DE SIMONI, Auguste LEDOUBLE). *Liège, Redouté,* 1839, in-18, 57 p. Ul. C.

Printems (le), comédie en un acte et en

vers, par M. D*** (J.-B. Dupuy d'Emportes). *Paris, J. Clousier,* 1747, in-12, 1 f. de tit. et 58 p.

Printems (le) de Kleist, suivi du Premier Navigateur, du Tableau du déluge (de Gessner) et d'une Élégie de Gray sur un cimetière de campagne, poëmes imités en vers français, par Ad... S... (Adrien de Sarrasin). *Paris, Ch. Pougens,* 1802, in-8, 92 p.

Printems (le), l'Été, l'Automne et l'Hiver d'une jolie femme. (Par Mme Parent.) *Londres et Paris,* 1788, 2 parties in-12.

Prise d'habit de Mme La Vallière (*sic*), par M. F*** (l'abbé Jean-Louis de Fromentières, depuis évêque d'Aire). *S. l.,* 1675. petit in-12, 57 p.

Prise (la) de Berlin. (*Paris*), *imp. de Pelletier* (1806), in-8, 3 p.

Signée : P. F. P***** (P.-F. Palloy).

Prise (la) de Chièvremont, ou les mœurs du Xe siècle, anecdote historique liégeoise, par J. P. B. L. (Latour). *Liége,* 1825, in-18, 160 p.   J. D.

Prise de Constantine. (Par M. André.) *Gap, Allier,* 1838, in-8, 4 p.

Prise (la) de Dantzick, ou victoire des Français sur les Prussiens et les Russes, le 26 mai 1807. (*Paris*), *imp. de Pelletier* (1807), in-8, 4 p.

Signée : P. F. P***** (P.-F. Palloy).

Prise (la) de Jéricho, oratorio en trois parties. (Par J.-B.-D. Després, E. Morel de Chédeville et J.-M. Deschamps.) *Paris, Ballard,* an XIII-1805, in-4.

Prise (la) de la Bastille, gloire populaire, et le passage du mont Saint-Bernard, gloire militaire, pièce en deux époques et en sept tableaux, par Henry (Henry Vilmot) et Théodore N. (Théodore Nezel et F. Laloue). *Paris, P.-J. Hardy,* 1830, in-8, 44 p.

Prinse de Lyon et de Montbrison, par les protestans, en 1562. *Lyon, imp. de J.-M. Barret,* 1831, in-8, 32 p.

Cette réimpression, à 100 exemplaires, de deux opuscules fort rares, a été faite par les soins et avec des notes de Ant. Péricaud.

Prise (la) de Sainte-Lucie, drame en un acte. (Par Muller de Friedberg.) *Lausanne, F. Grasset,* 1781, in-8.

Prise (la) des Annonciades, par M. le comte C.....s de L....h (Charles de La-

meth). (Par le marquis François de Bonnay.) *S. l. n. d.,* in-8. — Deuxième édition, non augmentée et très-peu corrigée. *Paris,* in-8, 20 p. — Deuxième édition, corrigée et augmentée des noms. *S. l. n. d.,* in-8, 22 p. — Troisième édition. *S. l. n. d.,* in-8, 22 p.

Ce mélange de prose et de vers fut composé à l'occasion des recherches ordonnées dans le couvent des Annonciades pour s'assurer que l'ex-chancelier Barentin n'était pas caché chez sa sœur, abbesse de ce couvent.

Dans l'avertissement du « Prospectus » d'un nouveau journal, par les auteurs de la « Prise des Annonciades », ces auteurs désavouent l'espèce de suite de ce dernier ouvrage, qui a paru sous le titre de : « Réponse à l'auteur de la Prise des Annonciades », in-8, 8 p.

Prise (la) des Annonciades; Épîtres sur la Révolution; Prospectus d'un journal en vaudevilles (par le marquis François de Bonnay); nouvelle édition, enrichie de notes et de variantes. *Hambourg,* juillet 1796, in-8.

Prinse (la) du comte de Montgommery, dedans le chasteau de Donfron, par M. de Matignon, lieutenant en la basse Normandie, en l'absence du duc de Bouillon, le jeudy XXVII de may mil cinq cens soixante et quatorze. D'après la copie imprimée à Paris pour Nicolas du Mont, demeurant auprès le collége de Reims, en 1574, avec permission. Nouvelle édition, publiée par les soins d'un bibliophile normand (Hippolyte-Louis-Jean-Baptiste Sauvage). *Domfront, F. Liard,* 1868, in-16, 28 p.

Prise (la) et la Bataille de Leucate.

Voy. « le Siége et la Bataille de Leucate ».

Prises (les) d'eau de la Meuse. (Par Pierre Regout, industriel à Maestricht, membre de la première Chambre des États-Généraux.) *Liége, Dethier et Lovinfosse,* 1861, in-8, 35 p.   J. D.

Prison (la) d'amours, laquelle traicte de l'amour de Leriano et Lauréole, faict en espagnol (par Diego Fernandez de San Pedro), puis translaté en tusquan (par Lelio Manfredi) et en langaige françoys (par Gilles Corrozet)... *Paris,* 1527, in-8, LX ff.

Pour la description des différentes éditions de cette traduction, voy. Brunet, « Manuel du libraire », 5e éd., V, col. 111 et 112.

Prison (la) d'Édimbourg, contes de mon hôte. Par sir Walter Scott, traduction nouvelle (par MM. Chaillot). *Avignon, Chaillot,* 1829, 5 vol. in-18.

Prison (la) d'Édimbourg, nouveaux contes de mon hôte; recueillis et mis au jour par Jedediah CLEISBOTHAM, maître d'école et sacristain de la paroisse de Gandercleuch. (Par Walter SCOTT; traduit de l'anglais par A.-J.-B. DEFAUCONPRET.) *Paris, H. Nicolle,* 1821, 4 vol. in-12.

Prison (la) d'État, ou la jeunesse de Gustave. Traduit de l'allemand d'Auguste LAFONTAINE, par Léon A*** (Léon ASTOIN). *Paris, Lecointe et Durey,* 1822, 4 vol. in-12.

Prison (de la) de Ferry III, duc de Lorraine, dans la tour de Maxéville. (Par BEAUPRÉ.) *Nancy, Grimblot,* 1839, in-8.

Prisonnier (le) de Spandaw; par l'auteur de « Dix Titres pour un » (Henri-Alexis CAHAISSE). *Paris, Lib. économique,* 1809, 3 vol. in-12.

Prisonnier (le) en Russie. (Par P. DE BOURGOING fils.) *Paris, Maradan,* 1815, in-12.

Prisonnier (le) mystérieux, fantaisie dramatique en trois journées et en vers. (Par Benoît QUINET, de Mons.) *Bruxelles, Decq,* 1841, in-18.

Réimprimé l'année suivante avec le nom de l'auteur.

J. D.

Prisonnières (les) de la montagne, ou la chapelle abandonnée; par l'auteur du « Fantôme blanc »... (Mᐸˡᵉ Désirée CASTÉRA). *Paris, Béchet,* 1813, 4 vol. in-12.

Prisons (les) de Paris, par un ancien détenu (Pierre JOIGNEAUX). *Paris, chez l'auteur,* 1841, in-8, 2 ff. de tit., 322 p. et un feuillet de table. D. M.

Prisons (des) de Philadelphie, par un Européen (F.-A.-F. DE LA ROCHEFOUCAULD-LIANCOURT); 2ᵉ édition, augmentée de renseignements ultérieurs sur l'administration économique de cette institution, et de quelques idées sur les moyens d'abolir en Europe la peine de mort. *Amsterdam,* 1799. in-8. — *Paris, Dupont,* 1800, in-12. — 4ᵉ édit., *Paris, Mᵐᵉ Huzard,* 1819, in-8.

Priviléges (les) des Suisses, ensemble ceux accordés aux villes impériales et anséatiques, et aux habitans de Genève, résidens en France... Par M. V. G. J. D. G. S. (M. VOGEL, grand-juge des gardes-suisses). *Paris. veuve Saugrain,* 1731, in-4. — *Paris, P. Prault,* 1751, in-4. — *Yverdun.* 1770, in-4.

Priviléges (les) du cocuage. *A Vicon, chez Jean Cornichon, à l'enseigne du Coucou,* in-12.

Réimpression à 200 exemplaires, sans lieu ni date

(*Bruxelles, J. Gay,* vers 1860), in-18, avec une notice bibliographique signée : P. L. (Paul LACROIX); on y lit que l'ouvrage pourrait être attribué soit à Eustache LE NOBLE, soit à CHAPPUZEAU, auteur du « Cercle des femmes », mais ce ne sont là que des conjectures.

Prix (le) de Cythère, opéra-comique, avec les airs notés. Représenté pour la première fois sur le théâtre du fauxbourg Saint-Germain, le 12 février 1742. (Par le marquis A.-R. DE PAULMY et C.-S. FAVART.) *Paris, P. Clément,* 1742, in-8, 2 ff. lim., 44 p. et un feuillet de musique.

Prix (le) de la beauté, ou les couronnes, pastorale en trois actes et un prologue, avec des divertissements sur des airs choisis et nouveaux. *Paris, Delormel,* 1760, in-4, 4 ff. lim., 63 p., un feuillet d'errata et musique.

La dédicace est signée : G*** (Pierre-Thomas GONDOT).

Prix de la justice et de l'humanité. (Par VOLTAIRE.) *Londres.* 1778, in-8, IV-114 p. — Autre édition. Par l'auteur de « la Henriade », avec son portrait. *Ferney,* 1778, in-8, IV-120 p.

Réimprimé à *Genève,* 1778, in-8, IV-120 p., avec le nom de l'auteur.

Prix (le) de la rose de Salency aux yeux de la religion. avec le véritable esprit de celle de Réchicourt-le-Château, instituée sur le modèle de la première. (Par Joseph-Benoît MARQUIS, curé de Réchicourt-le-Château.) *Metz, imp. de J. Antoine,* 1780, in-8.

Prix (le) de la vie, suivi de plusieurs nouvelles, par l'auteur de « la Clef des cœurs » (Mᵐᵉ Mathilde BOURDON). *Lille, L. Lefort,* 1859, in-12. — 2ᵉ édit. *Id.,* 1863, in-16. — 3ᵉ édit. *Id.,* 1871, in-16.

Prix (le) de lecture, par Marie-Ange de T***. (Par Just-Jean-Étienne ROY.) *Tours, Mame,* 1870, in-18. — *Id.,* 1874, in-18.

Prix (le) des talens, parodie du troisième acte des « Fêtes de l'Hymen et de l'Amour », par Mrs. S*** et H*** (SABINE, HARNY DE GUERVILLE et A.-J. VALOIS D'ORVILLE). Représentée pour la première fois sur le théâtre des comédiens italiens ordinaires du roi, le mercredi 25 septembre 1754. *Paris, Duchesne,* 1755, in-8, 39 p. et 4 ff. de musique.

Prix (les) Monthyon. Recueil de traits de vertu, et indication analytique des ouvrages qui ont obtenu les prix fondés par M. de Monthyon. Nouvelle morale en action, précédée d'une notice sur ce ver-

tueux philanthrope et ses diverses fondations. (Par Alfred-Jean LETELLIER.) *Paris,
imp. d'Herhan*, 1833, in-18.   D. M.

Prix (le), ou l'embarras du choix, divertissement en un acte, en prose, mêlé
de vaudevilles. Représenté pour la première fois, à Paris, sur le théâtre du Vaudeville, le 27 février 1792. (Par J.-B. RA-
DET.) *Paris*, an II, in-8.

Réimprimé avec le nom de l'auteur.

Pro aris et focis. *Philadelphie d'Armo-
rique et non d'Amérique*, 1776, in-12.

Le titre de départ porte : « Mémoire, ou canevas
d'un projet à proposer aux États de Bretagne pour le
paiement de la corvée ». — L'épître dédicatoire est
signée : C. G. T*** (Charles-Gaspard TOUSTAIN DE
RICHEDOURG.)

Pro memoria, pour faire voir combien
la puissance du czar est redoutable. *S. l.*,
1720, in-4, 4 ff.

Stiermann, *Anonymorum centuria prima* (*Holmiæ*,
1724), page 47, nomme le sénateur suédois Maurice
WELLINGH comme auteur de ce pamphlet.

(Minzloff, « Pierre le Grand » (1872), page 354.)

Probabilité (de la) et comment il faut
choisir les opinions importantes de droit.
(Attribué à Louis FOUQUET, évêque
d'Agde.) *Lyon*, 1676, in-12.   V. T.

Probité (de la). (Par M. Jacq. BOUCHER
DE PERTHES.) *Abbeville, Boulanger*, 1833,
in-8, 22 p.

Extrait des « Mémoires de la Société d'émulation
d'Abbeville ».

Probité (la); par un aumônier (l'abbé
Isidore MULLOIS). *Paris, Dillet*, 1856,
in-18.

Petite bibliothèque charitable et populaire de M. l'abbé
Mullois.

Problème ecclésiastique proposé à
M. l'abbé Boileau, de l'archevêché : à qui
l'on doit croire de messire Louis-Antoine
de Noailles, évêque de Châlons en 1695
(approuvant les « Réflexions morales » du
Père Quesnel), ou de messire Louis-Antoine de Noailles, archevêque de Paris en
1696 (condamnant l' « Exposition de la
foi », par l'abbé de Barcos). (Par le
P. DOUCIN, jésuite.) *S. l.* (1699), in-12,
24 p.

Voici les curieux détails donnés sur cet ouvrage par
le chancelier d'Aguesseau.

« Le soupçon tomba d'abord sur les jésuites ; et le
public ne croyoit pas se tromper quand il les regardoit
comme les auteurs d'un libelle qui sembloit d'ailleurs
avoir été répandu habilement en France, pour faire une
espèce de diversion dans l'affaire du quiétisme. Le

P. Daniel, jésuite, distingué dans sa Société par son
génie et par sa capacité, eut le malheur d'en être plus
accusé que les autres ; il chercha vainement à s'en justifier par une lettre écrite à l'archevêque de Paris, dans
laquelle il attestoit, par ce qu'il y a de plus saint, qu'il
n'avoit aucune part à cet ouvrage ; mais le public pré-
venu s'obstinoit malgré lui à l'en croire l'auteur ; et la
doctrine des équivoques se tournant contre ses défenseurs, on vouloit en trouver, à quelque prix que ce fût,
dans la lettre du P. Daniel, comme si Dieu eût permis
que ceux qui autorisent l'art de mentir en sûreté de
conscience ne fussent pas crus, lors même qu'ils disoient
vrai.

« Tout ce qui parut de plus certain alors, c'est que
si les jésuites n'avoient pas eu de part à la composition
de cet ouvrage, ils en avoient eu du moins à sa publication, et que c'étoit un P. SOUASTRE, jésuite flamand,
qui l'avoit fait imprimer à Liége.

« Mais le véritable auteur de ce fameux ouvrage fut
enfin démasqué quelques années après. Dom THIERRY
DE VIAIXNES, bénédictin de la congrégation de Saint-
Vannes, et janséniste des plus outrés, qui fut mis à la
Bastille par ordre du roi, avoua dans la suite que c'étoit
lui qui avoit composé le Prohlème : il l'avoit fait avec
tant d'art, et l'enfant dont il étoit le véritable père avoit
si fort l'air d'un jésuite, qu'on ne doit pas être surpris
que le public s'y soit mépris, et que quelques jésuites
même y aient été trompés, puisqu'ils s'étoient chargés
de son éducation et du soin de le produire dans le
monde. »

(« Œuvres de M. le chancelier d'Aguesseau », in-4,
tome XIII, page 196.)

D. Thierry de Viaixnes, natif de Châlons en Champagne, mourut à Rynwick, près d'Utrecht, le 31 octobre
1735. Voy. son article dans Moréri, sous le nom de
Viaixnes. Il a été rédigé par l'abbé Goujet sur un
mémoire manuscrit de D. Thierry lui-même. On y cite
quelques ouvrages anonymes de ce bénédictin, et on
ajoute qu'il en a fait quelques autres dont on n'est pas
suffisamment informé. Il n'avouoit donc pas, dans ce
mémoire, le fameux Problème ; car l'abbé Goujet n'en
fait aucune mention, et son Catalogue manuscrit me
prouve qu'il attribuoit cet ouvrage au P. Daniel.

Un arrêt du Parlement de Paris, du 10 janvier 1699,
condamna le « Problème » à être brûlé, ce qui prouve
que l'opinion publique le regardoit comme une production jésuitique : cependant, dans ce temps-là même, le
P. Gerberon crut y reconnoître un écrivain qui parta-
geoit sa manière de penser sur les affaires de l'Église.
Voy. « Apologie pour le Problème ecclésiastique, avec
la solution véritable contre la Solution de divers problèmes très-importans pour la paix de l'Église, tirée
du Problème ecclésiastique proposé, etc. » (par le
P. Quesnel).

Lors de l'arrestation de D. Thierry de Viaixnes, dit
M. Tabaraud dans sa « Seconde Lettre à M. de Bausset »,
Paris, 1810, in-8, page 120, on saisit parmi ses
papiers des lettres qui prouvaient qu'il avait copié ce
libelle et qu'il en avait fait tirer plusieurs copies par
ses écoliers... Il ne cessa cependant de protester que ni
lui, ni aucun de ses confrères et de ses amis, n'avaient
eu part à la composition de cet écrit séditieux. Il déclara
que dom Senac, son ancien maître, l'ayant prié de lui
en procurer la lecture, dans la primeur où il était extrêmement difficile d'en avoir des exemplaires imprimés,
c'était pour le satisfaire qu'il l'avait copié sur le premier
qui lui était tombé entre les mains, et qu'il en avait
fait tirer d'autres copies par ses élèves pour répondre
aux demandes de ses amis. On doit remarquer que la

date des lettres justifiait que toutes ces copies avaient été faites postérieurement à l'impression et à la publication du Problème. M. Tabaraud a reproduit les mêmes détails à peu près dans son « Supplément aux Histoires de Bossuet et de Fénelon ». *Paris*, 1822, in-8, p. 88.

On peut conclure de ces différentes citations que l'opinion qui attribue le « Problème ecclésiastique » au P. Doucin est encore la plus probable. Elle a été embrassée par l'impartial Chaudon dans son « Nouveau Dictionnaire historique », si souvent réimprimé ; et elle l'eût été par d'Aguesseau lui-même, s'il eût examiné plus attentivement la conduite de dom Thierry de Viaixnes.

Une personne de mérite prétendait savoir sûrement que l'auteur du « Problème ecclésiastique » était D. Hilarion MAUNIER, de la congrégation de Saint-Vannes. (Le P. Baize.)

Voy. « Lettres d'un théologien à un de ses amis à l'occasion du « Problème ecclésiastique », V, 1244, *a*.

Le « Problème » a été mis à l'*Index* le 2 juin 1700.

Problème fondamental de la politique moderne. Dédié au comte de Bourmont. (Par J.-Hoené WRONSKI.) *Paris, Ladvocat*, 1829, in-8, XII-40 p.

Problème historique : qui des Jésuites ou de Luther et Calvin ont le plus nui à l'Eglise chrétienne?... (Par l'abbé MESNIER.) *Avignon (Paris)*, 1757, 2 vol. in-12. — Troisième édit. *Utrecht*, 1763, 2 vol. in-12.

Mis à l'*Index* le 17 mai 1759.

Problème littéraire : quel est l'auteur de l' « Histoire des trois siècles? » (Par l'abbé LIGER.) *Paris*, 1799, in-12.

Voy. « Supercheries », III, 486, *d*.

Problème philodémique : si c'est par zèle ou par jalousie que les médecins s'opposent à l'établissement de cinq démonstrateurs chirurgiens dans l'amphithéâtre de Saint-Côme. (Par MÉDALON.) *S. l.* (1725), in-4, 32 p.

Problème proposé aux savans, touchant les livres attribués à saint Denis l'Aréopagite. (Par le P. HONORÉ DE SAINTE-MARIE, carme.) *Paris, J. de Nully*, 1708, in-8.

C'est à tort que dom Cellier, dans l' « Histoire générale des auteurs ecclésiastiques », t. XV, p. 370, attribue cet ouvrage à dom BERNARD, religieux de Sept-Fonds.

Problème sur le temps juste du décuvage des vins, avec l'indication la plus générale pour ce décuvage. (Par MAUPIN.) *S. l.*, 1780, in-8, 6 p.

Problème sur les femmes. *Amsterdam, par la Compagnie*, 1744, in-12, 96 p.

Traduction exacte, par A.-G. MEUSNIER DE QUERLON, de *Disputatio perjucunda* (voy. ce titre), dont Valentinus ACEDALIUS a été l'éditeur.

Cette traduction est suivie d'un « Essai sur l'âme des femmes », qui paraît être l'œuvre du traducteur.

Problèmes d'ARISTOTE et autres filozofes et medecins, selon la composition du corps humain, avec ceux de Marc-Antoine DE ZIMARA, *item* les solutions d'Alexandre APHRODISCE sur plusieurs questions physicales. (Traduction attribuée à George DE LA BOUTHIÈRE.) *Lion, Jean de Tournes*, 1554, in-8, 2 ff. lim. et 252 p. — *Id.*, 1570, in-8. — *Paris, N. Bonfons, s. d.*, in-16, 168 ff. — *Rouen, N. Angot*, 1618, in-12, 153 ff.

Problèmes et Exercices de calcul à l'usage des classes inférieures des écoles primaires. (Par LOVINFOSSE, directeur de l'école communale d'adultes de Liége.) *Liége, Ledoux*, 1861, in-12.

Problesmes moraux espagnols (de Diego DE ROJAS), traduits en françois par Paul LENTULUS. *Suivant la copie imprimée à Berne, chez J. Lepreux*, 1724, in-24.

La première édition, qui est accompagnée du texte et intitulée : « Problèmes de philosophie morale », est de 1612.

Problèmes proposés à tous les âges et à toutes les conditions. Extraits de la 2e édition de « Mes Doutes ». (Par le P. J.-N. LORIQUET, jésuite.) *Paris, Poussielgue-Rusand*, 1839, in-32.

Procédés du magnétisme animal. (Attribués au docteur BOMBAY, de Mâcon.) *S. l.*, 1784, in-8, 39 p., et in-12, 53 p.

Procédure orthographique de la gloire de Napoléon le Grand et du génie de la gente humaine. (Par Pierre BELLEGINGUE.) *Besançon, de l'imprimerie de Taulin-Dessirier*, juin 1807, in-12, V-172 p.

La dédicace est signée.

Le gouvernement impérial empêcha la distribution de cet ouvrage.

Procédures curieuses de l'Inquisition de Portugal contre les francs-maçons pour découvrir leur secret, avec les interrogations et les réponses, les cruautés exercées par ce tribunal, la description de l'intérieur du Saint-Office, son origine et ses excès; divisées en trois parties; par un frère maçon sorti de l'Inquisition (Jean Coustos), revues et publiées par L. T. V. J. L. R. D. M. *Dans la vallée de Josaphat, l'an de la fondation du temple de Salomon* 2803 (*Hollande*, 1745), pet. in-8, VIII-264 p.

Jean COUSTOS, lapidaire, domicilié, au moment de son arrestation, à Lisbonne, était né dans le canton de Berne (Suisse).

La relation du procès de Coustos remplit la première partie ; la deuxième contient l'origine de ce tribunal, extraite d'un livre qui en a donné l'histoire la plus sincère et la plus véritable, mais qu'on ne trouve plus, grâce aux soins que l'Inquisition et ses familiers ont eu d'en acheter et brûler tous les exemplaires ; la troisième sert de preuve à ce qui a été avancé dans la relation, de divers actes et aventures avérés et qui sont publics en Espagne et en Portugal, comme en France. (Extrait de l'avertissement.) A. L.

Procès célèbres de la Révolution, ou tableau historique de plusieurs procès fameux tenant aux principaux événements de l'interrègne révolutionnaire... Par M. G... (A.-C. GUICHARD). avocat. *Paris, Garnery*, 1814, 2 vol. in-8.

Procès contre les Jésuites, pour servir de suite aux « Causes célèbres ». (Par Nic. JOUIN.) *Brest*, 1750, in-12. — *Douai*, 1761, in-12.

Mis à l'*Index* le 11 mai 1754.

Réimprimé sous le titre de : « Procès pour la succession d'Ambroise Guys...» Voy. ci-après, col. 1052, *f*.

Procès criminels du comte d'Egmont, du prince de Horne et autres seigneurs flamands. (Publiés par Jean GODEFROY suivant les uns, et suivant d'autres par Jean DU BOIS, procureur général de Sa Majesté à Malines.) *Amsterdam (Bruxelles)*, 1729 et 1753, 2 vol. in-8.

Même ouvrage que « Supplément à l'histoire des guerres civiles de Flandre ». Voy. ces mots.

Procès d'Étienne Dolet... 1543-1546. *Paris, Techener*, 1836, in-16, 32 p.

L'avant-propos de l'éditeur est signé : A. T. (Alph. TAILLANDIER).

Tiré à 100 exemplaires.

Procès de Bonaparte, ou adresse à tous les souverains de l'Europe, par Lewis GOLDSMITH, suivie des proclamation (*sic*), lettres, réflexions, écrits, enfin de tous les débats survenus jusqu'à ce jour en Angleterre touchant la destination de Napoléon Bonaparte. Traduit de l'anglais par un volontaire royal (Charles MALO), avec des notes et des réflexions du traducteur. *Paris, Moronval*, 1815, in-8. D. M.

C'est le même ouvrage qui avait paru au commencement de cette année, sous le titre de : « Adresse à tous les souverains de l'Europe, par Lewis GOLDSMITH... Traduit de l'anglais par un volontaire royal... »

Procès de Claustre. Supplément aux « Causes célèbres ». (Par VOLTAIRE.) *S. l. n. d.*, in-8, 31 p.

Procès (le) de famille, drame en trois actes et en prose. (Par Franç. LEROY DE LOZEMBRUNE.) *Vienne, Rob. Graeffer*, 1778, in-8.

Procès de la pairie. (Par le marquis DE LA GERVAISAIS.) *Paris, Pihan-Delaforest*, 1827, in-8, 16 p.

Procès (le) de Louis XVI, ou collection complète des opinions, discours et mémoires des membres de la Convention nationale sur les crimes de Louis XVI... (Publié par J.-Ch. PONCELIN DE LA ROCHE TILHAC.) *Paris, Debarle*, an III, 9 vol. in-8.

Procès de Louvel. (Par Aug. SÉGUIN.) *Montpellier, impr. de J. Martel*, 1821, in-8, 12 p. — *Montpellier*, 1833, in-8, 4 p.

Procès de M. le comte de Kergorlay, suivi des motifs de refus de MM. les pairs et députés à Louis-Philippe d'Orléans. (Recueilli par M. BRICON.) *Paris, Bricon*, 1830, in-8, 2 ff. lim. et 100 p.

Procès de Napoléon-Louis Bonaparte et de ses coaccusés devant la cour des pairs. (Par POGGIOLI.) *Paris, Pagnerre*, 1840, in-8.

Procès (le) des ariettes et des vaudevilles, pièce en un acte, représentée pour la première fois sur le théâtre de l'Opéra-Comique de la foire Saint-Laurent, le 28 juin 1760. (Par Ch.-Sim. FAVART et ANSEAUME.) *Paris, Duchesne*, 1760, in-8.

Procès des Bourbons, contenant des détails historiques sur la journée du 10 août 1792 ; les événements qui ont précédé, accompagné et suivi le jugement de Louis XVI ; le procès de Marie-Antoinette, de Louis-Philippe d'Orléans, d'Elisabeth, et de plusieurs particularités sur la vie et la mort de Louis-Charles, fils de Louis XVI ; l'échange de Marie-Charlotte et le départ de tous les membres de la famille pour l'Espagne. Nouvelle édition, revue, corrigée et augmentée d'un grand nombre de pièces importantes qui n'ont point encore été imprimées, avec figures. (Par TURBAT, du Mans, mort à Alençon, en 1815.) *Hambourg (Paris)*, 1798, in-8. D. M.

La première édition est de *Paris*, 1798, 2 vol. in-8.

Procès des prévenus de l'assassinat de M. Fualdès, ex-magistrat à Rodez. (Par Antoine BÉRAUD.) *Metz*, 1818, in-8.

Procès (le) des trois rois Louis XVI de France, Bourbon, Charles III d'Espagne, Bourbon, et Georges III d'Hanovre, fabricant de boutons, plaidé aux tribunaux des puissances européennes ; par Appendix l'Appel au peuple, trad. de l'anglois (de BOUFFONIDOR, attaché au chevalier Zéno, autrefois ambassadeur de

Venise en France). *Londres*, 1780-1781, in-8.

Ce pamphlet a été attribué à tort à S.-N.-H. LIN-GUET par Peignot et par Ersch; on ne trouve aucun détail sur BOUFFONIDOR; n'est-ce pas un pseudonyme? D'après une note insérée au « Bulletin du bouquiniste », 1er octobre 1858, page 181, l'ouvrage serait du chevalier Ange GOUDAR.

Procès des vingt-huit individus prévenus d'avoir participé aux mouvements insurrectionnels qui ont éclaté dans le département du Rhône dans les premiers jours de juin 1817... *Lyon, Chambet*, 1817, in-8, 80 p.

Attribué au capitaine BOUCHER D'ARGIS.

Procès (le) du chat, ou le savetier arbitre, en un acte, mêlé de vaudevilles, Par MM. D... T... (Toussaint-Gaspard TACONET). Représenté pour la première fois sur le Grand Théâtre des boulevards, le 14 mai 1767. *Paris, P.-D. Langlois*, 1767, in-8, 29 p.

Procès du général Cambronne. (Par H. DE LATOUCHE.) 1822, in-8.

Procès du général Cambronne, contenant toutes les pièces, interrogatoires et débats. (Par Évar. DUMOULIN.) *Paris*, 1816, in-8.

Procès du lieutenant général comte Drouot, précédé d'une notice historique sur cet officier général... (Par Evariste DUMOULIN.) *Paris, Lhuillier*, 1816, in-8. — 2e édit. *Id.*, 1816, in-8.

Procès du maréchal de camp baron Cambronne; précédé d'une notice historique très-détaillée sur la vie et le caractère de cet officier général, par L. T***** (Léon THIESSÉ)... *Paris, Plancher*, 1816, in-8.

Procès du maréchal Ney; précédé d'une notice historique sur l'origine et les priviléges de la pairie, et les jugements les plus remarquables prononcés contre les pairs et maréchaux de France... Édition pour faire collection, avec des plaidoyers et autres pièces publiées par MM. les avocats de l'accusé. Par D..., jurisconsulte (P.-J.-S. DUFEY). *Paris, chez l'éditeur*, 1815, in-4, 40 p.

Procès du service funèbre célébré le 14 février 1831 à Saint-Germain-l'Auxerrois. Accusation contre MM. Valérius, Durouchoux fils, Boblet, Quinel et de Balthasar (le tout publié par L.-A. BOBLET). *Paris, G.-A. Dentu*, 1831, in-8, XXII-128 p.

Procès du très-méchant et détestable parricide Fr. Ravaillac..., publié pour la première fois par P... D... (Pierre DESCHAMPS). *Paris, Aug. Aubry*, 1858, petit in-8, 144 p. et la table, avec portrait de Ravaillac.

Forme le quinzième volume du « Trésor des pièces rares », publié chez A. Aubry.

Procès (le) du tsarevitch Alexis Petrovitch, traduit du russe (de Nic. USTRIALOFF), par Const. DE WHITE. *Leipzig, W. Gerhard*, 1860, in-8.

Procès (des) et des Moyens de les éviter, par un philanthrope (J.-Fr.-B. BAUDOUIN, substitut). *Bourges, Vermeil*, 1834, in-18, 100 p.

Procès et Meurtre de Charles Ier, roi d'Angleterre; procès des vingt-neuf régicides mis en justice après la restauration de Charles II. Traduction de l'anglais... (par P.-Fr. HENRY). *Paris, H. Nicole*, 1816, in-8.

Procès fait à la congrégation dite des Bacchanales, l'an de Rome 566, 186 ans avant Jésus-Christ. (Traduit de TITE-LIVE par A.-M.-J.-J. DUPIN.) *Paris, Sanson*, 1826, in-32, 38 p.

Une seconde édition, publiée la même année, donne les noms de l'auteur et du traducteur.

Procès instruit extraordinairement contre MM. de Caradeuc de La Chalotais et de Caradeuc, procureurs généraux... (Publié par MANOURY, libraire à Caen.) *Caen, Manoury*, 1768, 3 vol. in-12. — *S. l.*, 1770, 3 vol. in-12.

Procès intenté par le conseil municipal de Bordeaux à l'auteur de la « Tribune de la Gironde », relativement à la journée du 12 mars 1814. (Par Jos. MERILHOU, avocat.) *Périgueux, F. Dupont*, 1820, in-8, un feuillet de titre, VIII-284 p.

Procès (le), opéra-comique en un acte, par M*... (Henri-Ch. PINEUX, dit DUVAL). Représenté pour la première fois sur le théâtre royal de l'Opéra-Comique, le 3 juin 1815. *Paris, Vente*, 1815, in-8, 44 p.

Procès pendant au tribunal du public. — Lettre sur les économistes. (Par P.-F.-J.-H. LE MERCIER DE LA RIVIÈRE.) 1787, in-8.

Voy. V, 1213, d.

Procès pour la succession d'Ambroise Guys; on y a joint les affaires des Jésuites de Liége, de Fontenay-le-Comte, de Châlons, de Muneau, de Brest, de Bruxelles,

avec la prophétie de Georges Bronsvel.
(Par Nicolas Jouin.) *Brest, s. d.*, in-8, XVI-
208 p.

Même ouvrage que « Procès contre les Jésuites... »
Voy. ci-dessus, col. 1049, *b.*

Procès pour rire, ou le chapitre de l'é-
glise cathédrale d'Evreux traduit devant
les grandes assises du « Courrier de
l'Eure ». (Par MM. les chanoines Cauchie,
Haudebert et Roussel.) *Paris, Schneider,*
1844, in-8, 47 p.   D. M.

Procès réunis de « la France » et de la
« Gazette de France », recueillis et mis en
ordre par un avocat de la cour royale de
Paris (Aug. Johannet). Affaire des lettres.
Audiences de la cour d'assises de la Seine
des 24 avril et 21 mai 1841. *Paris, T. Pitrat,* 1841, in-8, 67 p.

Procès sur procès, ou résultat du choix
qu'on a fait de M. Boursault-Malherbe
comme fermier des jeux; suivi d'une réponse aux demandes qui me sont faites
relativement aux deux Boursault. (Par
Henri-Alexis Cahaisse.) *Paris, Corbet,*
1820, in-8, 44 p.

Procès (le). Traduit de l'anglais (de miss
Charlotte-Mary Yonge). *Neuchâtel, Delachaux,* 1865, 2 vol. in-12.

Suite de la « Chaîne de marguerites ».

Procès-verbal d'une assemblée tenue à
Paris, juin 1815, sous la présidence de
l'honneur, la fidélité et la justice. (Par le
marquis de Chabannes.) *Londres, imp. de
Schulze et Dean,* 1815, in-8, 88 p.

Procès-verbal de l'assemblée du ban et
arrière-ban de la sénéchaussée d'Angoumois, et rôle des nobles comparant pour
rendre le service en personne, 1er et 2 septembre 1635... Documents publiés par
M. Th. de B. A. (Théophile de Brémond
d'Ans). *Niort, L. Clouzot,* 1866, in-8, 2 ff.
de titre et 101 p.

Procès-verbal de l'assemblée générale
des trois ordres de la province de Dauphiné, tenue à Romans par permission du
roi. (Par J.-J. Mounier.) *Grenoble, imp.
de J.-M. Cuchet,* 1788, in-4. — *Id.,* 1788,
in-8.

Procès-verbal (le) de la canonisation du
bienheureux Jules Mazarin... *Paris, C.
Boudeville,* 1649, in-4, 12 p.

L'avis au lecteur est signé : M. D. B. (Mathieu du
Bos, suivant la « Bibliographie des mazarinades »).

Procès-verbal de la cérémonie des ob-

sèques de... dame Anne Goulet de Mont-
libert, veuve de M. Jacques-François de
Foix de Candale... célébrées dans l'église
d'Ars-sur-Moselle, le 17 mars 1814, par
ordre de S. Exc. monseigneur Yousefo-
witch, général russe, commandant les
troupes alliées du blocus de Metz; et
oraison funèbre prononcée par l'un des
curés présens à la cérémonie (l'abbé Thomas, curé d'Ars). In-4.

Catalogue Noël, n° 2266.

Procès-verbal de la cérémonie du sacre
et du couronnement de LL. MM. l'empereur Napoléon et l'impératrice Joséphine.
(Par L.-P. de Ségur, grand maître des
cérémonies.) *Paris, impr. impériale,* an
XIII-1805, in-4, 2 ff. de tit. et 117 p.

Procès-verbal de la séance générale des
bibliophiles campagnards, tenue le 23 février 1842. Deuxième année, première
publication. (Par l'abbé Carton.) *Paris
(Gand, C. Annoot),* 1842, in-8.

Seule et unique publication de cette facétie excessivement rare.   J. D.

Procès-verbal des conférences tenues
par les commissaires du roy et les députés
du Parlement pour l'examen des articles
(dressés par le conseiller d'Etat Henri
Pussort) proposés pour la composition
de l'ordonnance civile de 1667 et de l'ordonnance criminelle de 1670 (imprimé par
les soins de Claude Brossette). *Lille
(Lyon), Guill. Barbier,* 1697, in-4. —
Deuxième édition, augmentée (par les soins
du même Brossette). *Louvain (Lyon),*
1790, in-4. — Nouvelle édition, revue et
corrigée sur l'original communiqué par
M. Foucault, augmentée d'une instruction sur la procédure civile et criminelle.
Paris, 1709, in-4.

Souvent réimprimé.

Cette dernière édition a servi de modèle aux suivantes. L'édition de 1776 doit cependant être préférée
aux autres, parce que l'éditeur, le laborieux Dan.
Jousse, a corrigé et perfectionné les deux précis qui
sont à la tête de ces deux ordonnances, et plusieurs
fautes qui s'étaient glissées dans le texte du procès-
verbal.

Procès-verbal des épreuves faites à
Douay sur les portées des pièces de 4
longues et de celles de 4 courtes du nouveau modèle. (Par du Puget.) *Paris, Jombert père,* 1772, in-8, 48 p.

Procès-verbal des séances de l'assemblée provinciale de la généralité de Rouen,
tenue aux Cordeliers de cette ville, aux
mois de novembre et décembre 1787. (Ré-

digé par J.-G. THOURET.) *Rouen, P. Seyer,* 1787, in-4.

Procès-verbal historique des actes du clergé député à l'assemblée des Etats-Généraux des années 1789-1790. (Par l'abbé RANGEARD.) *Paris, imp. nationale,* 1791, in-8, un feuillet de titre et 166 p.

Procès-verbal très-intéressant du voyage aérien qui a eu lieu aux Champs-Elysées le 18 septembre 1791, jour de la proclamation de la Constitution. (Par SAINTE-CROIX.) 1791, in-8.

Procès-verbaux de la séance préliminaire et des séances de l'assemblée provinciale de Basse-Normandie, en 1787 (rédigés par BAYEUX). *Caen, Le Roy,* 1787, in-4.

Procès-verbaux du conseil d'Etat, contenant la discussion du projet de Code civil décrété en l'an II (rédigés par J.-G. LOCRÉ, secrétaire général du conseil d'Etat). *Paris, impr. de la République,* ans XI et XII (1803-1804), 5 vol. in-4.

Procession (la) dansante d'Esternach. (Par le docteur Auguste NEYEN.) *Luxembourg, Lamort,* 1846, in-12, 13 p.

UI. C.

Procession (cy sensuit la) du roy de France nostre sire, qu'il a fait par dévotion à limage de Nostre-Dame de Souffrance, avec le present qu'il luy a fait. *S. l.* (1528), pet. in-8 goth., 4 ff.

Les noms de l'auteur, Jean PETIT, se lisent par acrostiche dans les six derniers vers.

Procession en l'honneur de monseigneur duc de Bourgogne. (Par l'abbé Michel DE SAINT-MARTIN.) *S. l. n. d.,* in-4, 4 p.

Prochaines (les) Élections de mai seront-elles constitutionnelles? Premier avis aux électeurs sur ce sujet, par un ami du système constitutionnel (Charles LUCAS). *Paris,* 1822, in-8, 23 p. — 2e édit. *Id.,* 1822, in-8.

Prochaines (des) Élections et de nos Répugnances; par un électeur de Quimper-Corentin (M. BELLEMARE, ancien commissaire général de police). *Paris, Dentu,* novembre 1822, in-8, 2 ff. de tit. et 28 p.

Proclamation de par toutes les nations. L'agent général de correspondance pour les lettres, les sciences et les arts à la nation anglaise. (Par PAHIN DE LA BLANCHERIE.) *Londres,* 1796, in-4.

Proclamation des fédérés du Rhône, au mois de mai 1815. (Par Guy-Marie DEPLACE.) *Lyon,* 1815, in-8.   D. M.

Pr.....ade (Procopiade) (la), ou l'apothéose du docteur Pr...pe (Procope). (Par C.-M. GIRAUD.) *Londres, Vaillant,* 1755, in-12, 64 p.

Procureur (le). (Par Louis GROUSTEL.) *Cologne,* 1757, in-8, 2 ff. lim. et 77 p.

Même ouvrage que « Essai sur la profession de procureur ». Voy. V, 244, *e.*

Prodiges (les) de mil sept cent soixante. (Par Paul BARET ou BARRET.) In-4, 8 p.

Prodigue (le) par bienfaisance et le Chevalier d'industrie, comédie en quatre actes et en prose. (Par J.-A. BOURLAIN, connu sous le nom de DUMANIANT.) *Paris, Cailleau,* 1791, in-8.

Prodigue (le) récompensé, comédie en un acte, par un académicien de Marseille (P.-J.-B. NOUGARET). *Versailles, Blaizot,* 1774, in-8.

Production du plan soumis au gouvernement concernant le contrôle des services de l'armée, suivi du Tableau historique d'une campagne sous le gouvernement impérial. (Par Aug. D'AULNOIS.) *Paris, impr. de Demonville* (vers 1826), in-4, 12 p.

Le Tableau historique était annoncé comme devant être publié séparément.

Productions d'esprit, contenant tout ce que les arts et les sciences ont de rare et de merveilleux. Ouvrage critique et sublime, composé par le docteur SWIFT et autres personnes remplies d'une érudition profonde, avec des notes en plusieurs endroits; traduit par M*** (ou plutôt compilé par l'abbé SAUNIER DE BEAUMONT). *Paris, Théodore Le Gras,* 1736, deux parties in-12.

Cet ouvrage n'est autre chose que la traduction du « Conte du tonneau », publiée à *La Haye, par Van Effen,* en 1732. L'éditeur de Paris l'a coupée en morceaux, qu'il a transposés, mutilés, etc. Voy. la « Bibliothèque raisonnée », t. XIX, p. 219.

Le P. Baizé a su de l'abbé Saunier lui-même que, pour suppléer à ce qu'il y avait de licencieux et d'impie dans le « Conte du tonneau », il avait composé la première lettre, la troisième, la dixième et la quatorzième.   (Catalogue de la Doctrine chrétienne.)

Productions sur l'affaire du prieuré de Saint-Orens d'Auch. Seconde partie, qui est sur le règlement de juges. (Par Paul PELLISSON FONTANIER.) *S. l. n. d.,* in-12.

Produit (le) et le Droit des communes et

autres biens, ou l'encyclopédie rurale, économique et civile, par un honoraire des Académies des sciences d'Amiens, Arras, etc. (Par le vicomte Ch. LEFÈVRE DE LA MAILLARDIÈRE.) *Paris*, 1782, in-8.

Proesme en vers sur l'histoire des François et hommes vertueux de la maison de Medici... (Par Jacques GREVIN.) *Paris, Robert Estienne*, 1567, in-4,

Professeur (le) Molitor. (Par Adolphe DUBOIS.) *S. l. n. d.*, in-8, 13 p.

Extrait du « Messager des sciences ».   J. D.

Profession de foi d'un militaire français. (Par M.-A. JULLIEN.) *Paris, imp. de Fain*, 1815, in-8, 20 p.

Profession de foi de MM. les curés et prêtres, premier directeur du grand séminaire de Rodez, soussignés, adressée aux fidèles (rédigée par l'abbé Jacq.-Pierre FLEURY, l'un des signataires). *Au Mans*. 1819, in-8, 23 p.

Voy. « Extrait d'un écrit... », V, 396, *e*.

Profession de foi des auteurs de l'ouvrage annoncé sous le titre de « Défenseur des propriétaires de domaines nationaux, de la Charte et des idées libérales, au sujet de l'invasion du territoire français par Napoléon Bonaparte ». *Paris, imp. de Cellot*, 1815, in-8, 7 p.

Réimprimée, après les Cent-Jours, sous ce titre : « Profession de foi du comte DE SAINT-SIMON, au sujet... », in-8, 4 p.

L'ouvrage annoncé sur le titre de la première édition n'a pas été publié.

Profession de foi des théistes, par le comte DA.... au R. D., traduit de l'allemand. (Composé par VOLTAIRE). *S. l.* (1768), in-8, 39 p.

Voy. « Supercheries », I, 852, *f*.

Cette pièce a été réimprimée dans le tome I de l' « Evangile du jour » (voy. V, 328, *b*), sous le titre de : « Confession de foi », et dans le tome II des « Pièces détachées ». (Voy. ci-dessus, col. 887, *d*.)

Profession de foi philosophique. (Par Ch. BORDE.) *Amsterdam. M.-M. Rey, et Lyon, Périsse*, 1763, in-12, 35 p.

Réimprimée dans les Œuvres de l'auteur.

C'est une satire contre J.-J. Rousseau.

Cet ouvrage, dit Van Goens, « Catalogue fait sur un plan nouveau », n° 2006, fut attribué d'abord à M. de Voltaire, qui le désavoua publiquement en disant qu'il voudrait l'avoir fait, et ensuite à Mme ***.

Profession de foi politique d'un bon Français. (Par le vicomte D'AUBUSSON.) *Paris* (1771), in-12. — Nouvelle édition.

Paris, Laurens junior et Cressonnier, 1789, in-8, 87 p.

Profession de principes franc-maçonniques, ou lettre à l'auteur anonyme de deux brochures intitulées, la première : « Dénonciation aux cours royales des clubs menaçans de la franc-maçonnerie » ; la seconde : « Révélations au roi d'un affreux complot tramé dans les repaires de la franc-maçonnerie », suivie d'une réponse par l'auteur des brochures et d'une réfutation par un vieux F.·. M.·., dignitaire de l'ordre (Etienne-François BAZOT). *Paris, Boiste aîné*, 1827, in-8.

Professions de foi républicaine et carliste à la Chambre. Extrait de l' « Echo de Seine-et-Oise », n° du 16 janvier 1834. (Par DESCHIENS.) *Versailles, imp. de Montalant-Bougleux, s. d.*, in-8, 3 p.

Profil de Jules Favre, par V. B. (Victor BOUTON). *Paris, F. Cournol*, 1864, in-32, 36 p.

Profil politique de M. Guizot, par Satan. Réfutation du livre de la Démocratie en France. (Par G.-M. MATHIEU-DAIRNVAELL.) *Paris, G. Dairnvaell*, 1849, in-18, 36 p.

Profil révolutionnaire de L.-A. Blanqui, par un crayon rouge (Victor BOUTON). *Paris, V. Bouton*, 1849, in-16, 36 p.

Profils contemporains ; par l'auteur des « Profils révolutionnaires » (Victor BOUTON). *Paris, V. Bouton* (1853), in-8, Prospectus, 4 p.

Profils critiques et biographiques des 900 représentants du peuple, par un vétéran de la presse (Paul LOURDOUEIX). *Paris, Garnier frères*, 1848, in-32.

Plusieurs fois réimprimés.

Profils critiques et biographiques des sénateurs, conseillers d'Etat et députés... Par un vieil écrivain (A. LEYMARIE). *Paris, Garnier frères*, 1852, in-16, 332 p.

Programme cocasse des fêtes de septembre, par un habitant de Forest (BELLEROCHE, employé au chemin de fer). *Bruxelles, imp. de Beauvais et Cie* (1865), in-8, 7 p.   J. D.

Programme d'un concours pour l'achèvement et la perfection de l'univers, considéré dans son état actuel comme une simple ébauche. (Par J.-B.-J. DOILLOT.) *Paris, A. Bertrand*, 1820, in-12, 23 p.

Programme d'un cours d'histoire ancienne d'après Heeren, Bossuet, Montesquieu et Jean de Muller.. (Par J.-F.-X. Wurth.) *Liége, Collardin*, 1837, in-18, 111 p.

Ul. C.

Programme d'un cours de mathématiques élémentaires. (Par Moreau, professeur à l'Athénée de Bruxelles.) *Bruxelles*, 1852, in-8.

J. D.

Programme d'un cours de philosophie élémentaire pour les élèves du collége royal d'Angers. (Par M. F.-L.-J. de Lens.) *S. l. (Angers), s. d.*, in-8.

Programme de l'Hôtel-de-ville, ou récit de ce qui s'est passé depuis le 31 juillet jusqu'au 6 août 1830. Extrait de la « Tribune politique et littéraire », article du 7 avril 1831, non démenti par le gouvernement. *Paris, Rouanet*, 1831, in-8, 8 p.

Signé : Armand M... (Marrast).

Programme de l'opéra d' « Énée dans le Latium », qui doit être représenté sur le théâtre impérial de Gatchina. (Par Moretti.) *Saint-Pietroburgo*, 1799, in-8.

A. L.

Programme de l'opéra de « Deucalion et Pyrrha », exécuté au concert des écoles gratuites de dessin, le 29 avril 1772... (Par Cl.-H. Watelet.) *Paris, Gueffier*, 1772, in-4, 34 p.

Programme de la fête de Cambrai, an XII-1804, 11 août. (Par Fary, secrétaire perpétuel de la Société d'émulation de Cambrai.) *Cambrai, Hurez*, in-8, 21 p.

D. M.

Programme de la leçon de bibliographie et d'histoire littéraire qui se donne à l'Ecole centrale du département de l'Escaut. (Par Charles Van Hulthem.) *Gand, Goesin*, an IX, in-4, 8 p. D. M.

Pièce très-rare.

Programme des opérations chimiques et pharmaceutiques proposées par le jury médical du département de Seine-et-Oise... (Par J.-J. Gabriel Montagnier, d'Orléans.) *Versailles, Jacob fils*, 1815, in-4.

Programme des prix proposés par le ministre de l'intérieur (M. le comte Chaptal), pour le perfectionnement des machines à ouvrir, peigner, carder et filer la laine. (Rédigé par C.-P. Molard.) *Paris*, an IX-1801, in-4.

Programme (le) du Congrès libéral de 1846, par L. R. (L. Rongé, avocat à Liége). *Liége, Bossy*, 1867, in-8, 38 p.

Programme pour l'enseignement de l'histoire ancienne dans les colléges royaux. (Rédigé par MM. Aug. Poirson et R.-J.-B.-C. Caïx.) *Paris, Colas*, 1820, in-4, 28 p.

Programme pour la fête de la Concorde et celle du 14 juillet, qui sera célébrée le 25 messidor an VIII, jour où seront élevées les colonnes départementales. (Par Jean-Louis Laya). *Melun*, messidor an VIII, in-8. D. M.

Programme (le), simple avis aux conservateurs. (Par Pierre Borre.) *Bruxelles, Goemaere*, 1864, in-12, 42 p. J. D.

Progrès (les) de l'esprit, ou le duel défini, conséquence de la réforme électorale... par l'auteur de la « Nouvelle Lumière »... (Victorien Scaliette). *Paris, chez l'auteur*, 10 juin 1839, in-8, 32 p.

Progrès (du) de l'instruction primaire. Justice et liberté. *Paris, Mlle Claye*, 1862, in-8, 157 p.

La dédicace est signée : J. V. D. (Mlle Jenny-Victoire Daubié).

Progrès de la collection géographique de la Bibliothèque royale. Neuvième rapport (pour l'année 1847). (Par Edme-François Jomard.) *Paris*, in-8, 11 p. D. M.

Extrait du « Bulletin de la Société de géographie ».

Progrès (le) de la médecine, contenant un recueil de tout ce qui s'observe d'utile à la pratique ; avec un jugement de tous les ouvrages qui ont rapport à la théorie de cette science. (Par Claude Brunet.) *Paris, J. Anisson*, 1695-1709, in-12.

Progrès (du) de la puissance russe, depuis son origine jusqu'au commencement du XIXe siècle, par M. L*** (C.-L. Lesur). *Paris, Fantin*, 1812, in-8, XIV-514 p.

Progrès des Allemands dans les sciences, les belles-lettres et les arts, particulièrement dans la poésie et l'éloquence. (Par le baron J.-F. de Bielfeld.) 1752, in-8. — Nouvelle édition, très-augmentée. *Leyde, Bassompierre*, 1768, in-8, avec le nom de l'auteur.

Progrès des arts dans la république, poëme suivi d'un autre poëme, Dieu et les saints. (Par Mich. de Cubières de Palmezeaux.) *Paris, Marchand*, an IV-1797, in-8.

Progrès (le) des lumières, considéré dans ses effets. Poëme, par L. de S*** (Legras de Sécheval). *Paris*, imp. de *Proux*, 1838, in-8. D. M.

Progrès (les) du commerce. (Par H. Lacombe de Prezel.) *Amsterdam; et Paris, Lottin*, 1760, in-12.

Progrès (le) et le Soldat, ou le premier et le dernier écrit public du capitaine Baïonnette (Théodore Weimerskirch). *Gand, Neut* (1861), in-8, 38 p.   J. D.

Progrès et Position actuelle de la Russie en Orient. Ouvrage traduit de l'anglais (de David Urquart)... *Paris, Truchy*, 1836, in-8.   A. L.

Progression arithmétique croissante, établie pour calculer les capitaux depuis 45 jusqu'à 120, et les intérêts d'un jour à cent quatre-vingts des emprunts belge, brésilien, grec et autres... (Par L.-M. Picart.) *Bruxelles, Devroom*, 1833, in-8.   J. D.

Projet adressé à M. le comte de Clermont-Tonnerre, président de l'Assemblée nationale, le 22 septembre 1789, et remis à la séance le 5 octobre suivant, pour supprimer tous impôts et droits en France, et pour rembourser les dettes du royaume... (Par François Brunot.) *Paris, Clousier,* 1789, in-4, 1 f. de tit. et 9 p.

Projet concernant de nouveaux signes pour la musique, lu par l'auteur à l'Académie des sciences, le 22 août 1742. (Par Jean-Jacques Rousseau.) *Genève*, 1781, in-8, 438 p.

Le Projet n'occupe que les vingt-cinq premières pages de l'ouvrage. Il est suivi de plusieurs autres traités relatifs à la musique.

Projet concernant l'Opéra. (Par Pocquelin.) *S. l. n. d.*, in-4, 7 p.

Projet concernant les gardes nationales de France, en temps de paix et en temps de guerre, et notamment la garde nationale de Paris, sa garde d'honneur et sa garde urbaine. Par un ancien grenadier de la garde nationale de Paris (le chevalier Augustin d'Aulnois). *Paris, Ladvocat.* 6 octobre 1829, in-8, 47 p.

Projet d'acte d'accusation contre M. Elie de Cazes... *Paris, Le Normant*, 1819, in-8.

Deux éditions. Un supplément a été publié la même année.
Signé : T. D. et R. (Robert).

Projet d'administration remis à M. Turgot, quand il fut nommé contrôleur général, et présenté dans l'assemblée des notables en 1787. (Par L.-H. Duchesne, de Voiron.) *S. l. n. d.*, in-8, 16 p.

Projet d'adresse à l'Assemblée natio-

nale, avec un discours sur les qualités requises dans nos nouveaux administrateurs, par un citoyen du département de... (Par l'abbé Pesme, administrateur.) *Troyes, imp. de la veuve Gobelet*, 1790, in-8, 31 p.

Projet d'adresse à la Chambre des députés, ou observations... concernant la Cour de cassation. (Par P.-F. Réal.) *Paris, impr. de Renaudière*, 1814, in-8, 1 f. de tit. et 29 p.

Projet d'adresse aux Brétons, par un de leurs représentants à l'Assemblée nationale (dom Verguet). Sur le serment civique du clergé. *Paris, imp. de Clousier*, 1791, in-8, 1 f. de tit. et 18 p.

Projet d'adresse de la Chambre des députés, en réponse au discours de la Couronne. (Par Nicolas-Louis-Marie Magon, marquis de La Gervaisais.) *Paris, Delaunay*, 1824, in-8, 16 p.

Projet d'alimentation d'eau potable pour la ville d'Anvers au moyen du détournement des sources souterraines et de la marée comme force motrice, par un officier du génie (Théophile-Joseph Motte). Mémoire à l'appui d'une demande en concession par MM. Riche frères et Joseph Lefebvre. *Anvers, Ratinckx*, 1863, in-8, 54 p., avec 5 planches.   J. D.

Projet (du) d'amortissement. (Par le marquis de La Gervaisais.) *Paris, A. Pihan Delaforest* (1831), in-8, 16 p.

Projet d'association pour maintenir l'ordre et réprimer le crime dans les campagnes. (Par Muzac, président honoraire au Parlement de Metz et membre de l'Académie de la même ville.) *Metz, Antoine*, 1768, in-12.

Projet d'édit pour la restauration de la chose publique... par l'auteur de « l'Abus et des Dangers de la contrainte par corps » (Duclosel d'Arnery). *S. l.*, 1788, in-8, 115 p.

Projet d'éducation militaire nationale, dédié à M. de La Fayette. (Par Fr. Babié de Bercenay.) 1790, in-8.

Projet d'emprunt, beaucoup moins onéreux à l'Etat que ceux qui sont usités jusqu'à ce jour, et propre à être substitué à celui de septembre dernier. *S. l. n. d.*, in-8, 7 p.

Signé: L. H. D. de V. (L.-H. Duchesne, de Voiron).

Projet d'établissement d'une correspondance publique en matière d'hypothèques. (Par Louis-Nicolas EVERAT, imprimeur.) *Paris*, 1805, in-4. **D. M.**

Projet d'imposition juste et facile, propre à suppléer au déficit qu'occasionnerait dans les revenus du Roi la suppression des traites intérieures des gabelles, du tabac et des impôts mis sur les cuirs, etc., 34 p.

Signé : L. H. D. DE V. (Louis-Henri DUCHESNE, de Voiron).

Projet d'inscription pour le monument à élever à la mémoire de Louis XVI. (Par Camille-Hilaire DURAND.) *Paris, J.-J. Blaise*, 1817, in-4, 15 p.

Projet d'institution de secrétaires cantonaux pour l'expédition des affaires administratives des communes rurales, et notamment pour la conservation du cadastre. (Par LELIÈVRE, employé dans les contributions directes, à Alençon.) *Alençon, Poulet-Malassis* (vers 1845), in-4, 4 p.

Projet d'instruction pastorale sur les erreurs du livre intitulé : « Histoire du peuple de Dieu », etc., par le P. Berruyer. (Par l'abbé J.-R.-A. DUHAMEL.) 1755, in-4 et in-12.

Projet d'instruction pour assurer la paix parmi les hommes. (Par le comte DE CARAMAN, lieutenant général des armées du roi.) *Metz et Paris*, 1792, in-8.

Note manuscrite.

Projet d'instruction sur le service des bouches à feu, présenté au Comité central de l'artillerie, par des officiers de l'armée. *Metz, Collignon*, 1816, in-8.

M. LE FRANÇAIS passe pour le principal rédacteur de ce Projet.

Projet d'instructions et pouvoirs généraux et spéciaux à donner par les communes des pays d'élection à leurs députés aux Etats-Généraux, convoqués à Versailles pour le 27 avril 1789. (Par R.-F. QUESNAY DE S. GERMAIN.) *Philadelphie*, 1789, in-8, 68 p. — *Id.*, 1789, 74 p. et 1 f. *d'errata*.

Projet d'instructions pour les députés de Marseille aux Etats-Généraux. (Attribué à DE LISLE, conseiller honoraire au Parlement.) *Marseille*, 1788, in-8.
G. M.

Projet d'office pour l'anniversaire du S. Baptême, avec l'anniversaire de la Confirmation et de la première Communion ; le tout tiré de l'Ecriture sainte et de la tradition. *Paris, Ch. Osmont*, 1737, in-12.

L'auteur est l'abbé DUCAILLE, autrement appelé DU MONT, ci-devant lazariste. Le fond de l'ouvrage, suivant l'abbé Goujet, dans son Catalogue manuscrit, est de Pierre LE ROY.

Projet d'ordonnance pour régler le service dans les places et dans les quartiers... (Par François VERRONNAIS, imprimeur.) *Metz, Verronnais, imprimeur*, 1822, in-fol., 220 p.

Projet d'ordonnance provisoire pour l'artillerie, concernant l'école et les manœuvres des batteries de campagne. (Par le général DEVAUX, tué à Waterloo.) *Paris, Magimel*, 15 octobre 1809, in-12.

Projet d'ordonnance sur la réorganisation de la garde nationale de Paris, par un officier supérieur (DUFRESNE DE LA CHAUVINIÈRE, colonel d'état-major). *Paris, Lefèvre*, 1820, in-8, XL p., 2 ff. et 101 p.

Projet d'organisation d'un corps civil d'ingénieurs géographes, chargé en France de tout ce qui concerne la topographie et la géographie terrestre et maritime... (Par GERMAIN.) *Paris*, 1872, in-8.

Projet d'organisation de l'armée française. Par un officier supérieur (M. Alfred-Nicolas DUCHÊNE, chef d'escadron d'artillerie). *Wassy, imp. de J. Guillemin*, 1871, in-8, 19 p. **H. de l'Isle.**

Projet d'organisation de la force armée en France, sous le titre de Garde nationale, agréé par la Chambre des députés, le 12 décembre 1817. (Par DELEAU, ancien colonel de cavalerie.) *Paris, imp. Le Normant fils*, 1830, in-8, 32 p.

Projet d'un canal à construire en Champagne, dans lequel on amènerait les bateaux de la rivière d'Aisne dans le centre de la ville de Reims. (Par DE RODÉ.) *Reims*, 1779, in-8.

Projet d'un chemin de fer d'Arles au Port-de-Bouc, faisant partie de la ligne de Marseille au Rhône et de Marseille à Lyon. (Par Alph. PEYRET-LALLIER.) *Paris, imp. de Guiraudet*, 1840, in-8. **G. M.**

Projet d'un décret sur les subsistances. (Par VAUDREY.) *Dijon, Causse*, 1792, in-8, 30 p.

Projet d'un Dictionnaire niersl. (Par J.-Fr.-Aug. JANVIER DE FL*JAVILLE.) 1739, in-4.

Projet d'un établissement déjà commencé pour élever dans la piété les Savoyards qui sont dans Paris. (Par l'abbé R.-F. DU BREIL DE PONTBRIAND.) — Progrès de l'établissement, etc. (Par le même.) — Suite du Progrès, etc. (Par le même.) — Perfection de l'établissement, etc. (Par le même.) *Paris, Coignard*, 1737-1743, in-8.

Projet d'un établissement militaire utile à la société en général et à chaque Etat en particulier. (Par le chevalier DE QUERELLES.) *Altona*, 1771, in-8. — *Paris*, 1772, in-12.

Projet d'un établissement patriotique, sous le titre de Bureau central d'encouragement. (Par J.-B. COLLET DE MESSINE.) *Paris, an VIII-1800*, in-8. V. T.

Projet d'un glossaire françois. (Par J.-B. DE LA CURNE DE SAINTE-PALAYE.) *Paris, Guérin*, 1756, in-4, 30 p.

Les immenses matériaux réunis par La Curne Sainte-Palaye furent confiés par lui à son collaborateur G.-J. Mouchet, qui entreprit, en 1780, l'impression d'un « Glossaire françois ». Il n'a paru que les deux tiers du premier volume, in-fol., 740 pages, qui se termine à la syllabe AST. Ces matériaux forment 60 volumes in-folio, conservés à la Bibliothèque nationale.
Une nouvelle impression a été récemment commencée par les soins de M. L. Favre, sous le titre de : « Dictionnaire historique de l'ancien langage françois, ou Glossaire de la langue françoise... » *Paris, H. Champion*, 1875, in-4. Elle doit former dix volumes.

Projet d'un hôpital de malades, ou Hôtel-Dieu, dans lequel les malades, couchés chacun seul dans un lit, recevroient les meilleurs secours avec le moins de frais possible, par M. R... (RONDONNEAU DE LA MOTHE). *Londres et Paris, veuve Duchesne*, 1776, in-4.

Projet d'un modèle de magasin à poudre à l'abri de la bombe, par J.-G.-W. MERKES. (Trad. du holland. par F.-X.-J. RIEFFEL.) *Paris, Corréard*, 1844, in-8, 40 p., avec 2 pl.

Projet d'un nouveau Bréviaire, avec des observations sur les anciens et les nouveaux Bréviaires. (Par F.-M. FOYNARD.) *Paris, Lottin*, 1720, in-12.

Projet d'un nouveau cérémonial françois, augmenté d'un grand nombre de pièces qui n'ont pas été publiées par M. Godefroy. (Par Ant.-Fr. JOLY.) *Paris, Prault père*, 1746, in-4.

Projet d'un ordre françois en tactique, ou la phalange coupée et doublée, soutenue par le mélange des armes... (Par DE MESNIL-DURAND.) *Paris, Boudet*, 1755, in-4. — Suite du Projet... *Paris, C.-A. Jombert*, 1758, in-4.

Projet d'un plan général de l'instruction musicale en France. (Par J.-F. LE SUEUR.) *Paris, an IX-1801*, in-4.
V. T.

Projet d'un règlement concernant les exercices et manœuvres du corps de l'artillerie. 1re partie, exécution des bouches à feu. (Attribué au général RUTY.) 1810, in-8.

Projet d'un seul tribut, ou apperçu de son produit présenté aux Etats-Généraux le 30 mai 1789, par M. P***** (PAIN), ancien inspecteur des fourrages, et contrôleur aux fermes. *S. l. n. d.*, in-8, 24 p.

Projet d'une Académie asiatique. (Par le comte Serge OUVAROFF.) *Saint-Pétersbourg, impr. de Pluchart*, 1810, in-4, 11-50 p. et 4 tableaux.

Cet ouvrage, qui a été traduit en allemand par Hauenschild, en 1811, a été réimprimé dans les « Etudes de philologie et de critique » de l'auteur, *Saint-Pétersbourg, imprimerie de l'Académie des sciences*, 1843, grand in-8, et dans la deuxième édition de ces mêmes « Etudes », *Paris, typographie Didot*, 1845, grand in-8. Dans cette dernière réimpression, le Projet est suivi de : « Lettre critique sur l'ouvrage précédent, adressée à l'auteur par le comte Jos. de Maistre. »
A. L.

Projet d'une Banque nationale, ou moyens de tirer la France de la crise actuelle. (Par Ch.-Cés.-Loup-Jos.-Math. D'AGOULT.) *Paris, Egron*, 1815, in-4.

Projet d'une bibliothèque peu nombreuse, pour servir à donner quelque connaissance de l'état de l'empire de Russie. (Par Joh. BACMEISTER.) *Saint-Pétersbourg*, 1789, in-8. A. L.

Projet d'une Constitution nouvelle, d'après les bases fondamentales de la monarchie française... (Par G. BOURBON LE BLANC.) *Bordeaux, Simard*, mai 1814, in-8, 30 p.

Projet d'une déclaration des droits et des principes fondamentaux du gouvernement, par M. D... (DU PORT). *Versailles, imp. de Baudouin* (1789), in-8, 7 p.

Projet d'une description géographique, économique et historique de la province de Bretagne. Imprimé par ordre des Etats de Bretagne, tenus à Rennes au mois de décembre 1746. Par un membre de l'assemblée de l'ordre de la Noblesse (DE KERMADEC). S. l., 1748, in-4, 24 p.

Projet d'une dixme royale qui supprime la taille, les aydes, les douanes... (Par le maréchal DE VAUBAN.) S. l., 1707, in-4.

· Réimprimé la même année et souvent depuis avec le nom de l'auteur.

Un arrêt du conseil privé, en date du 14 février 1709, ordonna que tous les exemplaires de ce livre seraient saisis, confisqués et mis au pilon.

Voltaire s'est trompé lorsqu'il a attribué ce Traité à BOIS-GUILBERT, qui, au contraire, avait fait un ouvrage exprès pour le combattre. Voici l'énoncé de ce fait tel qu'il est articulé dans les « Ephémérides » de l'année 1769, tome IX, page 13 : « Nous avons vu et lu, entre les mains de l'illustre ami des hommes, un manuscrit original de M. Bois-Guillebert (confié par la veuve de son fils). C'est une critique très-solide de la Dixme royale, qui fait voir que le projet est inexécutable et qu'il entraînerait trop d'inconvéniens. » Voy. Œuvres de Voltaire, édition de Beaumarchais, in-8, t. XXXVII, p. 114.

Projet d'une édition complète des ouvrages philosophiques de Cicéron. (Par David DURAND.) Londres, Vaillant, 1740, in-4.

· Réimprimé dans le tome XV de la « Bibliothèque britannique ».

Projet d'une histoire de la ville de Paris, sur un plan nouveau. (Par COSTE, de Toulouse.) Harlem, 1739, in-12 et in-8.

Projet d'une histoire du Roussillon, compris dans une lettre de M. L. R. (l'abbé Louis RAGUET), à un de ses amis. S. l. n. d., in-12, 19 p.

Projet d'une histoire générale de Champagne et de Brie, par deux religieux bénédictins de la congrégation de Saint-Maur (rédigé par dom Charles TAILLANDIER). Reims, Regnault Florentain, 1738, in-4, 20 p.

L'abbé Desfontaines présente une longue analyse de ce Projet dans ses « Observations sur les écrits modernes », tome XV, lettre 214.

Projet d'une instruction sommaire à l'usage des gouverneurs ou commandants supérieurs des places fortes du royaume, en état de paix, de guerre et de siége; par L..... (LAMARE). Paris, Bourgogne-Martinet, 1837, in-8.

Extrait du « Spectateur militaire ».

Projet d'une loi portant défense d'apprendre à lire aux femmes; par S** M*** (Sylvain MARÉCHAL). Paris, Massé, an IX-1801, in-8, 2 ff. de tit., VII-106 p.

Plusieurs fois réimprimé avec le nom de l'auteur.

Projet d'une loi réglementaire sur les cultes, les institutions monastiques, les congrégations, et sur les rapports religieux avec la cour de Rome, par M. DE M*** (DE MIOLLIS), ancien magistrat et ex-préfet. Paris, Dentu, 1814, in-8, 62 p.

Projet d'une mission à Paris. (Par J.-H. SANTO-DOMINGO.) Paris, imp. de Porthmann, 1819, in-8.

En vers.

Projet d'une nouvelle Banque publique, adressé à la Chambre des députés. (Par G. RIFFÉ). Paris, Patris, 1817, in-8, 64 p.

Projet d'une nouvelle méthode pour dresser un catalogue selon les matières, avec le plan. S. l. (1697), in-fol.

Signé : Fr. R........ (Fr. ROSTGAARD).

Une seconde édition, augmentée de quelques articles très-nécessaires et mise en meilleur ordre, Paris, 1698, se trouve, avec le nom de l'auteur, dans : « Silloge aliquot scriptorum de bene ordinanda et ornanda bibliotheca, studio et opera Jo. Dav. Koeleri », Francof., Stein, 1728, in-4, pages 113-144.

Projet d'une ordonnance royale pour la réunion des trois corps de l'artillerie, du génie militaire et de l'état-major général, Par M. L. C. P. D. (L.-C.-P. MASSON D'AUTUMNE). Paris et Metz, 1815, in-8.

Projet d'une pétition présentée à l'Assemblée nationale par les hommes de loi, avoués, et tous ceux qui sous une dénomination quelconque se chargent habituellement d'exercer et de défendre les intérêts litigieux qui leur sont confiés. (Par L.-G. PETITAIN.) Paris, veuve Vallat-Lachapelle, 1791, in-8, VII-33 p.

Projet d'une réforme à faire en Italie, ou moyens de corriger les abus les plus dangereux et de réformer les lois les plus pernicieuses établies en Italie; ouvrage traduit de l'italien (de PILATI DE TASSULO, par J. MANZON). Amsterdam, Marc-Michel Rey, 1769, in-8, 4 ff. lim. et 279 p.

« Allemagne savante » de Meusel.

Il faut bien examiner si l'on trouve en tête de ce volume une préface du traducteur de 24 pages; elle manque à beaucoup d'exemplaires.

Projet d'une salle de spectacle pour un théâtre de comédie. (Par Charles-Nic. COCHIN.) Paris, Jombert, 1766, in-12, 2 ff. de tit., 39 p. et 6 pl.

Projet d'une selle de troupe à lames mobiles, par un officier d'artillerie (LEURS). *Bruxelles, Muquardt,* 1850, in-8, 16 p., avec planches.   **J. D.**

Projet dans lequel on propose diverses méthodes pour les quadratures des lignes courbes. (Par ROLIN.) *Paris,* 1751, in-8.

Projet de cahier des doléances du clergé de Guyenne. (Par l'abbé GILLIBERT.) *S. l.,* 1789, in-8, 8 p.

Projet de cahier pour le tiers-état de la ville de Paris. (Par J.-L. CARRA.) *S. l.,* 1789, in-8, 20 p.

Projet de cahier pour le tiers-état du bailliage et de la vicomté de Paris, par M. D. L. C. (DE LA CRETELLE). *S. l.,* 1789, in-8, 29 p.

Projet de canalisation du Petit-Schyn, d'Anvers à Wyneghem, et sa jonction à la Petite-Nèthe. (Par E. RICHE.) *Anvers, de Cort,* 1839, in-4.

Projet de canalisation par encaissement... de la Loire et de l'étier de Mauves... par R. F. (René FRUNEAU). *Nantes, imp. Mellinet,* 1833, in-8, 28 p. — Suite. *Ibid., id.,* 12 p. chiffrées 29-40.

Projet de capitulation pour Cadix, par M. B*** (BELLANGER). *Paris, F. Didot,* 1823, in-8.

Projet de catacombes pour la ville de Paris, en adaptant à cet usage les carrières qui se trouvent tant dans son enceinte que dans ses environs. (Par VILLEDIEU.) *Londres et Paris, Bailly,* 1782, in-8, 27 p.   **V. T.**

Projet (du) de. charger les ecclésiastiques d'éclairer les fidèles sur leurs droits contre les entreprises du despotisme, et de propager la doctrine de la souveraineté des peuples par l'envoi des missionnaires en pays étrangers; avec un aperçu de l'esprit actuel de l'Eglise constitutionnelle... (Par l'abbé JALABERT.) *Paris, Le Clere,* 1801, in-8.

Projet de charité de la ville de Dôle. (Par le P. P.-Jos. DUNOD, jésuite.) *Dôle, Bonaventure Magnin,* 1698, in-12, 58 p. et 1 f. de table.

Projet de chemin de fer intérieur économique, entre la station des Guillemins et la place Verte, avec embranchement vers les entrepôts et les stations de Longdoz et avec ligne de raccordement vers

Herstal. (Par J. DELREZ.) *Liége, Redouté,* 1855, in-8, 15 p.   **Ul. C.**

Projet de Code rural, revu et augmenté d'après les observations des commissions consultatives. (Rédigé par le baron Jos. DE VERNEILH-PUIRASEAU, ancien préfet.) *Paris, imp. royale,* 1814, in-4.

Projet de colonisation en Algérie. Par M. R*** (ROSSIÈRE, négociant à Beaucaire). *Carpentras, imp. de L. Devillario,* 1848, in-8, 40 p.

Projet de conciliation entre les royalistes et les libéraux, par M. le marquis DE B...... S.... (DE BÉTHUNE - SULLY), député de 1815, chevalier de l'ordre royal de Saint-Louis et de la Légion d'honneur. *Paris, Bataille et Bousquet,* 1821, in-8, 2 ff. de tit. et 18 p.

Projet de conférence sur les matières de controverse, appuyé de quelques observations sur trois ou quatre points de religion, et particulièrement sur le sacrement de pénitence, avec cinquante questions choisies pour être proposées à messieurs de la R. P. R. (Par l'abbé Jacques FEVRET.) *Paris, Dezallier,* 1680, in-12.

Mis à l'*Index* le 31 mars 1681.

Projet de constitution. (Par C.-P.-M. MOULAN.) *Liége,* 1830, in-8, 13 p.   **Ul. C.**

Projet de constitution monarchique à présenter à Sa Majesté Louis XVIII et aux Français. *Paris, F. Didot,* 1814, in-8, 4 ff. lim. et 56 p.

Signé : P** (Urbain-Firmin PIAULT, maire).

Projet de constitution. Par L. D.. D. N........ (le duc de Normandie, c'est-à-dire le prétendu baron DE RICHEMOND, se disant le Dauphin, fils de Louis XVI). *Paris, Prevot,* 1832, in-12, 24 p.

Réimprimé avec la mention : « Par le duc DE NORMANDIE. »

Projet de constitution, par l'auteur de l' « Offrande à la patrie » (J.-P. MARAT). *Paris,* 1790, in-8.

Projet de constitution pour l'armée des Français, présenté au comité militaire de l'Assemblée nationale, par l'auteur du « Guide de l'officier en campagne ». (Par le général Jos. SERVAN et J.-G. LACUÉE DE CESSAC.) *Paris,* 1790, in-8.

Projet de coupons d'assignats et d'un bureau de confiance pour leur distribution, par M. D. C.... (DE CIGONGNE), député de

Saumur à l'Assemblée nationale. *Paris, imp. nat.* (1790), in-8, 7 p.

Projet de déclaration des droits de l'homme et du citoyen, suivi d'un plan de constitution juste, sage et libre, par l'auteur de l' « Offrande à la patrie » (J.-P. MARAT). *Paris*, 1789, in-8, 67 p.

Projet de décret concernant le clergé d'Alsace, présenté à l'Assemblée nationale le avril 1790, par M. H... (HELL), député de H... (Haguenau). *Paris, imp. de P.-D. Pierres*, 1790, in-4, 12 p.

Projet de décret sur la Cour de cassation. (Par Nicolas ANTHOINE.) *Paris, imp. nationale*, 1790, in-8, 8 p.

Projet de défrichement des landes communales de Bretagne, en vue de l'application du droit à l'assistance fraternelle... (Par William ARNOUS-RIVIÈRE.) *Nantes, imp. Bourgine et Masseaux, s. d.* (29 janvier 1849), in-8, 7 p.

Projet de démembrement de la Turquie européenne et du rétablissement de l'indépendance de la Pologne. (Par Xavier BRONIKOWSKI.) *Paris, imp. de Lachevardière*, 1833, in-8.   A. L.

Projet de discours d'un citoyen aux trois ordres de l'assemblée de Berry. (Par le comte DE GUIBERT.) *S. l.*, 1789, in-8, 1 f. de tit. et 38 p.

Projet de fondation d'une maison rurale d'asile-modèle pour les enfants trouvés... (Par P.-A. GUILBAUD.) *Nantes, imp. Hérault* (1837), in-4, 20 p.

Catalogue de Nantes, n° 5559.

Projet (du) de fortifier Paris, ou examen d'un système général de défense, par l'auteur des « Véritables Principes de la défense des places » (Ch. RICHARDOT). *Paris, J. Corréard*, 1839, in-8, 60 p.

Projet de l'établissement d'une Académie de peinture et de dessin à Brest. (Par CHARRIER.) *Brest, Michel*, 1818, in-4.

Projet de l'établissement d'une imprimerie royale à Berlin (dressé par C.-F. SIMON, imprimeur-libraire de Paris). *Paris, l'auteur*, 1741, in-fol.

Projet de l'histoire d'Auvergne. (Par AUDIGIER.) *S. l. n. d.*, in-4, 16 p.

Projet de l'histoire du Languedoc. (Par dom Gabriel MARCLAND.) *S. l. n. d.*, in-4, 10 p.

Projet de l'organisation du pouvoir judiciaire, proposé à l'Assemblée nationale par le Comité de constitution. (Rédigé par J.-G. THOURET.) *Paris, Baudouin*, 1790, in-8, 1 f. de tit. et 58 p.

Projet de la municipalité pour la cité de Liège. (Par le peintre Léonard DEFRANCE.) *Liège, L.-J. Bernimoulin*, 1789, in-8, 16 p. et un tableau.

Projet de la seconde partie des Masures de l'Isle-Barbe. (Par Jean LE LABOUREUR.) *S. l. n. d.*, in-4, 3 ff. lim. et 32 p.

Projet de législation pour les chasses. (Rédigé par le lieutenant général comte DE GIRARDIN, capitaine des chasses du roi.) *Paris, imprimerie royale*, 1817, in-fol., 64 p.

Projet de Lettre commune de l'Église gallicane aux fidèles dispersés. (Par A.-A. DE LAUZIÈRES DE THÉMINES, évêque de Blois.) In-8.

Après un avertissement de quatre pages, on trouve cette Lettre sous le titre suivant : « Lettre apostolique des évêques de l'Église gallicane ». Cet avertissement et cette Lettre ont été imprimés à la suite de la « Lettre pastorale de M. l'évêque de Blois au clergé séculier et régulier et à tous les fidèles de son diocèse », du 1er septembre 1810. *Londres*, 1811, in-8.

M. l'évêque de Blois ayant demandé aux évêques de France qui étaient à Londres, au nombre de 14, la permission de publier sous leur nom cette « Lettre apostolique », ils ne voulurent pas y consentir. Alors M. l'évêque de Blois la fit imprimer sous le double titre : « Projet de Lettre commune », etc. « Lettre apostolique », etc. Le premier titre est avant l'avertissement, et le second après l'avertissement. Ce double titre, dont l'un est opposé à l'autre, est contraire aux usages reçus.   (Article communiqué.)

Projet (le) de loi du général de Cissey sur l'état-major. Un peu de lumière, par un annexé (TICKELSCHERER). *Paris, imp. A. Pougin*, 1875, in-12, 31 p.

Extrait de l' « Avenir militaire », n° du 21 décembre 1874.

Projet de loi. Extrait de « la Presse » du 21 décembre 1848. (Par M. Emile DE GIRARDIN.) *Noyon, imp. de Cottu-Harlay, s. d.*, in-18, 4 p.

Projet (du) de loi sur l'amortissement. (Par le marquis DE LA GERVAISAIS.) *Paris, imp. de A. Pihan-Delaforest*, 1830, in-8, 34 p.

Projet de loi sur la presse, par un ancien journaliste. (Par Julien LEMER.) *Paris, Librairie centrale*, 1867, in-8, 16 p.

Projet de loi sur le recrutement de l'armée. Par L. P. (Louis PICARD). *Paris, Plon frères*, 1851, in-8, 14 p.

Projet de mandement ou d'instruction pastorale, envoyé par un évêque de France à MM. les archevêques et évêques des Pays-Bas autrichiens. (Par le P. DEDOYAR, jésuite.) *Nancy*, 1786, in-8, 72 p.

Voy. de Backer, 2e édit., tome I, col. 1642.

Projet de rapport à faire à l'Assemblée nationale, proposé au Comité d'agriculture et de commerce par M. H... (HELL), député de H....... (Haguenau), membre du Comité et l'un des trois commissaires pour la rédaction du Code rural. (*Paris*), *imp. de J.-M. E. et L. H.* (1790), in-4, 14 p.

Projet de réforme de la médecine, ou plan d'un nouveau système médical, par D** (DURAN, médecin et bibliothécaire). *Paris*, an XI-1803, in-8.   V. T.

Projet de règlement belge pour les ventes à terme en matières de grains. (Par Guillaume LEMAIRE.) *Liége, de Thier et Lovinfosse*, 1861, in-8, 15 p.   Ul. C.

Projet de règlement de service pour les armées françaises, tant en campagne que sur le pied de paix. Par un officier général (le vicomte C.-A.-H. DE PRÉVAL). *Paris, imp. de F. Didot*, 1812, in-8, XVI-246 p.

Projet de réorganisation de l'armée. Causerie entre officiers. (Par M. V. LE MAÎTRE, commandant de la gendarmerie de l'Orne.) *Alençon, de Broise*, 1871, in-8, 15 p.

Projet de réorganisation de l'hôpital civil de Gand, par un médecin (Joseph GUISLAIN), avec deux plans. *Gand, veuve Bivort-Crowie*, 1858, in-8, 18 p.   J. D.

Projet de réorganisation de la marine militaire belge, par un ancien officier du génie (A. BRIALMONT). *Anvers, Jouan*, 1855, in-8, 31 p.   J. D.

Projet de réorganisation des forces militaires de la France. (Par GAUTHIER.) *Paris, Chaix* (1871), in-8, 15 p.
        H. de l'Isle.

Projet de réponse à un mémoire répandu sous le titre de : « Mémoire des princes ». (Par l'abbé MORELLET.) 21 décembre 1788. *S. l.*, in-8, 51 p.

Réimprimé sous le titre : « Projet de réponse du roi à un écrit répandu sous le titre de : « Mémoire « des princes ». *S. l. n. d.*, in-8, 31 p.

Pour le « Mémoire des princes », voy. ci-dessus, col. 132, *f*.

Projet de requête à la Cour de cassation. *Rouen, imp. de Mary*, 1815, in-4.

Signé : D. S. V. (DE SAINT-VICTOR).

Projet de réunion entre les protestans de la Grande-Bretagne. (Par Jean GRAVEROL.) *Londres*, 1689, in-8.

« Bibliothèque universelle » de Le Clerc, t. XVIII, p. 285.

Projet de suppression de la gabelle et de remplacement du net produit de cet impôt, adressé à l'Assemblée nationale par M. D. C. (DE CIGONGNE), député de Saumur. *S. l.* (1790), in-8, 15 p. et 1 tableau in-fol.

- Projet du corps de droit Frédéric, ou corps de droit pour les États de S. M. le roi de Prusse, fondé sur la raison et sur les constitutions du pays, etc. (Par le baron Samuel DE COCCEJI et autres.) Traduit de l'allemand par A. A. DE C. (Alex.-Aug. DE CAMPAGNE), conseiller privé du roi. *Halle*, 1750-52 2 vol. in-8.

La seconde partie est intitulée : « Corps de droit Frédéric, ou corps de droit... »
Réimprimé sous le titre de : « Code Frédéric... »
Voy. IV, 626, *d*.   A. L.

Projet et Fragments d'un dictionnaire critique. (Par P. BAYLE.) *Roterdam, R. Leers*, 1692, in-8, 400 et 8 p.

C'est en 1697 que parut la première édition du « Dictionnaire historique et critique ».

Projet éventuel de réduction de la rente, sans remboursement du capital, tendant à concilier les intérêts des rentiers avec ceux de l'État... Par *** (Jean-Baptiste JUVIGNY). *Paris, Renard*, 1824, in-8, 85 p.
        D. M.

Projet patriotique et Moyens d'obtenir trois millions pour l'entretien de la milice parisienne soldée. (Par DUVERNEUIL.) *S. l.* (1789), in-4, 4 p.

Projet patriotique sur les eaux de Paris, ou mémoire sur les moyens de fournir à la ville de Paris des eaux saines. Par M. D. A. O. R. D. R. D. A. (Claude-Fr.-J. D'AUXIRON). *S. l.*, 1765, in-12, XII-71 p. et 6 pl.

Projet pour extirper les corsaires de Barbarie.   D. M.

Ce mémoire, qui fait partie du recueil intitulé : « Ouvrages de politique de M. l'abbé de Saint-Pierre », imprimé à *Rotterdam*, en 1738, 14 vol. in-12, n'est pas l'œuvre de celui-ci. Il a été composé par le chevalier DE SAINT-PIERRE, son frère, capitaine des vaisseaux du roi de France.

(Note extraite de l' « Histoire de Malte » de Vertot.)

Projet pour faciliter l'avancement et les retraites dans le corps royal du génie, par le capitaine S....y (SAVARY). *Paris, Rolland, s. d.*, in-8, 32 p.

Projet pour l'histoire du Père Maignan, et l'Apologie de la doctrine de ce philosophe, par le P. H. P. (Henri POIRIER). *Sur la copie à....* 1703, in-12. V. T.

Projet pour l'impression des observations théologiques, historiques et critiques, etc., sur l'« Histoire ecclésiastique » de Fleury, qui se fait à Avignon. (*Avignon*, 1736), in-4.

Ce projet jésuitique est inséré en entier dans le « Journal des savans », juillet, et dans les « Mémoires de Trévoux », août 1736; on n'a pas oublié d'en parler dans les « Nouvelles ecclésiastiques » du 10 novembre de la même année. Voy. ci-dessus, « Observations théologiques... », col. 643, a.

Projet pour la réformation des coutumes d'Artois, par T. B. (T. BRUNEL). *Douay*, 1735, in-8. V. T.

Projet pour le remplacement de la dîme, par l'auteur du « Mémoire sur l'administration des biens du clergé » (le marquis DE GUERCHY). *Paris, Gattey*, 1789, in-8, 23 p.

Projet pour libérer l'État sans emprunt, sans innovations, et en soulageant les peuples, par M. D. DE V. (Louis-Henri DUCHESNE, de Voiron, intendant de la maison de Madame). *S. l.*, 1789, in-8.

Cet auteur a publié quelques autres brochures sur les affaires du temps. Il a péri sous la guillotine le 22 brumaire an II (12 novembre 1793), âgé de cinquante-huit ans.

Projet pour obtenir une armée nombreuse, bien exercée et à très-peu de frais. (Par SARADIN, propriétaire à Cosne.) *Cosne, chez Gourdet*, 1832, in-8, 24 p.
H. de l'Isle.

Projet pour payer les créanciers de l'État et sauver la France, par l'auteur des « Observations sur l'état de la France, considéré sous le rapport des finances » (GORJU, contrôleur des contributions directes). *Paris, Francart*, 1815, in-8, 24 p.

Projet pour prouver qu'il n'y a pas trop d'assignats en circulation, même qu'il n'y en a pas assez. (Par BASTIEN.) *S. l.* (1795), in-8, 7 p.

Projet pour rendre la paix perpétuelle en Europe. (Par l'abbé C.-I. CASTEL DE SAINT-PIERRE.) *Utrecht*, 1713 et 1716, 3 vol. in-12.

Projet relatif à la noblesse, au militaire et à l'établissement de deux places pour les statues équestre et pédestre de S. M. Louis XV. (Par DUREY DE SAUVOY, marquis DU TERRAIL.) *S. l.*, 1750, in-4, 92 p.
Ouvrage supprimé.

Projet sur l'établissement du pouvoir judiciaire, par un auteur sébusien, qui croit avoir proposé ce qu'il y a de mieux à faire. (Par Fr. BILLIEMAN, 27 février 1790.) *S. l.*, in-8, 51 p. — Autre édition. *S. l.*, in-8.

Projet sur l'usage que l'on peut faire des livres nationaux. (Par l'abbé J.-Ch.-Fr. TUET.) *Paris*, 1790, in-8.

Projet sur la suppression de la mendicité. (Par C.-G. TOUSTAIN DE RICHEBOURG.) 1772, in-4.

Projet sur les moyens les plus propres à soulager la misère des pauvres et à diminuer ce qu'on appelle le paupérisme dans la ville de Mons. (Par Gustave DE PATOUL-FIEURU.) *S. l. n. d.*, in-8, 8 p.
J. D.

Projet utile pour le progrès de la littérature. (Par F.-J. DUPORT DU TERTRE.) (*Paris, Lambert*, 1756), in-12, 22 p.

Projets anciens et nouveaux d'utilité et d'embellissement pour la ville de Nantes... *Nantes, Forest* (1808), in-4, 28 p.
Signés : F. P. (FOURMY père).

Projets (les) d'enlèvement, comédie en un acte et en vers. (Par Théod. PEIN.) *Paris, Colnet*, 1807, in-8.

Projets de divorce, comédie en un acte et en vers. Par M. DUBOIS DE L*** (le marquis L. DE LA MAISONFORT). *Paris, Barba*, 1809, in-8.

Projets (les) de sagesse, comédie en un acte et en vers. (Par Hyacinthe THABAUD DE LATOUCHE.) *Paris, Barba*, 1811, in-8.

Projets, ou plutôt idées de fêtes à exécuter pour le prochain mariage de M. le Dauphin... par M*** (Michel CHAPPOTIN DE SAINT-LAURENT). *Paris, Lottin aîné*, 1770, in-12.

Projets proposés pour la réformation des coutumes d'Artois. (Par FRETEL.) *Douay*, 1735, in-8.

Prolétaires (les), nécessité et moyens d'améliorer leur sort; par l'auteur du « Monde avant le Christ » (R. GOUGENOT-

DESMOUSSEAUX). *Paris, Mellier frères,* 1846, in-8, 568 p.

Prologue consacré à la mémoire de Charles de L'Escluse, un des pères de la botanique, de l'horticulture et des sciences naturelles en Belgique. (Par Charles-François-Antoine MORREN.) *S. l. n. d.,* in-8, 18 p., avec portrait.

Tiré à part du « Journal d'agriculture pratique ».
J. D.

Prologue historique sur les constitutions des religieuses déchaussées de l'ordre de Notre-Dame du Mont-Carmel de la congrégation de Saint-Elie. (Par le P. Grégoire-Marie DE SAINT-JOSEPH, définiteur général de l'ordre des Carmes, traduit du latin par le P. BROCARD DE SAINTE-THÉRÈSE, dans le monde BEAUCARNE, provincial du même ordre.) *Gand, veuve Poelman,* 1859, in-18.
J. D.

Prologue pour le quatrième acte de Douglas-le-Noir, par Arthur F*** (FLEURY). *Saint-Denis, Leclaire,* 1834, br. in-8.

En vers. D. M.

Prologue sur l'inauguration de la nouvelle salle de spectacle de Liége, suivi de l'apothéose de Grétry, terminé par des danses et des chants, par M. M*** (J.-G. MODAVE, contrôleur du timbre), de Liége. *Liége, Latour,* 1820, in-8, 31 p. J. D.

Prologues non tant superlifiques que drolatiques, nouvellement mis en vue, avec plusieurs autres discours non moins facétieux. (PAR DESLAURIERS.) *Paris, Millot,* 1609, in-12. — *Rouen,* 1610, in-12. — 1618, in-12, 2 ff. et 108 p.

Prologues tant sérieux que facétieux, avec plusieurs galimatias, par le sieur D. L. *Paris, J. Millot, s. d.,* in-12. — *Rouen,* 1618, in-12. — *Rouen, s. d.,* in-12.

Terminés par un privilége daté de 1610, au nom de DESLAURIERS.

Promenade (la) à Auteuil, élégie composée sous le régime impérial et trouvée dans un bosquet de cette campagne classique de la poésie française. Par un auteur qui se fait reconnaître comme les grands peintres. (Par Marie-Joseph CHÉNIER.) *Paris, Delaunay,* 1817, in-8.

Promenade à Carq*** (Carquefou). A Mme ***. (Par F.-G.-U. BLANCHARD DE LA MUSSE.) *S. l. n. d. (Nantes,* vers 1820), in-8, 32 p.

Voyage en prose et en vers.

Promenade à Fixin, notice historique sur ce village et description du monument y érigé à l'empereur Napoléon ; par un officier de la Légion d'honneur, ancien grenadier de l'île d'Elbe. Par H. V. (H. VIENNE). *Dijon, Douillier,* 1847, in-8, 40 p.

Promenade à la Boverie, par Frédéric R*** (ROUVEROY, ancien bourgmestre de Liége). *Liége, Latour,* 1809, in-12, 24 p.

Ce petit poëme a été reproduit à la fin du tome II des « Fables anciennes et nouvelles » de l'auteur, édition de 1839. Ul. C.

Promenade à Reims, ou journal des fêtes et cérémonies du sacre... par un témoin oculaire (Alexandre MARTIN). *Paris, Boucquin de La Souche,* 1825, in-18. D. M.

Promenade au centre du Grand-Gentilly près de Paris. où il est fait mention des maisons et jardins les plus remarquables qu'il renferme... (Par l'abbé Thomas DESTRUISSART, curé de Gentilly.) *Paris, Pluquet,* 1821, in-18, 142 p., 1 f. d'errata et 1 tableau.

Promenade au monastère de la Trappe, avec le plan figuré. *Paris, chez les marchands de nouveautés,* 1822, in-12.

Par Louis LE BOUYER DE SAINT-GERVAIS, de Mortagne, en collaboration, croit-on, avec BRAULT DE LA BAZOCHE-GOUET, ancien sous-préfet, mort à Paris le 4 mars 1829. D. M.

Promenade au mont Blanc et autour du lac de Genève. (Attribuée à F. VERNES.) *Londres et Paris* (vers 1800), in-8.

Promenade au parc de Wespelaer, ou relation historique, topographique et pittoresque de ce jardin célèbre, par A. G. B. S. (Ant.-Guill.-Bernard SCHAYES). *Louvain, Cuelens, s. d.,* in-12, 119 p.
J. D.

Promenade autour de la Grande-Bretagne, précédé (*sic*) de quelques détails sur la campagne du duc de Brunswick, par un officier françois émigré (DE LA TOCNAYE). *Edimbourg,* 1795, in-8.

L'auteur a publié à Edimbourg, en 1797, un premier volume intitulé : « les Causes de la révolution de France et les Efforts de la noblesse pour en arrêter les progrès », in-8.
Un troisième volume est intitulé : « Promenade en Irlande ».

Promenade champêtre au bois de Suabelin. (Par Jean LANTEIRES.) 178..... in-8.

Promenade charivarique au Salon de 1848. 2e année. (Par Théodore JOURET et

Léon Jouret, artiste musicien.) *Bruxelles, Racs,* 1848, in-18.   J. D.

Promenade d'Angers à Nantes par le bateau à vapeur. (Par M. Colas de La Noue.) *Angers, Mame,* 1823, in-18, 137 p.

Promenade d'un Bressand. Par B*** de S*** (Borjon de Selézy), gouverneur de Pont-de-Vaux. *Genève,* 1785, in-12.

Promenade d'un jeune didachophile en Alsace, en Suisse, en Allemagne, dans l'été de 1786. (Par M. Lambot fils.) 1786, in-18.

Promenade d'un jour dans les environs de Bruxelles, au mois d'août, ou itinéraire depuis la grande place de Bruxelles, par Koekelberg et Ganshoren, à la ci-devant abbaye de Dilighem et au village de Jette. (Par le capitaine Dekin.) *Bruxelles, Lechorlier et Lemaire,* 1815, in-12, 43 p. J. D.

Promenade dans Nancy et ses environs. (Par Henri Lepage.) *Nancy, N. Grosjean,* 1866, in-18, 126 p. et 1 carte.

Promenade de Bagnères-de-Luchon à Paris, par la partie occidentale de la chaîne des Pyrénées, la Gascogne, le Languedoc, la Guyenne, la Saintonge, le Poitou. la Bretagne et la Normandie ; par le comte P. de V. (P. de Vaudreuil). *Paris, Egron,* 1820 et 1821, 2 vol. in-8.

Promenade (la) de Gentilly à Vincennes, ou Talestris, reine des Amazones, tragédie nouvelle. Troisième entretien. (Par Eustache Le Noble.) *Paris, veuve Chastelain,* 1716, in-8, 60 p.

Promenade de la pépinière de la ville de Nancy. (Par Chenut.) *Nancy, imp. de Lepage* (1843), in-8, 8 p.

Signée : Un amateur de jardins.

Promenade de Paris à Bagnères-de-Luchon, par l'Ile-de-France, l'Orléanais, le Berry, le Bourbonnais, l'Auvergne, le Rouergue, l'Albigeois, le Languedoc, le Roussillon et la partie orientale de la chaîne des Pyrénées ; par le comte P. de V. (P. de Vaudreuil). *Paris, Egron,* 1820, in-8.

Promenade de Paris à l'ancien château royal du Jard (près de Melun), berceau de Philippe-Auguste, avec des notes historiques et instructives sur tous les villages, édifices, châteaux, forteresses, etc., qui se trouvent sur cette route... Par M. A. M. de St. ***** (Amand Masson de Saint-

Amand fils.) *Paris, Mme Dufriche,* 1824, in-12.

Promenade (la) de province. (Par Gallais, bénédictin.) *S. l.,* 1789, in-8, 40 p.

Promenade (la) de province nouvelle, avec les Voyages d'Oromasis dans l'isle de la Bienveillance et dans la planette de Mercure. (Par Marie-Prudence Plisson.) *Paris, Lamy,* 1783, in-12.

Promenade (la) de Saint-Cloud, ou la confidence réciproque. (Par Nic. Fromaget.) *Paris, Dupuis,* 1736 et 1737, 3 vol. in-12. — *Paris, Brocas,* 1757, 3 vol. in-12.

Promenade de Saint-Pétersbourg à Saratoff, et retour, passant par Nowgorod, Twer, Moskow, Reyssen, Morschanok, Kirsànoff, Saratoff... Par A. de C... (Adolphe de Courville). *Paris, J. Smith,* 1823, in-8, 40 p.   D. M.

Promenade de Sceaux-Penthièvre, de ses dépendances et de ses environs... (Par C.-F. Gaignat de L'Aulnays.) *Amsterdam et Paris, Gueffier,* 1778, in-12, x-148 p.

Promenade de Versailles. (Par Mlle de Scudery.) *Paris, Cl. Barbin ou Denis Thierry,* 1669, in-8.

C'est à tort que ce roman a été attribué à Mme de Verrue ou à Anne de Rohan, femme du duc de Luynes, sa mère. Voy. Brunet, « Manuel du libraire », 5e édit., V, col. 251.

Promenade (la). Dialogue entre Tubertus Ocella et Marcus Bibulus. (Par F. de La Mothe Le Vayer.) *Paris, L. Billaine,* 1662-1663, 2 vol. in-12.

Le nom de l'auteur se trouve dans le privilége.

Promenade gastronomique dans Paris, présentant un tableau fidèle, anecdotique et comique des faits et gestes des cuisiniers et cuisinières de tous les étages, ainsi que des traiteurs, restaurateurs, consommateurs, etc. Par un amateur (Thévenin). Ouvrage orné de six gravures. *Paris, Dondey-Dupré,* 1835, in-12.

Promenade historique et pittoresque sur la Seine, de Montereau à Paris, par les bateaux à vapeur. (Par G. Maillard.) Avec une carte. *Paris, G. Maillard,* 1835, in-18, iv-96 p. et 1 f. de table.

La seconde édition, *Paris, chez l'auteur,* 1837, in-18, porte le nom de l'auteur.

Promenade, ou itinéraire des jardins d'Ermenonville, auquel on a joint 25 de leurs principales vues, dessinées et grav. par Mérigot fils. (Par le comte C.-Stanislas-X. DE GIRARDIN.) *Paris, Mérigot père, 1788, in-8, 68 p. — Paris, Brunot-Labbe, 1811, in-8, 64 p.*

Promenade poétique près des ruines d'un vieux château du Bugey, par l'ermite du Jura (Désiré MONNIER). *Bourg, Bottier, 1834, in-8.*

Tirée à 30 exemplaires.

Promenade savante des Tuileries, ou notice historique et critique des monumens du jardin des Tuileries, dans laquelle sont relevées les erreurs commises dans les précédentes descriptions; par M. N. S. G. P***** (l'abbé Marie-Nic.-Silv. GUILLON - PASTEL). *Paris, an VII-1799, in-8.*

Promenade (la) utile et récréative de deux Parisiens, en cent soixante-cinq jours. (Par Pierre BRUSSEL, conseiller-auditeur de la Chambre des comptes de Paris.) *Avignon et Paris, Vente, 1768, 2 vol. in-12. — Nouvelle édition. Paris, Buisson, 1791, 2 vol. in-12.*

Promenades alsaciennes, par P. M. (le chevalier Paul MERLIN). *Paris, Treuttel et Würtz, 1824, in-8, 104-134 p. et 1 f. d'errata, avec planches.* D. M.

Promenades au cimetière de la Madeleine, précédées d'un précis historique sur l'origine de cet établissement, sa première destination et les diverses transformations qu'il a subies... Par M. Stéphane C.... (Stéphane CONTE). *Amiens, Duval et Herment, 1847, in-12.*

Promenades autour de Dieppe : vallée d'Arques, le bourg, le château, le champ de bataille. (Par Pierre-Jacques FÉRET, archéologue.) *Dieppe, Bellevoye-Barrier, 1838, in-18.* D. M.

Promenades autour du monde, ou extraits des voyages de MM. Caillé, Mollien, Durville, Delaplace... Publiés par M. J. O. D. (Jos.-Jacq. ODOLANT-DESNOS). *Paris, Lavigne, 1834, in-12, IV-344 p.*

Promenades d'automne en Angleterre. (Par Jacq. CAMBRY.) Seconde édition. *Paris, Poinçot, 1791, in-8, V-191 p.*

La première édition doit être de 1787. L'auteur termine ainsi son avertissement : « Je pourrais ici déclamer contre les rigueurs de la censure, qui privent le public du tiers de cette brochure et retardent depuis si longtemps son impression. Je pourrais peindre les regrets de mon libraire, qui voit avec chagrin le petit nombre de feuilles auquel elle est réduite...

« Consolons-nous, M..... J'aurais peut-être dû la diminuer encore et peut-être la supprimer. »

M..... ne peut s'entendre que de Marlin, qui, p. 310 du t. I de sa « Petite Histoire de France » (voy. ci-dessus, col. 855, d.), fait un si vif éloge d'un autre ouvrage du même auteur, également anonyme, « Voyage philosophique en Angleterre ». (Voy. ce titre.)

Promenades d'un artiste en Allemagne, en Italie, en Suisse et en France (tome Ier). — Dans le Tyrol, en Suisse et dans le nord de l'Italie (tome II). (Par M. Désiré NISARD.) *Paris, Renouard, 1835, 2 vol. in-8, avec 52 gravures d'après Stanfield et Turner.*

Promenades d'un artiste en Belgique, en Hollande, en Allemagne, en Italie, en Suisse... (Par A.-A. RENOUARD.) *Paris, Jules Renouard, 1836, 2 vol. in-8.*

Promenades d'un flâneur au Salon d'exposition de Liége. (Par F.-J.-L. BERNARD.) *Liége, Redouté, 1850, in-8, 27 p.*

M. Bernard, notaire à Grau-Montegnée, est encore l'auteur d'une série d'articles publiés en juin et en juillet 1860, par le journal « la Meuse », sous le titre de : « Flânerie au Salon ».   Ul. C.

Promenades dans la Touraine. (Par Alexis MONTEIL.) *Tours, Mame, 1861, in-8, XVI-205 p. et 1 f. de table et d'errata.*

Publication de la Société des bibliophiles de Touraine, tirée à 250 exemplaires.

Avec un avant-propos signé : J. T. (Jules TASCHEREAU).

Promenades dans les environs de Visé, par L. C. M. (CAUMARTIN, vérificateur des douanes à Lixhe). *Maestricht, Leiter-Nypels, 1858, in-12, XVIII-123 p.*

Une seconde édition, considérablement augmentée, parut en 1862, avec le nom de l'auteur, sous le titre : « Entre Liège et Maestricht ». Ces Promenades ont été primitivement publiées dans un journal de Maestricht et dans « le Télégraphe » de Bruxelles.   Ul. C.

Promenades (les) de Clarisse et du marquis de Valzé, ou nouvelle méthode pour apprendre les principes de la langue française, à l'usage des dames. Par T*** (TOURNON, membre de l'Académie d'Arras). *Paris, Cailleau, 1784-1787, 2 vol. in-12.*

Ouvrage non terminé.

Voy. « Supercheries », III, 750, c.

Promenades de Critès au Sallon de l'année 1785. (Par A.-J. GORSAS.) *Londres et Paris, chez les marchands de nouveautés, 1785, 3 part. en 1 vol. in-8, 22, 39 et 60 p.*

Promenades (les) et Rendez-Vous du parc de Versailles. (Par Fr.-Ch. HUERNE DE LA MOTHE.) *Paris, Musier fils, 1762, 2 parties in-12.*

Promenades historiques dans le pays de Liége, par le docteur B..y (J.-P.-P. Bovy). *Liége, Collardin et Jeunehomme,* 1838-1841, 3 vol. in-8.   Ul. C.

Promenades nocturnes dans une ville de province. Panorama sentimental. Par Eugène *** (Eugène BOULY). *Valenciennes, Prignet,* 1832, in-12. — *Cambrai, imp. de Lesne-Daloin,* 1832, in-8.   D. M.

Promenades, ou itinéraires des jardins de Chantilly, orné d'un plan et de vingt estampes, qui en représentent les principales vues. (Par MÉRIGOT.) *Paris, Desenne,* 1791, in-8, 2 ff. lim. et 60 p.

Promenades (les) printanières de A. L. T. M. C. (Adrien LE TARTIER, médecin champenois). *Paris, G. Chaudière,* 1586, in-16.

Promesses socialistes. *Besançon, imp. de J. Jacquin* (1849), in-8.

Signées : C. (CHIFLET).
14 septembre-12 octobre, cinq pièces de quatre pages chacune.

Prompte (la) Expédition des prisonniers. (Par F.-J.-Th.-M. SAINT-GEORGES.) *Bordeaux,* 1790, in-8.

Promptuaire de la métaphysique du Dictionnaire de Bayle. (Par P.-C. JAMET.) *S. l.,* 1740, in-12.

Promptuaire des medalles des plus renommées personnes qui ont esté depuis le commencement du monde, avec brieve description de leurs vies et faicts, rec. des bons auteurs. (Par Guill. ROUILLÉ.) *Lyon, G. Rouillé,* 1553, in-4, fig. — Deuxième édition, en laquelle sont adjoutez les personnages plus insignes depuis survenuz. *Lyon,* 1576, 2 parties in-4.

Traduit en latin et en italien, et publié à Lyon en la même année 1553.   G. M.

Prône d'un bon curé sur le serment civique exigé des évêques et des curés, des prêtres en fonctions. (Par l'abbé Aug. BARRUEL.) *Paris, Crapart* (1790), in-8, 15 p.

Souvent réimprimé à Paris et dans les départements.

Prône fait dans une église de Paris, le 9 octobre 1718, à l'occasion de l'appel de S. Em. monseigneur le cardinal de Noailles. (Par l'abbé J.-B. CADRY.) Seconde édition. *Paris,* 1718, in-12.

Prônes de M. Claude JOLY, évêque d'Agen, pour tous les dimanches de l'année, avec la suite et les Œuvres mêlées

(le tout rédigé par Jean RICHARD, avocat). *Paris,* 1691-1696, 8 vol. in-12 et in-8.

Prônes pour tous les dimanches de l'année, avec une méthode pour les faire servir à un dessein de mission. Par un ancien curé du diocèse de Saint-Claude (J. CHEVASSU). *Lyon, J. et P. de Ville,* 1753, 4 vol. in-12.

Le faux titre porte : « le Missionnaire paroissial ».
Réimprimés avec le nom de l'auteur.

Prononciation (de la) du grec et du latin. (Par N. LOUMYER.) *Bruxelles, Voglet,* 1840, in-8, 72 p.   J. D.

Pronostic sur la loi de répression des délits de la presse en février 1822, à la Chambre des pairs. *(Paris), imp. de Chassaignon* (1822), in-8, 11 p.

Signé : S..... (J.-B. SELVES).
Une autre édition porte la signature de l'auteur.

Propagande (la) russe en Orient. Bulgarie et Roumanie. (Par Eugène CARADA.) *Paris, E. Dentu,* 1867, in-8, 12 p.

Propagation des deux langues, ou étude sur les inconvénients qui résultent de la différence d'idiomes dans notre pays ; moyens les plus propres à les faire disparaître. (Couronné par la Société centrale des instituteurs belges. Par Jean DIERCKX, employé au ministère de la guerre.) *Bruxelles, veuve Parent et fils,* 1862, in-12, 164 p.   D. R.

Propagation (de la) du genre humain. (Par un anonyme.)

Voy. « Art de jouir », IV, 289, e.

Prophète (le) Jonas, juillet 1793, par un émigré (le marquis DE BONNAY). *Maestricht, F. Cavalier,* 1793, in-8.

Prophète (le) républicain, almanach chantant (1849). Par L. C. (Léon GUILLEMIN, connu sous le pseudonyme de Léon DE CHAUMONT), auteur du « Chant des exilés ». *Paris, imp. d'A. René,* in-32, 40 p.

Prophète (le) voilé, ou le paradis et la péri, traduit de l'anglais de Thom. MOORE (par A.-F. RIGAUD). *Paris, Arth. Bertrand,* 1820, in-12.

Cet ouvrage, qui a été présenté comme étant de Thomas Moore, est, d'après le traité du traducteur avec le libraire, d'un homonyme du célèbre écrivain, un nommé S.-J. MOORE.
(Quérard, « France littéraire », t. VI, p. 281.)

Prophètes (les), nouvellement traduits sur l'hébreu, avec des explications et des notes critiques. (Par le président P.-J. AGIER.) *Paris, Eberhart*, 1820-1822, 8 vol. in-8.

La collection comprend : Isaïe. 1820, 2 vol. — Jérémie. 1821, 2 vol. — Prophétie d'Ezéchiel. 1821, 2 vol. — Daniel. 1822, 2 vol. in-8.

On doit encore à M. Agier : Commentaire sur l'Apocalypse, par l'auteur des « Explications des Psaumes et des Prophètes ». *Paris*, 1823, 2 vol. in-8.

Prophétie attribuée à saint Césaire et traduite d'un des chapitres, folios 47 et s., extraite du *Mirabilis liber*, recueil de prophéties, révélations, etc., par feu BEMECHOB, évêque et martyr de Patare, et qui l'avait traduite du syriaque en latin gothique, in-8. Imprimé à Lyon en 1524, à Grenoble et Paris, 1525; y joint le texte en regard, corrigé et collationné avec soin par le traducteur (Louis-Marie PERENON). *Lyon, Guyot*, 1830, in-8.

Prophétie d'une religieuse de Belley, qui a prédit les événements arrivés en France depuis le 25 juillet 1830, et qui en annonce beaucoup d'autres pour les années 1831, 1832 et suivantes; publiée avec des observations, des documents et un commentaire. Par M..... (Louis-Philibert MACHET), de la Marne. *Paris, Hivert*, 1831, in-8, 16 p.

Prophétie (la) de la Sorbonne, de l'an 1530, tirée des manuscrits de M. Baluze.

En vers. (Par VOLTAIRE).
Dans le tome III de l' « Evangile du jour ».

Prophétie de Madeleine. — L'Avénement de Marie. — Aurore du jour éternel. (Par Gabr.-Désiré LAVERDANT.) *Paris, Mémorial catholique*, 1872, in-8, XI-111 p.

Prophétie de Merlin l'Enchanteur, écrivain du vᵉ siècle, recueillie par l'historien TURPIN, moine de Saint-Denis, mort vers l'an 800. (Par François FOURNIER DE PESCAY.) In-8.

Prophétie (la) de monseigneur l'évêque de Poitiers. *Nantes, imp. de Merson.* — *Paris, Amyot*, mars 1874, in-8, 48 p.

Recueil curieux des lettres de M. le chanoine HÉLÈNE, de M. Léonce DUPONT, auteur de l'ouvrage intitulé « le Quatrième Napoléon », *Paris, Lachaud*, 1874, in-18, de M. Ernest MERSON, et de l'évêque de Poitiers, François-Désiré-Edouard PIE, le tout publié par M. Edouard MERSON, rédacteur en chef de l' « Union bretonne ».

Prophétie de saint CÉSAIRE, évêque d'Arles au vıᵉ siècle, et fragment de l'histoire de la ville d'Is, par M. L. C. DE R. (le chevalier P.-G. DE ROUJOUX). *Paris, A. Egron*, 1814, in-8, 46 p.

Prophétie du pape INNOCENT XI, précédée de celle d'un anonyme, ou le rétablissement des Bourbons en France, et celui de la paix dans l'univers après la destruction de l'empire de Napoléon Buonaparte, prédits en deux oracles du xvııᵉ siècle... Par V*** (Pierre-Franç. VIGUIER, lazariste)... *Paris, Clo, Demonville*, 1816, in-12.

Prophétie turgotine.

Cette chanson est du chevalier Jean-Baptiste-Nicolas DE L'ISLE; elle se trouve insérée pour la première fois dans le troisième tome de l' « Espion anglais »; elle a été composée en mars 1776.

Cette chanson a été imprimée et colportée, mais je n'ai pu en rencontrer d'exemplaire.   H. de l'Isle.

Prophéties concernant Jésus-Christ et l'Église, éparses dans les Livres saints, avec des explications et des notes. (Par P.-J. AGIER.) *Paris, Eberhart*, 1819, in-8.

Prophéties (les) d'HABACUC, traduites de l'hébreu en latin et en françois, par les auteurs des « Principes discutés ». *Paris, Cl. Hérissant*, 1775, 2 vol. in-12.

Voy. les « Principes discutés », ci-dessus, col. 1034, *e*.

Prophéties d'ISAÏE, traduites en français, avec des notes (par Aug. DE PRUNELLE DE LIÈRE). *Paris, Migneret*, 1823, in-8.

Prophéties (les) du grand prophète Monet. (Par Matthieu-François PIDANSAT DE MAIROBERT.) *S. l.*, 1753, in-8, 1 f. de tit. et 16 p.

Prophéties (les) du seigneur du Pavillon lez Lorris (Ant. COUILLARD). *Paris, Jan Dallier*, 1556, in-8.

Prophéties (les) françoises, suivies d'un projet présenté au roi pour dégrader et punir le duc d'Orléans, par M. BERG**** (Nic. BERGASSE). *Paris, Couteau*, 1789, in-8, 24 p.

Prophéties (les) mazarines, fidèlement extraites des « Vraies Centuries de M. Nostradamus... » *Paris*, 1658, in-8.

Second titre de l'ouvrage intitulé : « les Vraies Centuries de Mᵉ Michel Nostradamus ». Voy. pour cet ouvrage, qui n'est que la réimpression des dix premiers « Avertissements » de Jacq. MENGAU, le détail de la série complète de ces « Avertissements », IV, 348, *d*.

Prophéties perpétuelles, depuis 1821 jusqu'à la fin du monde, données à M. le marquis de Louvois, ministre secrétaire d'Etat, par l'Académie des sciences. (Par Mᵐᵉ veuve LEBRUN.) *Versailles et Paris*, 1807, in-12.   D. M.

Propos (les) d'Épictète, recueillis par Arrian, traduits du grec en françois par le P. J. de S. F. (Jean de Saint-François, c'est-à-dire par le P. Jean Goulu, depuis général des Feuillans). *Paris*, 1609, in-8.

On trouve à la fin du volume la traduction du « Manuel d'Épictète » ; suivant la « Biographie universelle », l'auteur entreprit ce travail par ordre de Henri IV.

Propos de table, par L. B. de M*** (L.-Bernard de Montbrison). *Montpellier*, 1805, in-8, 46 p. — Propos de table, suivis de contes pour la veillée et de fables nouvelles, par M. de M.... *Paris*, *Goujon*, 1807, in-8.

Propos (les) fabuleux moralizez, extraits de plusieurs auteurs tant grecz que latins, non moins utiles à l'esprit que recreatifz à toutes gens. Nouvellement imprimez. *Lyon*, *Benoist Rigaud et Jean Saugrain*, 1556, in-16, 158 p.

Le traducteur de ces fables est Guillaume Haudent, curé normand. Il en existe une édition antérieure, avec le nom du traducteur, sous ce titre : « Trois cent soixante-six Apologues d'Esope, etc., traduits nouvellement du latin en rithme françoise, par maistre Guill. Haudent. » *Rouen*, 1547, in-16, figures sur bois.

Propos memorables des nobles et illustres hommes de la chrestienté. (Par Gilles Corrozet.) Avec plusieurs nobles et excellentes sentences des anciens autheurs, hébrieux, grecs et latins, pour induire un chascun à bien et vertueusement vivre. *Lyon, par la vefve de Gabr. Cotier, impr. à Lyon, par J. Marcorelle*, 1570, in-16.

Les « Sentences des anciens autheurs », faisant suite aux « Propos mémorables », occupent les pages 190 à 308 et portent pour titre courant : « Trésor de vertu ». (Voy. ce titre.)

L'auteur avait publié, dès 1557, ce recueil avec son nom, sous le titre de : « les Divers Propos mémorables des nobles et illustres hommes ». L'ouvrage a été réimprimé six ou huit fois à Paris, à Lyon, à Rouen, en 1558, 1579, 1583, 1590, etc. ; mais le nom du compilateur a disparu dans la plupart de ces éditions, où l'on a cependant conservé sa devise : *Plus que moins*.

Proposition astrologique, et prognostication naturelle de l'incomparable docteur astrologue Ioann. Indagine Aleman : traduicte nouvellement en françois (par Antoine Desgois)... *Paris*, *N. Buffet*, 1545, petit in-8.

Proposition d'une femme citoyenne (Mᵃᵉ Le Roi, née baronne de Messey), pour établir les moyens de remédier à toutes les calamités qui environnent la France... (*Paris*), *imp. de Momoro*, 1789. in-8, 4 p. V. T.

Proposition d'une seule mesure pour dégrever la dette de l'Etat et réduire les impôts en 1817. Par un électeur du département de Seine-et-Oise. (Par Et. Bourgelin Vialart, comte de Saint-Morys.) *Paris*, *imp. L.-G. Michaud*, 1816, in-8.

Proposition faite à l'Académie (de Lyon), en 1838, d'intervenir auprès de qui elle jugera convenable, pour qu'un marbre soit érigé dans l'église de Saint-Paul, à la mémoire du chancelier Gerson, mort à Lyon en 1423. (Par J.-B.-M. Nolhac.) *Lyon*, *L. Perrin*, in-8, 9 p.

Proposition faite à l'Académie (de Lyon), en 1838, de placer dans le lieu de ses séances les portraits de quelques-uns de nos concitoyens qui lui ont appartenu et qui ont droit à notre souvenir. (Par J.-B.-M. Nolhac.) *Lyon*, *L. Perrin*, in-8, 15 p.

Proposition Pidoux, pour la réduction les 25 francs. *Besançon*, *imp. J. Jacquin* (1849), in-8, 4 p.

Signée : C. (Chiflet).

Proposition tendante à conférer à l'Université catholique de Louvain la qualité de personne civile. (Par Brabant, ancien membre de la Chambre des représentants.) *Louvain*, 1841, in-8. J. D.

Propositions au roi sur la réforme de l'Etat, 1617. (Par Arnauld, depuis maistre de camp du régiment de Champagne et gouverneur du fort Louys, suivant une note manuscrite.) *S. l. n. d.*, in-4, 20 p. — *S. l.*, 1618, in-8, 28 p.

Propositions d'administration militaire. (Par Sainte-Chapelle, sous-intendant militaire.) *Paris*, *Magimel*, 1819, in-8.

Propositions d'articles à insérer au chapitre de la discipline, dans la loi d'organisation de la garde nationale. *Paris*, *imp. de Le Normant fils* (1830), in-8, 12 p.

Signées : L. D. L. (L. Deleau), en retraite à Bièvre.

Propositions (des) du congrès professoral sur l'enseignement supérieur. (Par Henri-Guillaume Moke.) *Gand*, 1849, in-12. J. D.

Propositions et Moyens pour parvenir à la réunion des deux religions en France. *Achevé d'imprimer le dernier d'aoust* 1677, in-4.

Ce livre, très-rare, est d'Alexandre d'Yse, fils naturel de la maison des d'Yse de Saléon, ancien ministre à Grenoble, et alors professeur en théologie à Die (Drôme).

Suivant Placcius (2145, a), cet auteur serait devenu

plus tard membre de la congrégation de l'Oratoire, à Paris.

Propositions importantes sur la religion. (Par l'abbé Loiseleur.) In-4.

Voy. « Apologie pour la religion... », IV, 251, e.

Propre (le) prétendu. (Par Nicolas Catherinot.) S. l. n. d., in-4.

Propriétaire (le) à la porte, comédie-folie en un acte et en prose, par M. de Kotzebue (imitée par L.-J. Bilderbeck et B. Antier). Représentée pour la première fois, sur le théâtre de l'Ambigu-Comique, le 15 juillet 1824. Paris, Quoy, 1824, in-8, 32 p.

Propriétaire (cy commence ung tres-excellent livre nommé le) des choses (par frère Barthélemy de Glanville), translaté du latin en françoys... (A la fin): ... et le translata... frère Jehan Corbichon... et a été revisité par... frère Pierre Forget... du couvent des Augustins de Lyon. Lyon, M. Husz, 1485, in-fol. — Paris, A. Verard, s. d., in-fol.

Voy. « le Grand Propriétaire... », V, 564, a.

Propriété (de la) considérée dans ses rapports avec les droits politiques. (Par M. le comte Pierre-Louis Roederer.) Paris, imp. de Porthmann, 1819, in-8, 33 p.

Réimprimée avec le nom de l'auteur.

Propriété (de la) dans ses rapports avec le droit politique. (Par Germain Garnier.) Paris, G. Clavelin, 1792, in-18, XXXVI-208 p.

Le volume commence par une Lettre à M*** sur le système de deux Chambres indépendantes, ou de la balance des trois pouvoirs, signée : G. G***.

Propriété (de la) et de l'Administration des biens ecclésiastiques en France et en Belgique, par A. J. V. (A.-J. Vouriot), vicaire général de Langres. Paris, Durand et Pedone Lauriel, 1873, in-8.

Propriété (de la) et des Transactions en matière littéraire. Episode du procès intenté à M. A. Dumas, par les directeurs des journaux le « Constitutionnel » et la « Presse ». Nécessité d'une loi sur la propriété et les transactions littéraires. Projet de loi. (Par George Clermont.) Verviers, Berger, 1849, in-8, 16 p.

Tirée à part de l' « Union constitutionnelle de Verviers ». Ul. C.

Propriété (la) et la Responsabilité industrielles assurées par le timbre-marque et le timbre-garantie. (Par Jean-Bapt.-Am-

broise-Marcellin Jobard.) Bruxelles, Lelong, 1852, in-8, 16 p. J. D.

Propriété (la) intellectuelle est un droit. (Par L. Curmer.) Paris, Dentu, 1858, in-8, 20 p.

En vers.

Propriété (la) littéraire défendue, ou mémoire abrégé dans lequel on examine jusqu'à quel point la contrefaçon peut être légitime; par Jean-Etienne Putter (abrégé de l'allemand par P.-J. Neyron). Goëttingue, 1774, in-8.

Propriété (de la) littéraire, des lois qui la règlent... (Par J.-G. Locré.) Paris, imp. de Doublet, 1817, in-8.

Propriété (de la) littéraire et du Droit de copie en général, ou du droit de propriété dans ses rapports avec la littérature et les arts en Angleterre ; traduction de l'anglais (de Richard Godson)... par Théodore Regnault... Paris, Warée, 1826, in-8.

Propriété (de la) littéraire et du Plagiat. Par A. B. (Aug.-Aimé Boullée, de Bourg). Bourg, Bottier, 1833, in-8, 8 p.

Propriété (de la) par l'association et de l'Organisation du travail par la corporation collective. Par un ouvrier typographe (Mercier, ouvrier imprimeur). Paris, imp. de E. Brière, 1849, in-8.

Voy. « Supercheries », II, 1321, e.

Propriétés (les) du bois de fresne équinoxial éprouvées. (Par Jos. Terrier de Cléron.) 1759, in-8.

Propriétés (les) et les Vertus du cassis, avec des remèdes pour guérir la goutte, etc. (Par P. Bailly de Montaran, docteur de Sorbonne et chanoine du chapitre d'Orléans.) Seconde édition. Orléans, veuve Rouzeau, 1749, in-12.

Propriétés religieuses inviolables et sacrées dans tous les temps, chez tous les peuples, dans toutes les religions... (Par le baron de Rouvrou.) Paris, Pihan-Delaforest, 1827, in-8.

Proscription d'une multitude d'abus en France, l'ordre judiciaire, le clergé, la noblesse... (Par J.-F.-J. de La Motte-Geffard, comte de Sanois.) Paris, imp. de Chambon, 1791, in-8, 308 p.

Proscription (la) de la Saint-Barthélemy, fragment d'histoire dialogué, en cinq actes et en prose : précédé d'une ébauche historique des premières guerres de cour, ou guerres des grands dans le xvi⁰ siècle, nommées improprement guerres de religion, et réflexions sur la Saint-Barthélemy ; suivi de remarques sur plusieurs accusations portées par divers historiens de nos jours contre Catherine de Médicis. (Par P.-L. ROEDERER.) *Paris, Victor Bossange,* 1830, in-8, 484 p.

L'auteur a signé la dédicace à Andrieux.

Proscriptions des verges des écoles, dialogue entre Pamphile et Orbilius. (Par le P. Grégoire MARTIN, minime.) Représenté à Tullin en Dauphiné. 1759, in-12.

L'auteur a publié le même Dialogue en latin, 1760, in-12.

Proscrit (le), ou Lettres de Jacopo Ortis (par Ugo FOSCOLO), traduit de l'italien par M. DE S*** (Alex. DE SENONNES). *Paris, Lefèvre,* 1814, 2 vol. in-12.

Prose et vers de M. M***. *Amsterdam, veuve Jolly,* 1759, in-12, VII-99 p.

Attribués par Quérard à Alexis MATON. Voy. « France littéraire » et « Supercheries », II, 1009, c. M. de Manne déclare que cette indication est inexacte, et que l'auteur de ce volume est Charles-Joseph MATHON DE LA COUR.

Prosélyte (le) désabusé, ou fausses vues de M. Brueys dans l'Examen de la séparation des protestants, par D. L. (Daniel DE LARROQUE). *Rotterdam, de Leers,* 1684, in-12.

Proserpine, tragédie en musique, ornée d'entrées de ballet, de machines et de changements de théâtre. Représentée devant Sa Majesté à Saint-Germain-en-Laye le de février 1680. (Par Philippe QUINAULT.) *Paris, Chr. Ballard,* 1680, in-4, 6 ff. lim. et 70 p.

Proses des principales fêtes de l'année, traduites en vers français. (Par M. l'abbé TISSOT.) *Besançon, J.-F. Couché,* 1788, in-12.

Prosodie latine, ou méthode pour apprendre les principes de la quantité et de la poésie latine, à l'usage de la jeunesse. Par M. l'abbé *** (l'abbé LE CHEVALIER). *Paris, J. Barbou,* 1773, in-8.

Souvent réimprimée avec le nom de l'auteur. Voy. aussi « Nouvelle Prosodie... », ci-dessus, col. 560, a.

Prosopopée de la ville de Paris, laquelle s'offre pour le tombeau de monseigneur le chevalier de Guyse. Par N. D. B. (Nicolas DE BOURBON). *Paris, imp. d'A. Champenois,* 1614, in-8, 8 p.

Prospectus d'un armement particulier,

pour la recherche de M. de La Pérouse. (Par Aristide DUPETIT-THOUARS.) *S. l. n. d.,* in-8, 12 p.

Catalogue de Nantes, n° 34000.

Prospectus d'un journal conservateur-populaire, ou idées sur la propagation du bien-être général et de l'intérêt public au moyen de la presse quotidienne, par M*** (CASTILLON DU PORTAIL), ancien représentant. *Bruxelles, Decq,* 1848, in-8, 14 p.

J. D.

Prospectus d'un nouveau journal, par les auteurs de « la Prise des Annonciades » (le marquis Franç. DE BONNAY). *S. l.,* 1789, in-8, 24 p.

Prospectus d'un projet pour la construction de nouvelles maisons, dont tous les calculs de détails procureront une très-grande économie et beaucoup de jouissances. (Par le marquis J.-B.-M.-F. DE CHABANNES.) *Paris, Desenne,* an XI-1803, in-8, XVI-46 p.

Prospectus de l'histoire générale de Guyenne, par des religieux bénédictins de la congrégation de Saint-Maur (rédigé par dom J.-B. AGNEAUX-DEVIENNE). *Paris, Vincent,* 1755, in-4, 16 p.

Prospectus de la notice historique de Picardie. (Par dom GRENIER.) *Paris, imp. de P.-D. Pierres,* 1786, in-4, 23 p.

Plan de l'histoire générale de la Picardie, que ce bénédictin devait faire paraître en cinq ou six volumes, mais qui ne fut jamais livrée à l'impression.

Prospectus du canal de Bourgogne, pour la jonction des deux mers par le centre du royaume. (Par IDLINGER, baron D'ESPULLER.) *Paris, Simon,* 1763, in-8.

L'abbé Nicolas BAUDEAU a publié un Prospectus sur le même sujet, mais il ne parut qu'en 1764, à Dijon.

Prospectus pour l'association des intérêts commerciaux, agricoles et industriels de la ville de Liége. (Par E.-L. RENARD.) *Liége,* 1846, in-8, 8 p.

Prospectus pour l'histoire ancienne et moderne de la province de Guyenne. 1763. (Par MM. LAMOTHE frères, avocats.) *Bordeaux, imp. de Labottière frères,* in-4, 19 p.

Prospectus sur les finances, dédié aux bons François. (Par Fr. VÉRON DE FORBONNOIS.) *Paris,* 1789, in-12.

Prostituée (la) trompeuse trompée, par G. G. (G.-G. ZACHARIE). *Amsterdam,* 1755, in-12.

Prostitution (de la). Cahier et doléances d'un ami des mœurs, adressés spécialement aux députés de l'ordre du tiers état de Paris. (Par L.-P. Bérenger.) *Au Palais-Royal* (1789), in-8, 29 p.

Protecteur (le) bourgeois, ou la confiance trahie, comédie en vers, par M. B*** (Antoine Bret). A la suite, l'Héritage, conte moral et dramatique, et le Mariage manqué, conte dramatique (par le même). *Aux Deux-Ponts, à l'imprimerie ducale,* 1772, in-8, 1 f. de tit., iii-5 p., 1 f. et 122, 52 et 34 p.

Forme le tome II de « Fables orientales et Poésies diverses, par M. B**** ». Voy. V, 416, c.

Protecteur (le) de soi-même, comédie en un acte, en vers, par Alph. H......d (Alph. Huillard). Représentée pour la première fois, à Paris, sur le théâtre de la rue de Thionville, le 6 floréal an XII. *Paris, Mme Masson,* an XII-1804, in-8, 44 p.

Protectorat (le) du czar, ou la Roumanie et la Russie. Nouveaux documents sur la situation européenne, par J. R. (Jean-Héliade Radulesko), témoin oculaire des événements qui se sont passés en Valachie de 1828 à 1849. *Paris, Comon,* 1850, in-8, viii-60 p.

Avec un avant-propos signé : Sébastien Rhéal (Sébastien Gayet).

Protégé (le) de Joséphine de Beauharnais, par M. le baron de B*** (composé par Ch. Doris, de Bourges), auteur des « Amours secrètes de Napoléon... » *Paris, Lemonnier,* 1820, 2 vol. in-12.

Protégé (le) de tout le monde, comédie-vaudeville en un acte, par MM. A. Desprez et Joseph *** (J.-F.-N. Dusaulchoy de Bergemont et A.-J. Leroy de Bacre). Représentée pour la première fois, à Paris, sur le théâtre de la Porte-Saint-Martin, le 12 novembre 1822. *Paris, Quoy,* 1822, in-8, 31 p.

Protestant (le) cité au tribunal de la parole de Dieu dans ses saintes Écritures, au sujet des points de foi controversés, traduit de l'anglois (par N.-P. Besset de La Chapelle). *Paris, Despilly,* 1765, in-12.

Protestante (la), ou les Cévennes au commencement du xviiie siècle, précédée d'une introduction historique sur la guerre des Camisards. (Par Mme Ch. Reybaud.) *Paris, Ponthieu,* 1828, 3 vol. in-12.

Roman réimprimé en 1844, sous le titre de « Géraldine », et avec le nom de l'auteur, en 2 vol. in-8.

Protestantisme (le) belge avant, pendant et après les troubles du xvie siècle, par un Belge (Constant Vander Elst). *Bruxelles, Deltenre-Walker,* 1856, in-8, 380 p.   J. D.

Protestantisme (le) dévoilé, ou le culte catholique et le protestantisme mis en parallèle, par un curé du canton de Genève (l'abbé G. Gavairon). *Paris, Vaton,* 1841, in-12.   D. M.

Protestantisme (le) en France. (Par Marc Monnier.) *Genève, J. Cherbuliez,* 1854, in-12.

Protestantisme (le) libéral d'aujourd'hui. (Par O. Douen.) *Paris, J. Cherbuliez,* 1870, in-12, 158 p.

Protestans (les) déboutés de leurs prétentions par les principes et les paroles mêmes du curé leur apologiste dans son dialogue avec un évêque sur leurs mariages. (Par le P. Ch.-Louis Richard.) *Paris, Morin,* 1776, in-12.

Protestation contre la forme des lettres pour la convocation des États-Généraux. (Par J.-C. de La Métherie.) S. l. (1788), in-8, 8 p.

Protestation contre les calomnies de l'auteur du « Mystère d'iniquité dévoilé » (l'abbé Regnaud, curé de Vaux) et celles des « Notions de l'œuvre, etc. » (du P. Crèpe, jacobin). (Par C.-F. Desfours de La Génetière.) S. l., 1788, in-12, 142 p.

Protestation d'un avocat du roi (J.-N. Belin) contre le cahier imprimé des trois ordres réunis de Montfort-l'Amaury et de Dreux. S. l., 1789, in-8, 32 p.

Protestation d'un serf du Mont-Jura contre l'assemblée des notables, le Mémoire des princes du sang, le clergé, la noblesse et le tiers état. Au roi. (Par le marquis Charles de Villette.) S. l., 1789, in-8, 20 p.

Suivi de « Souscription proposée et acceptée dans l'assemblée de l'Union, pour ériger un monument à Louis XVI, le 1er janvier 1789 ». In-8, 8 p.

Protestation de l'évêque de ****, adressée à N. S. P. le pape Pie VII. S. l., 1er septembre 1802, in-8, 16 p.

Signée : J.-Ch., év. de ... (Jean-Charles de Coucy, évêque de La Rochelle).

Protestation (la) des membres du Parlement, avec des notes. (Par l'abbé N. Rioust.) *Paris,* 1814, in-8.

Protestation en faveur du doyen d'Auxerre, d'être archiprêtre de la ville d'Auxerre. (Par l'abbé Augustin-Etienne FRAPPIER, chanoine de la cathédrale d'Auxerre.) (*Auxerre*, 1779), in-12, 96 p.

Protestation ultérieure de par Son Altesse l'évêque et prince de Liége (Georges-Louis de Berghes), touchant Herstal. (Par G. DE LOUVREX.) *Liége, veuve Procureur* (1733), in-4.   Ul. C.

Prothéisme (le) de l'erreur, ou annales historiques contenant les faits qui ont précédé la bulle *Unigenitus* et qui y ont rapport, depuis l'année 1540, temps de l'établissement des Jésuites. (Par Louis-Adrien LE PAIGE.) 1733, in-12.

Cet ouvrage a un premier titre, qui porte : « Annales pour servir d'étrennes aux amis de la vérité ». Voy. IV, 198, *d*.

Protocole pour la correction des épreuves, exécuté par P****T (J. PICART). *Nantes*, avril 1857, in-4.

Proudhon jugé et traité selon ses doctrines métaphysiques. Réfutation comico-sérieuse de ce grand pamphlétaire, par un solitaire rustique et illettré (J.-M.-Constantin PRÉVOST, ancien conservateur du musée de Toulouse). *Paris, G. Guérin*, 1858, in-8, 2 ff. lim. et 216 p.

L'auteur a joint cet ouvrage à « la Déomanie ». Voy. IV, 879, *f*.

Prouesses d'un ci-devant jeune homme. *Marseille, lith. Marin et Olivier* (1861), in-4, VII-28 et V p.

Le titre de départ porte en plus : « Soit un épisode de la vie excentrique de M. H..... (HUSSON) ».

Prouesses (les) et Faitz merveilleux du noble Huon de Bordeaulx, per de France, duc de Guyenne. *Paris, Michel Le Noir*, 1516, in-fol. — *Paris, veuve J. Trepperel, s. d.*, in-4. — *Lyon, Olivier Arnoullet, s. d.*, in-4. — *Paris, J. Bonfons, s. d.*, in-4.

Voy. « Histoire et Faits... », V, 803, *a*.

Proesses (les) et Vaillances dv redovte Mabrian, lequel fvt roy de Iervsalem et d'Inde la Maiovr, après la mort du roy Iuon son père, fils de Regnault de Montauban. Semblablement les faicts et gestes des quatre fils Aymon : Regnault, Alard, Guichard et Richard, et de leur cousin Maugis. Ensemble la mort et martyre d'iceux. (Par Guy BOUVAIN, lieutenant de Châteauroux en Berry.) *Rouen, L. Costé, s. d.*, in-4. — *Troyes, Nic. Oudot*, 1625, in-4.

Proufessien de fe politiquo d'un vieil Marsiès, per l'aoutour d' « Uno Journado aou Roucas-Blanc » (Théod. ACHARD). *Marseille, imp. d'Achard* (1842), in-8.

Proumenoir (le) de M. de Montaigne, par sa fille d'alliance (Mlle DE GOURNAY). *Paris, Abel L'Angelier*, 1594, in-12, 108 ff. — *Id.*, 1595, in-12, 106 ff. — *Chambéry, Maurice Malécieu*, 1598, in-12, 77 ff. — *Paris, L'Angelier*, 1599, in-12. — *Rouen, Roland Chambart*, 1607, petit in-12.

Proverbe égyptien. (Huit scènes en prose, par A. DE BARRUEL-BEAUVERT.) *Marennes, imp. de J.-S. Raissac*, 1840, in-8, 16 p.

Proverbes, Charades. (Par le marquis DE LOUVOIS.) *Paris, Barba*, 1838, in-8.

Tirés à 100 exemplaires.

Proverbes communs. (Par Jean DE LA VEPRIE, prieur de Clairvaux.) *S. l. n. d.*, petit in-4, 17 ff.

Réimprimés, en 1838, par les soins d'Aug. VEINANT, dans la collection des pièces en caractères gothiques publiées par Silvestre.

Voy. pour le détail des éditions de ce livre, Brunet, « Manuel du libraire », 5e édit., IV, col. 134 à 136 et 912-913.

Voy. pour les traductions de GILLES DE NUITS ou DES NOYERS, publiées sous le pseudonyme de NUCERIN, les « Supercheries », II, 1276, *b*.

Proverbes (les) de SALOMON, traduits du latin de M. SCHULTENS, par les auteurs de la traduction de Job (J.-N.-S. ALLAMAND et I. SACRELAIRE). *Leyde*, 1762, in-4.

Voy. « le Livre de Job », V, 1324, *f*.

Proverbes (les) dorés. (A la fin) : « Cy finient les Cent Nouveaux Proverbes dorez et moraulx. » *S. l. n. d.*, petit in-8 goth., 16 ff. non chiff.

Attribués à P. GRINGORE.

Réimprimés sous le titre de : « les Cent Nouveaulx Proverbes dorez ». Voy. IV, 551, *e*.

Proverbes dramatiques. (Par N. CARMONTELLE.) *Paris, Le Jay*, 1768-1781, 8 vol. in-8.

On cite une édition d'*Amsterdam*, 1770, 8 vol. in-12, moins complète.

L'édition de *Paris*, 1821, 4 vol. in-8, et « Nouveaux Proverbes », *Paris*, 1811, 2 vol. in-8, portent le nom de l'auteur.

Proverbes dramatiques. (Par A.-J. DE SÉGUR.) *Londres et Paris, Desenne*, 1787, in-8.

Proverbes dramatiques, par l'auteur de ** et de *, membre de la Société militaire à Liége, de la Société du casino à Namur

(Léon Evrard). *Bruxelles, Bourlard*, 1845, in-12, 312 p.   J. D.

Proverbes et Apophthegmes chinois comparés, etc. *Paris, Dugour*, an V de la République (1797), in-18.

Ce recueil a été publié en 1765 par M.-A. Eidous, à la fin d'un ouvrage sur la Chine, intitulé : « Hau Kiou Choaan... » (voy. V, 608, *a*), dont il termine le quatrième volume.

Providentialisme. Science générale, révélation directe par les lois vives, constitutives de tous les êtres.· Philosophie et christianisme rationnels, ou religion positive universelle. *Paris*, 1853, in-8, 320 p.

Publication des Amis de la justice, sous la direction de L.-P. Riche-Gardon.

Province (la) de Dauphiné à monseigneur le duc de Lesdiguières, pair de France, son·gouverneur. *Grenoble, veuve A. Verdier* (1677), in-4, 8 p.

Signée : L. P. A. (le président Alard).

Province de Hainaut. Congrégation jésuitique. Des faiseurs orangistes et de leur influence. (Par Alexis-Joseph Delcourt.) *Mons, Hoyois* (1831), in-4, 6 p.   J. D.

Province de Liége. Comité de boisement des terrains communaux incultes. Instruction sur la culture des bois feuillus. (Par M. Dechesne, inspecteur des eaux et forêts.) *Liége, N. Redouté*, 1854, in-4, 32 p.

Provinces (les) de la Plata érigées en monarchie, considérations politiques, par le C... de S... (le commandeur de Sodré). *Paris, Bleuet*, 1820, in-8, 16 p.

Provincial (le) sans emploi, ou les bureaux de placements ; avis aux solliciteurs de toutes les classes et de tous les pays qui se servent du ministère des agents d'affaires. (Par J.-G. Ymbert.) *Paris, A. Dupont*, 1825, in-8.

Provinciales (les), ou histoire des filles et femmes des provinces de France dont les aventures sont propres à fournir des sujets dramatiques de tous genres. (Par N.-E. Restif de La Bretonne.) *Paris, Garnery*, 1791-1794, 12 vol. in-12.

Même ouvrage que l' « Année des dames nationales ». Les titres seuls ont été réimprimés.

Prumiere response de Calottin à loigne auteur de supplement. *A Visé à mon mathi et Jacques Bourgeois à l'enseigne de Peron liegeois*, in-8, 24 p.

Réimpression d'un opuscule en vers, publié vers

1733 et dont on ne connaît qu'un seul exemplaire. L'avertissement est signé : U. C. (Ulysse Capitaine).

Prusse (de la) et de sa Domination dans les rapports politiques et religieux, spécialement dans les nouvelles provinces. Par un inconnu (M. Gustave de Failly). *Paris, Guilbert*, 1842, in-8.

Prusse (la) et la France devant l'histoire. Quatrième édition. (Par M. Arsène Legrelle.) *Paris, Amyot*, 1874-1875, 2 vol. in-8.

Les premières éditions, publiées à l'état de brochures ou de petits volumes, pendant les années 1871 à 1873, étaient intitulées : « la France et la Prusse devant l'histoire ».

Prusse et Langue verte (landwehr). *Rouen, imp. de E. Caigniard* (*s. d.*), in-8, 3 p.

Signé : Un disciple de Le Corvaisier (Maurice Cohen).

·Facétie étymologique sur l'origine du mot Prussien, tirée à 69 exemplaires sur papier de couleur.

Prusse (la) et les Traités de Vienne. (Par M. Henri Lasserre.) *Paris, E. Dentu*, 1861, in-8, 47 p.

Prusse (la) et sa Neutralité. (Par M. l'abbé de Pradt.) *Londres*, 1er janvier 1800, in-8.

Réimprimé en 1817, à Paris, à la suite de l' « Antidote au Congrès de Rastadt ». Voy. IV, 211, *b*.

Prusse (la) galante, ou voyage d'un jeune homme à Berlin, traduit de l'allemand. (Par Cl.-Franç.-Et. Dupin.) *Paris, imp. de Jacquin, s. d.* (1800), in-8, VI-169 p.

Peu après cette publication, parut « la Prusse galante, ou voyage d'un jeune Français à Berlin, traduit de l'allemand par le docteur Akerlino ». (*Paris*), 1801, in-12. La ressemblance du titre pourrait faire croire qu'il s'agit là d'une simple reproduction ; mais il n'en est rien.

Voy. « Supercheries », I, 225, *f*.

Prussiade (la), poëme en quatre chants. (Par L.-E. Billardon de Sauvigny.) *Francfort*, 1758, in-8.

Michault, dans ses « Mémoires » sur la vie de Lenglet du Fresnoy, page 109, cite le major Alexandre Gordon comme auteur d'un poème du même titre. Je crains qu'il n'ait confondu Sauvigny avec ce Gordon.

Prussiens (les) en ·France. Le combat d'Alençon, avec le plan du champ de bataille, par un chef d'ambulance. *Alençon, chez Veillon, de Broise, imp.*, 1871, petit in-8, 74 p.

L'avis préliminaire est signé : E. M. (Edmond Martin, de Caen, juge au tribunal civil d'Alençon). L'auteur a mis son nom à la seconde édition.

Psalmiste (le) ; traduction des psaumes

en vers, précédée d'un discours sur la poésie des Hébreux. *Londres*, 1799, in-8.

Cet ouvrage a été réimprimé dans l'édition des Œuvres de son auteur, le cardinal Jean-de-Dieu-Raymond DE BOISGELIN DE CUCÉ, donnée par A. Auguis en 1818, in-8.

Psalmodie (la) intérieure, ou sujets de méditation sur les psaumes, graduels, etc. (Par dom Innocent LE MASSON.) *Lyon et Paris*, 1696, 4 vol. in-12.

Psaphion, ou la courtisane de Smyrne, fragment érotique traduit du grec de MNASEAS, sur un manuscrit de la bibliothèque du lord B** (composé par A.-G. MEUSNIER DE QUERLON), où l'on a joint les « Hommes de Prométhée ». *Londres, Tomson*, 1748, in-12.

Ces deux morceaux font partie des « Impostures innocentes », ou opuscules de l'auteur. Voy. V, 906, a.

Psaphon et les Corbeaux, ou les sifflets et l'apothéose, conte en vers. (Par P.-A. VIEILLARD.) *Paris, Trouvé*, 1822, in-8.

Psara, élégie épique. *Paris, Delaunay*, 1824, in-8, 12 p.

Signé : Par Ernest F...... (Ernest FOUINET).
H. de l'Isle.

Psaume imité de Jérémie. (Par l'abbé Guillaume-André-René BASTON.) *Rouen*, 1792, in-8.   D. M.

En vers.

Pseaumes chrétiens sur la Providence de Dieu. (Par A.-X. DE MARILLY DU PRAGNI, ancien conseiller au Parlement de Besançon.) *Paris, Allais*, 1810, in-12.

Pseaumes dans l'ordre historique, nouvellement traduits sur l'hébreu (par l'abbé F.-M. FOINARD). *Paris*, 1742, in-12.

On trouve quelquefois à la suite de cette traduction la « Clef des Psaumes » du même auteur. Voy. IV, 614, e.

Pseaumes (les) de DAVID, en latin et en françois, avec des réflexions morales sur chaque verset, etc., par un prêtre de l'Oratoire (le P. Julien LORIOT). *Paris, Osmont*, 1700, 3 vol. in-12.

Pseaumes (les) de DAVID, en latin et en françois, ou le sens propre et littéral des Pseaumes de David exposé brièvement dans une interprétation suivie avec le sujet de chaque pseaume (par le P. J.-Ph. LALLEMANT). *Paris, N. Le Clerc*, 1708, in-12 de 645 p., sans les prélim. et le titre. — Seconde édition. *Paris, Le Comte et Montalan*, 1709, in-12.

Souvent réimprimés.

Psaumes (les) de DAVID, en latin et en françois ; paraphrase courte, ou traduction suivie, avec des arguments qui en donnent la véritable idée, et des réflexions qui apprennent l'usage qu'on doit en faire (par Jean POLINIER). *Paris*, 1697, in-12.

Réimprimés sous le titre de « Paraphrase courte... » Voy. ci-dessus, col. 782, b.

Pseaumes (les) de DAVID en vers, nouvelle version, dans laquelle on a retenu les expressions de MAROT et de DE BÈZE, autant que l'usage moderne a pu le permettre (par JENNET). *Utrecht*, 1706, in-12.
V. T.

Pseaumes de DAVID et Cantiques de l'Eglise, traduits en françois (par l'abbé POTIN). *Paris*, 1734, in-18.

Psaumes (les) de DAVID et les Cantiques, d'après un manuscrit du XVe siècle, précédés de recherches sur le traducteur (GUIART DES MOULINS) et de remarques sur la traduction (par S.-P.-A. MADDEN). *Paris, Tross*, 1872, in-8, 2 ff. lim., LIX-231 p.

Pseaumes (les) de DAVID et les Cantiques de l'Eglise, avec de courtes notes ou explications, etc. (par Jean MARTIANY). *Paris, Cavelier*, 1719, in-8.

C'est une seconde édition ; la première paraît être de l'année 1704, in-12.

Pseaumes de DAVID, imitez et appliquez à la religion chrétienne (par Jean BONAIN, sieur DE SANGUINIÈRE). *Paris*, 1706, in-12.

Pseaumes (les) de DAVID, interprétés selon l'hébreu, avec des réflexions morales prises dans le sens littéral. *Paris, Witte*, 1717, in-12.

L'épître dédicatoire de ce volume est signée : J. B. M. Ce sont les initiales de Jean-Baptiste MOLINIER, exoratorien et prédicateur distingué.

Pseaumes de DAVID, latin et françois, traduction de monseigneur R. (Renaud DE BEAUNE), archevesque de Bourges. *Paris, Jamet Mettayer*, 1595, in-8, frontisp. et fig. grav. par L. Gaultier.

Pseaumes (les) de DAVID, mis en rime françoise (par Clément MAROT et Théodore DE BÈZE). *Sedan, Jean Jannon*, 1635, in-64.

Édition extrêmement rare.

Plusieurs fois réimprimés avec les initiales C. M. et T. D. B., ou Cl. MA. et Th. DE BE., ou enfin avec les noms des auteurs.

Pseaumes (les) de DAVID mis en rimes françoises par Clément MAROT et Théodore DE BÈZE; nouvellement retouchés par MM. D. J. (P. DE JONCOURT) et..... *Amsterdam,* 1716, in-12.

Pseaumes (les) de DAVID, mis en vers françois.

Voy. ci-après, « les Pseaumes en vers françois... », col. 1102, *d.*

Pseaumes de DAVID, Proverbes de SALOMON, Ecclésiaste, etc., le tout traduit de l'ébreu en latin et en françois (par Aug. MARLORAT). *Lyon, C. Roville,* 1558, in-16.

Psaumes de DAVID. Traduction fidèle, d'après le texte hébreu universellement admis, par A. L. (LATOUCHE), chanoine d'Angers. *Liége, Wurth,* 1841, in-12, 188 p. J. D.

Pseaumes de DAVID, traduction nouvelle, avec des notes pour l'éclaircissement des endroits difficiles, par un ecclésiastique du diocèse d'Avranches (LE BOHINEUX, curé du Luot). *Paris, Belin,* 1789, in-8.

M. Frère, dans son « Manuel du bibliographe normand », I, 125, est d'avis que l'on peut regarder cet ouvrage comme étant la première édition de l'article qui suit, que le Dictionnaire donne à un autre auteur. M. Frère déclare toutefois ne pouvoir désigner·lequel de ces deux noms serait le vrai.

Pseaumes (les) de DAVID, traduction nouvelle par un ecclésiastique du diocèse d'Avranches (M. BOYSSON). *Londres, Dulau,* 1798, in-8.

Pseaumes (les) de DAVID, traduits en françois (par I.-L. LE MAISTRE DE SACY), avec une explication tirée des SS. Pères (par Thomas DU FOSSÉ). *Paris, Desprez,* 1689, 3 vol. in-12; — 1696, 3 vol. in-8 et in-12.

Pseaumes de DAVID, traduits en françois selon l'hébreu (par I.-L. LEMAISTRE DE SACY). *Imp. à Trévoux par l'ordre de Madame,* 1689, in-8. — *Paris, H. Josset,* 1689, in-8. — *Loudun, René Billaut,* 1697, in-8, 1 f. de titre et 624 p.

M. de Manne donne, dans sa troisième édition, à la suite du n° 3444, une longue note de M. A. Péricaud sur l'édition de *Loudun.*
Les premières éditions de la traduction de M. Lemaistre de Sacy ont été publiées sous le pseudonyme de DUMONT.
Voy. « Supercheries », I, 1177, *d.*

Pseaumes de DAVID, traduits en françois selon l'hébreu, et distribués pour tous les jours de la semaine... (Attribués à François MALOT.) 1754, 2 vol. in-12.

Pseaumes de don ANTOINE, roi de Portugal, traduction nouvelle dédiée au roi

(par DE LA BONODIÈRE). *Paris, D. Mariette,* 1701, in-12.

Pseaumes (les) de don ANTOINE, roi de Portugal, traduits en françois par DU RYER, nouvelle édition, augmentée d'une dissertation préliminaire sur le *vous* et le *tu* en parlant à Dieu (par Jean Rou). *La Haye,* 1691, in-12. — *Suivant la copie imprimée à Paris (Hollande), s. d.,* pet. in-16.

Pseaumes (les) de la pénitence de DAVID, en latin et en françois (par le P. Isaac MARTINEAU, jésuite)... *Paris, J. Mariette,* 1710, in-12.

C'est à tort que le Catalogue de la Bibliothèque du roy attribue cette traduction au P. J.-P. LALLEMANT Voy. de Backer, 2e édit., in-fol., t. II, col. 1114.

Psaumes du roi-prophète, en vers français; par l'auteur de la traduction des Visions d'Esaïe, fils d'Amos. (Par CHABERT, chanoine de Troyes.) *Lyon, imp. de L. Perrin,* 1864, in-8.

Pseaumes (les) en forme de prières, paraphrase (par l'abbé François PARIS, prêtre, aidé de Vincent LOGER, curé de Chevreuse). *Paris, Hortemel,* 1690, in-12.

La septième édition de cet ouvrage parut en 1719.

Pseaumes (les) en latin et en français, interprétés dans le sens poétique (de la traduction du P. Louis DE CARRIÈRES, avec un discours préliminaire par HENRIER, curé en Normandie). *Paris, Crapart,* 1805, 2 vol. in-12.

Pseaumes (les) en vers françois. (Par RANCHIN.) *Paris, Delaulne,* 1697, in-12.

Pseaumes (les) en vers françois, retouchez sur l'ancienne version de Cl. MAROT et Th. DE BÈZE, par feu M. V. CONRART (et par Marc-Ant. DE LA BASTIDE). *Charenton, Cellier,* 1679, in-12. — Les mêmes, sous ce titre : les Psaumes de DAVID mis en vers françois, revus et approuvez par le synode wallon des Provinces-Unies. *Amsterdam, du Sauzet,* 1730, in-32. — *Châtelain,* 1730, in-4.

Il existe beaucoup d'éditions de cette dernière révision.
De La Bastide a publié à Londres, en 1701, une édition retouchée de cette traduction avec un avertissement aussi retouché.

Psaumes et Cantiques à deux ou trois voix à l'usage des écoles et des asiles pour l'enfance et la jeunesse. (Par L. NAGEL.) *Neufchâtel, Delachaux,* 1852, in-12. — — Deuxième édition. *Ibid.,* 1864, in-12.

Pseaumes (les) et Cantiques, traduits

sur l'hébreu. (Par l'abbé Nic. Le Gros.)

Voy. « Manuel du chrétien... », ci-dessus, col. 47, e.

Pseaumes (les) et les Cantiques, latins-françois, nouvellement traduits (sur l'hébreu, par Camet, curé de Montgeron), avec les Hymnes de l'Eglise. *Paris, Lottin et Desaint*, 1729, in-12.

Pseaumes (les) expliqués dans le sens propre, ou le rapport des pseaumes à Jésus-Christ. (Par le P. Gondon, capucin.) *Paris, Desprez*, 1766, in-12.

Pseaumes (les) médités. (Par Napoléon Roussel.) *Paris, Grassart*, 1861, in-32, 280 p.

Pseaumes nouvellement mis en vers françois (par Elisabeth-Sophie Chéron). *Paris, Giffart*, 1715, in-8, front. gr., portr. et fig.

Les jolies gravures de ce livre sont de Louis Chéron, frère de l'auteur.

Pseaumes nouvellement traduits sur l'hébreu et mis dans leur ordre naturel, avec des explications et des notes critiques; on y a joint les Cantiques évangéliques et ceux de Laudes, selon le Bréviaire de Paris, également avec des explications et des notes (le tout par P.-J. Agier). *Paris, Eberhard*, 1807, 3 vol. in-8.

Pseaumes paraphrasés en vers, par M. D*** (Marie-Agnès Bataille de Chambenart, de Paris, morte à Chartres entre 1740 et 1745). *Paris, E. Papillon*, 1715, in-12.

Pseaumes (les) paraphrasés, suivant le sens littéral et le prophétique, par un prêtre solitaire (attribués à dom Boniface Grivault, camaldule). *Paris*, 1738, 3 vol. in-12.

Pseaumes traduits en français, avec des notes et considérations sur le *Pater*. (Par Aug. de Prunelle de Lière.) *Paris, Migneret*, 1821, in-12.

Pseaumes (les) traduits en françois, avec des notes et des réflexions, par le P. Berthier, ex-jésuite (publiés avec une préface sur la vie et les ouvrages de l'auteur, par l'abbé Y.-M. de Querbeuf, ex-jésuite). *Paris, Mérigot le jeune*, 1785, 8 vol. in-12, ou 1788, 5 vol. sans les notes.

On a publié, en 1807, deux nouvelles éditions de cet ouvrage, revues par l'abbé P.-J.-H. Charlier. L'une, en cinq volumes, et dépouillée de tout appareil scientifique, ne présente que ce qui est intitulé : « Réflexions ». L'autre contient, comme la première, les notes destinées à éclaircir le texte; mais elle est beaucoup plus correcte.

Pseaumes (les) traduits en françois sur l'original hébreu, par J. T. L. C. (Jacques-Théodore Le Clerc). *Genève, P. Pellet*, 1740, in-8.

Réimprimés en 1761, in-8, avec le nom de l'auteur.

Pseaumes (les) traduits en vers par les meilleurs poëtes françois (recueillis par E.-Jos. Monchablon, et publiés par Louis Racine). *Paris, Desaint*, 1751, in-12. — Seconde édition (où l'on trouve vingt-deux pseaumes mis en vers par le P. J.-B.-A. Plainchesne, génovéfain). *Paris, Desaint*, 1762, in-12.

Plainchesne est auteur des huit vers qui se trouvent au bas de quelques épreuves du portrait de l'abbé Goujet, dessiné par Slodtz, gravé par Audran.

Pseaumes traduits en vers par M. M. (A.-R. Mauduit), professeur de mathématiques, etc. *Paris, Bleuet*, 1814, in-12, 24 p.

Pseaumes (les) traduits sur l'hébreu, avec des notes, par un religieux bénédictin de la congrégation de Saint-Maur (dom Maur Dantine). *Paris, Osmont*, 1739, in-18; — 1740, in-12.

Psaultier (le) de David (traduit en françois par Le Fevre d'Etaples). *Paris, Simon de Collines*, le 16 février 1523, in-8.

Malgré ce titre assez généralement adopté, on ne doit pas croire que David soit auteur des 150 psaumes renfermés dans ce volume; les Hébreux ont intitulé ce livre simplement Ser thlim, *liber laudum*: aussi les savans croient que David n'a composé que le tiers des Psaumes. Les autres ont été écrits en divers temps par divers auteurs sacrés, savoir : Moïse, Asaph, Héman, Éthan et Salomon, auxquels il faut encore joindre les enfants de Coré, etc. Asaph, Héman et Éthan étaient des chantres établis par David, au nombre desquels étaient aussi les enfants de Coré.

Il y a cinquante et un psaumes anonymes.

Le roi Ézéchias passe pour le premier auteur de la collection des Psaumes; on les recueillit de nouveau après la captivité de Babylone : Néhémie fut l'auteur de cette seconde collection.

(Précis d'une thèse théologico-hébraïque soutenue en Sorbonne par l'abbé Aseline, sous la présidence de l'abbé Ladvocat, le 12 juillet 1762. Voy. l'extrait détaillé de cette thèse dans les « Mémoires de Trévoux », ou dans le « Journal des savans » combiné avec ces « Mémoires », mai 1763.)

Voy. « Choses (les) contenues en ce présent livre... », IV, 590, e.

Psautier (le) des amants de Jésus... (Par l'abbé J.-B. Lasausse.) *Lyon et Paris, Rusand* (1801), in-12.

Psautier (le) des Eglises françoises réformées, revu, corrigé et en grande partie retravaillé à neuf. (Par J.-H. Vernède.) *Amsterdam*, 1805, in-8.

Psaultier des villains nouvellement imprimé à Paris. *S. d.*, in-8 goth., 8 ff.

Cette pièce n'est point d'Alain Chartier, comme on l'a dit par erreur dans le Catalogue de La Vallière.

Pseautier distribué pour tous les jours de la semaine, avec des notes tirées des Pères de l'Eglise. (Par le P. Joseph Du Rosier, prêtre, ex-oratorien.) 1742, in-12.

Psautier, en français, traduction nouvelle avec des notes. (Par J.-F. de La Harpe.) *Paris*, 1798, in-8.

Pseautier (le) Notre-Dame, selon saint Jerosme, translaté de latin (peut-être d'Alain de La Roche, jacobin) en françois (par Pierre Le Goux). *Paris*, *A. Verard* (1511), in-4 goth., 111 ff.

Ce Psautier est de saint Bonaventure et non de saint Jérôme. Il renferme 50 psaumes en vers français.

Le nom du traducteur est donné dans des vers latins imprimés au verso du premier feuillet.

Pseautier (le) traduit en françois (et en trois colonnes), avec des notes courtes, tirées de saint Augustin. (Attribué à Antoine Le Maitre, frère de M. de Sacy.) *Paris, Elie Josset*, 1674, in-12 et in-8.

L'abbé Goujet, dans Moréri, donne ce Psautier à Nic. Fontaine.

Souvent réimprimé.

Psycanthropie (la), ou nouvelle théorie de l'homme. Spectacle des esprits. *Avignon, L. Chambeau*, 1748, 3 vol. in-12.

La dédicace est signée : F. D. L. B. (Falconnet de La Bellonie).

Ce livre est non-seulement singulier par les idées, mais encore par l'orthographe. L'auteur écrit tous les *e* muets par un *o*, s'imaginant, comme quelques provinciaux, que c'est ainsi qu'on prononce cette lettre à Paris.

Falconnet, sorti des Jésuites, chercha en vain des ressources dans sa plume. Il fut employé quelque temps à la rédaction du « Courrier d'Avignon » ; mais une humeur âcre survenue aux jambes l'obligea de discontinuer. Il fut transporté à l'hôpital d'Avignon, où il mourut vers 1751. Il avait été camarade du P. Berthier, qui prit sa défense dans le « Journal de Trévoux ». Il n'était ni sans esprit ni sans lumières, et ses mœurs étaient honnêtes.   (Note de M. Chaudon.)

ΨΥΧΗ (Psyché, par M. Jules Favre). *Paris, imp. Jouaust et fils*, 1864, gr. in-8, 22 p.

Six pièces de vers.

Ce volume n'a pas été mis dans le commerce.

Psiché, tragi-comédie-ballet dansé devant Sa Majesté au mois de janvier 1671. *Paris, R. Ballard*, 1671, in-4, 43 p.

Réimprimé, avec des différences, sous ce titre : « le

Grand Ballet de Psiché, dansé devant Sa Majesté au mois de janvier 1671, etc. » *Paris, R. Ballard*, 1671, in-4.

Sous ces deux titres, on ne possède que le programme et les paroles du ballet, qui sont de Quinault, à l'exception de celles du premier intermède, attribuées à Lulli et dues probablement à la collaboration de Molière. Quant à la tragédie elle-même, composée par Molière, Quinault et Corneille, elle parut la même année sous le nom de Molière, in-12.

Voy. P. Lacroix, « Bibliographie moliéresque », 2e édit., pages 19 et 52.

Psychologie expérimentale. Comment l'esprit vient aux tables. Par un homme qui n'a pas perdu l'esprit (Alcide Morin). *Paris, imp. de Raçon*, 1873, in-18.

Psychomètre (le), ou réflexions sur les différens caractères des esprits, par un mylord anglois. (Par le chevalier A.-M. de Ramsay.)

Dans les « Mémoires de Trévoux », avril 1735, et sous le nom de l'auteur, dans l' « Ambigu littéraire ». *Paris*, 1770, in-12.

Publication complète des nouvelles découvertes de sir John Herschell dans le ciel austral et dans la lune. Traduit de l'anglais. *Paris, Masson et Dupré*, 1836, in-8, 160 p.

Facétie improvisée en une nuit par deux adeptes de l'école phalanstérienne, MM. Victor Considérant et Raymond Brucker. On a souvent confondu cette brochure avec une autre sur le même sujet attribuée à M. Joseph-Nicolas Nicollet.

Voy. « Supercheries », II, 281, f.

Publication (de la) des « Lettres écrites en 1786 et en 1787 ». (Par Nicolas-Louis-Marie Magon, marquis de La Gervaisais.) *Paris, imp. Jules Didot*, 1835, in-12, 35 p.

Cet opuscule est très-rare ; il a été détruit, dit-on, par l'auteur. Les pages 25 à 30 ont été conservées pour être placées, avec leur pagination, en tête de la première édition des « Lettres écrites en 1786 et 1787 », auxquelles elles doivent servir d'introduction. Voy. V, 1267, e. Ces lettres étaient adressées au marquis de La Gervaisais par Mlle de Condé.   (H. de l'Isle.)

Publiciste (le). *Paris, imp. du Publiciste, rue des Moineaux*, 7 nivôse an VI-1er novembre 1810, 8 vol. in-4 et 23 vol. in-fol.

Suite des journaux suivants :

1° Gazette universelle... 1er décembre 1789-10 août 1792.

2° Nouvelles politiques nationales et étrangères. 15 novembre 1792-19 fructidor an V.

3° Le Nouvelliste. An VI.

4° Le Narrateur universel. 1er vendémiaire-18 frimaire an VI.

5° Le Narrateur politique. 5-6 nivôse an VI.

Les « Nouvelles politiques » et le « Publiciste » ont eu pour principal rédacteur l'académicien J.-B.-A. Suard. Pendant plusieurs années, le feuilleton des spectacles a été composé par M. Hochet, plus tard secrétaire général du conseil d'État, ensuite par Mlle E.-C.-P. de Meulan (Mme Guizot), sous la lettre P., et par Ch. DE VANDERBOURG, sous la lettre G.; les articles signés R. étaient de F. GUIZOT; les lettres D. D. N. indiquaient P.-S. DUPONT de Nemours ; C.-J. DE BARANTE a aussi travaillé à ce journal. On dit un jour au fameux Geoffroy qu'un article de ce dernier contre lui était de l'abbé Morellet; le lendemain, un feuilleton du « Journal des Débats » déchira l'abbé Morellet, qui opposa à de grossières injures une réponse mesurée, mais ferme. On m'a assuré que le feuilleton du « Journal des Débats » avait pour principal auteur M. l'abbé G......D.

Phil. DE LA RENAUDIÈRE a aussi été l'un des collaborateurs, et J.-H. MEISTER l'un des correspondants. Le dépouillement des correspondances et gazettes étrangères était fait par un nommé MARIGNIE ou MASSIGNIE. Une décision du ministre de la police, Fouché, en date du 21 messidor an XIII, nomma comme rédacteur du « Publiciste » P.-L. LACRETELLE aîné, membre de l'Institut, et lui attribua deux douzièmes du produit.

Sur le « Publiciste » et les tribulations de son fondateur Suard, voyez pages 32-45 du très-intéressant volume publié par M. Ch. Nisard, sous ce titre : « Mémoires et Correspondances historiques et littéraires inédits », 1726 à 1816. *Paris, Michel Lévy*, 1858, in-12.

La « Biographie universelle et portative des contemporains » adjoint A.-A. ROUX DE LABORIE à Suard, dans la fondation du « Publiciste ».

Publiciste (le) à l'Assemblée nationale. par un commissaire du comité militaire d'un district (M. MOTHEY). *Paris, imp. de Monsieur*, août 1789, in-8, 24 p.

Il n'est question dans cette pièce que des offices des *mouleurs de bois* de la ville de Paris.

Publiciste de la République française, ou observations aux Français par l'Ami du peuple, auteur de plusieurs ouvrages patriotiques (J.-P. MARAT). *Paris, imp. de Marat*, nᵒˢ 157-242, 1ᵉʳ avril au 14 juillet 1793, in-8.

Le nom de MARAT et son titre de député à la Convention reparaissent à la plupart des numéros.

Ce journal avait d'abord paru, avec le nom de l'auteur, sous les titres suivants :

1º Le Publiciste parisien... nᵒˢ 1-5. 12-15 septembre 1789.

2º L'Ami du peuple... nᵒˢ 6-685. 16 septembre 1789-21 septembre 1792.

3º Journal de la République française... nᵒˢ 1-143. 25 septembre 1792-11 mars 1793.

4º Le Publiciste de la République française... nᵒˢ 144-150. 14-22 mars 1793.

5º Observations à mes commettants... nᵒˢ 151-155. 25-29 mars 1793.

6º Profession de foi de MARAT (forme le nº 156).

Publicité (de la) des discussions de la Diète et du public helvétique. (Par le général F.-C. DE LA HARPE.) *Lausanne*, 1819, in-8.

Publicité (la) des jeux considérée comme elle doit l'être. Par un homme qui, sans jamais avoir occupé de place d'employé aux jeux, connaît mieux les causes de leur

organisation et la manière dont ils sont tenus, que celui qui a vécu de leur produit, mais qui n'en vit plus. (Par Henri-Alexis CAHAISSE.) *Paris, Petit*, 1821, in-8, 48 p.

Publicité (de la) en matière administrative, et particulièrement en ce qui concerne les séances des colléges échevinaux, par L. H. (Léon HUMBLET, avocat à Liége). *Liége, Carmanne*, 1862, in-8, 21 p.

Ul. C.

Publicité politique d'un ouvrier (MESSAN, sabotier). *Bourg, imp. Milliet-Bottier*, 8 avril 1848, in-8, 15 p.

Pucelage (le) nageur, conte. (Par J.-F. CAILHAVA D'ESTENDOUX.) *Paris, imp. de Michel Lambert*, 1767, in-8, 16 p.

Pucelle (la) d'Orléans apparue au duc de Boukingan, pour le tancer de sa folle entreprise et attentat contre le roi. (Par Geofroi GAI.) *Jouxte la copie imprimée à Paris, par I. Primoult*, 1627, in-8, 24 p.

Pucelle (la) d'Orléans, poëme divisé en quinze livres; par M. DE V*** (VOLTAIRE). *Louvain*, 1755, in-12 de 161 p., plus le faux titre, qui porte seulement la P... d'O... poëme divisé en quinze livres.

Le volume finit par trois lignes de points et ces mots : *cœtera desunt*.

Edition que l'on croit la première. Voy., pour les nombreuses réimpressions de ce poëme, la « Bibliographie voltairienne », nº 88, page 304 et suivantes du tome X de la « France littéraire » de Quérard. Voy. aussi « Supercheries », III, 881, *e*.

Mis à l'*Index* le 20 janvier 1757.

Pucelle (la) d'Orléans, poëme héroïque, dédié aux habitans d'Orléans par L**** (J.-M.-C. LEBER), Orléanais. *Orléans, Guyot et Beaufort*, an XII-1804, in-12, 24 p.

Ce poëme, en trois chants, a été composé à l'occasion de l'inauguration de la statue de la Pucelle, et imprimé contre le vœu de l'auteur.

Pucelle (la) d'Orléans. Tragédie en prose. *Paris, Targa*, 1643, in-8.   D. M.

Samuel Chappuzeau, dans son « Théâtre françois », mit cette mauvaise pièce sous le nom d'un sieur Jules-Hippolyte PILET DE LA MESNARDIÈRE; et Paul Boyer, dans sa « Bibliothèque universelle », l'attribue à BENSERADE. Tous les dictionnaires de pièces de théâtre sont muets sur le nom de l'auteur; mais ce qui pourrait décider la question en faveur de La Mesnardière, c'est qu'il avait fait paraître, peu de temps auparavant une lettre sur le poëme épique, et notamment sur celui de la Pucelle.

Pucelle (la) d'Orléans, tragédie en prose, selon la vérité de l'histoire et les rigueurs du théâtre (par l'abbé d'Aubignac). *Paris*, 1642, in-12.

Elle avait été mise en vers par......, et jouée en 1641. Voy. la préface.

Pucelle (la) de Paris, poëme en douze chants. (Par Alph. du Congé Dubreuil.) *Londres*, 1776, in-8.

Dubreuil est mort greffier au Parlement. On lui doit encore l'opéra d' « Iphigénie en Tauride », mis en musique par Gluck.

Pucelles (les) d'Orléans, poëme en six chants. (Par P.-H. Robbé de Beauveset.) *Orléans*, 1791, in-8.

On trouve à la fin une lettre à l'auteur, contenant des détails sur l'affaire qui fait l'objet du poëme.

L'auteur a fait imprimer à Paris des remarques assez étendues et fort curieuses; les exemplaires qui les contiennent sont intitulés : « Poëme sur les vexations exercées par trois évêques successifs d'Orléans, contre les religieuses de Saint-Charles ». *Paris, Prault*, 1791, in-8. Voy. ci-dessus, col. 921, *c*.

Puériles (les) Aventures de Nicolas Riart. (Par Antoine Pecot.) *Nantes, Carcany*, 1802, 2 vol. in-12.

Puissance combinée des lois et du crédit pour réprimer la mendicité, aider l'infortune et donner à l'Etat un supplément de 100 millions de revenu, par un auteur dont les premiers travaux ont été couronnés par les Sociétés d'agriculture... (Par P.-D. Bonneau.) *Paris, Cussac et Delaunay*, 1813, in-8.

Voy. ci-après, « Puissance du crédit ».

Puissance (la) d'un roi d'Angleterre, mise en parallèle avec le pouvoir du stathouder et gouverneur des Provinces-Unies en 1751, écrit par une personne de distinction en Hollande (Pierre-Antoine baron de Huybert Kruyningen). *Londres, Dodsley*, 1754, in-4. — *La Haye, Detune*, 1778, in-8.

Puissance du crédit et des améliorations, ses rapports avec la guerre et la paix, par M. P. D. B...... (P.-D. Bonneau). *Paris, imp. de L.-G. Michaud*, 1813, in-8.

Un premier titre porte : « Vues pour la stabilité et le triomphe de l'Empire ». Voy. « Journal de l'Empire » du 17 juillet 1813.

Cet ouvrage, ainsi que celui publié la même année, sous le titre de : « Puissance combinée des lois et du crédit... », furent censurés, dit l'auteur : « Considérations sur les destinées humaines », 1823, page 195, « par ce motif étrange que l'Empire était en de trop bonnes mains pour qu'on eût besoin d'avis », et, page 71, « l'exil fut le prix du zèle de l'auteur. »

Puissance (de la) ecclésiastique et poli-

tique. (Par Edm. Richer.) *Paris*, 1612, in-8, 48 p.

L'édition originale parut en latin, sous ce titre : « de Ecclesiastica et politica potestate libellus ». *Paris*, 1611, in-4, puis 1660, in-12. Niceron a donné la liste des nombreux ouvrages suscités par le traité de Richer.

Puissance (de la) ecclésiastique, ou réponse au traité historique de L. Maimbourg, de l'Établissement de l'Église romaine. (Par Ant. Charlas.) 1687, in-4.

Puissance (de la) légitime du prince sur le peuple et du peuple sur le prince; traité très-utile et digne de lecture en ce temps, escrit en latin par Estiene-Junius Brutus (Hubert Languet) et nouvellement traduit en françois (par Fr. Estienne). *S. l.*, 1581, in-8, 264 p.

Voy. « Supercheries », I, 586, *c*.

Puissance politique et militaire de la Russie, en 1817; attribué à sir Robert Wilson, général au service de l'Angleterre (traduit de l'anglais par Charles Malo). *Paris, Plancher*, 1817, in-8, 197 p.

Puissance (de la) qu'ont les rois sur les peuples et du Pouvoir des peuples sur les rois. (Par Fr. Davenne.) *S. l.*, 1650, in-4, 20 p.

Voy. « Politique du temps », ci-dessus, col. 945, *d*.

Puissance (de la) royalle et sacerdotale, opuscule politique. (Par François Grimaudet.) *S. l.*, 1579, in-8.

Réimprimé dans les Œuvres de l'auteur. *Amiens*, 1669, in-fol.

Puissance (de la) royalle sur la police de l'Église (contre les maximes de l'évêque d'Angers, Charles de Miron, par Jacques Boutreux, sieur d'Estian, mort vers 1682). *Paris, P. Durand*, 1625, in-8.

Quelques exemplaires portent le nom de M. Syette, chanoine d'Angers.

Puissance (de la), Sapience et Bonté de Dieu, par P. M. D. E. D. S. (P.-M. Duval, évêque de Seez). *Paris, Vascosan*, 1558, in-8.

Puissances (les) européennes ont-elles droit et intérêt d'intervenir dans les affaires de la Pologne? Examen de cette question par un Polonais (N.-A. Kubalski). *Besançon, Bintot*, 1832, in-8.

A. L.

Puits (le) de la Vérité. (Par Ch. Rivière-Dufresny.) *Paris, Brunet*, 1698; — *Amsterdam*, 1699, in-12.

Dufresny s'exprime ainsi au sujet de cet ouvrage,

dans le « Mercure galant » du mois de juillet 1711, page 80 :

« Le Puits de la Vérité » est de M. DE FRONTIGNIÈRES, auteur de la plupart des paroles dont feu M. Le Camus avait composé les airs ; la vérité est qu'on me demanda quelques petites ébauches que j'avais dans mon portefeuille, avec un petit conte, et quelques autres badineries pour faciliter la vente du « Puits de la Vérité. »

Puits (des) forés, dits artésiens, et par comparaison des puits salants et des puits à feu de la Chine. (Par F. GARNIER.) *Nantes, Mellinet-Malassis* (1829), in-8, 44 p.

Catalogue de Nantes, nᵒ 13444.

Pulchérie, comédie héroïque. (Par Pierre CORNEILLE.) *Paris, de Luyne*, 1673, in-12, 4 ff. et 72 p.

Le nom de l'auteur se trouve dans le privilége.

Pulkriska et Leontino, ou le crime et la vertu. Par A. L. (A. LEMERCIER, cultivateur). *Paris, Tiger*, 1818, in-18, 108 p.

Pur (le) Élancement du cœur, dédié à la France. (Par ADHENET.) *S. l.*, 1789, in-4.

Pure (la) Vérité. Lettres et mémoires sur le duc et le duché de Virtemberg. Pour servir à fixer l'opinion publique sur le procès entre le prince et ses sujets. Par Mᵐᵉ la baronne douairière DE W. (Par J.-Henri MAUBERT DE GOUVEST.) *Augsbourg*, 1765, in-12, 228 p.

Pureté (la) du dogme et de la morale vengée, contre les erreurs d'un anonyme (l'abbé La Sausse), par M. B. L. (le P. Bernard LAMBERT, dominicain). *Paris, Brajeux*, 1808, in-8.

L'abbé La Sausse, compilateur infatigable de livres de dévotion, gros et petits, avait ramassé dans les sources les plus suspectes une foule d'historiettes dénuées de vraisemblance ; il les publia sous le titre d' « Explication du Catéchisme », etc. Voy. V, 379, e.

Purgatoire (le) des mauvais maris. *S. l. n. d.* (*Bruges, Colard-Mansion*, vers 1480), in-4 goth., 15 ff.

Attribué à tort à Guillaume COQUILLART, par La Croix du Maine. Voy. Brunet, « Manuel du libraire », 5ᵉ édit., IV, 979.

Purgatoire (le) des mauuais marys auec l'Enfer des mauuaises femmes, et le Purgatoire des ioueurs de dez et de cartes, et de tous autres ieux. *S. l. n. d.* (*Paris, Guillaume Nyuerd*, vers 1530), in-16, 24 ff.

La première pièce est la réimpression du numéro précédent.

Purgatoire (le) des mauvaises femmes, avec l'Enfer des mauvaises femmes, et l'Avocat des dames de Paris, touchant le pardon de saint Trotet. *Paris, s. d.*, in-16 goth.

Les deux premières pièces paraissent être de G. COQUILLART.

Purgatoire (le), poëme du DANTE, traduit de l'italien, suivi de notes (par A.-F. ARTAUD). *Paris, Blaise*, 1813, in-8.

Puritains (les) d'Écosse et le Nain mystérieux, contes de mon hôte, recueillis et mis au jour par Jedediah CLEISHBOTHAM... (masque de Walter SCOTT, traduit de l'anglais par A.-J.-B. DEFAUCONPRET). *Paris, Nicolle*, 1817, 4 vol. in-12.

Puy (le) du souverain amour tenu par la deesse Pallas, avec l'ordre du nuptial banquet faict à lhonneur d'un des siens enfans, mis en ordre par celui qui porte en son nom tourné le vrai perdu ou vrai prelude (Pierre DUVAL). *De l'imprimerie de Jehan Petit ; on les vend à Rouen, chez Nicolas de Burges, s. d.*, petit in-8.

Réunion de pièces de poésies composées sur le sujet du « Souverain Amour » par Jehan COUPPEL, G. DURAND, Marie et Madeleine DUVAL, etc.

Voy. Frère, « Manuel du bibliographe normand », tome I, page 415.

Pygmalion à Saint-Maur, farce anecdotique en un acte et en vaudevilles, trouvée à Charenton. (Par Etienne GOSSE, F. BERNARD, dit VALVILLE, et Ch.-G. ÉTIENNE.) *Paris, André*, an VIII, in-8.

Pigmalion, drame lyrique en un acte et en prose ; représenté, pour la première fois, sur le théâtre des comédiens italiens ordinaires du roi, le samedi 16 décembre 1780. (Par Barn. FARMIAN DE ROZOY.) *Paris, veuve Ballard et fils*, 1780, in-8.

Pigmalion, ou la statue animée. (Par And.-Fr. BOUREAU-DESLANDES.) *Londres, Harding* (*Paris*), 1741, in-12, VIII-80 p. — *Berlin*, 1743, in-12.

Ouvrage condamné au feu par arrêt du Parlement de Dijon du 14 mars 1742.

Pygmalion, scène lyrique, représentée en société, à Lyon. Par M. J. J. R. (Jean-Jacques ROUSSEAU). *S. l. n. d.*, in-8.

Pyrithologie (la), ou histoire naturelle de la pyrite.

Voy. ci-dessus, « Œuvres de M. HENCKEL... », col. 677, b.

Pyrrhonien (le) raisonnable, ou méthode nouvelle proposée aux incrédules, par M. l'abbé de ***. *La Haye* (*Paris*), *Jean Néaulme*, 1765, in-12, XX-266 p.

J'attribuai dans ma première édition le « Pyrrhonien raisonnable » au comte P.-A. D'ALÈS DE CORBET ; mais M. Renouard, en revoyant les épreuves de son édition de Voltaire, m'a fait remarquer une lettre écrite le 8 mars 1765 par ce grand homme à Damilaville, dans laquelle il présente le marquis d'Autré comme l'auteur du « Pyrrhonien raisonnable ». Voltaire devait dire le comte H.-J.-B. FABRY D'AUTREY.

Pyrrhonisme (le) de l'Église romaine, ou lettres du P. H. B. D. R. A. P. à M*** (Boullier, ministre calviniste à Utrecht), avec les réponses. *Amsterdam , J.-F. Joly*, 1757, petit in-8, 260 p.

Les initiales désignent le P. Hubert HAYER, récollet,

qui a mis son nom à la réponse qu'il a publiée sous ce titre : « la Règle de foi vengée des calomnies des protestants et spécialement de celles de M. Boullier ». *Paris, Nyon*, 1761, 3 vol. in-12.

Pyrrhonisme (le) du sage. *Berlin (Paris)*, 1754, in-8. — Seconde édit., sous le titre de : le Pyrrhonisme raisonnable. *Berlin, Et. de Bourdeaux*, 1755, in-18.

La seconde édition est fort différente de la première, par ses additions et ses améliorations. Les pièces ajoutées sont une Lettre sur le bonheur et le Discours prononcé par l'auteur dans l'Académie royale des sciences et belles-lettres de Berlin, le 6 mars 1755.

La dédicace au roi est signée : Louis DE BEAUSOBRE.

Q

QU'   QU'

Qu'allons-nous devenir? ou avis essentiel d'un Belge à ses concitoyens, dans lequel on examine si quelqu'un, dans l'état actuel des choses, a le droit d'exercer l'autorité souveraine dans la Belgique, et où l'on indique ce qu'il faudrait faire pour y entretenir la paix et l'union, et faire le bonheur de ces belles contrées. (Par Charles-Lambert D'OUTREPONT, avocat à Bruxelles.) (*S. l.*), *de l'imprimerie patriotique*, 1790, in-8, 23 p.

Qu'en dis-tu, citoyen?... (Par Léonard GALLOIS.) *Paris, chez les marchands de nouveautés*, 1822, in-8, 24 p.

Qu'est-ce donc que le Pape? Par un prêtre (l'abbé M.-N.-S. GUILLON). *Paris, imp. de A. Briand*, 1791, in-8, 50 p.

Qu'est-ce donc que tout ce train-là? pour servir de suite à « Qu'est-ce que Linguet?» (Par L.-A. DEVÉRITÉ.) *S. l.* (1790), in-8, 11 p.

Signé : L'intrépide grenadier volontaire de Paris.

Qu'est-ce qu'un pauvre? par un Béotien

(Charles POTVIN). *Bruxelles*, 1848, in-12, 32 p.   J. D.

Qu'est-ce que l'abbé de La Mennais? (Par l'abbé P. FEUILLADE.) *Paris , imp. de Feugueray*, 1826, in-8, 40 p.

Qu'est-ce que l'Assemblée nationale? grande thèse, en présence de l'auteur anonyme, de « Qu'est-ce que le tiers... » (Par le comte DE MURAT DE MONTFERRAND.) *S. l.*, 1791, in-8.

Qu'est-ce que l'Institut (section des sciences exactes)? ou ce qu'il a été, ce qu'il est, ce qu'il voudrait et ce qu'il sera; par l'auteur de la « Quadrature du cercle » (H. WRONSKI). *Paris et Dieppe*, 1845, gr. in-8, 112 p.

Qu'est-ce que l'usure? par M. DE B*** (DE BEAUFLEURY), député suppléant à l'Assemblée législative. 1790, in-8.

Qu'est-ce que la nation? et qu'est-ce que la France? (Par C.-P.-T. GUIRAUDET.) *S. l.*, 1789, in-8.

Qu'est-ce que la noblesse ? (Par l'abbé DUBIGNON.) 1789, in-8.

Cette brochure, par un *post-scriptum*, a été dédiée à M. l'abbé Sieyès, parce qu'elle est écrite dans les mêmes principes que le fameux écrit : « Qu'est-ce que le tiers état ? »

Qu'est-ce que la noblesse, et que sont ses priviléges ? (Par le comte DE MURAT DE MONTFERRAND.) *Amsterdam*, 1789, in-8, 30 p.

Qu'est-ce que la protection ? Simples faits à l'appui d'un grand principe. (Par Ernest SEILLIÈRE, manufacturier à Sénones, Vosges.) *Paris, Garnier frères*, 1860, in-8, 31 p.

Qu'est-ce que la théophilanthropie ? ou mémoire contenant l'origine et l'histoire de cette institution, ses rapports avec le christianisme, et l'aperçu de l'influence qu'elle peut avoir sur tous les cultes; en réponse aux questions proposées par la Société teylérienne de Harlem, en Hollande. Suivi de la Réponse qui a été faite en l'an VII aux imputations dirigées contre la théophilanthropie à la tribune du conseil des Cinq-Cents. *Paris, à la Librairie classique, pont Saint-Michel*, an X-1801, in-12, 72 et 24 p.

L'avertissement est signé : J. B. C. (Jean-Bapt. CHEMIN-DUPONTÈS).

La réponse annoncée à la fin du titre, et qui porte la date de l'an VII, est intitulée : « la Religion naturelle est-elle absurde, intolérante, contraire aux idées reçues, et conduit-elle au fanatisme ? » Cette brochure, également anonyme, porte à la fin : « Par le C. D. (DUPONTÈS), ami de la religion naturelle. »

Qu'est-ce que le Collége philosophique ? (Par le baron DE REIFFENBERG.) *Louvain*, 1828, in-8.

Qu'est-ce que le libéralisme qui prétend régner à lui seul en Belgique ? Qu'est-ce que cela signifie ? Edition à l'usage des bibliothèques populaires. (Par Charles WOESTE.) *Bruxelles, Vromant*, 1864, in-8, 61 p.   J. D.

Qu'est-ce que le Pape ? traduit de l'allemand (de EYBEL) par DESCHAMPS DE SAUCOURT. 1782, in-12, 70 p. — Deuxième édit. *Vienne* (*Paris*), 1782, in-12, 54 p.

Cette traduction a été réimprimée en 1783 dans le « Recueil des pièces les plus intéressantes... », voy. ces mots, et à Paris, en 1797, dans le sixième volume des « Annales de la religion ». Il en existe une édition étrangère in-8, sans date, suivie d'un développement de 22 pages, qui a pour titre : « Preuves qu'autrefois les papes étoient subordonnés aux empereurs romains, et qu'ils étoient confirmés par eux dans leur dignité ; traduit de l'allemand. »

Réimprimé encore, sans nom de traducteur, sous le titre : « Qu'est-ce qu'un évêque ? Ouvrage traduit de l'allemand de M. EYBEL. » 45 p.

Voy. « Réfutation par le P. Mamacchi, sous le pseudonyme de ALETHINUS-PISTUS ».

Qu'est-ce que le papier monnaie ? Lettre d'un Anglais (William PLAYFAIR) à un Français. (*Paris*), *imp. de Cellot*, 1790, in-8, 19 p.

Qu'est-ce que le peuple considéré dans ses rapports avec ceux qui le gouvernent et l'administrent ? (Par Emm.-Jos. SIEYÈS.) *Paris, Aubry*, messidor an VII, in-8, 1 f. de titre, 8 et 55 p.

Qu'est-ce que le peuple ? Etude sur son droit de souveraineté et l'exercice de ce droit, par M. H. G** (GIBAULT, juge au tribunal de Saintes). *Poitiers et Paris*, 1852, in-8.

Qu'est-ce que le remboursement, ou la conversion des rentes cinq pour cent consolidées ? Un mensonge ou une banqueroute. (Par M. BIZET.) *Paris, Delaunay*, décembre 1837, in-8, 40 p.

Qu'est-ce que le retour à l'Empire ? (Par Clément REYRE.) *Lyon, imp. de J. Nigon*, 1850, gr. in-8, 32 p.

Plusieurs fois réimprimé.

Qu'est-ce que le tiers état ? (Par l'abbé E.-J. SIEYÈS.) *S. l.*, 1789, in-8, 1 f. de tit. et 127 p. — Deuxième édit. *S. l.*, 1789, in-8, 130 p. — Troisième édit. *S. l.*, 1789, in-8, 114 p. — Quatrième édit. *S. l.*, 1789, in-8, 180 p.

Plusieurs fois réimprimé avec le nom de l'auteur.

Qu'est-ce que le zodiaque ? En a-t-il existé un vraiment astronomique. (Par C.-G. SCHWARTZ.) *Paris, Migneret, s. d.*, in-8, 20 p.

Qu'est-ce que les assemblées mensuelles des missions. (Par Samuel THOMAS.) *Lausanne*, 1834, in-8.

Qu'est-ce que les Parlemens en France ? (Par Jacq. LESÈNE DESMAISONS.) *La Haye* (*Paris*), 1788, in-8.

Qu'est-ce que Linguet ? (Par L.-A. DEVÉRITÉ.) *S. l.* (1790), in-8, 20 p.

Signé : VÉRITÉ, soldat citoyen de la garde nationale.

Qu'est-ce que un démocrate ? ou Timon décrété d'absolutisme. *Paris, Warée*, 1845, in-32, 64 p.

Par J.-G. CAPO DE FEUILLIDE, d'après une note manuscrite.

Qu'il faut tenir sa parole. (Par Charlotte PATIN.) *Amsterdam*, 1689, in-12.

Qu'importe aux prêtres? ou l'intérêt de la religion chrétienne dans les grands événements politiques de nos jours. (Traduit de l'italien de J. MARCHETTI, par l'abbé DE REY, chanoine de Montpellier, conseiller clerc au Parlement de Toulouse, et l'abbé COSTE, chanoine de Fréjus.) *Christianople* (*Rome*), 1797, in-8.

Quadragénaire (le), ou l'âge de renoncer aux passions, histoire utile à plus d'un lecteur. (Par N.-E. RESTIF DE LA BRETONNE.) *Genève et Paris, Duchesne*, 1777, 2 vol. in-12.

Il y a des exemplaires où le nom de l'auteur se trouve imprimé sur le titre du premier volume.

Quadrille (le) des enfans, ou système nouveau de lecture. (Par l'abbé BERTHAUD.) Neuvième édit. *Genève*, 1790, in-8.

La première édition parut en 1743, sous le titre de : « Nouveau Quadrille ».

Voyez une critique de cet ouvrage, sous le titre de : « Anti-Quadrille », IV, 219, c.

Quadrins historiques de la Bible, revus et augmentés d'un grand nombre de figures. (Par Cl. PARADIN.) *Lyon, de Tournes*, 1555, 1558, 1583, in-8.

Ce recueil se compose de deux parties : l'Ancien et le Nouveau Testament ; il est fort recherché à cause des figures en bois qui l'accompagnent. Le « Manuel du libraire », au mot *Quadrins*, donne de longs détails sur les éditions partielles et sur les impressions diverses de cette publication.

Réimprimé sous le titre de : « Figures historiques ». Voy. V, 459, b.

Quære et invenies. (Par GOUPY.) *Paris, Ledoyen*, 1853, in-8, 203 p. et un appendice de 73 p. et 1 feuillet.

Réimprimé l'année suivante, sous le titre de : « l'Éther, l'Électricité et la Matière... » Voy. V, 304, d, et en 1860, avec le nom de l'auteur, sous cet autre titre : « les Tables parlantes... »

Quairelle (lai) au large et au lon de louche, lai Tille et Suzon. (Par Aimé PIRON.) 1700.

Opuscule reproduit par M. Mignard, « Histoire de l'idiome bourguignon », p. 424-442.

Quakers (les) à leur frère V***. Lettres plus philosophiques..... que *** sur sa religion et ses livres, etc. (Par le comte H.-J.-B. FABRY D'AUTREY.) *Londres et Paris, Vallat-la-Chapelle*, 1768, in-8, 1 f. de tit., II-108 p.

Voy. « Supercheries », III, 279, a.

Quakres (les) françois, ou les nouveaux trembleurs, comédie. (Par le P. G.-H. BOUGEANT, jésuite.) *Utrecht, Henryk Khyrks*, 1732, in-12.

Qualité de la prière, ou l'art de prier, par le P. Ant.-Fr. BELLATI, jésuite italien ; trad. en castillan, par le P. Fr. DE ISLA, jésuite espagnol : et du castillan en français, par M*** (SY), prêtre émigré. *Toulouse, imp. de Bénichet cadet* (1814), in-12, 183 p.

L'exemplaire de la Bibliothèque nationale porte la signature autographe de l'auteur.

Qualités (les) nécessaires à un juge, avec la résolution des questions les plus importantes sur les devoirs de sa profession. (Par Fr. FYOT DE LA MARCHE, marquis DE MONTPONT.) *Paris, Emery*, 1699, 1700, 1706, in-12.

Quand (les), adressés à M. Palissot et publiés par lui-même. (Par C.-M. LA CONDAMINE.) S. l., 1760, in-12, 23 p.

Réimprimés dans le « Recueil des facéties parisiennes » et dans le « Voltaire » de Beaumarchais, in-8, tome XLVI, page 115.

Quand Bébé saura lire, par J. T. de S. G. (Jules TARDIEU, de Saint-Germain). Premier livre de lecture, avec quatre eaux-fortes de E. Veyssier. *Paris, J. Tardieu*, 1865, in-8, 59 p.

Quand (les), notes utiles sur un discours prononcé (par Lefranc de Pompignan) devant l'Académie française le 10 mars 1760. (Par VOLTAIRE.) S. l., 1760, in-12, 7 p. — Sixième édit., augmentée des Si et des Pourquoi (de l'abbé MORELLET). *Genève, s. d.* (1760), in-12, 20 p.

Plusieurs éditions portent le nom de l'auteur.

Quand (les), ou avis salutaire à un pécheur notoire de fait et de droit (Voltaire), qui tend à l'impénitence finale. (Par A. MORELLET.) S. l. n. d., in-12, 4 p.

Quand serons-nous gouvernés? (Par FOURNIER-VERNEUIL.) *Paris, imp. de David*, 1830, in-8, 1 f. de tit. et 21 p.

Quarante-cinq (les) Millions de M. Montagne réduits à leur juste valeur, ou examen du plan proposé par cet écrivain pour la perception de l'impôt sur le tabac. (Par D. MOLLARD, inspect. général des finances.) *Paris, Smith*, 1819, in-8, 32 p.

Quarante-cinq Nouvelles enfantines, en français et en russe, suivies de compliments pour les fêtes ; publiées par F. D. (François DABO). Deuxième édit. *Moscou*, 1850, in-12, figures coloriées.

Quarante-huit Heures de garde au château des Tuileries, pendant les journées des 19 et 20 mars 1815, par un grenadier de la garde nationale (Alex. DE LA BORDE). *Paris, Nicole et Le Normant*, 1816, in-4, 24 p., plus 18 p. contenant sur deux colonnes la traduction allemande et anglaise du texte, et 2 grav. d'après les esquisses de l'auteur.

Quarante Lettres inédites de Napoléon, publiées par L*** F**** (LE FOUR, du Loiret). *Paris, Ponthieu*, 1825, in-8, 68 p.

Quarante Poires pour les dix mois de juillet à mai; monographie divisée en quatre séries... Par M. P. DE M*** (DE MORTILLET). *Grenoble, Prudhomme*, 1860, in-8, 128 p.

Quarante Questions sur l'origine, l'essence, l'être, la nature et la propriété de l'âme... suivies de la base profonde et sublime des six points, par Jacob BÖHME; trad. de l'allemand..... par un Ph. inç. (Louis-Claude DE SAINT-MARTIN). *Paris, Migneret*, 1807, in-8.

Quart d'heure (le) amusant, depuis janvier jusqu'en mai 1727. (Par Fr. PARFAICT.) *Paris, Flahaut*, 1727, in-12.

Quart d'heure (le) d'une jolie femme, ou les amusemens de la toilette, par Mˡˡᵉ de ***. Précédé d'une préface sur la comédie. (Par F.-A. CHEVRIER.) *Genève, Ant. Philibert (Paris)*, 1753, in-12.

Quart (le) d'heure de solitude. (Par M. LAYET, missionnaire apostolique.) *Paris, imp. Victôr Goupy*, 1872, in-32, 62 p.

Souvent réimprimé.
Le nom de l'auteur se trouve dans les approbations.

Quart d'heure (le) du diable. (Par Joseph DEMOULIN.) *Liége, Renard*, 1860, in-18, 59 p.   Ul. C.

Quartier (le) d'hyver, comédie. (Par A. BRET.) *Paris, Pissot*, 1745, in-8.

Quartier du Temple, ou mon ami Beausoleil, pièce grivoise en un acte, mêlée de vaudevilles, par MM. BENJAMIN (Benjamin ANTIER) et L. PONET (PORTELETTE). Représentée pour la première fois, à Paris, sur le théâtre de l'Ambigu-Comique, le 13 août 1823. *Paris, Quoy*, 1823, in-8, 35 p.

Quartier général des Jésuites, ou la Ligue à Marseille et à Aix. (Par J. MÉRY.) *Paris, Denain*, 1829, in-8, 44 p.

Quartier (le) latin. (Par Léon GRENIER.) *Paris, Marpon*, 1864, in-18.

Quartiers généalogiques des familles nobles des Pays-Bas; accompagnés de preuves et remarques consistant en plusieurs épitaphes, extraits de manuscrits, d'auteurs, de registres et d'actes originaux. Avec les armoiries gravées en taille-douce. Par L. J. P. C. D. S. Tome premier. *Cologne, héritiers de P. Marteau*, 1776, in-4.

Cet ouvrage est de François-Joseph DE CASTRO Y TOLEDO, seigneur de Puyvelde, Velpe et Overhem, mort en 1766. (Voy. le « Bibliophile belge », 1867, p. 219.)
Il est attribué à DUMONT, official de la Chambre des comptes de Bruxelles, dans le Catalogue Th. de Jonghe, et au comte Joseph DE SAINT-GENOIS, dans le Catalogue Lever (1866).

Quarts (les) d'heure d'un joyeux solitaire, ou contes de M***. (Par Ant. SABATIER DE CASTRES.) *La Haye*, 1766, in-12, 52 p. et 1 f. de table.

Quérard donne cet ouvrage au nom de SADATIER et aussi sous celui de l'abbé DE LA MARRE. Viollet-Leduc l'attribue à Félix NOGARET.

Quatorze Ans et l'Amour, ou la danseuse et le peintre; traduit de l'anglais sur la troisième édition, par Edm. H. (Composé par Philarète CHASLES.) *Paris, Peytieux*, 1829, 2 vol. in-12.

14 (le) janvier M DCCC XLVII est décédé Gaspard Pirotte, né à Liége en 1780. Discours prononcé sur sa tombe par un de ses amis (Aristide CRALLE). *Liége, Oudard*, 1847, in-8, 7 p.

Quatorze (le) janvier 1858. Ode dédiée à S. M. l'Impératrice des Français. (Par Alexandre NAYRON.) *Marseille, s. d.*, in-fol. plano.

Quatorze Lettres sur les matières du temps. (Par DUBREUIL.) 1688, in-4.

Catalogue Fevret de Fontette, n° 1144.

Quatorzième Lettre de M. P. (PONCET DESESSARTS) à un de ses amis...

Voy. « Lettres de M* à un de ses amis... », V, 1255, c.

Quatrains de PIBRAC, traduits en vers grecs et latins, par Florent CHRÉTIEN, accompagnés d'une traduction interlinéaire de vers grecs (par POAN-SAINT-SIMON, le tout publié par A.-M.-H. BOULARD). *Paris, Fuchs*, an X-1802, in-8.

Quatrains (les) du sieur DE PIBRAC, avec un commentaire en prose sur chaque quatrain, par l'auteur des « Remarques sur M. le duc de La Rochefoucault » (l'abbé J.-B.-L. DE LA ROCHE). *Paris, Quillau*, 1742, in-12.

Réimprimés sous le titre de « la Belle Vieillesse ». Voy. IV, 397, c.

Quatrains, ou maximes sur l'éducation des enfans. (Par le chevalier P.-J. DE LA PIMPIE DE SOLIGNAC.) *Nancy*, 1728, 1730, 1738, in-12.

Quatrains spirituels de l'honnête amour, par Y. R. S. (Yves ROUSPEAU). *Paris*, 1586, in-12.

Quatrains tirés des Épîtres de SÉNÈQUE, traduits du latin de JACQUEMOT de Bar-le-Duc, par S. G. S. (Simon GOULART, Senlisien), suivi de trois discours en vers, à l'imitation du « Censeur chrétien », traduits du latin de Théodore DE BÈZE (par François LE FÈVRE). *Genève*, 1608, in-12.

Quatre (les) Ages de l'homme, poëme. *Paris, Moutard*, 1782, in-8, VIII-68 p. — Nouvelle édition, considérablement augmentée et corrigée. *Paris, de l'imprimerie de Monsieur*, 1784, in-18, avec 1 gravure et 2 culs-de-lampe.

Par ALIX, avocat, mort subitement au commencement de la Révolution, et Mlle DORMOY, depuis Mme MÉRARD DE SAINT-JUST.

Ce poëme commence par ces deux vers :

C'est pour vous que j'écris, chers et sages lecteurs,
Des élèves du Pinde utiles protecteurs.

L'attribution à l'abbé DOURNEAU d'un poëme portant le même titre paraît être une erreur.

L.-P. Bérenger a inséré dans l' « Almanach des Muses » de 1790 un long extrait d'un poëme intitulé : « Mes Goûts, ou les quatre âges ». Il ne paraît pas que ce poëme ait été achevé ou publié. (Voy. l' « Intermédiaire », 1874, VII, 176, 229, 281.)

Suivant un article signé G. B., dans le « Bulletin du bibliophile » de Techener, 1841, page 827, un nommé VERDAN, ancien écuyer des haras, aurait fait imprimer, en 1783 ou 1784, à Clermont-Ferrand, un petit poëme sous ce titre ; il est au-dessous du médiocre.

Quatre (les) Ages de la garde nationale, ou précis historique de cette institution militaire et civile, depuis son origine jusqu'en 1818, par un électeur du département de la Seine. *Paris, L'Huillier*, 1818, in-8.

Signé : C.-L. C. D. G. (C.-L. CADET DE GASSICOURT).

Quatre Années, 1833, 1834, 1835 et 1836, dans la Gallicie autrichienne. (Par Michel RUDZYNSKI.) *Bruxelles*, 1838, in-16.

Ce livre a paru en même temps en polonais et en français de la traduction de l'auteur, corrigée par un Français. ● J. D.

Quatre Ans à Cayenne. (Par Louis WATTEAU.) *Bruxelles, veuve Verteneuil*, 1859, in-12, 200 p.

Réimprimé sous ce titre : « Quatre Ans à Cayenne. Notes de Fr. ATTIBERT, déporté ; rédigées par le rédacteur en chef du « Bien-Être social » (Louis WAT-

TEAU). Deuxième édition ». *Bruxelles*, 1859, in-8, XXVII-132 p. J. D.

Quatre Chapitres publiés en faveur de ceux qui apprennent la langue latine par le moyen et la méthode de la grammaire françoise à l'usage des dames. (Par Nicolas ADAM, grammairien.) *Paris, B. Morin*, 1780, 2 vol. in-8.

Quatre (les) Coïncidences de dates. *Paris, Firmin Didot*, 1819, in-8, 23 p.

Cette brochure, tirée à 20 exemplaires seulement, par les soins de Mme la comtesse de Souza (avant comtesse de Flahaut), a été faite par le comte DE FUNCHAL, ambassadeur de Portugal en Angleterre. Elle est relative aux négociations du lord comte de Lauderdale à Paris, en 1807, et à l'avis que le prince de Bénévent (le prince de Talleyrand) avait donné au chevalier de Lima, ambassadeur de S. M. T. F. à Paris, de la destination de l'armée de la Gironde, sous les ordres du général Junot, depuis duc d'Abrantès, et du projet d'invasion du Portugal. (Voy. Montvéran, « Histoire critique et raisonnée de la situation de l'Angleterre, etc. », t. IV, p. 251 et 252, et p. 393.)

Cette brochure avait d'abord été attribuée à don J.-M. DE SOUZA-BOTELHO.

Quatre (les) Coins, opéra-comique en un acte. (Par MM. DE PIIS et BARRÉ.) *Paris, Ballard*, 1783, in-8.

Quatre (les) Cousins, ou l'inventaire d'un mauvais riche. (Par DORVIGNY.) *Paris, Vatar-Jouannet*, an VIII, 2 vol. in-12.

Quatre (les) Cris d'un patriote. A la nation. (Par AUBERT DE VITRY.) *Paris, Volland*, 1789, in-8, 15 p.

Quatre Dernières Épîtres du poëte philosophe. (Par VOLTAIRE.) *S. l.*, 1771, in-8, 40 p.

Quatre (les) Derniers Livres des Propos amoureux, contenant le Discours des amours et mariage du seigneur Clitophont et de damoiselle Leucippe (traduit du grec d'Achilles TATIUS, par DE ROCHEMAURE ou ROQUEMORE). *Lyon, Marchant*, 1556, in-16.

Quatre Dialogues sur l'immortalité de l'âme, sur l'existence de Dieu, sur la Providence, sur la religion. (Par les abbés DE DANGEAU et DE CHOISY.) *Paris, Sébastien Mabre-Cramoisy*, 1684, in-12.

Le dernier de ces Dialogues est de l'abbé de Dangeau. Réimprimés en 1768 avec les noms des auteurs. Bayle annonce l'ouvrage dans les « Nouvelles de la république des lettres », juillet 1684, et en donne l'analyse en août de la même année, n° 6. P. Jurieu n'a connu qu'un seul des deux auteurs, dans son « Apologie d'un tour nouveau pour les quatre Dialogues de M. l'abbé de Dangeau, lecteur du roi, sur l'immortalité... » *Cologne, Pierre Marteau*, 1683, in-12. Voy. IV, 236, e, et aussi Bayle, « Nouvelles de la république des lettres », janvier 1685. A. L.

Quatre (les) Élémens peints par M. Le Brvn, mis en tapisseries pour Sa Majesté. (Par André Félibien.) *Paris, P. Le Petit,* 1667, in-4, 35 p.

Quatre Époques de la vie de Mme la duchesse de Berri, suivies des Protestations et Adresses de toutes les villes de France en faveur de Son Altesse Royale. *Paris, Dentu,* 1833, in-8.

Suivant Œttinger, M. Auguste-Michel-Benoît Gaudichot-Masson, dit Michel Masson, a été l'éditeur de cette publication, qui offre la réunion de tous les articles publiés dans les journaux légitimistes pendant la captivité de la duchesse de Berri.

Quatre (les) États de la France. (Par L.-P. Bérenger.) *S. l.,* 1789, in-8.

Quatre Excellents Discours sur l'état présent de la France : le premier contient ce qui s'est passé depuis l'an 85 jusques en l'an 88, avec certaines lettres du roi et du duc de Guise; le second continue l'histoire de ce qui est advenu depuis l'an 88 jusques en l'an 91; le tiers, intitulé « la Fleur de lys », réfute les impiétés et déguisements contenus en la Déclaration du duc de Mayenne, publiée au mois de janvier 1593; le quatrième, intitulé « l'Anti-Espagnol », est une exhortation de ceux de Paris, qui ne se veulent faire Espagnols, à tous les Français de leur parti, de se remettre en l'obéissance du roi Henri IV et se délivrer de la tyrannie de Castille. (*S. l.*), 1593, 1594, 1595, in-12.

Les deux premiers Discours sont de Michel Hurault, sieur du Fay. « La Fleur de lys » est attribuée à Pierre Dufresne-Forget ou à Antoine Arnauld. « L'Anti-Espagnol » est attribué par Baillet à Michel Hurault, et par Arnaul d'Andilly à Antoine Arnauld.

Réimprimés, avec des augmentations, sous le titre de : « Recueil des excellents et libres discours ». Voy. ce titre.

Quatre (les) Femmes d'un pacha, par Octave Féré et D. A. D. (Ed. Déaddé) Saint-Yves. *Paris, de Potter* (1864), 5 vol. in-8. — *Paris, Dentu,* 1867, in-18.

Quatre (les) Générations, ou les confidences réciproques, histoires galantes et morales, terminées par les Victimes de la Révolution française et par le Journal de la femme d'un émigré. (Par P.-J.-B. Nougaret.) *Paris,* 1803, 2 vol. in-12.

Les deux premières histoires, ainsi que M. Nougaret le déclare dans son avertissement, ne sont autre chose que le joli petit roman de l'abbé de Voisenon, intitulé : « Histoire de la félicité », auquel il a fait des changements.

Quatre (les) Héroïnes chrétiennes, ou

vies édifiantes de quatre jeunes demoiselles. *Paris, Delarue* (1829), in-18.

Cet ouvrage n'est autre que celui qui parut en 1782, sous ce titre : « les Trois Héroïnes chrétiennes, ou vies édifiantes de trois jeunes demoiselles », par M. l'abbé *** (Carron), et qui, sous ce titre, a été souvent réimprimé avec le nom de l'auteur.

Publié aussi sous ce titre : « les Héroïnes chrétiennes, ou vies édifiantes, par M. l'abbé *** ». *Limoges, Ardant frères,* 1855, 1860, 1863, in-18.

Quatre Heures, ou le jour du supplice, mélodrame en trois actes, de MM. Saint-Amand (A. Lacoste) et Alexandre (Chapponier). Représenté pour la première fois sur le théâtre de la Gaîté, le 23 février 1828. *Paris, Quoy,* 1828, in-8, 60 p.

Quatre (les) Histoires, ou que la religion inspire bien ! par M... (Gossin), ancien conseiller à la Cour royale de..... *Paris, Gaume frères,* 1837, in-18.

Quatre Homélies prononcées à Londres.

Voy. « Recueil nécessaire ».

Quatre (les) Jardins royaux de Paris, ou distraction de l'Aveugle du Luxembourg, description en vers avec des notes historiques; deuxième édition, augmentée de plusieurs pièces inédites. (Par le marquis J.-B.-D. Mazade d'Avèze.) *Paris, Cosson,* 1819, in-18. — Troisième édit. *Paris, Ponthieu,* 1821, in-18.

La première édition a paru par parties séparées pour chaque jardin.

Quatre Lettres à l'évêque de Soissons (Languet), sur les promesses faites à l'Église. (Par Nic. Le Gros.) 1723-1738, in-4.

Quatre Lettres à un grand vicaire de Montpellier (Loys, chanoine, par Esprit Sabatier, oratorien). 1763 et 1764, in-8.

Quatre Lettres à un libéral belge sur les causes de la Réformation et sur la moralité des pays catholiques romains et des pays protestants. (Par L. Durand, ministre à Bruxelles.) *Bruxelles, Librairie chrétienne évangélique,* 1855, in-8, 36 p.

J. D.

Quatre Lettres sur le magnétisme, par un Croyant (François-Servais-Auguste Gathy). *Paris et Leipsig,* 1848, in-8.

Ul. C.

Quatre (les) Livres d'architecture d'André Palladio, mis en françois (par Freard de Chambray). *Paris, Martin,* 1650, in-fol.

Quatre Livres de Caton pour la doctrine des mœurs, faits par quatrains avec les épigrammes moralisées par F. H. (François HABERT). *Lyon, chez Claude Marchant*, 1552, in-16.

Voy., pour le détail des éditions, Brunet, « Manuel du libraire », 5ᵉ édition, I, col. 1672.

Quatre Livres de l'Imitation de Jésus-Christ, par THOMAS A KEMPIS, chanoine régulier ; traduits en françois (par Michel DE MARILLAC) ; avec la vie du même, recueillie par Héribert ROSWEYDE, de la Compagnie de Jésus (et une dédicace du P. ROSWEYDE à l'abbesse de Messines). *Anvers, de l'imprim. plantinienne*, 1632, in-32. — *Paris, D. Langlois*, 1671, in-32.

Voy. « Imitation de Jésus-Christ... », V, 894, *f.*

Quatre Livres de l'Imitation de Jésus-Christ, qu'aucuns attribuent à GERSEN, d'autres à GERSON et d'autres à THOMAS A KEMPIS, traduits en françois par M. P. P. (Michel DE MARILLAC, garde des sceaux). *Paris, Thiery*, 1621, in-12. — Dernière édition, revue et corrigée. *Paris, Cramoisy*, 1630, in-12. — Autre édition, avec les initiales R. G. A. sur le frontispice. *Paris, Calleville*, 1631, in-8.

IIII Livres de l'Imitation de Jésus-Christ par Jean GERSEN... suivant la version de feu M. DE MARILLAC... Dédiés à la reýne régente par Fr. F. DE V. B. A. (Frère François DE VALGRAVE, bénédictin). *Paris, G. Le Bé*, 1643, in-12.

L'éditeur a signé la dédicace.

Quatre Livres de l'Imitation de Jésus-Christ, par Thomas DES CHAMPS, nouvellement mis en françois par M. R. G. A. G. *Paris, veuve de Guillaume de La Noue*, 1604, in-8, 1605, in-12. — *Lyon, Candy*, 1627 ; — *Paris*, 1648, in-12.

Les lettres initiales des noms du traducteur paraissent désigner René GAUTIER, avocat général au Grand-Conseil.

Quatre Livres de l'Imitation de Jésus-Christ traduits en françois, par I. H. (Ithier HOBIER, trésorier général de la marine du Levant, avec une épître dédicatoire à Henri de Mesmes, président de la cour du Parlement, composée par PATRU). *Paris, veuve Camusat*, 1644, in-16.

L'édition de *Saumur, chez Fr. Ernou*, 1661, in-24, renferme une épître dédicatoire à une abbesse de Fontevrault.

Quatre (les) Livres de Puble VÉGÈCE Renay, de la Médecine des chevaux malades, traduits par Bernard DU POY-MONCLAR (par Charles ESTIENNE). *Paris, Ch. Perier*, 1563, in-4.

Ch. Estienne a revendiqué fortement cette traduction,

dont un autre a cru devoir se faire honneur. (« Agriculture et Maison rustique », in-4, folio 33.) M. Grégoire est du nombre de ceux qui en restituent le mérite à Estienne. (Voy. « Essai historique sur l'état de l'agriculture », page 73, en tête de la nouvelle édition du « Théâtre d'agriculture » d'Olivier de Serres.) *Paris*, 1804, 2 vol. in-4.

Quatre (les) Livres des Épîtres d'OVIDE, écrites à plusieurs de ses amis, du lieu de son exil, dans la province de Pont, avec des remarques (traduits en françois, par l'abbé DE MAROLLES). *Paris*, 1661, in-8.

Quatre Livres des Épîtres familières de CICÉRON, traduites en françois (par Jean GODOUIN). *Paris, Sommaville*, 1661, in-12.

En 1663, ce professeur publia avec son nom, chez le même libraire, la traduction des seize livres qui composent les mêmes lettres.

Quatre Livres du vray christianisme de J. A., traduits en françois et dédiez à S. Em. monseigneur l'archevêque de Paris. *Paris, Montalant et Cavelier*, 1725, 3 vol. in-8.

L'auteur est Jean ARND, luthérien, de Lunebourg, mort en 1621 ; et c'est le comte DE ZINZENDORFF qui dédie cette traduction au cardinal de Noailles. La dédicace ne fut point agréée, et les libraires n'ont point eu la permission de vendre l'ouvrage, dont l'édition est étrangère. Du Pin en marque plusieurs éditions allemandes, tome IV de sa « Table générale ».

Quatre Livres sur les procédures civiles et criminelles, selon le commun style de France, et ordonnances royaux pour l'instruction des greffiers. *Paris, V. Sertenas*, 1560, in-16.

Cet ouvrage, déjà publié sous le titre d' « Instruction et Exercices des greffiers des justices, tant royales que subalternes », *Paris, J. Longis*, 1543, in-8, est attribué à Ant. COUILLARD, seigneur du Pavillon-lès-Lorrez.

Quatre (le) Mars. (Par Em. WALDEMANN, agent de change à Lyon.) *Lyon, imp. de Louis Perrin*, 1862, petit in-8, un feuillet de titre, ix-180 p. et un feuillet.

Cette autobiographie, dédiée à M. Casimir (Urbanowski), n'a été tirée qu'à 50 exemplaires, dont aucun n'a été mis dans le commerce.

Quatre (les) Métamorphoses, poëmes. (Par Népomucène LEMERCIER.) *Paris, Plassan*, 1799, in-4, 68 p. — *Paris, Laloy*, an VII, in-8; 60 p.

Quatre Mois dans les Pays-Bas ; voyage épisodique et critique dans la Belgique et la Hollande ; par M. DE..... (Pierre-Marie-Michel LEPEINTRE-DESROCHES). *Paris, Delaunay*, 1829, 2 vol. in-8.

L'exemplaire de la Bibliothèque nationale porte la signature de l'auteur au verso du faux titre.

Quatre Nouvelles, racontées par un maître d'école, traduites de l'italien (de BALBO) par L. DE VILLENEUVE. *Paris, Eymery*, 1830, 2 vol. in-12.

Quatre (les) Parties du jour à la ville, traduction libre de l'italien de l'abbé PARINI (par l'abbé Jos. GRILLET DESPRADES). *Milan et Paris, Ruault*, 1776, in-12.

Il y a des exemplaires avec ce titre : « l'Art de s'amuser à la ville, ou les... »

Quatre (les) Parties du jour, poëme traduit de l'allemand de M. ZACHARIE (par MULLER, secrétaire des commandements du prince de Lambesc). *Paris, J.-B.-G. Musier*, 1769, in-8, 2 ff. lim., XXXII-163 p.

Le traducteur a signé son épître dédicatoire du pseudonyme CAPITAINE.

Quatre (les) Repas. (Par le vicomte A.-B.-L. DE MIRABEAU.) *S. l. n. d.*, in-8, 11 p.

Voy. « Déjeuner du mardi », IV, col. 870, d.

Quatre (les) Romans, d'un jour, d'une nuit, d'un matin et d'un soir ; ou les surprises de l'amour, traduit de l'anglois, par le traducteur du « Moine » (P.-B. DE LAMARE). *Paris, Poignée*, 1798, 2 vol. in-12.

Cette traduction est aussi attribuée par Quérard à J.-M. DESCHAMPS.

Quatre (les) Saisons de l'année, ou la botanique, la zoologie, l'astronomie et la physique, mises à la portée de l'adolescence. (Par A. PASCAULT.) *Moscou, imp. d'Aug. Semen*, 1828, 4 vol. in-12, fig.

Un certain nombre d'exemplaires envoyés à Paris en 1832 portent le nom de l'auteur et l'adresse de Ch. Gosselin.

Quatre (les) Saisons du Parnasse, où choix de poésies légères, avec des mélanges littéraires (publiées par F.-J.-M. FAYOLLE). *Paris, Mondelet*, 1805-1809, 16 vol. in-12.

Il faut joindre à ce recueil une table générale de 56 pages in-12.

Quatre (les) Saisons, ou les femmes à tout âge ; nouvelles. Par Mme DE M.......N (Mme DE MAUSSION). *Paris, Maradan*, 1822. 3 vol. in-12.

Quatre (les) Saisons, ou les Géorgiques patoises, poëme en IV chants, par M. P. A. P. D. P. (J.-Claude PEYROT, ancien prieur de Pradinas). *Villefranche*, 1781, in-12.

Quatre Soleils vus en France, le 25 de juin 1704. Dessins de l'appareil et décoration du palais abbatial de Saint-Germain-des-Prés pour la feste qu'y donne Son Eminence monseigneur le cardinal d'Estrées, à l'occasion de la naissance de monseigneur le duc de Bourgogne. (Par le P. Claude-François MÉNESTRIER.) *Paris, J. Josse*, 1704, in-4.

Deux éditions la même année.

Quatre Traités de poésies, latine, françoise, italienne et espagnole. (Par Claude LANCELOT.) *Paris, Lepetit*, 1663, in-8.

Le privilége, en date du 26 août 1659, indique comme auteur le sieur D. T. (DE TRIGNY, pseudonyme de Claude LANCELOT).
Cet ouvrage est formé d'extraits des diverses grammaires de Port-Royal.

84 Millions à placer en achat de rentes ou en rachat de gabelles, de la taille, etc. (Par le marquis DE LA GERVAISAIS.) *Paris, Pihan-Delaforest*, 1832, in-8, 64 p.

Quatre Voyages chez les Hottentots et chez les Cafres, depuis mai 1777 jusqu'en décembre 1779 ; traduits de l'anglais de W. PATERSON (par J.-B. DE LA BORDE). *Paris, Didot l'aîné*, 1790, gr. in-8.

Quatre Voyages dans le pays des Hottentots et la Caffrerie, par William PATERSON, traduits de l'anglois (par Th. MANDAR). *Paris*, 1791, in-8.

Réimprimés dans le tome V des « Voyages de Bruce », édition in-4.

Quatrième, cinquième et sixième Lettres d'un commerçant à un cultivateur sur les municipalités. Suivies d'un avis important à la véritable armée française. (Par Ant.-F.-C. FERRAND.) *S. l.* (1790), in-8, un feuillet de titre et 29 p.

Les trois premières Lettres avaient été publiées ensemble sous le titre de : « Lettres d'un commerçant à un cultivateur sur les municipalités ». *S. l. n. d.*, in-8, 20 p.
Il y a, dit-on, douze Lettres.

Quatrième Conversation entre le gobe-mouches Tant-Pis et le gobe-mouches Tant-Mieux. (Par FORTIA DE PILES.) *Paris, Eymery*, décembre 1815, in-8, 79 p.

Voy. ci-dessus, IV, col. 756, a.

Quatrième (la) Églogue de VIRGILE, traduite en françois, avec des notes critiques, par M. R. D. R. (RIBAULD DE ROCHEFORT). *Clermont-Ferrand*, 1739, in-12.

Quatrième et dernière Lettre au rédacteur du « Courrier de Londres », sur les trois dernières questions relatives aux affaires ecclésiastiques de France ; et contenant aussi la Défense des Caractères contre les libelles. (Par T.-G. DE LALLY-TOLLENDAL.) *Londres. J. de Boffe*, 1801, in-8, un feuillet de titre et 196 p.

Voy. ci-dessus, « Première Lettre... », col. 1000, *f.*

Quatrième Gémissement d'une âme vivement touchée de la constitution de N. S. P. le Pape Clément XI du 8 septembre 1713. (Par le P. Fr. BOYER.) *S. l.*, 1714, in-12, xxxii p., 2 ff. de table et 216 p.

Voy. précédemment, « Gémissement d'une âme... », V, 527, *d.*

Quatrième Lettre d'un théologien au R. P. de Grazac, où, en réfutant son dernier ouvrage, on continue d'examiner si les hérétiques sont excommuniés de droit divin. (Par Pierre COLET, 26 février 1738.) *S. l.*, in-8.

Réimprimée avec plusieurs autres Lettres du même sur le même sujet. Voy. V, 1244, *b.*

Quatrième Lettre du Proposant à M. le professeur; et remerciements à ses extrêmes bontés. (Par VOLTAIRE.) *S. l. n. d.*, in-8, 8 p.

Voy. ci-après, « Questions sur les miracles ».

Quatriesme (le) livre de l'Enéide de VERGILE, traduict en vers françois; la complainte de Didon à Enée, prinse d'OVIDE; autres œuvres de l'invention du translateur. Par I. D. B. A. (Joachim DU BELLAY, Angevin). *Paris, Vincent Sertenas*, 1552, in-8.

Quatrième (le) Napoléon. (Par M. Léonce DUPONT.) *Paris, Lachaud*, 1874, in-8.

Quatrième (la) Race. (Par Alexandre PIEYRE.) *Paris*, 1804, in-8.

En vers.
Réimprimée à la fin du tome II des « Pièces de théâtre » de l'auteur, 1808-1811, 2 vol. in-8.

Quatrième Rapport du Comité de mendicité. Secours à donner à la classe indigente dans les différents âges et dans les différentes circonstances de la vie. (Par LA ROCHEFOUCAULD-LIANCOURT.) Imprimé par ordre de l'Assemblée nationale. *Paris, imp. nationale* (1790), in-8, 135 p.

Sept rapports; les deux premiers portent le nom de l'auteur.

Que deviendra Napoléon? mourra-t-il? ne mourra-t-il pas? (Par CAILLOT.) *Paris, imp. de Cellot* (1814), in-8, 8 p.

Que doit faire la Savoie? Par un Savoisien (le chanoine MARTINET). *Carouge, A.*

Jaquemot, 1848, in-18, 2 ff. de titre et 117 p.

Que la nation ne peut pas plus être séparée du roi que le roi de la légitimité. (Par DE BARANTE.) *Paris, imp. de Pillet*, 1816, in-8, 14 p.

Que la religion chrétienne est très-raisonnable telle qu'elle nous est représentée dans l'Écriture sainte; traduit de l'anglois (de Jean LOCKE, par P. COSTE). *Amsterdam, Foulque*, 1696 et 1703, 2 vol. in-8.

Le libraire Foulque chercha à se débarrasser de quelques exemplaires, en plaçant sur le frontispice le nom de JAQUELOT. Voy. « Supercheries », II, 365, *b.*

Réimprimé sous le titre de : « Christianisme raisonnable ».

L'ouvrage de Locke parut en 1695 sans nom d'auteur : « The Reasonableness of Christianity, as delivered in the Scripture »; il a été souvent réimprimé.

Que la religion est aimable! ou récréations de la jeunesse catholique, par M*** (GOSSIN), ancien conseiller à la Cour royale de ***. *Paris, Gaume frères*, 1836, in-18.

Que n'avions-nous pas à craindre? Qu'avons-nous à espérer? ou réflexions d'un observateur impartial. (Par BOCOUS.) *Paris, Poulet*, 1815, in-8, 48 p.

Que nous veut-on avec ce Rothschild Ier, roi des Juifs et dieu de la finance...? par un banquier (Victor DUDART). *Bruxelles, Sacré*, 1836, in-8, 39 p.

Voy. « Histoire édifiante et curieuse », V, 799, *a.*

Que veut l'Autriche? (Par C.-L. LESUR.) *Paris, Galland (imprimerie impériale)*, 1809, in-8, 27 p.

Que veut le clergé? Question adressée aux amis du pouvoir constitutionnel, par un Belge libéral, modéré et dynastique, ami de la religion et des doctrines de Jésus-Christ, mais adversaire des prétentions ultra-évangéliques des Grégoire VII, des Boniface VIII, des Jules II et de leurs continuateurs modernes (Charles MARCELLIS). *Bruxelles, Slingeneyer*, 1843, in-8, 67 p.　　　　　　　　J. D.

Quel est le culte d'adoration dû au Verbe incarné, par M. L. B*** (L.-M. BRIDOU). *Paris, Delaunay*, 1822, in-8.

Quel est le meilleur gouvernement, le rigoureux ou le doux? Pour les supérieurs des religions. (Par le P. Et. BINET, jésuite.) *Paris, Mathurin Hénault*, 1637, petit in-8, 2 ff. et 312 p.

La dédicace à M. l'abbé D. L. n'est pas signée; elle se retrouve dans une autre édition portant le même titre que ci-dessus. *Paris, veuve Hérissant*, 1770, petit in-8, 203 p. On lit au bas de la dernière page : « Le privilége est au « Chrétien inconnu ».

Autre édition, sous ce titre : « Quel est le meilleur gouvernement..... pour les supérieurs et supérieures des maisons religieuses, et pour les maîtres qui ont grande famille à gouverner. Livre très-utile pour entretenir l'union et la paix dans toutes les communautez et familles. Par un régulier. » *Paris, Ant. Warin*, 1680, petit in-8, 2 ff. et 316 p.

L'épître dédicatoire est remplacée par une préface de deux pages. Le volume est terminé par un extrait du privilége, daté du 23 avril 1670 ; les deux dernières lignes du volume portent : « Achevé d'imprimer, pour la première fois, le 2 janvier 1671, » en vertu du privilége actuel, aurait-on dû ajouter. Il y a des exemplaires de cette édition à la même adresse, mais avec cette date erronée : M. DC. CXVI (1696).

Le style de cette édition a été retouché. Celui de l'édition de 1776 a été aussi revu, mais par une autre main. L'abbé Godescard cite plusieurs fois cet ouvrage et le qualifie d'*excellent*. (« Vies des Pères, des martyrs, etc. », traduites de l'anglais de Butler, tome I, article de saint François de Sales.)

Voy. de Backer, « Bibliothèque des écrivains de la Compagnie de Jésus », 2ᵉ édit., in-fol., tome I.

Quel est le meilleur gouvernement? Quel est le légitime? Par un curé (DE-BAUVE, curé aux Prés-Saint-Gervais). *Paris, imp. de Fain*, 1831, in-8, 64 p.

Quel temps fera-t-il ce matin, ce soir, demain, etc.? présages utiles aux laboureurs, jardiniers, voyageurs, chasseurs, promeneurs, etc., suivis des prédictions de l'ombre de maître Rabelais, pour l'année 1772. (Par A.-G. LE BÈGUE DE PRESLE.) *Paris, veuve Duchesne*, in-24.   V. T.

Quelle doit être l'issue de la lutte engagée entre l'industrie linière à la mécanique et l'industrie linière à la main ? Par E. V. R. (VAN RULLEN). *Gand, Annoot-Braeckman*, 1846, in-8, 19 p.   J. D.

Quelle est la source de toute autorité ? (Par l'abbé N.-S. BERGIER.) S. l. n. d. (*Paris*, 1789), in-8, 48 p.

Quelle était la religion de Jésus ? Premier discours prononcé le 27 octobre 1872 (par le pasteur Athanase COQUEREL fils) dans la salle Saint-André. — Jésus et la Fraternité universelle. *Paris, Sandoz et Fischbacher*, 1872, in-18, 42 p.

Ce discours a été suivi de six autres. C'est par erreur que le nom de M. Coquerel avait été omis sur le titre. On l'a rétabli sur le titre général imprimé en 1873 et mis en tête de la collection des sept discours imprimés avec un goût qui rappelle celui des de Tournes au XVIᵉ siècle.

Quelle fut donc en général, depuis plus de vingt ans, l'opinion des vrais Français? (Par P.-Ch. LECOMTE.) *Paris, Dentu*, 1814, in-8, 36 p.

Quelle nation! elle va toute seule (et pièces sur divers sujets, par MIGNONNEAU). 1786, in-8.

Quelles sont les sources de la décadence du goût, discours. (Par l'abbé J.-Ant. DE LA SERRE, oratorien.) *Nismes, Gaude*, 1768, in-8.

Quelque chose concernant la suzeraineté du roi et de la république de Pologne sur les duchés de Courlande et de Semigalle. (Par le comte Cas.-Const. PLATER.) (*Varsovie*, 1792), in-8.   A. L.

Quelques (de) Abus introduits dans le système religieux. (Par R.-T. CHATELAIN.) *Paris, L'Huillier*, décembre 1817, in-8.

Quelques Aventures curieuses et galantes des bals de bois, donnés à Paris. (Par le comte A.-C.-P. DE CAYLUS et l'abbé C.-H. DE FUSÉE DE VOISENON.) *Chez Guillaume Dindon*, 1745, in-12.

Réimprimées dans les « Œuvres de VOISENON », 1781, 5 vol. in-8, tome V, et dans les « Œuvres badines de CAYLUS », 1787, 12 vol. in-8.

Quelques Chansons wallonnes, par l'auteur du « Pantalon trawé » (Charles DUVIVIER DE STREEL). *Liége, Lardinois*, 1842, in-18, 2 parties de 35 pages chacune.   J. D.

Quelques Conseils à un jeune voyageur. (Par Alexandre-Maurice BLANG LA NAUTTE, comte d'HAUTERIVE.) S. l. n. d. (*Paris, imprimerie royale*, 1820), in-8, 93 p.

On lit la note suivante sur le titre de ce volume : « Ce travail n'est imprimé que par épreuve et n'est pas destiné au public. Les jeunes gens pour qui il a été fait sont priés de s'en réserver exclusivement l'usage, et surtout de ne pas le communiquer à des personnes qui soient étrangères ou indifférentes au service. Chaque épreuve portera un numéro, qui sera inscrit sur un registre avec le nom de la personne à qui cette épreuve sera confiée. »

Quelques Considérations à propos de la création d'un corps militaire belge pour le Mexique. (Par le baron DU GRATY, directeur d'une Société de remplacement militaire.) *Bruxelles, Muquardt*, 1864, in-8, 22 p.   J. D.

Quelques Considérations, dans l'intérêt de la magistrature, à propos du projet d'améliorer la position des fonctionnaires dont les traitements sont devenus insuffisants. *Château-Thierry, lith. de Despaubourg* (1857), in-4, 6 p. — *Id., imp. de Ch. Demimuid* (1875), in-4, 7 p.

Signées : P...... (PAILLET), président du tribunal de première instance.

Quelques Considérations pratiques et de circonstance, sur la constitution et la liberté de la presse. (Par A.-C. QUATRE-MÈRE DE QUINCY.) *Paris, Lenormant*, 1814, in-8.

Quelques Considérations relatives à l'interprétation de l'article 160 du Code d'instruction criminelle. (Par Théodore-Joseph JONET.) *Bruxelles, Bols-Wittouckx*, 1848, in-8, 16 p.   J. D.

Quelques Considérations sur l'Amérique. Par un vieux philanthrope de Vienne en Dauphiné, auteur du « Recueil de maximes et réflexions morales » (Jos.-Ant. CARLET). *Paris, Mongie aîné*, 1823, in-8, 28 p.

Quelques Contes (en vers), par G. P*** (Louis-Germain PETITAIN). *S. l. n. d.*, in-8, 45 p.

Quelques Défauts des chrétiens d'aujourd'hui, par l'auteur du « Mariage au point de vue chrétien » (Mme Agénor DE GASPARIN). *Paris, Grassart*, 1853, in-12. — Deuxième édition. *Paris, Meyrueis*, 1854, in-12.

Quelques Destinées. Par Mme la baronne Virginie DE C*** (la baronne Virginie DE COINTET). *Paris, Souverain*, 1834, in-8.

Quelques Détails sur l'union des douanes allemandes. Par G. B. (Pierre-Gustave BRUNET). *Bordeaux*, 1843, in-8.

Quelques Développements nouveaux sur les principes émis dans la brochure intitulée : « de la Formation des Églises », et réponse à quelques objections faites à ces principes. (Par M. John DARBY, ministre.) *Genève*, 1841, in-12.

Quelques Erreurs de M. Troplong au sujet de la propriété. (Par Isidore BUVIGNIER.) *Bruxelles, Briard*, 1849, in-8, 23 p.

Extrait de la « Belgique judiciaire ».   J. D.

Quelques Essais d'un professeur, par J. R***** (Jean ROGER), d'Orléans. *Orléans, Huet-Perdoux*, 1813, in-8, 60 p.

Quelques Essais poétiques d'un Belge (DEFRENNE). *Bruxelles, Dumont*, 1829, in-8, 30 p.

Quelques Explications sur la Charte et l'administration en France. (Par A. GRANGER.) *Paris, Delaunay*, 1834, in-8, 2 ff. de tit. et 62 p.

La deuxième édition, *Paris, Galliot*, 1834-1842, in-8, 2 ff. de tit. et 75 p., porte le nom de l'auteur.

Quelques Extraits tirés d'un grand ouvrage intitulé « Découverte de l'homme de péché, le fils de perdition... » Par un Suisse, ex-juge (Albert-Michel D'EFRAGUIERRE). *Paris, imp. de Vrayet de Surcy*, 1843, in-8.

Quelques Fables et Poésies diverses, par J. L. G. (Jacques-Louis GRENUS). *Paris, imp. de l'auteur*, an VII-1800, in-8.

Tirées à 25 exemplaires.

Quelques Faits remarquables d'infanticide, soumis aux réflexions du législateur, du juge et du médecin. Par S. C. (S. DAMPIERRE). *Lausanne et Paris, H. Servier*, 1825, in-8.

Quelques Feuillets d'une chronique messine. *Metz, Verronais, s. d.*, in-8.

Signés : F. DE S. (F. DE SAULCY), 28 nov. 1837. Tirés à 50 exemplaires. Une seconde publication a paru sous le même titre en 1838.

Quelques Figures, Chevaux et Paysages présentez à M. le duc de Bourgogne, par S. L. C. (Sébastien LE CLERC). *Paris, G. Audran, s. d.*, petit in-4 oblong, 72 pl.

Quelques Fragments extraits du portefeuille politique de Buonaparte, ou mémoires sur les intérêts politiques de l'Italie et sur ceux de la France. (Par Marc-Antoine JULLIEN, sous-inspecteur aux revues.) *S. l. (Paris)*, 1814, in-8, 62 p.   D. M.

Quelques Heures d'un curé de campagne. Poésies. (Par l'abbé ALLEAUME, curé de Chassant.) *Paris, Curmer*, 1845, in-8, 102 p.

Quelques Idées à propos du conflit entre l'Etat et le clergé. (Par Serge D'OUBRIL.) *Paris, imp. de Paul Renouard*, 1844, in-8, 16 p.

Quelques Idées d'un négociant (N.-J. DELATTRE) sur le projet de jonction du canal de Mons à l'Escaut. *Mons, Hoyois*, 1817, in-8, 8 p.   J. D.

Quelques Idées de passe-temps, par I.50 (Alexis NARISCHKIN). Nouvelle édition, augmentée de quelques pièces qui n'ont point été imprimées jusqu'ici, quoique antérieures à celles qui ont déjà paru. *S. l.*, 1792, petit in-8, II-130 p.

Pour l'intelligence de l'initialisme du titre, il faut savoir qu'en slavon la lettre A vaut un et là lettre N vaut cinquante.

Ce volume a été imprimé à *Riga, chez Hartknoch*; il existe une édition de *Paris*, 1791, in-8, 42 p.

(Voy. A. Ladrague, dans le « Bibliophile belge » VI, 1871, pages 25-28.)

Quelques Idées sur l'éducation publique, à l'occasion du discours de M. Murard de Saint-Romain. (Par M. Victor DE SÈZE, recteur de l'Académie de Bordeaux, frère du pair de France.) *Bordeaux, imp. de Pinard*, 1816, in-8.

Quelques Idées sur l'usage de la langue dite nationale, au royaume des Pays-Bas, par un Belge, ami de la justice et de la vérité (DEFRENNE). *Bruxelles*, 1829, in-12.

J. D.

Quelques Idées sur l'usure des Juifs dans les départements du Haut et du Bas-Rhin, en allemand et en français. (Par RIEGERT, ancien notaire.) *Strasbourg et Paris*, 1818, in-12.

Quelques Idées sur la nécessité et les moyens de relever et d'entretenir la marine en France, par G. J. L**** (G.-J. LANGE). *Caen, Boullay-Malassis*, an IX, in-8, 76 p.

Quelques Idées sur le recrutement, par G. B. (G. BROIS). *Paris, Ch. Tanera*, 1871, in-16, 16 p.

Mélanges militaires. VI.

Quelques Idées sur le système de finances qui convient aux besoins présents de la France, et sur les moyens d'établir ce système. Par un négociant (BASTARÈCHE). *Paris, imp. d'Ant. Bailleul*, 1816, in-8, 38 p.

Quelques Idées sur le tableau des Sabines (de L. David, par FAUDIER). *Paris, s. d.*, in-8.

« Univ. Catal. of books on art. », p. 385.

Quelques Idées sur les causes des maladies, principalement des chroniques, et en particulier sur l'asthme et les remèdes y employés; par un asthmatique des Hautes-Pyrénées. *Bagnères, J.-M. Dossun*, 1842, in-8.

Signées : M*** (MARC, ancien notaire).
Réimprimées avec le nom de l'auteur.

Quelques Idées vaille que vaille, ajoutées à tant d'autres, à l'occasion de la prochaine tenue des États-Généraux; par l'auteur du « Partage de la peau de l'ours » (BRION DE LA TOUR). *S. l.* (vers 1788), in-8, 20 p.

Quelques Jours à Athènes, traduit de l'anglais de miss WRIGHT, auteur des « Mœurs et Usages des États-Unis d'Amérique » (par Mlle SOBRY). *Paris, Eymery*, 1822, in-8.

Quelques Jours à Évian (Savoie). Impressions de voyage, par A. C. (A. CHANEL). *Genève, imp. de C. Gruaz*, 1855, in-8, 15 p.

Quelques Lettres à toute personne de piété qui est bien auprès du roy, pour montrer comme elle se doit comporter envers Sa Majesté. (Par Jean-Baptiste NOULLEAU.) *S. l. n. d. (Nantes, veuve Alliot, 1665)*, in-4, 8 p.

Catalogue de Nantes, n° 6375.

Quelques Lettres de Louis XIV et des princes de sa famille, 1688-1713. (Publiées par le président Alfred HIVER DE BEAUVOIR.) *Paris, A. Bry*, 1862, in-12, 80 p.

Quelques Lettres écrites en 1743 et 1744, par une jeune veuve (la marquise DE BELVO), au chevalier de Luzeincour (publiées par Ant. GAUTIER DE MONTDORGE). 1761, in-12.

Voy. « Lettres au chevalier de Luzeincour... », V, 1225, *f*, et « Supercheries », II, 395, *f*.

Quelques Lignes en faveur des juges de paix des cantons ruraux. (Par MONTFORT, juge de paix à Dour.) *Bruxelles, Decq*, 1862, in-8, 19 p.   J. D.

Quelques Lignes en réponse aux quelques mots sur l'embranchement du chemin de fer du Midi d'Agde à Lodève par Pézenas. *Pézenas, imp. Richard*, 1860, in-4, 4 p.

Signée : le Maire de Florensac (A. FRAISSE).

Quelques Lignes sur l'art du chant. A MM. les membres de la Réunion lyrique, par F. DE M..... (MARNEFFE), président et vice-directeur de la Réunion lyrique bruxelloise. *Bruxelles*, mai 1840, in-8, 8 p.

J. D.

Quelques Mandements de monseigneur l'évêque de Troyes, Et.-Ant. DE BOULOGNE, à l'occasion des victoires d'Eckmühl, Ratisbonne, Wagram, etc., de la naissance et du baptême de S. M. le roi de Rome, réimprimés pour faire suite à l' « Instruction pastorale » de Son Eminence sur l'impression des mauvais livres, et notamment sur les nouvelles Œuvres complètes de Voltaire et de Rousseau. (Publiés par H. WERMANE.) *Paris, imp. de A. Belin*, 1821, in-8, 17 p.

Quelques Mémoires sur différens sujets, la plupart d'histoire naturelle... (Par P.-S. DUPONT de Nemours.) 1807, in-8.

La deuxième édition, *Paris, G. Dufour*, 1813, in-8, porte le nom de l'auteur.

Quelques Moments malheureux traversés heureusement, de 1848 à 1852. (Par M. Caumont, médecin-major.) *Niort, imp. de L. Favre*, 1854, in-8, 47 p.

Quelques Mots à M. Masson, auteur des « Mémoires secrets sur la Russie ». (Par le comte A.-T.-J.-A.-M.-M. de Fortia de Piles.) *Paris, Batilliot*, an XI-1803, in-8, 16 p.

Quelques Mots au sujet d'un ouvrage intitulé : « Notice sur les principales familles de la Russie ». *Paris, F. Didot*, 1843, grand in-8, 9 p.

Contient une liste alphabétique des « nobles et anciennes familles de Russie non mentionnées dans la notice de M. le comte d'Almagro », précédée de trente et une lignes signées *** et datées de mars 1843. Cet écrit doit être de l'auteur, qui s'est caché sous le nom d'Almagro, c'est-à-dire le prince P. Dolgoroukow. Voy. « Supercheries », I, 274-276. Il existe deux éditions différentes de la « Notice sur les principales familles de la Russie » ; toutes deux ont été imprimées à *Paris, chez F. Didot*, en 1843 : l'une a 97 pages et 1 feuillet non chiffré pour le sommaire ; l'autre a 100 pages et porte sur le titre l'adresse des libraires *Dauvin et Fontaine*.

Quelques Mots aux déistes, par un homme du monde (l'abbé Amédée Desgeorges, de Lyon). *Paris, Lecoffre*, 1853, in-8, 72 p.   D. M.

Quelques Mots aux électeurs à propos de la situation actuelle, 22 juin 1845. (Par F. Jalheau, ancien capitaine d'infanterie.) *Bruxelles (Delvigne)*, 1845, in-8, 37 p.   J. D.

Quelques Mots d'adieu aux élèves du Collége philosophique de Louvain. (Par André-Etienne-Rodolphe-Louis Winssinger.) *Louvain, Cuelens*, 1830, in-8, 26 p.   J. D.

Quelques Mots d'un Vaudois (F.-C. de La Harpe) sur la correspondance (de J. Rickli), et autres pièces secrètes. Premier cahier. (*Paris*, 1814), in-8.

Quelques Mots de consolation aux créanciers de l'État, en réponse à une « Opinion préliminaire sur les finances ». *Paris, C.-F. Patris*, novembre 1815, in-8, 2 ff. de tit. et pages 307 à 358.

Cette brochure, dit l'auteur N. Bricogne, répare une lacune importante qui avait été laissée dans l' « Opinion et Observations sur le budget de 1814... par un créancier de l'État ». *Paris, Pélicier*, 1815, in-8. Voy. ci-dessus, col. 716, a. Quant à l' « Opinion préliminaire », c'est une brochure du duc de Gaëte publiée à la même époque.

Quelques Mots en faveur de la contre-façon. (Par Charles Hen.) *Bruxelles, Hen*, 1841, in-18, 36 p.   J. D.

Quelques Mots en faveur de la vieillesse, ou commentaire de quelques vers d'Horace au sujet de la caricature qu'il en a faite. *S. l.* (1855), in-4.

Signés : Par un vieux bonhomme dont la soixante-dix-huitième année s'ouvrira le premier jour de la grande exposition de cette année (le comte A.-P. Odart, auteur de l' « Ampélographie universelle »).

Quelques Mots par un chrétien orthodoxe (A.-S. Khomiakof), sur les communions occidentales, à l'occasion d'une brochure de M. Laurentie. *Paris, Franck*, 1853, in-8.

Voy. la note qui accompagne l'article « Quelques Mots sur les communions occidentales ».   A. L.

Quelques Mots prononcés sur la tombe de M. E. Gaillard, secrétaire perpétuel de l'Académie de Rouen, pour la classe des belles-lettres et des arts, par son collègue de la classe des sciences, le 6 novembre 1836. (Par des Alleurs.) (*Rouen*), *imp. d'E. Périaux fils aîné* (1836), in-8, 7 p.

Quelques Mots sur l'état des paysans en Pologne. Par un Polonais (C.-A. Hoffmann). *Paris, impr. de Guiraudet*, 1833, in-8, 80 p.

Quelques Mots sur l'exposition artistique de Verviers, organisée en octobre 1856, au profit des pauvres honteux, par la Société royale de philanthropie. Par J. H....g (Jules Helbig). *Liége, Carmanne*, 1856, in-8, 12 p.   J. D.

Quelques Mots sur l'histoire de Waremme, par un élève du collége Saint-Gervais (Léonce Lafontaine). *Waremme, Moureau*, 1864, in-8, 33 p.

Quelques Mots sur l'histoire des comètes, à propos de celle qui nous est apparue. (Par Alphonse Le Roy.) *Liége, Desoer*, 1843, in-12, 27 p.   J. D.

Quelques Mots sur l'ouvrage intitulé : « Réceptions faites à l'Académie des sciences, belles-lettres et arts de Rouen, pendant l'exercice 1841 à 1842, sous la présidence de M*** (Ch. des Alleurs, par M. Gambier). *Rouen, Lefèvre*, 1842, in-8, 20 p.

Signés : Un amateur qui n'est rien, pas même académicien. Voy. Frère, « Manuel du bibliographe normand », t. I, p. 13.

Quelques Mots sur l'Université catholique de Louvain. (Par le chanoine De-

RAM.) *Bruxelles, Vanderborght,* 1840, in-8, 63 p. J. D.

Quelques Mots sur la brochure intitulée : Complément de l'œuvre de 1830. (Par Félix CAPITAINE.) *Liége, de Thier,* 1860, in-8, 16 p. J. D.

Quelques Mots sur la caisse du Crédit foncier, par J. M. (Joseph MEEUS-VANDERMAELEN). *Bruxelles, Labroue,* 1849, in-8, 16 p. J. D.

Quelques Mots sur la découverte de la houille dans l'ancien pays de Liége, par M. E. L. A. A. L. U. D. L. (Edouard LAVALLEYE, agrégé à l'Université de Liége). *Liége, Redouté,* 1837, in-8, 5 p.

Tirés à part, à 30 exemplaires, du tome I de l' « Histoire du Limbourg ». J. D.

Quelques Mots sur la gravure au millésime de 1418, par C.†D. B. (Ch. DE BROU). *Bruxelles, Muquardt,* 1846, in-4, 18 p., avec 7 pl.

M. de Brou a publié peu après : « Un Dernier Mot sur l'estampe au millésime de 1418, par M. de Brou, pour faire suite à la brochure intitulée : « Quelques Mots... » *S. l. n. d.,* in-4, pages 19-24.
J. D.

Quelques Mots sur la mission des commissaires de l'administration provisoire du pays de Liége dans le Limbourg, en 1793. (Par Félix CAPITAINE.) *Tongres, Collée,* 1863, in-8, 10 p.

Extrait du « Bulletin de la Société littéraire et scientifique du Limbourg ». J. D.

Quelques Mots sur la nécessité d'une organisation pour l'agriculture de la France. (Par le chevalier D. DE LA CHAUVINIÈRE.) *Paris, J.-B. Gros,* 1842, in-8, 63 p.

Quelques Mots sur la proposition de MM. Dubus aîné et Brabant, tendant à déclarer l'Université catholique de Louvain personne civile. (Par le chanoine DERAM.) *Bruxelles, Vanderborght,* mars 1841, in-8, 35 p. — Deuxième édit., 1841, in-8, 60 p. J. D.

Quelques Mots sur la question des sucres. 20 février 1843. (Par Ed. PERROT.) *Bruxelles, Méline,* 1843, in-8, 71 p. J. D.

Quelques Mots sur la question des sucres. (Par Joseph MEEUS.) *Gand, Gyselinck,* 1849, in-4. J. D.

Quelques Mots sur la question des sucres; par P. E. W. (P.-E. WISSOCQ), an-cien ingénieur au service de l'État. *Paris, Bouchard-Huzard,* 1843, in-8, 77 p.

Quelques Mots sur la question des territoires. 19 février 1839. (Par le baron Etienne-Constantin DE GERLACHE.) *Bruxelles, Hayez,* 1839, in-8, 24 p. J. D.

Quelques Mots sur la souveraineté temporelle du Saint-Siége. (Par Florent LYSEN.) *Anvers, Conart* (1853), in-8, 28 p. J. D.

Quelques Mots sur la traduction nouvelle de la Bible, par S. Cahen, rabbin, etc. Par l'abbé J. M. B... (l'abbé J.-M. BERCY). *Paris, Blaise,* 1835, in-8.

Quelques Mots sur le lieu de naissance et l'époque du décès de Renkin Sualem, inventeur de la machine de Marly. *Liége, Carmanne,* 1857, in-8, 10 p.

Signés : U. C. (Ulysse CAPITAINE).

Tirés à part, à 25 exemplaires, du « Bulletin de l'Institut archéologique liégeois ». J. D.

Quelques Mots sur le programme du nouveau ministère, relativement à l'enseignement primaire et moyen. (Par CAZIERS, ancien sénateur.) *Bruxelles, Société nationale,* 1840, in-8. J. D.

Quelques Mots sur le système de centralisation appliqué à la monarchie autrichienne, et sur l'incorporation de cet empire dans la Confédération germanique, par un étranger, ami de l'Autriche, qui a longtemps habité ce pays (le comte Louis DE TEGOBORSKI). *Bruxelles, Decq,* 1851, in-8, 47 p. J. D.

Quelques Mots sur le théâtre liégeois. (Par Ulysse CAPITAINE.) *Liége, Carmanne,* 1853, in-18, 14 p.

Tirés à part à 20 exemplaires. J. D.

Quelques Mots sur le transfert des restes de l'ancien cimetière de Remiremont dans le nouveau. (Par C.-F. FRIRY.) *Remiremont, autogr. de Mougin,* 1844, in-8, 18 p., avec vign.

Quelques Mots sur les combinaisons des échecs et Idée du double échiquier. (Par DEMOUCHY fils.) *Marseille, Barlatier-Feissat,* 1856, in-8. G. M.

Quelques Mots sur les communions occidentales à l'occasion d'un mandement de monseigneur l'archevêque de Paris (Sibour). par un chrétien orthodoxe. *Leipsick, Brockhaus,* 1855, in-8, IV-92 p.

Réimprimés dans le recueil d'opuscules de l'auteur, A.-S. KHOMIAKOFF, publié à *Lausanne et Vevey, B. Benda,* 1872, in-8, sous le titre général de :

« l'Eglise latine et le Protestantisme au point de vue de l'Eglise d'Orient ». On retrouve dans ce recueil une suite intitulée : « Encore Quelques Mots... », publiée par l'auteur en 1858.

Quelques Mots sur les derniers événements de la Pologne, par un Slave impartial (le comte Narcisse OLIZAR, sénateur polonais). *Paris, Jules Renouard,* 1846, in-8, 48 p. D. M.

Quelques Mots sur les expositions de tableaux en général, et particulièrement sur celle que la Société pour l'encouragement des beaux-arts vient de faire à Liége ; par R...D (Laurent RENARD). *Liége, Jeunehomme,* 1840, in-8, 15 p.

Tirés à part de la « Revue belge ». Ul. C.

Quelques Mots sur les manuscrits du marquis d'Argenson et sur les extraits qui en ont été donnés par M. de Sainte-Beuve (*sic*) dans l'Athenæum français, n°s 44, 45, 46 de 1855. *Paris, imp. de Dubuisson,* 1856, in-16, 16 p.

Cette brochure est de Marc-René DE VOYER, marquis D'ARGENSON, l'éditeur des « Mémoires du marquis », *Paris,* 1825, in-8.

Quelques Mots sur les médailles et les jetons qui ont rapport à la ville de Bruges. (Par JONNAERT.) *Bruges,* 1847, in-8, 16 p. J. D.

Quelques Mots sur les premières inscriptions liégeoises écrites en langue romane. (Par Ulysse CAPITAINE.) 5 p. Ul. C.

Quelques Mots sur Napoléon. *Saumur, imp. de Adolphe Degouy,* 1er août 1833, in-8, 20 p.

Signés, à la fin : B. D. (BRULÉ-DESVARANNES, sous-préfet à Saumur). Cet opuscule a valu à son auteur un charivari exécuté par les élèves de l'Ecole de cavalerie de la ville.

Quelques Mots sur une diatribe anonyme (de M. Raoul Rochette) intitulée : « de Quelques Voyages récents dans la Grèce, à l'occasion de l'expédition scientifique de la Morée », et insérée dans l' « Universel » des 6 janvier et 26 mars 1829. *Paris, H. Féret,* 1829, in-8, 29 p., avec une vignette.

Suivant Quérard, « France littéraire », article R. Rochette, t. VIII, p. 99, et t. XII, p. 646, cette brochure ne peut être que du baron DE STACKELBERG ou de P.-O. BRONDSTED.

Quelques Notes historiques relatives aux tombeaux découverts dans l'église de Saint-Exupère de Bayeux. (Par Ges VILLERS.) *Bayeux, imp. de A. Delarue,* 1853, in-8, 15 p.

Quelques Notes sur Guillaume Silvius, imprimeur d'Anvers, 1560-1579. (Par le P. Aloïs DEBACKER.) *Bruxelles, Heussner,* 1862, in-8, 38 p.

Tirées à part du « Bulletin du bibliophile belge ». J. D.

Quelques Notes sur la lithographie à Marseille. (Par SEGOND-CRESP.) *Marseille,* 1852, in-8.

Quelques Notices sur les premières années de Bonaparte, recueillies et publiées en anglais par un de ses condisciples ; mises en français par le C. B. (J.-F. BOURGOING). *Paris, du Pont,* an VI, in-8, 45 p.

On trouve une analyse étendue de cette petite brochure dans le « Magasin encyclopédique », 3e année, t. III, p. 303.

Voyez aussi précédemment t. IV, p. XI, note 4.

Quelques Objections contre le système de M. Bailleul sur l'impôt du tabac. (Par L. HUBERT.) *Paris, imp. de J. Smith,* 1819, in-8, 15 p.

Quelques Observations critiques sur l' « Histoire de Jules César », par Napoléon III. (Par le baron DE GERLACHE.) *Bruxelles, Goemare,* 1865, in-8, 32 p. J. D.

Quelques Observations soumises à nosseigneurs les évêques, concernant les études philosophiques et théologiques des séminaires en France, par un prélat romain résidant à Paris. (Par monseigneur CAPRI, premier secrétaire de la nonciature apostolique en France.) *Paris, Vivès,* 1873, in-8, 160 p.

Quelques Observations sur l'amélioration des chevaux en Portugal. (Par le capitaine GRAEFE.) *Düben, imp. de G. Steinmüller,* 1856, in-8, 24 p.

Quelques Observations sur l'émancipation des esclaves, avec un projet pour rendre cette mesure plus facile et moins désastreuse, par un Français d'Europe... (Par M. BARBAROUX, procureur général à Bourbon.) *Paris, imp. de J.-B. Gros,* 1841, in-8, 21 p.

Quelques Observations sur l'état de notre législation en matière de domaine congeable. Par un docteur en droit (AGNÈS, avocat du barreau de Rennes). *Rennes, Duchesne,* 1829, in-8, 48 p.

Quelques Observations sur l'expédition qui se prépare en Suède (9 octobre 1812). (Par le chevalier D'ARTÈS.) *(Londres), imp. de R. Juigné* (1812), in-8, 27 p.

Quelques Observations sur l'opéra italien, en réponse à un pamphlet intitulé : « Un Mot sur l'Agnese ». (Par Edme Bochet, conservateur des hypothèques à Paris.) *Paris, A. Belin*, 1819, in-8.

Quelques Observations sur l'ordonnance royale du 17 février 1815, concernant l'instruction publique, par ***** (le baron Ambroise Rendu), membre de l'Université royale de France. *Paris, Delaunay*, août 1815, in-8, 18 p.

Quelques Observations sur la brochure de M. le capitaine Gargousse (Brialmont), par un bourgeois de Bruxelles (Vankeerberghen). *Bruxelles*, 1861, in-12, 12 p.
J. D.

Quelques Observations sur la question du courtage. Hommage au commerce de Gand, par B.-B.-M.-L.-P. (de Baerdemaeker et Abel). *Gand, Carel*, 1858, in-8, 35 p.
J. D.

Quelques Observations sur la Russie, au sujet de l'oukase du 17 avril 1834. (Par Jean-Matvejévitch Mouravief-Apostol.) *Paris et Genève, Cherbuliez*, 1835, in-8, 185 p.

Quelques Observations sur le dernier écrit de M. l'abbé de Lamennais, par un ancien grand-vicaire (l'abbé Clausel de Coussergues). *Paris, A. Le Clère*, 1826, in-8, 20 p.

C'est une réponse à l'ouvrage intitulé : « de la Religion considérée dans ses rapports avec l'ordre politique et moral ».

Quelques Observations sur le projet de loi relatif aux successions, présenté à la Chambre des pairs, dans la séance du 10 février 1826, et principalement sur l'exposé des motifs qui le précèdent. (Par J.-A.-F. Massabiau.) *Paris, Mongie aîné*, mars 1826, in-8, 2 ff. de tit. et 23 p.

Quelques Observations sur le projet de remboursement des rentes. (Par Lewal, référendaire à la Cour des comptes.) *Paris, imp. d'H. Tilliard*, 1824, in-8, 20 p.

Quelques Observations sur les confessions de foi des Églises réformées de France et de Suisse. (Par C.-S.-O. Joly.) *S. l. n. d.*, in-4, 8 p.

Quelques Observations sur les doctrines du jour. (Par M. Lanthois.) *Paris, imp. de Gaultier-Laguionie*, 1829, in-8.

Quelques (de) Ouvrages contenant des prédictions, et en particulier de la prophétie d'Orval, par le baron de R. (Reiffenberg). *Bruxelles*, 1848, in-8, 23 p.
J. D.

Quelques Pensées. (Par le prince Michel Galitzine.) *Paris, Amyot*, 1846, in-12, 46 p.

Quelques Pensées extraites de divers moralistes, pour servir à l'homme de la nature, devenu homme social. (Par Armand-Constant Tellier, député à la Convention nationale par le département de Seine-et-Marne, qui s'est tué à Chartres, le 17 septembre 1795.) *Paris, Baudouin*, 1795, in-24, 69 p.

Quelques Pensées politiques, par L.-P. S...r l'aîné (L.-P. Ségur). *S. l. n. d.*, in-8, 4 p.

On a publié avec la signature de l'auteur : « Suite de pensées politiques ». *De l'imprimerie des Nouvelles politiques, s. d.*, in-8, 4 p.

Quelques Pensées sur l'éducation des femmes. Avec supplément. (Par Mme A.-M. de Molin, née Huber.) *Lausanne*, 1830, in-8, 48 p.

Quelques Pensées sur les mœurs, par J. S. D. (Joseph Sanial-Dubay). *Paris*, 1808, in-8, 16 p.
D. M.

Le même auteur a publié, en 1813, des « Pensées sur l'homme », qui portent son nom.

Quelques Petites Hardiesses de M. Clair à l'occasion d'un panégyrique de saint Louis (celui de l'abbé, depuis cardinal Maury). (Par Voltaire.)

Dans le tome X de l' « Évangile du jour ».

Quelques Poésies patriotiques de la fin du XVIIIe siècle. (Par Emile Gachet.) *Bruxelles, s. d.*, in-8, 11 p.

Extrait du « Trésor national », tome IV, 2e série.
J. D.

Quelques Préjugés populaires des habitants de Valenciennes et des communes environnantes. Ouvrage posthume d'un auteur vivant (G.-A.-J. Hécart). *Valenciennes, Prignet*, 1813 (1823), in-12, 35 p.

Tirés à 50 exemplaires.

Quelques (de) Publications de jurisprudence en Belgique, en ces derniers temps, par M. L. J. (Lucien Jottrand), avocat à Bruxelles. *Bruxelles, Stapleaux*, 1855, in-8, 15 p.

Extrait du « Contrôleur belge ».
J. D.

Quelques Réflexions à l'occasion des débats dans la cause de MM. Tarte cadet et Weissembruch... Par un ancien journaliste (Olivier Schilpéroort, ancien officier du parquet). *Bruxelles*, *Brohez*, 1827, in-8, 27 p.

Quelques Réflexions à propos des chemins de fer de l'État. (Par Gendebien.) *Bruxelles, Decq*, 1856, in-8, 39 p. J. D.

Quelques Réflexions à propos des précurseurs de l'Ante-Christ, sur l'Université, etc. (Par A. Rendu.) *Paris, Brunot-Labbe*, 1817, in-8, 42 p.

Voy. « les Précurseurs de l'Ante-Christ... », ci-dessus, col. 988, *a*.

Quelques Réflexions critiques sur Voltaire, J.-J. Rousseau, Mably, Raynal et Helvétius, considérés comme écrivains politiques. (Fragments.) (Par M. de Hoffmans, qui a donné, en 1836, chez *Aillaud*, une nouvelle édition de Vattel.) *La Haye et Amsterdam, chez les frères van Cleef*, 1833, in-8, 23 p.

Quelques Réflexions d'un amateur (P.-E. Morin) sur une brochure intitulée : « Un Mot d'un invalide ». *Saint-Etienne*, 1821, in-8, 29 p.

Quelques Réflexions d'un homme du monde sur les spectacles, la musique, le jeu et le duel. (Par le comte A.-T.-J.-A.-M.-M. de Fortia de Piles.) *Paris, Porthmann*, 1812, in-8, iv-167 p.

Beuchot donne cet ouvrage à J.-L.-M. Porthmann. (Voy. Quérard, « France littéraire », VII, 289.)

Quelques Réflexions d'un vieux croyant catholique sur le changement des sculptures, emblèmes et figures fait au frontispice du Panthéon, ci-devant l'église de Sainte-Geneviève... (Par Louis Silvy.) *Paris, A. Pihan de La Forest*, 1838, in-8, 40 p.

Quelques Réflexions en réponse à la brochure publiée à Montevideo, par D. Florencio Varela, sous le titre : « Développement et Dénouement de la question française dans le Rio de la Plata ». (Par J. Bazin, enseigne de vaisseau.) *Buenos-Aires, imprimerie de l'État*, 1841, in-8.

Quelques Réflexions médicales, par un médecin de campagne (Rabelleau). *Paris, P. Asselin*, 1864, in-18, 102 p.

Quelques Réflexions sur d'importantes vérités, dédiées aux hommes de bien par une femme (Mme de Chanaleilles, comtesse de La Saumès, née Madeleine Gerbier). *Paris, imp. C.-J. Trouvé, s. d.* (juin 1826), in-18, 180 p.

Voy. « Supercheries », II, 27, *c*.

Quelques Réflexions sur l'École polytechnique. *Paris, imp. de Leblanc*, 1816, in-8, 15 p.

Par de Lamennais, suivant une note manuscrite de. J.-Q. Beuchot.

Quelques Réflexions sur l'esprit qui doit inspirer les écrivains politiques, amis de la patrie et du roi, et diriger les membres des collèges électoraux dans le choix des nouveaux députés. 12 août 1815. *Paris, E. Babeuf*, in-8, 14 p.

Le faux titre porte en plus : Par l'auteur de l'écrit intitulé : « Sur les prochaines élections des membres de la Chambre des députés... »
Signées : M. A. J. (Marc-Antoine Julien).
Une deuxième édition de la même année porte le nom de l'auteur sur le faux titre.

Quelques Réflexions sur l'inutilité de la défense des capitales, par un ancien militaire. (Par le comte Armand de Durfort.) *Paris, Anselin*, 1832, in-8, 68 p.

Voy. « Supercheries », I, 336, *c*.

Quelques Remarques sur l'ouvrage intitulé : « Questions commerciales », publié en novembre 1828, par M. D. L. Rodet. (Par L.-F. de Tollenare.) *Nantes, imp. de Mellinet-Malassis*, 1829, in-8, 16 p.

Quelques Réflexions sur le concours d'anatomie. (Par Denis Blagny.) *Paris, Mme Huzard*, 1836, in-8.

Quelques Réflexions sur le haras cantonal, en opposition aux détracteurs de cet établissement... (Par J.-B. Rossier.) *Vevey*, 1832, in-8.

Quelques Réflexions sur le libéralisme et sur l'intervention du clergé dans les affaires électorales. (Par Verbeke, curé à Meulebeke.) *Gand, Van Hifte*, 1850, in-8, 24 p.   J. D.

Quelques Réflexions sur le passé, et quelques Considérations sur l'avenir. (Par J.-M.-B. Bins de Saint-Victor.) 20 mai 1815, in-8.

Tirées à un petit nombre d'exemplaires.

Quelques Réflexions sur le vote du 4 août. Extrait de la revue « la Belgique ». (Par Adolphe Dechamps.) *Bruxelles*, 1858, in-8, 21 p.   J. D.

Quelques Réflexions sur les doctrines du jour, par M. L. D. G. (Loysson de Guinaumont), membre de la Chambre des députés. *Paris, imp. de Béthune*, 1826, in-8, 40 p.   D. M.

Quelques Réflexions sur trois questions

fondamentales de notre établissement en Afrique. (Par le maréchal BUGEAUD.) *Paris, A. Guyot et Scribe*, 1846, in-8.

Quelques Remarques sur la remontrance de MM. de la Cour des Monnaies. (Par Ant. VITRÉ.) *Paris, imp. d'A. Vitré*, 1632, in-4, 38 p. — Troisième édition. 1658, avec le nom de l'auteur.

Quelques Scènes de la vie des femmes, ou les aventures d'un chevalier français, par le comte Henri D. L****** (Henri DE LA COSTE). *Paris, Arthus Bertrand*, 1818, 3 vol. in-12.

Quelques Semaines en Italie; par l'auteur d' « Antoine, ou le retour au village » (l'abbé DE VALLETTE). *Paris, Debécourt*, 1834, 2 vol. in-12.

Quelques Souvenirs autour d'un tombeau. Notice consacrée à rappeler la mémoire et les services de Jean-Henry Mussche, jardinier en chef du jardin de l'Université de Gand. (Par Norbert CORNÉLISSEN.) *Gand*, 1835, in-8. J. D.

Quelques Souvenirs du fils de Louis XVI. (Par PROUSTEAU DE MONT-LOUIS.) *Paris*, 1832, in-8.

Quelques Souvenirs, ou notes fidèles sur mon service au Temple, depuis le 8 décembre 1792 jusqu'au 26 mars 1793... par M. L****** (J.-F. LEPITRE). *Paris, H. Nicolle*, 1814, in-8, 92 p.

Réimprimés avec le nom de l'auteur, *Paris, H. Nicolle*, 1817, in-8.

Quelques Souvenirs sur le pays de Liége, suivis d'un précis statistique du département de l'Ourte, avec les noms des fonctionnaires publics, civils et ecclésiastiques. (Par GAILLARD, secrétaire général de la préfecture de l'Ourte.) *Liége, Desoer*, 1804, in-8, IV-180 p. J. D.

Quelques Traits de l'Église intérieure, de l'unique chemin qui mène à la vérité, et des diverses routes qui conduisent à l'erreur et à la perdition. On y a ajouté un tableau abrégé du caractère et des devoirs du vrai chrétien. Traduit du russe. (Par Jean-Vladimirovitch LOPOUKHINE.) *Saint-Pétersbourg, imp. impériale*, 1799, in-12, 124 p. — *Moscou, imp. de N.-S. Vsevolojski*, 1810, in-8, 151 p.

Sopikoff, dans son « Essai de bibliographie russe » (en russe), dit que l'ouvrage a été traduit en français par Charles AVIAT DE VATAY, lecteur pour la langue française à l'Université de Moscou, et que cette traduction parut à Saint-Pétersbourg en 1791 ; cette première édition était déjà suivie du Catéchisme moral.

D'après les Mémoires de J. Lopoukhine, page 30, outre la traduction allemande d'Ewald, il y en a une autre par J. Stilling, qui en a encore donné une autre en latin. A. L.

Quelques Traits de la vie du Prince royal, précédés d'une notice historique sur la vie du roi des Français. (Par BOURSEUL, officier d'état-major.) *Douai, A. d'Aubers*, 1842, in-8, portr. G. M.

Quelques-unes des principales causes qui ont amené la révolution de 1830, par un ancien membre de la Chambre des députés (le comte L.-J. DU HAMEL). *Paris, G.-A. Dentu*, 1831, in-8, 2 ff. lim. et 90 p. D. M.

Quelques Vérités nouvelles sur le procès Lafarge, avec un *fac-simile* de Bayen, par un pauvre villageois (MANCEAU, D.M.P. [de l'Aisne], membre correspondant de la Société médico-chirurgicale de Cadix, ex-aide-major au 18e léger). *Toulouse, imp. de J.-M. Douladoure*, novembre 1847, in-8, 46 p.

Cet écrit a aussi été attribué à Mme LAFARGE elle-même.

Quelques Vers. (Par GRIFFET DE LABAUME.) *Paris, Royez*, 1787, in-16. — Nouvelle édition. *Paris, an IX-1801*, in-12, avec le nom de l'auteur.

Quelques Vers d'un écolier (Ludovic DE VAUZELLES, conseiller à la Cour impériale d'Orléans). *Orléans*, 1843, in-8. D. M.

Quelques Vues pratiques pour l'amélioration du sort de la population rurale des Flandres, par H. K. (Henri KERVYN). *Gand, Van Hifle*, 1843, in-8. J. D.

Quelques Vues sur l'économie politique et commerciale, ou moyen d'éteindre avec facilité les dettes publiques et particulières; par F. F..... (F. FALSAN), employé au département de la guerre. *Paris, Renouard*, an VIII, in-8, 30 p.

Quelques Vues sur l'éducation publique. (Par l'abbé Thom.-Gasp. MAISTREL, né à Bayeux en 1732, mort en 1817.) *Amsterdam (Paris)*, 1779, in-8, 32 p.

Quelques Vues sur l'Opéra et sur les moyens de l'administrer sans qu'il en coûte un sou au gouvernement. (Par J.-B. MAZADE, marquis D'AVÈZE, l'un des administrateurs.) *Paris, Picart*, an V-1797, in-8. D. M.

Quels sont les auteurs de Sophronius et

de Gaudentius? Solution donnée par Prudentius (ROUSTAN, libraire).

C'est à tort que les « Supercheries », III, 711, indiquent un abbé BERNARD, chanoine à Versailles, comme l'auteur caché sous le pseudonyme de Sophronius, tandis que c'est M. l'abbé François-Marie BERTRAND, chanoine de la cathédrale de Versailles et membre de la Société asiatique, auquel on doit encore : « Lettre adressée à monseigneur l'évêque de Versailles par l'auteur des « Lettres de Sophronius ». Jersey, Lefèvre frères, 1864, in-8, 8 p.

Le même sujet se trouve encore traité dans la « Lettre de J.-B. Gaudentius, jardinier-horticulteur, sur l'influence de la feuille de Sophronius sur les chenilles noires foliphages (question d'histoire naturelle) ». Saint-Cloud, imp. de veuve Belin, 1864, in-16, 13 p.

Quels sont les fruits de la sédition, de la révolte et de l'usurpation? (Par BOUCHARD DE LA POTERIE.) Paris, Lenormant, 1814, in-8, 24 p.

Quels sont les moyens de fonder la morale chez un peuple? par le C. D. T. (le citoyen A.-L.-C. DESTUTT DE TRACY, depuis pair de France). Paris, Agasse, an VI-1798, in-8.

Quenouille (la) spirituelle de Jehan de Lacu. Paris, Guillaume Niverd, pet. in-8 goth.

A la fin de ce petit livre se lit un huitain acrostiche donnant le nom de GRINGORE, qui a mis en vers une rédaction en prose. Voy. Brunet, « Manuel du libraire », 5e édit., III, 737.

Querelle (la). (Par VOLTAIRE.) S. l. (1753), in-12, VII-63 p.

Querelle de saint Roch et de saint Thomas sur l'ouverture du manoir céleste à Mlle Chameroy. (Par F.-G.-J.-S. ANDRIEUX.) Paris, Pierre (1802), in-8, 8 p.

Cet opuscule n'a pas été réimprimé dans les Œuvres de l'auteur ; il est inséré dans les « Satiriques des XVIIIe et XIXe siècles ». Paris, 1840, p. 324.

Querelles littéraires, ou mémoires pour servir à l'histoire des révolutions de la république des lettres, depuis Homère jusqu'à nos jours. (Par l'abbé A.-S. IRAILH.) Paris, Durand, 1761, 4 vol. in-12.

Par suite d'une confusion de nom, cet ouvrage a été quelquefois attribué à l'abbé T.-G.-F. RAYNAL. Un complément a été publié sous le titre de : « Histoire des démêlés littéraires ». Voy. V, 745, b.

Question (la). (Par Xavier BOUGARD.) Liége, Charron, 1854, in-16, 16 p.
                                        Ul. C.

Question (la) algérienne, à propos de la lettre adressée par l'Empereur au maréchal de Mac-Mahon. Paris, Michel Lévy, 1866, in-8, 31 p.

Extrait du « Courrier du dimanche ».
Attribuée au duc D'AUMALE.

Question alimentaire. A Sa Majesté l'Empereur, par un agriculteur (GOETZ, propriétaire à la Jouanne, Loiret). Paris, Paul Dupont, 1857, in-4, 26 p.

Question (la) austro-hongroise, esquisse historique et critique, dédiée à l'unité italienne par un Hongrois (M. H.) (le docteur Maurice HERCZEGHY). Turin, C. Schiepatti, 1863, in-8, 29 p.

Question (la) brûlante. Par M*** J*** (Maurice JOLY). Paris, H. Dumineray, 1861, in-8, 24 p.

Question curieuse : Si l' « Histoire des deux conquêtes d'Espagne par les Maures », par Abulcacim Tarif Abentarique, est un roman. Paris, Ch. Huguier, 1708, in-12, 115 p.

Dans cet écrit, dom Jean LIRON, bénédictin, soutient que Albucacim Tarif Abentarique (voy. « Supercheries », I, 169, e), nom sous lequel Michel de Luna a publié l'ouvrage en question, n'est qu'un nom imaginaire.

Question curieuse : Si M. Arnaud, docteur de Sorbonne, est hérétique? A M..... conseiller de S. A. l'évêque et prince de Liége. (Par le P. Pasquier QUESNEL.) Cologne, N. Schouten, 1690, in-8.

Question d'Etat. Mémoire au conseil du roi sur la véritable situation de la France et sur l'urgence d'un gouvernement contraire à la Révolution... (Par A.-M. MADROLLE.) Paris, mars 1830, in-4, 140 p.

Cet ouvrage, qui a eu une certaine célébrité, a été conçu et rédigé par M. MADROLLE seul. C'est par erreur que la « France littéraire » lui donne M.-R.-A. HENRION comme collaborateur. Les signataires n'ont guère fait que lui donner leur approbation et proposer quelques légers changements. MM. DE VAUBLANC et BENOIST, ministres d'État, sont les seuls qui aient fourni des documents par écrit à M. Madrolle.

Question d'Orient. (Par le marquis DE JOUFFROY.) Bruxelles, 15 juillet 1853, in-8, 7 p.   J. D.

Question d'un Génevois sur les doctrines particulières de l'Église de Rome : 1° Pourquoi la messe est-elle rejetée par les protestants? 2° Pourquoi le culte de Marie est-il rejeté par les protestants? 3° Pourquoi la lecture de la Bible, en langue vulgaire, est-elle interdite aux romanistes, mais prescrite aux protestants? (Par César MALAN.) Genève, 1844, 3 part. in-12.

Question d'une rente amortie. (Par Nicolas CATHERINOT.) S. l. (1678), in-4.

Question de droit public : Doit-on recueillir les voix, dans les États-Généraux, par ordres, ou par têtes de délibérans? par l'auteur des « Considérations sur le Tiers-État » (J.-P. RABAUT DE SAINT-ETIENNE). *En Languedoc (Paris)*, 1789, in-8.

Question de droit public. Plaidoyer pour messire Gawen Hamilton, des comtes de Clambrasil, et madame Jeanne Rowan, son épouse, contre le sieur Benjamin Beresford, chapelain anglican, en présence de M. le procureur général et de miss Sidney Hamilton, leur fille. (Par Geoffroy DE LIMON, auteur de la brochure intitulée « le Martyre de Louis XVI », imprimée en Allemagne.) *Paris, Knapen et fils*, 1782, in-4.

Question de droit sur les mines. (Par Jean-François GENDEBIEN.) *Mons, Monjot* (1825), in-8, 18 p. J. D.

Question de l'usure éclaircie. (Par l'abbé BEURREY.) *Paris, Crapart*, 1786-1787, 4 vol. in-12.

Question (la) de l'usure éclaircie. Lettre à l'abbé   prêtre du diocèse de La Rochelle. (Par l'abbé ROUGANE.) Septembre 1786, in-12, 118 p.

Le nom du destinataire est resté en blanc sur le titre,

Question (la) de la dette hollandaise mise à la portée des enfants. (Par J. MEEUS-VANDERMAELEN.) (*Bruxelles, frères Deleeuw*), 1831, in-8, 30 p. — Deuxième édit. *Bruxelles, Société encyclographique*, 1838, in-8, 140 p. J. D.

Question (la) de la peine de mort résolue par l'expérience. (Par Ch. DE THIER.) *Liége, de Thier et Lovinfosse*, 1862, in-8, 16 p.

Tirée à part du journal « la Meuse ». Ul. C.

Question (la) de la perpétuité et de l'inamovibilité des curés. (Par le chanoine VAN BELLE.) *Bruxelles, Decq*, 1861, in-8, 18 p. J. D.

Question (la) de la réduction de la dette publique, traitée en chiffres. Par le comte A. DE M. (le comte A. DE MALARTIC). *Paris, N. Pichard*, 1824, in-8; 16 p. — Supplément au Traité en chiffres sur la dette publique. Par le comte A. de M. *Paris, N. Pichard*, 1824, in-8, 8 p.

Question de médecine dans laquelle on examine si c'est aux médecins qu'il appartient de traiter les maladies vénériennes... par M*** (H.-T. BARON), docteur régent de la Faculté de médecine. *Paris*, 1735, in-4, 32 p.

Question de médecine, dans laquelle on examine si la théorie de la botanique ou la connaissance des plantes est nécessaire à un médecin, par M*** (Pierre BARRÈRE), docteur en médecine. *Narbonne, G. Besse*, 1740, in-4, 16 p.

Question décisive mise à la portée de tout le monde : Dépend-il encore des députés aux États-Généraux de décider si l'on opinera par tête ou par ordre? (Par l'abbé J.-A. BRUN DE LA COMBE.) *S. l.* (1789), in-8, 15 p.

Question décisive sur Napoléon. (Par Hoëné WRONSKI.) *Paris, Paulin*, 1840, in-12, 22 p.

Question (la) des docks, par M. Trois-Étoiles (Emile CRUGY). *Bordeaux, Feret*, 1861, in-18, 64 p.

Question des octrois communaux examinée sous toutes ses faces. Recueil d'articles publiés dans l' « Union de Verviers » sur la nécessité de supprimer les octrois... (Par Georges CLERMONT.) *Verviers, Berger* (*Liége, Desoer*), 1850, in-12, 151 p. Ul. C.

Question des sels. (Par M. BERLET.) *Nancy, imp. Crépin-Leblond* (1873), in-8, 7 p.

Question des sucres. Note sur la taxe officielle de provenance. (Par G. IMHAUS, délégué de l'île de la Réunion.) *Paris*, 1841, in-4. D. M.

Question (la) des théâtres, par M. Trois-Étoiles (Émile CRUGY). *Bordeaux, Feret*, 1861, in-18, 36 p.

Question (la) du divorce discutée sous les rapports du droit naturel, de la religion, de la morale et de l'ordre social (publiée par Gaetan DE RAXIS DE FLASSAN). *Paris, Le Clere*, 1771 (*Prévost*, 1790), in-8.

Mon exemplaire porte ces mots, écrits à la main sur le revers du faux titre : « *Ex dono autoris*, M. le curé de Saint-Amand. » Comme il y a quatre petites villes de ce nom, il m'a été impossible de découvrir le nom de cet auteur.

Question du droit des gens : Les républicains d'Haïti possèdent-ils les conditions requises pour obtenir la ratification de leur indépendance? par un observateur philosophe (BILLAUD-VARENNE), tome premier. *Au Port-au-Prince*, 1818 (an XV de l'indépendance), in-4.

Question (la) du jour en Russie, éclaircie par des faits historiques; par L. P. N. Y.

(le prince N. Youssoupoff). *Berlin*, *F. Schneider*, 1861, in-8, 14 p.   A. L.

Question (la) du lendemain. (Par Cantagrel.) *London*, *Horris and son, printers*, in-32.

Trois parties : la première, datée du 15 novembre 1853, 15 p. ; la deuxième (suite), datée du 25 avril 1854, 20 p. ; la troisième (confirmation), non datée, 31 p. Il a été publié dans le même format et sortant des mêmes presses : « Pour répondre à « la Question du « lendemain », 15 mars 1854, 15 p.

Question (de la) du paupérisme sous le point de vue politique et social, ou mémoire à l'occasion de la statistique des pauvres. (Par l'abbé Lux, curé de Dauendorf.) *Paris*, *Debécourt*, 1842, in-18, 39 p.

Question (la) du ressort des notaires, par un notaire cantonal (Minne, à Ixelles), partisan du *statu quo*. Réponse au « Journal de Bruxelles »... *Bruxelles*, *Devroye*, 1856, in-8, 16 p.   J. D.

Question (la) du serment, traitée mathématiquement, ou démonstration mathématique de la licéité du serment, par l'auteur du « Coup d'œil sur l' Évidence de la vérité » (de Gand, d'Alost). *Gand*, *Ch. de Goesin*, messidor an V-1798, in-8, 40 p.

Question (la) du Sleswig, traitée sous un point de vue historique et politique à la Chambre des communes d'Angleterre. Traduction (du discours prononcé par M. Benj. Disraéli) par L. E. B. (Laurent-Étienne Borring). *Paris*, 1848, in-8, 21 p.   D. M.

Question (la) du traité anglo-belge, par un filateur de coton. (Par Peeters-Baertsoen et Van Cleemputte.) *Gand*, *van Cleemputte*, 1861, in-8, 16 p.   J. D.

Question économique des principautés danubiennes. (Par Balcesco.) *Paris*, *Charpentier*, 1850, in-8, 80 p.   G. M.

Question (la) financière en 1871. Coup d'œil rétrospectif sur les finances de la France depuis 1815; par E. L. (Jean-Paul-Emile Espitalier Lapeyrade.) *Nantes*, *imp. Forest et Grimaud*, juin 1871, in-16, 44 p.

Question historique : Si les provinces de l'ancien royaume de Lorraine doivent être appelées terres de l'empire. *Paris*, 1644, in-8.

La dédicace est signée par l'auteur Chantreau Le Febvre.

Question importante et facile à résoudre : L'abbé Grégoire fut-il un des auteurs de la mort de Louis XVI, et doit-il être regardé comme véritable coupable de ce forfait? *Tolle et lege*. Prenez et lisez; par E. P. R. B. (Enard, prêtre, religieux bénédictin). *S. l.* (1814), in-8, 21 p.

Question importante relativement à l'état actuel de la religion en France : Les hérétiques et les schismatiques notoires conservent-ils leurs pouvoirs jusqu'à la dénonciation? Sont-ils mêmes capables d'en recevoir de la part des supérieurs, tant qu'ils persistent dans le schisme et dans l'hérésie? Par l'auteur de la Controverse pacifique et de ses Suites (l'abbé P.-L. Blanchard). *Londres*, *imp. de R. Juigné*, 1808, in-8, 70 p.

Question (la) irlandaise, par un Anglais. Discours de M. Bright, membre du Parlement, prononcé à Dublin au banquet du 20 octobre 1866 (et traduit en français par le marquis C. de Nettancourt). *Paris*, *Douniol*, 1867, in-8, 47 p.

Question (la) liturgique réduite à sa plus simple expression, par un chanoine (l'abbé J.-B.-Amand Auger). *Paris*, *veuve Thiériot*, 1854, in-12.

Plusieurs fois réimprimée.

Question médico-légale, examen du procès-verbal de l'ouverture du corps de Louis XVII et des causes de sa mort. (Par L.-A. Valentin, chirurgien.) *Paris*, 1795, in-8, 16 p.

Question politique où l'on examine si les religieux rentés sont utiles ou nuisibles à l'État. Par D. B. G. (dom Benoît Goujet). *S. l.*, 1762, in-12, 196 p.

Question (la) polonaise devant les Chambres. Lettres adressées à MM. les pairs et à MM. les députés de la France en 1844, 1845, 1846, 1847 et 1848. (Par le nonce Calixte Morozewicz.) *Paris*, *imp. Renou et Maulde*, 1863, in-8, 32 p.

Question religieuse d'Orient et d'Occident. (Par André Mouravieff.) Première livraison. *Moscou*, *imp. de l'Université impériale* (1856). — Deuxième et troisième livraisons. *Saint-Pétersbourg*, 1858-59. — En tout trois parties in-16.

La première livraison est la reproduction de l'article suivant.   A. L.

Question religieuse d'Orient et d'Occident. Parole de l'orthodoxie catholique au catholicisme romain. (Par André Moura-

VIEFF.) Trad. du russe par Alex. POPO-VITSKI. *Paris, Franck*, 1853, in-8.

A. L.

Question royalle et sa Décision. (Par Jean DU VERGER DE HAURANNE, abbé DE SAINT-CYRAN.) *Paris, Toussainct du Bray*, 1609, in-12, 56 feuillets chiffrés.

Le privilége est du mois d'août 1609. Le titre de départ porte en plus : « Où est montré en quelle extrémité, principalement en temps de paix, le subjet pourroit être obligé de conserver la vie du prince aux dépens de la sienne. »

Il existe une contrefaçon de même date, ayant le même nombre de feuillets, mais qui, au lieu d'avoir la marque du libraire T. du Bray, des épis mûrs, avec les mots *fertilior cultu*, porte une scène de moisson surmontée du lion, signe du mois d'août.

On peut donc facilement reconnaître l'édition originale, bien qu'en ait dit. Tabaraud dans sa note du n° 15211 du « Dictionnaire des anonymes », 2° édit.

Voici, d'après une note manuscrite de Clément, garde de la Bibliothèque, l'origine de cet ouvrage : « Henry IV, après la bataille d'Arques qu'il gagna, dit que s'il l'avait perdue, il se serait sauvé dans un esquif en Angleterre. Un courtisan lui représenta qu'il aurait fallu des provisions, vu l'inconstance de la mer ; un gros officier lui dit, en montrant son gros ventre : « Sire, vous ne seriez « pas mort de faim, car j'aurais ouvert mon ventre « pour vous en donner les boyaux », et là-dessus on agita la question si, en ce cas, on pouvait se tuer soymesme. M. de La Chastre, auprès duquel était alors Saint-Cyran, lui en demanda son sentiment, et il écrivit la « Question royalle ».

Voy. du Roure, « Analecta Biblion », t. II, p. 133, et Sainte-Beuve, « Port-Royal », t. I, p. 290. Un Allemand, Krueger, a écrit dans le même genre un livre peu connu « De eo quod justum sit circa morem se devovendi pro salute alterius », 1724, in-4.

Question (la) russo-polonaise jugée par un Petit-Russien (YOUSÉPHOVITCH ou JOUZEFOVITCH). *Leipzig, N. Gerhard*, 1863, in-8.

Question (la) savoisienne. (Par T. CHAPPERON.) *Chambéry, imp. de Puthod fils* (1860), in-8, 59 p.

Extrait du « Courrier des Alpes ».

Question soumise à MM. les jurisconsultes. (Par DE GAIGNE.) *S. l.*, an XII-1804, in-4, 7 p.

Question (de la) territoriale entre la Hollande et la Belgique. (Par CUDELL.) *Liége*, 1838, in-8.   J. D.

Question vinicole. Par P. G. B. (Pierre-Gustave BRUNET). *Bordeaux*, 1843, in-8.

Question (la) vitale. (Par le marquis DE LA GERVAISAIS.) *Paris, Pihan-Delaforest*, 1830, in-8, 16 p.

Questionnaire (le) des cirurgiens et barbiers, avec le Formulaire du petit guydon

en cirurgie (de GUY, de Chauliac), veu et corrigé, et les Lunettes des cirurgiens, de nouveau adjoustez et imprimez nouvellement à Paris. *Paris, P. Sergeant*, 1533, in-8.

Questions à l'ordre du jour. (Par J.-L. BOUSQUET-DESCHAMPS.) *Paris, Corréard*, 8 avril 1820, in-8, 16 p.

L'auteur fut condamné à un an de prison et 3,000 fr. d'amende, et l'écrit supprimé.

Questions à l'ordre du jour, ou quelques vérités à l'adresse des électeurs. Par un électeur impartial (Louis-Guill.-Jacq.-Marie BENABEN). *Paris, imp. de Pillet*, 1827, in-8, 1 f. de tit. et 53 p.

Cet écrit fut aussi attribué à A.-F. DE FRÉNILLY.

Questions aux philosophes du jour sur l'âme et la matière, par *** (J.-B. AUBRY). *Paris, Belin*, 1791, in-12, 15 p.

Questions curieuses sur la Genèse, expliquées par les Pères et les plus doctes interprètes. (Par le P. Ant. MASSON, minime.) *Paris, de Bats*, 1685, in-12.

Questions de droit public sur une matière très-intéressante. (Par L.-V. DE GOEZMANN.) *Amsterdam*, 1770, in-8, 1 f. de tit. et 240 p.

Questions de littérature légale. — Du plagiat ; de la supposition d'auteurs ; des supercheries qui ont rapport aux livres. — Ouvrage qui peut servir de suite au Dictionnaire des anonymes et à toutes les bibliographies. (Par M. Charles NODIER.) *Paris, Barba*, 1812, in-8.

La dédicace est signée : E. de N...

La deuxième édition, *Paris, Roret*, 1828, in-8, XV-226 p., porte le nom de l'auteur.

Questions de politique européenne, et sommaire de plans de campagne contre les Turcs, par un ancien chef d'état-major du ministère de la guerre. *Paris, Becquet*, 1828, in-8, 80 p.

Par le comte DE BOURY, d'après M. Ladrague.

Par le général DUBOURG, d'après les « Supercheries », I, 324, a.

Questions de statistique à l'usage des voyageurs, par M*** (Par VOLNEY.) *Paris, veuve Courcier*, 1813, in-8, 24 p.

Questions diverses et Responces d'icelles, divisées en trois livres, à sçavoir : questions d'amour, questions naturelles, questions morales et politiques, traduites du toscan en françois (trad. d'Hortensius LANDO). *Lyon*, 1558, in-8.

Souvent réimprimé.

Questions diverses sur l'incrédulité. (Par J.-G. Le Franc de Pompignan, évêque du Puy.) *Paris*, 1751, 1753, 1757, in-12.

Questions diverses sur le Concile indiqué pour la province d'Embrun. (Par l'abbé Jér. Besoigne.) 1727 et 1728, 2 vol. in-4.

Questions du jour. Causes de nos désastres. Réflexions d'un prisonnier de guerre, par un officier supérieur (le général Jacques-Alfred Folloppe). *Paris, librairie de la Société bibliographique*, 1872, in-18, 84 p.

Questions (des) en litige à propos d'un congrès. (Par Rastoul de Mongeot.) *Nivelles, Despret, s. d.*, in-12, 11 p.
J. D.

Questions et Observations particulièrement philologiques sur quelques plantes. Par un vieux herboriste (Charles de Belleval, de Montpellier, ancien herboriste). *Montpellier, imp. de Tournel*, 1830, in-8, 32 p.

Questions et Observations qui sont de nature à être prises en considération par l'Assemblée nationale... par l'auteur des « Considérations intéressantes sur les affaires présentes... » (Par Mignonneau.) *Paris, Barrois l'aîné*, 1789, in-8.

Questions harmoniques dans lesquelles sont contenues plusieurs choses remarquables pour la physique, pour la morale et pour les autres sciences. (Par Marin Mersenne.) *Paris, J. Villery*, 1634, in-8.

Questions importantes (par le P. Barth. Germion, jésuite), à l'occasion de la nouvelle histoire des congrégations *de auxiliis*. *Liége, G.-H. Streel* (1701), in-8, 1 f. de tit. et 350 p.

Questions importantes à l'ordre du jour, proposées par un cosmopolite, ami de la liberté, résolues par un philanthrope, ennemi du despotisme, et publiées par l'auteur du « Coup d'œil sur l'Acte additionnel aux Constitutions de l'Empire, du 22 avril 1815 » (C.-M. Rouyer). *Paris, chez l'auteur*, 15 mai 1815, in-8, 8 p.

Questions importantes sur le commerce, à l'occasion des oppositions au dernier bill de naturalisation, ouvrage traduit de l'anglois de Josias Tucker (avec un avertissement et des notes, par A.-R.-J. Turgot). *Londres, Fletcher Gyles*, 1755, in-12. 153 p.

Questions importantes sur les nouvelles

éditions des « Œuvres complètes » de Voltaire et de J.-J. Rousseau. (Par l'abbé Clausel de Montals.) *Paris, A. Egron*, mars 1817, in-8, 48 p.

Questions inouyes, ou récréations des sçavans, qui contiennent beaucoup de choses concernant la théologie, la philosophie et les mathématiques. (Par Marin Mersenne.) *Paris, J. Villery*, 1634, in-8.

Questions législatives sur l'impôt du tabac. (Par L. Hubert.) *Paris, imp. de J. Smith*, 1819, in-8, 36 p.

Questions militaires. (Par le comte de Sanois.) 1788, in-8.

Questions municipales, par un habitant d'Albertville (J.-B.-L. Montmayeur). *Albertville, impr. Rivollet*, 1868, in-8, 32 p.

Questions patriotiques tenant lieu d'apostille interlocutoire à l'adresse qu'un certain parti de Bruxelles se propose de présenter aux États au sujet de la souveraineté de la constitution, de la représentation, etc. (Par P. Beeckman.) *S. l. n. d.*, in-8 oblong.

Questions philosophiques sur la religion naturelle... (Par dom J.-B. Aubry.) *Paris*, 1783, in-8.

L'abbé Quinot critiqua cet ouvrage. L'auteur répondit par ses « Lettres critiques sur plusieurs questions... » Voy. V, 1233, *a*.

Questions physico-mathématiques, et les méchaniques de Galilée, avec les préludes de l'harmonie universelle; trad. de l'italien, par le P. M. M. (Marin Mersenne). *Paris*, 1653, in-8.

Questions plaisantes et récréatives, avec leurs décisions : ensemble un discours problématique touchant le célibat et le mariage. (Par Marc Wulson de La Colombière.) *Paris, de Sercy*, 1659, in-12.

Questions (les) problématiques du pourquoy d'amours, nouvellement traduit d'italien en langue françoise par Nicolas Leonique, poëte françois (ou plutôt traduit du latin de Nic. Léonique Thomoeus, par François de La Coudraye). *Paris, Alain Lotrian*, 1543, in-8, 40 ff.

On y retrouve « le Pourquoy d'amours ». Voy. ci-dessus, col. 965, *f*.

Questions proposées à une société de savants... qui... font le voyage de l'Arabie, par M. Michaelis; traduit de l'allemand (par H.-B. Mérian). *Gœttingue*, 1763, in-8, ou *Amsterdam*, 1775, in-4.

On cite aussi des éditions intitulées, l'une : « Recueil de questions... », *Francfort*, 1763, et *Amsterdam*, 1775, in-4 ; l'autre : « les Voyageurs savants et curieux, ou tablettes instructives,.. », *Londres*, 1768, 2 vol. in-12.

Questions proposées au diable par le P. Coton. *S. l.*, 1610, in-8.

Bongars avoue avoir fait imprimer ce pamphlet.

Questions proposées, sur le sujet de la signature, pour discerner facilement si les religieuses de Port-Royal méritent la privation des sacrements, même à Pâques et à la mort. (Par Noel DE LA LANE.) *S. l.*, 20 avril 1667, in-4, 15 p.

Questions relatives à l'agriculture et à la nature des plantes. (Par Ch.-Fr. TIPHAIGNE DE LA ROCHE.) *La Haye*, 1759, in-8.

Même ouvrage que « Observations physiques sur l'agriculture... » Voy. ci-dessus, col. 610, *a*.

Questions sur l'Encyclopédie, par des amateurs. (Par VOLTAIRE.) *S. l.*, 1770-72, 9 parties in-8. — Nouvelle édition, augmentée. 1773, 9 parties in-8.

Cet ouvrage n'est pas, comme l'ont cru quelques personnes, une nouvelle édition du « Dictionnaire philosophique ». Voltaire n'avait reproduit dans les « Questions » qu'un petit nombre d'articles du « Dictionnaire ». A cela près, les deux ouvrages n'ont rien de commun que la distribution par ordre alphabétique. Quérard, « France littéraire », X, 289, ou « Bibliographie voltairienne », n° 38.

Questions sur l'habit clérical. (Par M.-M. TABARAUD.) *Limoges*, 1809, in-8, 24 p.

Questions sur la propriété des biensfonds ecclésiastiques en France. (Par l'abbé CHAPT DE RASTIGNAC.) *S. l. n. d. (Paris*, 1789), in-8.

Questions sur la tolérance, où l'on examine si les maximes de la persécution ne sont pas contraires au droit des gens, à la religion, à la morale, à l'intérêt du souverain et du clergé. (Par l'abbé J. TAILHÉ et G.-M. MAULTROT.) *Genève, Gosse*, 1758, 2 parties in-8.

En 1816, à la vente de la bibliothèque de Patrin, minéralogiste, j'ai trouvé sur l'exemplaire de cet amateur une note conçue en ces termes :

« Par MM. T... et M... (l'abbé A. MORELLET). M. T... est président au Parlement de Paris ; il est né le 21 août 1719 ; ses noms de baptême sont Michel-Jacques. »

Ces détails s'appliquent à Michel-Jacques TURGOT, président au Parlement en 1758. Il mourut vers 1775. C'était l'aîné des trois fils du prévôt des marchands, Michel-Etienne Turgot.

Dupont de Nemours et Condorcet, dans leurs ouvrages sur le ministre Turgot, ne nous ont transmis aucun

détail sur son frère aîné. D'un autre côté, l'abbé Morellet m'a assuré qu'il n'avait eu aucune part à la rédaction de ces « Questions ». N'ayant donc pu regarder la note de Patrin comme bien authentique, j'ai adopté les deux noms cités par M. Bleuet dans le Catalogue du cardinal de La Luzerne.   A.-A. B.

Ouvrage mis à l'*Index* le 5 mars 1759.

Réimprimé sous le titre de : « Essai sur la tolérance... » Voy. V, 246, *d*.

Questions sur le commerce des François au Levant. (Par F. VÉRON DE FORBONNOIS.) *Marseille, Carapatria*, 1755, in-12, 153 p.

Questions sur les collèges et l'Académie du canton de Vaud. (Par Charles MONNARD, recteur de l'Académie de Lausanne.) *Lausanne*, 1833, in-8.   D. M.

Questions sur les miracles, à M. le professeur Cl....... par un proposant. (Par VOLTAIRE.) *S. l. n. d.*, in-8, 20 p.

Réponse à l'ouvrage de David Claparède intitulé : « Considérations sur les miracles ». 1765, in-8.

Voltaire a publié vingt lettres. Les seize dont nous donnons ci-après la description ont été publiées à part et successivement. Les vingt lettres ont été ensuite imprimées sous le titre de : « Collection de lettres sur les miracles... »

Voy. « Supercheries », III, 262, *a*.

Autres questions d'un proposant à M. le professeur en théologie, sur les miracles. In-8, 14 p.

Troisième lettre du proposant à M. le professeur en théologie. In-8, 13 p.

Quatrième lettre du proposant à M. le professeur, et remerciements à ses extrêmes bontés. In-8, 8 p.

Cinquième lettre du proposant à M. N... In-8, 4 p.

Sixième lettre sur les miracles, laquelle n'est pas d'un proposant.

Septième lettre de M. COVELLE sur les miracles. In-8, 8 p.

Huitième lettre sur les miracles, écrite par le proposant. In-8, 7 p.

Neuvième lettre sur les miracles, écrite par le Jésuite des anguilles. In-8, 7 p.

Dixième lettre, écrite à l'occasion des miracles, par M. COVELLE, citoyen de Genève, à M***, pasteur de campagne. In-8, 7 p.

Onzième lettre à l'occasion des miracles, écrite par le proposant à M. Covelle. In-8, 8 p.

Douzième lettre du proposant à M. Covelle, citoyen de Genève, à l'occasion des miracles. In-8, 7 p.

Treizième lettre à l'occasion des miracles, adressée par M. COVELLE à ses chers concitoyens. In-8, 7 p.

Quatorzième lettre à l'occasion des miracles, à M. Covelle, citoyen de Genève, par M. BEAUDINET, citoyen de Neufchâtel. In-8, 12 p.

Quinzième lettre à l'occasion des miracles, par M. BEAUDINET, citoyen de Neufchâtel, à M. Covelle, citoyen de Genève. In-8, 7 p.

Seizième lettre du proposant. In-8, 8 p.

Questions sur les sermens, ou promesses politiques en général, et en particulier sur le vœu de haine éternelle à la royauté. (Par J.-F. VAUVILLIERS.) *Bâle, Thournéisen*, 1796, in-8.

Questions (les) théologiques, physiques, morales et mathématiques... composées par le P. M. (le P. Marin Mersenne). *Paris, H. Guenon*, 1634, in-12.

L'auteur a signé l'épître.

Queue (la) de Robespierre, ou le règne des baïonnettes. (Par Alex.-Ch. DE Corbeau DE Saint-Albin, connu sous le nom de Rousselin DE Saint-Albin.) *Saint-Germain, imp. de Foirestier*, 1815, in-4, 16 p.

Queue (la), la Tête et le Front de Robespierre, en vaudeville. (Par le citoyen L. A. Pit.. (L.-A. Pitou). *Paris, se trouve rue Percée* (1794), in-4, un feuillet.

Qui mettriez-vous à sa place? (Par L.-A. Carraccioli.) *S. l.*, 1789, in-8, 16 p.

C'est un éloge de Necker.

Qui ne risque rien n'a rien, proverbe en vers et en trois actes. (Par Henri-Lambert d'Herbigny, marquis DE Thibouville.) *Paris, Vente*, 1772, in-8, 60 p. et 1 f. d'approbation.

Quiberon, nouvelle morbihannaise, par V**** L.*******. *Vannes, V. Galles*, novembre 1829, in-8.

Par V. L'Ecuyer, d'après le Catalogue de Nantes.
Par César Pradier, ancien secrétaire de la préfecture, d'après M. de Manne.

Quiétiste (le), ou les illusions de la nouvelle oraison de quiétude (traduit de l'italien du P. Paul Segneri, par l'abbé Hil. Dumas). *Paris, Cramoisy*, 1687, in-12. — *Paris, Dezallier*, 1690, in-12.

Quinte-Curse, de la Vie et Gestes d'Alexandre le Grand (traduit en françois, par Vasquez DE Lucène, Portugois). *Paris, Verard* (vers 1499), in-folio goth. — *Paris, Michel Le Noir*, 1503, in-4. — *Paris, veuve Regnault*, 1555, in-16.

Quinte-Curse, de la Vie et des Actions d'Alexandre le Grand, de la traduction de M. DE Vaugelas, avec les supplémens de Jean Freinshemius, traduits par M. du Ryer (le tout publié d'après les soins de Conrart et de Chapelain, avec une préface de du Ryer). *Paris, A. Courbé*, 1653, in-4.

Très-souvent réimprimé en différents formats.
L'abbé d'Olivet dit, dans l' « Histoire de l'Académie rançoise », tome I, page 301, que Chapelain et Conrard procurèrent cette première édition; une lecture attentive de la préface prouve qu'on la doit plutôt à du Ryer, qui d'ailleurs y avoue les soins donnés par Chapelain et Conrard à la correction du manuscrit de Vaugelas.
Plusieurs bibliographes prétendent que cette traducon a été imprimée dès 1647; c'est une erreur.

Il parut en 1646 une traduction anonyme de Quinte-Curce, dédiée au président Molé; c'est un volume in-8. La nouvelle traduction de Vaugelas l'a tellement fait oublier, qu'elle n'est mentionnée nulle part, excepté peut-être dans la « Bibliothèque françoise » de Sorel, 2e édit., 1667, in-12, page 225, mais d'une manière si vague, qu'il faut la connaître pour entendre le passage de Sorel.

Quinte-Curse, historiographe ancien et moult renommé, contenant les belliqueux faictz d'armes, conduictes et astuces de guerre du preux et victorieux roy Alexandre le Grant; translaté du latin en françoys (par Vasquez DE Lucène, Portugois), et puis naguères reveu et concordé avec Plutarque, Justin et aultres auteurs. *Paris, Le Messier*. 1530, 1534, in-fol. — *Paris (par Jehan Bignon), pour Ch. L'Angelier*, 1540, in-18.

Le traducteur présenta son manuscrit à Charles le Téméraire, duc de Bourgogne; on le conserve à la Bibliothèque nationale.

Quintessence (la) des nouvelles historiques, critiques, politiques, morales et galantes. *La Haye et Amsterdam*, 1689-1730, in-folio.

Fondée par Lucas; continuée par Véron, Gueudeville, Mme DU Noyer, pendant huit ans; Jean Rousset, Guyot, J. DE Cœur, notaire et traducteur à La Haye, en juin 1724; Dumont DES Creutes, en juillet 1726. Voy. Hatin, « les Gazettes de Hollande », page 181 et suivantes.
La signature : Mlle de Saint-G***, qui paraît à partir du 28 août 1721, ne semble être qu'un nom imaginaire.

Quintil (le) horatian, sur la défense et illustration de la langue françoise (de Joach. du Bellay, par Charles Fontaine). *Lyon*, 1551, in-8.

Réimprimé dans l' « Art poétique » de Sibilet. Voy. IV, 301, e.

Quintilien, de l'Institution de l'orateur, traduit avec des notes, par M. D. P. (Michel DE Pure). *Paris, Clouzier*, 1663, 2 vol. in-4.

Quintilien, de l'Institution de l'orateur, traduit par l'abbé Gédoyn; nouvelle édition (augmentée d'un Mémoire sur la vie du traducteur, par L. Petit DE Bachaumont). *Paris, Nyon*, 1752, 4 vol. in-12. — Nouvelle édition, faite (par N.-F. DE Wailly) d'après un exemplaire corrigé par l'auteur. *Paris, Barbou*, 1770, 4 vol. in-12. — Autre édition (revue par J.-F. Adry, d'après les corrections de Jean Capperonnier). *Paris, H. Barbou*, 1803, 4 vol. in-12.

Les éditions publiées à *Paris, chez Volland*, en 6 vol. in-8, et à *Lyon*, en 6 vol. in-12, avec le texte latin en regard de la traduction, ont été faites d'après l'édition de M. Adry.

Quinzaine (la) angloise à Paris, ou l'art de s'y ruiner en peu de temps, traduit de STEARNE (composé par le chevalier J.-J. RUTLIDGE). *Londres*, 1776, in-12; — 1782, 3 vol. in-18.

Réimprimée sous le titre de : « Premier et Second Voyages... » Voy. ci-dessus, col. 994, f.

Quinzaine littéraire, journal de littérature ancienne et moderne, française et étrangère, pour faire suite à l' « Année littéraire ». *Paris, imp. Egron*, 1817, 3 vol. in-12 et 2 vol. in-8.

Le deuxième volume in-8 finit à la page 288.

Le rédacteur principal de ce journal était J.-A. AMAR, l'un des conservateurs de la Bibliothèque Mazarine ; les collaborateurs ont été MM. A. GUILLON (de la Bibliothèque Mazarine), BENOISTON DE CHATEAUNEUF, AUDIBERT, Isidore DE MONMEILLAN, J.-V. LE CLERC, professeur d'éloquence latine à la Faculté des lettres, TAILLANDIER, LA SERVIÈRE, etc.

Quinzaine (la) mémorable. Événements arrivés à Paris du 26 juillet au 9 août 1830, avec la nouvelle Charte constitutionnelle, adoptée le 7 août; ouvrage dans lequel on trouvera un grand nombre de faits avérés, mais peu connus. (Par Simon BLOCQUEL.) *Paris, Delarue* (1830), in-18.

Quinze cent soixante et douze. Chroniques du temps de Charles IX, par l'auteur du « Théâtre de Clara Gazul » (Prosper MÉRIMÉE). *Paris, Alexandre Mesnier*, 1829, in-8.

Première édition. Les autres sont intitulées : « Chronique du règne de Charles IX, 1572 », et portent le nom de l'auteur.

Quinze (les) Effusions du sang de Jésus-Christ, et un dizin (*sic*) sur les deux mots *Ecce homo*. Avec la vie de Mme sainte Marguerite, vierge et martyre. (Par François GRANDIN.) *Paris, Nicolas Chéreau*, 1582, in-8.   D. M.

Quinze (les) Joies de mariage. *S. l. n. d.*, in-folio.

Des recherches faites par André Pottier, bibliothécaire de la ville de Rouen, il résulte que c'est à Antoine DE LA SALE, l'auteur du « Petit Jehan de Saintré », que l'on doit aussi les « Quinze Joies ». Ce n'est pas en 1398 que cet auteur est né, comme le dit Legrand d'Aussy, mais en 1388. Voy. G. Gossart, dans le « Bibliophile belge », VI, 1871, page 81. Voy. pour le détail des éditions, le « Manuel du libraire », 5e édit., t. IV, col. 1030 et suiv., et la préface des éditions des « Quinze Joies » données par P. Jannet dans la « Bibliothèque elzevirienne », en 1853 et en 1857.

Quinze (les) Joyes de mariage, extraicts d'un vieil exemplaire escrit à la main,

passés sont quatre cens ans. (Publié par Fr. DE ROSSET.) *Rouen, Raphaël du Petit-Val*, 1596, 1606, in-12.

Quinze (les) Joyes de mariage, ouvrage très-ancien, auquel on a joint le Blason des fausses amours, le Loyer des folles amours (attribué à Guillaume CRETIN), et le Triomphe des Muses contre l'Amour. Le tout enrichi de remarques et de diverses leçons (par J. LE DUCHAT). *La Haye*, 1726, 1730, in-8.

M. Le Duchat, en donnant une nouvelle édition des « Quinze Joyes de mariage », y a joint le « Blason des fausses amours », etc., au-devant duquel il a mis une préface comme de sa façon, laquelle est de M. DE LA MONNOYE, à l'exception des quinze dernières lignes. Cette préface n'est qu'une note que M. DE LA MONNOYE tira, pour la lui communiquer, de son commentaire sur La Croix du Maine et du Verdier.

(Note manuscrite d'un contemporain.)

Quinze (les) Joyes de Nostre-Dame et autres dévotes oraisons tirées de deux manuscrits du XVe siècle, publiées pour la première fois par un bibliophile (l'abbé Casimir CHEVALIER). *Tours, Bouserez*, 1862, in-18.

Tirées à 100 exemplaires.

Quinze Jours à Londres à la fin de 1815, par M*** (A.-J.-B. DEFAUCONPRET). *Paris, Eymery*, 1817, in-8.

Quinze Jours à Prague, par M. G. DE M. (Louis-Gabriel DE MONTIGNY). *Paris, Dentu*, 1833, in-8, 72 p.   D. M.

Quinze Jours dans l'Oberland bernois; confidences d'un Alpenstock, transcrites par un Belge (Louis HYMANS). *Bruxelles, Lebègue*, 1859, in-32, 77 p.   J. D.

Quinze Jours sur la Loire. (Par Léon NOEL.) *Boulogne, imp. F. Birlé, s. d.*, in-8, 7 p.

Quinze (les) Livres de MARTIAL, traduits en vers (par l'abbé Michel DE MAROLLES). *Paris*, 1675, in-4.

Quinze (les) Livres des Deipnosophistes d'ATHÉNÉE, traduits pour la première fois en françois sur le grec original, après les versions latines de Natalis COMES et de DALECHAMP (par l'abbé Michel DE MAROLLES). *Paris, J. Langlois*, 1680, in-4.

Quinze (les) Minutes, ou le temps bien employé, conte d'un quart d'heure. *Au Parnasse, par les libraires associés*, 1751, in-12.

Ce roman est attribué, dans le « Dictionnaire des portraits historiques... des hommes illustres », *Paris*,

1767, in-8, tome I, page 225, à Louis DE LAUS DE BOISSY.

D'après M. Paul Lacroix, « Bulletin du bibliophile », 1863, page 195, il serait plutôt de L. DE BOISSY, de l'Académie française.

Quinze Septembre 1831. (Par F.-A. DE SYON.) *Paris, Mesnier*, 1831, in-8, 2 ff. lim. et 84 p.

Quinze (les) Signes descendus en Angleterre. (Par Jean D'ABUNDANCE.) *S. l. n. d.*, in-8 goth., 4 ff.

Voy. Brunet, le « Manuel du libraire », 5° édit., tome IV, 1030, qui indique la composition d'un exemplaire complet.

Quinzième Nuit d'YOUNG, traduite en vers françois. (Par DOIGNI DU PONCEAU.)

a Le Monde. *Amsterdam et Paris, Costard*, 1770, in-8, 23 p.

Quitte-à-Quitte, ou les jeunes vieillards, comédie en un acte et en prose, mêlée de vaudevilles, par MM. OURRY et V*** (DE VALORY). Représentée pour la première fois à Paris, sur le théâtre du Vaudeville, le 21 septembre 1807. *Paris, Barba*, 1807, in-8, 39 p.

b Quoniam, comédie-vaudeville en deux actes, tirée des « Mémoires du cardinal Dubois », par MM. V.... (Charles VARIN), D...., D.... (CHAPEAU, connu sous le pseudonyme de DESVERGERS), Ad. JADIN et E. LAUREY. Représentée sur le théâtre des Nouveautés, le 25 décembre 1830. *Paris, Riga*, 1831, in-8.

FIN DU TOME TROISIÈME.

www.ingramcontent.com/pod-product-compliance
Lightning Source LLC
Chambersburg PA
CBHW070616270326
41926CB00011B/1711